中国文化创意产业年鉴

2018

李 季 主编

中国建筑工业出版社

图书在版编目（CIP）数据

中国文化创意产业年鉴2018 / 李季主编. — 北京：中国建筑工业出版社，2018.9
 ISBN 978-7-112-22524-8

Ⅰ.①中… Ⅱ.①李… Ⅲ.①文化产业—中国—2018—年鉴 Ⅳ.①G124-54

中国版本图书馆CIP数据核字（2018）第179655号

责任编辑：费海玲　张幼平
书籍设计：京点制版
责任校对：姜小莲

中国文化创意产业年鉴2018
李　季　主编
*
中国建筑工业出版社出版、发行（北京海淀三里河路9号）
各地新华书店、建筑书店经销
北京点击世代文化传媒有限公司制版
天津翔远印刷有限公司印刷
*
开本：880×1230毫米　1/16　印张：46¼　字数：1486千字
2018年11月第一版　2018年11月第一次印刷
定价：240.00元
ISBN 978-7-112-22524-8
　　　（32581）
版权所有　翻印必究
如有印装质量问题，可寄本社退换
（邮政编码 100037）

《中国文化创意产业年鉴2018》编委会

主　任：李　季
副主任：吴良顺
编　委：代玉山　边发吉　齐勇锋　刘　莉　李东明
　　　　李若依　吴良顺　何文义　张合军　陈少峰
　　　　陈越凌　范　周　金元浦　唐文卿　唐孝文
　　　　梅　洪　裴歆悦　管益忻　薛　义

前言

文化作为一种精神力量，深深地熔铸在民族的生命力、创造力和凝聚力之中。随着世界各国综合国力竞争的日趋激烈，文化产业在综合国力竞争中的地位和作用越来越突出，已然成为综合国力的重要组成部分。习近平总书记在十九大报告中明确提出，要坚定文化自信，推动社会主义文化繁荣兴盛。特别是在全球化的背景下，文化的经济属性和产业属性得到了极大的彰显和激发，发展文化产业成为国家新旧动能转换、转变经济发展方式、优化产业结构的重要举措。

我国文化产业形态的发育是从1980年代以来逐步兴起的。随着文化产业的迅速发展，其在繁荣文化市场、扩大社会就业、调整经济结构等方面的优势愈加明显，也因此引起政府的重视。2009年9月26日，国务院正式颁布了《文化产业振兴规划》，标志着文化产业已经上升为我国的战略性产业。之后，中办、国办发布了《国家"十三五"时期文化改革发展纲要》，文化部发布了《文化部"十三五"时期文化产业发展规划》等系列文件，文化产业越来越受到国家政策的优先扶持。

据国家统计局的统计数据，2017年我国全年国内生产总值82.7万亿元，文化产业增加值35462亿元，占GDP总量4.29%，比2016年占比4.14增加0.15个百分点，继续向国家经济支柱产业迈进。2018年该数值会继续呈现上涨趋势。根据对全国规模以上文化及相关产业5.7万家企业调查，2018年第一季度，上述企业实现营业收入19052亿元，比上年同期增长10.5%（名义增长，未扣除价格因素）。这些数据充分地显示了我国文化产业的发展正逐渐从数量增长向质量增长转变，文化产业体制机制不断完善，产业转型升级增势强劲，产业发展集聚化、数字化、融合化、特色化趋势显著。

文化产业的飞速发展凸显出文化产业数据信息在当前文化产业发展过程中的重要性。为了最大程度地将当下文化产业数据信息展示给大家，我们依据国家统计局、国家信息中心和行业发展研究院等渠道发布的权威数据，以及文化产业业内专家对中国各地的实地调研，结合了文化产业发展所经历的政策背景，从理论到实践、从宏观到微观等多个角度进行调研分析，从而结集出版《中国文化创意产业年鉴2018》。

《中国文化创意产业年鉴2018》完整翔实地反映了中国文化产业的概貌，力求在反映整个中国文化产业发展呈现新形态的同时，尽可能全貌反映中国各地文化产业的实际情况，体现行业发展的动态，共同推进行业的发展。对于地方文化产业富有特色的形态，尽可能予以保留，体现行业发展的鲜活性。《中国文化创意产业年鉴2018》还在开展调研工作的基础上，对已获得的部分统计数据进行认真分析研判，准确地提供用于把握行业状况和辅助决策的参考数据。

《中国文化创意产业年鉴2018》充分展现了中国文化产业在新时代背景下发展的新态势，以及未来发展的新趋势。这是一部真实记录和表述中国文化产业年度发展全貌的工具书，也是准确提供我国文化产业研究领域信息数据的大型数据库。

作为国家文化产业的研究团队，我们相信这部年鉴会成为我国文化产业各界人士的良师益友，也必将为中国当代文化产业的发展作出贡献！

目 录

1 中国文化创意产业年度报告

1.1 文化创意产业的界定	002
1.2 文化创意产业细分行业发展情况	007
1.2.1 文化艺术业	007
1.2.2 新闻出版业	013
1.2.3 广播、电视、电影业	015
1.2.4 软件、网络及信息技术服务业	030
1.2.5 广告会展业	035
1.2.6 艺术品交易业	039
1.2.7 网络游戏业	044
1.2.8 旅游、休闲服务业	045
1.2.9 其他辅助服务业	050
1.3 全国各地区文化创意产业发展情况	058
1.3.1 华东地区文化创意产业发展情况	058
1.3.2 华北地区文化创意产业发展情况	064
1.3.3 华南地区文化创意产业发展情况	068
1.3.4 华中地区文化创意产业发展情况	070
1.3.5 东北地区文化创意产业发展情况	072
1.3.6 西北地区文化创意产业发展情况	075
1.3.7 西南地区文化创意产业发展情况	078
1.4 重点城市文化创意产业发展情况	081
1.4.1 大连市文化创意产业发展情况	081
1.4.2 宁波市文化创意产业发展情况	082
1.4.3 厦门市文化创意产业发展情况	083
1.4.4 深圳市文化创意产业发展情况	084
1.4.5 沈阳市文化创意产业发展情况	085
1.4.6 长春市文化创意产业发展情况	086
1.4.7 哈尔滨文化创意产业发展情况	087
1.4.8 南京市文化创意产业发展情况	088
1.4.9 杭州市文化创意产业发展情况	089

1.4.10	济南市文化创意产业发展情况	089
1.4.11	武汉市文化创意产业发展情况	090
1.4.12	广州市文化创意产业发展情况	091
1.4.13	成都市文化创意产业发展情况	091
1.4.14	西安市文化创意产业发展情况	092

2　2016年中国文化创意产业园区发展报告

2.1	中国文化创意产业园区发展概述	094
2.1.1	文化创意产业园区发展概况	094
2.1.2	文化创意产业园区区域分布	094
2.1.3	文化创意产业园区类型分布	095
2.2	全国大陆各地区文化创意产业园区发展情况	099
2.2.1	北京市	099
2.2.2	天津市	110
2.2.3	河北省	114
2.2.4	山西省	118
2.2.5	内蒙古自治区	120
2.2.6	辽宁省	123
2.2.7	吉林省	127
2.2.8	黑龙江省	130
2.2.9	上海市	133
2.2.10	江苏省	143
2.2.11	浙江省	149
2.2.12	安徽省	155
2.2.13	福建省	161
2.2.14	江西省	166
2.2.15	山东省	170
2.2.16	河南省	191
2.2.17	湖北省	195
2.2.18	湖南省	198
2.2.19	广东省	201
2.2.20	广西壮族自治区	217
2.2.21	海南省	219
2.2.22	重庆市	222
2.2.23	四川省	226
2.2.24	贵州省	231
2.2.25	云南省	234
2.2.26	西藏自治区	237
2.2.27	陕西省	238

		2.2.28	甘肃省	242
		2.2.29	青海省	244
		2.2.30	宁夏回族自治区	246
		2.2.31	新疆维吾尔自治区	248
2.3	重点城市文化创意产业园区发展情况			250
	2.3.1	青岛市		250
	2.3.2	杭州市		251
	2.3.3	南京市		252
	2.3.4	广州市		253
	2.3.5	深圳市		253
	2.3.6	苏州市		254
	2.3.7	西安市		255
	2.3.8	成都市		255
	2.3.9	长沙市		256
	2.3.10	昆明市		256
2.4	文化创意产业集群发展情况研究			257
	2.4.1	环渤海文化创意产业集群		257
	2.4.2	长三角文化创意产业集群		259
	2.4.3	珠三角文化创意产业集群		262
	2.4.4	滇海文化创意产业集群		263
	2.4.5	川陕文化创意产业集群		263
	2.4.6	中部文化创意产业集群		264
2.5	重点文化创意产业园区调查报告			266
	2.5.1	产业型典型园区调查分析		266
	2.5.2	艺术型典型园区调查分析		272
	2.5.3	休闲娱乐型典型园区调查分析		276
	2.5.4	混合型典型园区调查分析		278
	2.5.5	地方特色型典型园区调查分析		282

3 文化创意重点企业发展研究报告

3.1	文化艺术业重点企业		286
	3.1.1	保利文化集团股份有限公司	286
	3.1.2	宋城演艺发展股份有限公司	286
	3.1.3	中国对外文化集团公司	287
	3.1.4	山水盛典文化产业有限公司	288
3.2	新闻出版业重点企业		288
	3.2.1	江苏凤凰出版传媒集团有限公司	288
	3.2.2	湖南出版投资控股集团有限公司	289
	3.2.3	安徽出版集团有限责任公司	290

	3.2.4	中国出版集团公司	291
	3.2.5	江西省出版集团公司	291
	3.2.6	中国教育出版传媒集团有限公司	291
	3.2.7	浙江出版联合集团有限公司	292
	3.2.8	河北出版传媒集团有限责任公司	292
	3.2.9	安徽新华发行（集团）控股有限公司	292
	3.2.10	山东出版集团有限公司	293
3.3	广播、电视、电影业重点企业		293
	3.3.1	江苏省广播电视集团有限公司	293
	3.3.2	中国国际电视总公司	294
	3.3.3	上海东方明珠新媒体股份有限公司	294
	3.3.4	中国电影股份有限公司	295
	3.3.5	湖南电广传媒股份有限公司	295
	3.3.6	江苏省广电有线信息网络股份有限公司	296
	3.3.7	浙江华策影视股份有限公司	297
	3.3.8	上海电影（集团）有限公司	298
	3.3.9	北京华录百纳影视股份有限公司	298
	3.3.10	华谊兄弟传媒股份有限公司	299
3.4	软件、网络及信息技术服务业重点企业		300
	3.4.1	完美世界股份有限公司	300
	3.4.2	华强方特文化科技集团股份有限公司	301
	3.4.3	科大讯飞股份有限公司	301
	3.4.4	福建网龙计算机网络信息技术有限公司	302
	3.4.5	腾讯控股有限公司	303
	3.4.6	新浪网技术（中国）有限公司	304
	3.4.7	北京搜狐互联网信息服务有限公司	305
	3.4.8	百度在线网络技术（北京）有限公司	305
	3.4.9	乐视网信息技术（北京）股份有限公司	306
	3.4.10	华为技术有限公司	307
	3.4.11	中兴通讯股份有限公司	308
	3.4.12	浪潮电子信息产业股份有限公司	309
	3.4.13	东软集团股份有限公司	309
	3.4.14	用友软件股份有限公司	310
	3.4.15	中国软件与技术服务股份有限公司	311
	3.4.16	北京启明星辰信息技术股份有限公司	311
	3.4.17	成都卫士通信息产业股份有限公司	312
	3.4.18	厦门市美亚柏科信息股份有限公司	313
	3.4.19	北京北信源软件股份有限公司	314
	3.4.20	蓝盾信息安全技术股份有限公司	315
3.5	广告会展业重点企业		316

	3.5.1　盛世长城国际广告有限公司	316
	3.5.2　广东省广告股份有限公司	316
	3.5.3　北京电通广告有限公司	317
	3.5.4　江苏大贺国际广告集团有限公司	317
3.6	艺术品交易业重点企业	318
	3.6.1　北京保利国际拍卖有限公司	318
	3.6.2　北京匡时国际拍卖有限公司	318
	3.6.3　南京经典拍卖有限公司	318
	3.6.4　中国嘉德国际拍卖有限公司	319
3.7	建筑、动漫、游戏设计及咨询服务业重点企业	319
	3.7.1　天津市天友建筑设计股份有限公司	319
	3.7.2　中国中元国际工程有限公司	320
	3.7.3　CCDI 悉地国际	320
	3.7.4　上海天华建筑设计有限公司	321
	3.7.5　深圳市筑博设计股份有限公司	321
	3.7.6　广东奥飞动漫文化股份有限公司	322
	3.7.7　江通动画股份有限公司	323
	3.7.8　浙江中南卡通股份有限公司	323
	3.7.9　深圳华强数字动漫有限公司	324
	3.7.10　杭州玄机科技信息技术有限公司	324
	3.7.11　上海上影大耳朵图图影视传媒有限公司	324
	3.7.12　广州蓝弧文化传播有限公司	325
	3.7.13　深圳中青宝互动网络股份有限公司	325
	3.7.14　广州网易计算机系统有限公司	325
	3.7.15　杭州斯凯网络科技有限公司	326
	3.7.16　北京掌趣科技股份有限公司	326
	3.7.17　上海巨人网络科技有限公司	327
	3.7.18　北京和君咨询有限公司	327
	3.7.19　上海叶茂中营销策划有限公司	328
	3.7.20　深圳世联地产顾问股份有限公司	328
	3.7.21　易居（中国）控股有限公司	329
	3.7.22　同策房产咨询股份有限公司	329
3.8	旅游、休闲娱乐业重点企业	329
	3.8.1　深圳华侨城股份有限公司	329
	3.8.2　西安曲江文化产业投资（集团）有限公司	330
	3.8.3　北京万达文化产业集团有限公司	330
	3.8.4　大连圣亚旅游控股股份有限公司	330
	3.8.5　重庆新世纪游轮股份有限公司	331
	3.8.6　黄山旅游发展股份有限公司	332
	3.8.7　广东长隆集团有限公司	332

  3.8.8 深圳锦绣中华发展有限公司 ··· 333
3.9 其他服务业重点企业 ·· 334
  3.9.1 海伦钢琴股份有限公司 ·· 334
  3.9.2 广州珠江钢琴集团股份有限公司 ··· 334
  3.9.3 广东广州日报传媒股份有限公司 ··· 335
  3.9.4 雅昌文化（集团）有限公司 ·· 336

4 中国特色小镇发展现状分析

4.1 特色小镇概述 ·· 338
  4.1.1 特色小镇的定义及特点 ·· 338
  4.1.2 特色小镇发展意义 ·· 339
4.2 2014—2016年中国特色小镇建设现状 ··· 340
  4.2.1 中国特色小镇建设政策分析 ·· 340
  4.2.2 中国特色小镇建设现状 ·· 344
  4.2.3 特色小镇建设参与主体 ·· 347
  4.2.4 特色小镇创建模式分析 ·· 348
  4.2.5 特色小镇开发模式分析 ·· 348
  4.2.6 特色小镇开发架构分析 ·· 349
  4.2.7 特色小镇发展定位 ·· 351
  4.2.8 特色小镇建设原则 ·· 352
  4.2.9 特色小镇建设规划布局分析 ·· 352
4.3 特色小镇建设投融资模式分析 ·· 354
  4.3.1 特色小镇商业模式分析 ·· 354
  4.3.2 特色小镇建设融资综述 ·· 355
  4.3.3 特色小镇建设主要融资模式分析 ··· 356
  4.3.4 PPP模式在特色小镇建设上的应用 ··· 359
4.4 中国特色小镇建设典型案例分析（一） ·· 363
  4.4.1 杭州云栖小镇 ·· 363
  4.4.2 嘉善上海人才创业小镇 ·· 364
  4.4.3 贵州安顺西秀区旧州镇 ·· 365
  4.4.4 嘉善巧克力甜蜜小镇 ·· 366
  4.4.5 槐房国际足球小镇 ·· 367
  4.4.6 将军石体育休闲特色小镇 ·· 368
  4.4.7 浔龙河生态艺术小镇 ·· 369
4.5 中国特色小镇建设典型案例分析（二） ·· 371
  4.5.1 京北水镇北京市密云区古北口镇 ··· 371
  4.5.2 水乡古镇上海市青浦区朱家角镇 ··· 372
  4.5.3 毛衫时尚小镇浙江省嘉兴市濮院镇 ··· 372
  4.5.4 民国风情小镇浙江省湖州市莫干山镇 ··· 373

		4.5.5 东方好莱坞浙江省东阳市横店镇	374

        4.5.5　东方好莱坞浙江省东阳市横店镇 …………………………………………………… 374
        4.5.6　画里乡村安徽省黄山市宏村镇 ……………………………………………………… 374
        4.5.7　画里婺源江西省上饶市江湾镇 ……………………………………………………… 375
        4.5.8　空港小镇山东省胶州市李哥庄镇 …………………………………………………… 375
        4.5.9　钧瓷之都河南省许昌市神垕镇 ……………………………………………………… 376
        4.5.10　西夏风情小镇宁夏回族自治区银川市镇北堡镇 ……………………………………… 377

5　中国港澳台地区文化产业概览

    5.1　香港文化产业发展及现状 ……………………………………………………………………… 380
        5.1.1　香港文化创意产业发展概况 ………………………………………………………… 380
        5.1.2　香港文化创意产业经营情况 ………………………………………………………… 380
        5.1.3　香港文化创意产业园区发展情况 …………………………………………………… 380
        5.1.4　香港文化创意产业与内地的交流发展 ……………………………………………… 381
    5.2　澳门文化创意产业发展及现状 ………………………………………………………………… 381
        5.2.1　澳门文化创意产业发展概况 ………………………………………………………… 381
        5.2.2　澳门文化创意产业园区发展情况 …………………………………………………… 382
        5.2.3　澳门文化创意产业与内地的交流发展 ……………………………………………… 382
    5.3　台湾文化产业发展及现状 ……………………………………………………………………… 382
        5.3.1　台湾文化创意产业发展情况 ………………………………………………………… 382
        5.3.2　台湾文化创意产业园区发展情况 …………………………………………………… 389
        5.3.3　台湾文化创意产业与大陆的交流发展 ……………………………………………… 390

6　文化创意产业研究论文选编

特色小镇产业融合趋于"精细化"　　李季 ………………………………………………………… 394
对话新时代背景下的中国乡村振兴　　李季 ……………………………………………………… 397
特色小镇要与当地的文化产业相结合　　李季 …………………………………………………… 400
互联网文化产业十大创新型商业模式　　陈少峰 ………………………………………………… 402
文化产业这十个领域最有前途　　陈少峰 ………………………………………………………… 406
文旅与特色小镇，带你走进不一样的文旅　　陈少峰 …………………………………………… 413
中国戏曲的市场基因　　金元浦 …………………………………………………………………… 419
文创新发展：关注互联网新生态与文化创意产业　　金元浦 …………………………………… 421
解读"十九大"文化发展新思想　　范周 ………………………………………………………… 423
解读"十三五"文化产业发展规划：支柱产业指日可待　　范周 ……………………………… 426
特色小镇是个风口 也是个"大坑"　　彭中天 …………………………………………………… 430
在文化繁荣发展中探索文化金融发展规律　　西沐 ……………………………………………… 433
文化大数据的金山银山　　高书生 ………………………………………………………………… 437
民间资本是文化产业持续发展的重要推动力量　　施俊玲 ……………………………………… 439
过渡期文艺院团如何探索艺术与市场双赢　　向勇 ……………………………………………… 442

科技发展给艺术市场带来什么？ 黄隽	444
"十三五"时期文化产业发展关键是提质增效 祁述裕	446
由超级黄金周谈到国民休假制度 王兴斌	448
中国的大众旅游时代还在路上 王兴斌	451
大数据技术将如何影响艺术？ 郭万超	456
发展县域文化产业"恰逢其时" 王军	458
当前中国电影的十大挑战 饶曙光	461
债券融资：文化产业急需壮大的金融渠道 魏鹏举	467

7 文化创意产业法律法规与规章选编

中共中央办公厅、国务院办公厅《关于加大脱贫攻坚力度支持革命老区开发建设的指导意见》	470
中共中央、国务院《关于进一步加强城市规划建设管理工作的若干意见》	475
国务院《中医药发展战略规划纲要（2016—2030年）》	480
国务院《关于进一步加强文物工作的指导意见》	486
国务院办公厅《全民科学素质行动计划纲要实施方案（2016—2020年）》	491
中共中央《关于深化人才发展体制机制改革的意见》	502
中共中央办公厅、国务院办公厅《关于进一步深化文化市场综合执法改革的意见》	507
文化部、国家发展改革委、财政部、国家文物局《关于推动文化文物单位文化创意产品开发的若干意见》	510
国务院办公厅《关于促进通用航空业发展的指导意见》	513
国务院办公厅《关于发挥品牌引领作用推动供需结构升级的意见》	517
民政部等11部委局《关于支持整合改造闲置社会资源发展养老服务的通知》	521
国务院《关于激发重点群体活力带动城乡居民增收的实施意见》	523
中华人民共和国网络安全法	529
中华人民共和国电影产业促进法	537
中共中央办公厅、国务院办公厅《关于实行以增加知识价值为导向分配政策的若干意见》	544
国务院办公厅《关于支持返乡下乡人员创业创新，促进农村一、二、三产业融合发展的意见》	548
国务院办公厅《关于进一步扩大旅游文化体育健康养老教育培训等领域消费的意见》	551
国务院《关于印发〈"十三五"国家战略性新兴产业发展规划〉的通知》	554
国家新闻出版广电总局《关于印发〈全民阅读"十三五"时期发展规划〉的通知》	578
国务院《关于印发〈"十三五"促进民族地区和人口较少民族发展规划〉的通知》	585
《中华人民共和国公共文化服务保障法》	610
商务部《关于印发〈居民生活服务业发展"十三五"规划〉的通知》	615
国务院办公厅《关于印发知识产权综合管理改革试点总体方案的通知》	623
国务院《关于印发〈"十三五"国家知识产权保护和运用规划〉的通知》	625
中共中央办公厅、国务院办公厅《关于创新政府配置资源方式的指导意见》	636
国务院《关于扩大对外开放积极利用外资若干措施的通知》	641
中共中央办公厅、国务院办公厅《关于促进移动互联网健康有序发展的意见》	644
中共中央办公厅、国务院办公厅《关于实施中华优秀传统文化传承发展工程的意见》	648

国务院办公厅《关于印发〈东北地区与东部地区部分省市对口合作工作方案〉的通知》……653
国务院《关于新形势下加强打击侵犯知识产权和制售假冒伪劣商品工作的意见》……657
国务院办公厅《关于转发文化部等部门〈中国传统工艺振兴计划〉的通知》……660
《关于深化群众性精神文明创建活动的指导意见》……663
中共中央办公厅、国务院办公厅《国家"十三五"时期文化发展改革规划纲要》……670
国务院办公厅《关于建设第二批大众创业万众创新示范基地的实施意见》……679
国务院《关于进一步扩大和升级信息消费持续释放内需潜力的指导意见》……685
国务院办公厅《关于进一步加强文物安全工作的实施意见》……689
中共中央办公厅、国务院办公厅《建立国家公园体制总体方案》……692
中华人民共和国公共图书馆法……696

附　录

1. 2017年中国文化产业大事件……702
2. 2016年度中国文化创意产业十大先锋园区……705
3. 2016年度中国文化创意产业十大新锐园区……708
4. 中国企业2017年文化影响力排行榜前100名……712
5. 第一批全国特色小镇名单……715
6. 第二批全国特色小镇名单……718

参考文献……724

1

中国文化创意产业年度报告

1.1 文化创意产业的界定[①]

本年鉴将文化创意产业划定为文化艺术,新闻出版,广播、电视、电影,软件、网络及信息技术服务,广告会展,艺术品交易,设计服务,旅游、休闲娱乐,其他辅助服务等9大类。

文化创意产业界定分类表(文化艺术业)　　　　　　　　　　　　　　　　表 1-1-1

类别名称	国民经济行业代码	说明
一、文化艺术	—	—
(一)文艺创作、表演及演出场所	—	—
1.文艺创作与表演	8710	指文学、美术创造和表演艺术(如戏曲、歌舞、话剧、音乐、杂技、马戏、木偶等表演艺术)等活动
——文艺创作服务	—	—
——文艺表演服务	—	—
——其他文艺服务	—	—
2.艺术表演场馆	8720	指有观众席、舞台、灯光设备,专供文艺团体演出的场所的管理活动
(二)文化遗产保护服务	—	—
1.文物及非物质文化遗产保护	8740	指对具有历史、文化、艺术、科学价值,并经有关部门鉴定,列入文物保护范围的不可移动文物的保护和管理活动;对我国口头传统和表现形式,传统表演艺术,社会实践、意识、节庆活动,有关的自然界和宇宙的知识和实践,传统手工艺等非物质文化遗产的保护和管理活动
2.博物馆	8750	指收藏、研究、展示文物和标本的博物馆的活动,以及展示人类文化、艺术、科技、文明的美术馆、艺术馆、展览馆、科技馆、天文馆等管理活动
3.烈士园陵、纪念馆	8760	—
(三)群众文化服务	—	—
1.群众文化活动	8770	指对各种主要由城乡群众参与的文艺演出、比赛、展览等公益性文化活动的管理活动
——群众文化场馆	—	—
——其他群众文化活动	—	—
2.其他文化艺术	8790	—
(四)文化研究和社团服务	—	—
1.社会人文科学研究	7350	—
2.专业性团体(的服务)*	9421	—
——学术理论社会团体的服务	—	—
——文化团体的服务	—	—
(五)文化经纪代理服务	—	—
1.文化娱乐经纪人	8941	—
2.其他文化艺术经纪代理	8949	—

注:1."*"表示该行业类别仅有部分活动属于文化创意产业;2.类别前加横线"——"表示行业小类的延伸层。

[①] 《文化及相关产业分类(2012)》[EB/OL]. http://www.stats.gov.cn/tjsjltjbz/201207/t20120731_8672.html,2012-7-31

文化创意产业界定分类表（新闻出版业） 表1-1-2

类别名称	国民经济行业代码
二、新闻出版	—
（一）新闻服务	—
新闻业	8510
（二）出版服务	—
1.图书出版	8521
2.报纸出版	8522
3.期刊出版	8523
4.音像制品出版	8524
5.电子出版物出版	8525
6.其他出版业	8529
（三）发行服务	—
1.图书批发	5143
2.报刊批发	5144
3.音像制品及电子出版物批发	5145
4.图书、报刊零售	5243
5.音像制品及电子出版物零售	5244

文化创意产业界定分类表（广播、电视、电影业） 表1-1-3

类别名称	国民经济行业代码	说明
三、广播、电视、电影	—	—
（一）广播、电视服务	—	—
1.广播	8610	指广播节目的现场制作、播放及其他相关活动，还包括互联网广播
2.电视	8620	指有线和无线电视节目的现场制作、播放及其他相关活动，还包括互联网电视
（二）电影和影视录音服务	—	—
1.电影和影视节目制作	8630	指电影、电视和录像（含以磁带、光盘为载体）节目的制作活动，该节目可以作为电视、电影播出、放映，也可以作为出版、销售的原版录像带（或光盘），还可以在其他场合宣传播放，还包括影视节目的后期制作，但不包括电视台制作节目的活动
2.电影和影视节目发行	8640	不含录像制品（以磁带、光盘为载体）的发行
3.电影放映	8650	指专业电影院以及设在娱乐场所独立（或相对独立）的电影放映等活动
4.录音制作	8660	指从事录音节目、音乐作品的制作活动，其节目或作品可以在广播电台播放，也可以制作成出版、销售的原版录音带（磁带或光盘），还可以在其他宣传场合播放，但不包括广播电台制作节目的活动

文化创意产业界定分类表（软件、网络及信息技术服务业） 表1-1-4

类别名称	国民经济行业代码	说明
四、软件、网络及信息技术服务	—	—
（一）软件和信息技术服务	65	指对信息传输、信息制作、信息提供和信息接收过程中产生的技术问题或技术需求所提供的服务
1.软件开发	6510	指为用户提供计算机软件、信息系统或者设备中嵌入的软件，或者在系统集成、应用服务等技术服务时提供软件的开发和经营活动；包括基础软件、支撑软件、应用软件、嵌入式软件、信息安全软件、计算机（应用）系统、工业软件以及其他软件的开发和经营活动

续表

类别名称	国民经济行业代码	说明
2.信息系统集成服务	6520	指基于需方业务需求进行的信息系统需求分析和系统等集成到相互关联的、统一和协调的系统之中,以及为信息系统的正常运行提供支持的服务;包括信息系统设计、集成实施、运行维护等服务
3.信息技术咨询服务	6530	指在信息资源开发利用、工程建设、人员培训、管理体系建设、技术支撑等方面向需方提供的管理或技术咨询评估服务;包括信息化规划、信息技术管理咨询、信息系统工程监理、测试评估、信息技术培训等
4.数据处理和存储服务	6540	指供方向需方提供的信息和数据的分析、整理、计算、编辑、存储等加工处理服务,以及应用软件、业务运营平台、信息系统基础设施等的租用服务;包括各种数据库活动、网站内容更新、数据备份服务、数据存储服务、在线企业资源规划(ERP)、在线杀毒、电子商务平添、物流信息服务平台、服务器托管、虚拟主机等
5.其他信息技术服务业	659	—
——数字内容服务	6591	指数字内容的加工处理,即将图片、文字、视频、音频等信息内容运用数字化技术进行加工处理并整合应用的服务
(二)互联网和相关服务	64	—
1.互联网接入机相关服务	6410	指除基础电信运营商外,基于基础传输网络为存储数据、数据处理及相关活动,提供接入互联网的有关应用设施的服务
2.互联网信息服务	6420	指除基础电信运营商外,通过互联网提供在线信息、电子邮箱、数据检索、网络游戏等信息服务
3.其他互联网服务	6490	指除基础电信运营商服务、互联网接入及相关服务、互联网信息服务以外的其他未列明互联网服务
——互联网新闻服务	—	—
——互联网出版服务	—	—
——互联网电子公告服务	—	—
——其他互联网信息服务	—	—

注:类别前加横线"——"表示行业小类的延伸层。

文化创意产业界定分类表(广告会展、艺术品交易、设计服务业)　　表1-1-5

类别名称	国民经济行业代码	说明
五、广告会展	—	—
(一)广告服务	—	—
广告业	7240	指在报纸、期刊、路牌、灯箱、橱窗、互联网、通信设备及广播电影电视等媒介上为客户策划、制作的有偿宣传活动
(二)会展服务	—	—
会议及展览服务	7292	指为商品流通、促销、展示、经贸洽谈、民间交流、企业沟通、国际性往来而举办的展览和会议等活动
六、艺术品交易	—	—
(一)贸易代理*	5181	指不拥有货物的所有权,为实现供求双方达成交易、按协议收取佣金的贸易代理
文化贸易代理服务	—	—
(二)拍卖*	5182	—
艺(美)术品、文物、古董、字画拍卖服务	—	—
七、设计服务	—	—
(一)建筑设计	—	—
工程勘察设计*	7482	指建筑工程施工前的工程测量、工程地质勘查和工程设计等活动
——房屋建筑工程设计服务	—	—
——室内装饰设计服务	—	—

续表

类别名称	国民经济行业代码	说明
——风景园林工程专项设计服务	—	—
（二）专业技术服务	—	—
专业化设计服务	7491	指除工程规划设计、软件设计、集成电路设计以外的独立的专业化设计活动
（三）动漫游戏设计服务	—	—

注：1. "*"表示该行业类别仅有部分活动属于文化创意产业。
2. 类别前加横线"——"表示行业小类的延伸层。

文化创意产业界定分类表（旅游、休闲娱乐业） 表1-1-6

类别名称	国民经济行业代码	说明
八、旅游、休闲娱乐	—	—
（一）景区游览服务	—	—
1. 公园管理	7851	指主要为人们提供休闲、观赏、游览以及开展科普活动的城市各类公园管理活动
2. 游览景区管理	7852	指对具有一定规模的自然景观、人文景观的管理和保护活动，以及对环境优美，具有观赏、文化或科学价值的风景名胜区的保护和管理活动；包括风景名胜和其他类似的自然景区管理
3. 野生动物保护*	7712	指对野生及濒危动物的饲养、繁殖等保护活动，以及对栖息地的管理活动
——动物园和海洋馆、水族馆管理服务	—	—
4. 野生植物保护*	7713	指对野生及濒危植物的培育等保护活动
——植物园管理服务	—	—
（二）娱乐休闲服务	—	—
1. 歌舞厅娱乐活动	8911	—
2. 电子游艺厅娱乐活动	8912	—
3. 网吧活动	8913	指通过计算机等装置向公众提供互联网上网服务的网吧、电脑休闲等营业性场所的服务
4. 其他室内娱乐活动	8919	—
5. 游乐园	8920	指配有娱乐设施的室外娱乐活动及以娱乐为主的活动
6. 其他娱乐业	8990	指公园、海滩和旅游景点内小型设施的娱乐活动及其他娱乐活动
（三）摄影扩印服务	—	—
摄影扩印服务	7492	—

注：1. "*"表示该行业类别仅有部分活动属于文化创意产业。
2. 类别前加横线"——"表示行业小类的延伸层。

文化创意产业界定分类表（其他辅助服务业） 表1-1-7

类别名称	国民经济行业代码	说明
九、其他辅助服务	—	—
（一）文化用品、设备及相关文化产品的生产	—	—
1. 文化用品生产	—	—
文具制造	2411	指办公/学习等使用各种文具的制造
笔的制造	2412	指用于学习、办公或绘画等用途的各种笔制品的制造
墨水、墨汁制造	2414	—
中乐器制造	2421	—
西乐器制造	2422	—
电子乐器制造	2423	—

续表

类别名称	国民经济行业代码	说明
其他乐器及零件制造	2429	指其他未列明的乐器、乐器零件及配套产品的制造
玩具制造	2450	指以儿童为主要使用者，用于玩耍、智力开发等娱乐器具的制造
2. 文化设备生产	—	—
露天游乐场所游乐设备制造	2461	指主要安装在公园、游乐园、水上乐园、儿童乐园等露天乐场的电动及非电动游乐设备和游艺器材的制造
游艺用品及室内游艺器材制造	2462	指主要供室内、桌上等游艺及娱乐场所使用的游乐设备、游艺器材和游艺娱乐用品，以及主要安装在室内游乐场所的电子游乐设备的制造
其他娱乐用品制造	2469	
视听设备制造	—	
——电视机制造	3951	指非专业用电视机制造
——音响设备制造	3952	指非专业用无线电收音机、收录音机、唱机等音响设备的制造
——影视录放设备制造	3953	指非专业用录像机、摄像机、激光视盘机等影视设备整机及零部件的制造，包括教学用影视设备的制造，但不包括广播电视等专业影视设备的制造
印刷专用设备制造	3542	指使用印刷或其他方式将图文信息转移到承印物上的专用生产设备的制造
广播电视节目制作及发射设备制造	3931	指广播电视节目制作、发射设备及器材的制造
广播电视接收设备及器材制造	3932	指专业广播电视接收设备、专业用录音录像重放、音响设备及其他配套的广播电视设备的制造，但不包括家用广播电视接收设备及装置的制造
应用电视设备及其他广播电视设备制造	3939	指应用电视设备、其他广播电视设备和器材的制造
电影机械制造	3471	指各种类型或用途的电影摄影机、电影录音摄影机、影像放映机及电影辅助器材和配件的制造
其他文化专用设备制造	—	—
——幻灯及投影设备制造	3472	指通过媒体将在电子成像器件上的文字图像、胶片上的文字图像、纸张上的文字图像及实物投射到银幕上的各种设备、器材及零配件的制造
——照相机及器材制造	3473	指各种类型或用途的照相机的制造：包括用以制备印刷版，用于水下或空中照相的照相机制造，以及照相机用闪光装置、摄影暗室装置和零件的制造
——复印和胶印设备制造	3474	指各种用途的复印设备和集复印、打印、扫描、传真为一体的多功能一体机的制造；以及主要用于办公室的胶印设备、文字处理设备及零件的制造
（二）文化用品、设备及相关文化产品的销售	—	—
1. 文化用品销售	—	—
文具用品批发	5141	—
文具用品零售	5241	—
乐器零售	5247	—
其他文化用品批发	5149	—
其他文化用品零售	5249	—
2. 文化设备销售	—	—
通信及广播电视设备批发*	5178	指电信设备、广播电视设备的批发和进出口活动
照相器材零售	5248	—
家用视听设备零售	5271	指专门经营电视、音响设备、摄录像设备等的店铺零售活动
（三）文化产品生产的辅助生产	—	—
1. 版权服务		
知识产权服务*	7250	指对专利、商标、版权、著作权、软件、集成电路布图设计等的代理、转让、登记、鉴定、评估、认证、咨询、检索等活动
2. 印刷复制服务	—	—

续表

类别名称	国民经济行业代码	说明
书、报刊印刷	2311	—
本册印制	2312	指由各种纸及纸板制作的，用于书写和其他用途的本册生产活动
包装装潢及其他印刷	2319	指根据一定的商品属性、形态，采用一定的包装材料，经过对商品包装的造型结构艺术和图案文字的设计与安排来装饰美化商品的印刷，以及其他印刷互动
装订及印刷相关服务	2320	指专门企业从事的装订、压印媒介制造等与印刷有关的服务
记录媒介复制	2330	指将母带、母盘上的信息进行批量翻录的生产活动
3. 文化出租服务	—	—
娱乐及体育设备出租*	7121	
——视频设备、照相器材和娱乐设备的出租服务	—	
图书出租	7122	
音像制品出租	7123	
4. 其他文化辅助生产	—	—
其他未列明的商务服务业*	7299	
——公司礼仪和模特服务	—	
——大型活动组织服务	—	
——票务服务	—	

注：1. "*"表示该行业类别仅有部分活动属于文化创意产业。
2. 类别前加横线"——"表示行业小类的延伸层。

1.2 文化创意产业细分行业发展情况

1.2.1 文化艺术业[①]

1. 文化机构和从业人员

截至2016年年末，纳入统计范围的全国文化单位[②]共有31.06万个，比上年末增加1.15万个；从业人员[③]共有234.81万人，比上年末增加5.37万人。其中，文化部门所属单位共66029个，比上年末增加319个；从业人员共66.10万人，比上年末增加1.56万人。

2. 公共文化服务体系

（1）公共图书馆[④]

截至2016年年末，全国共有公共图书馆3153个，比上年末增加14个。其中，少儿图书馆122个，比上年末增加9个。年末全国公共图书馆从业人员共57208人，其中具有高级职称的人员6153人，占10.8%；具有中级职称的人员18699人，占32.7%。

截至2016年年末，全国公共图书馆实际使用房屋建筑面积共1424.26万平方米，比上年末增长9.4%；图

---

① 该部分数据与资料来自中华人民共和国文化部发布的《2016年文化发展统计公报》，各项统计数据均未包括香港特别行政区、澳门特别行政区和台湾省。部分数据因四舍五入的原因，存在着与分项合计不等的情况。
② 文化单位是指全国各级文化部门（含文化系统和文物系统）主办的或实行行业管理的文化机构，不含各级新闻出版、广播影视等部门主办或管理的文化机构。根据现行的统计制度，文化部门主办的文化单位（如公共图书馆、文化馆、文化站、博物馆等）全部纳入了统计范围，实行行业管理的文化单位中，民营艺术表演团体、互联网上网服务营业场所和娱乐场所纳入了统计范围，艺术品交易机构、网络文化经营机构等未纳入统计范围。
③ 从业人员是指在各级文化部门（含文化系统和文物系统）主办或实行行业管理的机构中工作并取得劳动报酬的人员。统计范围同文化单位。
④ 公共图书馆是指由各级文化部门主办的、面向社会公众开放并提供科学、文化等各种知识普及教育的机构。

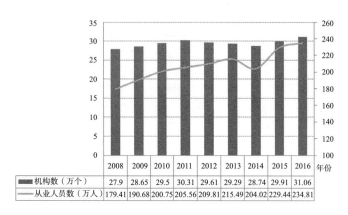
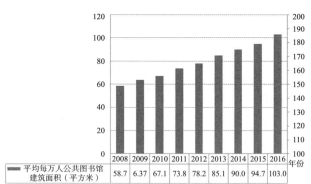

图 1-2-1　2008—2016年全国文化单位机构数及从业人员数　　图 1-2-2　2008—2016年全国公共图书馆人均资源情况

书总藏量①共90163万册，同比增长7.5%；电子图书88798万册，同比增长6.9%；阅览室座席数98.60万个，同比增长8.3%；计算机21.16万台，供读者使用的电子阅览终端13.49万台，同比增长6.5%。

截至2016年年末，全国平均每万人公共图书馆建筑面积达到103.0平方米，比上年末增加8.3平方米；全国人均图书藏量0.65册，比上年增加0.04册；全国人均购书费1.56元，比上年增加0.13元。

2016年全年，全国公共图书馆发放借书证②5593万个，总流通人次③66037万，同比增长12.1%。书刊文献外借册次54725万，同比增长7.5%；外借人次24892万，同比增长7.8%。全年共为读者举办各种活动140033次，同比增长22.3%；参加人次7138万，同比增长20.8%。

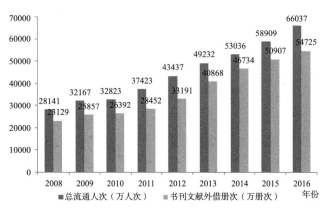

图 1-2-3　2008—2016年全国公共图书馆总流通人次及书刊外借册次　　图 1-2-4　2008—2016年全国平均每万人群众文化设施建筑面积（单位：平方米）

（2）群众文化机构④

截至2016年年末，全国共有群众文化机构44497个，比上年末增加206个。其中乡镇综合文化站34240个。年末全国群众文化机构从业人员182030人，比上年末增加8531人。其中具有高级职称的人员6026人，占3.3%；具有中级职称的人员17133人，占9.4%。

截至2016年年末，全国群众文化机构实际使用房屋建筑面积3991.01万平方米，比上年末增长3.7%；藏

---

① 公共图书馆总藏量指已编目的古籍、图书、期刊和报纸的合订本、手册、手稿，以及缩微制品、录像带、录音带、光盘等视听文献资料数量之和，不包括电子图书。
② 公共图书馆发放的借书证数是指由公共图书馆发放，并在当年内使用过至少一次的借书证的数量。
③ 公共图书馆总流通人次是指本年度内到图书馆场馆接受图书馆服务的总人次，包括借阅书刊、咨询问题，以及参加各类读者活动等。
④ 群众文化机构是指各级文化部门主办的开展群众文化活动的场所，主要包括文化馆（含综合性文化中心、群众艺术馆）、文化站。

书 2.74 亿册,增长 4.4%;计算机 37.73 万台,增长 4.4%;对公众开放的阅览室 117.63 万平方米,增长 7.7%。年末全国平均每万人群众文化设施建筑面积 288.64 平方米,比上年末提高 8.69 平方米。

2016 年全年,全国群众文化机构共组织开展各类活动[①]183.97 万场次,比上年增长 10.6%;服务人次 57896 万,同比增长 5.6%。

截至 2016 年年末,全国群众文化机构共有馆办文艺团体[②]7779 个,演出 14.76 万场,观众 8555 万人次。由文化馆(站)指导的群众业余文艺团体 39.84 万个,馆办老年大学 857 个。

3. 艺术创作演出情况

截至 2016 年年末,全国共有艺术表演团体[③]12301 个,比上年末增加 1514 个;从业人员 33.27 万人,比上年末增加 3.08 万人。其中各级文化部门管理的艺术表演团体 2031 个,占 16.5%。

2016 年,全国艺术表演团体演出 230.60 万场,比上年增长 9.4%;国内观众 11.81 亿人次,增长 23.3%;赴农村演出 151.50 万场,占总演出场次的 65.7%;农村观众 6.21 亿人次,比上年增长 6.2%,占观众总人数的 52.58%。总收入 311.23 亿元,比上年增长 20.8%,其中演出收入 130.86 亿元,比上年增长 39.3%。

2008—2016 年全国艺术表演团体基本情况　　　　表 1-2-1

年份	机构数(个)	从业人员数(万人)	演出场次(万场)	国内演出观众人次(亿人次)
2008	5114	20.82	90.5	6.32
2009	6139	18.47	120.2	8.17
2010	6864	18.54	137.1	8.85
2011	7055	22.66	154.7	7.46
2012	7321	24.20	135.0	8.28
2013	8180	26.09	165.1	9.00
2014	8769	26.29	173.9	9.10
2015	10787	30.19	210.79	9.58
2016	12301	33.27	230.60	11.81

2016 年全年,全国文化部门所属艺术表演团体共组织政府采购公益演出 13.90 万场,观众 1.17 亿人次;利用流动舞台车演出 11.31 万场次,观众 10381 万人次。中央直属院团全年开展公益性演出 1335 场,其中赴老少边穷地区演出 241 场,面向老红军、留守儿童等演出 132 场,社会效益有力彰显。

截至 2016 年年末,全国共有艺术表演场馆 2285 个,观众座席数 168.93 万个。全年艺术演出 19.09 万场次,增长 39.5%;艺术演出观众 3098 万人次,增长 8.6%。其中各级文化部门所属艺术表演场馆 1265 个,全年共举行艺术演出 6.81 万场次,增长 25.0%,艺术演出观众 2589 万人次,增长 8.4%。

4. 文化产业与文化科技

2016 年,文化部联合有关部门,在深入开展调研论证、征求意见的基础上,形成《文化产业促进法草案(征求意见稿)》。联合财政部印发《关于开展引导城乡居民扩大文化消费试点工作的通知》,公布 26 个国家文化消费试点城市名单。推动国务院办公厅转发文化部等部门《关于推动文化文物单位文化创意产品开发的若干意见》,在体制机制和支持政策方面实现创新和突破。

---

① 群众文化机构组织开展的各类活动是指组织文艺活动、举办训练班、举办展览和组织公益性讲座的总和。
② 群众文化机构馆办文艺团体是指由本馆人员组成的为群众提供文艺演出的演出团队。
③ 艺术表演团体是指由文化部门主办或实行行业管理(经文化行政部门审批并领取营业性演出许可证),专门从事表演艺术等活动的各类专业艺术表演团体。

配合财政部组织中央财政文化产业发展专项资金等重大项目申报评审，共推荐385个项目，支持金额7.17亿元。推动将文化类项目纳入财政部PPP示范项目以奖代补和国家发展改革委基础设施建设PPP模式推广前期工作专项补助支持范围，共有31个文化类项目获得以奖代补资金1.62亿元，拉动投资358亿元。推动将文化旅游基础设施作为投资方向纳入专项建设基金申报范围，截至2016年末，审核通过的专项建设基金支持文化领域资金总额超过130亿元，预计可以拉动文化旅游领域约1000亿元的社会投资。

制定《关于进一步完善国家级文化产业示范园区创建工作方案》，2016年年末全国共有10个国家级文化产业示范园区、10个国家级文化产业试验园区和335个国家文化产业示范基地。

2016年，起草完成《文化部"十三五"时期文化科技创新规划》，明确提出"十三五"时期文化科技创新工作的基本思路、主要任务、重点工程及保障措施。深化文化标准化工作改革，《文化馆服务标准》等4项标准成为国家标准，发布《流动图书车载装置通用技术条件》等5项推荐性行业标准。

5. 文化市场发展情况

2016年，中央办公厅、国务院办公厅印发《关于进一步深化文化市场综合执法改革的意见》，文化市场综合执法改革进一步深化。出台《艺术品经营管理办法》，建立明示担保、尽职调查、信用监管等制度，促进公开透明交易。出台《文化部关于推动文化娱乐行业转型升级的意见》，推动文化娱乐行业建设场所阳光、内容健康、服务规范、业态丰富、受众多样、形象正面的现代文化消费场所。出台《文化部关于规范网络游戏运营 加强事中事后监管工作的通知》和《网络表演经营活动管理办法》，新兴文化市场进一步规范。加强制度设计，构建以"三名单两机制"（黑名单、警示名单和红名单及守信激励、失信惩戒机制）为核心的文化市场信用体系。

截至2016年年末，全国文化市场经营单位①（含互联网上网服务营业场所、娱乐场所和民营艺术表演团体）24.27万家，比上年末增加1.10万家；从业人员160.90万人，增加4.43万人。

6. 文化遗产保护情况

截至2016年年末，全国共有文物机构8954个，比上年末增加278个。其中，文物保护管理机构3318个，占37.1%，博物馆②4109个，占45.9%。

截至2016年年末，全国文物机构从业人员15.15万人，比上年末增加0.54万人。其中高级职称8473人，占5.6%，中级职称18943人，占12.5%。

图1-2-5 2008—2016年全国文物机构及从业人员情况

图1-2-6 2008—2016年全国文物机构接待观众人次及未成年人观众人次

---

① 文化市场经营单位是指经文化市场行政部门审批或备案并领取相关许可或备案文件的、从事文化经营和文化服务活动的机构。按照现行统计制度，文化市场经营单位统计范围只包括民营艺术表演团体、娱乐场所和互联网上网服务营业场所。

② 博物馆是指为了研究、教育、欣赏的目的，收藏、保护、展示人类活动和自然环境的见证物，向公众开放，非营利性、永久性社会服务机构，包括以博物馆（院）、纪念馆（舍）、科技馆、陈列馆等专有名称开展活动的单位。

截至 2016 年年末，全国文物机构拥有文物藏品 4455.91 万件，比上年末增加 317.05 万件，增长 7.6%。其中，博物馆文物藏品 3329.38 万件，占文物藏品总量的 74.7%；文物商店文物藏品 69.97 万件，占 1.6%。文物藏品中，一级文物 10.98 万件，占 0.2%；二级文物 76.47 万件，占 1.7%；三级文物 363.16 万件，占 8.2%。

2016 年全年，全国文物机构共安排基本陈列[①]12203 个，比上年增长 12.4%；举办临时展览[②]12420 个，增长 5.2%；接待观众 101269 万人次，增长 9.5%。其中未成年人 26298 万人次，增长 6.7%，占参观总人数的 26.0%。博物馆接待观众 85062 万人次，增长 8.9%，占文物机构接待观众 84.0%。

截至 2016 年年末，国务院共公布了 1372 个国家级非物质文化遗产代表性项目，文化部共认定了 1986 名国家级非物质文化遗产项目代表性传承人。

2016 年全年，全国非物质文化遗产保护机构共举办展览 18887 次，比上年增长 11.5%，接待观众 3593 万人次，比上年增长 9.0%；举办演出 42149 场，比上年增长 7.6%，观众 3903 万人次，比上年降低 1.4%；举办民俗活动 14561 次，比上年增长 7.3%，观众 4619 万人次，比上年增长 24.3%；举办培训班 23704 次，比上年增长 15.1%，培训人数 158 万人次，比上年增长 4.6%。

7. 文化资金投入情况

2016 年，中央财政通过继续实施"三馆一站"免费开放、非物质文化遗产保护、公共数字文化建设、地市级公共文化设施建设等文化项目，共落实中央补助地方专项资金 61.03 亿元，比上年增长 27.7%。

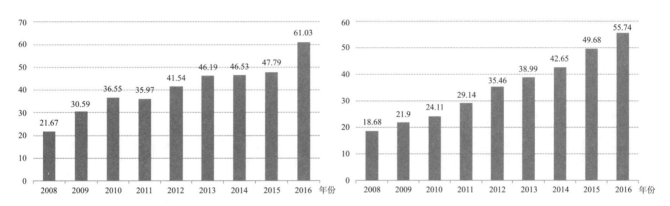

图 1-2-7　2008—2016 年中央对地方文化项目补助资金情况（单位：万元）　　图 1-2-8　2008—2016 年全国人均文化事业费（单位：元）

2016 年全年，全国文化事业费[③]770.69 亿元，比上年增加 87.72 亿元，同比增长 12.8%；全国人均文化事业费 55.74 元，比上年增加 6.06 元，同比增长 12.2%。

2016 年，全国文化事业费占财政总支出的比重为 0.41%，与上年基本持平。

2016 年，全国文化事业费中，县以上文化单位 371 亿元，占 48.1%，比重比上年降低了 3.6 个百分点；县及县以下文化单位 399.68 亿元，占 51.9%，比重比上年提高了 3.6 个百分点。东部地区文化单位文化事业费 333.62 亿元，占 43.3%，比重比上年增加了 1.2 个百分点；中部地区文化单位文化事业费 184.80 亿元，占 24.0%，比重下降了 0.1 个百分点；西部地区文化单位文化事业费 218.17 亿元，占 28.3%，比重下降了 0.1 个百分点。[④]

---

① 基本陈列是指在本馆布置陈列、地点固定、时间较长的展出。
② 临时展览是指在本机构内设置、由本馆设计布陈、形式比较多样的展出。
③ 文化事业费是指区域内各级财政对文化系统主办单位的经费投入总和。一般包括艺术表演团体、公共图书馆、文化馆（站）等文化事业单位的财政拨款（不含基建拨款）及文化部门所属企业的财政补贴。根据现行统计口径，文化事业费不包括各级文化行政管理部门的行政运行经费。
④ 东部地区包括北京、天津、辽宁、上海、江苏、浙江、福建、山东、广东；中部地区包括河北、山西、吉林、黑龙江、安徽、江西、河南、湖北、湖南、海南；西部地区包括内蒙古、广西、重庆、四川、贵州、云南、西藏、陕西、甘肃、青海、宁夏、新疆。

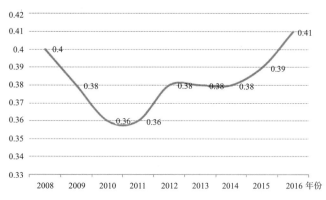

图 1-2-9 2008—2016 年全国文化事业费占财政总支出比重（单位：%）

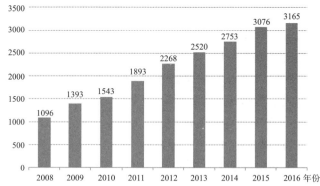

图 1-2-10 2008—2016 年全国文化体育传媒经费总量及增长速度（单位：亿元）

2005—2016 年全国文化事业费按城乡和区域分布情况　　　　表 1-2-2

项目		2005 年	2010 年	2012 年	2013 年	2014 年	2015 年	2016 年
总量（亿元）	全国	133.82	323.06	480.10	530.49	583.44	682.97	770.69
	县以上	98.12	206.65	243.08	272.67	292.12	352.84	371.00
	县及县以下	35.70	116.41	237.02	257.82	291.32	330.13	399.68
	东部地区	64.37	143.35	211.56	231.41	242.98	287.87	333.62
	中部地区	30.58	78.65	107.78	120.01	133.46	164.27	184.80
	西部地区	27.56	85.78	139.53	152.16	171.15	193.87	218.17
所占比重（%）	全国	100.0	100.0	100.0	100.0	100.0	100.0	100.0
	县以上	73.3	64.0	50.6	51.4	50.1	51.7	48.1
	县及县以下	26.7	36.0	49.4	48.6	49.9	48.3	51.9
	东部地区	48.1	44.4	44.1	43.6	41.6	42.1	43.3
	中部地区	22.9	24.3	22.4	22.6	22.9	24.1	24.0
	西部地区	20.6	26.6	29.1	28.7	29.3	28.4	28.3

据财政部统计，2016 年全国财政支出中，文化体育传媒经费 3165 亿元，比上年增长 2.9%，占财政支出的 1.68%，比重比上年下降 0.07 个百分点。

8. 对外和对港澳台文化交流

2016 年，文化部服务国家"一带一路"战略，出台《"一带一路"文化发展行动计划（2016—2020 年）》。23 个国家文化部长或代表受邀出席丝绸之路文博会文化部长圆桌会议并通过了《敦煌宣言》，与沿线国家开展交流的机制化水平不断提升。

海外文化阵地和品牌建设不断加强，中共六大会址常设展览馆、瑞典斯德哥尔摩文化中心、希腊雅典文化中心、白俄罗斯明斯克文化中心、柬埔寨金边文化中心等启用或揭牌，全球中国文化中心总数达到 30 个。推进海外中国文化中心多模式发展，部省共建文化中心的机制不断完善。2016 年"欢乐春节"在全球 140 个国家 470 座城市举办 2100 多项活动，品牌化、本土化、市场化水平不断提升。在 20 个国家举办"中华文化讲堂"，开展 40 余场形式各异的中华文化宣介展示活动，以文化方式讲好中国故事，受到各国民众热烈欢迎。举办中拉文化交流年，覆盖约 30 个拉美和加勒比国家，直接受众近千万人。举办中埃（埃及）文化年、中加（加拿大）文化交流年、中卡（卡塔尔）文化年、俄罗斯中国文化节、非洲文化聚焦等活动，完成 G20 杭州峰会文艺演出任务。"东亚文化之都""相约北京"联欢活动等品牌活动的影响持续扩大。

不断巩固和完善内地与港澳文化合作长效机制，签署《内地与澳门 2016—2018 年文化交流与合作执行计划》，推进内地与香港文化交流与合作执行计划的落实。组织故宫博物院等内地近60家单位参加香港国际授权展"中国内地馆"。开启两岸文化交流新模式，促成流落海外的北齐佛首造像由台湾回归，组织"情系青春——两岸青年八闽行"等活动，促进青少年文化认同。

1.2.2 新闻出版业①

1. 经济总量规模

2016年，全国出版、印刷和发行服务实现营业收入23595.8亿元，较2015年增加1939.9亿元，增长9.0%。利润总额1792.0亿元，增长7.8%。

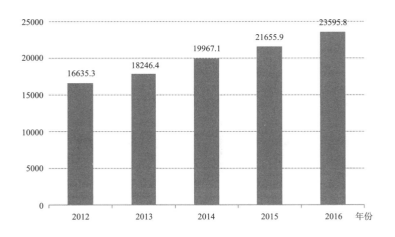

图1-2-11 2012—2016年新闻出版产业主要经济指标（单位：亿元）

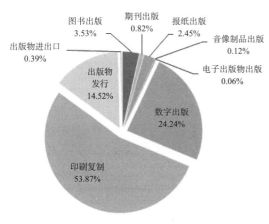

图1-2-12 2016年新闻出版产品结构概况

2. 出版整体结构

印刷复制、数字出版和出版物发行分居收入前三位，数字出版占比提高。印刷复制、数字出版和出版物发行三者营业收入合计21859.1亿元，较2015年增长9.9%，占全行业营业收入的92.7%，提高0.9个百分点。其中，数字出版占24.2%，提高3.9个百分点；印刷复制和出版物发行收入占比则有所下降。

3. 新闻出版业出口

对外版权输出增速加快，数字出版物出口占出版物出口比重进一步提高。2016年，全国共输出版权11133种，较2015年增长6.3%，提高4.6个百分点；其中，输出出版物版权较引进出版物版权增长速度高出3.2个百分点；电子出版物版权贸易实现大幅顺差，净输出1047种，增长192.5%，输出品种数量为引进品种数量的5.8倍。数字出版物出口3055.3万美元，增长29.1%，占全部出口金额的27.7%，提高5.1个百分点。

4. 报纸出版总量

报刊出版仍面临严峻挑战，报纸出版主要经济指标降幅趋缓。与2015年相比，期刊出版总印数降低6.3%，总印张降低9.4%；报纸出版总印数降低9.3%，总印张降低18.5%；平均期印数超过百万册（份）的期刊和报纸分别减少3种和1种，平均期印数前10位的报刊总印数继续整体下降。但市场定位和读者对象更为明确的专业类、读者对象类报纸，总印数降幅分别为3.6%和1.0%，低于整体降幅5.7个百分点和8.3个百分点，反映报纸出版供给侧的专业化、细分化改革成效初显。

报纸出版主要经济指标下滑速度趋缓。报纸出版营业收入降低7.6%，较2015年收窄2.7个百分点；利润总额降低15.7%，收窄37.5个百分点。43家报业集团主营业务收入降低2.5%，收窄4.4个百分点；受益于投资收益与补贴收入等大幅增加，利润总额止跌回升，增长59.4%，提高104.5个百分点；营业利润出现亏损的报

---

① 该部分数据和资料来自国家新闻出版广电总局发布的《2016年新闻出版产业分析报告》。

业集团 29 家，减少 2 家。

5. 数字出版总量规模

数字出版继续保持高速增长，对全行业营业收入增长贡献超三分之二。数字出版实现营业收入 5720.9 亿元，较 2015 年增加 1317.0 亿元，增长 29.9%，对全行业营业收入增长贡献率达 67.9%，提高 7.7 个百分点，增长速度与增长贡献在新闻出版各产业类别中继续位居第一，已成为拉动产业增长"三驾马车"之首。数字出版中，网络动漫营业收入增长 250.7%，在线教育营业收入增长 39.4%，势头迅猛，增长速度在数字出版所属各类别中名列前茅。

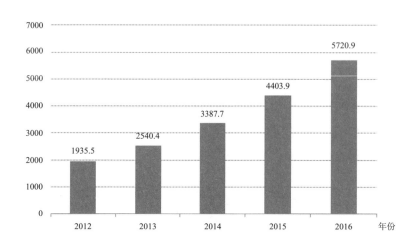

图 1-2-13　2012—2016 年数字出版营业收入增长情况（单位：亿元）

6. 国民阅读状况

数字阅读与纸书阅读此长彼长，"听书"正在成为新兴阅读方式。2016 年我国各媒介综合阅读率为 79.9%，较 2015 年略有提高。数字化阅读方式的接触率为 68.2%，提高 4.2 个百分点；成年国民手机阅读率为 66.1%，提高 6.1 个百分点。国民图书阅读率为 58.8%，提高 0.4 个百分点；未成年人图书阅读率为 85.0%，提高 3.9 个百分点。国民听书率达到 17.0%，"听书"正成为国民新兴阅读的重要方式之一。

7. 单位数量与就业人数

新闻出版单位数量下降，企业法人单位占据主导。2016 年，全国共有新闻出版单位 30.5 万家，较 2015 年降低 3.0%。其中，法人单位 15.2 万家，增长 1.5%，占单位总数的 49.9%；个体经营户 14.4 万家，降低 7.3%，占 47.3%。企业法人单位数量继续增加，在全行业营业收入、资产总额和利润总额中所占比重继续提高；个体经营户数量与占比继续下降。在印刷复制企业和出版物发行企业中，国有全资企业营业收入、资产总额、利润总额所占比重继续降低，民营企业所占比重继续提高。

2016 年新闻出版数量与构成　　　　　　表 1-2-3

类型	数量（家）	较 2015 年增减（%）	比重（%）
法人单位	15.2	1.5	49.9
个体经营户	14.4	−7.3	47.3

新闻出版业就业总人数增长，但报纸、期刊从业人数降幅大。2016 年，全国新闻出版业直接就业人数为 453.9 万人（不包含数字出版、版权贸易与服务、行业服务与其他新闻出版业务单位就业人员），较 2015 年增长 1.3%。印刷复制业直接就业人数 336.1 万人，提高 3.2%；出版物发行业 77.4 万人，降低 2.7%；报纸出版业 22.4 万人，降低 7.5%；期刊出版业 10.3 万人，降低 7.0%；图书出版业 6.7 万人，降低 0.4%。

2016 年新闻出版产业就业人数的产业类别构成　　表 1-2-4

产业类型	人数（万人）	较 2015 年增减（%）
新闻出版	453.9	1.3
印刷复制	336.1	3.2
出版物发行	77.4	−2.7
报纸出版业	22.4	−7.5
期刊出版业	10.3	−7.0
图书出版业	6.7	−0.4

1.2.3　广播、电视、电影业 [①]

1. 广播业

（1）广播节目人口覆盖

2016 年，全国广播综合人口覆盖率为 98.37%，同比增加 0.19 个百分点。

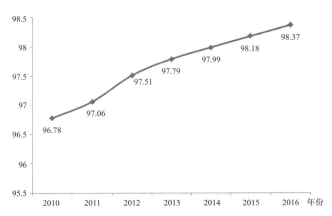

图 1-2-14　2010—2016 年中国广播节目综合人口覆盖率
（单位：%）

图 1-2-15　2011—2016 年中国广播节目制作时间
（单位：万小时）

（2）广播节目制作概况

2016 年，全国共生产制作广播节目 350.72 万小时，同比增长 1.32%。

其中，制作新闻资讯类广播节目 98.99 万小时，占全年制作广播节目时间的比重为 28.23%；制作专题服务类广播节目 89.98 万小时，占全年制作广播节目时间的比重为 25.65%；制作综艺类广播节目 48.41 万小时，占全年制作广播节目时间的比重为 13.8%；制作广播剧类节目 11.91 万小时，占全年制作广播节目时间的比重为 3.4%；制作广告类广播节目 48.36 万小时，占全年制作广播节目时间的比重为 13.79%；制作其他类广播节目 53.07 万小时，占全年制作广播节目时间的比重为 15.13%。

2016 年全国广播节目按类别制作时间情况　　表 1-2-5

制作广播节目类别	时间（万小时）	占全年制作广播节目时间比重（%）
制作新闻资讯类广播节目	98.99	28.23
制作专题服务类广播节目	89.98	25.65

---

① 该部分数据来自《中国统计年鉴 2016》。部分数据因四舍五入的原因，存在着与分项合计不等的情况。

续表

制作广播节目类别	时间（万小时）	占全年制作广播节目时间比重（%）
制作综艺类广播节目	48.41	13.80
制作广播剧类节目	11.91	3.40
制作广告类广播节目	48.36	13.79
制作其他类广播节目	53.07	15.13
全年制作广播节目时间合计	350.72	100.00

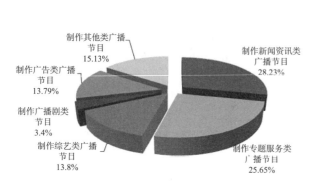

图 1-2-16　2016 年不同类别广播节目制作时间占比

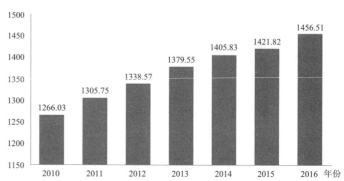

图 1-2-17　2010—2016 年中国广播节目播出时间（单位：万小时）

（3）广播节目播出概况

2016 年，中国广播节目播出时间达到 1456.51 万小时，同比增长 2.44%。

其中，播出新闻资讯类节目共 293.4 万小时，占全年广播节目播出时间比重为 20.14%；播出专题服务类节目共 325.84 万小时，占全年广播节目播出时间比重为 22.37%；播出综艺类节目共 388.25 万小时，占全年广播节目播出时间比重为 26.66%；播出广播剧类节目共 83.2 万小时，占全年广播节目播出时间比重为 5.71%；播出广告类节目共 121.85 万小时，占全年广播节目播出时间比重为 8.37%；播出其他类节目共 243.97 万小时，占全年广播节目播出时间比重为 16.75%。

2016 年全国广播节目按类别播出时间情况　　　　表 1-2-6

制作广播节目类别	时间（万小时）	占全年广播节目播出时间比重（%）
播出新闻资讯类节目	293.40	20.14
播出专题服务类节目	325.84	22.37
播出综艺类节目	388.25	26.66
播出广播剧类节目	83.20	5.71
播出广告类节目	121.85	8.37
播出其他类节目	243.97	16.75
全年公共广播节目播出合计	1456.51	100.00

（4）广播节目制作时间

①专题服务类广播节目制作时间

2016 年，全国共制作专题服务类广播节目共 209.64 万小时；占全国广播节目制作时间的比重为 26.81%。

②新闻资讯类广播节目制作时间

2016 年，全国共制作新闻资讯类广播节目 145.73 万小时，较上年有所增长；占全国广播节目制作时间的比重为 18.63%。

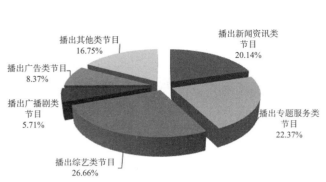

图 1-2-18　2016年不同类别广播节目播出时间占比

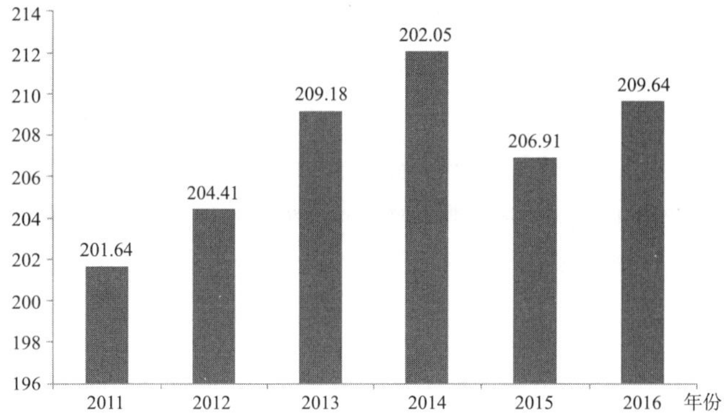

图 1-2-19　2011—2016年中国专题服务类广播节目制作时间（单位：万小时）

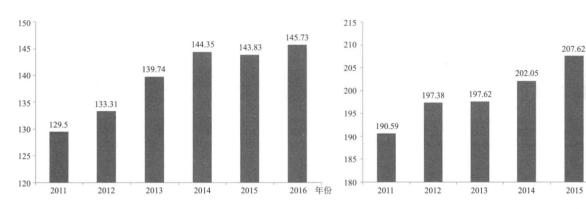

图 1-2-20　2011—2016年中国新闻资讯类广播节目制作时间（单位：万小时）

图 1-2-21　2011—2016年中国综艺类广播节目制作时间（单位：万小时）

③综艺类广播节目制作时间

2016年，全国共制作综艺类广播节目210.36万小时，较上年同期有所增长；占全国广播节目制作时间的比重为26.81%。

④广播剧类节目制作时间

2016年，全国共制作广播剧类节目17.26万小时，较上年同期有所下降；占全国广播节目制作时间的比重为2.21%。

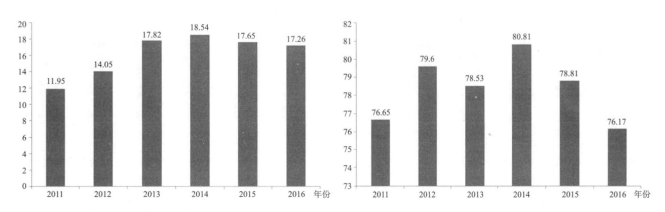

图 1-2-22　2011—2016年中国广播剧类节目制作时间（单位：万小时）

图 1-2-23　2011—2016年中国广告类广播节目制作时间（单位：万小时）

⑤广告类广播节目制作时间

2016年,全国共制作广告类广播节目76.17万小时,较上年同期有较大幅度的下降;占全国广播节目制作时间的比重为9.74%。

⑥其他类广播节目制作时间

2016年,全国共制作其他类广播节目122.87万小时,较上年同期有所增长;占全国广播节目制作时间的比重为15.71%。

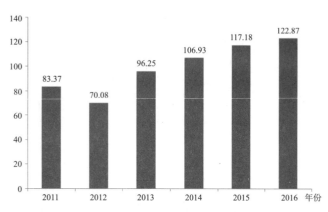

图1-2-24 2011—2016年中国其他类广播节目制作时间(单位:万小时)

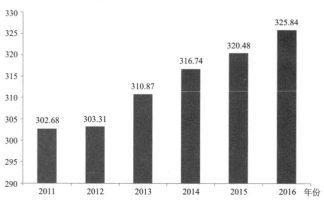

图1-2-25 2011—2016年中国专题服务类广播节目播出时间(单位:万小时)

(5)广播节目播出时间

①专题服务类广播节目播出时间

2016年,全国共播出专题服务类广播节目325.84万小时;占全国广播节目播出时间的比重为22.37%,与上年保持基本持平。

②新闻资讯类广播节目播出时间

2016年,全国共播出新闻资讯类广播节目293.40万小时,较上年有所增长;占全国广播节目播出时间的比重为20.14%。

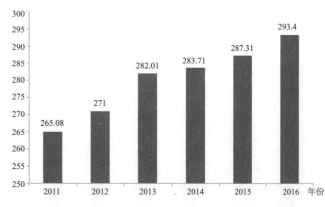

图1-2-26 2011—2016年中国新闻资讯类广播节目播出时间(单位:万小时)

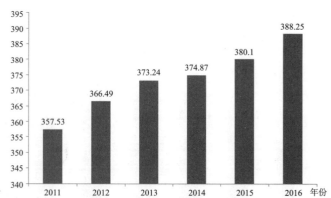

图1-2-27 2011—2016年中国综艺类广播节目播出时间(单位:万小时)

③综艺类广播节目播出时间

2016年,全国共播出综艺类广播节目388.25万小时,较上年有所增长;占全国广播节目播出时间的比重为 26.66%。

④广播剧类节目播出时间

2016年，全国共播出广播剧类节目83.20万小时，保持持续增长；占全国广播节目播出时间的比重为5.71%，与上年相比持平。

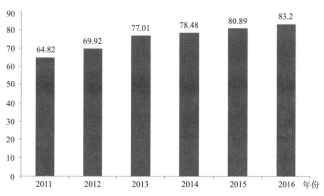

图 1-2-28　2011—2016 年中国广播剧类节目播出时间（单位：万小时）

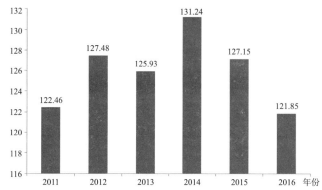

图 1-2-29　2011—2016 年中国广告类广播节目播出时间（单位：万小时）

⑤广告类广播节目播出时间

2016年，全国共播出广告类广播节目121.85万小时；占全国广播节目播出时间的比重为8.37%，同比下降0.25个百分点。

⑥其他类广播节目播出时间

2016年，全国共播出其他类广播节目243.97万小时，继续保持快速增长的趋势；占全国广播节目播出时间的比重为16.75%。

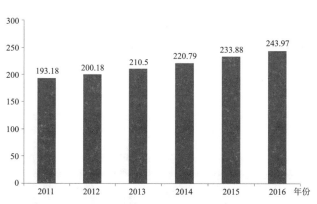

图 1-2-30　2011—2016 年中国其他类广播节目播出时间（单位：万小时）

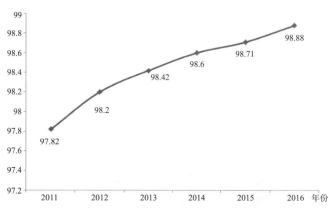

图 1-2-31　2011—2016 年中国电视节目综合人口覆盖率（单位：%）

2. 电视业

（1）电视节目人口覆盖

2016年，全国电视综合人口覆盖率为98.88%，同比增加0.17个百分点。

（2）电视节目制作概况

2016年，全国共生产制作电视节目350.72万小时，同比下降0.37%。

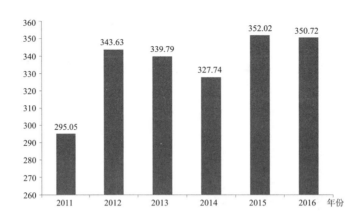

图 1-2-32 2011—2016 年中国电视节目制作时间（单位：万小时）

其中，制作新闻资讯类电视节目花费 98.99 万小时，占全年制作电视节目时间比重为 28.23%；制作专题服务类电视节目花费 89.98 万小时，占全年制作电视节目时间比重为 25.65%；制作综艺类电视节目花费 48.41 万小时，占全年制作电视节目时间比重为 13.8%；制作影视剧类电视节目花费 11.91 万小时，占全年制作电视节目时间比重为 3.4%；制作广告类电视节目花费 48.36 万小时，占全年制作电视节目时间比重为 13.79%；制作其他类电视节目花费 53.07 万小时，占全年制作电视节目时间比重为 15.13%。

2016 年全国电视节目按类别制作时间情况　　　　　　表 1-2-7

制作电视节目类别	时间（万小时）	占全年制作电视节目时间比重（%）
制作新闻资讯类电视节目	98.99	28.23
制作专题服务类电视节目	89.98	25.65
制作综艺类电视节目	48.41	13.80
制作影视剧类电视节目	11.91	3.40
制作广告类电视节目	48.36	13.79
制作其他类电视节目	53.07	15.13
全年制作电视节目时间合计	350.72	100.00

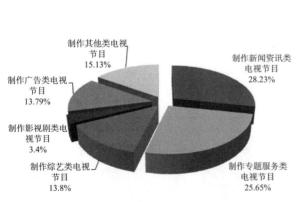

图 1-2-33　2016 年不同类别电视节目制作时间占比

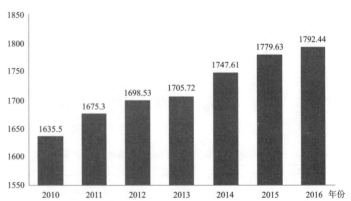

图 1-2-34　2010—2016 年中国电视节目播出时间（单位：万小时）

（3）电视节目播出概况

2016 年，中国电视节目播出时间达到 1792.44 万小时，同比增长 0.72%。

其中，播出新闻资讯类节目共 260.18 万小时，占全年电视节目播出时间比重 14.52%；播出专题服务类节目共 228.6 万小时，占全年电视节目播出时间比重 12.75%；播出综艺类节目共 144.52 万小时，占全年电视节目播出时间比重 8.06%；播出影视剧类节目共 765.2 万小时，占全年电视节目播出时间比重 42.69%；播出广告类节目共 192.33 万小时，占全年电视节目播出时间比重 10.73%；播出其他类节目共 201.61 万小时，占全年电视节目播出时间比重 11.25%。

2016 年全国电视节目按类别播出时间情况　　　　　表 1-2-8

制作电视节目类别	时间（万小时）	占全年电视节目播出时间比重（%）
播出新闻资讯类节目	260.18	14.52
播出专题服务类节目	228.60	12.75
播出综艺类节目	144.52	8.06
播出影视剧类节目	765.20	42.69
播出广告类节目	192.33	10.73
播出其他类节目	201.61	11.25
全年公共电视节目播出合计	1792.44	100.00

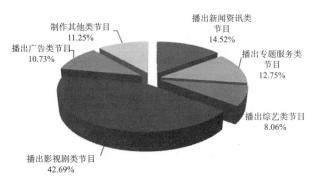

图 1-2-35　2016 年不同类别电视节目播出时间占比

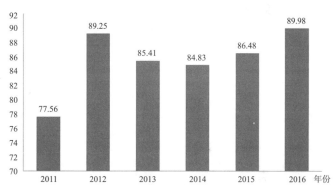

图 1-2-36　2011—2016 年中国专题服务类电视节目制作时间（单位：万小时）

（4）电视节目制作时间

①专题服务类电视节目制作时间

2016 年，全国共制作专题服务类电视节目 89.98 万小时，较上年有所增长；占全国电视节目制作时间的比重为 25.65%。

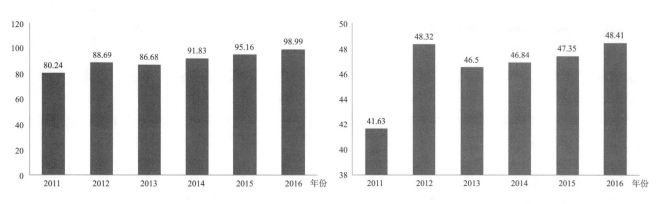

图 1-2-37　2011—2016 年中国新闻资讯类电视节目制作时间（单位：万小时）

图 1-2-38　2011—2016 年中国综艺类电视节目制作时间（单位：万小时）

②新闻资讯类电视节目制作时间

2016年，全国共制作新闻资讯类电视节目98.88万小时，较上年有所增长；占全国电视节目制作时间的比重为28.23%。

③综艺类电视节目制作时间

2016年，全国共制作综艺类电视节目48.41万小时，较上年有所增长；占全国电视节目制作时间的比重为14.80%。

④影视剧类电视节目制作时间

2016年，全国共制作影视剧类电视节目11.91万小时，较上年有所增长；占全国电视节目制作时间的比重为3.40%。

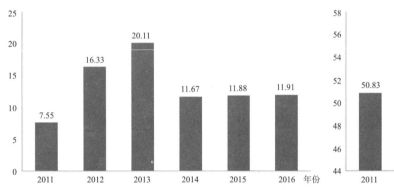

图1-2-39　2011—2016年中国影视剧类电视节目制作时间（单位：万小时）

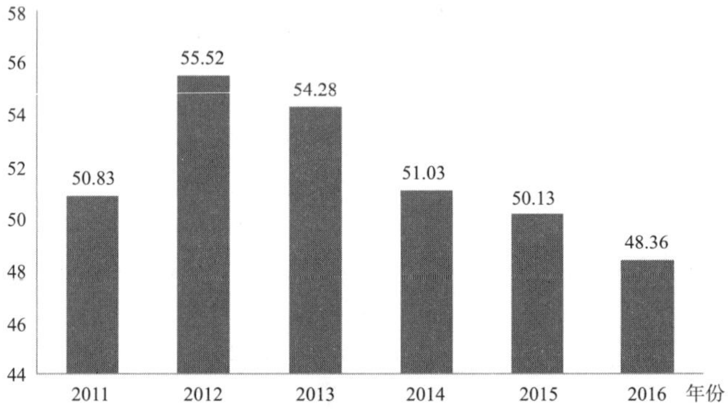

图1-2-40　2011—2016年中国广告类电视节目制作时间（单位：万小时）

⑤广告类电视节目制作时间

2016年，全国共制作广告类电视节目共48.36万小时，继续呈下降趋势；占全国电视节目制作时间的比重为13.79%。

⑥其他类电视节目制作时间

2016年，全国共制作其他类电视节目53.07万小时，持续增长；占全国电视节目制作时间的比重为15.13%。

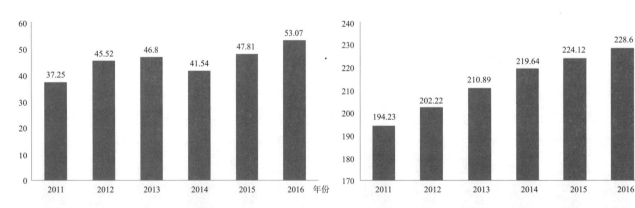

图1-2-41　2011—2016年中国其他类电视节目制作时间（单位：万小时）

图1-2-42　2011—2016年中国专题服务类电视节目播出时间（单位：万小时）

（5）电视节目播出时间

①专题服务类电视节目播出时间

2016年，全国共播出专题服务类电视节目228.6万小时；占全国电视节目播出时间的比重为12.75%，较上年有所增长。

②新闻资讯类电视节目播出时间

2016年，全国共播出新闻资讯类电视节目260.18万小时，较上年有所增长；占全国电视节目播出时间的比重为14.52%。

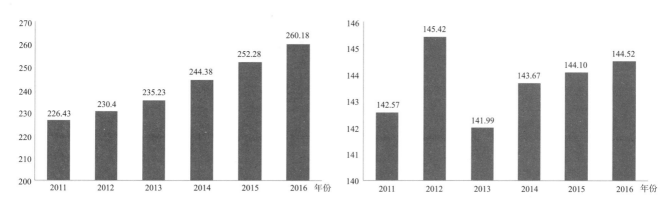

图 1-2-43　2011—2016年中国新闻资讯类电视节目播出时间（单位：万小时）

图 1-2-44　2011—2016年中国综艺类电视节目播出时间（单位：万小时）

③综艺类电视节目播出时间

2016年，全国共播出综艺类电视节目144.52万小时，较上年增长；占全国电视节目播出时间的比重为8.06%。

④影视剧类电视节目播出时间

2016年，全国共播出影视剧类电视节目765.20万小时，较上年有较大幅度的增长；占全国电视节目播出时间的比重为42.69%。

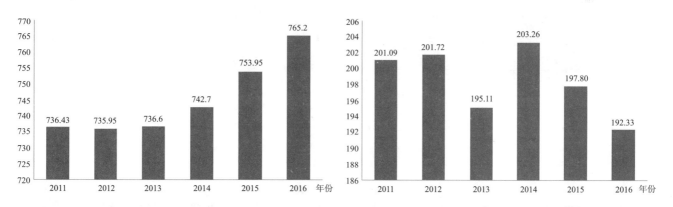

图 1-2-45　2011—2016年中国影视剧类电视节目播出时间（单位：万小时）

图 1-2-46　2011—2016年中国广告类电视节目播出时间（单位：万小时）

⑤广告类电视节目播出时间

2016年，全国共播出广告类电视节目192.33万小时，持续下降；占全国电视节目播出时间的比重为10.73%。

⑥其他类电视节目播出时间

2016年，全国共播出其他类电视节目201.61万小时，保持持续增长；占全国电视节目播出时间的比重为11.25%。

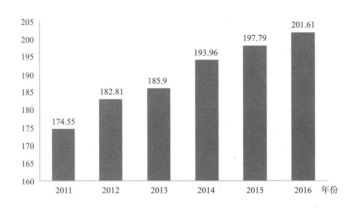

图 1-2-47　2011—2016 年中国其他类电视节目播出时间（单位：万小时）

3. 电影业

（1）电影生产情况

2016 年，电影创作生产力保持活跃状态。全国电影产量小幅下降，生产各类电影 944 部，较上年增长 56 部。其中故事影片 772 部，动画影片 49 部，纪录影片 32 部，科教影片 67 部，特种影片 24 部。按比重来看，故事片占比最大，为 81.78%；其次为科教影片电影，为 7.10%；排在第三位的是动画影片，为 5.19%。

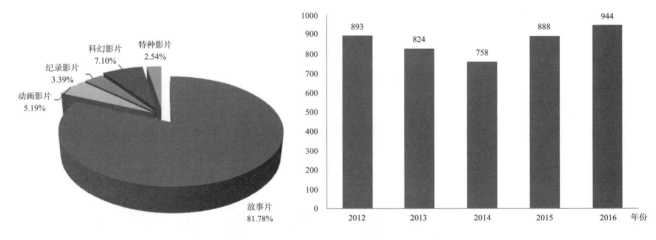

图 1-2-48　2016 年中国电影题材分布情况　　　图 1-2-49　2012—2016 年中国电影产量（单位：部）

① 故事片产量

故事片一直是中国产量最多的影片，其中 2006 年产量突破 300 部，2007 年达到 402 部，2010 年突破 500 部，2012 年突破 700 部。不过从 2012 年以后，中国国产故事片的数量开始呈现减少趋势，到 2016 年，我国国产故事片数量有所提升，达到 772 部，为历年来最高。

② 动画片产量

总体来看，我国动画片的产量呈现出缓慢增长的趋势，2016 年，全国生产动画影片 49 部，同比减少 2 部，占全国电影产量的 5.19%。

③ 纪录片产量

2004 年以来，中国纪录片的产量均不高，均低于 20 部。其中，2009 年是新中国成立 60 周年，纪录片产量有所增加，为 19 部；2010 年较上年减少 3 部，为 16 部，与 2007 年持平。2011 年，中国纪录片的产量有所突破，达到 26 部。2012 年制作纪录片影片 15 部，较 2011 年有所下降。2014 年中国内地纪录片产量为 25 部，较上年增加 7 部。2015 年，制作纪录片影片 38 部，达到历年之最，2016 年，制作纪录片影片 32 部。

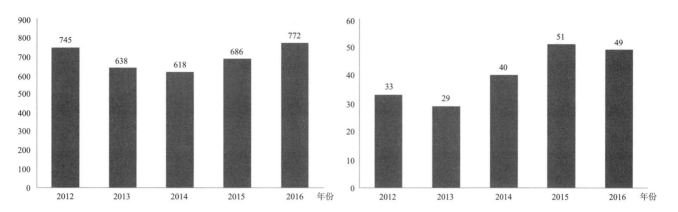

图 1-2-50　2012—2016 年中国国产故事片产量（单位：部）　　图 1-2-51　2012—2016 年中国国产动画片产量（单位：部）

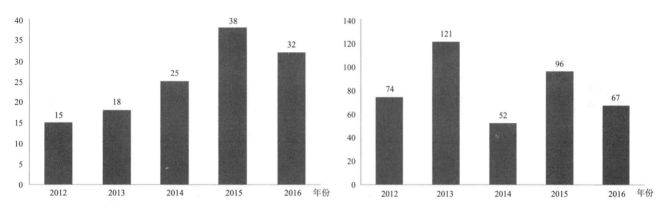

图 1-2-52　2012—2016 年中国国产纪录片产量（单位：部）　　图 1-2-53　2012—2016 年中国国产科教片产量（单位：部）

④科教片产量

从科教片产量来看，2007 年以来均在 30~40 部之间；2009 年大幅增加，为 52 部，同比增长 33.33%。2010 年较上年增加 2 部，为 54 部；2011 年较上年有大幅度增加，达到 76 部。2013 年，我国科教片产量为 121 部，较上年增加 47 部，为近年来最大值；2014 年为 52 部，较上年大幅减少。2015 年，我国科教片产量有所提升，达到 96 部。而 2016 年，我国科教片产量继续呈现出下降趋势，影片量为 67 部。

⑤特种片产量

2011 年，我国国产特种影片产量为 5 部，较上年减少 4 部；2012 年特种影片产量增长较快，为 26 部。2013 年，

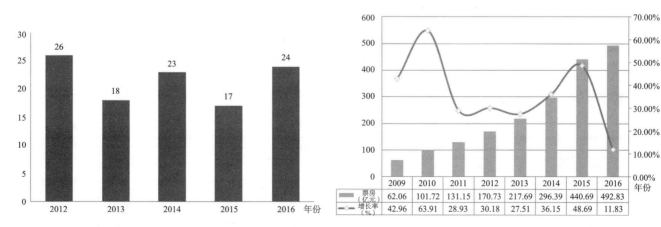

图 1-2-54　2012—2016 年中国国产特种片产量（单位：部）　　图 1-2-55　2009—2016 年全国电影票房及增长率

我国特种片产量为 18 部,较上年减少 8 部;2014 年,我国特种片产量为 23 部,较上年增加 5 部;2015 年,我国特种片产量为 17 部,较上年减少 6 部;2016 年,我国特种片产量为 24 部,较上年增加 7 部。

(2)电影票房情况

①全国电影票房

2016 年,全国电影票房达到 492.83 亿元,同比增长 11.83%。自 2002 年中国电影产业改革以来,票房连续 13 年年均增长率保持在 30% 左右,2016 年增速有所放缓。在北上广深四大城市中,人均观影次数接近或者超过美国的 4.1 次,继续保持全球第二的位置,中国电影市场对世界电影市场格局的贡献和影响越来越大。从发展趋势来看,中国电影市场与北美地区的差距越来越小,与排在第三名以后国家相比,优势在进一步扩大。

②国产电影票房

2016 年,电影放映市场总体呈平稳上升态势。国产电影票房收入 287.47 亿元,占总票房的 58.33%,继续保持过半份额。

2009—2016 年国产电影和进口电影市场份额情况　　　　表 1-2-9

年份	2009	2010	2011	2012	2013	2014	2015	2016
国产片票房(亿元)	35.15	57.34	70.31	82.73	127.67	161.55	271.36	287.47
进口片票房(亿元)	26.91	44.38	60.84	88.00	90.02	134.84	169.33	205.36
国产片票房比例(%)	56.64	56.37	53.61	48.46	58.65	54.51	61.58	58.33

2016 年,内地院线全年累计票房 492.83 亿元,连续第 16 年实现票房增长,放映场次突破 7479 万场,观影人次首次超越北美达到 13.74 亿人次。2016 年贺岁档影片的强势发力带动了全国票房百亿元任务的提早完成,2016 年 2 月 23 日全国票房已经突破百亿元大关,相比 2015 年提前了 40 天。

2016 年票房收入排名前 10 位的影片　　　　表 1-2-10

排名	片名	票房收入(亿元)	影片类型
1	《美人鱼》	33.92	国产片
2	《疯狂动物城》	15.3	进口片
3	《魔兽》	14.72	进口片
4	《美国队长 3》	12.46	进口片
5	《西游记之孙悟空三打白骨精》	12.01	国产片
6	《湄公河行动》	11.84	国产片
7	《澳门风云 3》	11.18	国产片
8	《盗墓笔记》	10.04	国产片
9	《功夫熊猫 3》	10.02	进口片
10	《奇幻森林》	9.79	进口片

2016 年票房收入排名前 10 位的国产影片　　　　表 1-2-11

排名	片名	票房收入(亿元)	上映时间
1	《美人鱼》	33.92	2016-02-08
2	《西游记之孙悟空三打白骨精》	12.01	2016-02-08
3	《湄公河行动》	11.84	2016-09-30
4	《澳门风云 3》	11.18	2016-02-08
5	《盗墓笔记》	10.04	2016-08-05

续表

排名	片名	票房收入（亿元）	上映时间
6	《绝地逃亡》	8.89	2016-07-21
7	《从你的全世界路过》	8.14	2016-09-29
8	《北京遇上西雅图之不二情书》	7.87	2016-04-29
9	《铁道飞虎》	6.99	2016-12-23
10	《寒战2》	6.78	2016-07-08

贺岁档包含的三个档期较15年同期均有较大幅度的增长，《美人鱼》《三打白骨精》《澳门风云3》成为影市的发动机，但随后各个档期陷入持续低迷，较2015年同期只有小幅度的增长，妇女节档期甚至还有小幅度的下滑。下半年影市疲软，暑期档的三个档期缺乏诸如《夏洛特烦恼》《港囧》等体量的大片支撑，国庆档、圣诞档均不如上年同期。

2016年国产影片重要档期表现　　　　　　　　　　　　　　　　　　　　　　表1-2-12

节日档期	票房收入（亿元）	同比增长（%）
元旦	8.62	86.98
情人节	6.04	167.26
春节	30.88	69.86
妇女节	1.70	−2.86
清明节	5.86	12.26
劳动节	5.86	3.62
端午节	8.47	39.77
七夕	2.57	9.83
中秋节	5.13	−14.93
国庆节	15.91	−14.60

③进口电影票房

2016年，进口片排名前10位的影片票房收入共计96.34亿元，占全国总票房的19.55%。相比上年同期有所下滑，《疯狂动物城》《功夫熊猫3》《奇幻森林》等动画电影在国内的票房收入可喜，成了我国对国外影片的主要进口类型。

2016年票房收入排名前10位的进口影片　　　　　　　　　　　　　　　　　　　表1-2-13

排名	片名	票房收入（亿元）	上映时间
1	《疯狂动物城》	15.3	2016-03-04
2	《魔兽》	14.72	2016-06-08
3	《美国队长3》	12.46	2016-05-06
4	《功夫熊猫3》	10.02	2016-01-29
5	《奇幻森林》	9.79	2016-04-15
6	《X战警：天启》	8.03	2016-06-03
7	《奇异博士》	7.52	2016-11-04
8	《惊天魔盗团2》	6.39	2016-06-24
9	《蝙蝠侠大战超人：正义黎明》	6.19	2016-03-25
10	《神奇动物在哪里》	5.92	2016-11-25

④动画电影票房

动画电影票房成绩大幅提升。受2013年国家新闻出版广电总局出台的《推动国产动画电影发展的九条措施》引导，2016年共上映66部国产动画电影，累计产出票房70.08亿元。在国家政策的扶持下，制作技术和艺术质量明显提高，优秀作品不断涌现，如《大鱼海棠》等。另外，国外的《疯狂动物城》《功夫熊猫3》《奇幻森林》等动画电影在国内市场也大受好评。

⑤全国电影票房地区分布

从地域维度来看，票房突破10亿大关的省份与2015年持平的共有16个，广东省毫无悬念地再次蝉联全国票房冠军。从城市等级来看，一线、二线城市的票房和票房占比均有所下滑，一线城市累计票房不足百亿，三线城市的累计票房较2015年也有较大幅度缩水，这些城市的低迷是2016年影市发展不如预期的主因。三线以下的城市票房却大幅增长，票房占比达到26.79%，涨幅达到74.36%，成为2016年大盘能够维持增长的真正发动机。

2016年票房前10位省份　　　　　　　　　　　　　　　　　　　表1-2-14

排名	省份	票房收入（亿元）	占比（%）
1	广东省	66.57	14.62
2	江苏省	41.86	9.20
3	浙江省	34.57	7.59
4	上海市	30.37	6.67
5	北京市	30.28	6.65
6	四川省	25.27	5.55
7	湖北省	22.44	4.93
8	山东省	17.44	3.83
9	河南省	16.01	3.52
10	福建省	15.95	3.50

⑥全国观影人次

2016年，我国观影人次首次超过北美，达到13.74亿人次。

2016年，我国电影平均票价为35.92元，3D、IMAX、中国巨幕等高新格式影片增多，票价较高，比2015年平均票价上升0.94元。

（3）电影院线情况

①总体概况

2016年，全国银幕总数、增速均达新高，城市放映终端建设成效突出。2016年，全国共有城市院线48条；新增银幕9552块，共有41179块银幕；新增影院1612家。

2006—2016年中国电影市场影院和银幕增长情况　　　　　　　　　　表1-2-15

年份	院线数（条）	银幕数（块）	新增影院（家）	新增银幕（块）
2006	33	3034	182	366
2007	34	3527	102	493
2008	34	4097	118	570
2009	37	4723	142	626
2010	38	6256	313	1533
2011	39	9286	803	3030

续表

年份	院线数（条）	银幕数（块）	新增影院（家）	新增银幕（块）
2012	45	13118	646	3832
2013	45	18195	1048	5077
2014	47	23592	1015	5397
2015	48	31627	1042	8035
2016	48	41179	1612	9552

②城市院线集中度情况

2016年，内地票房市场的最大赢家依然是万达院线，但60.88亿元的票房收入较2015年的59.65亿元增长率仅2%。广州大地从2015年的第三位升至第二位，而2015年榜眼位置的中影星美滑落至第四位。

纵观全国48家院线票房的分布，可以看出排名前6的院线占据了50.44%的票房，而票房不足亿元的院线仍有12家，较2015年增加一家。

城市院线集中度进一步提高，竞争激烈。票房排名前10位的院线票房总和达到306.97亿元，占全国城市院线票房总额的67.43%。

2016年票房收入过10亿的电影院线　　　　表1-2-16

排名	电影院线	票房收入（亿元）	占比（%）
1	万达院线	60.88	13.37%
2	广州大地	36.69	8.06%
3	上海联合	35.69	7.84%
4	中影星美	34.49	7.58%
5	中影南方	32.36	7.11%
6	中影数字	29.50	6.48%
7	广州金逸	27.68	6.08%
8	横店影视	20.71	4.55%
9	浙江时代	14.53	3.19%
10	华夏联合	14.44	3.17%
11	幸福蓝海	14.14	3.11%
12	四川太平洋	11.87	2.61%
13	北京新影联	10.72	2.35%
14	重庆保利	10.44	2.29%
15	时代华夏	10.17	2.23%

③影院建设规模

2016年，银幕数继续快速增长。全国新增影院数量1612家。银幕总数达到41179块，继续保持银幕总数全球第二大国的优势。银幕建设速度继续及加快，新增银幕9552块，同比增长30.20%，平均每天新增26.17块。

④影院票房规模

影院票房规模不断扩大。2016年，票房在60亿元以上的院线有1家，票房在30亿~60亿元的影院有4家，票房在20亿~30亿元的影院有3家，票房在10亿~20亿元的影院有7家，票房在5亿~10亿元的影院有7家，票房在1亿~5亿元的影院有14家，票房在1亿元以下的影院有12家。

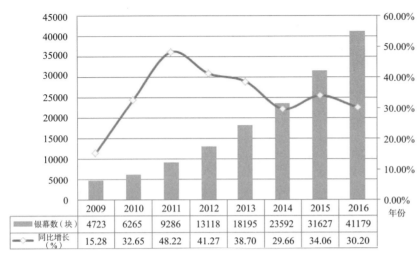
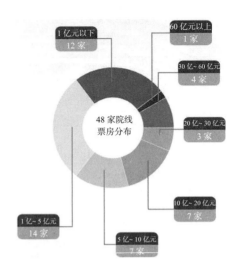

图 1-2-56　2009—2016 年全国银幕增长情况

图 1-2-57　2016 年全国 48 家院线影院票房结构

1.2.4　软件、网络及信息技术服务业

1. 软件和信息技术服务业 [①]

（1）业务收入情况

2016 年 1—12 月，我国软件和信息技术服务业实现软件业务收入 4.9 万亿元，同比增长 14.8%。

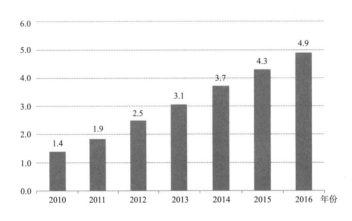

图 1-2-58　2010—2016 年我国软件和信息技术服务业软件业务收入情况（单位：亿元）

（2）业务收入构成

软件产品收入增速低于平均水平。全年软件产品实现收入 15400 亿元，同比增长 12.8%，增速比 2015 年提高 0.9 个百分点，但低于全行业平均水平 2.1 个百分点，占全行业收入比重为 31.7%。其中，信息安全产品增长 10.9%。

信息技术服务收入增长较快。信息技术服务实现收入 25114 亿元，同比增长 16%，增速高出全行业水平 1.1 个百分点，但比 2015 年回落 2.7 个百分点，占全行业收入比重为 51.8%。其中，运营相关服务（包括在线软件运营服务、平台运营服务、基础设施运营服务等在内的信息技术服务）收入增长 16.1%；电子商务平台技术服务（包括在线交易平台服务、在线交易支撑服务在内的信息技术支持服务）收入增长 17.7%；集成电路设计增长 12.7%；

---

① 该部分数据和资料来自工业和信息化部 2016 年 1—12 月软件业经济运行情况统计表。

其他信息技术服务（包括信息技术咨询设计服务、系统集成、运维服务、数据服务等）收入增长16%。

嵌入式系统软件收入平稳。嵌入式系统软件实现收入7997亿元，同比增长15.5%，增速高出全行业平均水平0.6个百分点，比2015年提高1.4个百分点，占全行业收入比重为16.5%。

2016年我国软件和信息技术服务业分类收入及占比　　　　表1-2-17

细分行业	收入（亿元）	同比增长（%）	占比（%）
软件产品	15400	12.8	31.43
信息技术服务收入	25114	16.0	51.22
嵌入式系统软件	7997	15.5	16.33

（3）区域收入情况

2016年1—12月，东部和东北地区软件业增速回落，中西部地区保持较快增长。东部地区完成软件业务收入3.8万亿元，同比增长14.9%，增速比2015年回落个2.2百分点，占全国软件业的比重为78.6%；中部地区完成软件业务收入2303亿元，增长20.6%，增速比2015年提高0.5个百分点，占全国软件业的比重为4.7%；西部地区完成软件业务收入5288亿元，增长17.2%，增速与2015年基本持平，占全国软件业的比重为10.9%；东北地区完成软件业务收入2801亿元，增长6.3%，增速低于全国平均水平8.6个百分点，占全国软件业的比重为5.8%。

2016年我国软件和信息技术服务业分区域收入及占比　　　　表1-2-18

地区	收入（亿元）	同比增长（%）	占比（%）
东部地区	3.8	14.9	78.6
中部地区	0.23	20.6	4.7
西部地区	0.53	17.2	10.9
东北地区	0.28	6.3	5.8

（4）中心城市收入情况

2016年1—12月，全国15个副省级中心城市实现软件业务收入2.7万亿元，同比增长15.5%，增速高出全国平均水平0.6个百分点；中心城市的软件业规模占全国的比重为55.3%，比2015年回落1.6个百分点，同时福州、苏州、合肥等其他一些城市（非副省级）的软件业也呈快速发展态势。全国软件业务收入达到千亿元的中心城市和直辖市共15个，比2015年增加一个。

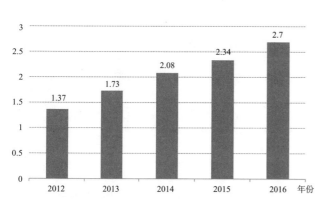

图1-2-59　2012—2016年全国15个中心城市（副省级城市）软件业务收入情况（单位：亿元）

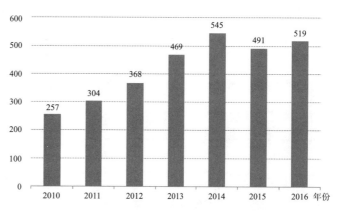

图1-2-60　2010—2016年我国软件行业累计出口额统计（单位：亿美元）

（5）行业出口情况

2016年1—12月，全国软件业实现出口519亿美元，同比增长5.8%。其中，外包服务出口增长5%，扭转2015年同期负增长局面；嵌入式系统软件出口增长6%，增速比2015年回落3个百分点。

2. 电信服务业[①]

（1）电信业务收入

经初步核算，2016年电信业务收入完成11893亿元，同比增长5.6%，比上年回升7.6个百分点。电信业务总量完成35948亿元，同比增长54.2%，比上年提高25.5个百分点。

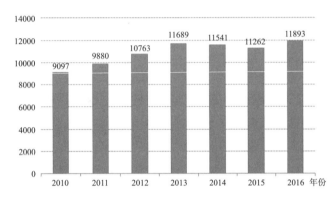

图1-2-61　2010—2016年我国电信业务总量及业务收入情况（单位：亿元）

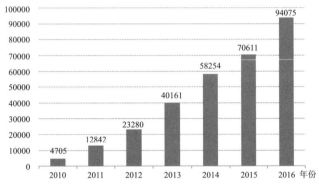

图1-2-62　2010—2016年我国3G/4G移动用户发展情况（单位：万户）

（2）电信用户情况

①总体情况

2016年，全国电话用户净增2617万户，总数达到15.3亿户，同比增长1.7%。其中，移动电话用户净增5054万户，总数达13.2亿户，移动电话用户普及率达96.2部/百人，比上年提高3.7部/百人。全国共有10个省份的移动电话普及率超过100部/百人，分别为北京、广东、上海、浙江、福建、宁夏、海南、江苏、辽宁和陕西。固定电话用户总数2.07亿户，比上年减少2437万户。

②4G移动用户情况

2016年，4G用户数呈爆发式增长，全年新增3.4亿，总数达到7.7亿户，在移动电话用户中的渗透率达到58.2%。2G移动电话用户减少1.84亿户，占移动电话用户的比重由上年的44.5%下降至28.8%。

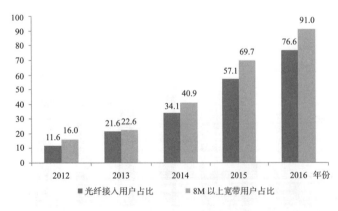

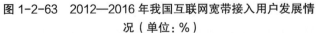

图1-2-63　2012—2016年我国互联网宽带接入用户发展情况（单位：%）

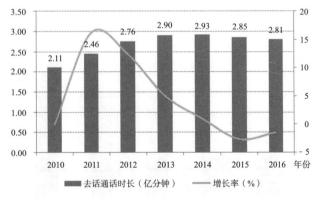

图1-2-64　2010—2016年全国移动电话去话通话时长

[①] 该部分数据和资料来自工业和信息化部2016年通信运营业统计公报。

③光纤接入用户情况

2016年，三家基础电信企业固定互联网宽带接入用户净增3774万户，总数达到2.97亿户。宽带城市建设继续推动光纤接入的普及，光纤接入（FTTH/0）用户净增7941万户，总数达2.28亿户，占宽带用户总数的比重比上年提高19.5个百分点，达到76.6%。8M以上、20M以上宽带用户总数占宽带用户总数的比重分别达91.0%、77.8%，比上年提高21.3、46.6个百分点。

（3）移动业务情况

①移动电话业务

2016年，全国移动电话去话通话时长2.81万亿分钟，同比下滑1.4%。其中，移动非漫游去话通话时长同比下降1.6%，移动国际漫游和港澳台漫游通话时长分别下滑15.6%和14.5%。移动国内漫游通话去话通话时长同比增长0.4%。

②移动短信业务

2016年，全国移动短信业务量6671亿条，同比下降4.6%，降幅较上年同期缩小4.3个百分点。彩信业务量557亿条，同比下降9.8%。移动短信业务收入完成365亿元，同比下降10.7%。

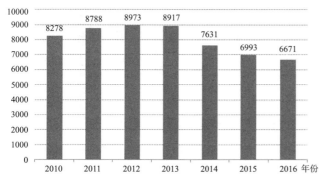

图1-2-65　2010—2016年全国移动短信发展情况（单位：亿条）

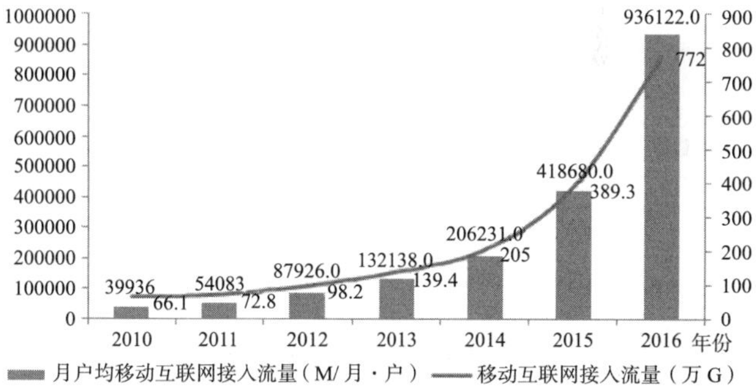

图1-2-66　2010—2016年全国移动互联网流量发展情况

③移动互联网业务

2016年，在4G移动电话用户大幅增长、移动互联网应用加快普及的带动下，移动互联网接入流量消费达93.6亿G，同比增长123.7%，比上年提高20.7个百分点。全年月户均移动互联网接入流量达到772M，同比增长98.3%。其中，通过手机上网的流量达到84.2亿G，同比增长124.1%，在总流量中的比重达到90.0%。固定互联网使用量同期保持较快增长，固定宽带接入时长达57.5万亿分钟，同比增长15.0%。

（4）网络基础设施

①宽带基础设施

2016年，互联网宽带接入端口数量达到6.9亿个，比上年净增1.14亿个，同比增长19.8%。互联网宽带接入端口"光进铜退"趋势更加明显，xDSL端口比上年减少6259万个，总数降至3733万个，占互联网接入端口的比重由上年的17.3%下降至5.4%。光纤接入（FTTH/0）端口比上年净增1.81亿个，达到5.22亿个，占互联网接入端口的比重由上年的59.3%提升至75.6%。

②移动通信设施

2016年，基础电信企业加快了移动网络建设，新增移动通信基站92.6万个，总数达559万个。其中4G基站新增86.1万个，总数达到263万个，移动网络覆盖范围和服务能力继续提升。

③传输网设施

2016年，全国新建光缆线路554万公里，光缆线路总长度3041万公里，同比增长22.3%，整体保持较快

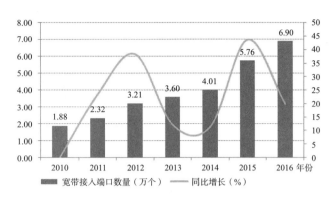

图1-2-67 2010—2016年全国互联网宽带接入端口发展情况

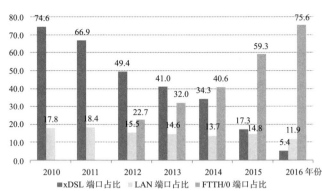

图1-2-68 2010—2016年全国互联网宽带接入端口按技术类型占比情况（单位：%）

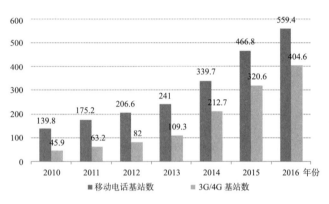

图1-2-69 2010—2016年全国移动电话基站发展情况（单位：万个）

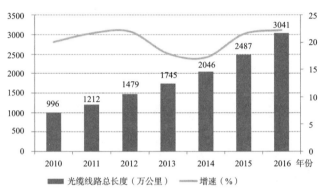

图1-2-70 2010—2016年全国光缆线路总长度发展情况

增长态势。

全国新建光缆中，接入网光缆、本地网中继光缆和长途光缆线路所占比重分别为62.4%、34.3%和3.3%。其中长途光缆保持小幅扩容，同比增长3.5%，新建长途光缆长度达3.32万公里。

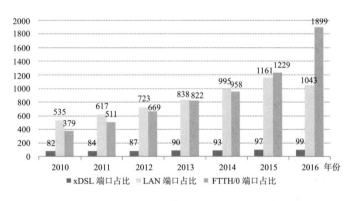

图1-2-71 2010—2016年全国各种光缆线路长度对比情况（单位：万公里）

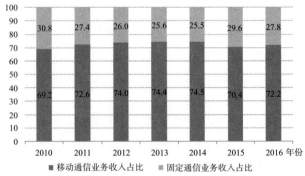

图1-2-72 2010—2016年全国电信收入结构（固定和移动）情况（单位：%）

（5）业务收入结构

①移动通信业务收入

2016年，移动通信业务实现收入8586亿元，同比增长5.2%，占电信业务收入的比重为72.2%，比上年提高 1.8 个百分点。其中，话音业务收入在移动通信业务收入占比 30.4%，比上年下降 7.9 个百分点。固定通信业务实现收入 3306 亿元，同比增长 6.7%，其中固定话音业务收入在固定通信业务收入占比 11.0%，比上年下降 0.9 个百分点。

②数据业务收入

2016 年，全国固定数据及互联网业务收入完成 1800 亿元，同比增长 7.0%，比上年提高 4.4 个百分点。移动数据及互联网业务收入完成 4333 亿元，同比增长 37.9%，比上年提高 10.7 个百分点。移动数据及互联网业务收入在电信业务收入中占比达到 36.4%，比上年提高 8.5 个百分点，拉动电信业务收入增长 10.6 个百分点。

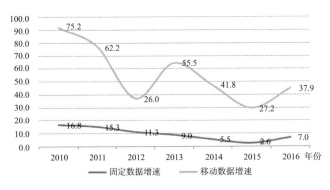

图 1-2-73　2010—2016 年全国固定与移动数据业务收入增速情况（单位：%）

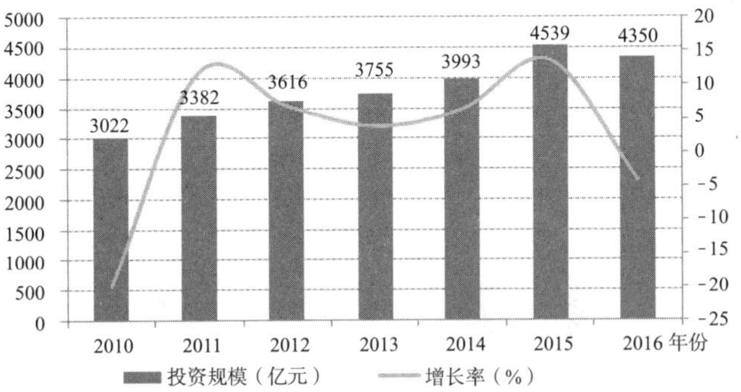

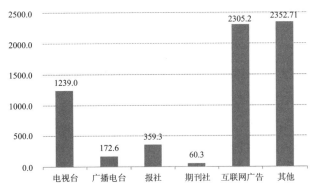

图 1-2-74　2010—2016 年全国电信固定资产投资完成情况及增长率

（6）电信投资情况

2016 年，全行业固定资产投资规模完成 4350 亿元，其中移动通信投资完成 2355 亿元。

1.2.5　广告会展业

1. 广告业[①]

（1）广告业市场规模

近几年，中国广告行业市场规模呈逐年增长趋势。具体来看，2012 年实现营业收入为 4673.90 亿元，同比增长 49.54%；此后增速有所下滑，2016 年广告行业经营额为 6489 亿元，增速为 8.63%。

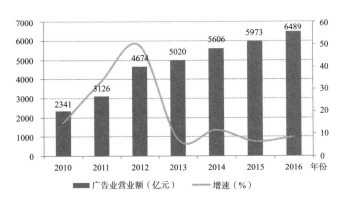

图 1-2-75　2010—2016 年中国广告市场规模及增长率

图 1-2-76　2016 年中国广告行业各细分广告收入情况（单位：亿元）

---

① 该部分数据来自中国广告行业协会。

（2）细分市场情况

从各细分广告收入规模变化情况来看，2016年，电视台收入1239.0亿元，互联网广告收入2305.2亿元，期刊社收入仅为60.3亿元。

（3）投放品广告花费情况

整体来看，除了"生活美容、休闲服务""医疗服务""其他"三大品类广告投放下滑外，其他商品类别的广告投放均有提升。

2016年全国广告经营额统计（按商品和服务类别） 表1-2-19

序号	项目	总额（亿元）	增长（%）
1	食品	861.37	5.60
	其中：保健食品	242.46	2.41
2	房地产	779.54	19.51
3	汽车	693.78	10.76
4	化妆品及卫生用品	657.77	2.57
	其中：化妆品	433.90	−0.75
5	家用电器及电子产品	341.26	23.11
6	药品	329.70	19.51
7	信息传播、软件及信息技术服务	268.45	11.81
8	酒类	248.54	12.53
9	金融保险	212.00	7.41
10	服装服饰及珠宝首饰	178.91	2.23
11	旅游	171.81	6.57
12	批发和零售服务	146.12	13.89
13	生活美容、休闲服务	142.70	−0.07
14	医疗服务	125.18	−10.39
15	医疗器械	76.87	5.74
16	教育	74.69	23.25
17	招工招聘及其他劳务	71.62	9.58
18	农业生产资料	38.84	33.81
19	收藏品	37.05	30.28
20	出入境中介	29.63	29.66
21	烟草	18.060	40.33
22	其他	984.72	−0.24

（4）地区广告经营情况

2016年，广告花费最多的区域是北京市，广告经营额达到1802.72亿元，较2015年有所下降。同时，北京市也是排名前10位的省份中唯一一个广告营业额下降的省份。

2015—2016年各地区广告经营额统计（前十） 表1-2-20

行政区域	2015年广告经营额（亿元）	2016年广告经营额（亿元）	年增长率（%）
北京市	1823.99	1802.72	−1.17
广东省	845.14	931.25	10.19

续表

行政区域	2015年广告经营额（亿元）	2016年广告经营额（亿元）	年增长率（%）
江苏省	508.40	653.84	28.61
上海市	489.66	531.13	8.47
浙江省	366.74	422.66	15.25
山东省	364.95	420.01	15.09
湖南省	201.41	242.33	20.32
安徽省	123.90	190.32	53.61
湖北省	146.35	173.50	18.55
河南省	140.85	143.26	1.71

2. 会展业[①]

（1）会展总体情况

调查统计数据显示，2015年全国共有160个城市举办了展览活动，展览数量达9283场，比2014年的8009场增长15.9%；展览面积达11798万平方米，比2014年的10276万平方米增长14.8%。按可比口径计算，2015年境内展览数量和展出面积增速均超过2014年。

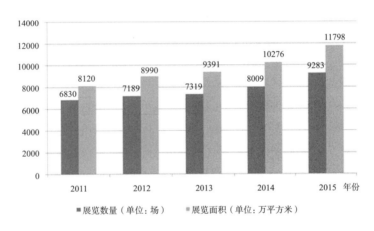

图1-2-77　2011—2015年全国会展行业总体情况

（2）会展类型情况

2015年度，各细分行业中，车展数量最多，达到471场，展览面积961万平方米；商品交易会其次，达到291场，展览面积655万平方米。展会数量超过100场的有16个行业，依次为车展、商品交易会、建筑建材、休闲娱乐、食品饮料、家居、文化产业、服装配饰、珠宝、茶叶、家装、婚博会、房交会、农产品、贸易投资和健康产业等行业。

2015年全国展会类型情况　　　表1-2-21

行业	展会数量（场）	展会面积（万平方米）
车展	471	961
商品交易会	291	655
建筑建材	211	341
休闲娱乐	187	179

---

① 该部分数据和资料来自亚太会展研究院、中国贸促会、中国会展经济研究会。

续表

行业	展会数量（场）	展会面积（万平方米）
食品饮料	186	282
家居	177	283
文化产业	173	245
服装配饰	162	156
珠宝	141	159
茶业	134	224
家装	122	87
婚博会	117	174
房交会	117	149
农产品	116	219
贸易投资	106	205
健康产业	106	121
艺术品	90	113
年货	83	97

（3）展览场馆情况

由于历史、经济、区位等多方面的原因，北、上、广会展传统优势依然明显，在全国会展格局中的地位显要，根据城市综合指数排列，上海、广州、北京仍然名列前三。但由于多种因素影响，北、上、广三地展览业发展极不平衡，差距拉大。

2015年，上海国家展览中心建成投入使用，上海一枝独秀，领先地位日见凸出，展出面积猛增230多万平方米，达到1500多万平方米，超过广州、北京的总和。据统计，2015年，上海举办展览749场，展出面积1511.55万平方米，与2014年相比，展览减少20场，展览面积增加232.55万平方米（增幅18.2%）。与之对应，广州举办展览482场，展出面积861.70万平方米，展览数量虽有较大增长，但展览面积仅增加3万平方米，增幅十分有限；而北京不升反降，举办展览415场，展出面积520.10万平方米，数量和面积分别下降3.7%和14.5%。

同时，重庆市会展异军突起，发展迅速。据调查统计，2015年，重庆共办展749场，展出面积702.30万平方米，展览数量和展览面积两个指标均超过北京，位居第三位。北京则退居第四位，改写了展览数量和面积的城市排序。

2015年，北、上、广、渝四大城市共举办展会2395场，比2014年2254场增长6.3%，占国内展会总数量的25.8%；展出面积3595.65万平方米，比2014年的3347万平方米增长7.4%，占国内展会总面积的30.5%。位居前四名的城市，无论是展览数量还是展出面积，都与位列其后的其他城市拉开了较大距离。

2014—2015年北京、上海、广州、重庆展览数量统计表　　表1-2-22

城市	2014展览数量（场）	2015展览数量（场）	增长率（%）
上海市	769	749	−2.6
重庆市	662	749	13.1
广州市	392	482	23.0
北京市	431	415	−3.7

（4）出国展览情况

2015年，全国出展共完成了62个国家的1385个项目，国别减少4.8%，数量同比减少4.3%；出展净面积63.9万平方米，同比降低9.6%；参展企业4.6万家，同比减少3.7%。

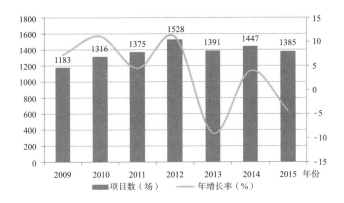
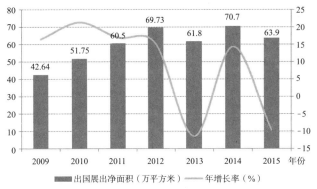

图 1-2-78　2009—2015年出国展览项目数及同比增长情况　　图 1-2-79　2009—2015年出国展出面积及同比增长情况

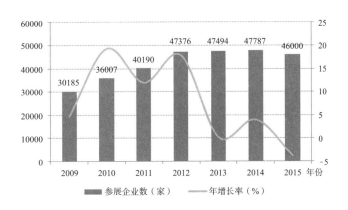

图 1-2-80　2009—2015年出国参展企业数及同比增长情况

1.2.6　艺术品交易业[①]

1. 行业规模

（1）企业规模及分布

截至2016年12月，我国内地拍卖企业共有7083家，分支机构245家，企业数量较2015年新增218家。

（2）从业人员情况

截至2016年年底，拍卖企业员工总数5.98万人，较上一年度下降3.07%；国家注册拍卖师共12180人，

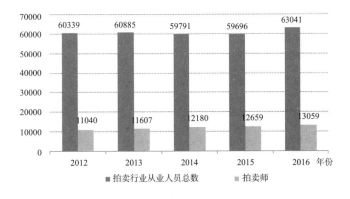

图 1-2-81　2012—2016年拍卖行业员工增长情况（单位：人）

[①] 该部分数据来源于博视德发布的《2016年中国拍卖行业经营状况分析及2017年展望》。部分数据因四舍五入的原因，存在着与分项合计不等的情况。

其中2014年新增573人，注销8人，吊销26人，与2013年相比净增539人。

2016年，中国拍卖行业举办各类面授培训共21期，2395人次参加；提供网络培训课程共52课时，涵盖宏观经济、拍卖业务学习等19个主题内容，满足8000余拍卖师在线学习需求。此外，还针对管理人员、业务开拓等举办包括高管班、专业人才知识更新高级培训，对农村集体土地流转等新业务拓展研讨，与各地拍卖行业协会联合举办网络规程宣贯培训，有效提高了行业从业人员的水平。

2. 行业经营情况

（1）成交额

2016年，全年拍卖行业成交额5192.28亿元，同比增幅12.02%。累计拍卖场次95575场，其中成交58698场。

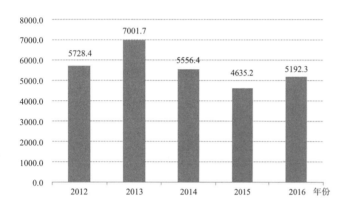

图1-2-82　2012—2016年拍卖行业成交趋势（单位：亿元）

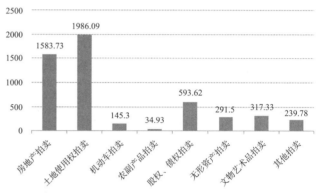

图1-2-83　2016年主要业务板块成交状况（单位：亿元）

（2）业务结构

2016年全年，机动车、股权债权、农副产品、文物艺术品拍卖业务、房地产、土地使用权和无形资产同比均有增长，其他类拍卖业务有所收缩。其中，房地产拍卖成交1583.73亿元，同比增长10.82%；土地使用权拍卖成交1986.09亿元，同比增长7.3%；机动车拍卖成交145.3亿元，同比增长124.23%；农副产品拍卖业务成交34.93亿元，同比增长16.28%；股权、债权类拍卖业务成交额593.62亿元，同比增长46.48%；无形资产类拍卖成交291.5亿元，同比增长0.76%；文物艺术品拍卖成交317.33亿元，同比增长13.33%；其他类拍卖业务成交239.78亿元，同比下降16.09%。

3. 行业效益情况

（1）佣金收入规模

2016年，行业主营业务收入(佣金额)85.29亿元，同比增长39.82%，主营业务利润25.8亿元，同比增长0.86%，实现收入、利润双增长。

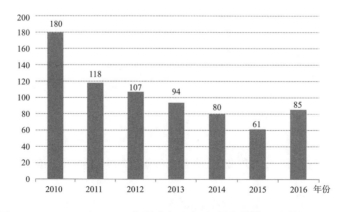

图1-2-84　2010—2016年拍卖行业佣金额变化情况（单位：亿元）

2016年，佣金额有所增长的同时，行业佣金率出现小幅上升。2016年，行业佣金率1.64%，与上年同期相比增长0.33%，佣金率4年以来最高。

（2）佣金收入来源

2016年，法院委托佣金率1.43%，比上年同期下降0.17个百分点；政府部门委托佣金率0.5%，与上年同期持平；金融机构委托佣金率0.83%，同比下降0.07个百分点；破产清算组委托佣金率0.8%，同比下降0.1个百分点；其他机构佣金率1.37%，较上年同期上升0.27个百分点。值得关注的是，主要来源于个人委托的拍卖业务以41.42亿元的佣金总额和9.51%的佣金率高居榜首，佣金率较上年同期上涨4.21个百分点。

2016年各委托业务来源佣金收入情况　　　　　　表1-2-23

委托方	佣金收入（亿元）
个人委托	41.42
政府委托	10.76
法院委托	16.63
金融机构委托	3.93
破产清算	0.75
其他机构委托	11.8

4. 拍卖行业委托情况

（1）委托结构情况

2016年，拍卖行业的委托结构相对稳定，继续保持政府、法院委托为主的格局。其中传统的法院、政府部门委托拍卖业务比重有所减少，但成交额仍占整体业务的65.2%；同时，个人和社会其他机构的委托比重小幅上升，达29.5%，比2013年增加5个百分点，比重接近三成。

（2）区域结构情况

2016年拍卖市场的区域分化明显，仅浙江、山东、上海、河北、北京、广东6省份的成交额占比即已近半。全国31个省（自治区、直辖市）中，浙江省、山东省、上海市、河北省、北京市、广东省拍卖成交额均超过300亿元，共计成交2533.42亿元，占2016年全行业拍卖成交额的48.79%。

拍卖成交额在150亿～300亿元区间的有8个省（自治区、直辖市），分别有安徽省、福建省、四川省、江苏省、

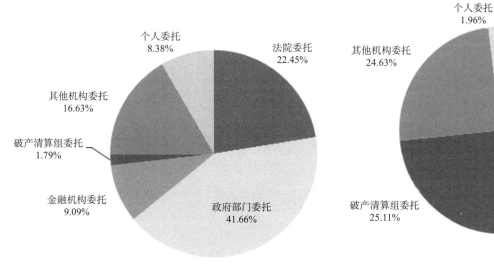

图1-2-85　2016年拍卖行业委托结构

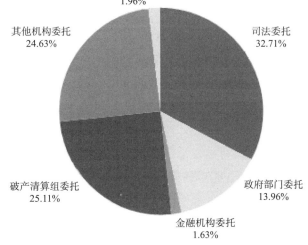

图1-2-86　2016年网络拍卖平台拍卖成交额占比分布

辽宁省、湖北省、海南省、天津市。此区间成交额占比32.9%。

拍卖成交额在50亿~150亿元区间的有8个省（自治区、直辖市），分别是湖南省、广西壮族自治区、河南省、甘肃省、内蒙古自治区、重庆市、江西省、云南省。此区间成交额占比14.17%。

拍卖成交额在10亿~50亿元以下的有7个省（自治区、直辖市），分别是山西省、陕西省、黑龙江省、新疆维吾尔自治区、吉林省、宁夏回族自治区和贵州省。此区间成交额占比4.06%。

拍卖成交额在10亿元以下的有2个省（自治区、直辖市），分别是青海省和西藏自治区。

5. 网络拍卖情况

据拍卖行业几个主要拍卖平台（中拍协网络拍卖平台、上海公拍网、四川省拍卖行业网络同步拍卖信息系统、广西拍卖网等）的不完全统计，2016年网络拍卖成交额为350.98亿元，较2015年同比增加14.28%。

2016年中拍协网络拍卖平台司法拍卖会场次达到3286场，比2015年增加1399场，增长74.14%；成交额达到22.03亿元，占全年总成交额的32.57%，比2015年增加8.4亿元，增长62.03%。

6. 行业主要业务板块情况

（1）综合情况

2016年，房地产拍卖成交额1583.73亿元，占拍卖市场成交总额的30.50%；土地使用权拍卖成交额1986.09亿元，占比38.25%；无形资产拍卖成交额291.5亿元，占比5.61%。

2011—2016年各拍卖业务成交状况（单位：亿元）　　　　　　　　　　表1-2-24

年份	房地产	土地使用权	机动车	农副产品	股权债权	无形资产	文物艺术品	其他	总计
2011	1814.01	2847.04	36.46	17.25	276.18	317.96	576.24	380.21	6265.38
2012	1699.22	2792.84	45.00	22.75	253.64	304.71	281.04	329.22	5728.44
2013	2097.10	3465.84	59.56	20.80	311.48	314.52	313.83	418.59	7001.72
2014	1762.20	2362.50	74.91	24.11	289.46	420.15	307.60	315.52	5556.40
2015	1429.12	1850.9	64.8	30.04	405.27	289.3	280	287.55	4635.2
2016	1583.73	1986.09	145.3	34.93	593.62	291.5	317.33	239.78	5129.28

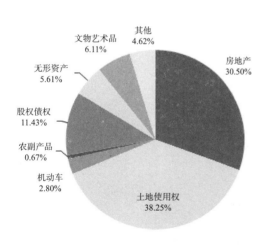

图1-2-87　2016年各拍卖业务比重状况　　图1-2-88　2011—2016年全国文物艺术品拍卖成交趋势（单位：亿元）

（2）文物艺术品拍卖

2016年，全国共举行文物艺术品拍卖1857场，成交额317.33亿元，较2015年增长13.33%。"稳中提质"仍是文物艺术品拍卖专业流域的主旋律。

据对北京保利、北京匡时、中国嘉德、杭州西泠、北京翰海、广东崇正、北京荣宝、北京诚轩、上海朵云轩、北京华辰10家样本拍卖公司春、秋两季大拍的统计（按成交额排序），10家公司成交额占全国文物艺术品交易额的61.66%，文物艺术品拍卖市场格局基本稳定。

（3）机动车拍卖

从业务增长来看，机动车拍卖业务表现值得关注，2016年成交145.3亿元，同比增长124.23%，全年月平均同比增幅超过90%。年成交额较上年同期增加80.5亿元。

2012—2016年机动车拍卖业务情况　　　表1-2-25

指标	2012年	2013年	2014年	2015年	2016年
机车拍卖业务成交额（亿元）	45.00	59.56	74.91	64.8	145.3
总体拍卖业务成交额（亿元）	5754.60	7001.70	5556.40	4635.2	5192.28
成交额占比（%）	0.78%	0.85%	1.35%	1.4%	2.8%

2016年，政府部门委托拍卖成交额70.19亿元，占机动车拍卖业务比重为48.31%，成交5654场，占机动车成交场次37.61%，是拉升机动车成交大幅上涨的主要委托大户。

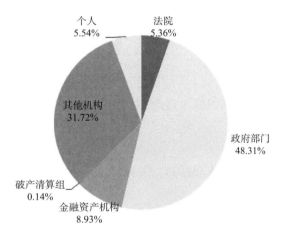

图1-2-89　2016年机动车拍卖业务委托结构

（4）农产品拍卖

2016年，农产品拍卖出现了成交率、增长率同步增长的景气现象，全年成交额较上年度增长了16.28%，达到34.93亿元，增长率和成交额均创历史新高。

（5）无形资产拍卖

2016年，无形资产拍卖成交291.5亿元，同比增长0.76%；除第四季度成交额同比下滑，前三季度都比同期有显著增长。虽然全年只有不到1%的增长，但2016年无形资产拍卖在促进产、研融合等方面社会效果明显，整体表现可圈可点。

2016年，浙江国际商品拍卖中心有限责任公司第六次主槌浙江科技成果拍卖会，完成101项科技成果拍卖，成交额1.5亿元。随着拍卖的完成，浙江等地科技成果拍卖活动已初步实现常规化、常态化，在加快科技成果产业化、解决成果产业化"最后一公里"方面发挥了重要推动作用，是科技与经济、金融结合的创新之举，顺应了市场化配置资源的大势，受到广大科研单位和企业的欢迎，得到了包括科技部等部委的充分肯定。

（6）土地使用权与房地产拍卖

2016年，房地产和土地使用权拍卖两项业务全年成交额3569.82亿元，比上年同期增长8.84%，在行业总成交额中占比68.44%，业务份额基本稳定。

1.2.7 网络游戏业[①]

（1）网络游戏用户

截至2016年年底，我国网络游戏用户4.17亿人，网络游戏使用率为57.0%，较2016年年底提升0.1个百分点。

图1-2-90　2010—2016年中国网络游戏用户数及使用率

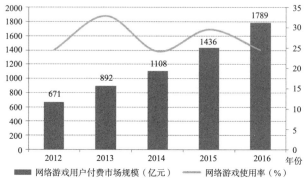

图1-2-91　2012—2016年中国网络游戏用户付费市场规模

（2）网络游戏付费规模

2016年，我国网络游戏用户付费市场规模[②]达到了1789亿元，同比增长24.58%，游戏市场规模增速一直保持在高位运行。

（3）网络游戏市场结构

2016年，中国移动游戏市场的份额首次超过PC端游戏，达到57.2%，成为中国网络游戏产业的龙头。

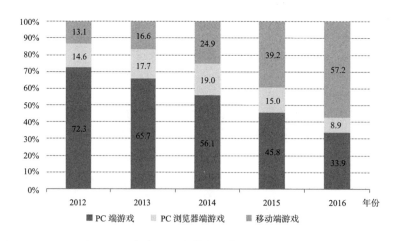

图1-2-92　2012—2016年中国网络游戏用户付费细分市场份额（单位：%）

[①] 该部分数据来自中国互联网络信息中心。
[②] 中国网络游戏市场规模统计包括PC端游戏、PC端浏览器游戏、移动端游戏。网络游戏市场规模包含中国大陆网络游戏用户消费总金额，以及中国网络游戏企业在海外网络游戏市场获得的总收入。

1.2.8 旅游、休闲服务业

1. 旅游业[①]

（1）国内旅游市场情况

2016年，全国国内旅游人数44.4亿人次，比上年增长11%。其中城镇居民31.95亿人次，农村居民12.40亿人次。

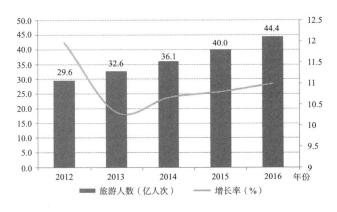

图1-2-93　2012—2016年中国国内旅游人数增长情况

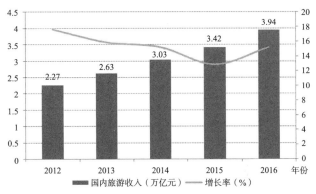

图1-2-94　2012—2016年中国国内旅游收入增长情况

国家旅游局数据显示，2016年国内旅游收入为3.94万亿元，同比增长15.2%。

（2）入境游市场情况

①入境游人数

从2012—2016年我国大陆入境人数的增速来看，期间呈波动变化趋势，其中2013年、2014年入境人数呈下降趋势，这主要受国际金融危机以及2012年国际经济形势不景气等因素影响，导致当期入境旅游人数减少。2015年入境旅游人数开始回升。

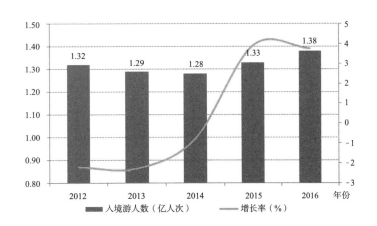

图1-2-95　2012—2016年我国入境旅游人数及同比增速

2016年我国大陆入境旅游人数1.38亿人次，比上年同期增长3.5%。其中：外国人2815万人次，增长8.3%；香港同胞8106万人次，增长2.0%；澳门同胞2350万人次，增长2.7%；台湾同胞573万人次，增长4.2%。

---

① 该部分数据来自国家旅游局和国家统计局。

2016年我国大陆入境旅游接待人数　　　　　表1-2-26

项目	入境旅游人数（万人）	同比增长（%）
香港同胞	8106	2.0
澳门同胞	2350	2.7
台湾同胞	573	4.2
外国人	2815	8.3
合计	13800	3.5

②入境游收入

2012—2016年，我国国际旅游外汇收入总体呈增长趋势。2015年，我国国际旅游外汇收入达1136亿美元，同比增长99.6%；2016年，我国国际旅游外汇收入为1200亿美元，增速为5.6%，增速回缓。

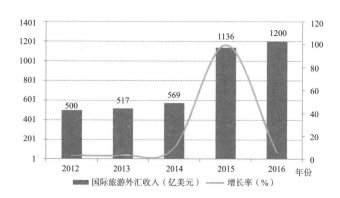

图1-2-96　2012—2016年我国国际旅游外汇收入及同比增速

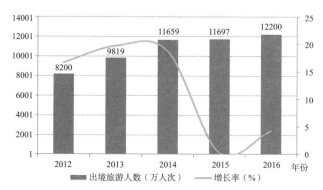

图1-2-97　2012—2016年我国大陆出境旅游人数走势图

（3）出境游市场情况

随着我国大陆旅游业的快速发展，出境游人数也在快速增加。2012—2016年，我国大陆出境游人数逐年增加，2016年总人数增长至1.22亿人次，同比增长4.3%。

2. 旅行社[①]

（1）旅行社规模

①旅行社数量

截至2016年年底，全国纳入统计范围的旅行社共有27939家，比上年末增长1.2%。

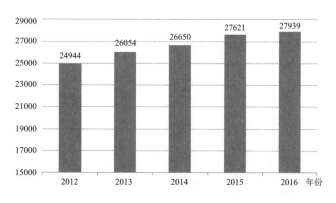

图1-2-98　2012—2016年中国旅行社数量（单位：家）

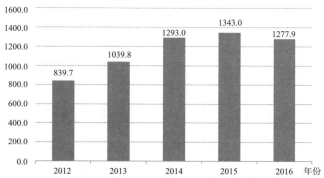

图1-2-99　2012—2016年中国旅行社资产统计情况（单位：亿元）

---

① 该部分数据来自旅游局发布的《2016年度全国旅行社统计调查情况的公报》。

②旅行社资产

2016年，全国旅行社资产合计为1277.9亿元，比上年下降4.8%。

（2）旅行社经营情况

2012—2016年，中国旅行社旅游业务营业收入整体呈增加趋势。2016年，全国旅行社旅游业务营业收入4643.1亿元，同比增长10.8%。

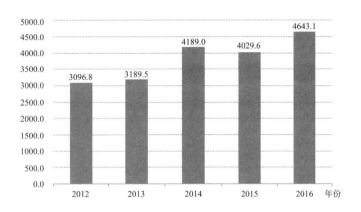

图1-2-100　2012—2016年中国旅行社旅游业务营业收入（单位：亿元）

3. 公园[①]

截至2016年年底，我国有森林公园3392处，面积达1886.68万公顷。其中，国家级森林公园828处，面积1320.09万公顷；省级森林公园1457处，面积429.87万公顷；县级森林公园1107处，面积136.71万公顷。

截至2016年全国森林公园数量（单位：处）　　表1-2-27

地区	森林公园总数	国家级森林公园	省级森林公园	县级森林公园
北京	31	15	16	0
天津	1	1	0	0
河北	101	26	75	0
山西	132	19	56	57
内蒙古	46	24	21	1
内蒙古森工	9	9	0	0
辽宁	71	29	42	0
吉林	52	27	25	0
吉林森工	8	8	0	0
黑龙江	63	34	29	0
龙江森工	41	24	17	0
大兴安岭	2	2	0	0
上海	5	4	1	0
江苏	107	20	46	41
浙江	241	39	80	122
安徽	80	31	49	0
福建	177	29	127	21

---

① 该部分数据来自中国森林公园网——2016年度森林公园建设经营情况统计表。

续表

地区	森林公园总数	国家级森林公园	省级森林公园	县级森林公园
江西	179	46	120	13
山东	244	48	66	130
河南	171	31	83	57
湖北	94	37	57	0
湖南	128	58	57	13
广东	672	24	79	569
广西	66	20	36	10
海南	28	9	17	2
重庆	97	26	61	10
四川	127	38	57	32
贵州	89	25	44	20
云南	42	27	15	0
西藏	9	9	0	0
陕西	90	35	53	2
甘肃	92	22	70	0
青海	22	7	15	0
宁夏	11	4	7	0
新疆	64	21	36	7
合计	3392	828	1457	1107

截至2016年全国森林公园面积（单位：公顷） 表1-2-28

地区	森林公园面积	国家级森林公园面积	省级森林公园面积	县级森林公园面积
北京	96260.27	68438.43	27821.84	0.00
天津	2126.00	2126.00	0.00	0.00
河北	512966.58	293673.68	219292.90	0.00
山西	567683.71	389132.80	136744.33	41806.58
内蒙古	771962.97	560472.63	206120.34	5370.00
内蒙古森工	422118.00	422118.00	0.00	0.00
辽宁	230955.10	140006.90	90948.20	0.00
吉林	2410637.29	1950437.63	460199.66	0.00
吉林森工	89773.04	89773.04	0.00	0.00
黑龙江	547970.52	448831.93	99138.59	0.00
龙江森工	1610897.40	1511065.60	99831.80	0.00
大兴安岭	129972.37	129972.37	0.00	0.00
上海	2252.10	1952.10	300.00	0.00
江苏	180580.32	51780.56	41010.16	87789.60
浙江	450744.43	222602.71	143049.30	85092.42
安徽	164253.29	108790.64	55462.65	0.00
福建	235963.17	124775.76	87931.82	23255.59
江西	518652.14	378349.39	112499.53	27803.22

续表

地区	森林公园面积	国家级森林公园面积	省级森林公园面积	县级森林公园面积
山东	412850.32	209688.96	89149.24	114012.12
河南	391616.28	134026.68	161779.14	95810.46
湖北	420074.75	311372.31	108702.44	0.00
湖南	496711.74	320804.85	151445.06	24461.83
广东	1144398.93	206170.56	117291.03	820937.34
广西	269343.28	214030.13	53623.90	1689.25
海南	168453.87	119101.93	47659.27	1692.67
重庆	194374.93	136303.35	56517.95	1553.63
四川	1200550.87	1070833.88	112417.66	17299.33
贵州	289299.70	165589.10	107800.83	15909.77
云南	151370.87	117564.22	33806.65	0.00
西藏	1186760.06	1186760.06	0.00	0.00
陕西	347041.02	185391.77	160650.55	998.70
甘肃	990352.82	471751.45	518601.37	0.00
青海	539025.28	293296.60	245728.68	0.00
宁夏	37629.20	28587.00	9042.20	0.00
新疆	1681134.74	1135365.51	544179.90	1589.33
合计	18866757.36	13200938.53	4298746.99	1367071.84

2016年，我国森林公园收入总额为781.6亿元，其中，门票收入151.73亿元，占总收入的19.41%；食宿收入333.13亿元，占比42.62%；游乐收入73.71亿元，占比9.43%；其他收入223.04亿元，占比28.54%。

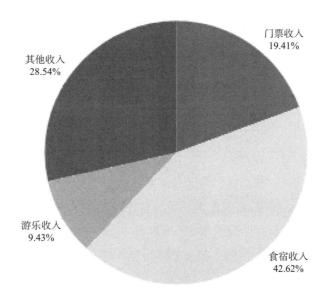

图1-2-101 2016年我国森林公园收入分布

2014年，我国森林公园旅游总人数为91681.77万人，其中海外旅游者1497.69万人，占森林公园旅游总人数的1.63%。

1.2.9 其他辅助服务业

1. 文化用品生产业[①]

（1）笔制造业

截至2016年年底，我国纳入统计局统计范围的笔制造行业共有280家企业；资产合计166.01亿元，同比增长11.78%。2016年，笔的制造行业实现销售收入302.64亿元，同比增长3.22%；实现产品销售利润34.42亿元，同比增长17.7%；实现利润总额18.75亿元，同比增长13.28%。

2015—2016年中国笔制造行业主要经济指标一览表　　　　表1-2-29

主要经济指标	2015年	2016年	同比增长（%）
企业个数（家）	255	280	9.8
资产总计（万元）	1485133	1660065	11.78
负债合计（万元）	809284.4	869870.2	7.49
销售收入（万元）	2931961	3026397	3.22
利润总额（万元）	165493.3	187476.9	13.28
产品销售利润（万元）	292329.2	344171.6	17.7

（2）墨水、墨汁制造业

截至2016年年底，我国纳入统计局统计范围的墨水、墨汁制造行业共有13家企业；资产合计9.2亿元，同比增长11.78%。2016年，墨水、墨汁制造行业实现销售收入18.11亿元，同比增长1.96%；实现产品销售利润3.36亿元，同比增长21.68%；实现利润总额1.63亿元，同比增长39.17%。

2015—2016年中国墨水、墨汁制造行业主要经济指标一览表　　　　表1-2-30

主要经济指标	2015年	2016年	同比增长（%）
企业个数（家）	10	13	9.8
资产总计（万元）	82662.4	92061.1	11.78
负债合计（万元）	20962.6	20864.1	−0.47
销售收入（万元）	177644.4	181119	1.96
利润总额（万元）	11719.9	16310.4	39.17
产品销售利润（万元）	27648.3	33641.1	21.68

（3）文具制造业

截至2016年年底，我国纳入统计局统计范围的文具制造行业共有385家企业；资产合计336.32亿元，同比增长5.27%。2016年，文具制造行业实现销售收入490.80亿元，同比增长5.49%；实现产品销售利润55.82亿元，同比增长12.33%；实现利润总额27.40亿元，同比增长8.86%。

2015—2016年中国文具制造行业主要经济指标一览表　　　　表1-2-31

主要经济指标	2015年	2016年	同比增长（%）
企业个数（家）	348	385	10.63
资产总计（万元）	3194906	3363247	5.27

---

① 该部分数据来自国家统计局。

续表

主要经济指标	2015年	2016年	同比增长（%）
负债合计（万元）	1715100	1726639	0.67
销售收入（万元）	4652445	4908041	5.49
利润总额（万元）	251715.9	274027.7	8.86
产品销售利润（万元）	496898.9	558187.6	12.33

（4）乐器制造业

截至2016年年底，我国纳入统计局统计范围的乐器制造行业共有257家企业；资产合计246.77亿元，同比增长10.6%。2016年，乐器制造行业实现销售收入370.40亿元，同比增长3.25%；实现产品销售利润44.81亿元，同比增长4.12%；实现利润总额24.33亿元，同比下降3.62%。

2015—2016年中国乐器制造行业主要经济指标一览表　　　　　表1-2-32

主要经济指标	2015年	2016年	同比增长（%）
企业个数（家）	231	257	11.26
资产总计（万元）	2231128	2467699	10.6
负债合计（万元）	914357.8	1002309	9.62
销售收入（万元）	3587376	3703977	3.25
利润总额（万元）	252417.7	243278.5	-3.62
产品销售利润（万元）	430318.3	448064.3	4.12
其中：中乐器制造			
企业个数（家）	34	34	0
资产总计（万元）	157114.6	158483.4	0.87
负债合计（万元）	53238.2	55876.8	4.96
销售收入（万元）	421376.1	400546.6	-4.94
利润总额（万元）	28691.5	32627.7	13.72
产品销售利润（万元）	47025.4	47474.9	0.96
其中：西乐器制造			
企业个数（家）	121	138	14.05
资产总计（万元）	1464757	1675496	14.39
负债合计（万元）	643288.4	720134.6	11.95
销售收入（万元）	1884797	1953846	3.66
利润总额（万元）	121812.6	105256.1	-13.59
产品销售利润（万元）	219177.2	220272	0.5
其中：电子乐器制造			
企业个数（家）	26	30	15.38
资产总计（万元）	367879.8	377533.8	2.62
负债合计（万元）	111387.6	119506.2	7.29
销售收入（万元）	756673.7	787481	4.07
利润总额（万元）	68803	67963	-1.22
产品销售利润（万元）	108337.5	114400.2	5.6

续表

主要经济指标	2015年	2016年	同比增长（%）
其中：其他乐器及零件制造			
企业个数（家）	50	55	10
资产总计（万元）	241376	256186.4	6.14
负债合计（万元）	106443.5	106791.7	0.33
销售收入（万元）	524529.4	562103.6	7.16
利润总额（万元）	33110.5	37431.7	13.05
产品销售利润（万元）	55778.3	65917.1	18.18

（5）玩具制造业

截至2016年年底，我国纳入统计局统计范围的玩具制造行业共有1608家企业；资产合计1200.14亿元，同比增长11.61%。2016年，玩具制造行业实现销售收入2242.79亿元，同比增长13.15%；实现产品销售利润260.04亿元，同比增长27.96%；实现利润总额118.37亿元，同比增长25.85%。

2015—2016年中国玩具制造行业主要经济指标一览表　　　　　　　　　　表1-2-33

主要经济指标	2015年	2016年	同比增长（%）
企业个数（家）	1455	1608	10.52
资产总计（万元）	10752969	12001402	11.61
负债合计（万元）	5127237	5426259	5.83
销售收入（万元）	19822185	22427940	13.15
利润总额（万元）	940607.7	1183734	25.85
产品销售利润（万元）	2032115	2600353	27.96

2. 文化设备生产业[①]

（1）视听设备制造业

截至2016年年底，我国纳入统计局统计范围的视听设备制造行业共有1112家企业；资产合计6100.06亿元，同比增长26.74%。2016年，视听设备制造行业实现销售收入9099.93亿元，同比增长25.19%；实现产品销售利润656.62亿元，同比增长48.17%；实现利润总额335.59亿元，同比增长79.61%。

2015—2016年中国视听设备制造行业主要经济指标一览表　　　　　　　　表1-2-34

主要经济指标	2015年	2016年	同比增长（%）
企业个数（家）	1033	1112	7.65
资产总计（万元）	48128725	61000639	26.74
负债合计（万元）	30820078	37875293	22.89
销售收入（万元）	72691628	90999308	25.19
利润总额（万元）	1868469	3355885	79.61
产品销售利润（万元）	4431397	6566186	48.17

（2）广播电视设备制造业

截至2016年年底，我国纳入统计局统计范围的广播电视设备制造行业共有628家企业；资产合计1760.11

---

① 该部分数据来自国家统计局。

亿元，同比增长26.46%。2016年，广播电视设备制造行业实现销售收入1938.36亿元，同比增长26.38%；实现产品销售利润266.51亿元，同比增长43.29%；实现利润总额135.72亿元，同比增长53.86%。

2015—2016年中国广播电视设备制造行业主要经济指标一览表　　　表1-2-35

主要经济指标	2015年	2016年	同比增长（%）
企业个数（家）	613	628	2.45
资产总计（万元）	13918402	17601145	26.46
负债合计（万元）	7172398	8647878	20.57
销售收入（万元）	15337576	19383648	26.38
利润总额（万元）	882071.6	1357195	53.86
产品销售利润（万元）	1859890	2665124	43.29

（3）印刷专用设备制造

截至2016年年底，我国纳入统计局统计范围的印刷专用设备制造行业共有324家企业；资产合计397.43亿元，同比增长10.93%。2016年，印刷专用设备制造行业实现销售收入445.65亿元，同比增长6.24%；实现产品销售利润63.18亿元，同比增长30.15%；实现利润总额32.06亿元，同比增长29.49%。

2015—2016年中国印刷专用设备制造行业主要经济指标一览表　　　表1-2-36

主要经济指标	2015年	2016年	同比增长（%）
企业个数（家）	308	324	5.19
资产总计（万元）	3582829	3974298	10.93
负债合计（万元）	1641796	1760482	7.23
销售收入（万元）	4194739	4456531	6.24
利润总额（万元）	247558.3	320554.6	29.49
产品销售利润（万元）	485444.1	631827.7	30.15

（4）文化、办公用机械制造

截至2016年年底，我国纳入统计局统计范围的文化、办公用机械制造行业共有459家企业；资产合计1376.92亿元，同比增长10.34%。2016年，文化、办公用机械制造行业实现销售收入2091.87亿元，同比增长20.52%；实现产品销售利润176.48亿元，同比增长10.41%；实现利润总额93.02亿元，同比增长16.37%。

2015—2016年中国文化、办公用机械制造行业主要经济指标一览表　　　表1-2-37

主要经济指标	2015年	2016年	同比增长（%）
企业个数（家）	474	459	-3.16
资产总计（万元）	12479144	13769203	10.34
负债合计（万元）	5722113	6351198	10.99
销售收入（万元）	17357371	20918650	20.52
利润总额（万元）	799372.5	930224.7	16.37
产品销售利润（万元）	1598386	1764838	10.41

（5）游艺器材及娱乐用品制造

截至2016年年底，我国纳入统计局统计范围的游艺器材及娱乐用品制造行业共有226家企业；资产合计

305.05亿元,同比减少1.86%。2016年,游艺器材及娱乐用品制造行业实现销售收入446.12亿元,同比减少4.9%;实现产品销售利润58.92亿元,同比增长9.6%;实现利润总额38.25亿元,同比增长17.8%。

2015—2016年中国游艺器材及娱乐用品制造行业主要经济指标一览表　　表1-2-38

主要经济指标	2015年	2016年	同比增长(%)
企业个数(家)	240	226	-5.83
资产总计(万元)	3108406	3050549	-1.86
负债合计(万元)	1563472	1507560	-3.58
销售收入(万元)	4690901	4461166	-4.9
利润总额(万元)	324670.2	382454.2	17.8
产品销售利润(万元)	537584.8	589200.5	9.6

3. 知识产权服务业[①]

(1) 受理、查处案件

2016年,全国各级版权行政管理机关共检查经营单位878013家,取缔违法经营单位6243家,查获地下窝点325个,行政处罚3065起,移送司法机关案件189件。

(2) 收缴盗版品

2016年,全国各地方版权行政管理机关共收缴各类盗版品1291.97万件,其中:查缴的盗版书刊1004.25万册,盗版音像制品195.39万盒(张),盗版电子出版物16.20万张,盗版软件37.80万张,其他各类盗版品38.33万件。

2016年中国收缴盗版品情况　　表1-2-39

类别	数量
书刊(万册)	1004.25
音像制品(万盒/张)	195.39
电子出版物(万张)	16.20
软件(万张)	37.80
其他各类盗版品(万件)	38.33

(3) 版权合同登记

2016年,全国版权合同登记19744份,其中:图书16755份,期刊99份,音像制品1790份,电子出版物238份,软件686份,电影1份,电视节目2份,其他173份。

2016年中国版权合同登记情况　　表1-2-40

类别	数量(份)
图书	16755
期刊	99
音像制品	1790
电子出版物	238
软件	686

---

① 该部分数据来自全国新闻出版统计网发布的《2016年全国新闻出版业基本情况》。部分数据因四舍五入的原因,存在着与分项合计不等的情况。

续表

类别	数量（份）
电影	1
电视节目	2
其他	173
合计	19744

（4）作品自愿登记

2016年，全国作品自愿登记1895053份，其中：文字作品631997份，口述作品66份，音乐作品18496份，曲艺310份，舞蹈147份，杂技43份，美术作品440099份，摄影作品729473份，建筑604份，影视26530份，设计图10160份，地图669份，模型312份，其他36147份。

2016年中国作品自愿登记情况　　　　　　表1-2-41

类别	数量（份）
文字作品	631997
口述作品	66
音乐作品	18496
曲艺	310
舞蹈	147
杂技	43
美术作品	440099
摄影作品	729473
建筑	604
影视	26530
设计图	10160
地图	669
模型	312
其他	36147
合计	1895053

（5）版权引进情况

①总体情况

2016年，我国大陆共引进版权17252种，其中：图书16587种，录音制品119种，录像制品251种，电子出版物217种。

2016年我国大陆版权引进类别情况　　　　　　表1-2-42

类别	数量（种）
共引进版权	17252
其中：图书	16587
录音制品	119
录像制品	251
电子出版物	217

从版权引进地来看，美国 5461 种，英国 2966 种，日本 1952 种，韩国 1067 种，法国 1100 种，德国 895 种，新加坡 262 种，加拿大 152 种，俄罗斯 104 种，中国香港地区 248 种，中国澳门地区 1 种，中国台湾地区 979 种，其他地区 2065 种。

2016 年我国大陆版权引进地情况　　　　　　　　　　　　　　表 1-2-43

国家或地区	数量（种）
美国	5461
英国	2966
日本	1952
韩国	1067
法国	1100
德国	895
新加坡	262
加拿大	152
俄罗斯	104
中国香港	248
中国澳门	1
中国台湾	979
其他地区	2065

②出版物版权引进

2016 年，我国大陆共引进图书、音像制品和电子出版物版权 17174 种。

2016 年我国大陆图书版权引进地情况　　　　　　　　　　　　表 1-2-44

国家或地区	数量（种）
美国	5201
英国	2877
日本	1911
韩国	1024
法国	1069
德国	888
新加坡	260
加拿大	142
俄罗斯	101
中国香港	208
中国澳门	1
中国台湾	949
其他地区	1960

（6）版权输出情况

①总体情况

2016 年，我国大陆共输出版权 11133 种，其中图书 8328 种，录音制品 201 种，录像制品 18 种，电子出版物 1264 种。

2016年我国大陆版权输出类别情况　　表1-2-45

类别	数量（种）
共输出版权	11133
其中：图书	8328
录音制品	201
录像制品	18
电子出版物	1264

从版权输出地来看，向美国输出1483种，英国353种，德国346种，法国164种，俄罗斯360种，加拿大143种，新加坡403种，日本356种，韩国719种，中国香港地区710种，中国澳门地区179种，中国台湾地区2110种，其他地区3807种。

2016年我国大陆版权输出地情况　　表1-2-46

国家或地区	数量（种）
美国	1483
英国	353
韩国	719
新加坡	403
德国	346
日本	356
法国	164
加拿大	143
俄罗斯	360
中国香港	710
中国澳门	179
中国台湾	2110
其他地区	3807

②出版物版权输出情况

2016年，我国大陆共输出图书、音像制品和电子出版物版权9811种。

2016年我国大陆图书版权输出地情况　　表1-2-47

国家或地区	数量（种）
美国	932
韩国	576
英国	290
德国	262
日本	353
法国	110
新加坡	184
俄罗斯	356
加拿大	87
中国香港	486

续表

国家或地区	数量（种）
中国澳门	56
中国台湾	1848
其他地区	2788

1.3 全国各地区文化创意产业发展情况

下述内容中，各地区的文化创意产业发展数据，均来自各省（自治区、直辖市）2016年国民经济和社会发展统计公报以及各地的统计年鉴。软件与信息技术服务业数据来自国家工业和信息化部，其2016年数据统计月份为1—11月。

1.3.1 华东地区文化创意产业发展情况

1. 上海市文化创意产业发展情况

（1）产业整体规模①

2015年，上海市文化创意产业实现增加值789亿元，同比增长10.3%，占全市生产总值的比重约为3.16%。

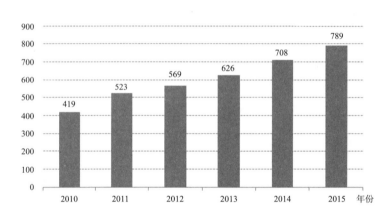

图1-3-1　2010—2015年上海市文化创意产业增加值情况（单位：亿元）

（2）产业结构情况②

2015年，上海市以文化软件服务、广告服务、设计服务为主的文化创意和设计服务实现增加值789.43亿元，占文化产业增加值的48%，同比增长10.3%。文化信息传输服务实现增加值208.49亿元，占文化产业增加值的12.8%，同比增长28%。"互联网+"的效应正在全面释放，成为文化产业融合发展巨大的推动力量。

2015年，上海市新闻出版发行服务实现增加值36.84亿元，占文化产业增加值的2.3%，同比增长3.6%。广播电视电影服务实现增加值54.92亿元，占文化产业增加值的3.4%，同比增长12.7%。工艺美术品生产实现增加值59.25亿元，占文化产业增加值的3.6%，同比增长14.9%。

2015年，上海市文化休闲娱乐服务实现增加值31.46亿元，占文化产业增加值的2%，同比增长2.5%。文化艺术服务实现增加值52.09亿元,占文化产业增加值的3.2%,同比增长6.0%,较之2013和2014年的增长势头，增速放缓趋势明显。

---

① 该部分数据来自上海市统计局。
② 该部分数据来自上海市委宣传部、上海市文化事业管理处和上海发展改革研究院共同撰写的《2016年上海文化产业发展报告》。

2015年，上海市文化产品生产的辅助生产增加值为212.49亿元，同比增10.1%，文化用品的生产增加值为126.69亿元，同比下降8.7%，文化专用设备的生产增加值为64.03亿元，同比下降23.8%，先进文化装备制造生产能力和带动效应亟须提高。

2015年上海市文化产业分行业增加值情况　　　　表1-3-1

项目	2015年增加值（亿元）	同比增长（%）
新闻出版发行服务	36.84	3.6
广播电视电影服务	54.92	12.7
文化艺术服务	52.09	6.0
文化信息传输服务	208.49	28
文化创意和设计服务	789.43	10.3
文化休闲娱乐服务	31.46	2.5
文化产品生产的辅助生产	212.49	10.1
文化用品的生产	126.69	-8.7
文化专用设备的生产	64.03	-23.8

（3）文化贸易情况[①]

2015年，上海市文化产品和服务进出口总额为90.63亿美元，同比增长8.63%，总量规模持续扩大。其中，文化产品进出口额53.19亿美元，同比增长4.72%；文化服务进出口额37.44亿美元，同比增长14.70%。特别是文化专用设备、文化和娱乐服务、广告服务等领域，增幅均超过10%；其中，视听和相关服务进出口额比2014年大幅增长111.51%。2015年，上海市文化产品和服务的进口额为45.30亿美元，出口额为45.33亿美元，进出口额基本持平。上海对外文化贸易出口，由依靠文化用品出口为主逐步转变为文化服务贸易中的文化和娱乐服务、广告服务等高附加值领域。

（4）重大文化项目进展[②]

①国家级文化产业基地能级提升

张江国家数字出版基地、中国（上海）网络视听产业基地、国家对外文化贸易基地、金山国家绿色创意印刷示范园区、国家音乐产业基地（上海）等国家级产业基地不断提升服务能级，集聚优质企业。

2016年，张江国家数字出版基地集聚企业总数596家，年产值达到408亿元，同比增长18%，基地内产值过亿的企业超过35家，欢乐互娱、极视传播、青橙、狂龙数码、点点客等内容生产、运营、技术研发和应用支持型企业在基地内实现互补发展，基地内作品版权登记保护应用平台登记作品受理数量已超过20万件。

中国（上海）网络视听产业基地自2015年年底正式运营以来，截至2016年年底，基地注册企业逾400家，其中70%以上为网络视频、影视动漫、网络游戏、技术研发等新兴文化企业，基地年产值超过50亿元，实现税收超过4.75亿元，基地内公共服务平台基本建设完毕。

金山国家绿色创意印刷示范园引进上海康得新文化传媒正式入驻，吸引注册文创企业21家，注册资金8990万元，基地内全国绿色创意印刷材料展示交易中心正式运营并实现在线交易，2016年中心总交易额超过1.15亿元。此外，基地已签订协议正式投建国家新闻出版广电总局出版产品质量监督检测中心上海分中心。

②文化品牌活动影响力不断提升

上海国际艺术节、上海国际电影节、中国国际数码互动娱乐展览会、中国国际动漫游戏博览会等品牌活动国内外影响力不断递增。

---

① 该部分数据来自上海市委宣传部、上海市文化事业管理处和上海市发展改革研究院共同撰写的《2016年上海文化产业发展报告》。
② 除特别标注外，该部分数据和资料来自《2016年上海市国民经济和社会发展统计公报》。

2016年6月，第19届上海国际电影节顺利举办，共有近600部影片参与展映，超过34万观众贡献了2000多万元票房，创下历史新高。

2016年7月，第12届中国国际动漫游戏博览会（CCG EXPO2016）成功举办，总展区面积达5.3万平方米，主展馆共有338家海内外展商参展，海外展商出展面积超40%。

2016年8月，第14届中国国际数码互动娱乐展览会（ChinaJoy）以"游戏新时代，拥抱泛娱乐"为主题，吸引来自全球30多个国家和地区的千余家企业参展。

2016年10月，第18届中国上海国际艺术节集聚来自64个国家的艺术工作者，参演剧（节）目共达50台，其中境外节目28台，境内节目22台，原创新作达到25台。艺术节特设"一带一路"演展板块，集合了俄罗斯、匈牙利、捷克、以色列、埃及等沿线国家10多部作品，展现"一带一路"丰富的文化艺术资源。

2016年11月，第20届上海艺术博览会成交量近1.5亿元人民币，再创历史新高，其中来自美国、德国、意大利、韩国、日本等17个国家的约140家画廊参展，艺术品交易市场渐趋成熟。

2. 浙江省文化创意产业发展情况[①]

（1）文化艺术业

截至2016年年末，浙江省共有公共图书馆102个，文化馆102个，文化站1364个，博物馆275个，隶属文化部门艺术表演团体63个。

（2）广播影视动漫业

截至2016年年末，浙江省有线广播电视用户数1531万户，与上年基本持平；广播、电视人口综合覆盖率分别为99.6%和99.7%。全年制作电视剧57部2576集；制作影片54部；制作动画片46部21782分钟。

（3）报纸期刊出版业

截至2016年年末，浙江省共有图书出版社14家；影视制作机构1435家，其中上市公司32家。公开发行报纸68种，出版期刊226种。新闻出版广播影视业营业收入2001亿元，与上年基本持平。

（4）会展旅游业

截至2016年年底，浙江省全年旅游产业增加值3305亿元，比上年增长12.8%，占GDP的7.1%；实现旅游总收入8093亿元，增长13.4%。其中，接待国内游客5.73亿人次，增长9.1%，实现国内旅游收入7600亿元，增长13.1%；接待入境旅游者1120万人次，增长10.7%，实现旅游外汇收入74.3亿美元，增长9.5%。

（5）软件与信息技术服务业

截至2016年年底，全年信息经济核心产业增加值3911亿元，按现价计算增长15.9%，占GDP的8.4%，比重比上年提高0.7个百分点。全省规模以上服务业企业营业收入10573亿元，比上年增长21.1%；利润总额1808亿元，增长21.4%。

3. 山东省文化创意产业发展情况[②]

（1）文化艺术业

截至2016年年底，山东省共有艺术表演团体103个，艺术表演场馆93个，博物馆451个，公共图书馆154个，群众艺术馆和文化馆157个，文化站1817个。乡镇（街道）综合性文化服务中心覆盖率为99.3%，行政村（社区）文化大院（文化活动室）覆盖率为95.6%。文化产业投资3303.7亿元，比上年增长18.0%。拥有的国家级、省级文化产业示范基地分别达到17个和163个。

2016年，山东省成功举办第六届山东文化产业博览会和第四届中国非物质文化遗产博览会。

（2）广播影视动漫业

截至2016年年底，山东省广播人口综合覆盖率为98.94%，电视人口综合覆盖率为98.61%。城市营业影

---

① 除特别标注外，该部分数据和资料来自《2016年浙江省国民经济和社会发展统计公报》。
② 除特别标注外，该部分数据和资料来自《2016年山东省国民经济和社会发展统计公报》。

院 421 家，电影票房收入 17.5 亿元。

（3）报纸期刊出版业

2016 年，山东省共出版各类图书 16193 种，报纸 87 种，杂志 262 种。

（4）会展旅游业

2016 年，山东省旅游消费总额 8030.7 亿元，同比增长 13.7%。其中，国内游客消费增长 13.8%，入境游客消费增长 5.8%。旅游投资 2007.4 亿元，比上年增长 28.6%。

截至 2016 年年底，山东省共拥有 A 级旅游景区 1054 家，省级以上旅游度假区 45 家，分别比上年增加 133 家和 3 家。省级旅游强乡镇 527 个，省级旅游特色村 1180 个，分别比上年增加 69 个和 273 个。

（5）软件与信息技术服务业[①]

截至 2016 年年底，山东省软件与信息技术服务业企业总数为 4264 家。其中，软件业务收入为 3928.22 亿元，与上年同期相比增长 15.6%；软件产品收入为 1446.13 亿元，同比增长 14.6%；信息技术服务收入为 1817.38 亿元，同比增长 15.5%。

2016 年山东省软件与信息技术服务业发展情况　　　　表 1-3-2

项目	数值	同比增长（%）
软件企业数（家）	4264	—
软件业务收入（亿元）	3928.22	15.6
软件产品收入（亿元）	1446.13	14.6
信息技术服务收入（亿元）	1817.38	15.5

4. 江苏省文化创意产业发展情况[②]

（1）文化艺术业

截至 2016 年年底，江苏省共有文化馆、群众艺术馆 115 个，公共图书馆 114 个，博物馆 312 个，美术馆 25 个，综合档案馆 117 个，向社会开放档案 52.2 万件。

（2）广播影视动漫业

截至 2016 年年底，江苏省共有广播电台 8 座，中短波广播发射台和转播台 21 座，电视台 8 座，广播综合人口覆盖率和电视综合人口覆盖率均为 100%，有线电视用户 2063 万户。

另外，2016 年，江苏省共生产故事影剧片 29 部。

（3）报纸期刊出版业

2016 年，江苏省出版报纸 23.3 亿份，出版杂志 1.2 亿册，出版图书 5.6 亿册。

（4）会展旅游业

2016 年，江苏省全年接待境内外游客 68109.8 万人次，比上年增长 9.4%；实现旅游业总收入 10263.6 亿元，增长 13.4%。接待入境过夜旅游者 329.8 万人次，增长 8.1%。其中：外国人 218 万人次，增长 8.5%；港澳台同胞 111.8 万人次，增长 7.3%。旅游外汇收入 38 亿美元，增长 7.8%。接待国内游客 67780 万人次，增长 9.4%，实现国内旅游收入 9952.5 亿元，增长 13.5%。

（5）软件与信息技术服务业[③]

截至 2016 年年底，江苏省软件与信息技术服务业企业总数为 7516 家。其中，软件业务收入为 7552.25 亿元，

---

① 该部分数据来自工业和信息化部 2016 年 1—11 月软件和信息技术服务业主要经济指标完成情况统计表。
② 除特别标注外，该部分数据和资料来自《2016 年江苏省国民经济和社会发展统计公报》。
③ 该部分数据来自工业和信息化部 2016 年 1—11 月软件和信息技术服务业主要经济指标完成情况统计表。

与上年同期相比增长 14.8%;软件产品收入为 1956.25 亿元,同比增长 7.6%;信息技术服务收入为 2987.04 亿元,同比增长 11.9%。

2016 年江苏省软件与信息技术服务业发展情况　　　　表 1-3-3

项目	数值	同比增长（%）
软件企业数（家）	7516	—
软件业务收入（亿元）	7552.25	14.8
软件产品收入（亿元）	1956.25	7.6
信息技术服务收入（亿元）	2987.04	11.9

5. 安徽省文化创意产业发展情况[①]

（1）文化艺术业

截至 2016 年年底,安徽省共有文化馆 122 个,公共图书馆 122 个,博物馆 171 个（含民营博物馆）,乡镇街道综合文化站 1437 个。全国重点文物保护单位 130 处、合并国保项目 2 处,省级重点文物保护单位 708 处。国家级非物质文化遗产名录 72 项,省级名录 343 项。

此外,截至 2016 年年底,安徽省共有各级国家档案馆 139 个,馆藏档案资料 2663.2 万卷（件、册）,库馆总建筑面积 35.3 万平方米。

（2）广播影视动漫业

截至 2016 年年底,安徽省共有广播电台 4 座、电视台 14 座,中波发射台和转播台 23 座。广播节目综合人口覆盖率 98.89%,电视节目综合人口覆盖率 99.03%,有线电视用户 878.1 万户。

（3）报纸期刊出版业

2016 年全年,安徽省共出版报纸 98 种,总印数 9.57 亿份;期刊（杂志）180 种,总印数 0.52 亿册;图书 9829 种,总印数 2.51 亿册。

（4）会展旅游业

2016 年,安徽省全年入境旅游人数 485.4 万人次,比上年增长 9.2%。其中:外国游客 282.9 万人次,增长 9.2%;港澳台同胞 202.5 万人次,增长 9.2%。国内游客 5.22 亿人次,增长 17.7%。旅游总收入 4932.4 亿元,增长 19.7%。其中,旅游外汇收入 25.4 亿美元,增长 12.4%;国内旅游收入 4763.6 亿元,增长 19.7%。2016 年年末,全省有 A 级及以上旅游景点（区）556 处。皖南国际旅游文化示范区旅游收入 2594 亿元,增长 18.8%。

（5）软件与信息技术服务业[②]

截至 2016 年年底,安徽省软件与信息技术服务业企业总数为 495 家。其中,软件业务收入为 197.30 亿元,与上年同期相比增长 30.1%;软件产品收入为 91.61 亿元,同比增长 17.1%;信息技术服务收入为 81.13 亿元,同比增长 41.0%。

2016 年安徽省软件与信息技术服务业发展情况　　　　表 1-3-4

项目	数值	同比增长（%）
软件企业数（家）	495	—
软件业务收入（亿元）	197.30	30.1
软件产品收入（亿元）	91.61	17.1
信息系统集成服务收入（亿元）	81.13	41.0

---

① 除特别标注外,该部分数据和资料来自《2016 年安徽省国民经济和社会发展统计公报》。
② 该部分数据来自工业和信息化部 2016 年 1—11 月软件和信息技术服务业主要经济指标完成情况统计表。

6. 江西省文化创意产业发展情况[①]

（1）文化艺术业

截至2016年年底，江西省共有艺术表演团体84个，文化馆118个，公共图书馆113个，博物馆133个。

（2）广播影视动漫业

截至2016年年底，江西省共有广播电视台86座，中、短波发射台19座，电视台8座；有线广播电视用户655.7万户，其中，数字电视用户579.0万户。年末广播综合人口覆盖率98.0%，电视综合人口覆盖率98.8%。

（3）报纸期刊出版业

2016年全年，江西省共出版各种图书、期刊、报纸7980种，出版各类图书19814万册、期刊7112万册、报纸106040万份。

（4）会展旅游业

2016年全年，江西省共接待国内旅游者46913.4万人次，比上年增长22.2%；国内旅游收入4954.5亿元，增长37.6%。接待入境旅游者181.9万人次，增长2.8%；国际旅游外汇收入5.8亿美元，增长3.1%。

（5）软件与信息技术服务业[②]

截至2016年年底，江西省软件与信息技术服务业企业总数为97家。其中，软件业务收入为59.10亿元，与上年同期相比增长4.9%；软件产品收入为25.28亿元，同比增长16.9%；信息技术服务收入为32.46亿元，同比下降2.5%。

2016年江西省软件与信息技术服务业发展情况　　表1-3-5

项目	数值	同比增长（%）
软件企业数（家）	97	—
软件业务收入（亿元）	59.10	4.9
软件产品收入（亿元）	25.28	16.9
信息系统集成服务收入（亿元）	32.46	-2.5

7. 福建省文化创意产业发展情况[③]

（1）文化艺术业

截至2016年年末，福建省文化系统共有艺术表演团体70个，全省共有公共图书馆88个，文化馆97个，博物馆98个。

2016年，福建省文化系统各类艺术表演团体演出1.29万场，本年度首演剧目139个，观众595.02万人次，其中：政府采购公益性观众256.43万人次；各级公共图书馆组织各类讲座3574次，书刊文献外借2454.64万册，总流通人数2553.01万人次；各级文化馆组织举办展览955个，组织文艺活动3165次、培训班11032期和公益性讲座598次，共有768.16万人次参加；博物馆共举办271个基本陈列和559个展览，共有2582.01万人次参观，其中未成年人参观953.28万人次。

（2）广播影视动漫业

截至2016年年末，福建省共有影院240个，银幕1266块，2016年电影票房15.95亿元。广播电台4座，电视台4座，广播电视台67座，教育电视台1座。有线电视用户738.69万户，有线数字电视用户715.17万户。年末广播节目综合覆盖率为98.96%；电视节目综合覆盖率为99.12%。

---

① 除特别标注外，该部分数据和资料来自《2016年江西省国民经济和社会发展统计公报》。
② 该部分数据来自工业和信息化部2016年1—11月软件和信息技术服务业主要经济指标完成情况统计表。
③ 除特别标注外，该部分数据和资料来自《2016年福建省国民经济和社会发展统计公报》。

（3）报纸期刊出版业

2016年，福建省共出版图书4379种，总印数0.95亿册；报纸45种（不含校报、副牌），总印数10.61亿份；期刊176种，总印数0.38亿册；音像电子出版物4.7万盒（张）。年末全省共有各级各类档案馆114个。

（4）会展旅游业

2016年全年，福建省共接待入境游客680.79万人次，比上年增长15.1%。其中，接待外国人254.12万人次，增长18.6%；台湾同胞267.20万人次，增长12.2%；港澳同胞159.47万人次，增长14.7%。在入境旅游者中，过夜游客611.48万人次，增长18.3%。国际旅游外汇收入66.26亿美元，增长19.1%。全年接待国内旅游人数30864.30万人次，增长18.1%；国内旅游收入3495.21亿元，增长24.9%。旅游总收入3935.16亿元，增长25.3%。

（5）软件与信息技术服务业[①]

截至2016年年底，福建省软件与信息技术服务业企业总数为2405家。其中，软件业务收入为2127.70亿元，与上年同期相比增长19.4%；软件产品收入为782.15亿元，同比增长19.2%；信息技术服务收入为1115.10亿元，同比增长20.1%。

2016年福建省软件与信息技术服务业发展情况　　　　表1-3-6

项目	数值	同比增长（%）
软件企业数（家）	2405	—
软件业务收入（亿元）	2127.70	19.4
软件产品收入（亿元）	782.15	19.2
信息技术服务收入（亿元）	1115.10	20.1

1.3.2 华北地区文化创意产业发展情况

1. 北京市文化创意产业发展情况[②]

（1）产业增加值

2012—2016年，北京市文化创意产业增加值由2189.2亿元增加至3570.5亿元，年增长率保持在8%以上。

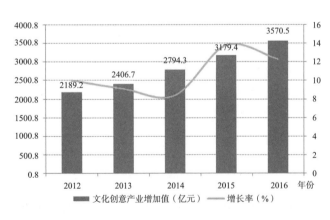

图1-3-2　2012—2016年北京市文化创意产业增加值及其增速

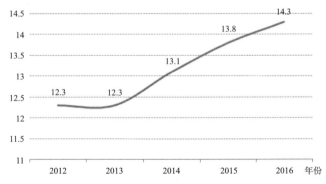

图1-3-3　2012—2016年北京市文化创意产业增加值占地区生产总值比重（单位：%）

---

① 该部分数据来自工业和信息化部2016年1—11月软件和信息技术服务业主要经济指标完成情况统计表。
② 除特别标注外，该部分数据和资料来自《2016年北京市国民经济和社会发展统计公报》。

2012—2016 年，北京市文化创意产业增加值占地区生产总值比重分别为 12.3%、12.3%、13.1%、13.8% 和 14.3%。

（2）文化艺术业

截至 2016 年年末，北京市共有公共图书馆 25 个，总藏量 6264.7 万册；档案馆 18 个，馆藏案卷 771.9 万卷件；博物馆 177 个，其中免费开放 80 个；群众艺术馆、文化馆 20 个。

（3）广播影视动漫业

截至 2016 年年末，北京市有线电视注册用户达到 579.9 万户，其中高清交互数字电视用户 482 万户。北京地区 25 条院线 207 家影院，共放映电影 228 万场，观众 6873.4 万人次，票房收入 30.3 亿元。

2016 年全年，北京市制作电视剧 64 部 2665 集，电视动画片 30 部 9844 分钟，电影 318 部。

（4）会展旅游业

2016 年全年，北京市接待国内旅游者 2.8 亿人次，比上年增长 4.7%。国内旅游总收入 4683 亿元，增长 8.4%。接待入境旅游者 416.5 万人次，下降 0.8%。其中，外国游客 354.8 万人次，下降 0.8%；港、澳、台同胞 61.8 万人次，下降 1.0%。旅游外汇收入 50.7 亿美元，增长 10.1%。国内外旅游总收入为 5021 亿元，增长 9.0%。全年经旅行社组织的出境游人数 571.3 万人次，增长 7.2%。

（5）软件与信息技术服务业[①]

截至 2016 年年底，北京市软件与信息技术服务业企业总数为 2750 家。其中，软件业务收入为 5385.46 亿元，与上年同期相比增长 11.7%；软件产品收入为 1898.10 亿元，同比增长 11.1%；信息技术服务收入为 3388.55 亿元，同比增长 12.2%。

2016 年北京市软件与信息技术服务业发展情况　　　　表 1-3-7

项目	数值	同比增长（%）
软件企业数（家）	2750	—
软件业务收入（亿元）	5385.46	11.7
软件产品收入（亿元）	1898.10	11.1
信息技术服务收入（亿元）	3388.55	12.2

2. 天津市文化创意产业发展情况[②]

（1）文化艺术业

截至 2016 年年末，天津市共有艺术表演团体 86 个，文化馆 19 个，博物馆 22 个，公共图书馆 31 个，街乡镇综合文化站 236 个。

2016 年，天津市开展了形式多样的文化惠民活动，全年发行文化惠民卡 10 万张，成功举办首届天津市民艺术节，天津图书馆与全市公共图书馆实现通借通还。

（2）广播影视动漫业

2016 年，天津市共摄制电影故事片 12 部。全市共有广播节目 10 套，市级电视节目 11 套。

（3）报纸期刊出版业

2016 年全年，天津市共出版图书 6403 万册，期刊 3175.86 万册，报纸 5.66 亿份。

（4）会展旅游业

2016 年全年，天津市共接待入境旅游人数 335.01 万人次，增长 2.8%；其中，外国人 309.04 万人次，增长 2.8%。

---

① 该部分数据来自工业和信息化部 2016 年 1—11 月软件和信息技术服务业主要经济指标完成情况统计表。
② 除特别标注外，该部分数据和资料来自《2016 年天津市国民经济和社会发展统计公报》。

旅游外汇收入35.57亿美元,增长7.9%。接待国内游客增长10.3%,国内旅游收入增长12.7%。出境游42.43万人次,增长17.7%。邮轮旅游快速升温,接待到港国际邮轮142艘次,进出境旅客71.5万人次。

截至2016年年末,天津市共有星级宾馆87家;旅行社447家,其中有出境资质的52家;A级及以上景区107个。

（5）软件与信息技术服务业[①]

截至2016年年底,天津市软件与信息技术服务业企业总数为518家。其中,软件业务收入为1021.37亿元,与上年同期相比增长11.3%；软件产品收入为269.32亿元,同比增长11.3%；信息技术服务收入为561.03亿元,同比增长15.2%。

2016年天津市软件与信息技术服务业发展情况　　表1-3-8

项目	数值	同比增长（%）
软件企业数（家）	518	—
软件业务收入（亿元）	1021.37	11.3
软件产品收入（亿元）	269.32	11.3
信息技术服务收入（亿元）	561.03	15.2

3. 河北省文化创意产业发展情况[②]

（1）文化艺术业

截至2016年年末,河北省共有博物馆111个,档案馆187个。

（2）广播影视动漫业

截至2016年年末,河北省共有中、短波转播发射台31座,调频转播台159座；广播电视台151座,电视转播台253座。有线电视用户842.8万户,有线数字电视用户767.8万户。年末广播节目综合人口覆盖率99.35%,电视节目综合人口覆盖率99.28%。

2016年全年,河北省共生产各类影片13部,电视剧11部。

（3）体育运动业

2016年全年,河北省运动员在国际比赛中获金牌5枚,银牌2枚,铜牌1枚。

（4）会展旅游业

2016年全年,河北省接待国际游客147.6万人次,旅游外汇收入6.7亿美元,分别比上年增长6.8%和7.6%；接待国内游客4.7亿人次,创收4610.1亿元,分别增长25.6%和35.8%。旅游总收入4654.5亿元,增长35.6%。

（5）软件与信息技术服务业[③]

截至2016年年底,河北省软件与信息技术服务业企业总数为286家。其中,软件业务收入为177.80亿元,与上年同期相比增长14.1%；软件产品收入为22.59亿元,同比下降5%；信息技术服务收入为146.21亿元,同比增长19.5%。

2016年河北省软件与信息技术服务业发展情况　　表1-3-9

项目	数值	同比增长（%）
软件企业数（家）	286	—
软件业务收入（亿元）	177.80	14.1

---

① 该部分数据来自工业和信息化部2016年1—11月软件和信息技术服务业主要经济指标完成情况统计表。
② 除特别标注外,该部分数据和资料来自《2016年河北省国民经济和社会发展统计公报》。
③ 该部分数据来自工业和信息化部2016年1—11月软件和信息技术服务业主要经济指标完成情况统计表。

续表

项目	数值	同比增长（%）
软件产品收入（亿元）	22.59	-5.0
信息技术服务收入（亿元）	146.21	19.5

4. 山西省文化创意产业发展情况[①]

（1）文化艺术业

截至2016年年末，山西省共有群众艺术馆12个，文化馆131个，文化站1409个（其中，乡镇综合文化站1196个），农村文化活动场所2.8万个；专业艺术表演团体157个；公共图书馆126个。

（2）广播影视动漫业

截至2016年年末，山西省共有广播电视台114座，电视台2座，中短波转播发射台15座，调频转播发射台119座，一百瓦以上电视转播发射台145座。广播人口覆盖率98.6%，电视人口覆盖率99.4%，有线电视用户455.9万户。

（3）报纸期刊出版业

2016年，山西省共出版报纸60种18.8亿份（不含高校校报），各类杂志201种2379.2万册，各类图书4189种9929万册。

（4）会展旅游业

2016年全年，山西省商业住宿设施接待入境过夜游客63.0万人次，接待国内旅游者4.4亿人次，分别增长6.1%和23.1%；旅游外汇收入3.2亿美元，增长6.8%；国内旅游收入4228.0亿元，增长23.3%；旅游总收入4247.1亿元，增长23.2%。

（5）软件与信息技术服务业[②]

截至2016年年底，山西省软件与信息技术服务业企业总数为147家。其中，软件业务收入为17.27亿元，与上年同期相比增长12.2%；软件产品收入为6.83亿元，同比增长6.5%；信息技术服务收入为8.54亿元，同比增长13.6%。

2016年山西省软件与信息技术服务业发展情况　　　　　表1-3-10

项目	数值	同比增长（%）
软件企业数（家）	147	—
软件业务收入（亿元）	17.27	12.2
软件产品收入（亿元）	6.83	6.5
信息系统集成服务收入（亿元）	8.54	13.6

5. 内蒙古自治区文化创意产业发展情况[③]

（1）文化艺术业

截至2016年年末，内蒙古自治区共有艺术表演团体97个，其中乌兰牧骑71个，艺术表演场所19个。现拥有文化馆106座，公共图书馆118座，博物馆87座，档案馆139座，已开放各类档案281.1万卷。

（2）广播影视动漫业

截至2016年年末，内蒙古自治区广播综合人口覆盖率99.2%，电视综合人口覆盖率99.2%。年末全区有线电视用户330.6万户。全年生产故事影片8部，蒙语译制片100部。

[①] 除特别标注外，该部分数据和资料来自《2016年山西省国民经济和社会发展统计公报》。
[②] 该部分数据来自工业和信息化部2016年1—11月软件和信息技术服务业主要经济指标完成情况统计表。
[③] 除特别标注外，该部分数据和资料来自《内蒙古自治区2016年国民经济和社会发展统计公报》。

(3）报纸期刊出版业

2016年，内蒙古自治区和盟市两级出版报纸29601.8万份，出版各类期刊1849.7万册，出版图书6169万册。

（4）会展旅游业

2016年全年，内蒙古自治区共实现旅游总收入2714.7亿元，比上年增长20.3%。接待入境旅游人数177.9万人次，增长10.7%；旅游外汇收入11.4亿美元，增长18.4%。国内旅游人数9627.4万人次，增长15.3%；国内旅游收入2635.6亿元，增长20.1%。

（5）软件与信息技术服务业[①]

截至2016年年底，内蒙古自治区软件与信息技术服务业企业总数为64家。其中，软件业务收入为27.03亿元，与上年同期相比下降9.8%；软件产品收入为12.0亿元，同比增长13.0%；信息技术服务收入为14.87亿元，同比下降21.9%。

2016年内蒙古自治区软件与信息技术服务业发展情况　　　　表1-3-11

项目	数值	同比增长（%）
软件企业数（家）	64	0.0
软件业务收入（亿元）	27.03	−9.8
软件产品收入（亿元）	12.0	13.0
信息技术服务收入（亿元）	14.87	−21.9

1.3.3　华南地区文化创意产业发展情况

1. 广东省文化创意产业发展情况[②]

（1）文化艺术业

截至2016年年末，广东省共有各类专业艺术表演团体（公有制）82个，群众艺术馆、文化馆145个，县级及以上公共图书馆147个，博物馆、纪念馆179个。

（2）广播影视动漫业

截至2016年年末，广东省共有广播电台22座，电视台24座。广播综合人口覆盖率和电视综合人口覆盖率均为99.9%。有线广播电视用户1874.12万户，有线数字电视用户1730.70万户，分别比上年末增长0.8%和2.5%。

（3）报纸期刊出版业

2016年全年，广东省共出版报纸27.64亿份，各类期刊1.29亿册，图书2.91亿册。全省共有综合档案馆141个。

（4）会展旅游业

2016年全年，广东省接待入境过夜游客3518.39万人次，增长2.1%；国际旅游外汇收入185.77亿美元，增长3.9%。国内过夜游客3.62亿人次，增长10.4%；国内旅游收入9200.24亿元，增长15.3%。

（5）软件与信息技术服务业[③]

截至2016年年底，广东省软件与信息技术服务业企业总数为4279家。其中，软件业务收入为7150.81亿元，与上年同期相比增长15.3%；软件产品收入为1571.41亿元，同比增长16.7%；信息技术服务收入为3476.57亿元，同比增长18.7%。

---

① 该部分数据来自工业和信息化部2016年1—11月软件和信息技术服务业主要经济指标完成情况统计表。
② 除特别标注外，该部分数据和资料来自《2016年广东国民经济和社会发展统计公报》。
③ 该部分数据来自工业和信息化部2016年1—11月软件和信息技术服务业主要经济指标完成情况统计表。

2016年广东省软件与信息技术服务业发展情况　　　　　表1-3-12

项目	数值	同比增长（%）
软件企业数（家）	4279	—
软件业务收入（亿元）	7150.81	15.3
软件产品收入（亿元）	1571.41	16.7
信息技术服务收入（亿元）	3476.57	18.7

2. 海南省文化创意产业发展情况[①]

（1）文化艺术业

截至2016年年末，海南省共有各类艺术表演团体（含社会民营团体）67个、文化艺术馆22个、博物馆18个、档案馆39个、公共图书馆22个。

（2）广播影视动漫业

截至2016年年末，海南省有线电视用户达234万户，比上年增长9.6%。广播综合人口覆盖率和电视综合人口覆盖率分别达96.5%和95.5%。

2016年，海南省开展15场"文化惠民直通车"和"群艺大舞台"、16场"海南群众文化大讲堂"等品牌文化惠民活动；举办第七届海南省黎族织锦大赛；歌舞诗《黎族家园》参加"第五届全国少数民族文艺会演"获得"剧目金奖"和"最佳舞台美术奖"，民族舞剧《东坡海南》在国家大剧院歌剧院成功首演，琼剧《定安娘》入选全国基层院团戏曲会演。

（3）报纸期刊出版业

截至2016年年末，海南省共有报社17家，出版报纸2.14亿份；杂志社44家，出版杂志0.07亿册。

（4）会展旅游业

2016年全年，海南省旅游业完成增加值310亿元，比上年增长10.9%。全年全省接待国内外游客总人数6023.59万人次，比上年增长12.9%；其中接待旅游过夜人数4977.28万人次，增长10.8%。旅游总收入672.10亿元，增长17.4%。

截至2016年年末，全省共有挂牌星级宾馆133家，其中：五星级宾馆26家，四星级宾馆41家，三星级宾馆58家。

（5）软件与信息技术服务业[②]

截至2016年年底，海南省软件与信息技术服务业企业总数为130家。其中：软件业务收入为55.35亿元，与上年同期相比增长44.2%；软件产品收入为18.80亿元，同比增长39.1；信息技术服务收入为36.45亿元，同比增长47%。

2016年海南省软件与信息技术服务业发展情况　　　　　表1-3-13

项目	数值	同比增长（%）
软件企业数（家）	130	—
软件业务收入（亿元）	55.35	44.2
软件产品收入（亿元）	18.80	39.1
信息技术服务收入（亿元）	36.45	47

---

① 除特别标注外，该部分数据和资料来自《2016年海南省国民经济和社会发展统计公报》。
② 该部分数据来自工业和信息化部2016年1—11月软件和信息技术服务业主要经济指标完成情况统计表。

3. 广西壮族自治区文化创意产业发展情况①

（1）文化艺术业

截至 2016 年年末，广西壮族自治区共有县级以上公共图书馆 112 个，文化馆 123 个，博物馆 124 个，国有艺术表演团体 22 个，娱乐场所 3010 个，互联网上网服务营业场所（网吧）4214 个。

截至 2016 年年末，全区共有 52 个项目列入国家级非物质文化遗产名录，446 个项目列入自治区级非物质文化遗产名录。文化产业示范（试验）园区和产业示范基地国家级 11 个、省级 91 个。

（2）广播影视动漫业

截至 2016 年年末，广西共有广播电台 8 座，电视台 7 座，广播电视台 83 座。有线广播电视用户 638.78 万户，有线数字电视用户 479.91 万户。年末广播综合人口覆盖率为 96.74%；电视综合人口覆盖率为 98.31%。

（3）报纸期刊出版业

2016 年全年，广西壮族自治区共出版各类报纸 6856.55 亿份，各类期刊 492.43 亿册，图书 3019.66 亿册。年末全区共有档案馆 126 个，已开放各类档案 82.5 万卷又 150.6 万件。

（4）会展旅游业

2016 年全年，广西壮族自治区入境过夜游客 450.06 万人次，比上年增长 6.9%；国际旅游（外汇）收入 19.17 亿美元，增长 10.9%。接待国内旅客 33661.37 万人次，增长 17.8%，国内旅游收入 3136.39 亿元，增长 25.7%。旅游总收入 3254.18 亿元，增长 25.1%。

（5）软件与信息技术服务业②

截至 2016 年年底，广西壮族自治区软件与信息技术服务业企业总数为 210 家。其中，软件业务收入为 76.08 亿元，与上年同期相比增长 10.9%；软件产品收入为 10.07 亿元，同比增长 13.4%；信息技术服务收入为 65.49 亿元，同比增长 10.5%。

2016 年广西壮族自治区软件与信息技术服务业发展情况　　　　表 1-3-14

项目	数值	同比增长（%）
软件企业数（家）	210	—
软件业务收入（亿元）	76.08	10.09
软件产品收入（亿元）	10.07	13.4
信息技术服务收入（亿元）	65.49	10.5

1.3.4 华中地区文化创意产业发展情况

1. 河南省文化创意产业发展情况③

（1）文化艺术业

截至 2016 年年末，河南省文化系统共有艺术表演团体 171 个，文化馆 205 个，公共图书馆 158 个。博物馆 283 个，其中新增民办博物馆 15 个。全国重点文物保护单位 358 处。入选国家级非物质文化遗产名录 113 个。豫剧《焦裕禄》荣获第十一届中国艺术节"文华大奖"。

（2）广播影视动漫业

截至 2016 年年末，河南省有线电视用户达到 1068.89 万户。广播人口覆盖率 98.43%，电视人口覆盖率 98.64%。

---

① 除特别标注外，该部分数据和资料来自《2016 年广西壮族自治区国民经济和社会发展统计公报》。
② 该部分数据来自工业和信息化部 2016 年 1—11 月软件和信息技术服务业主要经济指标完成情况统计表。
③ 除特别标注外，该部分数据和资料来自《2016 年河南省国民经济和社会发展统计公报》。

（3）报纸期刊出版业

2016年全年，河南省图书出版总印数为2.39亿册，期刊出版总印数0.88亿册，报纸出版总印数19.45亿份。年末共有综合档案馆177个，已开放各类档案472.78万卷（件）。

（4）会展旅游业

2016年全年，河南省共接待海内外游客58306.95万人次，比上年增长12.4%。其中入境游客293.95万人次，增长9.6%。旅游总收入5764.06亿元，增长14.5%。

截至2016年年末，河南省共有4A级以上景区146处，星级酒店520个，旅行社1178家。

（5）软件与信息技术服务业[①]

截至2016年年底，河南省软件与信息技术服务业企业总数为290家。其中，软件业务收入为242.38亿元，与上年同期相比增长6.7%；软件产品收入为83.15亿元，同比增长4.7%；信息技术服务收入为147.31亿元，同比增长7.5%。

2016年河南省软件与信息技术服务业发展情况　　表1-3-15

项目	数值	同比增长（%）
软件企业数（家）	290	—
软件业务收入（亿元）	242.38	6.7
软件产品收入（亿元）	83.15	4.7
信息技术服务收入（亿元）	147.31	7.5

2. 湖北省文化创意产业发展情况[②]

（1）文化艺术业

截至2016年年末，湖北省共有国有艺术表演团体87个，群艺馆、文化馆122个，公共图书馆113个，博物馆156个。

（2）广播影视动漫业

截至2016年年末，湖北省共有电影放映管理机构96个，放映单位1558个。广播电台6座，电视台6座，广播电视台77座，有线电视用户1064.87万户。

（3）报纸期刊出版业

2016年全年，湖北省共出版全国性和省级报纸13.13亿份，各类期刊2.03亿册，图书2.61亿册。

（4）会展旅游业

2016年全年，湖北省共接待国内旅游人数5.73亿人次，增长12%；国内旅游收入4870亿元，增长13%。

（5）软件与信息技术服务业[③]

截至2016年年底，湖北省软件与信息技术服务业企业总数为2508家。其中，软件业务收入为1162.05亿元，与上年同期相比增长25.7%；软件产品收入为594.38亿元，同比增长24.9%；信息技术服务收入为505.27亿元，同比增长27.4%。

2016年湖北省软件与信息技术服务业发展情况　　表1-3-16

项目	数值	同比增长（%）
软件企业数（家）	2508	—
软件业务收入（亿元）	1162.05	25.7

---

① 该部分数据来自工业和信息化部2014年1—11月软件和信息技术服务业主要经济指标完成情况统计表。
② 除特别标注外，该部分数据和资料来自《2016年湖北省国民经济和社会发展统计公报》。
③ 该部分数据来自工业和信息化部2016年1—11月软件和信息技术服务业主要经济指标完成情况统计表。

续表

项目	数值	同比增长（%）
软件产品收入（亿元）	594.38	24.9
信息技术服务收入（亿元）	505.27	27.4

3. 湖南省文化创意产业发展情况①

（1）文化艺术业

截至 2016 年年末，湖南省共有艺术表演团体 273 个，群众艺术馆、文化馆 143 个，公共图书馆 137 个，博物馆、纪念馆 113 个。

截至 2016 年年末，湖南省共有国家级非物质文化遗产保护目录 118 个，省级非物质文化遗产保护目录 324 个。

（2）广播影视动漫业

截至 2016 年年末，湖南省共有广播电台 13 座，电视台 15 座。有线电视用户 1267.3 万户。广播综合人口覆盖率 94.57%，比上年提高 0.51 个百分点；电视综合人口覆盖率 98.26%，比上年提高 0.28 个百分点。

（3）报纸期刊出版业

2016 年全年，湖南省共出版图书 13188 种、期刊 248 种、报纸 48 种，图书、期刊、报纸出版总印数分别为 4.9 亿册、1.4 亿册和 10.8 亿份。

（4）会展旅游业

2016 年全年，湖南省共接待国内旅游者 5.6 亿人次，比上年增长 19.5%；入境游客 240.8 万人次，增长 6.5%。旅游总收入 4707.4 亿元，增长 26.8%。其中，国内旅游收入 4640.7 亿元，增长 26.8%；国际旅游收入 10.1 亿美元，增长 17.1%。

（5）软件与信息技术服务业②

截至 2016 年年底，湖南省软件与信息技术服务业企业总数为 683 家。其中，软件业务收入为 388.35 亿元，与上年同期相比增长 15.2%；软件产品收入为 188.80 亿元，同比增长 14.9%；信息技术服务收入为 157.96 亿元，同比增长 15.6%。

2016 年湖南省软件与信息技术服务业发展情况　　　　表 1-3-17

项目	数值	同比增长（%）
软件企业数（家）	683	—
软件业务收入（亿元）	388.35	15.2
软件产品收入（亿元）	188.80	14.9
信息技术服务收入（亿元）	157.96	15.6

1.3.5　东北地区文化创意产业发展情况

1. 辽宁省文化创意产业发展情况③

（1）文化艺术业

截至 2016 年年末，辽宁省共有文化馆、艺术馆 124 个，公共图书馆 129 个，博物馆 64 个，档案馆 153 个。

---

① 除特别标注外，该部分数据和资料来自《2016 年湖南省国民经济和社会发展统计公报》。
② 该部分数据来自工业和信息化部 2016 年 1—11 月软件和信息技术服务业主要经济指标完成情况统计表。
③ 除特别标注外，该部分数据和资料来自《2016 年辽宁省国民经济和社会发展统计公报》。

（2）广播影视动漫业

截至 2016 年年末，辽宁省广播人口覆盖率为 99.05%，电视人口覆盖率 99.13%，年末有线电视用户 850.2 万户，其中数字电视实际用户 752.8 万户。

（3）报纸期刊出版业

2016 年全年，辽宁省共出版报纸 69 种（不含校报），总印数 10.4 亿份；期刊 312 种，总印数 0.9 亿册；图书 12139 种，总印数 1.3 亿册。

（4）会展旅游业

2016 年全年，辽宁省共接待国内外旅游者 45146.6 万人次，其中接待国内旅游者 44872.9 万人次，接待入境过夜旅游者 273.7 万人次。在接待入境过夜旅游者中，外国人 212.2 万人次，港澳台同胞 61.5 万人次。全年旅游总收入 4225.0 亿元，其中国内旅游收入 4112.2 亿元，旅游外汇收入 17.4 亿美元。

截至 2016 年年末，辽宁省星级以上宾馆有 534 家，其中五星级及以上宾馆 26 家。年末旅行社 1386 家。年末国家 A 级旅游景区 333 个，其中 5A 级旅游景区 4 个。

（5）软件与信息技术服务业[①]

截至 2016 年年底，辽宁省软件与信息技术服务业企业总数为 2907 家。其中，软件业务收入为 2066.33 亿元，与上年同期相比增长 3.8%；软件产品收入为 810.51 亿元，同比增长 4.2%；信息技术服务收入为 1150.77 亿元，同比增长 3.6%。

2016 年辽宁省软件与信息技术服务业发展情况　　　　表 1-3-18

项目	数值	同比增长（%）
软件企业数（家）	2907	—
软件业务收入（亿元）	2066.33	3.8
软件产品收入（亿元）	810.51	4.2
信息技术服务收入（亿元）	1150.77	3.6

2.吉林省文化创意产业发展情况[②]

（1）文化艺术业

截至 2016 年年末，吉林省共拥有文化馆 78 个（包括群众艺术馆），艺术表演团体 40 个，公共图书馆 66 个，博物馆 77 个，全年博物馆参观人数达 1116 万人次。

（2）广播影视动漫业

截至 2016 年年末，吉林省广播人口覆盖率达到 98.68%；电视人口覆盖率达到 98.77%。有线广播电视用户数为 530.03 万户，其中，数字电视用户数达到 488.90 万户。

（3）报纸期刊出版业

2016 年全年，吉林省共出版图书 26295 种（套），其中，新出 15412 种。定价总金额 44.23 亿元。报纸全年总印数 7.89 亿份，定价总金额 10.23 亿元。期刊全年总印数 7510.96 万册，定价总金额 4.85 亿元。

（4）会展旅游业

2016 年，吉林省共接待国内外游客 16578.77 万人次，比上年增长 17.3%。其中，接待国内游客 16416.82 万人次，增长 17.4%；接待入境游客 161.95 万人次，增长 9.4%。在入境游客中，接待外国游客 142.17 万人次，增长 10.0%；港澳台同胞 19.78 万人次，增长 4.7%。

---

① 该部分数据来自工业和信息化部 2016 年 1—11 月软件和信息技术服务业主要经济指标完成情况统计表。
② 除特别标注外，该部分数据和资料来自《2016 年吉林省国民经济和社会发展统计公报》。

全年旅游总收入 2897.37 亿元，增长 25.2%。其中，国内旅游收入 2845.94 亿元，增长 25.4%；旅游外汇收入 7.91 亿美元，增长 9.3%。

截至 2016 年年末，全省有旅行社 1036 家，其中，分社 303 家。星级以上饭店 193 家，其中五星级宾馆 5 家。拥有国家 A 级旅游景区 243 家，其中 5A 级旅游景区 5 家。

（5）软件与信息技术服务业[1]

截至 2016 年年底，吉林省软件与信息技术服务业企业总数为 978 家。其中，软件业务收入为 420.04 亿元，与上年同期相比增长 15.6%；软件产品收入为 94.45 亿元，同比增长 15.8%；信息技术服务收入为 232.49 亿元，同比增长 15.6%。

2016 年吉林省软件与信息技术服务业发展情况　　　　表 1-3-19

项目	数值	同比增长（%）
软件企业数（家）	978	—
软件业务收入（亿元）	420.04	15.6
软件产品收入（亿元）	94.45	15.8
信息技术服务收入（亿元）	232.49	15.6

3. 黑龙江省文化创意产业发展情况[2]

（1）文化艺术业

截至 2016 年年末，黑龙江省共有艺术表演团体 51 个，文化馆 148 个，公共图书馆 108 个，博物馆 176 个。全省共有档案馆 158 个，已开放各类档案 380 万卷。

（2）广播影视动漫业

截至 2016 年年末，黑龙江省广播综合人口覆盖率达到 98.8%，电视综合人口覆盖率 98.9%。

（3）报纸期刊出版业

2016 年全年，黑龙江省共出版报纸 62387 万份，出版杂志 4340 万册，二者分别比上年下降 5.9% 和 2.8%；出版图书 7336 万册（张），增长 2.3%。

（4）会展旅游业

2016 年全年，黑龙江省共接待国内、外旅游者 14476.1 万人次，比上年增长 11.3%；实现旅游业总收入 1603.3 亿元，增长 17.8%。其中，接待国内旅游人数 14380.4 万人次，增长 11.3%，实现国内旅游收入 1572.9 亿元，增长 17.6%；接待国际旅游人数 95.7 万人次，增长 14.7%，实现国际旅游外汇收入 4.6 亿美元，增长 15.9%。

（5）软件与信息技术服务业[3]

截至 2016 年年底，黑龙江省软件与信息技术服务业企业总数为 500 家。其中，软件业务收入为 142.92 亿元，与上年同期相比增长 9.9%；软件产品收入为 52.13 亿元，同比增长 15.2%；信息技术服务收入为 76.58 亿元，同比增长 7.5%。

2016 年黑龙江省软件与信息技术服务业发展情况　　　　表 1-3-20

项目	数值	同比增长（%）
软件企业数（家）	500	—
软件业务收入（亿元）	142.92	9.9

---

[1] 该部分数据来自工业和信息化部 2016 年 1—11 月软件和信息技术服务业主要经济指标完成情况统计表。
[2] 除特别标注外，该部分数据和资料来自《2016 年黑龙江省国民经济和社会发展统计公报》。
[3] 该部分数据来自工业和信息化部 2016 年 1—11 月软件和信息技术服务业主要经济指标完成情况统计表。

续表

项目	数值	同比增长（%）
软件产品收入（亿元）	52.13	15.2
信息技术服务收入（亿元）	76.58	7.5

1.3.6 西北地区文化创意产业发展情况

1. 陕西省文化创意产业发展情况[①]

（1）文化艺术业

截至2016年年末，陕西省共有图书馆110个，文化馆122个，艺术表演团体177个。全省拥有国家综合档案馆119个，馆藏档案资料765.78万卷（册）又378.12万件，其中省档案馆馆藏67.54万卷（册）又13.34万件。

（2）广播影视动漫业

截至2016年年末，陕西省共有省级广播电视台1座，市级广播电台10座，电视台10座（西安、咸阳、延安、榆林、安康、商洛6个市两台合并），县级广播电视台88座。

（3）报纸期刊出版业

2016年全年，陕西省共出版报纸85种，出版各类杂志268种。

（4）会展旅游业

2014年全年，陕西省共接待境内外游客4.49亿人次，比上年增长16.5%；旅游总收入3813.43亿元，增长26.9%。其中，接待入境游客338.20万人次，增长15.4%；国际旅游收入23.38亿美元，增长16.9%；接待国内游客4.46亿人次，增长16.5%；国内旅游收入3658.92亿元，增长26.0%。

（5）软件与信息技术服务业[②]

截至2016年年底，陕西省软件与信息技术服务业企业总数为2031家。其中，软件业务收入为1252.61亿元，与上年同期相比增长21.8%；软件产品收入为361.79亿元，同比增长22.9%；信息技术服务收入为764.86亿元，同比增长20.6%。

2016年陕西省软件与信息技术服务业发展情况　　表1-3-21

项目	数值	同比增长（%）
软件企业数（家）	2031	—
软件业务收入（亿元）	1252.61	21.8
软件产品收入（亿元）	361.79	22.9
信息技术服务收入（亿元）	764.86	20.6

2. 甘肃省文化创意产业发展情况[③]

（1）文化艺术业

截至2016年年末，甘肃省共有文化馆103个，公共图书馆103个，博物馆152个，艺术表演团体69个（不含民间职业剧团）。

（2）广播影视动漫业

截至2016年年末，甘肃省广播综合人口覆盖率98.12%，比上年提高0.11个百分点。电视综合人口覆盖率

---

① 除特别标注外，该部分数据和资料来自《2016年陕西省国民经济和社会发展统计公报》。
② 该部分数据来自工业和信息化部2016年1—11月软件和信息技术服务业主要经济指标完成情况统计表。
③ 除特别标注外，该部分数据和资料来自《2016年甘肃省国民经济和社会发展统计公报》。

98.55%，比上年提高0.08个百分点。有线电视用户206.14万户，有线数字电视用户171.37万户。

（3）报纸期刊出版业

2016年全年，甘肃省共出版报纸5.10亿份，期刊出版9713万册，图书出版6792万册（张）。

（4）会展旅游业

2016年全年，甘肃省共接待国内游客19089万人次，比上年增长22.11%；国内旅游收入1219.2亿元，增长25.11%。接待境外旅游人数7.15万人次，增长31.19%。其中，接待外国游客3.96万人次，增长25.32%；接待港澳台同胞3.19万人次，增长39.30%。国际旅游外汇收入1890万美元，增长33.28%。

（5）软件与信息技术服务业[①]

截至2016年年底，甘肃省软件与信息技术服务业企业总数为117家。其中，软件业务收入为33.23亿元，与上年同期相比增长20.3%；软件产品收入为8.25亿元，同比增长11.3%；信息技术服务收入为24.59亿元，同比增长25.0%。

2016年甘肃省软件与信息技术服务业发展情况　　　　　表1-3-22

项目	数值	同比增长（%）
软件企业数（家）	117	—
软件业务收入（亿元）	33.23	20.3
软件产品收入（亿元）	8.25	11.3
信息系统集成服务收入（亿元）	24.59	25.0

3.青海省文化创意产业发展情况[②]

（1）文化艺术业

截至2016年年底，青海省共有艺术表演团体12个；文化馆46个，公共图书馆49个，博物馆23个。

（2）广播影视动漫业

截至2016年年底，青海省广播综合人口覆盖率98.2%，比上年末提高0.2个百分点；电视综合人口覆盖率98.2%，比上年末提高0.2个百分点。

（3）报纸期刊出版业

2016年全年，青海省共出版杂志301万册、报纸9352万份、图书1128万册（张），其中少数民族文字图书307万册（张）。

（4）会展旅游业

2016年全年，青海省共接待国内外游客2876.92万人次，比上年增长24.3%。其中，国内游客2869.91万人次，增长24.3%；入境游客7.01万人次，增长6.8%。实现旅游总收入310.30亿元，增长25.1%，其中，国内旅游收入307.24亿元，增长25.1%；旅游外汇收入4415.67万美元，增长13.9%。

（5）软件与信息技术服务业[③]

截至2016年年底，青海省软件与信息技术服务业企业总数为24家。其中，软件业务收入为0.80亿元，与上年同期相比增长19.3%；软件产品收入为0.12亿元，同比增长58.2%；信息技术服务收入为0.54亿元，同比增长28.4%。

---

① 该部分数据来自工业和信息化部2016年1—11月软件和信息技术服务业主要经济指标完成情况统计表。
② 除特别标注外，该部分数据和资料来自《2016年青海省国民经济和社会发展统计公报》。
③ 该部分数据来自工业和信息化部2016年1—11月软件和信息技术服务业主要经济指标完成情况统计表。

2016年青海省软件与信息技术服务业发展情况　　表1-3-23

项目	数值	同比增长（%）
软件企业数（家）	24	—
软件业务收入（亿元）	0.80	19.3
软件产品收入（亿元）	0.12	58.2
信息技术服务收入（亿元）	0.54	28.4

4. 宁夏回族自治区文化创意产业发展情况[①]

（1）文化艺术业

截至2016年年末，宁夏回族自治区共有博物馆75个，国家综合档案馆27个，公共图书馆26个，文化馆26个，各类艺术表演团体13个。

（2）广播影视动漫业

截至2016年年末，宁夏回族自治区共有数字电视实际用户数71.26万户。年末广播节目综合人口覆盖率为96.72%；电视节目综合人口覆盖率为99.34%。

（3）报纸期刊出版业

2016年全年，宁夏回族自治区共出版报纸19种，出版期刊37种，出版图书3098种。

（4）会展旅游业

2016年全年，宁夏回族自治区旅客运输总量0.89亿人，比上年下降5.2%；旅客运输周转量153.03亿人公里，增长0.5%。机场旅客吞吐量655.17万人次，增长18.3%。

（5）软件与信息技术服务业[②]

截至2016年年底，宁夏回族自治区软件与信息技术服务业企业总数为65家。其中，软件业务收入为11.50亿元，与上年同期相比增长16.6%；软件产品收入为4.14亿元，同比增长17.0%；信息技术服务收入为6.05亿元，同比增长15.6%。

2016年宁夏回族自治区软件与信息技术服务业发展情况　　表1-3-24

项目	数值	同比增长（%）
软件企业数（家）	65	—
软件业务收入（亿元）	11.50	16.6
软件产品收入（亿元）	4.14	17.0
信息技术服务收入（亿元）	6.05	15.6

5. 新疆维吾尔自治区文化创意产业发展情况[③]

（1）文化艺术业

截至2016年年末，新疆维吾尔自治区共有艺术表演团体119个，公共图书馆107个，博物馆90个，艺术表演团体110个。国家综合档案馆111个，开放档案62.75万卷。

（2）广播影视动漫业

截至2016年年末，新疆维吾尔自治区共有广播电台6座，电视台8座，广播电视台91座，中、短波广播发射台和转播台68座。广播综合人口覆盖率96.82%。电视综合人口覆盖率97.25%。有线电视用户198.39万户，

---

① 除特别标注外，该部分数据和资料来自《宁夏回族自治区2016年国民经济和社会发展统计公报》。
② 该部分数据来自工业和信息化部2016年1—11月软件和信息技术服务业主要经济指标完成情况统计表。
③ 除特别标注外，该部分数据和资料来自《新疆维吾尔自治区2016年国民经济和社会发展统计公报》。

其中，有线数字电视用户 193.16 万户。广播电视农村直播卫星用户 340.67 万户。

（3）会展旅游业

2016 年全年，新疆共接待旅游总人数 8102 万人次，增长 24.3%。其中，接待入境旅游 201 万人次，增长 19.6%；国内旅游 7901 万人次，增长 24.5%。实现旅游总消费 1401 亿元，增长 24.6%。其中，国内旅游消费 1340 亿元，增长 24.8%；入境旅游消费 9.01 亿美元，增长 23.4%。

（4）软件与信息技术服务业①

截至 2016 年年底，新疆维吾尔自治区软件与信息技术服务业企业总数为 120 家。其中，软件业务收入为 35.66 亿元，与上年同期相比增长 3.4%；软件产品收入为 7.25 亿元，同比增长 19.2%；信息技术服务收入为 27.98 亿元，同比增长 0.2%。

2016 年新疆维吾尔自治区软件与信息技术服务业发展情况　　表 1-3-25

项目	数值	同比增长（%）
软件企业数（家）	120	—
软件业务收入（亿元）	35.66	3.4
软件产品收入（亿元）	7.25	19.2
信息技术服务收入（亿元）	27.98	0.2

1.3.7　西南地区文化创意产业发展情况

1. 四川省文化创意产业发展情况②

（1）文化艺术业

截至 2016 年年末，四川省文化系统内共有艺术表演团体 50 个，艺术表演场馆 45 个，公共图书馆 203 个，文化馆 207 个，文化站 4575 个。国家级文化产业示范园区 1 个，国家级文化产业示范基地 15 个，省级文化产业示范园区 5 个，省级文化产业试验园区 5 个，省级文化产业示范基地 55 个。

截至 2016 年年末，四川省共有博物馆 238 个，文物保护管理机构 177 个，全国重点文物保护单位 230 处，省级文物保护单位 969 处，市、县级文物保护单位 6565 处。全省博物馆纪念馆免费开放工作进入常态，全年接待观众 3842 万人次。国家级非物质文化遗产名录 139 项，省级非物质文化遗产名录 522 项。

（2）广播影视动漫业

截至 2016 年年末，四川省共有无线广播电台 1 座，电视台 1 座，广播电视台 165 座，中短波发射台和转播台 36 座。广播综合覆盖率 97.2%，电视综合覆盖率 98.3%，有线电视用户 1094 万户。

（3）报纸期刊出版业

2016 年全年，四川省共出版地方报纸 132 种，出版量 15.28 亿份；出版期刊 352 种，出版量 5393 万册；出版图书 11817 种，出版量 25311 万册；出版音像制品 80 种，电子出版物 140 种。

截至 2016 年年末，四川省共有档案馆 244 个，其中国家综合档案馆 204 个。国家综合档案馆全年向社会开放各类档案 619.37 万卷。

（4）会展旅游业

2016 年全年，四川省共接待国内游客 6.3 亿人次，比上年增长 7.7%；国内旅游收入 7600.5 亿元，增长 23.8%。接待入境游客 308.8 万人次，增长 13%；实现旅游外汇收入 15.8 亿美元，增长 33.9%。全省旅行社组织出境游客总人数为 183.6 万人，下降 6.2%。全年实现旅游总收入 7705.5 亿元，增长 24.1%。

---

① 该部分数据来自工业和信息化部 2016 年 1—11 月软件和信息技术服务业主要经济指标完成情况统计表。
② 除特别标注外，该部分数据和资料来自《2016 年四川省国民经济和社会发展统计公报》。

（5）软件与信息技术服务业[①]

截至2016年年底,四川省软件与信息技术服务业企业总数为1726家。其中,软件业务收入为2135.42亿元,与上年同期相比增长13.9%;软件产品收入为793.57亿元,同比增长12.3%;信息系统集成服务收入为1294.03亿元,同比增长14.4%。

2016年四川省软件与信息技术服务业发展情况　　　　表1-3-26

项目	数值	同比增长（%）
软件企业数（家）	1726	—
软件业务收入（亿元）	2135.42	13.9
软件产品收入（亿元）	793.57	12.3
信息技术服务收入（亿元）	1294.03	14.4

2. 重庆市文化创意产业发展情况[②]

（1）文化艺术业

截至2016年年末,重庆市共有艺术表演团体13个,博物馆87个,文化馆41个,公共图书馆43个。年末全市共有国家综合档案馆40个、市级专业档案馆1个、市级部门档案馆4个。

（2）广播影视动漫业

截至2016年年末,重庆市共有有线广播电视实际用户415.33万户,数字电视实际用户357.25万户。广播综合人口覆盖率98.86%;电视综合人口覆盖率达到99.19%。

2016年全年生产电视剧10部356集,电视动画片4部1036分钟,全年生产故事片17部,其中动画片1部。

（3）报纸期刊出版业

2016年全年,重庆市共出版发行报纸55153万份,各类期刊4695万册,图书12173万册（张）。公共图书馆人均图书拥有量0.47册（张）。

（4）会展旅游业

2016年全年,重庆市旅行社组织出境旅游人数196.24万人次,比上年增长7.7%。全年接待入境旅游人数316.58万人次,旅游外汇收入16.87亿美元,分别增长12.1%和14.9%。年末全市拥有国家A级景区214个,其中,5A级景区7个,4A级景区76个。

（5）软件与信息技术服务业[③]

截至2016年年底,重庆市软件与信息技术服务业企业总数为1413家。其中,软件业务收入为919.20亿元,与上年同期相比增长21.1%;软件产品收入为193.27亿元,同比增长20.5%;信息技术服务收入为517.49亿元,同比增长23.7%。

2016年重庆市软件与信息技术服务业发展情况　　　　表1-3-27

项目	数值	同比增长（%）
软件企业数（家）	1413	—
软件业务收入（亿元）	919.20	21.1
软件产品收入（亿元）	193.27	20.5
信息技术服务收入（亿元）	517.49	23.7

---

① 该部分数据来自工业和信息化部2016年1—11月软件和信息技术服务业主要经济指标完成情况统计表。
② 除特别标注外,该部分数据和资料来自《2016年重庆市国民经济和社会发展统计公报》。
③ 该部分数据来自工业和信息化部2016年1—11月软件和信息技术服务业主要经济指标完成情况统计表。

3. 云南省文化创意产业发展情况①

（1）文化艺术业

截至 2016 年年末，云南省共有各种艺术表演团体 98 个，文化馆 149 个，公共图书馆 151 个，博物馆 90 个。

（2）广播影视动漫业

截至 2016 年年末，云南省广播、电视人口覆盖率分别达到 97.37% 和 98.24%。中、短波转播发射台 60 座，广播电台 8 座，电视台 9 座，广播电视台 128 座，有线电视实际用户 405.36 万户。

（3）会展旅游业

2016 年全年，云南省共接待海外入境旅客（包括口岸入境一日游）1199.42 万人次，比上年增长 11.54%；实现旅游外汇收入 30.75 亿美元，增长 6.93%。全年接待国内游客 4.25 亿人次，增长 31.69%；国内旅游收入 4536.54 亿元，增长 46.22%；全年实现旅游业总收入 4726.25 亿元，增长 44.10%。

（4）软件与信息技术服务业②

截至 2016 年年底，云南省软件与信息技术服务业企业总数为 129 家。其中，软件业务收入为 38.09 亿元，与上年同期相比上升 3.1%；软件产品收入为 9.47 亿元，同比增长 14.0%；信息技术服务收入为 28.34 亿元，同比上升 0.7%。

2016 年云南省软件与信息技术服务业发展情况　　　　表 1-3-28

项目	数值	同比增长（%）
软件企业数（家）	129	—
软件业务收入（亿元）	38.09	3.1
软件产品收入（亿元）	9.47	14.0
信息系统集成服务收入（亿元）	28.34	0.7

4. 贵州省文化创意产业发展情况③

（1）文化艺术业

截至 2016 年年末，贵州省共有艺术表演团体 41 个，群众艺术馆、文化馆 98 个，公共图书馆 96 个，档案馆 107 个，博物馆、纪念馆 73 个，艺术表演场所 6 个，乡镇综合文化站 1567 个，文化艺术服务单位个体工商户 770 户。

（2）广播影视动漫业

截至 2016 年年末，贵州省广播综合人口覆盖率 93.0%，电视综合人口覆盖率 96.1%。

（3）报纸期刊出版业

截至 2016 年年末，贵州省全年图书出版量 8228.00 万份，杂志出版量 1704.54 万份，报纸公开发行 3.04 亿份。

（4）会展旅游业

2016 年全年，贵州省接待旅游总人数 5.31 亿人次，比上年增长 41.2%。其中，接待国内旅游人数 5.30 亿人次，增长 41.3%；接待入境旅游人数 110.19 万人次，增长 17.1%。实现旅游总收入 5027.54 亿元，比上年增长 43.1%。游客平均每人逗留 1.54 天，比上年增加 0.03 天。年末客房数 55.72 万间，比上年增长 42.0%；客房床位数 98.48 万张，增长 40.7%。

截至 2016 年年末，贵州省 5A 级景区 4 个，数量与上年持平；4A 级景区 70 个，比上年增加 10 个。全国重点文物保护单位 71 个，数量与上年持平。

---

① 除特别标注外，该部分数据和资料来自《2016 年云南省国民经济和社会发展统计公报》。
② 该部分数据来自工业和信息化部 2016 年 1—11 月软件和信息技术服务业主要经济指标完成情况统计表。
③ 除特别标注外，该部分数据和资料来自《2016 年贵州省国民经济和社会发展统计公报》。

2016年旅游资源大普查中，旅游资源单体登记82679处，其中，已开发或正在进行规划、开发31053处；未开发（新发现）51626处；优良级旅游资源7607处。优良级旅游资源中，已开发或正在进行规划、开发4918处；未开发（新发现）2689处。

（5）软件与信息技术服务业[①]

截至2016年年底，贵州省软件与信息技术服务业企业总数为276家。其中，软件业务收入为118.82亿元，与上年同期相比增长21.1%；软件产品收入为46.78亿元，同比增长20.4%；信息技术服务收入为71.26亿元，同比增长23.4%。

2016年贵州省软件与信息技术服务业发展情况　　　　　表1-3-29

项目	数值	同比增长（%）
软件企业数（家）	276	—
软件业务收入（亿元）	118.82	21.1
软件产品收入（亿元）	46.78	20.4
信息技术服务收入（亿元）	71.26	23.4

5. 西藏自治区文化创意产业发展情况[②]

截至2016年年末，西藏自治区共有电视台2座，广播电视台6座，广播电台1座。广播、电视人口综合覆盖率分别达95.21%和96.32%。

2016年全年，西藏自治区共出版报纸194971.98千印张，期刊出版225.84万册，图书1450万册。

2016年全年，西藏自治区共接待国内外旅游者2315.94万人次，比上年增长14.8%。其中：接待国内旅游者2283.75万人次，增长14.9%；接待入境旅游者32.19万人次，增长10.0%。旅游总收入330.75亿元，增长17.3%；旅游外汇收入19439万美元，增长10.0%。

1.4 重点城市文化创意产业发展情况

1.4.1 大连市文化创意产业发展情况[③]

1. 文化艺术业

截至2016年年末，全市公共图书馆13个，文化艺术馆12个，国有博物馆11个，纪念馆2个，美术馆1个，陈列馆1个，市直专业艺术表演团体4个。

2016年全年，全市全年专业艺术院团演出1145场，其中国外演出342场次。"五进"公益性演出活动200场。组织"快乐周末"公益性艺术赏析普及系列活动30场。第七届"亿达之声——大连夏季国际艺术节"公益演出39场。完成2016大连市各界人士迎新春团拜会文艺演出和天津夏季达沃斯"大连之夜"文艺演出任务。人民文化俱乐部、宏济大舞台举办演出465场。

2016年，大连市组织开展了全国第十一个"文化遗产日"主题宣传活动。开展各类文化艺术讲座、培训800场，购买民营文艺院团惠民公益演出200场。

截至2016年年末，全市有文物保护单位国家级35处、省级84处、市级109处、县（区）级184处。有14家国有博物馆、纪念馆免费向社会开放。公益性博物馆、纪念馆举办展览50场次，推出展览6次，举办大

---

① 该部分数据来自工业和信息化部2016年1—11月软件和信息技术服务业主要经济指标完成情况统计表。
② 该部分数据和资料来自《西藏自治区2016年国民经济和社会发展统计公报》。
③ 除特别标注外，该部分数据和资料来自《2016年大连市国民经济和社会发展统计公报》。

型活动9次，举办社教活动48场、讲座（讲堂）29场次，送展进社区（校园）等16场次，参观总人数231.9万人。

2. 广播影视动漫业

2016年全年，大连市有线电视用户总规模225万户，其中有线数字电视用户219万户。全年新增数字高清电视用户22万户，高清用户总数达到63万户；新增互动电视用户17万户，总数达到27万户；新增有线宽带用户16万户，总数达到28万户。新增农村有线电视网络杆路50千米，新敷设光缆5000千米。有线电视云电视业务上线推广，移动端天途云注册用户180万户。

2016年，大连市为农民放映公益电影14580场，观众225万人次。放映电影60万场(次)，观众1541万人次，电影票房4.77亿元。

3. 报纸期刊出版业

截至2016年年末，大连市共有报纸5种，期刊56种，出版社（含音像出版社）6家，成功举办第七届大连读书月活动。

4. 会展旅游业

2016年全年，大连市接待国内游客7633.8万人次，比上年增长11.8%；接待海外过夜游客104.4万人次，增长6%。旅游总收入1134.8亿元，增长12.5%。其中，国内旅游收入1100亿元，增长12.6%；旅游外汇收入5.4亿美元，增长4.5%。

截至2016年年末，全市拥有旅游星级饭店（宾馆）141家；旅行社433家，其中出境旅行社59家；国家A级旅游景区（点）52个，比上年末增加1个，其中5A级2个、4A级19个。

5. 软件与信息技术服务业[①]

截至2016年年底，大连市软件与信息技术服务业企业1885家。其中，软件业务收入为1093.36亿元，与上年同期相比增长4.0%；软件产品收入为443.74亿元，同比增长3.9%；信息技术服务收入为607.40亿元，同比增长4.3%。

2016年大连市软件与信息技术服务业发展情况　　　　表1-4-1

项目	数值	同比增长（%）
软件企业数（家）	1885	—
软件业务收入（亿元）	1093.36	4.0
软件产品收入（亿元）	443.74	3.9
信息技术服务收入（亿元）	607.40	4.3

1.4.2 宁波市文化创意产业发展情况[②]

1. 文化艺术业

2014年，宁波市的歌剧《红帮裁缝》等3个作品获得全国"五个一工程"奖，全年实施"天然舞台"等文化惠民演出活动6000余场。文物保护工作稳步推进，新公布宁波市第二批历史文化名村17座，县（市）区级文物保护单位（点）80余处。"前童元宵行会""董氏儿科"两个项目列入第四批国家级非物质文化遗产名录，非遗国宝数达23个，居计划单列市首位。

2014年，宁波市演艺集团舞剧《十里红妆·女儿梦》登上美国纽约林肯艺术中心舞台。宁波博物馆与香

---

① 该部分数据来自工业和信息化部2016年1—11月副省级城市软件和信息技术服务业主要经济指标完成情况统计表。
② 除特别标注外，该部分数据和资料来自《2016年宁波市国民经济和社会发展统计公报》。

港历史博物馆签署五年合作意向书。文化产业和文化市场实现新发展，2家企业、1个园区被授予省文化产业示范基地、示范园区；9家企业、2个项目被授予2013-2014国家文化出口重点企业、重点项目；11个项目入围国家文化产业重点项目库。

2016年，宁波全市文创产业增加值586亿元，占地区生产总值（GDP）的比重为6.9%。"东亚文化之都·2016宁波"活动年以春夏秋冬为节点，全年共举办文化、教育、体育、宗教、旅游、经贸等各类活动217项。宁波市文化馆通过文化部第三批"国家一级馆"复评，所有区县（市）实现一级馆全覆盖。举办第二届浙江全民阅读节暨2016宁波书展，成立宁波阅读联盟，发布宁波阅读地图，图书交易额突破4200万元。

2. 广播影视动漫业

2016年，宁波市"天然舞台"文化惠民演出共计配送547场，"万场电影千场戏"全年送戏3790场，全市共放映公益电影3万多场次。

3. 会展旅游业

2016年，全市举办各类会展项目310个，比上年增长3.0%。其中举办展览会188个，增长3.3%，展览总面积达209万平方米，增长3.4%；展览面积2万平方米以上的大型展会数量达27个。县级以上举办商务会议（论坛）92个，增长8.2%；特色节庆活动34个。年度荣获全国优秀会展城市、中国十佳品牌会展城市等奖项。

2016年，全市实现旅游总收入1446.4亿元，比上年增长17.3%。接待国内游客9198.4万人次，增长16.1%；实现国内旅游收入1385.5亿元，增长17.0%。接待入境游客173.5万人次，增长10.1%。年末全市共有星级酒店140家，其中五星级22家；共有4A级以上风景区31处，其中5A级1处。全年新增市级农家乐特色村（点）16个，累计达176个。

4. 软件与信息技术服务业[①]

截至2016年年底，宁波市软件与信息技术服务业企业总数为829家。其中，软件业务收入为364.66亿元，与上年同期相比增长24.0%；软件产品收入为49.61亿元，同比增长21.9%；信息技术服务收入为16.56亿元，同比增长26.2%。

2016年宁波市软件与信息技术服务业发展情况　　　　表1-4-2

项目	数值	同比增长（%）
软件企业数（家）	829	—
软件业务收入（亿元）	364.66	24.0
软件产品收入（亿元）	49.61	21.9
信息技术服务收入（亿元）	16.56	26.2

1.4.3 厦门市文化创意产业发展情况[②]

1. 文化艺术业

2016年，厦门市成功举办第九届海峡两岸文博会、第十二届海峡两岸图书交易会、2016海峡两岸民间艺术节暨"乡音之旅"赴金门巡演活动、2016海峡影视季、2016全国工笔画展等文化品牌活动。

高甲戏《大稻埕》入选文化部"2016年度国家舞台艺术精品创作工程"。厦门艺校小白鹭群舞《厝里艺人》荣获全国舞蹈比赛优秀节目奖、第七届华东专业舞蹈展演表演一等奖、福建省"百合花"专业舞蹈比赛表演创作一等奖，并受邀参加第十一届中国艺术节全国优秀舞蹈节目展演。小品《花开有声》参加第十三届华东戏剧

---

① 该部分数据来自工业和信息化部2016年1—11月副省级城市软件和信息技术服务业主要经济指标完成情况统计表。
② 除特别标注外，该部分数据和资料来自《2016年厦门市国民经济和社会发展统计公报》。

小品大赛获银奖。

截至2016年年末,全市文物保护单位国家级7处、省级39处、市级110处、区级71处,涉台文物古迹88处;非物质文化遗产项目64个,其中世界级人类口头与非物质文化遗产1个(南音)、国家级11个、省级16个;非物质文化遗产代表传承人121人,其中国家级10人、省级45人。

截至2016年年末,全市共有公共文化馆7个;博物馆、纪念馆24家;公共图书馆10个。

2. 广播影视动漫业

截至2016年年底,厦门市共有广播节目7套,电视节目7套。全市商业影院38家,银幕228块,票房收入4.0亿元。农村、社区公益广场电影共放映7348场次。

3. 报纸期刊出版业

2016年全年,厦门市共出版发行各类报纸7种,期刊25种,侨刊乡讯13种。

4. 会展旅游业

2016年全年,厦门市共举办各类展览活动230场,展览总面积215万平方米,增长12.6%。举办50人以上的商业性会议7350场,参会总人数162万人。会展经济总体效益365.45亿元,增长14.9%。

2016年全年,厦门市共接待国内外游客6770.16万人次,比上年增长12.2%,旅游总收入968.26亿元,增长16.3%。其中接待入境游客357.81万人次,增长12.8%,入境过夜游客228.50万人次,增长12.8%,旅游创汇27.69亿美元,增长38.7%。接待国内游客6412.35万人次,增长12.1%,过夜国内游客2869.80万人次,增长10.0%,国内旅游收入788.33亿元,增长11.3%。

截至2016年年末,全市共有旅游住宿单位2503家,其中星级酒店73家,五星级酒店18家。

5. 软件与信息技术服务业[①]

截至2016年年底,厦门市软件与信息技术服务业企业总数为1172家。其中,软件业务收入为963.26亿元,与上年同期相比增长19.4%;软件产品收入为198.74亿元,同比增长14.3%;信息技术服务收入为578.96亿元,同比增长19.5%。

2016年厦门市软件与信息技术服务业发展情况 表1-4-3

项目	数值	同比增长(%)
软件企业数(家)	1172	—
软件业务收入(亿元)	963.26	19.4
软件产品收入(亿元)	198.74	14.3
信息技术服务收入(亿元)	578.96	19.5

1.4.4 深圳市文化创意产业发展情况[②]

1. 文化艺术业

截至2016年年底,深圳市共有各类公共图书馆623座,公共图书馆总藏量3604.25万册(件),比上年增长9.8%。全市拥有博物馆、纪念馆46座。

2. 广播影视动漫业

截至2016年年底,深圳市共拥有广播电台1座,电视台2座,广播电视中心3座,广播、电视人口覆盖率达100%。

---

① 该部分数据来自工业和信息化部2016年1—11月副省级城市软件和信息技术服务业主要经济指标完成情况统计表。
② 除特别标注外,该部分数据和资料来自《深圳市2016年国民经济和社会发展统计公报》。

3. 报纸期刊出版业

2016年全年，深圳市报纸出版印数为28003万份；杂志1106万册；图书1380万册。

4. 会展旅游业

2016年全年，深圳市旅游住宿设施接待过夜游客5695.74万人次，比上年增长6.0%。其中国际游客1171.18万人次，下降3.9%；国内游客4524.56万人次，增长8.9%。在过夜国际游客中，外国游客168.32万人次，增长2.2%；港澳同胞963.20万人次，下降4.8%；台湾同胞39.66万人次，下降6.3%。全年旅游外汇收入47.71亿美元，下降4.0%。宾馆、酒店、度假村开房率67.6%，比上年降低0.6个百分点。

5. 软件与信息技术服务业[①]

截至2016年年底，深圳市软件与信息技术服务业企业总数为2240家。其中，软件业务收入为4482.51亿元，与上年同期相比增长15.2%；软件产品收入为777.84亿元，同比增长12.2%；信息技术服务收入为1859.09亿元，同比增长22.3%。

2016年深圳市软件与信息技术服务业发展情况　　　　表1-4-4

项目	数值	同比增长（%）
软件企业数（家）	2240	—
软件业务收入（亿元）	4482.51	15.2
软件产品收入（亿元）	777.84	12.2
信息技术服务收入（亿元）	1859.09	22.3

1.4.5　沈阳市文化创意产业发展情况[②]

1. 文化艺术业

2016年全年，沈阳市成功举办中国·沈阳国际合唱节，沈阳市图书馆数字化建设工程完工，实现了市（区）图书馆图书通借通还，完成市少儿图书馆一期搬迁改造工程。

2016年，沈阳市倾力打造实景演出"皇家礼仪大典"，参加默克尔总理沈阳一行和哥德杯开幕式文艺演出赢得赞誉，创排了音乐情景剧《沈阳恋歌》、杂技儿童剧《熊猫—寻梦之旅》、大型评剧《孝庄长歌》等一批反映时代主旋律的舞台艺术精品。沈阳交响乐团受邀参加第五届《中国交响乐之春》，登上国家大剧院舞台。汗王宫遗址、郑家洼子青铜短剑墓陈列馆和豫亲王府遗址保护项目完工并对外开放，张氏帅府博物馆获批东北首家海峡两岸交流基地，沈阳故宫博物院举办建院90周年系列活动，公布了第四批市级非物质文化遗产项目代表性传承人50名。沈阳市成为第一批国家文化消费试点城市，沈河区成为国家公共文化服务体系示范区。

2016年全年，沈阳市开展各类群众文化活动1万场，参与群众1000万人次，开展公益性艺术培训774场次，组织公益性文艺演出772场。

2. 会展旅游业

2016年，沈阳市智慧旅游公共服务平台上线运营，发行居游智惠旅游卡，沈阳经济区近百万市民游客从中享受到惠民旅游政策。全年旅游总收入583.7亿元，比上年增长12.8%。其中，国内旅游收入562.8亿元，增长13.2%，外汇收入3.44亿美元，增长4.0%；接待国内外旅游者6401.1万人次，增长11.9%，其中，国内旅游者6333万人次，增长12.0%，入境旅游者68.1万人次，增长5.4%。全市在建旅游项目96个，当年投资108亿元。

截至2016年年末，沈阳市国家A级旅游景区100家，旅行社222家，星级饭店96家。

---

① 该部分数据来自工业和信息化部2016年1—11月副省级城市软件和信息技术服务业主要经济指标完成情况统计表。
② 除特别标注外，该部分数据和资料来自《沈阳市2016年国民经济和社会发展统计公报》。

3. 软件与信息技术服务业①

截至2016年年底，沈阳市软件与信息技术服务业企业总数为1447家。其中，软件业务收入为937.03亿元，与上年同期相比增长3.5%；软件产品收入为354.02亿元，同比增长4.7%；信息技术服务收入为525亿元，同比增长2.8%。

2016年沈阳市软件与信息技术服务业发展情况　　表1-4-5

项目	数值	同比增长（%）
软件企业数（家）	1447	—
软件业务收入（亿元）	937.03	3.5
软件产品收入（亿元）	354.02	4.7
信息技术服务收入（亿元）	525	2.8

1.4.6 长春市文化创意产业发展情况②

1. 文化艺术业

截至2016年年底，长春市共有文化（文物）事业机构230家，其中艺术表演团体3家，艺术表演场馆6家，公共图书馆12家，艺术馆、文化馆12家，文化站160家，文化艺术科研、科技机构2家，文物保护研究机构1家，文物保护管理机构4家，其他文化事业19家，其他文化企业1家，博物馆10家，文化市场管理机构15家。

截至2016年年底，长春市有各类文化经营场所1216家，其中互联网上网服务营业场所676家（连锁46家），文化娱乐场所201家，演出场所17家，音像制品营业场所96家，古玩（美术品）经营店226家，其中市区（含开发区）文化经营场所872家。其中互联网上网服务营业场所465家（连锁42家），文化娱乐场所122家，演出场所9家，古玩（美术品）经营店223家。

2. 广播影视动漫业

截至2016年年末，长春市有广播电台4座，节目10套，中波发射台和转播台26座，转播台24座，广播人口覆盖率为100%，电视台4座，节目9套，电视人口覆盖率为100%。

3. 报纸期刊出版业

截至2016年年底，长春市公共图书馆总藏量达到490.57万册，其中少儿图书馆藏量94.82万册。全市共有国家综合档案馆11个，馆藏档案179万卷、166万件，开放档案16万卷、9万件。

4. 会展旅游业

2016年，长春市共举办规模以上会展活动135项，展览面积248万平方米，同比分别增长10%和12%。展会直接收入55亿元，带动其他相关产业收入480亿元，同比分别增长17%和15%。

2016年全年，来长春市旅游人数达到6700.4万人次，比上年增长17%。其中，接待入境游客45.2万人次，比上年增长5%；接待国内旅游者6655.2万人次，增长17.1%。全年旅游总收入1341.1亿元，增长25%。旅游外汇收入34398.2万美元，增长8%。

5. 软件与信息技术服务业③

截至2016年年底，长春市软件与信息技术服务业企业总数为415家。其中，软件业务收入为88.63亿元，与上年同期相比增长11.0%；软件产品收入为30.57亿元，同比增长10.8%；信息技术服务收入为31.20亿元，同比增长13.7%。

---

① 该部分数据来自工业和信息化部2016年1—11月副省级城市软件和信息技术服务业主要经济指标完成情况统计表。
② 除特别标注外，该部分数据和资料来自《长春市2016年国民经济和社会发展统计公报》。
③ 该部分数据来自工业和信息化部2016年1—11月副省级城市软件和信息技术服务业主要经济指标完成情况统计表。

2016 年长春市软件与信息技术服务业发展情况　　　　　　　　表 1-4-6

项目	数值	同比增长（%）
软件企业数（家）	415	—
软件业务收入（亿元）	88.63	11.0
软件产品收入（亿元）	30.57	10.8
信息技术服务收入（亿元）	31.20	13.7

1.4.7 哈尔滨文化创意产业发展情况[①]

1. 文化艺术业

截至 2016 年年末，哈尔滨市直属专业艺术表演团体 5 个；博物馆 97 个；文化馆（艺术馆）21 个；公共图书馆 18 个，图书馆分馆 49 个；各类电影放映单位 45 个；综合档案馆 19 个，专业档案馆 1 个。

2. 广播影视动漫业

2016 年全年，哈尔滨市全市有线电视用户 165.5 万户，其中数字电视用户 127.3 万户。哈尔滨电视台全年公共电视节目播出时间 52560 小时，哈尔滨广播电台公共广播节目播出时间 52560 小时。电视综合覆盖率 99.97%，广播综合覆盖率 99.88%。

3. 报纸期刊出版业

2016 年全年，哈尔滨市出版报纸 52473 万份，出版杂志 4394 万册，出版图书 7012 万册。

4. 会展旅游业

2016 年全年，哈尔滨市共举办各类会展活动 364 个，比上年增长 5.6%，其中展会项目 131 个，增长 3.0%；总展览面积 202 万平方米，增长 17.0%；共吸引国内外参展参会观众（含客商）683.3 万人次，增长 20.1%，其中埠外达 143.2 万人次，增长 20.7%；展会直接收入 20.3 亿元，增长 17.0%，带动其他相关产业收入 183.1 亿元，增长 17.2%。

2016 年全年，哈尔滨市共接待国内外游客 7061.8 万人次，比上年增长 8.4%。其中，国内游客 7040.1 万人次，增长 8.4%；入境游客 21.8 万人次，增长 3.2%。实现旅游业务总收入 1039.1 亿元，增长 14.4%。其中，国内旅游业务收入 1031.2 亿元，增长 14.5%；国际旅游创汇 12644.2 万美元，增长 10.7%。

截至 2016 年年底，全市拥有 A 级旅游景区 85 家、S 级滑雪场 12 家；星级宾馆 72 家，其中，五星级 2 家、四星级 24 家、三星级 41 家、二星级 5 家。旅行社 343 家，其中出境组团旅行社 86 家，入境接待旅行社 257 家。

5. 软件与信息技术服务业[②]

截至 2016 年年底，哈尔滨市软件与信息技术服务业企业总数为 238 家。其中，软件业务收入为 83.28 亿元，与上年同期相比增长 12.7%；软件产品收入为 27.80 亿元，同比增长 11.4%；信息技术服务收入为 44.77 亿元，同比增长 12.7%。

2016 年哈尔滨市软件与信息技术服务业发展情况　　　　　　　　表 1-4-7

项目	数值	同比增长（%）
软件企业数（家）	238	—
软件业务收入（亿元）	83.28	12.7
软件产品收入（亿元）	27.80	11.4
信息技术服务收入（亿元）	44.77	12.7

---

① 除特别标注外，该部分数据和资料来自《2016 年哈尔滨市国民经济和社会发展统计公报》。
② 该部分数据来自工业和信息化部 2016 年 1—11 月副省级城市软件和信息技术服务业主要经济指标完成情况统计表。

1.4.8 南京市文化创意产业发展情况[①]

1. 文化艺术业

截至 2016 年年末,南京市共有文化馆 14 个,公共图书馆 15 个(不含教育系统、企事业组织的图书馆,下同),文化站 100 个,博物馆 57 个,市级以上文物保护单位 516 处,拥有国家级历史文化街区 2 个,省级历史文化街区 7 个,国家级历史文化名镇(村)2 个。

2016 年,全年市级层面组织开展交响音乐会、合唱音乐会、"520 音乐厅"音乐会等公益演出 1348 场;举办未成年人心理健康教育活动 14 场、市民学堂 24 场、金陵群文大课堂 10 场、金图讲坛 92 场;放映公益电影 7851 场、送戏 1268 场;为农村和基层送书 21.1 万册,更新 160 家书屋出版物,创建 50 家星级示范农家书屋。

2. 广播影视动漫业

截至 2016 年年末,南京市共有有线电视用户 204.25 万户(不含电信等非广电有线系统的电视用户),其中数字电视用户 191.71 万户。

3. 报纸期刊出版业

2016 年全年,南京市新增全民阅读新空间 20 个,居民综合阅读率达到 93.1%。达到省级标准的社区综合性文化服务中心 280 个。每万人拥有公共文化设施面积达 1850 平方米。文化产业实力增强,新增江苏省文化产业示范基地(园区)4 个,国家、省、市文化产业(示范)基地累计分别达到 12 个、23 个、15 个。

4. 会展旅游业

2016 年全年,南京市共实现旅游总收入 1909.26 亿元,比上年增长 13.1%。接待海内外旅游者 11206 万人次,增长 9.5%。其中,接待国内旅游者 11142 万人次,增长 9.5%;接待入境旅游者 63.78 万人次,增长 8.5%。全年实现国际旅游创汇收入 6.76 亿美元,增长 5.7%。

截至 2016 年年末,南京市共有 A 级旅游景区 56 家,其中 4A 级以上高等级景区 22 家;国家、省、市级旅游度假区 17 家。拥有星级宾馆饭店 89 家,其中五星级以上酒店 21 家。拥有各类旅行社 576 家,其中具有组织出境游资质的旅行社 44 家。

5. 软件与信息技术服务业[②]

截至 2016 年年底,南京市软件与信息技术服务业企业总数为 1558 家。其中,软件业务收入为 3125 亿元,与上年同期相比增长 12.9%;软件产品收入为 1034.37 亿元,同比增长 10.2%;信息技术服务收入为 1668.75 亿元,同比增长 16.2%。

2016 年南京市软件与信息技术服务业发展情况　　　　表 1-4-8

项目	数值	同比增长（%）
软件企业数（家）	1558	—
软件业务收入（亿元）	3125	12.9
软件产品收入（亿元）	1034.37	10.2
信息技术服务收入（亿元）	1668.75	16.2

---

① 除特别标注外,该部分数据和资料来自《南京市 2016 年国民经济和社会发展统计公报》。
② 该部分数据来自工业和信息化部 2016 年 1—11 月副省级城市软件和信息技术服务业主要经济指标完成情况统计表。

1.4.9 杭州市文化创意产业发展情况[①]

1. 文化艺术业

截至2016年年底,杭州市共有各类专业艺术表演团体21个、文化馆16个、公共图书馆16个,图书馆藏书1489万册(不含省)。截至2016年年底全市拥有非物质文化遗产保护项目368个,比上年增加34个。

2. 广播影视动漫业

2016年,杭州市有线电视接入户332.13万户,其中数字电视320.99万户,分别增长2.8%和3.4%。全年拍摄电视剧30部,共1342集;生产原创动画片7197分钟;摄制完成20部电影。

3. 会展旅游业

2016年,全市实现旅游总收入2571.84亿元,增长16.9%,其中旅游外汇收入31.49亿美元,增长7.5%。接待入境旅游者363.23万人次,增长6.3%;接待国内游客1.37亿人次,增长13.8%。

截至2016年年末,全市各类旅行社达717家,增长4.7%;星级宾馆173家,其中五星级24家,四星级46家;A级景区70个,其中5A级3个,4A级34个。

4. 软件与信息技术服务业[②]

截至2016年年底,杭州市软件与信息技术服务业企业总数为814家。其中,软件业务收入为2751.38亿元,与上年同期相比增长18.0%;软件产品收入为816.10亿元,同比增长9.4%;信息技术服务收入为1763.31亿元,同比增长25.1%。

2016年杭州市软件与信息技术服务业发展情况　　　　表1-4-9

项目	数值	同比增长(%)
软件企业数(家)	814	—
软件业务收入(亿元)	2751.38	18.0
软件产品收入(亿元)	816.10	9.4
信息技术服务收入(亿元)	1763.31	25.1

1.4.10 济南市文化创意产业发展情况[③]

1. 文化艺术业

截至2016年年末,济南市基层群众文化活动示范点达到160个,共有(国有)艺术表演团体13个,文化馆(站)及群众艺术馆152个,档案馆15个,公共图书馆12个。市级以上文物保护单位374处,其中,国家级21处。

2016年,济南市成功举办了第四届中国非物质文化遗产博览会,非遗参展项目1000余项,展出非遗制品14000余件,观众50余万人次。

2. 广播影视动漫业

截至2016年年末,济南市共有城市电影院44家,全年放映53.9万场,观众1011万人次,票房收入3.3亿元。年末广播人口混合覆盖率和电视人口混合覆盖率均为100%。

3. 会展旅游业

2016年,济南市共举办会展165场。其中,国际性展会1场,国家性展会14场。

---

① 除特别标注外,该部分数据和资料来自《2016年杭州市国民经济和社会发展统计公报》。
② 该部分数据来自工业和信息化部2016年1—11月副省级城市软件和信息技术服务业主要经济指标完成情况统计表。
③ 除特别标注外,该部分数据和资料来自《济南市2016年国民经济和社会发展统计公报》。

2016年全年,济南市共接待国内外游客6618.5万人次,增长8.6%。其中,接待国内游客6583.3万人次,增长8.6%;接待入境游客35.2万人次,增长5.6%。实现旅游消费总额846.9亿元,增长13.7%。其中,国内游客消费额762.9亿元,增长13.8%;入境游客消费额19609.1万美元,增长6.5%。

截至2016年年末,济南市共有A级旅游景区44家。其中,5A级景区1家,4A级景区12家。省级旅游强乡镇30个,省级旅游特色村82个,省级以上旅游度假区1家。

4. 软件与信息技术服务业[①]

截至2016年年底,济南市软件与信息技术服务业企业总数为1730家。其中,软件业务收入为1973.27亿元,与上年同期相比增长10.2%;软件产品收入为814.32亿元,同比增长8.4%;信息技术服务收入为1094.04亿元,同比增长12.0%。

2016年济南市软件与信息技术服务业发展情况　　　　表1-4-10

项目	数值	同比增长(%)
软件企业数(家)	1730	—
软件业务收入(亿元)	1973.27	10.2
软件产品收入(亿元)	814.32	8.4
信息技术服务收入(亿元)	1094.04	12.0

1.4.11 武汉市文化创意产业发展情况[②]

1. 文化艺术业

截至2016年年末,武汉市共有市属艺术表演团体机构8个,获国家奖6个,获省级奖2个。公共图书馆2个,藏书430万册,接待读者364.36万人次。文化馆1个。博物馆13个,总流通1065.3万人次。

2. 会展旅游业

2016年,武汉市共接待国内旅游者23096万人次,比上年增长12.5%,国内旅游收入2398亿元,增长13.4%。接待海外旅游者225万人次,增长11.4%,国际旅游收入15.1亿美元,增长13.0%。

截至2016年年末,全市共有A级旅游景区37个,旅游星级以上宾馆78家。

3. 软件与信息技术服务业[③]

截至2016年年底,武汉市软件与信息技术服务业企业总数为2420家。其中,软件业务收入为1155.42亿元,与上年同期相比增长25.9%;软件产品收入为591.03亿元,同比增长25.1%;信息技术服务收入为503.17亿元,同比增长27.5%。

2016年武汉市软件与信息技术服务业发展情况　　　　表1-4-11

项目	数值	同比增长(%)
软件企业数(家)	2420	—
软件业务收入(亿元)	1155.42	25.9
软件产品收入(亿元)	591.03	25.1
信息技术服务收入(亿元)	503.17	27.5

---

① 该部分数据来自工业和信息化部2016年1—11月副省级城市软件和信息技术服务业主要经济指标完成情况统计表。
② 除特别标注外,该部分数据和资料来自《2016年武汉市国民经济和社会发展统计公报》。
③ 该部分数据来自工业和信息化部2016年1—11月副省级城市软件和信息技术服务业主要经济指标完成情况统计表。

1.4.12 广州市文化创意产业发展情况[①]

1. 文化艺术业

截至 2016 年年末,广州市共有各类专业艺术表演团体(事业单位)7 个,文化馆 12 个,文化站 170 个,公共图书馆 14 间,档案馆 31 个,博物馆和纪念馆 32 个。

2. 广播影视动漫业

截至 2016 年年末,广州市共有广播电台 2 座,电视台 3 座。广播综合人口覆盖率和电视综合人口覆盖率均为 100%。

3. 会展旅游业

2016 年全年,广州市共接待过夜旅游人数 5940.56 万人次,比上年增长 5.0%。其中,入境旅游者 861.87 万人次,增长 7.3%;境内旅游者 5078.69 万人次,增长 4.6%。在入境旅游人数中,外国人 329.68 万人次,增长 7.0%;香港、澳门和台湾同胞 532.19 万人次,增长 7.4%。旅游业总收入 3217.05 亿元,增长 12.0%。旅游外汇收入 62.72 亿美元,增长 10.1%。

4. 软件与信息技术服务业[②]

截至 2016 年年底,广州市软件与信息技术服务业企业总数为 1541 家。其中,软件业务收入为 2213.77 亿元,与上年同期相比增长 15.3%;软件产品收入为 653.59 亿元,同比增长 15.2%;信息系统集成服务收入为 1507.99 亿元,同比增长 15.3%。

2016 年广州市软件与信息技术服务业发展情况　　　　表 1-4-12

项目	数值	同比增长(%)
软件企业数(家)	1541	—
软件业务收入(亿元)	2213.77	15.3
软件产品收入(亿元)	653.59	15.2
信息技术服务收入(亿元)	1507.99	15.3

1.4.13 成都市文化创意产业发展情况[③]

1. 文化艺术业

截至 2016 年年末,成都市共有博物馆 34 个,文化馆 22 个,公共图书馆 22 个,馆藏图书 1708.7 万册,档案馆 24 个,其中国家综合档案馆 21 个,向社会开放各类档案 659.6 万卷。

2. 广播影视动漫业

截至 2016 年年末,成都市共拥有广播电台 14 座,制作广播节目 18 套;拥有电视台 14 座,制作电视节目 21 套。年末全市有线电视用户 400.9 万户,其中数字电视 374.6 万户。

3. 会展旅游业

2016 年全年,成都市共接待国内游客 2.0 亿人次,比上年增长 4.7%;国内旅游收入 2425.6 亿元,增长 22.1%。组织出境旅游人数 181.6 万人次,下降 6.6%;接待入境旅游人数 272.3 万人次,增长 17.8%;旅游外汇收入 12.4 亿美元,增长 15.8%。

截至 2016 年年末,成都市共有三星级以上饭店 97 家,旅行社 466 家。

---

① 除特别标注外,该部分数据和资料来自《2016 年广州市国民经济和社会发展统计公报》。
② 该部分数据来自工业和信息化部 2016 年 1—11 月副省级城市软件和信息技术服务业主要经济指标完成情况统计表。
③ 除特别标注外,该部分数据和资料来自《2016 年成都市国民经济和社会发展统计公报》。

4. 软件与信息技术服务业[①]

截至 2016 年年底,成都市软件与信息技术服务业企业总数为 1685 家。其中,软件业务收入为 2072.88 亿元,与上年同期相比增长 14.1%;软件产品收入为 783.05 亿元,同比增长 12.4%;信息技术服务收入为 1255.96 亿元,同比增长 15.3%。

2016 年成都市软件与信息技术服务业发展情况　　　　　　　　　　　　　　　表 1-4-13

项目	数值	同比增长（%）
软件企业数（家）	1685	—
软件业务收入（亿元）	2072.88	14.1
软件产品收入（亿元）	783.05	12.4
信息技术服务收入（亿元）	1255.96	15.3

1.4.14　西安市文化创意产业发展情况[②]

1. 文化艺术业

截至 2016 年年底,西安市共有博物馆 121 座,公共图书馆 13 个,群众艺术馆 2 个,文化馆 14 个,文化站 174 个。

2. 广播影视动漫业

截至 2016 年年底,西安市共有地市广播电视台 2 座,县级广播电视台 6 座。

3. 会展旅游业

2016 年全年,西安市共接待国内外游客 15012.56 万人次,比上年增长 10.4%;旅游业总收入 1213.81 亿元,增长 13.1%。

4. 软件与信息技术服务业[③]

截至 2016 年年底,西安市软件与信息技术服务业企业总数为 2031 家。其中,软件业务收入为 1252.61 亿元,与上年同期相比增长 21.8%;软件产品收入为 361.79 亿元,同比增长 22.9%;信息技术服务收入为 764.86 亿元,同比增长 20.6%。

2016 年西安市软件与信息技术服务业发展情况　　　　　　　　　　　　　　　表 1-4-14

项目	数值	同比增长（%）
软件企业数（家）	2031	—
软件业务收入（亿元）	1252.61	21.8
软件产品收入（亿元）	361.79	22.9
信息技术服务收入（亿元）	764.86	20.6

---

① 该部分数据来自工业和信息化部 2016 年 1—11 月副省级城市软件和信息技术服务业主要经济指标完成情况统计表。
② 除特别标注外,该部分数据和资料来自《西安市 2016 年国民经济和社会发展统计公报》。
③ 该部分数据来自工业和信息化部 2016 年 1—11 月副省级城市软件和信息技术服务业主要经济指标完成情况统计表。

2

2016年中国文化创意产业园区发展报告

中国文化创意产业园区数量及概况等信息，均来自中国文化创意产业网，数量根据中国创意产业网园区大全的园区规模进行统计整理而得。

2.1 中国文化创意产业园区发展概述

2.1.1 文化创意产业园区发展概况

作为文化创意产业规模化、集约化发展的重要途径和载体，经过10年左右的文化创意产业园区规划、建设、发展，我国文化创意产业园区呈现多元发展状态，从运营主体、物业转换、规划诉求、综合定位、商业模式等均呈现多样化的发展思路。截至2016年年底，我国共建成文化创意产业园区2683家，较2015年增加了277家。

2010—2016年文化创意产业园区数量　　　　　表2-1-1

年份	园区数量（家）	园区增加数量（家）
2010	1098	271
2011	1480	382
2012	1928	448
2013	2110	182
2014	2220	110
2015	2406	186
2016	2683	277

2.1.2 文化创意产业园区区域分布

文化创意产业作为一种新型的产业类型，尽管以创意人才与创意凝聚力为核心，但离不开当地的经济基础。截至2016年年底，全国文化创意产业园区主要分布在山东、广东、江苏、浙江、上海、北京等沿海经济发达省市。

从创意产业整体发展态势来看，中国创意产业集群化发展趋势越来越明显。从区域发展格局来看，已初步形成了六大区域板块：环渤海创意产业集聚区、长三角创意产业集聚区、珠三角创意产业集聚区、滇海创意产业集聚区、川陕创意产业集聚区和中部创意产业集聚区。

2016年文化创意产业园区数量区域分布情况　　　　　表2-1-2

地区	园区数量（家）	数量占比（%）	地区	园区数量（家）	数量占比（%）
北京	192	7.16	湖南	69	2.57
天津	66	2.46	辽宁	74	2.76
河北	77	2.87	吉林	33	1.23
山西	43	1.60	黑龙江	35	1.30
内蒙古	40	1.49	重庆	65	2.42
上海	239	8.91	四川	64	2.39
江苏	252	9.39	贵州	29	1.08
浙江	210	7.83	云南	32	1.19
安徽	96	3.58	西藏	4	0.15
福建	108	4.03	陕西	44	1.64
江西	50	1.86	甘肃	19	0.71

续表

地区	园区数量（家）	数量占比（%）	地区	园区数量（家）	数量占比（%）
山东	343	12.78	青海	11	0.41
广东	238	8.87	宁夏	12	0.45
广西	23	0.86	新疆	13	0.48
海南	28	1.04	台湾	34	1.27
河南	63	2.35	香港	8	0.30
湖北	68	2.53	澳门	1	0.04

2.1.3 文化创意产业园区类型分布

中国文化创意产业园区按园区性质可分为五种类型，即产业型创意产业园区、混合型创意产业园区、艺术型创意产业园区、休闲娱乐型创意产业园区和地方特色创意产业园区。中国文化创意产业园区主要以混合型产业园区和产业型园区为主，艺术型、休闲娱乐型以及地方特色型尚处于起步阶段。2016年，中国混合型文化创意园区数量大1790家，产业型园区数量为572家。

2016 年文化创意产业园区类型分布　　　　　　　　　　　　　表 2-1-3

年份	园区数量（家）	数量占比（%）
产业型	572	21.36
混合型	1790	66.84
艺术型	85	3.17
休闲娱乐型	110	4.11
地方特色型	121	4.52

1. 产业型园区

产业型文化创意园区重在产业链的开发，该类型的园区又可进一步划分为两类：独立型和依托型。独立型园区拥有大批富有创造性的创意人才，以此形成较为成熟的产业集群，产业链相对完整，具有规模效应。如山东青岛的创意100产业园、深圳的大芬村等。第二类是依托型，该类园区依托当地的高校科研资源，形成科技含量较高的产业链。如上海同济大学周边的现代设计产业园区、杭州下沙大学城附近的下沙大学科技园等。

产业型文化园区数目占据前五位的省份分别是山东、广东、上海、北京、福建等地。这类地区多位于中国东部沿海经济发达地区，经济发展条件及设施较好，更易接受外来文化影响，因此在文化观念上较为开放。此外，诸多高校聚集在这些地区，尤其是北京和上海。

2016 年产业型文化创意产业园区数量区域分布情况　　　　　　表 2-1-4

地区	园区数量（家）	数量占比（%）	地区	园区数量（家）	数量占比（%）
北京	45	7.81	湖南	16	2.78
天津	20	3.47	辽宁	18	3.13
河北	25	4.34	吉林	9	1.56
山西	7	1.22	黑龙江	6	1.04
内蒙古	4	0.69	重庆	10	1.74
上海	67	11.63	四川	5	0.87
江苏	25	4.34	贵州	6	1.04

续表

地区	园区数量（家）	数量占比（%）	地区	园区数量（家）	数量占比（%）
浙江	29	5.03	云南	7	1.22
安徽	28	4.86	西藏	1	0.17
福建	37	6.42	陕西	4	0.69
江西	11	1.91	甘肃	2	0.35
山东	76	13.19	青海	2	0.35
广东	59	10.24	宁夏	4	0.69
广西	6	1.04	新疆	2	0.35
海南	8	1.39	台湾	2	0.35
河南	17	2.95	香港	1	0.17
湖北	17	2.95	澳门	0	0.00

2. 艺术型园区

艺术型文化创意产业园区以创意人才为基础，但文艺作品的产业化程度不高。园区投入产出比不高，因此在国内的普及程度较低。艺术型文化创意产业园区数量位居前列的省份有山东、广东、北京、上海等地，这些地区均为东部沿海地区，文化氛围浓厚，因此出现了一些艺术型园区，其中代表性的有杭州的A8艺术公社、上海的苏河艺术中心、深圳的大芬油画村。北京拥有著名的798艺术区。此外贵州、云南、甘肃、四川等地因处内陆地区，少数民族风情与民俗文化孕育了一种富有本土特色的艺术园区。

2016年艺术型文化创意产业园区数量区域分布情况　　　　表2-1-5

地区	园区数量（家）	数量占比（%）	地区	园区数量（家）	数量占比（%）
北京	11	12.94	湖南	1	1.18
天津	0	0.00	辽宁	1	1.18
河北	0	0.00	吉林	0	0.00
山西	1	1.18	黑龙江	1	1.18
内蒙古	0	0.00	重庆	4	4.71
上海	10	11.76	四川	2	2.35
江苏	4	4.71	贵州	2	2.35
浙江	5	5.88	云南	2	2.35
安徽	0	0.00	西藏	0	0.00
福建	1	1.18	陕西	0	0.00
江西	1	1.18	甘肃	1	1.18
山东	21	24.71	青海	0	0.00
广东	11	12.94	宁夏	0	0.00
广西	1	1.18	新疆	0	0.00
海南	0	0.00	台湾	4	4.71
河南	0	0.00	香港	0	0.00
湖北	1	1.18	澳门	0	0.00

3. 休闲娱乐型园区

休闲娱乐型文化创意产业园区旨在满足人们的文化消费需求，目前此类园区在国内处于起步发展阶段。园区主要分布在山东、北京、江苏、辽宁、河南等地。随着经济消费水平的提高，对文化休闲消费的需求增加推动了休闲娱乐型文化创意产业园区的发展。

2016年休闲娱乐型文化创意产业园区数量区域分布情况　　　　表2-1-6

地区	园区数量（家）	数量占比（%）	地区	园区数量（家）	数量占比（%）
北京	9	8.18	湖南	3	2.73
天津	2	1.82	辽宁	7	6.36
河北	2	1.82	吉林	3	2.73
山西	0	0.00	黑龙江	2	1.82
内蒙古	1	0.91	重庆	4	3.64
上海	4	3.64	四川	2	1.82
江苏	8	7.27	贵州	0	0.00
浙江	2	1.82	云南	0	0.00
安徽	3	2.73	西藏	1	0.91
福建	0	0.00	陕西	5	4.55
江西	0	0.00	甘肃	0	0.00
山东	34	30.91	青海	0	0.00
广东	6	5.45	宁夏	1	0.91
广西	1	0.91	新疆	1	0.91
海南	1	0.91	台湾	1	0.91
河南	7	6.36	香港	0	0.00
湖北	0	0.00	澳门	0	0.00

4. 混合型园区

混合型文化创意产业园区以科技园为依托，结合园区内的优势产业同步发展文化产业，但并未形成完整的产业链。如上海的张江文化科技创意产业基地依托于上海张江高科技园区，借助中国美术学院上海设计艺术分院、上海电影艺术学院等高校科研力量，以企业化和市场化的运作模式推动园区内的网络文化企业发展。

混合型文化创意产业园区数量位居前五的省份分别是江苏、山东、浙江、广东、上海，其中三个省份可归为广义上的江浙一带，广东仍位于东南沿海地区，山东则位于环渤海地区。由于混合型文化创意产业园区需要以科技园为依托，所以具有较强科技能力的省份便能建造更多的混合型园区。此外，电子游戏业、动漫业等高科技产业是文化创意产业重要部分，因此拥有优势产业同步发展的省份在建立混合型文化创意产业时更占据优势。

2016年混合型文化创意产业园区数量区域分布情况　　　　表2-1-7

地区	园区数量（家）	数量占比（%）	地区	园区数量（家）	数量占比（%）
北京	118	6.60	湖南	44	2.46
天津	44	2.46	辽宁	46	2.57
河北	48	2.68	吉林	21	1.17
山西	31	1.73	黑龙江	25	1.40
内蒙古	34	1.90	重庆	42	2.35
上海	155	8.66	四川	52	2.91
江苏	210	11.74	贵州	16	0.89

续表

地区	园区数量（家）	数量占比（%）	地区	园区数量（家）	数量占比（%）
浙江	168	9.39	云南	17	0.95
安徽	61	3.41	西藏	1	0.06
福建	69	3.86	陕西	30	1.68
江西	36	2.01	甘肃	16	0.89
山东	189	10.56	青海	7	0.39
广东	155	8.66	宁夏	6	0.34
广西	13	0.73	新疆	9	0.50
海南	17	0.95	台湾	21	1.17
河南	31	1.73	香港	7	0.39
湖北	49	2.74	澳门	1	0.06

5. 地方特色型园区

地方特色型文化创意产业园区主要依赖于当地特有的文化历史资源，借助民俗风情、自然景观发展文化创意产业。地方特色型文化创意产业园区所在的地区有一个共同特点，即当地拥有深厚的历史文化底蕴或者秀美的自然风光。地方特色型园区数量位居前列的省份为山东、北京、河南、广东、浙江、云南等地。

比如，北京作为历史名城，多以传统民俗为主题，如潘家园古玩艺术品交易园区、高碑店传统民俗文化园区等。再如，云南丽江古城充分利用当地独特的自然景观，西双版纳民族风情园则依托于少数民族的风俗传统。

2016 年地方特色型文化创意产业园区数量区域分布情况　　表 2-1-8

地区	园区数量（家）	数量占比（%）	地区	园区数量（家）	数量占比（%）
北京	9	7.32	湖南	5	4.07
天津	0	0.00	辽宁	2	1.63
河北	2	1.63	吉林	0	0.00
山西	4	3.25	黑龙江	1	0.81
内蒙古	1	0.81	重庆	5	4.07
上海	3	2.44	四川	3	2.44
江苏	5	4.07	贵州	5	4.07
浙江	6	4.88	云南	6	4.88
安徽	4	3.25	西藏	1	0.81
福建	1	0.81	陕西	5	4.07
江西	2	1.63	甘肃	0	0.00
山东	23	18.70	青海	2	1.63
广东	7	5.69	宁夏	1	0.81
广西	2	1.63	新疆	1	0.81
海南	2	1.63	台湾	6	4.88
河南	8	6.50	香港	0	0.00
湖北	1	0.81	澳门	0	0.00

2.2 全国大陆各地区文化创意产业园区发展情况

2.2.1 北京市

1. 北京市文化创意产业园区发展概况

（1）北京市文化创意产业规模[①]

2016年以来，在大众创业、万众创新等政策的推动下，北京市文化创意产业呈现总体平稳、稳中有进运行态势。初步核算，2016年全市文化创意产业实现增加值3570.5亿元，按现价计算，比2015年增长12.3%，占地区生产总值的14.3%，比上年提高0.5个百分点，对地区生产总值的贡献率达到20.3%，对带动首都经济增长、促进提质增效发挥了重要作用。

2016年，全市规模以上文化创意产业法人单位实现收入13964.3亿元，增长7.3%，高于第三产业收入增速3.6个百分点，拉动第三产业收入增长2.0个百分点，保持了2013年以来的较快增长态势；实现利润1031.5亿元，增长3.3%。

文化创意产业涉及的九大领域中，软件网络及计算机服务、广告会展、艺术品交易和设计服务四个领域拉动作用明显，收入合计占比超6成，带动了全市文化创意产业收入增长。

（2）北京市文化创意产业园区数量

2016年，北京文化创意产业园区数量呈快速发展趋势，文化创意产业集聚效应明显，文化创意产业园整体实力雄厚。截至2016年，北京市共有192家文化创意产业园，覆盖16个区县，2016年新增22家产业园。

2010—2016年北京市文化创意产业园区数量增加情况　　　　表 2-2-1

年份	园区数量（家）	园区增加数量（家）
2010	90	14
2011	110	20
2012	126	16
2013	139	13
2014	143	4
2015	170	17
2016	192	22

（3）北京市文化创意产业园区类型分布

从北京市文化创意产业园区类型分布情况看，产业型和混合型园区占主要部分，其他类型数量相对较少。2016年，北京市混合型和产业型园区数量分别达到了74家和42家。

2016年北京市文化创意产业园区类型分布情况　　　　表 2-2-2

类型	园区数量（家）	园区数量占比（%）
产业型	45	23.44
混合型	118	61.46
艺术型	11	5.73
休闲娱乐型	9	4.69
地方特色型	9	4.69

[①] 文创产业平稳发展助力经济提质增效——2016年北京市文化创意产业发展情况 [EB/OL]http://www.bjstats.gov.cn/zxfb/201703/t20170303-369824.html，2017-03-03

2. 北京市文化创意产业典型园区调查

（1）产业型园区分析

截至2016年，北京市共有45家创意产业园区，其中：中国人民大学文化科技园园区面积最大，达67000万平方米；最小的产业园区面积不足1万平方米；10万平方米及以下以及10万~20万平方米的产业型创意园区数量最多，达21家。

北京市产业型文化创意产业园区基本情况[①]　　　　　　　　　　　　　　　　表 2-2-3

序号	园区名称	面积（万平方米）	概况
1	中国动漫游戏城	82.73	中国动漫游戏城项目是文化部和北京市共同实施的国家级重点文化产业项目，主要利用首钢二通厂区，功能定位是形成服务、引导、促进中国动漫游戏产业发展，集动漫创作、生产、交易于一体的动漫产业园区。规划建设主题公园区、流通贸易区、产学研孵化区、公共商务服务区、数字化办公区和酒店、住宅及生活配套服务区6个大区。目前正吸引动漫、游戏及衍生品企业入驻，以"基地+企业集群"模式运营
2	小汤山温泉旅游会展文化创意产业集聚区	429.00	目前，产业聚集区形成了以九华山庄为龙头，包括龙脉温泉度假村、红枫山庄、富来宫温泉山庄、英达生态园、中国航空博物馆、小汤山现代农业科示范园等46家核心企业的温泉旅游会展资源集群。小汤山温泉品牌效应已经开始显现，产业集群已经形成
3	北京莱锦文化产业创意园	11.00	园区聚集了国内众多知名文化企业，其中，上市公司5家，2至3年内拟上市公司5至8家，投资机构5家
4	北京音乐创意产业园	38.00	园区设计整体采用"合纵连横、动静结合"的空间布局设计理念，具体划分为"一个音乐主题公园、五大功能区、五大综合体"，园区老库区共设有演绎发布区、创作制作区、交易发行区、教育培训区、音乐酒吧街五大功能区
5	北京东亿国际传媒产业园	21.00	园区总占地110多亩，总建筑面积21万多平方米。园区的规划和建设秉持人与自然相和谐、产业与环境相协调的理念，通过对资源精心布局、产品差异化定位，打造影视制作、创新人才培养、传媒企业总部、文化创意孵化四大产业基地，形成传媒产业的人才聚集、项目聚集和龙头企业聚集，实现市场形象统一、功能相互助益、产业协同发展的整体效应
6	北京CBD国际传媒产业园	699.00	CBD国际传媒某产业园汇聚了世界500强企业和跨国公司，产生了大量的商务活动需求。园区主要发展广告会展、新闻出版、旅游休闲产业
7	北京国投信息创意产业园	3.60	国投信息创意产业园是两栋连体的五层办公、生产用房，在北京市东北方向四五环之间的电子城区核心地带。园区主要定位于文化创意产业、传媒产业、古玩艺术、演出及展示、设计与咨询、版权服务等各种行业的发展
8	十三陵明文化创意产业集聚区	12000.00	园区涵盖明十三陵、居庸关长城、银山塔林三大文化遗产以及周边临近景区和村庄，集聚区形成了"一区、两心、一轴、多点"的空间布局。集聚区依托文化遗产资源，以文化旅游为基础和主导，加强产业化运营，目前已集聚各类文化创意产业机构40家
9	751D·PARK北京时尚设计广场	22.00	751D·PARK以时尚设计为主题，以展示、发布、交易为核心，以产业配套、生活服务功能于一体的创意产业集聚地和时尚互动体验区为定位；以时尚设计为引擎，不断推动原创设计及国际交流，打造设计产业交易平台
10	酷车小镇	11.00	酷车小镇是由北京市朝阳区南磨房乡政府投资兴建的中国汽车改装行业首家综合性服务机构，它将整合北京地区汽车改装行业技术和人才资源，为北京地区乃至全国的改装车爱好者提供一个更加方便、快捷、放心、舒心的服务，以此促进中国汽车改装行业的进一步健康发展。同时，"酷车小镇"将依托完善具有鲜明汽车文化主题特色的配套服务区的服务功能，向社会展示不为中国公众所熟悉的汽车改装文化的魅力，为长期被边缘化的中国汽车改装行业赢得应有的理解和尊重
11	北京宝隆艺园	3.54	园区内经营项目包括：中国书画、艺术馆、书画院、瓷器、油画、雕塑、工艺品、明清家具、珠宝、翡翠类，旨在把公司建立成现代全方位多角度的从业机构，满足各类变动的市场需求
12	北京惠通时代广场	4.00	惠通时代广场利用北京北方工业锅炉厂、北京豆制品工业公司及北京食品开发公司的旧工业厂库房，根据工业厂区建筑参差错落，外观简洁质朴，内部空间宽阔的特点，对其进行革命性改造。园区景观自然、别致，充分展示了"在自然中办公"的现代办公理念，园内吸引了一批文化传媒类企业入驻，形成了具有鲜明人文特色和高集中度的文化传媒产业基地，文化传媒类企业年创产值26亿多元
13	方家胡同46号	1.23	园区内积聚了不同艺术领域的实体，有快捷酒店、小剧场、表演艺术团体、文化沙龙空间、建筑艺术、视觉设计、新媒体艺术、现代艺术中心等机构，搭建了良好的文化艺术展示和交流平台

[①] 全国各地园区数量较多，又有若干园区信息资料查不到，因此，各省（自治区、直辖市）各类型的文化创意产业园区基本情况列表并没有收录全部的园区。特此说明。

续表

序号	园区名称	面积（万平方米）	概况
14	北京传媒总部基地	10.00	基地以文化传媒产业为统领，商务为核心，创造传媒企业及高端休闲集聚为一体的集群型传媒总部基地。园区总用地面积约为5万平方米，总建筑面积10万余平方米，包括华文国际传媒大厦、自由创意区、独立创作区一级北岸商业广场和北岸文化风情步行街等
15	中关村雍和航星科技园	13.50	园区是中关村科技园管理委员会和东城区人民政府共建的高科技产业园区，规划为电子信息和文化创意产业集聚区。园区产业定位为电子信息和文化创意产业，园区将建设以移动互联、云计算、物联网等电子信息技术为主的产业集群和人才高地，形成航星园产业链的整体竞争优势
16	北京中影集团电影数字制作基地	14.00	中影集团电影数字制作基地区域规划合理，整体规模较大。从构思剧本到刻录光盘，从前期拍摄到后期剪辑均展现了其较高的行业地位
17	竞园（北京）图片产业基地	6.00	竞园吸纳了摄影、传媒、广告、演艺方面的多个知名机构入驻，集聚了大量国内外先锋摄影师以及艺术家，建立了多元的创意工作室。园区内有数十家专业影棚，并且是行业图片聚集区。目前园区承接场地租赁、摄影培训、创意拍摄、后期制作、图片交易、艺术策展、艺术品拍卖、出品出版、娱乐营销等多项业务，是国内最优秀的图片产业链条整合园区
18	北京一号地国际艺术区D区	3.00	北京一号地国际艺术区D区由原北京市京广铝业联合公司的废旧厂房改造而成，是浓郁特色的现代艺术中心，不仅引进了艺术品组织与经营机构、现代艺术画廊、知名画家工作室等，而且还适当引进了餐饮、酒吧、咖啡馆
19	北京左右艺术区	2.00	园区引进了国内外知名艺术机构、画廊、艺术家工作室进驻，艺术家及创意设计机构的入驻营造了园区浓厚的文化气息
20	中关村科技园区雍和园	290.30	东城区将文化强区战略纳入全区发展总体规划，成立了东城区文化强区工作领导小组。领导小组下设文化创意产业促进办公室。为落实文化强区战略，雍和园重点发展文化创意产业，特别是版权相关产业及数字内容产业：数字娱乐内容提供商和服务；数字（网络）媒体出版发行和内容；企业文化运营和移动增值服务商；网络及动漫节目创作、研发、制作企业
21	北京怀柔影视基地	560.00	怀柔影视基地初步形成"一区两园"格局。核心区已累计完成投资超过40亿元，包括投资3.2亿元的兴盛、祥瑞等四条道路工程和投资4500万元的110kV东变电站；投用项目有中影基地、星美影视城、百汇演艺学校、老爷车博物馆等，正在建设的有中影洗印厂、影人酒店、北演集团怀柔演艺中心，已落地准备建设的有中影二期、金第公司制片人总部基地以及长青集团红楼梦古都文化园等项目；还有华谊、海润、金英马等企业350余家
22	北京中关村软件园	139.00	园区东临上地信息产业基地，南靠规划绿化带及北大生物城，西接东北旺苗圃，北至东北旺北路，与颐和园、西山景区相伴，自然环境宜人。园区与清华大学、北京大学呈三角状分布。中国科学院以及海淀区众多高校为入园企业形成强大的科技区位支撑和技术依托。中关村地区浓厚的文化氛围为中关村软件园的建设和发展提供了得天独厚的客观条件
23	高井传媒创意园	10.54	创意园不仅集中了各具规模的影视编播制作区域，而且还配备餐饮、商务等服务配套设施。在创意园的规划中，共设计了10座电视演播大厅，其中最大的演艺厅面积达2200平方米，所有的演播厅均配置了高清数字信号
24	北京中关村数字电视产业园	18.46	经过近几年的发展，产业园已具备企业加速器、孵化器的功能，培养和孵化科技型企业和文化创意企业，并着重支持和推动数字电视产业的研发及产业化，为企业提供成长、发展所需要的场地、政策、项目、资金、技术等方面的服务。数字电视国家工程实验室的进驻和数字电视产业联盟在园区的发展进一步提升了产业园的科技服务能力，加速了数字电视产业的集聚
25	北京北普陀影视城	35.00	北普陀影视城是一座集影视拍摄、影视培训、旅游观光、会议招待、文化交流为一体的多功能大型影视文化城。是继中央电视台无锡影视城、涿州影视城之后崛起的，以明、清建筑风格为主调的三大影视外景基地之一
26	北京大兴国家新媒体产业基地	700.00	大兴国家新媒体产业基地于2005年12月31日经国家科技部正式批复成立，是国家火炬计划批复的全国唯一的以新媒体产业为主的专业集聚区。2006年12月14日，国家新媒体产业基地被认定为北京市首批文化创意产业集聚区之一。2008年3月，国家新媒体产业基地被认定为大兴区政府及中关村管委会合作共建示范基地
27	北京中关村创意产业先导基地	9.89	基地目前已建成了第三极大厦、理想国际大厦、辉煌时代大厦、银科大厦、创富大厦、大河庄苑大厦、华海大厦、华奥大厦、育新大厦、天创科技大厦、中国电子大厦、首创拓展大厦和瀚海国际大厦等高档写字楼，将以图书城地区为中心，向北京大学科技园、清华大学科技园、中国人民大学文化产业园、北太平庄动漫画设计中心和甘家口地区建筑创意设计带辐射
28	北京歌华大厦	10.80	歌华大厦是中关村科技园区雍和园的旗舰项目，致力于建立一个文化创意产业的示范中心，通过数字内容产业链的原创研发、产品营销两个高端切入，打造国家级动漫互联网游戏产业发展基地、新媒体广告会展基地、文艺演出创作交易基地、数字内容版权和信息交易基地
29	北京数字娱乐产业示范基地	15.00	北京数字娱乐产业示范基地是北京市打造"首都休闲娱乐中心"规划中确定的核心产业布局，担负着发展北京数字娱乐产业的重任。目前，已有60多家网络游戏、手机游戏、动漫画制作、电子竞技、数字媒体、数字金融等方面企业入驻基地，数字娱乐产业链正在形成，产业集聚效应日渐体现

续表

序号	园区名称	面积（万平方米）	概况
30	中国人民大学文化科技园	670000.00	园区是全国第一家文化创意特色的国家大学科技园，是全国第一家文化创意特色的留学人员创业园，也是全国第一家依托大学建设的国家文化产业示范基地，并建立了全国第一家国家版权贸易基地，成为大学创意产业园区拓荒者
31	北京市长安文化娱乐中心	2.12	北京市长安文化娱乐中心由老字号长安大戏院、设备现代的长安娱乐城和风味各异的茶楼、餐厅、啤酒屋组成
32	清华科技园	69.00	清华科技园是清华大学加速科技成果向生产力转化、促进产、学、研合作，建设世界一流大学的重要基地，同时在上海、广州、昆山、威海、沈阳等地建立分园及创新基地，在科技园开发、经营和管理等方面积累了丰富的经验和资源，是科技园区建设领域的一面旗帜
33	沙河天图博文建筑装饰艺术产业化基地	未知	沙河天图博文建筑装饰艺术产业化基地以对传统工艺美术的保护、传承、发展与创新应用为切入点，推动传统工艺美术、现代科学技术在建筑装饰行业、文博行业的创新应用，通过传统文化艺术与现代科学技术的高度融合，提升建筑装饰行业的自主创新能力和文化价值
34	石景山CRD	未知	CRD是石景山区打造"首都休闲娱乐中心"的英文缩写。石景山规划为"一二三六"产业发展格局，即：一个科技园区——中关村科技园区石景山园；两个休闲旅游区——东部现代娱乐旅游区、西部生态休闲旅游区；三个产业基地——北京数字娱乐产业示范基地、首钢新兴产业基地、产业培育基地；六个商务功能区——北京国际雕塑园地下商务区、银河商务区、京燕商务区、京西会展商务区、TSM时代购物花园商务区、苹果园交通枢纽商务区
35	北京（宋庄）时尚创意产业园	未知	时尚创意产业园整体规划透过"时尚创意与城市的和谐、时尚创意与人的和谐、时尚创意历史与未来发展的和谐"理念，以设计师的深刻领悟和灵感构思诠释出属于世界的中国时尚

（2）艺术型园区分析

截至2016年，北京市共有艺术型文化创意产业园区11家，其中面积最小的为"艺术8"创意产业园区，面积最大的为"北京宋庄原创艺术与卡通产业集聚区"。

北京市艺术型文化创意产业园区基本情况 表2-2-4

序号	园区名称	面积（万平方米）	概况
1	上苑艺术家村	46.67	上苑艺术家村涵盖上苑、下苑、东新城、西新城、秦家屯5个行政村落，区域总面积约7.3平方公里，总人口3100人，约有100余位艺术家在此从事创作。按照昌平区建设上苑文化创意产业集聚区的规划，将以文化艺术创作业为主体和基础，逐步延伸并完善相关产业链条，最终形成文化艺术创作、文化制作与传播、艺术品展示交易和文化休闲观光四大产业，并将上苑文化创意产业聚集区逐步打造成为中国书画艺术创作交流中心、中国现代艺术设计中心和中国高端艺术品鉴定与拍卖中心
2	东方国际戏剧文化主题园区	0.20	东方国际戏剧文化主题园区由不同年代组合而成的建筑改造后作为集办公、戏剧培训和创作产业的基地。北京东方道朴文化资产运营管理有限公司将其作为戏剧产业总部办公及创作基地，设置戏剧高等培训班、研究生班、戏剧国际交流等，并引入戏剧基金及戏剧相关业态
3	"艺术8"创意产业园区	0.12	"艺术8"激活和传承了中法大学民生、自由、平等、博爱的精神和信仰，为东西方文化、艺术的交流架起了一座桥梁，"艺术8"承载着丰富多彩的艺术展览、文化讲座、时尚发布等活动，也为热爱艺术、关注艺术生活的人们，提供了一个交流、学习、创新和发展的平台，这里同时还是接待来京的法国艺术家的驻地
4	北京后街美术与设计创意产业园	1.00	后街美术馆所属的后街美术与设计产业园创立于2006年，是东城区首批四家文化创意产业示范基地之一，是东城区结合自身优势打造的"胡同里的创意工厂"。园区总建筑面积12000平方米，厂房为框架结构，大开间，适合艺术创作。园区规划包括设计创意区、印刷生产区、功能服务区，目前已入驻画家及各类型设计公司、工作室30余家。收藏有各类美术作品，以近代名家书画为主，兼有明清、民国初期艺术家的杰作
5	瓦窑作家村	890.00	北京瓦窑作家村文化创意产业集聚区以瓦窑自然地界为准，确定以"作家"等创意群体作为主体，发展文化旅游，培育创意作品，做大内容产业。集聚区内现有7家企业入驻，从业人员达到300多人。随着集聚区建设的步步推进，北京瓦窑作家村文化创意产业集聚区必将建成一个以"作家"为市场诉求点、以文化旅游业为主导产业，涉及出版发行和版权贸易业、影视节目制作和交易业、动漫网游业、餐饮业、咨询培训业、广告会展业等业态，涵盖北京市文化创意产业9大类88个小类，以瓦窑村为核心，向周边村庄辐射，带动流村镇文化创意产业发展，形成昌平西部的亮点，成为昌平文化创意产业一个独具魅力的分支，成为昌平区一个别具特色的商务花园群落
6	北京大稿国际艺术区	3.00	艺术区总建筑面积约18000平方米，由六个大车间和一栋三层办公楼及其他辅助功能厂房建筑组成，现已有近百家当代艺术家工作室、艺术机构、摄影机构以及动画工作室入住大稿国际艺术区

续表

序号	园区名称	面积（万平方米）	概况
7	北京798艺术区	60.00	园区有序的规划、便利的交通、风格独特的包豪斯建筑等多方面的优势，吸引了众多艺术机构及艺术家前来租用闲置厂房并进行改造，逐渐形成了集画廊、艺术工作室、文化公司、时尚店铺于一体的多元文化空间。由于艺术机构及艺术家最早进驻的区域位于原"798厂"所在地，因此这里被命名为"北京798艺术区"
8	北京宋庄原创艺术与卡通产业集聚区	1120.00	宋庄原创艺术与卡通产业集聚区是中国最大的原创艺术家集聚地，已经成为世界著名的原创艺术集聚区。规划功能区有五大板块，即：卡通产业区、原创艺术区、会展商务区、行政文化中心区和创意社区（居住配套生活区），是北京市最具规模和档次的文化产业集聚区
9	雅昌（北京）艺术中心	6.20	雅昌（北京）艺术中心是一座现代化、多功能综合大厦，是雅昌实施新世纪市场拓展战略的重要基地，总占地面积10000平方米，建筑面积16800平方米，其中生产作业区域为11800平方米，办公、研发及艺术展示等面积5000平方米。大厦集艺术品展示、多功能厅、艺术研究、网络技术、出版策划、艺术品复制、印刷技术研发、办公、摄影、设计、制版、印刷、装订、仓储等综合功能为一体；整幢大厦的设计旨在给人一种步入大厦便如进入一个巨大而充满人文艺术气息的艺术展馆的印象，这不仅符合雅昌企业本身具有的气质，更充分体现了设计者"雅极昌盛，人文殿堂"的整体建筑设计理念
10	中国唱片总公司创作园	未知	中国唱片总公司是中国规模最大、历史最悠久的国家级音像出版集团。公司总部设在北京。50多年来，中国唱片总公司肩负着国家唱片业导向的神圣职责和庄严使命，依托先进的专业技术设备和优秀的艺术技术人才，为700多家文艺团体、4000多位艺术家录制了唱片、录音带、录像带、光盘类节目计53000多片（盒）号，总销量达10亿张（盒），产品销售遍布全国（含港、澳、台地区）
11	T3国际艺术区	未知	T3国际艺术区，是为艺术家们量身定做的艺术社区，其中包括有大型美术馆、会所及24幢独栋工作室。项目位于北京国际机场T3航站楼东。园区内艺术氛围浓郁，可举办国际文化艺术交流活动，便于艺术家进行艺术创作并对作品进行代理、拍卖、收藏等活动

（3）休闲娱乐型园区分析

截至2016年，北京市共有休闲娱乐型文化创意产业园区9家，其中：面积最小的为北京周口店国际艺术区，仅占8000平方米；面积最大的为北京奥林匹克公园，达1215万平方米。

北京市休闲娱乐型文化创意产业园区基本情况 表2-2-5

序号	园区名称	面积（万平方米）	概况
1	北京天桥演艺产业园区	207.00	西城区政府相关单位和部门加大了对天桥地区传统文化的开发和保护力度，成立了天桥曲艺茶社，并为天桥中幡成功申报了国家级非物质文化遗产保护项目，连续举办了三届"天桥杯"鼓曲邀请赛。与此同时，辖区内天桥剧场的高雅艺术演出、天桥乐茶园的德云社相声、万胜剧场的杂技表演也都成为北京文化演出的著名品牌。天桥地区具备的文化历史优势、区域位置优势以及旅游资源优势，使得在这一地区发展文化创意产业成为可能
2	北京首钢工业旅游区	700.00	旅游区位于北京市长安街西端的，石景山区首钢工业园区。首钢工业旅游以"钢铁是这样炼成的"为主题，以钢铁生产工艺流程为主线，使游客身临其境感受钢铁生产的壮观场面和现代化工业大企业的风貌，参观过程中还穿插有首钢人文景观、企业文化和历史古迹，为社会各界提供了一个较理想的科普教育、爱国主义教育、学术交流、休闲娱乐的教育基地和旅游场所。首钢工业旅游是以首钢集团工业生产活动为依托发展起来的一项特色新兴产业，正在朝着产业化方向发展
3	北京欢乐谷	56.00	北京欢乐谷由华侨城集团开发建设，它以文化景观、艺术表演和设备乘骑三种体验为核心内容，是北京现代旅游的重要组成部分。文化景观是北京欢乐谷的重要组成部分，是北京欢乐谷作为主题公园区别于普通游乐园的重要标志。艺术表演是北京欢乐谷的核心体验，每天为游客提供20多场文艺演出。设备乘骑是北京欢乐谷的参与性娱乐体验
4	北京什刹海文化旅游区	146.70	什刹海文化旅游区历史文化积淀深厚，有文物保护单位40余处，占西城区的三分之一以上。历史上本地区曾建有王府、寺观、庵庙等多达30余座，现尚存十几处。什刹海景区的不少古建筑在北京城市建设发展史上以及政治文化史上占有重要地位，主要代表性建筑有恭王府及花园、宋庆龄故居及醇王府、郭沫若纪念馆、钟鼓楼、德胜门箭楼、广化寺、汇通祠、会贤堂等
5	北京朝来农艺园	30.00	北京朝来农艺园是由朝阳政府和来广营乡政府投资建设的，是集高科技生产、净菜加工、休闲娱乐、科普教育为一体的农业公园，是京城北面具有乡村田园风光的旅游观光景点
6	北京飞腾影视城	23.33	作为中国北方地区最大的影视节目外景和后期制作基地，北京飞腾影视城总面积350余亩，分北区和南区两部分。南区古城是外景区，以仿明清建筑为主，包括街道、四合院、酒楼、茶楼、当铺、戏园子、凉亭、水榭、客栈、妓院、民房、牢房以及王府、县衙、庙宇等，还有各种规格的城墙，以及江南水乡、北方小镇、御花园，全部屋宇均以原木古法制作

续表

序号	园区名称	面积（万平方米）	概况
7	北京奥林匹克公园	1215.00	北京奥林匹克公园是融合了办公、商业、酒店、文化、体育、会议、居住多种功能的新型城市区域，区域内有完善的能源基础、四通八达的交通网络。拥有亚洲最大的城区人工水系、亚洲最大的城市绿化景观、世界最开阔的步行广场、亚洲最长的地下交通环廊
8	北京周口店国际艺术区	0.80	周口店国际艺术区的主体是由北京大华衬衫厂闲置厂区改造而成，占地面积60亩，建筑面积约8000平方米，依据厂区内原有建筑格局进行改造利用。整个艺术区的改造风格以简约自然为主，设办公区、展览区、创作区、艺术会所、多功能厅、宿舍区六大功能区域，有28间艺术工作室，可容纳30余名艺术家驻地创作，同时吸纳部分文化公司进驻
9	通惠河畔文化创意产业园	5.6	通惠河畔文化创意产业园，是集大型企业总部、高端商务办公、文化创意产业于一体的河畔花园式总部基地。产业园位于CBD功能拓展区，通惠河南岸水南庄，东临五环路，南依广渠路，西临四惠交通枢纽，北连京通快速路；总投资60亿元，占地面积840亩，绿化面积34.6万平方米，沿河2.5公里仿古式建筑。项目包括菩提园、运河园、通惠园，既有浓厚的江南园林风格，又有大气的皇家园林风范

（4）混合型园区分析

截至2016年，北京市共有混合型文化创意产业园区118家，其中面积最小的为坦博北京艺术中心和北京尚8东区文化园，面积最大的为北京古北口国际旅游休闲谷产业集聚区，其中5万~10万平方米的企业数量最多。

北京市混合型文化创意产业园区基本情况　　　　　表2-2-6

序号	园区名称	面积（万平方米）	概况
1	北京吉里国际艺术区	5.00	艺术区是由北京智汇时尚文化发展有限公司与北京朝阳区高碑店合作打造的集办公、休闲、娱乐、交流和集会功能于一体的文化创意产业区。园区引入国际知名的影视机构、时尚研究机构、演艺团体，设立演播、剧场、排练、培训等地及设施，逐步形成以中国时尚为主题的产业链。同时引入银行、信托、基金、风险投资等金融机构，鼓励从事互联网、移动技术、3D技术、现代艺术、策划、设计的中小企业入园，促进新媒体、新技术、金融等行业协同创新，塑造北京东区最具活力的文化基地
2	北京北人户外文化产业园	1.65	产业园是由北人集团公司携手北京天依鸿源商贸有限责任公司及北京中希遥电子科技有限公司共同打造的北京最大的以大型户外装备为主题的文化产业园。产业园汇聚了大批国内外户外装备生产厂家、代理商、俱乐部。园区是集展示、培训、体验、销售、办公于一身的户外资源平台，商家在此获得更多的客户资源，用户能充分体验一站式服务
3	北京铭基国际创意公园	2.00	Ideapark铭基国际创意公园是"北京CBD-定福庄国际传媒产业走廊"上定位于设计创意产业的文化创意产业集聚区。园区占地面积50亩，建筑面积达30000平方米，吸纳国际化物业服务团队及文化创意产业各链条上的专业咨询机构共同管理。园区致力于为广大文化创意、设计机构提供办公空间租赁、物业管理服务、行政托管、人力资源服务、财务法务咨询以及贷款融资等整合型一体化综合服务
4	新华1949文化金融创新中心	4.00	新华1949文化金融创新产业集聚区位于北京市西城区，园区占地面积4公顷，建筑面积4.5万平方米。园区内包括四部分内容：老工厂遗迹、小剧场群、文化金融创新展示中心和园林中心
5	北京文化硅谷	160.00	北京文化硅谷是北京市第一个大规模整体开发的综合性文化创意产业集聚区（文化创意产业综合体），由北京瑞鑫安泰创业投资中心历时四年策划实施、由中国国际工程咨询公司负责可行性研究及前期运行、由中国铁建集团等公司负责工程建设。项目一期占地2400亩，总建筑面积176万平方米，总投资137亿元人民币。项目2011年8月19日奠基，2014年建成投入运营
6	北京文化创新工场车公庄核心示范园	1.30	北京文化创新工场（北京文化创新工场投资管理有限公司）成立于2013年7月，作为由北京市文资办出资打造的全市文化创意项目孵化平台，是集产业园区策划、产业园投资、产业园运营、文化企业孵化、文化企业投资于一身的文化投资运营公司，是中国专业的文化产业综合服务平台运营商。公司以"文化创新发展"为核心，将文化与科技、文化与金融有机结合，整合文化产业链有效资源，全方位服务于在京发展的文化企业，积极推动首都地区文化产业繁荣发展
7	十三陵户外体育休闲文化创意产业集聚区	6519.00	十三陵户外体育休闲文化创意产业聚集区已经建成了军都山滑雪场、飞人动力伞基地、华彬、顺峰、林狩猎场等体育休闲项目，形成了初步的集聚效应。十三陵户外体育休闲创意产业集聚区拥有京郊最大的综合体育馆以及体育中心，高标准高尔夫球场、滑雪场、游泳馆等经营性体育场所200余家，先后承办过奥运会铁人三项和公路自行车赛、残奥会公路自行车赛等大型赛事
8	北京金工宏洋电子商务产业园	1.30	园区是金融产业延伸发展的重要区域，建筑面积1.5万平方米，主导产业为文化信息传输服务，具体包括新媒体、电子商务等，2011年被授予"西城区电子商务创业孵化基地"
9	百善影视艺术工场	5.80	北京昌平百善影视艺术工厂占地87亩，现有建筑面积12000平方米，其中85%需要投资重新改造。目前，已经改造旧厂房4000平方米。该工场在动漫原型设计制作、建筑装饰领域、大型雕塑及壁画数字化成型生产领域、主题环境艺术领域和景观建筑领域等方面具有创新发展的引导作用。公司3D立体标识制作、影视拍摄主题环境营造及积木式组合搭建施工、大型主题雕塑壁画等多个方面具有自主知识产权技术

续表

序号	园区名称	面积（万平方米）	概况
10	北京电通创意广场	18.00	北京电通创意广场周边有恒通国际、电子物资库、798艺术区、北京751、望京公园以及恒通商务园等。办公区域供电量为80瓦/m²，绿化率为40%。中国电信与中国联通均已经入驻
11	北京尚8国际广告产业园	2.60	尚8国际广告产业园主题定位为广告传媒产业基地，着重引驻中小型广告传媒行业的上下游企业，并配有完善的休闲娱乐配套设施，北侧比邻国家广告产业园、北京电视台新址；周边广告、传媒企业资源丰富，也为中央电视台新址提供了产业链衍生企业的配套办公服务，与国家广告产业园形成有机联动，成为高端化、品牌连锁式发展的国际广告传媒产业集聚区
12	北京红厂设计创意产业园	1.60	园区所在区域为北京著名的创意产业聚集区，红厂设计创意产业园位于北京第二道绿化隔离带，周边不仅有大片的树林、核桃园、樱桃园及多年大树营造的林荫大道，还有占地16万平方米生态型的湿地公园。园区规划在保留历史文化的同时还增加了更多时尚元素、设计理念，赋予历史全新的生命，更营造了适合设计机构长久发展的氛围
13	北京懋隆文化产业创意园	12.00	北京懋隆文化产业创意园充分体现三大功能：一是展示功能，把中国高端传统工艺品的展览展示作为亮点，成为国内最具影响力的文化艺术品殿堂；二是创意研发功能，把中国轻工艺品创意研发作为动力，成为国内最具实力的创意研发孵化平台；三是销售功能，把中国轻工艺品的民族品牌，中外品牌文化休闲龙头企业的产品及服务的销售作为目标，成为国内最具特色的以外向型文化休闲产品及服务为载体的消费聚集区和贸易集聚区
14	北京正东创意产业园	22.00	正东创意产业园占地面积22万平方米，紧邻首都机场高速路，周边文化底蕴深厚，商业氛围浓重，与798艺术区毗邻
15	北京尚8CBD文化园	4.00	昌平区已经初步形成了以历史文化旅游、会展为主线的八大集聚区，包括十三陵明文化创意产业集聚区、小汤山温泉旅游会展文化创意产业集聚区、郑各庄村主题村庄、十三陵户外体育休闲文化创意产业集聚区、上苑艺术家村、沙河天图博建筑装饰艺术产业化基地、百善影视艺术工场、瓦窑作家村文化创意产业集聚区，其中大多数已经集聚了几十家甚至上百家企业，公共服务平台建设具有一定基础，同时产业链正在形成，产生了较大的社会效益和经济效益。全区文化创意企业固定资产达17.8亿元，从业人员近万人，年创利税1亿多元，已经成为昌平经济社会发展新的增长极
16	北京尚8国际音乐园	40.08	尚8国际音乐园是尚8系列创意产业园项目之一，建设为文化业态与创意企业与人群的孵化器和生活工作空间，通过聚集效应和资源共享，促进文化创意产业的发展，提升"文化时尚环保"的经济概念。园区本着自由办公、交流互动、绿色自然、生态环保的理念，导入人文绿色的环保产业，注重地缘与历史的文化脉络，崇尚建筑原风貌，注重人群认同感的独特个性，营造出以音乐为主题，以人文、艺术、生活为哲学理念的创意产业园区
17	中华和谐文化创意产业园	8.13	中华和谐文化创意产业园由全国工商联书业商会授权认定，北京市必鹤鹏物业管理有限公司与王四营乡农工商总公司联手打造。该园区成为华北地区最大的文化创意物流中心。坐落在园区内的北京市古旧书交易市场旨在打造全国最大的古旧书交易市场和馆配书交易市场。其功能区主要分为古旧书交易厅、中华传统百书百工广场、中外文化及图书音像产品交流馆、图书及文化产品聚集物流中心、文化学术及创意交流中心
18	北京尚8东区文化园	0.52	尚8东区文化园是尚8系列创意产业园项目之一，是集孵化、培训、创业为主题的文化创意产业园区，整体面积5230平方米。打造园区核心目的是孵化、扶持中小企业
19	郑各庄村主题村庄文化创意产业集聚区	289.00	北七家镇郑各庄村是目前北京郊区农村中规模最大的旅游文化产业集群。中国戏剧学院和中国邮电大学入驻，为郑各庄村文化创意产业的发展注入了活力。郑各庄以"主题村庄"为依托，以"温都水城"文化旅游为龙头，通过对现有资源整合及对新资源的开发、培育，形成文化创意产业优势突出、相关产业联动发展的新格局
20	吉理（北京）国际艺术区	5.00	吉里（北京）国际艺术区是由北京智汇时尚文化发展有限公司与北京朝阳区高碑店合作打造的集办公、休闲、娱乐、交流和集会功能于一体的文化创意产业园。园区引入国际知名的影视机构、时尚研究机构、演艺团体，设立演播、剧场、排练、培训等场地及设施，逐步形成以中国时尚为主题的产业链。同时引入银行、信托、基金、风险投资等金融机构，鼓励从事新媒体、互联网、移动技术、3D技术、现代艺术、策划、设计的中小企业入园，促进新媒体、新技术、金融等行业协同创新，塑造北京东区最具活力的文化基地
21	北京国家广告产业园区	6.00	北京国家广告产业园占地面积约6万平方米。一期建筑将主要承载广告要素交易平台、一站式政府服务大厅等功能；二期为国家广告博物馆量身打造，承载公益广告平台，满足广告人才培养、孵化、输出基地等承载功能；三期将以影视拍摄、制作基地的形式实施建设，在空间上满足广告行业需求。同时建成中国广告博物馆，将重点引进内容原创、投融资、版权服务、中介资讯等行业知名企业、总部基地，以北京国家广告产业园为核心，拓展延伸广告产业链条
22	北京尚8里文创园	4.60	尚8里文创园是以新中式建筑为特色的文化创意产业园区，综合形成全新的"CBD东运河文化创意带"。该项目自2012年初建设运营以来，招商引驻大型整层及独栋文创类意向客户60余家。园区拥有两座文化公馆、一处空中四合院、一个空中花园、一栋艺术SOHO及多栋创意公寓
23	北京尚8人文创意园	2.19	尚8人文创意园是与中国社会科学院人文公司联合打造的以"创新成果转化"为主题的人文园区。项目自2011年6月建设运营以来，以人文关怀、创新为园区聚集方向，其行业类别包括城市规划、技术开发、IT、文化艺术品、公关推广、策划咨询等方向

续表

序号	园区名称	面积（万平方米）	概况
24	北京文采文化创意产业园	6.50	北京文采文化创意产业园位于北京顺义区马坡镇姚店村。以汉、唐、宋、元、明、清文化内涵为底蕴，集展馆、会所、办公、创作室等为一体的综合建筑群，总建筑面积65万平方米，符合国际交往、生态旅游的顺义新城功能定位
25	高井传媒产业创意园	10.50	创意园不仅集中了各具规模的影视编播制作区域，而且还配备餐饮、商务等服务配套设施。在创意园的规划中共设计了10座电视演播大厅，其中最大的演播厅面积达2200平方米，所有的演播厅均配置了高清数字信号
26	北京尚8西城区设计园	0.87	尚8西城区设计园是尚8系列创意产业园项目之一，为强化北京市西城区设计服务业的整体实力，促进和提升西城设计服务业在北京以及全国的影响力而打造的品牌化产业集聚园区。该项目位于西什库大街31号，据守西四商业核心，自北向南，由敬业电工等3个子产业园项目构成
27	北京古北口国际旅游休闲谷产业集聚区	8410.00	古北口长城是中华长城史上最为完整的长城体系，由卧虎山长城、蟠龙山长城、五里坨长城、金山岭长城和司马台长城构成
28	北京华腾世纪总部公园	16.50	北京华腾八里庄文化创意发展有限公司自2012年起开发建设位于北京市朝阳区八里庄康家沟的"华腾世纪总部公园"项目。该项目建设内容为文化创意产业用房及相关配套设施，包含影院、画展、动漫制作、传媒培训基地等功能区
29	北京尚8设计家广告园	2.46	尚8设计家广告园是尚8创意产业园系列项目之一，原名尚8设计+广告园，寓意为设计者、设计公司打造专属集聚地、集群化产业链。创建"家"文化，用设计诠释大院庭院式"低密低碳""闹中取静"的精神意涵；用设计激发再加一点创想灵感，让城市生活在积淀的历史年轮之上更加创新年轻，最终形成一个创意族群私享的城市绿洲文化社区
30	北京出版创意产业园	2.00	北京出版创意产业园区核心区位于德胜国际中心B座和北京出版集团有限责任公司出版创意大厦，出版平台为入驻企业提供选题论证、三审三校、图书印刷服务，入驻企业自己负责图书策划、设计和包装、市场运营
31	北京园博园	513.00	北京园博园利用绿色科技在建筑垃圾填埋场上进行生态修复建园，是一个集园林艺术、文化景观、生态休闲、科普教育于一体的大型城市公园。园区规划布局为"一轴、两点、五园"，"一轴"即园博轴，"两点"即永定塔和锦绣谷。"五园"即传统展园、现代展园、创意展园、国际展园和湿地展园，共有展园69个
32	北京1919国家音乐产业基地	56.78	园区致力于建设"十大国际化平台"和"四大中心"。十大平台主要包括：音乐人才孵化器、数字音乐出版实验平台、原创音乐制作公共服务平台、音乐与传媒综合业务服务平台、传统、民俗、流行音乐数据平台、音像制品展示和销售平台、中国专业音乐版权授权交易平台、中国音乐跨界产品的投融资与开发平台、音乐表演与主题旅游相融合的生活娱乐平台、中国音乐产业基地的可复制性拓展平台；四大中心是指：全国音乐创作制作出版发行中心、音乐产业综合服务中心、数字音乐制作传播中心以及版权保护中心
33	北京中科创意产业园	4.54	中科创意产业园专业致力于数码、影像、广告、装饰、礼品、机械、环保等创意类项目的研发和推广。目前，旗下有投资管理公司、文化传播公司、科技研究院在内的8个独立企业及9个配套工厂，拥有百余项国家专利和数个品牌项目，园区业务辐射全国，产品远销到美国、日本以及部分东南亚国家，已成为国内具有较高知名度和影响力的高科技产品出口基地之一
34	前门传统文化产业集聚区	200.00	前门传统文化产业聚集区基本继承了明、清民居院落、街巷胡同的布局与风貌，老字号、会馆、旅社、庙宇、戏楼等保存至今，成为北京城可识别性最强的珍贵"历史记忆"之一。目前，聚集区内有国家级文物保护单位1处，市级文物保护单位3处，文物普查单位51处，挂牌保护院落68处
35	八达岭长城文化旅游产业集聚区	55.00	八达岭长城文化旅游产业集聚区以八达岭地区丰富的历史文化资源、蓬勃发展的当代艺术事业为依托，抓住产业结构调整机遇，以内容创新为前提，以土地开发和基础设施建设为基础，以建设在区创意产业园项目、吸引新型创意产业人才为重点，推进与核心产业紧密关联的产业集聚，形成文化旅游业、文艺演出业、广告会展业、设计创意业四大主导产业，逐步构建独具特色、自成体系、效益显著、带动力强的文化创意产业链，将集聚区打造成为集文化创意、休闲旅游为一体的国际旅游休闲名区
36	盛世龙源文化创意园	0.87	园区以全新的运营理念，打造全北京独特的私人创作区。2~5层设计面积不等的创意工作室，目标入住客户为以独立创作为主体的：独立制片、独立设计、独立音乐、独立教育、独立摄影、独立文学、独立出版、独立绘画、独立策展等群体
37	北京中关村东升科技园	16.00	中关村东升科技园是中关村区域引进先进科技园创办理念的示范园区。园区总规划建筑面积约120万平方米，分二期开发，其中一期中关村东升科技园·北领地占地面积16万平方米，建筑面积约16万平方米，已有15栋花园式、低密度独栋学院派风格建筑，构成了集总部基地、高科技产业研发基地、加速器及企业孵化基地、高新科技成果展示及相关配套服务于一体的国内一流生态型综合园区。二期规划占地43公顷，规划建筑面积近百万平方米，将为高科技企业办公研发用房、大型商业区及配套住宅等

续表

序号	园区名称	面积（万平方米）	概况
38	北京二十二院街艺术区	6.50	北京二十二院街艺术区位于北京中央商务区（CBD）的核心区域。二十二院街艺术区地面部分由今日美术馆1.2.3号馆、30家国内及海外知名画廊、1家可同时容纳300人的剧场和众多艺术机构组成，定期举办不同主题的各类艺术展览、戏剧演出、时尚派对及海内外文化交流活动；同时还设有20余家可供游客自由参观的艺术家工作室、画廊等。艺术区地下部分全部为艺术家工作室、影棚以及艺术类培训机构，致力于拉近当代艺术与普通百姓之间的关系，更加着重艺术创作的体验与分享
39	北京出版发行物流中心	30.00	北京出版发行物流中心集聚区基础设施完备,周边基础建设良好。集聚区内有集住宿、会议、餐饮、娱乐于一体的配套服务中心。集聚区汇聚了行业内知名的众多出版发行企业和专门为聚集区配套建设的北发大酒店，主要代理全国几乎所有的出版社、百余家图书发行公司、350余家国际出版社、千余家音像制品公司等50余万种中外文出版物
40	北京（房山）历史文化旅游集聚区	7010.00	北京（房山）历史文化旅游集聚区是2008年4月经北京市文化创意产业领导小组批准并授牌的第二批11个集聚区之一。集聚区内拥有世界文化遗产周口店遗址，"石经长城"、佛教圣地云居寺，集自然、历史、佛教、道教文化于一身的上方山，北京地区修建最早、占地面积最大的帝王陵墓群——金陵，以及全国唯一的有碑刻、有遗址的景教寺院——十字寺，更有以万眼泉水形成的"北方水乡"——长沟。集聚区是具有参观、研修、度假、会展、交易功能的历史文化旅游集聚区
41	北京红点文化创意园	0.80	创意园占地15亩，建筑面积8000平方米。这里有20世纪60～70年代中国工业时代的代表建筑，红点根据其自身建筑特点以及北京市政府对文化创意产业园的有关政策，经过精心打造，将老工业区改造为传媒文化与时尚创意相结合的创意园区
42	北京传媒总部基地	4.00	北京传媒总部基地（MABP）位于"CBD—定福庄文化传媒产业走廊"核心区，由北京锐创华文国际文化传媒有限公司建设并运营，是以文化传媒产业为统领、商务为核心，创造传媒企业聚集及高端休闲集聚为一体的集群型传媒总部基地。目前已经完成涵盖五大功能板块，共计10余万建筑面积的基建项目，包括华文国际传媒大厦、自由创意区、独立创作区、MABP创意中心和文化风情街。北京传媒总部基地目前整体入驻率超过90%，包括多家营销顾问机构、知名文化传媒企业
43	718传媒文化创意园	3.00	718传媒文化创意园根据行业特点以及LOFT模式打造个性化办公空间，使之成为全新的传媒产业聚集文化创意园，是传媒、广告、艺术、美术、动漫、影视等行业的聚集地，是创意产业的"孵化器"
44	北京尚8创意产业园	2.20	产业园目前已完成一期2.2万平方米改造，入驻文化创意企业162家。园内设计创意类企业比例达46.0%，同时有广告会展、软件网络、艺术展示、文化培训等外资企业占39.0%，园区呈现出多层次发展格局
45	中关村多媒体创意产业园	95.00	中关村多媒体创意产业园地处中关村国家自主创新示范区核心区，占地95公顷，由中关村管委会批复建设，是北京首家以多媒体创意产业为核心发展方向的文化创意型高新技术园区。园区将科技、文化与智力等要素紧密地结合在一起，坚持创新，致力于多媒体创意产业的研究与发展，并努力打造科技与文化相融合的具有北京特色和中关村创新特色的高端文化创意产业链条
46	顺义国展产业园	721.00	顺义国展产业园是全国第一家集约化、系统化、国际化会展产业发展园，有140余家企业入驻。国展产业园以新国展为依托，以会展业为先导，聚集会展产业链上的文化创意产业元素，大力引进会展、广告、策划、传播、旅游、中介服务等相关配套服务项目，将园区打造成中央别墅区旁的会展商务区，首都文化创意产业发展的新基地，世界一流的会展名城
47	坦博北京艺术中心	0.52	坦博北京艺术中心为四季青商圈的民俗古韵建筑，包括坦博文化中心、国际展览厅、茶艺馆、美术馆、商务休闲中心、艺术家俱乐部、奇石馆、户外咖啡厅、西点餐厅、古典京剧昆曲戏台、文化艺术书籍馆等10项主题会所为一体的北京最大、最具有国际特色的艺术中心。有近百户商家、10多家大型文化艺术企业入驻
48	北京观音堂文化大道	7.00	项目整体规划为以油画、国画、雕塑等为主的艺术品综合交易区，是国内首个集中的以原创绘画为主的大型艺术品经营交易平台，是中国乃至亚洲最具规模和规范的艺术区。观音堂画廊街拥有主流市场的理念，国际化的视野，吸纳了实力派画廊的入驻，原创画家作品的代理，众多画廊集结于此，相互借鉴学习，使画廊街成为一个联合共享的展卖平台。画廊街旨在打造"艺术品一级市场国际交易中心"
49	北京琉璃厂文化产业园区	15.63	北京琉璃厂文化创意产业园区经过几百年的历史变迁，从一个小村落发展成举世闻名的文化街。该园区集中了100多家旧书店、古玩铺和南纸店，其中包括中国书店、北京瀚海艺术品拍卖公司等文化商店及公司
50	三间房动漫产业园	5.22	三间房动漫产业园为企业发展提供了广阔的地产资源，分为三期。一期已投入使用的有A区3800平方米的动漫孵化园；二期B面对动漫相关企业招租，投入使用的项目有B区3700平方米的四合院，C区四十多栋底商等
51	北京北普陀影视基地	30.00	北普陀影视培训基地（亦称北普陀影视城）是集影视拍摄、影视进修、会议接待和旅游休闲为一体的多功能大型影视文化城

续表

序号	园区名称	面积（万平方米）	概况
52	北京星光影视园	30.00	星光影视园立足于为电视节目制作提供全方位专业服务这一理念，打造了节目制作、卫星传输、媒体聚集三个专业平台，为电视节目制作机构提供专业的演播场地、设备、技术人员、卫星传输、产业链综合配套服务等一站式服务。园区目前占地220亩，已建设完成约30万平方米产业空间，包括公共节目制作区、独立节目制作区、新媒体大厦、传媒机构聚集区、综合配套服务区等。在建工程云计算中心4万平方米，项目累计投资20多亿元人民币
53	北京经济技术开发区	4680.00	北京经济技术开发区位于大兴区东北部地区，1994年8月25日被国务院批准为国家级经济技术开发区。总体规划面积为46.8平方公里，由科学规划的产业区、高配置的商务区及高品质的生活区构成，是北京重点发展的三个新城之一，定位为京津城际发展走廊上的高新技术产业和先进制造业基地，并承担"疏解中心城人口的功能、聚集新的产业、带动区域发展"的重任
54	北京朝阳公园文化园区	2887.00	朝阳公园是一处以园林绿化为主的综合性、多功能的大型文化、休闲、体育、娱乐公园，是国家AAAA级旅游景区、北京市重点公园和精品公园，是北京市四环以内最大的城市公园。朝阳公园建成了中央首长植树林、生命之源、艺术广场、卧龙叠水、春花园等30余个景点；建成勇敢者天地游乐园、网球中心、羽毛球馆及索尼探梦、小人国、乐高小镇等体育文化娱乐项目
55	巅峰智业文创园	未知	巅峰智业在以旅游规划设计为核心业务的基础上，不断延伸旅游产业链整体服务，大力发展景区运营管理和智慧旅游业务，已形成"规划—设计—运营"综合性、一体化的服务体系，具备全链条、一站式服务能力
56	北京长安街沿线文艺演出集聚区	未知	集聚区内涵盖了大量演出场馆，包括长安大戏院、中山音乐堂、人民大会堂、北京音乐厅、民族宫，以及国家大剧院，同时加上保利剧院和北京人艺。这些场馆为长安街聚集区提供了基础
57	卢沟桥文化创意产业集聚区	未知	卢沟桥文化创意产业集聚区包含五大区块：卢沟桥——宛平城区块、晓月岛—岱王庙区块、长辛店古镇区块、永定河卢沟桥段区块（包括宛平湖、晓月湖）、园博园区块。该地区有深厚的历史人文积淀，发展文化创意产业潜力巨大
58	罗豪斯35号文创园	未知	罗豪斯以生活方式中的文化艺术为基本理念，以文化、创造力和市场为基本动力，将LOHAS的生活理念和生态文化理念运用到区域规划理念中，引导未来生活方式向生态化的健康可持续的方向发展和变迁。园区以创意总部、创意广场、创意景观长廊三大核心区作为总体布局，分三期规划并推展实施，目标是成为具有海淀特色的动漫游戏产业聚集地，建设成为北京市最著名的国际化文化生态创意平台孵化基地
59	北京中关村航天科技创新园	未知	中关村航天科技创新园占地面积16.4公顷，总建筑面积77万平方米，是集5A级智能化办公区、产业孵化基地、创业服务基地、展览展示中心和物业、商务配套服务为一体的综合性科技园区，是把北京"中关村科学城"建成战略性新兴产业策源地、体制机制创新的前沿阵地、科技成果转化的辐射源和区域创新的核心园区之一
60	中国乐谷——首都音乐文化创意产业集聚区	未知	中国乐谷的精髓在于集合了音乐产业的智力创造，以乐器研发、制造和交易为基础，大力发展创作、表演、体验、休闲、培训等产业业态和重要环节，逐步打造成为集器乐产销基地、音乐创作园区、无线音乐基地、主题文化娱乐区和服务配套区等功能于一体的"中国乐谷"。园区共分音乐产业区、音乐主题文化娱乐区和服务配套区三个区域。项目投资150亿元
61	北京768创意产业园	未知	768创意产业园隶属于北京大华无线电仪器厂。园区占地8.8万平方米，建筑面积近6.5万平方米；园内建筑密度低、绿化率高。"768创意产业园"以工业设计创意为主，同时聚集了一批建筑设计、园林景观等设计企业。目前，园区已入驻企业的85%为设计创意类企业，并汇聚了一批锐意进取、具有发展潜力的设计创意类高端人才
62	北京国家音乐产业基地	未知	国家音乐产业基地是以建设国家音乐产业基地为契机，从而积极探索促进我国音乐生产、创作及关联产业发展的道路，进一步推动我国新闻出版业的大发展大繁荣。北京、上海、广东三大国家音乐产业基地格局基本形成
63	北京大红门服装服饰创意产业集聚区	未知	集聚区拥有大红门服装商贸城、天雅、京温、新世纪等31家大型专业市场，营业面积100余万平方米、经营商户2万余家，货物日平均吞吐量1600余吨，年交易额200亿元，构成了较大规模的服装商业圈，具有巨大的市场集聚能力
64	北京来广营文化创意产业园	未知	来广营文化创意产业园位于朝阳区来广营乡新北路东侧，毗邻环境优美的朝来森林公园。园区立足于中华文化的传承发展，并将在文化会展、交流的基础上发展工艺品营销、出版物版权交易等文化产业项目，力争实现文化事业与文化产业相结合的良性发展。园区首建四个主展区，主要展示书法、绘画、陶瓷、丝绸等富于中华悠久历史文化的工艺美术品，以促进中外友人对中国传统文化的了解
65	北京益园文化创意产业基地	未知	益园文化创意产业基地园区是"西山文化创意大道"核心区域，益园文化创意产业基地C区项目建设用地约4.35公顷，总建筑面积约11万平方米，均为地上四层，地下一层的建筑。园区绿化面积3000平方米，绿化率35%，整个园区的规划由12栋独栋办公建筑、商业建筑形成围合式的绿色生态建筑群
66	北京昌平八大文化创意产业聚集区	未知	昌平区已经初步形成了以历史文化旅游、会展为主线的八大集聚区，包括十三陵明文化创意产业集聚区、小汤山温泉旅游会展文化创意产业集聚区、郑各庄村主题村庄、十三陵户外体育休闲文化创意产业集聚区、上苑艺术家村、沙河天图博文建筑装饰艺术产业化基地、百善影视艺术工场、瓦窑作家村文化创意产业集聚区，其中大多数已经集聚了几十家甚至上百家企业，公共服务平台建设具有一定基础，同时产业链正在形成，产生了较大的社会效益和经济效益。全区文化创意企业固定资产达17.8亿元，从业人员近万人，年创利税1亿多元，已经成为昌平经济社会发展新的增长极

续表

序号	园区名称	面积（万平方米）	概况
67	中国3D产业园	未知	产业园为中国首个以3D影视制作为主的3D产业园区，建筑面积4万平方米，可容纳各类3D企业和机构上百家。3D产业园区以建设3D立体影视制作基地、展示交流中心、3D立体影院、3D立体人才培训中心等多个产业发展配套服务板块。园区吸引从事立体拍摄、后期处理、立体CG特效制作专业技术企业入驻
68	中国乐谷文化创意产业集聚区	未知	中国乐谷集合了音乐产业的智力创造，以乐器研发、制造和交易为基础，大力发展创作、表演、体验、休闲和培训等产业业态和重要环节，逐步打造成为集器乐产销基地、音乐创作园区、无线音乐基地、主题文化娱乐区和服务配套区等功能于一体的"中国乐谷"。园区共分音乐产业区、音乐主题文化娱乐区和服务配套区三个区域。项目预计投资150亿元，计划10年全部建成
69	西城原创音乐剧基地	未知	项目是国内首家以原创音乐剧为主题的基地，落户"新华1949"文化金融创新中心，愿景是成为国内优秀原创音乐剧作品和人才的"孵化器"。基地设有创作、制作、排练、试演、培训和营销六大中心，是国内首家也是唯一一家集这六大功能于一体的音乐剧基地。基地借鉴国外相关产业发展经验，整合丰富的行业资源，打造成一个集原创音乐剧创作、排练、读剧、演出、培训、版权交易和衍生品开发、投融资等于一体的功能性平台
70	北京塞隆国际文化创意园	未知	项目由首农集团与中电力传媒集团共同出资打造，目标是成为北京市独具特色的文化创意产业经营综合体。项目以影视拍摄与制作为主题内容，打造以特色数字化为核心的影视数字化和实景拍摄基地以及国际化文创制作、展示、办公、营销、服务平台。同时，项目将充分运用节能环保理念，打造国家能源环保科技示范区

（5）地方特色园区分析

截至2016年，北京市共有地方特色型文化创意产业园区9家，其中，面积最大的为"斋堂古村落古道文化旅游产业集聚区"，面积最小的为"北京国际创意设计苑"。

北京市地方特色型文化创意产业园区基本情况　　　　表2-2-7

序号	园区名称	面积（万平方米）	概况
1	北京高碑店传统文化创意园区	25.00	北京高碑店传统文化创意园区以古典家具一条街和华夏民俗文化园为核心，形成了古典家具收藏、设计、制作、展示、销售、修复和传统手工艺品制作、展示、销售及民俗文化传播交流为一体的文化创意产业园区。产业园区由"一街一园"组成，"一街"即古典家具一条街，"一园"为华夏民俗文化园
2	圣唐古驿文化创意园	1.00	圣唐古驿文化创意园位于东城区藏经馆胡同2号院，西邻藏传佛教名刹——雍和宫，南依八百年禅宗伽蓝——柏林寺。该园区于2012年被列入北京市东城区胡同工厂创意游项目。园区集文化交流、艺术品展示、家居艺术展示、多媒体体验中心、高端文化餐饮等多项功能于一体
3	北京潘家园古玩艺术品交易园区	4.85	园区包括潘家园旧货市场、北京古玩城、北京古玩城书画艺术世界、兆佳古典家具市场、北京正庄国际古玩城、华声天桥民俗文化市场、君馨阁古典家具市场等7家古玩艺术品交易市场。其中，潘家园旧货市场、北京古玩城、华声天桥民俗文化市场是古玩艺术品交易园区极具影响力的龙头企业，
4	北京京城百工坊	4.20	京城百工坊堪称京城第一坊，全部建成总面积5万平方米，有近百个艺术门类，百余位工艺美术大师在此设立特色工坊及大师工作室。博物馆的陈列有核心主展区、综合陈列区，还配有电化教育区、学术交流研讨区、鉴定区和综合服务区。一期工程已于2003年年底开放，陆续接待各界中外游客数万人，举办了学术研讨、藏品拍卖、大师讲座、宝石鉴定、设计大赛等多种活动。百工坊已成为继承、保护、弘扬传统工艺美术的研发生产基地，成为面向奥运、面向世界的首都人文新景观，是北京市政府向外国领导人推荐的京城5个参观景点之一
5	北京国际创意设计苑	0.22	园区结合鼓楼地区文化特点，旨在为中小创意设计企业打造历史人文的工业遗迹与现代材料结合、传统北京文化与时尚先锋相融的创意办公区，以国际化的先进管理模式服务于国内外中小型文化创意企业。发挥中国文化元素和本地商业特色，主导和推动传统制造业向知识产业的变迁，促成创意设计范畴中容纳推广，提高当地文化创意的艺术概念、接轨技术、特色制作、人才资源和国际渠道资源的聚集区效应
6	北京大观园	12.50	北京大观园是京城一处极富特色的古典园林。在占地13公顷的范围内，40余处亭台楼阁、佛庵庭院配以山形水系、繁花名木、鹤鸣鹿啼，它将传统造园艺术三术融为一体，创造了影视置景和园林建设相结合的新模式，给中国园林界增加了"名著园"的新内容，造就了潜在的文化遗产，是红楼文化（艺术）博物馆
7	斋堂古村落古道文化旅游产业集聚区	39240.00	斋堂古村落古道文化旅游产业集聚区位于北京市门头沟区斋堂镇，地处门头沟区西部深山区，涉及6条沟峪及9个景区，该集聚区规划总面积392.4平方公里。集聚区以西斋堂、东斋堂为核心区。以建筑与民俗曲艺文化组团、禅文化组团、国学与宗教文化组团、商旅文化组团、边塞军旅文化与水上娱乐组团、红色军旅文化组团、山地运动组团等六大组团为功能节点，形成一中心辐射带动六条文化旅游带的空间布局形态

续表

序号	园区名称	面积（万平方米）	概况
8	五道营	未知	五道营胡同位于北京市东城区北部，安定门立交桥东侧，属安定门街道办事处管辖，呈东西走向。东起雍和宫大街，西至安定门内大街，南与箭厂胡同相通，北有二条支巷通安定门东大街。全长632米，宽6米，沥青路面
9	嘉诚印象·藏经馆17号	未知	嘉诚印象·藏经馆17号坐落在四合院，与间杂其中的废旧工业厂房，经改造后营造出传统写字楼难以替代的别样氛围与体验。藏经馆17号以藏经馆17号为中心，将藏经馆胡同打造成一个具有创意办公及民俗风情为核心的特色街区，以点带面，提升整个片区的风貌和经济活力

2.2.2 天津市

1.天津市文化创意产业园区发展概况

（1）天津市文化创意产业园区数量

2016年，天津市共有66家文化创意产业园，2016年天津市文化创意产业园区新增数量为11家。

2010—2016年天津市文化创意产业园区数量增加情况　　　　表2-2-8

年份	园区数量（家）	园区增加数量（家）
2010	28	2
2011	33	5
2012	39	6
2013	43	4
2014	44	1
2015	55	11
2016	66	11

（2）天津市文化创意产业园区类型分布

从天津市文化创意产业园区类型分布情况看，产业型和混合型园区占主要部分，其他类型数量相对较少。截至2016年，天津混合型和产业型园区数量分别达到了44家和20家。

2016年天津市文化创意产业园区类型分布情况　　　　表2-2-9

类型	园区数量（家）	园区数量占比（%）
产业型	20	30.3
混合型	44	66.67
艺术型	0	0
休闲娱乐型	2	3.03

2.天津市文化创意产业典型园区调查

（1）产业型园区分析

截至2016年，天津市共有20家创意产业园区，其中，天津方舟天马农业生态旅游观光园面积最大，达666.67万平方米；最小的产业园区为天津青年创业园，面积为1.07万平方米。

天津市产业型文化创意产业园区基本情况

表 2-2-10

序号	园区名称	面积（万平方米）	概况
1	天津意库创意产业园	3.00	创意产业园的原址是天津外贸地毯厂老厂，大量老车间、老厂房、老仓库曾经拥有过灿烂的历史，浓缩了中华人民共和国成立以来天津城市和工业文明的发展历程。园区在老厂的基础上进行了艺术设计和外貌改造，既保留了老建筑的历史风貌和建筑结构，又为这些老厂房注入了新的产业元素，使其集聚了新的机制和新的能量，集中体现了城市发展在不同时期的独特风格、艺术特色和科学价值
2	天津凌奥创意产业园	45.00	凌奥创意产业园一直本着不断提高园区整体水平的宗旨，不断加大资金投入和建设力度，使园区各种配套设施更加完善，不仅提高了园区引资的能力，同时园区内企业的生产规模也在不断扩大，经济效益逐步提升
3	天津3526艺术创意工场	5.68	天津3526创意工场位于河北区水产前街28号，占地85亩，厂内建筑面积约3万平方米。天津美术学院利用厂区现有建筑物和基础配套设施，投资进行改建。将天津美术学院现代艺术学院迁入，并设立创意展示厅、文化用品超市以及动漫创意工作室等，使其成为动漫、电子网络以及IT业等创意产业的聚集区
4	天津青年创业园	1.07	天津青年创业园自2011年5月18日开园以来，已经有近150家小型、微型的青年创业企业入驻，已经完成或正在办理科技型企业注册的39户，预备申请的各种专利30余项，软件著作权10余项，参与创业的青年有300余人，带动就业人数已超过1000人
5	天津华苑软件园	36.67	华苑软件园规划面积1200亩，建筑面积100万平方米。现有占地面积550亩，建筑面积45万平方米。包括软件企业孵化区、软件出口基地、软件人才培训基地、综合服务区和产业发展区
6	天津红桥文化产业园	3.00	红桥文化产业园是由红桥区文化和旅游局与红桥区科委共同创建的园区，由红桥科贸区管委会办公室负责运营，该园区是天津市金虹桥孵化器孵化区之一。园区坐落在红桥文化馆院内，主体建筑三层砖混，实行物业管理，车位充足
7	天津方舟天马农业生态旅游观光园	666.67	方舟天马农业生态旅游观光园是天津市方舟天马农业科技发展有限公司总体策划并投资兴建的大型综合旅游观光项目，是一个集生态农业、动物养殖、旅游观光、休闲娱乐、体育健身、拓展训练于一身的大型都市生活型现代农业娱乐观光园区
8	天津河西陈塘科技园	347.00	陈塘科技园定位为以总部基地、高技术服务业、文化创意产业、高技术楼宇工业为主导的产业聚集区，重点引进文化创意企业、科技研发企业、服务外包产业及总部型经济。重点发展电信、广播电视传输服务、金融服务、软件业等高技术服务业。全力打造高科技、高智能、高素质人才集聚的综合发展平台，建成天津的总部基地、北方高技术服务核心区、天津的文化传播中心
9	天津国家动漫产业综合示范园	5.14	天津国家动漫产业综合示范园位于天津滨海新区中新生态城起步区北部，距天津中心城区45公里，距北京150公里。规划占地1平方公里，总建筑面积约77万平方米。园区规划建设有门户区、研发与孵化区、创意编剧策划区、智能衍生品区、商务接待区、大学教育区和生活配套区等七大功能区
10	天津C18世界之窗创意产业园	10.00	天津C18世界之窗创意产业园是天津市南开区政府与南京顺天实业共同斥资打造的国家级科创产业平台，该平台将为科创企业实施项目评审、技术交流、专项资金申报、项目研发、产品交易的功能。项目总体规划建筑面积为10万平方米，独特的办公环境、优越的交通地理位置、完善的配套服务、便捷的政务服务平台，将全面推动科创企业蓬勃发展
11	创意侨园产业园	4.00	创意侨园产业园坐落于天津市河东区卫国道与昆仑路快速交口。该产业园区是天津市内最大的人造生态公园，定位于以体验式经济为核心，集创建、娱乐于一身的休闲、旅游中心
12	天津静海团泊湖文化创意产业园	200.40	静海团泊湖文化创意产业园占地面积3000亩，其中起步区占地面积2000亩，起步区项目计划总投资30亿元，建筑面积155万平方米，主要建设文化创意大厦和总部基地、研发试验和培训中心及附属设施等
13	马文化产业城	415.43	项目计划总投资140亿元，占地6219亩，开展马匹交易，举办国际和国家级职业赛事，配套建设马术学院、饲料厂、育种基地、马医院俱乐部、马术培训中心和检疫中心以及高档酒店、会所、办公、商业、旅游业、服务业等设施，可吸纳就业1.5万人。一期占地2200亩，重点建设速度竞赛场地、赛马跑道、五星级酒店及看台等。年内完成规划编制，启动起步区建设
14	天津市武清软件创意园	126.00	武清软件创意园主要以高端服务业、高新技术产业为产业定位，立足高起点规划、高水平设计，由北京清华城市规划设计研究院规划设计。规划建设6个区域：中心服务区、企业总部区、商务酒店区、服务外包区、综合办公区、专家公寓区。园内主要发展金融、商务、办公、服务外包、IT、创意和孵化等现代服务业
15	天津市农村妇女创业中心	未知	天津市农村妇女创业中心，是天津市妇联在东丽区筹建的以妇女创业为核心的妇字号示范基地，是我国首家将孵化器概念引入农村妇女创业领域的项目，在于通过创造一个有利于农村妇女发展的小环境的方式，达到促进农村妇女创业的目的，并进而实现更多的妇女创业、就业。该项目由天津市妇联、东丽区政府共同实施，东丽区妇联具体执行
16	天津画国人孵化机构	未知	画国人是在天津市和平区政府与和平区科委大力支持下成立的动漫创意产业园，其通过搭建"画国人"品牌策划中心及画国人IT信息科技开发运营服务中心和画国人跨媒体制作、培训中心这两大服务平台，志在打造一个以创意产品为核心、人才储备为基础、国内外市场为导向、创意产业链条化为目的的具有中国民族元素的国际化创意产业孵化园区

续表

序号	园区名称	面积（万平方米）	概况
17	天津艺华轮创意工场	未知	艺华轮创意工场由天津自行车行业协会与河北区政府联合创办。该创意工场依托中国北方国际自行车展览会及展会所吸引聚集的创意广告市场资源，在市区各级政府扶持下，将通过打造有效服务空间和必要的创意产业硬件底盘，通过集聚方式，把一些分散的展览设计和广告业资源有效集聚起来，逐步发展成为拥有动漫开发、展览策划、广告和产品创意设计、制作、装修一条龙的产业链
18	天津中国北方动漫文化产业园	未知	该项目计划打造为以动漫游戏产业为龙头，多种文化产业形态为延伸的复合型文化产业园区。该项目将通过促进游戏产业转型升级，建立全新的现代化产业体系，打造中国动漫产业新高地
19	天津C6动漫创意园	未知	C6动漫创意园是依托新闻大厦技术和设备优势搭建的电信技术平台，是发展电子商务、广告营销、动漫设计等多种业态的创意型企业

（2）休闲娱乐型园区分析

截至2016年，天津市共有休闲娱乐型文化创意产业园区2家，分别是天津盘山风景区文化产业园和天津创意街。

天津市休闲娱乐型文化创意产业园区基本情况　　　　表2-2-11

序号	园区名称	面积（万平方米）	概况
1	天津盘山风景区文化产业园	10600.00	盘山文化产业园以"大旅游"为规划理念，将包括盘山在内的106平方公里规划成五大功能区域，分别为盘山主景区、东部生态田园养生区、南部休闲度假博览区、西部艺术文娱综合区、东北部山林生态区。这五大功能区以盘山主景区为依托，西部艺术文娱综合区为龙头，建设成集休闲、娱乐、旅游、文化于一身的全方位旅游休闲胜地
2	天津创意街	1.20	天津创意街是以创意产品展示、展卖、创意休闲、创意消费为主导业态的创意特色街区。创意街紧邻新西站商务区，集车站文化、工业文化、创意文化融为一身，它的发展目标是成为天津市最好"玩"的互动体验式特色街区。街区建设将努力实现四个主要功能，即创意产品的交易平台、创意文化的整合平台、创意人才的培育平台、创意城市的展示平台。天津创意街将按照以氛围聚人群、以人群构文化、以文化带旅游、以旅游促经济的发展模式，引领天津的特色街区发展，打造天津创意地标

（3）混合型园区分析

截至2016年，天津市共有混合型文化创意产业园区44家，其中面积最小的为巷肆创意产业园，面积最大的为天津盘龙谷文化城。

天津市混合型文化创意产业园区基本情况　　　　表2-2-12

序号	园区名称	面积（万平方米）	概况
1	天津C92创意产业园	1.60	产业园将打造成为以文化创意产业为主，以休闲类商业、服务业为辅的国际级创意风情街区。全部一期项目可容纳约80家商户。未来，园区还将陆续吸纳包括室内设计、工业造型设计、服装设计与展示及计算机软件开发、网络技术、动漫设计等新型的创意产业
2	天津6号院创意产业园	1.00	产业园有天津最大的当代艺术经营机构汇泰艺术中心，专门经营欧洲油画的北京列宾画廊，以经营高档油画艺术品及衍生品的雨天锐意画廊，国内第一家私人彩陶博物馆三品堂，国内第一家铂金摄影艺术馆，国内最先进的四维影视基地已落户园区
3	天津民园西里	0.34	民园西里始建于1939年，坐落于当时的天津英租界科伦坡道（ColomboRoad）（今和平区常德道25—39号），因建筑位于民园体育场西侧故名"民园西里"。该建筑目前是天津市和平区文物保护单位和一般保护级历史风貌建筑。民园西里现为天津市五大道区域的一处小型的现代艺术区
4	天津辰赫创意产业园	0.70	天津辰赫创意产业园形成了非常独特的"辰赫"现象——优越的地理位置、舒适的空间格局、准确的产业定位、快速的集群效应以及专业的运营能力
5	中国智造·E谷	43.00	智造（中国）有限公司主要投资于创意园区及房地产的开发、建设与经营，创业产业的孵化服务和投资银行、基金投资等领域。中国智造·E谷项目由智造（中国）有限公司投资兴建，项目总体建筑面积为100万平方米，分两期完成。中国智造·E谷项目将打造集创意、创业、创新于一身的创意产业集群，涵盖创意类、新经济、渠道模式类、配套类等9大公共服务平台
6	天津太阳树创意产业园	1.13	园区致力于为创意产业提供创意智慧交流平台，搭建创意人才库，为创意产业提供一个向市场转化的载体。将创意企业、政府政策和园区资源共同融合，精心打造优雅的商务办公环境，舒适的休闲办公区域。创造一般写字楼不具备的创意元素。为入园企业提供完善的配套设施、个性化的物业服务。精心打造创意产业的聚集效应，成为天津市创意产业园的新亮点

续表

序号	园区名称	面积（万平方米）	概况
7	巷肆创意产业园	0.24	巷肆创意产业园前身为天津市橡胶制品四厂老厂房，建筑格局与整体造型具有20世纪70年代天津工业建筑典型特征，是天津市重要的工业遗产资源。巷肆创意产业园主体建筑为三层砖混结构，楼内办公区域3000余平方米，西侧二楼为400平方米的小型美术馆
8	天津北新创意产业园	0.98	产业园已形成以动漫产业为核心，聚集从事动漫产品创作、生产、衍生产品设计开发、版权运营、动漫人才培训、动漫软件开发、动漫衍生产品市场运营、动漫版权国际贸易、创意企业孵化等业务的专业化企业。规划入驻企业80家左右，形成具有明显区位优势和全国影响的大型动漫创意产业园，确立北新集团在国内动漫创意产业中的领军地位，使动漫创意产业成为天津市的支柱产业之一
9	天津飞鸽88创意产业园	2.76	飞鸽88创意产业园区原为天津飞鸽自行车厂原址。现有新中国成立前期的小型建筑一座、20世纪80年代后兴建的大型厂房建筑两座，拥有大量的工业遗存资源，以及其他原生产设施等。园区拟利用临近音乐学院的优势，建成以发展广告、音乐艺术和新媒体为主的创意产业园区
10	天津亚洲文化产业园	800.00	亚洲文化产业园由文化产业（中国）协作体为核心的专家团队通过对国内外文化产业发展情况、亚洲文化发展状况进行分析和研究后共同提出。亚洲文化产业园涵盖创意产业、活动经济、工艺设计、文化包装等集聚科技、人才和社会发展等项目内容，以文化产业项目合作与文化产品贸易带动影视、音乐、数字科技（动画、网游等）、出版、传媒、娱乐、休闲、旅游等产业项目
11	西沽文化创意产业园	34.00	天津西沽文化创意产业园改造工程于2009年3月全面启动。改造总体布局划分两大功能板块：东区为潞河文化景观游览板，西区为公共服务板块。改造目标是使公园成为一个具有鲜明运河文化特色和历史韵味的生态文化旅游胜地
12	天津海酒文化产业园	60.12	园区集旅游、文化、居住、消费等为一体，将围绕酒的制造、研发、流通、消费和文化承载等酒产业链的各环节建设各区域。休闲水岸将建设酒文化园、民俗街坊、高端购物街区等，承载酒文化的酒博物馆和五大主题窖藏将让市民在旅游休闲中品味酒文化。商务中心区将建设版权经济区域，将引进与酒有关的故事、历史、动漫、影视、艺术作品以及酒类包装、容器涉及、广告设计企业，成为酒文化作品的创作孵化基地
13	天津武清安徒生产业创意园	370.00	园区有四个板块：第一个板块是先进产业园聚集区，高新技术产业，首批四家风力发电产品制造商已进入。第二个板块是中华自行车产业园，北欧的自行车普及率也很高，环保理念深入人心，亲近自然。第三个板块是国际保税物流区，保税物流、特色物流，物流占用的资源相对比较少，企业各自的物流集约化发展是北欧的发展理念。第四个板块是软件中心，高端产业服务聚集区
14	天津陈塘科技孵化器	278.00	陈塘科技商务区作为天津市中心城区唯一一块整体开发的产业园区用地，由天津陈塘园区建设投资有限公司作为市场运作平台，承担陈塘科技文化园项目的土地整理和建设开发。2009年，"陈塘科技文化园"正式更名为"陈塘科技商务区"
15	天津盘龙谷文化城	2800.00	盘龙谷文化城规划占地28平方公里，以文化产业为龙头，旅游运动休闲产业、综合型现代服务业为两翼，集影音艺媒四大产业于一体，配以国际级商务、休闲配套设施，引进千家企业，导入数万人口，以百亿级经济规模，打造"国际知名、亚洲第一、中国独有"的东方好莱坞
16	天津泰达国际创业中心	15.18	1996年7月，天津泰达国际创业中心在天津开发区成立。创业中心作为孵化器承担着转化研究成果、扶植科技企业、培育高级企业管理人才的重任。创业中心在孵企业已有82家，其中，在孵化场地内的企业为53家，占孵企业总数的64%
17	天津万通上游国际	150.00	万通上游国际拥有12幢高层住宅和10组合墅，住宅内配有博物馆、文化广场、大型购物中心、大型商务中心、酒吧街、星级饭店、酒店式公寓、餐饮娱乐、体育健身等多种生活服务配套
18	天津陈塘科技商务区创意园	659.00	园区定位为"3+1"产业发展模式，包括总部基地、高技术服务业、高技术楼宇工业、文化创意产业
19	中新天津生态城	未知	中新天津生态城是中国、新加坡两国政府战略性合作项目，是继苏州工业园之后两国合作的新亮点。生态城市的建设显示了中新两国政府应对全球气候变化、加强环境保护、节约资源和能源的决心，为资源节约型、环境友好型社会的建设提供积极的探讨和典型示范
20	天津微电影产业基地	未知	天津微电影产业基地2013年年初刚开始筹建，基地基于"微电影产业化"趋势，聚合了与微电影有关的所有业态，初步形成了规模化同业集群
21	天津泰达城创意空间	未知	天津泰达城创意空间的规划建设分为住宅区和商业区两部分。住宅区为创意产业预留空间，4号、5号地的多元社区有上百栋联排别墅，可作展卖场所，也可前做店铺后做起居；商业区部分将专设动画工作室等。未来该创作园还将举办不定期的各种文化特色浓郁的展览会
22	天津市和平区动漫创意产业园	未知	天津市和平区动漫创意产业园坐落于和平区五大道内睦南道上。该园区正在加速实现文化与科技的有机契合，形成以威化为内核、科技为载体、创意为中心的发展模式，集中发展动画电影、电视电影、教育培训、网络运营、文化传媒等现代产业
23	天津泰达服务外包园	未知	泰达服务外包园以支持地区产业发展为目标，同政府紧密合作，共同构建生态化的商务园区，充分利用天津的地利优势和京津冀丰富的人才资源，依靠天津滨海新区发展带来的机遇和相对独立的优惠政策，吸引国内外优秀企业入园并为其提供具有国际标准的专业化服务，帮助客户实现可持续发展，为社会创造高质量的就业空间

2.2.3 河北省

1. 河北省文化创意产业园区发展概况

（1）河北省文化创意产业园区数量

截至2016年，河北省共有77家文化创意产业园。

2010—2016年河北省文化创意产业园区数量增加情况　　　　表2-2-13

年份	园区数量（家）	园区增加数量（家）
2010	25	10
2011	39	14
2012	50	11
2013	58	8
2014	63	5
2015	69	6
2016	77	8

（2）河北省文化创意产业园区类型分布

河北省文化创意产业园主要模式分为产业型、艺术型、休闲娱乐型、混合型、地方特色型。从河北省文化创意产业园区类型分布情况看，产业型和混合型园区占主要部分，其他类型数量相对较少。2016年，混合型和产业型园区数量分别达到了48家和25家。

2016年河北省文化创意产业园区类型分布情况　　　　表2-2-14

类型	园区数量（家）	园区数量占比（%）
产业型	25	32.47
混合型	48	62.34
艺术型	0	0.00
休闲娱乐型	2	2.60
地方特色型	2	2.60

2. 河北省文化创意产业典型园区调查

（1）产业型园区分析

截至2016年，河北省共有25家产业型文化创意产业园区，其中：秦皇岛北戴河五凤楼文化创意产业园面积最小，达1.96万平方米；最大的产业园区为芦台（唐山）动漫基地，面积为1002.00万平方米。

河北省产业型文化创意产业园区基本情况　　　　表2-2-15

序号	园区名称	面积（万平方米）	概况
1	保定动漫产业园	66.70	保定动漫产业园位于保定国家级高新区河北软件职业技术学院新校区南侧。园区总投资10亿元，占地面积1000亩，建筑面积25万平方米，拟建设容纳50余家动画制作、游戏软件开发公司
2	秦皇岛北戴河五凤楼文化创意产业园	1.96	五凤楼建于20世纪20年代，五凤楼创意产业园区目前已有派格太合环球传媒有限公司、北京恒言投资有限公司、北京均衡博弈研究院等文化创意企业入驻。另外，园区的闲置车库已改造成家艺术室，有孟令芳、凌云等国内9位知名书画家先后入驻

续表

序号	园区名称	面积（万平方米）	概况
3	河北石家庄出版集团文化产业园	22.00	河北石家庄出版集团文化产业园区建设规划拟分为三个部分：一是综合商务区，位于园区西北部，以创意大厦为主体，为集团和入园企业提供智能化商务活动设施和相关配套服务；二是主题商业区，临天山大街和淮河道，主要建设25时区动漫街，建成集动漫展示、交流、销售、游艺等功能为一体的综合式特色主题商业街和动漫产品集散地，塑造区域文化商业中心；三是文化产业区
4	磁县磁州窑文化创意产业园	20.00	产业园总建筑面积35000平方米。2009年由杭州陈樟德园林设计研究院分三次修改进行景观性规划设计。园区总投资3.45亿元（5243万美元），分三期完成园区建设。建成后将分5个功能区：入口广场区、服务接待区、办公区、瓷窑文化区、观雁塔景区
5	河北省涿州市涿州影视城	146.00	中央电视台涿州拍摄基地是影视拍摄提供场景和制作服务的场所，又是一处突出影视特色的新兴人文景点。总占地面积2197.3亩。基地在"上戏带景"的方针指导下，近年来，已投资3亿多元先后建起了体现唐代、汉代和明、清时代风格的景点。基地分为外景区、内景区、传统民居景区以及工作生活区等
6	芦台（唐山）动漫基地	1002.00	项目是中国最大的动漫乐园、动漫基地。其中涵盖了六大基地：一是建设集文字、形象、游戏、衣、食、住、行于一身，彰显动画乐园特色的中国动画乐园；二是举办中国首届国际动漫节；三是建立动画国际交流基地；四是成立中国最大、最先进，产品最全、转型最快的动漫衍生产品研发生产基地；五是设置专家楼、五星级宾馆的国际动漫影视颁奖基地；六是全世界漫画图书的顶级交流、顶级节日的国际漫画图书交流基地和中国国际芦台漫画图书节
7	唐山市陶瓷文化创意产业园	36.21	园区包括北入口广场、创意产业园、七彩湿地、民俗园。民俗园中以民间陶艺作品展示陶瓷最为淳朴乡土的一面，并邀请人们参与其间，创造属于自己的艺术。由北入口向南300米即可到达七彩湿地。它以缤纷的湿地植物为背景，结合滨水木栈道、陶瓷步道、陶瓷廊架等，形成怡人开阔的景观，将生态与陶瓷文化的展示完美结合
8	梦廊坊文化产业园	253.97	梦廊坊文化产业园是廊坊市委打造"环渤海休闲商务中心"战略的重要组成部分。梦廊坊文化产业园以"融合的世界、融合的文化"为主题，围绕"文化、休闲、商务"三大功能，建设"和谐世界、生态文化、健康养生、休闲度假、剧创中心、文化村、杂技演绎"七大主题园区，形成以文化为牵引、参与体验为特色的文化休闲产业新模式，打造京津文化旅游第一站，形成世界级大北京文化休闲商务区
9	保定定瓷产业园	4.00	定窑产业园占地60余亩，总投资700余万元，年生产能力6万件（套）。其中陈文增三联艺术馆是定瓷文化产业园的主体项目，以陈文增创造的"瓷、诗、书"三联艺术为主要载体，将定窑不同历史时期的艺术成果进行资源整合，将集研究、收藏、展览、交流等多种功能于一身。该项目的开工建设，将改变曲阳定瓷目前生产规模小、难以形成规模优势的难题，开启定瓷文化发展的新纪元
10	石家庄太空世纪动漫城	5.14	太空世纪动漫城主体建筑为现代化造型的"河北动漫大厦"，另有一座"文化创意产业大厦"和一座高级商务中心大厦，从而形成河北省创意文化产业的聚集区，将吸纳国际、国内以及河北省动漫、游戏等相关企业入驻
11	河北省平泉县中华菌文化产业园	130.00	平泉县中华菌文化产业园是中国北方最具知名度的食用菌生产基地和商品集散地。随着南菇北移大环境的影响，平泉逐步成为食用菌产品和文化的聚集中心。该项目内含10个子项目，分别为中华菌文化博览中心、菌类加工工业园、菌类生态园、蘑菇庄园、菌文化一条街、美食一条街、菌类交易市场、培训中心、祖神庙、食用菌标准化园区、菌类手工艺品工厂化生产项目
12	石家庄动漫产业园	106.72	石家庄动漫产业园是石家庄东方美术职业学院"东方文化创意产业基地"在落实《国家"十一五"时期文化发展规划纲要》和国务院办公厅转发财政部等部门《关于推动我国动漫产业发展的若干意见》基础上应运而生的。该产业基地总投资12.8亿元，主要有教育培训业、动漫游戏业、设计服务业、现代传媒业、艺术研创业、文化休闲旅游业、文化会展业等七大门类文化创意产业基地
13	唐山影视戏曲文化创意产业园区	37.40	唐山影视戏曲文化创意产业园区成立于2009年。该产业园区的主要项目有电视连续剧《李大钊》《大龙脉》《绝密1950》《京东"三枝花"》
14	石家庄卓达动漫创意产业园	25.00	产业园建有完善的办公区、制作间、设备系统、网络系统、播出系统、演播、演示厅（室）、高科技先进数字系统和公共技术服务平台等。会展中心、星级酒店、大型特色餐饮、温泉SPA水疗、休闲娱乐会所和综合商城等共同构成了具有国际标准的完善的基础服务设施
15	唐山市凤凰新城动漫产业园	27.00	该项目占地27万平方米（400亩）。主要功能为引导政治文化的发展方向；负责国内外高端人才的引进；拉动当地经济，特别是文化经济的快速发展，以及对当地动漫人才的专业培养；打造动漫产业链；动漫衍生产品的开发；提升广大市民文化素质及人文修养
16	迁安市印刷包装产业园区	17.37	迁安市印刷包装产业园区已成为全球一站式创新包装解决方案的领先者，致力于打造具有国际一流水平的大型外向型印刷包装基地，将印刷包装业打造成为迁安市的第二大支柱产业
17	秦皇岛软件园	240.00	秦皇岛软件园坐落于秦皇岛经济技术开发区内，规划面积2.4平方公里。软件园分为孵化区、产业区、综合服务区和生态休闲区。产业区将主要扶持软件生产和系统集成以及计算机硬件及无污染、无噪声光电产品的开发、生产，为孵化区内经营成功的初创企业提供更广阔的发展平台，也是为中小企业发展、带动传统产业改造升级的工程化平台。综合服务区具有管理、培训、商务交流、软件测评、通信传输等多种服务功能

续表

序号	园区名称	面积（万平方米）	概况
18	河北省石家庄软件产业园	未知	河北省石家庄软件产业园成立于2004年。2010年，该产业园抓住软件服务外包高速发展的契机，同北京中关村软件园就两个园区一体化、互动发展达成共识，充分利用中关村软件园的接单优势，扩大园区服务外包产业的市场规模，增强国际谈判实力和竞争。园区的一个中心、两个园区分别是：T人才实训中心和软件服务外包学院、软件学院

（2）休闲娱乐型园区分析

截至2016年，河北省共有休闲娱乐型文化创意产业园区2家，分别是固安温泉休闲商务产业园区和承德《鼎盛王朝》文化产业园。

河北省休闲娱乐型文化创意产业园区基本情况　　　　表2-2-16

序号	园区名称	面积（万平方米）	概况
1	固安温泉休闲商务产业园区	5000.00	固安温泉休闲商务产业园是河北省唯一批准设定的温泉休闲产业园区，规划面积50平方公里。固安温泉园区工委、管委会，全面负责园区开发、建设、管理、服务等。固安温泉园区建设遵循"政府主导、统一规划、市场运作、分区开发"的运作模式，聘请美国EDSA公司担纲编制概念性总体规划，从多维角度对区域产业进行了系统分析，形成了园区长远的发展规划。力争打造一个以温泉为资源平台，以高端商务、休闲度假、文化创意、健康产业为产业支撑，建设集观光、休闲、度假、会议、商务、娱乐、演艺为一体的旅游有机体，在京南建立一个富有特色旅游吸引力、引领休闲旅游行业发展顶尖水平的温泉休闲商务产业园区
2	承德《鼎盛王朝》文化产业园	200.40	承德《鼎盛王朝》文化产业园以推动文化产业为本，以不同门类、不同形式、不同层次的互动交流为载体，将演艺、影视、鉴赏、养生、餐饮、购物、商住、展示、交流十大功能融合为一，力求将产业园打造为既适合异地游客旅游观光，又适合本地游客日常娱乐以及休闲度假和商务接待的多功能独立园区，使之不仅成为承德重要的文化产业交流场所和行游中心，同时成为北京乃至环渤海经济圈具有地标性特点的独立主体性园区

（3）混合型园区分析

截至2016年，天津市共有混合型文化创意产业园区48家，其中，面积最小的为中国音乐城，面积最大的为中国曲阳雕塑国家级文化产业园。

河北省混合型文化创意产业园区基本情况　　　　表2-2-17

序号	园区名称	面积（万平方米）	概况
1	河北文化创意产业园	26.68	园区核心区占地面积400亩，位于唐山市南湖生态城科技文化创意产业园区内。园区按照一区多园的形式进行规划，包括创意产业核心区和7个以创意产业为主体的特色主题园区。7个特色主题园区分别为文化创意产业园、动漫创意产业园、陶瓷文化创意产业园、工业设计创意产业园、影视文化创意产业园、影视戏曲文化创意产业园和多媒体创意文化产业园区
2	石家庄东方文化创意产业基地	74.63	东方文化创意产业基地项目占地面积74.63万平方米，总建筑面积20.93万平方米，主要由东方美术园、动漫主题乐园、动漫城、度假村等组成。涵盖了教育培训业、动漫游戏业、设计服务业、现代传媒业、艺术研创业、文化休闲旅游业、文化会展业等七大门类文化创意产业。现主要针对动漫主题乐园进行。动漫主题乐园规划用地450亩，总投资4.5亿元。主要有太阳神车、天地双雄、探险世界、过山车等14个项目
3	曲阳雕塑国家级文化产业园	2000.00	园区通过实施"1814"战略举措，即"打造1个园区，实施8大振兴工程，建设14个重点项目"，以"一核一带多支点"为空间布局，在园区建设中重点实施"4586"行动计划，推动雕塑文化产业向创意化、资本化、融合化、国际化转型，建设成世界最大的创意研发、作品制造、会展交易、产业信息、人才培育中心。曲阳雕塑文化产业园区已入驻雕塑企业398家，规模以上企业30余家。园区是全国首批命名的四家"国家级文化产业试验园区"之一，也是河北省唯一一家国家级文化产业园
4	张家口涿鹿中华三祖文化产业园	33.40	按照"产业、园区、项目一体推进，文化、城建、旅游共同发展"的思路建设的中华三祖文化产业园正在积极推进。目前，园区已投资3亿多元建设了中华合符坛、三祖堂、黄帝城等项目，并被列入《河北省文化产业振兴规划（2010-2015年）》
5	唐山南湖文化创意产业园	26.90	唐山路南区在大南湖东侧相继谋划了汽车文化创意、家居文化创意、工业文化创意、休闲娱乐创意、高科技创意等五大创意园区，计划总投资超过80亿元，总占地近4平方公里

续表

序号	园区名称	面积（万平方米）	概况
6	石家庄东垣文化创意产业园	33.40	东垣文化创意产业园占地500亩，建筑面积51万平方米，投资总额14.71亿元。园区充分考虑中国传统文化建筑格局，以"中式传统四合院"结构为设计基点，规划构成集文化性、艺术性、科技性和创意性为一体的文化产业园区。功能涉及文化旅游、艺术交流、新媒体、科技影视、高科生活体验馆、动漫基地、影视、教育培训等多种文化业态
7	石家庄师大北院文化创意产业园	15.00	项目总占地200余亩，原建筑面积15万平方米。产业园共分为尚街、味道、星天地三大主题区，集影视艺术、教育培训、酒店办公、餐饮娱乐、健康养生、时尚百货等多种功能于一身，是华北首家在百年大学校区建设、以文化为主题的时尚文艺创意体验特区。项目旨在打造文化艺术、数码动漫、影视传媒、软件、高端教育培训及其衍生服务的大型产业集群，培育成为河北人文社会科学成果创新基地、产学研结合示范基地、创新型人才聚集和培养基地以及文化创意企业孵化基地
8	唐山启新记忆文化创意产业园	6.30	中国水泥工业博物馆暨启新记忆文化创意产业项目开发、建设、运营、管理借鉴上海8号桥模式，对1943年前建设的48号窑系统、木结构站合、老电厂和老浴室等具有重要历史和文化价值的老建筑物、构筑物本着"修旧如旧"的原则进行改造，新老建筑部分将充分融入文化创意元素，在建筑体量、尺度、色彩等方面与保留建筑相协调，集文化艺术、摄影师工作室、私人艺术工作室、精品酒店、商务宴请、展览展示、大型会议等多种创意产业于一体的项目集群，最终形成以博物馆展示、文化创意、工业旅游为特色的产业园区
9	张家口市桥东区东山科技文化创意产业园	16.67	项目位于桥东区东北部龙泉广场南侧浅山区，规划占地面积约16.67公顷。该项目拟建设研发基地、孵化基地和总部基地，主要承载研发创新、企业孵化、总部运营等功能。对象为国内外优势品牌、知名企业、研发中心、集团总部及从事园区基础设施、服务体系、法律保障、融资机制的投资主体，以培养引进数字动漫、电子信息、软件研发、生物医药、先进制造、新能源与节能等高新技术产业为主，形成新的产业集群
10	承德避暑文化产业园	66.70	项目距中国现存最大的古典皇家园林避暑山庄、外八庙寺庙群仅有25分钟的车程，与承德皇家养生休闲园毗邻相望，它像一颗璀璨的明珠镶嵌在秀美的滦河之滨，京承101国道、京承高速公路经门而过。长北沟一条规划中的市政干线毗邻而过，植被丰富，天蓝气爽，静观奇美，清幽便利
11	秦皇岛山海关东罗城文化产业园	10.00	东罗城文化产业园是传承长城文化、保护历史文物、加快古城繁荣的重点文化旅游产业项目。重点进行文化广场、徐达庙、放关公厅、东岳庙、肖显故居等文物复建，重新打造明代商业街、四合院民居等工程
12	邯郸磁县北朝文化产业园	19.30	产业园将建设北朝文化影视动漫基地、兰陵王印象馆、陶俑制作体验馆等项目
13	石家庄平山县文化创意产业园	24.00	平山县文化创意产业园选址于平山县温塘镇，占地360亩，已完成水、电、路、讯、绿化、美化等基础设施建设，拟引进投资商建设产业园及配套设施，吸引国内外文化企业入驻创业。此项目坐落在西柏坡温泉城，是石家庄市通往西柏坡及平山县各大旅游区的必经之路，是全县旅游接待中心，全国重点地热矿泉之一，环境优美，交通便利
14	衡水文化创意产业园区	6.68	项目延伸产业链条，构建产、供、销一体化的经营格局，打造集产、学、研、游于一体的文化创意基地。产业园投资1.5亿元，占地80亩，已建成全国最大的人造水晶生产基地，不仅解决内画载体原材料需求，还为高附加值工艺品、灯饰用品、建筑装饰等提供了原材料保证，缓解了货源紧张局面，已短期内覆盖国内主要市场，正寻求出口创汇的机会
15	沧州休闲文化产业园	67.50	项目占地面积67.5公顷，容积率0.6，绿化率50%；周边现有"叶挺故居"文物旅游胜地、著名"侨乡"以及"客家围墙"的传统建筑等旅游产业聚集。产业方面有电子、家具、工艺品灯等产业聚集
16	唐山多媒体创意文化产业园区	36.47	园区结合城市产业结构转型和中心城区企业搬迁，利用旧建筑、厂房等，建设多媒体创意产业园区，涵盖影视、游戏、CG、创意设计、数字艺术等多媒体领域，面积36.47公顷
17	唐山影视文化创意产业园区	37.47	项目结合建华道剧团的搬迁改造及大剧院的建设，建成国内一流、地方特色浓郁的影视戏曲文化创意产业园区
18	中国音乐城	1.00	项目坐落在国家4A级旅游景区——开滦矿山国家公园主景区中国北方近代工业博览园内，总占地面积1万多平方米，总投资1.2亿元。中国音乐城项目主要由乐器展示馆、乐器体验馆、民乐培训中心、西乐培训中心、多功能音乐厅、休闲音乐茶座六个功能区组成，是一座集音乐培训、鉴赏、展示、休闲为一体的多功能文化产业园区，致力于培养世界级中高端音乐人才，努力打造成为"音乐高层次人才培养基地，音乐信息和工艺文化基地，中国传统音乐对外交流基地"
19	河北西柏坡国际文化产业园区	—	西柏坡国际文化产业园区，2013年9月27日成立，规划面积10平方公里。该园区以国际影视版权交易、国际全媒体信息技术产业、国际艺术品交易为主导产业。其行政管理机构为西柏坡国际文化产业园区管理委员会，其商务运营机构为西柏坡文化产业投资集团
20	藁城宫灯文化产业园	—	藁城宫灯文化产业园内宫灯产业已初步形成了以屯头村为主，辐射周边十几个村的灯座、钢丝、灯罩专业化生产、销售一条龙产业，从业人员达5万多人
21	中华成语文化园	—	中华成语文化园总投资222.75亿元，是邯郸市与香港文汇报合作建设的大型文化园区，主要包括中华成语博物馆、五星级酒店、风情小镇、大型主题乐园、水上乐园等，旨在打造成为具有产业带动与辐射功能的世界级文化旅游产业园区

（4）地方特色园区分析

截至2016年，河北省仅有2家地方特色型文化创意产业园区。

河北省地方特色型文化创意产业园区基本情况　　　　　　　　　　表2-2-18

园区名称	概况
涿州三义宫旅游文化企业园区	三义宫的建筑形式采用了中国古代建筑对称式的特点，整座庙宇由三进院落组成，以主体建筑为中轴线，由外向里依次为山门、马神殿、关羽殿、张飞殿、正殿、少三义殿、退宫殿、五侯殿

2.2.4 山西省

1. 山西省文化创意产业园区发展概况

（1）山西省文化创意产业园区数量

截至2016年，山西省共有43家文化创意产业园。

2010—2016年山西省文化创意产业园区数量增加情况　　　　　　　表2-2-19

年份	园区数量（家）	园区增加数量（家）
2010	10	4
2011	22	12
2012	25	3
2013	29	4
2014	31	2
2015	35	4
2016	43	8

（2）山西省文化创意产业园区类型分布

山西省文化创意产业园主要模式分为产业型、艺术型、混合型、地方特色型。从山西省文化创意产业园区类型分布情况看，产业型和混合型园区占主要部分，其他类型数量相对较少。截至2016年，混合型和产业型园区数量分别达到了31家和7家。

2016年山西省文化创意产业园区类型分布情况　　　　　　　　　　表2-2-20

类型	园区数量（家）	园区数量占比（％）
产业型	7	16.28
混合型	31	72.09
艺术型	1	2.33
地方特色型	4	9.30

2. 山西省文化创意产业典型园区调查

（1）产业型园区分析

截至2016年，山西省共有7家产业型文化创意产业园区，其中：山西红海玻璃文化产业园面积最小，达4.50万平方米；最大的产业园区为大同中日影视文化产业园，面积为34.00万平方米。

山西省产业型文化创意产业园区基本情况　　　　　表2-2-21

序号	园区名称	面积（万平方米）	概况
1	山西宇达青铜文化产业园	10.02	青铜文化产业园是以创意设计制造大型青铜雕塑、青铜艺术礼品、青铜艺术品、青铜旅游商品为主的大型文化产业园。宇达青铜文化产业园是文化部命名的"国家文化产业示范基地"，是国家旅游局命名的"全国工业旅游示范点"。产业园已形成青铜雕塑、艺术品、礼品、旅游商品制造销售，青铜文化旅游，青铜文化展览等青铜文化产业体系
2	山西长治县中国北方民俗文化产业园	33.40	中国北方民俗文化产业园位于山西长治县科工贸产业集聚区，项目规划占地面积300亩，由山西长治振兴集团投资11亿元人民币，目标是把产业园打造成为"中国北方民俗文化产业集聚区""中国北方民俗文化创意设计中心"——成为服务长治、影响全国的区域性产业服务中心；成为传统产业的升级平台；成为战略新兴产业的发展平台；成为国际产业的转移平台
3	大同市影视文化产业园	334.00	大同市影视文化产业园占地5000亩，园区内包含：外搭景区、摄影棚区、工厂区；文化产业区、出版产业区、教学培训区、会议会展区、版权交易区、国际交流区；行政管理区、商务办公区、生活区、外交公寓
4	山西出版传媒产业园	13.36	山西出版传媒产业园位于晋中经济技术开发区，占地面积200亩，总投资约34900万元。主要建设新华物流中心、新华印业园区和数字出版中心等。项目建成后，将进一步扭转山西省出版产业基础设施落后、资源分散、技术水准低、产业集中度差的状况，更好地实现出版业数字化、网络化、集约化经营和规模化发展
5	山西广电产业发展园	33.40	项目位于太原清徐县徐沟镇，占地面积500亩，总投资1.5亿元人民币。该园区建设内容分为五部分：文化主题公园（包括广场、主题雕塑、景观、小品雕塑等）、文化资源展示区（包括民间文学展示、民间音乐展示、民间戏剧展示、民间曲艺杂技展示、民间美术展示、传统手工艺展示、民风民俗展示、晋商文化体验展示等）、创意文化产业区（包括大师工作室、工艺品研发基地、旅游纪念品研发基地等）、文化旅游产品生产制造基地和园区配套设施，是集文化产品产业化开发、制造、销售，文化旅游观光、市民休闲娱乐为一体的大型文化产业园
6	山西红海玻璃文化产业园	4.50	园区主要建设内容有红海玻璃文化产业园、中国玻璃艺术博物馆、中国玻璃艺术展销中心。项目完成后，将建成中国最大的玻璃艺术博物馆，展览各国玻璃发展史及珍品，每年举办中国玻璃文化艺术节，开展玻璃贸易展销
7	山西动漫产业发展基地	16.20	园区占地面积约16.2万平方米。目前园区已入驻创意企业36家，其中动漫游戏企业25家，包括山西舶奥动画制作有限公司、山西汇众动漫科技开发有限公司、山西艺龙影视有限公司等渐成规模的动漫游戏公司。入驻动漫企业占全省总数的80%

（2）艺术型园区分析

截至2016年，山西省艺术型文化创意产业园区有1家，为大同市广灵剪纸文化产业园区，面积为3.73万平方米。

山西省艺术型文化创意产业园区基本情况　　　　　表2-2-22

园区名称	面积（万平方米）	概况
大同市广灵剪纸文化产业园区	3.73	园区占地56亩，共六项内容，分三期进行建设，总投资6829万元。其中：一期工程总投资1047.78万元，建筑面积6048平方米，包括：新建中国广灵剪纸艺术博物馆仿古大楼一幢，建筑面积3600平方米；新建大同市广灵剪纸职业培训学校和扩建剪纸文化艺术研究中心、广灵剪纸文化艺术发展有限公司综合大楼一幢，建筑面积2000平方米；附属设施1048平方米。二期工程总投资3981.22万元，建筑面积13180平方米。三期工程总投资1800万元，建筑面积2000平方米，建设中国剪纸三大流派蜡像馆及其他配套设施，提升中国（广灵）剪纸艺术博物馆品位

（3）混合型园区分析

截至2016年，山西省混合型文化创意产业园区共有31家，其中：山西刻花瓷文化园面积最小，山西长治文化创意传媒产业园面积最大。

山西省混合型文化创意产业园区基本情况　　　　　表2-2-23

序号	园区名称	面积（万平方米）	概况
1	山西榆次老城	100.00	榆次老城占地100万平方米，古建筑群和园林建筑面积60万平方米。老城内有城隍庙、县衙、文庙、凤鸣书院、南北大街、市楼、思凤楼、清虚阁、大乘寺、西花园、遗址公园、褚尚书院、桑芸故居等众多历史古迹和人文景观。建筑斗拱交错、重檐飞翘，组成了庙、市、街、景合一的特有的明清风格及宏伟景观

续表

序号	园区名称	面积（万平方米）	概况
2	山西长治文化创意传媒产业园	466.67	长治文化创意传媒产业园项目是在国家"十二五"规划建议对文化产业发展的政策指引下，在国务院特批山西为国家资源型经济转型试验区的良好形势促进下，响应"强化文化、特色和功能定位"文化产业园区未来建设的总体思路，设立并正式启动
3	太原瓦窑文化创意产业园	11.00	太原瓦窑文化创意产业园是山西省文化产业发展重点项目，位于汾河西畔。交通便利、区位优越。坚持山西特色、中国风格、国际水准的建设理念，充分利用山西文化资源优势，集聚文化旅游、传媒广告、创意设计、书画艺术、演艺、会展、工艺制造、休闲娱乐、中介服务、文品经营业十大文化行业
4	山西晋城汤泉文化园	100.20	山西晋城汤泉文化园由晋商成立的河东晋城集团有限公司投资，计划占地1500亩，预计投资100亿元，主要用于教育产业、温泉相关产业及商住旅游产业开发建设
5	山西刻花瓷文化园	2.20	2008年，平定古窑陶艺有限公司启动了刻花瓷文化园建设项目。园区以打造国家级文化产业示范基地为宗旨，项目集研究、设计、生产、旅游、餐饮、休闲为一体，是典型的工艺美术文化产业项目。该项目分两期建设，总占地面积3万平方米，总投资2亿元
6	山西河东新世界文化休闲园区	未知	山西河东新世界文化休闲园区建立于2011年，定位于休闲旅游业
7	山西顿村温泉休闲娱乐产业园区	未知	产业园位于山西省忻州市区秦城乡，是一家以温泉为特色的度假村，有多个温泉游泳馆、保龄球馆和星级酒店。产业园规划面积达1000亩，已有18家客商进村投资。已成为一处集疗养、旅游、健身、娱乐于一身的多功能温泉度假场所

（4）地方特色园区分析

截至2016年，山西省共有4家地方特色文化创意产业园区，即山西省新绛县绛州澄泥砚文化艺术园、山西运城市关公文化产业园、山西"幸福黎国"文化创意产业园区、山西武乡八路军文化园。面积最大的山西运城市关公文化产业园达1000.00万平方米。

山西省地方特色型文化创意产业园区基本情况　　　表2-2-24

序号	园区名称	面积（万平方米）	概况
1	山西运城市关公文化产业园	1000.00	产业园围绕"忠、义、仁、勇"四大主题，打造四个景区:忠园——爱国主义教育基地；义园——把朋友之情、兄弟之义的内涵无限延伸；仁园——让人感受到人与人之间的真诚与关爱；勇园——激励人们战胜困难、实现梦想
2	山西省新绛县绛州澄泥砚文化艺术园	2.70	绛州澄泥砚文化园位于新绛县龙兴镇王庄村口，占地面积约27000平方米。距大运高速公路新绛出口300米，紧邻新乡公路，与新绛县主干道连通，交通十分便捷。文化园建设包括博物馆、工场、园林、接待服务设施等项目，是一处集绛州澄泥砚文化交流、艺术展示、休闲娱乐、旅游观光等综合功能为一体旅游景区
3	山西"幸福黎国"文化创意产业园区	未知	"幸福黎国"文化创意产业园区包括3大园区、17个先导项目、1只产业基金、5项增值资产和4大主题文化活动，囊括休闲、旅游、创意等产业类型，是生产、研发、休闲、生活一体化的混合型文化创意产业园区。项目总投资100亿元
4	武乡八路军文化园	未知	八路军文化园位于山西省长治市武乡县城内，背靠风景宜人的凤凰山，东临风光涟漪的马牧河，整个景区由前广场、游客咨询服务中心、胜利大道、军艺社、胜利坛、实景剧场、八路村等七部分组成。八路军文化园主要设有八路村、军艺社、抗战雕塑等主题景观和情景剧《反扫荡》、影视蒙太奇体验剧《太行游击队》《欢庆胜利》大巡游三大精彩演艺，以及水、陆、空多种拓展项目

2.2.5　内蒙古自治区

1.内蒙古自治区文化创意产业园区发展概况

（1）内蒙古自治区文化创意产业园区数量

截至2016年，内蒙古自治区共有40家文化创意产业园，2016年内蒙古自治区文化创意产业园区新增数量为3家。

2010—2016年内蒙古自治区文化创意产业园区数量增加情况　　　　表2-2-25

年份	园区数量（家）	园区增加数量（家）
2010	4	1
2011	16	12
2012	24	8
2013	28	4
2014	30	2
2015	37	7
2016	40	3

（2）内蒙古自治区文化创意产业园区类型分布

内蒙古自治区文化创意产业园主要模式分为产业型、休闲娱乐型、混合型、地方特色型。从内蒙古文化创意产业园区类型分布情况看，混合型园区占主要部分，其他类型数量相对较少。截至2016年，混合型园区数量达34家。

2016年内蒙古自治区文化创意产业园区类型分布情况　　　　表2-2-26

类型	园区数量（家）	园区数量占比（%）
产业型	4	10
休闲娱乐型	1	2.5
混合型	34	85
地方特色型	1	2.5

2.内蒙古自治区文化创意产业典型园区调查

（1）产业型园区分析

截至2016年，内蒙古自治区共有4家产业型文化创意产业园区，其中：赤峰市远古文化创意产业城面积最小，有2.83万平方米；中国蒙古酒文化产业园面积最大，达到了26.72万平方米。

内蒙古自治区产业型文化创意产业园区基本情况　　　　表2-2-27

序号	园区名称	面积（万平方米）	概况
1	内蒙古中华麦饭石城	7.00	中华麦饭石城充分利用中华麦饭石这一奇石资源，依托企业现有矿产开发和加工优势，把麦饭石融入环境、历史、文化、建筑、产业、产品、管理和服务等方面，提升麦饭石品牌的文化价值，扩大它的影响力。以突出保健功能为要素，引领健康科学的生活理念，塑造时尚而又充满生命活力与品牌魅力的特色城市
2	中国蒙古酒文化产业园	26.72	园区规划占地面积400亩。园区以蒙古族特色建筑为主体，建设包括蒙古酒文化会展中心、蒙古酒品牌创意研发中心、蒙古风情文化体验区（民俗展示厅、民间艺术馆、哈萨尔、敖包祭奠堂、蒙古族传统体育项目体验区）、蒙古酒生产加工工艺观光区四大功能区，打造集蒙古酒生产及工艺观光、休闲、度假和感受沙漠生态、体验蒙古民俗风情于一体的文化产业园区
3	内蒙古文化传媒创意园	3.47	内蒙古文化传媒创意园是由内蒙古电视台、包头市青山区政府和包头市德隆房地产开发有限公司共同打造的文化创意产业项目。由包头市德隆地产投资开发，兴业集团施工，中冶东方进行整体规划设计。项目占地面积52亩，建筑面积12万平方米，总投资5亿元人民币，是内蒙古地区首家文化创意产业园区
4	赤峰市远古文化创意产业城	2.83	项目依托内蒙古赤峰市敖汉地区悠久的历史人文资源和敖汉地区独有的玉矿源，以文物复仿、古玩一条街、玉奇石工艺品制作销售、地方民族服饰、书画艺术品、3D影城、儿童娱乐城、小微企业办公为发展业态

（2）休闲娱乐型园区分析

截至2016年，内蒙古自治区共有1家休闲娱乐型文化创意产业园区，即敕勒川文化旅游产业园，面积达到了10000.00万平方米。

内蒙古休闲娱乐型文化创意产业园区基本情况　　　　　　　　　　　　　　表 2-2-28

园区名称	面积（万平方米）	概况
敕勒川文化旅游产业园	10000.00	敕勒川文化旅游产业园位于土左旗西部哈素海地区，北依大青山，南临土默川，东距呼和浩特市区 50 公里，西距包头市 80 公里，西南距鄂尔多斯市 180 公里。京包铁路、京藏高速公路和 110 国道穿区而过，随着高速公路、110 国道的扩建和高铁的开通，交通将更加便利。哈素海是难得的塞外湖泊，原为黄河故道，面积 30 平方公里，平均水深 1～5 米，生态环境保护良好，湖中鱼类众多，湖面芦苇呈片状生长，每片芦苇丛间均有水道相通，每年有大量鸟类来此栖居

（3）混合型园区分析

截至2016年，内蒙古自治区混合型文化创意产业园区共有34家。其中，内蒙古包头市文化传媒创意园面积最小，鄂尔多斯文化产业园面积最大。

内蒙古自治区混合型文化创意产业园区基本情况　　　　　　　　　　　　　表 2-2-29

序号	园区名称	面积（万平方米）	概况
1	内蒙古呼和浩特文化产业园	4.60	呼和浩特文化产业园位于呼和浩特市玉泉区大学西街南侧、石羊桥路东侧、建华街北侧、呼市一建及住宅西侧，是呼和浩特市文化产业类重点项目，总建筑面积约 19.7 万平方米，总投资额约 10 亿元，是呼和浩特市首座集文化商业、文化传媒、创意设计、文化培训、休闲娱乐和演艺餐饮于一体的文化综合体。呼和浩特市文化产业园包括民族文化演艺中心、群众艺术馆、文化商城和文化大厦，汇聚了以文化为主题的多种产业，满足自治区首府地区经济文化发展需求，打造文化产业创新与发展的总部基地和文化商业中心
2	鄂尔多斯文化产业园	6000.00	鄂尔多斯文化产业园是根据鄂尔多斯市委、市政府建设"大旅游、大文化、大物流"的发展战略，规划建设的重点文化产业项目；项目选址在鄂尔多斯市伊旗阿镇乌兰木伦河水库上游南侧，占地 600 公顷，总投资约 100 亿人民币
3	赤峰市巴林左旗上京辽文化产业园	278.56	巴林左旗上京辽文化产业园项目立足国际化与生态化、立足人文特色和区域特色，依托辽上京考古遗址公园，以契丹文明、辽文化为核心文化诉求，充分挖掘契丹文明、辽文化、草原文明和现代文化产业、现代城市发展、现代市民生活的契合点，打造集遗址保护、文化创意、旅游休闲、文化居住等功能于一体的赤峰市文化产业战略高地、内蒙古文化产业样板、国家级文化产业示范园区
4	内蒙古包头市文化传媒创意园	3.47	内蒙古包头市文化传媒创意园是由内蒙古电视台、包头市青山区政府和包头市德隆房地产开发有限公司共同打造的文化创意产业项目。由包头市德隆地产投资开发，兴业集团施工，中冶东方进行整体规划设计。项目占地面积 52 亩，建筑面积 12 万平方米，总投资 5 亿元人民币，是内蒙古地区首家文化创意产业园区
5	奈曼旗怪柳文化创意产业园	3340.00	怪柳是生长于奈曼旗境内的独特树种，总面积 10 万余亩，其中集中连片近 5 万亩，是全国乃至世界唯一一处保存最好、面积最大、形态最为奇特的不可多得的自然遗产。其外形高大、粗壮、树皮爆裂、满身疤痕，或卧或立，或曲或直，似鸟似兽，似人似物，百态千姿，具有很强的科研价值、文化价值和观赏价值，市场开发潜力巨大
6	内蒙古大盛魁文化创意产业园	10.00	大盛魁文化创意产业园由内蒙古大盛魁实业有限责任公司投资建设，占地面积 10 万平方米，建筑面积超过 16 万平方米，总投资 5 亿元。创意产业园位于玉泉席力图召以东，德胜路以西，整体规划包括大盛魁商号旧址、归化城老街——圪料街、小东街、大观园等最具历史感的古旧街道。该产业园包括大盛魁旅蒙商博物馆、塞外古城民俗商业城、大观园文化汇演中心、德胜园住宅小区等 4 个核心部分
7	内蒙古柏盛田园古趣创意园	40.08	柏盛田园古趣创意园项目拟在柏盛田园度假村原有设施基础上重点拓建原始石器部落。创意园既有原始部落，又有古时烽火古城，供游人进行原始生活、古代军事及田园生活实景体验，可满足不同层次旅游者需求
8	呼伦贝尔市海拉尔文化创意产业园	9.00	海拉尔文化创意产业园占地 9 万平方米，建筑面积 23 万平方米，总投资 8 亿元。海拉尔文化创意产业园是海区立足挖掘深厚文化资源、推动文化产业发展，填补呼伦贝尔市产业空白，培育新的经济增长点而精心打造的统领中俄蒙三种文化的国际交流平台和领先东北亚孵化环境的文化产业中心
9	别力古台文化园	133.60	别力古台文化园位于内蒙古锡林郭勒盟，阿巴嘎旗。"别力古台"是蒙古语，是一个人名，此人是一代天骄成吉思汗同父异母的弟弟，作为一代宗王的别力古台协助成吉思汗一道为蒙古汗国的建立立下汗马功劳，成吉思汗这样称赞说："有别力古台之力，哈撒尔之射，此朕之所以取天下也"。别力古台文化园主打别力古台文化

续表

序号	园区名称	面积（万平方米）	概况
10	奈曼大漠版画创作产业基地	3380.08	项目总占地面积50600亩，建设大漠版画创作培训基地、沙海水乡版画采风区、沙漠怪柳版画村、大漠驼铃采风创作园、大漠版画草根俱乐部等，同时进行品牌形象推介及礼品开发
11	鄂尔多斯市鄂托克前旗敖勒召其镇文化产业园	26.00	内蒙古鄂尔多斯市鄂托克前旗敖勒召其镇文化产业园占地面积260000平方米，总建筑面积110000平方米。该工程计划新建数栋厂房，地上2层、宿舍、食堂、仓库、部分装修，主体为框架结构。项目分21个标段进行，已于2011年10月中旬开工建设
12	内蒙古敖汉旗中蒙药文化产业园	33.40	中蒙药文化产业园位于敖汉旗新惠工业园区，项目筹建单位赤峰市久盛创新科技投资有限公司是由赤峰市新州中药饮片有限责任公司、辽宁中医药大学中药研究所（药学院）、澳大利亚海维集团三方合作组建而成。主要从事中蒙药的研发、种植、初加工、深加工、功能性食品、生物制剂等的研发、生产和销售工作
13	巴林石文化产业园	22.71	巴林石文化产业园区位于大板镇西北部，旗政府广场西侧，总占地面积21.07万平方米，建筑面积约16万平方米，总投资额2.3亿元。东起政府广场，南至索博日嘎街，南北平均长约600米，东西平均宽约350米。其中，巴林石博物馆占地面积2.29万平方米。巴林石商务区及住宅区占地面积8.74万平方米，综合服务区占地面积8.49万平方米
14	内蒙古国际文化产业新城	667.00	内蒙古国际文化产业新城项目是由呼和浩特市政府、土默特左旗与西部发展控股有限公司、内蒙古电影集团、宇生控股有限公司、休斯网络技术（北京）有限公司、北京海润在线影视文化投资有限公司、北京沃森影视文化交流有限公司等6家公司合作开发，项目选址于土默特左旗台阁牧镇，规划区域10平方公里以上，预计总投资150多亿元人民币
15	乌拉特浩特生态文化产业园	467.60	乌拉特浩特生态文化产业园面积7000余亩，位于巴彦淖尔市乌拉特中旗海流图镇东北角。产业园定位为：集乌拉特民族特色的赛马、射箭、摔跤等那达慕活动，餐饮住宿、旅游度假、演艺娱乐、文化交流、蒙医康体保健、科普教育、休闲购物为一体的综合性文化旅游景区。主要包括：乌拉特蒙古族特色的餐饮、住宿、游泳、洗浴、演艺、进口商品交易为主的建筑区；游乐园；拓展训练区；人工湖；休闲运动项目区；牧人生活体验区；那达慕区；祭祀活动区；广场和特色公园景观区和雕塑等功能区
16	乌海市中国书法城	未知	内蒙古乌海市于2008年9月10日被中国书协命名为"中国书法城"。该市现有中国书协会员23人，内蒙古自治区书协会员121人，乌海市书协会员近5000人，常年习练并达到一定水平的书法爱好者万余人

（4）地方特色园区分析

截至2016年，内蒙古自治区共有1家地方特色文化创意产业园区，即为奈曼旗龙化州契丹古风园，面积5000.00万平方米。

内蒙古自治区地方特色型文化创意产业园区基本情况　　表2-2-30

园区名称	面积（万平方米）	概况
奈曼旗龙化州契丹古风园	5000.00	园区依托孟家段水库独特的历史文化和生态资源，建设契丹古代风情文化体验区、金铃岗祭坛、契丹铁骑演练场及配套基础设施，使之成为集观光体验、休闲度假于一体的历史文化景区。园区规划占地面积50平方公里

2.2.6 辽宁省

1. 辽宁省文化创意产业园区发展概况

（1）辽宁省文化创意产业园区数量

截至2016年，辽宁省共有74家文化创意产业园，2016年辽宁省文化创意产业园区新增数量为11家。

2010—2016年辽宁省文化创意产业园区数量增加情况　　表2-2-31

年份	园区数量（家）	园区增加数量（家）
2010	22	4
2011	33	11
2012	47	14

续表

年份	园区数量（家）	园区增加数量（家）
2013	52	5
2014	59	7
2015	63	4
2016	74	11

（2）辽宁省文化创意产业园区类型分布

辽宁省文化创意产业园主要模式分为产业型、艺术型、休闲娱乐型、混合型、地方特色型。从辽宁省文化创意产业园区类型分布情况看，产业型和混合型园区占主要部分，其他类型数量相对较少。截至2016年，辽宁省混合型和产业型园区数量分别达到了46家和18家。

2016年辽宁省文化创意产业园区类型分布情况　　　　表2-2-32

类型	园区数量（家）	园区数量占比（%）
产业型	18	24.32
艺术型	1	1.35
休闲娱乐型	7	9.46
混合型	46	62.16
地方特色型	2	2.7

2. 辽宁省文化创意产业典型园区调查

（1）产业型园区分析

截至2016年，辽宁省共有18家产业型文化创意产业园区，其中，1905文化创意园面积最小，仅有1.00万平方米；大连金石国际运动中心面积最大，达到了2071.00万平方米。

辽宁省产业型文化创意产业园区基本情况　　　　表2-2-33

序号	园区名称	面积（万平方米）	概况
1	1905文化创意园	1.00	沈阳1905文化创意园的原型始建于1937年，是由北方重工沈重集团的二金工车间改建而成。1905具有一定的历史文化精髓，衬托沈阳铁西重工业文化产业的象征。沈阳1905文化创意园保留原建筑的设计风格和主体结构不变，对建筑内部进行重新分割，成为铁西创意文化产业的中心。1905原占地4000平方米，共两层，融汇北京798、上海新天地、上海1933、天津意式风情街的独特文化集萃。改造后，商业总面积约10000平方米。1905以独特的方式去引领东北文化的主流方向，成为沈阳标志性建筑。汇集国内外知名的文化餐饮、主题文化酒吧、咖啡吧、个性工作室，更有一条贯穿全线的摄影展、艺术品展
2	大连15库创意园	2.60	园区为4层钢筋混凝土结构无梁楼盖体系的工业仓库，是当时亚洲最大、最先进的航铁联运仓库。经历了83年风雨后的今天，又华丽转身为中国首个海上创意时尚区。它是老建筑与创意的经典邂逅，也是工业文明和现代文明的完美融合
3	本溪辽砚文化产业园	145.00	辽砚文化产业园园区坐落于思山岭办事处石湖村和三道河村，总规划面积1.45平方公里。园区共规划设置生产加工、展示销售和文化地产三大功能区，项目建设期限为2010—2015年，计划总投资20亿元，建设集开发、加工、销售为一体的辽砚产业园和以辽砚为主的砚石文化旅游产品集散地。辽砚文化产业园的生产加工区位于石湖村组，已征收了生产加工区建设用地70亩，其中一期34.98亩。辽砚文化展示销售区位于三道河桃源度假村及对面。展示销售区共划分为四个功能分区，分别是：辽砚博物馆、辽砚文化创意产业区（主题雕塑、综合办公、组团建筑）、辽砚交易区（交易展示厅）和艺术家社区
4	沈阳123文化创意产业园	3.72	该项目是继北京798、深圳F518、上海M50等创意园区后诞生于东北的第一家创意园区，是东北振兴以来，东北人自己打造的面向东北亚的创意产业窗口。项目位于沈北新区辉山大街123号沈阳国际科技合作产业园。规划面积56000平方米，其中一期为37196平方米，分别由面积和层高不等的五栋工业厂房组成，划分为当代艺术创作、创意产品设计、学院实训基地、会展交流和综合服务五个功能区。当代艺术原创工作区将入驻中青年艺术家工作室、陶瓷艺术家工作室、雕塑艺术家工作室及相关艺术机构。设计创意工作区主要引进国内外工业设计学院、方案公司、工业设计、平面设计、空间设计、软件开发等相关公司。会展交流中心由当代艺术馆、多功能厅和会议厅组成

续表

序号	园区名称	面积（万平方米）	概况
5	大连国家动漫产业基地	10.00	大连动漫产业基地始建于2004年，位于大连高新区旅顺南路软件产业带。先后经国家广电总局批准为"国家动画产业基地"，文化部批准为"国家动漫游戏产业振兴基地"，共青团中央批准为"中国青少年数字娱乐教育产业基地"。在大连高新区政府的政策扶植下，大连动漫游戏产业取得了快速发展，已逐渐形成原创动画、3D技术及外包产业为核心的产业结构。大连高新区动漫游戏产业基地已进驻水晶石、卡秀、金山、乾豪、皿鎏、博涛等动漫企业130余家
6	大连金石国际运动中心	2071.00	园区具有"山、海、河、湾"等独特的自然景观，规划面积20.71平方公里，建设用地17.9平方公里。园区定位于集主题乐园、影视娱乐、文化创意、运动休闲度假、高端商务会议为一体的滨海旅游度假胜地，重点发展高端旅游产业，建设国家级生态旅游示范区和国家文化产业基地。重点项目有金石国际旅游度假区项目和皮划艇激流回旋项目
7	大连软件园	300.00	由DLSP于1998年开发运营的大连软件园，首创"官助民办"的园区开发管理模式，一期占地3平方公里，容纳500多家企业及近6万名从业人员，常住居民超过5万人。大连软件园已经成为一个集产业、教育、居住、休闲配套于一体的国际化科技新城。目前各园区累计入园企业近700家，其中世界500强50家
8	沈阳市北方传媒文化产业园	21.00	产业园位于沈阳市浑南新区长白岛东南角，占地21万平方米，总投资50亿人民币，包含14.5万平方米标志性的辽宁广电大厦，可承办NBA赛事及冰上迪士尼的演艺中心及剧场综合体，一站式商业购物中心、市民活动中心、影视博物馆、美术馆、影视城、8万平方米的多媒体制作中心以及五星级酒店及酒店式公寓，是一座真正意义上实现多种业态共融的以传媒为主题的城市综合体，是沈阳的城市新地标
9	辽宁现代文化传媒产业园	700.00	辽宁现代文化传媒产业园坐落于沈北新区虎石台开发区境内，规划面积7平方公里，主要发展出版印刷、影视传媒两大主导产业
10	沈阳市国际数字媒体产业园	33.30	国际数字媒体产业园选址于棋盘山开发区内，计划占地500亩。按地域或专业划分，设立亚太、欧洲、美洲多媒体产业园，建设国际创意设计中心、数位游戏基地、数位娱乐基地和数位媒体教育培训基地
11	大连普利文化产业基地	15.10	大连普利文化产业基地是由普利文化传播（控股）有限公司投资兴建的。采取项目以自主投资为主，辅以低廉的租金和参股、融资等方式，广泛吸引国内外的文化企业进驻，形成较为完整的文化产业链，促进大连文化产业跨越式发展。该基地由文化产业聚居区、文化物流基地、文化产业生产基地三部分组成
12	七贤岭产业化基地	568.00	七贤岭产业化基地是园区发展高新技术的主要基地，也是研发中心和创业孵化的核心区域，由产业区、创业孵化区、海外学子创业园、高新技术产品出口基地、动漫孵化基地、路明科技集团、生活区与旅游疗养区等组成
13	沈阳国际软件园	未知	作为沈阳市大力发展软件产业战略的重要项目，沈阳国际软件园是由沈阳国际软件园股份有限公司联合国内外多家知名企业共同投资建设，并聘请国际一流设计团队参与打造的融办公、学习、生活、休闲于一体的现代化园区。沈阳国际软件园项目整体规划由软件产业区、IT教育区、生活配套区组成，以"三区融合，联动发展"为理念，打破了传统经济模式与社区理念的界限
14	海外学子创业园	未知	大连海外学子创业园成立于2000年，是大连市第一家也是唯一一家为海外留学人员归国创业而设立的专业孵化器，是大连乃至中国最有活力的海外学子集中地。创业园着力提升服务功能，打造精品创业基地，不断深化包括场地、资金、人才、市场、技术、信息、政策、培训、中介、商务十大特色服务。建设大连国家软件技术公共测试平台，为软件及外包服务业企业提供全面地技术服务
15	阜新市动漫游戏产业研发基地	未知	基地由辽宁阜新大圣动漫游戏发展有限公司创建，为中国科协声像中心创作基地，公司拥有数百人的创作团队，其中包括动漫制作部、漫画制作部、游戏研发制作中心、剧本编创部、多媒体制作部、声优配音工作室、阜新动漫网、动漫产品研发部等机构
16	鞍山（辽宁）天和文化产业园	未知	产业园实行多元经营，以文化为主题，以印刷、包装、动漫、光盘为主营业务
17	沈阳胡台新城包装印刷产业园	未知	产业园以突出循环经济、绿色环保为重要发展方向，着力构建以包装印刷生产制造为基础，包装印刷产品集散和交易为龙头，物流和配送为支撑的原材料供应、机械及配件供应链紧密结合以及音像、图书报刊等文化和包装装潢产业共生发展的综合产业集群；集设计研发、生产加工、检测认证、展示交易、教育培训于一体，是立足沈阳，辐射东北，服务全国的东北地区最大的包装印刷产业基地
18	鞍山娱乐无限动漫基地	未知	鞍山娱乐无限动漫基地是专业动漫及Cosplay社团的聚集地

（2）艺术型园区分析

截至2016年，辽宁省艺术型文化创意产业园区有1家，即辽宁大剧院，面积为3.00万平方米。

辽宁省艺术型文化创意产业园区基本情况　　　　　　表 2-2-34

园区名称	面积（万平方米）	概况
辽宁大剧院	3.00	辽宁大剧院始建于1998年，与辽宁省博物馆共同占地3.28万平方米。剧院设有大剧场、小剧场、电影厅、多功能厅、餐厅、酒吧、排练厅、贵宾厅、三星级标准的涉外宾馆、大小会议室和地下停车场

（3）休闲娱乐型园区分析

至2016年，辽宁省休闲娱乐型文化创意产业园区有7家，平均面积为85.79万平方米。其中，紫烟薰衣草庄园面积最大，有333.33万平方米；酷贝拉（东北）文化创意产业基地面积最小，为3.00万平方米。

辽宁省休闲娱乐型文化创意产业园区基本情况　　　　　　表 2-2-35

序号	园区名称	面积（万平方米）	概况
1	沈阳华强文化科技产业基地	160.00	园区占地面积160万平方米，核心产业区重点建设三个大型文化科技展示区、七大文化产业专业基地、一个展示中心，以及飞天剧场、主题酒店和商业街等设施。核心区分两期建设。一期主要建设卡通体验展示区（方特梦幻王国）、科幻体验展示区（方特欢乐世界）、数字电影基地、数字动漫基地和主题酒店等设施；二期主要建方特影视乐园、影视拍摄基地、文化衍生品基地、游戏和教育软件基地等
2	酷贝拉（东北）文化创意产业基地	3.00	沈北新区酷贝拉（东北）文化创意产业基地项目总投资5亿元，占地172亩，旨在打造动漫卡通中国总部和职业教育体验基地东北总部。该项目主要由青少年体验教育区、玩具王国体验区、动漫及文化衍生品研发生产区、亲子酒店体验区及相关配套区组成
3	本溪市南芬文化创意产业园	32.20	南芬文化创意产业园包括财神寺景区、辽砚文化产业园、后塔铁矿生态旅游商业区、南芬影视拍摄基地等。景区规划总面积32.2公顷，划分为旅游区、寺庙风景区、商业区、水坝区等功能分区，拟建设中国财神博物馆、南芬影视拍摄基地、财神文化研究所、文化旅游产品展示区、本溪大峡谷红军长征模拟训练基地、水上乐园等功能项目，项目总投资10亿元。项目分三期建成，其中一期工程投资1亿元，重点建设财神殿、大雄宝殿和天王殿等主体工程
4	紫烟薰衣草庄园	333.33	沈阳紫烟薰衣草庄园位于沈阳市沈北新区马刚乡马泉村，沈阳国家森林公园西南侧，占地面积5000余亩，核心区域1600亩。庄园以"爱情、浪漫、最美之地"为主题，是集薰衣草及其他香草景区观光、影视摄影拍摄基地、礼仪庆典、薰衣草产品开发、会员制五星级度假酒店（规划中）、剧场、森林氧吧健身中心、特色餐饮娱乐服务于一身的现代化休闲度假庄园
5	沈阳小韩村文化旅游产业基地	32.00	基地落于洪区光辉乡双树村，紧靠沈彰产业大道，由小韩村农业专业合作社开发建设，总占地面积32万平方米，分为小韩村蔬菜工厂和温泉会所两大区域。温泉会所包括温泉养生休闲区、蒙古民族风情体验区和水幕电影景观区三个功能区
6	神秘东方文化创意产业旅游园区	40.00	神秘东方文化创意产业旅游园区由大连神秘东方雕塑艺术发展有限公司倾力打造。该园区将神秘古老的东方思维传统文化与当今社会的时尚元素进行精妙的融合，为游客展现一座灵动物化、极具传奇色彩、洋溢着浓厚艺术气息的雕塑及精品群塑，加之和静怡真、独具匠心的景观设计，再通过各种国学、文化、艺术、宗教节日活动、表演等艺术表现形式，带领游客一步步走进儒、释、道的灵魂境界，让人切身感受东方历史文化、宗教文化的源远流长

（4）混合型园区分析

截至2016年，辽宁省混合型文化创意产业园区有46家，其中：沈阳皇城里文化产业园面积最小，为1.00万平方米；旅顺南路软件产业带（动漫走廊）面积最大，达4000.00万平方米。

辽宁省混合型文化创意产业园区基本情况　　　　　　表 2-2-36

序号	园区名称	面积（万平方米）	概况
1	沈阳棋盘山国家级文化创意产业园	1200.00	项目以国际创意谷建设为依托，建设集创意、数字研发、产品制作、教育培训、商业配套服务等功能于一体的创意产业园区
2	沈阳皇城里文化产业园	1.00	园区是辽宁首家囊括文、商、旅、服的综合性文化产业园。经营范围做到了人无我有，人有我精。在建筑风格设计上，园区以六个时间节点为依据，从清代1816、民国1933、新中国成立1949、钟厂倒闭2004，到现代至后现代，再现时间流逝的痕迹。它集万千灵感和需求于一身，通透文、商、旅、服四种业态
3	大连艺术学院文化科技创意园	12.00	文化科技创意园总建筑面积12万平方米，一期启动面积40000余平方米，其中办公主体23000平方米，生活配套17000平方米。办公空间共11层，规划出了以创意为核心，文化为载体，艺术为表现形式，科技为助推动力的文化、艺术、科技、多层次立体化布局，并配套了公共会议室、O2O电商平台、商务中心、光纤通信、业务洽谈室、票务中心、咖啡厅、物流代办处等服务设施。公共空间实现全监控系统及24小时安保服务。也可在生活配套空间中享受各色餐饮、运动健身、休闲娱乐、单身公寓等人本化服务

续表

序号	园区名称	面积（万平方米）	概况
4	盘锦市志高文化科技动漫产业园	260.00	盘锦市志高文化科技动漫产业园位于盘锦市兴隆台区，由志高集团投资建设，总占地3900亩，总投资约100亿元。项目有以高科技为主的主题公园、五星级酒店、商务酒店、城市商业综合体、总部经济及主题娱乐城，整个项目满足旅游、购物、娱乐、住宿、餐饮等一站式消费。盘锦志高文化科技动漫产业园不仅仅是一个旅游文化项目、生态项目，还是一个具备输血和造血功能的产业项目
5	双D港	1000.00	双D港毗邻开发区、保税区与金石滩旅游度假区，定位于建设以数字技术和生命技术及其产业为主导的新兴科技城。双D港的产业包括数字通信、微电子、多媒体信息、计算机软硬件、基因工程、生物制药、海洋生物开发与生物农业等
6	营口大石桥蟠龙山文化产业园	6.30	项目包括酒吧街、特色餐饮、博古艺苑，规划总占地6.3万平方米，规划建筑面积20200平方米，设计层数2至3层
7	旅顺南路软件产业带（动漫走廊）	4000.00	大连旅顺南路软件产业带由5个软件园区组成，沿旅顺南路由东向西分布依次为大连软件园、七贤岭软件园区、河口国际软件园区、大连天地软件园区、龙头国际软件园区，总规划面积40平方公里。园区重点发展软件和信息服务业、网络、动漫、教育培训、工业设计等产业
8	辽宁锦州辽西文化古玩商城	2.70	锦州市辽西文化古玩商城于2001年建成并投入使用。该商城建筑面积2.7万平方米，内设210个精品屋和500个经营摊位，同时设有文化商品展览大厅，厅内拥有248个国际标准展位。目前该商城内从业人员达5000多人，年商营额近3亿元。辽西文化古玩商城是锦州市文化局利用社会资金扶持起来的大型民营文化企业，其主要经营古玩、工艺美术品和图书等文化商品，经营品种达3200多种，交易活动辐射整个东北、内蒙古西部以及京、津、唐地区
9	老北市文化园	480.00	老北市文化园位于沈阳市北市场，由原来的老北市商城改造而成。园内一、二层分别经营特色餐饮和文化会所，北侧新建银砖大道，内聚集着老字号特色餐饮，南侧为水族馆、古玩珠宝、酒吧等会所经营。园内两横两纵的内街摆放经营约160个移动特色商亭，经营民间工艺品、旅游纪念品、风味小吃等特色业态。文化园的三层是城市记忆老沈阳博物馆，将展示沈阳历史文化和关东特色民俗文化，对沈阳历史文物、民间民俗艺术品、生活实物等进行陈列展示，设有源头记忆、盛京记忆、奉天记忆、黑色记忆、红色记忆、老字号记忆、老北市记忆、民俗记忆等八大展厅。时间跨度主要是清朝、民国、伪满洲国时期。馆内还借助多媒体、声光电、雕塑、模型、大型背景箱等现代展览手段。四层是东北地区著名书画院、画廊，举办"历史沧桑北市情景再现"演艺活动
10	盘锦市辽河文化产业园	未知	辽河文化产业园成立于2002年底，坐落在新兴的石油化工城——辽宁省盘锦市，基于全国第三大油田辽河油田的存在，资源丰富、商家云集、经济发达，具有广阔的发展前景。辽河文化产业园是具有文化特征的经济产业园。政府以优惠的产业政策，在全国范围内吸引了多领域艺术家和文化产业向产业园区集聚，形成了覆盖东北、影响全国的特色产业园区。2005年，文化产业园先后被中国文化部、中国美术家协会联合命名为全国第一批"文化（美术）产业示范基地"，被辽宁省团省委命名为"辽宁省青少年教育基地"，被中国关心下一代工作委员会评为"全国青少年教育基地"

（5）地方特色型园区分析

截至2016年，辽宁省地方特色型文化创意产业园区共有2家，它们是旅顺蝴蝶园和牛河梁红山文化旅游园。

辽宁省地方特色型文化创意产业园区基本情况　　　　表2-2-37

序号	园区名称	面积（万平方米）	概况
1	旅顺蝴蝶园	2.00	该项目占地2万平方米，展馆区1500平方米，室内蝴蝶繁育区4000平方米，室外养蝶观赏区3000平方米。总投资4000万元。景观分为：蝶恋花区、蝴蝶谷、蝴蝶标本展示、蝴蝶加工体验、蝴蝶产品销售、放飞梦想广场、灯塔观景台等八大区域
2	牛河梁红山文化旅游园	960.00	建平县牛河梁红山文化遗址被称为"东方文明的新曙光""中华文明的发祥地"。2008年国家提出牛河梁红山文化"申遗"和建设国家遗址公园。建平县依托这一独特的文化资源优势，开始大手笔规划建设牛河梁红山文化旅游产业园区。牛河梁红山文化旅游园着力打造气势恢宏的文化主题公园、史前文明展示地与体验地。主要建设主题公园、旅游演艺大剧院、红山民俗文化村、文化产业大厦及拓展项目等

2.2.7 吉林省

1. 吉林省文化创意产业园区发展概况

（1）吉林省文化产业概况[①]

2016年，吉林省特色文化研究基地建设已形成规模和体系。基础设施比较完备，共有图书资料室26个，

---
① 弘扬优秀传统文化提升地域品牌影响力 [EB/OL].http://www.hunchun.gov.cn/archives/43476/，2017-12-06

文物展室33个,所展文物总量23306件,图书资料数量903678册;现有研究人员总人数768人,其中外聘专家、顾问146人,教授218人,副教授175人,讲师以下303人,博士191人,硕士321人,本科以下151人;阶段性成果显著,包括基地批准成立前后的所有成果,论文4486篇,著作类521部,研究报告42篇。

(2)吉林省文化创意产业园区数量

截至2016年年底,吉林省共有33家文化创意产业园。

2010—2016年吉林省文化创意产业园区数量增加情况　　表2-2-38

年份	园区数量(家)	园区增加数量(家)
2010	11	6
2011	19	8
2012	22	3
2013	25	3
2014	25	0
2015	28	3
2016	33	5

(3)吉林省文化创意产业园区类型分布

吉林省文化创意产业园主要模式分为产业型、休闲娱乐型、混合型。从吉林省文化创意产业园区类型分布情况看,产业型和混合型园区占主要部分,其他类型数量相对较少。截至2016年,混合型和产业型园区数量分别达到了21家和9家。

2016年吉林省文化创意产业园区类型分布情况　　表2-2-39

类型	园区数量(家)	园区数量占比(%)
产业型	9	27.3
休闲娱乐型	3	9.1
混合型	21	63.6

2.吉林省文化创意产业典型园区调查

(1)产业型园区分析

截至2016年,吉林省共有9家产业型文化创意产业园区,其中:长春市朝阳区文化产业园面积最小,仅有1.80万平方米;吉林省东北亚文化创意科技园面积最大,为20.00万平方米。

吉林省产业型文化创意产业园区基本情况　　表2-2-40

序号	园区名称	面积(万平方米)	概况
1	长春知和动漫产业园	3.00	园区从单一的动漫外加工制作型企业,发展成为拥有完整的动漫产业网、动漫大学城、动漫游乐园和动漫孵化园的跨国集团性企业。集团实行国际国内双市场、外包原创同步走的发展策略,拥有生产研发团队近2000人,年外加工动画片近5万分钟,原创动画片300分钟。集团对外可承接2D、3D、4D动画制作业务、手机游戏网络游戏制作业务和漫画绘制业务
2	吉林省东北亚文化创意科技园	20.00	东北亚文化创意科技园是长春市"十二五"重点建设项目。园区依托"长吉图"国家战略,服务于东北亚区域的文化产业。园区引进并搭建了两个国家级公共服务平台和投融资服务平台等十大平台。经文化部评选,园区成为全国七家"国家级文化产业试验园区"之一,是吉林省唯一获评园区,填补了吉林省内国家级园区的空白

续表

序号	园区名称	面积（万平方米）	概况
3	吉林动漫游戏原创产业园	6.40	产业园建筑面积6.4万平方米，于2007年6月开工建设，总投资约3.9亿元。产业园是发展动漫、游戏教育及其产业的重要园区，其主要功能包括动漫游戏研发、制作、发行以及动画研究院、国际动画教育交流中心、动画博物馆、动漫展览馆、特效电影播放厅、动漫游戏公共技术服务平台等。其中，动漫游戏公共技术服务平台建筑面积约8000平方米，主要包括动作捕捉系统、渲染集群系统、无纸动画系统、标清和高清制作系统、幻影成像系统、音效合成制作系统、游戏测评运营七大系统
4	长春市朝阳区文化产业园	1.80	长春朝阳经济开发区创意产业园是吉林省唯一一个省级创意产业园。目前，长春朝阳经济开发区创意产业园已入驻华漫兄弟、麒麟商务、高升科技等50余家创意企业
5	长春尚德森铭动漫产业服务园	8.00	项目总投资31亿元人民币，其中：自有资金及自筹资金，占投资总额的30%；银行贷款、证券、信托、私募基金及其他金融产品的资金，占投资总额的35%；社会产业资本投资及合作伙伴投资占25%；国家及地方政府政策性资金，占投资总额的10%。园区建有动漫主题公园及影视拍摄基地、国际化动漫产品展示中心、国际高端教育基地和两个国际化动漫作品及衍生品的外包基地
6	吉林省四平市教育出版产业园	3.30	吉林省四平市教育出版产业园是由省新闻出版局协调牵线，四平市铁东区招商引资的建设项目。园区主要由三栋建筑物构成：北侧为教育图书研发大楼，占地11000平方米；东侧为教育会展中心，占地4000平方米；西侧为网络教育出版中心，占地4000平方米
7	长春动漫和软件服务外包产业园	15.35	园区规划占地面积15.35万平方米，建筑面积25万平方米，计划总投资6.4亿元。园区2011年已经被吉林省商务厅认定为吉林省服务外包重点园区。已有中软国际、深圳中兴通讯、水晶石、联想利泰、大连信华、赛斯特、美国多核科技、北京尼克耐特等十多家外包企业入驻。园区建成后将有300多家服务外包企业入驻，2万人就业，实现产业集聚效益40亿元
8	知和国际动漫产业园	3.00	知和国际动漫产业园是于2010年经吉林省文化厅批准建立的省级重点产业园区，是吉林省文化产业示范基地。产业园内设五个中心系统，九大功能模块。五个中心系统包括产制作中心、实训中心、研究院、动漫会馆和公寓。九大功能模块包括动漫电视台、动漫广播站、动漫杂志社、录音配乐室、动漫剧院剧团、4D动漫影院测试厅、3D动作捕捉仪拍摄中心、动漫图书馆、青年创业者联合会创业中心

（2）休闲娱乐型园区分析

截至2016年，吉林省共有3家休闲娱乐型文化创意产业园区，平均面积50万平方米，分别是长春市长影世纪城、关东文化园和吉林省东北风二人转艺术团。

吉林省休闲娱乐型文化创意产业园区基本情况　　　　　表2-2-41

序号	园区名称	面积（万平方米）	概况
1	长春市长影世纪城	100.00	长影世纪城借鉴了美国好莱坞环球影城和迪士尼乐园的精华，集当今世界最先进的各种特效电影于一体。主要景观有：4D特效电影、立体水幕电影、激光悬浮电影、动感球幕电影、三维巨幕电影、鹰神山、宇宙森林、密林古堡、阴阳庐、世纪明珠、魔方星城、悬浮宫、飞龙宫、水晶山、英雄秀场、奇妙宫、银河宫、淘气堡、神秘古树、祝福泉、欢乐岛等
2	关东文化园	50.00	长春关东文化园占地面积50万平方米，其中花草果树、湖泊水塘占总面积80%，是吉林省"十二五"重点文化产业建设项目，长春市"十二五"重点建设项目，同时也是吉林省首家在市区内集温泉度假、餐饮娱乐、文化博览、会议接待为一体的大型花园式文化乐园
3	吉林省东北风二人转艺术团	未知	东北风二人转艺术团是吉林省重点扶植的民营剧团，在长春市拥有长春大戏楼、长春沃尔特剧场和长春金都饭店百老汇夜总会3个剧场，剧场之外还面向长春市数十家夜总会、演艺吧和娱乐场所以及东北各大城市派出演出，演出经验非常丰富。东北风二人转艺术团的演员都是现今在东北三省非常走红的民间艺人

（3）混合型园区分析

截至2016年，吉林省共有21家混合型文化创意产业园区，其中：中国珲春东北亚文化创意产业园面积最小，仅有3.50万平方米；四平市教育出版产业园面积最大，为45.00万平方米。

吉林省混合型文化创意产业园区基本情况① 表2-2-42

序号	园区名称	面积（万平方米）	概况
1	吉林师范大学长春科技创意文化产业园	10.50	项目占地面积77854平方米，园区面积10.5万平方米，建筑面积128000平方米，项目总投资4亿元。主要建设科技创意文化产业研发大楼、实验工程技术中心大楼、职业培训中心大楼、宿舍、文体馆等
2	吉安天腾科技创意文化产业园	5.50	产业园集动漫设计、软件开发、通信服务、咨询、培训为一体，将形成动漫产业人才聚集的一流的服务外包和培训基地，共分网络动漫创意中心、研发中心、支持中心、衍生产品中心、产业孵化中心和动漫职业学院六大功能区。该项目总投资1亿元美元，分三期建设，项目一期网络动漫创意中心、研发中心、支持中心、产业孵化中心建设面积55000平方米，完工后可吸纳大学本科以上就业人员1000余人
3	辽源市扎兰芬围民俗文化园	4.50	辽源市扎兰芬围民俗文化园是集影视拍摄与制作、民俗生态观光旅游及数字影视科技孵化基地三位一体的新型文化产业园区。主要建设项目有窖鹿、盛京围场、皇家鹿苑、关东民俗村、满族民俗一条街、关东古城及关东民俗博物馆（含农民画、剪纸和泥塑）、摄影棚、临时搭景地、数字影视科技孵化基地、接待中心（接待度假村、配餐中心、影视培训中心工作人员及游览客人）、绿色生态园、水上游乐中心、冰雪活动中心等
4	中国珲春东北亚文化创意产业园	3.50	项目占地面积约3.5公顷，建设周期为5年，总投资1.2亿元。一期工程拟建动漫游戏游艺体验馆、东北亚民族民俗文化展览馆、东北地区非物质文化遗产传习馆、东北亚民族民间工艺品展示交易中心和珲春历史文化展览馆等基础设施，并同期建设东北亚动漫主题会馆、动漫游戏学校等配套设施
5	四平市红嘴高新技术开发区动漫产业园	9.90	项目占地99000平方米，建筑面积59200平方米，主要建设动漫基地基础设施及办公楼。建设动漫影视媒体制作基地及公共技术服务平台，承接国内外项目，制作原创画片，实现年动漫作品产量20000分钟
6	通化动漫产业基地	20.00	项目占地面积20万平方米，建筑面积8万平方米。主要由动漫创作中心、历史名著外场地景区、多功能动漫电影放映厅等组成。以影视文化为主题，建立集动漫制作、影视剧拍摄，休闲、娱乐、餐饮等多功能于一体的旅游文化休闲区
7	东北亚国际标识和创意旅游产业园	20.00	产业园占地面积20万平方米，建筑面积12万平方米，总投资5亿元，由吉林省林田远达集团有限公司投资兴建，建成后预计年产值30亿~50亿元

2.2.8 黑龙江省

1. 黑龙江省文化创意产业园区发展概况

（1）黑龙江省文化创意产业园区数量

截至2016年，黑龙江省文化创意园区有35家，较2015年新增6家。

2010—2016年黑龙江省文化创意产业园区数量增加情况 表2-2-43

年份	园区数量（家）	园区增加数量（家）
2010	11	2
2011	15	4
2012	19	4
2013	21	2
2014	24	3
2015	29	5
2016	35	6

（2）黑龙江省文化创意产业园区类型分布

从黑龙江省文化创意产业园区类型分布情况看，混合型园区占主要部分，产业型园区次之，其他园区数量较少。2016年，黑龙江省混合型园区数量为25家。

---
① 部分园区发展不成熟，在此未完全列举所有园区。

2 2016年中国文化创意产业园区发展报告

2016年黑龙江文化创意产业园区类型分布情况　　　　表2-2-44

类型	园区数量（家）	园区数量占比（%）
产业型	6	17.1
艺术型	1	2.9
休闲娱乐型	2	5.7
混合型	25	71.4
地方特色型	1	2.9

2.黑龙江省文化创意产业典型园区调查

（1）产业型园区分析

截至2016年，黑龙江省共有6家产业型文化创意产业园区，其中，黑龙江动漫产业（平房）发展基地面积最小，仅有2.60万平方米；哈尔滨市印刷出版文化科技产业园区面积最大，达到了55.86万平方米。

黑龙江省产业型文化创意产业园区基本情况　　　　表2-2-45

序号	园区名称	面积（万平方米）	概况
1	黑龙江动漫产业（平房）发展基地	2.60	基地现有五处办公楼宇，总建筑面积达26000平方米，目前园区进驻企业近300家。企业涉及的领域主要包括三维动画、二维动画、漫画、网络及手机游戏的开发与制作以及电子商务、衍生产品开发、广告创意等。拥有57项自主知识产权技术，其中涉及硬件、动漫、游戏、网络存储系统等四个类别专利技术32项、知识产权25项。3项被列为国家火炬计划项目，裸视立体技术、高清三维影视技术及水幕电影、第三代电影等技术全国领先，动漫产业年创产值超亿元
2	黑龙江大庆软件园	8.40	大庆软件园位于大庆高新区主体区，园区于2002年开工建设，占地面积8.4万平方米，建筑面积5万平方米，2003年9月份企业开始入驻，2004年9月国家科技部批准大庆软件园为黑龙江省唯一的"国家级火炬计划软件产业基地"。目前软件园共进驻企业180多家，其中高新技术企业51家，28家企业和50个软件产品通过双软（软件企业和软件产品）认证，承担国家863计划3项、火炬计划17项，26家企业通过ISO9000系列认证
3	哈尔滨市印刷出版文化科技产业园区	55.86	哈尔滨市印刷出版文化科技产业园区位于哈南工业新城，哈尔滨市印刷出版文化科技产业园区是哈尔滨市"十二五"时期文化产业重点项目，总投资16亿元，占地面积55.86万平方米，可容纳33000多人就业，每年可实现产值80亿，利润10亿元以上
4	大庆高新区文化创意产业园	22.40	大庆高新区文化创意产业园是大庆市实施振兴东北老工业基地，促进产业结构调整、城市转型，倾力推动的重点文化产业建设项目，是从事文化创意产业的综合产业基地
5	松松小镇儿童文化产业区	1.2	松松小镇位于哈尔滨市香坊，始建于2013年，占地面积12000平方米，由松松文化和美国著名设计公司Thinkwill共同设计，是集儿童娱乐、教育为一体的室内卡通主题儿童乐园。2015年，松松小镇列为黑龙江省重点文化产业项目，并在同年被评为国家AAAA级旅游景区

（2）艺术型园区分析

截至2016年，黑龙江省只有1家艺术型文化创意产业园区，面积1.5万平方米。

黑龙江省艺术型文化创意产业园区基本情况　　　　表2-2-46

园区名称	面积（万平方米）	概况
百湖艺术群落	1.50	百湖艺术群落是大庆艺术家创作的基地，市民欣赏选购原创艺术品的文化采摘园。该群落位于大庆高新区，成立于2009年7月，总面积15000余平方米。该群落整合了大庆文化资源，为繁荣文艺事业和文化产业兴建起来的集创意生产、宣传交流、展览销售为一体的文化产业园区。群落现入驻艺术家120余位、文化艺术企业40家

（3）休闲娱乐型园区分析

截至2016年，黑龙江省共有2家休闲娱乐型文化创意产业园区，平均面积34.00万平方米。

黑龙江省休闲娱乐型文化创意产业园区基本情况　　　　表 2-2-47

序号	园区名称	面积（万平方米）	概况
1	哈尔滨新力新区文化产业园	30.00	新力新区文化产业园建设于 2009 年启动，计划分三期共完成建筑规模 30 万平方米，包括建筑物、景观、广场级配套设施的建设，计划投资总额为 30 亿元。一期建设建筑规模为 20 万平方米，其中包括建设松花江艺术中心、哈尔滨文化艺术品中心、图书城、市民培训中心、少年职业体验馆、艺术家命名艺术馆等文化项目，并建设超市影城、餐饮等配套设施项目。第二期建筑规模 5 万平方米。三期建筑规模 5 万平方米
2	哈尔滨太阳岛风景区	38.00	太阳岛风景区坐落在哈尔滨市松花江北岸，国家 5A 级旅游景区，与繁华的市区隔水相望，是全国著名的旅游避暑胜地。面积 38 平方公里，外围保护地带规划控制面积为 88 平方公里，是江漫滩湿地草原型风景名胜区

（4）混合型园区分析

截至 2016 年，黑龙江省共有 25 家混合型文化创意产业园区，其中，齐齐哈尔神鹤文化产业园面积最小，仅有 0.3 万平方米；哈尔滨五泉山萨满面积最大，达到了 100.00 万平方米。

黑龙江省混合型文化创意产业园区基本情况　　　　表 2-2-48

序号	园区名称	面积（万平方米）	概况
1	哈尔滨市群力文化产业园	50.00	文化产业园总占地面积约 50 万平方米，平均容积约为 0.6。以位于群力大道、群力第七大道、景江东西路围合区域内建设的"金鼎广场"为核心，由"两带两片"状的文化区与带状公园——金河公园组成。其中金河公园以"春水大典、夏日牧歌、秋日狩猎、黑山白水"为主题。同时还包括可容纳 1 万多人的下沉式中心广场、松花江艺术中心、景观水系等，总投资 1.5 亿元。地域特色鲜明的文化区与景色别致的景区相融合，致力于打造"生态景观优美、文化气息浓厚"的文化产业示范区
2	黑龙江大庆国家级文化创意产业园	40.39	黑龙江大庆文化创意产业园规划总占地面积 40.39 万平方米，总建筑面积 46.1 万平方米，包括现已建成的大剧院周边地区和新规划区两部分，重点建设动漫功能区、数码传媒功能区、国际文化会展交易功能区、百湖艺术群落、东方新文化广场和配套商业服务区六个功能区
3	黑龙江现代文化艺术产业园区	28.00	文化艺术产业园区建成后，实现园区新建面积近 11 万平方米，与哈工大、哈工程、哈理工三个国家级科技园区四点相连，彼此贯通，形成哈尔滨市以知识聚集、创意创新为特色的新兴产业带
4	齐齐哈尔神鹤文化产业园	0.30	产业园位于劳动湖风景区南邻、西虹桥畔，毗邻劳动湖文化广场，占地 3000 多平方米，建筑面积 2000 多平方米，有文化产业研发区、文化艺术品营销区、文化精品展示区、重点文化产业区和旅游产品采购区五个功能区
5	齐齐哈尔文化艺术品广场	1.00	齐齐哈尔文化艺术品广场作为文化产业园区，文化艺术活动中心，既为艺术家们提供了展示的舞台，同时也为收藏家和经营者提供了交易平台。自开业以来，已多次举办书画、摄影、剪纸等艺术作品展和首届古玩交流会，并且每周六周日都举办古玩集市，免费为参加者提供展位
6	哈尔滨五泉山萨满	100.00	根据五泉山的自然资源特点与区位条件，园区规划以保护和突出自然特色、地方金源文化特色、地方非物质文化特色、女真萨满神祭特色、萨满心理康复特色、女真民俗特色、温泉养生沐浴特色、冰雪文化特色为原则，将五泉连珠山建设成以沐浴山泉、祭祀祖先、净化灵魂、运动养生、休闲避暑、农田采摘、体验民俗、滑雪赛马、钻冰捕鱼、山洞野趣为主，四季旅游项目各具特色，生态环境优良的生态养生旅游度假区。项目总投资 26000 万元，项目建期为 4 年
7	黑龙江动漫产业基地	22.00	基地已建成的黑龙江新媒体动漫公共技术服务平台，是国家文化部重点支持建设的七大动漫公共服务平台之一和三大新媒体平台之一，是国内唯一以 4D 影视制作为特色的国家级动漫新媒体公共技术服务平台。该平台分七个子平台，以 4D 影视制作为特色，具有国际领先技术水平
8	黑龙江省文化产业园区	73.70	黑龙江省文化产业园区涵盖群力文化产业园和大庆文化创意产业园，联合两地共同打造文化创意产业基地

（5）地方特色园区分析

截至 2016 年，黑龙江省仅有 1 家地方特色文化创意产业园区——牡丹江渤海风情园，园区面积为 80.00 万平方米。

黑龙江省地方特色型文化创意产业园区基本情况　　　　表 2-2-49

园区名称	面积（万平方米）	概况
牡丹江渤海风情园	80.00	园区位于国家级风景名胜区镜泊湖东北 20 公里，牡丹江市西南 86 公里的宁安市渤海镇境内，与渤海国上京龙泉府遗址接壤，是渤海国遗址、镜泊湖和火山口森林这一旅游金三角地带的咽喉入口处，地理位置十分优越

2.2.9 上海市

1. 上海市文化创意产业园区发展概况

（1）上海市文化创意产业园区数量

截至2016年，上海市共有239家文化创意产业园，2016年上海市文化创意产业园新增25家。

2010—2016年上海市文化创意产业园区数量增加情况　　　　表2-2-50

年份	园区数量（家）	园区增加数量（家）
2010	109	8
2011	123	14
2012	144	21
2013	189	45
2014	195	6
2015	214	19
2016	239	25

（2）上海市文化创意产业园区类型分布

上海市文化创意产业园主要模式分为产业型、艺术型、休闲娱乐型、混合型、地方特色型。从上海市文化创意产业园区类型分布情况看，产业型和混合型园区占主要部分，其他类型数量相对较少。截至2016年，混合型和产业型园区数量分别达到了155家和67家。

2016年上海市文化创意产业园区类型分布情况　　　　表2-2-51

类型	园区数量（家）	园区数量占比（%）
产业型	67	28.03
艺术型	10	4.18
休闲娱乐型	4	1.67
混合型	155	64.85
地方特色型	3	1.26

2. 上海市文化创意产业典型园区调查

（1）产业型园区分析

截至2016年，上海市共有67家产业型文化创意产业园区，其中：上海德邻公寓面积最小，有0.48万平方米；上海中广国际广告创意产业基地面积最大，达到了200.00万平方米。

上海市产业型文化创意产业园区基本情况　　　　表2-2-52

序号	园区名称	面积（万平方米）	概况
1	上海张江国家级文化产业园区	20.00	上海张江文化产业园区是以科技研发、金融支持、创新服务为特色，集聚龙头企业和规模效应成效显著，在文化与科技、创新、金融、贸易结合上优势明显，具有强大文化传播力的国家级文化产业示范园区。目前，在张江注册的文化企业已有数百家，其中不乏盛大网络、第九城市、炫动传播、城市动漫、河马动画等一批国内知名、业界领先的文化企业。园区还是全国首家国家级数字出版基地——张江国家数字出版基地，是上海市首批市级文化产业园区——张江动漫谷
2	上海创意仓库（四行仓库）	1.20	四行仓库位于苏州河北岸光复路181号，由当年设计国际饭店的著名犹太设计师乌达克设计，始建于1913年，新中国成立前曾是金城、盐业、大陆和中南这四家银行的仓库，因此而得名。四行仓库积淀了深厚的文化底蕴，从而为把四行仓库重新塑造成新时期的工业创意园奠定了厚实的文化基础

续表

序号	园区名称	面积（万平方米）	概况
3	上海63号建筑设计创意工场	1.61	上海63号建筑设计创意工场的前身为沪东高科技园区，由沪东科技信息沙龙、四平街道、上海渔业机械仪器研究所联合创办。该工场位于赤峰路63号中国水产科学研究院渔业机械仪器研究所内，总建筑面积41869.5平方米，占地面积16121平方米，包括新建的一幢21层、总建筑高度75米的设计大楼。设计大楼占地6666平方米，总建筑面积25621平方米
4	上海花园坊节能环保产业园	4.00	园区在设计上采用国际上认同的美国LEED绿色建筑认证标准，选择2幢建筑物进行示范，其中1幢用于金牌标准认证，另1幢用于认证级认证，实现同一标准内的可对比性；同时采用国家3A绿色建筑认证标准和国家节能建筑强制标准认证，同样选择5幢建筑进行建筑节能改造，其中2幢为3A绿色建筑认证，同样实现同一标准内的可对比性。还采用企业技术与产品嵌入式改造模式，既是企业的产品与技术的展示厅，同时也是企业商务办公的节能屋
5	传媒文化园（窗钩）	1.27	传媒文化园地处市中心繁华地段，近邻静安寺、曹家渡、南京西路商务区。交通便捷，附近有10余条公交线路，各种车辆也可以方便进入延安高架路和内环高架路。上海美影厂、中国动画协会、上海邦得动漫学院等国内动漫业的龙头企业、行业协会和人才基地都集中在附近
6	上海西郊鑫桥创意产业园	1.33	西郊鑫桥创意产业园占地面积20亩，建筑面积12000平方米，绿化率达15%。这块小小的西郊热土，由原来粗放型企业转变为彰显个性、高品位的创意产业园区。保留着传统厂房特征，穿插着现代创意元素，洋溢着时尚艺术韵味，小巧精致，简洁典雅
7	上海田子坊	0.50	田子坊是由上海特有的石库门建筑群改建后形成的时尚地标性创意产业聚集区，也是众多艺术家的创意工作基地。园区立体地呈现出上海亲切、温暖和嘈杂的一面。2008年，上海田子坊被评为"国家AAA级旅游景点"
8	上海半岛1919创意产业园	13.50	半岛1919创意产业园位于上海宝山区淞兴西路258号，吴淞大桥以西，南临蕰藻浜与黄浦江交汇处，淞浦路921号，北靠外环线内侧，总规划面积约73000平方米。环周边拥有临江公园、炮台湾湿地公园等生态、历史人文资源
9	上海德必长宁易园	3.00	上海德必长宁易园项目，设计时间为2009年8月，竣工时间为2011年。改造前是旧办公楼，改造后是以计算机技术催生多媒体产业为主题的创意产业园，是沪上创意办公新中心，以多媒体与文化创意产业为主业态，经上海市政府部门认定为上海多媒体产业园分园
10	上海西岸创意园	1.82	西岸创意园地处徐虹中路20号上海汉森织造手帕厂原址，位于中山西路和凯旋路之间，属徐家汇核心CBD的延伸腹地。西岸创意园以时尚传媒为主导，以时尚、文化、现代为特征，构筑艺术设计与培训、时尚品牌发布、数码传媒、广告出版、网络媒体与互动休闲为基础的创意产业和与之相呼应的配套形态，形成功能互补、错落有致的主题性创意园区
11	上海X2创意空间	1.30	X2的全称是："X2上海数字娱乐中心"，这是一个以IT与创意设计业为主的商业创意产业园区。园区里既有全上海最大的数字音乐酒吧，也有大大小小IT创意公司，还有一些国外的风险投资公司和文化传播公司。X2创意空间位于徐家汇茶陵北路和斜土路交界口，项目占地4178平方米，建筑面积13000平方米，其中，可供出租商业建筑面积2000平方米，可供出租办公建筑面积10000平方米，配套服务面积1000平方米。项目由四层至六层6栋建筑围合成U字形，底层为商业，二至六层是LOFT与大开间挑高空间办公室
12	上海工业设计园	1.00	上海工业设计园位于上海交通枢纽中心，靠近全国首座复合式高架——上层与南北高架相连、中层地铁汶水路、下层南北干道共和新路，南距新客站6公里。园区主要定位于工业设计、展示、交易相关的电子通信、生物医药、新材料、服装、模具等行业领域。工业设计园所处的智能化办公楼——彭浦大厦共有16个楼层，1~15层层高3.3米，16层层高3米。每层标准建筑面积545平方米，房型方正，自然采光，可灵活分割
13	上海同乐坊	1.13	同乐坊是文化创意产业与创意文化生活的结合体。其服务对象不仅包括各类文化创意企业，更注重艺术创意、休闲娱乐、影视发布等业态的引进。同乐坊注重弄堂工厂文化、市井文化的展示与挖掘，使同乐坊真正成为"制造快乐、与民同乐"的艺术创意、时尚创意空间
14	中环滨江128（上海理工大学国家大学科技园）	5.09	上海理工大学国家大学科技园位于上海市杨浦区翔殷路128号，地处上海市东部翔殷路、军工路一线，属于杨浦知识创新区总体规划中的东片高校集聚区和以现代服务业为核心的滨江功能带。科技园占地50926平方米，科技产业用房建筑面积约45000平方米，是一个低容积率的生态型科技研发基地
15	上海设计工厂	0.50	2004年10月，上海师范大学与政府、企业联手，投入近千万元资金，把虹漕南路9号原上海面包厂旧厂房改建成集产业发展、人才培养和艺术研发于一体的设计工厂创意产业集聚区，总建筑面积约1万平方米。在设计工厂创意产业集聚区设计人才培训基地基础上，建立和完善创意设计人才培训平台。现有教学场所约5000平方米，有艺术设计教室、工业造型设计专业车间、专业图书阅览室、成果展示厅、大学生创意设计创业孵化器，以及约20家创意设计企业、研究中心入驻创意设计产业集聚区
16	尚街LOFT时尚生活园	4.00	尚街LOFT是上海首个集个性服饰、餐饮、休闲等为一体的时尚创意生活园区。尚街LOFT时尚生活园区地处上海市徐汇区钻石地段，园区北临建国西路，东临嘉善路，西临襄阳南路，南临城市主干道肇家浜路，地理位置得天独厚。园区整体建筑面积达40000平方米。尚街LOFT紧临上海著名的商业中心地带，同时处于历史风貌保护区，相邻多幢密集型高档住宅，并深具城市文化底蕴

续表

序号	园区名称	面积（万平方米）	概况
17	上海创邑·河创意园	0.50	创意园位于万航渡路2170号，向北紧邻苏州河，属于凯旋路沿线14列入开发的楼宇之一。它位于凯旋路多媒体产业走廊的最北端，建筑面积约5000平方米。该项目拥有三大特点：一是苏州河概念，让母亲河水成为灵感的源泉；二是仓库大空间概念，4.5米的层高，自由分隔的空间，让创意不再受到压抑；三是独特的建筑风格，蝶形楼梯上海罕有
18	上海仓城（胜强影视文化创意产业园）	100.20	仓城胜强影视文化产业园项目选址于上海市松江区永丰街道，规划地块面积1500亩，约100万平方米。仓城胜强围绕构建和延伸华语影视产业链，从形态上按照华语影视主题、产业链空间铺展或延伸的要求，定位为"五区三带一网"格局
19	上海尚建园	2.10	园区占地面积达21000余平方米，总建筑面积为30000余平方米。园区布局包括保留改造的基地南北部旧厂房，改扩建的东北部业务楼和东南部综合楼。由矩形的业务楼与L形的综合楼围合形成中央广场，此外增添了一系列丰富的室外公共空间，满足园区的功能要求，包括入口广场、架空骑楼、中央广场、停车场等，并利用建筑的屋顶布置集中绿化，形成活泼有趣的休闲花园
20	上海虹桥软件园	4.30	虹桥软件园坐落于虹桥路333号，原为上海经昌色织厂，因企业破产，导致厂房长期闲置。在市政府和徐汇区政府的支持下，改造成为虹桥软件园，建筑面积14000平方米。该园区是上海较早利用闲置厂房资源，实施产业置换，形成以技术研发为特色创意产业集聚区的成功典型。目前，已吸引各类软件设计企业100余家
21	上海通利商务创意园	0.71	园区总建筑面积7119平方米。全景观花园平台复式结构办公楼，独特的复式空中创意楼层，90~500平方米大小空间分隔。地处周家嘴路1010号，位于主要交通干道周家嘴路和大连路的结合部。园区定位于产品设计、建筑设计、航运服务等产业，汇集国内外知名国际货运代理公司、工业产品设计师工作室、形象企划师工作室、信息发布中心等
22	上海车博汇	1.30	项目位于浦东新区张杨路苗圃路处，面积约13000平方米。整体的开发定位是计划在工业地块中，融入常年性的汽车展示、时尚新品发布和汽车改装陈列，具有层出不穷的新品问世、关联汽车下游配件饰品产业的潮流展示，是车迷车模和专业人士的交流时尚角，故称之为"车博汇"
23	徐汇创意阁	2.50	徐汇创意阁不同于其他由废旧厂房改造而成的创意产业聚集区，那些大多位于老城区的创意地产项目存在许多不足之处：建筑老化、结构陈旧、公共区域装修粗糙、物业管理水平低、商务配套不足等。徐汇创意阁由仅20年房龄的钢筋混凝土结构的厂房全新改造。在改建设计中，去除一切陈腐、多余的元素，以大高度、阔空间，通过现代创意的视角，注入时尚艺术的元素，创造高品位的工作氛围，产生强烈的艺术冲击和扣人心弦的整体视觉效果
24	上海空间188创意产业集聚区	1.33	空间188创意产业集聚区是上海市经济委员会第二批授牌的创意产业园区之一。产业园区分为前庭和后庭两部分，共占地面积20亩，建筑面积30000平方米。前庭原为上海无线电八厂，由多栋宽敞、明亮的厂房组成，后庭为五幢建于20世纪30年代的老洋房。经过改建以后，将洋房的历史文化底蕴和厂房的空间通透感有机结合起来，再配以100米左右的街面长廊，打造出一个有明显建筑风格和特色的"空间188"创意产业园区
25	上海静安创艺空间	0.82	静安创艺空间前身为五和针织二厂，现为静安体量最大和客户群体最多的创意产业园区之一。该园区共由6栋分别建于20年代、50年代和70年代的厂房组成，在保留工业时代元素和融合进现代建筑风格元素的前提下，留旧进新，形成了独特的工业时代怀旧风格创意园区
26	天杉德必易园	1.00	园区位于长宁区天山路1900号，轻轨3.4线延安西路站仅290米，靠近地铁2号线娄山路站。紧邻以时装设计享誉国内的东华大学总部，处于长宁区重点项目环东华商圈中心。是闹中取静、环境清幽、创意办公灵感源泉的理想园区
27	上海多媒体产业园	6.50	上海多媒体产业园作为上海首个以数字媒体产业为特色的高科技园区，在上海市科委、长宁区委区政府的指导与支持下，于2002年建成。园区坚持数字媒体产业的发展方向，集聚了国内外影视动画、宽带多媒体应用和多媒体展览展示领域多家重点企业，并有DELL、埃森哲、LG等世界500强以及上海市多媒体行业协会、亚洲艺术科学学会等行业机构入驻园区
28	上海昂立设计创意园	2.80	昂立设计创意园在远洋广场基地已有的建筑设计企业集聚规模基础上，导入交通大学等高等学府的学科优势，发展工业设计类企业的集聚产业群，将园区建设成为全国范围具有影响力的新型设计平台。同时，提炼可持续发展的园区模式进行孵化、复制。园区内现有承租企业45家，其中40家为设计相关企业
29	上海德邻公寓	0.48	德邻公寓创意产业园区位于虹口区四川北路71号，占地面积4801平方米，建筑面积18959平方米。北外滩CBD商务区南端，南邻黄浦商业区，西近上海火车站，距南京路、外滩仅数百米之遥。园区距离四川北路和河南北路两条交通主干道步行仅几十米，附近有十几条公交路线，毗邻轨道10号线和12号线换乘站，交通地理位置优越
30	上海法兰桥	1.77	法兰桥位于虹口区欧阳路196号，西临宝安路，用地面积17680平方米，建筑面积48000平方米。其原址是SVA上广电的厂房，已改造成一座总建筑面积约48000平方米的综合型创意园区，业态包括餐饮、零售、时尚文化、休闲娱乐和教育等，主要面向周边的居民消费群
31	上海汇丰创意园	1.18	汇丰创意园区位居徐汇区喜泰路239号。十二幢冠以"丰"字的大楼都涂饰着炫彩的色泽，显得时尚活泼。而在园区内部安营扎寨的公司，都有着极其惬意的办公格局——"流水""群鱼"的点缀和运用，让创意园区的办公环境始终都充溢着自然、平和的气息，这也透射着园区对自身的定位和要求：居家设计、展示、纺织业态能够让汇丰创意园这个小小的丰饶角，带给生活以不断的惊喜

续表

序号	园区名称	面积（万平方米）	概况
32	上海天地软件园	2.00	上海天地园位于普陀区中江路879弄，建筑面积2万平方米。紧靠上海著名高等学府——华东师范大学，以及环境优美的长风公园。园区具备了发展创意产业所必需的经济实力强、智力密集度高、环境幽静等要素
33	上海乐山软件园	2.00	乐山软件园坐落于乐山路33号，原为上海新丰色织厂。2002年，在市经委支持下，交通大学等单位将厂区改造成为乐山软件园，建筑面积近20000平方米。乐山软件园凭借其独特的服务优势，吸引了游戏软件、软件外包、软件专业培训等企业。乐山软件园已成为软件设计为特色的创意产业集聚区
34	上海绿地阳光园	1.30	绿地阳光园系上海绿地建设（集团）有限公司投资开发和建设的创意产业园区。绿地阳光园占地面积6000多平方米，建筑面积13000平方米，由4幢工业用房与一幢大厦群楼合抱而成。绿地阳光园将主要面向国内外各类创意产业企业，形成以设计创意为特色的重点领域。企业主要以室内装潢设计、建筑设计为主，另外还汇聚了一些广告设计、影视制作设计、环境艺术设计以及会展策划等
35	名仕街	1.90	上海名仕街时尚创意园是由中国服装集团在上海投资建设，由上海名仕街企业管理有限公司管理的大型创意产业项目之一。上海名仕街位于上海市洛川中路1158号，总占地面积19000平方米，建筑面积41000平方米。其中个性化创意、商务办公房30000平方米，展览展示等公共发布平台面积约4800平方米，园区生活配套服务设施6200平方米
36	文定生活	2.20	文定生活选择位于文定路258号废置的上海冷拉型钢厂进行设计改造，将其建成具有包豪斯建筑风格的、有设计生活品位的、集国际家居展示和创意中心于一身的建筑。在这里，设计、艺术和生活方式进行了完美的结合。拥有22000平方米的展示空间，充分体现品牌展示、设计、服务为一体的理念，改变了以往家居装饰市场产品单一的局面，形成一处集艺术活动、购物生活方式的体验和生活为一体的个性空间
37	上海中广国际广告创意产业基地	200.00	中广国际广告创意产业基地成立于2007年。基地通过产业链高度聚集来集约资源，推进中国知名广告企业的扩张与品牌提升；以八大板块打造全球广告创意服务集聚区，力争成为中国最大、产业链最完整的广告创意产业园。基地规划用地3000亩，市场化运作，分批建设，滚动开发
38	上海旅游纪念品设计大厦	1.00	旅游纪念品设计大厦创建于2001年4月，位于著名的豫园旅游区的南侧傅家街65号。大厦主要以翡翠、白玉、珠宝、黄金等的旅游纪念品的创意、制作。该大厦建筑面积近万平方米。大厦内设有经济服务中心，为入驻大厦内发展的各界人士与企业提供优惠的政策扶持和专业化、全方位的优质服务
39	上海旅游纪念品产业发展中心	5.00	上海旅游纪念品产业发展中心是黄浦区经委牵线、政府携手的旅游产业重点项目，是区政府"一业特强"框架下搭建的旅游纪念品产业商务港。项目以新上海城市广场为大本营，以旅游纪念品产业商务港为主体，成立国内外旅游纪念品企业上海总部群，形成中国第一个从工艺原材料到产成品供应的产业链，为国内外旅游纪念品、工艺礼品生产、销售商提供展示、销售、办公、商务、研发一条龙服务

（2）艺术型园区分析

截至2016年，上海市共有10家艺术型文化创意产业园区，其中：上海东大名创库面积最小，有0.10万平方米；上海尚街LOFT婚纱艺术产业园面积最大，达到了7.79万平方米。

上海市艺术型文化创意产业园区基本情况　　　　　　　　　　　　　　　　表2-2-53

序号	园区名称	面积（万平方米）	概况
1	上海周家桥创意产业之门	1.20	周家桥创意产业之门位于长宁区万航渡路2453号，原为亚洲电焊条厂，总建筑面积12000平方米。大楼设计策划邀请了曾策划过泰康路艺术街的吴梅森先生与著名油画家彭鸣亮先生担任。外观看似寻常却体现了奇特的创意：大楼为"户"，黄蓝色块勾勒出"非"字，从而暗藏"门扉"之义，寓意着创意之门正在召唤。入驻企业多为设计、摄影等方面的创意公司，目前基本满租
2	上海800秀	2.20	800秀位于常德路昌平路口，紧邻地铁7号线昌平路站，地理位置优越。800秀地处静安区中部，占地27亩，是静安区政府"中部崛起"战略的重点项目之一。着力与南京路形成CBD商圈，打造集走秀、时尚发布、品牌展示的多功能秀场。高层次的商务办公区域以及高档的商业休闲服务融为一体，是富有立体感、创意感、时尚感的创意产业园，成为实现静安中部崛起的一个地标性项目。厂房改造由德国Logon公司负责概念设计、建筑设计。建筑形态上采用"保留以修旧如旧为主""拆除与新建"为辅的设计方案，尽可能多地保留"原生态"为主，并辅以"新增"的"历史文化"，在商业休闲广场上充实文化和艺术的创意内涵
3	上海张家浜逸飞创意街	2.26	逸飞创意街由著名艺术家陈逸飞先生生前策划，冲破传统商业街缺乏文化底蕴、物质至上的弊端。整条街以文化为主，高档休闲为辅，引聚国际国内大批艺术大师及创意设计室，融艺术性和创意性于一身，彰显现代、时尚、创新的特色。力求以文化的光环与商业的浪潮合力，形成有影响力的、标志性的、聚集人气的休闲娱乐型商业街区

续表

序号	园区名称	面积（万平方米）	概况
4	上海苏河现代艺术馆	0.20	苏河现代艺术馆由挪威华人袁文儿先生及夫人丽莎女士于2005年年初创建。它以"促进当代艺术发展、扶持年轻艺术家"为宗旨，具有展览、交流、服务三大功能。是一个不以营利为目的，为当代艺术服务的民营式、专业化的文化艺术机构。苏河现代艺术馆位于上海市中心区的苏州河畔。该建筑建于1912年清代末期，最初为荣氏家族的福新面粉厂，后改为上海市第一服装厂，属于上海市"不可移动文物"。苏河现代艺术馆建筑面积2000平方米，共七层。二到六层每层面积300平方米。第二、三、四层用于艺术展览，第五层是苏河酒吧，第六层是苏河西餐
5	上海东大名创库	0.10	创建于2000年的东大名创库是一个独立运作的艺术中心，致力于另类与实验艺术活动的拓展。东大名创库拥有约960平方米的空间，展览空间包括一个开放空间（280平方米）以及一个主展厅（320平方米），后者既是展览的主要场地，同时也可作为现代舞、音乐、戏剧的舞台及电影和录像艺术的放映厅。东大名创库致力于独立策划、推广艺术展览活动，是一个非营利性的艺术中心
6	上海鑫鑫1930创意园区	0.42	园区位于辽宁路244号，西临四川路商业街，南近苏州路北外滩，建筑面积4174平方米，位于虹口区沙泾港北岸。整幢建筑始建于1930年，为英国商人建造的老货栈，当时颇负盛名的英国建筑事务所Anderson Meyer & Co.Ltd设计，外墙及内饰尽显典型的英式建筑风格。园区与上海著名的1933老场坊创意园隔河相望，具有独特的地理位置和久远的历史建筑风貌，成为"老场坊创意集聚区"黄金三角的一个亮点。成为东西方文化汇聚的创意艺术建筑群
7	上海尚街LOFT婚纱艺术产业园	7.79	上海尚街LOFT婚纱艺术产业园占地面积77855.8平方米，建筑面积66748.8平方米。园区内的建筑形态涵盖20世纪40年代至今的各种工业建筑风格，具有形态各异的创意空间，绿化面积达到6000平方米，停车场等基础配套设施齐全
8	上海尚街LOFT浦东创意创业园	1.13	园区坚持改革和创新，与政府、社会和企业三方联动，建立了"创业+创意"基地。通过构建创业和创意互动发展为第一载体的"双创基地"管理运行体系，以推进纺织产业结构调整为任务，以企业资源服务社会，贡献社会为责任，围绕"创业+创意"基地的平台建设，成功拓展了创业、开业、就业"三业并举"的创新路子，实现了创业和创意互动的"双创模式"。现在，园区已成为一个以大学生创业、创意为主打的产业园区

（3）休闲娱乐型园区分析

截至2016年，上海市共有4家休闲娱乐型文化创意产业园区，其中：浦东宣桥共舞台创意园面积最小，有1.20万平方米；上海五维空间创意产业园面积最大，有8.00万平方米。

上海市休闲娱乐型文化创意产业园区基本情况　　表2-2-54

序号	园区名称	面积（万平方米）	概况
1	上海五维空间创意产业园	8.00	上海五维空间创意产业园即上海第五化学纤维厂（五维空间）创意产业园，前身是上海华丰第一棉纺织厂，于1946年由民族企业家强锡麟建立。成立之初，便以花园工厂厂称。厂内除了有接待来宾的八角亭风景之外，还有若干大小不一的花园，并为工人们配备生活区、培训场所、足球场、篮球场、大礼堂和疗养所等
2	浦东宣桥共舞台创意园	1.20	宣桥共舞台创意园作为宣桥镇的重点建设项目，以"打造公共文化舞台"为目标，总投资2000万元，2013年9月12日开始破土动工。创意园由原宣桥色织厂改造而成，改造后的园区建筑面积1.2万平方米。宣桥共舞台将打造成为一个集商业、娱乐、餐饮、旅游、教育、办公等多元化功能的农村公共文化空间，并形成农村集中文化服务区域。园区将不仅满足当地居民的文化消费需求，更为游客打造一个公共文化舞台。目前，60%的园区面积已被有意向入驻的商家所抢占，开展园区相关配套设施建设，并按照休闲、文化、体育、服务、餐饮等功能进行布局
3	上海梅迪亚1895	1.50	梅迪亚1895创意产业园区总建筑面积约4万平方米。本园区是上海市第四批创意产业集聚区之一，并被列入杨浦本年度重点工程项目。园区是以数码、网络为主题，以新媒体创意为核心并集合娱乐、餐饮、办公为一体的多功能化的新媒体产业中心。项目定位于现代传媒产业创意平台、上海新媒体创意产业中心

（4）混合型园区分析

截至2016年，上海市共有155家混合型文化创意产业园区，其中：上海Z58创意之光和上海淮海路创意廊面积最小，为0.10万平方米；环同济设计创意产业集聚区面积最大，达到了260.00万平方米。

上海市混合型文化创意产业园区基本情况

表 2-2-55

序号	园区名称	面积（万平方米）	概况
1	上海红坊文化艺术社区	5.00	红坊文化艺术社区位于淮海西路570号，毗邻徐家汇商业中心。社区占地面积约50000平方米，项目总建筑面积约46000平方米，室外公共展示空间达10000平方米。其前身是上钢十厂的厂区，汇集了艺术展览馆、画廊、设计室、艺术家工作室、时尚店铺等众多文化艺术元素。红坊文化艺术社区成为工业遗产再利用的示范区，也是中国文化产业的示范区及国内外具有影响力的文化创意产业集聚区
2	上海8号桥	1.20	8号桥位于上海市中心城区卢湾区建国中路8～10号，占地7000多平方米，总建筑面积12000平方米。园区由20世纪70年代建造的上海汽车制动器厂的老厂房改造而成。整个园区由7栋建筑构成，在房屋构成方面没有做大动作，基本上保持了原来的布局。在设计中，没有一味追求建筑面积，而是更多地在其中设置了大量室内、半室内和外部公共空间
3	上海M50	2.36	M50是莫干山路50号的简称，原来是上海春明粗纺厂，位于苏州河南岸半岛地带，占地面积35.45亩，拥有自20世纪30年代以来各个历史时期的工业建筑41000平方米。为近代徽商代表人物之一周氏的家庭企业—信和纱厂。莫干山路50号是上海最具规模和质量的当代艺术社区，短短几年的时间里，不断地有画廊、设计公司、艺术机构和艺术家迁入，形成了良好的艺术氛围
4	上海易园徐汇创意园	3.00	易园，撷取天地之灵气，成就道法之自然，于天地万物之间，共生共衍，生生不息，幻化无穷。当创意碰触自然，是相融，亦是共生。上海易园徐汇创意园追寻园区实质需求，融合古典雅韵与现代时尚，汇聚科技与文化精粹，为新媒体产业结合工业设计再造文化创意乐园
5	2577创意大院	2.00	2577创意大院的前身是中国人民解放军7315兵工厂。园区最早在清朝洋务运动时，由李鸿章创办的江南枪炮局，是第一家中国工业设计院所在地，有"中国西洋艺术摇篮"之誉，也是中国现代工业设计的发源地。这里是中国最早的创意产业集聚区
6	上海湖丝栈创意园	0.70	湖丝栈创意园占地3750平方米，总建筑面积约7000平方米，其中：一号楼为3层古建，单层面积900平方米；二号楼为2层古建，单层面积400平方米；三号楼为70年代建造的4层钢混结构的建筑，单层面积200平方米；四号、五号楼，合计面积1700平方米。园区定位于影视广告产业链的创意产业，现已明确入驻的有影视广告公司、媒体公关公司等
7	上海新慧谷科技产业园	1.20	新慧谷科技产业园位于闸北区沪太路799号，是闸北区政府引进上海交通大学国家大学科技园在闸北的拓展和延伸，是"交大慧谷"在闸北发展、培育中小科技企业的基地，是科技兴区、区校合作的成功范例。为各类中小型企业提供成长、培育的硬件和软件标准，致力于打造闸北区一流的科技型企业的创业基地
8	上海静安现代产业园	1.40	静安现代产业园由老厂房改建而成，黄蓝色的外立面，配以玻璃幕墙，颇具时尚性；各层内采用中、西不同风格的装潢，丰富的色调搭配，适合不同品位人士的需求。同时，保留老厂房的特色，超大的办公空间，拥有5.6米层高的商铺和4.2米层高的办公区域，为创意类企业提供了发挥想象的空间。楼层公共区域保留原厂房的老照片，陈列了"上无三厂"的一些展品和介绍，颇有怀旧味道
9	海上海创意产业园区	23.40	海上海是一个创意商住区，定位为中高档社区。临近和平公园和控江路商圈，外滩、四川北路商业街、鲁迅公园等均在海上海3公里范围之内。"海上海"由创意商业街、创意商居LOFT和创意生态居三种建筑形态组成，而由海上讲堂、海上剧场、海上展厅三大文化设施构成的"海上海创意中心"是各种文化、科技、艺术活动不断演绎的魅力舞台。"海上海"被称为"微型CBD"与"现代服务产业聚集区"之一。其具备微型CBD的商务功能，开创新的城市空间，代表新的城市形象，具有良好的信息化办公系统等聚集区的典型特征
10	上海创邑·金沙谷（金沙谷创意园）	2.30	创邑·金沙谷位于真北组团商贸群与长风生态商务区核心区域。园区原为上海离合器总厂厂址，园内共有13幢单体建筑，楼层均为1～3层，其中独栋办公楼，空间大，层高较高，可设计为LOFT上下两层空间，上层办公下层展示。此外，还有全装修综合楼，以100平方米的办公面积为主，较符合中小企业的需求
11	上海Z58	0.10	Z58的前身是上海手表五厂。厂房建于"文化大革命"时期。近几年的改造工作保留了原有的钢筋水泥结构的老厂房，并注入了新的功能。设计者将临街的三个跨距去掉，改造成一个充满绿意、水意的半户外挑空空间。在与道路相接的界面上百片状地水平排列着镜面不等高的竹屋容器，尝试试用一道绿色的过滤网在尘土喧嚣的大上海中心创造出一个清新宜人的别样世界
12	上海时尚产业园	0.35	上海时尚产业园是一个以服装产业为主题的都市型工业园区。位于天山路1718号，系租用原上海离合器总厂厂房（占地面积3490.5平方米，建筑面积6391.2平方米）。上海时尚园以中国服装设计师协会和东华大学服装艺术学院的人文资源为依托，以建设国际服装产业界的信息互动、专业设计、品牌发布、产品研发、人才培训等专业功能性发展平台为目标
13	上海浦东美邦启立产业园	5.20	美邦启立产业园坐落于上海浦东新区南汇工业园区内，宣黄公路2300号。园区总建筑面积52304平方米，容积率1.5，由启立集团倾心打造，聘请美国设计团队Ware Malcomb精心设计。项目特别引入美式标准研发园的设计理念，结合现代产业发展要求，打造了5幢美式研发办公楼，每幢4～5层，可适用于研发、办公、呼叫中心、金融服务后场等企业
14	上海第一视觉创意广场	1.50	第一视觉创意广场拥有强大的高端专业设备资源，紧跟市场、紧随时尚的一流设计能力，依托SMG的市场经济实力和广泛丰富的制作经验，追踪世界最前沿的视觉艺术和技术。随着日趋扩大的品牌影响力，力争在上海乃至全国打造一个视觉创意的设计制造平台，同时也为传媒业自身培养具有国际视野、创新意识和娴熟技艺的复合型艺术设计人才和艺术管理人才

续表

序号	园区名称	面积（万平方米）	概况
15	上海宣桥共舞台创意园	1.20	项目位于浦东新区宣桥镇南宣公路131号，原为上海宣桥色织布厂。项目总占地36亩，规划建筑面积1.2万平方米，通过对旧厂房的改建，未来将建设成为集社区文化服务、商务办公和文化休闲为一体的创意园区，从而为宣桥打造一个能够满足经济效益与社会公益、服务区域经济产业升级，挖掘提升区域多元价值的示范性项目
16	上海源创创意园	1.00	源创创意园位于上海市静安区陕西北路600号新闸路口，地理位置极其优越，坐拥上海最好的CBD，最高档的购物商城，最好的住宅区和最便捷的交通。园区附近已经汇聚了许多各具特色的创意产业园，这些时尚媒体、设计、广告等与创意行业相关的企业汇集在一起，势必会形成一种产业的集聚性，创造一种上层合作的可能
17	上海创意联盟	1.20	园区位于杨浦区交通主干平凉路1055号，建筑面积12000平方米。园区的一楼作为商铺；二、三、四楼引进各类设计公司、创意工作室及各类工商企业。无论是商铺的引进还是各类设计室的入驻，都是为体现杨浦区创意产业、纺织产业的特色
18	上海卓维700	0.44	卓维700位于黄陂南路700号，占地面积4442平方米，建筑面积13450平方米。该地旁依上海文化时尚中心"新天地"，离淮海路仅几条街的黄金地段，A、B、C三栋楼，经改造，形成了集动漫广告制作、投资咨询、软件开发、项目设计等为主体的创意产业集聚区
19	上海双创产业园（原鑫灵创意园）	0.71	双创产业园地处浦东陆家嘴金融贸易中心峨山路613号，毗邻世博会主会场，南近浦建路、东临东方路、西倚浦东南路、北靠张家浜景观河道，地理位置优越，交通便捷。园区原有5幢老厂房。由同济大学对园区进行设计，实施全方位改造，现已打造成有利于激发入驻客户热情和创意灵感、具有鲜明特色的创意＋创业的"双创基地"
20	上海1933老场坊	3.00	园区位于虹口区溧阳路611号，由英国设计师巴尔弗斯设计，建筑面积约3.3万平方米。采用钢筋混凝土结构，墙体厚约50厘米，两层墙壁中间采用中空形式，在缺乏先进技术的30年代，巧妙利用物理原理实现温度控制，即使在炎热的夏天依然可以保持较低的温度，由此可以看出这栋建筑当时工艺设计的前瞻性和先进性
21	上海SVA越界（广电信息）	13.00	SVA越界位于徐汇漕河泾地区，这里之前曾是SVA金星电视机厂的厂址。该园区的总建筑面积达到13万平方米，是目前上海最大的创意园区。SVA越界由国际著名建筑机构阿特金斯（ATKINS）规划设计，率先引入了OFFICEPARK概念，融"办公、创意、休闲配套"三大功能为一体，保留大量园区原有植被，形成了OFFICEPARK的园区氛围。SVA越界的业态相当丰富，整个项目中既有创意办公楼、星级酒店，还有大量休闲、娱乐商业业态，为客户提供了创意办公、商务、酒店、休闲、娱乐、专业市场、文化服务等多种服务
22	上海创邑·Young	2.20	创邑·Young项目位于杨浦区新江湾城区域，项目地理位置优越。创邑·Young项目由创业基地、创意办公区、商业休闲广场、文化展示区四大功能区组成。项目以"政府搭台，企业唱戏"的成熟合作模式进行开发和运营，充分体现了"三区融合、联动发展"的目标，通过实行"政府推动、市场化运作"的管理体制和运行机制，实现杨浦区发展知识创新区的要求
23	上海长寿苏河创意园	2.00	长寿苏河创意园位于长寿路19号（与昌化路交界处），前身是原上海减速机械厂，厂区内共有四幢大小不一的厂房，一期改造工程于2007年开始，紧邻苏州河的两幢厂房首先改头换面，并被授牌上海第四批创意产业集聚区。此外，园区沿长寿路的一侧将改建成酒店用品商业一条街，规划总建筑面积近2万平方米
24	上海尚都里休闲广场	4.00	尚都里项目由四位国际知名建筑设计师登琨艳、张永和、柳亦春和马清运联合打造，占地面积近4万平方米，总建筑面积近7万平方米，是个集特色餐饮休闲酒吧、创意小铺、主题客栈、精品酒店、养生SPA六大城市主流功能业态的综合体，占据朱家角核心高地，将打造成一站式度假目的地
25	上海焊点1088	0.15	焊点1088位于长安路1088号，靠近天目西路，前身为上海焊接器材厂。总建筑面积为12000平方米，分别由一幢经济型酒店及一幢LOFT构成。创意园主要面向相关文化创意设计方面的企业，同时积极引进时尚设计、影视传媒、广告策划、数字网络、摄影美术、动漫游戏、文化艺术、信息咨询等企业及个人工作室入驻
26	上海德必运动LOFT	1.87	德必运动LOFT是国内第一家以"运动办公，健康工作"为核心定位的创意园区。它以挑高6~10米的空间，随处可见的运动设施，为崇尚运动、自由、活力、创意的广大客户提供一个全新的健康生态办公空间，开创了创意办公的新纪元。"运动LOFT"地处花园路128号，总建筑面积38480平方米。"运动LOFT"原址为上海华东电焊机厂，为华东地区最大的电焊机厂之一，隶属于上海电气集团。工厂里完整地保留了自清末民初到20世纪80年代的各个时代的建筑，房型开阔工整，大部分大型厂房层高6~10米，可任意分割办公空间
27	波特营文化创意园	1.50	波特营文化创意产业园位于浦东新区陆家嘴腹地崂山路332号，占地21亩，总建筑面积15000平方米。园区主题定位力求鲜明，把"文化传播＋创意设计"作为园区发展主体，并结合建筑形态、商家需求、服务体系、项目资源等因素，统筹考虑，集中优化，把项目定位和主题融入项目软硬件的建设中，使园区的功能载体能满足既定商务商业业态的需求，并适度超前，以顺应和满足园区未来运营需求

续表

序号	园区名称	面积（万平方米）	概况
28	上海原弓艺术仓库	0.52	原弓艺术仓库是集办公楼、艺术展馆及餐饮为一体的各种文化创意企业相互聚合的创意产业集聚地。目前已经入驻的有：上海原弓美术展览馆、美艺智家文化会所、上海瑞能（艺术品）拍卖有限公司、上海原潮文化艺术策划有限公司、上海永迪文化艺术策划有限公司、日本诺日士服务有限公司、CASTER街舞工作室、明翼形体艺术中心、景德镇瓷器文化交流中心以及奥林匹克美术大会组委会数码艺术委员会交流中心
29	上海SOHO丽园	1.10	作为"8号桥"的三期工程，SOHO丽园延续着"8号桥"前两期的一贯风格。园区在20世纪70年代老厂房的基础上，经过保护性改扩建而成，由12幢大小不一的建筑组成，楼宇之间形象地建有一座天桥相连通
30	上海98创意园	1.40	98创意园园区位于延平路98号，面积14000平方米。原址为上海电器厂区，建于1967年，专门生产高低压成套电器设备。企业转制搬迁后，上海电气酒店投资管理公司对原有厂房加固、改造，将其打造成工业设计、品牌设计创意园区
31	上海东纺谷创意园	2.71	东纺谷创意园位于平凉路上，东靠杨浦大桥，西连提篮桥，南邻黄浦江，地理位置优越交通便捷。园区具有现代化标准商务办公楼，已引进陈凯艺术原创设计工作室、林家阳艺术原创设计有限公司、上海世之维信息技术有限公司、中国纺织工业设计院上海分院、上海香榭里家用纺织品有限公司、上海新特纺织技术研究中心有限公司、上海中纤纺织科技发展有限公司、上海龙头生物技术有限公司、上海克劳娜诗家用纺织品有限公司等40余家科技型企业
32	上海映巷创意工场	1.00	园区位于长宁区的定西路，南北与延安路高架及法华镇路相邻，东隔交大分院，西眺东华大学，地处新华商圈中心区域，与中山公园商圈及天山商圈接壤，周边伴有上海影城、银星皇冠、万宝广场等高档休闲及商务场所和大批优良生活社区，居民消费能力持续有力，形成园区自身优良的地段品质
33	上海汇针创意园	0.43	汇针创意园位于黄陂南路（原针织十四厂），占地面积4255平方米，建筑面积10854平方米，内有300余平方米屋顶花园，地处闹市中心，东临顺昌路、北临新天地、南靠徐家汇路、西靠重庆南路。该楼宇是现代服务业聚集区，主要以科研办公、文化研究、广告传媒等创意产业为依托，利用地理位置优势，结合闲置厂房功能，以优质服务，吸引了法国、马来西亚、菲律宾、日本、新加坡等海外客户入驻园区内办公创业
34	外马路仓库	0.40	面积近4000平方米、建造于1927年的仓库，有着如沪上鲜见的双顶、山墙结构，外墙全由45厘米厚的砖头砌成，大大增加了仓库的牢固和私密性。它是黄浦江边唯一一座以木结构为特征的仓库。虽然经历了近80年的风雨，但仍保存完好。在以该粮库为中心的周边2万平方米的区域内，将通过修旧如旧，形成一个以滨江休闲为特色的外码头
35	上海苏州河DOHO	0.67	苏州河DOHO位于长宁区周家桥，位置优越，交通便捷，中山公园、曹家渡、天山等多商圈环绕周边，前身为上海第八煤球厂，总占地面积4884平方米，改造后设置了多功能厅、会议室、景观咖啡吧、屋顶亲水平台、临河观光电梯以及80米的河畔步行街道
36	上海静安文教用品产业园区	0.12	上海静安文教用品产业园区位于静安区的淮安路和昌化路，可自由分割的灵活办公空间，内部设施齐全，有1部电梯以及24小时的分体空调服务，并且其物业管理周到，为商家提供了一流的商业服务
37	博济上海智汇园	4.40	上海智汇园由博济科技园倾力打造，汇聚上海及长三角创意设计、现代服务业、动漫产业、软件服务外包、电子信息等为主的智力密集型企业，打造宝山区最具创新特色的科技创意园区、全国创新型经济示范区，成为最受国家支持的智力与知识型企业集聚地
38	上海国际工业设计中心	2.01	上海国际工业设计中心管理有限公司，是上海汽车资产经营有限公司出资的全资子公司，成立于2008年7月，企业注册资金人民币1000万元。通过对宝山区逸仙路3000号（原上汽集团的老工厂）进行改造，建成国内首家以工业设计为主题的大型特色产业园区。项目占地面积20100平方米，建筑面积约50000平方米，总投资1.1亿元
39	上海康琳创意园	1.83	康琳创意园位于浦东杨高南路成山路口，毗邻浦东政府办公新址，距世博展馆中心位置约2公里。园区是在原有的康琳大楼基础上，依托世博配套建设带动的区域功能的整体提升，打造而成的办公楼集聚区。园区总建筑面积为18300平方米，其中地上面积17000平方米，地下面积约1300平方米。楼宇布局方面，园区主楼总高四层，单层建筑面积在1400平方米左右，以挑高复式房型为主体。副楼远观似主楼的缩小版，分上下两层，面积合计超过700平方米
40	上海中房LBOX	1.42	中房LBOX长治大厦位于虹口区东长治路701号（近高阳路），是上海中房置业股份有限公司投资的甲级标准涉外写字楼，是一座配套设施齐全、系统设备先进、设计时尚的纯办公项目。办公大楼西接外滩CBD，东邻大连路隧道，南邻北外滩航运中心（直线距离100米左右），北邻周家嘴路。总建筑面积约为14183平方米，机动固定车位有38个，还有临时停车位若干
41	老四行创意园	1.10	创意园区面积11000平方米，六层。园区有客梯、货运电梯、人行自动扶梯、空调、水电、宽带等。2200平方米的公共服务区提供了宽敞的共享空间，停车库等设施完善，多功能会议厅、创意产品展示、贵宾接待室、大小会议室、音乐茶座、商务服务区等服务功能一应俱全

续表

序号	园区名称	面积（万平方米）	概况
42	上海静安创展中心创展大厦	3.08	静安创展中心位于静安区西康路安远路口，长寿路商圈。总建筑面积30774平方米，可售面积27881平方米。项目规划为整栋LOFT办公楼，层高4~5.5米，特设空中庭院，营造健康办公环境。项目率先提出"KIBS"概念，为知识密集型企业量身定制
43	上海申达静安都市产业园区	3.08	申达静安都市产业园1号楼面积约为400平方米，室内层高4米，有1部电梯，总高为4层。3号楼面积约为800平方米，室内层高4.5米，有1部电梯，总高为4层。申达静安都市产业园4号楼面积约为240平方米，室内层高4.5米，有1部电梯，总高为5层
44	上海电子艺术创意产业基地	0.12	上海电子艺术创意产业基地坐落于石龙路395号，直通中环线、内环线、外环线和多条高速公路，交通便捷。基地的一号楼为主要办公区域，办公主楼位于基地的西侧，共有四个楼层：一楼为1000平方米的大型室内展厅；二楼办公区域宽敞明亮，有从33平方米至263平方米的多种大小房型，楼层内拥有公共卫生间，良好的采光，整洁的环境让客户体验办公区域的宽敞与舒适。三楼四楼拥有25~50平方米的不同房型供选择，可以根据需要将小房间打通改造成大房间，或者保留原先独立的卫浴设施，在办公环境的基础上营造一份居家的感觉
45	上海绿地IT阳光园	1.30	绿地阳光园占地面积6000多平方米，建筑面积13000平方米，由4幢工业用房与一幢大厦群楼合抱而成。绿地阳光园将主要面向国内外各类创意产业企业，形成以设计创意为特色的重点领域。企业以室内装潢设计、建筑设计为主，另外还汇聚了一些广告设计、影视制作设计、环境艺术设计以及会展策划等
46	上海聚荣轩生活艺术空间	0.50	聚荣轩生活艺术空间位于繁华的淮海路商业圈，文化氛围浓厚的茂名街区，是一个以生活艺术为主题的创意购物空间。聚荣轩生活艺术空间利用原上海活塞厂旧址，占地5000平方米，在保留原有结构和建筑风格的基础上，融入现代时尚元素，吸纳艺术类、时尚类、创意类产品及服务业态，形成风格独特、艺术氛围浓厚的时尚购物空间
47	上海数娱大厦	2.15	上海数娱大厦隶属于徐汇软件基地，是上海市数字娱乐产业标志性建筑之一。大厦位于繁华的徐家汇商业中心虹桥路、番禺路口。大厦具有5A智能化标准设计，提供千兆到楼、百兆到户的宽带网络服务，包括综合布线系统、计算机网络系统、自动化系统、影屏监控系统、中央空调、报警系统、电子巡更系统、公共广播、查询信息系统、公共设施管理系统。入驻企业均是上海市重点扶持的数字娱乐、信息产业重点企业
48	南苏河园区	1.00	南苏河园区占地面积4500平方米，总建筑面积为1万平方米，由三幢独立的大楼组成。东楼为建于1902年的三层砖木结构的楼房，原为中国纺织建设公司第五仓库，2005年被上海市人民政府列为"优秀历史建筑"；南楼为上下二层混凝土结构的房屋；北楼始建于1933年，属砖、木、混凝土混合结构，上下三层，建筑面积4140平方米
49	由度工坊	15.00	由度工坊位于上海市浦东新区金桥出口加工区川桥路401号，靠近金湘路，地处金桥核心位置，周边环境优美，交通方便，由度工坊写字楼地面建筑10余万平方米、地下建筑5万余平方米、1栋地标性功能建筑、5栋研发办公楼、1个会务中心以及下沉式广场等组成，是金桥在"十二五"期间拓展生产性服务业发展空间的首个重要载体，处处彰显着整体功能布局的社区化和人性化理念
50	上海智源谷创意园	0.12	智源谷创意园位于漕河泾桂平路，靠近田林路，新设计装修的创意办公空间，内部层高4.2米。智源谷出租面积灵活，总共6套，120~700平方米都可以分割，一部电梯直达，进口就是一个惬意的休息会谈空间，公共部位全部精装修，卫生间提供冷热水
51	上海优族173创意产业集聚区	2.00	优族173创意产业集聚区坐落于上海市虹口区邯郸路173号。园区原址为上海电力建设修造厂的旧厂房。优族173占地面积近20000平方米，建筑面积25000平方米，拥有150余个停车位，总投资1.2亿人民币。优族173定位于以咨询策划为主题，是集软件开发、教育培训、出国留学、就业指导为主导的创意产业集聚区
52	上海明珠创意产业园	1.88	上海明珠创意产业园位于虹口区广纪路和汶水东路路口，是虹口区政府批准的上海传媒创意产业集聚区。产业园一期位于虹口区广纪路738号，二期位于汶水东路291号，均位于汶水东路广纪路口。园区一期已于2008年10月交付使用，总建筑面积为8800平方米。成功引进30家企业，如伟科软件（上海）有限公司、上海德重科技有限公司等。园区二期为五层办公楼，总建筑面积约1万平方米。二期项目2010年10月投入运营
53	智慧金沙3131创意园	3.20	智慧金沙3131创意园位于上海市金沙江路3131号，处于长宁、普陀、嘉定三区交汇区域。紧邻外环线、沪宁高速公路、312国道，距上海虹桥机场8公里。交通、地理都有较好的优势。办公建筑主体为7栋红墙的创意办公楼、1栋综合办公楼、1栋多功能商务会所
54	上海华联创意广场	0.67	华联创意广场位于江苏北路125号，原为海鸥酿造五厂厂址，由上海联冠置业发展有限公司改建成为融商业、办公一体的综合性办公楼。项目总占地面积6676平方米；建筑面积约10000平方米，为适应不同的商办需要，设计有60~500平方米不等的办公环境，办公室内层高最高可挑高5米，可以根据企业特点及需求自行分层，进行个性化办公

续表

序号	园区名称	面积（万平方米）	概况
55	上海智造局	2.30	智造局取名是以紧邻的制造局路、曾经的"江南制造局"为谐音。该园区位于黄浦区的西南边（曾经的卢湾区中心）近黄浦江位置——蒙自路169号。智造局前身为上海紫光机械厂，自20世纪80年代起，伴随着制造业的发展，厂房曾经历过多次加建、新建及扩建改造。如今，为了助推产业结构转型，迎合以服务外包为主题的改建，原本隔街甚至隔墙相望的上海刃具厂、上海采矿机械厂、上海达新印染厂等多处老厂房都以智造局国际外包服务产业园的整体面貌亮相
56	上海叁零文化创意产业园	47.33	园区是以影视制作、文艺制作与表演、文化科技、动漫游戏等为主的文化传媒创意产业，以老上海影视体验、旅游、休闲、婚庆摄影为主的时尚消费创意产业，以影视发布、大型商务活动策划、大型会议展览展示服务的策划类创意产业。园区目前共引进文化创意企业213户，创造营业性收入8600万元，实现税收542万元
57	上海淮海路创意廊	0.10	上海创意产业中心和卢湾区经委联合承办的"上海创意之窗"在淮海中路上的香港新世界大厦，意在汇聚国内外大师作品和展示创意产品，是上海创意产业永不落幕的展示、交流、发布和交易的新平台。经过近几年的发展，上海的创意产业已初具规模，36家创意产业集聚区已经搭建起上海创意产业的基本框架。淮海中路300号香港新世界大厦3层，建筑面积1000多平方米，使用面积800平方米左右，层高2.5米，可自由分割
58	3乐空间	0.34	3乐空间东临苏州河，北临淮安路，南临昌平路，处在苏州河河滨景观规划区域，地理位置优越。3乐空间产业园原是上海第九制药厂改建而成，园区占地面积1775平方米，总建筑面积3439平方米。有独立的供、排水系统，供配电房，有完善的消防设施，24小时监控系统和通信设施，厢式电梯，并建有屋顶花园，多处时尚气派的装潢独具风格，营造健康舒适的办公氛围
59	上海国际时尚中心	14.00	上海国际时尚中心是原十七棉改建项目，占地12.08万平方米，建筑面积约13万平方米。该项目一期于2010年竣工；二期于2011年竣工；整体项目于2013年竣工。这里不仅被定为以时尚为核心立意，集创意、文化及现代服务经济于一体，跨界融合国际名品和各界休闲娱乐业态，引导时尚潮流，以建筑形态与人文环境促进文化交流，力争将平台打造成远东地区规模最大、时尚元素最为丰富、以纺织概念为主的时尚创意园区
60	虹桥525	1.10	项目位于闵行区先锋街525号，地处上海大虹桥经济圈中心。总建筑面积11000平方米，单元面积100~1600平方米。绿化率达到50%，休闲区域1000平方米
61	卢比克魔方（新兴港）	1.20	卢比克魔方项目占地约4600平方米，总建筑面积约12000平方米。前身为上海电子仪表厂房，经由上海天虹兴港实业发展有限公司改建成创意产业集聚园区，建成时间为2008年9月。园区内拥有高清摄像监控设施、车辆进出道闸系统设施、可升降机械停车库及网络覆盖，火灾自动报警与消防联动控制系统、应急系统等
62	环同济设计创意产业集聚区	260.00	环同济设计创意产业集聚区2008年纳入张江高新技术产业开发区管理体制内。2009年1月，国家科技部正式命名"国家火炬计划环同济研发设计服务特色产业基地"，成为目前国内唯一以现代服务业为主的特色产业基地。2009年9月，上海市经济和信息化委员会授牌"环同济设计创意产业集聚区"

（5）地方特色园区分析

截至2016年，上海市共有3家地方特色型文化创意产业园区，园区分别为上海E仓、沪西德必易园和中国农民画村。

上海市地方特色型文化创意产业园区基本情况　　　　　　表2-2-56

序号	园区名称	面积（万平方米）	概况
1	上海E仓	0.67	E仓位于普陀区宜昌路751号，项目右临沧桑百年的苏州河，左依长寿路商务圈，离轨道交通3、4号线镇平路站步行约15分钟。园区内每栋楼之间的小弄堂，搭建着铁架的钢板通道和楼梯，并且错开排列，使得小小的弄堂内，即使布满了钢筋铁骨的架子，也阻碍不了阳光透入，加上把原本的木窗户替换成了现在的大玻璃窗，使得整个园区明晃晃的，充满了后工业时代的建筑美学效果
2	沪西德必易园	30.00	沪西德必易园长期关注文创企业的全方位需求，开辟了德必文化创意企业服务中心，为园区企业提供除了基础服务之外的七大增值服务：基础人才服务、投融资服务、基础法律和政策服务、企业管理咨询服务、财务顾问服务、品牌推广服务、CEO俱乐部。2012年12月，德必获得"2012长三角文化创意产业金鼎奖"的最佳公共服务平台奖，德必易园获得中国创意产业领域唯一的、最具影响力的全国性公益奖项"龙腾奖中国创意产业最佳园区奖"
3	金山农民画村	未知	金山农民画村位于上海市金山区枫泾镇中洪村，该村北与青浦练塘接壤，东与松江新浜相连，西与浙江嘉善相邻，是中国历史文化名镇——枫泾镇的一个行政村，是集农民画研究、创作、展示、收藏、流通、认证于一体并具有江南农村风貌的旅游风景区。金山农民画村是金山农民画的发源地之一，开发建设坚持以农为主、以画为魂，是上海市一个具有深厚文化底蕴、独具特色的农家乐旅游区，已被评为"中国特色村"和"中国十大魅力乡村"。画村总规划面积5.88平方公里，分"丹青人家""枫泾人家""水上人家""稻香人家"和"菜园人家"五大景区

2.2.10 江苏省

1. 江苏省文化创意产业园区发展概况

（1）江苏省文化创意产业园区数量

截至2016年年底，江苏省共有252家文化创意产业园。其中，2016年江苏省文化创意产业园区新增数量为2家。

2010—2016年江苏省文化创意产业园区数量增加情况 表2-2-57

年份	园区数量（家）	园区增加数量（家）
2010	136	41
2011	170	36
2012	205	35
2013	227	22
2014	243	16
2015	250	7
2016	252	2

（2）江苏省文化创意产业园区类型分布

江苏省文化创意产业园主要模式分为产业型、艺术型、休闲娱乐型、混合型、地方特色型。从江苏省文化创意产业园区类型分布情况看，混合型园区占主要部分，其他类型数量相对较少。截至2016年，混合型园区数量达到了210家。

2016年江苏省文化创意产业园区类型分布情况 表2-2-58

类型	园区数量（家）	园区数量占比（%）
产业型	25	9.92
艺术型	4	1.59
休闲娱乐型	8	3.17
混合型	210	83.33
地方特色型	5	1.98

2. 江苏省文化创意产业典型园区调查

（1）产业型园区分析

截至2016年，江苏省共有25家产业型文化创意产业园区，其中：南京数码动漫创业园面积最小，仅有0.70万平方米；丹阳市江苏文化科技产业园面积最大，达到了6600.00万平方米。

江苏省产业型文化创意产业园区基本情况 表2-2-59

序号	园区名称	面积（万平方米）	概况
1	南京世界之窗创意产业园——创意东8区	6.00	南京世界之窗创意产业园成立于2006年2月，是南京市白下区政府、南京顺天实业公司联合打造的江苏首家规模最大的都市型产业园区和省级重点现代服务业集聚区。园区位于南京市光华东街6号，月牙湖畔，风景秀丽，占地80余亩，整体建筑面积达6万平方米，总体投资5000万元
2	宿迁市宿城三创产业园	15.36	宿城三创产业园占地面积230亩，路网、绿化、亮化等配套工程完善。"栽下梧桐树、引得凤凰来"，宿城三创产业园良好的创业环境吸引了富士达搪瓷制品公司、海步塑业等一批项目进园投产

续表

序号	园区名称	面积（万平方米）	概况
3	无锡太湖新城科教产业园	2800.00	无锡太湖新城科教产业园，区域总面积28平方公里。园区内集聚了北大软件与微电子学院、江南大学、无锡职业技术学院、江南计算技术研究所、中国船舶重工集团公司702研究所等一批科研院所。园区自成立以来，逐渐形成了国内外高端人才聚集的高地，先后引进了辐导微电子、凤凰半导体、华御、侠客行等高科技企业
4	苏州桃花坞文化创意园	3.50	桃花坞文化创意园位于苏州桃花坞大街158号，在原新光丝织厂老厂房（建筑面积约35000平方米）的基础上改造而成。启用"多业态互补共生"的全新模式，"桃花坞"将成为一个"传统与现代文化创意产业相辅共生"的文化创意产业园，是苏州老城区最新的亮点
5	南京石城现代艺术创意园	1.30	南京石城现代艺术创意园坐落于江苏省南京市北京西路72号。园区的格局突出园林景观式的特点，花园亭台、石径飞瀑、绿树掩映、青砖木瓦。园区内民建风格的主楼面积约8000平方米，与草场门广场的其他3个角形成风格一致既相互对称又具独特的景致。其他楼宇面积约为5000平方米。结合园区建筑布局等特点，紧贴打造文化大省和文化强市的主题，结合鼓楼区创建石头城文化创意产业带的工作重点，重点突出文化创意产业
6	太仓科教新城	100.00	太仓科教新城位于太仓、嘉定、昆山三城交汇的中心地带，是连接上海和江苏的首要门户，立体化交通网与上海畅通对接
7	常州国家动画产业基地	200.00	常州国家动画产业基地是国家广电总局批准的首批国家级动画产业基地，入驻企业近百家，并呈现出良好的发展势头：有一批作品陆续问世；有一批民营企业涉足动画产业；有一批重大动画项目开始实施；全市发展动画产业的氛围基本形成
8	南京无为文化创意产业园	1.00	南京无为文化创意产业园区成立于2010年11月，创意产业园一、二期项目总面积逾万平方米，建设总投资达2000多万元，是南京市秦淮区"厂房改造、产业置换"的重点项目之一。实行政府支持的企业运作、行业集中、功能完善的方式，引入文化传媒、策划顾问、视觉艺术、动漫设计、科技研发、建筑设计、产品设计等
9	苏州高博文化创意产业园	1.40	高博文化创意产业园坐落在苏州新的城市副中心，由苏州高博软件学院与苏州科技城政府，强强联合，共同打造的高博文化创意产业园。入驻企业可共享校园内完善的生活配套设施，网络、宿舍、食堂、图书馆、报告厅、体育场馆、科技城班车等一应俱全
10	连云港科技创意产业中心	6.37	项目位于连云港市海州经济开发区，瀛洲路振兴路口，距市中心华联仅2.8公里，距离行政中心近2公里，距离宁海立交高速入口1公里。园区总占地63700平方米，总建筑面积58604平方米，建筑密度仅为30.5%，容积率0.91，绿化率35.2%
11	江苏未来影视文化创意产业园	2000.00	园区位于南京市溧水县石湫镇，总面积10000亩，适宜建设区大于70%，其中建设用地区的容积率控制在0.7。园区将集影视主题乐园、影视创意硅谷、影视拍摄外景区、影视制作中心、影视接待中心、会展演艺培训中心于一体，确保拥有一部剧本进来打造一部成片出去的各个精密环节
12	南京秦淮茶都文化产业园	2.50	茶都文化产业园位于中华门商业圈的核心地段，紧邻夫子庙，茶文化与秦淮文化有机结合，地理位置得天独厚，交通便利（江宁路高架桥旁边）。产业园占地2万多平方米，环境优雅，茶商云集，能容纳400多商户，是目前华东地区规模档次最高，经营品种最全，经营场所最大的茶叶批发、零售的集散地
13	世界之窗文化产业园	7.00	南京世界之窗文化产业园——紫金山动漫1号投资4000万元，占地面积约100多亩，其中可供营业的房屋面积有38000平方米。目前，已入园各类文化企业50多家，逐步把与之相连的街区建成文化产业一条街，实现点到线的延伸；再以南京为核心进行文化企业整合联盟和连锁发展，形成集群优势，走向全国市场，打造知名文化品牌
14	南京数码动漫创业园	0.70	南京数码动漫创业园是南京市首家专门扶持动漫企业创新和创业的基地。园区总面积近7000平方米，通过设计、培训、渲染、后期制作、录音等专业化公共服务平台，为入园企业及南京市动漫企业提供服务，现有20多家动漫及相关企业先后入驻。南京数码动漫创业园突出创业服务和公共技术开发服务平台建设，服务定位于动漫产业链前端，先后被市科技局认定为市级专业孵化器，被市广电局认定为市级动漫产业基地，被市委宣传部认定为市文化产业基地
15	雨花科技创业园	22.34	产业园位于开发区五号街和大江路的交汇处。该项目由梅山街道、西善桥街道、板桥街道、赛虹桥街道、雨花新村街道、区房管局和交通局共同投资兴建。项目总投资2.1亿元，占地335亩，建筑面积160000平方米。主要建设标准厂房、研发中心、办公用房及生活配套设施等相关建筑
16	徐州动漫影视基地	4.67	徐州动漫影视创意产业基地被列为全省十大重点文化创意产业园区之一，项目占地70亩，规划面积10万平方米，总投资5亿元。该项目主要在融合汉文化、彭祖文化，挖掘地方特色资源上充分创新，以创意体验为核心，以动漫影视创意的研发设计、制作发行、展示培训、动漫衍生品的设计开发、旅游休闲等为主要业态。融合创意与生活、创意与文化、创意与消费，打造丰富多彩的动漫创意街区
17	丹阳市江苏文化科技产业园	6600.00	江苏文化科技产业园（中华齐梁文化旅游区）位于江苏省丹阳市埤城镇。产业园规划近66平方公里，总投资约33亿元。产业园分主要以文物保护、历史文化遗产的传承弘扬以及自然环境和原生态环境保护为主，其核心文化旅游产业项目分为凤凰湖文博园区、长溪谷养生社区、水晶山生态林园区、皇业寺宗教文化区、仙塘湾温泉休闲度假区、胡桥旅游集镇、萧梁河民俗旅游区和高铁站前商贸区等8大功能板块

续表

序号	园区名称	面积（万平方米）	概况
18	南京工业大学国家大学科技园	35.00	南京工业大学国家大学科技园规划占地 522 亩。其中研发创新区位于学校新模范马路校区，以一期 8 万平方米的科技创新大楼为核心，最终形成 50 万平方米的研发"种子"基地；科技园创业孵化区位于浦口经济开发区，最终形成建设面积 26 万平方米的"种苗"孵化区。科技园创新人才引进模式，与南京高新区共建海内外领军人才"三创"载体，把引智与引资、引企紧密地结合起来
19	邳州宝石玉器城	10.00	邳州宝石玉器城，总投资 5.6 亿元，一期已建成 10 万平方米。目前已经入驻商户 380 户，加工户 300 户，原料经营户 3 户，培训机构一家，已基本形成教育培训、玉石交易、设计开发、生产加工、展示经营一条龙的经营模式。2010 年荣获"江苏省文化产业示范基地"荣誉称号，2011 年被授予"江苏省传统工艺美术特色产业基地"和徐州市级现代服务业集聚区。宝石玉器城二期规划建筑面积 8 万平方米。项目全面建成后，将着力打造中国首个玉文化主题公园，创建国家级文化产业示范基地和 5A 级旅游景区
20	金枫广告产业园	20.00	苏州金枫广告产业园区总规划占地面积 150 亩，总建筑面积达 20 万平方米，以广告产业的上下游产业链整合为创新发展模式，共分五期进行建设开发。依规划，产业园一期建设为广告产业示范区、先导区；二期为会展广告产业集聚区；三期为影视广告产业集聚区；四期为文化出版广告产业集聚区；五期为动漫广告衍生交易集聚区
21	华夏工艺美术产业博览园	59.87	华夏工艺美术产业博览园位于历史悠久的江南名城常州市新北区的薛家镇，物华天宝，人文荟萃，充分利用了常州区域深厚的底蕴、丰富的文化内涵。华夏艺博园不但挖掘本地区曾经辉煌的江南特色传统工艺，还引入全国多样化的民间文化资源，促进民族民俗民间文化的传承弘扬与创新发展
22	连云港东海水晶文化创意产业园	66.70	东海水晶文化创意产业园位于东海县城城北新区，245 省道西侧，石安河北侧，规划占地 1000 亩。一期开发 550 亩，总建筑面积约 30 万平方米，总投资约 15 亿元。按"政府规划、统一运作、行业集中、功能完善"的建设模式，围绕"生态化、园林化、特色化、现代化"的目标定位，招引国内外水晶产业链产品包括开发、设计、加工、包装等各类企业入园创业

（2）艺术型园区分析

截至 2016 年，江苏省共有 4 家艺术型文化创意产业园区，其中：徐州欢乐谷大剧院面积最小，有 0.40 万平方米；江苏扬州甘泉影视基地面积最大，达到了 66.80 万平方米。

江苏省艺术型文化创意产业园区基本情况　　　　表 2-2-60

序号	园区名称	面积（万平方米）	概况
1	江苏扬州甘泉影视基地	66.80	基地包括影视核心产业中心、艺术会展中心、休闲娱乐中心、演艺人才培训中心等，远期建成具有先进水平的数字影视制作基地。整个基地建成后，将成为与国际接轨的影视制作服务中心，提供从前期筹备到成片拷贝的"一站式"服务。不仅如此，基地还将形成道具制作租赁、制影服务、后期制作、设备租赁、艺员培训、公寓酒店等外包服务聚落
2	华夏艺博园	5.00	华夏艺博园位于历史悠久的江南名城常州市新北区的薛家镇，规划建造了四幢工美展销大楼、十套别墅组成的大师村、中心广场、中心公园、常州市非物质文化遗产展示馆等共计约 5 万平方米的场所。工美展销大楼全面启动营业，共吸引了乱针绣、留青竹刻、梳篦等 40 多个工艺美术门类，形成了 1 万多平方米的展销场所
3	徐州欢乐谷大剧院	0.40	徐州欢乐谷大剧院是中国文化产业示范基地，占地 4000 平方米，内设观众席 600 余座，是徐州市首家也是省内唯一一家每晚都有演出的国家 A 级剧院。自 2004 年初开业至今，曾接待过大批各省、市电台、电视台及央视等媒体编导的观摩和学习
4	苏州文化艺术中心	未知	苏州文化艺术中心是苏州迄今为止体量最大、功能最全、设备最好、具标志性意义的文化艺术综合设施。位于金鸡湖畔文化水廊景区，占地面积 13 万平方米，建筑面积近 15 万平方米，原创建筑设计为法国大师保罗·安德鲁。中心建筑风格融合了现代设计和古典元素，与苏州的江南水乡园林氛围相结合，荣获新中国成立 60 周年百项经典工程和"中国建设工程鲁班奖"。苏艺开业于 2007 年 10 月 1 日，由苏州大剧院、苏艺影城、苏艺芭蕾舞团、苏州金鸡湖美术馆、园区文化馆、苏艺培训、商业中心等组成，是江苏省文化产业示范基地

（3）休闲娱乐型园区分析

截至 2016 年，江苏省共有 8 家艺术型文化创意产业园区，其中：徐州市美术馆面积最小，有 1.87 万平方米；江苏天目湖生态休闲文化创意产业园面积最大，达到了 774.00 万平方米。

江苏省休闲娱乐型文化创意产业园区基本情况　　　　　　　　表 2-2-61

序号	园区名称	面积（万平方米）	概况
1	无锡影视基地	100.00	无锡影视基地坐落于江苏省无锡市美丽的太湖之滨，是我国首创的大型影视拍摄基地和文化旅游胜地，是影视文化与旅游文化完美结合的主题景区，也是国家首批 5A 级旅游景区之一。无锡影视基地以其富有特色的文化旅游产品、良好的知名度和美誉度、热情周到的服务和科学严谨的管理，每年接待 200 万游客和 20 多个影视摄制剧组
2	南京幕府山国际休闲创意产业园	7.00	占地 7 万平方米、总投资达 1.5 亿元的国际休闲创意产业园，位于幕府山南山脚下，紧靠幕府东路。根据规划，在原有厂房的基础上，将对幕府东路 205 号原有的建筑物和环境进行改造、新建，使原有建筑物面积扩至 6 万～8 万平方米，打造出幕府山下的世纪财富谷、国际休闲创意产业谷
3	彭城壹号时尚文化休闲街	2.50	彭城壹号坐落于徐州市中心商圈的黄金地段彭城路 1 号，占地面积 21.45 亩，改建后总建筑面积 2.5 万平方米，总投资 2.5 亿元。已进驻商家 60 余家，集娱乐休闲、时尚餐饮、精品零售、旅游休憩等功能于一体，旨在将徐州城市夜生活延长 2~3 小时，给予市民一站式、体验式、集聚式的消费空间
4	江苏天目湖生态休闲文化创意产业园	774.00	江苏天目湖生态休闲文化创意产业园位于素有"江南明珠"之称的天目湖景区内，位于物产丰饶的长江三角洲，距沪、宁、杭、苏、锡、常等城市在 80~200 公里之间，沪宁高速公路、南京禄口机场的开通，拉近了天目湖与世界各地的距离。景区旅游资源丰富，知名度日渐提高，已成为省内外游客旅游度假、观光休闲首选胜地
5	徐州市美术馆	1.87	—
6	山唐街	未知	古城苏州是著名的江南水乡，城内水港交错，街衢纵横，晚唐诗人杜荀鹤有诗云："君到姑苏见，人家尽枕河。古宫闲地少，水港小桥多。"在苏州众多的街巷之中，名胜山塘街，被称誉为"姑苏第一名街"。该街区以山塘传统风貌为主题，集旅游、休闲为一体，充分展示山塘丰厚的历史文化底蕴、典型的姑苏水巷风貌、鲜活的吴地民俗风情
7	圆融时代广场	未知	圆融时代广场位于苏州工业园区金鸡湖东岸，是集购物、餐饮、休闲、娱乐、商务、文化、旅游等诸多功能于一体的大规模、现代化、高品质的"城市级商业综合体"及一站式消费的复合性商业地产项目
8	李公堤	未知	李公堤通过"桥堤文化"和"湖滨公园"把金鸡湖的水、绿与姑苏的文化结合在一起，将金鸡湖与现代多元风情、历史与现实、休闲旅游与商业有机地组合起来，已成为苏州地区具有相当人气、商气、运营最成功的区域之一。2009 年 12 月，李公堤从苏州 20 多家市级特色商业街中脱颖而出，被中国步行商业街工作委员会评为"中国特色商业街"，成为苏州市第一个"国字号"特色商业街。2010 年李公堤被评为"苏州十大最美夜景地"，同年 12 月李公堤作为金鸡湖 4A 景区的主要景点及功能区之一顺利通过国家旅游局验收。2011 年 4 月李公堤荣获"中国最具创新价值商业地产项目"

（4）混合型园区分析

截至 2016 年，江苏省混合型文化创意产业园区有 210 家，其中：南京大明西区文化创意产业园面积最小，为 0.63 万平方米；苏州工业园面积最大，达 10200.00 万平方米。

江苏省混合型文化创意产业园区基本情况　　　　　　　　表 2-2-62

序号	园区名称	面积（万平方米）	概况
1	徐州创意 68 文化产业园	4.00	创意 68 文化产业园是以发展创意产业和生产性服务为重点的现代服务业示范项目，建成后将发挥五大功能。创意办公：集商务办公、新传媒制作发布、动漫公司、创意设计等行业为主；创意培训：主要集中以文化特色为主的音乐、舞蹈、语言培训机构等；大学生创业基地：为大学生创意创业提供信息服务、产业孵化等；商业配套：主要为完善产业园提供配套商业休闲服务，如咖啡吧、图文社等；人才聚集：吸引本外地优秀人才，集聚国内外优秀创意企业落户
2	常州创意产业园	3.00	常州创意产业园全面整合常州国家动画产业基地、国家数字娱乐产业示范基地、国家火炬计划软件园、环球恐龙城等相关产业园区。目前，创意产业园有近 400 家境内外企业入驻园区，产值超过 30 亿元。经认定的软件企业 150 家，占全市的 81.97%，经认定的软件产品超过 400 只，占全市的 75% 以上，聚集规模位居全国同类园区前列
3	南京晨光 1865 科技创意产业园	21.00	南京晨光 1865 科技创意产业园的前身是清末洋务运动期间，时任两江总督的李鸿章于 1865 年创建的金陵机器制造局，园区也由此而得名。园区占地面积 21 万平方米，建筑面积约 10 万平方米。整个园区内绿色葱郁，富有时代特色的建筑掩映期间。园区共有建筑 53 幢，包括清朝建筑 9 栋、民国建筑 19 栋、新中国成立后建筑 25 栋，是一座反映中国工业建筑历史演变的博物馆，具有极高的历史和文化资源利用价值
4	江苏太仓 LOFT 工业设计园	3.00	园区位于太仓 CBD 核心区域，占地 3 万平方米，建筑面积 3.6 万平方米。由原不锈钢厂旧厂房以产业置换方式改造而成。园区定位于以工业设计主导，以中外知名国际设计大师和知名品牌设计企业为主体，立足太仓，对接上海，服务苏南制造。将"灵狮模式"根植于长三角，为入驻企业提供产业链高端增值服务，打造设计与制造市场化对接的公共服务平台，形成江苏及长三角区域最具特色的高端化、国际化、专业化的工业设计外包服务基地与产业集群

续表

序号	园区名称	面积（万平方米）	概况
5	南京紫东国际创意园	66.70	南京紫东国际创意园位于栖霞区南部、紫金山东麓，"紫东"之名取自"紫气东来"一意。园区于2009年1月正式成立，总投资40亿元，是栖霞区建设"智慧新区"的重要组成部分，并已被列入南京市创意产业重点项目之一。园区位于南京"灵山—龙王山"绿色生态廊道的起点，西至宁芜铁路，东至土城头路，南至麒麟路，北至灵山北路，总占地1000亩，总建筑体量为50万平方米，规划容积率0.8，建筑密度仅为14%，绿地率达65.8%，具有良好的生态环境
6	东方1号创意产业园	1.50	东方1号创意产业园是苏北地区首个高端文化创意产业园。园区采用"政府扶持、市场化运作、企业独立运营"的方式，集聚上海木马、深圳创维集团、中科院江苏分院、江苏东方旅游品牌研究院有限公司等多家国内外著名设计企业。园区与高校结盟，江南大学、东南大学、华东理工大学、苏州工艺美院等多家高校在园区设立了产学研合作基地，将园区打造成文化产业交流的优势平台
7	扬州智谷文化创意产业园	3.80	扬州智谷文化创意产业园重点发展演艺、动漫及衍生产品、文化娱乐、网络游戏、艺术品和工艺美术、艺术创意和设计、网络文化等产业。扬州智谷文化创意产业通过国有全资子公司——扬州智投投资管理有限公司打造优质的文化创意载体平台，集聚文化创意产业领军人物、技术、演艺及文化产品，形成了一定的规模效应和社会影响
8	无锡新区创新创意产业园I-PARK1	19.20	无锡新区创新创意产业园I-PARK1建筑面积15万平方米，主要吸引以卡通、动漫、游戏为代表的文化创意企业入驻。园区采用政府主导、公司化运作的模式，由无锡软件产业发展有限公司负责开发运营和管理
9	南京惠通创意产业园	20.00	惠通创意产业园是南京乃至全国最具文化产业创新的园区，被南京市委宣传部授予"南京文化产业基地"称号。惠通创意产业园总规模达20万平方米，总投资约4亿元人民币左右，形成创意、设计、研发、生产、物流、安装、回收等一条龙服务，实现为市场提供一站式商业空间创意完整解决方案，服务众多世界500强企业及国内快速发展的已经上市和拟上市的企业
10	昆山文化创意产业园	600.00	昆山文化创意产业园位于中国经济文化最为活跃的长三角核心地带，东连上海，西邻苏州，紧靠沪宁、沪杭、苏嘉杭等高速公路。首期目标定位为"一园两区"，即太史淀生态休闲创意产业区和古镇文化旅游创意产业区
11	南京江宁大学城	2700.00	江宁大学城距南京市中心15公里，距禄口国际机场20公里，机场高速、将军路、宁溧路等数条主干道直通园区，10余条公交线直达各高校门口。江宁大学城建设，始终围绕建成一流生态型高校名城为主、人文型附属产业为辅的文化新城的发展定位，突出生态环境，突出人文内涵，体现规划的高起点，体现人与自然的和谐统一，强调规划龙头，坚持高起点、高标准，进一步完善大学城一系列发展规划
12	天堂e谷电子商务创意产业园	5.30	产业园是长三角首家艺术性开放式电子商务文化创意产业园区，创建中国最具影响力的文创企业和电商企业总部基地、展示中心与品牌运营中心。以"一站式及贴身管家"服务理念为指导，将天堂e谷打造成全国领先的集产业发展、休闲购物于一体的都市经济核心
13	常州运河五号创意街区	3.64	运河五号创意街区（简称运河五号）位于常州市三堡街，京杭大运河南岸，围绕"运河文化、工业遗存、创意产业"三大主题，通过对原常州第五毛纺织厂、航海仪器厂、常州梳篦厂等工业遗存的保护和利用，整合周边老街、老巷、老厂，吸引文化创意型企业入驻并开展文化创意活动，形成"古运河畔老工厂，常州文化新码头"这一独具特色的文化创意业态
14	苏州江南文化创意设计产业园	2.00	江南文化创意设计产业园由江南无线电厂有限公司打造，定位以装饰设计业为主的文化产业园，是沧浪区首个比较成熟的文化创意产业园。产业园目前入驻企业近百家，主要是文化产业类企业，其中工装类装饰设计企业占比最大
15	新华太湖数码动画影视创业园	20.04	新华太湖数码动画影视创业园建在无锡大学城附近的太湖高新技术园区内，占地约300亩，投资规模约3亿元。规划5年内，使进园的动漫企业达到15家左右，最终规模为30家左右，动画影视年生产能力达到4000分钟以上，形成动漫企业创作生产的高地
16	N1955南下塘文化创意产业园	1.00	N1955南下塘文化创意园是古运河历史文化街区的重要节点，位于无锡城南古运河畔，北侧与闻名遐迩的古运河著名历史景点清明桥、大公桥为伴，享有得天独厚的自然人文优势。N1955南下塘文化创意园设有爱尚新元素（休闲功能区）、典藏记忆（旅游功能区）、财智天下（商务功能区）、创智风暴（创意工坊区）、梦想舞台（创享广场区）五大板块，多种业态元素
17	苏州阳澄湖数字文化创意产业园	39.90	苏州阳澄湖数字文化创意产业园位于苏州市相城区京沪高铁新城东侧，占地面积350亩，分三期建设。一期占地面积60亩，包括2幢办公用房，5幢人才公寓及相关生活配套用房，建筑面积7.9万平方米；二期占地90亩，建筑面积12万平方米；三期规划面积200亩，建筑面积约20万平方米
18	宿迁市软件与服务外包产业园	200.00	宿迁市软件与服务外包产业园是宿迁打造软件和服务外包产业的新高地，先后被认定为江苏省国际服务外包示范区、江苏省软件和信息服务产业园、江苏省服务外包人才培训基地。园区东枕省级风景名胜区——嶂山森林公园，西傍美丽的江苏省骆马湖旅游度假区，南连宿迁高等职业教育园区，北临温泉名镇，规划面积5平方公里

续表

序号	园区名称	面积（万平方米）	概况
19	苏州婚庆文化产业园	1.40	苏州婚庆文化创意园占地面积近万平方米，建筑面积1.4万平方米。园内原有一层至五层高低不等的房屋建筑15幢，建筑物大部分建于20世纪80年代，年久失修。2008年3月启动改造，整个项目分三期滚动开发建设。目前各幢建筑物外立面、广场景观、墙面彩绘等婚庆园外景全面竣工，三期改造总投资800万元。园内环境整洁优美，配备一流的保安和保洁，各项服务平台建设正在逐步建立和完善
20	南京幕府三〇工园	12.20	创意园占地面积为12.2万平方米，现有建筑面积约6.37万平方米，东南大学建筑学院为园区的建设提供了智力支持。整个园区分为文化创意产业区、都市型工业区、生产服务区三大功能区。其中，文化创意产业区以吸引艺术创作、建筑设计、教育培训等行业为主；都市型工业区定位于引进电子、信息、汽车、通信等领域的设计加工、技术开发等企业；生产服务区要引进的是从产品生产到商务流通过程中提供中间需求服务的企业。整个园区以"孵化经营并重"的运营原则，推动入园企业发展
21	苏州沧浪区989文化创意产业园	0.80	989文化创意产业园位于南门路989号，原是一丝厂的老仓库。经过改造建成989文化创意产业园。目前，989文化创意产业园（一期）已经入驻18家企业，呈现出良好的发展态势
22	茉莉江苏文化产业博览园	26.80	茉莉江苏文化产业博览园占地402亩，建筑面积23万平方米，共建有商铺1800套，配有1000套高层公寓及商务信息中心，并有大型停车场、仓储物流中心、超市、宾馆、饭店等完备的配套服务。茉莉江苏文化产业博览园设有国际画家村、长三角艺术珍藏馆、六合茶博园、南京大学生文化创意产业园等文化项目
23	苏州创意产业园	108.00	苏州创意产业园是苏州工业园区国际科技园的第五期工程——软件园，占地面积近40公顷，总投资10亿元，位于园区独墅湖高等教育区南侧，西邻独墅湖，自然环境优越，人文气息浓厚，发展环境得天独厚。苏州创意产业园拥有"国家级科技企业孵化器""中国软件欧美出口工程基地""国家动画产业基地""国家软件产业基地""中国服务外包示范基地"和"中国留学人员创业中心"等多个名号，目前已成为江苏省乃至全国重要的软件外包和集成电路设计基地，是创新型人才、研发机构和高科技企业的集聚和辐射地
24	扬州723文化科技园	6.70	723文化科技园由扬州广陵区政府和中船重工723研究所共同投资2000万元，利用古城区中的闲置厂房改造而来。作为中小型文化科技型企业的孵化基地，目前，该园区已与北斗导航、人人网等近200家企业签订了入驻协议。园区项目均属"办公室经济"，环保低碳无碍城市环境，而且园区高层次创意人才集聚，周边具有成熟的生活配套设施。园区选址古运河畔、古城之中，环境宜居，商贸服务发达
25	南京广告产业园	73.00	南京广告产业园位于南京新城科技园内，是南京市首家市级广告产业园，并已晋升国家级广告产业园。按照计划，到2015年，南京广告产业将集聚500家以上广告企业，培育年产值10亿元以上领军企业10家，广告经营额达到200亿元。将重点打造广告创意设计业、广告制作业、广告媒体业等全产业链企业集群，推进广告企业与二、三产业的融合发展，构筑国内一流的广告内容、提供商品品牌塑造基地，成为辐射南京都市圈乃至长三角，在全国有较高影响力和知名度的广告创意产业中心、华东广告资源交流中心、南京广告企业集聚中心
26	苏州博济平江创意园	1.50	博济平江创意园即平江时尚艺术中心，为苏州市政府确立的创意产业项目，位于苏州市CBD核心区域。项目采取政府扶持，企业主导，市场化运营的方式，总投资1500万元，由原娄门路266号电镀厂旧厂房改造而成，中心占地面积1.2万平方米，建筑面积1.5万平方米
27	石榴财智中心文化产业基地	4.00	项目位于南京市石头城路6号，前身为南京市粮食局下属粮油仓库。项目西临秦淮河，南邻石头城公园，北侧是公共绿地，东侧与古城墙一路之隔，拥有主城区罕见的绝版景观。项目占地面积22236平方米，共有19栋建筑，包括LOFT创意办公区、别墅式商务公馆、独栋式商务楼、时尚展览发布中心文化办公区等丰富产品。园区为客户提供大金VRV空调、欧文斯科宁外墙保温系统等高端配置，总建筑面积为40000平方米
28	苏州长桥街道特色文化产业园	1.40	长桥产业园以规划建筑设计、平面创意设计、工业设计、传媒策划企业为主要招商对象，计划形成设计行业为核心的产业集聚区，与附近的苏州动漫示范基地一起，最终构成苏州文化创意产业的核心地带
29	姑苏69阁	3.40	姑苏69阁位于苏州沧浪区盘胥路859号，原苏州二叶制药厂，始建于1946年。是全国首创的、现代的文化商业地产综合体，由上海复星集团合资开发。产业包括沿胥江河、盘胥路的风情商业街和中部高端商务办公区，园内独具韵味的烟囱广场、钢罐塔楼、LOFT红楼、胥江风情水街，将文化、艺术、休闲、娱乐有机结合，形成自然风景、后工业遗迹、人造景观完美整合的文化产业空间
30	无锡国家工业设计园	250.00	园区投资8400万元，建成了面积5337平方米的江苏省工业设计公共服务平台，是为工业设计企业和设计师提供专业化、系统化服务的公共创业服务平台。目前，园区已吸引中科院软件研究所、九久动画制作有限公司、南理工机器智能研发中心、无锡同捷汽车设计有限公司、中科芯集成电路股份有限公司等250家设计研发及相关类企业入驻
31	南京老学堂创意园	4.50	南京老学堂创意园地处素有"金陵北大门之称""融古都特色与现代文明于一体"的窗口性区域，位于南京下关区主干道中山北路350号，周边交通便利。园区东临江南水师学堂，南对八字山，西接挹江门巍巍雄壮的明城墙，北靠狮子山阅江楼景区，紧邻开放式小桃园和绣球公园等，有着丰富的自然景观和历史文化积淀，是南京市"山、水、城、林"特色的缩影

续表

序号	园区名称	面积（万平方米）	概况
32	南通市海安523文化产业主题公园	100.20	523文化产业主题园位于海安经济开发区核心地带，总规划用地1500亩，总投资人民币50亿元。完全按风景区的标准文化景观打造。旨在建造一个长三角仅有的，融青墩文化、中原文化、埃及文化、玛雅文化、欧洲文化为一体的，汇建筑、雕塑、壁画、道具为综合，横贯万年时空，古朴精湛、宏伟磅礴、叹为观止的文化旅游区
33	南京大明西区文化创意产业园	0.63	园区总占地面积约6264平方米，建筑面积约10000平方米。园区定位为文化创意产业园，突出江南民居院落风格，主要引进广告、建筑设计、出版、影像艺术等文化创意企业入驻
34	苏州工业园	27800.00	苏州工业园区于1994年2月经国务院批准设立，同年5月实施启动，行政区划面积278平方公里。其中，中新合作区80平方公里，下辖四个街道，常住人口约76.2万人

（5）地方特色园区分析

截至2016年，江苏省地方特色型文化创意产业园区有5家，其中：徐州彭城民俗产业园张伯英艺术馆面积最小，为2.50万平方米；徐州汉文化景区面积最大，达93.24万平方米。

江苏省地方特色型文化创意产业园区基本情况 表2-2-63

序号	园区名称	面积（万平方米）	概况
1	苏州容创意产业园	1.40	容创意产业园由原电力电容器有限公司的老厂区改造而成，位于平江区白塔东路26号，属苏州古城区的中心，有着深厚的文化积淀。园区东邻东园、耦园、动物园，西邻平江路，南邻观前街，北邻拙政园、狮子林、博物馆
2	徐州文化产业园	26.67	徐州文化产业园占地400亩，由彭祖楼等20幢仿汉建筑组成，分为戏曲生产及教育、时尚休闲、文化创意、汉文化主题餐饮、书画艺术交流、图书发行等六个功能区
3	徐州彭城民俗产业园张伯英艺术馆	2.50	徐州彭城民俗产业园张伯英艺术馆建筑面积达2.5万平方米，馆内建有张伯英艺术陈列馆、汉石堂、余庆堂、墨缘阁、藏书楼、小来禽馆、群羊坡、文豪殿、碑廊及天水池等10多处景观
4	常州淹城春秋乐园	66.67	淹城春秋乐园是全球首家春秋文化主题梦幻乐园。总投资10亿元，取材于春秋时期政治、军事、经济、文化等方面，以情景体验的形式，设置春秋文化意境下的静态观赏型项目、互动演艺性项目和体验游乐式项目。按照游览顺序，春秋乐园分为五大功能区，分别是入口服务区、诸子百家园、春秋文化演艺区、春秋主题体验区以及春秋民俗文化区
5	徐州汉文化景区	93.24	徐州汉文化景区由原狮子山楚王陵和徐州汉兵马俑博物馆整合扩建而成，位于徐州市区东部，总占地面积1400亩。是以汉文化为特色的全国最大的主题公园，囊括了被称为"汉代三绝"的汉墓、汉兵马俑和汉画像石，集中展现了两汉文化精髓。它是徐州区域内规模最大、内涵最丰富、两汉遗风最浓郁的汉文化保护基地。景区由清华大学建筑设计院按照国家4A级旅游景区标准设计，总体目标是将其打造成为集历史博览、园林景观、旅游休闲于一体的汉文化保护基地和精品旅游景区

2.2.11 浙江省

1. 浙江省文化创意产业园区发展概况

（1）浙江省文化创意产业园区数量

截至2016年，浙江省共有210家文化创意产业园，与2015年持平。

2010—2016年浙江省文化创意产业园区数量增加情况 表2-2-64

年份	园区数量（家）	园区增加数量（家）
2010	117	43
2011	144	27
2012	169	25
2013	184	15

续表

年份	园区数量（家）	园区增加数量（家）
2014	202	18
2015	210	8
2016	210	0

（2）浙江省文化创意产业园区类型分布

浙江省文化创意产业园主要模式分为产业型、艺术型、休闲娱乐型、混合型、地方特色型。从浙江省文化创意产业园区类型分布情况看，混合型园区占主要部分，其他类型数量相对较少。截至2016年，混合型园区数量达到了168家。

2016年浙江省文化创意产业园区类型分布情况　　　　　　　　　　　　　　表2-2-65

类型	园区数量（家）	园区数量占比（%）
产业型	29	13.8
艺术型	5	2.38
休闲娱乐型	2	0.95
混合型	168	80
地方特色型	6	2.86

2.浙江省文化创意产业典型园区调查

（1）产业型园区分析

截至2016年，浙江省共有29家产业型文化创意产业园区，其中：西湖创意谷面积最小，为0.30万平方米；东阳市横店影视基地面积最大，达到了330.87万平方米。

浙江省产业型文化创意产业园区基本情况　　　　　　　　　　　　　　表2-2-66

序号	园区名称	面积（万平方米）	概况
1	义乌市创意园	0.60	园区坐落于湖光山色、风景怡人的义乌工商学院内，面积6000平方米，楼层布局合理：一楼为管理中心用房及报告厅、会议室等功能性区域，二楼主要是设计学子实践基地，三至五楼为设计机构办公区域
2	西湖创意谷	0.30	西湖创意谷驻地杭州西湖大道旁的原开元中学，投资650万元，园内建筑面积3000平方米。创意产业以中国美院的造型、设计、动画、建筑学科的人文精神和创意活力为魂，以中国美院专家领衔的百个设计工作室、事务所组成的设计谷为形，以西湖湖畔游区为境界，来全面带动大杭州区域的时尚产业、设计产业、服装产业、制造产业和旅游、会展产业的发展；而西湖创意谷服务中心则用此平台着重为政府和产业提供情报与研究、为企业和民众提供服务与传播；为园区提供管理与交流，形成从战略制定、信息集研创意培训、设计制造、导引推介、国际交流等多层次、全方位的综合构架
3	杭州山南国际设计创意产业园	124.40	杭州山南国际设计创意产业园位于杭州上城区钱塘江北岸，玉皇山南麓，地处现今吴越文化、南宋文化保存最集中完好的区域。经历千年沉淀，这里遍藏古迹：吴越时代的白塔、南宋官窑遗址、天龙寺、八卦田等多处国家、省、市级文物保护单位都汇集于此。园区内聚集了四大主题公园——八卦田遗址公园、白塔公园、将台山南宋佛教文化生态公园、江洋畈生态公园。园区占地总面积达2000余亩，背山面水，环境幽雅
4	杭州东方电子商务园	8.66	园区成立于2009年9月，占地面积129.62亩，目标是打造成14万平方米的浙江省一流电子商务集聚区。园区位于杭州东部江干科技经济园核心区块，距地铁1号线九堡站入口仅300米，紧邻沪杭甬高速和杭州绕城公路，距萧山国际机场半小时车程，距上海、宁波等港口城市仅1.5小时车程，坐拥得天独厚的地理优势，享受成熟的交通网络。周边产业氛围浓厚，集聚了西子奥的斯、佑康、巨星科技、海明控股、龙达新科、新星光电等一批著名企业
5	杭州下沙大学科技园	88.00	下沙大学科技园总体约88万平方米。园区环境优越，交通便捷，基础设施配套到位，公共服务日臻完善。下沙开发区管委会联合各高校共建十大特色产业园，包括工业设计、平面设计、软件设计、影视制作、文艺创作、时尚设计、传媒文化、旅游及城市规划等产业

续表

序号	园区名称	面积（万平方米）	概况
6	杭州台湾城	10.00	"杭州台湾城"由杭州面包树文化创意管理有限公司负责运营，地处萧山区文化底蕴深厚的蜀山街道，临近美丽的湘湖，毗邻南宋官窑旧址，是萧山区一个新兴的文化创意园区。园区主体为杭州小姐妹卫生用品有限公司，是一家主营出口的卫生用品生产单位，主业发展良好且稳定
7	杭州和达文化创意产业园	5.54	和达文化创意产业园位于开发区8号大街1号原中策标准厂房（1~6号楼），项目规划占地34997.6平方米，建筑面积约5.6万平方米。园区地理位置优越，交通便利，造型简洁现代，空间宽敞，通过对标准厂房外立面改造和内部结构调整，重点发展工业设计、服装设计为主导的文化创意产业，并重点建设六大职能，搭建五大服务平台
8	杭州唐尚433	0.40	唐尚433位于余杭塘路433号，其名取自地名的谐音。它的前身为杭州织带厂厂房，是一个由行政楼、车间、食堂等6幢建筑组成的独立院子，占地6亩，建筑总面积4000多平方米
9	东阳市横店影视基地	330.87	位于中国浙江东阳市横店镇的影视主题公园，是中国四大影视基地之一，同时也是中国唯一的影视产业实验区，汇聚了315家影视公司。整个横店基地占地4963亩，建筑面积495995平方米。横店已拥有8座大型仿制拍摄基地：广州街和香港街拍摄基地、明清宫苑拍摄基地（仿故宫）、秦王宫拍摄基地、清明上河图拍摄基地、江南水乡拍摄基地、屏岩洞府拍摄基地、大智禅寺拍摄基地、横店老街拍摄基地。拥有6座在建基地：上海滩、唐宫唐街、华夏文化园、九龙大峡谷、情人谷、电影梦幻世界。还有2间大型室内摄影棚
10	杭州良渚玉文化产业园	3.34	园区位于美丽洲路东侧，老104国道以南，良渚港之北，南临良渚博物院，形成南研究北产业的格局。西依良渚国家遗址公园。规划占地50亩，建筑面积1.5万平方米，是"大美丽洲旅游综合体"的重要组成部分。产业园以良渚文化尤其是良渚玉文化的厚重积淀为文脉依托，着力发展文化创意产业，打造"文化共享、环境典雅、优势互补"的宜业、宜居、宜玉文化创意空间
11	浙窑陶艺公园	1.33	浙窑陶艺公园濒临京杭大运河，总占地面积23亩，环境优雅，景色宜人，设施齐全，杭州市运河综保委斥资进行工业遗产改造，保留原有的船坞并维护修缮，引进浙窑，将杭州石祥船坞并命名为浙窑陶艺公园。将其作为运河杭州段世界级旅游精品的重大窗口工程之一，在倡导城市美学和建筑美学的同时，彰显杭州城市特色和个性，发展文创经济，创造新的文化，并继续传承运河千年的历史文化
12	杭州元谷·长乐园	2.50	2012年5月份，元谷开始投入了对第四个创意园区的开发和建设——元谷·长乐园。园区位于拱墅区长乐路29号，本着高标准、高要求的开发理念，着意将长乐园打造成为标杆园区。园区前身为浙江省土产畜产仓库，为杭州市重点工业遗存保护单位。园区现已入驻企业10余家
13	杭州西湖数字娱乐产业园	8.30	杭州西湖数字娱乐产业园位于西湖区文华路75号，一期总面积为2.4万平方米，主要为数字娱乐产业链上的企业提供发展空间、政策扶持和公共服务。园区以数字娱乐产业发展为依托，从产业规划、园区建设和人才培养等方面着手，通过与中国美院合作，具备了得天独厚的发展条件和扎实的产业基础，在企业培育和产业平台搭建方面取得显著成绩
14	杭州市中纺116时尚设计创意园	1.20	中纺116时尚设计创意园位于江干区杭海路116号，中国服装第一街——四季青服装特色街入口处。"中纺中心"全称为"中国纺织服装信息商务中心"，是由中国纺织工业协会和杭州市人民政府合力打造的重点项目，是集投资贸易、信息商务于一体的纺织行业综合性国际商务运行中心。116时尚设计创意园设在中纺中心大厦9~11层，占用面积12000平方米，投资1000万元
15	浙江汉坊印刷创意园	8.00	汉坊印刷创意园建筑面积8万平方米，位于杭州湾北岸的嘉兴横港。汉坊是专注于形成跨越前后、环环相扣、合理布局、分工协作的印刷产业链，专注于形成社会化的印刷生产和服务体系的新型印刷园区，旨在提升横港以及整个印刷产业的高度，持续推进横港印刷产业的高位发展
16	杭州市维艺56创意园	1.16	维艺56创意园已成为代表中山北路改造成果的首座标志性建筑。园区功能定位在"主题商业街、时尚餐厅、创意办公园区与动漫培训基地"。目前已有美国迪士尼、美国时代华纳、日本株式会社等国际知名动漫商家入驻
17	嘉兴日报报业传媒集团文化产业园	5.30	嘉报集团文化产业园园区占地32亩，建筑面积5万平方米，建筑投资25亿元。园内设计有艺术家会所、艺术展览厅、艺创中心、教育培训中心（成长学校）等
18	宁波乐盛文化产业园	1.34	乐盛文化成立于2009年，总公司注册地为宁波，是我国从事影视后期制作的最大的民营企业联合体，总投资超过1亿元。公司已成功为《龙门飞甲》《狄仁杰之通天帝国》《非常完美》《观音山》《非诚勿扰2》《白蛇传说》等100余部中外影视大片完成后期制作。乐盛文化产业园位于鄞州区望春工业园区，占地20余亩，建筑面积超过1.5万平方米
19	宁波市数字传媒基地	1.34	宁波市数字传媒基地建筑面积约3万平方米，在满足供宁波日报报业集团相关新建产业和中国宁波网内部办公使用的同时，以打造网络文化基地为基础载体，以媒体融合为目标促进新媒体实践，做大做强新闻信息服务，重塑文化价值
20	绍兴传媒文化创意产业园	6.37	绍兴传媒文化创意产业园目标明确，以打造绍兴传媒的高地，打造文化创意产业发展的阵地，打造文化创意项目人才培训的中心。园区面积6.37万平方米
21	衢州醉根艺术博览园	24.00	园区集世界之最的巨型根雕五百罗汉、根艺精品、盆景奇石、枯树名木林为一体，独具园林特色的文化艺术工程。主要有福门祥光、云湖禅心、青梅园、集趣斋、醉根谭、戏根坊、仙翁听曲、石井秋月、龙顶探春、翠鸟鸣秀、龙卧开阳、中国根雕佛国、中国根雕博物馆、醉根文化休闲度假村和浙江省生态环保教育示范基地《百木同春》等10多个景点，是"天人合一"的生态公园

续表

序号	园区名称	面积（万平方米）	概况
22	杭州运河广告产业园	274.00	杭州运河广告产业园位于京杭大运河之畔，拱宸桥以西，杭州市打造城北杭州第三中心的核心地带，占地 2.74 平方公里，是经国家工商总局批准的、享受国家财政资金扶持的广告试点园区之一。杭州运河广告产业园以数字化新媒体广告产业为发展重点，以互联网广告为发展先导，把培育引进国内外知名的广告领军企业，作为园区建设的重大战略，建设特色鲜明、优势明显的广告产业集群，打造"长三角"广告产业创意创新中心

（2）艺术型园区分析

截至 2016 年，浙江省共有 5 家艺术型文化创意产业园区，其中：金华乾湖艺术区面积最小，为 0.20 万平方米；运河天地文化创意园面积最大，达到了 21.18 万平方米。

浙江省艺术型文化创意产业园区基本情况　　　　表 2-2-67

序号	园区名称	面积（万平方米）	概况
1	杭州西溪创意产业园	1.60	西溪创意产业园位于杭州西溪国家湿地公园桑梓漾区域，占地约 0.9 平方公里，建筑面积约 2.6 万平方米，共由 59 幢建筑组成，投资近 2 亿元。园区依托不同时期遗存的保留建筑，按照"生态化、功能化、差异化"的标准进行修缮、新建，是一个具有西溪特色的原生态的创意设计艺术庄园
2	杭州 A8 艺术公社	2.50	A8 艺术公社位于浙江省杭州市拱墅区八丈井西路 28 号，其名字中"A"代表 ART，艺术之意，"8"指八丈井的 28 号，取门牌号用之。A8 艺术公社前身为八丈井工业园区，是一个由行政楼、大厂棚、食堂和停车场等建筑组成的旧厂区，占地近 40 亩，建筑总面积 2.5 万多平方米
3	运河天地文化创意园	21.18	运河天地文化创意园位于杭州市拱墅区，由杭州运河集团与拱墅区政府共同开发建设，园区规划总建筑面积 21.18 万平方米。该园以工业遗存、历史建筑的保护利用为特征，各点适当错位发展，主要培育文化艺术、设计服务等产业
4	金华乾湖艺术区	0.20	乾湖艺术区位于乾西乡湖头，是金华市首个纯艺术园区，已挂牌建立油画工作室 12 个、版画工作室 1 个、文学创作工作室 1 个。金华市美协油画艺术委员会、金华 0579 油画部落、金华艾青文学院作为创作基地在这里正式挂牌入驻
5	松阳乡村 798 文化创意园	未知	乡村 798 文化创意园位于松阳县叶村乡河头村，创办于 2011 年 3 月。据统计，自成立以来，该创意园已经接待了前来采风的画家 2000 多人次，写生实践的学生近 6.3 万人次。截至目前，全国 170 多个高等院校在松阳建立了写生基地，每年可产生经济效益超 2 亿元

（3）休闲娱乐型园区分析

截至 2016 年，浙江省共有 2 家休闲娱乐型文化创意产业园区，分别为杭州白马湖生态创意城和浙江象山县象山影视城。

浙江省休闲娱乐型文化创意产业园区基本情况　　　　表 2-2-68

序号	园区名称	面积（万平方米）	概况
1	杭州白马湖生态创意城	1500.00	白马湖生态创意城位于杭州高新区（滨江）南部区块，北至彩虹大道，西至浦沿路，东、南至萧山界，总面积约 1500 公顷（约 22500 亩），其核心区域为白马湖区域。该区域依山傍水，自然景观优美、人文积淀深厚
2	浙江象山影视城	40.00	地处浙江中部沿海的象山影视城，坐落于风景秀丽的新桥镇大塘港生态旅游区，由神雕侠侣城和春秋战国城组成。一期项目由神雕侠侣总建筑师钱运选总规划设计，完全按照宋代风格设计建造。二期项目投资 2.4 亿元，占地面积 490 亩，包括春秋战国城、西游记乐园、经济型宾馆、摄影棚

（4）混合型园区分析

截至 2016 年，浙江省混合型文化创意产业园区有 168 家，其中：昆仑工坊面积最小，为 0.02 万平方米；西溪湿地·洪园艺术集合村面积最大，达 335.30 万平方米。

浙江省混合型文化创意产业园区基本情况

表 2-2-69

序号	园区名称	面积（万平方米）	概况
1	杭州 LOFT49	3.49	占地52.4亩的杭印路49号，原为创建于1958年的杭州化纤厂，是中国大陆首批建造的4家化纤厂之一。浙江第一个LOFT创意社区诞生于此，短短半年时间，便迅速聚集了如室内设计师孙云的"内建筑"、摄影师潘杰的"光彩空间"、陶艺大师戴雨淳的"雨窑陶艺"、中国美院著名画家常青的画廊等一些优秀的艺术机构，成为杭州著名的艺术聚集地
2	杭州之江文化创意园——凤凰·创意国际园	20.00	杭州之江文化创意园由西湖区委、区政府，之江国家旅游度假区党工委、管委会共同打造，是杭州市首批命名的十大文化创意产业园之一。总规划面积为2351亩，整体规划为"两点一线"，即从中国美术学院象山校区到凤凰·创意国际两点及连接两点之间的发展轴线组成，围绕"创意、产业、居住"三位一体的功能定位，打造集产业发展、孵化、展览展示、艺术休闲、特色配套于一体的创意产业园区
3	杭州湘湖文化创意产业园	8.00	湘湖文化创意产业园位于杭州萧山湘湖，占地面积达8万平方米，是2006年杭州世界休闲博览会的主要场馆，拥有五星级的大酒店、游乐园、剧院、购物广场、创业者公寓等配套设施，这都为文化创意产业的集聚发展提供了良好的硬件环境基础，1:1建造的仿真威尼斯水城的异国风貌为创意人员提供良好的创意灵感。目前，园区的主要产业包括影视创作、平面设计、建筑设计、广告策划、工业设计和工艺美术等
4	嘉兴市江南传媒文化创意产业园	146.67	江南传媒文化创意产业园由嘉兴市广播电视集团投资建设。总体规划用地220亩，由园林式的企业总部、魔方式高层孵化器和大空间的企业运营基地组成，打造独特的产业氛围和文化气息，营造更美、更江南、更文化的工作环境。园区总投资超过10亿元
5	杭州丝联166创意产业园	0.66	丝联166的前身是杭州丝绸印染联合厂，在20世纪50年代由苏联专家设计，建起这座浙江第一家的锯齿形厂房，是杭州发展工业特殊历史时期的标志之一，被认定为杭州工业遗产保护单位，至今还有许多旧机器被保留了下来。在不破坏同时合理地利用的前提下，丝联166应运而生
6	东瓯智库创意产业园	2.00	产业园规划建设面积50000平方米，整个园区的建设将分几期开发和改造，预计总投资在5000万元以上。逐步形成工业设计、品牌企划、平面设计、动漫、创意设计、广告策划、电子商务、文化会展、影视制作、时尚生活等文化创意产业链，使其成为浙南闽北地区最时尚的文化创意产业集聚地。产业园首期已经改造了的黎明工业区67号，由创意企业办公区、创意酒吧、咖啡吧、多功能厅、作品展示区五大部分组成
7	杭州富义仓创意空间	0.60	富义仓内共有13幢建筑，东西相向而建，分为四列三进，都是砖木结构。在富义仓的三进院落里逛逛，颇能找到古典诗词里面描绘的庭院深深的感觉。2010年4月，整修开放后的富义仓华丽转身，由"物质粮仓"转变为"精神粮仓""文化粮仓"，成为杭州最有特色的文化创意园。园区引进11家文化创意企业，将古老的富义仓打造成了国际化、高端化、人文化、时尚化的创意空间
8	宁波新芝8号创意园	0.52	新芝8号创意园是在原宁波方向机厂旧厂房基础上打造的宁波首个LOFT创意园。项目总投资300万元。经过精心改造，园区保留建筑面积4020平方，拥有风格各异的工作室，可入驻企业18家
9	绍兴金德隆文化创意园	10.02	金德隆文化创意园是一个以创意设计为核心，文化艺术为内涵，集设计、研发、交易、艺术、创作、展览、交流、培训、评估、体验、休闲及商务办公、公共服务于一体，代表新风尚的现代服务业新街区。通过近几年的运营，以独特的建筑风格、先进的经营理念、创新的运营模式、全方位的服务体系以及文化创意园所缔造的产业价值，赢得了政府和社会的认可
10	宁波创意1956产业园	6.33	创意1956产业园位于宁波江北区庄桥街道，在始建于1956年的原宁波变压器厂的基础上改造而成，园区也由此得名。创意1956按照一次规划、分步实施的方式建设，整个园区占地面积达63264平方米。其中一期区域面积33872平方米，一期建筑面积1.6万平方米。改造旧厂房12200平方米，翻建厂房4700平方米，容积仅为0.5。利用厂区原有的车间布局，园区巧妙设置了7座设计工作室组团，共有76个工作室，形成曲径通幽、院落重重的效果，阐释了现代与历史交融、经典与时尚互动的低密度、庭院式LOFT办公空间的魅力
11	杭州SOHO创意部落	1.60	SOHO创意部落位于沈半路与石祥路交叉处，杭州夹板市场西侧，紧邻上塘高架石祥路出口及秋石高架，同时是公交63路和36路的终点站。南方机电、夹板市场等大型企业、市场围绕着园区。园内企业主要包含文化艺术、影视传媒、电子商务、设计服务、时尚消费、咨询策划、管理培训类创意企业。配套设施包括：园区餐厅、多媒体演播厅、大型公共会议室、超大网球场以及正在进行的屋顶花园、展厅等
12	余姚市阳明188文化创意产业园	0.50	产业园由破旧厂房改造而成，总规划面积5000平方米，其中一期3000平方米已完成改造，以政府主管、企业运作的方式，结合城市总体规划，以创意产品设计为核心产业类型，衍生出创意产业展示、创意产业交流、创意产业服务、创意产业交易、创意产业孵化、创意SOHO办公、创意艺术基地、创意产业教育等八种形态
13	浙江婚庆用品文化创意产业园	5.60	浙江婚庆用品文化创意产业园由浙江恩泰实业控股集团投资打造。旨在针对杭州市婚庆用品文化创意项目为核心，构建集商务、旅游、购物、娱乐、休闲、观光于一体的大型SHOPPINGMAIL式现代服务业街区和创意时尚生活社区

续表

序号	园区名称	面积（万平方米）	概况
14	金华市将军188创意工厂	0.70	将军188创意工厂地处金华市将军路188号，共有7幢组成，建筑面积7000多平方米，主要入驻企业包括工业设计、广告设计、室内装修设计、建筑设计、咨询策划类、文化艺术类（古玩、字画、收藏、艺术创作）、时尚摄影、创意时尚餐厅等领域
15	温州学院路7号LOFT	0.50	学院路7号LOFT由2幢风格各异的建筑组成，在原先旧厂房独特的建筑风格和工业符号基础上，又注入了时尚、个性的元素。园区分期开发和改造。学院路7号LOFT属一期，项目投资1500万元，依托浙江工贸学院工业设计、动漫设计、艺术设计等6个专业，通过引进信息、传媒、建筑等具有相关设计资质的创意型企业形成原发驱动力，把已经形成的人才优势、产业优势和地域环境优势进行有机结合
16	杭州智新塘文化创意园	3.40	智新塘文化创意园成立于2011年1月27日，总占地面积30亩，总建筑面积3.4万平方米，由杭州冰点广告展览有限公司投资打造，总投资1亿元。园区主要发展文化会展业、设计服务业、信息服务业，辅助发展演艺业、艺术品业、现代传媒业等相关产业
17	宁波和丰创意广场	33.80	和丰创意广场是宁波市委、市政府加快推进创新型城市建设、优化服务业水平、实施"中提升"战略的重要平台，也是政府调整经济结构、实施产业转型升级、提升经济竞争力的重要载体，更是提升宁波城市价值、实现宁波由"制造名城"向"设计名城"转变的重要基地。和丰创意广场项目占地面积220亩，总建筑面积34万平方米（其中地上建筑面积23万平方米），总投资约30亿元
18	垠坤·智汇魔方	2.00	垠坤·智汇魔方位于南京雨花台区软件大道沿线，玉兰路86号，占地面积约7700平方米，建筑面积约2万平方米。针对科技企业的个性特征编制一套相对应的"外包服务"商务资源整合平台，它融汇了财税、法律、人才、金融、融资、担保、广告传媒等各个服务行业的资源，为企业提供一个更具广泛选择权的商务信息交流与服务对接平台
19	杭州元谷·小河园	0.50	元谷·小河园建筑面积近7000平方米，现入住企业近30家，从业人员500余人，年产值达1.3亿元。行业涵盖建筑、环境艺术设计、网络科技、广告传媒、服装设计等。本项目将打造成一个以仓永景观为龙头的环境景观设计园区，充分展现建筑艺术和技术的完美结合，为大众带来高品质的居住环境
20	舟山市定海伍玖文化创意中心	1.50	伍玖文化创意中心位于舟山市定海区西山路21号。园区上下共三层，总建筑面积15000平方米，其中第一、二层为办公及休闲区域，三层为休闲餐厅和健身运动场所。园区为入驻的文化创意企业提供作品展示、创作交流、培训等全方位服务，吸引了大量的文化创意企业前来咨询、落户。目前，园区已经形成了集一站式办事窗口、投融资服务、全天候物业服务、大学生创业基地于一体的四大特色服务体系
21	杭州创意桥产业园	2.88	杭州创意桥产业园位于杭州市上塘路和温州路交叉路口的上塘路958号，共有6幢五层厂房和2幢三层小厂房，已改造完成面积12713.14平方米，规划完成面积为28751.24平方米。产业园紧紧围绕建设"创意集中营，服务新高地"的目标定位，重点发展新型电子商务、建筑设计和整合传播等创意类产业
22	杭州和睦LOFT555创意园区	0.40	和睦LOFT555创意园位于拱墅区和睦新村运河边。一期建筑面积4000平方米，全框架结构，可自由分割租赁。整体2层，层高8.8米，最低5.8米，钢架结构，公共区已个性化装修及园内整体绿化，有大量停车位
23	宁波大学科技产业园	0.60	宁波大学科技产业园是由宁波大学和江北区政府共同组建的高校科技产业园，成立于2009年5月，位于江北区环城北路东段257号，占地6000平方米。园区主要依托宁波大学的人才、技术、信息、实验设备、文化素质等综合资源优势，在区政府政策引导和支持下，办成技术创新基地、高新技术企业孵化基地、创新创业人才集聚和培育基地、高新技术产业辐射催化基地
24	杭州圣泓工业设计创意园	2.00	园区位于杭州市富阳市受降镇上林南路22号（杭州野生动物园附近），第一期已于2012年7月16日开园，占地30亩，其中地上面积4.6万平方米，地下室2万平方米，共9幢楼。第二期2013年开园。圣泓创意园的目标是要打造中国制造业工业设计创新中心与本土品牌国际化中心，创建国际化一流创意产业园区
25	嘉兴国际创意文化产业园	80.83	嘉兴国际创意文化产业园以"创新、创业、创优、创强"为建园精神，发挥区域和产业优势，通过政策扶持和引导，积极引进名校、名企和艺术精英联手打造嘉兴国际文化创意产业基地，催生文化创意和传媒产业，培育一批具有国际影响力的创意文化产业实体，推动一批传媒与文化创意示范项目
26	杭州元谷·湖墅园	0.80	园区位于拱墅区珠儿潭巷10号（原拱墅区老区委），建筑面积近10000平方米，现已入驻企业近40家，从业人员600余人，年产值达1.7亿元。行业涵盖建筑设计、娱乐、广告传媒、婚庆摄影等
27	温州智慧谷文化创意园	2.00	位于温州车站大道789号的智慧谷文化创意园，作为温州最早的创意园区，其前身为华威冰箱厂，拥有30亩占地面积和48000平方米的建筑面积，便捷的交通、城市中心核心商圈的覆盖，让它有着其他园区无可比拟的优势，如今已被打造成集文化、展览、娱乐于一体的城市中心LOFT
28	杭州元谷·和睦园	1.50	元谷·和睦园是一家以婚庆摄影为主题的文化创意产业园，是杭州元谷企业管理公司投资开发的首个文化创意产业园，成立于2008年9月，占地面积为10000平方米，园区内的建筑形态涵盖了各种建筑风格。园区内入驻企业52家，集文化、创意、艺术、设计、婚纱、摄影、婚庆、IT、办公、休闲、展示等多元商业业态组合，其中婚庆摄影类企业有18家占园区企业比例的35%

续表

序号	园区名称	面积（万平方米）	概况
29	诸暨长城国际影视网游动漫创意园	333.33	项目占地面积333.33万平方米，总投资30亿元，建成后，将成为中国首家以世界文化遗产博览为主题、"四大基地加主题乐园"（影视、网游、动漫、影视艺术教学基地、主题乐园）组合而成的创意产业集群基地
30	西溪创意产业园	90.00	西溪创意产业园位于杭州西溪国家湿地公园桑梓漾区域，占地约0.9平方公里，建筑面积约2.6万平方米，共有59幢建筑组成，投资近2亿元。园区依托不同时期遗存的保留建筑，按照"生态化、功能化、差异化"的标准进行修缮、新建，是一个具有西溪特色的原生态的创意设计艺术庄园
31	西溪湿地·洪园艺术集合村	26.68	西溪洪园区域面积3.353平方公里，规划分为西溪五常民俗文化村、西溪艺术集合村、西溪大众休憩村和西溪农耕文化体验村等四大"村落"。其中，西溪艺术集合村总占地400余亩，规划总建筑面积约4万平方米，目前已建成3万平方米，包括艺术创意俱乐部、艺术创作实践基地等艺术建筑空间聚落，已有11家文创和旅游配套企业入驻

（5）地方特色园区分析

截至2016年，浙江省地方特色型文化创意产业园区有6家，其中：浙江西塘镇面积最小，为100.00万平方米；杭州创意良渚基地面积最大，达1759.00万平方米。

浙江省地方特色型文化创意产业园区基本情况　　表2-2-70

序号	园区名称	面积（万平方米）	概况
1	杭州创意良渚基地	1759.00	创意良渚基地主要由中国良渚文化村片区、良渚城镇一期行政商务片区和二期商业街区组成，构建为杭州北部集聚度最高的现代服务业基地，也是杭州市北部市级服务业基地的主体。而玉鸟流苏创意文化街区是"创意良渚"的主要产业集聚区，拟建为杭州市级特色商业街区，今后扩展延伸到良渚商业中心，构建为规模更大的良渚创意文化街区
2	杭州东方文化创意园	180.00	杭州东方文化创意园位于杭州萧山义桥，是杭州湘湖新城板块中唯一具有明清建筑特点的特色创意园区，是国家AAAA级旅游景区东方文化园的主要文化产业园区。整个园区由步行街和博物馆共同组成，全长800余米，总建筑面积19000余平方米，营业用房300余间，内设7000余平方米文创产业商场配套。创意以文化艺术品收藏、展示、文创工艺品研发、销售为主。目前，园区分为非遗展示区、文化艺术品区、特色旅游商业配套区三大板块
3	南宋御街中北创意街区	120.00	2008年年底，下城区委、区政府根据杭州市委、市政府关于把中山路打造成为"宜居、宜商、宜游、宜文"的"南宋御街国际旅游综合体"，充分展示"中国生活品质第一街"的风貌，体现历史与未来、传统与现代、东方与西方、经典与流行的高度融合的精神，把南宋御街有机组成部分中山北路建设成新形态、新生态、新文化的创意文化商业特色街区
4	浙江西塘镇	100.00	西塘是江南六大古镇之一，位于浙江省嘉善县。嘉善位于上海西南方向，距上海市中心80公里，距大虹桥商务区60公里，西至杭州110公里，南濒乍浦港35公里，北接苏州85公里，处于长江三角洲的中心地带。西塘古镇已被列入世界历史文化遗产预备名单，中国首批历史文化名镇，国家AAAA级旅游风景区，也是最具水乡魅力影视基地
5	杭州王星记老字号文化创意产业园	未知	王星记老字号文化创意产业园是浙江省第一个中华老字号文化创意产业园，意在通过扇文化的历史发展演变与时代创新，向社会展示王星记中华老字号的创意设计、创新发展和文化传承，在老字号与文化创意产业中找到一个契合点，探索一条以中华老字号资源带动文化创意产业发展的新路子

2.2.12　安徽省

1.安徽省文化创意产业园区发展概况

（1）安徽省文化产业概况[①]

2016年，安徽省正式推出文化产业重点招商项目（单个项目投资亿元以上的）323个，投资总额3574.54亿元，计划引进资金3229.67亿元。

---

① 2016年全省文化产业重点招商项目暨2015年度安徽民营文化企业100强新闻发布会[EB/OL].http://www.ah.gov.cn/UserData/DocHtml/1/2016/4/11/5481702565097.html

(2) 安徽省文化创意产业园区数量

截至 2016 年，安徽省共有 96 家文化创意产业园，2016 年安徽省文化创意产业园区新增数量为 1 家。

2010—2016 年安徽省文化创意产业园区数量增加情况　　　　　　　　　　　　表 2-2-71

年份	园区数量（家）	园区增加数量（家）
2010	35	18
2011	63	28
2012	76	13
2013	81	5
2014	85	4
2015	95	10
2016	96	1

(3) 安徽省文化创意产业园区类型分布

安徽省文化创意产业园主要模式分为产业型、休闲娱乐型、混合型、地方特色型。从安徽省文化创意产业园区类型分布情况看，产业型和混合型园区占主要部分，其他类型数量相对较少。截至 2016 年，混合型和产业型园区数量分别达到了 61 家和 28 家。

2016 年安徽省文化创意产业园区类型分布情况　　　　　　　　　　　　表 2-2-72

类型	园区数量（家）	园区数量占比（%）
产业型	28	29.17
休闲娱乐型	3	3.13
混合型	61	63.54
地方特色型	4	4.17

2. 安徽省文化创意产业典型园区调查

(1) 产业型园区分析

截至 2016 年，安徽省共有 28 家产业型文化创意产业园区，其中：合肥市原创动漫园面积最小，仅有 1.02 万平方米；芜湖影视文化产业园面积最大，达到了 1569.00 万平方米。

安徽省产业型文化创意产业园区基本情况　　　　　　　　　　　　表 2-2-73

序号	园区名称	面积（万平方米）	概况
1	安徽淮南八公山豆腐文化产业园	175.74	八公山豆腐文化产业园是安徽省"861"重点建设项目。产业园的功能定位是发展以豆腐文化为特色的精加工、研发、物流、旅游等产业，集博览、展示、商贸、养生于一体的国内首创、国际一流豆腐文化产业园。产业园一期规划面积 170.75 公顷，分为全民创业园区，豆制品精加工及高新技术产业园区、豆腐文化综合园区三个组团
2	合肥音谷文化创意产业园	40.00	由网下物理音谷与网上数字音谷两个系统组成。网下物理音谷（全球音谷文化创意产业园）：音谷文化地产，分为三大板块：博音馆、音谷乐园、创意步行街。网上数字音谷（网上数字声音银行）：声音素材收购管理子系统、声音数字资产自由交易管理子系统、声音需求特制订单管理子系统、声音标本官方供应管理子系统、声音商标官方管理子系统、合同成交子系统、交易结算子系统、交易记录查询子系统、系统交易保障服务子系统，政府监管系统等十大子系统
3	芜湖影视文化产业园	1569.00	芜湖影视文化产业园占地面积 15.69 平方公里，其中水面 3.67 平方公里。分为七大功能区：综合服务区、影视文化区、影视外景拍摄游览区、大学区、生态农业旅游区、会务博览区、奎潭文化展示区。徽派外景拍摄区是影视文化区的核心区

续表

序号	园区名称	面积（万平方米）	概况
4	合肥国家级动漫和服务外包基地	40.00	合肥国家级动漫和服务外包基地位于合肥高新区创新型试点示范区内，占地320亩，总建筑面积55万平方米。计划建设动漫研发、合成制作、技术服务、外包服务等群楼，建设公共技术服务平台，以及部分配套公寓和商贸服务中心等
5	合肥世界之窗科技创意产业园	5.00	合肥世界之窗科技创意园是南京顺天实业集团精心打造的第三代产业园区，是以科技研发、创意设计为主导产业集聚、以金融服务和管理培训为配套的一体化产业园区。园区位于安徽省合肥市黄山路，与中国科学技术大学、安徽大学、电子工程学院为近邻。建筑面积近5万平方米
6	灵璧县中国灵璧石（渔沟）国际交易中心	2.40	中国灵璧石（渔沟）国际交易中心位于渔沟镇北，灵双公路西侧。工程为四期，总建筑面积24000平方米，总投资额为5000万元。工程建成后，将成为全国最大的奇石交易中心
7	蚌埠市南山文化市场	19.30	南山文化广场分三期建设：第一期建设面积约65000平方米，改建、扩建为专业文化市场，建成以花鸟鱼虫、古玩玉器、奇石书画为主的特色文化市场。第二期建设面积82000平方米，建成以饮食文化、宗教文化为主的特色文化区域。第三期建设面积约46000平方米，建成以服饰文化和文化用品为主的特色文化区域
8	芜湖长江图书文化产业园	25.00	芜湖长江图书文化产业园作为图书经营平台，拥有独特优势：具有优良的经营环境、稳定的客户基础；能够得到政府对于经营户的政策支持与引导；有助于规范行业管理和提升经营业绩；有助于发挥长江图书市场园区集成优势，完善书刊文化供应链和市场辅助服务功能；交通便利，并以书刊经营为核心，不断加强园区的物流市场建设和仓储功能配套，共同服务于长江书刊文化市场的长足健康发展
9	安徽星宇动漫产业园	64.86	星宇动漫产业园占地面积648589平方米，建筑面积781943平方米，主要建设内容包括企业文化展示中心、研发中心、办公楼以及生活配套设施
10	合肥市原创动漫园	1.02	2008年年底，安徽省首家专业的动漫企业孵化器——合肥市原创动漫园启动建设。园区具备良好的基础条件，水、电、通信、宽带网络等公共设施齐全，建立了合肥动漫企业孵化服务平台，提供引资、平台共建、产业链打造、高校学生科技创业实习和产业、物业等全方位服务
11	芜湖市雨耕山酒文化产业园	3.67	雨耕山酒文化产业园依托原机械学校校址，其中保存原英国领事馆官邸以及内思学校西班牙风格建筑的建筑物。产业园是以酒文化为主题的文化创意街区，结合西洋建筑和宗教文化，打造成为"隐于繁华，深度品味"的酒文化产业园。雨耕山酒文化产业园是芜湖市重点打造的七个创意产业园之一，必将成为文化特质与产业特色完美演绎的经典
12	安徽经纶文化产业园	2.47	安徽经纶文化产业园按一次规划、分两期建设。一期占地21亩，是安徽经纶文化传媒集团的主体办公场所，主要从事纸质出版物的出版与销售工作，已建成投入使用。二期占地16亩，为纸质出版物的印刷和物流基地，主要从事书刊等出版物的印刷工作
13	中国星光（皖北）影视基地	180.00	中国星光电视节目制作基地管委会和泗县人民政府签订中国星光（皖北）影视基地项目建设合作协议。中国星光（皖北）影视基地项目是一个以影视基地为基础，集影视剧拍摄、制作、教育培训、休闲、娱乐等于一体的多功能文化区。项目由中国星光电视节目制作基地和泛华建设集团公司出资建设，计划总投资12亿元，总用地3000亩。第一期2000亩，同步建设三个区，用于3D拍摄制作的景点、场景和3D摄影棚、宾馆、酒店、购物区和住宅生活区，计划投资8.8亿元，建设周期为4年；第二期1000亩，建设印象·泗县3D演艺广场和泗州戏3D大舞台，主题基地（3D尼克儿童主题公园、3D影院、演艺、制作培训学校）等，总投资3.2亿元，建设周期为2年
14	安徽佳达科技工业园	3.01	佳达科技工业园坐落在马鞍山雨山经济技术开发区内，印山路以南，经二路以东，佳达大道以西，九华路以北，交通便利，环境优美。工业园由安徽佳达集团独资兴建。占地约250亩，其绿化率达到45%。园区规模庞大，佳达集团投巨资进行基础设施配套，园区道路绿化等均经设计优化，其生产设施和生活设施配置齐全
15	阜南柳编文化产业园	275.00	园区主要建设内容分为三个部分：一是柳编文化产业园基础设施建设。建设2公里道路及配套供电、供水、排水、通讯管网、污水处理、消防、信息网络等。二是建设柳编文化博物馆、柳编工艺品展示销售中心、柳编工艺品一条街。三是建设适合柳编生产加工的标准化厂房3000平方米、综合服务用房3000平方米
16	池州九华国际动漫产业园	200.40	在牧之路以西、环湖路以东区域设立池州九华国际动漫产业园区，总体规划面积约2200亩，分六个功能区域：动漫职业技术学院，规划面积500亩；动漫生产制作基地，规划面积100亩；动漫公共服务中心，规划面积100亩；动漫商城，规划面积100亩；动漫乐园，规划面积1000亩；后勤服务中心，规划面积400亩。一期工程用地540亩，建筑面积15万平方米，总投资约6.9亿元
17	安徽中国布锦文化产业园	4.00	安徽中国布锦文化产业园总体规划面积4万平方米，其中一期为2.4万平方米。主要内容为：布锦画徽风系列产品（工艺品、文化装饰品、旅游产品）开发生产线；济美坊——皖韵系列国际收藏品布锦画艺术创作基地；新型商业模式的济美坊互动产品系列及连锁样板店的设计、开发与生产；济美山庄——布和锦的文化、艺术展示互动区（包括展览、制作体验、3D多媒体影视、八十一布锦魔宫等特色文化休闲娱乐设施）；济美阁——布锦画等徽派艺术品大市场

续表

序号	园区名称	面积（万平方米）	概况
18	淮南子传媒文化产业园	67.00	产业园规划建筑面积67万平方米，主要由广播电视制作中心、淮南子传媒文化产业园、综合文化会展中心等组成。建立集广播、电视制作播出、影视剧拍摄、制作、休闲、娱乐、餐饮功能于一体的文化休闲区，并以影视基地为基础，延伸完善产业链，多元化、规模化经营，形成一个以淮南为中心，辐射皖北周边地区的文化产业中心，着力打造皖北地区乃至淮河流域最大的影视基地
19	阜阳国际工艺美术文化产业基地	8.00	本项目分为商贸物流、生产加工、研发创作、文化旅游四大功能板块。商贸物流以阜阳临沂商城为主体市场，规划8万平方米，经营铺位1000个，分为画框成品、画框材料、画框配件经营区，投资4亿元。生产加工以阜阳循环经济园区为基地，规划用地3000亩，有品牌企业区、国际木雕企业区、标准厂房、原料中心、木材处理中心、配套服务中心，实行一次规划，分三期开发，5年建设完成，总投资45亿元，形成中国第一个集产成品、半成品、配件生产为一体的画框工艺美术生产加工基地
20	皖江文化园	1.50	皖江文化园由安庆市五千年工艺美术有限责任公司投资5000万元兴建。园内设中国乡土艺术馆、中国根雕艺术馆、周宏兴教授美石艺术珍藏馆、五千年精品收藏馆、安庆市名家盆景馆、安庆市古玩市场等，总建筑面积15000多平方米。皖江文化园以弘扬五千年华夏传统文化，挖掘、整理、展示民族民间乡土艺术为己任，力争把皖江文化园打造成"万里长江第一文化艺术城"
21	宿州文化产业园	133.40	宿州文化产业园分为奇石文化区、马戏文化区、动漫区、书画艺术区、古玩及花鸟区、艺术演艺与培训区、生态园与民俗文化园区七个板块
22	颍东印刷包装文化产业园	159.41	园区规划总面积约2390亩。重点打造包括生产加工中心、科研设计中心、展示交易中心、物流配送中心、管理服务中心、生活配套中心等产业园六大功能中心。园区产业定位以"新产品、新技术、新方向"为三大原则，产业发展重点为印刷包装制品、印刷包装材料、印刷包装机械三大领域

（2）休闲娱乐型园区分析

截至2016年，安徽省共有3家休闲娱乐型文化创意产业园区，其中：金领欢乐世界面积最小，有53.53万平方米；五千年文博园面积最大，达到了266.67万平方米。

安徽省休闲娱乐型文化创意产业园区基本情况 表2-2-74

序号	园区名称	面积（万平方米）	概况
1	五千年文博园	266.67	五千年文博园坐落在安徽省安庆市太湖县，景区规划占地4000亩，以"中华文化主题公园"为建设定位，以创建"中华民族的精神家园"为目标，是严格按照国家5A级旅游景区标准打造的一座世界朝圣东方文明的艺术殿堂，现已被国家文化部命名为"国家文化产业示范基地"，被国家旅游局评定为国家AAAA级旅游景区
2	金领欢乐世界	53.53	金领欢乐世界位于六安经济开发区，地处沪陕高速公路连接线与城区主干道阜城东路交叉路口，毗邻举世闻名的淠史杭之首的淠河，占地面积803亩，建筑面积近14万平方米，工程总投资超过12.5亿元，是以高科技创意为主的主题公园
3	六安文化休闲产业园	167.00	六安文化休闲产业园依托现有的省级农业生态示范园，新建集五星级宾馆、演艺厅及酒吧等文化娱乐街、大型综合购物商场、生态旅游休闲为一体的文化休闲产业园

（3）混合型园区分析

截至2016年，安徽省混合型文化创意产业园区有61家，其中：芜湖鸠江文化创意产业孵化基地面积最小，为0.50万平方米；池州市杏花村文化旅游区面积最大，达5530.00万平方米。

安徽省混合型文化创意产业园区基本情况 表2-2-75

序号	园区名称	面积（万平方米）	概况
1	芜湖新华958文化创意园	1.60	新华958文化创意产业园利用长江路原新华印刷厂旧厂房特有的建筑风格和历史底蕴，结合创意产业需求进行改造，总建筑面积达1.6万平方米，是芜湖市文化产业十大重点项目之一。创意园旨在营造"全民创意"的全新理念，打造一个传统文化与当代艺术交融的文化创意产业集聚区、培养优秀创意人才的示范基地，孵化创意思想，传播时尚文化，实现文化创意增值。园区按功能划分为创意办公落、时尚源、创意场、策划泉、大师坊、创意孵化基地、徽商会馆、创意发布场和功能配套区九大板块

续表

序号	园区名称	面积（万平方米）	概况
2	合肥三国文化产业园	56.78	项目占地约850亩，建筑面积约245340平方米。建设内容包括汉代风情一条街（中轴线）、三国风云古代军事体验区（西侧）、创意农业与特色花卉游览园（东侧）、停车场与公共服务区（环湖北路和公园路交叉口）四大板块
3	芜湖鸠江文化创意产业园	4.68	芜湖鸠江文化创意产业园位于芜湖市鸠江区，作为着力培育的新兴支柱产业，芜湖市在推进文化创意产业发展过程中，重点将数字动漫、创意设计、演艺演出、影视传媒和文化旅游等作为主导产业，初步形成了以动漫产业为主导，相关产业联动发展的文化产业体系。该产业园项目用地面积70亩，建筑面积10万平方米，集人才教育与培训、技术研发与服务、中小企业孵化等多功能于一体，主要建设文化创意产业教育培训中心，数字动漫研发制作、展示体验中心，数字工业设计中心、影视视觉特效设计中心，以及公共技术平台服务中心，形成从文化产业原创、创意产品生产加工、文化创意产业人才培训的产业链
4	淮南志高动漫文化科技产业园	1336.00	淮南志高动漫文化科技产业园由志高集团投资兴建，占地达2000余亩，总投资约60亿元。是一座融观赏、娱乐、休闲、博览、科普教育和产业开发于一体的超大型世界顶级动漫产业园。泰坦方舟动漫产业园由方舟广场、奇奇乐园、淮南王国、火红迷林、泰坦冰川、达芬奇小镇、第九星河、时光岛八个主题区组成
5	江南创意文化产业园	66.80	江南创意文化产业园充分引导分散的资源和项目，发挥园区的示范、集聚、辐射和推动作用，使创意产业和创新农业的上游研究开发、中游的生产制造、下游市场营销及衍生品的开发企业、周边的第三方服务企业进行互补合作。打造完整的产业链条，形成规模经济，充分发挥产业聚集的溢出效应和企业综合体的资源整合效应，同时园区将结合产业园与商业综合体特点，规划"研产销"一体化及全方位配套的综合体系。"研产销"一体化体系包括一般性企业、企业智库、企业运营平台；企业配套系统是指企业综合体运营的硬件配套系统，主要包括企业生产所需的基础配套、企业营销所需的交易平台配套、企业发展所需的第三方服务机构配套、企业间交流的商务配套、企业员工所需要的生活及商业配套、综合体发展所需要的科研教育配套等
6	马鞍山视聆通游戏动漫产业园	10.00	视聆通游戏动漫产业基地是一个全新的动漫产业基地模式，主要是通过软件企业的远程加盟，形成一个没有边界的聚集效益。通过游戏集中办公、集中软件招标、集中运营的方式实现实体软件企业和游戏软件企业的整合，从而短期内在马鞍山雨山区形成初步规模的动漫产业基地
7	阜阳欧阳修街	12.44	项目建设地点是阜阳生态园会老堂景区及西湖行政村亭孜自然村，建设内容为会老堂组景、西湖书院、民俗风情园、欧苏文化商业街、双柳榭、清莲阁等旅游配套设施，占地面积12.44万平方米，建筑面积1.6万平方米，绿化率85%
8	宿州神游世界动漫产业园	165.00	项目位于宿城拂晓大道以东、拱辰路以北、人民路以西、北外环以南区域，总体规划用地面积为3000亩左右，总投资额为47亿元。项目一期需要用地560亩，造价约为7亿元；二期用地1600亩，造价约为18亿元；三期用地840亩，造价约为22亿元。项目总体规划分为五大功能区域，分别为动漫生产制作基地、动漫乐园、动漫商城、后勤服务中心等，建设周期为三到四年；一期建成目标客流量达到300万人次左右；二期建成目标客流量达到500万人次左右；三期建成目标客流量达到800万人次左右
9	芜湖华强文化科技产业园	70.00	位于鸠江区清水街道境内的芜湖华强文化科技产业园，由深圳华强集团投资建设，于2008年12月30日破土动工。该项目规划占地面积约70万平方米，投资规模约25亿元。芜湖华强文化科技产业园将借鉴美国迪士尼文化产业发展模式，以文化产业多项领域生产研发基地与主题公园组团结合的方式形成大型文化科技产业园区。该项目将以文化产业为主导，打造一个拥有自主知识产权，具有国际影响力和竞争力，集创意、设计、研发、生产、展示、经营及人才培训为一体，国际一流的文化科技产业基地。其中还将包括一个以动漫为主题的全新的大型文化主题公园"方特梦幻王国"和四个文化产业基地
10	淮北洪庄文化创意产业园	46.76	淮北洪庄文化创意产业园坐落于淮北市烈山镇洪庄村，总体规划用地700亩，总投资8.9亿元，将建设九九婚庆园、文化艺术品一条街、文化艺术品交易中心、运河文化广场、煤炭企业文化会所、画家村、养生文化园、传统与民间技艺培训中心等一大批文化创意产业项目。淮北洪庄文化创意产业园建成后，将成为皖北地区一张靓丽的城市文化名片
11	寿州文化产业园	2.95	寿县寿州文化产业园建成后，将成为具有浓厚地方历史文化特色的文化产业园区，为带动寿县乃至皖北、沿淮、合肥、华东等地的旅游发展起到积极的推动作用，是寿县发展旅游的新亮点、大手笔
12	芜湖鸠江文化创意产业孵化基地	0.50	鸠江文化创意产业孵化基地位于安徽工程大学，是芜湖市鸠江区政府依托安徽工程大学人才、技术资源优势改造建设的文化创意产业园区。园区占地5000平方米，建筑面积3000平方米。园区按功能划分为创意设计办公、视觉艺术展示、文化休闲体验三个区域。设有创意企业集聚区、专家工作室、创业工作室、铁画艺术展示区、文化创意广场、文化市集等板块
13	安徽千字文文化产业园	6.68	项目占地100亩，工业和商业用地各占50%，包括：千字文文化产业园，中国千字文文化艺术节，书法教育基地，动漫、影视、出版印刷基地
14	马鞍山文化产业园	3.73	马鞍山文化产业园位于马鞍山新市区中心市政广场旁，城市中心干道湖东路和印山路交叉口，占地面积37265.14平方米。产业园由报业出版及印务中心、书刊发行及物流配送中心、文化及休闲服务中心三个子项目构成

续表

序号	园区名称	面积（万平方米）	概况
15	安徽民丰文化产业园	40.00	安徽民丰文化产业园占地40公顷。一期工程：展览馆建筑面积4600平方米，古玩一条街东西街建筑面积15000平方米，专家学者住房及活动场所16500平方米，超市建筑面积7000平方米。二期工程：民丰文化大厦为29层五星级接待中心，建筑面积45000平方米，古玩一条街南北街建筑面积15000平方米
16	徽商文化产业园	4.00	徽商文化产业园包含体育馆、游泳馆、博物馆、古玩一条街、民风文化大厦等。其中，古玩一条街总建筑面积约3万平方米，是安徽省目前最大的古玩一条街
17	安徽寿春文化产业园	33.40	安徽荣宝文化发展有限公司在八公山风景区开发建设包括楚汉碑林、画家村、寿州窑、楚汉风情街、楚汉艺术馆、旅游艺术品制作及市场、旅游度假村等内容的寿春文化产业园。该项目总投资8亿元，5年内建成
18	芜湖市和瑞文化科技创意园	13.36	和瑞文化科技创意园是以科技和文化创意为特色，积极引进动漫游戏、影视传媒、广告策划、数字网络、摄影美术、时尚设计、文化艺术、信息咨询等企业及个人工作室。项目建设有完善的办公区、制作间、设备系统、网络系统、播出系统、演播、演示厅（室）、高科技先进数字系统和公共技术服务平台等。占地200亩，规划总建筑面积27万平方米，分为服务外包、科技研发、交易展示、创业服务等四大功能板块，将建设成为一个集制造、展示、交易、办公、培训等多功能于一体的综合性服务外包产业基地项目
19	淮南市山南新区徽艺文化产业园	10.00	项目占地面积为10万平方米，分两期进行：一期项目占地3.34万平方米，建成"徽艺"品牌的淮南八公山紫金砚为龙头系列工艺品加工生产基地和徽艺轩商务文化中心；二期项目为徽艺工艺品研究所、安徽徽艺民间艺术文博馆和徽艺文化休闲度假村，建成民间工艺品展销、工艺演示场地和开发工艺品生产专题观光旅游项目
20	铜陵国际文化城	11.46	铜陵国际文化城位于铜陵市西湖新区，东临新城大道，西临规划路。由电子图书城、影视动漫城际两栋文化创意中心组成。文化城是以影视文化产业为核心的复合型文化产业园区，力图打造影视动漫基地、电子图书基地、艺术创作基地与传媒总部基地四大产业基地
21	马鞍山洪滨创意文化产业园	1.00	项目位于马鞍山市政治文化中心，占地面积1万平方米，以徽派手工艺术生产、设计为主要内容，集生产、开发、研究、培训、交流、景观、休闲等综合功能为一体，为安徽省创意文化领域提供一个名家荟萃、精品云集的多元化产业基地及商业平台
22	六安红街文化产业园	7.61	红街文化产业园项目是安徽省"861计划"文化产业项目，也是六安市首个集购物、休闲、娱乐及文化展示于一体的城市文化产业综合体。2012年2月，红街获六安市首批"市级文化产业示范园区"称号
23	中航合肥文化创意产业园	66.67	项目位于合肥高新区，占地面积约为350亩，租用昌河实业现有旧厂房，与中航工业合肥城市综合体项目相融合，以创意为主题，抽取工业文化元素，保留现代工业文化遗产，整合创意产业资源，形成多业态集聚的创意园。项目位于合肥市高新区，总用地面积约1000亩，总投资约110亿元。项目建成后，将成为安徽省唯一集航空飞行娱乐、科普教育、培训于一体的综合性基地，成为安徽省最大的3D影视文化创意产业基地及文化创意产品交易中心，年产值可达100亿元，税收5亿元
24	临泉文化产业园	100.00	临泉文化产业园总建设规划到2015年达100万平方米。该项目的具体建设内容：毛笔生产厂4家，毛笔展销中心1家，书画装裱15家，美术品经营40家，音像经营60家，印刷厂10家，经营销售打字、复印文化产业30家
25	砀山文化产业园	26.39	项目分三期：一期建广电中心大楼、发射基地以及演播大厅；二期项目为室外演艺广场、数字影院、宾馆以及拓展训练项目；三期为大型游乐场、文化咖啡屋等项目
26	桐城玉雕文化产业园	14.00	桐城玉雕文化产业园是一个专门生产、加工、销售玉雕的场地。它坐落在桐城经济开发区，总投资近10亿元，占地总面积约26万平方米，能容纳商户1200多户，近万人集中贸易，是目前国内最大的徽派玉雕生产基地
27	铜陵天井小镇文化旅游区	35.00	天井小镇文化旅游区目标将成为安徽皖南国际旅游区重要的平台，也是国内民俗文化及非物质遗产交流、互动最具规模的文化、旅游产业集聚地和展览中心，旅游和文化最大限度融合的面向国内外宾客的多向度交流展示平台
28	芜湖动漫产业基地	66.67	芜湖动漫产业基地作为芜湖动漫产业核心基地之一，规划面积为1000亩，其中核心区314亩，拓展区600亩。目前核心区的控制性及部分修建性详细规划设计方案已通过规划评审。自2001年12月开园以来，已发展成为安徽省重点支持发展的软件园
29	池州市杏花村文化旅游区	5530.00	杏花村文化旅游区控制规划面积55.3平方公里，建设面积为35平方公里，构建"一路二水三区"：一路是杏花村景观大道；二水是秋浦河风光带和杏花溪观光带；三区分别是民俗体验区、田园观光区、山水度假区
30	池州九华山大愿文化园	459.00	九华山大愿文化园景区位于中国四大佛教名山之一、国家级重点风景名胜区、世界公认的地藏菩萨道场——九华山风景区北麓柯村。规划保护面积459公顷，2008年顶峰国际旅游景区规划项目，分为地藏菩萨铜像、内外明堂广场、佛文化展示中心、佛学院、普济院、小西天景区等部分。依据总体规划，景区分为大愿文化园、印象九华、世界佛教文化交流中心等三个功能分区，分三期建成

续表

序号	园区名称	面积（万平方米）	概况
31	亳州老子文化生态园	400.00	老子文化生态园项目由安徽省恩龙林业集团投资兴建，涡阳老子天静宫5A级景区建设项目被列入2010年安徽省"861"计划建设项目。以老子出生地和道源圣地为主题，体验道源文化、倡导和谐健康生活方式，将给游人提供圣朝朝拜、文化体验、湿地休闲、养生度假等旅游项目及设施，从而成为区域文化旅游产业的核心，着力打造"圣人老子纪念朝圣目的地，国际道家文化体验目的地"
32	安徽厚德文化生态产业园	8.40	产业园正园包括中国厚德书画院、养心亭、天下第一柏、九凤楼、徽商名人照壁、孝文化广场、枫荷桥、善化亭、长寿园、盆景精品园、中国传统盆景展示园、大禹文化长廊、九龙休闲广场等。西园分为主题雕塑、淮河文化长廊、古树名木科普区、精品苗木培植区、盆景树桩驯化区、盆景文化交流中心和徽商故里等
33	云梯畲族乡千秋文化园	33.33	项目总投资5000万元人民币，由宁国千秋畲族风情谷旅游开发有限公司开发建设，规划占地500亩，其中：入口停车场及游客接待中心50亩，畲族文化广场占地10亩，宾馆酒店占地100亩，冲浪项目配套设施占地20亩，拓展运动项目占地140亩，古战场占地180亩。景区内山峦耸立，丘陵起伏，空气清新无尘，水质良好，民族氛围浓烈，周边环境野趣而静谧，是一家集少数民族旅游文化及旅游商品开发、畲族非物质文化传承与保护、旅游服务于一体的综合性旅游开发公司
34	宣城中国宣纸文化产业园	300.00	中国宣纸文化产业园占地约3平方公里，是围绕宣纸文化品牌而形成的新兴文化产业集群。园区将分期建设宣纸文化产业基地、宣纸文化传习基地、宣纸原料基地、宣纸加工基地、宣纸博物馆、宣纸工程技术中心（包括宣纸标准化委员会、产品研发与设计中心）、文房四宝产业园和宣纸大市场。园区功能按照集观光、休闲、体验、书画创作于一体的宣纸文化旅游景区进行定位，不仅可展示古法宣纸及笔、墨、砚、扇、纸帘制作工艺，而且可供游客亲身体验制作过程
35	黄山徽文化产业园	84.93	产业园规划占地1274亩，总投资25亿元，项目分期建设。功能布局为生产加工区、展示交易区、创意研发区、配套服务区

（4）地方特色园区分析

截至2016年，安徽省地方特色型文化创意产业园区有4家，其中：当涂县廉政文化一条街最小，为3.74万平方米；蚌埠双墩遗址文化产业园面积最大，达400.00万平方米。

安徽省地方特色型文化创意产业园区基本情况　　　　表2-2-76

序号	园区名称	面积（万平方米）	概况
1	灵璧钟馗文化园	125.25	项目建设主要内容包括华夏钟馗神殿、钟馗博物馆、仿古城墙、登山神道、环山银河、人文广场、对泉湖、钟馗生态园、千馗图腾圣像及其配套设施
2	蚌埠双墩遗址文化产业园	400.00	蚌埠双墩遗址文化产业园以双墩遗址和双墩古墓为主体，简称3平方公里双墩文化遗址主题公园
3	当涂县廉政文化一条街	3.74	当涂县廉政文化一条街占地面积约56亩，总建筑面积约4万平方米（含道路和广场），主要建设项目包括：建设一座县级图书馆；建设一座博物馆；建设一座能容纳1000人的3G电影院；建设一座能容纳1000人的姑孰大舞台（演艺中心）；建设集文化产品销售、音乐茶座、健身休闲、书画拍卖、KTV、网吧等在内的文化商业街区
4	霍山玉石文化产业园	40.20	霍山玉石文化产业园项目位于霍山高桥湾文化产业园，总规划面积600亩，以玉石开采、研发、生产、销售为主营项目，以及全国各地著名玉品牌展示、鉴赏和销售，同时带动玉石包装等配套产业，成为霍山玉石产销一体化的玉石产业市场

2.2.13 福建省

1. 福建省文化创意产业园区发展概况

（1）福建省文化创意产业园区数量

截至2016年，福建省共有108家文化创意产业园，与2015年持平。

2010—2016年福建省文化创意产业园区数量增加情况　　　　表2-2-77

年份	园区数量（家）	园区增加数量（家）
2010	27	14

续表

年份	园区数量（家）	园区增加数量（家）
2011	58	31
2012	75	17
2013	91	16
2014	98	7
2015	108	10
2016	108	0

（2）福建省文化创意产业园区类型分布

福建省文化创意产业园主要模式分为产业型、艺术型、混合型、地方特色型。从福建省文化创意产业园区类型分布情况看，产业型和混合型园区占主要部分，其他类型数量相对较少。截至2016年，混合型和产业型园区数量分别达到了69家和37家。

2016年福建省文化创意产业园区类型分布情况　　　　表 2-2-78

类型	园区数量（家）	园区数量占比（%）
产业型	37	34.26
艺术型	1	0.93
混合型	69	63.89
地方特色型	1	0.93

2. 福建省文化创意产业典型园区调查

（1）产业型园区分析

截至2016年，福建省共有37家产业型文化创意产业园区，其中：泉州六井孔音乐文化创意园面积最小，仅有0.57万平方米；海西长乐海西动漫之都面积最大，达到了1490.00万平方米。

福建省产业型文化创意产业园区基本情况　　　　表 2-2-79

序号	园区名称	面积（万平方米）	概况
1	三明文化创意产业园（红印山1号）	7.00	作为海峡文化交流的重要平台——三明文化创意产业园，由福建华悦文化有限公司投资10.6亿元，目前已引进大陆与台湾地区实力企业数十家，具备年产高清技术、高品质的动画影视作品3000分钟，各类文化创意衍生产品30000件的多元创意生产能力
2	福州青年会	0.82	福州青年会地处福州市解放大桥桥头。会所主楼选址在台江苍霞洲，建筑面积为8156.4平方米，于1916年建成。大楼濒临闽江万寿桥畔，规模宏大，气派非凡，曾是福州近代最早、最大的一座综合大楼。整座楼由红砖砌成，前楼三层，后楼四层，中间天井相隔。地板则全用上等楠木铺设
3	厦门都市牛庄文创园	1.60	都市牛庄文创园占地面积16000平方米，建筑面积30000平方米，投资规模4500万，2010年5月已经基本改造完成，是一个集牛庄旅游体验区、牛庄创意生活产品街区、牛庄创意设计工作区、牛庄教育培训区、牛庄时装发布演艺区五位一体的综合文化消费功能园区。园区将打造成厦门区域性城市文化综合体、海峡两岸时尚创意设计产品流通集散地、文创产品终端销售专业市场及文创交流与合作示范基地
4	橘园洲时尚设计创意园	2.00	橘园洲时尚设计创意园位于福州市仓山区建新镇金山工业区橘园洲65号，利用原合泰制鞋厂房进行改造，总占地面积约30亩，建筑面积约2.0万平方米，总投资2900万元。建设以时尚设计产业为主导产业、以艺术设计产业和传统工艺设计升级为辅助产业，以创意休闲为配套产业的时尚设计和创意休闲文化创意产业基地
5	福百祥1958文化创意园	2.00	福百祥1958文化创意园，位于福州市五里亭永升城南侧（原福州市丝绸厂），共有大小厂房8幢，建筑面积近2万平方米，以来自创意、设计、艺术等领域的进驻机构、艺术长廊、美术展馆以及展现福建传统文化的闽茶文化、木雕、根雕、陶瓷艺术等工艺品企业、辅以特色文化餐饮、娱乐休闲业态，形成一个永不落幕的城市公共展场和创意盛会，成为海峡西岸具有较大影响力的文化产业创意孵化中心

续表

序号	园区名称	面积（万平方米）	概况
6	安溪清水岩影视产业园	334.00	福建安溪清水岩影视产业园规划重点建设八个主题板块，包括影视拍摄基地、影视主题公园、电影学院、大型摄影棚、广告拍摄基地、温泉度假酒店、产业园配套企业等，其中的影视拍摄基地将建设5个以上的独具特色影视拍摄园。该影视基地的设计规模为年接待100个剧组、1000万人次游客，并促进当地社会就业率，可以解决1万名以上就业者
7	福州海峡工业设计创意园	1.00	福州海峡工业设计创意园位于福马路504号福州市科技信息中心大楼，面积1万平方米。园区主要扶持工业产品研发设计、动漫设计、软件开发设计以及与工业设计紧密关联的产品包装设计、广告设计、品牌策划等上下游相关企业，增强工业设计对产品、企业和产业竞争的支撑能力，使工业设计产业成为福州市新的经济增长点，使工业设计创意产业成为工业设计创意企业聚集基地、创意人才培养基地和技术创新的示范基地，促进海峡西岸经济区创意产业集群的形成
8	海西动漫创意之都	1490.00	海西动漫创意之都项目由网龙公司计划投资10.58亿元建设，规划用地面积5000多亩。该项目包括动漫创意研发生产基地、亲水滨海主题乐园、动漫学院等三部分。目前，一期工程已投资近5000万元，用地260亩，建筑面积1.5万平方米。第一期工程完工后，能够为1000余名网龙研发精英提供一个全新的、更加舒适的办公场所，首期将迁入500人左右的项目团队
9	龙海市东园工业区	680.00	东园工业区总体规划面积6.8平方公里；首期控制性详细规划开发面积2.9平方公里。该区先后投入资金4000多万元，完善水、电、道路、通信等基础设施，软硬环境配套日趋完善。2004年以来，该区依法征地近2000亩，新引进项目46个，总投资突破15亿元，利用外资近1亿美元。目前，工业区拥有各类企业85家，其中台资企业32家；区内投资上亿元规模企业8家，投资500万元以上规模企业58家，可安置劳力2万多人。引进的行业有家具、食品、机械、造纸、彩印、包装、建材、电子等
10	福州春伦茉莉花茶创意园	1.80	春伦茉莉花茶文化创意园项目位于仓山区城门经济开发区，总占地面积约40亩，规划建筑面积约3.5万平方米，计划投资4300万元。该项目以茉莉花茶叶生产、交易为依托，以茉莉花及其花茶的研发、包装设计等创意服务为主要内容，建设涵盖茶叶生产、产品研发、平面设计、包装设计及茉莉花茶传统工艺展示、茉莉花音乐广场等多项内容为一体的茶文化创意产业聚集区
11	泉州六井孔音乐文化创意园	0.57	六井孔音乐文化创意园位于鲤城区原泉州机电厂，北临北门街，南至华侨新村，占地面积5700平方米。建成后的创意园将以琵琶的外轮廓造型为场地构成元素，建筑围绕琵琶展开来。创意园将保留老城区具有代表性的文化遗产、民间音乐、地方戏曲、民间舞蹈、民间手工艺及民间服饰等资源，将历史的沧桑韵味和现代的时尚风格巧妙融合
12	福州新华文化创意园	2.00	新华文化创意园坐落在福建省福州市仓山区鳌头凤岭路，是福建新华技术学校联合20位青年艺术家对福建省军区汽车连旧营房进行改造，艺术化地再现80年代的军营面貌，并结合中国传统的建筑风格进行设计，逐步建成一个全新的艺术园区。园区占地面积30亩，建筑面积3000平方米
13	泉州T淘园文化创意产业园	0.97	该项目位于泉州老城区西南角的原竹器社旧厂房及农资公司仓库，地块东侧为泉州老商业街——新华南路，北侧西侧与芳草园公园绿地接壤，南侧临近破腹沟。项目地块总面积9712平方米，周边环境良好，绿化景观丰富，文化底蕴深厚。地块内现存一栋闲置厂房，结构保存较好，其余为一栋沿街旧宿舍楼及若干闲置单层旧厂房，建筑群破烂不堪，亟待改造
14	厦门世纪金桥文化产业园	2.47	世纪金桥文化产业园位于厦门市思明区金桥路101号，地处厦门政治、商业活动最为繁荣的湖滨北路高级商圈。整个园区闹中取静坐落在幽静的仙岳山旁，面临清澈的筼筜湖，周边商业设施发达、交通便利，地理条件优越。世纪金桥文化产业园由世纪金桥文化产业园投资发展有限责任公司开发建设，占地面积24664.2平方米，总建筑面积18234平方米，大厦内设中央空调、消监控设施，配有3台电梯。园区配套有花园酒店（四星规格）及250个车位
15	龙岩动漫科技产业园	190.00	龙岩动漫科技产业园是一座集休闲娱乐、观光旅游、生态文化为一体的国际级主题公园，是志高集团经过多年研发、打造的国际级生态文化旅游示范项目。项目占地面积达1500亩，投资30亿元人民币，由六大主题分区组成，独具地方风格。异国风情区是公园入口处广场，这里充满着欢乐、动感、时尚、激情。水幕电影，一种虚无缥缈和梦幻的感觉跃然心头，令人神往
16	福建高山茶文化创意产业园	133.60	福建高山茶文化创意产业园位于福建三明大田县，占地面积约2000亩，总投资19500万元人民币，将分两期实施。福建高山茶文化创意产业园依托"中国高山茶之乡"大田县的区位优势、历史文化资源优势，按照"生态化、功能化、差异化"的标准进行规划设计
17	海峡影视文化创意产业园	10.00	该文化创意产业园是海峡世纪影视文化有限公司依托福建省广电集团的资源，在原福建电影制片厂厂区原有建筑和设施的基础上改造、开发的独具海峡特色的影视文化创意产业园。产业园区依托文化产业和海西经济区先行先试政策，吸引海峡两岸著名的影视创意企业和人才入驻园区，设立机构或工作室，使其成为海峡两岸影视创作交流合作基地，为海峡两岸影视文化创意产业的深度合作、共同发展提供平台
18	福州动漫游戏产业基地	8.67	福州动漫游戏产业基地投资1亿元，建成于福州软件园。基地一期于2006年开工，占地面积2.25万平方米；基地二期于2010年9月开工，占地面积6.42万平方米。福建神画时代动画有限公司、福建航天信息科技有限公司、福建天狼星动漫有限公司、世纪长龙影视股份有限公司、福州翰格文化传播有限公司等5家企业已经进驻

续表

序号	园区名称	面积（万平方米）	概况
19	福州海西创意谷	1215.93	海西创意谷位于长乐市湖南镇大鹤生态林区（场），濒海（东海）临港（福州长乐国际机场），交通便捷，区位优势明显。规划面积18239亩，拟建设一个汇集动漫创意产业上下游项目的大型产业集群。除了动漫创意研发之外，还包括动漫教育、创意商业服务、创意旅游、创意衍生等功能
20	闽台（永安）文化创意产业园	1200.00	闽台（永安）文化创意产业园位于永安市区西部2公里处，是永安市委、市政府推进新一轮产业结构调整和城市化转型的一个重大项目。根据功能定位和总体规划，该园区将充分发挥永安经济、社会、文化资源优势，大力发展文化创意产业、旅游业、服务业和都市型工业，将园区打造成"生态之城、宜居之城、创意之城"
21	南平市政和工夫红茶文化产业园	20.04	南平市政和工夫红茶文化产业园是一个年产1200吨精品红茶，并以红茶文化休闲展示中心融合红茶加工、检验、科研、物流于一体的高端红茶产业园
22	龙岩台湾群创创意产业园	6.68	龙岩台湾群创创意产业园项目选址在新罗区红坊镇福三线以北、深宝水泥有限公司周边地块，首期供地100亩。园区功能定位为：建设具有创意人才培训、企业孵化、产业营运等功能为一体的创意产业园区，并通过加大创意研发设计、产品生产、推广销售、公共后制平台建设，逐渐发展成为整体优势明显、区域特色鲜明、产业集聚突出、充满生机活力的海西创意产业基地
23	莆田国际油画产业园	10.00	该产业园由莆田市油画艺术产业协会打造。莆田市油画艺术产业自1982年发展至今，已经造就了大批画家、画师。全市油画年产量一直占全球产量的30%以上，年产值约6亿元，主要销往欧美市场
24	福州中国白文化创意产业园	200.00	中国白文化创意产业园日前正式落户福州，这一凝聚中国陶瓷文化精华的产业园将成为福建文化旅游的一个新品牌。根据规划，福建省将把它打造成为陶瓷艺术家的设计创作基地、中国陶瓷文化的教育基地、福建省最大的陶瓷文化创意作品、陶瓷收藏文化产业的交易平台以及海峡两岸陶瓷产业交流平台，增强福建文化的吸引力和影响力
25	大田县凯天龙文化创意产业园	13.54	凯天龙文化创意产业园项目总投资10亿元，占地面积203亩，建设内容包括山海民俗文化广场、文化步行街、文化休闲中心、演艺中心、广告会展中心、高档五星级标准酒店、旅游商务酒店、宴会厅、茶馆、咖啡馆、特色健康养生馆、游客康体运动中心（建设国际标准网球场、游泳池、健身房）及地下停车场等
26	成洲文化创意产业园	3.70	该项目位于泉州市区刺桐南路与泉秀街交汇处的鲤中工业区，占地面积约22亩，总改造利用面积约37000平方米，是丰泽区政府重点扶持的文化创意产业项目，同时也是成洲500亩老工业区产业转型的首个试点改造项目。改造项目在充分尊重建筑原有风貌的前提下，把旧厂房改造成时代背景交错、新旧重叠的建筑物
27	云淡岛文化创意产业园	1333.33	云淡岛是蕉城区第二大海岛，距八都镇4公里，全岛在八都镇行政区划范围内可利用面积合计18852.77亩。地理位置得天独厚，温福铁路、沈海高速穿境而过，可近距离对接漳湾50平方公里临港工业园区。该产业园成为蕉城区文化创意产业园区布局的重要组成部分
28	霞浦国际滨海影视文化产业园	261.32	霞浦县将影视业与滩涂摄影资源相结合，在该文化产业园推进11个景点基础设施建设。项目一期占地1403亩，投资12亿元建设摄影创意基地、文化艺术景观走廊、艺术家村落等；二期占地2509亩，投资30亿元建设海上影视基地、五星级度假酒店、国际企业会所等
29	厦门海沧翔鹭文化产业园	223.00	翔鹭文化园分两期建设。一期主要建设文化创意园，投资额将达到283亿元，内有文化创意+研发维修改装中心、立体停车场、奥特莱斯名品店、综合购物中心、度假酒店、会议中心、企业商务中心等，建成一个面积有233公顷的"巨型综合体"。二期同样和养生有关，主要建设休闲养生社区、医疗中心、企业商务中心等，建设周期为4年

（2）艺术型园区分析

截至2016年，福建省艺术型文化创意产业园区有1家，即集美集文化创意产业园，面积为1.30万平方米。

福建省艺术型文化创意产业园区基本情况 表2-2-80

园区名称	面积（万平方米）	概况
集美集文化创意产业园	1.30	集美集文化创意产业园前身为路达老厂房、集美大学金工实习基地，占地面积13400平方米。2009年10月，区政府充分利用园区内12幢风格各异的旧厂房，依托高校资源，尝试建设集创作、展览、教育、培训、艺术品交易为一体的文化创意产业园区。2010年2月正式开园

（3）混合型园区分析

截至2016年，福建省混合型文化创意产业园区有69家，其中：烟台山桥头堡文化创意园面积最小，为1.10万平方米；福州市闽台国家级文化创意产业园面积最大，达4566.00万平方米。

福建省混合型文化创意产业园区基本情况

表 2-2-81

序号	园区名称	面积（万平方米）	概况
1	红坊福州海峡创意产业园	5.01	红坊福州海峡创意产业园位于福州市仓山区金山投资区一期内，总规划建筑面积 10 万平方米，分两个地块按两期改造运营。主要核心为室内设计、广告设计和时尚设计。设计中心将作为载体提供闽台设计师互动、交流的功能
2	海峡两岸龙山文化创意产业园	27.90	海峡两岸龙山文化创意产业园是国家级文化创意产业园、福建省最大的文化创意产业园，由思明区政府指导开发，思明区国企鼓浪屿旅游投资集团进行具体规划建设。园内东至金尚路，西至成功大道，北至谊爱路，南至龙山北麓，规划范围约 27.9 公顷。园内将打造为集文化创意产业企业、数字科技企业、文创地产项目、文化创意产业园区为一体，以实体经济为根本的两岸文创产业发展平台。龙山文创园区现正朝着"提升厦门城市品位的另一张名片"的目标迈进
3	福州榕都 318 文化创意艺术街区	1.35	榕都 318 文化创意艺术街区是由一座废弃的旧厂房改造而成，位于即将建成的福州海峡金融街附近，将打造成为福州东区商业新板块配套型创意街区
4	泉州源和 1916 创意产业园	15.00	源和 1916 创意产业园是泉州首家创意产业园，也是泉州唯一的省级重点园区。源和 1916 创意园位于泉州市鲤城区新门街 350 号，项目总投资 1.5 亿人民币。园区规划占地总面积 188 亩，建筑面积 108518 平方米，一期占地 74 亩，建筑面积 5.3 万平方米
5	厦门市灿坤文化创意园	5.70	厦门市灿坤文化创意园定位于两岸设计产业交流的一大平台、两岸设计人才的孵化中心。在这里，将汇集两岸知名的设计公司、设计院校以及设计团队，形成一条完整的工业设计产业链条：从设计人才的培养、设计人才的认证、辅导再到与企业的对接，从而实现接案、发包以及产品的展示推荐和市场销售
6	福州芍园 1 号文化创意园	1.30	园区位于白马北路上的芍园里 1 号，靠近杨桥路。周边集中了省话剧院、省杂技团、省电影制片厂、芳华越剧团等福州主要的人文艺术类单位。园区内更是有"芍园 1 号"音乐酒吧、天立文化等，堪称福州名副其实的艺术街区
7	泉州锦绣庄民间艺术园	2.00	泉州锦绣庄民间艺术园位于风景秀丽的国家 4A 级清源山风景区泉山路中段西侧，是海峡旅游文化产业集群对接的发展基地、福建省旅游发展重点项目、福建省文化产业示范基地
8	仙游国际油画城	35.00	仙游国际油画城总投资 10 亿元，打造以油画 SOHO 工作室为主体，包括美术馆、培训中心、研发中心等产业链功能齐全的"宜业宜居"油画创作与交易基地。 洪山文化创意产业园 84.7 晋江市洪山文化创意产业园区是工业区转型的创意园，是晋江市打造文化创意产业发展的先行区、试验区和示范区
9	闽台 AD 广告创意产业园	3.60	闽台 AD 创意产业园由福建众杰投资有限公司对新店镇溪里村所属的旧工业厂房进行改造，园区着重打造中国消费者行为研究中心、大学生创意科技培训基地、海西广告传播科技基地、新媒体与互动营销科技基地、创新广告促销用品研发中心、海西生态游工艺品创意中心等六大板块，形成集资源、人才、市场、信息、文化为一体的海西广告创意产业中心和海西广告创意服务集聚区，力争建设成为福州市乃至福建省最大、产业链最完整的广告创意产业园
10	厦门惠和石文化园	1.50	厦门惠和石文化园设有石文化走廊、石雕博物馆、展示中心和交流中心。石文化园是一个集石雕展示、艺术创作、文化交流、旅游休闲及教育学习为一体的综合性园区
11	烟台山桥头堡文化创意园	1.10	烟台山桥头堡文化创意园位于福州市仓山区，由一栋3层废弃商场改建而成，将分三期建设。一期的"传统民间工艺演艺广场"今后将举办珠宝鉴赏、名家论坛、传统工艺展示、民俗工艺表演等各种公益文化活动。二期面积约 4000 平方米，以"传承非物质文化遗产平台"为区域主题，打造以寿山石为主，红木家具、根雕、木雕为辅的工艺品展销区。三期的"民间传统文化创新孵化基地"将为民间工艺师提供创作展示空间，对创意项目给予专项基金扶持，同时配建展览、收藏、拍卖、作品推介、鉴定等于一体的综合体验会所，以产、学、研一体化模式推动民间传统文化创新发展
12	福州市闽台文化创意产业园	4566.00	闽台文化创意产业园规划为"多点带动"，拟建设金山文化创意产业园（面积 21.7 平方公里）、长乐文化创意产业园（面积 12 平方公里）两个大规模重点园区，以及众多大型两岸文化创意产业合作基地（园区），总面积达 45.66 平方公里
13	星期 YI 服饰创意博览园	18.80	星期 YI 服饰创意博览园是 2012 年石狮市委市政府重点支持推动的创意产业项目。该项目作为石狮服饰产业孵化器和产业引擎，将以建设"中国优秀服饰设计师的创业基地"为目标，以"纺织服饰设计人才为核心、贯通纺织服饰产业链上下游的产业聚群园区"为战略定位，以"产业中心、商业中心、文化中心"为三大功能板块，规划建设"企业营运总部、创意设计基地、商业时尚街区、文化体验空间"等业态区域，成为集"创意设计、总部经济、高端金融、精品会展、商务交流、时尚传媒、特色文化、人文观光"等为一体的纺织服饰博览城和多业态复合式开放社区
14	友丰厦门国际文化创意产业城	7.00	友丰厦门国际文化创意产业城是厦门市文化创意类规模最大的场馆之一，建筑面积 7 万多平方米，由闽台綦古玩馆等 10 个场馆组成，是融食、住、行、娱于一体的时尚文化创意产业城，经营范围涵盖古玩、木雕、名人字画等上千种，是海峡两岸游客领略华夏文明的艺术殿堂
15	宁德（霞浦）国际滨海影视文化创意产业园	233.33	（霞浦）国际滨海影视文化创意产业园位于霞浦县内，拟建设宁德（霞浦）国际滩涂摄影和海峡影视动漫两个基地。德云顶（福建）置业有限公司投资几亿元建设，重点建设滩涂摄影文化艺术景观走廊、摄影文化研讨中心、精品摄影酒店、名人名家摄影艺术创作室、摄影作品展示馆、万星电影文化广场、渔耕文化艺术街、婚庆摄影产业街、汽车集结营以及牛头岛环岛栈道、摄影平台、观光平台等文化配套服务设施

续表

序号	园区名称	面积（万平方米）	概况
16	莆田上塘珠宝城	105.87	莆田上塘珠宝城从2002年开始建设，规划面积由原来的330亩扩展到现在的1588亩，计划投资20亿元，以加工为主，贸易为辅。倾力打造以金银珠宝首饰加工为主，集妈祖文化、商业旅游、观光休闲、购物展示、电子商务、博览和弘扬珠宝文化艺术为一体的现代化珠宝首饰加工贸易产业基地
17	洛江文化创意产业园	16.67	洛江文化创意产业园位于洛江区双阳街道，将着力打造为集创意文化旅游、休闲度假为一体的综合性文化创意产业园。目前正在进行引资以及论证规划等前期工作
18	洪山文化创意产业园	84.67	晋江市洪山文化创意产业园是工业区转型的创意园，是晋江市打造文化创意产业发展的先行区、试验区和示范区
19	晋江国际工业设计园	2.46	晋江国际工业设计园采取"政府扶持、统一规划、专业化运营"的方式，实施分期滚动式开发。园区为制造企业、大专院校、设计机构之间搭建互动交流平台、知识产权保护平台、交易服务平台、金融服务平台、成果转化服务平台、人才引进及培训服务平台、品牌推介平台、共性技术平台等
20	泉州惠安雕艺文化创意产业园	333.33	泉州惠安雕艺文化创意产业园是福建省十大重点文化产业园区，以崇武、山霞两镇为核心区，规划面积3000亩，首期玉雕创意基地先行启动，占地680亩，主要规划滨水雕艺展示园、玉雕精品区、玉雕小件区、玉雕大件区、商务展示服务区、商住片区、居住组团及综合组团八大功能片区，力争打造成集"创意、研发、生产、商业服务配套和旅游"为一体的现代化雕艺创意产业园区
21	游酢文化产业园	167.90	游酢文化产业园基础建设分三期实施：第一期：开发生态光观农业项目，其中开发林业果园2000亩、耕地500亩，建设旅游服务等配套基础设施5000平方米；第二期：展示传统手工艺和生产、展示作坊2800平方米；第三期：修缮古民居6座，修缮周边庙宇3座，建设延平四贤广场1000平方米，开发吉溪漂流项目4500米，游居敬御葬墓道搬迁面积16000平方米

（4）地方特色园区分析

截至2016年，福建省地方特色型文化创意产业园区有1家，即三坊七巷历史文化街，面积为38.35万平方米。

福建省地方特色型文化创意产业园区基本情况　　　　表2-2-82

园区名称	面积（万平方米）	概况
三坊七巷历史文化街	38.35	三坊七巷是福州市南后街两旁从北到南依次排列的十条坊巷的简称。向西三片称"坊"，向东七条称"巷"，自北而南依次为："三坊"衣锦坊、文儒坊、光禄坊，"七巷"杨桥巷、郎官巷、安民巷、黄巷、塔巷、宫巷、吉庇巷。此街区是中国十大历史文化名街之一，"三坊七巷—朱紫坊建筑群"为全国重点文物保护单位。三坊七巷地处福州市中心，总占地面积38.35公顷，基本保留了唐宋的坊巷格局，保存较好的明清古建筑计159座，其中包括全国重点保护单位9处，省级文物保护单位8处，被誉为"明清建筑博物馆""城市里坊制度的活化石"

2.2.14 江西省

1. 江西省文化创意产业园区发展概况

（1）江西省文化创意产业园区数量

截至2016年年底，江西省共有50家文化创意产业园，2016年江西省文化创意产业园区新增数量为2家。

2010—2016年江西省文化创意产业园区数量增加情况　　　　表2-2-83

年份	园区数量（家）	园区增加数量（家）
2010	14	4
2011	22	8
2012	30	8
2013	35	5
2014	38	3
2015	48	10
2016	50	2

（2）江西省文化创意产业园区类型分布

江西省文化创意产业园主要模式分为产业型、艺术型、混合型、地方特色型。从江西省文化创意产业园区类型分布情况看，产业型和混合型园区占主要部分，其他类型数量相对较少。截至2016年年底，江西省混合型和产业型园区数量分别达到了36家和11家。

2016年江西省文化创意产业园区类型分布情况　　　　表2-2-84

类型	园区数量（家）	园区数量占比（%）
产业型	11	22
艺术型	1	2
混合型	36	72
地方特色型	2	4

2. 江西省文化创意产业典型园区调查

（1）产业型园区分析

截至2016年年底，江西省共有11家产业型文化创意产业园区，其中：抚州影视文化产业园面积最小，仅有1.00万平方米；江西省高安市大城昌西文化产业园面积最大，达到了300.00万平方米。

江西省产业型文化创意产业园区基本情况　　　　表2-2-85

序号	园区名称	面积（万平方米）	概况
1	江西699文化创意园	11.20	文化创意园位于青山湖区上海路699号，总占地面积约150亩，总建筑面积约11.2万平方米。目前已分别被列为省、市、区重点文化项目、重点建设项目。园区旨在保留建筑原貌的基础上通过导入文化创意元素，对旧厂房采用修旧出新的方式进行修缮和创意改造，逐步将其打造成为具有浓厚工业文化遗产底蕴和创意设计氛围的综合性文化创意产业园
2	江西省高安市大城昌西文化产业园	300.00	园区着力构建六大功能板块：陶瓷创意园面积约5000亩，主要建设元青花博物馆、陶瓷会展中心、陶瓷研发中心及商务中心；森林文化园面积约1500亩，主要建设纪念林公园、森林剧场、植物图书馆等；中等职业教育基地面积约1500亩，主要建设宜春学院陆军高职教育园区、江西女子职业专修学院和中华国际护理学院；体育文化营地面积约500亩，建设国家级奥林匹克公园、自行车、赛车、攀岩、斗牛、青少年户外拓展营地等各类体育活动营地；中国画家村面积约300亩，建设户外写生培训基地、艺术创作、创意交流中心；中华养生文化园面积约200亩，主要建设项目为茶艺、气功、瑜伽、食疗、中医保健等项目
3	南昌国际动漫产业园	193.72	南昌国际动漫产业园项目建设地点在南昌县小蓝经济开发区，总占地约2900亩，总建筑面积约90万平方米。项目包括动漫产业区、动漫教育培训区、综合配套服务区、动漫文化体验生态旅游区、动漫衍生品加工区等五大功能区
4	江西慧谷·红谷文化创意产业园	23.78	江西慧谷·红谷文化创意产业园占地260亩，总建筑面积约29万平方米，分两期开发建设。一期约4.6万平方米。园区规划立足江西、辐射全国，着力打造以创意产业为特色，集软件和服务外包、教育实训、动漫制作、工业设计为一体的创新型产业园，形成产、学、研为一体的科技产业链，全面促进江西省软件及服务外包、文化创意、研发设计、现代服务业等产业的快速发展
5	景德镇江窑手工制瓷文化创意作坊园	6.68	江窑是景德镇当今著名的艺术瓷制作企业，实力雄厚，技术精湛，设计理念成熟，创新能力强。景德镇江窑手工制瓷文化创意作坊园建设周期为36个月，规划用地为100亩，一期用地40亩
6	天腾科技（吉安）创意文化产业园	5.50	天腾科技（吉安）创意文化产业园是天腾国际（香港）投资集团有限公司实施多元化发展战略、进入吉安市的第一个项目，总投资约1亿美元，工程总占地约180亩，总建筑面积13万平方米。项目计划分三期建设：一期完成网络动漫创意中心、研发中心、支持中心、产业孵化中心，建筑面积55000平方米；二期完成动漫职业培训学院建设，建筑面积78000平方米；三期完成配套项目设施建设
7	南昌华夏艺术谷文化产业园	200.00	南昌华夏艺术谷文化产业园位于南昌市新建县九龙湖片区，总投资65亿元，规划总面积4113.78亩，一期用地1017.98亩的，开发周期预计为6年。南昌华夏艺术谷文化产业园以"打造南昌市新的城市文化客厅、新的文化地标，江西省新的国际艺术创作交流平台，江西省新的文艺与旅游结合的产业基地"为目标，以提升江西省文化核心竞争力和南昌市城市新魅力为宗旨，集会展、演艺、培训、交流、创作、交易、娱乐、休闲等多种功能为一体，涉及文艺事业、文化产业的各个方面

续表

序号	园区名称	面积（万平方米）	概况
8	江西金庐软件园	56.67	该园区位于南昌国家高新技术产业开发区内风景秀丽的艾溪湖畔，占地面积850余亩，总投资额近2.8亿元。软件园区依托智力密集的优势，充分发挥南昌高新区雄厚的科技实力，使园区逐步成为省内及周边地区的软件开发中心
9	黄庭坚文化影视产业园	4.68	该园以黄庭坚文化为基本风格，是集影视摄制、影视创作、影视文化互动、旅游、休闲、集会等功能为一体的综合影视文化产业基地。项目预计投资总额1.5亿元，分三期进行开发。首期开发70亩，投资2000万元，重点开发黄庭坚文化主题的影视摄制基地、数字影视技术中心、生活居住配套设施等项目；二期预计投资8000万元，引进电视剧《大将军韩信》等4~6部影视作品入园摄制，重点开发其他影视摄制基地，扩大生活居住配套设施等项目；三期预计投资3000万元，重点开发动漫城、生活居住配套设施，进一步完善黄庭坚景区
10	新余市文化创意产业园	66.67	该园将建于仰天岗南部片区，总投资2.5亿元，规划建设占地1000亩。重点培育及扶持动漫设计、影视制作、文化娱乐设施生产演示、文化娱乐产品研发及人才培训等项目的发展，打造江西首个数字文化产业基地。园区集研发、投资、孵化、制作、培训、交易等功能于一体

（2）艺术型园区分析

截至2016年，江西省艺术型文化创意产业园区有1家，即墨香街，面积为2.00万平方米。

江西省艺术型文化创意产业园区基本情况   表2-2-86

园区名称	面积（万平方米）	概况
墨香街	2.00	墨香街是一条以文化艺术会馆、休闲街市为载体，以高端文化交流、展览、交易及文化休闲为重点，以文化艺术会馆、艺术画廊为龙头，以文化产品交易、文化休闲产品为支撑，以艺术品交易、文化娱乐为辅助的游、购、娱、生产、展示为一体的文化主题街区

（3）混合型园区分析

截至2016年，江西省混合型文化创意产业园区有36家，其中：新余天工文化创意产业园面积最小，为1.00万平方米；新建县长埠工业园面积最大，达4000.00万平方米。

江西省混合型文化创意产业园区基本情况   表2-2-87

序号	园区名称	面积（万平方米）	概况
1	南昌市791文化创意街区	4.00	791文化创意街区是南昌市于2011年9月开始打造的融艺术研究、创作、竞赛、艺术品展示、销售等为一体的立体型文化艺术创意街区。街区总投资5亿元，建筑面积4万多平方米，目前已有68家艺术机构以及50余名国家级和省级艺术大师入驻
2	江西省八大山人文化产业园	202.00	八大山人文化产业园位于南昌市青云谱区南部，用地总面积202公顷，总建筑面积485440平方米。该景区以传统文化为主轴，由"一馆一街六景区"和"一水一道三十六景点"组成。其建设旨在打好"八大山人"这个世界级文化品牌，充分挖掘八大山人历史人文资源，为江西省文化产业发展搭建平台，唱响八大山人品牌
3	樟树林文化生活公园	7.10	樟树林文化生活公园是江西首个集工业遗产旅游、绿色生态旅游、创意文化旅游为一体的"创意商业公园"，以中产阶层为主要客群，兼顾机构组织、年轻时尚和商务旅游等群体，提供集休闲娱乐、特色商业、运动健身、餐饮旅居、创意办公为一体的一站式城市休闲服务平台。目前在园区内已设有四大功能中心，包括香樟谷、八千锭、尚都汇和体博会，形成了衣食住行娱乐一体化的新型商业共融圈，完全实现了创意+生活的创意体验和休闲中心功能
4	新余天工文化创意产业园	1.00	新余天工文化创意产业园是新余市孔目江区下属的首批省级文化创意类服务业集聚区，主要引进高新技术产业、文化创意产业、外包服务业等项目，是集研发创新、孵化加速、产业发展、辐射带动于一体的科技文化创业园区。2012年园区创税1192.53万元，产值约1.76亿元
5	黎川油画创意产业园	3.00	黎川油画创意产业园设有油画展厅、油画创作室、油画公司、油画培训中心等，着力打造集油画生产、销售、培训、拍卖、休闲为一体的油画创意产业园。大楼主体分为三层：第一层为油画展厅；第二层为创作室；第三层为油画公司。目前已入园画师200多位，油画公司13家。入园画师中，有17名省美术家协会成员、28名市美术家协会成员
6	喻家村文化创意园	53.33	临川竹溪村喻家系自然村，位于抚河东岸，全村临河而居，面积800多亩，人口1000多人，其中喻姓占85%。喻姓乃周文王后裔，现有保存完整，工艺精美的清朝民宅、祠堂建筑20栋，古建筑遗址与生活设施15处，古建筑中的石刻、砖雕、木刻、壁画等精美绝伦。喻家村是抚州市城郊建筑保存最完好的村落。喻家村文化创意园的发展模式是"1113463"，即"1园1会1企3区4业6措施3目标"，简称"文3战略"

续表

序号	园区名称	面积（万平方米）	概况
7	南昌世界之窗科技创意产业园	4.00	园区总建筑面积近40000平方米，由三组建筑组成，拥有各类办公室200余个，大中型会议室6个、会议厅1个、展览厅1个。南昌世界之窗科技创意园将启用世界之窗产业园连锁发展与运营管理专家系统，15个服务平台为入园区企业提供全面、周到、细致的贴心服务
8	明清古建筑博览园	2.67	江西明清古建筑博览园规划占地面积约40亩，总投资约1.5亿元。园区主要以移建江西各地具有收藏保护价值的明清古建筑为载体，以江西本土赣鄱文化为主题，打造江西明清古建筑博览园、梅岭瓷园、梅岭茶园等。目前，一期8栋移建明清古建筑已经成型
9	新建长堎工业园	4000.00	江西新建长堎工业园属省级开发区，1997年11月经江西省人民政府批准成立。园区基础设施已建成面积8平方公里，实现"六通一平"
10	湘东区包装印刷产业基地	1700.00	湘东区包装印刷产业基地总规划面积17平方公里，自2009年3月开工建设以来，已完成一期工程建设6平方公里，入驻企业38家，其中规模以上企业8家。2012年，基地实现工业总产值12.6亿元，实现工业增加值2.7亿元，创利税1.56亿元
11	宜春禅都文化博览园	213.33	禅都文化博览园占地面积约3200亩，建筑面积约56万平方米，项目总投资约6.5亿元，是集文化观光与体验、休闲度假、旅游地产为一体的综合性旅游项目
12	泰豪国际动漫产业园	30.00	园区依托江西泰豪动漫职业学院，以动漫高等职业教育为切入点，引导国际著名的高等数字艺术教育机构入驻南昌国际动漫产业园培训区，培养各层次动漫人才，为产业发展服务。综合配套服务区总投资5亿元，主要建设会议中心、商务中心和人才公寓等配套服务设施
13	赣县客家文化城	40.00	赣县客家文化城集祭祀庆典、文博展览、商贸活动、休闲娱乐为一体，是国内目前规模最大、功能最全的客家文化建筑群，是一座展示客家文化的"大观园"，也是一座客家人的"精神家园"
14	皇窑陶瓷文化创意产业园	14.00	皇窑陶瓷创意文化产业园是由佳洋陶瓷投资1.88亿元兴建的一个以传承传统手工制瓷技艺，活态展示御窑制瓷工艺的陶瓷创意文化产业园。建成后的园区有6个院落，占地210多亩，总建筑面积2.3万平方米。其中，既有非遗保护示范区的传统手工制瓷技艺展示，也有现代工业的规模化生产线。园区融研究性、知识性、趣味性、娱乐性为一体
15	抚州荣胜艺术村	17.60	江西抚州荣胜艺术村设有根雕艺术交流展览区，由一栋楼（博物馆）组成，呈一字形态，主要用于交流，展览。博物馆用于收藏各名家大师珍贵作品，便于展现根雕作品的艺术价值及提升根雕社会地位
16	萍乡安源古城	4.53	安源古城占地面积达4.53公顷，由萍乡市共华实业有限公司董事长、农民企业家继新投资3亿元兴建，是一座集影视拍摄、旅游休闲、购物观光于一体的仿明清建筑群。该城除打造晚清商业街、民俗文化街、清明宫苑街三大功能区外，还将建成萍乡市第一家五星酒店，对提高全市旅游接待能力、丰富人民群众文化生活、带动文化旅游产业发展将起到很大促进作用
17	江西东升文化产业园	173.33	江西东升文化产业园项目规划总面积2600亩，总投资20亿元。该产业园将依托海南荣胜工艺品有限公司产业技术和人际资源优势，吸引全国文化艺术产业人才和资金进入，将逐步打造成一个集木雕创作、艺术展览、文化交流、旅游休闲、技术培训、艺术品交易为一体的文化产业园
18	闽台（福州）文化产业园	1448.33	闽台（福州）文化创意产业园以"一核两区、多点带动、区域统筹、产业协作"为总体战略发展模式，由产业核心区、产业延伸区以及产业拓展区三部分组成，占地面积达21725亩。目前，核心区三坊七巷历史文化街区、延伸区福州软件园已完成建设并投入使用。目前已吸引57家台资文化创意企业入驻。园区形成了以数字内容、动漫游戏和创意设计为闽台文化科技示范，以工艺美术、文化旅游为闽台文化交融示范的特色产业体系。
19	景德镇1949建国陶瓷文化创意园	未知	景德镇1949建国陶瓷文化创意园由浩瀚创意文化产业发展有限公司独家投资，充分利用景德镇市原建国瓷厂生产厂房，以保护工业遗存为前提，以发展创意文化产业为核心理念，按照"延续城市记忆，承启陶瓷文明"的主旨改造而成。创意园不仅拥有艺术陶瓷创作成品的生产设施，能够为陶瓷艺术家提供艺术创作、文化交流、陶瓷交易的一体化服务，同时，众多的陶瓷工业文化遗存可再现景德镇传统制瓷工艺，见证新中国成立以来景德镇陶瓷工业化生产的变迁历程，是景德镇大力发展陶瓷文化创意产业和陶瓷文化旅游的典型项目
20	江西丰城高新技术产业园	未知	江西丰城高新技术产业园2006年3月经江西省政府批准设为省级开发区，现有企业260家，其中投产企业189家。园区拥有世界500强企业1家，上市公司10家，国企央企4家，行业龙头企业16家。2013年园区主营业务收入440.6亿元，同比增长14.18%，税金完成20.14亿元，同比增长22%

（4）地方特色园区分析

截至2016年，江西省地方特色型文化创意产业园区有2家，分别为赣州红色文化创意产业园和景德镇陶瓷文化博览区。

江西省地方特色型文化创意产业园区基本情况　　　　表2-2-88

序号	园区名称	面积（万平方米）	概况
1	赣州红色文化创意产业园	7.20	赣州红色文化创意产业园项目是美国福雷斯科技公司（Foraise Technologies, Inc.）与赣州市商务局、赣县人民政府、章贡区人民政府、赣州市开发区管委会共同运作的，依托赣州红色文化资源优势。项目总投资10亿元，其中一期2亿元，二期8亿元。经过3年多的运营，园区已集聚10多家企业，现园区已被江西省人民政府批准认定为"省级服务外包示范园区"，成为赣南第一个服务外包产业园区
2	景德镇陶瓷文化博览区	83.00	景德镇陶瓷文化博览区占地面积83万平方米，博览区有陶瓷历史博物馆、古窑群等景观，景区内绿树成荫，环境幽雅，水木相映成趣，人文文化与自然风光完美结合，相得益彰。博览区的陶瓷历史博物馆主要由明、清两组建筑群构成，这两组建筑群分别为明间和清园。在博物馆中还有陶瓷陈列展，展览的内容十分丰富，既有历代陶瓷，又有陶瓷史料展览，还有许多珍贵的书画藏品，其中不乏精品和绝世之作

2.2.15 山东省

1. 山东省文化创意产业园区发展概况

（1）山东省文化产业概况[①]

山东文化产业初步形成了新闻出版发行、广播影视、文化艺术、文化创意和设计、文化休闲娱乐、工艺美术品生产等10个大类。2015年底，山东省文化产业实现增加值2481亿元，占全省GDP的比重为3.94%。

2017年上半年，全省"三上"文化企业营业收入4930亿元，增长11.5%，利润285亿元，增长18.5%；文化产品进出口200.7亿元，增长58.6%；省属文化企业实现营业收入87.9亿元，增长3.3%。

（2）山东省文化创意产业园区数量

截至2016年年底，山东省共有343家文化创意产业园，2016年山东省文化创意产业园区新增数量为3家。

2010—2016年山东省文化创意产业园区数量增加情况　　　　表2-2-89

年份	园区数量（家）	园区增加数量（家）
2010	100	32
2011	158	58
2012	301	143
2013	316	15
2014	329	13
2015	340	11
2016	343	3

（3）山东省文化创意产业园区类型分布

山东省文化创意产业园主要模式分为产业型、艺术型、休闲娱乐型、混合型、地方特色型。从山东省文化创意产业园区类型分布情况看，混合型园区占主要部分，产业型园区其次，其他类型数量相对较少。截至2016年年底，混合型和产业型园区数量分别达到了189家和76家。

2016年山东省文化创意产业园区类型分布情况　　　　表2-2-90

类型	园区数量（家）	园区数量占比（%）
产业型	76	22.16
艺术型	21	6.12

---

① 数据来自山东2017年7月25-26日召开的山东省文化产业发展推进会。

续表

类型	园区数量（家）	园区数量占比（%）
休闲娱乐型	34	9.91
混合型	189	55.10
地方特色型	23	6.71

2. 山东省文化创意产业典型园区调查

（1）产业型园区分析

截至2016年年底，山东省共有76家产业型文化创意产业园区，其中：日照动漫产业基地面积最小，仅有0.25万平方米；威海华夏城面积最大，达到了1628.00万平方米。

山东省产业型文化创意产业园区基本情况　　　　　　　　　　　　　　　　　表2-2-91

序号	园区名称	面积（万平方米）	概况
1	潍坊中动动漫基地	8.00	中动传媒动漫基地位于潍坊市高新区，由山东中动文化传媒有限公司投资建设，是潍坊市高新区实施新兴高端产业发展"63513"全省示范工程的重点项目。中动传媒动漫基地位于潍坊市健康街以南，规划次高道以东，总投资4.5亿元，建筑面积8万平方米，主要建设集动漫创作、动漫外包、出版发行、研发中心、培训实践、衍生品交易于一体的大型综合性动漫产业基地，可容纳工作人员2000人，年营业额超过2亿元
2	青岛工业设计产业园	20.00	青岛工业设计产业园位于杭州路16号四方机厂内，是青岛培育的工业设计专业科技园区。四方机厂作为百年企业，总占地面积43万平方米，厂房建筑面积30万平方米，厂内遗留了大量德占日占时期的老建筑、老设备，工业文化浓厚，随着企业的陆续外迁，闲置了大量的厂房和办公用房。四方区充分利用老企业搬迁腾出的土地、厂房等资源，调整提升产业结构，大力发展现代服务业，培育新的经济增长点
3	济南银座天成文化创意产业园	6.68	银座天成文化创意产业园位于济南市天桥区堤口路东首，处于大纬二路、济泺路、堤口路交汇处，北临长途汽车站，南临济南火车站，与中恒小商品城、火车站北广场、天桥文体中心遥相呼应，交通便利、客流量大，具有得天独厚的地理条件。园区原为济南啤酒集团总公司，主要对旧厂房进行了改造，同时保留厂区内建筑原有的风貌、布局、工业元素，对其进行功能升级和更新，实现工业厂区向文化产业园的升级
4	山东省滕州市葫芦套影视基地	668.00	项目位于滕州市柴胡店葫芦套村，占地1万亩，以铁路为主题，具有民国建筑风格，内有水库，山泉，道观遗迹和保存完整的晚清时期的村落。项目规划5年内建设成为一个集电影电视剧拍摄制作、动漫设计制作、文化艺术交流、旅游休闲、餐饮娱乐、户外体验、拓展培训、国防教育为一体的大型综合性影视文化公园。该项目具有国内拍摄电影、电视剧的唯一专用铁路，以葫芦套铁路主题影视文化产业园为主体，建设配套齐全
5	济南滨河天成·潮合汇文化街	6.00	滨河天成·潮合汇文化街拥有护城河游湖一线（护城河——北湖——小清河）。文化街东着力打造以文化演艺、艺术工作室、影视制作以及休闲、娱乐、餐饮为主要业态的城市夜文化生活新区域。沿小清河一带作为经典餐饮文化区，沿清河北路一侧作为酒吧、KTV等娱乐休闲区，力求将整个"滨河天成"打造为济南市休闲、娱乐、餐饮地标性时尚夜文化街区和娱乐一站式集聚区
6	烟台动漫基地	7.00	烟台动漫基地总规划建筑面积10万平方米，一期投资6000余万元，开发建设面积1.7万平方米，于2007年8月24日正式投入使用。2007年9月12日，烟台动漫基地被国家新闻出版总署认定为"国家动漫产业发展基地"。基地目前已有签约入驻企业50多家企业，业务涵盖了动漫制作、网络游戏开发及影视后期制作等多个环节，正在逐步形成较为完整的产业链条
7	青岛1919创意产业园	15.57	1919创意产业园位于青岛市华阳路颐中烟草厂及周边区域，占地面积130亩。园区在原1919年大英烟草遗址上就地取材建成，是山东省最大的复合式经典创意产业集聚区。园区建立了1919当代艺术中心，艺术中心是纯粹本土和极具地域特色的艺术家聚集中心
8	青岛广告文化产业园	75.00	青岛广告文化产业园项目是全国建设的9家试点广告产业示范园区之一。项目规划建筑面积约75万平方米，总投资约48亿元人民币。由广告创意产业基地、影视文化产业基地、动漫科技产业基地、新媒体研发基地和云计算服务平台构成，2012年开工建设，2014年一期工程完工开始运营，2015年年底全部竣工
9	烟台百合维多利亚婚礼影视文化园	200.00	项目于2011年5月动工，占地300亩，投资2亿元，3年完工，一期投资1亿元。该园区下设游艇俱乐部、宾馆、餐厅、跑马场、水上乐园等。融旅游、度假、拍摄婚纱摄影、拍摄电影电视剧于一体。园区内建有圣玛丽大教堂、罗浮宫、白宫、法国香榭大道等各国名胜200多个景点
10	青岛软件园	26.00	青岛软件园位于青岛市市南区，是青岛政治、经济、科技、文化、商业、金融、旅游和对外开放的中心区域，环境优美、气候宜人，交通网络通畅发达。软件园一期建筑面积26万平方米，目前已有20万平方米研发楼投入使用，已吸引了包括微软、NEC、新立迅、高信、优创、软脑、创迹、NHN、用友、金蝶、浪潮在内的200余家国内外知名企业机构入住

续表

序号	园区名称	面积（万平方米）	概况
11	青岛东亚版权创意文化产业园	13.36	东亚版权创意文化产业园位于青岛经济开发区，总占地面积200亩，是集东亚及港澳台地区创意文化产业、研发、制造、发行、会展、公共服务、体验、娱乐、商业、配套服务为一体的大型综合性国际产业园区。其建设内容包括：东亚国际版权交易中心，东亚数字化研发、分发、营销中心，国际版权创意体验社区，国际创意文化小镇，动漫数字化出版基地，移动数码通信产业基地，国际创意文化会展中心，软件服务外包基地等
12	青岛国际动漫游戏产业园	10.02	项目建于浮山脚下相对平坦的山坡部分，银川西路东侧，青岛市市南区东部黄金经济圈内，紧邻市南区政府，距2008奥运帆船中心2公里左右，东临云霄路美食街和青岛最时尚繁华的香港中路，紧挨佳世客、家乐福大型购物中心，交通便捷，人流畅旺，周围文化、科技、商业发展成熟
13	齐鲁古玩文化城	0.60	烟台齐鲁古玩文化城总投资6000万元，营业面积近6000平方米，共有100多个网点，自由市场摊位70多个。文化城整体采用明清古建筑风格精装修，并配备中央空调、闭路110联动监控系统、消防、宽带网络、电话局域网络等现代化设备，是集古玩、字画、古家具、工艺品、旅游纪念品销售、展示、拍卖为一体的古玩文化专业市场。文化城进行统一管理、集中经营，建设成为具有烟台特色的文化产品集散地；文化城既是古玩文化专业市场，又是旅游商品市场，充分展示烟台的古文化和烟台地方特色的旅游商品。文化城还聘请北京文物局以及西安、太原古玩市场经营者等国内知名运营管理专家进行经营管理顾问，并广泛联络、积极合作，采用走出去、引进来的经营战略，和北京、西安、郑州、太原等古玩市场建立合作伙伴关系，以提升市场竞争力，扩大市场份额
14	青岛国际工艺品城	4.30	青岛国际工艺品城是目前中国北方地区最大的、功能最全的饰品集中展示与外贸集中采购专业市场，不仅带来全球主要珠宝饰品产地的商品，更带来全球主流市场的珠宝饰品信息。中外饰品在这里相互融合，共同发展。在青岛国际工艺品城尽可掌握饰界行情，中外饰品在这里实现进出口双向交流
15	齐鲁七贤文化城	10.69	齐鲁七贤文化城坐落在美丽的泉城济南七贤广场南侧，紧邻104国道。园区旨在弘扬齐鲁文化，丰富人民群众精神文化生活，繁荣发展省会经济，满足人民群众日益增长的对文化艺术生活的需求。齐鲁七贤文化城依托艺术品成交量占全国1/5的江北最大交易城济南，搭建起了南北交汇、东西融通、中外对接的艺术展示交流平台，初步形成文化产业的交流辐射商业圈
16	青岛凤凰岛影视动漫创意城	34.07	凤凰岛影视动漫创意城项目是北京电影学院在青岛创意媒体学院规划建设的3D电影动漫服务外包产业项目。它将依托北京电影学院和国际上知名的电影专业研究机构及制作公司的优质资源，为影视动漫服务外包和产品出口基地提供"黄金资源"
17	青岛建筑创意产业园	50.10	产业园按照"一心二轴"的规划布局，即以青岛理工大学为中心，以抚顺路、山东路为两轴，占地共约750亩。园区将依托理工大学建筑科学学科优势，结合鞍山路北片等老城区改造，规划建设银华广场、裕龙商务城、宏业建筑创意广场等载体，发展建筑设计、城市规划、环境设计、艺术创意、广告设计等创意产业，打造国内一流的设计创意产业聚集区
18	济南国家信息通信国际创新园	650.00	园区坚持"营造环境，拉动产业"的发展思想，全力打造"全覆盖"服务体系，构建了技术支撑、人才积聚、企业协作、企业创新、融资保障、知识产权保护六大创新创业服务平台，现已发展成为以ICT技术为主，上下游相关产业并行发展，既注重研究开发，又注重技术推广和实践应用的国家ICT产业聚集发展的高地，形成了软件、集成电路、数字化装备、网络通信和信息服务等五大主体产业，并在产业互动、集群式发展模式下，朝着电力电子、网络通信、交通运输、集成电路、离岸信息服务外包、数字装备等九大产业集群方向迅速发展
19	威海中韩影音创意基地	13.36	中韩影音创意基地由威海创意投资有限公司投资6亿元建设。项目占地200亩，由5万平方米独栋创意办公楼，8万平方米SOHO办公、摄影棚、小型公寓和产权式商务酒店组成。项目由中国建筑科学研究院、山东建筑大学提供技术支持，同济大学进行建筑规划和景观规划设计，威海设计院提供初步设计和施工图设计
20	青岛盛文珠宝饰品创意设计产业园	2.18	青岛盛文珠宝饰品创意设计产业园位于青岛市城阳区夏庄街道，占地面积为33亩（约合21780平方米），规划建筑面积6万平方米，致力于成为亚洲最专业的珠宝饰品创意设计文化产业园
21	山东青岛四方影视文化产业园	43.42	山东青岛四方影视文化产业园位于四方区老城区及老工业区，实行影视拍摄、体验旅游、商业经营三位一体的运营模式。园区建成后，将举办青岛电影节、青岛电视节等文化活动，并推出一系列文化产业会展，进行文化产品的集中交易。以影视文化创意为本，结合高科技手段，这座规划中的"影视创意天堂"有望使青岛成为中国影视业新的策源地
22	青岛宝龙乐园	5.00	青岛宝龙乐园是中国超大型室内主题乐园，室内面积5万多平方米。乐园由国际著名主题公园设计机构加拿大Forrec公司设计，独特的室内全天候设计，冬暖夏凉，弥补了北方淡季旅游资源的不足。乐园由"海盗王国"和"胜利海滩"两大主题游乐区组成，以18世纪加勒比海盗为主题，以热带海洋风情为背景，以大型游乐设备为核心，以40多组主题风情项目为组合，构建出一个梦幻般的游乐王国

续表

序号	园区名称	面积（万平方米）	概况
23	青岛（国家）电影交易中心	29.50	青岛（国家）电影交易中心项目是经国家广播电影电视总局批准建设的国家级电影产业基地，是中国唯一的电影综合性交易平台。项目位于青岛崂山，占地443亩，建筑面积28万平方米，主要包括星光大道、交易大厅、多厅影城、电影主题娱乐城、演艺颁奖剧场、制片人工作室、明星会所、影视工作坊、商业街、酒吧街、餐饮街、五星级酒店、游艇俱乐部等。主要从事影视产业链各环节的产品交易，承办大型会议及论坛，进行电影发行和影视拍摄，是院线公司、动漫创意公司、影视衍生品公司、产业培训机构、金融机构理想的办公及经营场所，承办大型电影节庆活动，是中国国产电影交易会、中国国际儿童电影节等多项电影节庆永久举办地
24	泰山高科技文化创意产业园	200.10	泰山高科技文化创意产业园项目位于泰明路以东，泰前大街以北，碧霞湖路以西，富城路以南。项目一期占地156亩，总投资4亿元，建筑面积8.5万平方米。远期规划占地3000亩。按照"高起点规划、高标准建设、高质量运营"的思路，泰山高科技文化创意产业园主要引进高新技术产业、文化创意产业、外包服务业等项目，努力打造泰城一流、全省知名，集研发创新、孵化加速、产业发展、辐射带动于一体的科技文化创业园区，全面提升泰山区高科技企业的核心竞争力
25	烟台1861广告创意产业园	1000.00	烟台1861广告创意产业园自2007年开始规划建设，总规划面积10平方公里，建筑面积60万平方米，总投资47亿元。目前，园区入驻企业达280多家，总注册资本逾2亿元，从业人员近1600人。烟台广告创意产业园主要包括五大功能区，即以动漫为主要创意表现形式的烟台广告动漫基地、以广告创意设计为主的烟台1861广告创意产业基地、以广告创意业务外包为主的烟台广告服务外包基地、以广告创意人才培养为主的烟台创意产业园人才培训中心、以广告创意产品展示和交易为主的广告创意产品展示及交易平台。2011年10月，该园区被山东省工商局确定为省级广告产业园区
26	青岛华星爱商彩印包装园	0.28	青岛华星爱商彩印包装园位于即墨市服装工业园，厂区拥有自行设计排版、彩色印刷、压盒、烫金、折页、装订一条龙的生产能力，主要加工印刷各种彩印包装盒、礼品盒、食品包装盒、工艺品包装、纺织品包装、玩具包装盒、文化用品，各种卡片、画册、海报、说明书、台历挂历等产品
27	青岛城阳动漫产业基地	60.12	项目规划用地900亩，建筑面积60万平方米。建设宏广全球总部基地、动漫外包基地、宏广中国区总部、国际合作中心、创意培训中心、创意展示中心、衍生品研发中心及相关配套设施
28	济南古玩城	4.00	济南古玩城在建设中借鉴了南京夫子庙及江南水乡的古街风格，以明清建筑为主，体现出青瓦、白壁、马头墙和小桥流水的江南水乡特色。古玩城主要经营珠宝玉器、黄金首饰、古玩字画、古家具、中药材等，建筑面积4万平方米，总投资1.5亿元
29	齐鲁动漫游戏产业基地	0.88	2007年，齐鲁动漫游戏产业基地以产业结构优化、技术平台服务、人才培训、中小企业孵化为核心，集人才教育与培训、技术研发与服务、中小企业孵化和国际技术合作等多种功能于一体，是产学研综合动漫基地，有效地带动了槐荫区辖区的文化产业的发展，成为辖区实现经济发展"转方式、调结构"的典型代表
30	青岛宝玉石文化广场	3.90	该项目位于敦化路97号，占地面积约6.4亩，规划总建筑面积3.9万平方米，由青岛沃德至尊实业有限公司投资建设，计划总投资5.8亿元，规划建设集玉石展销、收藏展示、旅游休闲、文化交流等多种功能于一体的特色博物馆和文化产业广场
31	潍坊软件园	100.00	软件园分为呼叫中心区和教育培训区，其中，呼叫中心区规划面积200亩，一期建设规模100亩呼叫中心基地，建筑面积10万平方米，规划建设商务工作区、商业数据处理中心、轮班公寓、实训基地等设施，为企业提供一流的呼叫中心基础服务平台、公共技术平台，2012年达到10000座席规模，实现3万人就业。教育培训区规划面积300亩，用于建设国家示范性软件学院和实训基地，培养软件人才，为软件企业提供有力的人才支撑
32	青岛市出版物和文化产权交易中心	3.00	青岛市出版物和文化产权交易中心建成后，将形成3万平方米的室内经营面积，其中出版物交易区约2万平方米，主要用于图书、期刊、电子出版物、音像与影视作品、邮票、电子软件与数码产品、字画与出版物交易。会展与展销区的经营面积4000余平方米，主要用于文化产品与艺术品的展览。文化产权管理服务区的经营面积3000余平方米，主要是用于文化艺术作品、创意设计、网络文化、动漫网游等各类文化产品的版权申请、登记、抵押与转让。其余经营面积为多功能会议厅、影视厅、会客室等
33	济南西区数字创意产业园	12.00	济南西区数字创意产业园坐落于长清大学科技园内，作为西部新城崛起的一颗产业明珠，整个园区占地面积约为80亩，规划建筑面积12万平方米，是由济南西区投融资中心投资设立，委托上海徐汇产业基地全权运营服务管理。园区主要聚集服务外包、动漫、数字、软件文化创意等产业企业。园区交通便利，环境优美，设施完善，服务配套，云集10所知名高校，政府提供众多的优惠政策
34	烟台万光古文化城	3.00	烟台万光古文化城地处烟台中心城区——上夼西路，主营业面积30000平方米，分地下一层，地上三层，经营门店500余家，项目涵盖书法、字画、古玩文物、邮品钱币、奇石、根艺、收藏品、纪念品、工艺品、茶艺、渔具、观赏鱼类、花卉批发零售等多种业态。烟台万光古文化城是烟威地区规模大、设施全、专业性强的古玩综合交易市场
35	山东烟台蓝海软件园	20.71	蓝海软件园由烟台高新城市投资开发有限公司、江苏南大苏富特科技股份有限公司、香港佳萃科技有限公司合作开发，总投资25亿元，可用建设用地310亩，总建筑面积35万平方米。中科院计算所、国际知名企业IBM实训基地等项目已入驻，在软件和服务外包领域接轨世界前沿，形成集聚效应，成为烟台市发展软件开发和服务外包产业的重要载体

续表

序号	园区名称	面积（万平方米）	概况
36	青岛大众报业文化创意产业园	18.70	大众报业文化创意产业园是大众报业集团所属半岛都市报适应未来传媒产业发展需要，倾力打造的事业发展基地。园区位于胶南市风河以南，占地280亩，地上建筑面积15万平方米。园区将投资兴集高端论坛、商务会展、新媒体研发、图书出版发行、影视动漫制作发行、电子商务、艺术品交流等功能于一体的综合文化产业园项目，形成以高端论坛交流中心、图书音像发行交易物流中心、新媒体及影视动漫制作中心为主要内容的国内知名特色文化创意产业园区
37	菏泽农民绘画培训基地	3.00	该项目是巨野县重点打造的文化产业项目，总投资6500万元，规划占地30000平方米，建筑面积8300平方米。培训基地是巨野县书画产业的窗口，一、二层设有七个展厅，三层设有培训中心、创作室，可供50人创作。培训中心设有贵宾接待室、麟州讲堂、创作室，能够接待100人左右的参观团体。培训中心每期可培训200人次，年培训2000人左右
38	滨州中国海瓷文化创意产业园	9.93	该项目占地面积13.52公顷，可规划用地面积12.40公顷，建筑面积99254平方米，包括：中国海瓷艺术馆，建筑面积7128平方米；产学研实践基地，建筑面积20700平方米；画家艺术村，建筑面积15725平方米；配套公寓，建筑面积53127平方米；商业服务，建筑面积2574平方米。拟购置隧道窑、自动施釉线、理化试验设备等
39	济宁嘉祥石雕文化产业园	24.00	嘉祥石雕文化产业园占地面积360亩。园区先后被授予"济宁市文化产业示范基地""山东省文化产业示范基地""中国雕塑学会石雕艺术创作基地""济宁市服务业重点园区""山东省石雕工艺产业基地""中国传媒大学教学科研基地""国家级文化产业示范基地"。"嘉祥石雕"被国务院批准为国家级非物质文化遗产，嘉祥成为全国著名的"中国石雕之乡""中国石雕艺术之乡"
40	威海华夏城	1628.00	华夏城风景区规划投资55亿元，占地16.28平方公里，是集旅游、休闲、商贸、居住等综合功能于一体的现代化旅游新城。景区中有中国跨度最大且极具华夏文化韵味的牌楼——华夏第一牌楼（长86米，高21米）、世界独一无二的三面圣水观音（青铜铸造，重78吨）、拥有1000多年历史的胶东最大寺庙——太平禅寺。2010年，威海华夏城旅游风景区被评为国家AAAA级旅游景区，2011年，入围"中国最具潜力的十大主题公园"。同年，获得"中国创意产业最佳园区奖"，并被山东省文化厅评为首批山东省文化产业示范园区
41	日照动漫产业基地	0.25	日照大学城动漫基地于2008年2月1日成立，地点位于日照大学城四季花园B座日照动漫基地内。日照大学城动漫基地总办公面积2500多平方米。业务范围主要有两方面：一是从事传媒艺术产品设计制作，包括动画设计制作、影视设计制作、平面设计制作、建筑表现设计制作、各种多媒体设计制作、网络媒体产品等设计制作；二是从事传媒科技研发，包括图形图像电脑软件、硬件研发与应用
42	青岛中视动画城	21.67	项目总占地325亩，一期投资7亿元，主要从事动漫创意产业开发与建设，集动漫游戏、影视制作、体验展示于一体，将打造一个永不落幕的动画嘉年华。动画城定位于打造室内旅游、动漫制作研发、版权交易、人才培训、企业入驻等功能齐全的商业组合体
43	菏泽云龙木雕文化产业园	22.60	云龙木雕文化产业园是由山东工艺美术学院建筑与景观设计学院、山东省曹县云龙木雕工艺有限公司联合策划设计，于2011年12月10日开工建设，占地面积226000多平方米，建筑面积270000平方米，投资总额4.2亿多元。园区围绕以文化产业为基础，向多元化产业发展的策略，大力发展集创意、生产、旅游、鉴赏、娱乐、食宿为一体的文化交流中心
44	日照海洋文化产业园	20.04	园区占地300亩，包括中国画海洋画创作基地、日照农民画研发展销基地、日照非物质文化遗产博览园、日照海洋动漫创作产业基地、渔家民俗文化演艺广场、日照海洋文化专题博物馆和文化名人公寓，等等
45	济宁泗水砭石文化博物馆	266.67	泗水砭石文化博物馆开发项目建设于泗水县金庄镇尹城河流域砭石原矿区，是结合泗水生态发展的文化产业项目。该项目有砭石研发、养生会所、旅游观光、休闲购物和餐饮住宿五大板块
46	寿光市软件园	54.24	寿光市软件园优惠的政策和良好的服务，吸引了寿光市和外地企业入驻；依托潍坊科技学院，按照"官助校办，整体规划，分期实施，多元投资"的原则，寿光市软件园开启了一条蓬勃发展的加速度。产业升级联通世界软件园，吸引了世界上优秀软件企业和睿智人才的目光。而新兴产业的发展也加速了寿光市产业结构的升级调整，催生了一批具有新型特征的生态产业
47	青岛数字电影文化博览园	10.65	博览园总投资达到20亿元，是全球第一个以电影消费为主题的文化博览园。以"大印象"为主题的文化博览园项目、以好莱坞影视消费为主题的博览园分园、以数字电影技术为主题的文化旅游娱乐设施、网络数字娱乐产品、网络数字娱乐技术及配套生产设施和生活设施也将陆续建成，届时将为前来的游客提供一站式的全球电影技术和内容体验。建设的园区主要包括电影技术体验和内容消费、主题故事全球旅游、全民化影视制作体验和全球影视企业、明星专属基地等板块，可以满足国内外各年龄段、不同消费阶层游客的需求，向广大游客提供一站式的全球电影技术和内容体验
48	济南大众传媒产业基地	66.80	济西大众传媒产业基地规划总占地1000亩，总投资26亿元，总体定位是"产业基地，总部新区"。一期工程占地457亩，总投资13亿元，包括广告创意策划及产品展示、互动体验、维保项目、商务印刷项目等等。二期工程占地500亩，拟投资13亿元，扩建上述项目，配套开发商务会展、酒店培训、演艺娱乐等等

续表

序号	园区名称	面积（万平方米）	概况
49	泰安报业文化产业园	8.40	泰安报业文化产业园是经泰安市委、市政府批准，由泰安日报社组织筹建的重点文化产业项目。项目占地面积30亩，总建筑面积84000平方米，计划分两期建设，建设期3年。一期工程建设传媒中心，传媒中心设计26层，建筑面积35000平方米，主要设置报纸采编、新闻发布、网站制作、印刷出版、创意策划、产业运营、广告设计、报纸发行、新闻培训等功能用房；二期工程建设文化广场和新媒体中心
50	印象齐都出版传媒文化创意产业园	40.08	印象齐都出版传媒文化创意产业园由志鸿教育集团投资建设，位于淄博市宝山文化教育产业园区，总投资21.2亿元，规划占地面积830亩，总建筑面积60万平方米。以齐文化的挖掘和弘扬为内核，主要包括淄博记忆博物馆、齐都书城与齐文化遗产书店、青少年文化创意体验中心、名家名流创意村、出版传媒创意区、会展中心、现代商城、齐都客厅主题酒店等10部分组成
51	中国海瓷艺术创意产业园	13.36	由海瓷艺术研究院投资建设的中国海瓷艺术创意产业园，是以海瓷艺术为主要发展核心项目，涉及海瓷艺术研发创作、教育培训、艺术作品展览展示、旅游休闲、艺术观光购物、名人艺术馆等优势产业资源。园区风格体现水景园林、海岸风情及贝壳雕塑点缀、民俗建筑环抱。产业发展目标是成为滨州市乃至山东省的文化旅游、艺术创作和艺术观光重要基地
52	济南七星谷农林文化产业园	800.00	济南七星谷文化农林产业园项目为山东省重点文化产业项目及山东省建设重点项目，计划投资13亿元人民币，占地1.2万亩，建设成为集"农林产业、健康休闲、文化体验、生态度假"为一体的综合性旅游园区，力争打造成为济南首席后花园，成为"都市中的生态谷，心灵中的桃花源"
53	菏泽鲁南动漫影视传媒产业基地	0.28	基地隶属菏泽市振兴经贸集团公司，是菏泽经济文化发展繁荣区域三角花园，辐射、济宁、商丘、濮阳等地，是周边地区初具规模的文化创新产业基地，是菏泽市文化产业示范基地。基地占地2830平方米，建筑面积7900平方米，主要是为文化产业企业提供办公创作场所，提供技术支持平台，提升产业科技含量，拓展发展文化创新企业。主要从事动漫创作加工游戏、影视制作、广告传媒和建筑装饰、三维动画设计以及技术培训等
54	中陈郝古瓷文化产业园	400.00	项目计划总投资3亿元，建设内容为：文化产业园、中国古瓷博物馆、新安阳城、中陈郝村景区、古瓷窑体会馆、泰山奶奶庙、当地民俗博物馆、墓山汉墓群等景点，以及配套道路和其他相关辅助设施
55	日照软件园	2.00	项目占地2公顷，计划总投资6000万元，主要进行集成电路及软件的设计、开发、销售；微生物强化采油技术的开发与服务；油田地质采油技术的开发与服务。项目建成后，可提供一个良好的科研基地，吸引众多的科研机构加入，促进科技成果的进一步转化，提高日照市的科研力量，提升整体科技水平，成为日照市及国内良好的科研孵化器、助推器
56	高唐文化艺术中心	2.00	高唐文化艺术中心工程坐落于县城中心区，北侧为城市主干道鼓楼路，西侧与李苦禅艺术馆、文化广场相望，南侧为重要的城市景观鱼丘湖。总占地面积30亩，总建筑面积12000平方米，工程投资1.1亿元。高唐文化艺术中心一期工程功能分区包括：1000座剧场1个、200座剧场1个、80座剧场2个、KTV包厢10余间、1600平方米地下超市（可做咖啡厅用）等功能用房，是现代化城市文化娱乐综合体
57	武城封神世纪动漫高科技城	166.50	武城封神世纪动漫高科技项目由武城县文化传媒有限公司与上海良仟文化传媒共同投资兴建，项目集动漫特技、休闲、旅游、影视制作于一体，以历史神话《封神榜》为背景，致力于相关艺术作品和旅游景点的开发，并计划拍摄104集动画片《封神榜》、50集电视连续剧《封神榜》、大型历史神话电影《封神榜》
58	济南国家动漫游戏产业基地	3.60	济南国家动漫游戏产业基地于2007年7月建成，曾先后被济南市信息产业局授予"济南动漫游戏产业基地"，被山东省信息产业厅授予"山东动漫游戏产业基地"，被国家新闻出版总署授予"国家动漫产业发展基地"
59	莱州文化创意产业基地	10.64	莱州文化创意产业基地设计总建筑面积10.64万平方米，原址为莱州电影公司院内老旧楼房，建筑总高度99.9米，地面楼层28层，建筑面积80080平方米；地下2层停车场，建筑面积26300平方米
60	威海印刷文化产业园	6.67	威海印刷文化产业园位于环山路西的温州印刷科技园内，项目占地100亩，规划建筑面积84000平方米，计划投资2.5亿元人民币，由威海红太阳彩印有限公司和温州环宇集团共同承建
61	潍坊华艺雕塑文化园	8.00	潍坊华艺雕塑文化园由山东华艺雕塑艺术有限公司运作管理，是山东省文化产业示范基地、山东省工业旅游示范点、潍坊市文化产业示范基地。园区主要制作大型铸铜、锻铜雕塑、动态雕塑、不锈钢雕塑、石雕、浮雕、青铜器、工艺礼品、陶艺、砂岩艺术、园林艺术等10个系列100多个品种，现已成功为国内外城市制作了3000余座雕塑和园林小品及几十万件工艺品
62	山东出版发行中心	14.00	山东出版发行中心有联合工房、办公楼、多媒体制作楼、公寓和餐厅等综合功能的建筑群
63	烟台报捷印刷工业园	5.00	园区位于山东省半岛制造业基地和烟台北部沿海经济产业带的中心区，总建筑面积5万平方米。园区内厂房、纸库、办公楼、教学楼、宿舍楼等基础设施齐全
64	东营齐笔生产基地	未知	项目投资总额300万元，主要业务是齐笔生产、制作、展示、销售以及相关娱乐产业
65	济宁"四氏学"文化产业发展基地	未知	项目依托曲阜深厚的文化底蕴，在原曲阜一中位置设立国学研究交流中心，将四氏学堂作为基地，南侧设置教育博物馆、图书馆、培训中心等文化教育产业，是独具特色的曲阜市文化产业发展基地。项目总投资约31239万元

续表

序号	园区名称	面积（万平方米）	概况
66	威海文登营兵营文化村	未知	为保护和挖掘项目地文登营兵营文化特有的文化历史资源，园区将打造以文登营兵营文化一条街、休闲旅游购物街、兵营文化广场、史展馆或蜡像馆为主题的，建设有现代派中式江南建筑风格的文化地产项目
67	枣庄桑村镇奇石园林产业园	未知	枣庄山亭区桑村镇依托张宝庄千亩古梨园和千亩自然奇石资源，整合镇内十几家自然奇石、人工奇石经营单位，规划了占地2000亩的鲁南奇石园林产业园。产业园重点发展奇石产业和农家乐项目，将围绕"奇石产业"发展各种奇石的加工、销售，依托风景秀丽的张宝庄千亩古梨园和千亩自然奇石资源发展集观光、旅游、餐饮、采购于一体的农家乐项目
68	济宁儒家文化动漫游戏研发基地	未知	儒家文化动漫游戏研发基地是"十二五"时期曲阜市重点文化产业项目之一，总投资5亿元。项目建设分三期进行：一期建设儒家文化动漫体验园。二期建设儒家文化动漫体验中心，包括成人礼文化教育培训基地、影视动漫创作基地、动漫衍生品展示区等功能区域。三期建设动漫产业园区。
69	日照黑陶研发基地	未知	该项目拟建成中国最大的黑陶研发基地，汇集展览、制作、研发、培育陶艺专业技术人才，以弘扬中华五千年文化为目标。基地建成后，将结束日照没有黑陶博物馆的历史
70	城阳婚庆创意园	1.30	城阳婚庆创意园是地方政府主导打造的特色创意园区，集婚纱摄影、婚纱礼服、专业婚庆公司、婚礼方案设计、蜜月及新婚旅游等相关产业于一体，是专为新人打造的一站式婚庆服务乐园。项目总投资7000万元，由青岛市源盛房地产开发有限责任公司投资开发建设，总建筑面积1.3万平方米，南北街长约300米。目前，多家知名品牌已抢先入驻，品牌集群优势日渐突出，投资发展空间巨大
71	临沂国际动漫产业园	未知	临沂国际动漫产业园由山东新波浪动漫科技有限公司主持运作，拟打造中国国内乃至世界一流的动漫产业园基地，集交易平台、素材库平台、项目外包平台、人才输送平台等所有平台组合成一个平台系列，并集动漫衍生品生产、娱乐、休闲、餐饮、物流于一体，形成综合性、产业化的集群基地

（2）艺术型园区分析

截至2016年，山东省共有21家艺术型文化创意产业园区，其中：青岛名家美术创作园面积最小，仅有1.00万平方米；滨州文化古城面积最大，达到66.80万平方米。

山东省艺术型文化创意产业园区基本情况 表2-2-92

序号	园区名称	面积（万平方米）	概况
1	烟台牟平文化中心	18.35	牟平文化中心包括剧场、规划展馆、妇女儿童活动中心、青少年活动中心、科技馆、图书馆、书城，可作为城市建设成就展、艺术展、书画展、产品展、旅游推广展、群众艺术活动、青少年素质拓展培训、民间艺术表演、民间竞技活动、优秀影片戏剧展、现场电台等活动场所。另外，通过建筑和场地的布局形成一系列外部开敞或半开敞的公共空间，也成为市民高品质休闲活动的重要场所
2	东营水城雪莲大剧院	3.50	水城雪莲大剧院项目规划建筑面积4.2万平方米，建设内容包括1300座大剧场、500座多功能厅等设施，能够满足歌舞、曲艺、交响乐等各类大型演出的功能需求，具备接待世界一流表演团体演出的综合条件和能力，是积淀和展示东营城市文化的重要舞台。大剧院造型优雅，宛如一朵盛开的冰山雪莲，寄托着全市人民对美好生活的无限向往与希望
3	济南平阴绿泽画院基地	2.20	项目占地33亩，建筑面积4000平方米。由青岛绿泽画院有限公司投资建设，一期项目搬迁2个工作室，吸纳画师50~100名，与职教中心联合办班2个，招收学生50~100名
4	济南西客站文化艺术中心	15.00	济南西客站文化艺术中心是2013年在山东举办的中国艺术节主场馆。中心包括大剧院、群众艺术中心、美术馆、图书馆，原先位于市区各处的图书馆、群艺馆、美术馆将全部搬进中心
5	青岛名家美术创作园	1.00	青岛名家美术创作园是一所集研究、创作、策划、展示于一体的文化艺术聚集地。大厦共有7层，总面积约1万平方米，分为六大功能区。其中：A区为展厅，展出面积有500多平方米，主要举办著名书画家的艺术作品及相关展览；B区是由美国哈佛教育集团公司和北京清大教科文化传播有限公司联合举办的清大学堂；C区主要以拍卖、鉴定字画作品为主；D区是当代岛城青年书画家的创作区；E区则是青岛著名书画家杨再茂、肖丕坤等人的创作区；F区入驻了围棋协会和青岛育星围棋学校，定期举行围棋进段比赛等项目
6	烟台青龙山文化广场综合展馆	8.40	青龙山文化广场项目是福山区重点打造的集综合展览、文化教育、观光旅游、餐饮娱乐于一体的多功能综合性文化中心，主要包括综合展览区和鲁菜美食街两大板块，总投资7亿元。其中，综合展馆投资3亿元，建筑面积3.2万平方米，包括王懿荣纪念馆、福山历史展览馆、福山民俗馆、名人艺术馆、民间收藏馆、鲁菜博物馆、甲骨文研究中心、学术报告厅、规划展览馆等
7	东营黄河文化博物馆	4.20	黄河文化博物馆是东营市建设的城市重点项目之一。博物馆主要展出与黄河文化、东营历史文化有关的资料和文物。黄河文化博物馆位于南二路和胜利大街交叉口向西500米左右，建筑面积为2万平方米

续表

序号	园区名称	面积（万平方米）	概况
8	青岛老街巷	11.30	老街巷项目以中式园林风景区和原汁原味的明清古建筑群落为主体，以中华传统文化为中心，根据自然地势将老街巷明清古建筑群落打造成"一街、两河、七巷子"的建筑格局。"一街"是指一条用百年老青石板铺就的贯穿七条老巷子的主街；"两河"是指纵贯于整个老街巷项目的一条古河和流经老街巷北面的青岛市区内最长的河——张村河；"七巷子"是指被复原的老街巷项目周围7个有着600多年历史老村的古建筑群落，分别以河西、河崖、双山、大山、保儿、华光、小水清沟命名
9	日照农民画文化产业园	1.90	日照农民画文化产业园是一个集日照农民画创作展示、民俗文化旅游、民间艺术表演、文化产业开发、青少年德育教育于一体的综合文化产业园区。项目占地30亩，已完成日照农民画院建设投资160余万元。二期工程计划建设渔家民俗馆、中国农民画展览馆、渔家乐垂钓中心等旅游产业项目，形成园区综合产业优势
10	潍坊古寒国文化城	13.36	潍坊古寒国文化城项目位于寒亭城区东侧，距杨家埠旅游景区不到2公里，规划面积约200亩。其主要建设内容为：修缮省级文物保护单位于家大院，提升扩建寒亭高庙，恢复建设寒亭老街，三者彼此相连，形成以明清建筑院落为主要特色的古城风貌旅游区
11	常山民间艺术收藏博物苑	36.00	常山民间艺术收藏博物苑位于诸城市城南10公里处的常山上，前期投资已超过4.8亿元。常山民间艺术收藏博物苑在绿树掩映的一大片明清式古建筑群里，各个历史时期的佛文化雕像、陶俑等陈列其中，展出的艺术作品主要集中在各历史时期的佛像雕塑，以山东四达工贸股份有限公司窦宝荣先生几代人收藏的百万件古代艺术藏品为主，旨在挖掘和利用珍贵的历史文化资源
12	青岛港中旅演艺中心	1.40	青岛港中旅演艺中心项目规划建筑面积1.4万平方米。建成后将达到亚洲一流剧场水平，可编排高质量的演艺节目，进行常态的商业演出活动
13	青岛新空间雕塑艺术区	8.00	园区坐落于青岛市东部新区黄海滨畔，由室内雕塑艺术馆和室外雕塑公园两部分组成，总规划面积8公顷，总投资4000余万元。其中，室内3800余平方米，以收藏近现代中外雕塑精品为主；室外公园则陈列国内外优秀室外雕塑艺术品，主要展示20世纪中国近现代雕塑家代表作和成名作。海光山色与精美的雕塑相映生辉，实现艺术资源与自然资源的最佳配置
14	泰山刘老根大舞台文化广场	8.00	文化广场位于岱岳区政务中心以西，北依泰安旅游经济开发区，南临京沪高铁泰安站新片区，总规划用地120亩，总投资6亿元，主要以泰山刘老根大舞台演艺剧场为龙头，建设集商务酒店、特色餐饮、购物休闲于一体的综合性文化旅游项目，建筑面积20万平方米
15	优品乐道	未知	优品乐道创办于2009年，其设计风格追求平实、自然、舒适、纯粹。优品乐道致力于创造和传播具有中国独特气质的当代家居玩品艺术
16	济南朱家峪文化旅游产业园	未知	朱家峪是山东省唯一的"中国历史文化名村"，历经600年沧桑，至今保留了古道、古桥、古校、古祠等历史遗迹，被专家誉为"齐鲁第一古村、江北聚落标本"。目前，园区闯关东文化主题展馆、闯关东文化互动体验馆等四大项目正在建设。朱家峪文化旅游产业园项目总体上以朱家峪村落主干道（朱家老街）为中心，突出景区旅游资源特色，建立完善旅游网络，形成"一心、五区、多点"的空间布局

（3）休闲娱乐型园区分析

截至2016年，山东省共有34家休闲娱乐型文化创意产业园区，其中：青岛劈柴院民俗文化风情街面积最小，仅有1.35万平方米；章丘市绣源河激光水幕电影城面积最大，达到4700.00万平方米。

山东省休闲娱乐型文化创意产业园区基本情况　　　　　　　　　　　表2-2-93

序号	园区名称	面积（万平方米）	概况
1	青岛城阳国学公园	3.00	青岛城阳国学公园位于青岛市城阳区经济主动脉正阳路东端，紧邻204国道，占地约168亩，总建筑面积3万平方米，计划总投资2.3亿元。项目由城阳区政府主导，青岛海都集团承建开发，规划建设一个包含有康城书院、国学大讲堂、养生茶苑、药膳园、国学文化长廊、中式特色文化酒店、民俗街、书画红木艺术品馆、珠宝玉器展销拍卖馆等项目内容的综合性国学文化园区
2	枣庄鲁班文化创意产业园	1226.00	鲁班文化创意产业园位于拥有丰富文化资源、历史悠久、人杰地灵、名人辈出的鲁南滕州市。项目整体规划区约20平方公里，其中水域面积9.6平方公里，陆路一期面积2.63平方公里。项目以"创新、创造"作为建园的核心理念，重点发展文化创意、绿色低碳、旅游休闲、商务会奖、时尚设计、科技创新等产业集群，依托"鲁班文化"和"高铁时代"的深远影响力，将项目打造成集鲁班文化产品创意、科研、生产、服务、销售于一体的鲁班文化产业园区，成为中国的"设计之源，创意之都"
3	青岛浮山所1388文化街	5.60	浮山所于公元1388年明朝时建制，曾是青岛地区的军事和政治中心。随着浮山所村的拆迁改造，600年前的青岛历史面临着失传的危险。为了保存和延续城市的历史文化财富，浮山所1388文化街应运而生

续表

序号	园区名称	面积（万平方米）	概况
4	青岛中联创意广场	3.34	中联创意广场系在原青岛电子医疗仪器厂原有厂房厂区基础上形成的中联建业商务广场，经创意改造和产业升级换代后，建成为10万平方米互动式创意办公、主题商业时尚街区。广场占地面积50亩。中联创意广场占据城市绝版区位，投入巨资设置公共配套设施，贯通东西南北中五大出入口
5	青岛劈柴院民俗文化风情街	1.35	劈柴院像老北京东安市场一样，是个门类齐全的市场。江宁路有二十几个院，整条街和几个院是商业、餐饮、娱乐集中的地区，是青岛人逛街的集中去处
6	潍坊昌邑绿博园	133.34	昌邑绿博园是由山东潍坊金丝达实业有限公司投资3亿多元兴建的。位于山东省昌邑市区中部，潍河东岸，占地2000多亩。该园是昌邑苗木产业发展的核心区，也是历届"中国北方绿化苗木博览会"的举办地、主会场，是"国家AAAA级旅游景区""全国农业旅游示范点""全国休闲农业与乡村旅游示范点""山东省文化产业示范基地""山东省环境教育示范基地""山东省县域经济十大高效农业聚集园区"和"中国北方绿化苗木基地"
7	章丘市绣源河激光水幕电影城	4700.00	项目南起济南植物园，北至朱各务水库，东起滨湖路、西至09路，全长15公里，规划面积47平方公里，包括经十路以南段为生态涵养区，经十东路至章丘大道段为休闲娱乐区，章丘大道至济青路段为中央休憩区，济青路以北为城市郊野公园区
8	临沂红色沂蒙旅游主题公园	32.60	主题公园位于山东省沂水县夏蔚镇王庄村，是全国著名的抗战时期沂蒙山根据地党政军指挥中心。景区内红色文化底蕴深厚，历史遗迹众多：中共中央山东分局旧址、《大众日报》创刊地旧址、八路军山东纵队指挥部遗址、孟良崮战役双山陈毅指挥所旧址、王庄抗日烈士陵园等。被评为省级文物保护单位、山东省爱国主义教育基地、临沂市爱国主义教育基地
9	青岛四方啤酒文化街	3.97	项目位于青岛市四方区最东部，是青岛市的中央文化区，同时也是青岛市的新中心。该项目紧邻世界最长的跨海大桥——胶州湾跨海大桥青岛市区下桥口，地处青岛啤酒二公司与海尔工业区之间。项目占地约170多亩，是青岛市的一个超大型城市综合体项目。项目包括长达1000多米的体现欧陆风情的青岛啤酒一条街、酒吧一条街（占地70亩），中式园林风景区（占地20亩）和原汁原味的明清古建筑群落（占地80亩）。项目北临跨海大桥，南临长沙路，东接黑龙江路，西连重庆路，青岛地铁河西站和青岛地铁大厦就位于本项目内，交通四通八达，地理位置十分优越
10	青岛方特梦幻王国	70.00	青岛方特梦幻王国位于美丽的青岛市城阳区红岛海滨，占地约70万平方米，由深圳华强集团投资20亿元兴建，是一座大型高科技第四代主题公园。方特梦幻王国最大的特点是以现代高科技手段全新演绎古老的中华文化，以高科技互动体验营造梦幻般的感受。方特梦幻王国采用国际一流的理念和技术精心打造，可与西方最先进的主题公园相媲美，被誉为"东方梦幻乐园"
11	东营孙子文化旅游区	1190.00	孙子文化旅游区是国家级水利风景区、国家3A级旅游景区、国家级水土保持科技示范园区，"好客山东"旅游景区金榜品牌。规划总面积11.9平方公里。是山东省广饶县在孙武湖综合治理的基础上，建成的集供水、补源、景观、旅游、休闲、商务等功能于一体的生态工程，项目按照国家5A级旅游景区和国家级旅游度假区标准建设，以生态观光、孙武兵家文化为主题脉络进行规划设计，本着"大水面、大空间、大绿地"和"以人为本、亲水和谐"的开发理念，以水景为主体，将驳岸、绿带、水面、景观融为一体，将自然风光与文化体验完美结合，营造了人性化、个性化的旅游度假环境。孙子文化旅游区已投入资金4.9亿元，旅游区内基础设施基本成形，旅游接待设施正在逐步完善
12	东营揽翠湖旅游度假区	334.00	揽翠湖旅游度假区位于东营区政府南、东营市中心商务区内，占地5000余亩。度假区内郁郁葱葱，四季常绿，其间分布着170多种植物、160多万株树木和60万平方米被植物，拥有市区内最大的绿地、最美的湖面，因而得名"揽翠湖"。揽翠湖旅游度假区以高尔夫和温泉为主，综合开发运动休闲、康体娱乐、生态观光、商务会议等项目，现初步建成水上活动中心、生态植物区、特色商务休闲区、中老年康体活动区四大区域
13	莱芜市山东九羊文化产业园	400.80	产业园区建设内容包括：中华孝道文化园、乡村休闲体育广场、休闲度假村、山东九羊商学院、鲁中娱乐大世界、大舟山风景区，占地面积6000余亩
14	烟台龙口市徐福文化园	18.00	园区主题是徐福文化的展示体验中心、东渡体验，功能是徐福文化观光体验、休闲娱乐、商业服务。园区项目有福海湖及三仙岛、徐福纪念广场及徐福雕像、徐福故事园、戏院、徐福文化论坛、航海文化博物馆、东渡广场、徐福大戏院、餐饮服务店
15	枣庄市中华车祖苑	273.88	中华车祖苑规划面积4平方公里，总投资10亿元，项目分三期进行，一期工程总投资2.7亿元，于2009年开工建设。中华车祖苑以奚仲文化车祖祭拜、车文化产业、时尚休闲为三大主题，辅助观光体验、商务度假、弘扬传统文化等功能。项目开发建设在深度挖掘奚仲造车文化内涵的同时，又突出现代汽车文化特色，更强调汽车文化的参与性、体验性，将奚仲造车文化和现代汽车文化紧密结合在一起
16	烟台长岛渔村渔家风情园	5.30	长岛位于山东半岛与辽东半岛之间，黄海、渤海交汇处，南邻青岛，北靠大连，西与京津相望，东临韩国、朝鲜和日本，是一处旅游集散地。渔家风情园项目区位于长岛县城区，距长岛各主要景点最远不超过10公里，交通便捷，区位优势明显
17	曲阜明故城文化产业园	164.00	明故城位于曲阜文化旅游核心区，面积为1.64平方公里，城内有世界文化遗产孔庙、孔府，全国重点保护单位颜庙和十二府、五府、十府、古泮池等诸多文化古迹。经过几年的努力，城内已初步形成孔子文化旅游、孔府菜餐饮业、孔子书画产业、孔子书业、孔府文物复制品业、特色旅游纪念品业、孔子文化演艺业和博物馆展览业等8大文化产业系列，社会文化旅游产业收入达20多亿元。2007年被命名为省级文化产业示范基地

续表

序号	园区名称	面积（万平方米）	概况
18	威海乳山湾风情镇	520.00	威海乳山湾风情镇主要由特色水镇、风情水街、高星级酒店区、滨海度假区、商务会员区、水上活动区等组成，将自然环境和现代建筑相融合，彰显欧洲水镇神韵，是集旅游度假、特色商业、商务会议、旅游观光等为一体的充满浪漫风情和休闲商业最具特色的旅游景区。项目规划陆地面积约5000亩
19	无棣古城文化旅游创意产业园区	2.30	无棣古城文化旅游创意产业园总投资25亿元，于2012年全面启动
20	菏泽浮龙湖生态水乡	112.00	浮龙湖生态水乡项目由单县天福置业有限公司投资建设。项目位于单县浮龙湖内，占地面积1680亩，其中水面面积1080亩，陆地600亩。项目内容包括：水体景观改造、游乐设施、生态岛、配套设施等。总投资约3.5亿元
21	济西国家湿地公园	33.40	山东济西国家湿地公园位于济南市西部城区，北起沉沙池北部大坝，东接南水北调东线引水渠，南至冯庄村与老李村间道路，西邻黄河。总面积约33.4平方公里
22	温泉国际文化休闲基地	11.70	商河温泉国际文化休闲基地于2009年10月16日正式对外营业，得到各级领导和社会的青睐和好评。酒店于2012年初被评为"四星级酒店"
23	泰山花样年华影视基地	200.00	泰山花样年华影视基地是集休闲、观光、体验、娱乐、餐饮、科普、拍摄影视剧于一体的4A级大型文化旅游景区，位于山东省泰安市泰山区，地处中国优秀旅游城市、国家历史文化名城泰安的东部，世界双遗产、5A级旅游景区泰山的脚下，处于"一山一水一圣人"黄金旅游线路的中心位置，旅游区位优势明显。影视基地占地总面积3000亩，投资6亿元
24	银海旅游文化产业园	15.40	产业园位于青岛市市南区东海中路30号。园区陆域面积6.7万平方米，海域面积8.7万平方米，是集海上高端旅游、海洋文化、餐饮文化、运动休闲等服务于一体的高端服务业聚集区。园区拥有银海国际游艇俱乐部、4A级旅游景区、市南汽车出租公司、银海大酒店、银海健康休闲会馆、银海幼儿园、银海羽毛球学校、麦乐迪歌厅等旅游、文化、商务载体，可提供食、住、行、游、购、娱全方位服务
25	泰山方特欢乐世界	50.00	泰山方特欢乐世界坐落在泰安市泰山区东部新区。公园占地50万平方米，由泰安泰岳旅游科技有限公司、方特投资发展有限公司、泰安志高实业集团共同投资兴建，总投资近20亿元。方特欢乐世界以科幻和动漫为最大特色，采用当今国际一流的理念和技术精心打造，可与西方最先进的主题公园相媲美，被誉为"东方梦幻乐园""亚洲科幻神奇"
26	日照竹洞天风景区	66.67	日照竹洞天风景区位于日照城西端，占地面积1000多亩，是南竹北移的成功典范。景区绿化面积在80%以上，自然生长着毛竹、淡竹、斑竹、月竹、紫竹、钢竹、金镶玉竹等100多个竹子品种。设有专门的供游客观赏的竹子品种展示区，竹子产品琳琅满目。这里既是一个天然氧吧，又是一个天然的竹子博物馆。景区是山东省电视台外景拍摄基地，被国家旅游局评为"全国农业旅游示范点"，被国际旅行商协会评为"中国最具吸引力的地方"。2008年被评定为"国家AAA级景区"
27	青岛白鲸城	未知	白鲸城项目是集三维虚拟、全息影像技术、全息动画与科普教育于一体，以海洋为主题和设计背景的高科技体验式的室内主题公园。项目采用现代化的科学技术和多层次空间活动的设置方式，以寓教于乐和身临其境的体验为设计初衷，集知识性、科普性、创意性和娱乐性于一体。它所面对的是渴求自然知识、冒险娱乐、科普学习的闲暇消费者、旅游者、青少年以及家庭群体
28	济南荷柳风情园	未知	济南荷柳风情园由一片天然水域构成，荷花路旁是荷塘，道路两侧杨柳依依。每年夏季，历城区遥墙镇利用万亩荷塘举办荷花节。近年修建了荷仙广场、藕雕塑等。夏季，路两旁柳树下莲藕、莲蓬、瓜果的叫卖声与水中的蛙鸣、树上的蝉叫形成一幅立体的风情影像
29	威海华夏城景区	未知	威海华夏城由华夏集团投资55亿元倾力打造。项目的中心区域是集绿色生态、观光旅游、会议、休闲、娱乐等多样化于一体的综合城区。2011年威海华夏城被山东省文化厅命名为首批省级文化产业示范园区，并获得年度"中国创意产业最佳园区奖"等多项殊荣
30	仙姑顶玉石文化园区	未知	该园区从2006年开始重建，2010年4月28日开园开业。园区建设投资4亿余元，精品玉料2600多吨，精雕细刻玉雕像1000多尊，被称为天下第一玉景区
31	菏泽牌坊文化产业园	未知	菏泽牌坊文化产业园投资10亿元，于2012年开工建设

（4）混合型园区分析

截至2016年，山东省混合型文化创意产业园区有189家，其中：青岛老转村齐鲁文化创意产业园面积最小，为0.03万平方米；潍水文化生态保护实验区面积最大，达1610000.00万平方米。

山东省混合型文化创意产业园区基本情况

表 2-2-94

序号	园区名称	面积（万平方米）	概况
1	青岛创意100产业园	2.30	创意100产业园是山东省第一家创意产业园，由原青岛刺绣厂的老厂房改建而成，占地面积约15亩，改建后的园区建筑面积约2.3万平方米，由青岛麒龙文化有限公司在2006年3月投资3000余万元进行改造建设，并负责整体运营
2	济南西街工坊创意文化产业园	2.50	西街工坊创意文化产业园的建设依托老厂房的历史原貌，结合现代建筑手法的创意与前卫，在保持原有厂房设计基础上注入"文化、休闲、创意"元素，以广告、影视、艺术、设计等行业为中心，集办公、交易、展示、文化等功能于一体，融合商务、休闲、餐饮、宾馆及休闲娱乐设施等多元商业组合
3	齐鲁文化创意基地	86.80	该项目建筑面积14万平方米，现已投资4.3亿元，完成主体结构建设，进入设备安装及外装饰阶段，并已引进了一大批动漫与游戏、传媒、包装、设计等公司入园
4	山东齐鲁文化产业园	6.00	齐鲁文化产业园占地面积30000多平方米，建筑面积约60000平方米，投资总额3亿多元。由北京大学、天津大学、北京市文化局等单位的专家共同策划。产业园定位为时尚与娱乐，经营目标是整合文化产业的娱乐产品资源，从创意设计、生产制作、经纪、展示、传播、交易，打造完整的娱乐产业链条
5	青岛金石馆	5.00	青岛金石馆占地8亩，总建筑面积约5万平方米，共21层，由青岛金石馆有限公司投资2.5亿元建设，于2010年10月完工。青岛金石文化产业园由"一馆三中心"构成，即：青岛金石博物馆、青岛金石文化交流中心、山东金石拍卖交易中心、大型文化企业孵化中心。目前，文化产业园中近1万平方米的青岛金石博物馆已建成精品奇石馆、大型奇石馆、青铜器馆、美术馆、当代著名画家艺术馆等，属公益性，免费开放
6	威海环翠楼民俗风情街	5.20	环翠楼民俗风情街位于威海市区的中心地带，总占地20万平方米，是威海市区主要的园林风景区。包括环翠公园和环翠楼广场两部分，因园内有古典式建筑"环翠楼"而得名。环翠楼始建于1489年，坐落在奈古山东麓，西负苍山，东眺碧海，南北分别与佛顶、古陌岭群峰相望。登上环翠楼放眼远眺，威海市貌尽收眼底，在环翠楼观海上日出尤为游人所称道，"山楼初旭"是威海八景之一
7	济南意匠老商埠九号	0.33	该项目延续原有主建筑风格，重新定义、设计和改造，完善功能，增加时尚元素，融入对建筑和生活方式的创造性理解。该项目将形成4000余平方米的艺术家工作室及1000平方米艺术展览空间，引入创意工作室约50家，形成创意产业园区
8	潍坊齐鲁酒地文化创意产业园	320.00	齐鲁酒地文化创意产业园占地约4800亩，计划总投资60亿元。其中一期2115亩，建筑面积63.3万平方米，投资29亿元，建设周期5年。园区项目依托青龙山现有的地形、地貌、地势，因地制宜，变废为宝，还绿于山，造福于民，以生态恢复治理为前提，以文化为灵魂，以旅游为载体，构筑高端休闲度假、文化体验展示、综合服务配套三大体系，通过休闲度假、娱乐体验、交流展示、教育传承、生态保护、交易服务六方面，共同打造成集生态景观文化旅游业、酒文化深度体验、酒文化演绎、生态休闲养生度假、酒类展示交易和低碳仓储物流业于一体的国内规模最大、功能最全、档次最高的酒文化创意产业综合园区
9	济南金街一号文化商街	40.00	金街一号项目由济南鑫百汇房地产开发有限公司开发，位于商河南部新城产业园区核心地段，紧邻商西路，为商河首个集休闲、娱乐、购物、商务、办公于一体的城市综合体。整个项目占地600亩，建筑面积40万平方米，规划建设3期工程：一期为6万平方米的特色商业街，二期为14万平方米的别墅区，三期为20万平方米的生态居住区。一期产品含50~180平方米商铺，另有30~120平方米公寓及LOFT；二期含独栋、联排别墅、篮球场、网球场、游泳馆等；三期为多层、小高层住宅区
10	济南百惠文化创意产业园	4.65	济南百惠文化创意产业园项目地处商河城区产业园中心，由创意文化园区、金街1号文化商街、温泉休闲度假区和专家公寓四部分组成，总占地525亩，规划建筑面积351525平方米，计划投资12.9亿元。其中创意园区占地234.58亩，规划建筑面积19.13万平方米，计划投资6.5亿元；金街1号规划建筑面积5.3万平方米，计划投资1.8亿元；温泉度假区占地4.3036万平方米，规划建筑面积6.6万平方米，投资3.16亿元；专家公寓投资1.34亿元
11	青岛中艺1688创意产业园	8.20	该项目占地124亩，规划建筑面积9.5万平方米，总投资2.2亿元。由山东外贸总公司投资，园区建设企业公共服务中心，主要吸纳从事创意、文化、环保、新能源等产业的企业总部入驻并提供一站式服务
12	泰安东平县图书大厦	4.17	东平县图书大厦项目规划总用地面积7012平方米，项目包含图书大厦（包含酒店式公寓、新华书店、书库）和一栋17层住宅楼，总建筑面积41708.0平方米，其中图书大厦总建筑面积32345.0平方米，住宅楼总建筑面积9363.0平方米
13	青岛中联U谷2.5产业园	3.34	中联U谷2.5产业园地处青岛市太平山风景区内，紧邻榉林山公园，环境优美，空气清新，虽居于城市中心，却可以闹中取静，使办公成为乐趣与享受。产业园占地50余亩，总建筑面积50000余平方米。产业园周边交通便利，商圈林立，台东步行街、啤酒街、文化街等特色街相距不远。园区以青岛市落差最大的驼峰路为轴线，分为南北两个园区，项目占地范围内地理形态独特，几个台地错落有致，原为两个大型国有企业厂区，建筑形态多样，由建设单位完全拥有园区产权，改造后的全部建筑只租不售，由政府政策引导、强力推动，企业市场化运作，共同打造2.5产业聚集区

续表

序号	园区名称	面积（万平方米）	概况
14	烟台中青文化信息创意产业园	15.10	烟台中青文化信息创意产业园由团中央网络影视中心牵头，中青基业集团投资建设。以青年的创意、创业、创新为主题，吸引"软件开发、服务外包、教育培训、广告设计及动漫、游戏、影视、音乐、出版"等文化创意产业在内的高端服务企业入驻，通过为入园企业提供产业孵化器、科技成果转化、上市企业催化器等高端服务内容，逐步完善园区服务设施，提高服务管理水平，成为连接创业者、资本、资源、市场的新型产业服务基地
15	台儿庄古城文化产业园	500.00	古城核心区是台儿庄历史文化的综合展示区，包括11个功能分区、8大景区和29个景点。遵循"存古、复古、创古"的理念，将保存下来的大战遗址、古城墙、古码头、古民居、古街巷、古商埠、古庙宇、古会馆等历史遗产科学地进行修复。大战主题园区集台儿庄大战文化的收藏、研究、纪念、展示和产业开发于一体，包括已建成的台儿庄大战纪念馆，为全国首批爱国主义教育基地之一
16	青岛华强文化科技产业园	207.08	该项目总占地面积为12.75万平方米，项目用地呈南北方向的长方形，整个用地范围内最大高差约为8米。该项目是青岛华强文化科技产业基地的研发生产部分，东侧是产业基地的主体部分——主题乐园区。主题乐园内建筑特征鲜明，围绕中心大水面展开布局，空间流动多变
17	青岛达尼画家村	20.04	青岛达尼（大泥沟头）画家村位于胶南市区以西的张家楼镇大泥沟头村，距市区世纪大道6.5公里。村北有松泉山，面积3000多亩，山林茂密、植被丰厚。2004年被胶南市委市政府确定为全面小康示范村，列入全市旅游开发总体规划，同年被青岛市政府确定为青岛市级森林公园
18	山东齐鲁软件园	650.00	齐鲁软件园位于济南高新技术产业开发区，成立于1995年11月，是一个以软件为核心，延伸至服务外包、动漫游戏、通信、半导体、系统集成等多个产业门类的ICT专业园区。被国家科技部等部委认定为全国首批"国家火炬计划软件产业基地""国家信息通信国际创新园（CIIIC）""国家软件出口（创新）基地""国家服务外包基地城市示范区"等
19	青岛国棉6虚拟现实产业园	10.00	园区由青岛市国棉六厂原址改建，总占地面积达10万平方米，其中一期开发面积办公区域1.5万多平方米。内设4500平方米虚拟现实技术示范体验馆，纺织历史博物馆约600平方米、虚拟现实科技展厅约600平方米。配套设施包括海鲜汇餐饮一条街、创意酒店、文化休闲演艺中心、企业会所、酒店式公寓等高标准基础设施
20	济南鲁商文化创意产业园	23.38	鲁商文化创意产业园位于济南唐冶新区，总面积约为350亩。产业园重点面向文化传媒、创意设计、咨询策划在内的创意型企业和设计行业的企业总部。园区分为文化创意中心，图书展示交易中心、文化产业培训中心、文化产业研发中心、文化商业中心、文化休闲中心、创意生活中心
21	潍坊创意产业园	0.35	潍坊创意产业园定位为以研发设计为主、各类创意形式协调发展的综合性创意产业园，聚集和整合研发设计、建筑设计、文化传媒、咨询策划、时尚消费五类创意企业入驻发展。公司现有管理人员5名，入驻企业10家，专业设计及工作人员60余人
22	潍坊市十笏园文化街区	24.70	项目位于潍坊中心城区的白浪河西侧，处于城市总体规划"一城四片"布局的"一城"中，位处潍坊市商业核心地段。十笏园商业文化街是潍坊市政府通过旧城改造、优化用地布局、完善配套设施、提升环境质量、重点保护十笏园片区历史文化环境、展现老城区历史风貌、保护和传承非物质文化遗产而投资改造的重点项目，是一个以历史文化环境保护为核心，集风雅文化、民俗旅游、商业、公共服务、居住为一体的城市文化中心区
23	海阳沛溪书院	2.00	海阳沛溪书院位于海阳盘石店镇嘴子后村，沛溪书院是由祖籍盘石店镇嘴子后村的中国社会科学院研究员、中国佛教学会会长王志远倡导，并积极争取外来资金建设。海阳沛溪书院自身分为三部分，在山城后村建设占地百亩的上院即希贤精舍和村内接待中心，在山城前村建设占地百亩的下院即春秋大学堂。海阳沛溪书院总建筑面积约2万平方米，分三期完成，建设资金约为2800万元
24	仲宫文化艺术街区	4.20	仲宫文化艺术街区由沿街两侧28幢纯商业用房组成，全街长度约1200米，总建筑面积约42000平方米（不包括向两侧延伸的短巷），建筑风格为各类欧式建筑群。仲宫文化艺术街区规划为"长街短巷，一轴两翼，五个基点"的发展策略，主要分为文化艺术标志、艺术作品展示、综合商业服务、艺术原创基地、文化企业总部五个基点的业态分布，计划长街集聚70多家艺术家和文化企业，短巷集聚200多家艺术家和文化企业，力争成为立足济南面向全国的文化产业中心，同时带动整个济南南部的经济发展，实现南部经济产值高速发展
25	青岛东方影都	540.00	万达集团在青岛投资500亿元建设的全球投资规模最大的影视产业基地——青岛东方影都于2013年9月22日正式开工。项目占地376万平方米，总建筑面积540万平方米，包括影视产业园、电影博物馆、影视会展中心等多个项目，将打造影视拍摄、影视制作、影视会展、影视旅游综合功能的全产业链
26	青岛藏马山文化产业园	744.75	青岛隆海集团在政府的号召和支持下打造藏马山综合文化体系，项目是兼顾生态效益、社会效益和经济效益的综合性文化产业龙头。在山东半岛蓝色经济区大环境下，集团立足以青岛为中心的滨海文化产业集聚区，充分发挥深厚历史文化底蕴和人文自然优势，实施开发建设藏马山文化产业基地的战略。已完成景区控制性规划和详细规划，预算总投入48亿元人民币，其中藏马山文化产业园约占15亿元人民币

续表

序号	园区名称	面积（万平方米）	概况
27	日照文化创意产业园	40.00	日照文化创意产业园项目拟先期开发土地约210亩，总建设面积约40万平方米，分为低密度办公区、商务办公区和配套住宅区三个板块。项目包括低密度办公、艺术馆、酒店、住宅、公寓、写字楼、商业等业态。按照统一规划要求，分期实施、压茬建设，力争利用3~5年时间完成，项目概算投资约13亿元。由日照城投、山东华信、日照雅和长沙青苹果数据城等四家公司合作组建日照青苹果置业有限公司负责本项目的开发建设
28	泰安泰山文化产业园	970.00	泰山文化产业园是泰山景区确定的创城重点建设项目，选址位于泰山东麓上梨园、艾洼、范家庄村范围内，规划面积9.7平方公里，概算投资121.6亿元。项目的规划定位是：突出文化与旅游融合、历史与旅游融合、居住与旅游融合、多元产业与旅游融合的理念，打造集文化展示、民俗体验、产品展销、餐饮住宿、休闲养生、观光度假等多功能于一体的全新复合文化旅游产业园
29	青岛红星印刷科技与文化创意产业园	16.00	园区位于李沧区四流北路43号，现青岛红星化工厂厂区，占地面积16万平方米。园区充分利用新一代信息技术，创建以创意研发为先导、以绿色印刷为主体、以印刷物联网、数字出版为两翼，以商务服务为支撑的"1211"产业发展模式，打造立足于山东半岛，面向全国、东北亚乃至全世界的综合性印刷科技创意产业园
30	烟台五彩文化广场	21.91	烟台五彩文化广场是烟台市的重点城建工程。该项目位于莱山区，规划总用地面积约328亩，总建筑面积317731平方米，总投资22.00亿元，于2010年3月18日开工建设，2013年开园。烟台五彩文化广场项目建设有市民广场、文化中心、艺术中心以及非物质文化遗产基地、开埠文化风情街、青少年活动中心、文化产业基地、艺术酒店、创意大厦等，是集文化、艺术、休闲、娱乐、旅游、餐饮、购物、健身于一体的综合性文化事业中心和创意产业园区
31	中国电影交易中心	20.04	中国电影交易中心位于山东青岛崂山区，总投资约18亿元，将被打造成为一个以国家电影交易发行平台为核心支撑，集文化活动、艺术欣赏、创意创作、教育培训、休闲娱乐、体验旅游、商务办公功能于一身的大型城市文化综合体，将成为配套齐全的国家综合电影交易营销平台以及以电影为主题的文化旅游精品项目。中国电影交易中心是经国家广播电影电视总局审核批准的国家级电影产业化项目，中国电影制片人协会为项目主管单位。作为体制创新、模式创新的电影文化产业项目，中国电影交易中心目前尚属国内首创
32	青岛少海文化休闲旅游景区	20.04	项目包括：生态景观、娱乐休闲、旅游配套等。建设市舶司、高丽亭馆、民俗文化馆、海洋文明展示区、中国秧歌城、板桥镇、欧洲镇、文化长堤、海神庙、镇海塔、水幕电影喷泉等
33	德州董子文化街	6.00	德州董子文化街位于山东省德州经济开发区中心地带，南起东方红路，北至三八路，西部是德州行政中心、体育中心和商务中心，东边是占地600亩的董子读书台风景区，董子文化街就坐落在景色秀美、文化积淀深厚的风景区内。该项目占地6万平方米，规划建筑面积5.512万平方米，总投资2.5亿元。由中国汉嘉设计集团股份有限公司精心设计，由山东省兆光集团德州置业有限公司倾力建设，要将其打造成为德州市首屈一指的融商业、旅游、历史、文化于一体的精品工程
34	鸿儒国际文化广场	24.00	项目规划占地面积107亩，建筑面积24万平方米，总投资8亿元，包含517广告创意产业园、517艺术区和中国国际艺术品展贸中心。项目位于山东省临沂市至臻铂金地段，园区建有创意大厦、创意工作室、大学生创意孵化器等，涵盖广告创意、策划、设计、制作、广告发布、商标展示、动漫创意、传媒、软件开发、创意产品、大学生创意孵化等功能，搭建了知识产权交易保护、品牌展贸、商务会展、公共采购、宣传推广、国际交流与培训、融资变现、生活后勤保障等八大服务平台，为入园企业提供优质服务
35	D17文化创意产业园	6.67	园区位于天桥区核心地带，规划用地约100亩，现有地上建筑面积80000平方米。该产业园的建设主要对旧厂房进行整体规划改造，建成后，将以第二代产业园文化创意及相关产业为主，辅以大众娱乐生活、绿色工业游等，区别于以商业经营为主的第一代产业园
36	青岛唐岛湾海上嘉年华	35.00	该项目占地524亩，总建筑面积74万平方米，是特色餐饮、休闲、购物、娱乐等主题鲜明的临海商业步行街，配以大型户外游乐设施，结合丰富多样的户外表演
37	东鲁文化创意产业园	0.73	东鲁文化创意产业园是西海岸首家80后文化创意产业园。作为开发区"十一五"规划都市型产业园区重点推进项目之一，园区规划吸纳300家以上创业组织入驻，成为集文化创意、科技创新为一体的青年创业产业园区
38	日照市级综合文化中心	38.21	日照市级综合文化中心占地572亩。中心规划建设包括：日照市图书馆、日照市群众艺术馆、日照市博物馆、日照市科技馆、日照大剧院、日照新闻大厦、大型购物中心等7个建筑物，总建筑面积21.72万平方米
39	青岛大珠山（东夷）文化产业园	533.60	大珠山（东夷）文化产业园项目为青岛市重点文化产业项目，胶南市"十二五"重大项目。项目总投资约50亿元，分期建设，其中一期投资24亿元，建设期为3年。项目以山、河、海、岛为主题特色，建设"七区一城一镇"：分别为文化交流区、艺术创作区、酒店度假区、商务交流区、创意设计区、东夷文化旅游展示区和海洋文化区，及东夷影视城和东夷文化小镇
40	青岛紫云来传统文化产业基地	15.83	青岛紫云来传统文化产业基地是由青岛紫云来传统文化产业有限公司投资建设的。项目通过新征土地237亩，建设仿古建筑148000平方米，建设工艺大师工作室和木雕、紫砂工匠工作室，建设紫砂工艺品及仿古家具生产间，建设木雕工艺品、仿古家具、陶瓷工艺品、书画、茶叶收藏室，采用传统木雕工艺、紫砂工艺生产木质工艺品、仿古家具和紫砂工艺品

续表

序号	园区名称	面积（万平方米）	概况
41	日照创意产业园	30.00	建有创意大厦6万平方米、文化交流中心3万平方米、动漫中心3万平方米、艺术中心4万平方米、综合服务中心2万平方米、科技孵化器10万平方米、辅助设施2万平方米的建筑。涉及动漫游戏、影视艺术、设计服务、教育培训等创意产业，致力于建设国内领先具有特色的创意产业园
42	齐鲁文化创意产业园	1.30	齐鲁文化创意产业园位于青岛市市南区闽江三路八号，1388文化街西侧，原址为青岛华光包装容器厂。2009年6月，山东老转村集团投资改造建设齐鲁文化创意产业园。产业园以弘扬齐鲁文化为主题，以传播孔子文化为主线，以齐鲁民间艺术的博览展卖为主体，聚焦非物质文化遗产的传承、保护、开发，创新博物馆的运作、运营模式，将文化体验传播、遗产博览展示、手工技艺演示、民间艺术演出、创意设计工坊融为一体，提升带动齐鲁文化旅游产品的销售，并将齐鲁文化及其民间艺术元素应用于现代家居家具、服装服饰等系列生活用品的设计开发，构筑起民艺博物馆的体验式销售业态，形成融文化、旅游、商业为一体的复合型业态，创造一种博物馆良性建设和发展的商业模式
43	济南市长清区大学科技园数字创意产业园	12.00	济南市长清区大学科技园总规划面积43.11平方公里，可入驻10余所高校，容纳24万在校生，建成后将是一个拥有40万~60万人口的城市新区。目前，已有9所高校入驻，在校生15万人
44	潍水文化生态保护实验区	1610000.00	潍水文化生态保护实验区是指以保护非物质文化遗产为核心，对潍水文化及其生态进行整体性保护，维护文化生态系统的平衡和完整，增强民众保护非物质文化遗产的文化自觉，以促进经济社会全面协调可持续发展而在潍坊市设立的特定区域。潍水文化生态保护实验区的保护对象为其划定范围内的与潍水文化相关的自然生态、历史遗迹，特别是潍水农工商贸文化中以活态存在并传承的各种非物质文化遗产
45	英雄山文化产业园	50.00	英雄山文化产业园位于济南市的中心地带，交通便利，环境优美。经过多年发展，区域内总营业面积达50余万平方米，年交易额近120亿元，已成为文化娱乐、餐饮消费、休闲购物的重要区域。园区内聚集了英雄山、百旺等7处文化市场和85家餐饮企业和业户，并有英雄山文化古玩一条街、马鞍山路文化休闲一条街、济南美食文化一条街和英雄山地下人防商城四条特色鲜明、发展成熟的文化街
46	聊城冠县天使文博园	4.70	冠县天使文博园位于县城南环路南，占地面积70余亩，总投资1500万元。现建有2000平方米摄影棚一座，搭建内景20余处，演艺舞台1座；占地25亩的外景园一座，建有碧廊通幽、飞瀑流泉、农家小院、玉镜湖、流花溪、五曲桥、沁芳桥、荷香亭、桃花坞、翠竹林、观鱼台、风爽亭等景点，以及图书室、阅览室、文艺创作室、专题部、展览厅、演播厅、编辑室、视频放映厅、乒乓、台球活动室等文化活动场所，现为冠县县城唯一的集影像制作、文化活动、观光游览于一体的综合性文化园区
47	大汶口文化产业园	9700.00	园区以弘扬大汶口文化、打响大汶口文化品牌为主线，主要开发建设"一区两城六大景观"（大汶口考古遗址公园核心区，齐鲁城和钜平县古城，云亭山中华祭地台、山西会馆、明石桥、康乾行宫、大汶河沿河风光带、汶河古渡），同时开发建设上泉古墓群和泉上人家民俗村以及太阳部落原始文化村等，构建一个集文化品鉴、历史寻根、旅游观光、商业购物、休闲度假等为主要内容的文化产业园，面积约10平方公里
48	山东雪野文化创意基地	21.71	山东雪野文化创意基地已列入山东省文化产业专项规划（2007-2015），是莱芜市委、市政府确定的重点建设项目，是以农耕文化、民俗文化、传统手工艺展示、文化创意为主体的生态园区。该项目由山东固德化工有限公司投资建设，山东工艺美术学院规划设计。规划占地面积3500多亩，项目总投资约13亿元。计划5年内分别建成雪野动漫城、民俗文化村、设计创业园、艺术家工作室四大功能区域
49	威海北海动漫创意园	43.00	园区位于风光优美的北海旅游开发区（孙家疃镇）内，区内新建长8公里环海景观大道，拥有31.5公里的黄金海岸和葡萄滩、半月湾等多处海滩，区内礁奇岛多，林秀海碧，滩平沙细，植被茂盛。已与中央电视台新科动漫频道签订战略意向书，正寻找投资合作伙伴。总投资2亿元，打造国内高端动漫创作基地和人才培训基地，建立和中央电视台新科动漫频道互动的竞技娱乐主题公园
50	山东荣德堂文化创意产业园	2.70	产业园已建设3个总面积4600平方米的大型厂房，投资500万元；园区道路硬化、美化、绿化投资50万元；购入光华4740胶印机、日本三菱41300对联印刷机、1300平台烫印机、程控切纸机等大型先进设备，投资500万元。目前产业园总投资达1050万元。园区设备从日本、德国以及上海、浙江等国内外名牌设备生产厂家购进，属国内一流，技术先进。产品无论在设计风格、印刷工艺等方面备受消费者青睐，产品销售额一路攀升
51	湛山创意工厂	0.90	湛山创意工厂结合青岛大学生创业孵化格局具体情况，充分调研文化创意及动漫相关人才就业创业特点和需求，定位为文化创意类专业加速孵化基地。入驻企业以大学生创业就业较为集中的文化创意企业为主，挑选产业结构互为补充的成熟和高成长性企业进驻，鼓励和扶持入驻企业构建自主知识产权及自主文化品牌。以专业化方式为入驻企业提供政策、场地、资金、设备等服务，促进企业与湛山创意工厂共同发展

续表

序号	园区名称	面积（万平方米）	概况
52	洪山口五色文化产业园	66.67	滕州市洪山口五色文化产业园占地近1000亩，总投资1.98亿元。产业园分为红色旅游文化园和洪山口旅游区两部分。红色旅游文化园分为鲁南人民抗日武装起义纪念馆和国防科技教育城两个功能区，占地621亩，总投资4890万元。鲁南人民抗日武装起义纪念园建有纪念碑、纪念馆、悼念广场等，目前该项目已基本建设完毕。国防科技教育城总建筑面积7300平方米，重点用来展示军事装备和青少年科技互动活动。洪山口旅游区规划控制面积350余亩，总投资1.49亿元，分为广场风景区、伏羲庙景区、东少林禅寺景区、汉侯陵景区、梅园景区和汉风苑景区六个功能区。景区依托本地独特的丘陵地貌，以墨子文化、道教文化、佛教文化、汉文化等旅游资源为支撑，精心打造以历史文化为线、以水为魂、以宗教文化为脉、以自然生态为核心的风景名胜区
53	山东齐赛创意产业园	12.00	园区规划总占地面积12万平方米，项目分三期建设。2009年建成一期工程，面积2万平方米，打造创意动漫产业园；2011年建设二期工程，建筑面积6万平方米，促进"产、学、研"一体发展，争创国家级创意动漫产业园；2013年前完成三期创业园工程，打造山东创意动漫产业园的航母
54	龙腾水街文化产业园	14.07	项目总投资11.6亿元，总规划用地235亩，总建设面积12.6万平方米。项目分两期建设，一期投资5.6亿元，占地71亩，建设面积约3.2万平方米，主要建设能够提供文化创意、拍卖、展厅、休闲娱乐、文化茶艺楼等内容的多功能建筑物。二期投资6亿元，建筑面积约9.4万平方米。现主要用于拥有中国美术家协会会员以上资格的书画家来基地创作写生及举办作品展览、拍卖等活动
55	枣庄峄州文化产业园	100.00	峄州文化产业园位于国道206线东侧，北靠枣庄市东部城区，西临国家4A级景区——冠世榴园旅游风景区。园区是集文化馆、科技馆、博物馆、图书馆、4D影院等多种文化服务设施和文化产业发展功能于一体的产业基地，由峄城区委、区政府规划开发。产业园将集休闲娱乐、旅游服务、动漫产业、文化创意研发、文化企业孵化、文化产品交易等多种功能于一体
56	济南园博园国际文化创意产业园	24.00	济南园博园国际文化创意产业区位于长清区海棠路以东，花博大道以西，滨湖大道以北至天一路之间，紧邻园博园主展馆和长清湖。项目总占地约360亩，总建筑面积约70万平方米。其中世博山东馆占地约36亩，建筑面积约2.7万平方米；文化创意产业园一期占地约150亩，建筑面积约11万平方米。项目以世博山东馆为亮点，打造"永不落幕的世博山东馆"，并引入"第五代产业园区"的最新理念，致力于打造济南西部的文化创意产业人才聚集地
57	奚仲文化产业园	400.00	奚仲文化产业园位于薛城区奚公山风景区内，规划面积4平方公里，总投资10亿元。该园以车祖祭拜、车文化产业、时尚休闲为主题，将奚仲文化和现代汽车文化紧密结合，计划分三期建设。山东奚仲旅游开发公司投资2.7亿元建设的一期工程，于2009年9月份开工建设，重修了奚仲墓，新建了奚仲纪念馆，新修了祭祀甬道和车祖广场，还连续两年举办了中国国际车祖奚仲文化活动季，举行了"车祖奚仲祭祀大典"
58	烟台海阳地雷战旅游区	4008.00	地雷战旅游区是中国北方最大的一个红色旅游区，是烟台市爱国主义教育基地、青少年教育基地、党员干部学习培训基地、山东省旅游摄影创作基地。旅游区保留了1962年电影《地雷战》拍摄时的自然风景，山灵水秀，空气清新，是难得的天然大氧吧，沿途可以观赏到拍摄时仿造的海阳民居，纪念民兵英雄的招虎、招福、二曼瀑布，还有为抗战做出巨大贡献的拉弦石、镇妖石、瞭望石。展览馆则通过大量的图片、实物为我们再现了抗日战争时期海阳民兵积极参加抗日，当地人民群众踊跃支援前线的壮观场面，介绍了当时使用的几十种地雷
59	济南鼓乡文化艺术创意基地	1.07	鼓乡文化艺术创意基地由济南鼓乡天弘文化发展有限公司负责创建。该基地占地10672平方米，建筑面积8538平方米。拟把原有厂区兴建改造为以非物质文化遗产交流中心、鼓子秧歌造型、民间民俗艺术品开发中心、名画名家创作中心、影视动漫制作区及休闲文化中心为内容的特色文化创意基地
60	青岛天都茶文化城	1.90	青岛天都茶文化城选址在李沧区京口路与君峰路交界处。该项目的建成使园区成为全国品牌茶叶销售的北方总部聚集地，同时园区还配建山东省首家茶叶拍卖行等多个文化创意项目。在茶文化城的装修和布局中，茶文化城也根据不同时期的茶文化风格进行设计装修，充分体现出茶文化的历史内涵，使得茶叶市场不再单纯卖茶叶，而是转型成为景区和文化创意产业园区
61	烟台海昌渔人码头	15.97	烟台海昌渔人码头位于烟台市莱山区滨海中路中段，占据烟台市区内唯一的陆连天然小岛。其东临黄海，北接第二海水浴场，南至原渔业码头，三面环海，坐拥稀缺的自然生态环境和黄金海岸资源。项目规划占地280亩，总建筑面积20万平方米，由大连海昌集团斥资20亿元投资兴建。项目集合了旅游、餐饮、休闲、娱乐、购物、度假等多种元素，涵盖旅游文化、都市商业、生态居住三大功能，建成后将成为烟台旅游地标项目
62	东营七星文化创意产业园	5.20	东营七星文化创意产业园是东营市唯一一家以文化创意产业为主导，集商务、休闲、娱乐于一体的对外开放的综合性商业区。该项目初步规划了文化艺术、创意孵化、广告传媒、图书音像、休闲娱乐、商务配套等功能区域，其中创意孵化区不仅是天之骄子思想火花迸发和创新理念碰撞的舞台，也是该项目经济效益和社会效益双丰收的璀璨亮点
63	潍坊金宝文化产业园	31.00	金宝文化产业园项目总建筑面积53万平方米，项目以塑造老南屯的新格局为根本指引，建设集居住、商贸、文娱、休闲于一体，体现"活力都市、滨水宜居"的城市综合生活区，既弘扬旅游文化，也展示古董古玩

续表

序号	园区名称	面积（万平方米）	概况
64	烟台辛安河科技文化产业园	1100.00	辛安河科技文化主题公园规划用地东邻牟平西外环路，西至高新区辛安河西路，北至辛安河入海口，南临新添堡村址，总用地面积约11平方公里，项目总投资20亿美元，拟在河道左右500米范围内建设高档小区、高档商贸区及海洋生物园、IT园、钟表园、葡萄酒文化园、航天园、农博园等科普园区，彰显科技文化主题，展示烟台高新技术产业发展成就；建设山海景观通廊，实现山—河—海景观的有机交融；拓展烟台市现代服务业发展空间，提升高新区现代服务业发展水平，建设成为高新区高端服务业集聚带的重要组成部分
65	东营市黄河口文化产业基地	587.31	项目主要建设影视基地、主题公园、主题配套三大核心功能区，集影视娱乐为一体。基地集影视制作、历史教育、文化旅游、产业集聚等众多功能于一体，是具有较强国际竞争力的文化产业集群
66	黄河三角洲文化产业园	52.47	产业园位于滨州"莲池夜月"景点以南，黄河十二路以北，滨杜路以西，渤海二十一路以东，占地总面积约787亩。建设黄河三角洲新媒体展示中心、现代艺术露天展区、古民居建筑群、中国园、文化部中国（滨州）美术创作基地以及新媒体技术与应用开发团队创业基地、知名书画艺术家创作教研基地、私人藏品馆、私人画廊和为艺术家生活工作配套服务的设施等建筑群落
67	创智天地文化创意产业园	13.33	项目位于山东商河经济开发区北区——城区产业园中心，距省道218线、316线1公里，距京沪高速公路商河出口3公里，交通便利。项目区周边建有商河温泉基地、职业中专、清源水厂、物流园区，生产生活方便。园区主要为文化、创意、信息、教育、研发孵化、旅游休闲产业类企业提供个性化服务
68	济南商河乡村绿洲农业生态园	26.67	园区总投资5102万元，规划总面积1200亩，分为绿化苗木示范园、科研中心、花卉智能温室、特色水产区、绿色鲜果采摘区、现代农业展示示范田、高档苗木观赏区、休闲观光垂钓区、温泉体验区和农家乐餐饮住宿区等
69	枣庄冠世天娇文化产业园	10.67	产业园占地面积160亩，总投资600万元。产业园下设非遗文化传承园、有机木耳种植园、农家乐采摘园三个子园区。拟利用两年时间，将其打造成集文化体验、艺术创作、休闲娱乐等于一体的特色文化产业园区
70	济宁运河文化创意产业园	122.00	运河文化产业园总建筑面积122万平方米。其中，中国儒风书画院以书画交流为主，荟萃天下艺术英才。中国儒风艺术学院以培养绘画类人才为主，开设动画设计、艺术设计、创意设计、环境艺术设计、服装设计等专业。济宁文化大市场将建设古玩字画工艺品创作中心、展示中心、交易中心、拍卖中心、鉴定中心和服务管理中心六大中心
71	济南市茶文化特色商贸街区	33.40	济南市茶文化特色商贸街区是市政府打造的集吃、住、行、游、购、娱等多功能为一体的特色商贸街区
72	青岛海云庵民俗文化街区	2.50	青岛海云庵民俗文化街区位于杭州路、兴隆路和兴元路三条道路合围的区域内，占地面积2.5万平方米。整个街区古朴典雅，秀丽端庄，与海云庵、青岛民俗馆等建筑相互呼应，浑然一体，形成风格统一的建筑群落
73	威海文化创意产业园	43.00	总投资9亿元，计划建设43万平方米的文化商业区、服务外包基地及配套住宅公寓等，吸引国内外各类文化创意企业入驻，从事与文化创意有关的创意设计、产品研发、项目推广、信息交流、文化服务等活动，建成后将成为威海市最大的文化创意产业园区
74	黄台文化产业创业园	30.00	黄台文化产业创业园的主办投资方为黄台企业集团。该公司系山东省双文明单位、山东省首批改革开放典型企业，历经30年的高速发展，现已形成以文教（大学）产业、酒店（连锁）服务业、物流业与专业商贸城等为主导产业的大型集团化企业
75	曲阜国家级文化产业示范园区	52.00	曲阜国家级文化产业示范园区是文化部于2008年5月命名的第三家"国字号"园区。为加快示范园区建设，2008年8月，济宁市批复成立了曲阜文化产业园管理委员会，具体负责曲阜国家级文化产业示范园区和全市文化产业发展工作
76	七十七号智园	1.60	该园区占地24亩，办公分为两个楼宇，共计使用面积5000平方米，楼层之间独立分割，每层从300平方米到500平方米不等。园区动静分离、空间宽阔、车位宽裕，可同时容纳200辆车停放
77	清大华创日照创业园	2.60	清大华创日照创业园是日照市委市政府提供政策，清华大学为依托，清大华创为主体，专门从事促进清华大学的高新技术向生产力又快又好转化的现代服务平台。孵化器位于日照市大学科技园内，背靠青山，面临大海，位置绝佳
78	港中旅（青岛）海泉湾度假区	186.67	青岛海泉湾是港中旅集团继成功开发珠海海泉湾之后的又一重大投资项目，依托青岛第二大海湾——即墨鳌山湾近千米长的金色沙滩和海洋温泉两个稀缺资源，兴建的一个以海洋温泉为核心产品的大型综合旅游休闲度假区。此外，青岛海泉湾有效推进地产规划，使得五区地产板块热销一空，更开创了港中旅集团"旅游+地产"项目的经营新模式
79	泰山民俗文化产业园	76.00	项目以艾洼村为中心，东侧以泰佛路为界，西侧、南侧以艾洼河为界，北侧至古板栗林，总规划占地面积760000平方米，总建筑面积236585平方米，主要建设泰山古镇区、游客中心区、生态旅游区、滨河区、实景演出服务区、回迁和商品房开发区等六大功能区及其基础配套设施

续表

序号	园区名称	面积（万平方米）	概况
80	莱芜雪野旅游区文昌文化园	22300.00	园区主要包括雪野旅游区太空城、山东影视文化产业园、游客接待中心、游艇俱乐部等新建的7个旅游类大项目。其中太空城项目总投资35亿元，以太空主题游乐为主要内容，辅以高端会议中心、主题商业街等项目。游客接待中心的主要建筑包括接待中心、大型停车场、汽车站、商业和居住社区
81	青岛纺织谷	50.00	青岛纺织谷规划总占地面积约50万平方米。园区向设计研发、科技创意等产业链前端和服务贸易等价值链高端延伸，形成了以科技研发和文化创意为两翼支撑，以服务贸易为主体的"一体两翼"概念，打造一个开放包容的集科研、创意、时尚、贸易、人才、信息、文化、教育等于一体的高端生态圈
82	大乳山滨海旅游度假区	5200.00	大乳山滨海旅游度假区成立于2005年3月，拥有员工近500人，其中高级工程师20多名，专业技术人员100多名。这是一处集观光旅游、休闲度假、文化娱乐、养生健体，以及包括旅游房地产开发在内的综合性大型旅游胜地。景区总占地面积52平方公里，其中陆地面积19平方公里，海洋面积33平方公里，旅游房地产100公顷。景区规划以"母爱温情福地养生"为文化主线，突出母爱和养生文化旅游品牌
83	烟台广告创意产业园	300.00	烟台广告创意产业园自2007年开始规划建设，总规划面积3平方公里，建筑面积60万平方米，总投资47亿元。根据产业发展规划，园区分为核心区、聚集区、辐射区三大区域和烟台广告动漫基地、烟台1861广告创意产业基地、烟台创意服务制作基地、烟台创意产业人才培训中心及烟台创意产品展示及交易平台五大板块。截至目前，园区基本形成了包括动漫、广告创意、服务制作、创意作品交易、影视摄制等在内的多个业态
84	济南1953·茶文化创意产业园	5.33	济南1953·茶文化创意产业园是济南市重点文化产业园区，园区由广友集团利用部分老旧建筑和设施改建扩建而成。改建后的园区占地80亩，对俄式库房进行了维护和优化，保留了包括711军事铁路专线在内的1100延米铁路，并保留了机车和绿皮车厢。建筑面积5万平方米，近200个展室（展馆）个性突出，彰显了鲜明的异国风格，融入了现代艺术的元素和创意，体现了浓厚的文化底蕴和氛围
85	金乡县智慧产业园	1.33	金乡县智慧产业园占地约20亩，分A座和B座两个办公区，主要吸纳以文化创意、设计服务、电子商务、科技信息等机构，同时配套入驻电信、银行、保险、政府公共服务、生活文化设施等，融研发、创新、集聚、示范、辐射等多种功能于一体
86	中景设计创意中心	0.31	总投资6000万元的中景设计创意中心占地面积3115平方米，建筑面积为5930平方米，是一座采用地源热泵等多项高新技术的现代化办公楼。青岛中景设计创意中心为青岛建筑创意产业园，重点发展建筑设计、工程设计、环境设计、艺术创意、广告设计等创意产业，打造青岛建筑创意产业集聚区
87	中航工业青岛科技园	6.00	园区占地面积约90亩，现有建筑面积5.12万平方米。重点引进电子信息、服务外包、精密仪器等产业项目，建设高新技术企业和高端产业聚集区。园区先后被认定为国家级科技企业孵化器和青岛市优秀高校毕业生创业孵化基地。中航工业科技园结合初创企业的发展需要，将孵化服务分别向前和向后延伸，尝试建立起"创业苗圃——孵化器——加速器"的完整科技企业孵化链条
88	海尔智能产业园	10.60	园区占地面积约159亩，规划建筑面积约31万平方米。建设休闲商业、商务办公、高端住宅三大功能区，打造集数码产业研发、家电创意、金融保险、市场营销、工业旅游等现代服务业为一体的产业园
89	青岛微电影基地	9.00	青岛微电影基地位于城阳鲁邦国际风情街广场。基地通过整合运营的模式，形成微电影剧本创作、拍摄、动画、审批发行、影视策划咨询、人才培养与投融资等一体的微电影产业集群
90	淄博文化艺术城	3.00	淄博文化艺术城总面积3万余平方米，现有文化经营业户320余家，经营范围包括：奇石、陶瓷、琉璃、玉器、书画、古玩、刺绣、刻瓷、雕刻、剪纸、装裱、红木家具等近20个艺术门类，是一个文化艺术门类齐全、文化商脉广泛的大型文化商品经营场馆
91	太空港生态文化产业园	160.00	该项目总建设面积约为160万平方米，利用当地工业开采遗留山体，进行绿化改造为生态休闲中心，同时在相邻区域建设太空港主题公园及相关生活配套。此项目定位为航天自主科技的娱乐体验、太空港主题公园的生活配套、山体绿化的生态休闲中心等多元开发建设于一体的综合性建设项目。项目建成后，将形成以中国太空港主题公园为核心，立足于山东半岛，辐射环渤海地区，并吸引东北亚游客的娱乐、观光、休闲、旅游目的地
92	周村古商城文化产业园	60.50	周村古商城文化产业园以鲁商文化为特质，多产业集聚发展，拥有文物保护开发、民俗旅游、文博会展、休闲娱乐、文化创意、餐饮会馆、纪念品开发等多种文化业态。自2001年启动保护开发以来，发展迅速，先后被评为国家AAAA级旅游景区，其主要特色在于依托大街、丝市街、银子市街等历史文化街区，拥有保存完好的明清古建筑5万余平方米。园区内古迹众多、店铺林立、街区纵横，建筑风格迥异，中西文化合璧，为山东仅有、江北罕见，且至今仍在发挥其商业功能，被专家誉为"中国活着的古商业建筑博物馆群"

续表

序号	园区名称	面积（万平方米）	概况
93	七星文化创意产业园	5.40	东营七星文化创意产业园是东营市唯一一家以文化创意产业为主导，集商务、休闲、娱乐于一体的对外开放的综合性商业区。该项目初步规划了文化艺术、创意孵化、广告传媒、图书音像、休闲娱乐、商务配套等功能区域，其中创意孵化区不仅是天之骄子思想火花迸发和创新理念碰撞的舞台，也是该项目经济效益和社会效益双丰收的璀璨亮点
94	黄河口文化产业基地	22.29	黄河口文化产业基地项目规划占地面积222873.6平方米，规划建筑面积约133700平方米，为文化娱乐用地，建筑容积率为0.6，建筑密度不大于35%，绿化率不小于35%，建筑高度不高于24米
95	坊子炭矿遗址文化园	0.11	坊子炭矿遗址文化园项目建设分三期推进，先期开放场馆主要为坊子炭矿博物馆和矿井体验馆。坊子炭矿博物馆利用20世纪50、60年代老旧车间改造而成，建筑面积约1100平方米。矿井体验馆是德国于1898年建造的坊子竖坑遗存巷道。坊子炭矿博物馆和矿井体验馆运营之后，后续建设工程有矿井温泉、小火车观光、文化创意、煤矿大食堂、煤矿工人生活村、百年古槐园休闲区、拓展训练馆、火车装运站、煤炭筛选加工等展示整个矿区遗址文化的多个旅游项目。届时，坊子炭矿遗址文化园将与坊茨小镇融为一体，成为潍坊工业文化旅游发展的新亮点
96	胡峄阳文化产业园	1.60	胡峄阳文化产业园投资1.2亿元，占地约1.6万平方米，园区内设立胡公寺、观音大殿、云雨仙阁等三大部分
97	淄博开元文化大世界	2.10	开元文化大世界是淄博鲁中房地产开发股份有限公司在原淄博开元文化市场的基础上改建而成的。新建成的开元文化大世界总建筑面积21000平方米，是一个高标准、现代化、功能完善、配套设施齐全的专业化大型书画古玩市场。建成后的开元文化大世界，拥有商铺300余家和专业性的开元美术馆、书画艺术品拍卖大厅、艺术家工作室、画廊等，是集旅游、展览、拍卖、休闲、娱乐于一体的大型文化市场
98	大地黑牛文化产业园	66.67	园区占地面积1000亩，划分为十大区域：良种母牛繁育区、犊牛养殖区、架子牛育肥区、工厂化有机杏鲍菇种植观赏采摘区、精饲料生产与秸秆青贮区、沼气发电有机肥区、有机蔬菜种植采摘区、牛文化主题公园博物馆区、肉牛交易区、农业观光休闲餐饮区
99	山东聚艺谷	335.00	山东聚艺谷规划面积约3.35平方公里，总投资12亿元。主要包括天鹅坊、彩虹坊、电商谷、基尼斯枣庄基地等建设内容。主要以山东聚艺谷内工业遗存的保护及利用为依托，在对5家单位的老办公楼、老车间、冷库、铁轨月台等19处工业遗存项目的保护、修复、包装、利用基础上，实现工业遗存与文化创意的结合
100	吕剧文化产业园	77.80	吕剧文化产业园项目总占地面积1167亩，总投资7.5亿元。以保护和传承吕剧文化为核心，将文化园区建设与新农村建设相结合，建设吕剧文化保护传承基地、黄河口民俗文化展示体验园区，打造独具特色的吕韵风情小镇
101	潍坊广告创意产业园	273.00	潍坊广告创意产业园于2007年年底开始筹划建设，2008年3月，利用福寿西街68号原办公楼改造建设"西街68"创意产业园，当年9月改造完成并投入运营；2009年又启动了潍坊创意西街（福寿西街）改造工程，至2010年初创意西街改造及业态转换基本完成，2010年园区被评为全省重点服务业园区，成为全省三个创意类重点园区之一；2011年4月份，园区被省政府列为全省重点扶持广告产业园；2011年10月份被确定为国家级广告产业聚集区试点园区，进行为期3年的改革试点。2012年4月，潍坊广告创意产业园跻身"国家广告产业园区"
102	潍坊西街68	0.32	潍坊西街68是潍坊广告创意产业园的核心区，总建筑面积3200平方米，是由一座老办公楼升级改造而来
103	诸城恐龙文化旅游区	13800.00	诸城恐龙文化旅游区距诸城市中心城区7公里。园区规划面积138平方公里，其中核心区面积28平方公里，主要建设一馆、一园、一镇、一区、一基地
104	济宁高新区文化创意大厦	34.20	济宁高新区文化创意大厦建筑面积34.2万平方米，是集工业设计、动漫制作、软件外包、文化艺术创意、建筑艺术设计、创意SOHO于一体的区域性创意产业孵化和展示园区。确定入驻该大厦的孵化企业已达50多家，以文化艺术创意、动漫制作、文化传媒等为主
105	鸿儒美术馆	1.50	该馆是一座满足公众文化艺术需求的公益性现代艺术展览馆，具有收藏艺术精品、举办艺术品展览、开展学术研究、进行审美教育、普及艺术知识、促进文化艺术品交流与服务等职能，9800平方米的超大展览空间、15000平方米的艺术空间，是目前全国最大的民营美术馆
106	鸿儒印刷物流中心	4.00	鸿儒印刷物流中心2012年投入使用，经营范围包括精美绿色数字印刷、出版、发行、视觉特效制作、智能仓储专业物流等服务。物流园集出版物印刷、精美绿色数字印刷、仓储、发行、运输、调度、配送、信息服务等多种功能于一体，实现集约化、规模化，极大地推动了临沂印刷、发行、物流等相关产业的发展，成为全国重要的出版、印刷、仓储、发行、物流信息平台，从整体上提升了临沂文化产业在全国的影响力和竞争力
107	兰陵国家农业公园	41333.33	兰陵国家农业公园总投资30亿元，总面积62万亩，其中核心区2万亩，示范区10万亩，辐射区50万亩。兰陵国家农业公园是国家AAAA级旅游景区。2013年荣获"全国五星级休闲农业与乡村旅游企业（园区）"称号。2014年被评为"全国十佳休闲农庄"。2015年被评为"国家级休闲农业与乡村旅游示范点"。兰陵国家农业公园试点是兰陵县发展乡村旅游的一大探索

续表

序号	园区名称	面积（万平方米）	概况
108	巨野书画艺术产业园	20.40	巨野县书画艺术产业园是菏泽市唯一的书画产业园区，总投资12亿元，占地306亩，集中建设一批画廊、创作室、书画展销中心、教育培训中心、评估鉴定中心、工艺品展示中心，吸引省内外画家入驻，落户工艺品生产企业，打造以学术研究、书画创作展销、工艺品生产销售为主要内容的文化聚集区和辐射全国的文化市场
109	泰安肥城市文化创意产业园	10.00	肥城文化创意产业园拟建于肥城市西区，规划面积10万平方米。该区域是肥城市新区开发的黄金区域，南为电视塔，北为文广大厦、三农大厦及康王河公园，西为在建的春秋古城，东为白云山公园，具备发展文化创意产业的基础条件和优越环境
110	青岛联城·红锦坊	2.80	联成·红锦坊总投资1.3亿元，建筑面积28000平方米，联城·红锦坊以保留历史遗迹、展现历史真实性为原则，建设尽量保持建筑原貌。空间划分上，主要分为北侧特色步行街和南侧原国棉一厂细纱车间两部分
111	枣庄沧浪渊文化产业园	9.00	沧浪渊文化产业园项目拟投资900万元，以霖泽庙为核心，以打造"孔子听儒歌处——沧浪圣地"为目标，全面实施庙宇修复、字碑保护、河道整治、植树造林、道路硬化等工程。以三月三庙会为契机，开展沧浪渊文化节、祈福纳祥、摄影比赛、美术写生、山地驾骑越野等活动，结合红山峪民俗文化，构建鲁南地区独特的文化体系。目前，已举办沧浪渊文化节2次，栽植杏树1000多株，完成道路硬化0.6千米，规划停车场3处
112	青岛建筑创意广场	未知	青岛建筑创意广场项目位于山东路和抚顺路交界处，山东路人才市场地块，重新开发建设后此处将矗立起科技研发楼、商务楼、SOHO楼和居住楼，预计总投资6亿元
113	西王印台山玉米文化产业园	320.00	西王印台山玉米文化产业园区与玉米深加工紧密结合，实现实体经济与文化产业的相互促进。这是全球首家以玉米为主题的文化产业园区。玉米文化产业园区拟建设三大功能区：玉米文化的挖掘及展现、大型国际会议接待中心和培训中心、中国老年文化养生基地
114	青岛王邦直文化创意产业园	4.70	园区以王邦直为背景建设文化创意产业园，将建设王邦直纪念馆、文化馆等。园区内还规划建一处老年公寓
115	威海开发区（文登）创意产业园	16.0	由北京鼎盛投资有限公司投资7.5亿元设立的威海开发区（文登）创意产业园，主要是推进威海地区创意和研发产业的快速发展，对推动科研开发和科技成果转化将起到重要的作用
116	潍坊坊茨小镇	140.0	坊茨小镇位于山东省潍坊市坊子区，以胶济铁路坊子段为中轴线两侧发展，坊子政府成立山东华德城市投资有限公司倾心打造欧式风情生态小镇——坊茨小镇。规划面积1.4平方公里，以百年德日建筑为项目文化轴心，以胶济铁路坊子段为历史轴心，以修缮这些即将荒废的历史文物为动因之一，以为坊子老城区居民提升生活品质为目标之一，以传承发扬潍坊的工业历史文化为责任之一，进行修复开发坊子老区，定名为坊茨小镇。项目已经得到国内外诸多学者和省、市领导的关注和认可，欲筹建胶济铁路博物馆、开设油画创作基地和近代历史题材的影视基地等
117	威海韩乐坊	5.60	韩乐坊由威海九隆置业有限公司投资开发。项目位于威海市经济技术开发区乐天世纪城项目的核心区域，占地面积约5.6万平方米，总建筑面积约10万平方米。韩乐坊以韩国文化为基调，以纯粹的韩国特色建筑，纯正的韩国文化、韩国品牌店、韩国食品餐饮等为主题风格，融聚时尚、休闲、典雅、浪漫、艺术等多重时代主题，打造成威海乃至中国首席韩国文化体验的最佳场所。该项目具体包括韩国商业步行街、韩国文化艺术馆、韩国明星演艺广场、韩国整容整形医院、国际SOHO公寓、企业会所、公寓酒店、各种主题的韩国文化休闲广场以及韩国风情街等商业、旅游、休闲项目，投入使用后，将成为威海第一个韩式旅游主题商业步行街，第一个纯韩货集散地。从整体规划而言，韩乐坊规划为南、西、北三个大的区域。北区为中国特色产品商业街，西区为韩国精装公寓和特色店街区，南区为韩国品牌店街区和LOFT公寓
118	青州云门山生态文化创意产业园	未知	青州云门山生态文化创意产业园项目是以旅游观光、休闲度假为主题，集会议接待、文化创意产业、生态景观开发于一体的高端文化旅游度假休闲项目。青州云门山生态文化创意产业园项目总体分为文化创意功能区、旅游服务功能区、生态度假功能区三大功能分区，形成"一轴、一核、两点、六片"的空间格局
119	泰山硅谷	未知	园区地处泰安东部新区，基础设施配套齐全，政策优惠。一期工程5栋研发大楼和17栋单体研发楼主体已完成，可正式入驻，2010年内将全部建成并投入使用，可引进30余家文化创意、高科技创新企业驻。二期计划两年内全部建成。项目全部建成后，每年可新增销售收入20亿元，利税3亿元
120	梁子黑陶文化产业园	未知	德州黑陶是中国黑陶的一种，起源于4000多年前的龙山文化，以其古朴典雅，成为极富德州本地特色的宝贵艺术。作为黑陶业界最响亮的品牌，梁子黑陶是德州黑陶艺术和文化的成功继承及传播者之一。目前，德州黑陶产品已远销英国、美国、日本、澳大利亚、荷兰等国家。梁子黑陶是业内的领军企业之一，拥有约百位陶艺工人，年产值1000余万元
121	太阳部落旅游区	未知	泰安太阳部落旅游区位于泰山南麓，是大汶口文化的重要发祥地。总投资36亿元，其中一期投资18亿元。太阳部落以大汶口文化为主线，以情景体验的形式，将史前文化和游乐项目有机融合，使远古文明的场景在游客面前真实展现，是中国体验展现史前文明的特大型文化主题公园。太阳部落旅游区分为时光穿越、梦回大汶口、洪荒探秘、洪荒历险、情定大汶口、金乌古镇六大板块

续表

序号	园区名称	面积（万平方米）	概况
122	康加城文化创意产业园	未知	项目位于赣州高校区，由江西康加城文化创意产业发展有限公司开发建设，主要建设内容包括一个广场、三大产业、五大基地，分别为：文化艺术广场，文化创意产业、大学生创业产业、文化体验消费产业，创意设计基地、文化艺术基地、动漫商城基地、工业设计基地、人才公寓基地及其他配套服务和公共配套设施
123	任城区宣阜巷步行街	未知	宣阜巷步行街汇聚了一大批济宁非物质文化遗产传承项目、书画艺术、创意文化和休闲文化等服务产业。经过逐步升级改造，宣阜巷休闲文化步行街以其鲜明的地域特色和浓郁的运河风情，正在成为济宁市和任城区休闲文化产业的核心和样板
124	朱家峪文化创意产业园	未知	朱家峪现有大小古建筑近200处，各种石桥20余座，井泉20余处，庙宇10余座，被誉为"中国北方山村的活百科全书"，更在2005年被评为"中国历史文化名村"。随着朱家峪文化工程的启动，集科技创新和文化创意有机互动平台于一体的创意基地将在朱家峪文化创意产业园建成
125	国家信息通信国际创新园	6150.00	国家信息通信国际创新园（简称CIIIC），是国家科技部、信息产业部、商务部联合发文，与山东省共同建立的国家创新园区。2007年6月22日，国家信息通信国际创新园在济南高新区正式揭牌。CIIIC规划建设"一园（CIIIC）两区（研发区、产业区）"，总面积约为61.5平方公里，研发区建设用地11.05平方公里，产业区建设用地50.47平方公里，同时配套建设高端商务、物流配送、生活服务、文教医疗等服务设施。作为国家信息通信国际创新园的重要组成部分，总投资1.5亿元、建筑面积3.7万平方米的国家信息通信技术研究院已经建成。CIIIC将打造具有世界水平的软件、集成电路、数字化装备、网络通信、信息服务五大产业集群
126	济南澄波湖文化产业园	11.2	澄波湖文化产业园于2004年立项，位于新220线与开元大街交汇处北侧，总面积近3000亩，建成后将呈现济阳水景园林城市的特色。根据规划，该区域将建成集观览、观光、休闲、度假、居住、商贸为一体的综合服务功能区，成为济南北部特色新城区的一部分
127	滨州温泉文化博览园	44.00	温泉文化博览园总体用地呈三角形，地块南面邻武定府路，规划道路宽25米，东北面接乐胡路，规划道路宽21米，西北面临幸福河河道，河道宽22米。项目总用地面积439989.2平方米，约合660.0亩，主要涉及四星级酒店、温泉娱乐、大型超市及温泉度假村、商业街、运动会所、大型游泳池等
128	淄博璀璨中华文化生态园	未知	该项目位于张店区湖田镇，由淄博璀璨华夏文化产业有限公司投资建设，总投资13.9亿元，于2009年3月动工。项目以生态恢复为基础，是一个集绿化改造、园林开发、历史文化、旅游观光、商业服务、休闲娱乐于一体的大型集成式旅游区
129	潍坊市民文化艺术中心	未知	潍坊市民文化艺术中心总投资28亿元，包括城市规划艺术馆、青少年宫、文化宫、图书馆、科技馆、大剧院、音乐厅等，是目前潍坊市最大的城市公共文化建筑。目前已完成投资23亿元，城市规划艺术馆已投入使用，青少年宫和文化宫正在试运行，整体工程即将全部竣工完成
130	山东济南中国教育动漫产业基地	未知	该项目是以新儒教育集团出资新建的新儒科技大厦为中心，集教育动漫形象创意、剧本创作、制作、整理、出版、发行于一体的教育类动漫特色产业基地，并配套建设中国教育动漫网作为门户网站。该项目经教育部中央教育科学研究所专家论证并合作，拟建立中国最大的教育动漫产业基地。该项目在驻地将形成"以教育带动动漫"和"以动漫服务教育"的经济发展格局，逐步形成服务于教育发展的动漫产业链和产业群体，在一定范围内形成区域经济特色
131	青岛文化创意产业基地	8.20	基地总投资48亿元，主要建设影视动漫产业园、创意人才培训孵化园、服务外包产业园等三大园区，以及文化主题酒店、总部办公等商务楼宇，另外规划建设有商业服务、住宅公寓等生活居住配套设施，以满足入驻产业基地专业人才居住、安家等需求

（5）地方特色型园区分析

截至2016年，山东省地方特色型文化创意产业园区有23家，其中：青岛民俗文化产业园面积最小，为1.00万平方米；烟台磁山地质公园面积最大，达3600.00万平方米。

山东省地方特色型文化创意产业园区基本情况　　　　表2-2-95

序号	园区名称	面积（万平方米）	概况
1	曲阜新区文化产业园	52.00	2008年5月13日，曲阜新区文化产业园被文化部命名为全国第三家国家级文化产业示范园区。园区建设围绕打造济宁文化产业核心区、山东鲁文化产业集聚区、全国文化产业示范区、东方文化产业高地进行定位。园区有七个文化产业片区（明故城文化产业核心区、寿丘始祖文化旅游区、九龙山孟子故居文化区、高铁现代文化娱乐发展区、尼山孔子诞生地风景区、石门山体育休闲旅游区、九仙山农村观光旅游区）和六大基地（会展基地、古玩交易基地、游客集散基地、孔子学院教育体验基地、传统书画培训交易基地、古籍图书出版交易基地）

续表

序号	园区名称	面积（万平方米）	概况
2	兖州兴隆文化园	20.90	兖州兴隆文化园按照"一园三区"总体布局规划建设，是以传统文化为基础，具有佛教文化元素的旅游景区和文化交流基地。西区为祈福区，由高118米的灵光宝殿、静心殿、观音殿、兴隆寺组成。东区为体验区，与中国实景演出创始人梅帅元联合推出大型文化旅游演艺项目《菩提东行》；南区为休闲区，通过塌陷地生态治理，建设艺术村和度假村，使其成为国内独具特色的湿地禅修中心。兴隆文化园先后被确定为山东省重点建设项目和全省文化产业重点园区（基地）。2014年开园后，兴隆文化园依托泰安、曲阜，打造"儒、释、道"传统文化旅游线路，形成山东新的黄金旅游圈
3	临沂沂蒙红色写生基地	2.20	沂蒙红色写生基地地处临沂沂南马牧池乡的常山庄村，由界湖街道南社区投资兴建，是以老区红嫂为主题的独立别墅群性质酒店。酒店与沂蒙红色影视基地、中国红嫂革命纪念馆、常山古村、沂州古县城和山东省党员领导干部党性教育基地同属"红嫂家乡旅游景区"
4	烟台磁山地质公园	3600.00	公园面积36平方公里。公园内地质遗迹资源丰富，典型性强，具有较高的科研和观赏价值。公园主要遗迹资源类型有花岗岩山岳、沟谷、洞穴和奇石景观，含明金花岗岩典型矿床景观、构造形迹及新构造运动遗迹景观，泉水、溪流、瀑布等与山脉息息相关的水体景观及崩塌遗迹景观等
5	青岛民俗文化产业园	1.00	园区坐落于即墨蓝色新区，东靠204国道（烟青一级路211号），北临即墨鹤山路，交通十分畅达。园区占地15亩，建筑面积6000余平方米。园区是集吃、住、展、研、演、销于一体的旅游场所
6	滨州阳信民俗文化产业园	514.00	园区位于阳信县水落坡镇，园区内驻有鼎龙、鲁木匠等大型民俗文化园，逐步形成了以古家具收藏、鉴赏、展览，仿古家具产销为主导的产业集群。规划面积5.14平方公里，并着力打造成全国最大的以古典家具的生产、展览、交易为主导，集旅游、餐饮、休闲观光为一体的具有国际影响力的文化产业园区
7	龙口市东莱文化街	2.00	东莱文化街位于黄城送岚花园松风苑与松青苑之间，北至北大街，南至实验路，全长488米，街宽18米，共105个商铺，总建筑面积为20000余平方米，总投资1亿多元，具体业态规划为古玩字画、文房四宝、手工艺品、花鸟鱼虫等。目前，整条东莱文化街由山东日宝集团有限公司按照龙口市政府要求统一经营管理
8	潍坊杨家埠文化产业片区	26.72	项目包括杨家埠民间艺术大观园改扩建、风筝年画文化创意产业园和杨家埠会所三个子项目。杨家埠民间艺术大观园改扩建项目主建杨家埠民俗古村（包括明清民居、民间文化一条街和名人文化街）、杨家埠村史馆、杨家埠木版年画博物馆、风筝博物馆。项目占地400亩，建筑面积为60000平方米，投资额为1.06亿元。风筝年画文化创意产业园主建综合贸易区、民俗商品市场、拓展产品交易、会展贸易中心、销售中心、拍卖中心、创意研发中心、综合服务教育咨询中心等相关产业配套场所
9	山东鼎龙民俗文化创意产业园	4.13	项目位于阳信县水落坡乡核心地段，规划面积62亩。主要建设内容：古典家具创意设计、研发制作及软服务体系、古典（仿）家具研发创意制作中心、古家具展示中心、古建精品博物馆、网络交易系统及相关配套设备。项目总建筑面积50000平方米，其中：古典（仿）家具研发创意制作中心10000平方米；古家具展示中心20000平方米；古建精品博物馆20000平方米。设备投资1932万人民币，项目配套投资6272万人民币
10	中国通史园	146.00	项目通过集成、模拟、浓缩的艺术表现手法，以"纵横二主线，三街十文园"的方法，将中国通史立体化、普及化。纵向主线，从盘古开天、三皇五帝开始，经两汉交界纪念碑，到1912年辛亥革命纪念碑，全长5000米，寓意走一米为一年，5000米为5000年。这条主线按照历史朝代顺序，将大量通俗普及的政治、经济、文化、军事、科技、建筑，重大历史事件和重要历史人物，以相应的历史人文景观进行再现，包括"六大景区"，即六大历史朝代景区：古史景区、夏商周景区、秦汉景区、三国晋南北朝隋唐景区、宋辽金元景区、明清景区
11	济宁汉文化民俗产业园	30.00	项目拟选址在任城萧王庄汉墓群东北部，项目建设面积30多万平方米。在功能定位上，一是突出汉文化的教育功能，展示任城悠久丰厚的历史和具有地域特色的汉文化；二是文化产业带动功能，研发文化产品，实现经济效益；三是文化旅游服务功能，建设旅游服务设施
12	济南中国玫瑰文化产业园	666.70	该项目充分利用当地独特的自然、文化资源优势，以玫瑰文化为主线，宗教文化为副线，以玫瑰观光、科普教育、休闲娱乐、特色购物、宗教旅游为主要业态，打造集花卉观赏和种植、休闲度假、修学、特色购物为一体的、旅游区开发与社区建设相融合的、观光与度假休闲并行的综合性旅游区
13	济宁微山县梁祝文化园	6.67	园区为充分利用梁祝故事及古老墓地、古老碑刻等历史资源优势，发展文化旅游产业，以重新发掘历史遗留古迹为基础，拟建设一处园林式建筑群，展现梁祝故事的历史文化底蕴。项目总投资1.2亿元，占地面积100余亩，主体建筑面积2千平方米，包括梁祝墓、文化展厅、广场等
14	平阴玫瑰湖生态新区	2251.00	项目总规划面积22.51平方公里，投资总额31亿元。整个生态新区由国家湿地公园片区、黄河农业片区、玫瑰山谷片区、旅游度假片区、城市协调区五大片区和若干景区组成，以映像山水园林城作为整体定位，借助黄河湿地的自然环境和中国玫瑰之乡的玫瑰文化，打造以阿胶和玫瑰为载体的养生文化，以玫瑰爱情为媒介的浪漫风情文化，以休闲为特色的慢城文化，展现"碧山黄河玉湖、玫瑰丛林湿地、浪漫养生之都"的美丽画面，打造国家级城市湿地公园，并以湿地公园为中心，建设一个低密度的玫瑰湖生态新城区
15	水浒文化产业园	3000.00	园区包括梁山好汉聚义的大本营——梁山古寨以及18个行政村，总面积约30平方公里。景区修复有聚义厅、靖忠庙、号令台、石碣文台等系列水浒遗迹，流传着底蕴深厚的忠义文化、武术文化、民俗文化和酒文化等在内的水浒文化

续表

序号	园区名称	面积（万平方米）	概况
16	临沂羲之文化园	1100.00	羲之文化园项目由美国美中文化教育基金会投资建设，总投资2亿美元，总规划占地面积16500亩。该项目依托书圣王羲之故里资源优势，围绕王羲之生活轨迹和艺术成长轨迹两条主线进行规划设计。项目建设的主要内容为：王祥、王羲之故里的发掘修建；孝河、孝文化景点的还原修建；中国书法文化区建设；旅游度假村建设；商务会馆和星级医院建设；民俗文化和洪福寺景区建设；观光生态农业区建设；旧村改造项目建设等
17	寿光盐祖公园度假村	10.02	项目占地150亩左右，建筑面积1万平方米。建设盐博物馆和度假村，形成盐业文化旅游休闲区
18	枣庄鲁南民俗文化产业体验园	未知	鲁南民俗文化产业体验以山亭区兴隆庄石板房部落为中心，将建设以展示民居文化、民俗文化为主，集红山峪民俗手工艺品、西集伏里土陶艺术品、皮影、手工刺绣、石雕、根雕等独具地方特色的民俗文化资源于一体的综合性观光旅游、体验地方风土人情的综合性园区

2.2.16 河南省

1.河南省文化创意产业园区发展概况

（1）河南省文化创意产业园区数量

截至2016年，河南省共有63家文化创意产业园，2016年河南省文化创意产业园区新增数量为0家。

2010—2016年河南省文化创意产业园区数量增加情况　　　　表2-2-96

年份	园区数量（家）	园区增加数量（家）
2010	24	9
2011	34	10
2012	59	25
2013	61	2
2014	63	2
2015	63	0
2016	63	0

（2）河南省文化创意产业园区类型分布

河南省文化创意产业园主要模式分为产业型、休闲娱乐型、混合型、地方特色型。从河南省文化创意产业园区类型分布情况看，产业型和混合型园区占主要部分，其他类型数量相对较少。截至2016年，混合型和产业型园区数量分别达到了31家和17家。

2016年河南省文化创意产业园区类型分布情况　　　　表2-2-97

类型	园区数量（家）	园区数量占比（％）
产业型	17	26.98
休闲娱乐型	7	11.11
混合型	31	49.21
地方特色型	8	12.70

2.河南省文化创意产业典型园区调查

（1）产业型园区分析

截至2016年，河南省共有17家产业型文化创意产业园区，平均面积17752.81万平方米。其中，安阳殷商文化产业园面积最小，仅有3.41万平方米；焦作黄河文化影视城面积最大，达到了300000.00万平方米。

河南省产业型文化创意产业园区基本情况　　　　表 2-2-98

序号	园区名称	面积（万平方米）	概况
1	郑州国家动漫产业园（郑州生态创意园）	5.81	园区以发展动漫产业为重点，重点吸引国内外优秀动漫企业和创意人才落户，完善创意产业服务功能，打造一个拥有自主知识产权，集创意、设计、研发、生产、展示、经营、人才培养以及高档居住、休闲观光为一体，国内一流的生态创意产业基地。建设内容包括动漫企业孵化器、动漫衍生品展示交易中心、动漫教育培训中心以及动漫研发中心、动漫公共技术服务平台等
2	焦作黄河文化影视城	300000.00	焦作黄河文化影视城位于焦作市北郊凤凰山上，是中央电视台与焦作市政府合作修建的大型影视剧拍摄制作基地，规模居全国四大影视城之首。影视城设施完善，内容丰富，环境优美，集中体现了华夏文化在春秋战国时期历史风貌，再现了东周夯土筑台之风
3	安阳殷商文化产业园	3.41	项目位于人民大道东段，与中国文字博物馆为邻。由河南瑞龙文化投资有限公司投资设计并提出可行性研究报告。主体工程包括：文化广场、商务中心和文化长廊，各个功能区主体建筑均为仿殷商建筑风格，与中国文字博物馆共同形成游、购、娱三大功能布局
4	平顶山宝丰赵庄魔术大观园	30.00	平顶山宝丰赵庄魔术大观园，是青年农民魔术师张永军筹资 500 多万元兴建的集魔术表演、展示和餐饮、住宿、休闲为一体的游乐园。园内的演艺大厅可容纳 500 人观看演出，有房舍 50 多间的"魔术农家乐"服务区可接待 300 人餐饮住宿。引资 600 万元建成的集服装、道具、音响、大篷销售为一体的"魔术商贸街"，拥有店铺 100 多间，目前已经建成并进行装修
5	河南嵩山文化产业园	100.20	嵩山文化产业园包括少林禅武文化产业园区、嵩阳国学文化产业园区、中岳民俗文化产业园区、古文明展示产业园区、文化产业加工区、自然生态休闲产业园区。全部建成后，园区将成为中国中部最有特色、最具影响力、最具示范性的文化产业园区等
6	河南出版产业园	62.00	河南出版产业园是以新型出版传媒和文化创意产业为特色的大型文化产业集聚区。项目主要包括文化商业综合体、中原文化创意广场、数字出版中心和河南出版综合服务中心等子项目
7	郑州信息创意产业园	170.54	产业园位于郑州市惠济区，是集中小企业总部、企业孵化器、大型创意企业、信息产业园、商业休闲于一体的高科技创意产业园，占地面积达到 170.54 公顷。园区以发展软件开发、创意、动漫、服务外包等产业为主，是河南省首批省级国际服务外包园区，是郑州市作为河南省首批省级国际服务外包基地的载体
8	信阳鸡公山志高文化科技动漫产业园	133.33	鸡公山志高文化科技动漫产业园是一处集山地旅游、度假养生、休闲娱乐、购物、酒店为一体的旅游城市综合体，由 8 大特色区域 32 个大项目 100 多个小项目组成。项目以信阳为中心，辐射整个中原地区，为休闲经济提供广阔的空间支持和消费市场
9	鹤壁石林陶瓷产业园	1260.00	鹤壁石林陶瓷产业集聚区是经鹤壁市政府批准建设的"4+3"重点产业集聚区，位于山城区石林镇东部，东临京广铁路、107 国道、京港澳高速公路，南依壶台公路，北靠山西中南部铁路通道，规划面积 12.6 平方公里，近期规划为 6 平方公里，是一座以陶瓷产业为主，兼有仓储、物流等多功能的生态型陶瓷产业集聚区，是河南省最大的承接沿海地区陶瓷产业转移的产业集聚区。已有 17 家企业入驻
10	鹤壁创意动漫产业园	6.68	鹤壁创意动漫产业园动漫园区包括动漫企业总部基地大楼、创意研发中心、青年创业中心等。该项目建设周期为一年半，总投资 3 亿元，占地面积约 100 亩，建筑面积约 15 万平方米。园区建筑设计以动漫游戏企业的生产、研发、展销等需求为先导。以原创漫画——漫画单行本——动画——品牌动画衍生产品开发的模式，为国内原创动画人和企业提供创业和发展的平台

（2）休闲娱乐型园区分析

截至 2016 年，河南省共有 7 家休闲娱乐型文化创意产业园区，平均面积 3631.74 万平方米。其中，开封清明上河园面积最小，仅有 33.35 万平方米；河南康百万庄园面积最大，达到了 12024.00 万平方米。

河南省休闲娱乐型文化创意产业园区基本情况　　　　表 2-2-99

序号	园区名称	面积（万平方米）	概况
1	开封清明上河园	33.35	清明上河园是对中华民族艺术之瑰宝、宋代著名画家张择端的代表作《清明上河图》复原再现的大型宋代历史文化主题公园。该园占地面积 600 余亩，其中水面 120 亩，拥有大小古船 50 余艘，各种宋式房屋 400 余间，形成了中原地区最大的气势磅礴的宋代古建筑群。整个景区内芳草如茵，古音萦绕，钟鼓阵阵，形成一派"丝桐欲拂面，鳞波映银帆，酒旗随风展，车轿绵如链"的栩栩如生的古风神韵。2009 年，清明上河园荣膺世界纪录协会中国第一座以绘画作品为原型的仿古主题公园，是 AAAAA 级国家风景旅游区
2	汉魏洛阳故城文化旅游产业园	10000.00	汉魏洛阳故城是我国所有都城遗址中，定都时间最长、规模最大、保存较为完整的古都遗址。园区主要景点是汉魏洛阳故城遗址公园、汉魏文化城等。汉魏文化城是汉魏洛阳故城之"宫城"再现，与汉魏洛阳故城遗址公园相邻。该园区集中展示洛阳作为都城自东汉、曹魏、西晋至北魏近 600 年来的历史文化、政治经济、交通、军事、丝绸之路、国际交流等，是一部很好的立体教科书，又是重现洛阳古城灿烂文明的旅游文化圣地

续表

序号	园区名称	面积（万平方米）	概况
3	中国濮阳杂技文化产业园	80.16	濮阳将建设中国第一个杂技主题公园，使"杂技天天有，每年到濮阳看世界最好的杂技"成为全国的品牌。濮阳是中国杂技之乡。濮阳杂技历史悠久，起源于春秋，兴盛于明清，发展于现代，以功力深厚、技艺精湛享誉海内外。杂技已成为濮阳对外开放的一张靓丽名片。濮阳市以濮阳中原绿色庄园为依托，建设全国第一个杂技主题公园，在该公园建设杂技场馆，常年驻团演出。另外，还将建杂技博物馆，并继续打造杂技精品剧目
4	洛阳河洛文化产业园	66.67	河洛文化产业园地处河南省洛阳市洛龙区龙门镇田山村，园区紧贴洛阳市区南缘，王城大道南段东沿，是2010—2014年田山村旅游发展总体规划的核心项目之一。园区内人工植被完好，空气清新，交通便利，园区有别墅洋屋，草绿树密，风光秀丽，是集度假、娱乐、休闲、餐饮、购物、观光等为一体的环城度假游憩胜地
5	上清宫老子及道教文化旅游园区	48.00	该项目位于洛阳市老城区西北约4公里的邙山翠云峰上，3000多亩的上清宫森林公园环抱着整个上清宫道教文化旅游景区，形成良好的生态环境。景区占地720亩，北高南低，海拔高度250米。该项目以修复中国第一座纪念道家学派创始人老子（李耳）的上清宫为中心，以弘扬中华民族文化，保护道教文化古迹，挖掘十三朝故都洛阳历史风貌旅游资源为基础，融会道教及中医养生传统精华，突出华夏文明圣地、古都、名寺、道教祖庭的特点，结合周边环境治理，将其建成集旅游、休闲、娱乐、保健、疗养为一体的独具特色的旅游景区
6	河南康百万庄园	12024.00	巩义市康百万庄园2001年被命名为全国重点文物保护单位，2005年被批准为国家AAAA级旅游景区。康百万庄园是一座纵跨明、清、民国三个时期的大型封建地主庄园，背依邙岭，面临洛水，北凭黄河天险，南瞻嵩岳屏障，依山就势，环境优美，居高临下，地势险要，虽由人做，宛自天工，充分体现了中国传统"天人合一、师法自然"的理念
7	洛阳市龙门文化旅游园区	3170.00	龙门文化旅游园区是以石窟景区为核心联系相关的文化资源而建立的，其发展建设的目标是把龙门文化旅游园区建成河南省文化旅游体制改革重点试验区和示范区，集温泉、生态、文化于一体的休闲度假旅游目的地。龙门文化旅游园区成立了龙门园区投资（集团）公司，作为园区发展的投融资平台，以园区的资源为担保吸引大型投资商，形成"园区管委会＋大型投资商"的园区运营主体，以资产和要素重组为突破口，放宽准入条件，降低门槛，引导各类社会资本参加园区投资，通过兼并、参股、收购、租赁承包、BOT（建设—经营—转让）、TOT（移交—经营—移交）等多种方式扩大融资经营

（3）混合型园区分析

截至2016年，河南省混合型文化创意产业园区有31家，平均面积为74.68万平方米。其中，郑州金水文化创意产业园（107创意工厂）面积最小，为0.80万平方米；卧龙岗文化旅游产业集聚区面积最大，达1000.00万平方米。

河南省混合型文化创意产业园区基本情况　　　　表2-2-100

序号	园区名称	面积（万平方米）	概况
1	郑州金水文化创意园（107创意工厂）	0.80	郑州金水文化创意园（又名"107创意工厂"），创建于2009年8月，是在河南省、郑州市、金水区三级宣传文化部门引导推动下，由河南省创意产业协会、河南省工业设计协会等直接指导，由中创国基（北京）文化发展有限公司投资，河南弘驰实业发展有限公司为主体市场化运作的省、市、区重点文化建设项目。园区是河南省首个文化创意产业园区，也是我国中部地区第一个以时尚创意设计为主导的创意产业园区
2	中央新影中原影视文化产业园	440.00	中央新影中原影视文化产业园项目的规划将依托洛阳历史，旨在还原古都胜景，弘扬中华文化，努力将该项目打造为华夏文明传承创新的战略文化产业园。项目注重对周围历史遗迹的保护性开发，每一个拍摄功能区都与洛阳的历史文化紧密相连。值得一提的是，该影视产业园将结合历史文献和文化传说，逐步复原一些洛阳历史上的经典建筑，比如隋唐上林宫苑、合璧宫等历史遗迹，在规划的华夏历史文明传承区和隋唐遗址公园拍摄区内集中展现洛阳十三朝古都的历史文化
3	惠济中南文化创意产业园	146.96	产业园计划投资80亿元，占地2200亩，项目建设周期为5年。拟建设动漫主题体验区、动漫广场和动漫小镇三个部分。其中，主题体验区和动漫广场将作为游览部分开发，动漫小镇作为居住片区开发。产业园主题体验区内将建设星光大道、十二生肖馆等动漫体验场馆，动漫形象将以该集团原创动漫作品为题材
4	新乡市云龙山文化创意产业园	22.00	云龙山文化创意产业园项目是新乡市文化产业振兴工程"3×10"行动计划的重要组成部分。这个项目是在凤凰山森林公园投资建设的文化、旅游项目，总投资20亿元，计划在6年时间内将云龙山区域打造成为设施完善、环境优美，集休闲旅游、度假、文化娱乐、影视拍摄、婚庆服务、名人名家书画创作基地等为一体的文化创意产业园
5	安阳文化创意产业园	100.00	园区规划占地面积1500多亩，以一区（综合服务区）三园（创意园、孵化园、交易与展示园）为中心，以传统文化为资源，建设以动漫原创为重点，以衍生产品为依托，集原创、研发、制造、体验、交易于一体的华北中部最大的文化创意产业园和旅游体验基地

续表

序号	园区名称	面积（万平方米）	概况
6	郑州花花牛·中部影像科技创意港	3.00	花花牛·中部影像科技创意港位于郑州市金水区中州大道与晨旭路交叉口西南角。该项目利用旧厂房设计改造建成，由花花牛集团、航天（北京）科技文化发展有限公司、河南创意金水文化产业发展有限公司与荷兰尚腾宝共建。同时建成青少年航天科技创意体验区、花花牛工业观光区等设施，旨在打造我国中部地区创意产业模板总部集聚区和国家级文化产业示范、国际文化创意交流平台
7	国家创意艺术培训（河南）基地	4.67	项目位于河南省会郑州市，由河南创意金水文化产业发展有限公司投资，郑州跨界创意产业中心主办，文化部文化艺术人才中心指导，旨在打造中原地区首个辐射全国的综合性创意培训基地。项目以郑州跨界创意产业中心为平台，与清华大学、中央美院、浙江大学等省内外各大高校联动，打造成一个专业的培训基地，争取成为国家级的创意培训基地
8	洛阳西苑路21号科技园	2.24	园区主要用作科技办公、科技研发、新产品、新材料、新技术孵化中心，配套服务有冷餐、咖啡、会议中心、会展中心等。科技园作为涧西重点项目，涧西区政府将对科技类、创新类入驻企业给予优惠的扶持政策
9	卧龙岗文化旅游产业集聚区	1000.00	项目总体规划面积10平方公里，由核心区、启动区和拓展区组成，按照"一岗两点三核五片区"即"1235"空间构架，通过"封闭一条路、恢复一个岗、提升两个点（武侯祠、汉画馆）以及完善三大基础设施（交通设施、市政设施、旅游配套设施）"建成五个功能片区，展开集聚区的项目布局。集聚区规划项目20个，占地面积2250余亩地（150公顷），总建筑面积约265万平方米，投资总额约为106亿元，规划周期为2012—2020年。2014年开始启动，计划用3年时间，科学运筹，强力推进，使集聚区初见成效

（4）地方特色园区分析

截至2016年，河南省地方特色型文化创意产业园区有8家，平均面积为627.96万平方米。其中，开封朱仙镇文化创意产业园面积最小，为3.00万平方米；镇平县石佛寺镇玉文化产业园面积最大，达2500.00万平方米。

河南省地方特色型文化创意产业园区基本情况　　　　表2-2-101

序号	园区名称	面积（万平方米）	概况
1	开封宋都古城文化产业园	1490.00	园区以宋文化为特色，以全城一景为亮点，以两环、八区为布局，以七大产业为支撑，形成了宋韵独特、风貌别致、产业发达、效益显著的文化产业园区。2008年被省文化厅命名为"河南省文化产业示范园区"，2011年被文化部命名为"国家级文化产业示范园区"。园区坚持高标准规划、高速度建设、高效率运营，正以宋文化鲜明的特色优势和发达的产业形态，大力发展宋文化
2	辉县市南太行民俗文化园	300.00	园区以百泉庙会为背景，以百泉、大乙风光园、韭山公园为依托，建设各类民俗文化展示点，吸引游客，在节日期间举办戏剧、杂技、歌舞、灯展等大型游园活动。辉县市百泉庙会具有近1500年的历史，起源于卫河神的祭祀活动，逐步溶入物资交易和文化娱乐的功能，在清朝初期发展成为以药材交易为主要内容的庙会，吸引了全国各地的药商来此交易展示，被誉为中国三大药都之一
3	郑州石佛艺术文化产业园	10.69	石佛艺术文化产业园区项目占地面积160亩，分三期进行建设。按规划，产业园分为艺术家创作园区、艺术品交易和艺术交流园区等主体功能区，建成后将入驻约100名艺术家进行原创性艺术创作
4	镇平县石佛寺镇玉文化产业园	2500.00	镇平县石佛寺镇玉文化产业园从玉文化产业链条完善、产业上档升级及人才队伍建设等方面筛选确定了国际玉城、"天下玉源"玉料市场、玉文博物馆改扩建等8个项目，通过这些具有较强支撑、示范、带动作用的重点项目建设，弘扬玉文化，展示玉工艺，提升玉品位，将玉文化产业推向一个更高的层次
5	开封朱仙镇文化创意产业园	3.00	园区是中原书法（画）家创作工作园区、中国木版年画创作研发园区、开封民间工艺品创作研发生产基地
6	宝丰伊人天香香草文化观光园	133.33	伊人天香香草文化观光园总投资1.2亿元，位于肖旗乡三里营村。项目是河南省良基集团公司从法国及中国台湾引进开发的高科技农业种植项目。计划占地2000亩，园区可就地安排300余农民就业。项目建成后，年产各种植物精油6吨，实现营业收入8000万元，实现利税2000万元
7	河南宝丰文化创意产业园	500.00	宝丰文化创意产业园位于宝丰县城南新世纪广场附近，占地面积5平方公里。整个园区包括民间演艺中心、红色文化展览馆、五星级酒店、儿童乐园、魔幻嘉年华、古汉先民文化体验村六个部分。园区总体定位是：民间演艺之都，中华魔术之乡。投资方是北京金竹泰国际文化投资有限公司
8	洛阳市白马寺佛教文化园	86.67	创建于东汉永平十一年（公元68年）的洛阳白马寺，是佛教传入中国后兴建的第一座寺院，有中国佛教的"祖庭"和"释源"之称。白马寺佛教文化园将按照"释源祖庭、佛教圣地"的总体定位，规划设计门前广场、中轴礼佛区、国际寺院区、菩萨道场区、佛学院区、综合服务区、公共服务区以及绿化隔离区等，总面积达1300亩。根据总体规划，未来的白马寺佛教文化园被划分为多个区域。其中国际寺院区预留了包括印度风格佛教、泰国风格佛教在内的10个外国佛殿的建设用地。据了解，目前印度风格佛殿已建成投用，泰国风格佛殿已投入资金3000多万元人民币，缅甸风格佛殿的规划设计也已成形

2.2.17 湖北省

1. 湖北省文化创意产业园区发展概况

（1）湖北省文化产业概况[①]

2016年，湖北省文化产业快速发展，4家文化企业登录A股市场，2家文化企业在港股上市，17家企业挂牌新三板，上市文化企业的数量中部领先。湖北日报传媒集团总资产在地方党报的综合排名位于前列，长江广电传媒集团和长江出版传媒集团双双入选第九届全国文化企业30强，创历史最好水平，湖北文化产业赶超发展的蓬勃态势正在形成。

（2）湖北省文化创意产业园区数量

截至2016年，湖北省共有68家文化创意产业园，2016年湖北省文化创意产业园区新增数量为0家。

2010—2016年湖北省文化创意产业园区数量增加情况　　　表2-2-102

年份	园区数量（家）	园区增加数量（家）
2010	23	4
2011	32	9
2012	51	19
2013	59	8
2014	61	2
2015	68	7
2016	68	0

（3）湖北省文化创意产业园区类型分布

湖北省文化创意产业园主要模式分为产业型、艺术型、混合型、地方特色型。从湖北省文化创意产业园区类型分布情况看，产业型和混合型园区占主要部分，其他类型数量相对较少。截至2016年，混合型和产业型园区数量分别达到了49家和17家。

2016年湖北省文化创意产业园区类型分布情况　　　表2-2-103

类型	园区数量（家）	园区数量占比（%）
产业型	17	25.0
艺术型	1	1.5
混合型	49	72.1
地方特色型	1	1.0

2. 湖北省文化创意产业典型园区调查

（1）产业型园区分析

截至2016年，湖北省共有17家产业型文化创意产业园区，平均面积11.15万平方米。其中，武昌东创创意园面积最小，仅有0.60万平方米；宜昌809创意经济园面积最大，达到了36.69万平方米。

[①] 文化+成为湖北文化产业发展新的经济增长极[EB/OL].http://www.hubei.gov.cn/zwgk/rdgz/rdgzqb/201705/t20170513-993120.shtml

湖北省产业型文化创意产业园区基本情况

表 2-2-104

序号	园区名称	面积（万平方米）	概况
1	武汉创意天地	13.33	创意天地以原创艺术为基础，重点发展工业设计和数字传媒产业，打造涵盖生产创意、生活创意和艺术创意三大类创意产业发展平台，满足建筑设计、工业设计、平面视觉、软件开发、信息服务、策划、广告、出版、会展、教育培训、电影、电视、广播、音乐、动漫、游戏、时尚产业、工艺品制造、旅游、体育、书画艺术、表演、美术展览、艺术消费品、古董艺术品等25个创意产业相关行业不同的空间需求
2	武汉中国光谷创意产业基地	6.00	中国光谷创意产业基地核心产业区含光谷动漫产业园、光谷创意孵化器、青年创业港、华中数字出版基地光谷数字出版产业园及光谷创意大厦，建筑面积近8万平方米。目前，园区集聚了各类创意类企业122家，从业人数近4000人，涵盖动漫、网络游戏、新媒体、数字出版、网络增值服务、设计、文化展览展会及动漫衍生产品研发等领域，集中了湖北省70%以上的动漫企业和近60%的游戏企业，已成为国内创意产业最密集的地区之一
3	武汉汉阳造文化创意产业园	13.36	项目在保留龟北路片区工业遗址的基础上，通过对原标准厂房进行重新定义、设计、规划，重点打造文化艺术区、商业休闲区、创意设计区三大功能区域，构成一心（以汉阳造艺术中心及博物馆为核心）、二带（滨湖景观带和绿色生态景观带）、三片区（上述三大功能区域）的空间布局，以完备的、富于创新的硬件设施，高质量、高专业水准的服务，集聚国内外优秀创意企业落户
4	武汉大学珞珈创意园	12.00	武汉大学珞珈创意园是武汉大学发起，由武汉大学全资公司武汉武大教育发展有限公司会同武汉市洪山区人民政府及相关投资公司共同开发、建设的创意产业园区，总用地面积约200亩，总建筑面积约60万平方米，主要集中在校园沿着喻路、珞狮北路和八一路的地带。整体规划注重网络消费、参与体验、文化休闲、亲和聚心的现代理念，力图将其打造成为武汉最大的、最具人性化的、最为现代化的、环境最舒适的、网络化的IT、数码、动漫交易中心、创业基地以及传统的SHOPPINGMALL、雕塑景观、步行街相结合的地标性新型商业中心
5	武汉华中智谷	32.00	项目地块位于武汉市西南部，隶属武汉经济技术开发区，地处市区中环线与江城大道交汇处。项目开发占地246.66亩（合164437.91平方米），总建筑面积32.88万平方米，总投资约13.6亿元。华中智谷项目在总部经济区域占了约246.66亩地块，未来将有300家企业入驻，从业人数达10000人，国内最大的通信运营商中国移动、中国电信及清华同方、北大方正、当当网等国内IT龙头企业也将组团在华中数字出版基地建立区域总部和相关的信息数据中心
6	武昌东创创意园	0.60	武昌东创创意园位于武汉市武昌区徐东2路，地理位置优越，交通便利，闹中取静。北依武汉长江二桥，南临风景优美如画的东湖风景区；距武昌火车站仅15分钟车程，距天河机场仅30多分钟车程，尽得地利之便
7	湖北江汉文化创意产业园	33.40	项目依托仙桃及江汉平原享誉海内外的丰富的非物质文化遗产、传统饮食文化、传统工艺美术、传统表演艺术以及现代精英文化等资源与成果；依托本地区文学家、艺术家和设计师群体，以文化艺术创意为主题，突出资源特色，培育文化品牌，推进文化艺术产、学、研、商一体化，提升协作配套能力，实施文化产业带动战略，培育文化骨干企业，着力建设和培育一个集传统美食、演艺娱乐、文化旅游、艺术观赏、休闲购物和艺术培训等为一体的综合园区，使之成为市内外文化家、艺术家、文化艺术工作者、文化艺术产品经营者、文化中介组织和区域性特色文化企业的聚集地
8	武汉市龙泉山生态园	1.33	龙泉山生态园在政府的重视和支持下，正按照在华中地区大众休闲项目最优化、最完善、整体规划发展区域最大、景观环境品位最优、农业项目参与性最强和科技含量最高的原则进行整体设计建设。生态园是华中地区拥有最完整序列度假旅游产品、观光旅游产品和专项旅游产品的景区，是体现本地区生态旅游文化的标志性工程
9	宜昌809创意经济园	36.69	总投资3亿元的809创意经济园项目位于宜昌夷陵区，占地550亩，为原国营809工厂的全部厂区，为创新型文化艺术类建设投资项目。规划设计一期工程装修20间知名艺术家的创作工作室和1个现代美术馆，邀请和引进国内外著名艺术家、作家、建筑师、设计师、影视工作者进驻
10	武汉出版文化产业园	6.75	武汉出版文化产业园项目整体规划建设为具有展示、图书、报刊、音像等出版物交易批销、物流配送、标准仓库、经营门面、商务楼、专业会场、多功能厅、电子商务等多功能的市场。项目选址位于江岸区黄浦工业园新华书店物流中心左侧，占地101亩，总建筑面积12万平方米。新建武汉出版文化产业园项目由武汉出版集团公司和武汉黄浦科技园石桥科技发展有限公司共同投资建设，总投资3.5亿元，先期投资1.2亿元
11	蔡甸知音文化创意产业园	15.43	蔡甸区政府和北京优派克文化发展公司签订投资框架协议，在生态宜居新城内建设总面积231亩的知音文化创意产业园。知音文化创意产业园项目位于蔡甸街彭家山村，该项目将依托知音文化的深厚底蕴、自然生态的环境优势，建设融艺术创作、交流、展示、销售为一体的文化创意产业园区
12	东楚传媒文化产业园	6.68	东楚传媒文化产业园位于黄石市团城山开发区所属的黄金山工业新区，地处两主干道——金山大道和宝山路相交地带，占地100亩。目前，进驻本园区主要公司有:台湾宝成鞋业、劲牌公司、冶钢、美尔雅集团、美岛公司等
13	武汉创意大道	12.00	武汉创意大道位于洪山区马湖地区，紧挨下马湖和野芷湖，生态景观优美。园区规划面积462亩，将建设工业设计中心、动漫生产车间、艺术家工作室、艺术体验中心、艺术交流中心、美术馆、培训中心（含实验剧场、图书馆）等七大功能区。规划总建筑面积300000平方米，总投资约5.5亿元。在软环境建设上，将打造创意、服务、教育、信息、产权保护、产权交易等六大运行平台。引入从事创意产业的企业、院所、个人，通过租赁和购买物业的方式在此集聚，从而获得了良好的创作空间、领域、环境和条件

（2）艺术型园区分析

截至 2016 年，湖北省艺术型文化创意产业园区有 1 家，即凤凰社艺术创意园，面积为 0.21 万平方米。

湖北省艺术型文化创意产业园区基本情况 表 2-2-105

园区名称	面积（万平方米）	概况
凤凰社艺术创意园	0.21	凤凰社创意园区面积 2100 平方米，入驻企业仅有 6 家，但均为武汉最有影响力的艺术创意企业。园区充分利用积玉桥片区艺术群体林立、高端社区聚集的独特优势，另辟蹊径，首创了以艺术创意产业为园区主题，充分发挥创意园区的独特性、创意性，由华工科技园、世纪昆仑孵化器和武汉东创孵化团队三家共同打造

（3）混合型园区分析

截至 2016 年，湖北省混合型文化创意产业园区有 42 家，平均面积为 233.99 万平方米。其中，华中师大文化科技创意产业园面积最小，为 0.17 万平方米；武汉木兰山风景区面积最大，达 7800.00 万平方米。

湖北省混合型文化创意产业园区基本情况 表 2-2-106

序号	园区名称	面积（万平方米）	概况
1	楚天 181 文化创意产业园	8.00	楚天 181 文化创意产业园位于武昌区东湖路 181 号，湖北日报传媒集团院内，与国家级风景旅游区东湖仅一路之隔。园区周边文化企事业单位聚集，有"文谷"之称，环境优美，交通便利。园区正式运营后，通过整合各种资源，配合湖北省、武汉市、武昌区政府发展文化创意产业的战略布局，重点吸纳创意企业，把园区打造成以高端创意设计企业和动漫企业为主、个性突出、配套齐全、功能完善、在全国有一定影响的示范型创意产业园区。2015 年园区内企业总产值达到 10 亿元
2	江城壹号创意园	7.30	江城壹号将原武汉轻汽厂改造蜕变为主题文创社区，每一个空间都为个性设计，从而打破了商业 MALL 和商业街的概念，将逛街、休闲变成一种时尚和体验
3	武汉花园道	3.00	园区集创意办公、格调购物、时尚餐饮、休闲娱乐为一体，共分创意办公、情景商业两个区
4	随州文化创意产业园	40.00	项目力争打造中部具有影响力的文化创意产业园，由一个主题公园、一个创意社区、三大产业基地、三大交易中心组成
5	宜昌青年文化创意产业园	0.51	宜昌市青年文化创意产业园位于伍家岗区合益路鑫鼎汽配城内，占地面积 5092 平方米，由团市委与鑫鼎实业有限公司共同建设，主要为文化创意类、科技类、环保类小微企业提供早期孵化服务。产业园第一批已招募 19 个青年创业项目入驻
6	昙华林艺术区	104.00	昙华林艺术区是由武昌区人民政府和武汉市博华林公司联合打造的文化创意产业园。目前，昙华林艺术区已入驻艺术与设计机构 20 余家，获得湖北省"终身成就艺术家"荣誉称号的当代著名艺术家、国家一级美术师周韶华已率先入驻园区设立艺术工作室
7	武汉东创研发设计创意园	0.60	武汉东创研发设计创意园位于武昌区中国农科院油料作物研究所内，是由武昌区政府、武汉东湖新技术创业中心、农科院油料所携手合作，政府先期投资支持，利用油料所闲置资源创办的，兼跨科技研发、创意设计领域，集企业孵化和产业发展功能为一体的科技园区。2010 年 12 月，科技部正式下文（国科发火［2010］725 号）认定武汉东创研发设计创意园为国家科技企业孵化器，它是继武昌科技创业中心之后武昌区第二家国家级孵化器

（4）地方特色园区分析

截至 2016 年，湖北省地方特色型文化创意产业园区有 1 家，为潜江市曹禺文化产业园，面积为 320.00 万平方米。

湖北省地方特色型文化创意产业园区基本情况 表 2-2-107

园区名称	面积（万平方米）	概况
潜江市曹禺文化产业园	320.00	曹禺文化产业园整个项目规划面积 4800 亩。目前已完工的一期曹禺公园项目、二期梅苑项目合计占地面积 1480 亩，建设总投资约 3.5 亿元。园区以章华南路为轴线分东区和西区两大主体区域，主要展示中国戏剧文化。景点设施包括梅苑古街、曹禺祖居博物馆、世博会湖北馆、芦荻宝塔等

2.2.18 湖南省

1. 湖南省文化创意产业园区发展概况

（1）湖南省文化创意产业园区数量

截至2016年年底，湖南省共有69家文化创意产业园，2016年湖南省文化创意产业园区新增数量为2家。

2010—2016年湖南省文化创意产业园区数量增加情况　　　　表2-2-108

年份	园区数量（家）	园区增加数量（家）
2010	26	9
2011	35	9
2012	48	13
2013	54	6
2014	62	8
2015	67	5
2016	69	2

（2）湖南省文化创意产业园区类型分布

湖南省文化创意产业园主要模式分为产业型、艺术型、休闲娱乐型、混合型、地方特色型。从湖南省文化创意产业园区类型分布情况看，产业型和混合型园区占主要部分，其他类型数量相对较少。截至2016年，混合型和产业型园区数量分别达到了44家和16家。

2016年湖南省文化创意产业园区类型分布情况　　　　表2-2-109

类型	园区数量（家）	园区数量占比（%）
产业型	16	23.19
艺术型	1	1.45
休闲娱乐型	3	4.35
混合型	44	63.77
地方特色型	5	7.25

2. 湖南省文化创意产业典型园区调查

（1）产业型园区分析

截至2016年，湖南省共有16家产业型文化创意产业园区。其中，长沙市西街创意领地面积最小，仅有0.53万平方米；湖南回龙湖生态文化产业园面积最大，达到了6000.00万平方米。

湖南省产业型文化创意产业园区基本情况　　　　表2-2-110

序号	园区名称	面积（万平方米）	概况
1	湖南锦绣潇湘文化创意产业园	20.00	锦绣潇湘文化创意产业园项目位于岳麓山大学城的核心地段，处于阜埠河路与麻园路的交汇处，形成文化创意企业聚集区、文化创意人士集居区、文化创意产品交易区、文化艺术培训集中区和文化创意体验旅游区。园区打造艺术培训、创意设计、文化交流、成果转化、商品交易和文化旅游等一条龙服务的文化创意产业链

续表

序号	园区名称	面积（万平方米）	概况
2	国家动漫游戏产业（湖南长沙）振兴基地	150.00	国家动漫游戏产业（湖南长沙）振兴基地选址于长沙高新区麓谷园区中心区域，辐射麓谷园区及省会长沙。规划布局为"两园一区"，即动漫游戏产业园、衍生产品产业园、辐射区（含全省范围内的动漫游戏教育研究培训机构、金鹰卡通频道、出版物交易中心等）。通过六个平台的建设和壮大一批、引进一批、孵化一批动漫游戏企业，每年为国内外培养从事创作编导的高级动漫游戏人才200人，中级卡通动画人才2000人，卡通节目制作人才8000人，卡通动画从业人员达到50000人，使长沙成为全国最大的动漫游戏人才培养和输出基地
3	长沙市西街创意领地	0.53	西街创意领地以文化为内核，以艺术工作室为载体，辅之以特色休闲产业。目前创意街已有近50家国内外艺术大师工作室、文化机构及创意工作坊。涉及的行业有：建筑设计、景观设计、室内设计、平面设计、陶艺设计、音乐、摄影、广告策划、绘画、书法研究、多媒体设计、家具设计、服装设计、工业设计、影视表现等。另外，创意街还将开设创意精品展厅，如雕塑展厅、高品质艺术画廊或摄影作品展厅；以及艺术教育场所，如舞蹈教育、表演教育等
4	长沙岳麓文化艺术产业园	300.00	岳麓文化艺术产业园主体位于岳麓山大学城中心区域，东起潇湘南路，西至麓山南路，北起阜埠河路，南至二环线西南段，包括后湖、大学城农民安置区在内的3平方公里区域。产业园与中南大学、湖南大学、湖南师大南校区、湖南艺术职业学院等多所高校紧密相连。拟在岳麓科技工业园西建约2000亩的现代传媒基地，主要发展文化创意产业、现代传媒业、生态旅游业、酒店商贸业
5	中国醴陵釉下五彩艺术陶瓷园	53.44	醴陵釉下五彩陶瓷为醴陵独创独有，已列为国家产业地理标志和非物质文化遗产，是醴陵陶瓷的形象品牌。中国醴陵釉下五彩艺术陶瓷园是集生产经营、展示交易、研究开发、设计创新、科教培训、工业旅游于一体的大型现代园区，相对于其他类似产业，有着相当大的能源优势。设计容纳釉下五彩瓷生产企业80家，主要建设釉下研发创作、生产营销和展示观光基地，配套建设商业、金融、宾馆、餐饮、居住小区、休闲娱乐等设施。项目设计融合古典园林四合院风格及现代艺术风格，拟建设成为集中展示湖南标志性产业——醴陵陶瓷风采的工业旅游风光点
6	湖南雨花创意产业园	4.70	湖南雨花创意产业园分为企业办公区、商务服务区、基础服务区、服务配套区、培训基地。产业园立足文化创意产业，积极引进时尚设计、影视传媒、广告策划、数字网络、摄影美术、动漫游戏、文化艺术、教育培训、信息咨询等企业及个人工作室，争创具备研发、投资、孵化、制作、培训、交易等功能的文化创意产业基地
7	长沙软件园	265.00	长沙软件园成立于1997年，是长沙国家高新技术产业开发区内的软件及服务外包专业园区。园区目前共有1200多家软件企业落户，聚集了包括长城信息、湘邮科技、拓维信息、三辰卡通、威胜集团等在内的30多家大型软件骨干企业。作为中部地区电子信息产业的核心基地，长沙软件园吸引了美国戴尔佩罗系统、思科、摩托罗拉、芬兰诺基亚、日本日立等世界多家一流企业的入园发展，并与微软、IBM、HP等一批500强企业形成了战略合作关系
8	益阳市竹文化产业园	13.30	园区拟充分发挥益阳竹工艺、竹资源优势，以先进的工业技术提升传统产业，实现竹文化产业的社会效益、经济效益和生态环保效益的快速发展。项目选址于益阳高新区南片区域，总占地面积200亩
9	湖南中华茶祖文化产业园	855.04	中华茶祖文化产业园位于株洲茶陵县，全部建成后，茶陵将成为全国一流的茶产业基地、知名品牌茶产品的集散地、中华茶人的寻根地。目前，中华茶祖文化产业园建设已被列为株洲市的重点工程，是湖南茶叶产业转型升级的标志性工程
10	湖南圣得西时尚产业园	20.00	2008年初，圣得西在宁乡金洲新区征地300亩并动工建设时尚产业园，总投资5.2亿元。历时近2年，一期工程正式投产。圣得西作为湖南省服装行业龙头企业，积极深入地研究传统纺织服装产业如何改造提升、形成优势、提高竞争力，为湖南纺织产业实现持续快速发展提供了有益探索
11	湖南回龙湖生态文化产业园	6000.00	回龙湖生态文化产业园把发展农家乐生态旅游与促进社会主义新农村建设有机结合起来，建成一个高规格的农家休闲会所；发展农副产品深加工业；大面积发展果蔬种植业，培植自己的种植基地；从文化角度着力，依托回龙湖生态休闲会所，建立回龙湖影视拍摄基地和国防教育基地、野战基地、高尔夫球场、老年公寓、回龙湖农业科技示范基地
12	郴州市林邑文化创意产业园	33.40	郴州市林邑文化创意产业园占地500亩，包括文化创意产业基地、群众文化活动中心（含动漫体验区、文化创意区、风尚商务区等）、印刷复制基地及部分配套项目
13	文艺巢文化创意中心	1.00	文艺巢文化创意中心（简称"文艺巢"），创办于2010年，致力于打造"高纯度、高水平、高层次"的文学艺术高地，是国内高雅文化作品的聚集地，荟萃众多文艺家的大雅之作，同时是培养文艺新人的平台。文艺巢以独特的策划与创意，以期刊、图书、影视等传播形式为平台，向社会传播优秀文明、传递文化价值

（2）艺术型园区分析

截至2016年，湖南省艺术型文化创意产业园区有1家，即长沙艺术家文化村，面积为20.01万平方米。

湖南省艺术型文化创意产业园区基本情况　　　　表 2-2-111

园区名称	面积（万平方米）	概况
长沙艺术家文化村	20.01	项目规划用地 300 亩，建设全国、全省知名艺术家创作室、作品展示室，总建筑面积约 40 万平方米，是"十一五"长沙实施的重大文化项目。享受文化发展扶持政策

（3）休闲娱乐型园区分析

截至 2016 年，湖南省共有 3 家休闲娱乐型文化创意产业园区，平均面积 637.93 万平方米。其中，湖南大剧院面积最小，仅有 0.80 万平方米；张家界神农生态农业观光园面积最大，达到了 1733.00 万平方米。

湖南省休闲娱乐型文化创意产业园区基本情况　　　　表 2-2-112

序号	园区名称	面积（万平方米）	概况
1	张家界神农生态农业观光园	1733.00	园区位于张家界市城区至核心景区的旅游黄金通道两侧，总面积 17.33 平方公里，其中核心区面积 7.28 平方公里，计划投资 1.79 亿元，划分为绿色长廊、观光农业和家庭旅馆三大主体工程。经过 4 年多的开发建设，各项工作取得了重大进展，完成总投资 10500 万元，引进在建项目 16 个，生态农业观光园已初具规模
2	湘潭万楼文化产业园	180.00	项目位于万楼东路以北，占地约 450 亩。规划建设类似于"欢乐谷"的大型游乐主题公园
3	湖南大剧院	0.80	湖南大剧院隶属湖南省文化厅，是目前湖南文艺行业里档次最高、规模最大的综合性多功能大型文艺演出场所之一。湖南大剧院位于长沙市韶山北路 139 号，占地面积 12 亩，高 29 层（地下 3 层），建筑面积 84000 平方米，是一座集电影放映、文艺演出、文化娱乐、中西餐饮、体育健身、会议庆典、商贸办公为一体的大型现代文化建筑

（4）混合型园区分析

截至 2016 年，湖南省混合型文化创意产业园区有 44 家。其中，湖南 2688 文化创意园面积最小，为 1.00 万平方米；湖南汨罗屈子文化园面积最大，达 1600.00 万平方米。

湖南省混合型文化创意产业园区基本情况　　　　表 2-2-113

序号	园区名称	面积（万平方米）	概况
1	长沙望城铜官镇陶瓷文化产业园	11.25	望城铜官陶瓷文化产业园以望城区的铜官镇为中心，借助千年铜官古镇的名气，依托铜官陶瓷和望城产业资源、人文优势，将建设成为一个集中生产、展示湖南陶瓷的民族陶艺街，同时创建湖南民族艺术展览馆，使其成为湖南湘绣、烟花、雕刻、剪纸、岳州扇、土家织锦、竹编、银饰、珍珠石和其他民间工艺品融于一体的铜官湖南工艺美术（陶瓷）文化产业园
2	湘潭文化创意产业园	66.80	湘潭文化创意产业园位于九华示范区内，占地 1000 亩。依托湘潭本土深厚的历史文化资源和"两型社会"建设的良好契机，产业园着力打造大型红色实景演出、长株潭影视拍摄基地、湖南旅游购物中心、长株潭动漫制作基地、高档休闲度假酒店、九华大剧院等重点文化项目，做大做强湘潭文化产业，全面提升湘潭的文化软实力和竞争力
3	常德武陵文化创意产业园	200.40	项目位于常德市城区的自然生态保护区太阳山下、国家 4A 级景区柳叶湖畔，毗邻常德高尔夫体育生态园。项目设计有创意人家（SOHO）、创意工作室（OFFICE）、文化交流展示中心、接待中心、餐饮中心、康体中心、专家村、VIP 俱乐部等建筑。项目定位于为研究、设计、创作武陵文化产品者提供工作、休闲、度假、展示交流交易文化产品的高端场所，包括武陵山文化开发与现代工业创意设计工厂、武陵山经济协作区成员年会基地、武陵山经济文化发展论坛主会场、高尔夫休闲练习会所、文化名流接待中心、文化创意专家村社区活动中心等园区
4	怀化湖南湘商文化科技产业园	200.40	湖南湘商文化科技产业园是湖南湘商文化投资有限公司和怀化市政府共同打造的综合性园区，主要发展文化创意、图书物流、旅游开发、主题公园、加工贸易、商务会所、高新技术和研发中心等项目，是湘商文化魅力的展示窗口，也是天下湘商创业的理想乐园
5	湖南株洲华强文化科技产业园	133.33	湖南株洲华强文化科技产业园是华强文化科技产业全国布局中呼应南北、承接东西的重要战略节点。项目致力于打造文化创意丰富、科技水平高端、产业发展集约、带动效应巨大、生态环境和谐的文化科技产业基地。湖南华强文化科技产业园一期项目总投资 50 亿元，占地 2000 亩，包括主题公园（两个）、旅游商业小镇、创意基地、动漫基地、影视后期制作基地、人才培养基地及其他配套设施
6	株洲文化园	16.00	株洲文化园突出文化特点，极具艺术内涵，包括国家一级图书馆、博物馆、艺术馆、书画院、葫芦岛茶楼等，建成后的文化园将成为株洲市民周末休闲度假的极好去处

续表

序号	园区名称	面积（万平方米）	概况
7	湖南汨罗屈子文化园	1600.00	屈子文化园东起汨罗江国际龙舟竞渡中心，南至古罗子国遗址，北至屈原墓，西抵屈子祠，总规划16平方公里。主要包括龙舟文化体验区、傩文化区、香草文化区、水乡农业观光区、罗子国寻访区、屈原文化产业开发区、湿地保护区、水上体验区、屈原遗产保护区等。核心景区分遗产保护区、利用展示区、自然生态保护区、文化产业区及配套服务区，包括屈子书院重建、屈原纪念馆新建、景区配套及环境整治等若干个子项目。屈子书院建设项目共分为屈学研究、教学交流、园林休憩、后勤服务四个功能区，总投资约1.8亿元
8	水云潇湘文化旅游公园	1000.00	"水云潇湘"文化园以文化创意产业为基础，以潇湘阁与潇湘古镇建设为核心，辅以潇湘名人苑、潇湘植物园、大型游乐场、民族文化村等景观建设，使之成为永州市的文化标识与主打品牌，成为湖南省的一颗明珠，成为联结全市、辐射省内外的文化旅游集散地
9	湖南云龙创意产业园	66.70	项目规划建设集动漫设计、影视制作、网络游戏、三维设计等相关多媒体文化产业，具备研发、投资、孵化、制作、培训、交易等功能的文化产业基地。兴建生态创意城，包括以动漫元素为主要特征的动画产业基地和卡通城。项目着力打造集创意传媒、文化旅游、休闲度假为一体的综合性文化创意产业园
10	邵阳市桃花新城宝庆文体产业园	179.26	桃花新城宝庆文体产业园地处邵阳市桃花新城湖口井路以北、桃花路以南、紫霞路以西、丹霞路以东。共规划13个地块。总占地面积179.26万平方米。项目分四大板块开发运作，分别是体育生态公园区、电视文化区、娱乐休闲区、高尚住宅区

（5）地方特色园区分析

截至2016年，湖南省地方特色型文化创意产业园区有5家。其中，衡阳市奇石盆景文化创意产业园面积最小，为0.88万平方米；辰溪国际太阳文化创意产业园面积最大，达1000.00万平方米。

湖南省地方特色型文化创意产业园区基本情况　　表2-2-114

序号	园区名称	面积（万平方米）	概况
1	衡阳市奇石盆景文化创意产业园	0.88	衡阳市奇石盆景文化创意园建成后，将通过这个平台向国内外征集"寿形奇石""寿景树"的藏品与工艺品，每年举办一届"寿石""寿景"展览会
2	辰溪国际太阳文化创意产业园	100.00	太阳神庙区规划为一期工程。其中重点建设太阳神庙的修复，太阳神文化中心区广场，新建龙生地太阳文化民俗村，包括太阳文化宫、中华图腾文化长廊、太阳文化博物馆、太阳文化福寿宫、太阳文化玉莲坊、太阳文化购物广场（商业广场）太阳文化体育娱乐场，太阳文化以及剧院

2.2.19　广东省

1. 广东省文化创意产业园区发展概况

（1）广东省文化产业概况[①]

2016年，广东文化及相关产业增加值4256.63亿元，约占全国文化产业总量的1/7，同比大幅增长16.67%，增长速度为5年来最高，文化及相关产业增加值占全省GDP的比重大幅上升到5.26%。

2016年，广东文化产品进出口437.9亿美元，其中出口418.1亿美元，居全国榜首，实现贸易顺差398.3亿美元。全省形成了较为完备的文化出口体系，出口覆盖160多个国家和地区，在出版、动漫游戏、创意设计、文化设备制造等领域培育了一批具有国际竞争力的重点出口企业和品牌，仅游戏业出口营收就达176亿元，出口国家和地区100多个。

从区域产业布局来看，广州、深圳发挥中心城市的引领辐射作用，着力打造"创意之城""设计之都"，突出发展了一批优势创意文化产业集群；珠三角其余各市集中发展创意设计、印刷复制、演艺娱乐、文化设备制造等区域优势产业；粤东西北地区依托特色文化资源，文化旅游、演艺娱乐、工艺美术等特色文化产业初具规模。

---
① 资料及数据来源21世纪经济报。

（2）广东省文化创意产业园区数量

截至2016年，广东省共有238家文化创意产业园，2016年新增文化创意产业园2家。

2010—2016年广东省文化创意产业园区数量增加情况　　　　　　　表2-2-115

年份	园区数量（家）	园区增加数量（家）
2010	128	41
2011	159	31
2012	198	39
2013	210	12
2014	230	20
2015	236	6
2016	238	2

（3）广东省文化创意产业园区类型分布

广东省文化创意产业园主要模式分为产业型、艺术型、休闲娱乐型、混合型、地方特色型。从广东省文化创意产业园区类型分布情况看，产业型和混合型园区占主要部分，其他类型数量相对较少。截至2016年，混合型和产业型园区数量分别达到了155家和59家。

2016年广东省文化创意产业园区类型分布情况　　　　　　　表2-2-116

类型	园区数量（家）	园区数量占比（%）
产业型	59	24.79
艺术型	11	4.62
休闲娱乐型	6	2.52
混合型	155	65.13
地方特色型	7	2.94

2. 广东省文化创意产业典型园区调查

（1）产业型园区分析

截至2016年，广东省共有59家产业型文化创意产业园区。其中，广州市中小企业创新科技园面积最小，仅有0.08万平方米；中国情人谷文化创意产业园面积最大，达到了3200.00万平方米。

广东省产业型文化创意产业园区基本情况　　　　　　　表2-2-117

序号	园区名称	面积（万平方米）	概况
1	深圳F518时尚创意园	14.00	F518时尚创意园是深圳市和宝安区"十一五"规划的重点文化产业项目，园区位于宝安中心区的核心地带，于2007年12月7日落成开园。由深圳创意名家1号工作站、F518创意前岸、深圳当代艺术创作库、品位街、F518创展中心及前岸艺术酒店六大主题区及公寓、停车场共同组成
2	佛山创意产业园	6.67	佛山创意产业园是佛山市首家园林式的办公园区，以出租办公室或展厅的方式，聚集和整合人居创意产业。园区位于佛山市的经济龙脉——季华路。目前已吸引了从事设计、金融保险、风险投资、法律服务、专利服务等1000多家企业入驻，入驻总人数2万多人。整个园区分为三个部分：奇正园区、三洋园区和东宝园区。由艺术泡泡广场将三个园区连成一体。
3	深圳南山数字文化产业基地	7.50	深圳南山数字文化产业基地是隶属于深圳市南山区科技创业服务中心的专业科技企业孵化器，基地采用了新的运营模式，即由民企投资，政府政策扶持和服务支持。基地建筑面积总计75000平方米，目前共有200余家企业入驻，主要是软件、数字、动漫网游等企业

续表

序号	园区名称	面积（万平方米）	概况
4	深圳127陈设艺术产业园	10.00	深圳127陈设艺术产业园坐落于龙华新区的民治大商圈核心地带，位于布龙路与梅花山庄北门入口交汇处。产业园是深圳首家也是中国首家以"陈设艺术"为主题的大型综合性产业园区。产业园是集创意设计园、饰博中心、孵化平台、培训机构、物流配送为一体的大型综合性创意设计文化产业园区，拥有庞大的设计师队伍，并形成了巨大的集聚效应。产业园整合了产业链条上各项资源，弥补了产业链上公共服务平台的空缺，是中国创意文化产业的创意代表和开拓先锋
5	潮人码头新媒体产业园	3.20	潮人码头聚焦于文化创意产业群中最具有爆炸性成长的新媒体文化内容产业。紧扣"潮"文化主线，充分利用海湾资源，使之成为蛇口海上门户及太子湾的新名片。同时兼顾文化创意及特色餐饮、文化休闲娱乐的互动，将区域发展成为集办公、SOHO、配套服务商业、公共技术平台及文化休闲娱乐等功能于一体的新型滨海文化及休闲项目。潮人码头新媒体产业园总用地面积为3.2万平方米，其中办公面积（含展览）约1.8万平方米，SOHO公寓约0.54万平方米，商业约0.9万平方米，中心广场约1500平方米
6	星坊60文化创意产业园	2.30	星坊60文化创意产业园位于天河区先烈东横路60号，毗邻多所大学与艺术院校，处于一个艺术气氛浓厚的城市区域，以文化创意产业园区开发作为主要营运项目，以"努力打造60分基础平台，整合共创100分奇迹"作为园区的核心理念，把构建"星坊60""星坊文化创意产业园联盟"作为规划发展目标。目前，星坊60文化创意产业园规划占地总面积23000平方米，第一期开发面积6000平方米，第二期开发已完工
7	广州华创动漫产业园	160.00	华创动漫产业园位于珠三角的核心位置——广州市番禺区。项目由政府主导、企业运作，以动漫游戏为主题，以科技研发和文化创意产业为发展方向，定位为全球最大的动漫游戏产业集群。园区的主要组成部分：由科技研发孵化器、SOHO青年创业中心、创新大厦组成的研发创意区；由汇聚3D动作捕捉仪、录音棚、超级渲染中心、快速成型设备、游戏开发引擎、动漫游戏多媒体实训基地以及多功能会议室组成的番禺动漫游戏公共服务平台；以文化创意体验中心、中国动漫游戏产品交易会展馆为载体的展示交易区；由企业总部基地大楼、生产力中心、产业大厦组成的生产制造基地；由精英公寓、星级酒店、超市、运动场、娱乐服务组成的生活配套区
8	深圳中国观澜版画原创产业基地	140	中国观澜版画原创产业基地位于深圳市龙华新区观澜牛湖社区，规划面积140万平方米，核心区为31.6万平方米，是由中国美术家协会、深圳市文学艺术界联合会、深圳市宝安区人民政府、深圳市龙华新区管委会合作创建的集版画创作、制作、展示、收藏、交流、研究、培训和市场开发为一体的中国版画事业与产业并进的综合性项目。版画基地园区分为东、西区两大部分，东区有版画工坊、艺术部落，西区为国际艺术家村
9	深圳动漫园	5.00	深圳动漫园位于南海大道和东滨路交界处，处在南山区核心板块，东与金晖大厦、南油大厦相邻，南与沃尔玛咫尺之遥，由粤海工业村改造而成。建筑面积约43000平方米，由一栋综合楼和四栋办公楼组成，由深圳动漫科技有限公司先期投资6000万元。改造建成后，园区将成为一座集企业孵化、产品设计制作、产业人才培养、产业投融资和国际人才、资金和技术合作于一体的多功能、大开放、强服务、全创意的动漫产业发展平台。其中动漫教学是其中重要部分，与德国合作的动漫学校将落户于此。整个园区提倡创新、科技、人文的创业精神
10	清远市龙湖奇石文化产业园	6.67	清远市龙湖奇石文化产业园位于清远市清城区洲心收费站前600米处，占地面积120亩，是展现中国奇石文化，集发展奇石文化和旅游产业为一体的综合性项目，是清远市乃至广东省内规模较大的奇石欣赏、收藏交流主题性公园。园区搜罗全国各地奇石古器200多种18000多件，馆藏布设，叠缘成景，形成既具有奇石文化特色又兼有浓缩山水景点、传承民俗文化的人文旅游苑园。景区设有八大景点：观音阁、龙门石佛、龙湖石林、聚宝盆、灵璧石馆、钟乳石馆、天下第二石、奇石藏宝阁。并设有奇石玉器古玩街、会议拍卖中心、大型停车场等配套服务设施
11	深圳南岭中国丝绸文化产业园	3.60	南岭中国丝绸文化产业园位于素有"中国第一村"的深圳市龙岗区南岭村，是国家文化产业示范基地。园区定位以丝绸文化为载体，以文化创意为理念，是集设计制作、科研创新、展示交易、旅游休闲、情景购物、青少年素质教育、互动体验等功能为一体的国家级高档丝绸与刺绣制品及其延伸产品的时尚创意园区
12	广州番禺星力动漫游戏产业园	54.00	广州番禺星力动漫游戏产业园坐落于广州番禺迎宾路中段，紧靠南沙、中山、珠海、顺德等珠三角地区城市交通枢纽，毗邻天安节能科技园和星海青少年文化宫，距离白云国际机场、南沙港、广州新火车站等主要交通枢纽均在1小时半径圈内，交通十分便利。产业园是集动漫游戏产品及衍生产品的研发、生产、交易等多功能集约化的动漫创意园地。按国际标准建成后，广州星力动漫游戏产业园将成为国内最大的动漫游戏产品信息交流平台、零部件集散地、产学研基地、创业孵化基地和创意园地
13	广州国韵文化创意园	1.20	国韵文化创意园位于广州市番禺区市桥街长堤西路西涌大街222号，由广州国韵文化传播有限公司投资，利用原珠江粮油制品厂11栋旧厂房、仓库改造而成。园区以现成的LOFT建筑为基础，进行重新定义、设计和改造，营造出一个结合文化创意特色的新型工作、休闲空间，融合"教育、创意、艺术、生活"多维元素，构建艺术创作、设计、书画艺术、书院、咖啡馆、旅游推广策划以及时尚休闲等文化创意产业链

续表

序号	园区名称	面积（万平方米）	概况
14	佛山市顺德创意产业园	8.00	顺德创意产业园位于珠三角最具活力的顺德中心城区经济圈——大良，北临广州，毗邻港澳，太澳高速、佛一环、珠二环、105国道等交通要道近在咫尺，至顺德港仅15分钟，10分钟即达广州新火车站，45分钟可到广州白云机场。产业园总占地面积8万多平方米，规划总建筑面积超20万平方米，整体基地规划总投入建设资金将超20亿元人民币。园区主要建设文化创意创业基地、创意企业孵化区、顺德软件园、大学生创业基地等，打造顺德文化创意产业的创业孵化基地
15	深圳市华夏动漫产业园	5.00	华夏动漫产业园距离深圳市大运场馆不到10公里，北靠惠州市、东莞市，地理位置得天独厚。产业园规模宏大，总建筑面积约5万平方米；拥有集动漫设计、制作及衍生产品开发、生产、销售为一体的产业链
16	广州TCL文化产业园	2.70	广州TCL文化产业园由TCL旗下地产公司投资兴建，总建筑面积26961.24平方米，主要功能为工厂生产、商务办公、物流仓储，有银行、小型超市、小型快餐店、健身房、招待所、酒吧等商务配套功能。产业园交通便利，地处科学城中心位置，位于科学城主干道光谱西路，环抱于科学城中心花园、科学城古树生态公园、科学城尖塔山三处景点之中
17	九鼎国际城	6.00	九鼎国际城位于季华六路3号，即季华六路与文华北路交汇处。地处季华中心商务区的核心地带，毗邻佛山电视塔、岭南明珠体育馆、文华公园、亚洲艺术公园，地段优越。项目总占地面积为6万余平方米，总建筑面积约36万平方米。北区为高档住宅、国际社区；南区集金融、总部基地、创意产业为龙头的写字楼、名店商业区、商业步行街区、精英公寓等多种业态，对城市中的商业、办公、居住、旅店、展览、餐饮、会议、文娱和交通等城市生活空间的三项以上进行组合，从而形成一个多功能、高效率的综合体
18	珠海珠影文化创意园	17.20	珠影文化创意产业园坐落在广州市海珠区新港中路，地处广州市新的城市中轴线南段，区位居中，交通便捷，地理位置十分优越。园区以现珠影制片公司大院为基础，依托珠影深厚的历史文化积淀和完整的影视产业链条，采取旧建筑改造与新建筑建设相结合的方式，重点打造星光大道、文化广场、创意工作室、影视数字技术基地、电影城、主题体验馆、主题休闲中心、岭南风情园林等多组建筑设施，形成既相互关联又自成特色的创意办公、文化展示和休闲娱乐三大功能区。工程总投资7.5亿元，园区总建筑面积17.2万平方米
19	深圳怡景国家动漫产业基地	4.20	深圳怡景国家动漫产业基地是由国家广播电影电视总局认证授牌的国家级动漫产业基地之一。入驻企业中，原创动漫企业17家，占入驻基地企业总数的56.66%。基地的原创动漫产品年生产能力约为14000分钟。目前，入驻基地企业生产的中国原创动漫影视作品共有22部，二维作品占31.8%，三维作品占31.8%，二维和三维结合制作的作品占45.5%。基地以动漫画内容的原创生产为重心，目的是全力打造一批具有国际竞争力的动漫画、游戏产业行业龙头企业，努力实现动漫深圳、创意中国、走向世界的发展目标
20	深圳宝福李朗珠宝文化产业园	5.11	深圳宝福李朗珠宝文化产业园位于龙岗区南湾街道布澜路，占地面积为51125平方米，总建筑面积为144900平方米。园区内设有工业厂房、办公楼、1万多平方米的珠宝购销市场、培训和实习基地、检测实验室、银行等，还有为打造文化产业而专设的宝福珠宝博物馆、生产车间参观通道等旅游观光项目，并配套有国内首家以"珠宝文化"为主题的准五星级宝亨达国际大酒店。整个园区以人文文化、绿色文化、创新文化为三大文化品牌特征，集珠宝首饰的产供销、科工贸、休闲旅和文博教等功能为一体，形成了深圳最具规模和完整的珠宝产业链
21	深圳清湖创意产业园	0.90	深圳清湖创意产业园位于深圳市中部综合组团龙华街道清湖社区，北邻观澜，东接龙岗区的坂雪岗地区。总用地面积9031平方米，总建筑面积25600平方米，工程包括一栋6层研发中心（建筑面积10600平方米）和一栋20层配套公寓（建筑面积15000平方米）。设计注重了高效利用的可能性，并为项目的建造和后期使用节约了大量的可持续利用的资源
22	广东南浦文化产业园	8.00	南浦文化产业园位于广州市番禺区南浦岛北岸，总用地面积约8万平方米，总体规划共分三期进行开发。首期南浦仓文化码头用地面积2万多平方米，拥有400多米沿江码头水岸，保留原生态仓库厂房的南浦园区环境，通过包装改造成为江畔休闲广场、主题酒吧和高级专用会所等，可供举办各类艺术沙龙、艺术鉴赏、艺术推广活动，是一座综合性艺术园区
23	广州一统国际酒文化产业园	1500.00	广州一统国际酒文化产业园区打造成为集展示展览、批发零售、物流配送、名酒展贸、订制直销、DRY酿酒、窖藏保管等多功能的国际酒文化产业园；将构建集餐饮、酒浴、酒疗、旅游、保税、期酒、收藏、拍卖、消费教育等全景式酒文化生态链；规划建设酒文化博物馆、世界风情酒吧街、万国餐酒文化街等
24	广州南方传媒文化创意产业园	6.00	南方传媒文化创意产业园是以南方报业传媒集团为依托，通过新建写字楼和对南方日报社原印刷厂房改造而打造的高标准文化创意园区。园区毗邻五羊新城、珠江新城、海心沙岛、琶洲国际会展中心与白鹅潭，总规划面积为6万平方米，是广东新建规模较大的文化创意主题产业区。南方传媒文化创意产业园打造成具有浓郁文化创意氛围及完善综合服务体系的高端品牌文化创意产业园区，形成以南方报业传媒集团为龙头的集媒体创新、新媒体孵化、文化传播、广告创意制作、各类传播平台等相关企业的高端文化创意产业园，成为广州的传媒文化中心门户
25	广州海珠创意产业园	7.38	海珠创意产业园（原南华西第五工业区）位于工业大道南大干围38号，现有办公面积约80000平方米。目前，园区引进电子商务、科技、创意、现代服务型企业160多家，其中50%为电子商务企业，已形成了以电子商务为主的创意园区

续表

序号	园区名称	面积（万平方米）	概况
26	广州229国际服装设计创意园	1.10	广州229国际服装设计创意园简称"广州229"，取广州话的谐音为"易易久""衣衣久"之意。园区位于广州御龙服装批发市场28层高的主楼，总投资7000万。园区由"设计群落"和"灵动空间"两部分组成。其中，"设计群落"面积约1万平方米，为入园机构的工作室或品牌营销、策划工作室，可以安排入园机构160~200家。"灵动空间"面积约600平方米，为咖啡红茶廊与设计创意作品展示空间。
27	广州金脉创意产业园	1.00	金脉创意产业园是广州天河CBD黄金商圈内唯一一座半山生态创意产业园区。产业园雄踞广州中轴线北端，正望天河北中信广场和火车东站，位于将军山半山之上，坐拥天河商务中心、商业中心、金融中心三大中心核心资源，地理位置得天独厚。创意园前身为广州市天天食品厂，园区建筑别有特色，不少历史遗留物品极具纪念意义。园区由3栋4~7层的多层建筑和4栋1~3层的独栋建筑组成
28	广州毅昌创意产业园	5.00	广州毅昌创意园为国家级工业设计产、学、研一体化综合基地。产业园建筑工程规划总用地面积为50001平方米，总建筑面积59197平方米。建筑层数：1~6层，位于广州科学城KXCH-F-5地块，南翔三路以东北，南云四路以东
29	珠海南方影视文化产业基地	333.33	珠海南方影视文化产业基地位于珠海市斗门区斗门镇的珠海南方影视文化产业项目，核心规划用地5000亩，总投资约50亿元。项目在起步之初就定下了"一流、二大、三高"的建设目标，即：一流的工作标准；大投资、大产业；高起点、高品位、高产出
30	深圳雁盟酒店创意文化产业园	20.00	雁盟酒店创意文化产业园是中国首家以高端酒店设备、用品研发、制造、展销、物流配送为主体的高端创意酒店设备用品展销基地；以创意酒店设计、酒店建筑设计、酒店装饰设计、酒店客房设计、酒店礼品设计、酒店服饰设计为核心的高端酒店创意基地
31	广东国家数字出版基地	7.84	广东国家数字出版基地位于广州市天河区中山大道2号，规划总用地面积为78435平方米，总建设规模为9.5万平方米。2011年2月28日，新闻出版总署致函省人民政府《关于同意建设广东国家数字出版基地的函》，同意在广州建立广东国家数字出版基地。广东国家数字出版基地挂牌广州天河软件园，由广东省新闻出版局牵头组织、南方出版传媒股份有限公司联合相关单位运营
32	广州从化动漫产业园	167.00	广州从化动漫产业园是国家与政府重点支持的发展项目，通过引进国际大型动漫企业集团，引进国际先进技术，支持国内动漫原创发展，培育国内动漫原创及制作人才，致力打造动漫产业链整合平台
33	深圳坪山雕塑艺术创意园	3.00	坪山雕塑艺术创意园是坐落于坪山新区马峦山入口处的一处占地3万平方米的艺术园区，左临比亚迪公司成品车场，右靠坪山大运会篮球场馆，后与大山陂水库相连。园区现有雕塑企业7家，雕塑艺术家工作室12家，从事雕塑产业配套工人300余人，雕塑设计专利及备案300余项，出口45个国家和地区。园区由多个特色功能区组成，包括艺术家工作室百米街区、剑桥艺术培训学校、1万多平方米雕塑展销区、2500平方米雕塑艺术公共展场、新闻发布厅、艺术品拍卖厅、艺术沙龙活动区、雕塑博物馆、艺术餐饮馆、雕塑培训基地、雕塑产业化示范区等。
34	深圳国际创意印刷文化产业园	14.00	深圳国际创意印刷文化产业园以"创意""文化"为内核，以印刷复制为抓手，集纳各类贤才，依托原有土地，用5年左右的时间，分期建成集创意印刷文化交易、创意印刷学术交流、人才培育、精品生产、印刷新设备器材贸易和电子商务等于一体的综合平台，逐步形成新业态，实现企业自身的转型升级。同时，也为海内外印刷、创意、文化及相关行业的交流合作、包容发展提供一个平台，为广大青少年和民众提供一个科普教育和爱国主义教育基地
35	珠海南方文化产业园	36.67	珠海南方文化产业园是以高等教育出版社为投资主体，吸纳国内外有志于发展文化产业的机构、企业和资本共同打造的文化园，占地总面积为36.67万平方米，投资39亿元。建成后的南方文化产业园将具有四个层面的功能：建构珠海大学园区的文化支撑体系；建构对整个珠三角具有教育、文化辐射能力的文化产业基地；建构面向港澳、面向东南亚的文化输出基地；建构国际一流的文化产业基地
36	富林796设计精英创意产业园	2.00	富林796设计精英创意产业园于2008年5月开业，处于黄埔大道、地铁五号线鱼珠站、鱼珠码头、鱼珠铁路、广深高速公路、广园快速干线、北二环高速公路等交通要道环绕之中，水陆交通十分便捷。产业园占地约2万平方米，共有18栋2~6层的组合建筑，吸引了众多艺术设计、摄影、广告设计、工业设计、咨询、建筑设计、动漫公司入驻
37	湛江文化创意产业园	20.00	湛江文化创意产业园投资规模近8亿元，依据公益性、文化性、艺术性、创作性的运作思路，按照文化创意博览区、文化创意休闲区、文化创意活动区、艺术商品交易区、文化创意创作区、文化创意商务区六个功能区域进行总体布局，建设博览中心、民间艺术馆、影视制作大楼、青少年活动中心、多媒体广场、动漫大楼、文化书院、创意工作室、创业办公、混合功能商务楼、休闲娱乐商业街及商业餐饮配套建筑物，在20万平方米的用地上建设各类建筑物总面积达30万平方米，其中建设文化设施面积8.4万平方米，配套建筑面积21.6万平方米
38	中国情人谷文化创意产业园	3200.00	中国情人谷文化创意产业园的商业定位是：以爱情文化特色旅游为主，以影视拍摄制作为辅，集爱情文化传播、情侣购物、娱乐、休闲、互动游戏、文娱演出、爱情电影首映、情侣影视节目制作（运用光影元素提升情人节文化品位）等一系列以爱情为主题的活动为一体，为情侣提供升级情感的专有场所，打造中国的情侣文化

续表

序号	园区名称	面积（万平方米）	概况
39	广州市中小企业创新科技园	0.08	—
40	六星国际汽车文化产业园	35.00	六星国际汽车文化产业园项目规划总投资28亿元，总占地35万平方米，将打造涵盖汽车销售、汽车零部件以及汽车后市场服务领域，集汽车专业市场、旅游、休闲、度假、文化等为一体的汽车后产业"航母"。项目建成后，预计年产值约125.5亿元，每年创造税收8.2亿元，创造就业岗位近万个。这一大型汽车后产业"航母"将为坑梓龙田片区乃至整个坪山新区的产业转型发展提供强大动力，进一步促进城区功能完善和环境提升，为深圳新能源汽车产业基地注入新的活力
41	中国（平洲）玉器城	3.50	中国（平洲）玉器城位于桂城玉器南街与大益路交界处，建筑规模20多万平方米，总投入超5亿元。平洲玉器城不仅仅提升原有的专业市场水平，而且致力于打造中国的玉器来料加工、设计、批发、文化创意乃至零售中心。整个项目除玉石加工交易批发市场，还包括会展中心、商务酒店、院落式精品玉器销售街区等功能区
42	广东工业设计城	280.00	广东工业设计城置换自20世纪80年代的旧工业厂房，按照中国传统文化的解读，融入中国围棋的"布局"理念，将集合了中国智慧、创造力与文化特色的围棋元素带入园区整体改造设计之中。园区整体设计以地面为盘，建筑为子，充分运用了围棋元素演绎出各种视觉变化；没有等级，只有黑白，通过黑与白的自由组合，实现了"从无序到有序"的智慧汇聚，也体现了创意设计所独有的多样、组合、创造与变化，展现出创意设计所独有的力量感
43	广佛数字创意园	1.00	项目处于白鹅潭经济圈辐射区域，邻近地铁1号线坑口站，承启西吸纳广佛都市圈消费群。紧邻花地河畔，尽览两岸水秀花岭南风情，周围有大型住宅群，是集商务办公、休闲娱乐为一体的生态园区。占地面积约1万平方米，总建筑面积约2万平方米。园区内共有办公楼两幢，每幢6层，每层面积约1400平方米，另有约4300多平方米地下停车场
44	中国游戏游艺产业基地	200.00	中国游戏游艺产业基地是集研发、生产、展示、生活休闲于一体的现代制造业游戏游艺产业集群，规划用地面积3000亩，分两期建设：一期位于大丰工业区占地，1000亩，定位为游戏游艺产业集聚发展园区，以工业用地开发为主；二期位于石特工业区，占地2000亩，定位为游戏游艺产业创意发展园区，生产与研发、销售、主题乐园建设等方面并重发展。基地一期建成后，年产值可达50亿元；二期续建后，年产值为180亿元左右
45	EACHWAY艺之卉创意产业园	3.00	产业园坐落于深圳龙华，占地面积近30000平方米。园区拥有EACHWAY（艺之卉）时尚博物馆、EACHWAY（艺之卉）新锐美术馆、EACHWAY（艺之卉）大学、世界著名服装学院、各大设计类及创意类公司。作为品牌孵化器的创意产业园，以传播和营销两大系统为支撑，拥有完善的产业配套和优良的服务体系，形成了产、学、研一体的国际化时尚产业链
46	肇庆中巴软件园	未知	中国与巴西在信息技术领域合作的重点项目中巴软件园（肇庆软件国际化中心），由肇庆市和中科院计算机研究所共同投资1700万元。该项目是至今为止在国内由中国政府与外国政府共同支持的第一个园区式国际合作基地，也是中科院计算机所在华南地区的技术转移中心及产业化基地
47	南方动画节目联合制作中心	未知	南方动画节目联合制作中心成为首批国家级动画产业基地之一
48	惠州市动漫文化第86区动漫创意园	未知	惠州市动漫文化第86区动漫创意园（简称"第86区创意园"）是由惠州市动漫文化交流协会创办的。园区将打造成惠州市动漫企业及动漫工作室的聚集园区和具有田园特色的艺术村落
49	粤港澳文化创意产业实验园区	未知	粤港澳文化创意产业实验园区是广东省首个粤港澳文化创意产业实验园区，于2010年落户东莞市松山湖。园区围绕玩具、鞋业、服装、家具、食品等东莞传统优势产业，重点发展与之相关的文化创意原创设计、动漫衍生产品开发和销售，努力打造成为全国动漫产业最佳对接平台和全国动漫衍生品最大交易中心

（2）艺术型园区分析

截至2016年，广东省艺术型文化创意产业园区有11家。其中，深圳国家音乐产业基地面积最小，仅有0.40万平方米；深圳梧桐山艺术小镇面积最大，达到了3182.00万平方米。

广东省艺术型文化创意产业园区基本情况　　　　　　　　表2-2-118

序号	园区名称	面积（万平方米）	概况
1	艺象iDTOWN国际艺术区	8.00	艺象iDTOWN地处深圳大鹏半岛，三面环山，一面临海，占地8万平方米，建筑面积3.5万平方米，总投资逾4亿元。艺象iDTOWN前身为1989年建成的深圳鸿华印染厂，由19栋旧工业厂房构成，分为创意办公和自营配套区两大板块，整合了创意设计、国际艺术交流、大师工作坊、教育培训、时尚发布、休闲旅游等创意文化功能，是国内首个滨海LOFT生态的国际艺术区

续表

序号	园区名称	面积（万平方米）	概况
2	深圳梧桐山艺术小镇	3182.00	深圳梧桐山风景名胜区在深圳经济特区东部，西临深圳水库，东至盐田港，南北均临近特区边界。风景名胜区邻近繁华市区，面临南海大鹏湾，与香港新界山脉相连、溪水相通，是以滨海、山地和自然植被为景观主体的城市郊野型自然风景区。景区面积为31.82平方公里，于1993年5月被广东省政府授予省级风景名胜区。按照罗湖区委区政府的总体规划，梧桐山村等7个自然村被打造成集文化、创意、艺术、旅游为一体的"艺术小镇"
3	深圳大芬油画村	40.00	大芬村是深圳市龙岗区布吉街道下辖的一个村民小组，占地面积0.4平方公里。随着越来越多的画家、画工进驻大芬村，"大芬油画"成了国内外知名的文化品牌。大芬油画村作为一个市场自发形成的商品油画生产基地和交易市场，经过当地政府的引导和文博会的推动，其产业得到了迅速发展。大芬油画村拥有美术产业经营门店近700家，画家、画工3000余人，已经发展成为一个集生产、展示、交易、培训、旅游等功能于一体的新型文化产业基地
4	深圳国家音乐创意产业基地	0.40	国家音乐创意产业基地由原创音乐界资深操盘手许晓峰于2008年开始投资创办，并于2010年5月13日由国家新闻出版总署授权挂牌成立。国家音乐基地建设了2000平方米的办公场地、录音棚、制作人工作室、排练室、多功能会议厅等公共设施，供原创音乐企业和音乐人免费使用，目前已吸引12家音乐相关企业入住园区，并与众多知名制作人联合制作音乐，包装推广新人歌手
5	深圳大学3号艺栈艺术原创基地	1.00	深圳大学3号艺栈艺术原创基地荟萃了深圳大学200多名知名的艺术家、设计师、传播学者和演艺类专家，以大学文化背景凸显出独特的学术性和原创艺术品质，推动深圳本土原创艺术的发展。馆内长期开放22位国内知名艺术家工作室，展出他们的绘画、雕塑、软硬艺术、书法等原创作品
6	中国金夫人集团华南总部摄影创意产业园	2.00	中国金夫人集团华南总部摄影创意产业园是由中国金夫人集团斥资5000多万元倾力打造、占地近2万平方米的全国最大的婚纱摄影内外景实景基地。金夫人摄影创意园缔造了"主题数量全国之最、风格数量全国之最、场景质量全国之最、占地面积全国之最、投资金额全国之最"五项摄影行业之最
7	广州小洲艺术区	3.00	小洲艺术区地处广州珠江边，是利用广州南沙快速路高架桥桥底空间建设的，以原创艺术工作室为主体，同时拥有大型展厅、艺术品市场、艺术沙龙和休闲场所的综合性艺术区。它是目前全国唯一的高速公路桥底下的艺术区，少有的万亩果园中的艺术区，华南地区最大的原创艺术工作室群聚区。它已经成为广州小洲地区发展文化创意产业的龙头地区，也是广州市发展文化创意产业的重要标志性艺术聚居区
8	小榄文化艺术品产业基地	2.50	中山市小榄文化艺术品产业基地利用原建斌中学旧址进行规划改造，建成面积2.5万平方米，商铺、展厅近100家，汇聚了来自全国各地画家及画师200多名，是集油画、国画、工艺品专业生产、批发、出口、零售及旅游景点为主的文化艺术品产业基地
9	东八区音乐创意园区	3.00	东八区音乐创意园区是由广东省音乐家协会和塘厦镇政府携手搭建，以原创音乐创作为龙头，实行产业化运作，兼容音乐培训、音乐制作生产、唱片发行、演出销售、艺术策划为一体的音乐文化产业基地
10	文德路文化街	未知	文德路是广州书画艺术品的专业街市，有"广州画廊"之称。满街都是装潢颇为精美的字画和工艺品。如果喜欢时尚前卫的风格，可以挑选一些复制西方名家的油画或抽象画。如果对中国传统情有独钟，众多的中国山水画或嵌玉艺术画可供选择。此外，还有大量如非洲木雕、艺术干花等风格各异的工艺品

（3）休闲娱乐型园区分析

截至2016年，广东省休闲娱乐型文化创意产业园区有6家。其中，广州白鹅潭酒吧风情街面积最小，仅有2.40万平方米；客天下旅游产业园面积最大，达到了200.00万平方米。

广东省休闲娱乐型文化创意产业园区基本情况 表2-2-119

序号	园区名称	面积（万平方米）	概况
1	广州动感小西关	2.80	动感小西关毗邻地铁一号线陈家祠站，超过10条公交车线仅举步之遥，枢纽网络覆盖广州及珠三角。园区共有15栋建筑物，经营主题定位以体育文化、饮食文化、休闲娱乐文化为主，集保健、旅游、餐饮、体育、文化、休闲、酒店、银行等多功能为一体。在园区环境设计上，结合特色水景园林配合主题，以岭南建筑风格展现西关文化的进步与发展，以特色贯通全场，消费者可在绿色广场中享受舒适的休闲、娱乐、运动的环境，以水景、绿化、山石、文化表演舞台等景观错落有致的分布，打造出一个休闲的西关文化广场，成为广州特色广场的新亮点
2	广州白鹅潭酒吧风情街	2.40	广州白鹅潭酒吧风情街位于白鹅潭畔的白鹅潭风情酒吧街，经营面积为24000多平方米。白鹅潭酒吧风情街附近有珠江隧道、珠江大桥、鹤洞大桥、地铁、轮渡等便利交通设施，地理位置得天独厚。白鹅潭酒吧风情街是广州市目前唯一一条经市政府统一规划的酒吧风情街。白鹅潭酒吧风情街在充分利用江景资源的基础上，结合"香港兰桂坊"理念，以"酒文化"为灵魂外延，是集休闲、娱乐、办公为一体的商业酒吧街

续表

序号	园区名称	面积（万平方米）	概况
3	客天下旅游产业园	2000.00	客天下旅游产业园位于广东省梅州市梅江区东升工业园旁，占地面积2000公顷，投资总额30亿元人民币。客天下旅游产业园主要由十大文化工程和五大景区组成。十大文化工程包括：客家鼎、客家赋、百米大型客家迁徙图、客家墟日图、印象客都、潘鹤四大雕塑、作家庄园、客家祠、梅花园、客天下巨石广场。五大景区包括：客天下广场、客家小镇、千亩杜鹃园、郊野森林公园、圣山湖
4	深圳魔术文化产业基地	未知	中国魔术文化创意产业基地落户深圳欢乐谷，此举是深圳欢乐谷文化旅游产业发展的又一新起点。为此，深圳欢乐谷将全力推进基地建设，构建魔术文化的国际交流平台、魔术专业人才培养平台、魔术文化推广平台及魔术产业发展平台
5	信义国际会馆	未知	信义国际会馆位于广州市荔湾区白鹅潭畔，水、陆、地铁交通便利，30分钟可到达市内任何一个商业网点以及番禺、琶州会展中心等地；40分钟可到达佛山、顺德等周边城镇。会馆内20世纪60年代高大宽敞的苏式厂房，建筑风格自然流畅，改造后，使人倍感亲切和时尚。数十棵百年榕树、临江木栈桥、宽阔的白鹅潭水面与西关人文景观融为一体，使信义国际会馆的环境得天独厚，成为广州的一个城市亮点
6	广州华南绿谷文化创意园	6.00	华南绿谷文化创意园位于天河智慧城智慧绿核地带。绝对品质的自然生态，华南绿谷文化创意园通过对特定主题的整体设计，按照公园的经营思路，把绿色创意企业办公、田园农家、农产品消费场所和休闲体验场所结合为一体，将具有相似功能的生态条件、动植物和农事活动集中展现，创造出特色鲜明的体验空间，兼有休闲娱乐和教育普及的双重功能

（4）混合型园区分析

截至2016年，广东省混合型文化创意产业园区有155家。其中，广州228创意园面积最小，为0.72万平方米；北京路文化核心区面积最大，达1100.00万平方米。

广东省混合型文化创意产业园区基本情况　　　　　表2-2-120

序号	园区名称	面积（万平方米）	概况
1	广州红专厂创意艺术区	17.00	广州红专厂创意艺术区位于广州市天河区珠江新城CBD中轴线的东侧，珠江口西北面，坐拥珠江北岸的一线江景，南面与琶洲国际会展中心隔江相望，北临天河商业圈。园区总面积达17万平方米，园内拥有兴建于20世纪50—90年代的旧式建筑，其中有几十座大小不一的苏式建筑。自创立以来，红专厂艺术区通过扩大民众与现代设计、艺术的接触机会，让现代设计和艺术成为大众生活一部分，扮演"中国创造"灵感发源地的角色，展示中国创造的力量
2	深圳OCT-LOFT华侨城创意文化园	15.00	深圳OCT-LOFT华侨城创意文化园位于深圳华侨城原东部工业区内，地处华侨城东北部，东邻侨城东路，北靠侨香路。园区占地面积15万平方米，建筑面积20万平方米，分为南北两区。通过将旧厂房改造为创意产业的工作室，引进各类型创意产业，如设计、摄影、动漫创作、教育培训、艺术等行业，还有一些有创意特色的相关产业，如概念餐厅、酒廊、零售店、咖啡吧等
3	东莞东城创意产业园	3.07	东莞东城创意产业园位于东城主山振兴路333号。园区发展定位是以网络信息技术服务、产业研发设计、教育培训企业为主，包括动漫设计、工业设计、软件开发、医疗科技、生物工程、网络工程等产业链，拥有电子商务、网络技术服务、物流贸易等相对齐全的配套与辅助服务行业集群
4	深圳182创意设计产业园	3.00	深圳182创意设计产业园位于深圳市龙岗区南湾街道布澜路182号，总投资8.6亿元，规划总建筑面积近15万平方米。182设计园是深圳市级文化创意产业园区，也是深圳市重点产业集聚工程。园区以中国香港及新加坡等海外创意智库、深港两地地域优势为基础，融合国际顶级创意设计项目，为内地、香港及海外从事建筑设计、室内设计、工业设计、平面设计、服装设计等高端创意设计企业打造创新设计产品研发平台、设计平台、展示平台和交易平台
5	广州太古仓码头	7.12	太古仓码头位于广州市海珠区革新路124号，在珠江南河道东岸，北临珠江白鹅潭，南靠鹤洞大桥。码头由原英商太古洋行建于1904—1908年间，有3座丁字形栈桥式混凝土码头和7幢（8个编号）砖木结构仓库。太古仓码头在保留原有码头区完整性、真实性和历史内涵的基础上，运用现代运营方式，打造成为一个集文化创意、展贸、观光旅游、休闲娱乐等功能于一体的广州"城市客厅"
6	广州白云区创意产业园	10.00	广州白云区创意产业园位于机场路106国道东侧，紧邻白云新城核心区，改造面积约为10万平方米。属"三旧改造"重点项目，是白云区贯彻实施广州市政府和白云区政府与海航集团《战略合作框架协议》的具体内容之一。包括总部服务中心、创智加油站、创意概念馆、新型阳光办公群落、创优商贸港、创新SOFT商务港
7	广州市922宏信创意园	3.00	922宏信创意园位于芳村大道东136号，是珠江隧道至鹤洞桥之间芳村大道沿线白鹅潭经济圈——滨水创意产业带的其中一员。园区占地面积约3万平方米。园区是以自由商贸社区为主题的创意产业园，也是全力打造的EOD（绿色生态办公区），主要以品牌汽车销售和服务、文化创作和现代创意设计、商务办公为主，以不限地点、不限时间、无限交流的工作方式，为工作注入自由，让园区办公成为一种时尚的生活方式，积极推进创意的萌芽

续表

序号	园区名称	面积（万平方米）	概况
8	广州中海联8立方创意产业园	3.50	中海联8立方创意产业园地处广州北未来CBD——白云新城北延区的核心位置，占据广州通往机场要塞最好的地段，5分钟即到地铁2号线延长线江夏站、黄边站；30分钟畅达花都狮岭皮具商圈、机场商圈、白云新城商圈、三元里批发商圈、流花服装商圈等广州几大繁华商圈。已经成熟运作的嘉禾创意创业产业园项目表明，这一片区的创意产业集聚效应开始显现
9	珠海V12文化创意产业园	4.20	珠海V12文化创意产业园，位于珠海市南湾北路32号原十二村工业区，占地面积20000多平方米，建筑面积约42000平方米，投资总额达1亿元人民币。园区与华发商都、横琴新区、十字门中央商务区形成共団优势，以港珠澳大桥、广珠轻轨为枢纽，集群优势可辐射至广州、中山、江门、深圳、香港、澳门等周边城市及创意产业区
10	佛山1506创意城	40.00	1506创意城（佛山创意产业园）是由12家旧工厂改造而成的人居创意产业园。产业园以"人街·中国梦"为主题，其中的南风古灶片区是以陶文化为主题的文化步行街区。园区已成功举办了首届中国陶瓷文化节、中国创意春节、中日韩三国陶艺交流展、东盟非物质文化遗产展、佛山教育博览会等1000多场大型活动，累计接待海内外考察团1500多批次。至今已吸纳近1000家企业和商户入驻
11	广州小洲影视文化产业园	5.00	广州小洲影视文化产业园位于南洲路143号地段。该项目是海珠区继"珠影文化创意产业园"后又一以影视文化为主题的创意园区。产业园规划用地面积5万多平方米，总投资5亿元，共分三期建设，拟建成影视产业基地、综合演播基础、动漫制作基地、创意培训基地、综合休闲服务中心及全方位配套设施六大功能基地，建成后将成为华南地区最大规模、最标准的电影、电视、影视广告拍摄制作产业基地
12	萌芽1968广州创意产业园	1.00	萌芽1968广州创意产业园是省、市、区三级政府大力支持、企业化投资运营的创意产业园区项目，2010年12月1日正式获得广州市发改委建设项目立项备案。项目主要以青少年文化创意产业及职业教育培训产业为主题，构建知识创新型服务基地
13	广州TIT创意园	9.34	广州TIT国际服装创意园以广州2200多年的历史积淀与服装文化底蕴为背景，以紧邻的广州新电视观光塔的国际性吸引力为重要依托，以服饰、时尚、创意、文化、艺术为主题，以吸引国内外时尚界著名设计师、名模、名企、名牌进园发展为目标，以新产品发布、时尚设计、信息咨询、专业培训等多功能服务为纽带，集创意、艺术、文化、商业、旅游体验于一体，把具有传统纺织工业历史的老厂房着力打造为主题突出、品味独特的南中国现代纺织服装时尚业的高端服务名片，着力构建涵盖华南地区、辐射东南亚的服装设计、研发、发布与展示的专业平台，最终成为集聚服饰创意的高端要素和引领文化时尚的全国知名的中心领域
14	东莞松山湖国际创意设计城	9.33	东莞松山湖国际创意设计由研发及交易中心、原创设计中心、文化创意研发园三部分组成。主要规划建立华南衍生产品研发及交易中心、衍生产品公共技术服务平台、动漫衍生产品交流合作平台、信息服务平台、文化创意原创设计中心、创意研发园等
15	深圳罗湖创意文化广场	1.56	罗湖创意文化广场坐落于罗湖中心区，被运营者定位为深圳第一座现代创意设计馆，是与城市艺术馆互补的差异化主题创意活动文化中心。罗湖创意文化广场目前已构建五大平台的创意服务：集合以罗湖创意展示中心、罗湖城市文化广场、罗湖创意文化体验中心、罗湖品牌培育中心、罗湖创意服务培训中心为核心的五大高端创意服务运营，定位为成为深圳最有个性的"城市文化综合体"
16	羊城创意产业园	18.00	羊城创意产业园是羊城晚报业集团创建的大型文化创意产业集聚区，占地18公顷，位于广州市黄埔大道中309、311号，毗邻珠江新城CBD，地处城市主干道及地铁沿线，交通便捷。园区绿树成荫，生态环境优美。园区第一阶段的建设是利用旧厂房改造，功能置换，大量引进设计公司、文化艺术机构入驻园区。园区已入住文化和设计类企业逾百家
17	广州北岸文化码头创意产业园	45.50	广州北岸文化码头创意产业园位于广州珠江北岸、琶洲对岸，由原有南方面粉厂、澳联玻璃厂和员村热电厂组成。广州北岸文化码头创意产业园在将建筑和文化创意融入市民生活，并倡导城市共生、公众参与的全新生活方式，最终形成一个中国最大和极富感染力的文化创意产业平台。广州北岸文化码头集研发、展览、消费、演出、体验、交流、交易七大业态为一体，打造一个符合城市创意生态的"城市创意综合体"
18	深圳文化创意园	18.60	深圳文化创意园位于深圳市福田区新洲路与福强路交会处，原名深圳市世纪工艺品文化广场，是深圳市政府、福田区政府重点扶持的文化产业项目。园区坚持"文化+科学"的发展方向，涵盖影视新媒体、创意设计、高端工艺品、文化软件四大重点领域，是集文化产业的原创研发、办公、展示、交易及配套服务为一体的高端文化创意园区
19	中国（深圳）设计之都创意产业园	1.50	园区位于深圳CBD核心区，由原田面工业区旧厂房改造而成，占地面积1.5万平方米，建筑面积5万平方米。项目总体分两期开发建设，均已开业运营，由目前国内最大的工业设计产业链整合与运营服务商深圳市灵狮文化产业投资有限公司独立投资运营。园区定位为以工业设计为主的创意产业园，打造具有创意设计、研发、制作、交易、展览、交流、培训、孵化、评估及公共服务等综合功能为一体的创意设计文化产业园区
20	珠江琶醍啤酒文化创意艺术区	2.00	珠江琶醍啤酒文化创意艺术区以珠江英博国际啤酒博物馆为依托，在现磨碟沙隧道顶部及沿江区域建设啤酒文化广场和沿江啤酒街。目前，珠江琶醍啤酒文化创意艺术区建设有啤酒主题公园、工业雕塑公园、艺术长廊、私人典藏馆、艺术展览馆、奢侈品展览馆以及配套啤酒体验区、红酒艺术画廊区、雪茄品鉴区、餐饮美食区等具欧陆风情的元素和功能区

续表

序号	园区名称	面积（万平方米）	概况
21	广州市1850创意产业园	5.00	广州市1850创意产业园位于广州市荔湾区芳村大道东200号。园区由原华南最大的金珠江双氧水厂改造而成，占地5万多平方米，总建筑面积3万多平方米，由76栋错落有致的厂房车间组成。通过利用和改造旧厂房车间，打造艺术创作、设计、时尚展览、文化交流、办公生活的品位空间
22	潮州"中国瓷都"陶瓷文化创意产业园	10.00	"中国瓷都"陶瓷文化创意产业园位于潮州陶瓷产区核心区域枫溪区中心地带。创意园主园区以枫溪陶瓷城为主要载体，占地面积150亩，建筑面积16万平方米。已建成枫溪陶瓷展览馆1.4万平方米、大师研究创作室12单元、创意产品展示大厅1.6万平方米、多功能培训中心1800平方米以及陶瓷检测检验中心，拟新建12万平方米的创意大楼，改造2万平方米的旧厂房，总投资4亿元
23	深圳力嘉创意文化产业园	3.00	力嘉创意文化产业园位于深圳龙岗区横岗街道，园区以建立一个综合型的创意印刷文化产业中心为目的，以印刷产业链为依托，进行创意设计、科学研究、培训教育、品牌策划、多媒体展示、商务运营等深层次开发与利用。园区设有印刷历史文化博物馆、中华古今书画馆、绿色印刷展馆、数码创印中心和印刷社团交流中心等功能区域。园区二期将利用力嘉工业城自有12万平方米土地进行改造，完善扩充一期的各项功能，发展成为印刷科研、创意设计、行业交流、文化旅游、科普教育及爱国主义教育基地
24	广州花城创意产业园	2.00	广州花城创意产业园位于广州市番禺，地处广州、顺德、中山、东莞、珠海、深圳等地之枢纽。前身是永隆制衣厂，2010年经改造，成了青瓦白墙、诗情画意的创意园区。园区建筑面积20000平方米，分为办公区和会展区两大功能区域
25	广州巨大创意产业园	17.84	园区位于广州市番禺区大石街石北工业路，离广州新火车客运站和高铁干线只需五分钟车程；园区西边为东新高速，北面为大石水道及南浦岛；项目交通便捷，位置优越，并具有良好的景观资源。园区总用地面积17.8万平方米（267亩），总建筑面积近30万平方米。另有公共配套绿化用地60亩作配套，合计约有327亩土地可供开发。园区规划分期开发四大组团，分别是创想设计区、创展商业区、创汇总部区、创业精英区。园区建成后，将成为一个集办公、展贸、商业、居住为一体的城市创新产业综合体
26	番禺金山谷创意产业基地	39.00	金山谷创意产业基地位于番禺区金山大道与新光快速路交汇处南侧，属于招商地产金山谷国际社区项目总体规划的一部分，金山谷项目将规划成为全国首个综合开发、宜业宜居的创意社区。金山谷创意产业基地占地约39万平方米，项目规划延续招商地产蛇口国际社区自我完善生态系统的产居一体、商住联动的模式，规划有总部型独栋写字楼、LOFT写字楼、企业公馆、国际学校、服务式公寓、特色商业街及服务中心等功能，旨在实现社区工作、生活、休闲、交通、教育配套的共享，实现社区"四个步行"：步行上班、步行上学、步行休闲、步行购物，减少区域交通压力，实现生态效益的最大化
27	深圳华侨城	480.00	深圳华侨城位于深圳华侨城杜鹃山，是华侨城集团继锦绣中华、中国民俗文化村、世界之窗后兴建的国内最新一代大型主题公园，占地面积32万平方米。深圳华侨城充分运用现代休闲理念和高新娱乐科技手段，满足人们参与、体验的时尚旅游需求，营造清新、惊奇、刺激、有趣的旅游氛围，带给人们充满阳光气息和动感魅力的奇妙之旅
28	百分百创意广场	18.00	百分百创意广场是在龙岗区政府的指导下，由深圳市工业设计行业协会负责项目的整体定位、功能规划、招商经营，集中整合全国性工业设计行业资源优势，与龙岗区政府进行强强联合，以工业设计产业为发展基础，以创意为核心主题，共同将项目打造成具有强大凝聚力和辐射力、创新力、生命力的特色文化产业链集群园区，旨在建设成为市级、省级乃至国家级的重点品牌文化创意产业示范园区，为工业设计再造传统产业发展提供最全面、最高端的公共专业服务平台
29	广州嘉禾创意产业园	4.00	嘉禾创意产业园位于广州白云新城，地处白云山脚下，白云大道西侧黄边北路，与时代玫瑰园、金碧雅苑、云山诗意等大型社区为邻，总规划用地200亩，分三期开发。第一期占地50亩，总建筑面积40000多平方米，创意园建筑物与黄边公园融为一体，低密度、低容积率，共有10栋楼宇。致力打造创意产业、高新科技、成果交流平台于一体的综合型大型生态园林办公、商务场所
30	Gillian19	1.30	Gillian19位于珠海香洲区吉莲路19号，前身是废置的吉大工业厂房和综合楼。2012年，优堂投资将此处改建成为珠海最具特色的集艺术会展、特色餐饮、休闲、办公于一体的艺文空间。镶嵌于喧闹街区间，Gillian19带给您最具魅力的隐秘——13000平方米庭院式餐饮休闲艺文空间——城市中的城市。改造之后的Gillian19，被创新地注入诸多艺术、设计元素，集画廊、特色餐饮、酒吧、庭院、活动场地、私人影院以及私人会所等功能于一身国际化体验式艺术文化商业空间
31	广州设计港	4.66	广州设计港位于广州市荔湾区周门路（荔湾路西侧）。设计港包括总部发展区、设计示范区、设计孵化区、设计发展区、国际交流与展示中心、岭南广告湾共6个功能区，当前总建筑面积为46640平方米
32	德胜创意园	6.00	德胜创意园总占地面积6万多平方米，分两期开发。它以珠三角为中心，打造成培育及发展创意产业的摇篮。目前已成功吸引了一批来自中国香港和国外的顶尖创意公司入驻，涵盖玩具设计、工业产品设计、建筑设计、平面设计、展览设计、数码创意和动漫设计等领域。创意园还与法国美术家协会签订了合作协议，将共建中法艺术交流中心
33	东莞大朗镇创意产业园	7.30	东莞大朗镇创意产业园分现代信息服务产业园区、毛织服装时尚设计创意区和图书出版设计创意区三大创意区。其中，现代信息服务产业园一期由旧厂房改造而成，建筑面积2.26万平方米，总投资6500万元

续表

序号	园区名称	面积（万平方米）	概况
34	梅州市麓湖山文化产业园区	400.00	梅州市麓湖山文化产业园区位于梅县南口镇的麓湖山文化产业园区，规划面积6000多亩，建设用地近千亩，总投资人民币15亿～20亿元。园区由中华民族文化促进会联合中央文化管理干部学院、文化部网络文化研究中心、中央新闻纪录电影制片厂、中国传媒大学影视艺术学院、国际动画教育联盟等中央所属文化单位与广东新金基投资有限公司共同打造，5家国家文化单位已将14个国家级文化项目落地麓湖山国家级文化产业园区
35	深圳22艺术区	12.00	22艺术区实质上也就是宝安区新安街道宝城22区的地名化身。该区域是20世纪80年代末建成的工业区，占地12万平方米，计划分三期进行园区建设。2007年初开始由格丰艺术机构筹划，按照"政府引导、统一规划、市场运作、滚动开发"的模式和"以旧整旧，整旧如新"的原则，对22区旧工业区进行升级改造与使用，实现环境资源与社会价值的更合理利用，赋予老工业区新的活力与生命
36	盐田国际创意港	28.50	盐田国际创意港是盐田区政府在推进"新品质、新盐田"的战略目标中，根据盐田社会经济发展实际情况和未来产业结构发展趋势而进行的改造升级典型案例。作为盐田区政府主导的重大改造项目，盐田国际创意港的创建，将为盐田战略性新兴产业发展腾出宝贵空间，成为协调盐田现代化发展的标志性区域和推动盐田区产业转型升级的战略突破口
37	广州中颐MOCA创意城	17.00	MOCA创意城占地面积逾17万平方米，总建筑面积近50万平方米，总投资30多亿元人民币，面向全球高新科技、信息技术、创意设计、文化娱乐等研发类、设计类和服务咨询类的创意企业。园区首期推出的为创意设计组团，拥有100~1000平方米的灵动自由组合活性空间，并创造性地推出5.8米超高层高，可助力企业打造复式办公空间，为广告、建筑、产品、环境、品牌等创意产业的全球工作者提供超一流的工作和交流平台
38	深圳南海意库创意产业园	10.00	南海意库是顺应深圳市政府"文化立市"的发展战略，由招商局科技集团投资建设的集动漫游戏、创意设计等多个行业为一体的专业化文化产业基地，是深圳市重点扶持的"厂房改造、产业置换"的项目之一。目前，知名动漫游戏、创意设计企业进驻基地，使用率达到100%，初步形成产业集聚效应，为厂房改造和创意产业发展积累了丰富的经验，收到了良好的市场效果
39	深圳陶瓷文化产业园	6.00	深圳陶瓷文化产业园位于龙城街道五联社区友谊路和创业路交汇处，园区分两期建设。深圳陶瓷文化产业园占地6万平方米，包括斯达高瓷艺有限公司等陶瓷企业和为园区配套建设的公共服务平台——龙岗区博物馆（陶瓷类）。斯达高瓷艺有限公司是深圳市陶瓷龙头企业及市重点文化企业，企业在园区内形成完整的瓷艺研发生产链，并充分利用该工业区的厂区资源做大陶瓷产业，在园区周边创建中华名窑创新基地、陶瓷艺术大师交流基地、特色陶瓷教研基地等，最终形成一个集"传统文化、特色旅游、创新产业、文博会展"为一体的生态陶瓷文化园区
40	佛山创意产业园	12.00	佛山创意产业园是佛山市首家园林式的办公园区，以出租办公室或展厅的方式，聚集和整合人居创意产业。园区位于佛山市的经济龙脉——季华路，占地面积为180亩，建筑面积20万平方米。目前已吸引了从事设计、金融保险、风险投资、法律服务、专利服务等400多家企业入驻，入驻总人数约2万多人。佛山市创意产业园交通便利，四通八达。园区位于佛山的CBD商圈黄金地段，处于佛山两大交通动脉佛山大道与季华路交叉位置，交通便利。园区停车位充足，可同时提供1000个车位给客户免费使用。园区是佛山唯一一家生态办公LOFT，内有林荫大道、健身广场、休闲公园、雕塑喷泉，是全佛山最大的园林式办公园区
41	广州国家网游动漫基地	10.00	广州国家网游动漫基地位于天河软件园的广州国家级网游动漫产业发展基地，一期规划总面积6.69平方公里，其中网游动漫产业用地200亩，计划总投资12000万元，建设规模为10万平方米，建成后可以容纳30~50家网游动漫企业
42	广州黄花岗科技园	100.00	国家高新技术产业开发区黄花岗科技园是1991年经国家科委批准成立的国家级高新技术产业开发区，2000年经广州市政府批准，在黄花岗科技园的基础上又组建了广州黄花岗信息园。园区成立以来，围绕"创新、特色、发展"的思路，努力建设创新型园区，先后开发了汇华、华盛、丰伟、云山、凯城、中侨和穗丰等十大产业基地，面积近15万平方米。园区以信息技术的综合应用为核心，致力于发展以现代信息服务业为主导的高新技术产业，形成了现代信息服务业的集群优势与产业优势以及具有区域特色的写字楼高新技术产业发展模式
43	珠江钢琴乐器文化产业园	33.33	珠江钢琴乐器文化产业园项目位于广州增城工业园，拟打造国内知名的钢琴文化产业，全球产量第一的乐器声场基地。产业园规划有乐器文化博物馆、乐器研发中心、乐器展示中心、工厂生产区域及物流基地等
44	广州动漫星城	3.20	经广州市地下铁道总公司与广州天源投资有限公司共同研究，决定将位于人民公园南广场的广州最大地下商业城建成全国首个动漫网游体验基地。动漫星城定位为：向广州市乃至全国的动漫产业提供一个集产品展示、发布、宣传、体验、互动、娱乐、销售、购物于一体的动漫产业平台，向动漫发烧友提供更多的动漫信息、动态和产品以及率先体验最新的网游
45	东莞市创意产业中心园区	9.70	东莞市创意产业中心园区位于东莞市莞太路34—36号，紧邻东莞市行政中心广场，地处东莞市商务中心区，交通便利，周围社区配套成熟。该园是莞城区政府在原联丰工业区的基础上创立的。在该园约54300多平方米的土地上，建有9.7万平方米的厂房、宿舍、综合楼等物业

续表

序号	园区名称	面积（万平方米）	概况
46	广州中国出口商品交易会流花路展馆	17.00	中国出口商品交易会流花路展馆地处中国南方最大城市广州，占据经济中心城市有利地位，得改革开放风气之先，受重商文化熏陶培育，在当地经贸活动极其活跃的背景下，常年举办80~100个展览，是广州乃至华南地区举办展览数量最多、展览规模最大、展览层次最高的展览馆。家具、建筑装饰、美容美发、皮革、通讯、汽车、网印、广告等多个题材的展览，其规模、知名度和吸引力，不仅在华南地区首屈一指，在全国也名列前茅
47	南屏屏岚81文化创意产业园	2.00	南屏屏岚81文化创意产业园位于南湾大道旁坪岚工业区，占地2万多平方米。"屏岚81号"即是规划中南屏工业园1、2、3栋厂房中2号厂房的所在位置。根据规划，该园区将建有设计中心、文化中心、品牌中心三大功能中心，并打造八大重点项目，包括文化创意行业协会、创意园会议中心、创意文化酒店等
48	江门市蓬江区创新创意产业园	0.61	江门市蓬江区创新创意产业园是江门地区首个文化创意产业基地，重点吸引文化艺术、动漫游戏、影视传媒制作、软件开发、休闲旅游、广告装潢、工业设计、咨询策划等具有特色的企业入驻。首期面积6100平方米的1、2号楼已投入使用，总投资人民币3000多万元
49	深圳特区1980文化创意产业园	16.00	深圳特区1980文化创意产业园位于广东深圳宝安区龙华民治最密集的商业中心。连接梅陇路和民治大道两大城市主干道，且与深圳北站相邻，交通便利。周边汇集国家5A级景区观澜湖高尔夫球会、观澜版画原创产业基地、永丰源国瓷、山水田园、红木家居文化博览园、深圳报业集团印刷中心、深圳广电集团龙华影视基地等一批文化创意项目。聚集了天虹商场、华润万家、大润发商场、岁宝百货、国美电器、苏宁电器等"中国连锁百强"企业的20多家大型零售卖场。并在辖区里建了四星级酒店10家和五星级酒店4家。在园区外还设有内外资银行共16家，并建立了多个网点
50	华南智慧城	26.00	华南智慧城是由广东浩致集团投资建设运营的，集科技研发、软件与服务外包、创意产业等为一体的广东省现代服务业重点项目。项目坐落于依山融水、环境秀美的生态城市——肇庆，先导区占地面积380亩，总建筑面积66万平方米，总投资40亿元。2012年，首期10栋产业楼全面建成投入使用，建成面积超13万平方米，集聚智慧环境、智慧服务、智慧人才，携手智慧产业企业，吸引了国家科技部"一中心两基地"（国家科技成果交易中心、国家科技成果转化示范基地和国家科技产业基地）、日本株式会社EAB集团、中远国际、中国电信、工商银行等国内外一批知名现代产业企业签约入驻
51	蛇口网谷	42.00	蛇口网谷核心区产业用地占地超过23万平方米，建成后产业用房建筑面积超过42万平方米。产业空间以更新改造为主，将分三期进行建设：一期12万平方米已经建成，包括数码、科技大厦二期，创业壹号大楼（中科院育成中心等）。目前已引进客户超过70多家，2011年的产业规模达到35亿元。二期全部是对旧厂房物业的改造，包括原来的宝耀厂房、华益铝厂、海油漆厂、神威电子等等，计划在2014年全部完成；A区的宝耀大楼已于2011年年底完成改造，现正对外招租；B、C、D区已启动建设进程。三期主要针对已建成的研发楼物业，将对如火炬创业园的科技研发企业逐步进行客户的筛选和置换
52	佛山市祈福创意文化产业园	6.00	佛山市祈福创意文化产业园由祈福集团开发建设，园区位于文化名人康为有故里——广东省佛山市南海区丹灶镇。产业园定位于第三代创意文化产业园，突出三大亮点、六大中心。三大亮点即文化品牌、优美的环境、完整的产业链；六大中心包括创作中心、展示中心、交易中心、学术交流中心、人才培训中心、文化旅游中心。打造完整的创意文化产业链，突出文化品牌特色。项目用地面积近60000平方米，建筑面积约25000平方米
53	深港室内文化创意园	10.00	深港室内文化创意园位于深圳市南山区繁华商业圈，创业路与南山大道交界处。该创意园将市场定位于时尚、高端，是集室内装饰材料、室内饰品、工艺家具展示交易、新产品发布于一身的现代化室内环境改善综合体，为室内环境改善和美化提供了一个功能互动的创意平台。园区总建筑面积为10万平方米，其中，室内装饰材料占5万平方米，室内装饰品、高端设计师创意基地、工艺家具、新产品研发基地各占1万平方米，物流配送、培训、论坛、作品展示各占5000平方米
54	深圳宝龙文化科技创意产业园	63.00	深圳宝龙文化科技创意产业园位于深圳最具活力的宝龙高新技术产业区。园区东衔马峦山，西接大运城，南依华侨城，北望八仙岭，环境优美，绿树夹道，是政府认定授牌的产业创新示范园区，以"文化创意"和"科技创新"为导向，打造文化企业和科技企业的办公生态集群，构建完善的产业链和配套服务，对入园企业提供政府租金及政策支持
55	过山瑶民族文化风情园	16.47	过山瑶民族文化风情园位于乳源县城环城南路县民族实验学校西侧，占地面积247.37亩，总投资5000多万元，是集公共文化设施服务、瑶族风情广场、住宿、餐饮、娱乐、商贸为一体的现代商贸、民族文化交流中心
56	中山创意视觉工业生态园	20.00	中山创意视觉工业生态园位于中山市火炬开发区科技新城，毗邻广州南沙、珠海横琴、深圳前海三个国家级新区，紧靠省级翠亨新区，是中国首个集创意、研发、设计、制造等完整产业链为一体的创意视觉工业生态园园区。园区以"CG+3D"高端影像产业为主导，汇集影视传媒、设计研发、设备制造、文化（艺术品）交易、会展广告、文化旅游、教育培训、新闻出版、软件与IT服务、互联网与移动互联网、动漫等文创、科技产业于一体，为国内外各类文化创意与文化科技型企业提供绿色生态发展空间

续表

序号	园区名称	面积（万平方米）	概况
57	广州动漫星城	3.20	动漫星城由广州市地下铁道总公司与广州天源投资有限公司共同投资，将位于人民公园南广场的广州最大地下商业城建成全国首个动漫网游体验基地。动漫星城定位为向广州市乃至全国的动漫产业提供一个集产品展示、发布、宣传、体验、互动、娱乐、销售、购物于一体的动漫产业平台，向动漫发烧友提供更多的动漫信息、动态和产品以及率先体验最新的网游
58	东莞工农8号创意园	2.20	工农8号位于东莞博厦工农路88号。东莞逐渐从农业县转变为制造业城市的过程中，这个农资仓库被搁置废弃。经过各方资源整合改造，这块土地被打造成为东莞首个文艺复兴工程、东莞文化创意产业示范园区及首个水岸LOFT创意体验园区。工农8号设水岸商业区、创意商业区、创意办公区、艺术会馆区、中心广场开放区5个区域，计划集结一批艺术超市、新锐设计公司、咖啡馆以及各种创意机构
59	珠海金嘉创意谷	1.50	金嘉创意谷位于珠海市前山明珠南路翠景工业区2021号，由珠海金嘉（国际）集团有限公司投资建设。创意谷地处轻轨明珠站与前山站之间，坐守轻轨进入珠海的必经之路。新落成的明珠路贯穿城市东西，交通网络发达，仅公交线路就多达19条。随着珠海城市商圈的西移，周边住宅和商业环境已逐步成熟。金嘉创意谷占地面积15000多平方米，建筑面积约30000平方米，前身为翠景工业区的威望磁碟厂。项目将通过对旧厂房改造，打造珠海原创品牌的聚集地，以及高端商务的制高点
60	深圳市软件产业基地	12.30	深圳市软件产业基地由18栋2~28层单体建筑组成，总占地面积12.30万平方米，主体建筑物性质为研发办公、容积率4.34，总建筑面积61.76万平方米，地下停车位3784个。项目业态主要分为研发办公、SOHO商务办公、员工配套公寓及裙楼底商四种
61	深圳T6艺术区	7.00	深圳T6艺术区坐落在深圳的北部南山西丽，规划占地面积达7万平方米，一期为艺术摩，二期为涂鸦街区与雕塑长廊，三期为艺术工场。与深圳大学、深职院、深圳大学城相毗邻，交通便利。T6艺术区兼容城市的文化发展和艺术市场两个形态，链接着艺术与文化、经济的多维关系。作为专业的艺术机构，深圳T6艺术区在资金、人才、管理方面的支持足以支撑艺术家们的各种探索、尝试，充当起艺术与市场的桥梁作用，并将在整合周边资源、改良本地文化土壤的同时，推动文化产业的发展，搭建国内外艺术互动交流平台，成为见证和推动中国当代艺术发展的共时性现场
62	深圳中芬设计园	1.85	中芬设计园包括：公共展示空间、公共服务平台、青年设计团队创新项目孵化基地、中芬设计中心、国际设计人才培训中心、国际设计品牌总部等。其中，公共服务平台包括：设计部，设计图书室，色彩研究室及材料室，设计咖啡吧。这是一个高度集约化的公共信息平台，通过资源整合，为企业寻找设计业务创造机会，并对高质量的设计成果进行推广
63	深圳大学城创意园	1.80	大学城创意园一期有3栋建筑，合计18000平方米。第一栋6层2800平方米，设为大学生创业区域；第2栋6层10000平方米，设为集团企业办公区域；第3栋8层4000平方米，有128套创意人才公寓。楼顶设有迷你高尔夫休闲区，约2000平方米。楼下有占地上万平方米的六小虎园林式农家乐，一栋二楼设有充满艺术氛围的画布咖啡厅。同时，还可以共享园内的多功能厅、远程视频会议室、员工饭堂（机器人厨房）等配套设施
64	深圳香年文化创意广场	7.46	香年文化创意广场项目毗邻华侨城商务圈，集高端旅游、高端商务、高端人居和高端配套于一体，以先锋者的姿态成就无可比拟的价值。香年广场尽享四重快速交通网络，城市主干路侨香路通过深云路与深广高速、南坪高速、北环路等高速公路网络对接，能迅速接驳珠三角；地铁二号线、深圳首条快速公交线BRT1号线经过侨香路，高效衔接了城市公交地铁轨道。此外，还有多条城市公交线路汇集于此
65	东莞769梦工厂	4.2	769梦工厂位于东莞南城新基社区香园路35号，是广东中天创意产业在南城投资的首个文化产业项目，将由中天创意谷携手北京OPR建筑设计机构共同打造成"创意商业+创意办公"的文化创意综合体，形成既时尚又给予无限灵感的创意空间。项目占地约4.2万平方米，建筑面积约5.7万平方米，紧邻南城国际商务区，周边金城华府、中信新天地、石竹新花园、城市风景等成熟社区环绕。梦工厂引进软装陈设、主题餐厅、茶艺馆、健身俱乐部等创意商业，以及广告、建筑设计、数码科技、动漫、影视文化、艺术培训等创意企业
66	深圳创E基地	1.50	深圳创E基地位于茶光路南湾工业区，由深圳市中恒润投资控股有限公司投资1000万元改造。一期有3栋，建筑面积合计15000平方米，入驻企业10多家，代表性企业有神州通投资集团、爱施德股份、彩梦科技、太辰光通信等
67	中国（深圳·龙园）观赏石基地	22.50	中国（深圳·龙园）观赏石交易基地位于深圳市龙岗区龙岗街道，占地面积22.5万平方米。该园始建于1992年，是全国第一个以龙文化为主题的旅游景区。龙文化乃华夏民族的"根文化"，石文化乃人类的"母体文化"，古往今来，二者就一脉相承，难以割舍。深扎在国人灵魂深处的龙与穿越时空的石在龙园的相遇将造就一个独具亮点的文化产业。园内共有观赏石展馆（位）300余间，全国有20多个省份的100多家观赏石经销商、藏石家和石友入住其中。龙园主要以打造"华南地区最大奇石基地"为目标，着力打造"龙园文化商品一条街"
68	东莞新基地科技创意产业园	6.00	新基地科技创意产业园是由广东新基地投资有限公司投资打造的。项目分为三期，总投资1.5亿元人民币，建筑面积6万多平方米。项目位于东莞市南城区的中心区域，地段优势明显，交通网络发达，5~10分钟可到达广深高速入口，1小时内可到达广州、深圳、中山、惠州等珠三角主要城市，科技氛围明显，生活配套齐全，具有良好的营商环境。临街两面的建筑群将成为集信息产业、电子商务、科技研发、产业孵化、创意产业、现代服务的城市产业综合体

续表

序号	园区名称	面积（万平方米）	概况
69	广州 M3 创意园	3.00	M3 创意园所处的地段临经济体育馆规划区域，周边有时代玫瑰园、云山诗意、金碧雅苑、岭南新世界等高尚住宅区。唐苑酒家、茶山庄、水汇会所及 20 多家商店都在距离 500 米左右
70	广州香云纱文化产业园区	60.50	广东香云纱文化产业园区是广东新天成香云纱集团开发的大型综合型文化产业项目，占地约 605044 平方米，投资约 5 亿元，主要围绕香云纱博物馆延伸香云纱产业链
71	深圳艺立方手信文化产业园	3.00	艺立方手信文化产业园属深圳市政府立项的第一家手信产业园，一期占地面积 3 万平方米，是全国各地手信（礼品）产品、企业聚集地、展示和交易平台
72	深圳坂田手造文化街	2.70	手造文化街位于坂田街道雅园路，东接坂雪岗大道、西接五和大道，与布龙公路、清平高速、南坪快速接轨，地铁 5 号线和 16 号线贯穿于此。除了良好的地理位置和便利的交通条件之外，坂田手造文化街依托的产业集群优势也相当明显，它毗邻万科第五园和坂田文体中心，紧邻华为基地和富士康基地，是深圳市高新技术产业带的重要组成部分
73	深圳三联水晶玉石文化村	450.00	三联水晶玉石文化村所在地理位置为三联社区禾沙坑居民小组区域，位于深圳市龙岗区布吉街道三联社区，占地面积 4.5 平方公里，建成区面积 1.7 平方公里，生态绿地面积 1.6 平方公里，总人口 5.1 万人，其中原住居民 200 多人，是龙岗区"十一五规划"中的重点发展对象
74	玫瑰海岸婚庆文化产业基地	22.60	玫瑰海岸婚庆文化产业基地位于深圳市东部海滨葵涌街道溪涌社区大鹏湾畔的玫瑰海岸，园区面积 22.6 万平方米，沙滩面积 7.5 万平方米，是以婚庆文化为主题的旅游景区，目前已经成为东部旅游一大热点，每天都有来自珠三角各大城市的数百对新人在这里拍摄婚纱照
75	金地·动力港文化产业园	100.00	金地·动力港文化产业园项目位于珠海市南琴路中段，距湾仔、横琴、拱北口岸仅 10 分钟车程。总面积将近 100 万平方米，采纳当前在全球更具备前瞻性的 EOD（生态办公区）定位，在注重发挥企业工作效能的同时，进一步强调区域生态环境的和谐发展。项目凭借其罕见的低密度生态办公及低碳环保材料的大量运用，荣获"2010 年中国房地产低碳示范楼盘"奖项，成为珠海首个全国性低碳示范项目
76	北京路文化核心区	1100.00	北京路文化核心区位于有"广府文化源地、千年商都核心"之称的广州市越秀区。东起东濠涌，西至人民路，北接环市路，南到沿江路，总面积约 11 平方公里。2016 年区域户籍人口约 41 万人，区域生产总值约 1200 亿元。目前,三产增加值占地区生产总值比重达 97%,可利用地块、专业市场、物业总面积约 127 万平方米
77	深圳创意保税园	1.60	深圳创意保税园位于福田保税区槟榔道，项目占地 16000 多平方米，分主楼和附楼两幢建筑，建筑面积共约 5 万平方米，是根据深圳市政府出台的《深化保税区域转型升级总体方案》和《深圳保税区域转型升级行动方案（2013—2015）》文件要求，在原福兴大厦和福兴仓储楼的基础上进行升级改造的，由深圳市南方民营科技研究院进行战略定位及主导规划，由深圳中青文化投资管理有限公司投资运营
78	雅昌（深圳）艺术中心	4.20	雅昌文化（集团）有限公司创建于 1993 年，原名为深圳雅昌彩色印刷有限公司，目前拥有北京、深圳、上海三大运营基地，杭州、广州两大艺术服务中心，以及广西、香港两个办事处。雅昌是"第二批国家文化产业示范基地"
79	东莞天宝创意谷	1.80	天宝创意谷位于天宝路 28 号（东城中路与温南路交汇处），毗邻轻轨 R2 线天宝站出口。一期占地面积约 8000 平方米，建筑面积约 5600 平方米；二期占地面积约 10000 平方米，建筑面积约 15000 平方米。项目是以新锐设计师工作室、影视创作基地、大学生创业基地、产品展厅等为主要业态的文化创意产业园区
80	江门蓬江区创新创意产业园	0.61	蓬江区创新创意产业园是江门市首个文化创意产业基地，重点吸引文化艺术、动漫游戏、影视传媒制作、软件开发、休闲旅游、广告装潢、工业设计、咨询策划等具有特色的企业入驻。首期建筑面积 6100 平方米，总投资人民币 3000 多万元
81	广东现代广告创意中心	9.00	广东现代广告创意中心位于广州美术学院内，由广州市海珠区人民政府、广州美术学院、广物地产联合主办，广东现代广告创意中心分两期建设，规划总建筑面积 9 万平方米，总投资额 6.3 亿元
82	广州海航 YH 城	10.00	YH 城是海航集团（海南航空集团）与白云区政府联手倾力打造的综合体商业项目，共 10 万平方米，其中商业面积 6 万多平方米;酒店公寓 3 万多平方米。商业区域分主楼、副楼。副楼共 5 层，每层建筑面积 700 多平方米。主楼分东区，西区，共 4 层，每层 8000 多平方米。东区一二楼为海航自营电玩城，共 14000 多平方米，为华南最大的电玩城；三楼为 6 厅的活力电影院（海航旗下活力院线）；四楼为棋牌沐足茶艺城。依托海航强大实力，KTV、电玩城、活力影院均为海航自营；乐购（Tesco）强力进驻
83	广州花都珠宝小镇	3.00	花都珠宝小镇将工厂变成公园，将车间变成展室，将空地进行艺术空间的改造和旅游配套利用，让厂区变身景区，实现产业转型，是新经济浪潮下的创意产物。小镇与周边的天马河亲水绿色走廊、道教圣地圆玄道观、洪秀全故居等共同组成花都精品旅游片区，发展前景十分好
84	深圳欢乐谷	35.00	深圳欢乐谷是华侨城集团新一代大型主题乐园，首批国家 AAAAA 级旅游景区，占地面积 35 万平方米，总投资 20 亿元人民币，是一座融参与性、观赏性、娱乐性、趣味性于一体的中国现代主题乐园。1998 年开业以来，深圳欢乐谷经过五期的滚动发展，已成为国内投资规模最大、设施最先进的现代主题乐园

续表

序号	园区名称	面积（万平方米）	概况
85	深圳汉玉立体艺术创意园	2.00	汉玉立体艺术创意园位于宝安区沙井市民中心广场东南侧，占地面积 2 万平方米，总建筑面积 10 万平方米，周边配有 19300 多平方米的雕塑主题公园和 11 万平方米的石文化广场，环境十分优雅
86	广州国韵文化创意园	1.20	国韵文化创意园位于广州市番禺区西涌大街 222 号，由广州国韵文化传播有限公司投资，利用原珠江粮油制品厂 11 栋 20 世纪 90 年代的旧厂房、仓库改造而成。园区以现成的 LOFT 建筑为基础，进行重新定义、设计和改造，营造出一个结合文化创意特色的新型工作、休闲空间，融合"教育、创意、艺术、生活"多维元素，构建艺术创作、设计、书画艺术、书院、咖啡馆、旅游推广策划以及时尚休闲等文化创意产业链
87	深圳大学（盐田）工业设计特色学院	1.50	深圳大学（盐田）工业设计特色学院位于沙头角的田心国际创意港，总占地 15000 平方米，分两期规划建设，首期建筑面积 8000 平方米。学院将设置工业设计特色教学实践区、工业设计特色教育培训区、创意产品（作品）展示与交易区、创意体验以及生活配套、商务配套等多个功能区
88	深圳欢乐海岸	125.00	欢乐海岸地处深圳湾商圈核心位置，位于深圳华侨城主题公园群与滨海大道之间，是深圳市"塘朗山—华侨城—深圳湾"城市功能轴的起点，是深圳市致力打造的高品质人文旅游、国际创意生活空间的中心。欢乐海岸汇聚全球大师智慧，以海洋文化为主题，以生态环保为理念，以创新型商业为主体，以创造都市滨海健康生活为梦想，开创性地将主题商业与滨海旅游、休闲娱乐和文化创意融为一体，整合零售、餐饮、娱乐、办公、公寓、酒店、湿地公园等多元业态，形成独一无二的商业+娱乐+文化+旅游+生态的全新商业模式，真正实现集主题商业、时尚娱乐、健康生活三位一体的价值组合，以实际行动推动中国主题商业的创新和发展
89	深圳美年文化创意广场	3.00	美年文化创意广场占地近 3 万平方米，由 5 栋低容积率生态办公楼和 1 栋精心设计的酒店围合而成，园区内有 8000 平方米中央景观园林和风情商业街配套。美年文化创意广场的主题定位于文化创意，具有三大"创意"特色：创意商业空间、创意公共服务平台以及创意展示和交流平台
90	东莞智慧小镇创意产业园	10.00	智慧小镇创意产业园位于东莞市莞城区学院路 197 号，毗邻东城万达广场、世博广场、理工学院，等知名商圈，周边有沃尔玛、家乐福、百佳等大型购物广场，是莞城区商业气氛最浓的地域，离地铁 R2 线温南路口站 50 米，5-10 分钟可到达珠三角环线高速入口，1 小时左右可到达广州、深圳、中山、佛山等珠三角主要城市，园区占地面积 10 万平方，由 20 栋楼字组成，规划建筑面积 20 万平方，按统一规划、分期建设的原则开发，总投资 2.5 亿元人民币，是东莞市莞城区政府重点扶持项目，园区建成后将继松山湖高新科技产业园后又一高新产业园区，将成为东莞又一创意名片
91	肇庆端砚文化村	120.00	端砚贵为中国古代四大名砚之首。自唐以来，便是朝廷贡品，其"呵气成墨，滑如肌肤"的品质堪称绝顶，这样的"天下奇珍"就出自于广东省肇庆市端州区黄岗镇白石村。白石村现名中国端砚文化村
92	广州国际单位创意园	17.80	国际单位创意园是白云区五科技创意园，由广州市至德商业管理有限公司利用广州市皮革工业公司长征皮鞋厂的旧厂房进行商业改造，定位打造一个 5A 级的工作场所，以国际级的高品位生活工作环境吸纳国际企业精英。国际单位创意园园区囊括了生活实景区、大学生创业园、异地务工人员训练中心、亲青家园、当代艺术中心、工业设计中心、广州城市印记公园以及众多的以厂房改造的写字楼。国际单位创意园占地 17.8 万平方米，总建筑面积约 50 万平方米，计划分五期开发
93	芳村文化创意产业园	3.70	芳村文化创意产业园坐拥白鹅潭一线江岸 360 米长，占地面积约 3.7 万平方米，前身是清朝开埠初期亚细亚火油公司所建的火油储藏及仓库，旧称亚细亚花地仓。园区定位为总部经济聚集区、国际会议、文化展览及商务配套酒店、餐饮服务等功能
94	深圳雕塑文化产业园	4.80	深圳雕塑文化产业园选址于光明新区公明镇公明上村社区北环大道园山工业区第 6 工业区世峰工业园，在原世峰工业园的基础上，由深圳市登峰文化发展有限公司投资 8000 万元进行改造建设。项目占地面积 4.8 万平方米，建筑面积 4 万平方米，现状为五栋工业用建筑（三栋厂房，两栋宿舍），以及厂房外一栋闲置商业建筑。规划建设内容包括深圳市首家雕塑艺术博物馆、交流中心、雕塑文化广场、名家工作室、礼品工艺品雕塑工作室、雕塑设计公司、相关雕塑行业工作室等。
95	汕头 1860 文化创意园	未知	1860 文化创意园以政府、投资、运营、进驻四方运营模式，通过对第九中学旧校舍进行整体修缮改造，以保持原有建筑、增加功能性建设为原则，创建以潮汕历史文化和汕头开埠文化为特色，以创意理念为吸引点，融合旅游景点、休闲活动、办公创作、展示交流、项目孵化、人才培育六大功能，形成展览展示区、创意工作区、文化交流区三大区域。以创意为原点、以艺术为核心、以文化为链条，集结多方社会文化力量，打造符合市场规律的、体系完整、持续发展的文化创意产业链，围绕产业链培育出一批富有竞争力的创意产业集群，形成具有汕头特色、国际化色彩的 SOHO 艺术聚落、LOFT 生活方式，浓缩呈现全新的汕头印象
96	广州南沙国际影视城	未知	广州南沙国际影视城位于广州南沙区，首期投资超过 3 亿美元，以影视动漫拍摄和制造为主，其中主要发展 3D 技术。南沙国际影视城建成后，珠三角地区居民可在南沙国际影视城体验到堪比美国"好莱坞"的影视文化风情
97	佛山市民间艺术研究社	未知	佛山市民间艺术研究社成立于 1956 年，是集传统岭南民间艺术传承保护、研究、创作、生产经营、贸易、旅游接待、文化艺术交流展览，及教育培训于一体的国营专业机构。 50 多年来，佛山市民间艺术研究社设计制作的彩灯扎作、剪纸、木版年画、秋色等系列岭南特色民间工艺品热销国内和世界各地。作为岭南民间艺术文化的一面旗帜，佛山市民间艺术研究社于 2004 年年底被文化部首批命名为"国家文化产业示范基地"

续表

序号	园区名称	面积（万平方米）	概况
98	广州228创意园	0.72	广州228创意园位于兴宁路228号儿童公园南侧，原为天一玩具厂旧厂房，建筑面积7200平方米。228创意园先行集聚了部分优秀工业设计企业，积极打造创新创业的平台。目前，228创意园已集聚了18家企业，入驻率达95%，符合产业导向的企业占85%。创意园企业覆盖了工业设计、文化传播、旅游设计等创意产业
99	南沙资讯科技园	未知	南沙资讯科技园位于珠江三角洲的中心，临近香港和珠江三角洲各大城市，交通便捷。南沙资讯科技园从事各种科技专案研发、创新和孵化服务，同时提供培训、教育以及会议服务。园区依山傍海、风景如画，拥有现代化的基础设施和优良设备，提供物有所值的服务
100	佛山乳源休闲旅游文化产业园	未知	佛山乳源休闲旅游文化产业园紧靠广乐高速乳源出口，交通区位条件正不断改善，旅游市场潜力巨大。由沃承塑料有限公司投资3亿元，拟打造一个集休闲产业、老年人产业、文化创意产业于一体的原生态、具有地方特色的旅游经济园区
101	国家数字家庭应用示范产业基地	未知	国家数字家庭应用示范产业基地是广州信息产业国家高新技术产业基地之一，已在广州大学城设立研发园。数字家庭商务园建在番禺新城，定位为现代信息服务业总部基地，广东省RFID公共技术支持中心、深圳远望谷公司等现代信息服务业龙头企业已进驻
102	广纺联创意产业园	15.00	广纺联创意产业园位于天河员村一横路，珠江新城CBD旁。占地面积约15万平方米，其中12万平方米是创意办公场地，3万平方米是仓储放货场地。广纺联创意产业园是一个以国际标准定义的艺术、生活中心，现在，广纺联创意产业园正以现代的视野，国际的平台，探索、打造富有时尚、创意、艺术和人文精神的新领域
103	广州长隆旅游度假区	—	广州长隆旅游度假区先后被评为"文化产业示范基地""科普教育基地"以及中国首批国家5A级景区，旗下拥有多家顶尖主题公园及酒店，年接待游客连续五年超过千万人次。2012年，广州长隆旅游度假区累计接待游客超过1300万人次，居世界主题景区前列
104	北山中西文化创意产业园	—	北山中西文化创意产业园是一座非营利的综合艺术中心，位于珠海南屏北山村，由艺术家薛翊汉、薛文、薛军父子三人打造而成。创意园通过保护开发物质文化遗产、主办国际音乐节、帮扶慈善事业、举办知名艺术家画展、主持高端沙龙及开设北山学堂，致力于打造南中国最好的综合性文化创意产业园

（5）地方特色园区分析

截至2016年，广东省地方特色型文化创意产业园区有7家。其中，南江工业园面积最小，为1.00万平方米；梅州市客家文化产业园面积最大，达2000.00万平方米。

广东省地方特色型文化创意产业园区基本情况　　　　表2-2-121

序号	园区名称	面积（万平方米）	概况
1	中山文化产业园	1323.00	中山市在孙中山的出生地——南朗翠亨投资10亿元建设文化产业园，规划总面积19850亩，约合13.23平方公里，建成后将成为珠三角地区少有的规模连片、集群发展、以文化产业为发展重点的大型文化产业园。中山市文化产业园分为八个功能区，重点发展动漫、游戏、软件设计、影视制作、广告创意、名人纪念馆、博物馆、影视城、艺术培训、主题公园、度假村以及文化产品、设备制造等产业
2	韶关大南华文化创意产业园	306.67	韶关大南华文化创意产业园计划总投资36亿元，分三期建设，主要以禅宗祈福、科普拓展、动漫娱乐、温泉养生、风度唐城等为核心，将南华禅寺—马坝人遗址—曹溪假日温泉度假村及周边温泉区作为一个整体进行开发，打造南华文化旅游园、禅宗文化创意产业园、马坝科普动漫创意园、祈福温泉养生文化园、风度唐城文化园五大园区，带动文化、旅游、创意、养生、祈福、教育、文化地产等产业发展
3	惠州东坡文化（国际）产业园街	133.00	惠州东坡文化（国际）产业园街项目投资总额38亿元，用地面积133万平方米，建筑面积3万多平方米。计划建具有岭南特色的中式多元建筑群，其中包括东坡文化广场、东坡文化交流展览影视中心、东坡环球影院、东坡餐饮文化中心等
4	南江工业园	500.00	南江工业园坐落于四会市的东南端，总规划开发面积5平方公里，于1999年3月重新启动建设，由广州设计院进行规划设计，国家环保局华南环科所进行环境评估，是肇庆市最早创办的工业园
5	广东禅文化创意产业园	—	位于云浮市新兴县六祖镇，是"广东新兴、中国禅都"的重要项目。广东禅文化创意产业园内规划五大产业。一是禅文化生态旅游，包括国恩寺、六祖故居、龙山温泉、藏佛坑景区、神仙谷景区、水湄村景区等；二是禅文化研发与交流，包括世界禅文化学院、禅文化博物馆、禅文化研发中心、禅乐制作中心、禅文化动漫制作基地、禅文化影视实验基地、禅风建筑研究中心、传统手工艺保护与发展基地；三是禅文化感悟与养生，包括农家禅院集群、山林禅院集群、温泉民宿集群；四是禅农文化体验，包括禅农并重体验区（福田茶园、禅茶馆）、农事区（市民农园）、特色花卉种植；五是禅文化服务与消费，包括禅文化主题酒店、特色商业、素斋馆、温泉养生会馆、民俗居住

2.2.20 广西壮族自治区

1. 广西壮族自治区文化创意产业园区发展概况

（1）广西壮族自治区文化创意产业园区数量

2016年，广西壮族自治区文化创意产业园区数量达23家，最近三年均无变化。

2010—2016年广西壮族自治区文化创意产业园区数量增加情况　　　　表2-2-122

年份	园区数量（家）	园区增加数量（家）
2010	7	2
2011	15	8
2012	21	6
2013	22	1
2014	23	1
2015	23	0
2016	23	0

（2）广西壮族自治区文化创意产业园区类型分布

广西壮族自治区文化创意产业园主要模式分为产业型、艺术型、休闲娱乐型、混合型、地方特色型。从广西壮族自治区文化创意产业园区类型分布情况看，产业型和混合型园区占主要部分，其他类型数量相对较少。截至2016年，广西壮族自治区混合型和产业型园区数量分别达到了13家和6家。

2016年广西壮族自治区文化创意产业园区类型分布情况　　　　表2-2-123

类型	园区数量（家）	园区数量占比（%）
产业型	6	26.09
艺术型	1	4.35
休闲娱乐型	1	4.35
混合型	13	56.52
地方特色型	2	8.70

2. 广西壮族自治区文化创意产业典型园区调查

（1）产业型园区分析

截至2016年，广西壮族自治区共有6家产业型文化创意产业园区。其中，柳州蓝海动漫游戏产业园面积最小，仅有6.68万平方米；桂林国际足球文化产业园面积最大，达86.84万平方米。

广西壮族自治区产业型文化创意产业园区基本情况　　　　表2-2-124

序号	园区名称	面积（万平方米）	概况
1	桂林国际足球文化产业园	86.84	桂林国际足球文化产业园的项目构成：利物浦国际足球中学、桂林足球俱乐部、五万人体育中心、运动医学康复中心、五星级酒店、大型免税购物中心、博彩中心、成语主题公园、电子商务、旅游休闲度假村
2	科赛·桂林雁山动漫戏曲文化产业园	70.07	该项目位于桂林至阳朔国际黄金旅游线路雁山段。项目一期工程占地1049亩，总投资14.13亿元，计划建设周期为四年。项目拟以动漫戏曲文化展示为龙头，在营造热烈奔放、激情欢快的动漫娱乐氛围的基础上，以国内优秀剧目为载体，拉动动漫衍生品的开发和制作，实现相关产业聚集，满足周边区域服务业、商业等需求，最终建成集文化旅游、演艺、教学研究、艺术培训、艺术品生产加工、休闲、娱乐、餐饮等功能于一体的高端文化休闲娱乐产业园

续表

序号	园区名称	面积（万平方米）	概况
3	柳州蓝海动漫游戏产业园	6.68	蓝海科技动漫游戏产业园占地约100亩，总投资1.7亿元。该项目的目标是要打造成全国重要的动漫游戏研发、生产、展示和销售基地，进而建成重要的出口基地。项目分两期建设。2009—2010年上半年建成占地1000平方米的厂房，建设两条游戏设备、动画片生产线，1栋办公楼和1栋专家楼。2011年，建成8条游戏设备、动画片生产线、12条装配线，形成年生产游戏设备、动画片及衍生产品产值6亿~12亿元人民币的能力
4	北海市"中国10+1+N文化艺术之都"文化艺术产业园区	未知	"中国10+1+N文化艺术之都"文化艺术产业园区，整合世界艺术基地和旅游基地，是一个大型综合性文化旅游项目，逐步把项目建设成为世界艺术聚集区、世界文化艺术会展中心、世界艺术家居住地、世界艺术品展览交易中心
5	南宁动漫城	未知	南宁动漫城集游乐和产学研于一体，实现数字化、网络化、集约化经营和规模化发展，总投资10亿元
6	中国-东盟（防城港）国际影视文化产业园	未知	中国-东盟（防城港）国际影视文化产业园，包括影视工业产业园、国际影视制造基地、影视国际贸易中心、影视人才教育培养基地、国际影视文化休闲中心、影视文化广告创意中心等项目，总投资约1000亿元人民币，由北京国中商联投资管理服务有限公司建设运营，中国电影家协会、中国电影基金会进行专业指导和扶持

（2）艺术型园区分析

截至2016年，广西壮族自治区艺术型文化创意产业园区有1家，即广西百色园博会，面积为60.00万平方米。

广西壮族自治区艺术型文化创意产业园区基本情况　　表2-2-125

园区名称	面积（万平方米）	概况
广西百色园博会	60.00	园博会园区用地总面积60公顷，概算总投资4.5亿元。园区分为A区和B区，共有14个城市展园，大多是在坡地上造园

（3）休闲娱乐型园区分析

截至2016年，广西壮族自治区休闲娱乐型文化创意产业园区有1家，即桂林中华神农农耕文化产业园，面积为668.00万平方米。

广西壮族自治区休闲娱乐型文化创意产业园区基本情况　　表2-2-126

园区名称	面积（万平方米）	概况
桂林中华神农农耕文化产业园	668.00	该项目以五通镇西山村委的马安、新寨两水库为中心，涉及五通和临桂两个乡镇，规划面积约1万亩。该项目由桂台（临桂）文化产业有限公司建设。整个项目投资约3亿元人民币（不含文化旅游房地产投资），整个园区分为三个主题区域及两个相关区域。主题区域包括农耕文化旅游房地产项目、农耕文化体验庄园、农耕文化博物院、生态农业观光游乐及五星级酒店、会所等配套设施。两个相关区域包括马安村和新寨村的社会主义新农村建设和文化旅游工艺品的开发

（4）混合型园区分析

截至2016年，广西壮族自治区混合型文化创意产业园区有13家。其中，唐人文化园面积最小，为3.60万平方米；来宾市凤凰动漫城产业园面积最大，达2800.00万平方米。

广西壮族自治区混合型文化创意产业园区基本情况　　表2-2-127

序号	园区名称	面积（万平方米）	概况
1	来宾市凤凰动漫城产业园	2800.00	该项目总投资40亿元，旨在打造既有文化定位，又能带动经济增长的动漫产业基地
2	桂林华夏艺术大观园	38.48	桂林华夏艺术大观园项目位于桂林市象山区甑皮岩古人类遗址景区西北部，内有两山一泉一湖，动态投资5.8亿元人民币，由产权式收藏景区、旅游宾馆展示中心、旅游商业服务区、艺术品收藏商业街和玉泉湖水上乐园及附属工程等五个部分组成，是目前中国最大的艺术品收藏主题文化产业园，具备国际标准收藏、展示、交流、交易、旅游、培训等功能

续表

序号	园区名称	面积（万平方米）	概况
3	中马钦州产业园区	3.67	中马钦州产业园区按照"政府搭台、园区支撑、企业运作、项目带动、利益共享"的合作开发模式，以打造"中马智造城、共赢示范区"为目标，以综合制造业、信息技术产业和现代服务业为主导，致力建设成为中国—东盟区域性先进制造基地、信息智慧走廊、文化生态新城和合作交流窗口，打造一个集工业、商业、居住三位一体的产业新城
4	唐人文化园	3.60	唐人文化园是利用20世纪70年代修建的原南宁市手扶拖拉机配件厂、汽车配件三厂和柴油机配件厂的厂房和库区进行兼并改制和重新定位，精心打造而成，有350间商铺及配套的办公、工作设施，主要经营古玩字画、根雕艺术、红木家具、瓷器古玩、金玉铜器、香茗咖啡、主题酒吧、摄影创作、主题园艺、水族花卉等。
5	广西创意文化产业园	66.67	广西创意文化产业园项目占地1000亩，规划建设中国—东盟传媒职业技术学院、中国儒商文化大厦、儒商文化体验街区、广西大学生主题公园、东盟青春文化广场、中华民族文化艺术村六大功能区，集动漫设计、影视制作、出版发行、网络游戏、三维设计等相关多媒体文化产业，具备研发、投资、孵化、制作、培训、交易等功能的文化产学研基地。项目着力打造集创意传媒、文化旅游、休闲度假为一体的综合性文化创意产业园
6	中国—东盟凭祥红木文化产业园	38.33	中国—东盟凭祥红木国际商城暨中国—东盟凭祥红木文化产业园，由凭祥友谊红木发展有限公司投资开发，占地约575亩，总建筑面积约70万平方米，总投资额15亿元人民币，是迄今为止全国甚至东南亚地区规模最大、功能最全、定位最高的红木产业综合体，被中央电视台誉为"中国红木第一城"。中国—东盟凭祥红木国际商城暨中国—东盟凭祥红木文化产业园包括：中国—东盟凭祥红木国际商城、红木家具和工艺品加工园区、省级红木检测中心、国家红木博物馆、红木展示中心、红木家具拍卖中心、物流配送中心以及高档居住区
7	桂林国家高新区创意产业园	7.80	桂林国家高新区创意产业园是桂林市建设文化创意产业、软件、动漫、设计的重要支撑项目，总投资2.5亿元，用地117亩，建设12.5万平方米的软件产业功能区，包括软件外包、软件研发和生产、软件测试、软件产品展示和营销、软件人才培训以及动漫策划、制作、建筑设计、工业设计、环境设计等软件、动漫、设计三大功能区
8	柳州文化产业园	4.00	项目依托柳东广西汽车城，打造汽车文化创意产业，建设规模约16万平方米，集汽车设计、研发、会展、休闲娱乐为一体。项目建成后，将举办全国乃至世界性的汽车专利展、汽车竞技大赛、汽车设计大赛、车模大赛等大型活动，并设立汽车文化理论研究中心，创办网上汽车文化名人论坛，争取建设成为全国汽车文化旅游的先行者和中心

（5）地方特色园区分析

截至2016年，广西壮族自治区地方特色型文化创意产业园区有2家，平均面积为601.65万平方米。两家园区分别为桂台客家文化旅游示范区和桂林漓江民族风情园。

广西壮族自治区地方特色型文化创意产业园区基本情况 表2-2-128

序号	园区名称	面积（万平方米）	概况
1	桂台客家文化旅游示范区	1200.00	示范区分为三大功能板块，包括客家文化示范板块、生态休闲旅游板块和经济贸易合作板块。其中，经济贸易合作板块将以发展广西和台湾客家文化旅游业为依托，搭建两地经贸合作的平台
2	桂林漓江民俗风情园	3.30	漓江民俗风情园是将广西壮族自治区四个主要少数民族苗、瑶、侗、壮的文化、艺术、民俗、歌舞、餐饮汇聚一体的游乐区，是广西最大的旅游娱乐场所，其中有广西最大的少数民族建筑群，融观赏性、娱乐件和参与性为一体

2.2.21 海南省

1.海南省文化创意产业园区发展概况

（1）海南省文化产业概况[①]

2016年，海南文化产业规模化、集约化、专业化水平不断提高，文化产业发展总体呈现出崭新的面貌和稳步推进的良好态势。全省文化及相关产业法人单位3460个，比上年增长10.6%；期末从业人员73791人，比上年增长9.2%；文化企业实现营业收入255.93亿元，比上年增长8.1%；资产总计1012.38亿元，比上年增长9.4%；

---
① 数据来自海南省人民政府网《2016年海南文化产业发展状况分析》。

非企业单位支出（费用）17.80亿元，比上年增长10.3%。

截至2016年年末，全省规模以上文化企业法人单位120个，比上年增长11.1%。期末从业人员22209人，比上年增长7.5%；营业收入195.87亿元，占全省文化企业的76.5%；应交增值税7.29亿元，比上年增加1.73亿元，增长31.2%。

（2）海南省文化创意产业园区数量

2016年，海南省文化创意产业园区数量为28家，2016年新增了2家文化创意产业园区。

2010—2016年海南省文化创意产业园区数量增加情况　　　　表2-2-129

年份	园区数量（家）	园区增加数量（家）
2010	12	3
2011	16	4
2012	19	3
2013	19	0
2014	22	3
2015	26	4
2016	28	2

（3）海南省文化创意产业园区类型分布

海南省文化创意产业园主要模式分为产业型、休闲娱乐型、混合型、地方特色型。从海南省文化创意产业园区类型分布情况看，产业型和混合型园区占主要部分，其他类型数量相对较少。截至2016年，海南省混合型和产业型园区数量分别达到了17家和8家。

2016年海南省文化创意产业园区类型分布情况　　　　表2-2-130

类型	园区数量（家）	园区数量占比（%）
产业型	8	28.57
休闲娱乐型	1	3.57
混合型	17	60.71
地方特色型	2	7.14

2. 海南省文化创意产业典型园区调查

（1）产业型园区分析

截至2016年，海南省共有8家产业型文化创意产业园区。其中，海口市信息孵化产业园面积最小，仅有0.14万平方米；海口长流创意产业园面积最大，达到了5517.00万平方米。

海南省产业型文化创意产业园区基本情况　　　　表2-2-131

序号	园区名称	面积（万平方米）	概况
1	海口长流创意产业园	5517.00	园区总投资约56亿元，一期规划面积约3000亩，以打造文化创意企业助推器，为文化创意产业发展插上翅膀；推进广告、策划咨询、建筑设计、工艺、设计、影像、出版、动漫、表演艺术、音乐、电影电视、网络游戏和网络服务等领域的资源共享；为创意机构和创意人士提供个性化的硬件设施和软件服务，促进创意成果的转化与推广；引导各类创意设计企业、文化经营企业、信息服务企业、传媒机构、策划推广和咨询服务机构向园区集聚；运用信息技术，构建"虚拟创意产业园区"，建设现代信息服务业、服务外包和现代传媒业基地，形成产业集群。

续表

序号	园区名称	面积（万平方米）	概况
2	海南国际创意港	3.60	海南国际创意港是海南省委、省政府，海口市委、市政府在"十二五"期间，迅速导入前端创意产业新型业态，实现用前端创新驱动海南旅游经济、热带农业、新能源产业特色化、品牌化、高端化的重要抓手，是海南"十二五"继续扎实落实科学发展观、推动海南经济新一轮转方式、调结构，实现海南国际旅游岛第一阶段建设目标的核心载体之一；是海南第一个以产品创新、品牌创新、设计创新为核心的创新型产业项目
3	三亚创意新城	1600.00	三亚创意新城首批入驻项目和企业有六家，分别是中兴通讯研发培训项目、中核投资的核能科技城项目、海云天教育网络项目、三亚力合高科创新园项目、汶莱华纳酒店集团项目、北大科技园三亚基地项目等。六个项目安排用地2313亩，总投资121亿元，建成后可实现年产值104亿元，聚集科技研发人员11800人
4	海南省动漫产业基地	20.00	海南省动漫产业基地于2008年5月在中共海南省委宣传部、海南省文化广电出版体育厅、海南省工业经济与信息产业局支持下联合授牌成立。项目业主为三亚科技创新投资有限公司。基地总占地面积280余亩，建设面积约20万平方米。项目规划有动漫创意研发基地、动漫设计制作基地、动漫教育培训基地、影视文化制作中心、动漫展馆、动漫国际会议中心、艺术家工作室等，是融合了高新技术、文化创意、数字娱乐、旅游会展等行业于一体的综合性项目，可以满足动漫及相关产业企业、个人多方面的需求
5	三亚动漫产业基地	27.05	三亚动漫产业基地总体规划面积405.3亩，规划用地面积292.2亩，总建筑面积168250平方米，建筑密度为21%，容积率0.87，绿化覆盖率高达55%。动漫产业基地一期拥有别墅式办公房五栋，其中三栋为孵化楼，一栋为办公楼，一栋为研发楼。楼体设计风格主要以"开敞、通透、生态、灵活"为特点，充分体现出生态的独特魅力
6	海南生态软件园	200.00	海南生态软件园是海南"一岛一区两园"省级发展战略的重要组成部分，园区占地3000亩（其中一期1000亩，二期2000亩）。园区以软件研发、软件外包、IT培训、呼叫中心、互联网媒体等为主要方向，吸引世界知名IT企业入驻，未来3~5年达到60万平方米的综合建设规模，可以容纳4万~5万软件工程人员。园区着力打造旅游信息化示范基地、国家应急管理产业基地、国家信息安全产业基地、国际动漫创意产业基地以及服务外包基地五大产业基地，由中国电子信息产业集团公司、中国电子商会、上海协享投资有限公司等按照现代企业制度成立的海南生态软件园投资发展有限公司负责园区的规划、开发建设、营运与管理
7	海口市信息孵化产业园	0.14	海口市信息孵化产业园成立之初，得到了业界的广泛好评和赞誉，众多IT企业、IT创业人员及相关从业者纷纷申请入园。经过大量的调研审查工作，核准了8家企业为首批入驻企业，他们分别为海南好思达网络科技有限公司、海南工信实业发展有限公司（留学生归国创业企业）、海南聚丰源投资咨询有限公司、海南象牙塔教育有限公司（大学生创业企业）、海口聚金网络科技有限公司（大学生创业企业）、海口缘和网络科技有限公司、海南中橡电子商务有限公司、海南智家网络科技有限公司。孵化园总占地面积达1360平方米，可容纳20家企业
8	海南航天主题公园	407.48	海南航天主题公园是海南航天发射场配套区的核心项目，位于海南省文昌市东郊镇滨海地区。海南航天发射场配套区由海南航天主题公园区、航天商务服务区和航天生活配套区三大基本功能区组成，总用地面积约6100亩，海岸线4100米，总投资规模约人民币120亿元

（2）休闲娱乐型园区分析

截至2016年，海南省休闲娱乐型文化创意产业园区有1家，即三亚南山文化旅游区，面积为5000.00万平方米。

海南省休闲娱乐型文化创意产业园区基本情况　　　　表2-2-132

园区名称	面积（万平方米）	概况
三亚南山文化旅游区	5000.00	南山文化旅游区是依托南山独特的山海天然形胜和丰富的历史文化渊源开发建设的全国罕见的超大型生态和文化景区，是新中国成立以来中央政府批准兴建的最大的佛教文化主题旅游区，是国家首批AAAAA景区之一。南山文化旅游区生态恢复与保护规划面积50平方公里，其中海域面积10平方公里。旅游区主要项目有佛教文化苑、天竺圣迹、福寿天地、神话雕塑、大门景观区以及酒店、度假村等

（3）混合型园区分析

截至2016年，海南省混合型文化创意产业园区有17家。其中，中国红沙疍家湾面积最小，为35.27万平方米；三亚创意产业园面积最大，达1700.00万平方米。

海南省混合型文化创意产业园区基本情况　　　　表 2-2-133

序号	园区名称	面积（万平方米）	概况
1	海南龙湾文博文化产业园	133.33	龙湾文博文化产业园占地近2000亩，建设项目涵盖一个主题、三大片区和两个配套。一个主题是文化主题公园，主要用雕塑的手法生动、活泼、形象地展示中华文化从盘古开天辟地至今的历史和做出杰出贡献的历史人物和文化趣事，同时用生动、精彩的歌舞表演及互动等形式充分展示民族文化的魅力
2	海南文笔峰道教文化苑	300.00	文笔峰道教文化苑是海南省北部新建成的大型文化旅游景区，由海南中野旅游产业发展有限公司投资。文笔峰道教文化苑景区以南宋风格为基调，环绕文笔峰山体建设了大量仿古建筑。文笔峰道教文化苑南门进入就是玉蟾宫，然后分别是仙廊琼苑、南天门、玉蟾阁。文笔峰道教文化苑是集旅游、观光、休闲、娱乐、文化研究为一体的大型文化主题景区
3	清水湾国际信息产业园	266.67	清水湾国际信息产业园主要产业定位为以云计算平台及下一代互联网为基础的服务外包、智慧物联、云服务以及数字内容，致力于在海南国际旅游岛打造一个国际领先、国内首创的集旅游、居住、就业为一体，多元产业协同发展的松散型、都市化科学城
4	五指山黎峒文化园	221.00	五指山黎峒文化园占地面积约为3315亩，打造一个集民族文化、原始生态、登山观光为主的旅游养生度假胜地。园区特色项目有黎族文化区、黎族五大方言展示区、养生度假酒店区、一级民族风情商业休闲区
5	亚龙湾玫瑰风情产业园	183.67	亚龙湾玫瑰风情产业园项于2009年6月由上海兰德公司启动建设，规划面积2755亩，目前已种植了1200多亩玫瑰，是三亚面积最大的花卉基地，包括卡罗拉、黑丝绒、坦尼克、戴安娜等十几个玫瑰品种。产业园是集千亩玫瑰种植园和玫瑰产品精加工、玫瑰浴、玫瑰婚庆等玫瑰文化休闲产业为一体的基地，使玫瑰产业成为三亚的一项新兴产业
6	三亚市创意产业园	1700.00	三亚市创意产业园位于三亚崖城镇崖洲湾，规划面积约17平方公里，其中：陆域面积12平方公里，水域面积5平方公里。创意产业园由新兴产业发展区、融资综合服务区、科技汇集孵化区、生活配套服务区共同构成。根据规划，创意产业园将以创意产业、高新技术产业为主，集会展培训、港口物流、旅游居住于一体，打造成世界一流的大型生态办公区以及高端产业、高端人群聚集的智慧湾
7	三亚槟榔河国际乡村文化旅游区	1200.00	槟榔河国际乡村文化旅游区位于三亚市凤凰镇东北侧，总规划面积9平方公里，涉及槟榔村片区15个黎族自然村，槟榔河乡村旅游区着力开发农业旅游和黎族民俗文化，以"槟榔河之夜"为突破点，打造具有独特乡村风光、鲜明民俗特色、吃、住、行、游、购、娱诸功能于一体的农业乡村旅游区
8	红沙疍家湾	35.27	红沙疍家湾打造了200多亩的文化主题公园和低密度的居住空间布局、独具特色的疍市商业街，生态环保，并运用智能高科技技术设计建造了海上风情客栈，使完美的疍家特色建筑风格全方位体现，是集文化、娱乐、餐饮、康疗、养生、购物、休闲多功能业态于一体的旅游度假区
9	文笔峰盘古文化旅游区	未知	海南文笔峰盘古文化旅游区是琼北旅游圈第三个国家级AAAA景区，建成了一座集旅游观光、休闲娱乐、道教养生、宗教朝圣和文化研究为一体的国家级大型文化旅游区

（4）地方特色园区分析

截至2016年，海南省地方特色型文化创意产业园区有2家，分别是海口大致坡镇琼剧文化产业群和三亚南中国海影视文化生态园。

海南省地方特色型文化创意产业园区基本情况　　　　表 2-2-134

序号	园区名称	面积（万平方米）	概况
1	海口大致坡镇琼剧文化产业群	未知	大致坡镇琼剧文化产业集群是文化部第三批国家文化产业示范基地，全国共有59个企业和单位位列其中
2	三亚南中国海影视文化生态园	230.00	南中国海影视文化生态园项目规划用地3450亩，其中建设用地1800亩左右，水面及生态保护用地1450亩，总建筑面积约30万平方米。该项目总投资12亿元人民币，从2007年12月至2013年6月分两期建设完成

2.2.22　重庆市

1. 重庆市文化创意产业园区发展概况

（1）重庆市文化产业概况①

2015年，重庆市文化产业实现增加值540.48亿元，比上年增长13.9%；全市文化产业增加值占GDP比重

---
① 该部分数据和资料来自国家统计局——重庆市文化产业聚集水平测度。

达3.44%,比上年提高0.14个百分点。重庆以大项目带动投入推动大建设,建成国泰艺术中心、群艺馆、自然博物馆新馆、大足石刻博物馆、文化艺术职业学校一期五个大型文化设施,总投资11.16亿元,总建筑面积10.66万平方米。

截至2016年末,全市建有文化馆41个、公共图书馆43个,总藏书量1441.83万册。建成社区文化室1960个,农村书屋9699个。建成影院143家,银幕818块,率先实现区县小厅多厅化数字影院全覆盖。全市影院共放映电影238.72万场,实现观众4064.76万人次,票房12.64亿元。博物馆系统举办基本陈列224个,临时展览213场,接待参观者约2528.17万人次。群众艺术馆、文化馆、文化站1062个,举办展览5656场,组织文艺活动2.82万次。

（2）重庆市文化创意产业园区数量

截至2016年,重庆市文化创意园区有65家,较2015年新增10家。

2010—2016年重庆市文化创意产业园区数量增加情况　　　　表2-2-135

年份	园区数量（家）	园区增加数量（家）
2010	14	4
2011	18	4
2012	25	7
2013	42	17
2014	42	0
2015	55	13
2016	65	10

（3）重庆市文化创意产业园区类型分布

从重庆市文化创意产业园区类型分布情况看,混合型园区占主要部分,艺术型、休闲娱乐型以及地方特色型产业园区分布较为平均。2016年,重庆市混合型园区数量为42家。

2016年重庆市文化创意产业园区类型分布情况　　　　表2-2-136

类型	园区数量（家）	园区数量占比（%）
产业型	10	15.4
艺术型	4	6.2
休闲娱乐型	4	6.2
混合型	42	64.6
地方特色型	5	7.7

2.重庆市文化创意产业典型园区调查

（1）产业型园区分析

2016年,重庆市产业型文化创意产业园区共有10家。其中,重庆港鑫创意产业园面积最小,为8万平方米;重庆大溪沟国际建筑与环境艺术设计创意产业园区面积最大,达132万平方米。

重庆市产业型文化创意产业园区基本情况　　　　表2-2-137

序号	园区名称	面积（万平方米）	概况
1	重庆港鑫创意产业园	8.00	重庆港鑫创意产业园位于重庆市南岸区茶园新区,是全国建筑装饰行业第一个创意产业园。产业园占地面积120亩,总建筑面积12万多平方米。产业园主要包括校企联合办学、建筑装饰设计研究、建材集成化加工生产、建筑装饰行业教育培训等功能

续表

序号	园区名称	面积（万平方米）	概况
2	重庆新闻传媒中心	17.40	重庆新闻传媒中心项目总建筑面积约17.4万平方米（其中地上11.3万平方米，地下6.1万平方米），总投资约8.35亿元。项目设计理念为"新闻视窗"，建筑形体简洁大方，顶部采用开敞式玻璃幕墙，内设"金色号外"（新闻发布厅），体现了重庆报人放眼世界，关注社会热点、焦点的基本素质
3	重庆大溪沟国际建筑与环境艺术设计创意产业园	132.00	园区规划面积为1.32平方公里，分为核心区和次核区。核心区按"一园三区"进行功能布局，产业定位为建筑设计、工程设计业、咨询策划与传媒设计、综合服务业等。次核区定位为拓展区，其中：A区以市设计院为依托，重点发展建筑、景观、市政规划等设计业；B区以钢院为依托，重点发展工业设计及专项工程设计业等；C区以中科普为依托，重点发展广告传媒设计、策划咨询及酒店、会议、展览、旅游观光等综合服务产业
4	重庆天健创意动漫基地	17.80	重庆天健创意动漫产业基地由重庆出版集团和新加坡元大投资咨询有限公司共同投资约30亿元兴建，总占地面积约267亩。建成后，地面总建筑面积达到44万平方米。基地引进国外著名规划团队，运用现代设计手法，贯彻低碳、环保的建设理念，把创意产业、商务、商业、休闲娱乐等功能有机结合，打造集影视、动漫、设计等创意文化要素为核心功能的动漫形象主题乐园，形成集国际创意产业高峰论坛、国际创意设计艺术节、版权交易等相关项目及活动为一体的创意产业基地

（2）艺术型园区分析

2016年，重庆市艺术型文化创意产业园区共有4家，平均面积为0.6万平方米。两家园区分别是重庆团山艺术中心和长江汇当代艺术中心。

重庆市艺术型文化创意产业园区基本情况　　　　表2-2-138

序号	园区名称	面积（万平方米）	概况
1	重庆团山艺术中心	0.20	重庆团山艺术中心地处重庆北碚区缙云山脚，由原来的粮食仓库改建而成，占地2000平方米，设有3个标准化展厅、6个艺术家工作室、1个艺术沙龙、1个艺术图书室，目前，重庆团山艺术中心收藏有雕塑、国画、油画、装帧等各类艺术作品100多件
2	长江汇当代艺术中心	1.00	长江汇当代艺术中心位于重庆市南岸区南滨路，与渝中区隔江相望。按国际涉外旅游五星级建设，是一家集餐饮、商务、会议、娱乐、茶艺、音乐品鉴红酒吧、当代艺术展厅于一体的花园式绿色商务会馆。它傍依长江，坐享得天独厚的长江风光，空气清新，环境优雅，建筑面积1万余平方米，拥有1个多功能厅和29个各具特色的宴会包房，可同时容纳上千人用餐。长江汇当代艺术中心有红酒窖、品茗坊、艺展中心、宴会厅等
3	黄桷坪涂鸦艺术街	5.0	黄桷坪涂鸦艺术街位于重庆市九龙坡区黄桷坪辖区，起于黄桷坪铁路医院，止于501艺术库，全长1.25公里，总面积约5万平方米，是当今中国乃至世界最大的涂鸦艺术作品群。整个涂鸦工程共有800余名工人、学生和艺术家参与制作，花费各色涂料1.25万公斤，消耗各类画笔、油刷近3万支。前后经过150天的精心制作，共涂鸦建筑物37栋，改造拓宽道路1.25公里，下地各类管线约9000米，拆危改建建筑2700平方米，设置雕塑小品20座

（3）休闲娱乐型园区分析

2016年，重庆市休闲娱乐型文化创意产业园区共有4家，平均面积为8.00万平方米。其中，米市老街面积最小，为3万平方米；南滨路（两街三巷）面积最大，达16万平方米。

重庆市休闲娱乐型文化创意产业园区基本情况　　　　表2-2-139

序号	园区名称	面积（万平方米）	概况
1	弹子石老街	5.00	弹子石老街在长江南岸，与朝天门隔江相望，上接野猫溪，下连王家沱，因水码头，遂形成弹子石河街、弹子石正街、弹子石新街。弹子石历史悠久，历史街区的保存是弹子石极其重要的历史见证，历史街区蕴涵着弹子石的历史文脉
2	米市老街	3.00	米市老街是南岸古道之一，从长江上岸，经米市街可以通往原巴县迎龙场和南川一带。中华民国时期，巴县长生、老厂、黄桷垭一带的米商在此贩卖大米，逐步形成集市和街区，米市街因此得名。米市街还有一些开埠时期和民国时期的建筑，是中西建筑文化交融的典型地段。由于该街区历史建筑和传统街区保留完整，被列入重庆市历史文化街区规划保护区域
3	南滨路（两街三巷）	16.00	南滨路位于重庆市南岸区滨江路，与渝中区隔江相望。属城市公园类自然风景旅游景区。南滨路旅游观光全长25公里，占地16万平方米，是集防洪护岸、城市道路、旧城改造和餐饮、娱乐、休闲为一体的城市观光休闲景观大道

续表

序号	园区名称	面积（万平方米）	概况
4	慈云老街	未知	慈云老街坐落在南岸慈云寺后面的黄家巷、海狮路、海狮支路、玄坛庙区域内。该地保留了重庆海关的部分建筑，以及据聚福洋行轮船公司、美丰银行部分建筑

（4）混合型园区分析

2016年，重庆市混合型文化创意产业园区共有42家。其中，巴渝世家创意产业园面积最小，仅0.53万平方米；重庆大足万古创意产业园面积最大，达1000万平方米。

重庆市混合型文化创意产业园区基本情况　　　　　　表2-2-140

序号	园区名称	面积（万平方米）	概况
1	重庆大足万古创意产业园	1000.00	大足万古创意产业园的规划布局为"一心两翼"，以服务核心区为中心，沿重庆三环高速公路和成渝高速复线展开。未来的园区交通道路网络将由10条城市快速路、4条高速，以及两条铁路干线紧密联结，形成6纵10横的路网格局。园区在充分保护和尊重原生态的基础上，将全区域划分为六大总体功能分区，以此确定产业和城区布局
2	重庆川美创意谷	13.33	园区占地200余亩，由川美、九龙坡区政府、重庆市国有文化资产经营管理有限责任公司共同打造，包括艺术设计为主体的总部基地、以前沿时尚文化为主的4A级主题公园、西南地区艺术家创作基地、艺术品展示交易、艺术体验、动漫产业基地等
3	重庆渝中区国际创意产业园	150.00	渝中区国际创意产业园定位为集建筑设计、研发设计、咨询策划创意等智力产业于一体的国际化综合创意产业服务中心，主要是以工程设计、环境艺术、咨询策划为主，商业商务为辅的建筑设计创意产业园。整个园区基础设施、写字楼等的建设投入预计在30亿元左右
4	重庆市金雅迪创意产业园	3.99	金雅迪创意产业园是打造创意产业与都市楼宇工业相结合的特色产业园。园区占地21亩，总投资4000万元，设计总建筑面积39880平方米。项目计划分两期实施，其中一期建筑面积13301平方米，为生产制造区域；二期建筑面积26597平方米，为创意产业大厦
5	巴渝世家创意产业园	0.53	巴渝世家创意产业园区是通过整合七星岗巴渝世家控制楼盘而建立的，总面积5300平方米。园区定位为以智力产业为核心，形成集建筑设计、咨询策划、时尚设计为主题的创意产业集聚园区
6	重庆时尚之都文化传媒创意园	27.80	重庆时尚之都文化传媒创意园由重庆市政府与重庆重视传媒有限责任公司共同打造。产业园项目投资15.3亿元，在茶园新区占地550亩，总建筑面积27.8万平方米。2012年，园区已实现年营业规模（收入）30亿元以上，实现利润总额5亿元以上，并带动产业园区聚集关联企业400家以上，园区产业经营规模达60亿元以上
7	重庆广告产业园	14.00	重庆广告产业园共斥资15亿元，项目总占地210亩，共分四期建设，是西南首个集广告、文化艺术、主题商业、体验式消费、新媒体办公于一体的文创产业基地。重点打造文化生态型商务孵化、品位型文化演艺及商业消费三大平台，具备生产、服务、培训教育、信息发布、会展交易、休闲娱乐等六大功能，已有50多家传媒企业、设计企业预定入驻
8	重庆半城文化创意产业园区	40.00	产业园占地约0.4平方公里，西起玉溪桥，东至白桥溪，北至巴王路，南临滨江路，是一块古城。规划为半城山水，一带三轴三中心四片区，即一半山城、一半水城、一半新城、一半旧城、一个文化带。北山广场剧院生态轴、月亮沟生态轴、东坡商城生态轴

（5）地方特色园区分析

2016年，重庆市地方特色型文化创意产业园区共有5家，平均面积为26.46万平方米。其中，重庆磁器口民俗文化创意产业园面积最小，仅0.50万平方米；重庆璧山古老城生态农业园区面积最大，达100万平方米。

重庆市地方特色型文化创意产业园区基本情况　　　　　　表2-2-141

序号	园区名称	面积（万平方米）	概况
1	重庆磁器口民俗文化创意产业园	0.50	园区整体规划占地5000平方米，首期投入资金1800万元。园区还将在巴渝民俗旅游商品、传统节庆文化活动、会展经济等几个方面进行重点开发。巴渝民俗文化创意产业项目以工艺美术展销中心为依托，通过引进民间工艺品、知识产权，设置创意工作室等形式，填补重庆市无传统工艺美术展示窗口的空白，并将人们逐渐淡忘的民俗文化精华，通过保护传统工艺美术品的形式保留下来
2	重庆巴渝民俗文化村	5.33	园区坐落于渝北区两路镇，占地面积5公顷。村内主要景点有一馆、四院、一庙、一牌坊。巴渝民俗博物馆内藏有中国民间工艺品、服饰和其他生活用品实物1000余件，其中重点陈列了巴渝地区清末民初的神龛、挂匾、雕花木床、桌、椅、案台等颇具民俗工艺特色的木雕精品250余件

续表

序号	园区名称	面积（万平方米）	概况
3	重庆璧山古老城生态农业园区	100.00	璧山县古老城生态农业园区位于璧山县城以西25公里的云雾山中，与青龙湖国家森林公园毗邻，面积1500亩。近年来，古老城生态农业园将农业与旅游有机结合，种植了500亩七蕊黄花、300亩四季花果园和100亩云雾绿茶园
4	重庆市北碚庙嘴文化创意产业园	未知	重庆市北碚庙嘴文化创意产业园是结合北碚文化、民间艺术、民俗风情等商业集群的不同功能需求和空间尺度，引用"重庆后花园"的概念，形成的全方位生态绿色建筑和空中花园，强调"人与自然和谐"主题，建筑一个极有视觉冲击力和吸引力的地标性时尚文化产业园区。园区整合了北碚民俗风情旅游、文化产业创意、生产制作、经纪、展示、传播、交易这一完整的产业链条。园区不仅本身是一件艺术品，还是反映当代艺术和各种主题视觉艺术的文化艺术中心
5	两江新区民国街	未知	重庆两江新区民国街总投资1.3亿元，位于重庆两江国际影视城，是以"民国历史""巴渝特色"为主题的特色街区

2.2.23 四川省

1. 四川省文化创意产业园区发展概况

（1）四川省文化产业概况[①]

根据第三次全国经济普查的相关资料，2013年，四川省文化产业法人单位26339家，比上年增长13.7%，全省文化产业法人单位实现增加值938.43亿元，比上年增长11.8%，占当年GDP的3.57%，比上年提高0.05个百分点，比全国高0.16个百分点。

（2）四川省文化创意产业园区数量

截至2016年年底，四川省共有64家文化创意产业园，2016年四川省文化创意产业园区新增数量为3家。

2010—2016年四川省文化创意产业园区数量增加情况　　　表2-2-142

年份	园区数量（家）	园区增加数量（家）
2010	25	5
2011	35	10
2012	52	17
2013	54	2
2014	58	4
2015	61	3
2016	64	3

（3）四川省文化创意产业园区类型分布

四川省文化创意产业园主要模式分为产业型、艺术型、休闲娱乐型、混合型、地方特色型。从四川省文化创意产业园区类型分布情况看，混合型园区占主要部分，其他类型数量相对较少。截至2016年，混合型园区数量达到了52家。

2016年四川省文化创意产业园区类型分布情况　　　表2-2-143

类型	园区数量（家）	园区数量占比（%）
产业型	5	7.8
艺术型	2	3.1
休闲娱乐型	2	3.1

[①] 绵阳从文化大市迈向文化强市[EB/OL].http://www.ce.cn/cultuie/gd/201412/22/t20141222-4174336.shtml，2014-12-22

续表

类型	园区数量（家）	园区数量占比（%）
混合型	52	81.3
地方特色型	3	4.7

2. 四川省文化创意产业典型园区调查

（1）产业型园区分析

截至2016年，四川省产业型文化创意园区共有5家，平均面积为41.34万平方米。其中，面积最大的是成都客家文化产业园，达153.30万平方米；面积最小的是成都大科星·创意园，为3.00万平方米。

四川省产业型文化创意产业园区基本情况 表2-2-144

序号	园区名称	面积（万平方米）	概况
1	成都东区音乐公园	25.33	成都东区音乐公园是在原红光电子管厂占地300余亩、17万平方米的旧工业厂房原址上改建的，总投资50亿元以上。成都传媒集团联手中国移动，充分挖掘无线音乐基地巨大的产业辐射能力和龙头带动效应，形成音乐资源集聚、衍生产业接入、多元文化互动和新媒体产业发展的世界级、规模化数字音乐产业聚落、音乐新媒体发展基地和创意文化体验园区
2	大科星创意园	3.00	四川大科星集团公司2006年开始大科星创意园的开发建设，被成都武侯区列为"国家高新技术创业服务中心武侯第三孵化基地"，2009年被四川省政府认定为"四川省级科技企业孵化器"。大科星创意园占地45亩，拥有近2万平方米总部办公楼，现已成功招商60多家科技企业和企业总部，入驻企业年产值已达6亿美元
3	成都数字娱乐软件园	5.00	数字娱乐软件园是由成都市政府牵头，华诚信息产业集团投资建设，数字娱乐软件园工作委员会运营管理的数字娱乐产业示范基地。数字娱乐软件园是科技部授予的"数字娱乐产业化基地"，新闻总署授予的全国首家"国家网络游戏动漫产业发展基地"，科技部授予的"国家863数字媒体技术产业化基地"，国家计委、信产部授予的"国家软件产业基地（成都）主要成员单位"
4	四川（白马关）三国文化产业园	20.04	三国文化产业园（西山文化园项目）以西山风景区、西河及周边纵深区域为依托，以"三国文化源"为品牌，以服务和满足广大市民与游客观光休闲度假为目的，以文化为灵魂，以旅游为载体，突出"三国文化源"的唯一性和国际性，建成南充田园城市示范片区和全省文化产业示范园区。园区投资总额达15亿元
5	成都客家文化产业园	153.30	客家文化产业园是国家级成都经济技术开发区"一区多园"的一部分，也是成都市向东发展的主体区域之一。该项目总占地面积约2300亩，总投资约24.4亿元。省、市两级政府将该园确定为文化、旅游产品批发销售基地。项目内容主要是建设集文化、旅游产品制造、加工、销售和观光于一体的产业园区

（2）艺术型园区分析

截至2016年，四川省艺术型文化产业园区共有2家，分别是成都浓园国际艺术村和成都画意村。其中，成都浓园国际艺术村面积为10.67万平方米。

四川省艺术型文化创意产业园区基本情况 表2-2-145

序号	园区名称	面积（万平方米）	概况
1	成都浓园国际艺术村	10.67	浓园国际艺术村现今占地约160亩，共有建筑70余幢。园内90%以上的面积为绿化景观，建筑与茂密植被形成了和谐的绿色生态环境。园区有舒适优雅、彰显艺术气质的工作室，以艺术大师程丛林、梁时民等为代表的200余位油画、雕塑、书画和摄影等艺术家聚集于此，自由地表达各自的艺术主张
2	成都画意村	未知	画意村位于成都东郊，主要吸引国画、油画、雕塑、摄影、创意设计等工作室入驻，发展创意产业

（3）休闲娱乐型园区分析

截至2016年，四川省休闲娱乐型文化创意产业园区有两家，分别为成都锦里民俗休闲街和成都蛟龙紫荆影视城，平均面积0.85万平方米。

四川省休闲娱乐型文化创意产业园区基本情况　　　　表 2-2-146

序号	园区名称	面积（万平方米）	概况
1	成都锦里民俗休闲街	0.20	锦里民俗休闲街位于四川省成都市武侯祠旁，是成都市首座以传统川西古镇为建筑风格的旅游休闲街区，集旅游购物、休闲娱乐为一体。街区全长350余米，有茶坊、客栈、酒楼、酒吧、戏台、各种风味小吃、工艺品、土特产等等
2	成都蛟龙国际紫荆影城	1.50	蛟龙国际紫荆影城坐落于蛟龙工业港双流园区，是目前西南地区巨资打造的独栋式电影城。影城占地6000余平方米，共4层，9个影厅，1200余席座位，五星级酒店式的豪华售票大厅面积800余平方米，层高8米，是全西南面积最大的售票大厅。影城拥有2个豪华多功能贵宾厅，设施齐全

（4）混合型园区分析

截至2016年，四川省混合型文化创业园区共有52家。其中，安仁中国博物馆小镇面积最大，达5690.00万平方米；A4当代艺术中心面积最小，为0.18万平方米。

四川省混合型文化创意产业园区基本情况　　　　表 2-2-147

序号	园区名称	面积（万平方米）	概况
1	成都红星路35号文化创意产业园	2.00	2008年年底，红星路35号开园，成为中国西部首个文化创意产业园。四川长虹设计中心、洛可可设计公司、浪尖设计公司、嘉兰图设计公司和艾玛设计公司等国内顶尖工业设计公司入驻园区。目前，红星路35号已聚集近百家创意企业，基本形成工业设计、数字娱乐和设计广告三大主力产业集群
2	成都青羊绿舟国家级创意产业园	1022.04	青羊绿舟是成都中心城区郊区"198"区域的大型复合型项目，2008年被列为成都市重大产业项目。项目总占地15300余亩，总投资达100亿元。整个地块规划为5个区域，分别为A、B、C、D、E区，5个区域将打造成不同风格的主题总部园城。以国际非物质文化遗产博览园为核心，联动园区内运动、绿岭、中华情、滨河四大公园，形成以文化旅游和总部经济为核心的复合型生态产业集群
3	成都蓝顶艺术区	100.00	蓝顶艺术区是以当代原创艺术为引领的创意产业区，已成为四川省级文化产业示范基地。艺术区规划面积1500亩，计划总投资6亿元。区内规划包括以公益性美术馆为核心的公共文化服务机构、艺术中心、公共艺术街区、数百个艺术家工作室、艺术仓储中心、雕塑、摄影、动漫等相关衍生创意产业总基地和艺术酒店、艺术衍生品展示中心、时尚商业、旅游服务机构等
4	成都东村创意产业园	4.68	项目地处成都东村核心区内，位于全国首个4A级农家乐旅游景区三圣乡红沙村景区西侧。项目用地70.46亩，用地性质为商业金融业用地，绿化率不小于30%，建筑密度不大于40%，容积率3.0~5.0
5	成都天府软件园	370.00	成都天府软件园是中国10个软件产业基地之一，是国家软件出口创新基地、国家服务外包基地城市示范园区，位于成都高新区南部园区核心地带。园区规划建筑面积220万平方米，已开发建筑面积130余万平方米。作为成都发展软件与信息服务产业的重要载体，天府软件园已成为成都软件与信息服务产业的核心聚集区
6	绵阳126文化创意园	2.80	绵阳126文化创意产业园区目前有图书馆、餐厅、酒吧、琴房、花园草坪婚礼庆典、摄影工作室、陶艺馆等业态的50余家机构入驻。园区将打造为具有原工业文化遗产底蕴和创意设计氛围的综合性文化创意园区，以项目引进实现创意商品的生产、展示、交易和高端创意酒店、个性图书馆、特色餐饮等特色配套服务
7	成都西村文化创意产业园	20.00	成都西村文化创意产业园包括西村1号（西村·贝森大院）、西村5号写字楼、西村3号创意别墅群，总占地面积近百亩。西村大院是成都西村的重点项目。项目地处金沙板块和光华板块的结合区域，既享有金沙古蜀文明之传承，又坐拥内光华日益成熟的社区和商业资源，具有优越的地理位置
8	成都西村·贝森大院	4.20	成都西村·贝森大院是成都西村体量最大、业态最丰富的部分，定位于以院落办公和特色文化商业为核心的创意生活集群。大院占地面积约4.2万平方米，总建筑面积13.5万平方米。大院致力于打造"成都生活方式中心"——以院落办公和特色文化商业为核心支撑，配套提供创意主题酒店、综合展演空间、楼顶跑道等个性化设施，建成后将成为国际级的创意产业生活集群
9	内江大千文化旅游产业园	18.34	内江大千文化旅游产业园是内江市打造的4A级风景区。由张大千纪念馆、大千园和西林公园合并而成。园内的西林公园中的西林寺，是川南著名的尼姑庙，始建于宋代。西林寺占地2万多平方米，寺庙的主体建筑由观音殿、大雄宝殿和文昌宫组成，均系翼飞式顶，屋脊刻彩色人物、兽、龙图像。另有主堂及尼众佛学院（旧址）等附属建筑。是内江市文物保护单位
10	成都国际非物质文化遗产博览园	113.33	国际非物质文化遗产博览园位于成都市青羊区光华大道二段，交通网络四通八达，毗邻光华大道、绕城高速、成温邛高速等多条城西主要交通干线，地铁4号线由东北向西南斜贯，并在博览园西侧与北侧设有两大主要站口。国际非物质文化遗产博览园立足于全人类非遗文化的传承和保护，以"记忆、传承、欢乐、和谐"为宗旨，把保护传承非物质文化遗产事业与打造特色文化产业有机结合，年吸引游客量达到800万人次以上

续表

序号	园区名称	面积（万平方米）	概况
11	A4当代艺术中心	0.18	A4当代艺术中心是由成都万华房地产开发有限公司全资投资的一间非营利性的、专业的当代艺术机构。中心成立于2008年3月，位于成都麓山大道2段18号的麓镇湖畔区域，总建筑面积1823平方米。A4当代艺术中心除举办当代艺术展览以外，更以各类艺术形式投身社会公益事业，积极开展各类慈善公益活动，同时持续推进下属两大公益计划：四川地震灾区公益救助计划、高校当代艺术教育培训计划
12	宽窄巷子	32.00	宽窄巷子是成都遗留下来的较成规模的清朝古街道，与大慈寺、文殊院一起并称为成都三大历史文化名城保护街区。宽窄巷子古街市位于成都市蜀都大道西端金河宾馆北面，东接长顺上街，西通西城根街，全长约500米，是一处独具老成都民居特色的文明街
13	大北川禹羌文化产业园	20.04	项目位于四川省北川县新县城北部浅丘边缘，用地为北川新城规划用地的13~16号地块，规划用地面积16公顷。项目地多为平缓起伏的山地丘陵地带，顺义河穿13号地块而过，形成独特的自然景观。地域、民族特色浓郁的禹、羌文化是一笔宝贵的精神财富，也是可供开发利用的文化旅游资源
14	德阳绵竹年画村	400.00	位于绵竹市孝德镇的年画村，距绵竹市区5公里，规划占地面积4平方公里，以年画商品生产、加工基地建设为主业，以盛唐实业集团水果之王"甜耳朵"和"爱心玫瑰谷"种植项目为特色，结合灾后新农村建设，力争建成国内外著名的精品型乡村民间工艺文化旅游景点和灾后重建国际高新农业样板工程。年画村1018户村民中，固定从事年画制作的有近百人，人均年收入超过8000元；业余制作人员200多人，人均年收入超过5000元
15	遂宁市观音文化产业园	40.00	项目以观音文化为主题，园区长4.5公里，宽50米到180米不等。设定面向心灵度假的五个观音文化节点，包括心灵洗礼区段、心灵磨炼区段、心灵放松区段、心灵释放区段、心灵平安区段，提供给市民、游客一个流连忘返的空间环境，亲身体验观音文化的氛围，让心灵回归观音故里
16	泸州黄舣美酒文化创意产业园区	300.00	该创意产业园区位于泸州长江美酒湾项目的第二区段。长江美酒湾规划布局为"两廊四段"。"两廊"即长江上游最美风景廊道和百里水景廊道；"四段"即大张坝生态CBD、产业综合发展区、长江原生态风情带、弥陀度假乡城。投资金额达11.5亿元
17	成都望丛文化产业园	480.00	产业园由郫县政府与成都花样年华望丛文化发展有限公司共同打造。望丛文化产业园首个项目郫花路道路改造工程于2010年9月启动建设。该道路全长2.2公里，宽40米，两侧各15米绿化，工程总投资约1.2亿元
18	成都牧马山天府国韵文化产业园	186.90	项目位于双流牧马山胜利镇片区，规划面积2804亩。牧马山天府国韵文化产业园拥有丰富的原生文化资源，具体包括古蜀文明、三国文化等。项目核心景观——牧山湖的修建，为打造这种古镇市集提供了良好的水资源条件
19	羌王城文化产业园	1000.00	四川安县羌王城文化产业园位于四川省安县境内，以安县罗浮山为中心，占地面积10余平方公里，建筑面积超过60000平方米，已投资总额超过10亿元，规划投资86亿元。该产业园由安县文化旅游发展有限公司为开发主体，由成都理工大学旅游与城镇规划研究所、西南交通大学、四川大学、西南民族大学、四川省社科院等专家教授联合策划
20	四川青城山文化产业园	16.74	青城山文化产业园是一个依托世界级文化遗产——青城山和悠久的古蜀文化遗址——芒城遗址，致力于传承文明、传播文化、发展产业的大型文化产业园区。产业园项目规划包括：芒城文化遗址公园、芒城小镇、沙沟河影视文化产业基地等
21	成都国家广告产业园	30.80	成都国家广告产业园现有面积125亩，拥有7栋广告专业楼宇，总面积30.8万平方米。园区以红星路35号为核心，涵盖锦江区范围内红星路广告传媒出版走廊、锦江创意商务区新媒体发展基地和成都东村广告创意总部发展基地等点位。园区以"一廊两园""一园多点"的空间规划为基础，形成了创意广告基地、数字广告基地和传媒广告基地的产业功能布局。2014年4月，园区正式获批升级为"国家广告产业园区"
22	自贡龙乡文化产业园	2000.00	自贡龙乡文化产业园位于大安区。园区规划面积20平方公里，规划投资120亿元，将建成以休闲、养生、度假、娱乐、居住、文化体验游览的产业群。产业园以燊海井、恐龙博物馆、江姐村为中心，概称"一园三景"：以展现"千年盐都"主题文化的中华盐文化博览园；以展现"恐龙之乡"恐龙主题文化的中华恐龙文化生态园；以展现红岩经典文化的江姐红色文化示范园
23	成都汇融国际广场	30.00	成都汇融国际广场占地面积53亩，总建筑面积约30万平方米，是集大型卖场、写字楼、酒店、餐饮休闲娱乐于一体的地标性大型商业中心。汇融国际分为两期开发。一期为：高端家具展厅卖场、国际星级酒店、超甲级写字楼、拎包入驻型写字楼。二期为：停车楼、酒店式公寓。一期展厅总面积达11万平方米
24	成都市新都区北村艺术区	0.80	北村艺术区位于成都市新都区宝光寺旁的西北村，由马一平、何多苓、刘勇、刘虹、王承云、王龙生等著名艺术家利用现成大框架厂房改建而成。北村艺术区一期总面积8000平方米，由6间超大型厂房及周围的38间平房组成。目前已经有40多位艺术家签约入驻，并且队伍还在继续壮大
25	成都天府创意产业园	6.41	园区坐落于成都高新西区西芯大道与天宇路交界处，项目定性为以中小型企业的总部办公、科研中心为主的高品质生态商务办公群落。天府创意产业园一期约2万平方米生态办公区已成功引进五粮液集团旗下最大高科技企业集团普什集团入驻。项目二期商务别墅建设用地面积43822平方米，总建筑面积44086平方米，容积率低至1.006，建筑密度仅31%，绿地率高达40%

续表

序号	园区名称	面积（万平方米）	概况
26	博瑞·创意成都	16.00	博瑞·创意成都是四川博瑞麦迪亚置业有限公司开发的首个超甲级写字楼，总建筑面积超过9万平方米。项目凭借低碳环保、宽大的空中商务生态舱、四米层高的通透空间及超强抗震的硬件条件，并配备全球顶级专属物业服务，荣获2010年成都楼市最值得期待楼盘（写字楼）大奖。博瑞·创意成都项目以开发科技孵化楼为基础，意在打造成都文化创意产业的综合平台。项目分为两期建设，全部建成后总面积将超过160000平方米。项目首期投资3.95亿元人民币，建设面积91000平方米
27	安仁中国博物馆小镇	5690.00	成都安仁中国博物馆小镇距成都39公里，占地面积56.9平方公里。小镇共有保存完好的中西合璧的老公馆27座，现代博物馆（展示馆）35座，文保单位16处，藏品800余万件，国家一级文物343件，现存文物的价值和规模、拥有博物馆的数量，在全国同类小镇中首屈一指，先后被建设部、国家文物局授予"中国历史文化名镇"，被中国博物馆学会冠名为"中国博物馆小镇"，被中国文物学会授予"中国文物保护示范小镇"，被国家住房城乡建设部授予"国家园林城镇"
28	川北民俗文化园	1.33	川北民俗文化园为国家AAA级旅游景区。景区以森林、湖泊和川北民俗文化为依托，有上百种国家珍稀植物和国家级保护动物。景区总面积20平方公里，其中核心规划面积6.23平方公里，规划5个核心区、3个后备区。核心区包括：川北饮食文化区、川妹子文化区、金莲婚嫁区、生态静赏区、女儿湖湾区。川北民俗文化园一期依山而建，傍水而立，建有民俗文化博览园。园内有800平方米的民俗文化长廊、独具地方特色的民俗浮雕墙、情歌艺术墙、3000余平方米的婚庆广场、游客购物中心、影剧院、水上游乐项目、"山韵"主体大酒店等旅游配套设施
29	巴中市南龛文化产业园	1380.00	南龛文化产业园建设项目总体规划面积13.8平方公里，控制性规划面积3.8平方公里，核心区0.6平方公里。规划建设历史文化体验区、红色文化展示区、快乐文化体验区、文化产业创意园、商业会展区、休闲度假区、生态观光宜居社区等七个主体功能园区
30	女皇文化旅游园区	未知	该项目位于广元市城区西翼核心区，东起皇泽寺、千佛崖4A景区，西至宝轮镇，南起经开区，北邻天翠山国家森林公园、白龙湖国家风景名胜区；包含女皇故居、天翠山旅游文化产业园、109三线文化遗址园，旅游度假区，菖溪河、紫兰湖水上运动休闲区，天翠山乡村旅游带等项目。该项目总投资达53亿元。项目全部建成投产后，每年可实现收入26亿元，利税总额8.5亿元
31	眉山东坡文化产业园	未知	眉山市以东坡文化为特色发展文化产业，打造以"一城、一湖、一岛、一楼、一观、一路、一带和四园"为重点的东坡文化核心区。规划改造以三苏祠、中华东坡国医馆、东坡书院、文化街区（纱縠行）为重点的三苏文化产业园；建设完善苏洵、苏轼、苏辙和苏母四大文化主题公园，提升现有城市公园文化品位
32	成都彭州影视城	未知	彭州影视城是投资千万元的星级电影城，位于彭州市联升街繁华的商业中心。影城二楼设有四个国际标准放映厅，采用世界顶级超宽影幕，美国QSC功放等先进的设备设施视听效果完美，梯阶式航空座椅，可容纳观众近1000人
33	四川娇子创意产业园	未知	产业园位于成都金牛区国际商贸城的核心区，是四川省最有特色的创意产业集中发展区和文化艺术产业聚集区

（5）地方特色园区分析

截至2016年，四川省地方特色型文化创意产业园区共有3家，分别是广汉市三星堆文化产业园、阿坝州九寨沟演艺产业群以及火锅文化产业园。

四川省地方特色型文化创意产业园区基本情况　　　　表2-2-148

序号	园区名称	面积（万平方米）	概况
1	广汉市三星堆文化产业园	2000.00	三星堆文化产业园位于四川省广汉市市区与三星堆遗址保护区之间，规划面积20平方公里，启用面积6.7平方公里，已建园区基础设施配套齐全。启动区依托三星堆文明和古蜀文化，通过引进资本、技术和创意，重点发展高等艺术教育、文化主题公园、和谐人居小镇等文化旅游产业项目，带动文化旅游及相关产业的集聚发展
2	阿坝州九寨沟演艺产业群	33.30	九寨沟演艺产业群于2006年5月初被文化部命名为国家文化产业示范基地。该演艺产业群由10家艺术团组成，总投资2.4亿元。能同时接纳8000多游客观看演出

2.2.24 贵州省

1. 贵州省文化创意产业园区发展概况

（1）贵州省文化产业概况[①]

2014年，贵州省文化产业增加值296.85亿元，比上年增加87.13亿元，增速41.55%；文化产业增加值占全省GDP比重3.21%，比上年上升0.59个百分点；文化产业单位12911个，比上年增加1213个；从业人员36.48万人，比上年增加3.66万人。

2014年，全省民营文化企业8506家，实现增加值165.02亿元，占全省文化产业增加值的55.59%；从业人员129498人，占全省文化产业从业人员的35.50%。2014年，贵州省文化产业个体工商户51336户，实现增加值69.68亿元，占全省文化产业增加值的23.48%；从业人员158608人，占全省文化产业从业人员的43.48%。两者合计共实现增加值234.7亿元，占全省文化产业增加值的79.07%；从业人员288106人，占全省文化产业从业人员的78.98%，民营文化产业已发展成为我省文化产业的重要力量。

（2）贵州省文化创意产业园区数量

截至2016年，贵州省文化创意产业园区有29家，与2015年的文化创意产业园区数量持平。

2010—2016年贵州省文化创意产业园区数量增加情况　　表2-2-149

年份	园区数量（家）	园区增加数量（家）
2010	4	0
2011	14	10
2012	23	9
2013	25	2
2014	28	3
2015	29	1
2016	29	0

（3）贵州省文化创意产业园区类型分布

贵州省文化创意产业园主要模式分为产业型、艺术型、混合型、地方特色型。从云南省文化创意产业园区类型分布情况看，混合型园区占主要部分，产业型园区和地方特色型园区次之，其他类型数量相对较少。截至2016年，混合型园区数量达到了16家。

2016年贵州省文化创意产业园区类型分布情况　　表2-2-150

类型	园区数量（家）	园区数量占比（%）
产业型	6	20.69
艺术型	2	6.70
混合型	16	55.17
地方特色型	5	17.24

2. 贵州省文化创意产业典型园区调查

（1）产业型园区分析

截至2016年，贵州省共有6家产业型文化创意产业园区，平均面积45.48万平方米。其中，贵阳数字内

---

① 该部分数据和资料来自贵州省统计局《2014年贵州省文化产业统计报告》。

容产业园面积最小，仅有2.7万平方米；贵州文化出版产业园面积最大，达到了200.40万平方米。

贵州省产业型文化创意产业园区基本情况 表2-2-151

序号	园区名称	面积（万平方米）	概况
1	贵阳数字内容产业园	2.70	贵阳数字内容产业园位于白云经济开发区，是贵州省唯一以动漫为主导，涵盖网络游戏制作、计算机软件开发、衍生产品加工的专业园区。产业园占地42亩，建筑面积2.7万平方米，集物业管理、商务、技术服务为一体，具备孵化、研发、培训、服务、产业化基地等功能，是培育和扶持数字内容企业的服务机构和有效载体
2	贵州出版集团公司数字出版物流基地	33.40	该项目占地约500亩，建设面积约15万平方米。项目建成后，将借助高新科技生产力突破传统生产工艺，实现产业升级，以创意设计、数字出版、动漫制作、数字制版、数字印刷为龙头，配合仓储、物流，实现产业聚合，形成一元为主多元发展的态势。可承接传统出版物、数字制版、数字印刷、动漫作品、高端商标包装的创意设计及仓储物流服务
3	贵州文化出版产业园	200.40	贵州省拟从龙洞堡食品轻工业园建成文化出版产业园。园区规划占地总面积3580亩，建设用地2000多亩。产业园涉及印刷出版、高档装潢装饰、文化创意、动漫等多项文化产业
4	贵州省赫章县夜郎文化产业园	33.40	园区首期用地规模500亩，总投资30亿元。园区规划包括：夜郎古城恢复重建区、夜郎历史文化一条街、夜郎博物馆、夜郎文化创意产业园、民族风情园、夜郎主题公园、夜郎文化小镇和旅游酒店建设
5	金沙县文化园区	3.00	园区由公共文化区和文化产业区两部分组成。公共文化区是园区的核心部分，以文化馆、图书馆、博物馆、影剧院、会展中心等公益文化设施为主；文化产业区以图书城、字画、广告、工艺品、花鸟等文化用品商铺和制作加工场所为主
6	小河三江口文化创意产业园	未知	贵阳小河区投资7000万元，在小河三江口地段建设文化创意产业园区。据初步规划，文化创意产业园区将建设成为一个开放性的多功能市民创意公园。园区内不仅建设小型会展中心、图书馆、体育娱乐设施等互动性创意项目，而且还引进生产线进行电子游戏、动漫产品的外包装生产，建成后年产值可达3000万元左右

（2）艺术型园区分析

截至2016年，贵州省共有2家艺术型文化创意产业园区，平均面积73.67万平方米。其中，贵阳219文化创意广场有0.6万平方米；贵州民族文化特色园达到了146.74万平方米。

贵州省艺术型文化创意产业园区基本情况 表2-2-152

序号	园区名称	面积（万平方米）	概况
1	贵阳219文化创意广场	0.60	贵阳219文化创意广场发展规划分3期，在设计和艺术的范围内，着力于贵州非物质文化遗产、文化创意产业，期望以此实现设计和艺术类产业产、学、研的有机整合，由此推动贵州非物质文化遗产及文化创意产业的发展，向外输出具有专业性和竞争性的作品和产品，提升区域产业水平，打造并实现贵阳市双中心区概念，即：商业中心、文化艺术中心。进而发展成为贵州重点文化产业园
2	贵州民族文化特色园	146.74	贵州民族特色文化园总占地面积2200亩，分成三个区域，第一区域是功能文化培训区占地1200亩，第二区域是民族文化旅游区，占地800亩，第三区域是民族温馨家园及特色民族丧葬文化区，占地200亩

（3）混合型园区分析

截至2016年，贵州省共有16家混合型文化创意产业园区。其中，贵阳1958文化创意园面积最小，有5.61万平方米；三穗县文化产业园面积最大，达到了1800.00万平方米。

贵州省混合型文化创意产业园区基本情况 表2-2-153

序号	园区名称	面积（万平方米）	概况
1	遵义1964文化创意园	10.00	遵义1964文化创意园占地105亩，总建筑面积10万平方米。园区以贵州长征电器集团公司长征十二厂址为主体，于2014年被纳入遵义市八大旅游文化精品工程项目。园区将建设成为遵义市最有影响力的文化创意产业集聚区、弘扬三线精神的爱国主义教育示范基地、5A级旅游景区、中心城区重要的文化新地标
2	贵阳市民族文化产业园	66.80	贵阳市民族文化产业园由贵阳国家高新区与贵州民族学院联手打造。园区依托贵州民族学院对民族文化的研究成果以及高新区基础建设和技术平台，加快民族文化研究成果的生产力转化，共同建设民族文化产业园，探索创新民族文化与高新区相结合的发展模式，促进地方经济发展

续表

序号	园区名称	面积（万平方米）	概况
3	黔西南兴义两江文化创意产业园	15.00	产业园第一期是将兴义大道侧15公顷土地通过政府主导开发建设文化公园、文化创意核心街区和创意大厦，改善文化创意园的环境，塑造创意空间氛围，逐步吸引商家、艺术家入驻；第二期通过市场主导开发商业办公、文化住宅等，将兴义两江文化创意产业园建设成为集文化、创意、展览、商贸服务为一体的综合化园区
4	毕节乌蒙影视传媒文化产业园	6.68	产业园选址位于毕节市南部新区中心地带，项目首期开发用地100亩。产业园拟引进一批有发展潜力的广电新媒体高端企业及产业项目落户园区。该产业园从2011年开始实施，2020年全部建成
5	三穗县文化产业园	1800.00	三穗县文化产业园是一个包含文化创意、文化主题旅游、现代娱乐、文化演艺、文化会展及商业配套等多种产业于一体的复合型文化产业园区。园区主要分为4个主题区：文化创意产业园、文化体验园、民族风情园和文化生活服务园
6	兴义民族风情街	12.29	兴义民族风情街是为兴义市旅游提供服务的城市基础设施项目，项目占地122933平方米（184.4亩），总建筑面积13.3万平方米。项目由四期组成：一期为民族文化展示、商务接待、时尚休闲娱乐区；二期为时尚休闲专业街；三期为奇石花卉街区；四期为旅游商品展示、自驾旅游接待、特色餐饮区。项目总投资3.29亿元
7	贵阳1958文化创意园	5.61	1958文化创意园由1958年建造的贵阳龙洞堡生物制药厂（原土霉素工厂保留建筑）和新建同样风格的建筑组成。园区原始保留建筑占地约30亩，整个园区共占地56125平方米，建筑面积共计100890平方米。园区是贵州省创意产业的孵化基地，旨在形成具有较大影响力的文化产业创意孵化中心，为贵州省文化艺术展示提供一个高端的舞台，为游客提供一个前卫体验、休闲娱乐、参观游览的园区
8	贵州黔北记忆旅游文化产业园	400.00	贵州黔北记忆旅游文化产业园是由贵州著名企业实心人、贵州向黔进食品有限公司通力打造的一个4A级景区，是贵州省政府重点扶持的项目，总投资21亿元。园区以乐、吃、住、行、游开创中国原生态大型度假餐饮、住宿、科研、食品研发、文化展示、专业演出等多种业态形式的高端旅游度假胜地
9	贵州黔西南州文化产业核心服务区	未知	园区集会展、演艺、娱乐、美食、图书、工艺、网吧、健身等企业和服务机构于一体，可提供产品融资、交易等服务，打造中高端文化服务，并集中一批文化企业入驻，建立由创意广场、公共雕塑和音乐喷泉等组成的文化景观
10	榕江三宝文化产业综合园	未知	三宝文化产业综合园项目总投资33000万元，规划建成中心萨玛祠，修建萨玛表演广场、侗族服饰厂、侗族刺绣厂、侗族手工艺品加工厂、侗族文化风情一条街、侗族生态接待中心等项目，形成榕江文化产业经济带
11	中国（遵义）文化产业创意园	未知	该项目旨在打造集创意设计、数字传媒、动漫游戏、影视制作、文化旅游等为一体的中国（遵义）文化产业创意园区，借助文化产业园区建设推动文化产业集约化、规模化、品牌化发展，推进文化产业资源集聚和产业融合，促进文化产业升级，推动文化产业与高新技术的结合，使文化产业从劳动密集型向技术密集型转变，从低附加值向高附加值转变
12	贵州镇远文化创意产业园区	未知	产业园区建设内容包括文化艺术交流展示中心、画家作家写生创作休憩园、贵州镇远清影视城、中国绝恋人物塑像"爱情园"、非物质文化遗产博览园、文化创意产品生产及批发销售集散市场六大板块

（4）地方特色园区分析

截至2016年，贵州省共有5家地方特色型文化创意产业园区，平均面积37.80万平方米。其中，贵州毛南族风情园面积最小，仅有1.33万平方米；天柱县三星岩文化产业园面积最大，达到了173.68万平方米。

贵州省地方特色型文化创意产业园区基本情况　　　　　　表2-2-154

序号	园区名称	面积（万平方米）	概况
1	天柱县三星岩文化产业园	173.68	该项目位于天柱县城北郊，与县城毗邻，三面环水、一面靠山，地面较为平坦，东抵三星岩到便桥人工湖，西抵国营林场蚂蚁坡工场，南抵挑水缸采石场至黑岩垴坡，北抵冯马至炸药库采石场到拦河坝，有得天独厚的自然条件，已规划用地面积2600余亩，项目投资10亿元
2	贵州毛南族风情园	1.33	该园具有典型的毛南族木瓦干栏式结构建筑风格，占地20余亩。亭台、栏杆和有民族特色的阁楼依山而建，错落有致。园内建有停车场，有毛南文化特征的神牛门，有毛南族尊重的福地土地和毛南族民居文化陈列室，有大型民族文化表演场等设施，收藏上百件毛南族清末年间生产、生活用品，集人文环境和独特的民族风情于一体
3	贵州仁怀茅台古镇文化产业园区	未知	茅台古镇文化产业园区计划通过3年时间将茅台省级示范镇建设成为"贵州第一、全国一流、世界知名"的集工业、旅游为一体的世界名镇
4	清水江奇石文化产业园	未知	因清水江流域奇石的发现，清水石的收集、整理、展示、交流活动频繁。清水江奇石文化产业园通过藏石、赏石、交流活动，将尽情展示清水江奇石文化的丰富底蕴，目前已有奇石馆、店、园十余家

2.2.25 云南省

1. 云南省文化创意产业园区发展概况

（1）云南省文化产业概况[①]

《云南文化产业"十三五"发展规划》提出，到2020年，文化产业要成为国民经济支柱性产业。为了推动文化产业发展，2016年，云南省共争取到中央文化产业发展专项资金8515万元，扶持项目20个，重点以提升歌舞演艺品牌价值、推动文化产业与旅游、金融融合发展、海外华文书局建设及实体书店扶持等为主。同时，云南省级财政安排资金15710万元用于扶持文产项目52个，其中6640万元用于云南有线数字化整转及NGB项目贷款贴息、新华书店集团中小学教材教学用书发行工作流动资金贷款贴息等15个项目贴息补助，1900万元用于支持海外演艺节目和推广中国地面数字电视传输标准建设项目"走出去"。

（2）云南省文化创意产业园区数量

截至2016年，云南省共有32家文化创意产业园。

2010-2016年云南省文化创意产业园区数量增加情况　　　　表2-2-155

年份	园区数量（家）	园区增加数量（家）
2010	10	2
2011	16	6
2012	22	6
2013	25	3
2014	25	0
2015	30	5
2016	32	2

（3）云南省文化创意产业园区类型分布

云南省文化创意产业园主要模式分为产业型、艺术型、混合型、地方特色型。从云南省文化创意产业园区类型分布情况看，混合型园区占主要部分，其他类型数量相对较少。截至2016年，混合型园区数量达到了23家。

2016年云南省文化创意产业园区类型分布情况　　　　表2-2-156

类型	园区数量（家）	园区数量占比（%）
产业型	3	9.38
艺术型	2	6.25
混合型	23	71.88
地方特色型	4	12.5

2. 云南省文化创意产业典型园区调查

（1）产业型园区分析

截至2016年，云南省共有3家产业型文化创意产业园区。其中，楚雄州核桃产业园占地面积为46.7万平方米。

---

① 云南加大力度扶持文化产业文化资金"快准稳"助产业发展[EB/OL].http://yn.yunnan.cn/html/2017-10/06/content-4955456.htm，2017-10-06

云南省产业型文化创意产业园区基本情况

表 2-2-157

序号	园区名称	面积（万平方米）	概况
1	楚雄州核桃文化产业园	46.67	楚雄州大姚县核桃文化产业园由核桃文化饮食区、核桃文化观光区、核桃生态休闲区、核桃产品贸易区、核桃食品加工区构成，园区内设有核桃文化饮食街、核桃文化广场、核桃博物馆、核桃生态小区、核桃生态休闲园、核桃交易市场、核桃加工企业等项目，整个核桃文化产业园规划面积700多亩
2	云南云酒文化产业园	未知	云南云酒文化产业园主要由云南酒文化博物馆、云南酒类博览中心、云南酒文化酒店、生产加工区、酒文化广场、产业配套加工区等8部分组成。其中，云南酒类博览中心集展示、对比、交流、交易于一体，拟对云南酒企和地方知名酒品牌免费提供展区
3	昆明世界女性文化公园	未知	项目以昆明"滇池睡美人"为大背景，在滇池北岸建设一个完全以女性文化为主题的公园，形成融观赏性、知识性、参与性、娱乐休闲为一体的特大型主题公园，以展现一个圣洁、温馨、美妙、充满阴柔之美的世界

（2）艺术型园区分析

截至2016年，云南省有2家艺术型文化创意产业园区，其中一家为云南映像，主要从事云南大型歌舞《云南映像》的表演及云南少数民族艺术文化和民间歌舞的商业化运作。

云南省艺术型文化创意产业园区基本情况

表 2-2-158

园区名称	面积（万平方米）	概况
云南映像	未知	大型原生态歌舞集《云南映象》已成为云南省标志性的艺术精品，并已进入中国国粹精品之列，在中国国内的巡演已达1000余场，遍布35个大中城市。云南映象文化产业发展有限公司的主要发展方向是传承和发展云南少数民族的艺术文化和民间歌舞，并按照国际化的管理及运作模式进行商业化操作
昆明同景108文化创意产业园	0.84	昆明同景108文化创意产业园原为云南轴承厂的废弃厂房车间，通过在保留现有老旧厂房的基础上，对老厂区进行升级改造，用最少的人工雕琢展现轴承厂的新面孔，使旧与新能够完美结合，为入驻的文化、创意、设计、传媒等行业企业提供优质办公环境。园区不仅是昆明市重点扶持的文化产业项目，还作为2013年五华区重点文化产业项目得到五华区政府的大力扶持

（3）混合型园区分析

截至2016年，云南省混合型文化创意产业园区数量有23家，其中，昆明泛亚文化传媒中心面积最小，仅为3.50万平方米；面积最大的为昆明石林台湾农民创业园，达13333.33万平方米。

云南省混合型文化创意产业园区基本情况[①]

表 2-2-159

序号	园区名称	面积（万平方米）	概况
1	金鼎1919文化艺术高地	5.20	金鼎1919文化艺术高地是昆明市首个以老厂房改造的特色创意产业基地，也是昆明市五华区重点文化创意产业集聚区，是文化创意产业孵化区，是融文化创意人才集聚、文化创意产品研发、展示、生产、交流、交易和消费为一体的文化艺术社区，同时也是兼具观光和深度体验功能的文化艺术旅游区
2	昆明泛亚文化传媒中心	3.50	泛亚文化传媒中心集传媒产业、文化创意园、生活区三大功能于一体，立足于为广播电视节目制作、播出、内容集成、视频播控、网络运营，报刊出版、发行，门户网站内容制作、运营管理，文化创意及其生产提供公共服务平台
3	云南省影视文化产业试验园	80.00	云南省影视文化产业试验园项目由云南文投集团和北京春天传媒集团联合投资，总投资额50亿元。项目选址于丽江拉市海地区，计划打造一个建筑面积80万平方米左右，集影视基地、湿地保护区、茶马古道文化主题村落于一体的文化产业园
4	昆明环球动漫海产业园	133.30	环球动漫海产业园是江苏凯旋数字文化产业基地有限公司在昆明五华区西翥生态旅游实验区投资新建的动漫体验园，规划以动漫游戏文化内容为依托，建设动漫文化体验园区，配套建设商业、酒店等设施，打造成为集休闲体验、生态娱乐、文化创意为一体的文化产业园区
5	昆明石林台湾农民创业园	13333.33	昆明石林台湾农民创业园是经农业部、国台办批准设立的第11个台湾农民创业园，是云南省唯一的台湾农民创业园，现已初步形成以春喜科技孵化中心为龙头的农业科技研发产业园，以锦苑花卉为龙头的花卉产业园，以万家欢为龙头的休闲观光农业园，以爱生行生物科技为代表的生物产业园，以圣火杏林国际养生度假村为代表的休闲观光养生度假园

---

① 部分园区基本信息及动态不完善，在此省略。

续表

序号	园区名称	面积（万平方米）	概况
6	昆明东南亚南亚大世界	100.00	东南亚南亚大世界是一个国际性的文化和商贸创意产业园，总投资逾60亿元人民币。按规划，东南亚南亚大世界是一个集中外商品展示交易、文艺展演、时尚娱乐、酒店住宿、商务办公、度假旅游、名特餐饮等多项功能于一体的综合性园区
7	昆明广告产业园	20.00	昆明广告产业园是昆明第一家以广告创意为主导的产业园区，集聚了云南及昆明优质广告资源，被批准成为中央财政资金重点支持发展的29个试点园区之一。产业园将建成8个公共技术及产品营销等服务平台，建设总投资将达到50亿元，集聚以广告创意、制作及营销为主导的企业
8	保山凤凰翡翠文化产业园	46.67	保山凤凰翡翠文化产业园项目选址保山市火车站片区，规划用地700亩，计划分三期建成。首期用地120亩，建设亚洲一流的翡翠玉石原料交易公盘，总建设面积为12万平方米，项目建设周期为24个月，总投资5亿元
9	紫云青鸟云南文化创意博览园	15.13	紫云青鸟云南文化创意博览园共分三期建设：一期为国内文化产业加工区，占地113亩，建筑面积17万平方米；二期为国际文化产品博览展示区，占地34.5亩，建筑面积6.4万平方米；三期为国际文化综合保税区，占地79.5亩。目前已有数十家品牌商家入驻，其中不乏著名珠宝品牌商家以及工艺界泰斗级人物
10	昆明西南联大创意产业园	6.67	产业园将充分发挥西南联大所倡导的"自由之研究精神"，依靠西南联大文化资源和昆明城市特色，建设一个汇集创意、创新、创造力量的创意先锋平台，让逐渐远去的西南联大文化重现光彩
11	个旧锡文化创意产业园	7.67	产业园规划面积达115亩，园区内共包括三大文化体验区域：商品购物广场、文化交流中心和生产加工区。目前，园区已建设完成800平方米的锡工艺品生产车间，近2000平方米的文化汇展中心，以及中国工艺美术大师及其他文化名人个人工作室等
12	昆明国家广告文化产业园	113.00	昆明国家广告文化产业园于2013年1月由昆明市人民政府批准设立，由先导核心区、拓展区及富民广告创意制作园组成，规划建设总面积113万平方米。其中，先导区位于金鼎科技园及其周边区域，建设规模12万平方米；拓展区位于泛亚科技新区，拟建设规模66万平方米；广告文化创意制作园位于昆明市富民县，拟建设规模35万平方米。园区按照"政府主导、市场运作"的投入机制，由五华区科技产业园管委会主管，云南成名广告文化产业园经营开发有限公司投资运营
13	玉溪瓷文化创意产业园	未知	玉溪瓷文化创意产业园依托"玉溪窑"深厚的历史文化底蕴，借助中国轻工业陶瓷研究所的技术力量，以玉溪最具地域特点的文化艺术元素为主题，打造以玉溪瓷文化为代表的融合其他特色文化元素的文化创意产业集聚地，形成玉溪新兴文化创意产业。玉溪瓷文化创意产业园计划投资3亿元，将建设陶瓷文化展览区、文化创意设计孵化区、文化创意旅游体验区、文化创意艺术品交易区、现代化陶瓷生产基地五个区域
14	红河风情文化产业园	未知	红河风情文化产业园定位为红河旅游活地图、红河游客集散地、红河文化精华展、红河特色美食街、红河旅游服务部，规划布局与法兰西风情小镇、北回归线康体旅游小镇、蒙自南部半山康体运动公园、两海片区开发、元远卧龙海开发、凤凰谷开发、个旧穆斯林小镇开发等项目互为掎角，各具特色、各展优势。园区规划不设任何门禁系统，采取开放式开发，科学布局公益性设施、商业性经营场所和配套服务设施，相得益彰，最终形成城乡一体的高端组团式发展的格局

（4）地方特色园区分析

截至2016年，云南省共有4家地方特色型文化创意产业园区，平均面积为486.98万平方米。其中，鹤庆县兰花文化展示交易园区面积最小，为1.20万平方米；楚雄文化创意产业园面积最大，达1500.00万平方米。

云南省地方特色型文化创意产业园区基本情况　　　　表2-2-160

序号	园区名称	面积（万平方米）	概况
1	丽江古城	380.00	丽江古城又名大研镇，位于丽江坝中部，北依象山、金虹山，西枕狮子山，东南方向是数十里的良田阔野。丽江是第二批被批准的中国历史文化名城之一，也是中国向联合国申报世界文化遗产成功的古城之一
2	西双版纳民族风情园	66.70	西双版纳民族风情园位于景洪西南1公里处的流沙河畔，占地面积66.7万平方米，其中，陆地面积53.4万平方米，水域面积13.3万平方米。整个园区分为南园和北园
3	鹤庆县兰花文化展示交易园区	1.20	鹤庆县兰花文化展示交易园区基础设施建设已初具规模，已建成占地1万平方米的兰花交易市场和2000平方米的兰花文化展示商铺。项目建设拟建立网上兰花交易平台，扩大宣传，拓展市场，规范市场行为，建成中国西南地区最大的兰花文化鉴赏、展示、交易中心
4	楚雄文化创意产业园	1500.00	该项目选址在禄丰县罗川镇，总开发面积15平方公里，以文化产品设计、生产、营销为内容，通过举办国际电影节、国际戏剧节等各种文化高峰论坛，着力打造具有重大影响的综合艺术区域和国际旅游目的地

2.2.26 西藏自治区

1.西藏自治区文化创意产业园区发展概况

（1）西藏自治区文化产业概况[①]

2015年西藏自治区文化产业实现产值30亿元，占全自治区GDP的2.8%，年均增长15.27%，超过全国平均增速。文化产业逐步成为助推西藏自治区经济发展新的支撑。

（2）西藏自治区文化创意产业园区数量

截至2016年，西藏自治区共有4家文化创意产业园区，分别为拉萨西藏文化生态园、拉萨大佛岛产业园区、拉萨藏毯产业园和西藏文化旅游创意园区。

2011—2016年西藏自治区文化创意产业园区数量增加情况　　　表2-2-161

年份	园区数量（家）	园区增加数量（家）
2011	3	3
2012	3	0
2013	3	0
2014	4	1
2015	4	0
2016	4	0

（3）西藏自治区文化创意产业园区类型分布

从西藏自治区文化创意产业园区类型分布情况来看，类型较为多元化，产业型、休闲娱乐型、混合型、地方特色型各有1家。

2016年西藏自治区文化创意产业园区类型分布情况　　　表2-2-162

类型	园区数量（家）	园区数量占比（%）
产业型	1	25.00
休闲娱乐型	1	25.00
混合型	1	25.00
地方特色型	1	25.00

2.西藏自治区文化创意产业典型园区调查

截至2016年，西藏自治区共有4家文化创意产业园，涵盖地方特色型、休闲娱乐型、产业型以及混合型多个类型。

西藏自治区文化创意产业园区基本情况　　　表2-2-163

园区名称	园区类型	面积（万平方米）	概况
拉萨西藏文化生态园	地方特色型	未知	园区以西藏音乐厅、西藏艺术宫、西藏艺术博物馆、民族艺术园林、民俗街为主要板块，以西藏音乐舞蹈展演、美术收藏精品和民俗生活艺术品展销、大型会展等为主体业态，配套有人才培训、信息研发、旅游客服、休闲娱乐等

[①] 西藏文化产业逐步成发展新支撑 [EB/OL].http://epaper.gmw.cn//gmrb/html/2017-02/09/nw.D110000gmrb-20170209-1-01.htm，2017-02-09

续表

园区名称	园区类型	面积（万平方米）	概况
拉萨大佛岛产业园区	休闲娱乐型	764.27	大佛岛产业园区距离拉萨布达拉宫广场18公里，是由拉萨贡嘎机场进入拉萨市区的门户，其南侧紧邻未来连接柳梧新区南区与乃琼区的拉萨四桥，地理位置非常重要。占地面积11464亩，南北长4.6公里，东西最宽处为2.2公里，呈南北两端窄、中部东西宽的橄榄型，地势平坦
拉萨藏毯产业园	产业型	未知	园区先后整合多家藏毯企业，以松散型企业集团经营运行，加强农牧与藏毯企业的合作，以"公司＋基地＋农户"的生产经营模式一体化发展
西藏文化旅游创意园区	混合型	800.00	西藏文化旅游创意园区规划占地面积1.2万亩，是以文化旅游为主导产业，打造集民俗文化展示、民族手工艺品产销、演艺娱乐、酒店休闲、商贸观光于一体的文化产业聚集区

2.2.27 陕西省

1. 陕西省文化创意产业园区发展概况

（1）陕西省文化产业概况[①]

2014年，陕西省文化产业投资达766.49亿元，同比增长37.1%。其中，文化休闲娱乐服务产业投资额为427.89亿元，同比增长50.9%；文化创意和设计服务业投资达28.14亿元，同比增长84.8%。

2014年陕西省文化产业投资情况　　表2-2-164

指标	投资金额（亿元）	增长率（%）
文化产业投资合计	766.49	37.1
新闻出版发行服务	3.81	-20.4
广播电视电影服务	10.93	40.4
文化艺术服务	141.59	44.1
文化信息传播服务	20.06	166.3
文化创意和设计服务	28.14	84.8
文化休闲娱乐服务	427.89	50.9
工艺美术品的生产	25.56	117.6
文化产品生产的辅助生产	44.41	-3.4
文化用品的生产	47.69	-31.2
文化专用设备的生产	16.42	10.9

"十二五"期间，陕西省文化产业规模不断扩大，产值不断提高，GDP占比稳步提高。文化产业年均增长速度在30%以上，比同期GDP增速高16.7%。2016年1月份发布的《中共陕西省委关于制定陕西省国民经济和社会发展第十三个五年规划的建议》明确了陕西省文化产业"十三五"奋斗目标，即文化产业产值年均增长25%以上。

（2）陕西省文化创意产业园区数量

截至2016年，陕西省共有44家文化创意产业园，2016年陕西省文化创意产业园区新增数量为0。

2010—2016年陕西省文化创意产业园区数量增加情况　　表2-2-165

年份	园区数量（家）	园区增加数量（家）
2010	18	7
2011	26	8

[①] 该部分数据来自陕西省统计局。

续表

年份	园区数量（家）	园区增加数量（家）
2012	38	12
2013	41	3
2014	42	1
2015	44	2
2016	44	0

（3）陕西省文化创意产业园区类型分布

陕西省文化创意产业园主要模式分为产业型、艺术型、休闲娱乐型、混合型、地方特色型。从陕西省文化创意产业园区类型分布情况看，混合型园区占主要部分，其他类型数量相对较少。截至2016年，混合型园区数量达到了30家。

2016年陕西省文化创意产业园区类型分布情况　　　　表2-2-166

类型	园区数量（家）	园区数量占比（%）
产业型	4	9.09
休闲娱乐型	5	11.36
混合型	30	68.18
地方特色型	5	11.36

2. 陕西省文化创意产业典型园区调查

（1）产业型园区分析

截至2016年，陕西省产业型文化创意产业园共有4家，平均面积为13.38万平方米。其中，创意5号面积最小，为3.33万平方米；天地源·西安高新区创意产业园面积最大，达26.67万平方米。

陕西省产业型文化创意产业园区基本情况　　　　表2-2-167

序号	园区名称	面积（万平方米）	概况
1	天地源·西安高新区创意产业园	26.67	天地源·西安高新区创意产业园位于西安高新区二期范围内，毗邻丈八北路，位于团结南路西侧，科技六路两边。园区占地面积约400亩，由四大功能区组成，分别为创意办公区、增值服务区、创意居住区、体验商业区。园区主要聚集以数字类创意研发和创意设计为主的产业集群和从事时尚设计、文化艺术、创意类服务的产业。同时，园区为创意办公的人群提供休闲、居住、教育、会议、展览、体验、商贸等辅助功能
2	轩辕黄帝酒文化旅游产业园	19.84	产业园东临西延高速公路，南北长约1000多米，东西宽约150米，占地面积约267亩。计划总投资6亿元，一期投资3.5亿元。产业园依托黄帝陵得天独厚的文化资源优势，拟建酒文化展示馆、轩辕酒品酒村、酒文化和中华农耕文化塑像游览区、生态园林区等
3	西安数字内容与数字出版产业园	3.67	园区位于西安经开区草滩生态产业园西部，草滩九路和交大城市学院以西、尚稽路以南的西安服务外包产业园中心产业区内，地理位置优越，交通便利，规划占地55余亩，建筑面积约9万平方米。产业园重点围绕新闻出版业、广播电影电视音像业、文化艺术业、商业服务业、专业技术服务等行业，提供信息技术含量较高的数字化、网络化的信息产品或服务
4	创意5号	3.33	创意5号是集ILOFT创意办公空间与花园式生态办公环境的西安首家设计创意产业园。园区位于西安市幸福南路与建工路交汇处往北200米，建立在大华清纱院校内。创意5号总占地面积约50亩，改造后总建筑面积约4万平方米。整体规划为四大板块：创意展示交流中心、loft创意生态办公、创意街区以及大学生创业中心；集时尚创意展、loft创意办公空间、企业孵化、产业信息交流、人才培训、企业服务、创意商业集市及工业景观八大功能为一体的城市再生型产业园区

（2）休闲娱乐型园区分析

至2016年，陕西省休闲娱乐型文化创意产业园区共有5家。其中，西安曲江生态文化园面积最小，为4.14

万平方米；宝鸡周秦文化产业示范区面积最大，达3691.00万平方米。

陕西省休闲娱乐型文化创意产业园区基本情况　　　　表 2-2-168

序号	园区名称	面积（万平方米）	概况
1	宝鸡周秦文化产业示范区	3691.00	周秦文化产业示范区是陕西省文化产业示范基地、陕西省文化产业振兴规划重点建设园区和关中—天水经济区重大文化产业项目，被中国国际旅游文化专家委员会审核命名为"中国最佳周礼文化示范区"。产业区总规划面积36.91平方公里，建设周期为2009—2015年
2	西安曲江生态文化园	4.14	曲江新区拥有4个国家级文物保护单位，3个省级文物保护单位，4个国家AAAA级景区，形成了文化旅游、影视演艺、会展创意、传媒出版等多个领域形成产业链和产业集群，2010年被评为国家级生态区
3	陕西郑恒公国际文化产业园	334.00	陕西省华县郑恒公国际文化产业园项目坐落于华县工业园内，首期规划占地约5000亩，项目集华夏文化和中华文化之大成，中外文化融会贯通，以郑氏文化产业基地与大型主题公园组团相结合的方式形成大型的休闲度假产业园区。项目致力于打造中国最具特色的传统文化产业园
4	扶风佛文化休闲产业园	9.60	扶风佛文化休闲产业园项目东临关中风情园，北临西府古镇。项目规划建设面积9.6万平方米，分为佛温泉旅游区和旅游商业区两大功能区。其中，佛温泉旅游区建筑面积2万平方米，内设讲经堂、禅茶室、素食斋、文化书院等佛文化休闲体验项目，以及佛温泉旅游体验项目；旅游商业区建筑面积7.6万平方米，主要由仿古景观步行商业街、特色商业水街及院落公寓组成，为购物休闲街和旅游观赏景观街，设计吸纳佛文化、周文化、秦文化和民俗文化等元素，设有五大主题文化广场及情景式雕塑群等景观
5	华阴华山民俗文化产业园	4.38	该园区基于地理位置的现状及历史脉络，沿西岳庙至华山的古柏行为轴线，展现华山文化、渭南文化、关中文化、宗教文化、拜山文化等为主的文化主题广场，并穿插摆布以展现渭南各地民俗文化为主的民俗风情园，将渭南各地的文化精品、民间艺术和风味小吃等展示给广大游客

（3）混合型园区分析

截至2016年，陕西省混合型文化创意产业园区共有30家。其中，面积最小的为西安纺织城创意产业园区，仅为2000平方米；面积最大的为西安曲江新区国家文化产业示范园区，达4097.00万平方米。

陕西省混合型文化创意产业园区基本情况　　　　表 2-2-169

序号	园区名称	面积（万平方米）	概况
1	西安百亿兵器产业园	200.00	西安百亿兵器产业园是中国兵器工业集团公司与陕西省、西安市人民政府共同建设的国家级重点建设项目，总投资约100亿元，占地面积近3000亩。该项目立足于国家重点支持领域和兵器工业集团公司"千百亿"工程，积极融入陕西省、西安市重点发展的产业领域和产业集群，打造涵盖热成型加工、汽车零部件、薄膜锂电池、风电主轴等具有军工高技术背景和特色的高新技术产业集群，形成行业领先、军民结合的百亿产业集团
2	西安中华汉文化园	66.80	西安中华汉文化园位于蓝田县洩湖镇，规划面积1000亩，总投资8亿元，建成后将成为古城西安悠久历史文化展示的新亮点。文化园依照汉文化风格设计，由"一园两院"组成，一园即"汉文化园"；两院即"汉文化学院""长安国际珍宝艺术学院"。西安中华汉文化园集汉文化展示、教学、体验与国际交流、旅游为一体，将建成开放式的国际文化交流平台
3	陕西榆神工业区文化产业园	3000.00	该文化产业园位于榆神工业区西南部，规划面积30平方公里，距榆林市城区15公里，半径50公里内涵盖锦界工业园、清水工业园、榆树湾新材料产业集群。文化产业园目标定位为中国能源城市的综合配套示范基地。文化产业园以煤工业文化、大漠文化、顶级休闲娱乐文化为特色
4	陕西广电网络产业园	40.00	陕西广电网络产业园总投资额近100亿元。产业园依托以"文化基金+贷款担保+风险投资+财税补贴+房屋补贴"五大举措为主要内容的文化产业扶持体系，一期已经形成了总面积20万平方米的曲江创意文化产业聚集区，聚集近800家文化企业，涵盖会展、影视、演艺、动漫、出版、传媒、网络、美术、创意设计、广告等20多个门类
5	西安798纺织城文化创意区	0.20	西安798纺织城文化创意区有50余位艺术家的工作室，包含油画、陶艺、雕塑、摄影、服装设计等各种形态的艺术门类。产业园区目前获得了政府较大的扶持，发展迅速
6	西安曲江新区国家文化产业示范园区	4097.00	园区以盛唐文化为品牌，以资源整合为手段，实施重大文化项目带动战略，先后建成了大唐芙蓉园、大雁塔北广场、曲江海洋馆、曲江国际会展中心等多项文化工程，策划开展了"曲江国际唐人文化艺术周""盛典西安文化活动""曲江国际文化论坛""曲江国产电影新人新作展"等一系列重大文化活动，建立了自己的非物质文化遗产保护基地，逐步形成了独特的曲江文化品牌
7	西安碑林科技产业园	18.40	西安碑林科技产业园成立于1991年，是西安高新技术产业开发区的重要组成部分，由碑林区人民政府组织实施。园区占地面积276亩，已有270家企业入驻，其中高新技术企业70家。园区内配套设施完善，环境优美，工商、税务、行政等多种支撑服务体系齐全，成为高新技术企业孵化和成长的摇篮

续表

序号	园区名称	面积（万平方米）	概况
8	西安智巢产业园	5.16	智巢产业园是西安经济技术开发区管委会立项建设的项目。该项目位于西安经济技术开发区草滩生态产业园，尚稷路以北、草滩十路以东、锦станов三路以西，项目一期占地面积42.8亩
9	陕西华商文化产业园	18.60	陕西华商文化产业园一个融传统报纸、杂志和现代信息网络、内容创造为一体，代表传媒产业新兴发展方向的、具有国际先进水平的现代传媒产业区，项目内容包括传媒产品加工区、传媒培训教育区、传媒产业研究院、传媒文化艺术博物院、传媒发行物流区、综合服务区等
10	陕西渭南黄河金三角文化创意园	270.00	项目规划总面积2.7平方公里，包括基础设施建设和服务设施建设两部分。主要分为三大区域：一是黄河、渭河、洛河三河交汇处及"万里黄河第一湾"形成的大面积带状滩涂湿地；二是与湿地相连的泉湖游览区，水面约1000亩；三是潼关古城及周围的古土台塬地带
11	西安高新区现代文化产业创业园	3.00	高新区现代文化产业创业园坚持"龙头企业+完整产业链+规模产业园区"的发展思路，以建设国家数字出版基地和国家文化与科技融合创新示范基地为突破口，引进国际国内知名创意企业，重点发展数字出版、动漫游戏、移动互联网及影视制作四大产业，促进文化与科技融合，大力发展文化创意产业，园区整体创新能力、国际影响力及人力资源配置力进一步优化
12	陕西动漫产业园	10.02	产业园占地150亩，位于西安市高新区，总投资7.5亿元。该项目主要投资方为中央电视台。产业园吸引国内外顶级动漫企业与本土动漫企业300余家入驻区，年产值40亿~50亿元
13	陕西国家广告产业园	300.00	陕西国家广告产业园位于西安市国际港务区核心地段，项目规划总占地面积3平方公里，北至潘骞路，南到广场南1路，东至港务中路，西接灞耿路，总投资50亿元。园区用地主要分为产业办公用地、综合配套用地、综合广场用地及外围休闲绿地用地，功能区主要分国际广告展示区、广告传媒集聚区、高端商务配套区、文化创意总部区、环球创意体验文化园五大功能分区
14	陕西广播产业园	20.00	陕西广播产业园将逐步建设节目创意制作中心、广播产业运营中心、广播音像出版中心和广播培训中心等项目
15	西安纺织城创意产业园区	0.20	园区配套有DIY纺纱、织布、印染体验馆，另有艺术餐厅、冰激凌、咖啡、酒吧连锁店以及时尚生活经营品和特色工艺品一条街
16	西安华陆世界之窗创意产业园	2.70	华陆世界之窗创意产业园由15层商务大厦、4层独栋商务酒店、3层独栋商业中心以及沿街商业旺铺组成。产业园配有员工餐厅、企业会议室、展示交流厅、商务酒店。产业园将配合碑林区政府，集聚整合相关资源，着力打造综合服务平台。该平台将致力于对入驻企业的培育，鼓励企业创新经营模式，将科技、文化、创意行业中涉及的各个环节整合起来，形成一个产业集群
17	宝鸡西秦刺绣产业园	6.67	西秦刺绣产业园分为西秦刺绣文化产业展示区、培训中心、西秦刺绣体验城三大区域。产业园以抢救、保护、展示、传承、弘扬非物质文化遗产为理念，着力打造西部乃至全国现代化文化产业示范园区
18	延安民俗文化影视城	20.00	延安民俗文化影视城由延安怀玉民俗文化发展有限责任公司斥巨资打造，集教育修身、观赏游览、互动游乐乡村休闲为一体。项目总投资2.8亿元，占地300亩。已建成陕北窑洞群83孔，庄园两处，以及仿古城墙、瓦房、地宫、小窑洞、大型景观雕塑、千余平方米的两层展厅，和可容纳2000人的演艺大厅和景观人工湖等，并且免费向游客提供50多种陕北风味小吃
19	延安黄帝陵人文始祖文化园	2400.00	园区由中心向外扩散，分成三级文物保护范围：一级保护范围包括墓园和庙院，包括黄帝陵墓冢、"桥山龙驭"碑、"汉武仙台"、庙院内的古碑、名碑，以及"手植柏""挂甲柏"等现有古柏将受到严格保护；二级保护范围包括陵、庙所处的桥山山体与山前空间。同时，园区内还将建设黄帝文化博物馆

（4）地方特色园区分析

截至2016年，陕西省共有5家地方特色型文化创意产业园。其中，面积最小的为宝鸡市陈仓民俗文化产业园，为3.34万平方米；面积最大的为西安唐文化陶瓷产业园，为387.44万平方米。

陕西省地方特色型文化创意产业园区基本情况　　　　表2-2-170

序号	园区名称	面积（万平方米）	概况
1	安塞县黄土文化产业开发有限公司	未知	陕西省安塞县黄土文化产业开发有限公司以"创立黄土文化品牌，打造特色文化产业"为目标，依托陕北黄土文化资源，对安塞民间艺术文化进行保护、挖掘、利用，先后投资400多万元，精心打造了安塞腰鼓、剪纸、农民画和陕北民歌等文化品牌
2	安康文庙文化旅游产业园	未知	安康文庙文化旅游产业园按照历史原貌和规制，重建东西厢房、戟门、棂星门、泮池、牌楼、照壁、礼门、义路、崇圣祠、忠义祠、孝悌祠、名宦祠、乡贤祠、次东西二庑、文星塔或尊经阁，新建碑石展馆和民俗展馆；实施绿化、安全、服务设施建设工程
3	西安大唐国瓷园	387.44	总投资约24.7亿元的大唐国瓷园，位于西安铜川高速铜川新区出口西北部，交通便利，周边旅游资源丰富，规划面积为3.86平方公里，采用"政府+城市运营商+开发商"的开发模式建设唐文化陶瓷产业园

续表

序号	园区名称	面积（万平方米）	概况
4	延安5.23文化创意产业园区	40.08	延安5.23文化产业园区位于革命圣地延安新落成的西北川公园西侧，恰好在延安红色旅游和黄土风情旅游轴心线上，与著名的枣园革命旧址及延安干部学院、延安大学相毗邻，附近又有新落成的延安科技馆、图书馆、民俗展览馆和青少年宫等文化教育设施。园区占地600余亩，交通便利，地理位置优越。项目总投资15亿元，基础设施由延安市财政投资，其余部分主要通过银行贷款和招商引资来解决
5	宝鸡市陈仓民俗文化产业园	3.34	陈仓民俗文化产业园规划征地50亩，对文化资源进行科学规划和有效整合，以社火、马勺、脸谱为重点，吸引民间工艺家和艺人在基地落户，形成以社火、马勺、脸谱为龙头的规模化、集约化经营，从而带动泥塑、刺绣、剪纸、银器制作等民间工艺品产业的进一步发展，使陈仓区的文化旅游产业走上优势互补、共同发展的轨道

2.2.28 甘肃省

1. 甘肃省文化创意产业园区发展概况

（1）甘肃省文化创意产业规模[①]

2015年，甘肃省文化产业实现增加值157.09亿元，较2014年增长18.19%。在甘肃省各市（州）中，陇南市、张掖市、兰州市、临夏州发展相对较快。

相比2014年，甘肃省文化产业从业人数增加了12668人，法人单位数增加了937家，资产规模增加了24.18亿元。

（2）甘肃省文化创意产业园区数量

截至2016年，甘肃省文化创意产业园区有19家。

2010—2016年甘肃省文化创意产业园区数量增加情况　　　　　　表2-2-171

年份	园区数量（家）	园区增加数量（家）
2010	7	1
2011	7	0
2012	10	3
2013	16	6
2014	19	3
2015	19	0
2016	19	0

（3）甘肃省文化创意产业园区类型分布

从甘肃省文化创意产业园区类型分布情况来看，混合型文化创意产业园区占主要部分，其他类型数量相对较少。截至2016年，甘肃省混合型园区数量为16家，占比达84.21%。

2016年甘肃省文化创意产业园区类型分布情况　　　　　　表2-2-172

类型	园区数量（家）	园区数量占比（%）
产业型	2	10.53
艺术型	1	5.26
混合型	16	84.21

---

① 2015年甘肃文化产业实现增加值157.09亿元[EB/OL].http://gs.people.com.cn/n2/2016/0220/c183348-27773489.html，2016-02-20

2. 甘肃省文化创意产业典型园区调查

（1）产业型园区分析

截至 2016 年，甘肃省共有 2 家产业型文化创意产业园区，分别为兰州创意文化产业园和天水汉唐麦积山艺术陶瓷有限公司。

甘肃省产业型文化创意产业园区基本情况 表 2-2-173

序号	园区名称	面积（万平方米）	概况
1	兰州创意文化产业园	1.90	兰州创意文化产业园致力于以现代艺术为依托，融会历史文化沉淀，融合艺术创作交流、艺术品买卖、艺术品展览展示、艺术沙龙营造、三维创作、多媒体研发应用、动漫设计、艺术表演及娱乐、视听艺术鉴赏等于一体，是多功能创意产业平台，形成独具特色的产业发展集群
2	天水汉唐麦积山艺术陶瓷有限公司	未知	天水汉唐麦积山艺术陶瓷有限公司于 1998 年投资 160 万元成立，主要开发生产以天水文化旅游为主的旅游文化艺术品，于 2000 年正式投产，生产了具有天水特色的麦积山石窟雕塑 50 余种，壁画 26 种，大地湾彩陶 160 余种，伏羲文化艺术品 4 种。目前，公司拟建立一批新厂区，分三期工程：一期为旅游购物、停车场、环境美化以及四个场馆建设；二期为接待住宿、休闲娱乐、文化交流；三期为厂区生产扩建、筹建等

（2）艺术型园区分析

截至 2016 年，甘肃省有 1 家艺术型文化创意产业园区，即敦煌大剧院文化产业示范基地。

甘肃省艺术型文化创意产业园区基本情况 表 2-2-174

园区名称	面积（万平方米）	概况
敦煌大剧院文化产业示范基地	未知	敦煌大剧院文化产业示范基地是在原敦煌市电影院基础上改建而成的，其建设规模、建设标准及演艺设施在甘肃省均为一流，可以上演《丝路花雨》《大梦敦煌》等经典舞剧。2012 年被文化部命名为国家级文化产业示范基地

（3）混合型园区分析

截至 2016 年，甘肃省混合型文化创意产业园区共有 16 家，平均面积为 291.52 万平方米，面积最小的为兰州仁寿山文化产业园，为 2.40 万平方米；面积最大的为金昌骊靬文化产业园，达 2160.00 万平方米。

甘肃省混合型文化创意产业园区基本情况 表 2-2-175

序号	园区名称	面积（万平方米）	概况
1	庆阳香包民俗文化产业群	未知	庆阳地区大力开发以庆阳香包为代表的民俗文化产业，形成了具有区域特色的庆阳香包民俗文化产业群。目前，庆阳市香包民俗文化产业群集聚了 3 万多农户、15 万多农民，拥有 30 多个基地和 110 多家企业，年生产香包 500 万件以上。2007 年，当地民俗文化艺术产品销售收入达 1.54 亿元
2	兰州玫瑰文化产业园	150.00	兰州玫瑰文化产业园是全球首个以玫瑰为主题的集旅游、休闲、居住、商贸、婚庆、种植和加工为一体的主题文化产业园区
3	陇西李氏文化创意生态园	200.00	项目建设地点为陇西县巩昌镇火焰山，占地 3000 亩。整个景区建设内容包括游客服务区、陇西李氏文化创意生态园观景区、生态观光区、生态高效农业示范区、生态旅游度假区及基地建设。项目建成后的文化创意生态园将成为集陇西文化研究、文物保护、文化创意、旅游观光、休闲娱乐、影视基地为一体的文化生态园区
4	祁连玉文化产业园	157.69	祁连玉文化产业园总投资 3.5 亿元，集祁连玉展览、加工、交易、观赏为一体，是融合祁连玉文化传播、旅游观光、休闲娱乐等多功能的现代化园区
5	庆阳民俗文化产业园	100.00	庆阳民俗文化产业园区项目位于西峰区董志镇北门村，选址在董陈路南侧、纬五路北侧、经四路西侧、经二路东侧，总占地面积 1313 亩。庆阳民俗文化产业园区整体构思围绕"府""城""园"这条主线，以复原庆州府为载体，重点建设民俗与艺术、民俗与城市、民俗与未来、民俗与宗教四大主题板块，由历史符号、民俗文化、民俗餐饮、农耕文化、岐伯养生、儿童乐园、四合院宾馆、人才公寓、大师园 9 个文化产业及商业单元构成
6	兰州飞天文化产业园	20.60	飞天文化产业园占地面积 309 亩，规划建筑总面积 23 万平方米，基础设施建设投资估算 10 亿元。按照"三步走"的园区建设规划，园区分三步逐渐建立飞天文化物流园、数字出版创意园以及高新绿色印刷园

续表

序号	园区名称	面积（万平方米）	概况
7	临夏民族文化产业园	1700.00	临夏民族文化产业园占地17平方公里，估算投资112.9亿元，空间布局为伊斯兰风情园、民俗风尚园、特色食品加工园、物流加工园、六艺园、生态高端度假园和民族工业传承园。临夏民族文化产业园着力发展砖雕、艺术地毯、清真食品、民族特需用品、特色花卉种植、旅游等重点文化产业，做大做强民族风情、花儿艺术、史前化石、清真餐饮等品牌，促进文化和产业相融合，着力打造回藏民族风情旅游胜地
8	兰州文化创意街区	10.00	兰州文化创意街区项目是甘肃省、兰州市确定的推进华夏文明传承创新区建设实施的重点项目，总体构想是以"一核、三心、五区"为主题，以创意产业聚集为基础，以创意文化体验为重点，以特色文化生活为内涵，形成独具特色的产业集群
9	酒泉敦煌文化创意产业园	87.27	敦煌文化创意产业园以文化创意为核心，以国际文化产业交易平台为枢纽，以文化与科技信息、教育、旅游相融合，以动漫企业和软件研发企业为主，吸引与动漫形象有关的服装、玩具、电子游戏等衍生产品的企业入驻园区，力求放大敦煌文化效应。园区投资10亿元建设，并被授予"省级软件和信息技术服务业示范基地"
10	白银景泰影视城	41.47	景泰影视城总占地面积622亩，有仿敦煌莫高窟壁画、雕塑；仿古建筑明清一条街、塔林、牌楼、洞窟、人工湖、摄影棚等，有体现西部风格的红柳、沙枣林。影视城接待过《大敦煌》《雪花那个飘》《神话》《老柿子树》等多部电视剧电影的拍摄。同时拥有相关配套设施
11	兰州仁寿山文化产业园	2.40	兰州仁寿山文化产业园是兰州市政府重点打造的旅游综合体项目，规划为一轴、一心、六区、十景点，着力于将仁寿山旅游风景区打造成集养生、旅游、休闲、度假、娱乐、餐饮购物为一体的旅游文化产业园
12	金昌骊靬文化产业园	2160.00	产业园规划面积21.6平方公里，概算总投资20亿元，包括骊靬城、华夏骊靬影视城、罗马小镇、骊靬大道罗马柱景观带、骊靬古城遗址保护和新丝绸之路自驾车营地、罗马演艺场、通用航空产业基地等子项目，是甘肃15个重点文化产业园项目之一。园区建成后将成为全国唯一的以中西方传统文化融合为背景、以古罗马文化的中国化为主题的特色旅游景区
13	甘肃省广播电视网络产业园	33.33	甘肃省广播电视网络产业园占地500多亩，于2013年6月28日开工建设。园区以服务、孵化、参股、合资联办等方式，开展有线电视相关产品生产、有线电视网络设备研发、民用家电生产、IDC容灾机房建设，以及文化创意、文化地标等配套产业。园区以建成数字电视机顶盒、光电传输设备、无源器材的生产制造基地为目标，目前已有多家公司入驻产业园
14	张掖汉明长城文化产业园	未知	产业园以山丹内遗存的近百公里汉、明长城为依托，对硤口古城至新河驿汉、明长城及周边附属物区域资源进行创意性开发，建设硤口古城展示区、"锁控金川"关隘游览区、徒步长城体验区、山丹饮食文化展示区等功能区
15	兰州白塔山文化产业园	未知	白塔山西山景建设项目包括了金城路以北白塔山一带，以及河心骚胡滩和人行索桥桥头堡用地，建设内容为金城关、金山寺、弥勒大佛、石窟、金城路仿古商业街、骚胡滩游览岛、索桥等等

2.2.29 青海省

1. 青海省文化创意产业园区发展概况

（1）青海省文化产业概况[①]

2016年，根据青海省文化部门统计，全省新登记注册的文化、娱乐业类企业1060家，同比增长45%，全省文化部门统计的规模以上文化企业新增13家，同比增长29%。由此可见，越来越多的创业者把目光聚焦在文化创意产业上。

（2）青海省文化创意产业园区数量

截至2016年，青海省文化创意产业园区共有11家。

2010—2016年青海省文化创意产业园区数量增加情况　　表2-2-176

年份	园区数量（家）	园区增加数量（家）
2010	5	2
2011	8	3

---

① 青海省文化产业从业人数达30万以上[EB/OL].http://www.qh.xinhuanet.com/20170318/3680897-c.html，2017-03-18

续表

年份	园区数量（家）	园区增加数量（家）
2012	11	3
2013	11	0
2014	11	0
2015	11	0
2016	11	0

（3）青海省文化创意产业园区类型分布

截至2016年，青海省文化创意产业园区中，混合型园区数量占主要部分，共有7家；其次为产业型和地方特色型园区，均为2家。

2016年青海省文化创意产业园区类型分布情况　　　　　表2-12-177

类型	园区数量（家）	园区数量占比（%）
产业型	2	18.18
混合型	7	63.64
地方特色型	2	18.18

2. 青海省文化创意产业典型园区调查

（1）产业型园区分析

2016年，青海省拥有产业型文化创意产业园区2家，分别为青海省贵南县藏秀文化产业园和大通皮影产业园，平均面积为1.6万平方米。

青海省产业型文化创意产业园区基本情况　　　　　表2-2-178

序号	园区名称	面积（万平方米）	概况
1	青海省贵南县藏绣文化产业园	2.00	该文化产业园占地面积13.8亩，建设藏绣生产车间800平方米，藏绣展览厅及办公用房600平方米，集技能培训及产品设计、制作、销售、开发、展览于一体
2	大通皮影产业园	1.20	大通皮影产业园把发展大通皮影产业与展示大通民间文化功能相结合，努力将皮影打造成集文化、娱乐、休闲为一体的大通县旅游新亮点。同时，通过实现大通皮影产业化，搭建一个保留和传承地方民间艺术的平台，让封存的民间艺术复活并逐渐走进市场。现有皮影班子8个，皮影表演艺人100多人

（2）混合型园区分析

截至2016年，青海省混合型文化创意产业园区共有7家。其中，青海文化产业大厦面积最小，为2000平方米；海南州藏文化产业创意园面积最大，达6.34万平方米。

青海省混合型文化创意产业园区基本情况　　　　　表2-2-179

序号	园区名称	面积（万平方米）	概况
1	海南州藏文化产业创意园	6.34	创意园占地6.34万平方米，设有海南州博物馆、藏文化技艺培训学校及海南州第一家四星级酒店等配套设施。藏民族文化产业创意园的建筑采用仿古建筑风格，包括文化广场区、文化演艺区、文化产业区、商务办公区和酒店公寓区五大功能分区
2	青海文化产业大厦	0.20	青海文化产业大厦是在西宁市北大街原青海省工艺美术大楼的基础上改造的，现有营业面积近2000平方米，主要经营各类特色文化艺术品、传统工艺美术品、民族民间艺术品、现代工艺品和文化旅游纪念品等
3	青海省民族语动漫发展中心	5.60	青海省民族语动漫发展中心成立于2010年12月，主要工作是把优秀的国内外动画节目翻译成藏语等少数民族语言节目。中心的成立将改变青海省少数民族语言儿童节目少或者没有的现状

续表

序号	园区名称	面积（万平方米）	概况
4	贵德黄河奇石苑	2.67	青藏高原最具魅力的黄河奇石苑，位于贵德县城西部3公里的河西镇。奇石苑占地40亩，总投资逾千万元，是一座以万年巨型奇石和百年参天古树点缀其间的奇石公园。奇石苑分裸苑、诗苑和磨苑三个院落，其中的诗苑把诗文镌刻在巨石之上，将奇石观赏和传统文化精巧地结合在一起，供游人把玩欣赏
5	青海海北海晏文化产业园	未知	青海海北海晏文化产业园是以剪纸、藏雕刻、刺绣、动物标本、藏族服饰等产品专业生产加工的产业园。园区位于青海海北海晏文化馆，青海海北海晏文化产业园拥有完整、科学的质量管理体系
6	青海省贵德文化创意产业园	未知	青海省贵德文化创意产业园拟建设"旅游中心—旅游片区—旅游组团—旅游景点"的旅游体系，形成"一核、四区、十二组团"的功能分区

（3）地方特色园区分析

截至2016年，青海省拥有2家地方特色型文化创意产业园区，分别为青海省海晏河湟剪纸中心和青海省玉树州原生态文化旅游区。

青海省地方特色型文化创意产业园区基本情况 表2-2-180

序号	园区名称	面积（万平方米）	概况
1	青海省海晏河湟剪纸中心	未知	青海省海晏河湟剪纸中心"河湟剪纸中心"是以海晏县剪纸艺人王凤英为代表的新型剪纸中心，是第二批省级文化产业示范园
2	青海省玉树州原生态文化旅游区	未知	玉树藏族自治州已探明并列入规划的旅游资源有283类（处），已挖掘整理可供游览的旅游景区景点50余处，涵盖人文景观、水域风光、生物景观、遗址遗迹、建筑与设施、旅游商品、人文活动等7大类。该地区大部分景区尚处于原始待开发状态，旅游发展前景广阔

2.2.30 宁夏回族自治区

1. 宁夏回族自治区文化创意产业园区发展概况

（1）宁夏回族自治区文化产业概况[①]

通过加快园区（基地）建设，支持文化企业发展，培育特色文化品牌，促进产业融合发展，宁夏回族自治区全区文化产业呈现出良好的发展势头，2015年实现产业增加值64.94亿元，增长10.6%，比全区GDP增长率高4.8个百分点。

（2）宁夏回族自治区文化创意产业园区数量

至2016年，宁夏回族自治区文化创意产业园区数量达12家。

2010—2016年宁夏回族自治区文化创意产业园区数量增加情况 表2-2-181

年份	园区数量（家）	园区增加数量（家）
2010	6	1
2011	7	1
2012	10	3
2013	10	0
2014	12	2
2015	12	0
2016	12	0

---

① 宁夏"十三五"期间提出"构筑现代文化产业体系"战略构想[EB/OL].http://dz.china.com.cn/zx/2017-01-15/4408.html，2017-01-15

（3）宁夏回族自治区文化创意产业园区类型分布

从宁夏回族自治区文化创意产业园区类型分布情况来看，产业型和混合型园区占绝大部分，其他类型数量相对较少。至2016年，宁夏回族自治区混合型园区和产业型园区数量分别为6家和4家，分别占比50.00%和33.33%。

2016年宁夏回族自治区文化创意产业园区类型分布情况　　　　表2-2-182

类型	园区数量（家）	园区数量占比（％）
产业型	4	33.33
休闲娱乐型	1	8.33
混合型	6	50.00
地方特色型	1	8.33

2. 宁夏回族自治区文化创意产业典型园区调查

（1）产业型园区分析

截至2016年，宁夏回族自治区共有4家产业型文化创意产业园区，平均面积为63.76万平方米。其中，面积最小的为石嘴山市星海文化产业创业城，为4.00万平方米；面积最大的是中卫市中国枸杞博物园，达223.20万平方米。

宁夏回族自治区产业型文化创意产业园区基本情况　　　　表2-2-183

序号	园区名称	面积（万平方米）	概况
1	银川801创意产业园	5.54	801创意产业园位于原银川涤纶厂厂区，总占地面积55400平方米，建筑面积50000平方米。园区规划有会展中心、美术馆、浪漫风情街、动漫部落、时尚娱乐广场、时尚体验广场及配套商业街等设施
2	石嘴山市星海文化产业创业城	4.00	星海文化产业创业城主要从事古玩艺术品展示、交流、经营、寄售、会展、租赁、鉴定、装裱等业务，定位为西部地区的以收藏品、黄金首饰、珠宝玉器、工艺礼品、十字绣等为主的专业市场，以远古陶瓷、古玉、钻翠、名人字画、古旧书籍、中外油画、钟表乐器、竹木牙雕、骨雕、文房墨宝、奇石、根雕、古旧家具地毯、刺绣编织、剪纸、旅游纪念品、水晶饰品、钱币邮票及其他古玩收藏品向游客展示交流
3	银川晚报社文化产业园	17.30	银川晚报社文化产业园位于金凤工业集中区，项目共分三期：第一期为数字化印刷中心基础设施建设项目；第二期为党报印刷设备技术改造、升级及数字化彩色包装生产线项目；第三期为文化产业发展与交流中心综合大厦的基础建设项目。总投资约1.6亿元
4	中卫市中国枸杞博物园	223.20	枸杞博物园规划占地面积3348亩，其中，水域面积1200亩。枸杞博物园以枸杞文化为主题，分为枸杞文化展示区、杞乡风情园、枸杞种植观赏区、水上休闲娱乐区、公共服务区和公务接待区。其中，枸杞文化展示区是枸杞博物园建设的核心，主要由枸杞博物馆、枸杞印象城、公园主题广场等组成

（2）休闲娱乐型园区分析

截至2016年，宁夏回族自治区仅有1家休闲娱乐型文化创意产业园区，即银川镇北堡西部影城，面积为15.20万平方米。

宁夏回族自治区休闲娱乐型文化创意产业园区基本情况　　　　表2-2-184

园区名称	面积（万平方米）	概况
银川镇北堡西部影城	15.20	镇北堡西部影城以其古朴、原始、粗犷、荒凉、民间化为特色，是中国三大影视城之一。西部影视城已逐步将单纯参观型的旅游点发展成既有观光价值，又能为游客制作影视片，并提供餐饮、购物、陶艺、骑射等多样化服务的娱乐型旅游区

（3）混合型园区分析

截至2016年，宁夏回族自治区共有6家混合型文化创意产业园区，平均面积达351.19万平方米。其中，银川育成广告文化产业园面积最小，华夏河图黄河意念文化创意产业园面积最大。

宁夏回族自治区混合型文化创意产业园区基本情况　　表2-2-185

序号	园区名称	面积（万平方米）	概况
1	中国（银川）园艺产业园	218.80	园区设施园艺产业园规划面积为3282亩，分为五个功能区，即科研开发区、综合服务区、生产示范区、休闲农业区、会议展览区，集合投资3.5亿元
2	银川育成广告文化产业园	1.60	园区拥有iBi育成中心大数据、云计算平台和软件、动漫产业三大优势，2017年培育的企业总数达400家，从业人员总数突破1万人，全年主营业务收入达20亿元
3	长湖清真产业园	11.00	园区是银北地区第一家工业旅游园区。公司试图打造产业链经济，以公司为龙头，带动入驻企业共同打造清真产业集群经济，实现产业化、规模化经营，是一个功能齐全、配套设施完善的清真产业园区
4	华夏河图银川艺术小镇	1875.76	华夏河图银川艺术小镇项目总用地面积为1875.76公顷，定位为区域性的综合旅游集散节点，是促进银川市文化艺术创意发展的基地。园区阿拉伯艺术馆、艺术家工作室、生态展示中心、设计型度假酒店等服务设施，致力于构建"国际文化艺术交流目的地"
5	黄河文化产业园	未知	园区由黄河母亲广场、诗词歌赋文化展示区、中华回族杰出人物展示区、"丝绸之路"商业街四大部分组成

（4）地方特色园区分析

截至2016年，宁夏回族自治区有1家地方特色型文化创意产业园区，即宁夏中华回乡文化园，面积为66.67万平方米。

宁夏回族自治区地方特色型文化创意产业园区基本情况　　表2-2-186

园区名称	面积（万平方米）	概况
宁夏中华回乡文化园	66.67	中华回乡文化园是我国目前唯一的以回族文化为主题的大型旅游景区。文化园以展示伊斯兰建筑文化、礼俗文化、饮食文化、宗教文化、农耕与商贸文化为特色

2.2.31　新疆维吾尔自治区

1. 新疆维吾尔自治区文化创意产业园区发展概况

（1）新疆维吾尔自治区文化产业概况

截至2015年，新疆维吾尔自治区共有文化市场经营单位3793家，其中，文艺表演团体40个，演出场所经营单位1个，演出经纪机构73个，娱乐场所经营单位1443个，经营性互联网文化单位26个，互联网上网服务营业场所2210个，艺术品经营机构0个；从业人员18100人，经营面积616625平方米，资产总计363343.8万元，营业收入147029万元，营业利润总额33465.9万元。[①]

（2）新疆维吾尔自治区文化创意产业园区数量

截至2016年，新疆维吾尔自治区共有12家文化创意产业园区，与2015年持平。

2010—2016年新疆维吾尔自治区文化创意产业园区数量增加情况　　表2-2-187

年份	园区数量（家）	园区增加数量（家）
2010	6	0
2011	7	1

---

① 该部分数据和资料来自新疆文化网。

续表

年份	园区数量（家）	园区增加数量（家）
2012	8	1
2013	10	2
2014	12	2
2015	12	0
2016	12	0

（3）新疆维吾尔自治区文化创意产业园区类型分布

从新疆维吾尔自治区文化创意产业园区类型分布情况来看，产业型和混合型园区占绝大部分，其他类型数量相对较少。截至2016年，新疆维吾尔自治区混合型园区和产业型园区数量分别为8家和2家，分别占比66.67%和16.67%。

2016年新疆维吾尔自治区文化创意产业园区类型分布情况　　　　表2-2-188

类型	园区数量（家）	园区数量占比（%）
产业型	2	16.67
休闲娱乐型	1	8.33
混合型	8	66.67
地方特色型	1	8.33

2. 新疆维吾尔自治区文化创意产业典型园区调查

（1）产业型园区分析

截至2016年，新疆维吾尔自治区共有2家产业型文化创意产业园区，即新疆玛纳斯碧玉文化产业园和乌鲁木齐科教动漫体验中心，面积分别为19.98万平方米和5.47万平方米。

新疆维吾尔自治区产业型文化创意产业园区基本情况　　　　表2-2-189

序号	园区名称	面积（万平方米）	概况
1	新疆玛纳斯碧玉文化产业园	19.98	玛纳斯碧玉产业园总投资2亿元，规划用地300亩，以碧玉文化厚重的积淀为依托，集加工观赏、旅游销售、创意设计、文化展示、展览拍卖等功能为一体
2	乌鲁木齐科教动漫体验中心	5.47	乌鲁木齐科教动漫体验中心由动漫软件工厂、IT人才培养基地和西电·惠普TOP50色彩工厂三部分组成。该项目总投资9150万元。体检中心包括科技园智能大厦、动漫大厦、科教培训中心和数字工厂厂房

（2）休闲娱乐型园区分析

截至2016年，新疆维吾尔自治区仅有1家休闲娱乐型文化创意产业园区，即乌鲁木齐七坊街文化艺术园区，面积为0.70万平方米，主要从事文化艺术创作。

新疆维吾尔自治区休闲娱乐型文化创意产业园区基本情况　　　　表2-2-190

园区名称	面积（万平方米）	概况
乌鲁木齐七坊街文化艺术园区	0.70	七坊街文化艺术园区占地约7000平方米，目前有50个艺术空间，近60位艺术家进驻。进驻艺术门类包括：书法、绘画、雕塑、泥塑、陶艺、面塑、油塑、摄影、民族手工布艺、动漫、影像、装置、音乐、艺术火柴、烫画、宝石画等十几个艺术门类

(3) 混合型园区分析

截至2016年，新疆维吾尔自治区共有8家混合型文化创意产业园区，平均面积36.75万平方米。其中，新疆7坊乌鲁木齐和田玉文化创意产业园面积最小，仅有0.80万平方米；麦盖提刀郎文化旅游产业园面积最大，达80.00万平方米。

新疆维吾尔自治区混合型文化创意产业园区基本情况　　　　表2-2-191

序号	园区名称	面积（万平方米）	概况
1	新疆克拉玛依文化创意产业园	54.00	园区是克拉玛依的工业利用改造项目，主要借鉴国内外工业遗产保护与利用的成功经验，将园区定位为石油工业文化特色的国家级石油文化创意产业园区，通过恢复和重塑石油工业文化的场景，将石油题材与产业、时尚生活相结合，形成文化旅游体验项目新类型
2	鄯善城市文化创意产业园	4.01	产业园位于鄯善县城区苗园路北侧，总占地面积60亩，建筑面积12000平方米，景观面积18650平方米，总投资2000万元，第一期投资1200万元。内设美术馆、西域语言文字博物馆、摄影馆、高端人士创作室、文化长廊、创作中心、资讯服务中心等。产业园建设以新疆地域文化为背景，以文化创意产业为核心，拟通过艺术创作基地和文化创意产业来推动鄯善文化产业以及文化相关产业的发展，拓展文化的经济和城市休闲内涵，丰富鄯善的城市文化产品和旅游休闲资源，提高城市文化品位和吸引力
3	乌鲁木齐文化产业园	72.00	园区规划采用"双轴两带三板块"（东西向景观轴、南北向功能轴，绿化带、文化公园带，生产研发板块、产业服务板块、总部办公板块）的结构模式。产业园功能定位为具有丝绸之路文化特色的"一核五重三辅"文化产业布局，目标是成为集新疆各民族文化艺术和周边民族文化艺术为一体的、辐射中西亚地区的国家级文化产业示范园区
4	麦盖提刀郎文化旅游产业园	80.00	麦盖提刀郎文化旅游产业园是集刀郎歌舞演艺、刀郎文化展示、刀郎商贸展销、刀郎特色美食、刀郎民俗活动、购物度假、居住养生等功能为一体的综合性文化旅游园，对于麦盖提县打造"一心四区两带"旅游空间形态，树立"金沙玉河"旅游产品，培育旅游产业体系，实现麦盖提旅游产业跨越式发展，具有重大而深远的意义
5	新疆丝绸之路文化创意产业园区	78.60	产业园区以中华文化为主线，是集展示新疆地域文化、民族风情、历史遗迹、文化创意业、文化产品开发、旅游观光、爱国教育为一体的文化创意产业园区，对于加强各民族文化建设具有重要意义
6	乌鲁木齐和田玉文化创意产业园	0.80	该产业园由新疆职业大学与新疆诚和·和田玉文化传播中心共同创办。产业园占地面积8000平方米，主楼建筑面积4700平方米，包括新疆职业大学和田玉雕文化学院、国家玉雕大师工作室、百工坊、产业加工中心、艺术展厅等多重业态，是集文化创新、教育培训、文化展览、和田玉加工、旅游购物为一体的和田玉文化、教育、玉雕产业园

(4) 地方特色园区分析

截至2016年，新疆维吾尔自治区有1家地方特色文化创意产业园区，即新疆新和县民族乐器村，面积为20.00万平方米。

新疆维吾尔自治区地方特色型文化创意产业园区基本情况　　　　表2-2-192

园区名称	面积（万平方米）	概况
新疆新和县民族乐器村	20.00	新和县民族乐器村民间艺人制作的乐器主要有都它尔、赛台尔、弹布尔、热瓦普、达普（手鼓）和卡龙琴等。制作时均用自制的工具进行手工操作，所制作的乐器音色优美，装饰图案丰富精美，远销新疆各地及内地，是该村农民创收致富的一个重要途径，也是新和县民族民间艺术工艺展示的一个亮点

2.3 重点城市文化创意产业园区发展情况

2.3.1 青岛市[①]

2015年，青岛文化产业增加值达到557.3亿元，比上年增长14.8%，高于全市GDP增速6.7个百分点，占

---
① 该部分数据和资料来自青岛晚报"2016年青岛文化产业发展报告"。

全市生产总值的 5.99%，比上年提高 0.41 个百分点，对带动全市经济增长、促进转型升级发挥重要作用。

截至 2015 年年底，全市规模（限额）以上文化及相关产业企业法人单位 802 家，比上年增长 13.9%，企业数量占全省五分之一。其中，规模以上文化制造业企业 509 家，比上年增长 11.1%；规模以上文化服务业企业 221 家，比上年增长 19.5%；限上文化批零业企业 72 家，比上年增长 18.0%。

2015 年，全市规模以上文化企业资产总计 1300.8 亿元，比上年增长 7.6%；实现营业收入 2463.9 亿元，比上年增长 18.6%；实现营业利润 115.5 亿元，比上年增长 23.1%。规模以上文化企业整体营业利润率（营业利润与营业收入的比率）为 4.7%，较上年提升 0.2 个百分点。经济效益提升的同时，文化企业在吸纳就业方面也做出了积极贡献，取得了良好的社会效益。截至 2015 年年底，规模以上文化企业从业人员达到 12.6 万人，比上年增长 5.6%；文化服务业从业人员队伍壮大至 2.4 万人，比上年增长 12.2%，成为拉动文化产业就业增长的主要力量。

近年来，包括影视传媒、演艺娱乐、文化产品研发制造、出版发行印刷、文化创意、动漫游戏、文化节庆会展和文化旅游业在内的青岛八大滨海特色主导性文化产业集群快速发展。据不完全统计，青岛市共建有 57 家文化创意产业园，文化产业集群化发展趋势日益明显。

青岛市文化创意产业园区调查情况　　表 2-3-1

园区类型	具体园区
产业型	青岛工业设计产业园、青岛 1919 创意产业园、青岛国家广告产业示范园、青岛软件园、青岛国际版权交易中心、青岛国际动漫游戏产业园、青岛国际工艺品城、青岛凤凰岛影视动漫创意城、青岛建筑创意产业园、青岛盛大珠宝饰品创意设计产业园、山东青岛四方影视文化产业园、青岛宝龙乐园、青岛（国家）电影交易中心、青岛华星爱商彩印包装园、青岛城阳动漫产业基地、青岛宝玉石文化广场、青岛市出版物和文化产权交易中心、青岛大众报业文化创意产业园、青岛中视动画城、青岛数字电影文化博览园
艺术型	青岛名家美术创作园、青岛老街巷、青岛港中旅演艺中心、青岛新空间雕塑艺术区等
休闲娱乐型	青岛国学公园、青岛浮山所 1388 文化街、青岛中联创意广场、青岛劈柴院民俗文化风情街、青岛四方啤酒文化街、青岛方特梦幻王国、青岛白鲸城等
混合型	青岛创意 100 产业园、青岛金石馆、青岛中艺 1688 创意产业园、青岛中联 U 谷 2.5 创意园、青岛华强文化科技产业园、青岛达尼画家村、青岛国棉 6 虚拟现实产业园、青岛藏马山文化产业园、万达·青岛东方影都、青岛红星印刷科技与文化创意产业园、青岛少海文化休闲旅游景区、青岛唐岛湾海上嘉年华、青岛大珠山（东夷）文化产业园、青岛紫云来传统文化产业基地、青岛老转村齐鲁文化创意产业园、青岛天都茶文化城、青岛海云庵民俗文化街区、青岛世园会、港中旅（青岛）海泉湾度假区、青岛纺织谷、青岛微电影基地、青岛联城·红锦坊、青岛建筑创意广场、青岛王邦直文化创意产业园等
地方特色园区	青岛民俗文化产业园等

2.3.2　杭州市

2012 年，杭州成功加入联合国教科文组织全球创意城市网络，成为全国首个"工艺和民间艺术之都"。截至 2017 年，中国国际动漫节在杭州成功举办十三届，被誉为目前国内规模最大、人气最旺、影响最广的动漫盛会；杭州文博会成功举办十届，成为国内业界公认的四大综合性文化会展之一。2012 年和 2014 年，杭州共有 8 部文艺精品荣获全国"五个一工程"奖，连续两届在全国同类城市中排名第一。[①]

"十二五"期间，全市文创产业增加值年均增速高于全市 GDP 增速 7.74 个百分点。2015 年，全市文创产业实现增加值 2232.1 亿元，占全市 GDP 比重达 22.2%；规模以上文创企业实现利税 888.66 亿元，增长 24.9%；规模以上文创企事业单位从业人数达 56.8 万人。按照国家《文化及相关产业分类》统计口径测算，2015 年，全市文化产业实现增加值 855 亿元，增长 22.3%，占 GDP 比重 8.5%。据清华大学和台湾亚太文化创意产业协会联合发布的《2015 两岸城市文化创意产业竞争力研究报告》显示，杭州文创实力居大陆城市第三。[②]

---

① 杭州文化创意产业　十年长成参天大树 [EB/OL].http://www.ce.cn/cultuie/gd/201706/20/t20170620-23727435.shtml，2017-06-20
② 该部分数据和资料来自杭州政府门户网站"杭州市人民政府办公厅关于印发杭州市文化创意产业发展'十三五'规划的通知"。

杭州市文化创意产业布局的总体思路是：以丰富的现代美学创意、丰厚的传统人文底蕴和优美的自然风景为依托，充分体现"五水共导"的核心内涵，以"环西湖、环西溪、沿运河、沿钱塘江"为主线，以"十大文化创意产业园区"为重点，充分发挥各区、县（市）的产业优势和区位特点，积极拓展新兴文化创意产业园区，逐步形成布局合理、特色鲜明、开放灵动的"两圈、两带、多点"的文化创意产业空间新格局，为打造全国文化创意产业中心提供良好的空间载体。据不完全统计，杭州市有73家文化创意产业园区。

杭州市文化创意产业园区调查情况　　　　表 2-3-2

园区类型	具体园区
产业型	杭州山南国际设计创意产业园、杭州东方电子商务园、杭州下沙大学科技园、杭州台湾城文化创意园、杭州和达文化创意产业园、杭州唐尚433.杭州良渚玉文化产业园、杭州元谷·长乐园、杭州西湖数字娱乐产业园、杭州市116时尚设计创意园、杭州市维艺56创意园、杭州数字娱乐产业园、杭州运河国家广告产业园、杭州国家动画产业基地、西湖创意谷、杭州西湖数字娱乐产业园、浙窑陶艺公园等
艺术型	杭州西溪创意产业园、杭州A8艺术公社、运河天地文化创意园等
休闲娱乐型	杭州白马湖生态创意城等
混合型	杭州LOFT49、杭州之江文化创意园——凤凰·创意国际园、杭州湘湖创意产业园、杭州丝联166创意产业园、杭州富义仓创意空间、杭州SOHO创意部落、杭州长城F317创意产业园、杭州智新塘文化创意园、杭州元谷——小河园、杭州乐富·智汇园、杭州创意桥产业园、杭州市LOFT555创意园区、杭州圣泓工业设计创意园、杭州元谷——湖墅园、杭州元谷——和睦园、浙江杭州传媒文化产业园、杭州东方文化创意园、杭州创新创业新天地、杭州创意大楼、杭州西岸国际艺术园区、杭州建华文化创意产业园、杭州文化商城、杭州茶都名园、杭州美达丽阳国际、杭州和达产业园、HCDC杭州创意设计中心、杭州东方电子商务园、杭州299文化创意园、杭州传媒文化创意园、杭州时尚创意园、杭州聚落五号创意产业园、杭州越界·锦绣工坊、杭州经纬国际创意园、杭州万轮科技园、杭州2号创业园、杭州元谷——拱北园、杭州东信科技园、杭州凤凰国际大厦、杭州紫东创意设计产业园、杭州元谷——长乐园、杭州天堂e谷、杭州金润科技园、杭州天水177创意园区、杭州汉嘉设计集团、杭州利尔达文创楼宇、杭州智点微创园、西湖国家广告产业园区、西湖数源软件园等
地方特色园区	杭州创意良渚基地、杭州市东方文化创意园、南宋御街中北创意街区、杭州王星记文化创意产业园等

2.3.3　南京市[①]

2015年11月—2016年7月，南京市委、市政府先后出台《推进文化创意和设计服务与相关产业融合发展行动计划（2015—2017年）》《创意文化产业空间布局和功能区发展规划》和《促进文化创意和设计服务与相关产业融合发展的实施意见》，并在文化金融、文化消费、文化队伍建设、文化引导资金等领域出台一批专门文件和实施细则，在全国率先构建"1+1+1"文化产业融合政策体系。

2016年，南京市规模以上文化企业营业收入达到2754.89亿元，比2015年增长超过15%以上，文化产业增加值超过630亿元，占GDP比重首次突破6%，继续排名全省第一。在全市文化产业增加值构成中，文化创意和设计服务业占比超过36%，提前一年并超额完成市政府《文化创意和设计服务与相关产业融合发展三年行动计划》目标。在新闻出版、广播影视、装备制造等传统文化产业保持平稳发展的基础上，以数字技术和互联网技术为主体的新兴业态增加值增速超过25%。

南京市文化创意产业园区调查情况　　　　表 2-3-3

园区类型	具体园区
产业型	南京世界之窗创意产业园—创意东8区、南京石城现代艺术创意园、南京市无为文化创意产业园、南京秦淮茶都文化产业园、南京数码动漫创业园、南京工业大学国家大学科技园、江苏未来影视文化创意产业园、世界之窗文化产业园（紫金山动漫1号）、雨花科技创业园、长江文化产业园等
休闲娱乐型	南京幕府山国际休闲创意产业园等

---

① 南京文化产业发展交出亮眼成绩单　排名全国第一[EB/OL].http://www.sohu.com/a/128656068-248541，2017-03-13

续表

园区类型	具体园区
混合型	南京晨光1865科技创意产业园、南京紫东国际创意园、南京惠通创意基地、南京江宁大学城、南京幕府三零工园、南京广告产业园、南京老学堂创意园、南京大明西区文化创意产业园、南京创意中央科技文化园、南京大学生文化创意产业园、南京金城科技创意产业园、南京西祠街区、南京十朝历史文化园、南京艺术金陵文化产业园、南京世界之窗软件园、南京通济都市创意产业园、南京红山创意工厂厂产业园、南京鼓楼科技园、南京国家广告产业园、南京国家动画产业基地、南京智慧谷动漫软件园、南京1912街区、南京创立置业策划创意园、南京石城现代艺术创意园、南京紫金智梦园、南京邮电大学物联网科技园、南京国家数字出版基地、南京工业大学科技创新园、南京春东湖民俗文化产业园、南京白下高新科技创意文产园、南京江苏模范路创意设计、南京越界·梦幻城、中国（南京）软件谷、南京世界之窗茶艺博览园、南京留学生文化创业孵化园、南京国际画家村、南京世界之窗创新园、南京软件园、南京工业大学国家科技创新园、南京江宁高新园、南京江宁高新园、南京徐庄数字文化产业园、南京华宏科技创意产业园、南京J6软件创意园等

2.3.4 广州市

近年来，广州市文化创意产业发展迅猛，在国民经济中的地位不断提升，呈现向中心城区聚集、园区建设加快、龙头企业实力增强、文化创意品牌不断涌现和平台建设初见成效等特点。2015年，广州市文化产业增加值913.28亿元，占地区生产总值5.05%；文化产业从业人数为34.43万人，占全市总从业人数的比重为4.24%，占第三产业从业人数的比重为7.46%。文化产业正逐步成为广州市的支柱产业[①]。

目前，广州形成了以外围层为主体，核心层和相关层协同发展的"核型"产业结构；文化创意产业区域集中度较高，越秀、天河等中心城区较为发达；私营企业比重进一步上升，多种所有制共同发展的格局形成；以信息技术为先导的新兴文化产业发展迅猛；文化创意龙头企业的实力进一步增强，文化品牌初具优势；精心打造了文化产业链条，上下游共同发展格局逐步形成；文化产业展示和交流的平台初步形成。

广州市文化创意产业园区调查情况　　　　　表2-3-4

园区类型	具体园区
产业型	广州华创动漫产业园、广州番禺星力动漫游戏产业园、广州国韵文化创意园、广州TCL文化产业园、广州一统国际酒文化产业园、广州南方传媒文化创意产业园、广州海珠创意产业园、广州创意产业园229服装设计园区、广州设计港金鼎产业园、广州金脉创意产业园、广州毅昌创意产业园、广州从化动漫产业园、广州市中小企业创新科技园、广州包装印刷文化创意产业园、广州日报报业集团集群等
艺术型	广州小洲艺术区、文德路文化街、中国金夫人集团华南总部摄影创意产业园等
休闲娱乐型	广州动感小西关、广州白鹅潭酒吧风情街、信义国际会馆等
混合型	广州红专厂创意艺术区、广州太古仓、广州白云区创意产业园、广州市922宏信创意园、广州中海联8立方创意产业园、广州小洲影视文化产业园、萌芽1968广州创意产业园、广州T.I.T创意园、广州北岸文化码头国家级创意产业园、广州市1850创意产业园、广州花城创意产业园、广州巨大创意产业园、广州嘉禾创意产业园、广州设计港、广州中颐MOCA创意城、广州国家网游动漫基地、广州黄花岗科技园、广州动漫星城、广州中国出口商品交易会流花展馆、广州华南绿谷文化创意园、广州花城创意产业园、广州动漫星城、广州M3创意园、广州香云纱文化产业园区、广州海航YH城、广州花都珠宝小镇、广州国韵文化创意园、广州国际单位艺术中心、广州创意产业园、广州南沙国际影视城、广州228创意园、广州长隆旅游度假区等

2.3.5 深圳市

2015年，深圳市文化创意产业增加值达到1757亿元，约占全市GDP的10%。全市建成市级文化创意产业园区（基地）62家，其中国家级文化产业园区（基地）达13家，集聚效应明显。[②]

2016年，深圳文化产业升级态势明显，深圳文化创意产业增加值1949.70亿元，同比增长11.0%，占全市GDP10%的份额。《深圳文化创新发展2020（实施方案）》提出，深圳必须着眼于构建现代文化产业体系，走

---
① 该部分数据来自广州《广州文化创意产业发展报告（2017）》。
② 该部分数据和资料来自《深圳市文化发展"十三五"规划》。

质量型内涵式发展之路。通过推动业态融合创新、做强做大市场主体、优化产业空间布局、打造国际知名文化展会品牌、完善国家级产业服务平台等多项措施，深圳文创产业近年来不断优化、转型、升级，持续释放强大的文化创造力。①

深圳市文化创意产业园区调查情况 表2-3-5

园区类型	具体园区
产业型	深圳F518时尚创意园、深圳南山数字文化产业基地、深圳中国观澜版画基地、深圳动漫园、深圳南岭中国丝绸文化产业创业园、深圳市华夏动漫产业园、深圳怡景国家动漫产业基地、深圳宝福李朗珠宝文化产业园、深圳清湖创意产业园、深圳雁盟酒店文化产业园、深圳坪山雕塑艺术创意园、深圳国际创意印刷文化产业园、深圳市金油环球展览有限公司、深圳南山区华瀚科技园等
艺术型	艺象iDTOWN国际艺术区、深圳梧桐山艺术小镇、深圳大芬油画村、深圳国家音乐产业基地、深圳大学3号艺栈艺术原创基地等
休闲娱乐型	深圳魔术文化产业基地等
混合型	深圳OCT-LOFT华侨城创意文化园、深圳182创意设计产业园、深圳罗湖创意文化广场、深圳文化创意园、中国（深圳）设计之都创意产业园、深圳力嘉创意文化产业园、深圳华侨城国家级示范园区、深圳22艺术区、深圳南海意库创意产业园、深圳陶瓷文化产业园、深圳宝龙文化科技创意产业园、深圳市软件产业基地、深圳T6艺术区、深圳中芬设计园、深圳大学城创意园、深圳香年文化创意广场、深圳创E基地、中国（深圳·龙岗）观赏石基地、深圳艺立方手信文化产业园、深圳坂田手造街、深圳三联水晶玉石文化村、深圳创意保税园、深圳世纪工艺品文化广场、雅昌（深圳）艺术中心、深圳欢乐谷、深圳汉玉立体艺术创意园、深圳大学工业设计特色学院、深圳欢乐海岸OCTHARBOUR、深圳美年文化创意广场、特区1980文化创意产业园、荷兰花卉小镇等

2.3.6 苏州市

苏州是历史文化名城，丰厚的文化底蕴为苏州市文化创意产业的发展奠定了良好的基础。近年来，苏州市文化创意产业规模不断壮大、结构逐步优化，产业集聚效应不断增强。2016年，苏州市文化创意产业完成营业收入4700亿元，同比增长15%左右；文化创意产业55个重点项目总投资365亿元，完成投资64.6亿元。

2016年，苏州市成功完成了第五届创博会的各项工作，使第五届创博会被业内权威机构评为2016年全国十大文化展会；联合苏州欧瑞动漫有限公司举办2016中国苏州动漫国际合作峰会，签约合作项目金额达6800万美元；制定出台了《苏州市优秀新兴文化创意企业评选办法》，11家企业被评为苏州市首批优秀新兴文创企业，落实相关奖励政策，在全市树立了新兴文创产业发展标杆；联合市财政局出台了《苏州市文化创意产业投资引导基金管理办法》，在全市众多政府产业类基金中，率先建立以"母基金"形式设立政策性基金，提高了文创基金的募资效率和投资效率。全年拉动银行为30家中小文创企业提供23.9亿元的贷款支持，贷款数创历年新高。②

苏州市文化创意产业园区调查情况 表2-3-6

园区类型	具体园区
产业型	苏州桃花坞文化创意园、苏州高博文化创意产业园、苏州苏绣文化产业群
艺术型	苏州文化艺术中心
休闲娱乐型	山塘街、圆融时代广场、李公堤
混合型	苏州江南文化创意设计产业园、苏州阳澄湖数字文化创意产业园、苏州婚庆创意产业园、苏州沧浪区989文化创意产业园、苏州博济平江创意园中创NO创意园、苏州长桥街道特色文化产业园、苏州市中国光华文化创意产业园、苏州国际科技园、苏州工业园、苏州国际博览中心、苏州高博产业园、苏州创意产业园、姑苏69阁、元和文化创意产业园、月光码头、香山工坊、中国石坞3D数字文化创意产业园、中国光华文化创意产业园
地方特色园区	苏州容创意产业园

---

① 深圳文化产业走向内涵式发展[EB/OL].http://sztqb.sznews.com/html/2017-04/10/content-3764489.htm，2017-04-10
② 2016年苏州文创产业营收超4700亿[EB/OL].http://www.jscnt.gov.cn/whzx/jdxw/201701/t20170120-45835.html。2017-01-20

2.3.7 西安市

近年来，西安市深入挖掘西安优势文化内涵，加大资金投入力度，创新经营发展模式，文化创意产业发展迅速，产业集聚效应不断增强。近三年来，西安市文化产业持续增长，2016年实现增加值约500亿元，占全省文化产业增加值的2/3以上，产业支柱作用日益显现。

西安市2017年9月发布的《关于进一步加快陕西文化产业发展的若干政策措施》给出了西安市未来5年的发展目标：力争在"十三五"期间，建立支持西安文化产业发展的完备政策体系，优化全市文化产业发展的空间布局和产业结构，做强做优文化市场主体，完善人才培养激励机制，强化财税、土地、金融、贸易等扶持力度，进一步完善组织保障机制，培育有利于文化产业发展的良好环境，形成有组织管事、有资金做事、有空间干事、有章法理事、有平台促事、有人才成事的良好发展格局，为补齐短板、追赶超越提供有力政策保障，确保实现到2021年全市文化产业增加值达到1000亿元，占全市生产总值的比重达到9%，年均增长15%以上，成为国民经济重要支柱产业。[①]

西安市文化创意产业园区调查情况　　表2-3-7

园区类型	具体园区
产业型	天地源·西安高新区创意产业园、西安数字内容与数字出版产业园、创意5号等
休闲娱乐型	西安曲江生态文化园等
混合型	西安百亿兵器产业园、西安中华汉文化园、西安798纺织城文化创意区、西安曲江新区国家文化产业示范园区、西安碑林科技产业园、西安智巢产业园、西安高新区现代文化产业创业园、西安纺织城创意产业区、西安世界之窗科技创意产业园、陕西广电网络产业园、陕西动漫产业园、陕西国家广告产业园、陕西华商文化产业园、陕西广播产业园、西安纺织城艺术区等
地方特色园区	西安唐文化陶瓷产业园等

2.3.8 成都市

近年来，成都市文化创意产业发展迅速，文化创意产业增加值的发展速度超过了经济发展的速度，文化创意产业已迅速成长为成都市优势产业。截至2016年年底，成都市文化创意产业园区数量超过30家。成都市逐渐形成了以楼宇化、园区化为主的发展模式，已建成成都东区音乐公园一期、红星路35号园区、蓝顶艺术中心、天府软件园、数字娱乐软件园等一大批文化创意产业园区。涵盖了传媒、文博旅游业、创意设计演义娱乐、文学与艺术品原创、动漫游戏、出版发行等行业。

2016年，成都市文化创意法人单位约1.5万个，从业人员约46.4万人，实现营业收入2614.2亿元，创造增加值633.6亿元，占GDP的5.2%，创意经济已成为成都新的经济增长点。2017年8月，成都在香港正式发布《西部文创中心建设行动计划（2017—2022年）》，提出到2022年年底，成都实现文创产业增加值超过2600亿元，占GDP比重约12%，"培育10个年产值过50亿元文创龙头企业，50个年产值过10亿元文创骨干企业，100个文创品牌"，文化软实力进入全国第一方阵。[②]

成都市文化创意产业园区调查情况　　表2-3-8

园区类型	具体园区
产业型	成都东郊记忆、成都大科星·创意园、成都数字娱乐软件园、成都客家文化产业园
艺术型	成都浓园国际艺术村、成都画意村

---

① 关于进一步加快陕西文化产业发展从若干政策措施[EB/OL].http://www.shaamxi.gox.cn/gk/zfwj/84255.htm，2017-07-13
② 大数据详解成都文创：关注度增速第一　中国文创第三城[EB/OL].http://baijiahao.baidu.com/s?id=1581332824552716328&wfr=spider&for=pc，2017-10-15

续表

园区类型	具体园区
休闲娱乐型	成都锦里民俗休闲街、成都蛟龙紫荆影视城
混合型	成都红星路35号文化创意产业园、成都青羊绿舟国家级创意产业园、成都蓝顶艺术区、成都东村创意产业园、成都天府软件园、成都西村文化创意产业园、成都西村大院、成都台湾文化创意产业园、成都国际非物质文化遗产博览园、成都望丛文化产业园、成都牧马山天府国韵文化产业园、成都国家广告产业园、成都汇融国际广场、成都市新都区北村艺术区、成都天府创意产业园、成都彭州影视城、A4当代艺术中心、宽窄巷子、四川文化产业园、安仁中国博物馆小镇、博瑞·创意成都

2.3.9 长沙市

长沙市为全国首批区域技术创新工程示范城市和国家知识产权示范城市、国家创新型试点城市、科技进步示范市和全国第一批三网融合试点城市。近年来，长沙市文化创意产业发展迅速，文化创意产业已经发展成为长沙市的支柱产业。

2016年，长沙跻身首批国家文化消费试点城市。图书交易会、阳光娱乐节、艺术长沙双年展、公益电影月、印刷博览会常办常新、品牌渐成。省会长沙文化产业上市企业达6家，推动了华强美丽中国、新华联铜官窑、华谊兄弟电影小镇等重大项目和天心文化产业示范园等文化园区建设，国家级文化产业园区（基地）达14个。2016年全市文化产业总产值达2680亿元，增加值占GDP的比重达8.7%。[①]

长沙市文化创意产业园区调查情况　　　　表2-3-9

园区类型	具体园区
产业型	湖南锦绣潇湘文化创意产业园、长沙天心国家级文化产业示范园区、湖南国家动漫游戏产业振兴基地、长沙市西街创意领地、长沙岳麓文化艺术产业园、湖南雨花创意产业园、长沙软件园、文艺巢文化创意中心、长沙芙蓉区建筑创意产业园、湖南回龙湖生态文化产业园
艺术型	长沙艺术家文化村
休闲娱乐型	湖南大剧院
混合型	长沙铜官镇陶瓷文化产业园、湖南云龙创意产业园、长沙国家广告产业园、长沙西湖文化园、长沙炭河里遗址公园、铜官陶瓷文化产业园、铜官窑国家考古遗址公园、橘洲沙滩体育休闲文化园、长沙欧阳询文化园、湖南湘绣城

2.3.10 昆明市

近年来，昆明市文化创意产业发展迅速，文化创意产业已成为昆明市的新支柱产业。2016年，全市实现文化产业增加值211.35亿元，占GDP的比重为4.92%，占全省文化创意产业增加值比重为45%；规模以上文化企业266家，同比增长47%，实现营业收入580.52亿元。[②]

目前，昆明市已初步建立了门类相对齐全的文化产业群体，文化产业发展的软硬环境逐步改善，涌现出一批优秀的文化产业人才和重点企业，呈现出以重点产业为主导、相关产业联动发展的良好格局。以广播电视、出版发行、电影、文化艺术为主的核心层，以网络文化、文化休闲娱乐服务、其他文化服务为主的外围层，以文化用品、设备及相关文化产品生产、文化用品、设备及相关文化产品的销售为主的相关层，三圈层联动发展的格局初步形成。

昆明市文化创意产业园区调查情况　　　　表2-3-10

园区类型	具体园区
产业型	云南云酒文化产业园、昆明世界女性文化公园

---

① 文化强省！湖南今年文创产业增加值半年度首破千亿 [EB/OL].http://hn.people.com.cn/n2/2017/1011/c195194-30817748.html，2017-10-11
② "创意昆明"点亮城市 [EB/OL].http://ylxf.yn.gov.cn/Html/News/2017/11/29/228241-2.html，2017-11-29

续表

园区类型	具体园区
混合型	金鼎1919文化创意产业园、昆明泛亚文化传媒中心、昆明环球动漫海洋产业园、昆明石林台湾农民创业园、同景108文化创意产业园、昆明东南亚南亚大世界、昆明文化产业园、紫云青鸟·云南文化创意博览园、昆明西南联大创意产业园、昆明国家广告文化产业园

2.4 文化创意产业集群发展情况研究[①]

2.4.1 环渤海文化创意产业集群

环渤海文化创意产业集群以北京为核心,延伸天津、济南、青岛、沈阳、大连、秦皇岛、唐山等地。北京和天津两大直辖市作为全国的文化中心,拥有其他城市不可比拟的人才资源和文化资源优势,在文艺演出、广播影视、出版发行、艺术品交易等行业具有雄厚的产业基础,并已形成产业优势。

环渤海文化创意产业园区调查情况　　表2-4-1

类型	数量（家）	地区	具体园区
产业型园区	166	北京市	中国动漫游戏城、小汤山温泉旅游会展文化创意产业集聚区、北京莱锦文化产业创意园、北京音乐创意产业园、北京东亿国际传媒产业园、北京CBD国际传媒产业园、北京国投信息创意产业园、十三陵明文化创意产业集聚区、751D·PARK北京时尚设计广场、酷车小镇、北京宝隆艺ంl、北京惠通时代广场、方家胡同46号、北京传媒总部基地、中关村雍和航星科技园、北京中影集团电影数字制作基地、竞园（北京）图片产业基地、北京一号地国际艺术区D区、北京左右艺术区、中关村科技园区雍和园、北京中国怀柔影视、北京中关村软件园、高井传媒产业区、北京中关村数字电视产业园、北京北普陀影视城、北京大兴国家新媒体产业基地、北京中关村创意产业先导基地、北京歌华大厦、北京数字娱乐产业示范基地、中国人民大学文化科技园、北京市长安文化娱乐中心、清华科技园、沙河天图博文建筑装饰艺术产业化基地、石景山CRD、北京（宋庄）时尚创意产业园等
		天津市	天津意库创意产业园、天津凌奥创意产业园、天津3526艺术创意工场、天津青年创业园、天津华苑软件园、天津红桥文化产业园、天津方舟天马农业生态旅游观光园、天津河西陈塘科技园、天津国家动漫产业综合示范园、天津C18世界之窗创意产业园、创意桥园产业园、天津静海国泊湖文化创意产业园、马文化产业城、天津市武清软件创意园、天津市农村妇女创业中心、天津国人孵化机构、天津华轮创意工场、天津中国北方动漫文化产业园、天津C6动漫创意园
		河北省	保定动漫产业园、秦皇岛北戴河五凤楼文化创意产业园、河北石家庄出版集团文化产业园、磁县磁州窑文化创意产业园、河北省涿州市涿州影视城、芦台（唐山）动漫基地、唐山市陶瓷文化产业园、梦廊坊文化产业园、保定定瓷产业园区、石家庄太空世纪动漫城、河北省平泉县中华菌文化产业园、石家庄动漫产业园、唐山影视戏曲文化创意产业区、石家庄卓达动漫创意产业园、唐山市凤凰新城动漫产业园、迁安市印刷包装产业园区、秦皇岛软件园、河北省石家庄软件产业园
		山东省	潍坊中动动漫基地、青岛工业设计产业园、济南银座天成文化创意产业园、山东省滕州市葫芦套影视基地、济南滨河天成——潮合汇文化街、烟台动漫基地、青岛1919创意产业园、青岛国家广告产业示范园、烟台百合维多利亚婚礼影视文化园、青岛软件园、青岛国际版权交易中心、青岛国际动漫游戏产业园、齐鲁古玩文化城、青岛国际工艺品城、齐鲁七贤文化城、青岛凤凰岛影视动漫创意城、青岛建筑创意产业园、济南国家信息通信国际创新园、威海中韩影音创意基地、青岛盛文珠宝饰品创意设计产业园、山东青岛四方影视文化产业园、青岛宝龙乐园、青岛（国家）电影交易中心、泰山高科技文化创意产业园、烟台1861广告创意产业基地、青岛华星爱嘉彩包装印刷、青岛城阳动漫产业基地、济南古城玩、齐鲁动漫游戏产业基地、青岛宝玉石文化广场、潍坊软件园、青岛市出版物和文化产权交易中心、济南西区数字创意产业园、烟台万光古文化城、山东烟台蓝海软件园、青岛大众报业文化创意产业园、菏泽农民绘画培训基地、滨州中国海瓷文化产业园、济宁嘉祥石雕文化产业园、威海华夏城、日照动漫产业基地、菏泽云龙木雕文化产业园、青岛海洋文化产业园、济宁砭石文化博物馆、寿光市软件园、青岛数字电影文化博览园、济南大众传媒产业基地、泰安报业文化产业园、印象齐都出版传媒文化产业园、中国海瓷艺术文化产业园、济南七星谷农林文化产业园、菏泽鲁南动漫影视传媒基地、中陈郝古瓷文化园、日照软件园、高唐文化艺术中心、武城封神世纪动漫高科技园、济南国家动漫游戏产业基地、莱州文化创意产业基地、威海印刷文化产业园、潍坊华艺雕塑文化园、山东出版发行中心、烟台报捷印刷工业园、东营齐笔生产基地、济宁"四氏学"文化产业发展基地、威海文登营兵营文化村、枣庄桑村镇奇石林产业园、济宁儒家文化动漫游戏研发基地、日照黑陶研发基地、城阳婚庆创意产业园、临沂国家高新区动漫产业园等
		辽宁省	1905文化创意园、大连15库创意园、本溪辽砚文化产业园、沈阳123文化创意产业园、大连国家动漫产业基地、大连金石国际运动中心、大连软件园、沈阳市北方传媒文化产业园、辽宁现代文化传媒产业园、沈阳市国际数字媒体产业园、大连普利文化产业基地、七贤岭产业化基地、沈阳国际软件园、海外学子创业园、阜新市动漫游戏产业研发基地、鞍山（辽宁）天和文化产业园、沈阳胡台新城包装印刷产业园、鞍山娱乐无限动漫基地

[①] 该部分数据和资料根据前文2.2节数据归纳统计所得。

续表

类型	数量（家）	地区	具体园区
艺术型园区	32	北京市	上苑艺术家村、东方国际戏剧文化主题园区、"艺术8"创意产业园区、北京后街美术与设计创意产业园、瓦窑作家村、北京大稿国际艺术区、北京798艺术区、北京宋庄原创艺术与卡通产业集聚区、雅昌（北京）艺术中心、中国唱片总公司创作园
		山东省	烟台牟平文化中心、东营水城雪莲大剧院、济南平阴绿泽画院基地、济南西客站文化艺术中心、青岛名家美术创作园、烟青龙山文化广场综合展馆、东营黄河文化博物馆、青岛老街巷、日照农民画文化产业园、潍坊古寒国文化城、常山民间艺术收藏博物苑、青岛港中旅演艺中心、滨州文化古城、滨州沾化县市民活动中心、青岛新空间雕塑艺术区、泰山刘老根大舞台文化广场、优品乐道、济南朱家峪文化旅游产业园等
		辽宁省	辽宁大剧院
休闲娱乐型园区	47	北京市	北京天桥演艺产业园区、北京首钢工业旅游区、北京欢乐谷、北京什刹海文化旅游区、北京朝来农艺园、北京飞腾影视城、北京奥林匹克森林公园、北京周口店国际艺术区
		天津市	天津盘山风景区文化产业园、天津创意街
		河北省	固安温泉休闲商务产业园区、中国·承德《鼎盛王朝》文化产业园
		山东省	青岛国学公园、枣庄鲁班文化创意产业园、青岛浮山所1388文化街、青岛中联创意广场、青岛劈柴院民俗文化风情街、潍坊市昌邑绿博园、章丘市绣源河激光水幕电影城、临沂红色沂蒙旅游主题公园、青岛四方啤酒文化街、青岛方特梦幻王国、东营孙子文化旅游区、东营揽翠湖旅游度假区、莱芜市山东九羊文化产业园、烟台龙口市徐福文化园、枣庄市中华车祖苑、烟台"长岛渔村"渔家风情园、曲阜明故城文化产业园、威海乳山湾风情镇、无棣古城文化旅游创意产业园区、菏泽浮龙湖生态水乡、济西国家湿地公园、温泉国际文化休闲基地、泰山花样年华影视基地、银海旅游文化产业园、泰山方特欢乐世界、日照竹洞天风景区、青岛白鲸城、济南荷柳风情园、威海华夏城景区、仙姑顶玉石文化园区、菏泽牌坊文化产业园等
		辽宁省	沈阳华强文化科技产业基地、酷贝拉（东北）文化创意产业基地、本溪市南芬文化创意产业园、紫烟薰衣草庄园、沈阳小韩村文化旅游产业基地、神秘东方文化创意产业旅游园区等
混合型园区	399	北京市	北京吉里国际艺术区、北京北人户外文化产业园、北京铭基国际创意公园、新华1949文化金融创新中心、北京文化硅谷、北京文化创新工厂车公庄核心示范园、十三陵户外体育休闲文化创意产业集聚区、北京金工宏洋电子商务产业园、百善影视艺术工厂、北京电通创意广场、北京尚8国际广告产业园、北京红尺设计创意产业园、北京懋隆文化产业创意园、北京正东创意产业园、北京尚8CBD文化园、北京尚8国际音乐园、中华和谐文化创意产业园、北京尚8东区文化园、郑各庄村主题村庄文化创意产业集聚区、吉理（北京）国际艺术区、北京国家广告产业园、北京尚8里文创园、北京运河文化创意产业园、北京尚8人文创意园、北京文采文化创意产业园、高井传媒产业创意园、北京尚8西城区设计园、北京古北口国际旅游休闲谷产业集聚区、北京华腾世纪总部公园、北京尚8设计家广告园、北京出版创意产业园、北京园博园、北京酒厂ART国际艺术园、北京1919国家音乐产业基地、北京中科创意产业园、前门传统文化产业集聚区、八达岭长城文化旅游产业集聚区、七棵树创意园、盛世龙源文化产业园、北京中关村东升科技园、北京二十二院街艺术区、北京出版发行物流中心、北京（房山）历史文化旅游产业集聚区、北京红点文化旅游园、北京传媒总部基地、718传媒文化创意产业园、北京尚8创意产业园、中关村多媒体创意产业园、北京国展产业园、顺义北京艺术中心、坦博北京艺术中心、北京观音堂文化大道、北京琉璃厂文化产业园区、三间房动漫产业园、北京北普陀影视基地、北京星光影视园、北京经济技术开发区、北京朝阳公园文化园区、巅峰智业文创园、北京长安街沿线文艺演出集聚区、卢沟桥文化创意产业集聚区、罗豪斯35号文创园、北京中关村航天科技创新园、中国乐谷—首都音乐文化创意产业集聚区、北京768创意产业园、北京国家音乐产业基地、北京大红门服装服饰创意产业集聚区、北京来广营文化创意产业园、北京益园文化创意产业基地、北京锦秋文化创意产业园、北京昌平八大文化创意产业聚集区、中国3D产业园、中国乐谷文化创意产业集聚区、西城原创音乐剧基地、北京塞隆国际文化创意园
		天津市	天津C92创意产业园、天津6号院创意产业园、天津民园西里、天津辰赫创意产业园、中国智造·E谷、天津太阳树创意产业园、巷肆创意产业园、天津新创意产业园、天津飞鸽88创意产业园、天津亚洲文化产业园、西沽文化产业园、天津海酒文化产业园、天津武清安徒生产业创意园、天津陈塘科技孵化器、天津盘龙谷文化城、天津泰达国际创业中心、天津万通上游国际、天津陈塘科技商务区创意园、中新天津生态城、天津微电影产业基地、天津泰达城创意空间、天津市和平区动漫创意产业园、天津泰达服务外包园
		河北省	河北文化创意产业园、石家庄东方文化创意产业基地、中国曲阳雕塑国家级文化产业园、张家口涿鹿"中华三祖"文化产业园、唐山南湖文化创意产业园、石家庄东垣文化创意产业园、石家庄师大北院文化创意产业园、唐山启新记忆文化创意产业园、张家口市桥东区东山科技文化创意产业园、承德避暑文化产业园、秦皇岛山海关东罗城文化产业园、邯郸磁县北朝文化产业园、石家庄平山县文化创意产业园、中国·衡水文化创意产业园区、沧州休闲文化产业园、唐山多媒体创意文化产业园区、唐山影视文化产业园区、中国音乐城、唐山文化创意产业园区、河北西柏坡国际文化创意产业园区、藁城宫灯文化产业园、中华成语文化园
		山东省	青岛创意100产业园、济南西街工坊创意文化产业园、齐鲁文化创意基地、山东齐鲁文化产业园、青岛金石馆、威海环翠楼民俗风情街、济南意匠老商埠九号、潍坊齐鲁酒地文化产业园、济南金街一号文化商街、济南百惠文化产业园、青岛中艺1688创意产业园、泰安东平县图书大厦、青岛中联U谷2.5创意园、烟台中青文化信息创意产业园、台儿庄古城国家级文化产业园、青岛华强文化科技产业园、青岛达尼画家村、山东齐鲁软件园、青岛国棉6虚拟现实产业园、济南鲁商文化产业园、潍坊创意产业园、潍坊市十笏园文化街区、

续表

类型	数量（家）	地区	具体园区
混合型园区	399	山东省	海阳沛溪书院、仲宫文化艺术街区、万达·青岛东方影都、青岛藏马山文化产业园、日照文化创意产业园、泰安泰山文化产业园、青岛红星印刷科技与文化创意产业园、烟台五彩文化广场、中国电影交易中心、青岛少海文化休闲旅游景区、德州董子文化街、鸿儒国际文化广场、D17文化创意产业园、青岛唐岛湾海上嘉年华、东鲁文化创意产业园、日照市市级综合文化中心、青岛大珠山（东夷）文化产业园、青岛紫云来传统文化产业基地、日照创意产业园、齐鲁文化艺术创意产业园、创意G20·青岛国家广告产业园区、济南市长清区大学科技园数字创意产业园、潍水文化生态保护实验区、英雄山文化产业园、聊城冠县天使文博园、大汶口文化产业园、山东雪野文化创意基地、威海北海动漫创意园、山东荣德堂文化产业园、青岛老转村齐鲁文化产业园、湛山创意工厂、洪山口五色文化产业园、山东齐赛创意产业园、龙腾水街文化产业园、枣庄峄州文化产业园、济南园博园国际文化创意产业园、奚仲文化产业园、烟台海阳地雷战旅游区、济南鼓乡文化艺术创意基地、青岛天都茶文化城、烟台渔人码头、东营市七星文化创意园、潍坊金宝文化产业园、烟台辛安河科技文化产业园、东营市黄河口文化产业基地、黄河三角洲文化产业园、创意天地文化产业园、济南商河乡村绿洲农业生态园、枣庄冠世天娇文化产业园、济宁运河文化创意产业园、济南市茶文化特色商贸街区、青岛海云庵民俗文化街区、威海文化创意产业园、黄台文化城、曲阜国家级文化产业示范园区、七十七号智网、清大华创日照创业城、港中旅（青岛）海泉湾度假区、泰山民俗文化产业园、莱芜雪野旅游区文昌文化园、青岛世园会、槐荫建帮大厦动漫产业基地、青岛纺织谷、大乳山滨海旅游度假区、烟台广告创意产业园区、济南1953·茶文化创意产业园、金乡县智慧产业园、中景设计创意中心、中航工业青岛科技园、海尔智能产业园、青岛微电影基地、淄博文化艺术城、太空港生态文化产业园、周村古商城文化产业园、七星文化产业园、黄河口文化产业基地、坊子炭矿遗址文化产业园、鸿阳大世界、大地黑牛文化产业大世界、淄博开元文化大世界、中国聚艺谷、吕剧文化产业园、潍坊国家广告创意产业园、潍坊西街68.诸城恐龙文化旅游园、济宁高新区文化创意大厦、517艺术区——鸿儒美术馆、鸿儒印刷物流中心、兰陵国家农业公园、巨野书画艺术产业园、鸿儒书城、泰安肥城市文化创意产业园、青岛联城·红锦坊、枣庄沧浪渊文化产业园、青岛建筑创意广场、西王台山玉米文化产业园、青岛王邦直文化创意产业园、威海开发区（文登）创意产业园、潍坊坊茨小镇、威海韩乐坊、青州云门山生态文化创意产业园、泰山硅谷、梁子黑陶文化产业园、太阳部落景区、康加城文化产业园、任城区宣阜巷休闲文化步行街、朱家裕文化产业园区、国家信息通信国际创新园CIIIC、济南澄波湖文化产业园、滨州温泉文化博览园、淄博璀璨中华文化生态园、潍坊市民文化艺术中心、山东济南中国教育动漫产业基地、青岛文化创意产业基地等
		辽宁省	沈阳棋盘山国家级文化创意产业园区、沈阳皇城里文化产业园、大连艺术学院文化科技创意园、盘锦市志高文化科技动漫产业园、双D港、营口大石桥蟠龙山文化产业园、旅顺南路软件产业带（动漫走廊）、辽宁锦州辽西文化古玩商城、老北市文化园、盘锦市辽河文化产业园等
地方特色园区	34	北京市	北京高碑店传统文化创意园区、圣唐古驿文化创意园、北京潘家园古玩艺术品交易园区、北京京城百工坊、北京国际创意设计苑、北京大观园、斋堂古村落古道文化旅游产业集聚区、五道营、嘉诚印象·藏经馆17号
		河北省	涿州三义宫旅游文化企业园区
		山东省	曲阜新区国家级文化产业园、兖州兴隆文化园、临沂沂蒙红色写生基地、烟台磁山地质公园、青岛民俗文化产业园、滨州阳信县民俗文化产业园、龙口市东莱文化街、潍坊杨家埠文化产业片区、山东鼎龙民俗文化创意产业园、中国通史园、济宁汉文化民俗园、济南中国玫瑰文化产业园、济宁微山县梁祝文化园、滨州阳信民俗文化产业园、平阴玫瑰湖生态新区、水浒文化产业园、临沂羲之文化园、寿光盐祖公园度假村、枣庄鲁南民俗文化产业体验园等
		辽宁省	旅顺蝴蝶园、牛河梁红山文化旅游园

2.4.2 长三角文化创意产业集群

长三角地区以上海为核心，连接江苏、浙江、安徽三省的大城市，形成创意设计、数字媒体、广告会展等行业为主题，建设了一批创意产业园区。

上海正处于文化创意产业发展的最好时期，4年前上海加入全球"创意城市网络"，被联合国教科文组织授予"设计之都"称号。目前，中国工业设计研究院、迪士尼、东方梦工厂等世界级研发中心和重大项目已相继落户上海，自贸区文化市场开放政策正显现出桥头堡作用，这些都为上海大力发展文化创意产业拓展了巨大发展空间。

上海市已在新闻出版、广播影视、文化艺术、数字娱乐等领域集聚了一批具有较强实力大的创意企业，研发设计、建筑设计、文化传媒、咨询策划和时尚消费五大创意产业门类的规模获得快速增长，创意产业已成为上海经济增长的亮点，是上海城市和产业转型的支柱产业之一。

长三角文化创意产业园区调查情况

表 2-4-2

类型	数量（家）	地区	具体园区
产业型园区	149	上海市	上海张江国家级文化产业园区、上海创意仓库（四行仓库）、上海63号建筑设计工场、上海花园坊节能环保产业园、传媒文化园（窗钩）、上海西郊鑫桥创意产业园、上海田子坊、上海半岛1919创意产业园、上海德必长宁易园、上海西岸创意园、上海X2创意空间、上海工业设计园、上海同乐坊、中环滨江128（上海理工大学国家大学科技园）、上海设计工厂、尚街Loft时尚生活园、上海创邑·河创意园、上海仓城（胜强影视文化创意产业园）、上海尚建园、上海德必大宁易园、上海虹桥软件园、上海通利商务创意园、上海车博汇、徐汇创意阁、上海空间188、上海静安创艺空间、天杉德必园、上海多媒体产业园、上海昂立设计创意园、上海德邻公寓、上海法兰桥、上海汇丰创意园、上海天地软件园、上海乐山软件园、上海绿地阳光园、名仕街、文定生活、上海中广国际广告创意产业基地、上海旅游纪念品设计大厦、上海旅游纪念品产业发展中心、天山软件园、上海慧谷白猫科技产业园、创邑·源、建桥69、时尚园品牌会所、上海徐汇软件基地等
		江苏省	南京世界之窗创意产业园—创意东8区、宿迁市宿城区开发区三创产业园、无锡太湖新城科教产业园、苏州桃花坞文化创意园、南京石城现代艺术创意园、太仓科教新城、常州国家动画产业基地、南京市无为文化创意产业园、苏州高博文化创意产业园、连云港科技创意产业中心、江苏未来影视文化产业园、南京秦淮茶文化产业园、世界之窗文化产业园（紫金山动漫1号）、南京数码动漫创业园、雨花科技创业园、徐州动漫影视基地、丹阳市江苏文化科技产业园、南京工业大学国家大学科技园、邳州宝石玉器城、金枫广告产业园、华夏工美产业博览园、连云港东海水晶文化创意产业园、苏州苏绣文化产业群、长江文化产业园
		浙江省	义乌市创意园、西湖创意谷、杭州山南国际设计创意产业园、杭州东方电子商务园、杭州下沙大学科技园、杭州台湾城文化创意园、杭州和达文化创意产业园、杭州唐尚433、东阳市横店影视基地、杭州良渚玉文化产业园、浙窑陶艺公园、杭州元创·长乐园、杭州西湖数字娱乐产业园、杭州市116时尚设计创意园、浙江汉坊印刷创意园、杭州市维艺56创意园、杭州数字娱乐产业园、宁波乐盛文化产业园、宁波数字传媒产业园、绍兴传媒文化创意产业园、衢州醉根艺术博览园、中国轻纺城创意产业基地、杭州运河国家广告产业园、紫蓬山文化（动漫）产业园项目、微电影产业园区、嘉兴日报报业传媒集团文化产业园、中国义乌工业设计中心、杭州国家动画产业基地
		安徽省	安徽淮南八公山豆腐文化产业园、合肥音谷文化创意产业园、芜湖影视文化产业园、合肥国家级动漫和服务外包基地、合肥"世界之窗"科技创意产业园、灵璧县中国灵璧石国际交易中心、蚌埠市南山文化市场、芜湖长江图书文化产业园、安徽星宇动漫产业园、合肥市原创动漫园、中国雨耕山酒文化产业园、安徽经纶文化产业园、中国星光（皖北）影视基地、安徽佳达科技工业园、阜南柳编文化产业园、池州九华国际动漫产业园、安徽中国布锦文化产业园、淮南子传媒文化产业园、阜阳国际工艺美术文化产业基地、皖江文化园、宿州文化产业园、颍东印刷包装文化产业园、中国滁州动漫产业园、蒙城印象文化创意产业园、界首彩陶文化产业园、安徽陶瓷产业园等
艺术型园区	19	上海市	上海周家桥创意产业之门、上海苏河艺术中心、上海800秀、上海张家浜逸飞创意街、上海苏河现代艺术馆、上海东大名创库、上海鑫鑫1930创意园区、上海尚街Loft婚纱艺术产业园、上海尚街Loft浦东创意创业园、上海东方艺术中心
		江苏省	江苏扬州甘泉影视基地、华夏艺博园、徐州欢乐谷大剧院、苏州文化艺术中心
		浙江省	杭州西溪创意产业园、杭州A8艺术公社、运河天地文化创意园、金华乾湖艺术区、松阳"乡村798"文化创意园
休闲娱乐型园区	17	上海市	上海五维空间创意产业园、浦东宣桥共舞台创意园、上海梅迪亚1895·徐汇创意阁
		江苏省	无锡影视基地、南京幕府山国际休闲创意产业园、彭城壹号时尚文化休闲街、江苏天目湖生态休闲文化创意产业园、徐州市美术馆、李公堤、山塘街、圆融时代广场
		浙江省	杭州白马湖生态创意城、浙江象山县象山影视城
		安徽省	五千年文博园、金领欢乐世界、六安文化休闲产业园
混合型园区	594	上海市	上海红坊文化艺术社区、上海8号桥、上海M50、上海易园徐汇创意园、2577创意大院、上海湖丝栈创意园、上海新慧谷科技产业园、上海静安现代产业园、海上海创意园区、上海创邑·金沙谷（金沙谷创意园）、上海Z58创意之光、上海时尚产业园、上海浦东美邦启立产业园、上海第一视觉创意广场、上海宣桥共舞台创意园、上海源创创意园、上海创意联盟、上海卓维700、上海双创产业园（原鑫灵创意园）、上海1933老场坊、上海SVA越界（广电信息）、上海创邑·Young、德必·老洋行1913、上海长寿苏河创意园、上海尚都里休闲广场、上海焊点1088、上海德必运动Loft、波特营文化创意园、上海原弓艺术仓库、上海soho丽园、上海98创意园、上海东纺谷、上海时尚园、上海映巷创工场、上海汇针751文化传媒、外马路仓库、上海苏州河doho、上海静安文教用品产业园区、博济上海智汇邦、南京西祠街区、上海国际工业设计中心、上海康琳创意园、上海中房Lbox、老四行创意园、上海静安创展中心（创展大厦）、上海申ango静安都市产业园区、上海电子艺术创意产业基地、上海绿地IT顺风港、上海荣轩生活艺术空间、上海数娱大厦、南苏河、由度工坊、上海智游谷创意园、上海优族173、上海明珠创意产业园、智慧金沙3131创意园、上海华联创意广场、上海智造局、上海叁零文化创意园、上海淮海路创意廊、梅迪亚1895创意产业园、3乐空间、上海国际时尚中心、盛大天地文化创意产业园、虹桥525、卢比克魔方（新兴港）、环同济设计创意产业集聚区、中房长治大厦L-BOX、上海艺谷文化创意产业园、达之路钻石文化创意产业园、上海合金工厂、尚街Loft长宁会馆、上海智慧桥、大柏树930创意园区、临港国际传媒产业园、上海马利印象、彩虹雨创意园、公园1468创意园区、凯旋坊创意园区、尚街Loft滨江时尚服饰园、传媒文化园（明圭）、孔雀园、OASIS创意园区、聚为园、渡边物华园等

续表

类型	数量（家）	地区	具体园区
混合型园区	594	江苏省	徐州创意68文化产业园、常州创意产业园、南京晨光1865科技创意产业园、江苏太仓LOFT工业设计园、南京紫东国际创意园、东方1号创意产业园、扬州智谷文化创意产业园、无锡新区创新创意产业园I-PARK1.南京惠通创意基地、昆山文化创意产业园、南京江宁大学城、天堂e谷电子商务创意产业园、常州运河五号创意街区、苏州江南文化创意设计产业园、无锡国家动漫产业园—新华太湖数码动画影视创业园、无锡扬名N1955南下塘文化创意产业园、苏州阳澄湖数字文化创意产业园、宿迁市软件与服务外包产业园文化创意园、苏州婚庆创意产业园、南京幕府三O工园、无锡崇安区文化创意产业园、苏州沧浪区989文化创意产业园、茉莉江苏文化产业博览园、苏州创意产业园、扬州723文化科技园、南京广告产业园、苏州博济平江创意园中创NO创意园、石榴财智中心文化产业基地、苏州长桥街道特色文化产业园、姑苏69阁、无锡国家工业设计园、南京老学堂创意园、南通市海安523文化产业主题公园、南京大明西区文化创意产业园、江苏凤凰新华创意产业园、苏州市中国光华文化创意产业、泰州市文化创意产业园、元和文化创意产业园、南京创意中央科技文化园、苏州国际科技园、江苏红山创意产业园、如皋软件园（桃园镇）文化创意产业园、江苏金箔文化创意产业园、南京大学生文化创意产业园、南京金城科技创意产业园、扬州玉文化创意产业园、常州壹地创意设计产业园、盐城市文化产业园、南京西祠街区、江苏文化产业园、724所创意产业园、昆山市周庄文化创意产业园、东创科技园、江阴扬子江文化创意产业园、南通鹏远创意产业园、南京十朝历史文化园、润州创意产业园——镇江软件园润州分园、镇江西津渡文化创意产业园、月光码头、南京艺术金陵文化创意产业园、香山工坊、连云港动漫产业园、扬州尧文化创意产业园、徐州师范大学文化创意产业大学科技园、江苏安阳文化创意产业园、南京世界之窗软件园、中国文化传媒镇江产业园、长江三峡文化创意产业园、江苏建筑工程设计创意产业园、南京通济都市创意产业园、苏州工业园区、紫金（雨花）科技创业特别社区、中国石坞3D数字文化创意产业园、中国光华文化创意产业园、南京红山创意工厂产业园、阊间城影视文化产业园、江苏金一文化产业园、苏州国际博览中心、芜湖方特非遗文化游乐园、常州国家广告产业园、西太湖国际智慧园、常州中华恐龙园、南京鼓楼科技园、南京国家广告产业园、南京国家动画产业基地、南京智慧谷动漫软件园、南京1912街区、南京创立置业策划创意园、南京石城现代艺术创意园、南京紫金智梦园、南京邮电大学物联网科技园、南京国家数字出版基地、南京工业大学科技创新园、南京春东民俗文化产业园、南京白下高新科技创意文产园、南京江苏模范路创意设计、南京越界·梦幻城、中国（南京）软件谷、方山艺术营、凤凰山艺术园、南京世界之窗茶艺文博览园、南京留学生文化创业孵化园、杨柳湖文化风景园、江宁高新创意180产业园、南京国际画家村、江阴软件园、禾盛文化创意科技产业园、南京世界之窗创新园、南京软件园、无锡数字动漫创业服务中心、无锡国家软件园、无锡新区创新创意产业园、南京工业大学国家科技创新园、南京江宁高新园、无锡国家数字电影产业园（华莱坞）、无锡559文化创意产业园、北塘科技创业服务中心、吴文化博览园、江苏无锡宜兴环保科技工业园、淮海文化科技产业园、江苏师范大学文化创意产业大学科技园、峰华正茂广告产业园、淮海文博园、常州科教城、环太湖艺术城、常州西太湖艺术产业园、徐州老街坊、徐州软件园、凤凰徐州书城、常州软件园、国光1937科技文化产业园、常州创意产业基地、常州国家广告产业园区保纳基地、常州国家广告产业园区三井基地、黑牡丹常州科技园、常州嬉戏谷、凤凰艺术园、户部山文化市场、南通·1895文化创意产业园、南京江宁高新园、钟山创意产业园、垠州西祠数字网络产业、南京徐庄数字文化产业园、苏州高博产业园、南京华宏科技文化产业园、徐州窑湾古镇文化旅游集聚区、南京J6软件创意园、无锡灵山文化旅游创意产业园、武进工业设计园、中国（无锡）艺术产业园、江苏扬州市文化创意产业园、青果巷历史文化街区、华德创意园、新区创新创意产业园、邗江文化创意产业园、江苏淮安软件园、中国裳岛等
		浙江省	杭州LOFT49、杭州之江文化创意园—凤凰·创意国际、杭州湘湖创意产业园、嘉兴市江南传媒文化创意产业园、杭州丝联166创意园、东瓯智库创意产业园、杭州富义仓创意空间、宁波新芝8号创意产业园、绍兴金德隆文化创意园、宁波创意1956产业园、杭州SOHO创意部落、余姚市阳明188文化创意产业园、浙江婚庆用品文化创意产业园、金华市将军188创意产业园、温州学院路7号LOFT、杭州长housingF317创意产业园、杭州智新塘文化创意产业园、宁波和丰创意广场、垠坤·智汇魔方、杭州元谷—小河园、杭州乐富·智汇园、舟山市定海伍玖文化创意中心、杭州创意桥产业园、杭州市LOFT555创意园区、宁波大学科技产业园、杭州圣泓工业设计创意园、嘉兴国际创意文化产业园、杭州元谷—湖墅园、温州智慧谷文化创意产业园、杭州元谷—和睦园、浙江杭州传媒文化创意产业园、中青文化广场、临平新天地文化创意产业园、杭州东方文化创意园、嘉兴现代文化创意产业园、台州创意园、浙报理想祥园创意产业园、诸暨长城国际影视网游动漫创意园、嘉兴市1921南湖创意园、湖州吴兴多媒体产业园、温州市文化创意产业园、宁波228创意园、黄龙体育文化创意产业园、宁波211创意园、杭州创新创业新天地、舟山鲁家峙文化创意产业园、宁波民和·惠风和畅文化创意园、元谷和睦文化创意园、杭州创意大楼、嘉兴东栅创意园、舟山市科技创意研发园、浙江国智9号创意街区、"南官天地"文化产业园、南京鼓楼留学人员创业园、杭州西岸国际艺术园区、杭州建华文化创意产业园、杭州文化商城、杭州茶都名城、绍兴金德隆文化创意园、杭州美达朝阳国际、湖州多媒体产业园、杭州和达产业园、宁波创e慧谷、HCDC杭州创意设计中心、杭州东方电子商务园、杭州299文化创意园、LOMO后工厂绍兴路创意园、杭州传媒文化创意产业园、杭州时尚创意园、浙报理想文化创意园、门婆园智慧园、杭州聚落五号创意园、东街6号·艺术空间、浙报理想·下沙影视创意产业园、杭州越界·锦绣工坊、杭州经纬国际创意产业园、467创意联盟、浙工大设计产业园、三花·江虹国际创意园、锦衣汇文化创意园、西溪华洋创意园、尚坤·生态创意园、杭州万轮科技园、汇林科技创意园、分水制笔创意园区、宁波创意三厂、金华CRC文化创意产业园、中国美术学院象山校区七号楼、画外桐坞文化创意产业园、福地创业园2.0、浙报理想·青芝坞七树园、浙大·创新科技园、杭州2号创业园、西湖国家广告产业园区、杭州元谷—拱北园、浙报理想·678建筑装饰创意园、杭州东信科技园、水天一设文化创业园、创意西溪基地、西溪湿地·洪园艺术集合村、宁波创新128园区、宁波奇艺国创意广场、温州红连文化创意园、嵊州文化创意园、黄岩华迈文化产业园、台州设计创意产业园、杭州凤凰国际大厦、西湖数源软件园、中国美院风景建筑设计创意产业园、杭州紫ково创意设计产业园、昆仑工坊、杭州元谷—长乐园、浙报理想·丝科院服饰文创园、"185智造"文化创意产业园、杭州天堂e谷、杭州金润科技园、中欧纺织创意中心、浙报理想·智库创意产业园、丽水万象文化创意产业园、杭州天水177创意园区、启运86微电影产业园、临平绸厂文化创意、龙溪花鼓乡村动漫、杭州汉嘉设计集团、杭州利尔达文创楼宇、凤凰公社文化创意园、玉鸟流苏创意产业园、南宋御街中北创意街区、黄龙体育文化创意产业园、昌国石文化城、象山艺术公社、杭州智点微创园、良渚蓝都创意园、五常文化创意园、洋溪·逸龙文化创意产业园等

续表

类型	数量（家）	地区	具体园区
混合型园区	594	安徽省	芜湖新华958文化创意园、合肥三国文化产业园、芜湖鸠江文化创意产业园、淮南志高动漫文化科技产业园、江南创意文化产业园、马鞍山视聆通游戏动漫产业园、阜阳欧阳修宿州神游世界动漫产业园、芜湖华强文化科技产业园、淮北洪庄文化创意产业园、寿州文化产业园、芜湖鸠江文化创意产业孵化基地、安徽千字文文化产业园、马鞍山文化产业园、安徽民丰文化产业园、徽商文化产业园、安徽寿春文化产业园、芜湖市和瑞文化科技创意园、淮南市山南新区徽艺文化产业园、铜陵国际文化城、马鞍山洪滨创意文化产业园、六安红街文化产业园、中航合肥文化创意产业园、临泉文化产业园、砀山文化产业园、安徽数字出版传媒创意文化产业园、中国（宣城）文房四宝产业园、桐城玉雕文化产业园、铜陵天井小镇文化旅游区、芜湖国家级动漫产业基地、池州市杏花村文化旅游区、池州九华山大愿文化园、亳州老子文化生态园、安徽厚德文化生态产业园、云梯畲族乡千秋文化园、宣城中国宣纸文化产业园、黄山徽州文化产业园、黄山歙县徽文化产业园、铜陵福鑫文化产业园、安徽206文化创意产业园、龙窝湖文化创意产业基地、宿州中国灵璧石国际交易中心、大禹文化产业示范园区、阜阳颍上文化产业园等
地方特色型园区	18	上海市	上海E仓、沪西德必易园
		江苏省	苏州容创意产业园、徐州文化产业园、徐州彭城民俗产业园张伯英艺术馆、常州淹城春秋文化产业园、徐州汉文化景区
		浙江省	杭州创意良渚基地、杭州市东方文化创意产业园、南宋御街中北创意街区、浙江西塘镇、嘉兴市西塘古镇、杭州王星记文化产业园
		安徽省	灵璧钟馗文化园、蚌埠双墩遗址文化产业园、当涂县廉政文化一条街、霍山玉石文化产业园

2.4.3 珠三角文化创意产业集群

以广州、深圳为龙头所形成的珠三角创意产业聚集区，成为全国唯一的"双核模式"，其动漫游戏、出版印刷、影视音像、广告会展等行业的发展水平居全国前列。

目前，深圳市文化创意产业园区基地已经达到53家，领域覆盖文化创意产业9大行业及产学培训。其中，创意设计类10家，文化软件类4家，动漫游戏类3家，新媒体及文化信息服务类8家，非物质文化遗产类3家，高端工艺美术类16家，数字出版类3家，文化旅游类1家，高端印刷类2家产业教学培训类3家。文化创意产业园区已成为深圳文化创意产业发展的重要主体和产业集聚、交流的重要平台。为贯彻"文化强市"战略部署，深圳市将进一步推动文化创意产业园区建设发展和质量提升，提高产业集约化水平和竞争力，夯实和增强产业的发展后劲。

目前，广州已形成了文化娱乐市场、书报刊市场、音像制品市场和文物字画、工艺美术品市场等具有相当规模、品种齐全的文化市场。

珠三角文化创意产业园区调查情况　　　　　　表2-4-3

类型	数量（家）	地区	具体园区
产业型园区	59	广东省	深圳F518时尚创意园、佛山创意产业园、深圳南山数字文化产业基地、127陈设艺术产业园、潮人码头新媒体产业园、星坊60文化创意产业园、广州华创动漫产业园、深圳中国观澜版画基地、深圳动漫园、清远市龙湖奇石文化产业园、深圳南岭中国丝绸文化产业创业园、广州番禺星力动漫游戏产业园、广州国韵文化创意园、佛山市顺德创意产业园、深圳市华夏动漫产业园、广州TCL文化产业园、九鼎国际城、珠海珠影文化创意园、深圳怡景国家动漫基地、深圳宝福李朗珠宝文化产业园、广州清湖创意产业园、广东南浦文化产业园、广州一统国际酒文化产业园、广州南方传媒文化产业园、广州海珠创意产业园、广州创意产业园229服装设计园区、广州设计港金鼎产业园、广州金脉创意产业园、广州毅昌创意产业园、珠海南方影视文化产业基地、深圳雁盟酒店文化产业园、广东国家数字出版基地、广州从化动漫产业园、深圳坪山雕塑艺术创意园、深圳国际创意印刷文化产业园、珠海南方文化产业园、富林796设计精英创意产业园、湛江文化产业创意园、中国情人谷文化创意产业园、广州市中小企业创新科技园、六星国际汽车文化产业园、中国（平洲）玉器城、广州包装印刷文化创意产业园、广东工业设计城、广佛数字创意园、中国游戏游艺产业基地、EACHWAY艺之卉创意产业园、深圳市金油环球展览有限公司、肇庆中巴软件园文化创意产业园、南方动画节目联合制作中心、惠州市第86区动漫创意园、粤港澳文化创意产业实验园区等
艺术型园区	11	广东省	艺象iDTOWN国际艺术区、深圳梧桐山艺术小镇、深圳大芬油画村、深圳国家音乐产业基地、深圳大学3号艺栈艺术原创基地、中国金夫人集团华南总部摄影创意产业园、广州小洲艺术区、小榄文化艺术品产业基地、"东八区"音乐创意园区、文德路文化街

续表

类型	数量（家）	地区	具体园区
休闲娱乐型园区	6	广东省	广州动感小西关、广州白鹅潭酒吧风情街、客天下旅游产业园、深圳魔术文化产业基地、信义国际会馆等
混合型园区	155	广东省	广州红专厂创意艺术区、深圳OCT-LOFT华侨城创意文化园、东莞东城创意产业园、深圳182创意设计产业园、广州太古仓、广州白云区创意产业园、广州市922宏信创意园、广州中海联8立方创意产业园、珠海V12文化创意产业园、佛山1506创意城、广州小洲影视文化产业园、萌芽1968广州创意产业园、广州T.I.T创意园、东莞松山湖国际创意产业城、深圳罗湖创意文化广场、羊城创意产业园、广州北岸文化码头国家级创意产业园、深圳文化创意园、中国（深圳）设计之都创意产业园、珠江琶醍啤酒文化创意艺术区、广州市1850创意产业园、潮州"中国瓷都"陶瓷文化创意产业园、深圳力嘉创意文化产业园、广州花城创意产业园、广州巨大创意产业园、番禺金山谷创意产业基地、深圳华侨城国家级示范园区、百分百创意广场、广州嘉禾创意产业园、吉莲19、广州设计港、德胜创意园、东莞大朗镇创意产业园、梅州市麓湖山文化产业区、深圳22艺术区、盐田国际创意港、广州中颐MOCA创意城、深圳南海意库创意产业园、深圳陶瓷文化产业园、佛山季华4路创意产业园、广州国家网游动漫基地、广州黄花岗科技园、珠江钢琴乐器文化产业园、广州动漫星城、广州中国出口商品交易会流花路展馆、南屏屏岚81文化创意产业园、江门市蓬江区创新创意产业园、特区1980文化创意产业园、华南智慧城、蛇口网谷、佛山市祈福创意文化产业园、深港室内文化创意园、深圳宝龙文化科技创意产业园、过山瑶民族文化风情园、中山创意视觉工业生态园、广州动漫星城、东莞工农8号创意园、东莞工农8号创意园、珠海金嘉创意谷、深圳市软件产业基地、深圳T6艺术区、深圳中芬设计园、深圳大学城创意、深圳香年文化创意广场、东莞769梦工厂、深圳创E基地、中国（深圳·龙岗）观赏石基地、东莞新基地科技创意产业园、广州M3创意园、广州香云纱文化产业区、深圳艺立方手信文化产业园、深圳坂田手造街、深圳三联水晶玉石文化村、玫瑰海岸婚庆文化产业基地、金地·动力港文化产业园、北京路文化核心区、深圳创意保税园、深圳世纪工艺品文化广场、雅昌（深圳）艺术中心、东莞天宝创意谷、东莞创意产业中心园区、江门蓬江区创新创意产业园、广东现代广告创意中心、广州海航YH城、广州花都珠宝小镇、深圳欢乐谷、深圳汉玉立体艺术园、广州国韵文化创意园、深圳大学工业设计特色学院、深圳欢乐岸OCTHARBOUR、深圳美年文化创意广场、东莞联丰创意谷、东莞智慧小镇创意产业园、肇庆端砚文化村、广州国际单位艺术中心、芳村文化创意产业园、深圳雕塑文化产业园、深圳设计产业园、汕头1860文化创意园、广州创意产业园、深圳永丰源国家文化产业示范基地、广州南沙国际影视城、荷兰花卉小镇、佛山民间艺术研究社、广州228创意园、粤港澳文化创意产业实验园区、南沙资讯科技园、佛山乳源休闲旅游文化产业园、国家数字家庭应用示范产业基地、广纺联创意园、广州长隆旅游度假区、北山中西文化创意产业园等
地方特色园区	7	广东省	中山文化产业园、韶关大南华文化创意产业园、惠州东坡文化（国际）产业园街、南江工业园、广东禅文化创意产业园、冼夫人文化产业园

2.4.4 滇海文化创意产业集群

以昆明、丽江、大理三市为主，滇海文化创意产业集群在影视、会展、艺术表演及文化旅游等行业独具特色。这些创意产业集聚区的出现极大地带动了周边乃至全国创意产业的发展。

滇海文化创意产业园区调查情况　　表2-4-4

类型	数量（个）	地区	具体园区
产业型园区	3	云南省	楚雄州核桃文化产业园、云南云酒文化产业园、昆明世界女性文化公园
艺术型园区	2	云南省	云南映像等
混合型园区	23	云南省	金鼎1919文化创意产业园、昆明泛亚文化传媒中心、中国云南省影视文化产业试验园、昆明环球动漫海产业园、昆明石林台湾农民创业园、同景108文化创意产业园、昆明东南亚南亚大世界、昆明文化产业园、保山凤凰翡翠文化产业园、紫云青鸟·云南文化创意博览园、昆明西南联大创意产业园、个旧锡文化产业园、昆明国家广告文化产业园、玉溪瓷文化创意产业园、红河风情文化产业园等
地方特色园区	4	云南省	丽江古城、西双版纳民族风情园、鹤庆县兰花文化展示交易园区、楚雄文化创意产业园

2.4.5 川陕文化创意产业集群

由重庆、成都、西安三个西部大城市构成的经济区在工业设计、动漫、网络游戏产业等具有一定优势。西安是西部中心城市之一，发展创意产业具有良好的区位优势和产业基础。作为拥有丰富文化资源的历史名城，西安与其他城市不同，创意产业发展具有鲜明的区域特色，如反映汉唐盛世的历史文化区域，表现伊斯兰风情的民族区域，彰显现代科技魅力的动漫产业基地等创意产业集聚区，共同构成西安创意产业的独特风采。

成都重视发展创意产业，确定了传媒、创意设计、文博旅游、演艺娱乐、文学与艺术原创、动漫游戏和出版发行七大重点领域，并通过创意行业的大规模资源整合和产业再造，初步形成以园区化、楼宇化为载体，以骨干企业为支撑的创意产业体系，具备了比较成熟的产业组织形态，以及一定规模的产业基础。

川陕文化创意产业园区调查情况　　　　表 2-4-5

类型	数量（家）	地区	具体园区
产业型园区	19	四川省	成都东郊记忆、成都大科星·创意园、成都数字娱乐软件园、四川（白马关）三国文化产业园、成都客家文化产业园
		陕西省	天地源·西安高新区创意产业园、轩辕黄帝酒文化旅游产业园、西安数字内容与数字出版产业园、创意5号
		重庆市	重庆港鑫创意产业园、重庆新闻传媒中心、重庆大溪沟国际建筑与环境艺术设计创意产业园区、重庆天健创意动漫基地
艺术型园区	6	四川省	成都浓园国际艺术村、成都画意村
		重庆市	重庆团山艺术中心、长江汇当代艺术中心
休闲娱乐型园区	11	四川省	成都锦里民俗休闲街、成都蛟龙紫荆影视城
		陕西省	宝鸡周秦文化产业示范区、西安曲江生态文化园、陕西郑恒公国际文化产业园、扶风佛文化休闲产业园、华阴华山民俗文化产业园
		重庆市	弹子石老街、米市老街、南滨路（两街三巷）、慈云老街
混合型园区	124	四川省	成都红星路35号文化创意产业园、成都青羊绿舟国家级创意产业园、成都蓝顶艺术区、成都东村创意产业园、成都天府软件园、绵阳126文化创意园、成都西村文化创意产业园、成都西村大院、内江大千文化旅游产业园、成都台湾文化创意产业园、成都国际非物质文化遗产博览园、A4当代艺术中心、宽窄巷子、大北川禹羌文化产业园、德阳绵竹年画村、遂宁市观音文化产业园、泸州黄舣美酒文化产业园区、成都望丛文化产业园、成都牧马山天府国韵文化产业园、羌王城文化产业园、四川青城山文化产业园、成都国家广告产业园、自贡龙乡文化产业园、成都汇融国际广场、成都市新都区北村艺术区、成都天府创意产业园、四川文化产业园、博瑞·创意成都、安仁中国博物馆小镇、川北民俗文化园、巴中市南龛文化产业园、广元蜀汉文化产业园、女皇文化旅游园区、眉山东坡文化产业园、成都彭州影视城、四川娇子创意产业园等
		陕西省	西安百亿兵器产业园、西安中华汉文化产业园、陕西榆神工业区文化产业园、陕西广电网络产业园、西安798纺织城文化创意区、西安曲江新区国家文化产业示范区、西安碑林科技产业园、西安智巢产业园、陕西华商文化产业园、陕西渭南黄河金三角文化创意园、西安高新区现代文化产业创业园、陕西动漫产业园、陕西国家广告产业园、陕西广播产业园、西安纺织城创意产业园区、西安世界之窗科技创意产业园、宝鸡西秦刺绣产业园、延安民俗文化影视城、延安黄帝陵人文始祖文化园等
		重庆市	重庆大足万古创意产业园、重庆川美创谷、重庆渝中区国际创意产业园、重庆市金雅迪创意产业园、巴渝世家创意产业园、重庆时尚之都文化传媒创意园、重庆广告产业园、重庆半城文化创意产业园、重庆中渝嘉州创意园等
地方特色园区	13	四川省	广汉市三星堆文化产业园、阿坝州九寨沟演艺产业群、火锅文化产业园
		陕西省	延安市安塞县黄土文化产业开发有限公司、安康文庙文化旅游产业园、西安唐文化陶瓷产业园、延安"5.23"文化创意产业园区、宝鸡市陈仓民俗文化产业园
		重庆市	重庆磁器口民俗文化创意产业园、重庆巴渝民俗文化村、重庆璧山古老城生态农业园区、重庆市北碚庙嘴文化创意产业园

2.4.6 中部文化创意产业集群

以长沙市为核心，辐射周边地区，依托长株潭城市群、武汉城市群和环鄱阳湖经济带三大区域经济体，形成中部地区规模最大、最具代表性的创意产业集聚区。其中，湖南的影视与动漫业、湖北的工业设计与信息产业、江西的数字出版与陶瓷艺术已形成独特的创意产业链。

长沙市已形成芙蓉新闻出版产业发展区、星沙特色创意产业发展区、雨花版权交易及创意体验区、麓山创意设计与文化旅游区以及青竹湖文化休闲旅游区五个具有特色的专业集聚区。雨花区的湖南创意产业园规模最大，是具有湖湘特色的"文化新城、创意基地"。园区内拥有长沙新广电中心、长沙出版物交易中心、长沙报业文化新城等功能区，是出版发行及出版服务产业集聚区。长沙文化创意产业具有一定的比较优势。

多年来，武汉市已初步形成以创意设计为主导、以数字内容为核心的创意产业体系。从创意产业领域看，武汉市的创意设计、数字出版、动漫网游、现代传媒等具有产业优势。

中部文化创意产业园区调查情况　　　　表2-4-6

类型	数量（家）	地区	具体园区
产业型园区	61	湖南省	湖南锦绣潇湘文化创意产业园、长沙天心国家级文化产业示范园区、湖南国家动漫游戏产业振兴基地、长沙市西街创意领地、长沙岳麓文化艺术产业园、醴陵市釉下五彩陶瓷文化创意产业园、湖南雨花创意产业园、长沙软件园、益阳市竹文化产业园、湖南中华茶祖文化产业园、湖南圣得西时尚产业园、新华报业集团传媒文化产业园、湖南回龙湖生态文化产业园、郴州市林邑文化创意产业园、文艺巢文化创意中心、长沙芙蓉区建筑创意产业园
		湖北省	武汉创意天地、武汉中国光谷创意产业基地、武汉汉阳造文化创意产业园、武汉大学珞珈创意园、武汉华中智谷、武昌东创意园、湖北江汉文化创意产业园、武汉市龙泉山生态园、宜昌809创意经济园、武汉出版产业园、蔡甸知音文化创意产业园、黄石日报传媒集团东楚传媒文化产业园、武汉创意大道、宜昌文化创意产业园、十堰武当文化创意产业园、荆门传媒产业园、荆州垄上行文化产业园
		江西省	江西699文化创意园、江西省高安市大城昌西文化产业园、南昌国际动漫产业园、江西慧谷文化创意产业园、景德镇江窑手工制瓷文化创意作坊园、天腾科技（吉安）创意文化产业园、南昌华夏艺术谷文化产业园、江西金庐软件园、黄庭坚文化影视产业园、新余市文化产业园、抚州影视文化产业园
		河南省	郑州国家动漫产业园（郑州生态创意园）、中国·开封中原明珠文化旅游产业区、焦作黄河文化影视城、安阳殷商文化产业园、平顶山宝丰赵庄魔术大观园、河南嵩山文化产业园、河南出版产业园、郑州信息创意产业园、信阳鸡公山志高文化科技动漫产业园、鹤壁石林陶瓷产业园、鹤壁创意动漫产业园、洛阳市牡丹瓷文化创意产业园、神垕钧瓷文化创意产业园、驻马店影视基地、中华轩辕黄帝村文化传播有限公司等
艺术型园区	3	湖南省	长沙艺术家文化村
		湖北省	凤凰社艺术创意园
		江西省	墨香街
休闲娱乐型园区	10	湖南省	张家界神农生态农业观光园、湘潭万楼文化产业园、湖南大剧院
		河南省	开封清明上河园、洛阳汉魏故城文化旅游产业园、中国濮阳杂技文化产业园、洛阳河洛文化产业园、上清宫老子及道教文化旅游园区、河南康百万庄园、洛阳市龙门文化旅游产业园
混合型园区	160	湖南省	长沙铜官镇陶瓷文化产业园、湘潭文化创意产业园、常德武陵文化创意产业园、怀化湖南湘西文化科技产业园、湖南株洲华强文化科技产业园、株洲文化园、湖南汨罗屈子文化园、水云潇湘文化旅游公园、湖南云龙创意产业园、邵阳市桃花新城宝庆文体产业园、长沙国家广告产业园、湖南传媒产业园、长沙西湖文化园、湖南2688文化创意园、长沙炭河里遗址公园、铜官陶瓷产业园、娄底中华蚩尤文化园、铜官窑国家考古遗址公园、长沙国家广告产业园、橘洲沙滩体育休闲文化园、长沙欧阳询文化园、云台山文化生态产业区、武陵山民族文化产业园、里耶国家考古遗址公园、湖南湘绣城、黄茶文化产业园、衡阳孝文化园、清水潭文化生态创意园区、郴州兰花文化产业园、湘潭市昭山示范区白合文化产业园、湖南回龙湖生态文化产业园等
		湖北省	楚天181文化创意产业园、江城壹号创意园、武汉花园道、随州文化创意产业园、青年文化创意产业园、昙华林艺术区、孝感乡文化产业园、武汉东创研发设计产业园、龙泉生态园、十堰市中化诗经文化园、太平鸟时尚创意园、武汉欢乐谷、武昌长江文化创意设计产业园、南湖科技产业园、中国白酒第一庄园、南漳水镜文化产业园、中国（枣阳）汉文化产业园区、宜昌市西陵区高新技术产业孵化中心、孝感航空经济区文化创意产业园、华中师大文化科技产业园、英赛工业设计产业园、周大福武汉珠宝文化产业园、武汉高龙城·非物质文化遗产传承园、武汉木兰山风景区、襄阳湖北长阳清江古城、红安县君眉茶文化创意产业园、黄梅挑花文化园、沔阳影视文化园、湖北荆门文化创意产业园、湖北襄樊米芾国际文化创意产业园、十堰天河七夕文化产业园、黄石鄂东南文化中心等
		江西省	南昌市791文化创意街区、江西省八大山人文化产业园、樟树林文化生活公园、新余天工文化创意产业园、黎川油画创意产业园、喻家村文化产业园区、南昌世界之窗科技文化产业园、明清古建筑博览园、新建县长垅工业园、湘东包装印刷产业基地、宜春禅都文化博览园、泰国际动漫产业园、赣县客家文化城、皇窑陶瓷文化创意产业园、抚州荣胜艺术村、萍乡安源古城、江西东升文化产业园、闽台（福州）文化产业园核心区、纺织服装创意产业园、景德镇1949建国陶瓷文化创意园、江西丰территория高新技术产业园区等
		河南省	郑州金水文化创意产业园（107创意工厂）、洛阳关圣文化产业园区、中央新影中原影视文化产业园、惠济中南文化创意产业园、新乡市云龙山文化产业园、安阳文化创意产业园、郑州花牛牛·中部影像科技创意港、国家创意艺术培训（河南）基地、《印象河南》文化产业园、洛阳西苑路21号科技园、郑州留学人员创业园、郑州华强文化科技产业园、郑州中原广告产业园、卧龙岗文化旅游产业集聚区、平顶山汝瓷文化产业园、河南省国家大学科技园、河大文化产业基地、指-当代艺术空间等
地方特色园区	16	湖南省	衡阳市盆景文化创意产业园、辰溪国际太阳文化创意产业园、中国辰溪太阳文化创意产业圆
		湖北省	潜江市曹禺文化产业园

续表

类型	数量（家）	地区	具体园区
地方特色园区	16	江西省	赣州红色文化创意产业园、景德镇陶瓷文化博览区
		河南省	开封宋都古城国家级文化产业园、辉县市南太行民俗文化园区、郑州石佛艺术文化产业园、镇平县石佛寺镇玉文化产业园、开封朱仙镇文化创意产业园、宝丰伊人天香香草文化观光园、河南宝丰文化创意产业园、洛阳市白马寺佛教文化园区等

2.5 重点文化创意产业园区调查报告

2.5.1 产业型典型园区调查分析

1. 青岛创意100产业园

（1）园区基本概况

青岛创意100产业园坐落于青岛市南京路100号，是山东省第一家创意产业园，由原青岛刺绣厂的老厂房改建而成，占地面积约15亩，新改建后的园区建筑面积约2.3万平方米，在2006年3月，由青岛麒龙文化有限公司先后投资3000余万元进行改造建设，并负责整体运营。

青岛创意100产业园目前是山东省青岛市运营较为成熟、业态相对纯正，且实现了大范围盈利的文化产业集聚区，是山东省文化创意产业的品牌示范园区。园区是以创意礼品设计、包装、制作、展示交易、广告策划等为主业，文化创意、商务、休闲、餐饮等多元素并存的文化创意产业集聚区，同时，也是集工业旅游与文化创意为一体的主题景区。

（2）园区发展定位

青岛创意100产业园定位于打造文化创意产业的集聚平台，为国内外创意产业公司提供专业的市场服务，成为山东省第一个观念新锐、时尚引领的创意产业集聚区。

青岛创意100产业园以"创意拓展，产业深化"为战略目标，立足青岛，面向山东开展多种形式的智力输出，为推进山东省、青岛市文化创意产业水平不断提升贡献力量，逐渐形成山东创意产业的行业"高地"。

（3）园区发展模式

青岛创意100产业园实行"高门槛、蓄水养鱼"的经营理念，积极引进高端文化创意产业业态。园区与法、意、奥等欧盟各国建立了文化产业信息项目交流平台，积极推动青岛市文化创意产业国际化建设，牢牢地占据了青岛文化创意产业的制高点。

为了园区专业人才的可持续发展，创意100在人才培训和孵化方面加大投入，于2009年投资建成1500平方米的"文化创意产业专业人才创业孵化基地"，成功扶持200余人创业，孵化文化创意类企业达26家。

青岛创意100产业园认为园区平台收益应大于房租收益，以"三大平台"为支撑开展特色化运营，通过"确保园区可持续发展的人才、项目孵化平台""拉动园区经济发展的原创礼品（线上线下）展示交易服务平台""推动文化艺术品的市场化展示交易服务平台"增加园区持续发展应具备的造血功能，为未来发展打造新的增长极。

（4）园区产业布局

礼品创意领域：主要指从事艺术礼品、馈赠礼品、商务礼品、促销礼品等各类礼品研发设计的业态及相关配套服务业态。如礼品创意设计、礼品包装设计、礼品材料设计、礼品DIY设计等。目前该领域是园区的首要发展领域。

研发设计领域：主要指从事工业生产设计、产品设计、计算机软件设计等的业态及相关配套服务业态。如工业设计、工艺美术品设计、软件设计、服装设计、产品设计、包装设计、广告设计、室内设计、建筑装饰等行业。

传媒策划领域：主要指从事文化艺术领域的创作、传播和策划活动等的业态及相关配套服务业态。如艺术创作、表演、广播、电视、电影、音像以及咨询、会展、策划等。

广告创意领域：主要指从事为社会及企事业单位提供形象宣传、事件宣传、产品推广及相关配套服务的业态。如广告策划、广告设计、广告制作、市场调查、市场推广等。

其他消费创意领域：主要指从事大众日常消费品、生活、教育、娱乐方式创意及其配套服务的业态。包括形象设计、教育培训、餐饮娱乐等。

（5）园区平台服务

版权服务支持平台：建立了专门的版权管理办公室，由专人、专岗负责园区版权相关战略的规划和实施，积极为园区内企业提供版权咨询、申报、管理、申诉等服务。同时，还引进了青岛邦正达版权代理服务事务所协助版权管理办公室为园区的版权创意企业服务。

文化创意产业专业人才创业孵化平台：园区内建有山东省首家"文化创意产业专业人才创业孵化基地"。基地由培训区、孵化区、试飞区、放飞区四部分组成。基地配有由政府领导、国内外专家、企业家、专业老师组成的培训指导团，以及由园区近百家入驻企业共同组成的实训后援团，为园企培育包括网络传媒、广告艺术、视觉设计、礼品设计等多个领域的专业人才。

青岛中小企业创业服务平台：整合政府部门、行业协会、高校和各大企业的资源，为初次创业者提供市场经营服务和企业管理平台，是年轻创意人才成长的基地，也是培育创意企业的孵化器。

文化艺术品展示交易服务平台：园区拥有面积1000平方米的创意空间艺术馆和"3号楼艺术家画廊"运营机构，致力于开展油画、国画、陶艺等高端艺术品及园企创意设计成果的展示交易及对接市场服务。

城市礼品与旅游纪念品的（线上线下）网络交易平台：园区建有创意礼品街和中国城市礼品网，可通过线上线下两种途径，整合园企及国内外礼品产业资源，在原创礼品的创意设计、生产加工、多途径销售方面打造产业链，形成礼品产业核心竞争力，帮助园企实现创意价值最大化。

国际设计师交流中心：在欧洲设计联盟、香港贸发局、青岛工业设计协会的共同支持下，成立国际设计师交流中心，为国内提供专业的设计服务和信息交流，是园区国际交流、业务合作的平台。

2. 深圳F518时尚创意园

（1）园区基本概况

深圳F518时尚创意园是深圳市和宝安区"十一五"规划的重点文化产业项目。园区位于宝安中心区的核心地带，于2007年12月7日落成，总规划建筑面积达25万平方米。其中一期占地约6万平方米，建筑面积约14万平方米，总投入35亿元。由深圳创意名家1号工作站、F518创意前岸、深圳当代艺术创作库、品位街、F518创展中心及前岸艺术酒店六大主题区及公寓、停车场共同组成。

（2）园区发展定位

园区致力于挖掘最具潜力的创意企业，建设最有价值的公共服务平台，输出最有价值的园区运营管理模式，成为中国最具价值的文化创意产业运营商。

园区以设计师与艺术家集聚为重点，以建立公共服务平台体系为核心，以创意项目孵化为亮点，最终形成工业设计、平面设计、品牌策划、影视动漫、新媒体服务、建筑环境、创意产品孵化及艺术创作为一体的文化创意产业园区。

（3）园区发展模式

深圳F518时尚创意园以科学加艺术、技术加创意为园区发展的总战略，始终秉持"服务区域产业升级，推动中国文化创意产业发展"的服务宗旨，坚持"用活动去吸引行业，用服务去聚集创意，用典型去带动产业"的服务理念，园区将与国内外的文化创意研发机构一起，共同促进文化创意产业的发展。

（4）园区产业布局

工业设计：深圳市芒果设计有限公司、深圳市古古美美实业有限公司、深圳市触宝科技发展有限公司、佛山市首冠科技有限公司、深圳市美亿兴科技有限公司、深圳市拓铭电子有限公司、深圳市鸿科贝缇服饰实业有限公司、深圳艾特莱服饰有限公司、三源色工业产品设计有限公司、迈智微电子有限公司、阿凡提科技（深圳）有限公司、深圳市攻玉工业设计有限公司等。

平面设计：深圳市九品科技有限公司、深圳市波普广告标识有限公司、深圳市意创联合品牌设计有限公司、深圳智行天下企业形象设计策划有限公司、深圳立海广告公司、深圳市超视界广告策划制作有限公司、深圳市索思设计顾问有限公司、深圳市形客企业形象设计有限公司、深圳市形与色品牌设计有限公司等。

品牌策划：深圳美格展示设计有限公司、深圳市千禧福礼仪策划有限公司、深圳市点道文化传播有限公司、深圳市纵横网络服务有限公司、深圳市萃视文化传播有限公司、深圳曦和广告有限公司、深圳市金石堂文化传播有限公司、深圳市米瑟兰帕广告有限公司、深圳市风尚国际文化传播有限公司、深圳红今品牌营销有限公司、宝雯企业管理咨询有限公司、深圳三只蚂蚁数码设计有限公司等。

影视动漫：深圳市零六一八文化传播有限公司、深圳市童伴动漫文化传播有限公司深圳天成音画文化传播有限公司、深圳市叁佰陆拾度数字科技有限公司、深圳市华漫文化传播有限公司、深圳市原画人科技有限公司、深圳市华视界文化传播有限公司、火种数字科技有限公司、深圳市雨桥文化传播有限公司、深圳市苏秦文化传播有限公司、深圳市智慧星文化发展有限公司、深圳市艺天影视广告机构等。

建筑环境：深圳市大梵装饰有限公司、深圳市创想城空间规划设计有限公司、深圳市方圆空间装饰设计工程有限公司、深圳市域高装饰设计工程有限公司、深圳中绘社室内设计有限公司、深圳市柏威装饰工程有限公司、新创想厨房设计顾问有限公司、深圳墨本景观设计有限公司、深圳市美兆机电安装工程有限公司、深圳市亚美装饰设计工程有限公司、深圳市筑美装饰设计工程有限公司、深圳市张淼建筑设计事务所有限公司等。

艺术创作：董小明艺术工作室、邓一光艺术工作室、冯刚毅艺术工作室、冯双白艺术工作室、杨宏海艺术工作室、闵惠芬艺术工作室、杨争光艺术工作室、陈曦艺术工作室、王书彬艺术工作室、邹卫艺术工作室、何镒艺术工作室、吴德生艺术工作室等。

配套企业：深圳市嘟嘟服饰有限公司、深圳市玛雅文化产业投资有限公司、A·ONE摄影创作室、韩端科技（深圳）有限公司、百年盛世营销管理咨询有限公司企业、总裁网、深圳王韬鼓鼓吧打击乐器俱乐部、深圳市西琪时装艺术发展有限公司、深圳市友恺通信技术有限公司、深圳市潜龙互动科技有限公司、安泰电子科技有限公司、玖玖捌商品陈列顾问有限公司。

（5）园区平台服务

文化创意产业研究基地：文化创意产业研究中心、文化创意产业人才培训中心、文化创意产业园区策划中心、文化创意产品销售中心。

文化创意项目孵化基地：45个创意文化工作室、文化创意产业投资孵化基金、文化创意产业项目交易中心、文化创意行业信息及资源库、文化创意产业项目管理中心。

创展中心：园区中区是新建2层的现代展厅，高度16米，建筑面积4000平方米，共4个展厅，1个综合厅，1个艺术吧，1个沙龙汇所。这里将打造永不落幕的展会，适合新产品新闻发布会、新产品展示会、大小型行业会议、培训、艺术作品展及沙龙活动等。

F518国际创意设计中心：企业形象展示、产品研发设计、产品展示交易、业务洽谈、设计师交流。

F518客服中心：常规服务、增值服务、资讯信息服务。

宝安区创意产业联合会：市场对接、技术、信息、人才交流平台。

3. 中关村多媒体创意产业园

（1）园区基本概况

中关村多媒体创意产业园地处中关村国家自主创新示范区核心区，占地95公顷，由中关村管委会批复建设，是北京首家以多媒体创意产业为核心发展方向的文化创意型高新技术园区。

园区将科技、文化与智力等要素紧密地结合在一起，坚持创新，致力于多媒体创意产业的研究与发展，并努力打造科技与文化相融合的具有北京特色、具有中关村创新特色的高端文化创意产业链条。

（2）园区发展定位

中关村多媒体创意产业园为北京第一家多媒体产业孵化基地，专业从事多媒体企业孵化、高新技术企业创业投资及技术转移，致力于孵化各种具有信息时代特质和自主知识产权的产品和技术，包括：多媒体展示如演示式多媒体、交互式多媒体、显示终端等；多媒体网络如移动多媒体、多媒体通信系统、宽带多媒体、网络流媒体以及相关的运营服务等；多媒体数字内容如数字产品、影音应用、电脑动画、游戏、教育、广告设计制作、互动媒体、数字创意等相关技术、设备、产品等。

（3）园区发展模式

园区专业从事多媒体企业孵化、高新技术企业与文化创意企业创业投资、技术转移及园区和孵化基地的运营管理服务，服务于 CG、动画、影视制作、数字艺术、手机动漫、电子游戏和工业设计等多媒体创意产业各领域的中小型企业，为入驻企业提供战略规划、资金筹措、市场开拓、财务及法律事务处理、IT 技术、人力资源、行政管理等各方面的支持。

同时，园区致力于孵化各种具有信息时代特质和自主知识产权的多媒体产品和技术，鼓励原创，支持科技创新，扶持种子型、创业型企业，促进多媒体产业科技成果转化，推动企业开发产业新技术、研制产业新"工具"，抢占国际多媒体产业技术高地。

（4）园区产业布局

园区已经形成涵盖物联网、移动互联网、电子支付、动漫游戏、软件开发、系统集成、广告会展等领域在内，集产品、服务和应用等方面于一体的跨媒体产业集合。园区产业生态循环体系发展完善，企业已呈现出以产业集群模式进行集群化、规模化发展的趋势。

（5）园区平台服务

中关村多媒体创意产业金融服务平台：通过沙龙、辅导培训、分析报告会、论坛等形式实现金融资本和多媒体创意企业的有效对接。平台主要提供：政策辅导、项目对接、投资顾问、宣传展示、信息沟通、发展基金等。

中关村多媒体创意产业手机原创数字内容创业平台：为在北京市多媒体创意产业创业的大学生和中小初创团队，搭建原创数字内容创业平台，原创内容集中出版、手机动漫应用等。

原创动漫实训基地：园区分别与北京电影学院动画学院、中国传媒大学动画学院联合成立实训基地，有望通过政产学研协同创新、协同发展，为中国原创动漫商业新模式打下坚实基础。

中关村版权联盟：由中关村多媒体创意产业园和中国人民大学等33家单位共同发起成立。

4. 天津国家动漫产业综合示范园

（1）园区基本概况

天津国家动漫产业综合示范园坐落在中新天津生态城，是由文化部与天津市政府共同建设的国家级重大文化产业项目。园区整体占地1平方公里，规划建设面积77万平方米。国家动漫园整体建设分两期进行，动漫园整体于2012年全部建成。

（2）园区发展定位

天津国家动漫产业综合示范园定位于第一个国家级的动漫园，是文化部和天津市落实中央精神、推动动漫产业发展的重大举措。园区致力于以建设国家动漫产业综合示范区为新的起点，将动漫产业园打造成中国的"梦工厂"和"迪士尼"。

（3）园区发展模式

天津国家动漫产业综合示范园是贯彻落实中央文化产业振兴规划、实施部分战略合作的重点项目。所以，园区的发展模式属全新规划创造模式。

园区在文化部和天津市的规划下，由天津市具体承办，在中央财政的支持下，动漫园建设了高端的动漫产业公共技术服务平台，成立了超级渲染中心，突破了动漫制作关键共性技术瓶颈。而且，园区对相关领域项目提供包括税收政策、外汇政策在内的多方面优惠政策支持。

（4）园区产业布局

天津国家动漫产业综合示范园是一个集动漫研发、培训、生产制作、展示交易、衍生产品开发及国际合作交流六大功能于一体的国家文化产业旗舰项目。根据文化部提出的"高端加工制作、人才培训、技术研发、产业链培育、展示交易、国际交流"六大功能要求，设置园区动漫大厦、研发孵化区、智能衍生品区、教育培训区、创意编剧策划区及产业配套区。

（5）园区平台服务

园区平台服务包括公共技术服务平台、版权交易中心、创意空间和创意人才培训中心。其中，公共技术服务平台作为园区扶持产业的技术支撑，是园区的一大亮点，该平台以3D立体动画电影高端制作流水线为基础，涵盖当今数字动画主流制作核心系统，定位于综合性创作、技术开发及国际认证平台。

版权交易中心将对动漫作品及衍生品提供版权登记、交易鉴证等版权保护服务；创意空间将面向相关专业毕业生和民间工作室，选拔优秀的原创动漫工作室入驻，提供场地、设备、专业培训及资金支持；创意人才培训中心将以与大专院校开展合作为基础，通过建立远程教学系统，将国家动漫园积累的教学著作、原创实例和大量录制的视频教学产品辐射至全国。

5. 杭州数字娱乐产业园

（1）园区基本概况

杭州数字娱乐产业园位于杭州市西湖区，2006年8月成为国家文化部首个"国家数字娱乐产业示范基地"，是长三角最大的数字娱乐产业集聚地。一期建筑包括2幢楼宇，总面积为24000平方米，主要为数字娱乐产业链上的企业（数字技术与文化内容结合的企业）提供发展空间、政策扶持和公共服务，吸引省内外数字娱乐类企业进驻园区发展。

（2）园区发展定位

杭州数字娱乐产业园区主要从事数字娱乐开发、运营和服务，影视动画制作及衍生产品开发，娱乐网站经营及增值服务等。园区围绕数字娱乐核心企业的发展，初步形成了"设计原创——游戏制作——周边开发——销售发行"产业链，囊括了娱乐网站、电子商务网站、VOD点播、增值服务等配套产业。

（3）园区发展模式

园区以数字娱乐产业发展为依托，从产业规划、园区建设和人才培养等方面着手，通过与中国美术学院合作，在企业培育和产业平台搭建方面成效显著。园区构建了数字娱乐产业公共服务平台及研发、孵化中心，目前已经初步形成了一条产业链，内容包括数字娱乐软件开发、动漫产品制作、娱乐网站经营、衍生产品及服务、手机短信等一系列增值服务。

（4）园区产业布局

园区主要为数字娱乐产业链上企业提供发展空间、政策扶持和公共服务，吸引了省内外150余家数字娱乐类企业进驻发展，已形成"一园（杭州数字娱乐产业园）六点（数娱大厦分园、电子商务大厦分园、计量大厦分园、龙都大厦分园、东方分园、文北分园）"格局，成为华东地区最大的数字娱乐产业集聚地。

（5）园区平台服务

区域数字娱乐技术共享服务平台：平台有力推动基地企业产学研合作，搭建基地企业与高校进行人才对口培养、实习、交流的平台，为企业提供后备人才的支持等。

产业服务平台：组建西湖区数字娱乐（动漫游戏）产业商会，成立国家数字娱乐产业服务平台，促进基地企业走出去开展行业交流。

基地专业人才培训平台：引进北京华育国际在基地共建杭州华育国际数字艺术学院，成为浙江省最大的动漫游戏培训机构。引进中国美术学院传媒动画学院动漫师资进修中心，形成了动漫师资培训及动漫游戏专业课程教改的模式。基本形成"一体多点"布局的人才联合培训体系，为产业发展提供了厚实保障。

孵化器平台：把园区作为科技孵化器进行建设，给予企业科技政策服务，为动漫游戏企业提供科技项目申报、高新技术企业认定推荐等服务，帮助企业争取扶持政策，积极培育企业发展壮大。

6. 南京世界之窗创意产业园

（1）园区基本概况

南京世界之窗创意产业园（简称：创意东8区）成立于2006年2月，是南京市白下区政府、南京顺天实业公司联合打造的江苏首家规模最大的都市型产业园区和省级重点现代服务业集聚区。园区位于南京市光华东街6号，整体建筑面积达6万平方米。

园区由南京创意东八区科技有限责任公司全力打造，项目投资总额7000万元。截至2012年，已吸引了近170家建筑设计、软件设计、动漫创作、科技研发、广告设计等创意型企业入驻，成为南京城市标杆型的创意产业集聚区。

（2）园区发展定位

创意东8区产业定位：建筑规划、广告设计、咨询策划、动漫网游软件、工业工艺设计等。园区共分三期开发：一期按照"三厂区、六分区、环形商业街区"的规划布局，以"上场下店"的模式打造创意行为艺术街区；二期文化动漫园强调产业功能与建筑意念的呼应，通过进一步区分动漫、科技、设计三大领域，明确功能定位；三期文化传媒园结合园区产业定位与同类园区的竞争格局，以广告传媒为主导。

（3）园区发展模式

创意东8区不仅仅是单纯的写字楼模式，更通过创意型环境打造、专业的服务团队，引进众多以创意为主的现代服务业企业。

园区积极构建企业服务平台及开展各类推广活动，协助园区企业发展，通过营造良好的办公环境、衍生创意产品交易、提供个性化服务等手段，为企业提供完善的基础硬件设施、产业信息交流互助平台，及优越的企业形象展示平台。集聚南京市各类创决意产业的龙头精英企业，以及国内外知名创意产业、原创商业和服务机构、个性品牌专营、创意交流机构。

（4）园区产业布局

园区共分三期开发：一期为创意设计园，二期为文化动漫园，三期为文化传媒园。另建设了六大公共服务平台，并联合各方机构为入园企业开展多项服务工作。

园区依托厂区原有建筑，进行保留利用与创意改造，力图打造成为吸纳建筑装饰设计、广告艺术创意、工艺包装创意、咨询策划、动漫科技软件及时尚生活配套服务等产业的集聚平台。

（5）园区平台服务

在政府提供多项平台的同时，园区积极构建公共服务平台。通过展览展示空间、主题活动场地、艺术展示长廊等规划建设，开创共享平台。通过商会、行业协会与学会等专区的设置，促进企业经营活动的拓展，通过举办行业内及跨行业的各类主题活动，促进广泛有效的行业互动，倡导园区企业互助，合作推广与共享服务订单。

园区筹备了南京文化创意产业协会，收集行业发展信息，构建行业交流与服务的平台。目前，江苏圣典律师事务所、外地驻宁商会秘书长沙龙、南京市文化创意产业协会、白下区科技孵化中心等机构已经入园，为入园企业提供行业内与行业间的多种支持。

7. 成都东区音乐公园

（1）园区基本概况

成都东区音乐公园位于成都市成华区建设南支路4号，项目占地380亩（一期改建218亩），在18万平方米的旧工业厂房原址改建，是工业遗存保护和文化创意产业相结合的新型旅游景区。2012年11月1日起，成都东区音乐公园正式升级更名为"东郊记忆"。

（2）园区发展定位

成都东区音乐公园定位于全球唯一的以音乐消费为主题的旧工业改造娱乐目的地，在原创音乐内容的输入与输出、明星制作、演艺、小剧场聚落等音乐产业的基础上，以"跨界、创新、时尚、潮流"为关键词，配套延伸发展音乐大市集、流行音乐一条街、酒吧工厂等复合业态，逐步形成明星制造、音乐展演、音乐消费的全产业链。

随着成都东区音乐公园升级更名为"东郊记忆"，"东郊记忆"发展从以音乐为主题的"音乐产业聚集园和音乐文化体验园"的定位，调整为"一基地、多名片"。"东郊记忆"立足于成为集合音乐、美术、戏剧、摄影等文化形态的多元文化园区，成为对接现代化、国际化的成都文化创意产业高地。

（3）园区发展模式

园区由成都传媒集团投资打造，由成都传媒文化产业园区运营管理有限公司负责日常运营。园区发展模式属于典型的依托老建筑改造型，通过保护性开发成都东郊老工业区的红光厂工业遗址，引入"中国移动无线音乐基地"作为园区发展的核心引擎，在此基础上打造"中国数字音乐科技孵化园"。再利用园区音乐集聚效应，引入美术、戏剧、摄影等相关文化创意形态。

按照产业发展和商业消费互动的运营理念，园区以商务办公、演艺和展览、音乐培训为产业发展支撑，辅以文化餐饮、设计酒店、高端会所等商业配套，在音乐产业的核心动力下，打造集商务、休闲、娱乐为一体的新形态商业街区，以满足办公、演艺、旅游等各类人群的消费需求，确定了"音乐消费商业街区""数字音乐企业集聚园""音乐人才培养基地"三大重点建设目标。

（4）园区产业布局

园区整体产业布局呈现"一基地，多名片"的特点。"一基地"即音乐产业基地，园区引入"中国移动无线音乐基地"作为项目的核心引擎，联手打造"中国数字音乐科技孵化园"，突出园区的音乐主题。"多名片"即在音乐名片之外，园区立足于成为融合多元文化艺术的复合文化平台，集合音乐、美术、戏剧、摄影等文化形态的多元文化园区。

（5）园区平台服务

园区建设有数字音乐创业孵化公共服务平台，为园区企业培育、发展提供支撑。而成都东区演播中心的建设则为园区企业产品展示、交流提供了平台。

2.5.2 艺术型典型园区调查分析

1. 北京798艺术区

（1）园区基本概况

北京798艺术区，又称大山子艺术区，原为电子加工工厂，建于1951年，后因社会经济发展模式改变，产品无法适应新的市场，工人下岗，厂房闲置，通过低价出租厂房维持最基本的经济需求。艺术、文化创意者们被低廉的租金、粗犷简洁的包豪斯建筑风格和安静的环境所吸引，使得工厂区成为一个集艺术文化创意、艺术品交易和休闲为一体的艺术区。

北京798艺术区发展历程分析　　　　　　　　　表2-5-1

时期	发展
2002年	艺术家们开始大量进驻798工业区，工业区开始转变为艺术创意空间
2003年	北京被美国《新闻周刊》入选为"世界上最有风格的12个首都"之一，而798艺术区的存在和发展是入选的重要原因之一
2004年	法国总统希拉克的夫人参观798艺术区之后，把这里称为中国正在苏醒的标志
2005年	由于之前的良好发展，吸引了大量的艺术机构和文化公司进驻
2006年	798艺术区被国家正式评为"国家文化创意产业基地"

（2）园区发展定位分析

798艺术区坚持"政府引导、企业主导"的方针，坚持"保护、开发、稳定、发展"的原则，将城市遗产保护、土地利用、空间规划、环境建设和文化创意产业发展相结合，遵循"艺术798为主题，时尚798配套，休闲798为补充"的园区业态规划布局，通过空间的整理和开发，对798艺术区的空间布局与业态分布进行合理规划，发展建设798创意大厦、798国际艺术交流中心、798国际会展中心和798艺术馆等多项功能设施。

通过吸引众多文化艺术机构、画廊、工作室的集聚，吸引众多艺术经纪公司、艺术拍卖行、艺术品交易服务公司、设计公司的集聚，吸引高端艺术商店、品牌餐饮服务的集聚，将798艺术区建设成为集艺术品展示交易、文化交流、高端旅游为一体的世界知名的文化创意产业园区。

（3）园区发展模式分析

从2000年到2002年，厂区进行重新规划改造，一些厂房空置。为解决厂里15000名离退休职工的生计问题，厂方将厂房进行短期出租。由于厂区环境幽静、交通便利、租金便宜等特点，越来越多的艺术家到这里进行创作，艺术区逐渐形成。

2006年，为了加快推动艺术区繁荣发展，朝阳区政府与七星集团共同成立了北京798艺术区建设管理办公室。以"协调、服务、引导、管理"为宗旨，进一步推进艺术区当代艺术与文化创意产业的发展。

如今的798艺术区已经成为国际政要到北京游览的首选景观之一，是党政机关、专业人士、普通大众进行调研、观摩、参观的重要场所。798艺术区是工业与艺术、创意与时尚的完美结合。798艺术区是电子工厂向文化创意产业集聚区的成功转型。艺术区不仅自身实现了发展，而且带动周边形成了多个大大小小的文化艺术区，推动了北京东北角的国际化。同时，它为如何实现产业结构调整、如何构建城市活力中心、如何提高城市发展质量提供了宝贵的可借鉴的经验。

（4）园区产业布局

入驻北京798艺术区的文化机构包括画廊、艺术家个人工作室以及动漫、影视传媒、出版、设计咨询等，除了来自中国内地、台湾和香港的之外，还有来自法国、意大利、英国、荷兰、比利时、德国、日本、澳大利亚、韩国等国家的个人和机构。这里已成为中国文化艺术的展览、展示中心，成为国内外具有影响力的文化创意产业集聚区。

（5）园区平台服务

北京798艺术区建设管理办公室将通过对园区的服务中心、展览展示中心和公共服务平台等项目的建设进一步为园区提供完善的服务，按照"保护、开发、稳定、发展"的指导方针对798艺术区的核心区域、原创艺术进行有效保护，加强对艺术区的宣传与推广，进一步吸引国内外众多知名的艺术家及艺术机构。

798艺术区为园区内艺术品打造展览展示、交易拍卖的平台，推进园区产业升级，从而展示艺术区的魅力，打造798艺术区品牌，把798艺术区建设成为北京最具特色和影响力的文化创意产业基地，建成世界著名的文化创意产业园区。

2. 上海M50创意园

（1）园区基本概况

上海春明粗纺厂位于苏州河南岸半岛地带的莫干山路50号，占地面积2.36平方公里，拥有自20世纪30年代以来各个历史时期的工业建筑4.1万平方米。2005年4月被上海市经委挂牌为上海创意产业聚集区之一，命名为M50创意园，其中设有画廊、展厅、餐饮、咖啡、艺术商铺、物业管理等服务设施。

（2）园区发展定位

上海M50创意园定位于"艺术、创意、生活"的核心价值，围绕品牌核心价值开发文化创意项目，打造面向全国的文化创意产业的创新平台，以平台作为进一步发展文化创意产业的载体。一方面有助于提高中国文化创意产业的发展，另一方面则扩大M50品牌的知名度和影响力，提高未来的市场竞争力，拓展多元化的商业模式，最终实现从实体到载体的转变。

（3）园区发展模式

为了能维持M50创意园的形态，园区对入驻艺术机构及艺术家的管理，通过艺术创作活动的举办与质量的管控，提升园区的艺术气息。有对象地协助艺术家，对享有知名度但生存困难的艺术家，给予减免租金等不同形式的帮助，改变了以往简单的房客与房东的关系。

此外，管理方在M50创意园运作管理上，成立四个部门，进行园区的管理与维护工作，通过企业化的运作方式，针对不同事项，成立专职部门做管理工作，因此也让文化创意产业的形态得以长久维持。

（4）园区产业布局

M50创意园产业涉及画廊、平面设计、建筑师事务所、影视制作、环境艺术设计、艺术品（首饰）设计等。近年来，M50创意园吸引了包括英国、法国、意大利在内的20个国家和地区以及来自国内十多个省份的130余位艺术家，这些艺术家及创意设计机构的入驻为苏州河沿岸营造了浓厚的创意文化气息，使M50创意园具备发展成为国际化创意园区的条件。

（5）园区平台服务

M50除园区运营外，自主打造了M50设计联盟、M50创意设计孵化器、吾灵网、M50吾灵艺术创意生活馆、M50创意产品交易平台等有助于推动产业发展的文化创意项目，对外承接各类设计、场地租赁、礼品定制、创意活动等业务。

3. 杭州A8艺术公社

（1）园区基本概况

A8艺术公社位于拱墅区八丈井西路28号，前身是八丈井工业园区，是一个由行政楼、大厂棚、食堂和停车场等建筑组成的厂区，建筑面积2.5万多平方米。近年来，八丈井工业园区被改造成了LOFT创意产业园，命名为"A8艺术公社"，于2006年9月起正式开园招商。

园区改造以LOFT表现手法，尽量利用原有旧貌和构件，对部分厂房进行改造、装饰，积极引进文化名人打响文化牌，现已引进了影视出版、建筑广告、数码娱乐、环境设计、动画制作等各类创意机构。

（2）园区发展定位

A8艺术公社结合运河河道整治及古水街建设，全面对园区环境、建筑进行根本性改造，打造花园式、庭院式文化创意产业园。依托杭州市政府打造全国文化创意产业中心的总目标，通过策划、举办、承办各种创意活动和艺术展览，力图发展成辐射长三角、具有全国知名度的大型创意产业区。

（3）园区发展模式

园区积极吸取国内外旧工业区改造的成功经验，与中国美术学院视觉艺术学院易象设计工作室合作，将园区改造成LOFT创意产业园。A8艺术公社作为一个创业聚集地，主要引入各类创意机构，如从事包括工业设计在内的品牌设计、广告策划、商业摄影、雕塑绘画等多个领域的创意企业。

基于城市文化发展，尤其是艺术发展的视野，A8艺术公社将旧工业园区改造与促进城市艺术发展有机结合。随着影响力的逐渐扩大，A8艺术公社进一步结合周边街道改造，开辟为艺术旅游区，并尝试举办一些地区性或全国性的创意交流活动，充分发挥旧工业园区作用。

（4）园区产业布局

园区分为三个区：一区是自由艺术中心，用途是招商影视、音乐、数码娱乐、动画制作、画廊等类公司；二区是现代设计中心，用途是招商出版、建筑设计、装潢设计、广告设计、数码娱乐、软件开发、动画制作等类公司；三区是原服装生产企业，用途待拟。

A8艺术公社已有易象视觉、行者画室、梵谷设计、中国美术作家协会联谊部、丹谷设计、一品堂广告、空间建筑设计、汉星企业、翔天实业等多家单位正式进驻，行业涉及软件开发、家具、服装设计、平面设计、工艺品设计、文化传播、影视制作等10多个领域。

（5）园区平台服务

硬件支持：园区对旧厂房外观、结构进行改造，对园区雨、污水管道改造施工，对园区绿化、夜间照明系统的改造等。

前沿理论支持：浙江广告人书店入户 A8 艺术公社，该书店是浙江目前最大的专业广告书店，将为 A8 公社及拱墅区的艺术家们提供巨大思想库。

展示平台：园区建设了 1000 平方米的多功能展厅，为入驻企业提供良好的展示平台。

宣传交流：A8 艺术公社网站"www.a8art.com"全面开通，展示创意产业风貌，提供网上交流平台。

4. 深圳大芬油画村

（1）园区基本概况

大芬村是深圳市龙岗区布吉街道下辖的一个村民小组，占地面积 0.4 平方公里。随着越来越多的画家、画工进驻大芬村，"大芬油画"成了国内外知名的文化品牌。

（2）园区发展定位

大芬油画村作为一个市场自发形成的商品油画生产基地和交易市场，经过当地政府的引导和文博会的推动，其产业得到了迅速发展。大芬油画村拥有美术产业经营门店近 700 家，画家、画工 3000 余人，已经发展成为一个集生产、展示、交易、培训、旅游等功能于一体的新型文化产业基地。

（3）园区发展模式

大芬油画村以原创油画及复制艺术品加工为主，附带有国画、书法、工艺、雕刻及画框、颜料等配套产业的经营，形成了以大芬村为中心，辐射闽、粤、湘、赣及港澳地区的油画产业圈。大芬油画村从油画、画框的生产，到油画原料、画框木材的供应，再到油画产品的托运、快递，产业链条已十分完备。大芬油画市场以欧美、非洲和中东为主，市场遍及全球。

（4）园区产业布局

大芬油画村以油画为主，国画书法及其他工艺品为辅。大芬油画村除了油画之外，还包含有其他艺术门类的经营，如国画、书法、雕塑、刺绣、漆画、景泰蓝等。

（5）园区平台服务

大芬油画村是市场自发形成，地方政府把它当作新的经济增长点进行引导和培育。对于大芬油画村的管理，龙岗区政府按照属地管理的原则，由布吉街道办负责大芬油画村的具体管理工作。

龙岗区政府成立了大芬油画村管理办公室，配备了 5 名编制。管理办公室隶属于布吉街道办宣传部，主要负责市场规范、产业推广、项目策划、人才引进及文博会的组织筹备工作。市、区对大芬油画村的发展主要是从整体规划、硬件建设、资金扶持和优惠政策上给予支持。

5. 厦门集美集文化创意产业园

（1）园区基本概况

集美集文化创意园位于集美区银江路 132 号，前身是一个旧工厂。园区拥有 12 幢风格各异的厂房，占地面积 13400 平方米，设有艺术展厅、艺术家工作室、店铺、格子铺、画廊经营展示、户外运动、户外展示、影视中心、多媒体、动漫展厅等。

（2）园区发展定位

集美集文化创意产业园是集美区政府依托高校人才资源优势建设的文化创意产业园，也是政府打造的文化创意产业孵化基地，以促进集美区文化创意产业发展、繁荣为首要目标。

（3）园区发展模式

集美集文化创意产业园是一个集艺术人才、技术、资本、市场、管理服务等各项资源为一体的创意投资服务平台，集美区政府建设这个创意园的目的，是让高校学生的创意有发挥之所，同时期望它能带动集美旅游文化产业发展。通过发挥集美的区位和文教资源集中优势，形成由高校、当代艺术家、创意类企业和画廊等艺术机构共同推动的艺术园区。

（4）园区产业布局

集美集文化创意产业园培育了罗卡当代艺术空间、凹凸影像基地、M.T. 影视会所、M.T. 影棚、御和德唐艺术公社、藏龙艺文汇、"话仙"艺术人文讲堂、"连山集水"海西乐活艺术家系列学术展、《保生大帝》水墨动漫等文化品牌。

园区先后入驻包括凹凸视觉、大峡谷影视、大雅传奇、迦红动漫艺术、御和德唐等文化企业，王新伦、佘国华、陈清平等艺术工作者，并逐渐形成了以大峡谷影视、凹凸视觉艺术为主导的影视影像基地。

（5）园区平台服务

集美集文化创意产业园内设高校文化创意园展示区、艺术家创作空间及青年创意格子铺、当代影视摄影制作与创造空间、公共展示空间和拍卖空间等五大区类，为企业和个人提供软硬件支持。

2.5.3 休闲娱乐型典型园区调查分析

1. 上海五维空间创意产业园

（1）园区基本概况

五维空间创意园位于上海市杨浦区军工路1436号，前身是上海第五化学纤维厂，2007年起，向创意产业园转型。创意园转型规划由同济大学国家历史文化名城研究中心、上海创集文化传播有限公司策划。

（2）园区发展定位

园区发展定位于艺术展示、设计研发、商务办公、时尚休闲，园区以婚纱摄影及婚庆相关产业和动漫、文化艺术产业为主线的时尚文化生活创意集聚地为打造目标。

（3）园区发展模式

五维空间创意园区建设着力提供"创作的空间"，建设"沟通的链条"。强调"绿色低碳"和"隐性服务"相结合的模式，致力于通过公共服务平台的搭建，使自己不仅是园区的运营者，入园企业的合作者，更是引领产业发展的先导者。

（4）园区产业布局

五维空间创意园区立足于成为华东乃至国内最大的以婚纱摄影及婚庆相关产业和动漫、文化艺术产业为主线的时尚文化生活创意集聚地。产业园区内企业包括：证大当代艺术陈列馆、苏州蜗牛电子有限公司、上海我要我爱婚纱摄影有限公司（唯一视觉）、上海蔚蓝海岸婚纱摄影有限公司（蔚蓝海岸）、上海偶像婚纱摄影有限公司（iD婚纱摄影）等。

（5）园区平台服务

园区平台服务建设立足于对入驻企业进行孵化、培育，搭建作品交易、演艺信息、人才汇聚等服务平台。

2. 北京天桥演艺产业园区

（1）园区基本概况

北京天桥演艺区位于二环内南中轴路，总占地面积2.07平方公里，规划构建"两轴多区"的空间布局，以南中轴路和北纬路为两条演艺核心轴，打造成以演艺产业为特色，集演艺总部、文艺演出、文化展示、休闲体验等功能于一体的具有国际水准的首都演艺中心区。

（2）园区发展定位

天桥演艺园区发展定位：立足于打造集演艺总部、文艺演出、文化展示、旅游休闲、文化商务等功能为一体，以演艺业为特色，以购物、休闲、娱乐、餐饮为配套，文化、科技与金融有机融合发展的演艺产业园区。

（3）园区发展模式

北京天桥演艺园区的发展表现出非常典型的"全产业链"模式。通过主导产业——演艺产业（例如：儿童艺术、国粹戏曲、现代影院、地方特色戏曲、感应动漫体验馆等）的复兴，带动"总部经济"的效应显现（例如：演出机构总部、演出经纪公司等），衍生出"金融商务服务业"的集聚（例如：金融、咨询、法律、健身房、茶馆、咖啡馆、酒吧、音乐厅、书吧等）、旅游休闲产业的勃兴（例如：京味儿民俗主题旅游、演艺之旅、会馆之旅、旅游酒店等），并且催生许多高新技术产业落户天桥地区（例如：玩具及艺术品业、动漫游戏开发、影视制作等）。

同时，会展业（例如：节庆活动、专业会议、专业博览、洽谈会、展示会等）、批发零售住宿产业（例如：餐饮、连锁餐饮店、大中型零售网点与社区销售平台建设等）以及房地产开发业（例如：商业地产开发等）随着演艺区的建设而纷纷涌现。

(4) 园区产业布局

演艺园区构建"一带三区"的总体空间布局，即：演艺剧场带（核心区）、演游商互动区、商业活力区和文体娱乐区。演艺园区建设先行启动盛金商厦、南区公建、北区公建和市民广场四个重点项目。

盛金商厦项目：提升盛金商厦档次，重点引进大中型演艺集团总部、国际演艺团体中国总部、掌握产业资源的演艺行业协会、演艺产业投资基金、顶尖演艺产业研究机构等。

南区公建项目：以国内外中高端人群为主要目标客户，建设主题型综合性剧场，同时将建筑物本身打造成天桥地区乃至北京市演艺行业特色建筑，使该地区成为在京观看特色演出的第一选择。

市民广场项目：将市民广场地下与南区公建项目连通，保持地下二、三层的停车场功能，同时在地下一层规划特色商业街，使其成为演艺园区内餐饮、消费的重要场所。地上部分引进北京各种特色民俗演出，定期进行表演和展示，成为北京市民俗文化展演平台。

北区公建项目：充分利用存量资源，保留现有德云社、天桥杂技剧场、中华电影院等演艺、文化设施，建设特色化小剧场群，引入戏曲、曲艺、杂技等中国传统艺术形式，与南区公建的现代化剧场交相辉映。

(5) 园区平台服务

园区平台建设集信息发布、行业交流、演艺要素交易、演艺企业孵化、投融资服务等功能为一体，立足于成为国内外及北京文化演艺业要素资源的公共服务平台。

3. 杭州白马湖生态创意城

(1) 园区基本概况

杭州白马湖生态创意城位于杭州高新区（滨江）南部区块，规划面积20.5平方公里，是杭州规模最大的文化创意产业集聚区。截至2012年年底，创意城已累计投入30亿元建设资金。继中国国际动漫节、海峡两岸文化创意产业高校研究联盟论坛永久落户，该园区还承办了第二届世界休闲产业博览会、2012杭州设计节等大型活动。

(2) 园区发展定位

白马湖生态创意城定位：以动漫产业为特色，集研发、生产、休闲、居住、商贸等功能于一体，打造白马湖旅游休闲度假区，杭州城市美学、建筑美学示范区，杭州和谐创业示范区。

(3) 园区发展模式

白马湖生态创意城发展模式是依托文化、产业和环境优势，以动漫带动旅游产业和房地产业发展，凸显SOHO模式。园区以文化创意产业为基础，按照"一主多副"的要求，以文化创意产业为主，兼顾大旅游产业、信息服务业、中介服务业、房地产业等；以动漫游戏产业为主，兼顾信息服务业、设计服务业、文化休闲旅游业、文化会展业、艺术品业等。

(4) 园区产业布局

白马湖生态创意城形成了以动漫游戏、文化会展、设计服务、文化旅游为特色，以文化创意产业为主、其他现代服务业为副、动漫特色突出的产业集群。

(5) 园区平台服务

技术支撑平台：构建公共技术软件硬件服务平台，为区域内企业提供技术支撑和平台服务，缩短产品制作周期，降低制作成本，培育中小企业发展壮大。

投资融资平台：为企业提供灵活的金融支持，充分发挥政府创业投资基金的种子引导作用，放大基金投入效应，尤其加强对中小型企业的支持。

综合服务平台：引进国外先进理念、技术和管理，为入园企业提供"一站式"服务，并通过政府牵头、企业参与、中介组织运作的市场化方式，协调解决企业遇到的各种问题。

2.5.4 混合型典型园区调查分析

1. 北京尚 8 文化创意产业园

（1）园区基本概况

尚 8 文化创意产业园创立于 2007 年，是对 CBD 进行"文化注入"的成功典范，是与北京市电线电缆总厂深度合作、投资运营的文化创意集聚区项目。园区位于朝阳区郎家园 8 号 CBD 核心区域，占地总面积 55 亩、建筑面积 4 万平方米。

尚 8 文化创意产业园是在传媒、设计、时尚、艺术等创意领域，整合产业链条，深入产业内容，形成集视觉、听觉、触觉于一体，多感觉、全方位、立体化，凸现人文关怀与城市质感的地标式"创意综合体"项目。

（2）园区发展定位

从园区定位看，尚 8 文化创意产业园包括：主打广告的尚 8 国际广告园，主打设计的尚 8 设计园，主打音乐的尚 8 国际音乐产业园，主打时尚定制的尚 8 时尚园，也有主打孵化的尚 8 东区孵化园，主打新媒体的尚 8 新媒体园，主打艺术产权交易的尚 8 里，主打新文艺的尚 8 文艺园。

根据规划，尚 8 文化创意产业园将建设 20 个品牌园区，孵化面积将达到 100 万平方米，可容纳 1 万家文化创意企业。届时，尚 8 园将成为城市中心高端、时尚、品牌化的多功能、高效率的"综合体"，成为创意青年的"聚集地"，成为独具特色的"创意者之家"。

（3）园区发展模式

尚 8 文化创意产业园区坚持园区集群化、产业链条化、孵化专业化的发展模式，打破了传统的产业园区单一集聚企业的模式，在园区内突出产业链条化布局，尚 8 园区始终致力于产业链条的上下游整合，建立公关展示、策划咨询、经纪营销、网络云平台等专业团队，对与文化创意产业领域相关的商务、办公、展览、服务、消费、体验等环节进行资源整合，深度经营产业链条的上下游业务，大大提升园区的集聚力。

（4）园区产业布局

尚 8 文化创意产业园建立了尚 8CBD 创意产业园、尚 8 东区孵化园、尚 8 设计广告园、尚 8 西城区设计园、原中法大学遗址利用项目艺术 8、尚 8 望京人文化创意产业园等一系列尚 8 创意产业园，延续并满足了创意阶层对于高品质创意办公及文化生活方式的追求，对与文化创意领域相关的商务、办公、展览、服务、消费、体验等创意生活空间进行深度组合，形成具有强大创新力的文化消费群体，打造城市中心高端、时尚、品牌化的多功能、高效率的"创意综合体"，提供连锁服务，"孵化"更多的文化创意企业。

（5）园区平台服务

尚 8 文化创意产业园致力于为入驻企业搭建共享办公空间、营销推广、信息共享、展品展销、交流学习等公共服务平台，通过创建共享的工作空间、提供全方位创业培育、直接投资、给予免租金 1 年或租金减半优惠等政策打造文化创意企业孵化平台，对大批文化创意企业和人才产生巨大吸引力。

2. 上海 SVA 越界创意园

（1）园区基本概况

SVA 越界是上海目前获得授牌的最大创意产业园之一，位于上海漕河泾开发区田林路 140 号，总建筑面积 13.8 万平方米，集休闲商业、创意产业、商务服务于一体。项目原址为 SVA 金星电视机厂，应漕河泾产业升级之势而变，由上海锦和置业与 SVA 集团联手打造，将改造成为国际化时尚商业综合街区。

（2）园区发展定位

SVA 越界创意产业园区是当下非常典型的老厂房改造创意地产项目。以建设新城市集群为目标。作为 10 万平方米综合创意产业园，SVA 越界引入 Office Park 概念，园区本身集"产业、商业、文化、娱乐"四位一体，通过构建多主题产业形态，旨在形成完整产业价值链，成功辐射周边商业制高点，实现"知识"转化"财富"

的目标。

（3）园区发展模式

SVA越界园区管理公司根据星级园区的达标要求有序地开展日常工作，尤其是在结合园区特点创建公共服务平台的过程中，进行了积极的探索和实践。

公司已拥有自己的注册商标"越界"，在园区公共服务平台上，公司积极地运用客户资源，建立客户互动平台，用以满足园区内客户的互相交流。公司充分利用开放式园区的特点，建立全方位对外开放交流的平台，用以全面提升园区的社会知名度和社会效益。

（4）园区产业布局

SVA越界的业态相当丰富，整个项目中既有星级酒店、商务办公楼，还有大量休闲/娱乐商业业态，为客户提供了创意办公、商务、酒店、休闲、娱乐、专业市场、零售、文化服务等多种服务。单体建筑外观根据业态规划量身定做。

目前招商的是其一期商业部分，包括7栋多层独体建筑和核心广场部分商业，总建筑面积约4万平方米，业态定位为餐饮和娱乐等，代表企业包括上海庆春电影院、杰一画廊、上海思八达文化传播有限公司等。

（5）园区平台服务

园区建立信息共享平台，用以传递政府的信息；建立文化交流平台，用以满足地区的精神文明建设；打造"越界"品牌，建立社会公益活动交流平台，用以扩大SVA越界园区的社会影响力；充分利用开放式园区的特点，建立全方位对外开放交流的平台，用以全面提升园区的社会知名度和社会效益。

3. 深圳182创意设计产业园

（1）园区基本概况

深圳182创意设计产业园位于深圳市龙岗区南湾街道布澜路182号，总投资86亿元，规划总建筑面积近15万平方米。182设计园是深圳市市级文化创意产业园区，园区也是列入《深圳市文化发展"十二五"规划》《深圳文化创意产业振兴发展规划（2011—2015年）》的重点产业集聚工程。

（2）园区发展定位

园区以新加坡等海外创意智库、深港两地地域优势为基础，融合国际顶级创意设计项目，为国内及海外从事建筑设计、室内设计、工业设计、平面设计、服装设计等高端创意设计企业打造创新设计产品研发平台、设计平台、展示平台和交易平台。

（3）园区发展模式

园区主要涉及私人用品设计、空间设计、平面设计、工业设计、服装设计等开发、设计、制版、检验检测。园区汇集设计师工作室、画廊、艺术展示空间、艺术家工作室、创意产品展厅等多种功能场所于一体，通过定期举办知名设计师与设计家沙龙，建立国内外高端消费品的设计交流平台，形成区域性高端产业集群。

（4）园区产业布局

创意园分两期建设，一期于2007年3月开业，引领陶瓷、贵金属、珠宝、玉器、木雕、茶艺、字画等工艺品和文化艺术品，集展示、交易、研发于一体。二期为总建筑面积近8万平方米的创意中心，已于2011年上半年正式启动运营，定位为数字新媒体、创意设计、文化软件及相关项目配套。

（5）园区平台服务

完善的人才引进和培养体系：园区利用来自投资方的新加坡经验及其在大中华区、欧洲地区的广泛联系，建立全球设计人才信息库，保证充足的设计人才资源。在园区网站人力资源模块中将专设企业招聘栏目，为入驻企业提供最大限度的便利。园区规划不定期举办国际国内一流设计师讲座，引进行业培训机构，打造人才培养一流平台。

一站式增值服务体系：园区以提高入园企业综合竞争力、打造共同发展的企业综合体为目标，向企业提供知识产权服务、成果推广、法律咨询、高端产品投资、收藏、展览、展示等增值服务。

4. 羊城创意产业园

（1）园区基本概况

羊城创意产业园是羊城晚报报业集团创建的大型文化创意产业集聚区，占地18公顷，位于广州市黄埔大道中309、311号。园区已发展成为一个聚集建筑、文化、动漫、科技等高端创意企业的大型综合型创意园，被国家文化部命名为"国家文化产业示范基地"。园区持续举办各类文化和创意活动，使园区不仅成为创意产业的办公集聚区，而且成为各类文化创意时尚潮流活动的基地。

（2）园区发展定位

羊城创意产业园将致力于促进华南地区创意产业的发展，推动广告、建筑设计、工艺、设计、时尚、影像、动漫、音乐、表演艺术、出版、软件电游、电视和广播等各领域的产业化和互动，为创意企业和创意人士提供独特的工作场所和系统良好的服务，包括文化交流与成果推广、政策咨询与引资服务等，全力打造华南最大的创意产业孵化器，为建设"文化大省"和"创新型广东"服务。

（3）园区发展模式

为培育和扶持创意产业，园区通过为创意企业提供研究、创作、展览、经营的场所，通信、网络与办公等方面的共享设施，系统的文化传播和推广，政策、融资、法律和市场等方面的服务，促进创意成果转化，降低创意企业的风险和成本以及创业门槛，提高企业成活率和成功率，加快创意企业的创业速度。

（4）园区产业布局

园区第一阶段的建设是利用旧厂房改造，功能置换，大量引进设计公司、文化艺术机构入驻园区。以民营建筑设计公司为龙头企业进驻，带动了大批相关设计公司进驻，迅速形成了优质创意类行业集群，园区已发展成为一个聚集建筑、文化、动漫、科技等高端创意企业的大型综合型创意园。园区已启动第二阶段建设，对园区进行升级打造。

（5）园区平台服务

羊城创意产业园为引入企业提供全方位软硬件配套设施和服务，搭建了公共服务网络平台"羊城创意网"，该服务平台创建多渠道全方位园区信息交流平台，为园区企业提供更翔实周到的信息、咨询、人才、市场、法律等服务。

此外，园区利用羊城晚报品牌的统一管理和运营，整合品牌策划、执行团队和活动资源，举办相关商业、文化、艺术活动及宣传活动，以提升产业园的知名度、影响力及商业文化氛围，使园区不仅成为创意产业的办公集聚区，而且成为各类文化创意时尚潮流活动的基地，并在创意产业中培育自主产业和自主品牌。

5. 成都蓝顶艺术区

（1）园区基本概况

蓝顶艺术区是以当代原创艺术为引领的创意产业区，已成为四川省级文化产业示范基地。艺术区规划面积1500亩，计划总投资将超过6亿元。区内规划包括以公益性美术馆为核心的公共文化服务机构、艺术中心、公共艺术街区、数百个艺术家工作室、艺术仓储中心、雕塑、摄影、动漫等相关衍生创意产业总部基地和艺术酒店、艺术衍生品展示中心、时尚商业、旅游服务机构等。

（2）园区发展定位

成都蓝顶艺术区发展定位：建设田园式、国际性的以"当代原创艺术"为引领的创意产业聚集区、创意人才的吸引区、时尚展示区、休闲旅游区、艺术生活方式体验区。将蓝顶艺术区打造成为"文化高地、创意产业发展源泉、区域经济发展引擎"，实践城乡统筹升级，促进农村繁荣。

（3）园区发展模式

蓝顶艺术区通过吸引高端创意人才和机构入驻，形成创意核心区。并逐步形成原创思想与作品的衍生产业链、创意阶层生产与生活服务的产业链、文化与精神的扩展和影响的产业链。

（4）园区产业布局

蓝顶艺术区已有300余位高端的艺术家、创意人士、创意机构聚集。画廊、书吧、版画工厂、画框制作工厂、艺术品物流企业、物业服务企业等配套服务产业也相继落户。区域周边（如栀子街、荷塘月色等）已自发聚集了与艺术创意相关的工作区、艺术会所、艺术餐馆和艺术休闲旅游业态等。

（5）园区平台服务

生活、工作功能：建有数百个艺术家产权式、租赁式工作室，提供给艺术家、创意人士创作及生活。

综合展览功能：建设西南地区最大的民营美术馆，定期举行大型重要的展览活动、高端品牌发布。

会展功能：打造国际当代艺术论坛、国际艺术交流中心、中国成都艺术博览会等永久性硬件设施。

交易功能：建设创意产品交易街区，引进画廊、拍卖行、创意产品交易展示店及时尚店等。

生产功能：通过改造和新建厂房引入衍生工厂，作为雕塑、摄影、动漫、培训、服装设计、工业设计等相关衍生创意产业基地。

产业配套、旅游功能：建设公共艺术街区、艺术仓库、物流中心、艺术酒店、餐饮酒吧等产业及雕塑公园等旅游服务设施。

6. 南京紫东国际创意园

（1）园区基本概况

南京紫东国际创意园位于栖霞区南部，园区于2009年1月正式成立，总投资40亿元，是栖霞区建设"智慧新区"的重要组成部分，并已被列入"南京市文化产业十大重点项目"。园区致力于打造成为全国一流的国际性总部基地和创意产业园。

（2）园区发展定位

园区定位为南京乃至长三角地区最具优势的国际性创意总部型商务园区，发展的定位是"总部天地，创意绿洲"。作为总部经济园区，园区重点引入研发或设计行业的企业总部，以及各类非生产型企业总部。作为创意产业园区，园区以发展研发服务业和设计服务业为主，文化传媒业和咨询策划业为辅，并通过创意消费的形式，形成完整的创意产业链。

（3）园区发展模式

在规划阶段，南京紫东国际创意园确立了园林景观式、低碳环保型、高度智能化的发展方向。为维持绿色生态廊道的延续性，在优越的自然环境基础上，园区将打造高档园林景观，并大量运用生态科技手段，使园区处处充满创意，处处体现人文关怀，促进人与自然、人与人的和谐发展。同时园区还将设计采用5A智能化系统，同时运用物联网新概念，提高园区管理效率，彰显园区档次。

（4）园区产业布局

园区重点发展包括新媒体、新影视、新动漫等文化传媒业；工业设计、建筑、装饰设计、广告设计、时尚设计等设计服务业；电子信息、环保技术、新材料等研发服务业；工程咨询、管理、信息咨询、法律服务等咨询策划业在内的创意型企业和研发或设计行业的企业总部。

（5）园区平台服务

商务服务：入园企业提供材料手续齐全，内资企业15个工作日内完成注册，外资企业两个月内完成注册；园区有专门的专利代理机构，为企业申请各项专利提供专业服务；北京德和衡（南京）律师事务所等法律机构为入驻企业提供全球化法律咨询，满足企业客户商务服务需求；上海亚柏高（南京）财务咨询有限公司等财务机构为中外企业提供验资、审计、财务代理等财务服务。

人力资源：园区设立了人才服务中心，提供人才政策咨询服务，专门协助海内外人才申报，负责落实人才政策。此外，还提供猎头服务功能。针对周边高校较多的情况，平台挂牌高校实习基地，推荐学生在园区企业实习工作。

融资服务：南京紫东国际创意园天使投资基金为入园企业提供投资服务；根据企业不同需要介绍银行进行对接，如涉及房贷园区可以提供担保；南京金光紫金创业投资管理有限公司、南京紫东国际创意园天使投资基金以及栖霞区科技创业投资基金等金融服务机构为企业提供银企对接、创投对接、融资、担保、上市辅导等金融服务。

交流培训：园区平台定期为有需求的企业提供行业论坛、产学研合作、企业沙龙和创意讲堂、品牌推广和项目推介服务；园区设有各种培训教室以及会议室，供入园企业使用。并且供应电子桌牌、同声传译设备、电子表决机、电子白板等设备，可以提供培训视频摄像。

咨询顾问：由专人收集园区企业相关的政策、法规等企业发展的信息，在政策咨询、知识产权咨询和申报、法律咨询、企业管理咨询、项目申报以及认证咨询等方面给予支持或代办。最大限度地使园区企业能够享受到政策上赋予的实惠，在园区管理上使平台成为园区企业的"保姆"。

公共技术：公共技术服务的主要内容有软件评测、集成电路设计、数据中心和计算中心。为园区内研发设计企业的软件给予相关评测，添置软件评测设备，同时该项服务还将提供集成电路设计的试验、定型到成品一条龙，提供互联网业务以及数据计算业务所需要的设备。

智慧办公：南京紫东国际创意园智能化信息平台建设是以电子信息技术为手段，以网络为平台，以知识管理为核心，有效整合各类社会资源，集智能办公和共享信息于一体的智能化信息平台。也为企业提供政策法律和技术经济信息咨询、项目合作服务、融资担保服务、交流合作服务、人才培训/招聘、信息化建设、新产品设计开发、市场开发/推广等信息资源和便民服务等，建成具有综合性、开放性特点的一站式综合性信息服务系统。

2.5.5 地方特色型典型园区调查分析

1. 杭州创意良渚基地

（1）园区基本概况

杭州创意良渚基地位于杭州市余杭区良渚镇，基地总面积约17.59平方公里，主要由中国良渚文化村片区、良渚城镇一期行政商务片区和二期商业街区组成。基地突出玉文化元素，重点发展文化生态旅游与时尚消费创意设计等产业，形成文化生态旅游、时尚生活、文化创意会展、玉文化研究交易等产业集聚区。

（2）园区发展定位

创意良渚基地的分区规划主要以余杭区良渚街道新区、良渚文化村两部分为载体，主要发展目标为国际著名的历史文化旅游胜地、全国知名艺术品创作交易中心和全市重要的文化创意产业集聚区。创意良渚基地以良渚文化的深厚内涵和自然环境优势为基础，致力于发展文化休闲旅游业、文化会展业和时尚消费业。

（3）园区发展模式

创意良渚基地立足良渚深厚的文化内涵和优美的自然景观，以城市化推进和良渚遗址保护和开发为基础，以打造国际著名的艺术品集散基地和历史文化旅游胜地为目标，以"创意良渚"品牌建设为先导，以"六大集聚区"建设为支撑，以"三大优势产业"为重点，以招商引资为抓手，将创意良渚基地建设成为品牌优势突出、产业特色鲜明、创新能力增强、人才高度集聚的"国家级文化创意产业示范基地"。

创意良渚基地通过推动时尚发布、创意办公、娱乐总汇、文博会展和配套餐饮，传承历史悠久的良渚文化等资源，与现代的时尚休闲等嫁接，形成以著名历史遗址为依托的文化创意产业基地。

（4）园区产业布局

目前基地主要拥有：玉鸟流苏创意文化街区、良渚博物院、美丽洲公园、良渚国家遗址公园、白鹭湾君澜度假酒店等。

玉鸟流苏创意文化街区：该区域是创意良渚基地的主要产业集聚区，玉鸟流苏创意文化街区的创意主导产业包括：时尚发布（时装发布会、新闻发布会、新品发布会、知识产权交流会、小型演唱会、明星见面会、电视节目制作场地等）；创意办公（艺术工作室、个人设计室、传媒策划公司、高档画廊、外驻品牌中心、艺术培训中心）；休闲体验（各种品牌定制、品牌商品展示、艺术品现制、雪茄、洋酒品尝）；娱乐总汇（创意体验沙龙、高档会所、潮流运动馆、健身场所、陶吧）；配套餐饮（高档西餐厅、创意餐饮、咖啡厅、酒吧、茶社）。

良渚博物院：良渚博物院占地4万平方米，建筑面积1万平方米。博物院围绕"良渚文明之谜"和"良渚玉文化"

主题，运用现代的陈列理念，先进的展示方法和展示材料，全面体现了良渚文化——文明社会的恢宏气势。内部设有基本陈列室、玉文化展示、4D电影院、咖啡吧等。

美丽洲公园：美丽洲公园北依良渚遗址，包括以良渚博物院为核心的808亩区域，这一区块是集休闲、体验、观光、度假等功能于一体的创意产业园区。一期工程总投资约5.6亿元，在一期工程良渚博物院和美丽洲公园成功开园基础上，项目二期还将建设玉文化鉴赏区（玉市场）、文化创意园、良渚文化旅游体验区，总投资约135亿元。

良渚国家遗址公园：良渚国家遗址公园是以申遗为目标，以良渚古城遗址、塘山遗存、瑶山祭坛为重点，以自然生态为基础，以综合利用为手段的一个集考古申遗、旅游休闲于一体的超级国家公园，规划总面积25平方公里。

良渚白鹭湾君澜度假酒店：杭州白鹭湾君澜度假酒店占地约274.8亩，总建筑面积7.3万平方米，并拥有4万多平方米的水面及2万平方米的道路与广场。营造出人文与自然生态景观融合的氛围，为来自世界各地的尊客提供高品质的休闲度假享受。

随园嘉树保健体检中心：随园嘉树保健体检中心位于杭州市余杭区良渚文化村，占地约100亩，其中一期用地6000平方米，总投资1亿元，首期投资6000万元。该中心依托浙医一院雄厚的医疗技术，拥有浙医一院各科专家组成的专家库，集体检、养生、医疗和健康指导于一体，传播先进的健康理念，为顾客建立完备的健康档案，提供全面的健康管理服务。

（5）园区平台服务

创意良渚基地为文化创意产业提供了一个优越的平台，从而发展壮大了艺术品复制加工业、玉文化产业等优势文创产业。基地以良渚文化研究院为支撑，与中国美术学院、浙江大学等进行合作交流，从而形成将艺术品复制业研究、开发、交流、鉴赏等于一体的综合性服务。

玉文化产业主要以良渚玉文化产业园为平台，集玉产业研究、开发、交流、鉴赏、销售等为一体，实现一条龙服务。此外，还建设以玉文化为重点的艺术品人才培训基地，借助中国美术学院等高校的人才资源，培育艺术品鉴定机构，开展艺术品理论研究、鉴赏、文化消费等活动。

2. 上海E仓创意产业园

（1）园区基本概况

上海E仓创意产业园位于普陀区宜昌路751号，紧靠苏州河，由多栋20世纪30年代风格各异的厂房组成，曾是原上汽集团的零配件仓库。

（2）园区发展定位

上海E仓创意产业园发挥集聚功能，园区主要以艺术设计、平面广告设计、建筑设计公司；动漫设计、动漫制作、游戏制作公司；文化推广、中外文化传播交流公司等为主体，并在配套方面招租了时尚秀场等，使之成为一个时尚新地标。现在已经有唐人电影制作公司、三圣建筑设计事务所、人英网络知名企业入驻E仓。

（3）园区发展模式

上海E仓创意产业园属于典型的依托老建筑改造发展模式。通过保护性开发原上汽集团的零配件仓库形成创意产业园区，为上海老建筑注入了新的产业元素，使其特有的历史文化底蕴得以延续。通过改建原有的厂房，吸引企业入驻，形成以艺术设计、动漫设计、文化推广等为主的产业集聚区。

（4）园区产业布局

园区发挥集聚功能吸引艺术设计、动漫设计、文化推广等方面的创意公司入驻，产业布局：艺术设计（平面广告设计广告、建筑设计公司）；动漫设计（动漫制作公司、游戏制作公司）；文化推广（中外文化传播交流公司等）；时尚新地标（创意酒吧、咖啡吧、西餐厅、时尚秀场）等。

（5）园区平台服务

园区为入驻企业提供交流及展示的平台；协助举办大型展览及交流活动；为企业提供便捷的生活设施；配

备有专业的物业管理服务。

3. 北京高碑店传统民俗文化创意产业园

（1）园区基本概况

高碑店传统民俗文化创意产业园区位于高碑店地区高碑店村，园区以古典家具一条街和华夏民俗文化园为核心，形成了古典家具收藏、设计、制作、展示、销售、修复和传统手工艺品制作、展示、销售及民俗文化传播交流为一体的文化创意产业园区。

（2）园区发展定位

高碑店定位为以传统民俗文化产业为主体的文化创意产业，以古典家具和民俗文化为核心，发展古典家具收藏修复、设计制作、展示销售和文化交流等。同时，不断引入科举、饮食、商贾、艺术会展等特色文化。

（3）园区发展模式

高碑店传统民俗文化创意产业园发展属于依托传统基础升级模式，在原本由民间自发形成的基础上，通过政府的推动和统一规划，迅速发展。目前，产业园区由"一街一园"组成，"一街"即古典家具一条街，"一园"为华夏民俗文化园。高碑店古典家具一条街是以古典家具收藏修复、设计制作、展示销售和文化交流为主要内容的特色商业街，兼营古玩、字画、瓷器、石器等。

华夏民俗文化园占地面积近5万平方米，其中建筑面积2万平方米。其中传统手工艺品包括剪纸、泥塑、刺绣、年画、木雕、唐卡、风筝、香包等百余品种。经营项目既有现场制作，又有展示交流。目前园区内除手工艺品制作销售之外，还有古典家具和古玩精品展卖等。

（4）园区产业布局

园区在做好古典家具和民俗文化的同时，陆续引进科举、饮食、商贾、艺术会展等特色文化内容，新兴了一批文化创意项目，初步形成了"产业聚集、各具特色"的发展格局，园区主要包括盛世龙源、古典家具街、民俗文化园三个项目。

盛世龙源项目：艺术会展区（桥艺术中心）、中国商业文化区（晋商博物馆）、中国饮食文化区（美食苑）、国粹艺术文化区（国粹苑）、中国茶文化艺术区（茶文化艺术中心）、中国传统演艺文化（演艺苑）。

古典家具街项目：主要内容为"两馆、两街、四胡同"，即民族家居文化博物馆、乐器博物馆；古典家具一条街、水乡茶楼一条街；花板胡同、花梨胡同、紫檀胡同、红木胡同。古典家具一条街被北京市商务局命名为"全市特色商务街"，着力打造和提升为具有民族文化特点的商业街。

民俗文化园项目：主要内容为"四馆、三院、两中心"，以紫砂壶博物馆、内画艺术博物馆、暖炉博物馆、科举博物馆四馆为文化支点，积极引入中国艺术研究院下属的中国油画研究院、紫砂壶研究院、雕塑研究院，并打造华声天桥、皇晟造办两个中心。

（5）园区平台服务

高碑店传统民俗文化创意产业园主要是在民间自发形成的基础上，通过政府的推动和统一规划迅速发展。园区的平台服务更多体现在为园区企业提供宣传机会。园区通过政府牵头举办了"古典家具节"以及其他传统推广活动，成功培育了"高碑店古典家具一条街"品牌，推动了园区企业的发展。

3

文化创意重点企业发展研究报告[①]

[①] 本部分文化创意重点企业引用的所有数据和资料均来自该公司各个年度的年度报告。

3.1 文化艺术业重点企业

3.1.1 保利文化集团股份有限公司

1. 企业基本情况

保利文化集团股份有限公司（简称：保利文化；股票代码：03636.HK）隶属中国保利集团公司，是专业从事文化产业的大型国有企业。2014年3月，保利文化在香港联交所主板成功上市。

经过多年的持续发展，保利文化逐渐形成了以演出与剧院管理、艺术品经营与拍卖、影业投资与电影院线管理三项业务为核心、多业务一体化发展的业务格局。

2. 企业经营情况

2016年，保利文化集团股份有限公司实现营业收入26.82亿元；毛利为9.95亿元；营业利润和净利润分别为4.84亿元和3.11亿元。

2014—2016年保利文化集团股份有限公司主要经济指标分析　　表3-1-1

指标名称	2014年	2015年	2016年
营业收入（万元）	224302.40	250496.50	268230.10
毛利（万元）	99342.70	95635.50	99525.60
营业利润（万元）	48663.60	38889.90	48384.60
净利润（万元）	25151.90	23779.00	31060.70

3. 企业发展成就

2016年，在艺术品经营与拍卖业务方面，保利文化发挥多平台优势，加大营销力度，2016年全年实现艺术品拍卖成交额约人民币96亿元，成功实现年度全球中国艺术品拍卖成交总额七连冠。其中，北京保利拍卖减量增质，完善战略布局，全年拍卖成交人民币71亿元；保利香港拍卖全年实现成交港币23.82亿元，稳居香港地区第三。此外，北京保利艺术投资管理有限公司全年新增艺术品基金项目8个，规模为人民币2.07亿元。

在演出与剧院管理业务方面，保利文化于2016年内新接管长沙梅溪湖国际文化艺术中心、广西文化艺术中心等10家剧院，是院线发展史上新接管剧院最多的一年。目前旗下剧院达53家，覆盖全国18个省份，共有观众厅98个，观众座位数超10万个；完成东莞、呼和浩特、青岛等5家剧院的续约工作。2016年，院线全年完成演出6799场，同比增长26%，其中巡演项目187个，共计2379场，超额完成各地剧院业主演出指标要求。

在影院投资管理业务方面，保利影业于2016年内新开6家影城，正式运营影城达到32家。2016年全年实现电影票房人民币5.18亿元，与2015年基本持平。截至2016年12月31日，保利影业在建影城项目4个，已立项未建设项目35个，为不断发展壮大储备了良好资源。

3.1.2 宋城演艺发展股份有限公司

1. 企业基本情况

宋城演艺发展股份有限公司（简称：宋城演艺；股票代码：300144）首次注册时间为1994年9月，成立20余年来，以"演艺"为核心竞争力，成功打造了"宋城"和"千古情"品牌。以"建筑为形，文化为魂"，将其转化为文化旅游项目。

宋城演艺的主营业务为主题公园和旅游文化演艺的投资、开发和经营，主要业务板块包括文化类主题公园宋城景区（核心产品为旅游文化演艺节目《宋城千古情》）和游乐类主题公园杭州乐园。目前，宋城演艺拥有杭州宋城旅游区、三亚宋城旅游区、丽江宋城旅游区、九寨宋城旅游区等十大旅游区、三十大主题公园，《宋城千古情》《三亚千古情》《丽江千古情》等五十大演艺秀及中国演艺谷等数十个文化项目。

2. 企业经营情况

2016 年，宋城演艺的营业收入和营业利润分别为 264422.89 万元和 114816.88 万元，较上年同比增长 56.05% 和 38.7%；公司利润总额和净利润分别为 115978.65 万元和 90230.52 万元，较上年增长 40.56% 和 43.1%。

2014—2016 年宋城演艺发展股份有限公司主要经济指标分析　　表 3-1-2

指标名称	2014 年	2015 年	2016 年
营业收入（万元）	93511.91	169451.40	264422.89
营业利润（万元）	47198.86	82782.66	114816.88
利润总额（万元）	49141.32	82512.60	115978.65
净利润（万元）	36118.32	63056.09	90230.52

3. 企业发展成就

2016 年，公司通过清晰的战略定位和持续的内容丰富，游客结构更趋于年轻化，特别是杭州宋城景区，散客、自驾游和终端市场的营收比例超越了团队游客贡献的营收，且该比例呈持续上升的趋势；公司于 2016 年 7 月成立杭州宋城科技发展有限公司，在机器人、无人机、VR、多媒体影像板块深入开展研究；在娱乐直播领域，公司旗下的六间房已经成为行业内产品线最全、业务模式最完整、盈利能力最强的娱乐直播平台之一；2016 年，六间房月均页面浏览量达 6.65 亿，注册用户数超 5000 万。其中，公司的月均访问用户达到 4350 万，其中，网页端较 2015 年月均增长约 23%，移动端月均访问量较 2015 年增长约 248%。同时由于用户基数的扩大，年均月人均充值金额由 2015 年的 702 元下降至 681 元，反映出付费用户群的结构大幅度优化、分布更为均衡、业务基础更为牢固。

3.1.3　中国对外文化集团公司

1. 企业基本情况

中国对外文化集团公司是在文化部直属事业单位中国对外演出公司（CAPP）和中国对外艺术展览中心（CIEA）转企改制的基础上，经国务院批准设立的第一家大型国有对外文化企业集团。

中国对外文化集团公司是"第一批国家文化产业示范基地"，其业务领域包括：演出业务、展览业务、文化旅游、中演院线、中演票务通以及集团出品。

2. 企业发展成就

2016 年，中国对外文化集团公司获得了"第八届全国文化企业 30 强"，2009—2016 年连续八年入选。作为我国目前唯一拥有全球演出、展览业务的文化央企，中国对外文化集团立足全球视野，打造品牌、拓展渠道，不断提升国际化运营能力，平均每年在境外数十个国家和地区，二百余座城市举办各类演出展览和综合文化活动 4000 余场，全球年度观众总量超过 1000 万人次，发挥着国家对外文化工作主力军、主渠道的重要作用。

集团已初步建成覆盖全国主要消费区域的市场渠道网络，旗下中演票务通作为全国最大的文化体育票务公司之一，在全国主要城市设有分支机构，服务网络现覆盖全国大部分地区；"中演院线"已发展成为拥有包括十余家直营剧院在内的近 70 家成员单位，覆盖全国 27 个省（自治区、直辖市）的专业化、集约化、多元化的演出院线体系，共有座席数超过 12 万个，年演出场次超过 5000 场，年观众总量超过 420 万人次。中国对外文化集团公司围绕国家"一带一路"倡议，发起组建了"丝绸之路国际剧院联盟"，积极打造国际文化交流与合作的沟通交融平台。

3.1.4 山水盛典文化产业有限公司

1. 企业基本情况

山水盛典文化产业股份有限公司（以下简称"山水盛典"）由中国山水实景演出创始人、著名旅游演出导演、策划人梅帅元先生发起创立。目前的业务由演出制作及管理运营，特色小镇、景区（山水剧场）策划、规划、开发及运营，以及文化旅游新产品的开发运营管理三部分构成，是国内领先的文化旅游演艺行业综合内容提供商，也是依托演出产品为平台的旅游综合体规划运营服务商。

2. 企业发展成就

目前，山水盛典已实施的部分项目包括：《印象·刘三姐》（桂林阳朔）、《禅宗少林·音乐大典》（河南嵩山）、《大宋·东京梦华》（河南开封）、《天门狐仙·新刘海砍樵》（湖南张家界）、《中华泰山·封禅大典》（山东泰山）、《鼎盛王朝·康熙大典》（河北承德）、《文成公主》（西藏拉萨）、《草庐·诸葛亮》（湖北隆中）、《火烧圆明园》（浙江横店）、《桃花源记》（湖南常德）等遍及中国的20多台大型剧目，每年接待观众逾600万人次，2013年《印象·刘三姐》仅门票收入就达到了3亿元。

除了景区相关项目之外，山水盛典还推出了多台室内舞台剧：现代舞作品《十年》、舞道《听天说》、东方大型诗意舞台剧《昭君出塞》。这些文化项目不仅代表了旅游演艺行业高端新颖的艺术策划创作水平，而且极大地推动了演出所在地的地方经济发展，截至2015年上半年，已有5个项目荣获国家文化产业示范基地荣誉，山水盛典也于2015年荣膺全国文化企业三十强。

3.2 新闻出版业重点企业

3.2.1 江苏凤凰出版传媒集团有限公司

1. 企业基本情况

江苏凤凰出版传媒集团有限公司总部位于南京，其产业领域主要涉及出版、发行、印务、影视、文化酒店、文化地产、金融投资、艺术品经营等板块，旗下控有凤凰传媒和凤凰股份两家上市公司。

其中，江苏凤凰出版传媒股份有限公司（简称：凤凰传媒；股票代码：601928）于2011年11月30日在上海证券交易所上市，其主营业务为图书出版物及音像制品的出版、发行及文化用品销售。其中，图书出版物主要包括教材和一般图书（含教辅）。

凤凰传媒拥有一个博士后科研工作站，其凤凰国际文化中心是国内单体面积最大的编辑出版中心。

2. 企业经营情况

江苏凤凰出版传媒集团有限公司控有凤凰传媒、凤凰股份两家主板以及法普罗、新广联两家新三板上市公司。2016年，集团营业收入超过230亿元。其中，凤凰传媒实现营业收入105.47亿元，同比增长4.98%，实现营业利润10.45亿元，同比增长7.41%；利润总额为12.29亿元，同比增长4.67%；净利润实现11.70亿元，同比增长4.07%。

2014—2016年江苏凤凰出版传媒股份有限公司主要经济指标分析　　表3-2-1

指标名称	2014年	2015年	2016年
营业收入（万元）	961823.55	1004584.01	1054650.58
营业利润（万元）	100414.51	97293.23	104498.10
利润总额（万元）	124869.60	117434.75	122915.30
净利润（万元）	120542.74	112409.57	116979.92

3. 企业发展成就

近年来，凤凰出版传媒集团的文化实力和文化影响力显著增强，出版主业取得"双效"丰收，并连续九年入选"文化企业30强"。2017年上半年，凤凰出版传媒集团图书销量在开卷零售市场整体综合排名居全国同行第三，其中实体店渠道排名第二，网店排名第四。在文化影响力方面，该集团内容生产成果较为丰硕，获得一系列重要奖项：56种项目入选首批"十三五"国家重点出版规划项目，位居全国出版集团第四；4种选题入选中宣部、国家新闻出版广电总局2017年主题出版重点出版物选题，数量居全国出版集团前列；入选第四届中国出版政府奖16种，居全国出版集团第二、地方出版集团首位；17种图书入选2017年度国家出版基金资助项目；入选第六届中华优秀出版物奖12种；4种图书入选2016年度"大众喜爱的50种图书"；3种图书入选"2016中国好书"；2种图书入选2017年总局向全国青少年推荐百种优秀出版物；3种报刊入选2017年总局向全国少年儿童推荐百种优秀少儿报刊。

3.2.2 湖南出版投资控股集团有限公司

1. 企业基本情况

湖南出版投资控股集团有限公司是湖南省政府授权投资经营机构，经营管理原省新闻出版局所属企事业单位占有（用）的全部国有资产，并承担国有资产保值增值的责任。集团主要经营传媒、投资、地产、酒店、科技、资产管理六大业务板块。

集团的前身为2000年6月组建的湖南出版集团；2004年9月整体转制为省管国有大一类文化企业；2008年启动改制上市，设立中南出版传媒集团股份有限公司（简称：中南传媒；股票代码：601098）。2010年10月，中南传媒在上海证券交易所挂牌上市，成为我国首支全产业链整体上市的出版龙头股。

2. 企业经营情况

2016年，公司实现营业收入111.05亿元，同比增长10.1%；实现营业利润18.39亿元，同比增长11.55%；利润总额为19.33亿元，同比增长7.05%；净利润实现18.05亿元，同比增长6.47%。

2014—2016年中南出版传媒集团股份有限公司主要经济指标分析　　表3-2-2

指标名称	2014年	2015年	2016年
营业收入（万元）	903876.11	1008543.24	1110452.00
营业利润（万元）	139559.27	164831.37	183861.56
利润总额（万元）	154944.11	180580.07	193309.68
净利润（万元）	146875.66	169508.51	180471.29

3. 企业发展成就

（1）图书出版

2016年，中南传媒一般图书在全国实体店市场码洋占有率3.72%，排名第三；湖南教育社利润突破亿元大关，同比增长35%；中南博集发货码洋近13亿元，实现净利润近9000万元，同比增长28%；湖南人民社进一步聚焦产品线，多本图书获全国优秀社科普及作品奖，入围海外馆藏影响力百强单位。

（2）印刷发行

湖南省新华书店规模和效益再创历史新高，2016年实现营业收入71.92亿元，同比增长11.30%。通过加大校园连锁书店建设力度，改善服务环境，提升服务能力。2016年新开业627家校园连锁书店，累计开业数增至816家，另有200余家正在建设中。继续发力文化用品经营，自有产品"翰墨飘香"成功进入陕西、安徽、山西、广西等省外市场。新教材公司大力拓展省外市场，实现销售码洋近9亿元，湘版教材教辅在广西、广东、海南等多省的市场和品种有新突破。联合教育公司精耕区域市场，实现销售收入过亿元，净利润约1800万元。

（3）业态转型新突破

2016年，中南传媒以在线教育为平台的业态转型不断取得新突破。天闻数媒实现营业收入5.39亿元，同比增长34.84%。在线教育产品覆盖全国30个省（自治区、直辖市）的239个区（县）约2600所学校；三通两平台项目新增3个区（县），新开发的学校比邻APP项目进入189所学校，用户约18万，付费用户近7万。贝壳网整合、生产约5TB数字教育内容资源，总用户量突破20万，日均PV稳定在12万左右，发展来势喜人。中南迅智A佳教育评测中心建设全面铺开，建成81家，累计服务考生约120万人次。博集新媒以传统纸书、有声书为基础，以"内容知识电商"为核心，打造新媒体内容平台，有声书出版近150个品种，总时长超过3200小时，与中南博集、博集影业的协同效应越发凸显。

3.2.3 安徽出版集团有限责任公司

1. 企业基本情况

安徽出版集团有限责任公司成立于2005年11月，是全国第一家集团组建同时完成转企改制的国有大型文化企业。2008年，集团战略重组科大创新，组建时代出版传媒股份有限公司（简称：时代出版；股票代码：600551），在全国率先以出版主业整体上市。

目前，集团拥有全资和控股子公司12家，其中在资本市场公开挂牌的公司2家。分别为：时代出版传媒股份有限公司（主板上市）、安徽华文国际经贸股份有限公司、安徽普兰德置业发展有限公司、安徽省医药（集团）股份有限公司、市场星报社、天鹅湖大酒店、安徽省中国旅行社有限责任公司、安徽华文创业投资管理有限公司、安徽时代典当有限公司、安泰科技股份有限公司（新三板挂牌）、合肥科大立安安全技术有限公司、安徽出版集团物业管理有限公司。

集团共有出版传媒、报刊媒体、文化旅游、文化置业、文化商贸流通、酒店经营、智慧城市（社区）、消防和公共安全、投资管理、非银行金融业务和证券参股等十大业务板块，形成图书、报刊、数字出版、自出版和互联网出版、影视剧投资生产、印刷复制、发行、物资经营等上下游业务于一体，兼营商品进出口、内贸、医药、房地产开发、绿色智能建筑等多元产业业务的发展格局。

2. 企业经营情况

2006—2014年，安徽出版集团有限责任公司累计实现销售收入670.38亿元、利润总额37.72亿元，年均增幅分别为43.23%、32.45%；年人均创收、创利能力均位居同行前列。按2014年12月底股权价值计算，集团总资产市值213.69亿元，净资产市值127.95亿元。从2012年开始，跻身销售收入和资产总额双百亿元文化传媒企业，2014年成为销售收入和总资产市值双两百亿元文化传媒企业。

2015年，集团总体经济规模位居全国第六；时代出版传媒股份公司营业收入进入内地出版传媒类上市公司前10位，位居第9；所属4家出版社进入全国专业出版社前10强。2016年，安徽出版集团以销售收入181.67亿元的业绩，位列2017全国服务企业500强第218名。这是集团自2006年起连续第十二次入选全国服务企业500强。

3. 企业发展成就

安徽出版集团有限责任公司连续七届荣获"全国文化企业30强"，先后获得"全国文化体制改革先进企业""全国文化体制改革工作先进单位""国家文化出口重点企业""中国服务业企业500强"首届"全国新闻出版行业文明单位""苏浙皖赣沪质量管理先进单位""全省人才工作先进单位""全省先进基层党组织""安徽质量奖"等荣誉。

在走出去方面，2016年集团版权输出稳步增长，全年实现版权输出948项，其中非华语243项。版权分别输出到近20多个国家和地区，北京国际图书博览会连续9年位居全国前列。安徽少年儿童出版社境外国际合作项目开创全国先河，在中东黎巴嫩设立合资公司"时代数字未来公司"，在版权贸易、数字出版、玩具图书等领域建立海外营销推广基地，国际合作逐步由中东地区辐射至西亚、北非等地区，现已正式注资成立并先后在阿布扎比书展等众多阿语文化展会上组织推广作者及图书宣传活动。

3.2.4 中国出版集团公司

1. 企业基本情况

中国出版集团公司是于2002年4月9日成立的国家级出版机构。2004年3月25日，国务院授权成立中国出版集团公司，在国家相应计划中单列，对原中国出版集团所属成员单位行使出资人权利，承担国有资产保值增值责任。2011年12月28日，中国出版传媒股份有限公司成立。

中国出版集团公司以出版物生产和销售为主业，是集纸质出版、数字出版、版权贸易、图书进出口贸易、印刷复制、信息服务、艺术品经营、科技开发、金融投资于一体的专业化、大型出版集团。

2. 企业经营情况

"十二五"期间，集团资产总额、销售收入双双翻番，利润总额逼近翻两番；2016年集团资产总额近200亿元，净资产和营业总收入均逾100亿元，迈上"三百亿集团"台阶。

3. 企业发展成就

集团自2008年以来连续8年入选"全国文化企业30强"，在全国文化企业中名列前茅。2013—2016年连续4年入选法国《图书周刊》、德国《书业报告》、美国《出版商周刊》、英国《书商》等四家国际著名期刊联合发布的"全球出版业营业收入50强"。

集团每年出版图书1.8万余种，在全国图书零售市场占有率为7.5%左右，连续15年位居全国第一；出版期刊报纸58种；每年音像、电子、网络等出版物2000余种；每年实现版权贸易1000多种；进出口各类出版物20多万种，书报刊进口和出口分别占据全国市场份额的62%和30%。拥有海外出版社、连锁书店和办事机构29家，海外业务遍及130多个国家和地区。

3.2.5 江西省出版集团公司

1. 企业基本情况

江西省出版集团公司成立于1993年，是拥有130多家成员单位，员工逾万名的大型国有出版传媒集团。集团现已形成以图书、报纸、期刊、音像、电子等出版物的出版、发行、印刷复制、物资贸易等传统主业，与数字及新媒体出版、艺术品经营、影视剧生产、现代物流、文化金融、文化科技和文化地产等新兴业态相结合的经营格局。

2. 企业发展成就

2016年，在全国118家出版传媒类集团中，集团多项指标位居全国同行前列：2016年主营业务收入、利润总额、总资产和净资产等指标在全国出版集团中均进入前三甲；集团控股的上市公司中文传媒在全国同业上市公司中净资产和营业收入双超百亿元，营业收入和利润总额位居第二，在江西上市公司中盈利能力位居第二。在全国556家图书出版社中，集团有6家图书出版社进入全国地方出版社百强，其中两家进入全国前50强；国有文化企业资产保值增值率达110.9%；文化产品的国际贸易出口额超50亿元，出口净利润超5亿元。截至2016年年底，集团整体直融占比超70%，新业态净利润贡献率达到53.5%。

3.2.6 中国教育出版传媒集团有限公司

1. 企业基本情况

中国教育出版传媒集团有限公司成立于2010年12月18日，控股企业包括中国教育出版传媒股份有限公司、人民教育出版社、高等教育出版社、语文出版社、中国教学仪器设备总公司、中国教育图书进出口公司等单位，以图书、期刊、电子音像产品、数字出版物出版和销售为主业，兼营图书、期刊和教学仪器设备进出口等业务，属中央国有大型文化企业。

2. 企业发展成就

中国教育出版传媒集团有限公司总资产共 124 亿元，现有员工 4500 人。集团公司成立以来，已获得"中国文化企业 30 强"，新闻出版"走出去"先进单位等荣誉，是全国综合实力最强的出版集团和龙头企业之一。目前，集团公司正努力打造成为中国出版业有主导力的龙头企业、有竞争力的现代企业、有影响力的跨国企业。

3.2.7 浙江出版联合集团有限公司

1. 企业基本情况

浙江出版联合集团有限公司成立于 2000 年 12 月，为省政府直属的国有独资出版企业集团和国有资产授权经营单位。集团以图书、期刊、音像制品和电子、多媒体出版物的出版、制作、发行为主业，兼营与出版产业相关的物资贸易、投资等业务，现有浙江人民、人民美术、科学技术、文艺、少年儿童、教育、古籍、摄影、电子音像等出版社、浙江省期刊总社、浙江出版集团数字传媒公司 11 家出版单位，浙江省新华书店集团、浙江印刷集团、浙江省出版印刷物资集团 3 家全资子集团，以及浙江出版集团投资公司、浙江出版集团置业发展公司。

2. 企业发展成就

近年来，集团每年均有百余种图书获得"五个一工程"奖、中国出版政府奖、中华优秀出版物奖等国家级、地区级和省级以上各类奖项，少儿社在少儿图书零售市场实体店销售排行中，连续十四年保持全国第一。2010 年，集团总资产和总销售首次迈入了"双百亿"，到 2015 年年底，集团实现了"规模三个百亿、利润超十亿"经营目标，合并主营业务收入超过 100 亿元，利润总额超过 10 亿元，资产总额超过 170 亿元，净资产超过 100 亿元，主要经营指标保持中高速增长，成为全国 5 家"三百亿"出版集团之一，为集团"十二五"发展画上了一个圆满的句号。2016 年，集团销售收入近 120 亿元，利润近 12 亿元，保持了持续快速健康发展势头。

3.2.8 河北出版传媒集团有限责任公司

1. 企业基本情况

河北出版传媒集团有限责任公司主要业务包括图书、报刊、电子音像和数字网络出版、出版物印制发行、出版物资贸易和文化投资等，拥有 27 家全资和控股子公司，员工近万人。

2. 企业发展成就

2016 年，在坚持推出大量精品出版物的同时，集团公司加强对优质内容资源的全方位、立体化、全媒体开发，积极培育发展新业态。旗下"河北教育资源云平台"付费用户数已经近 40 万，配合筹办冬奥会推出了国内首部《冰雪运动》全媒体教材并配发全省冰雪运动试点学校；大力发展新媒体，所属的河北青年报新媒体粉丝总数超过 500 万，其官方微信平台在全国纸媒官微中名列前茅，在河北位列第一。依托遍布全省的营销发行网络，加速推进"智慧书城"建设，"新华优选"线上文化服务平台与省内主要市级卖场实现联网，初步构建起线上线下同步运营的具有本地特色的 O2O 立体营销传播格局。

2016 年，集团公司精心策划、成功组织了"第四届惠民阅读周""读书教育活动""新华书香节""名家进校园"等一系列阅读推广和文化惠民活动，参与人次近 2000 万，充分营造了全民阅读的良好氛围。同时，注重基层发行网络建设，全年升级改造书店网点 24 个，新建省会东华书店等体验式书店 10 余家、校园书店 28 家、绘本馆 61 家，进一步满足了全省读者的精神文化生活需求。

3.2.9 安徽新华发行（集团）控股有限公司

1. 企业基本情况

安徽新华发行（集团）控股有限公司于 2007 年 11 月经安徽省人民政府批准，在原安徽新华发行集团基础上创立，主要从事产业项目研发、投资、管理、内外资、房地产开发、物业、酒店管理。公司由中共安徽省委宣传部领导，安徽省新闻出版局实施行业管理。

安徽新华发行（集团）控股有限公司旗下的安徽新华传媒股份有限公司（简称：皖新传媒；股票代码：601801）于2010年1月在上海证券交易所上市，其前身为"安徽新华发行集团有限公司"。公司主营业务为出版物的批发、零售，文体用品零售，音像出版，广告传媒。其发行的出版物主要包括教材、一般图书和音像制品。公司下设教材中心，从事全省中小学教材发行业务。

2. 企业经营情况

2016年，公司实现营业收入75.94亿元，同比增长15.38%；实现营业利润6.88亿元，同比下降11.54%；利润总额为10.91亿元，同比增长39.33%；净利润实现10.59亿元，同比增长37.0%。

2014—2016年安徽新华传媒股份有限公司主要经济指标分析　　表3-2-3

指标名称	2014年	2015年	2016年
营业收入（万元）	574467.86	658134.24	759353.22
营业利润（万元）	69294.59	77770.54	68797.65
利润总额（万元）	70347.93	78331.25	109142.83
净利润（万元）	69423.43	77276.62	105867.11

3.2.10 山东出版集团有限公司

1. 企业基本情况

山东出版集团有限公司是一家具有60多年历史，集编辑、印刷、发行、物资供应、对外贸易完整产业链于一体的全流程、整环节、新业态大型综合性文化企业，并先后投资文化地产、文化金融、艺术品经营等产业新领域，是山东省经济规模最大的国有文化产业集团。

2. 企业发展成就

山东出版集团旗下拥有山东出版传媒股份有限公司、新地投资有限公司、新源文化置业有限公司、新昕和新力资产管理经营有限公司等多家企业，员工1.8万人。集团出版主业由山东出版传媒股份有限公司负责运营，现有20家子公司，主要包括山东人民出版社、山东教育出版社、山东科技出版社、明天出版社、齐鲁书社等11家出版社，省新华书店集团（含全省16家市级和122家县区新华书店），以及印刷物资公司、期刊社、印刷厂等。

截至2015年年底，集团资产总额154.74亿元，营业总收入79.91亿元，利润总额8.13亿元。2015年，集团连续6届入选全国文化企业30强。

3.3 广播、电视、电影业重点企业

3.3.1 江苏省广播电视集团有限公司

1. 企业基本情况

江苏省广播电视集团有限公司成立于2001年，组建时即为工商注册的企业集团，经江苏省政府授权，承担集团国有资产保值增值的任务。

2015年，江苏省广播电视集团有限公司连续第十二年入选世界品牌实验室发布的"中国500最具价值品牌"，品牌价值位居全国省级广电第2位。

2. 企业发展成就

近年来，江苏省广播电视集团有限公司推出一系列精品节目和精品影视剧，打造出特色鲜明的广电内容品

牌。《白日焰火》获第64届柏林国际电影节最佳影片金熊奖和最佳男演员银熊奖。《我们的法兰西岁月》《毕业歌》《于无声处》《舰在亚丁湾》《雪域雄鹰》《草帽警察》《一号目标》《中国梦．中国路》《指点江山——毛泽东诗词故事》《1937·南京记忆》《东方主战场》《外国人眼中的南京大屠杀》《鸡毛信》等影视作品广受好评，多部作品获"五个一工程""飞天奖"等重要奖项。

3.3.2 中国国际电视总公司

1. 企业基本情况

中国国际电视总公司是中央电视台全额投资的大型国有企业，成立于1984年，1997年公司完成重组，形成了以传媒产业为核心的多元化经营体系，实现总资产、年营业额双超百亿元，年均营收增长率近20%。

2. 企业发展成就

目前，中国国际电视总公司下属全资、控股、参股、代管企业达到102家，在美国、日本、中国香港、非洲等地拥有多家海外全资子公司，全球员工超过1.9万人，是中国文化出口重点企业、中国文化产业30强企业，成为中国最具实力的传媒集团之一。

在电视剧制作、版权销售、广告经营、体育赛事运营和收视调查等领域，中国国际电视总公司打造了一批国内领先的旗舰企业，还建成了付费电视平台、境外卫星电视节目播控平台和中国电视长城平台等集控平台。

自成立以来，中国国际电视总公司累计制作推出了200余部、5000多集的电视剧作品，年生产能力超过400集。其中，公司较具代表性的电视剧作品有《张学良》《延安颂》《DA师》《省委书记》《这里的黎明静悄悄》《朱元璋》《大宋提刑官》《冷箭》《雾里看花》《沧海》《女人的村庄》《苍天》《虎胆雄心》《在那遥远的地方》《人间正道是沧桑》和《四世同堂》等。

3.3.3 上海东方明珠新媒体股份有限公司

1. 企业基本情况

上海东方明珠新媒体股份有限公司（简称：东方明珠；股票代码：600637）是上海文化广播影视集团有限公司（Shanghai Media Group，SMG）统一的产业平台和资本平台，也是中国大陆首家专门从事IPTV、手机电视等新媒体业务运营的公司。公司创立了中国广电、电信分工合作、优势互补的IPTV发展创新业务模式——"上海模式"，被国际传媒誉为全球IPTV主流模式之一。

2. 企业经营情况

2016年，公司实现营业收入194.45亿元，同比下降7.95%，公司利润总额和净利润分别为39.91亿元和29.34亿元，分别同比增长2.44%和0.94%。

2014—2016年上海东方明珠新媒体股份有限公司主要经济指标分析　　　表3-3-1

指标名称	2014年	2015年	2016年
营业收入（万元）	297781.57	2112597.12	1944548.64
营业利润（万元）	73778.61	359545.49	374329.91
利润总额（万元）	80217.39	389595.11	399101.37
净利润（万元）	78546.88	290671.73	293401.42

3. 企业发展成就

在内容制作方面，2016年度，公司具有优质IP支撑的网台及纯网电视剧、电影获得进一步的发展。公司成功推出《红旗漫卷西风》《神探夏洛克》《我们诞生在中国》《约会恋爱究竟是什么》等多部作品。其中，与迪士尼合作的纪录电影《我们诞生在中国》以6644万票房打破"中国纪录电影票房纪录"并获得第3届丝绸之路国际电影节"最佳纪录片奖"。

在版权运营方面,2016年公司进一步充实和完善体育、电影、电视剧、少儿动漫、纪实等王牌内容竞争力,与NBA签署了新一轮四年合作协议,获取包括IPTV全场次独家播映权及VR全场次播映权在内的多项权利,此外公司也是BBC制作的全球经典产品《TopGear》中国大陆地区全平台独家播映权的拥有者。

在衍生业务方面,公司通过与史克威尔艾尼克斯公司的合作,完成3A级游戏大作《最终幻想15》(FinalFantasy15,简称FF15)国行双主机平台全球同步发行,并打通IP产业链,同步引入《最终幻想15》全CG电影,探索影游联动。

IPTV业务方面,公司进一步加强与中央及地方播控平台的合作,推广"内容+技术+市场运营+驻地服务"一体化解决方案;进一步拓展用户规模,有效用户数达到3200万,继续保持了B2B市场中的领先优势。互联网电视(OTT)方面,2016年公司OTT用户超过1980万户,其中与兆驰合作的智能电视一体机业务发展迅速,风行电视当年出货量超过300万台,在同类产品中达到市场领先水平。数字电视方面,公司拓展了北京、上海、重庆、河南、陕西、江苏等多个驻地,服务有线数字电视付费用户5200万,互动点播用户900万,DVB+OTT用户400万。手机移动电视方面,公司加快了BesTVAPP客户端用户运营能力建设,BesTVAPP客户端月活跃用户数超过1000万。

3.3.4 中国电影股份有限公司

1. 企业基本情况

中国电影股份有限公司成立于2010年,由中影集团联合中国国际电视总公司、央广传媒发展总公司、长影集团有限责任公司、江苏省广播电视集团有限公司、北京歌华有线电视网络股份有限公司、湖南电广传媒股份有限公司、中国联合网络通信集团有限公司等7家单位共同发起设立。

中国电影股份有限公司目前是行业中综合实力较强、产业链较完整、品牌影响力较广的企业,涵盖影视制片制作、电影发行、电影放映及影视服务四大业务板块,涉及影视制片、制作、发行、营销、院线、影院、器材生产与销售、放映系统租赁、演艺经纪、电影衍生产品等众多业务领域,与世界200多个国家或地区的数百家著名电影企业有着紧密合作的关系。

2. 企业发展成就

中国电影股份有限公司拥有亚洲地区规模较大、技术较先进、设施较完善的影视制作基地,包括规模为5000平方米摄影棚在内的16座摄影棚,可以制作Dolby Atmos及13.1等各种格式立体声的全数字化的电影后期中心,先进的数字图像平面转立体制作中心,包含有虚拟摄影棚制作的视觉特效中心,动漫制作中心,以及全国最大的电影数字母版制作中心。

中国电影股份有限公司拥有全中国最大的数字电影发行管理平台,在数字影片发行领域占据市场主导地位,下辖4条控股院线、4条参股院线及近百家控股影院,其票房收入超过全国票房总额的四分之一;自主研发的"中国巨幕"系统使中国数字电影放映进入了世界先进高格式、全景声效的技术行列。

近几年,中国电影股份有限公司创作了各类影片百余部,《建国大业》《建党伟业》《中国合伙人》等影片取得了广泛的社会影响,《梅兰芳》《功夫梦》等影片成功走向海外,发行了近800部国内外影片,为千余部影视剧提供了制作服务,培养和造就了一大批活跃在当今中国影坛的编剧、导演、演员及各类电影专业技术人才。

3.3.5 湖南电广传媒股份有限公司

1. 企业基本情况

湖南电广传媒股份有限公司(简称:电广传媒;股票代码:000917)成立于1998年,经营范围覆盖有线电视网络运营、创业投资、影视节目内容、广告、旅游酒店等产业。公司以湖南、北京、上海、广州、深圳为发展重心,经营地域辐射全国,是拥有国家级重点实验室和博士后科研流动工作站的大型综合性文化传媒公司。

2. 企业经营情况

2016年，公司实现营业收入 74.86 亿元，同比增长 25.08%，公司营业利润、利润总额和净利润分别为 6.12 亿元、6.56 亿元和 3.33 亿元。

2014—2016 年湖南电广传媒股份有限公司主要经济指标分析　　表 3-3-2

指标名称	2014 年	2015 年	2016 年
营业收入（万元）	547387.63	598534.86	748639.25
营业利润（万元）	44285.39	59068.54	61196.80
利润总额（万元）	45341.11	61070.13	65573.93
净利润（万元）	33254.03	38135.32	33314.18

3. 企业发展成就

在传媒内容业务方面，2016 年公司围绕强势媒体和成熟项目，优化与 4A 公司的业务合作，进一步提升传统广告代理业务体量；另一方面，公司成立了新媒体事业部，新媒体业务取得重大突破。为做大做强公司内容业务，公司对原电影、电视剧业务平台进行了资源整合，形成统一经营平台，推进电影、电视剧和综艺三大板块协同发展。《不期而遇》《大侦探霍桑》等主控电影项目即将登陆院线；与狮门影业合作影片《爱乐之城》票房业绩斐然，获 6 项奥斯卡奖；综艺节目板块各项工作顺利推进。

3.3.6 江苏省广电有线信息网络股份有限公司

1. 企业基本情况

江苏省广电有线信息网络股份有限公司（简称：江苏有线；股票代码：600959）组建于 2008 年 7 月，是根据中央文化体制改革精神，在整合江苏全省广电网络资源的基础上成立的企业。公司主要从事广电网络的建设运营，广播电视节目传输、数据宽带业务以及数字电视增值业务的开发与经营。

江苏有线先后被中央部委评为"全国文化体制改革先进企业"，并于 2010—2017 年，连续八年入选"全国文化企业 30 强"。

2. 企业经营情况

2016 年，公司实现营业收入 54.22 亿元，同比增长 16.31%，公司营业利润、利润总额和净利润分别为 9.31 亿元、10.70 亿元和 8.74 亿元。

2014—2016 年江苏省广电有线信息网络股份有限公司主要经济指标分析　　表 3-3-3

指标名称	2014 年	2015 年	2016 年
营业收入（万元）	440224.89	466145.39	542182.37
营业利润（万元）	77694.39	78711.57	93099.48
利润总额（万元）	84910.57	85289.77	106950.85
净利润（万元）	77789.39	77422.38	87404.18

3. 企业发展成就

截至 2016 年年底，公司联网数字电视终端累计 2602.85 万台。其中互动终端累计达 512.03 万台；高清互动终端累计达 416.65 万台；云媒体终端累计达 156.17 万台。全省总体互动率达 32.56%，平均每 100 户拥有 33 台互动终端。随着公司募集资金投入增资发展公司整合全省广电网络项目的实施完成，公司用户规模得到了进一步扩大，规模效益更加明显。

3.3.7 浙江华策影视股份有限公司

1. 企业基本情况

浙江华策影视股份有限公司（简称：华策影视；股票代码：300133）成立于2005年，2010年在创业板成功上市，成为"中国电视剧第一股"；2013年成立华策影视集团，主动转型，全面升级影视内容创作，全力构建国际一流综合娱乐传媒集团，取得突破性进展，同年获得"全国文化企业30强"称号。

目前，华策影视年产电视剧超千集，版权库达10万小时，海外发行节目超9000小时，是全国电视剧产量第一、市场占有率第一、播出率第一、海外出口额第一的民营影视文化企业。

2. 企业经营情况

2016年，公司实现营业收入44.45亿元，同比增长67.27%，公司营业利润、利润总额和净利润分别为4.61亿元、5.59亿元和4.78亿元。

2014—2016年浙江华策影视股份有限公司主要经济指标分析　　　　表3-3-4

指标名称	2014年	2015年	2016年
营业收入（万元）	191607.32	265730.33	444497.58
营业利润（万元）	42268.27	47614.26	46104.27
利润总额（万元）	52213.81	62255.07	55882.39
净利润（万元）	39006.03	47548.14	47847.06

3. 企业发展成就

（1）全网剧

2016年，公司共开机全网剧15部690集，取得发行许可证的全网剧共20部949集，首播全网剧25部1000集。公司剧目在年度卫视收视排名前10名的剧目中占4部次，前50名剧目中占10部次；网络点击排名前10名的剧目中占3部，前50名剧目中占8部。

公司作品不断刷新播放纪录，《解密》35.52城市组同时段收视第1，网络总点击量突破60亿次，成为主旋律和商业性俱佳的精品力作；《亲爱的翻译官》荣膺2016年卫视黄金档剧目收视冠军，网络点击过百亿次；《微微一笑很倾城》网台联动期间网络点击总量达76.5亿次，截至目前已突破180亿次；《锦绣未央》荣膺2016年东方卫视&北京卫视黄金档收视冠军，截至目前网络点击量突破245亿次。主要产生收入的全网剧为《解密》《锦绣未央》《孤芳不自赏》《射雕英雄传》《夏至未至》《三生三世十里桃花》等，得益于互联网渠道的快速发展和高投入高产出的经营理念，部分剧目单集销售收入已突破千万元。

（2）电影

2016年，公司共参与发行影片9部，主要有《女汉子真爱公式》《微微一笑很倾城》《反贪风暴2》《快手枪手快枪手》等，其中公司主投主控影片《微微一笑很倾城》取得2.75亿元票房，成功实现影剧联动；主控主发影片《反贪风暴2》票房突破2亿元，有效提升公司发行品牌价值；参与投资电影《使徒行者》票房超过6亿元，在近10年"警匪"类影片票房排行榜中排名第二；参与了国际分账大片《佩小姐的奇幻城堡》的发行。

（3）综艺

2016年，公司连续推出多档大型综艺节目，大型经典音乐推理节目《谁是大歌神》创下浙江卫视十点档收视纪录，独家视频播放平台乐视视频全屏播放量突破7.5亿次，单集播放量突破1.1亿次，并已启动第二季的制作筹备，选手招募已在全球海选中；跨年明星户外真人秀《我们十七岁》2016年内播出的前三期平均收视率1.27，同时段排名第二。通过对可以传媒的投资，公司进一步扩充了综艺板块力量。

3.3.8 上海电影(集团)有限公司

1. 企业基本情况

上海电影(集团)有限公司(简称:上影集团)是由上海电影制片厂、上海美术电影制片厂、上海电影译制厂、上海科学教育电影制片厂及上海电影技术厂等单位合并组建的大型电影企业。

多年来,上影集团坚持建设产业链完整、多片种繁荣、创作能力领先、市场竞争力领先、国际影响力领先的现代影业集团的战略目标,目前形成了"多片种的制片体系,跨区域的市场体系,技术领先的制作体系,具有影响的传播体系"等产业架构。目前,上影集团的主要业务范围包括影视剧创作、制作和洗印、演艺经纪、媒体经营、展览展示、布景设计、影视摄制场地经营、宾馆酒店经营等。

2. 企业发展成就

成立60多年来,上影集团创作了包括《南征北战》《渡江侦察记》《铁道游击队》《阿诗玛》《城南旧事》《芙蓉镇》《红河谷》《大灌篮》《雪花秘扇》等在内的一大批优秀电影作品,是行业内少数能够完整覆盖"电影制作+发行+放映"的全产业链公司。

此外,上影集团旗下的控股的上海电影股份有限公司在全国范围内经营近40家影院,不仅拥有上海影城、上海永华影城等一批技术先进、经营良好、票房领先的影院,还拥有"上影国际影城"及"海上国际影城"两个连锁影院品牌。

3.3.9 北京华录百纳影视股份有限公司

1. 企业基本情况

北京华录百纳影视股份有限公司(股票简称:华录百纳;股票代码:30013)是中国华录集团所属的从事影视制作、内容营销、媒介代理等业务的上市公司。公司于2014年成功并购广东蓝色火焰文化传媒有限公司,现已成为国内最为领先的长视频内容制作、内容营销和内容变现服务商。

2. 企业经营情况

2016年,公司实现营业收入25.75亿元,同比增长36.61%;实现营业利润和利润总额3.74亿元和3.90亿元,分别增长49.54%和41.33%;归属于母公司股东的净利润为3.78亿元,同比增长41.8%。

2014—2016年北京华录百纳影视股份有限公司主要经济指标分析　　　表3-3-5

指标名称	2014年	2015年	2016年
营业收入(万元)	75957.46	188488.72	257486.40
营业利润(万元)	14708.55	25031.02	37432.49
利润总额(万元)	17596.32	27612.79	39024.17
净利润(万元)	14940.19	26690.23	37845.78

3. 企业发展成就

(1)影视业务

2016年,公司影视收入主要来源于《职场是个技术活》《爱情万万岁》《卧虎》《乱世丽人行》《猎人》等项目的首轮发行以及过往剧目的二轮发行。《深夜食堂》《丽姬传》作为公司影视剧向年轻化网络化转型的标杆剧目,得到市场的一致认可。古装武侠剧《丽姬传》改编自作家温世仁的著作《秦时明月前传》,由刘新执导,迪丽热巴、张彬彬等主演,并于2017年8月份登陆浙江卫视、优酷等平台。

(2)综艺业务

2016年,公司综艺收入主要来自《旋风孝子》《跨界歌王》《我的新衣》等。《旋风孝子》作为湖南卫视制播分离的首档综艺栏目,成为一季度全市场收视表现最好的新播综艺节目,CSM35城市网平均收视率1.53%,以其高品质、高口碑、高收视,获得市场高度认可,在第一季度众多综艺节目中脱颖而出。《跨界歌王》延续了公司在出品《最美和声》这类音乐节目方面的优势,一直保持高收视、高关注和高人气,已经成为准现象级综艺节目。历经13期节目,《跨界歌王》收视率总体呈上升趋势,CSM35城市网平均收视率1.51%,总决赛收视率在奥运会的激烈竞争下,达到1.9%,排名所有省级卫视第一,创全季收视新高;酷云实时数据份额最好成绩破12%,创北京卫视节目新纪录;开播以来,连续13周微博综艺榜第1.疯狂综艺季第1;播出13期,百度指数11期位列同期节目第一;《跨界歌王》总决赛微博电视指数TOP1。

(3)创新业务

2016年,公司设立VR产业事业部,通过VR内容制作环节切入市场,充分利用公司所拥有的丰富影视、娱乐、体育自有IP资源,采用国内市场领先的工业级VR拍摄技术与视频编辑及直播解决方案,实现了针对体育赛事和大型演唱会的VR直播,以及旗下优秀综艺节目如《跨界歌王》《我的新衣》等高品质VR内容的制作。通过大型VR直播与VR综艺节目的制作执行,公司已形成国内领先的VR内容制作能力。后续将继续整合优质内容资源,不断提升VR解决方案水平,成为中国领先的工业级VR内容生产商及VR内容整合运营商。

3.3.10 华谊兄弟传媒股份有限公司

1. 企业基本情况

华谊兄弟传媒股份有限公司(简称:华谊兄弟;股票简称:300027)成立于1994年,其前身为"浙江华谊兄弟影视文化有限公司",于2009年10月在深圳证券交易所上市。华谊兄弟的主营业务为电影的制作、发行及衍生业务;电视剧的制作、发行及衍生业务;艺人经纪服务及相关服务业务。

华谊兄弟电影业务形成的主要产品为电影作品;电视剧业务所形成的主要是电视剧作品;艺人经纪及相关服务主要是公司依托于自身丰富的影视资源和专业管理经验,为影视演艺人才提供专业化的经纪代理服务或者为企业客户提供包含活动策划、艺人聘请及活动组织运作等企业客户所需的以艺人为主体的各类商业活动服务。

2. 企业经营情况

2016年,公司实现营业收入35.03亿元,同比下降9.55%,公司营业利润、利润总额和净利润分别为11.77亿元、12.88亿元和8.08亿元。

2014—2016年华谊兄弟传媒股份有限公司主要经济指标分析　　　　表3-3-6

指标名称	2014年	2015年	2016年
营业收入(万元)	238902.28	387356.51	350345.73
营业利润(万元)	117915.61	138813.53	117701.77
利润总额(万元)	127910.23	149642.96	128776.45
净利润(万元)	89666.23	97614.37	80813.40

3. 企业发展成就

在电影方面,2016年公司参与投资发行的影片主要有《纽约纽约》《灵偶契约》《奔爱》《魔兽》《摇滚藏獒》《陆垚知马俐》《我不是潘金莲》《罗曼蒂克消亡史》以及2015年度跨年影片《寻龙诀》《老炮儿》等10部,实现国内票房约31亿(计算至2016年12月31日),票房表现不如2015年;与美国STX公司的合作项目稳步实施,合作影片陆续上映,联合出品的影片《坏妈妈》票房表现较好,是公司电影国际化战略中,高品质项目的又一佳绩。

电视剧方面,2016年形成收入的项目主要有《还是夫妻》《黎明之战》《女不强大天不容》《五鼠闹东京》《三个奶爸》《我爱张宝利》《爱上张宝利》《恩菲回来了》《幻城》等。由浙江常升影视制作有限公司与浙江东阳浩瀚影视娱乐有限公司合作的电视剧《好久不见》已于2016年完成拍摄并已进入后期制作，张国立、郑恺等艺人参演本剧。

网络剧方面，公司积极参与投资网络大电影及网剧，拓宽业务模式；与北京七娱世纪文化传媒有限公司合作投资包括《山炮进城》系列、《超能太监》系列在内的多部网络电影项目，取得较好的收益；同时，公司大量收集文学版权，参与投资网剧《错生》《针峰对决》《超级小郎中》等，公司签约艺人杨业明、姚望、戚砚迪、叶惟玥等参演网络电影《刑心师》。

品牌授权及实景娱乐板块业务各业务项目顺利、有序地布局推进，截至2016年年末，累计签约项目16个，营业收入较上年同期相比增长362.34%。

3.4 软件、网络及信息技术服务业重点企业

3.4.1 完美世界股份有限公司

1. 企业基本情况

完美世界股份有限公司（简称：完美世界；股票代码：002624）于2016年借壳上市，目前拥有影视、游戏、动画、漫画、文学、媒体、教育等业务板块。

完美世界的总部位于北京，在北美、欧洲和日本设有全资子公司自主运营游戏，旗下游戏已授权至亚洲、澳洲、拉丁美洲、俄罗斯及其他俄语地区等多个国家和地区的主要游戏运营商，游戏出口至世界100多个国家和地区，为全球用户提供优质的互联网娱乐服务。

2. 企业经营情况

2016年，公司实现总收入61.58亿元，同比增长25.87%；毛利总额和归属于母公司股东的净利润分别为13.56亿元和11.66亿元。

3. 企业发展成就

在游戏业务方面，2016年公司游戏业务实现收入47.04万元，较上年同比增长24.97%。端游方面，《诛仙》《完美世界国际版》《DOTA2》持续保持稳定的收入和玩家活跃度。同时，公司获得了国际电竞游戏大作《CS:GO（反恐精英：全球攻势）》在中国大陆的独家运营代理权，深化电竞领域布局。移动游戏方面，公司成功发行多款精品游戏，《射雕英雄传》《倚天屠龙记》《诛仙手游》《火炬之光》《最终幻想》等均受到了广大玩家的一致好评。主机游戏方面，《无冬OL》Xbox版持续受到海内外主机玩家的欢迎，2016年《无冬OL》推出PS4版本，满足更多玩家需求的同时，为公司带来了更大的收益。VR硬件的逐渐破局，提升了内容方面的需求，为VR游戏的发展创造了机遇。2016年，公司推出首款VR游戏《Subnautica》，积极布局VR游戏领域，为VR游戏的后续发力积累了经验。

影视业务方面，2016年公司影视业务实现收入14.55亿元，较上年同比增长28.85%。电视剧方面，公司延续精品电视剧路线，2016年出品了《神犬小七》第二季《你好，乔安》《麻辣变形计》《射雕英雄传》《思美人》《娘道》《我的！体育老师》《灵魂摆渡》等精品电视剧、网剧。其中，《神犬小七》第二季、《麻辣变形计》先后在湖南卫视暑期档热播，取得同时段收视率第一的好成绩；《灵魂摆渡》在爱奇艺播出首日即点击量破亿；《射雕英雄传》在东方卫视热播，获得口碑、收视率双丰收。电影方面，2016年公司推出了《极限挑战》，并引进了《分歧者3:忠诚世界》，既赢得了观众口碑，又获得了的票房收入。综艺方面，2016年公司参与投资制作了《极限挑战2》《跨界歌王》《跨界喜剧王》等综艺节目，均取得了较高的收视率，受到了观众的好评。同时，公司参与投资制作的《向往的生活》《欢乐中国人》也于2017年初正式上线，赢得了良好的口碑及收视率。院线方面，公司先后收购了今典院线、今典影院、金华时代等院线及影院资产，在初步实现全国布局的基础上，细化重点票房城市的布局。

3.4.2 华强方特文化科技集团股份有限公司

1. 企业基本情况

华强方特文化科技集团股份有限公司是国内知名的大型文化科技集团,下辖40多家专业公司,蝉联七届"中国文化企业30强",获评中宣部"全国文化体制改革工作先进单位"、文化部"十大最具影响力国家文化产业示范基地""国家文化出口重点企业""世界知识产权版权金奖""CPCC十大中国著作权人""广东省十大创新企业""广东省文明单位""广东省版权兴业示范基地"等殊荣,多项产品荣获中宣部"五个一工程"优秀作品奖、中国文化艺术政府奖、电影华表奖提名奖、年度优秀国产动画片、国家动漫品牌、重点动漫产品、中国舞蹈荷花奖、国家5A级景区、IAAPA铜环奖等。目前集团已申请500余项国内外专利、600余项商标,拥有近400项著作权和软件产品登记。

2. 企业发展成就

(1) 文化科技主题公园

华强方特是国内唯一一个具有成套设计、制造、出口大型文化科技主题乐园的全产业链运营企业。据《2016年全球主题乐园调查报告》显示,华强方特旗下主题乐园累计接待游客量位列全球第五。华强方特已先后在芜湖、青岛、株洲、沈阳、郑州、厦门、天津、宁波等地投入运营"方特欢乐世界""方特梦幻王国""方特东方神画""方特水上乐园"四大品牌二十余个主题乐园,形成文化样板与示范效应,产生巨大社会效益,形成文化旅游支柱和特色文化旅游品牌。其中,芜湖方特旅游度假区荣膺国家5A级旅游景区。公司还将主题乐园输出到伊朗和乌克兰等国家,开创了中国文化科技主题乐园"走出去"先河,伊朗"方特欢乐世界"已于2014年8月开业。华强方特全力推进"美丽中国文化产业示范园"项目,包含"华夏历史文明传承主题园""复兴之路爱国主义教育基地""明日中国主题园"三大主题园区。其中,第一部曲方特东方神画主题园(华夏历史文明传承主题园)已在厦门、宁波、芜湖、济南等地盛大开业。

(2) 特种电影

华强方特拥有国内目前最大、设备最齐全、技术研发最强大、种类最齐全的数码电影专业研制机构,已成功自主研发十多类特种电影形式。其中,华强方特自主研发的特种电影系统输出美国、加拿大、意大利等40多个国家和地区,每年配套出口20余部影片。

(3) 动漫

华强方特原创动漫作品在央视少儿等200多家国内电视台以及各大一线视频网站热播,多次在央视夺冠,长居中国动漫网络点击排名第一,"熊出没"已成为目前国内最具影响力的国产动画品牌。方特动漫还累计出口25万分钟,覆盖美国、意大利、俄罗斯、新加坡等100多个国家和地区,登陆Nickelodeon、Disney、Sony等全球知名主流媒体。四部"熊出没"原创动画电影国内上映屡创佳绩,累计总票房近14亿元,先后打破多项行业纪录;其中2017年《熊出没奇幻空间》收获5.23亿元超高票房,再次突破行业内认为的合家欢动画电影的天花板,成为同档期评分最高的国产电影;还在土耳其、俄罗斯、韩国、菲律宾以及拉美、南非等国家和地区影院上映,创下上佳票房成绩。华强方特动漫作品连续两届荣获中宣部"五个一工程"奖,揽获中国文化艺术政府奖、电影华表奖提名奖、年度优秀国产动画片、国家动漫品牌、国家重点动漫产品等重磅奖项,在国际市场上也深受2016亚洲电视节ATA最佳3D动画奖、法国昂西电影节水晶奖和韩国釜山电影节Cinekids等众多国际大奖青睐。

3.4.3 科大讯飞股份有限公司

1. 企业基本情况

科大讯飞股份有限公司(简称:科大讯飞;股票代码:002230)成立于1999年,是一家专业从事智能语音及语言技术、人工智能技术研究,软件及芯片产品开发,语音信息服务及电子政务系统集成的国家级骨干软件企业。公司的智能语音核心技术代表了世界的最高水平。2008年,科大讯飞在深圳证券交易所挂牌上市。

2. 企业经营情况

2016年，公司实现营业收入33.2亿元，同比增长32.78%，公司营业利润、利润总额和净利润分别为3.84亿元、5.61亿元和4.84亿元。

2014—2016年科大讯飞股份有限公司主要经济指标分析　　表3-4-1

指标名称	2014年	2015年	2016年
营业收入（万元）	177521.1	250079.9	332047.7
营业利润（万元）	28806.39	29774.83	38374.64
利润总额（万元）	43374.92	46454.17	56085.97
净利润（万元）	37942.99	42529.45	48443.04

3. 企业发展成就

科大讯飞股份有限公司的主要产品有语音合成产品、语音识别产品、声纹识别产品、口语测评产品以及语音管理平台等，同时能够提供专业的语音服务和解决方案。

科大讯飞持续多年为移动、电信、联通、英特尔、华为、小米、联想、海尔、腾讯、上汽、一汽、吉利、美的、格兰仕等2000多家开发伙伴提供语音开发能力。2014年，科大讯飞人工智能大幕开启，交互能力从语音延伸到人脸、手势等多模态交互。

在教育行业，2016年智学网在全国的应用广度和深度进一步提升：目前已在全国32个省级行政区超过10000所学校使用,受益师生超过1500万人，在全国超过半数"百强"名校应用，已发展成为中国智能化程度最高、产品体系最全、应用效果最显著的教育大数据采集与分析及个性化教与学平台。

在开放平台领域，截至2016年年末，讯飞开放平台开发者达25.7万（同比增长133.6%），日服务量达31.3亿人次（同比增长141.1%);过去18个月总用户数（独立终端数量）达到9.1亿，月活跃用户达3.08亿（同比增长71.1%）。同时，公司面向机器人、智能家居、智能音箱、智能家电等领域提供远场识别、高自然度个性化语音合成、AIUI等人机交互解决方案和服务，2016年已与超过20000家智能硬件客户建立合作关系。

在车载领域，公司与奇瑞汽车在艾瑞泽5车型上通过新合作模式取得成功，开发的成果得到市场认可；另外公司通过年度发布会正式发布了AIUI车载系统飞鱼助理，着力打造汽车智能交互系统的领导品牌。

在医疗领域，公司面向医疗行业积极布局智能语音、医学影像、基于认知计算的辅助诊疗系统三大领域，讯飞智能语音系统在301医院、瑞金医院、北京大学口腔医院、安徽省立医院等20多家医院落地使用。

3.4.4　福建网龙计算机网络信息技术有限公司

1. 企业基本情况

福建网龙计算机网络信息技术有限公司（简称：网龙；股票代码：00777.HK）创建于1999年，是国家规划布局的重点软件企业、国家文化产业示范基地、国家文化出口重点企业。目前，网龙的经营范围主要涵盖两大游戏市场，分别是端游及网页游戏、手机游戏，同时公司的在线教育产品正处于开发阶段。

2. 企业经营情况

2016年，公司实现营业收入27.93亿元，同比增长119.55%，公司毛利、利润总额和净利润分别为15.9亿元、-2.1亿元和-2.0亿元。

2014—2016年福建网龙计算机网络信息技术有限公司主要经济指标分析　　表3-4-2

指标名称	2014年	2015年	2016年
营业收入（万元）	96281.7	127219.7	279310.3

续表

指标名称	2014 年	2015 年	2016 年
毛利（万元）	85997.3	95803.6	158986.9
利润总额（万元）	23601.8	−8725.1	−20876.2
净利润（万元）	17668.1	−14297.9	−20274.2

3. 企业发展成就

自成立以来，福建网龙计算机网络信息技术有限公司先后创建了中国第一网络游戏门户——17173.com；自主研发著名的旗舰游戏《魔域》与《征服》广受玩家的欢迎；创造了最具影响力及最受欢迎的智能手机服务平台——91无线。2013年，网龙将91无线出售于百度，创下当时中国互联网史上最大的一个并购项目。

此外，网龙还先后推出几十个自主研发的《魔域》《疯狂部落》等网游、手游产品；采用跨平台互通游戏移植技术开发的《征服》Ipad版，在国内同类产品中，排行市场占有率第一、海外出口规模第二的绝对领先地位。目前，C3游戏开发引擎已广泛应用于福建博瑞、昆仑在线、广州九娱、北京瑞安泰祥、上海晨路、动网先锋等游戏开发企业。由网龙网络公司规划设计的海西地区规格最高的文创产业园区——"海西（网龙）动漫创意之都"，已部分建成并投入使用，将形成汇集动漫研发、交流、体验以及动漫衍生产品、人才教育等动漫创意产业上下游的国内大型文化创意产业集群。

3.4.5 腾讯控股有限公司

1. 企业基本情况

腾讯控股有限公司（简称：腾讯；股票代码：00700.HK）成立于1998年，主要提供互联网及移动增值服务以及网络广告服务，是"第三批国家文化产业示范基地"。公司通过即时通信QQ、腾讯网（QQ.com）、腾讯游戏、QQ空间、无线门户、搜搜、拍拍、财付通等中国领先的网络平台，打造了中国最大的网络社区。

2. 企业经营情况

2016年，公司实现营业收入1519.38亿元，同比增长47.71%，公司毛利、营业利润和净利润分别为844.99亿元、516.4亿元和410.95亿元。

2014—2016 年腾讯控股有限公司主要经济指标分析　　表 3-4-3

指标名称	2014 年	2015 年	2016 年
营业收入（亿元）	789.32	1028.63	1519.38
毛利（亿元）	480.59	612.32	844.99
营业利润（亿元）	290.13	362.16	516.4
净利润（亿元）	238.1	288.06	410.95

3. 企业发展成就

腾讯控股有限公司在满足用户信息传递与知识获取的需求方面，腾讯拥有门户网站腾讯网、QQ即时通信工具、QQ邮箱以及SOSO搜索；满足用户群体交流和资源共享方面，腾讯推出的QQ空间（Qzone）已成为中国最大的个人空间，并与公司访问量极大的论坛、聊天室、QQ群相互协同；在满足用户个性展示和娱乐需求方面，腾讯拥有非常成功的虚拟形象产品QQShow、QQ宠物、QQ游戏和QQMusic/Radio/Live（音乐/电台/电视直播）等产品，同时，还为手机用户提供了多种无线增值业务；在满足用户的交易需求方面，C2C电子商务平台——拍拍网已经上线，并完成了和整个社区平台的无缝整合。

3.4.6 新浪网技术（中国）有限公司

1. 企业基本情况

新浪网技术（中国）有限公司（简称：新浪；股票代码：SINA）于2000年4月13日在美国纳斯达克股票交易所上市，和搜狐、网易、腾讯并称为"中国四大门户"。

公司是一家服务于中国及全球华人社群的在线媒体及增值资讯服务提供商，和搜狐、网易、腾讯并称为"中国四大门户"。目前，新浪网已经成为下辖北京新浪、香港新浪、台北新浪、北美新浪等覆盖全球华人社区中文网站的全球最大中文门户。

2. 企业经营情况

2016年，公司实现营收总额10.31亿美元，公司毛利、利润总额和净利润分别为0.73亿美元、3.05亿美元和2.77亿美元。

2014—2016年新浪网技术（中国）有限公司主要经济指标分析　　表3-4-4

指标名称	2014年	2015年	2016年
营收总额（百万美元）	76824.1	88066.9	103093.6
毛利（百万美元）	-4091.4	1222.2	7327.6
利润总额（百万美元）	16874.1	4614.3	30452.7
净利润（百万美元）	19183.3	1563.3	27730.8

3. 企业发展成就

新浪网技术（中国）有限公司的大部分来自网络广告和移动增值服务，少部分来自搜索及其他收费服务。新浪网技术（中国）有限公司主要产品包括新浪网、新浪无线、新浪企业服务、新浪互动社区、新浪电子商务和广告服务。

（1）新浪网

新浪网主要提供网络媒体及娱乐服务，以成为世界各地中国人的全功能网上生活社区为发展方向。新浪在全球范围内注册用户超过2.6亿，日浏览量最高突破8亿次，是中国大陆及全球华人社群中最受推崇的互联网品牌。新浪网为全球用户提供全面及时的中文资讯、多元快捷的网络空间，以及轻松自由地与世界交流的先进手段。通过与国内外两千余家内容供应商达成合作关系，新浪设在中国大陆的各家网站提供了三十多个在线内容频道。新浪及时全面的报道涵盖了国内外突发新闻、体坛赛事、娱乐时尚、财经及IT产业资讯等内容，汇聚各行业精英的新浪博客，以及优质独家的宽带互动视频产品，更成为上亿中国互联网用户生活中不可或缺的部分。

（2）新浪无线

新浪于2002年4月正式推出新浪无线业务，打造中国的用户付费增值服务平台，提供无线增值服务。作为领先的线上内容整合商，新浪在无线增值服务领域亦居领导地位，为数以千万计的付费用户提供优质服务。通过高速无线互联网接入和丰富多彩的无线数据业务，实现网上冲浪、移动办公、网页浏览、文件传输等功能。同时新浪无线在加强网络深度覆盖、提高网络运行质量、增加数据业务信道和全面增强数据业务支撑能力等方面也是遥遥领先。

新浪无线于2002年陆续整合了原新浪无线、广州讯龙、深圳网兴和北京星潮在线的优势资源。全新的新浪无线依托新浪集团的强大优势和核心竞争力，不断开创新渠道和新业务，保持在无线增值服务领域的领军地位。作为一个国内无线增值业务的领跑者，新浪无线的业务覆盖短信、WAP、彩信、彩铃、IVR、KJAVA/BREW等多平台；产品应用包括订阅、交友、游戏、下载等种类；内容方面与华纳、滚石、环球、EMI、

SONY/BMG、GETTYIMAGES、WALKGAME 等众多知名品牌建立了长期的合作关系，拥有包括潘玮柏、周杰伦、王菲、莫文蔚、张靓颖等众多名人图片、声音的下载。同时，新浪无线与中国移动、中国联通、中国电信、中国网通等国内各主要电信运营商建立了合作伙伴关系。

（3）新浪企业服务

新浪企业服务是新浪网作为互联网技术、服务、产品提供商凭借新浪网优秀的品牌力量，整合现有的各种技术和互联网媒体资源优势，以搜索引擎、企业邮箱、分类信息、企业黄页、产业资讯以及城市门户网站等强势产品，打造出的全方位网络信息化服务平台。作为整合了多种门户优势的平台，新浪企业服务为大、中、小企业以及政府提供量身定做的、基于互联网信息化的解决方案，长期有效地提供给广大用户最优质的产品和服务。

（4）新浪电子商务

新浪目前在中国和北美网站开设了新浪商城，通过自身的技术平台为国际及国内商户提供开展在线业务的机会。

新浪与商户密切合作，为不同商户度身打造独具特色的电子商务解决方案，利用新浪在市场、用户和技术等方面的优势，帮助商户在互联网上迅速进行产品的推广、销售以及用户管理等业务。同时，新浪通过严格的商户准入制度，严谨的产品销售管理体系，解决网上购物用户的权益保障问题，从而积极推进中国网上购物市场的健康、有序发展。

3.4.7 北京搜狐互联网信息服务有限公司

1. 企业基本情况

北京搜狐互联网信息服务有限公司（简称：搜狐；股票代码：SOHU）于 2000 年 7 月 12 日在美国纳斯达克股票交易所上市，是 2008 北京奥运会互联网内容服务赞助商，是中国最领先的新媒体、通信及移动增值服务公司之一，也是中文世界最强劲的互联网品牌之一。

2. 企业经营情况

2016 年，公司实现营收总额 16.5 亿美元，公司毛利、利润总额和净利润分别为 –1.17 亿美元、–0.94 亿美元和 –1.15 亿美元。

2014—2016 年北京搜狐互联网信息服务有限公司主要经济指标分析　　　表 3-4-5

指标名称	2014 年	2015 年	2016 年
营收总额（百万美元）	167307.7	193709.1	165043.1
毛利（百万美元）	–20496.3	8246.9	–11713.4
利润总额（百万美元）	–16516.9	18579.1	–9390.1
净利润（百万美元）	3230.9	–20805.1	–11497.3

3. 企业发展成就

北京搜狐互联网信息服务有限公司作为中文世界最大的网络资产，搜狐门户矩阵包括中国最领先的门户网站 sohu.com、华人最大的青年社区 ChinaRen.com、中国最大的网络游戏信息和社区网站 17173.com、北京最具影响力的房地产网站 focus.cn、国内领先的手机 WAP 门户 goodfeel.com.cn、具有最领先技术的搜索搜狗 sogou.com、国内领先的地图服务网站图行天下 go2map.com 七大网站。

3.4.8 百度在线网络技术（北京）有限公司

1. 企业基本情况

百度在线网络技术（北京）有限公司（简称：百度；股票代码：BIDU）于 2005 年 8 月在美国纳斯达克股

票交易所上市。2010年11月，百度成为互联网首个"国家创新型试点企业"。

2. 企业经营情况

2016年，公司实现营收总额705.49亿元，公司毛利、利润总额和净利润分别为100.49亿元、145.09亿元和115.96亿元。

2014—2016年百度在线网络技术（北京）有限公司主要经济指标分析　　　　表3-4-6

指标名称	2014年	2015年	2016年
营收总额（百万元）	4905232	6638173	7054936
毛利（百万元）	1280376	1167155	1004908
利润总额（百万元）	1447454	3790662	1450921
净利润（百万元）	1413077	3489610	1159561

3. 企业发展成就

2014年8月，联合国与百度宣布启动战略合作，共建大数据联合实验室。大数据技术将作为解决社会问题的钥匙，提供趋势预测，为联合国制定发展策略提供更科学的建议。这也是联合国开发计划署在全球范围内首次与科技企业合作建立大数据实验室。

在科技领域，2016年，百度大脑AI平台正式发布，百度机器翻译获国家科技进步奖，成最普惠科研项目；同年公司入选全球50大创新公司，人工智能专利超1500项。

在金融领域，2016年，百度成立"百金互联网金融资产交易中心"，新成立的百度风投将专注于人工智能，以及AR、VR等下一代科技创新项目，集中投资于早期项目，第一期基金规模将达2亿美金。

另外，2016年，百度推出医疗大脑，正式将人工智能技术应用到医疗健康行业。

3.4.9　乐视网信息技术（北京）股份有限公司

1. 企业基本情况

乐视网信息技术（北京）股份有限公司（简称：乐视网；股票代码：300104）于2010年8月在深圳证券交易所上市，旗下的乐视网是中国最早购买影视剧版权的视频网站，也是国内领先的互联网电视服务提供商。

2. 企业经营情况

2016年，公司实现营业收入219.51亿元，同比增长68.64%，公司营业利润、利润总额和净利润分别为-3.37亿元、-3.29亿元和5.55亿元。

2014—2016年乐视网信息技术（北京）股份有限公司主要经济指标分析　　　　表3-4-7

指标名称	2014年	2015年	2016年
营业收入（万元）	681893.9	1301673	2195095
营业利润（万元）	4786.65	6942.28	-33749.9
利润总额（万元）	7289.91	7416.92	-32870.9
净利润（万元）	36402.95	57302.72	55475.92

3. 企业发展成就

截至2016年年底，乐视超级电视等智能终端产品累计销售已达1000万台，终端用户日益增长。超级电视与超级手机都将成为视频服务重要的呈现载体和流量入口，重新定义视频格局，终端用户势必为公司带来大量流量变现。

2016年,公司视频网站的流量、覆盖人数等各项关键指标继续持续稳定提升,2016年公司网站的日均UV超过8000万,峰值接近11000万;VV日均3.9亿,峰值6.1亿。

基于智能终端产品热销带来日益增长的终端用户,以及《何以笙箫默》《一起长大》《超少年密码》等多部精彩剧集,《整垮前女友》《绝命卦师》《女总裁的贴身高手》等收视率优异的自制剧,以及《奔跑吧兄弟》《蒙面歌王》《王牌对王牌》《极速奔跑吧》《我要上蒙面》《崔神驾到》等口碑俱佳的综艺及自制综艺,公司视频网站乐视视频www.le.com用户黏性稳定,在第三方专业媒体监测平台comScore发布的2016年VideoMetrix视频网站日均UV TOP10榜单中,2016年1—8月份乐视视频排名稳居第一/第二名,9—12月份保持排名位于前列。

3.4.10 华为技术有限公司

1. 企业基本情况

华为技术有限公司(简称:华为)成立于1987年,在电信基础网络、业务与软件、专业服务和终端等四大领域确立了端到端的领先地位。凭借在固定网络、移动网络和IP数据通信领域的综合优势,华为已成为全IP融合时代的领导者。目前,公司的电信网络设备、IT设备和解决方案以及智能终端已应用于全球170多个国家和地区。

2. 企业经营情况

2016年,公司实现销售收入5215.74亿元,公司营业利润和净利润分别为475.15亿元和370.52亿元。

2014—2016年华为技术有限公司主要经济指标分析　　　　　表3-4-8

指标名称	2014年	2015年	2016年
销售收入(百万元)	288197	395009	521574
营业利润(百万元)	34205	45786	47515
净利润(百万元)	27866	36910	37052

3. 企业发展成就

(1)无线网络

2016年部署4.5G网络成为行业趋势,截至2016年年底,华为部署了超过60张4.5G网络,助力运营商从传统个人业务(B2C)向无线家庭宽带业务(B2H)和垂直行业业务(B2V)发展,在增强业务体验的同时,扩展价值连接,拓宽商业边界。华为发布的4.5G Evolution新理念将进一步推动运营商最大化现有网络价值,并支持面向未来5G网络持续演进。

作为窄带蜂窝物联网(NB-IoT)标准的提出者之一,华为持续引领NB-IoT标准制定与推行,在2016年创建了5个开放NB-IoT实验室,联合GSMA推动成立NB-IoT产业联盟,已发展50个重量级联盟成员。华为引领NB-IoT布局,在中国、日韩、欧洲、中东、非洲等与18家运营商展开战略合作,建设超过20个商用测试局。

(2)固定网络

视频时代,用户体验成为运营商网络建设重要考量指标。华为积极与业界领先运营商联合创新,为用户提供最佳的网络体验。面向4K视频业务,华为已与多家主流运营商合作部署4K承载网络。华为移动承载解决方案使能高清移动视频最佳用户体验。截至2016年年底,华为已在全球超过100个国家累计部署190多张移动承载网络,服务全球三分之一的用户。

在产业生态方面,华为携手产业伙伴共同发起的OpenLife智能家庭商业发展计划,目前在全球已经有200多个合作伙伴,并与全球20家运营商签署合作备忘录,共同打造健全的智能家庭产业生态圈。

(3)云核心网

基于全云化架构,华为帮助运营商实现网络云化,通过智能化的管道,向个人和企业提供差异化的通信和连接,使能各行业数字化转型,协助运营商拓展广阔的物联网市场。截至2016年年末,华为已在全球获得了

170多个云化商用合同，华为NFV解决方案先后荣获5G亚洲峰会"最佳NFV—SDN解决方案"奖、LTE拉美峰会"最佳网络虚拟化产品"奖和世界移动大会"最佳技术使能"奖。

在个人通信方面，截至2016年年末，华为VoLTE和VoWiFi解决方案累计服务于全球110张网络，并与中国移动一起成功建设了全球最大规模的VoLTE精品网络，助力四川移动商用发布云能力开放平台，华为家真解决方案荣获IMS世界论坛"最佳通信业务创新奖"。

（4）软件

2016年华为融合视频解决方案助力四川电信实现IPTV用户突破1000万、4K用户新增350万，并通过视频智慧运营，提升用户观看体验；帮助德国电信实现本土首个固移融合视频业务商用，通过最佳内容和极致体验构筑差异化竞争优势，实现ARPU值及用户数快速双增长。

（5）网络能源

2016年，华为与中国铁塔、Orange、挪威电信、西班牙电信、英国电信、沃达丰等运营商扩大业务合作，实现南美最高峰阿空加瓜山太阳能基站交付与亚洲最大单体模块化数据中心——贵安联通云数据中心交付，并联合多个全球运营商与ITU、DataCenterDynamics（DCD）等行业机构，推动构建"绿色ICT"产业联盟，华为提出的SEE（SiteEnergyEfficiency）站点能效标准建议获得国际电信联盟ITU-T批准。截至2016年年末，华为已在全球170多个国家和地区部署了约200万套通信能源系统，连续三年蝉联全球市场份额第一，荣获Frost&Sullivan颁发的"全球通信能源产品领导者奖"、全球塔商联盟评选的"年度绿色创新奖"，以及DCD颁发的"CloudJourneyoftheYear"等多项大奖。

3.4.11 中兴通讯股份有限公司

1. 企业基本情况

中兴通讯股份有限公司（简称：中兴通讯；股票代码：000063，00763.HK）成立于1985年，于1997年11月在深圳证券交易所上市，于2004年12月在香港联合证券交易所上市。

中兴通讯的主营业务为设计、开发、生产、分销及安装各种先进的电信系统和设备，其主要产品包括：运营商网络、终端、电信软件系统、服务及其他产品等。

2. 企业经营情况

2016年，公司实现营业收入1012.33亿元，同比增长1.04%，公司毛利、利润总额和净利润分别为296.23亿元、–7.68亿元和–23.57亿元。

2014—2016年中兴通讯股份有限公司主要经济指标分析　　表3-4-9

指标名称	2014年	2015年	2016年
营业收入（万元）	8147128	10018639	10123318
毛利（万元）	2371225	2909307	2962381
利润总额（万元）	353822.2	430353.2	-76775.1
净利润（万元）	263357.1	320788.5	-235742

3. 企业发展成就

2016年，中兴通讯PCT国际专利申请三度夺冠，并以19亿美元年度研发投入位居"全球创新企业70强"与"全球ICT企业50强"。目前，中兴通讯拥有6.8万余件全球专利申请，已授权专利超过2.8万件。2010—2016年，中兴通讯连续7年稳居PCT国际专利申请全球前三甲，2011、2012年蝉联PCT第一，居芯片专利申请量国内首位、物联网专利持有量全球第三和国内第一。公司依托分布于全球的107个分支机构，凭借不断增强的创新能力、突出的灵活定制能力、日趋完善的交付能力赢得全球客户的信任与合作。

3.4.12 浪潮电子信息产业股份有限公司

1. 企业基本情况

浪潮电子信息产业股份有限公司（简称：浪潮信息；股票代码：000977）成立于 1998 年，于 2000 年 6 月在深圳证券交易所上市。其主营业务为计算机及软件、电子产品及其他通信设备、商业机具、电子工业用控制设备。

浪潮信息是中国领先的云计算整体解决方案供应商和云服务商，具备涵盖 IaaS、PaaS、SaaS 三个层面的整体解决方案服务能力。

2. 企业经营情况

2016 年，公司实现营业收入 126.68 亿元，同比增长 25.14%，公司营业利润、利润总额和净利润分别为 2.86 亿元、3.67 亿元和 2.87 亿元。

2014—2016 年浪潮电子信息产业股份有限公司主要经济指标分析　　　　表 3-4-10

指标名称	2014 年	2015 年	2016 年
营业收入（万元）	730663.6	1012300	1266775
营业利润（万元）	39404.38	46570.42	28579.64
利润总额（万元）	42137.15	54932.14	36681.16
净利润（万元）	33879.81	44920.14	28702.47

3. 企业发展成就

2016 年，公司在美国发布 1U12 盘双路服务器 NF5166M4，该产品存储密度为业界最高，专为超大规模数据中心的分级存储应用而优化；在美国 IDF 大会上发布整机柜服务器 SR4.5，实现整机柜服务器产品 7 年 5 次迭代，SR4.5 在原有集中供电、集中散热、集中管理等外围资源池化的基础上，新增了基于硬件交换技术的 SAS 及 PCI-E 的内部资源池化功能，同时增加了 BBS 后备电池节点以及至强 D 温冷存储节点，公司在整机柜领域的市场占有率超过 70%。

2016 年，公司进一步优化产品运营体系、攻坚重点省区和行业市场，坚定不移地推进"合作是两翼"的渠道策略。浪潮服务器存储全国合作伙伴大会上，Intel、VMware、IBM 等业界领袖企业，主机生态成员，行业解决方案商等千余家合作伙伴出席，进一步提升合作伙伴对公司整体实力、研发能力、生产制造水平的全面了解，进一步巩固和提升浪潮国产化领导品牌形象，发挥聚合优势，实现公司与合作伙伴的共赢发展。截至 2016 年年底，公司合作伙伴数量已超 9000 家。

3.4.13 东软集团股份有限公司

1. 企业基本情况

东软集团股份有限公司（简称：东软集团；股票代码：600718）于 1996 年 6 月在上海证券交易所上市，其主营业务为软件开发和软件服务、系统集成及提供全面解决方案、医疗系统产品生产和销售、IT 培训。

2. 企业经营情况

2016 年，公司实现营业收入 77.35 亿元，同比下滑 0.22%，公司营业利润、利润总额和净利润分别为 16.58 亿元、18.88 亿元和 18.51 亿元。

2014—2016 年东软集团股份有限公司主要经济指标分析　　　　表 3-4-11

指标名称	2014 年	2015 年	2016 年
营业收入（万元）	779633.1	775169.2	773484.8

续表

指标名称	2014 年	2015 年	2016 年
营业利润（万元）	9759.89	13711.63	165780.6
利润总额（万元）	32746.26	39473.69	188795.9
净利润（万元）	25569.2	38635.72	185097.7

3. 企业发展成就

截至 2016 年年末，公司拥有 207 个业务方向，750 种解决方案及产品，重点发展医疗健康及社会保障、智能汽车互联、智慧城市、企业互联等领域，拥有上万家客户：

东软为 400 余家三级医院、2500 余家医疗机构、23000 余家基层医疗机构、12 万医疗两定机构提供软件与服务；

东软支撑超过 5 亿人的社会保险服务；

300 万大学生正在使用东软数字化校园系统；

东软的证券交易监察系统为超过 1.7 亿户股民提供证券交易服务；

东软的短信增值业务系统为超过 2 亿人发送短信提供服务；

东软为超过 4 亿人的电力使用和支付提供服务；

东软为中国国土资源部开发的国土资源核心业务系统管理覆盖了 18 亿亩耕地；

1.13 亿人使用东软高速公路收费和综合信息系统；

5000 家环保管理部门在使用东软环境统计和环保固体废物监管系统。

3.4.14 用友软件股份有限公司

1. 企业基本情况

用友软件股份有限公司（简称：用友软件；股票代码：600588）于 2001 年 5 月在上海证券交易所上市，其主营业务为电子计算机软件、硬件及外部设备的技术开发、技术服务等。

目前在全国各地拥有 100 多家分公司、3000 多名服务专家，在日本、泰国和新加坡等亚洲地区也设有分公司或代表处。用友软件连续多年被评定为"国家规划布局内重点软件企业"，公司 ERP 管理软件是"中国名牌产品"，"用友"商标被认定为"中国驰名商标"。

2. 企业经营情况

2016 年，公司实现营业收入 51.13 亿元，同比增长 14.87%，公司营业利润、利润总额和净利润分别为 -0.51 亿元、2.95 亿元和 1.97 亿元。

2014—2016 年用友网络科技股份有限公司主要经济指标分析　　表 3-4-12

指标名称	2014 年	2015 年	2016 年
营业收入（万元）	437424.2	445127.2	511334.9
营业利润（万元）	29824.31	1270.61	-5138.34
利润总额（万元）	61182.31	36238.99	29548.92
净利润（万元）	55025.06	32374.53	19739.17

3. 企业发展成就

2014 年以来，用友网络进一步明确了以"软件""企业互联网""互联网金融"为未来主业方向的发展战略及战略地图。在互联网业务方面，公司从机制上鼓励业务创新，孵化和涌现了一批项目，并加大了移动业务、应用服务、云服务平台等业务的投入；在互联网金融方面，公司加大了对支付、P2P 等业务的投入，支持业务快速上线和形成规模，并积极谋划论证其他新的业务。

3.4.15 中国软件与技术服务股份有限公司

1. 企业基本情况

中国软件与技术服务股份有限公司（简称：中国软件；股票代码：600536）是中国电子信息产业集团有限公司（CEC）控股的大型高科技上市企业。中国软件是原国家计委批准的三大软件基地中的北方软件基地，国家火炬计划北京软件产业基地中的中软软件园，国家 863 成果产业化基地；首批通过了全国"软件企业"认证，连续多年被评定为"国家规划布局内重点软件企业"，在国家软件百强企业中排名节节高升，拥有系统集成、软件开发、质量保证等众多顶级行业资质。

2. 企业经营情况

2016 年，公司实现营业收入 45.30 亿元，同比增长 24.77%，公司利润总额和净利润分别为 1.20 亿元和 1.02 亿元。

2014—2016 年中国软件与技术服务股份有限公司主要经济指标分析　　　表 3-4-13

指标名称	2014 年	2015 年	2016 年
营业收入（万元）	323250.2	363039.2	452977.9
营业利润（万元）	-7892.62	-8029.93	-11131.4
利润总额（万元）	5657.81	11013.64	12018.4
净利润（万元）	3354.15	5908.65	10230.68

3. 企业发展成就

截至目前，公司通过了 ISO9001 质量体系、ISO20000IT 服务管理体系、ISO27001 信息安全管理体系、CMMI-DEV-V1.3—L5 能力成熟度模型的认证。拥有中国电子信息行业联合会颁发的信息系统集成及服务一级、国家涉密计算机信息系统集成甲级、信息安全集成服务（一级）、信息安全服务（安全工程类二级）、信息安全服务（安全开发类一级）、信息系统集成与服务（运行维护分项一级）、信息技术服务运行维护标准符合性评估（成熟度二级）、安防工程企业、建筑智能化、安全生产许可证（建筑施工）等齐全完备的高等级资质证书。此外，荣获中国电子信息行业联合会认定为 2016 年度信息系统集成及服务大型一级企业。

公司全力打造自主可控产业体系，已形成较为完整的基础软件产业链，打造了操作系统、数据库、办公软件、数据安全产品等基础软件产品，研发了系统集成技术、计算平台技术、应用开发技术、安全防护技术、实验验证技术，建设了自主可控的计算平台、服务平台、安全平台，开发了电子公文、办公系统、电子政务内网等应用产品。2016 年公司围绕 FT1500A CPU+ 麒麟 OS 构建的新一代的生态环境建设进一步向纵深发展，行业地位持续巩固，市场位势保持领先。

3.4.16 北京启明星辰信息技术股份有限公司

1. 企业基本情况

北京启明星辰信息技术股份有限公司（简称：启明星辰；股票代码：002439）于 2010 年 6 月 23 日在深圳证券交易所上市，是一家网络安全产品、服务与解决方案的提供商，也是入侵检测与防御、漏洞扫描、统一威胁管理网关（UTM）、安全合规性审计、安全专业服务和安全管理平台（SOC）的市场领导者。

2. 企业经营情况

2016 年，公司实现营业收入 19.27 亿元，同比增长 25.65%，公司利润总额和净利润分别为 2.98 亿元和 2.65 亿元。

2014—2016年北京启明星辰信息技术股份有限公司主要经济指标分析　　表 3-4-14

指标名称	2014 年	2015 年	2016 年
营业收入（万元）	119565.3	153395.8	192737
营业利润（万元）	11347.22	15152.94	13305.62
利润总额（万元）	20502.95	29673.73	29827.13
净利润（万元）	17036.67	24412.72	26517.19

3. 企业发展成就

北京启明星辰信息技术股份有限公司主要安全产品有：安全网关、安全监测、数据安全与平台、安全服务与工具等。

按产品划分来看，安全网关是公司营业收入最多的产品，2016 年的营业收入达到 6.24 亿元，较上年同期增长 24.52%，其毛利率为 77.84%；安全检测产品的营业收入为 4.27 亿元，同比增长 20.10%，其毛利率为 77.09%；硬件及其他产品的营业收入为 1.79 亿元，同比减少 7.08%，其毛利率为 10.62%。

2016年北京启明星辰信息技术股份有限公司主营业务分产品情况表　　表 3-4-15

分产品	营业收入（万元）	营业成本（万元）	毛利率（%）	营业收入比上年增减（%）	营业成本比上年增减（%）	毛利率比上年增减（%）
安全网关	62350.05	13816.06	77.84%	24.52%	28.70%	−0.72%
安全检测	42726.22	9786.78	77.09%	20.10%	51.05%	−4.70%
数据安全与平台	36910.26	7118.08	80.72%	25.04%	23.22%	0.29%
安全服务与工具	30597.42	16346.47	46.58%	80.52%	148.16%	−14.56%
硬件及其他	17930.36	16025.85	10.62%	−7.08%	−12.07%	5.08

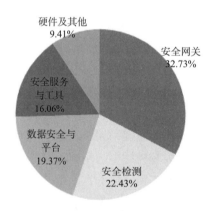

图 3-4-1　2016 年北京启明星辰信息技术股份有限公司产品结构

3.4.17　成都卫士通信息产业股份有限公司

1. 企业基本情况

成都卫士通信息产业股份有限公司（简称：卫士通；股票代码：002268）于 2008 年 8 月在深圳证券交易所上市，其主营业务为信息安全产品的研制、生产及销售，产品线覆盖数据安全、网络安全、应用安全、安全平台等类别。

2. 企业经营情况

2016 年，公司实现营业收入 17.99 亿元，同比增长 12.21%，公司利润总额和净利润分别为 1.96 亿元和 1.56 亿元。

2014—2016年成都卫士通信息产业股份有限公司主要经济指标分析　　表3-4-16

指标名称	2014年	2015年	2016年
营业收入（万元）	123649.75	160312.4	179890.18
营业利润（万元）	9551.58	13183.13	11953.01
利润总额（万元）	14247.63	18235.5	19606.61
净利润（万元）	11943.59	14877.45	15575.13

3. 企业发展成就

成都卫士通信息产业股份有限公司安全软件产品主要包括主机加密、通信加密等数据安全软件；VPN系列、防火墙系列、统一威胁管理、安全网关和统一安全管理平台等网络安全软件；安全应用系统、安全基础设施和安全应急通信系统等终端安全软件；安全平台模块软件；安全移动支付软件等。

按产品划分来看，单机和系统产品是公司营业收入最多的产品，2016年的营业收入达到9.07亿元，较上年同期增长25.12%，其毛利率为55.80%；安全服务与集成的营业收入为8.51亿元，同比增长0.31%，其毛利率为14.17%。

2016年成都卫士通信息产业股份有限公司主营业务分产品情况表　　表3-4-17

分产品	营业收入（万元）	营业成本（万元）	毛利率（%）	营业收入比上年增减（%）	营业成本比上年增减（%）	毛利率比上年增减（%）
安全服务与集成	85118.62	73058.36	14.17%	0.31%	−0.58%	5.75%
单机和系统产品	90696.43	40085.16	55.80%	25.12%	44.65%	−9.66%
其他	4075.13	3331.83	18.24%	37.06%	24.70%	79.88%

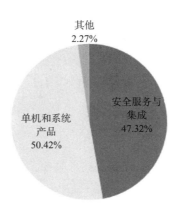

图3-4-2　2016年成都卫士通信息产业股份有限公司产品结构

3.4.18　厦门市美亚柏科信息股份有限公司

1. 企业基本情况

厦门市美亚柏科信息股份有限公司（简称：美亚柏科；股票代码：300188）于2011年3月在深圳证券交易所上市，其主营业务为电子数据取证产品和网络信息安全产品两大产品系列，以及电子数据鉴定服务和互联网数字知识产权保护服务两大服务体系。

2. 企业经营情况

2016年，公司实现营业收入9.98亿元，同比增长30.76%，公司利润总额和净利润分别为2.02亿元和1.83亿元。

2014—2016 年厦门市美亚柏科信息股份有限公司主要经济指标分析　　表 3-4-18

指标名称	2014 年	2015 年	2016 年
营业收入（万元）	60309.52	76316.04	99790.85
营业利润（万元）	11603.08	12876.71	14023.16
利润总额（万元）	13748.48	17285.01	20155.46
净利润（万元）	11460.21	13316.5	18262.4

3. 企业发展成就

厦门市美亚柏科信息股份有限公司主要软件产品有电子数据取证产品、手机取证产品、综合分析平台、数据销毁产品以及网络信息安全产品等。

按产品划分来看，电子数据取证产品是公司主营业务收入的主要来源，2016 年其营业收入为 5.79 亿元，同比增长 10.11%，占公司总营业收入比例为 57.99%。

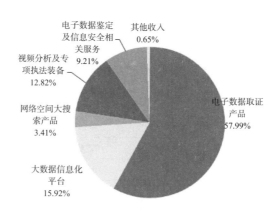

图 3-4-3　2016 年厦门市美亚柏科信息股份有限公司产品结构

3.4.19　北京北信源软件股份有限公司

1. 企业基本情况

北京北信源软件股份有限公司（简称：北信源；股票代码：300352）于 2012 年 9 月在深圳证券交易所上市，其主营业务为信息安全软件产品的研发、生产、销售及技术服务。

2. 企业经营情况

2016 年，公司实现营业收入 4.92 亿元，同比增长 4.74%，公司利润总额和净利润分别为 0.86 亿元和 0.80 亿元。

2014—2016 年北京北信源软件股份有限公司主要经济指标分析　　表 3-4-19

指标名称	2014 年	2015 年	2016 年
营业收入（万元）	26273.36	47001.53	49229.98
营业利润（万元）	6436.74	5674.14	6843.54
利润总额（万元）	7415.31	7769.03	8625.98
净利润（万元）	6799.39	7071.96	8034.72

3. 企业发展成就

北京北信源软件股份有限公司的主营业务为终端安全管理、数据安全管理以及多元化信息安全产品的研发、咨询及服务。公司现有产品包括内网安全管理系统、补丁及文件分发管理系统、主机安全监控审计系统、终端安全登录与监控审计系统、移动存储介质使用管理系统、网络接入控制管理系统、电子文档安全管理系统、存储介质信息消除系统、北信源光盘刻录与监控审计系统、北信源计算机信息系统保密检查工具、安全 U 盘（专利技术）、接入认证网关、北信源上网行为管理系统、Intel vPro（AMT）管理支持系统、政务终端安全护理系统、信息安全管理通告平台、网站防护系统等。

按产品划分来看，软件产品是公司主营业务收入的主要来源，2016 年其营业收入为 2.36 亿元，同比增长 5.5%，占公司总营业收入比例为 47.88%。

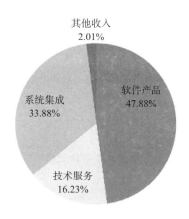

图 3-4-4　2016 年北京北信源软件股份有限公司产品结构

北京北信源软件股份有限公司下设上海和南京子公司，在华东、华南等地区的近 30 个省份设立了办事处。公司的客户涵盖了政府、国防、军队军工、公安、金融、能源、通信、交通、水利、教育等重要行业。

3.4.20　蓝盾信息安全技术股份有限公司

1. 企业基本情况

蓝盾信息安全技术股份有限公司（简称：蓝盾股份；股票代码：300297）于 2012 年 3 月在深圳证券交易所上市，其主要产品为安全产品的研发、生产及销售、安全集成及安全服务。

2. 企业经营情况

2016 年，公司实现营业收入 15.74 亿元，同比增长 57.21%，公司利润总额和净利润分别为 3.73 亿元和 3.23 亿元。

2014—2016 年蓝盾信息安全技术股份有限公司主要经济指标分析　　　　表 3-4-20

指标名称	2014 年	2015 年	2016 年
营业收入（万元）	52490.45	100092.5	157350.5
营业利润（万元）	3218.42	11198.96	33106.94
利润总额（万元）	4118.93	14278.92	37320.75
净利润（万元）	3530.28	11945.25	32289.49

3. 企业发展成就

2016 年，公司及主要子公司新增专利 10 项，新增软件著作权 125 项。截至 2016 年年末，公司及主要子公司共拥有专利 86 项，软件著作权 430 项。

蓝盾信息安全技术股份有限公司组建了蓝盾解决方案中心，实行"解决方案驱动"的新模式。解决方案中心将公司的行业经验、产品研发经验与客户需求进行提炼，结合新技术的应用，形成以解决行业发展需求为基础的最佳解决方案。公司提供的解决方案主要包括蓝盾数据安全解决方案、蓝盾安全综合管理平台系统解决方案、信息安全应急管理平台以及交通、教育、金融、税务、医疗、运营商、政府、制造、公安和电力等行业解决方案。

按产品划分来看，安全集成是公司主营业务收入的主要来源，2016年其营业收入为8.11亿元，同比增长27.92%，占公司总营业收入比例为54.43%。

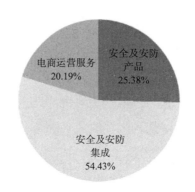

图 3-4-5　2016 年蓝盾信息安全技术股份有限公司产品结构

3.5　广告会展业重点企业

3.5.1　盛世长城国际广告有限公司

1. 企业基本情况

盛世长城国际广告有限公司是由 SAATCHI&SAATCHI（盛世国际广告公司）与中国长城航空航天工业局合资成立的第一家在中国取得营业执照的国际 4A 广告公司。

公司的经营范围为：设计、制作、发布、代理国内外各类广告；承办文艺会演、新闻发布会等各类公关活动；承办与广告业务有关的咨询及培训业务；财务税务咨询；企业管理咨询服务；社会经济信息咨询；技术咨询服务。

2. 企业经营情况

在中国广告网联合众多业界媒体以及部分高校联合发起《2014年度最佳广告公司雇主评选》活动中排名第二，2013年盛世长城国际广告有限公司实现广告营业收入50.23亿元。

3. 企业发展成就

盛世长城国际广告有限公司每年制作超过150支电视广告，在全球20多个城市拍摄广告，与来自法国、日本、韩国、澳洲、马来西亚和中国香港、中国台湾等全球顶尖的电视导演保持着长期合作关系。

公司的广告业务客户有玉兰油、海飞丝、佳洁士、舒肤佳、碧浪、美赞臣、达能、乐百氏、脉动、金龙鱼、金利来、中国移动、步步高、平安银行、交通银行、皇室麦片、乐芝牛奶酪、达能、帝王威士忌、通用磨坊、立邦漆、亮视点、有巢氏、史泰博、星巴克、上海大众以及雨润等知名企业。

3.5.2　广东省广告股份有限公司

1. 企业基本情况

广东省广告股份有限公司（简称：省广股份；股票代码：002400）于2010年5月6日在深圳证券交易所上市，其主营业务是为客户提供整合营销传播服务，具体包括品牌管理、媒介代理和自有媒体三大类业务。公司是中国广告协会理事单位和中国 4A 协会副理事长单位，先后被评定为"广东省文化产业示范基地"以及"第三批国家文化产业示范基地"。

2. 企业经营情况

2016年,公司实现营业收入109.15亿元,同比增长13.36%,公司利润总额和净利润分别为8.86亿元和6.11亿元。

2014—2016年广东省广告股份有限公司主要经济指标分析　　　　　表3-5-1

指标名称	2014年	2015年	2016年
营业收入（万元）	633758.76	962863.7	1091502
营业利润（万元）	62951.92	78483.02	85703.55
利润总额（万元）	63111.75	81655.9	88613.34
净利润（万元）	42515.05	54764.35	61124.64

3. 企业发展成就

2016年,公司平台战略不断深化落实,吸引优质资源加盟。截至2016年年末,已有超过11家平台公司落地,提升了营销的技术创新和资源的跨界整合能力;公司数字星云联盟首批有54家企业加入,包括腾讯、IBM、阿里巴巴、今日头条等;公司成功扶持了上海瑞格、钛铂新媒体两家成员企业挂牌新三板,迈出布局多层次资本市场的步伐。与此同时,公司大力推进GIMC创业节,为平台公司和优秀创业员工搭台,激发全员的创业创新精神。2016年,公司设立了深圳前海省广资本管理有限公司,发掘优质的投资项目,扩展产业链上下游。2016年,通过实施平台战略,推动业务转型升级,加速对产业链上下游扩张。

3.5.3 北京电通广告有限公司

1. 企业基本情况

北京电通广告有限公司是一家由日本株式会社电通、中国国际广告公司以及大诚广告有限公司三方合资成立的广告公司。其经营范围为:设计、制作、发布、代理国内外各类广告;开展市场调查及市场信息咨询服务;在中国境内主办、承办各类经济技术展览会和会议、在境外举办会议。

2. 企业发展成就

北京电通广告有限公司成立了单独运营并与总部保持紧密联系的分公司或事务所,以北京为中心,各分公司及事务所保持同样的服务水平。各分公司协同遍及全国的协作单位,提供包括展会举办、巡回展览、促销活动、店头零售设计规划、户外广告策略规划与方案实施以及公关发布活动宣传等服务。

公司的广告业务涵盖了电视、报纸、广播和杂志四大传统传播媒体,也涉及新媒体、体育广告以及会展等促销媒体领域。

2014年,北京电通广告有限公司正式上线一款知识共享管理平台APP,旨在运用移动网络的新技术更好地服务传统广告公司的客户服务、业务增值和员工能力提升,从而推动和强化学习型组织的建设,进而树立更加专业的"问题解决者"的形象。公司是中国综合性4A广告公司中第一家开发以知识共享管理为主要功能的APP公司。

3.5.4 江苏大贺国际广告集团有限公司

1. 企业基本情况

江苏大贺国际广告集团有限公司是中国广告协会户外广告委员会主任单位,旗下的大贺传媒股份有限公司（简称:大贺传媒;股票代码:08243.HK）于2003年11月13日在香港联合证券交易所上市,是国内首家上市的本土广告公司。

2. 企业发展成就

江苏大贺国际广告集团有限公司为客户提供整合营销传播策略、媒介投放策略、广告设计与制作、媒体发布以及监测评估等一站式广告服务。公司的广告播放渠道有 361°终端展示、智慧户外媒体和安康快乐 3.0 社区媒体等。其中，户外媒体资源包括旅游景区网、卖场终端媒体网和商旅酒店深度媒体网等。

公司的主要广告客户有统一、韩国双龙、MOTO、西门子、虎豹、中国电信、中国石化、美的集团、康师傅、NIKE、王老吉、可口可乐、方正科技、中国移动、中国联通、中国银行、中国工商银行、交通银行以及平安保险等。

3.6 艺术品交易业重点企业

3.6.1 北京保利国际拍卖有限公司

1. 企业基本情况

北京保利国际拍卖有限公司（简称：北京保利拍卖）是保利集团的直属子公司，于 2005 年 7 月 1 日正式成立。以中国古董、中国现当代油画、中国现当代艺术、中国近现代书画、中国古代书画等为主要拍卖项目。

2. 企业发展成就

北京保利国际拍卖有限公司不仅在中国古代书画、近现代书画、古董珍玩、中国当代艺术、当代水墨、古籍文献、当代工艺品等艺术品拍卖领域拥有全球领先的雄厚实力，在珠宝钟表、天珠及藏传佛教艺术、红酒白酒、科技古董等拍卖领域也完成了全面布局。

截至 2016 年春拍，保利拍卖已连续 16 次在国内大型艺术品拍卖会中列成交额榜首。借此佳绩，北京保利 2015 年度成交额 65 亿元，成功实现自 2009 年来全球年度中国艺术品拍卖成交额七连冠。

3.6.2 北京匡时国际拍卖有限公司

1. 企业基本情况

北京匡时国际拍卖有限公司（简称：匡时拍卖）成立于 2005 年 10 月，是一家综合性拍卖公司，主要以拍卖中国古代—近现代书画、中国古董、中国现当代油画、雕塑等为主，并承接资产拍卖以及各类慈善拍卖。

2012 年 12 月，北京匡时国际拍卖有限公司宣布与上海恒利拍卖有限公司（上海恒利）进行合并，合并后继续保留"北京匡时"名称，总部设在北京。

2. 企业发展成就

2017 年春拍，在为期两日的拍卖中共实现总成交额 13.3 亿元。本次春拍共 19 件拍品过千万成交，"澄道——古代绘画夜场"仇英《蓬莱仙弈图》以 8165 万元夺得本季春拍桂冠。

2017 年秋拍，北京匡时 2017 秋季拍卖会于北京国际饭店会议中心圆满收槌，两日拍卖 31 个专场实现总成交额 16 亿元。本届拍卖会共诞生 14 件千万级拍品，"田帝玄黄——田黄石专场"中备受关注的"郭祥忍寿山田黄石'九龙戏珠'钮玺"以 1.09 亿元成交，创世界田黄拍卖纪录。

2017 年，匡时被宏图高科收购，成为首家登陆 A 股的拍卖公司。在集团的统一战略部署下，匡时的结构也发生重大调整，由过去仅仅以北京匡时为主体调整为以匡时国际为主体，北京、上海、香港同步发展的新格局，并制定了新三年的发展规划，下半年一方面加大香港匡时的规模，同时将在十一月举行上海匡时首拍。在新战略驱动下，匡时将全面积极开拓海内外市场，形成"巩固北京、拓展上海、进军香港"的发展格局。

3.6.3 南京经典拍卖有限公司

1. 企业基本情况

南京经典拍卖有限公司成立于 1997 年，具有国家文物总局颁发的二、三类文物拍卖许可资质。2012 年 7 月，被评为"第一届中国文物艺术品拍卖标准化达标企业"。

2. 企业发展成就

南京经典拍卖有限公司主要以拍卖中国古代、近现代书画、中国古董、中国现当代油画、雕塑、影像,并承接资产拍卖以及各类慈善拍卖。

2011年经典春季大拍以4.5亿元稳健收槌,其中石涛的《闽游赠别山水卷》以1.35亿元成交,创下石涛作品全球拍卖纪录,同时也刷新江苏艺术品拍卖最高纪录;林散之《山水书法四屏》以1120万元成交,创造了林散之作品在世界的拍卖纪录。

2013年的春拍,经典又以3.85亿元的高成交额创下江苏纪录,陆俨少《杜陵诗意》以4485万元成交,黄宾虹《山川卧游图》以4025万元成交,茅盾手稿《谈最近的短篇小说》以1207.5万的价格成为中国文坛的冠军,打破了此前鲁迅手稿690万的成交记录。截至2013年年底,经典拍卖有限公司已经创造出成交累计26亿元的业绩。

3.6.4 中国嘉德国际拍卖有限公司

1. 企业基本情况

中国嘉德国际拍卖有限公司(简称:中国嘉德)成立于1993年5月,是以经营中国文物艺术品为主的综合性拍卖公司,总部设于北京,设有上海、天津、香港、台湾办事处,以及日本办事处、北美办事处。中国嘉德每年定期举办春季、秋季大型拍卖会,以及四期"嘉德四季"拍卖会。

2. 企业发展成就

自成立以来,嘉德国际举办拍卖会超过40场,超过11万件文物艺术品在四季拍场上亮相,成交额超过了76亿元。

3.7 建筑、动漫、游戏设计及咨询服务业重点企业

3.7.1 天津市天友建筑设计股份有限公司

1. 企业基本情况

天津市天友建筑设计股份有限公司(简称:天友设计)拥有建筑工程甲级资质、城乡规划乙级资质、风景园林工程设计乙级资质、施工图审查一类资质,其主营业务为城市规划、项目策划、建筑设计、景观设计、室内设计、项目管理。2012年12月26日,公司正式挂牌全国中小企业股份转让系统,证券简称:天友设计;证券代码:430183。2013年,天友设计被认定为国家高新技术企业。

2. 企业经营情况

2016年,公司实现营业收入18270.9万元,较上年同期增长27.76%;归属于挂牌公司股东的净利润为2856.17万元,较上年同期增长29.88%。

2013—2016年天津市天友建筑设计股份有限公司营业收入情况　　表3-7-1

指标名称	2013年	2014年	2015年	2016年
营业收入(万元)	11801.16	15635.76	14301.11	18270.9
营业利润(万元)	1592.37	2332.82	2619.56	3282.51
利润总额(万元)	1846.13	2248.86	2673.56	3327.51
净利润(万元)	1459.21	1873.03	2199	2856.17

3. 企业发展成就

天津市天友建筑设计股份有限公司拥有建筑设计甲级、城市规划乙级、风景园林乙级、施工图审查一类等多

个行业专项资质。经过多年发展，公司积累了 200 余个项目实践案例，吸引了近 400 人的精英团队，将专业服务领域从单一建筑设计拓展为包含城市规划、项目策划、建筑设计、景观设计、室内设计、项目管理在内的综合咨询设计及项目管理服务；设立了北京、天津、上海、郑州等便于贴身为客户提供本地化服务的分支机构；形成了能有效控制项目建设成本的全专业综合经济性设计的独特技术优势和低碳绿色建筑领域领跑的品牌优势。

2013 年以来天津市天友建筑设计股份有限公司所获荣誉列表　　表 3-7-2

时间	所获奖项	获奖主体
2014 年	亚洲建筑师协会可持续建筑金奖	天友绿色设计中心项目
2014 年	亚洲建筑师协会 2014 年新兴建筑师	首席建筑师任军博士
2014 年	优秀企业家	常务副总经理刘向阳先生
2014 年	公共建筑节能最佳实践案例奖	天友绿色设计中心项目
2013 年	CIHAF 设计中国 - 商业建筑设计奖 - 绿色类别优胜奖	天友绿色设计中心项目
2013 年	国家三星级绿色建筑	天友绿色设计中心项目
2013 年	蓝星杯·第七届中国威海国际建筑设计大奖赛优秀奖	天友绿色设计中心项目
2013 年	中国勘察设计协会优秀工程勘察设计（建筑工程公建）三等奖	意式风情区海河 14 号地中央商务区办公楼项目
2013 年	天津市"海河杯"优秀勘察设计（建筑工程）一等奖	意式风情区海河 14 号地中央商务区办公楼项目
2013 年	天津市"海河杯"优秀勘察设计（住宅与住宅小区）二等奖	中新生态城世茂湿地公元项目
2013 年	天津市"海河杯"优秀勘察设计（建筑工程）三等奖	中新生态城外国语小学项目

3.7.2　中国中元国际工程有限公司

1. 企业基本情况

中国中元国际工程有限公司是以中元国际工程设计研究院（原机械工业部设计研究总院）为核心，与中国机械工业电脑应用技术开发公司、机械工业规划研究院联合重组的集工程咨询、工程设计、工程总承包、项目管理、设备成套和技工贸为一体的工程公司。

2. 企业发展成就

中国中元国际工程有限公司现拥有 30 多个专业类别的工程技术人员 2200 多人，各学科博士、硕士等 450 余人，各类注册工程师 600 余人。公司的组织机构设置 9 个直属生产单位，10 个职能管理部门，在北京、海南、厦门、上海、长春、南京设有 10 个二级法人单位，在深圳、吉林、昆明、四川、塔吉克斯坦、乌兹别克斯坦等地设有分公司。

公司的经典项目有：解放军总医院 9051 工程、北京医院老北楼重建工程、北京朝阳医院、北京大学第三医院、广州白云国际机场南航基地货运站、中国国际航空公司北京市内货运中心、上海浦东机场航空货运物流中心、北京远洋大厦、北京国锐中心、北京金融街威斯汀酒店、上海 1933 老场坊、中央民族大学文科教学楼、北京中关村软件园信息中心、秦皇岛燕山大学、北京科技大学逸夫教学楼、北京中海紫金苑、西安曲江项目 6# 地、泉州城东片区安置房四期、海南文昌铜鼓岭国际生态旅游区红水湾区域控规修编、广东九连山项目修建性详细规划设计等。

3.7.3　CCDI 悉地国际

1. 企业基本情况

CCDI 悉地国际（简称"CCDI"）原名为"中建国际设计顾问有限公司"，创立于 1994 年，是在城市建设和开发领域从事综合专业服务的大型工程实践咨询机构。CCDI 拥有上海、北京、深圳、成都、纽约五大区域，在重庆、南京、天津、武汉、西安、昆明等国内主要城市设置分公司或办事处，实现遍布全国各地的服务网络。

CCDI悉地国际部分经典代表项目有：国家游泳中心、网球中心、曲棍球场、射击场、沙滩排球场等奥运场馆、济南奥林匹克体育中心、天津奥林匹克游泳中心、上海黄浦体育中心、龙岗体育公园、南海文化中心、深圳市天主堂、长春盛世中华广场、天津顺驰广场、中国国际高新技术成果交易会展览中心、宝安行政中心等。

2. 企业发展成就

（1）2013年7月，CCDI"实心聚碳酸酯板百叶片"成功申获国家专利

聚碳酸酯板作为一种新型建筑材料广泛应用于各类建筑的外幕墙、屋面及室内装饰，具有强度高，重量轻，透明度、颜色、厚度可调节，隔热性能好等特点。更由于其重量轻，不易破碎，即使碎裂后也不产生类似玻璃的碎片，在建筑的屋面、立面及室内使用具有较高的安全性，聚碳酸酯板在很多方面可以起到替换玻璃的作用。

"实心聚碳酸酯板百叶片"作为一种实用新型发明，结构设计合理，不仅可以作为建筑不封闭空间的装饰构件、通风百叶、室内隔断，增强美观效果，丰富建筑表达形式，更提高了制作、运输、安装的效率，达到降低成本、节约结构投资的目的。

（2）2013年8月，CCDI"EBS同步活动目录程序软件"获颁国家计算机软件著作权登记证书

"EBS同步活动目录程序软件"主要将OracleEBS和微软活动目录整合，实现同步EBS中HR模块相关信息到活动目录。当公司员工和部门发生变动，相关修改信息可及时同步到活动目录中。基于该软件，员工的入职、调动、离职以及企业的组织机构变化等，将以HR系统作为唯一来源，其变化信息将被同步到活动目录中，其他业务系统则可通过标准接口从活动目录中查询相关信息。该软件可以有效改善信息来源多、流程复杂、不一致等问题，简化办公流程，提高工作效率。

3.7.4 上海天华建筑设计有限公司

1. 企业基本情况

上海天华建筑设计有限公司成立于1997年，经营范围包括建筑、装潢、规划设计，建筑工程咨询，房地产信息咨询，企业形象策划，产品包装设计，具备建筑工程甲级、城市规划乙级和风景园林工程设计乙级专项资质。

自成立以来，上海天华建筑设计有限公司积极开拓市场，目前客户群由万科、瑞安、华润、九龙仓、中建、金地、金融街、中海、保利、绿地、龙湖、招商等中国地产百强企业组成；项目分布于全国40余个城市，年完成建筑设计面积超过1200万平方米。

2. 企业发展成就

2013年6月，上海天华建筑设计有限公司设计的创智国际广场项目获得LEEDCS金级预认证。

2013年9月，上海天华建筑设计有限公司在与国内各行业知识管理领先企业的激烈竞争中脱颖而出，荣获"2013中国最受尊敬的知识型组织大奖"（Most Admired Knowledge Enterprise Award，缩写为MAKE奖），成为建筑设计行业中为数不多获此殊荣的企业，并且将作为中国企业知识管理的代表，被评委会推荐参与亚洲区MAKE奖的角逐。

3.7.5 深圳市筑博设计股份有限公司

1. 企业基本情况

深圳市筑博设计股份有限公司成立于1996年，于2012年正式改制为股份制公司，是具一家有建筑设计甲级资质、城市规划甲级资质、市政（道路、桥梁、给水工程）乙级资质和风景园林乙级资质的综合设计机构。

2. 企业发展成就

多年以来，深圳市筑博工程设计有限公司的项目覆盖全国30个省级行政区和100个地级市，完成的各类

建筑工程设计项目得到了众多建设单位的好评,并多次获奖。其中:南方科技大学、深圳中心区水晶岛项目、深圳华强北立体街道、深圳宝荷医院、深圳体工大队训练馆、深圳市档案中心、深圳华强广场等项目得到社会各界的好评,成为在深圳和全国颇具影响力的精品工程。

深圳市筑博设计股份有限公司主要设计项目获奖情况 表 3-7-3

时间	奖项
2017 年 12 月	筑博设计股份有限公司入选住房城乡建设部办公厅公布的第一批装配式建筑示范城市和产业基地
2013 年 12 月	筑博设计荣膺首届"深圳市质量百强企业"
2012 年 2 月	公司设计的"方圆鹤山项目 1 期商业(销售中心)(江门鹤山市)"项目,在"(首届)广东省岭南特色规划与建筑设计评优活动"中荣获岭南特色建筑设计铜奖
2012 年 2 月	公司设计的"万科紫台"项目获得"2011 年度东莞市优秀建筑工程设计方案"三等奖
2011 年	公司设计的"海南三亚总参老干部接待中心(酒店部分)"获得深圳市第十四届优秀工程勘察设计评选(公共建筑)二等奖
2011 年	公司被评为"中国(深港)最具影响力建筑设计机构"

3.7.6 广东奥飞动漫文化股份有限公司

1. 企业基本情况

广东奥飞动漫文化股份有限公司(简称:奥飞动漫;股票代码:002292)于 2009 年 9 月在深圳证券交易所上市,是"第五批国家文化产业示范基地"。

奥飞动漫的主营业务为动漫影视片制作、发行、授权以及动漫玩具和非动漫玩具的开发、生产与销售。2005 年,奥飞动漫成为第一家被国家工商总局认定为"中国驰名商标"的玩具企业,"奥迪"双钻电动玩具被评为"中国名牌产品"。

2. 企业经营情况

2016 年,公司实现营业收入 33.61 亿元,同比增长 29.8%,公司利润总额和净利润分别为 5.63 亿元和 4.98 亿元。

2013—2016 年广东奥飞动漫文化股份有限公司主要经济指标分析 表 3-7-4

指标名称	2013 年	2014 年	2015 年	2016 年
营业收入(万元)	155301.1	242967.3	258917.1	336066.8
营业利润(万元)	26160.68	42286.47	50802.94	51921.06
利润总额(万元)	26851.97	44220.87	54952.73	56298.68
净利润(万元)	23083.32	42801.29	48904	49844.44

3. 企业发展成就

2016 年,公司收购了北京四月星空网络技术有限公司 100% 股权,其旗下的"有妖气原创漫画梦工厂"(下称"有妖气")是国内领先的 UGC(用户原创内容)原创漫画平台。截至 2016 年年末,平台拥有 1400 多万注册用户,累计 20000 多位漫画作者持续进行内容创作、更新,所连载的漫画作品超过 40000 部。

2016 年,公司成立剧业板块,基于有妖气的漫画 IP 资源,与影视制作团队、发行渠道等合作进行真人连续剧创作。连续剧作品通过网络视频平台、电视台等媒体渠道播出,公司主要收入为连续剧发行收入。

2016 年,全资子公司奥飞影业投资(北京)有限公司获得《电影发行经营许可证》,逐步夯实电影发行能力。电影作品中所含的 IP 版权,公司可根据协议约定进行如消费品、形象授权、游戏等相关衍生产品开发,获得 IP 后端的价值增量。

3.7.7 江通动画股份有限公司

1. 企业基本情况

江通动画股份有限公司（简称：江通动画）是"第二批国家文化产业示范基地"，是一家从事原创动漫版权内容的投资出品、品牌推广、品牌授权、动漫及少儿图书的策划发行及动漫外包制作服务等业务的文化创意企业。公司的衍生品主要包括图书和动漫周边。

2. 企业发展成就

江通动画股份有限公司具有年产国际标准动画片 8000 分钟的能力，是中国国家广播电影电视总局授牌的"国家动画产业基地"和中华人民共和国文化部授牌的"国家文化产业示范基地"。2010 年，公司被文化部、财政部、国家税务总局联合认定为首批国家级重点动漫企业之一。公司被列入商务部、中宣部、财政部、文化部、新闻出版广电总局共同认定的《2013-2014 年度国家文化出口重点企业目录》。公司还被评为"中国动漫十大企业"，湖北十家"文化产业跨越发展领军企业"。

2013 年以来江通动画股份有限公司所获荣誉 表 3-7-5

序号	荣誉
1	江通动画获得武汉市 2013 年度优秀动漫企业奖
2	江通动画被武汉文化创意产业协会评为领军企业
3	《饼干警长》获 2014 年第 23 届星光奖"电视动画片提名荣誉奖"
4	《饼干警长》获 2012-2013 天下动漫风云榜年度动漫形象
5	《饼干警长》获 2012-2013 天下动漫风云榜年度衍生产品
6	《小戒，别淘气》获武汉市 2013 年度优秀动漫作品奖
7	《饼干警长 2》获武汉市 2013 年度优秀动漫作品奖
8	《饼干警长》获"中国文化艺术政府奖第二届动漫奖"最佳动漫形象入围奖
9	江通动画获"中国文化艺术政府奖第二届动漫奖"最佳动漫团队入围奖
10	江通动画被列入商务部、中宣部、财政部、文化部、新闻出版广电总局共同认定的《2013-2014 年度国家文化出口重点企业目录》
11	在湖北省文化厅、省新闻出版广电局、湖北日报传媒集团、省文联共同主办的湖北"文化产业跨越发展"系列评选活动中，公司被评为湖北十家"文化产业跨越发展领军企业"
12	江通动画被评为"武汉市文化与科技融合示范企业"

3.7.8 浙江中南卡通股份有限公司

1. 企业基本情况

浙江中南卡通股份有限公司（简称：中南卡通）是由浙江中南建设集团有限公司投资的新兴文化产业，是"第三批国家文化产业示范基地"，主要从事原创动画制作、影视节目发行、音像图书行销、动漫品牌授权、衍生产品开发营销及特许经营等业务。

2. 企业发展成就

成立至今，浙江中南卡通股份有限公司已原创 17 大题材、45 部、近 7 万分钟精品动画，其中《郑和下西洋》《天眼》等动画作品荣获国家精神文明建设"五个一工程"奖、国家动画精品一等奖、国产优秀动画片等各类国内国际奖项 120 余项。公司现有员工近 300 人，年生产动画片 1 万分钟以上，原创动画生产能力位居全国前列，先后在国内 400 多家电视台及互联网、手机等新媒体热播，并进入世界 76 个国家和地区的播映系统，影视动画出口稳居全国前列。

3.7.9 深圳华强数字动漫有限公司

1. 企业基本情况

深圳华强数字动漫有限公司（简称：华强动漫）成立于2008年，是深圳华强文化科技集团旗下的子公司，公司成立了专业的三维制作中心和二维制作中心。

华强动漫以自有知识产权的旅游产品为开发背景，以2D、3D、手偶系列剧、卡通形象设计、卡通娱乐节目为主要开发内容，以电视台、电影院、主题公园、网络、DVD音像制品为市场开拓平台，致力于打造一个中国顶尖、世界一流的原创动漫品牌——方特卡通。

2. 企业发展成就

公司的发展模式是"动漫＋衍生品"。其中公司的动漫作品包括8集三维动画《恐龙危机》、130集二维动画《海螺湾》、70集手偶系列剧《新星小镇》、52集三维动画片《十二生肖总动员》和52集的二维动画片《猴王传》。衍生品包括壁纸、嘟比方形抱枕、嘟尼粉糖果包等卡通周边。

此外，华强动漫自主开辟播出渠道，打造出国内最大的首播动画剧场《方特大世界》，剧场采用"一经播出，不再重播"的首播模式，以每天30分钟，全年日播的形式展播华强动画。《方特大世界》已经联合嘉佳卡通、广州少儿、深圳少儿、陕西都市、江苏城市频道等全国120余家电视台联合播映，充分实现动画片"生产"与"播出"的完美组合。

3.7.10 杭州玄机科技信息技术有限公司

1. 企业基本情况

杭州玄机科技信息技术有限公司是最早一批入驻杭州国家动画产业基地的企业之一，主营动画片、动画电影的制作生产发行、图书音像及衍生产品的发行。公司旗下拥有《秦时明月》动漫系列、幼儿综合动漫系列等电视动画片，以及一系列动漫周边商品。

2. 企业发展成就

杭州玄机科技信息技术有限公司的主要品牌代表是《秦时明月》。《秦时明月》很好地挖掘了战国先秦时代内涵，融合了诸子百家文化思想，又结合了武侠、机关术等玄幻色彩，是一部难得的佳作，也展现出了中国动漫作品深挖中华文化内涵的巨大潜力。

目前，《秦时明月》前四部已完结。《秦时明月》在动画片的基础上还推出了手机漫画、彩铃等衍生产品，现在这部分产生的效益，已经超出了动画片本身。

2017年11月，由玄机科技制作的3D古装神话题材动画《武庚纪天启》确定于12月29日在腾讯视频播出。《武庚纪天启》是玄机科技制作的《武庚纪》系列第二季动画，动画第一季《武庚纪之逆天之决》于2016年6月播出，获得第14届中国动漫金龙奖最佳动画电影最佳系列动画银奖。

3.7.11 上海上影大耳朵图图影视传媒有限公司

1. 企业基本情况

上海上影大耳朵图图影视传媒有限公司是上海电影（集团）公司旗下从事动画电影电视策划、制作、推广发行、衍生产品授权开发的专业性公司。

2. 企业发展成就

上海上影大耳朵图图影视传媒有限公司以大型系列电视动画片《大耳朵图图》为主线产品，着力培育和推动品牌战略。用中国的元素、民族的元素创作动漫影视作品。

2017年7月，公司产品《大耳朵图图之美食狂想曲》在上海百美汇影城举行了沪语版首映礼。

3.7.12 广州蓝弧文化传播有限公司

1. 企业基本情况

广州蓝弧文化传播有限公司(简称:蓝弧)创立于2003年,是一家专注于出品原创动画作品的专业动漫公司,在原创三维动画制作、特效短片、幼儿教育动画制作及其衍生产品方面处于业界领先地位。

2. 企业发展成就

广州蓝弧文化传播有限公司致力于开发自主知识产权的高品质三维动画片及衍生产品,开发了大量的CG软件工具。其中开发的渲染引擎和物理模拟引擎融合了众多先进的CG技术。包括：Dynamic ambient Occlusion、Real-time Subdivision、Per-pixel dynamic lighting、Normal parallax occlusion mapping。在动画制作后期处理上,包括：depth of field, refection, glow, blurring, color correction 等。

2017年10月18日,广州市蓝弧文化传播有限公司与广东技术师范学院美术学院校企合作签约仪式顺利举行。这样的合作将为人才培养、文化创新、项目研发等方面带来广阔前景,实现学校、学生、企业三赢。

3.7.13 深圳中青宝互动网络股份有限公司

1. 企业基本情况

深圳中青宝互动网络股份有限公司（简称：中青宝；股票代码：300052）原名为"深圳市宝德网络技术有限公司",于2008年完成股份制改造,2010年2月11日在深圳证券交易所上市。

中青宝的主营业务是网络游戏的开发及运营。目前,中青宝网络游戏全部采用主流的FTP盈利模式,该模式下的收益来自在网络游戏中向游戏玩家销售虚拟道具。

2. 企业经营情况

2016年,公司实现营业收入3.21亿元,同比下降6.34%,公司利润总额和净利润均为负值。

2013—2016年深圳中青宝互动网络股份有限公司主要经济指标分析　　表3-7-6

指标名称	2013年	2014年	2015年	2016年
营业收入（万元）	32447.6	48952.76	34309.09	32134.81
营业利润（万元）	6029.08	-1855.49	-9159.66	-13166.8
利润总额（万元）	6608.72	-1218.59	8752.1	-4747.77
净利润（万元）	5102.73	-2203.59	6520.28	-4972.93

3. 企业发展成就

深圳中青宝互动网络股份有限公司目前在线运营的MMORPG游戏包括《兵王》《战国群雄》《战国英雄》《抗战英雄传》《天道》《亮剑》《玄武》等；目前运营的网页游戏包括《战争之路》《绝地战争》《兵行天下》《忍得天下》《心跳棋牌》等。

2016年,公司尝试以原有的游戏业务的技术作为支撑,以发展新业务、拓展新的稳定盈利点为目标,开启公司从游戏行业到泛娱乐平台的战略转型升级。报告期内,公司紧跟互联网发展的大趋势,为改变公司单一游戏业务的结构,主动布局产业链的上下游,于2016年9月2日发布《关于以现金收购宝腾互联股权暨关联交易公告》,以纯现金方式收购云服务公司深圳市宝腾互联股份有限公司,以期完善公司整体产业结构的构成。

3.7.14 广州网易计算机系统有限公司

1. 企业基本情况

广州网易计算机系统有限公司（简称：网易；股票代码：NTES）于2000年6月在美国纳斯达克股票交易

市场上市，其主营业务为邮件业务、搜索引擎服务、网易博客、网易游戏等。

2. 企业经营情况

2016 财年，公司实现总收入 381.79 亿元，利润总额和净利润分别为 138.95 亿元和 117.93 亿元。

2013—2016 年广州网易计算机系统有限公司主要经济指标分析　　　　表 3-7-7

指标名称	2013 年	2014 年	2015 年	2016 年
营业收入（万元）	919617.5	1171283.4	2280289.5	3817884.4
营业利润（万元）	435259.7	476512.5	727212.3	1262886.4
利润总额（万元）	497582.1	545844	811030.8	1389536.1
净利润（万元）	444260.2	471754.1	663331.6	1179286.3

3. 企业发展成就

广州网易计算机系统有限公司主要盈利来源为网络游戏，而游戏中以计时收费的《梦幻西游》《大话西游》和《魔兽世界》为主。公司及时关注无线互联网的最新发展，与运营商和设备提供商建立了紧密的合作关系。此外，供公司拥有国内互联网行业 24 小时客户服务中心，为广大网民提供全面高效的服务。公司客服中心随时通过各种自动化、普通人工、优先人工及 VIP 管家服务等多元化的服务模式为网民提供技术支持，确保用户安全使用，并不断提高客户服务质量，维护良好的客户关系。

3.7.15　杭州斯凯网络科技有限公司

1. 企业基本情况

杭州斯凯网络科技有限公司（简称：斯凯；股票代码：MOBI）成立于 2005 年，于 2010 年 12 月在美国纳斯达克股票交易市场上市，其主营业务为手机终端游戏和各类应用。

斯凯总部位于杭州，在上海、深圳、北京、新德里和雅加达等地均有分支机构，业务遍及全球 100 多个国家和地区。

2. 企业发展成就

2017 年 11 月 23 日，以"和创未来，智连万物"为主题的中国移动合作伙伴大会在广州开幕。斯凯网络作为中国移动的合作伙伴之一，带着旗下最新产品亮相 6 号馆 H6 展台。

3.7.16　北京掌趣科技股份有限公司

1. 企业基本情况

北京掌趣科技股份有限公司（简称：掌趣科技；股票代码：300315）于 2012 年 5 月 11 日在深圳证券交易所上市，其主营业务为游戏的开发、发行与运营，目前主要包括移动终端游戏、互联网页面游戏及其周边产品的产品开发、发行推广和运营维护等。

2. 企业经营情况

2016 年，公司实现营业收入 18.54 亿元，同比增长 65.04%，公司利润总额和净利润分别为 5.69 亿元和 5.09 亿元。

2013—2016 年北京掌趣科技股份有限公司主要经济指标分析　　　　表 3-7-8

指标名称	2013 年	2014 年	2015 年	2016 年
营业收入（万元）	38050.41	77476.42	112377.9	185468.8
营业利润（万元）	15944.32	34666.09	51173.75	53925.8

续表

指标名称	2013 年	2014 年	2015 年	2016 年
利润总额（万元）	17249.39	36850.18	53552.97	56922.19
净利润（万元）	15361.94	33059.19	47040.88	50858.58

3. 企业发展成就

2014 年以来，北京掌趣科技股份有限公司围绕游戏行业产业链开始进行外延式发展，投资参股 iOS 发行商筑巢新游及海外发行商 NOX MOBILE；投资参股欢瑞世纪，间接获取优质 IP；参与投资华泰瑞联产业并购基金、冠润基金以及专注于 TMT 行业早期投资的掌趣创享，为公司储备更多的项目资源和并购标的；投资参股 Unity，迈出海外投资布局第一步，并将与 Unity 深入开展业务协同合作。

截至 2016 年年底，掌趣科技自研及代理手游产品有《3D 坦克争霸》《3D 终极车神》《大掌门》《忍将》《塔防三国志》《寻侠》《功夫》《石器时代 2》《热血足球经理》等，自研及代理的页游产品《塔防三国志》《战龙三国》《屠龙战神》等。

3.7.17　上海巨人网络科技有限公司

1. 企业基本情况

上海巨人网络科技有限公司（简称：巨人网络）于 2007 年 11 月在美国纽约证券交易所上市，主要从事于网络游戏的运营，提供网络游戏娱乐产品和服务。

2. 企业发展成就

巨人网络开发的网络游戏产品有：《征途》《征途怀旧版》《绿色征途》《巨人》《仙途》《黄金国度》《艾尔之光》《征途 2》《巫师之怒》等。

2017 年 4 月，巨人网络完成对比特币交易平台 OKcoin 2720 万美元投资。

3.7.18　北京和君咨询有限公司

1. 企业基本情况

北京和君咨询有限公司（简称：和君咨询）成立于 2000 年，是中国本土规模最大、实力最强、特色最突出的综合性管理咨询公司之一，在 2011 年中国咨询公司评比中排名第 10 位。

目前，北京和君咨询有限公司已经在企业文化、公司战略、组织设计、人力资源、运营管理、市场营销、资本运作、并购重组、私募融资、证券投资、基金直投等诸多领域形成了自己独特的服务能力与核心优势，为各行业大中型企业提供高水准的管理咨询与投行咨询服务。

2. 企业发展成就

2014 年 7 月 8 日，四川宜宾五粮液股份有限公司与北京和君咨询有限公司、信阳市发展投资有限公司、淮滨县楚风咨询服务有限公司签署协议，共同投资河南五谷春酒业股份有限公司。其中，五粮液出资 2.55 亿元，持有约 51% 股份。

2014 年 7 月 11 日，四川蒙顶山跃华茶业集团有限公司与北京和君咨询有限公司，以及深圳幸福茶农有限公司共同启动"幸福茶农"计划，即通过企业、政府一起探索农民组织模式的创新，从价值分配、生产管理和文化建设三个层面开展工作，推动产业发展和农民增收。

2017 年 10 月 16 日，和君咨询公司与天佑铁道就产融互动等方面于 2017 年 10 月签署《战略合作框架协议》。

3.7.19 上海叶茂中营销策划有限公司

1. 企业基本情况

上海叶茂中营销策划有限公司（简称：叶茂中策划）是一家由中国大陆、港台地区及美国、韩国人才构成的综合营销策划机构。在北京设有北京叶茂中营销策划有限公司，为200多家企业进行整合营销传播策划和品牌设计，并累计创意拍摄1000多支广告片。

2. 企业发展成就

上海叶茂中营销策划有限公司出版的著作观点有：《广告人手记》《叶茂中策划·想卷》《叶茂中策划·做卷》《创意就是权力》《叶茂中的营销策划》《新策划理念之叶茂中谈策划》《新策划理念之叶茂中谈创意》《新策划理念之叶茂中谈品牌》《新策划理念之叶茂中谈广告》《新策划理念之叶茂中谈调研》《新策划理念之叶茂中谈营销》《转身看策划》《七千亿的诱惑》等。

公司主要服务过的企业包括：金六福、真功夫、伊利、圣象地板、雅客、蒙牛、柒牌男装、长城润滑油、361°、飘柔、汰渍、舒肤佳、银鹭、舒雅内衣、美尔雅、朵唯女性手机、三全食品、燕京啤酒、爱华仕、红星美凯龙、相宜本草、珀莱雅、爱尚非蛋糕、美的空调、中华英才网、心相印、红蜻蜓、双汇、三一重工、稻花香、安踏、雨润、神舟电脑、WNQ、健威家具、钱江摩托、长城汽车、比德文电动车、乌江榨菜、鸿兴源等。

3.7.20 深圳世联地产顾问股份有限公司

1. 企业基本情况

深圳世联行地产顾问股份有限公司（简称：世联行；股票代码：002285）于2009年8月28日在深圳证券交易所上市，主营业务为房地产代理销售及顾问策划业务、房地产经纪业务。

世联行以深圳为总部，分别在珠三角、长三角、环渤海等区域建立起华南、华东、华北、山东四大业务中心，形成了"咨询＋实施"独特的业务模式。

2. 企业经营情况

2016年，公司实现营业收入62.70亿元，同比增长33.12%，公司利润总额和净利润分别为11.14亿元和7.47亿元。

2013—2016年深圳世联行地产顾问股份有限公司主要经济指标分析　　　　表 3-7-9

指标名称	2013年	2014年	2015年	2016年
营业收入（万元）	256302.79	330817.06	471055.32	626992.13
营业利润（万元）	46994.75	55910.91	74755.21	110004.85
利润总额（万元）	47720.36	56299.79	75454.68	111405.33
净利润（万元）	31828.81	39434.42	50938.92	74721.52

3. 企业发展成就

深圳世联行地产顾问股份有限公司的顾问策划业务主要包括住宅咨询策划顾问、商业策划顾问、战略策划顾问等业务，其中住宅咨询策划顾问中包括为住宅代理销售项目提供的营销策划服务。

2016年，是公司祥云战略落地的第三年，公司在夯实传统服务的基础上，"互联网＋"（电商）等新业务快速增长，长租公寓、装修、小样社区、社区管家等新业务快速落地，新业务营收占比已从三年前的27%提升至接近50%；另一方面，公司逐渐将单一互相分割的业务打造成多种业务交叉融合的一站式综合服务平台，各业务之间协同并进，不断延伸资产与人的连接。

3.7.21 易居（中国）控股有限公司

1. 企业基本情况

易居（中国）控股有限公司（简称：易居中国；股票代码：EJ）于2007年8月8日在美国纽约证券交易所上市，是第一家在美国上市的中国轻资产地产概念股。

2. 企业发展成就

易居中国的业务范围包括一手房营销代理、房地产信息及咨询业务、房地产互联网、二手房中介经纪、旅游地产服务、商业地产顾问、房地产广告传媒及投资管理等。

2017年3月22日，易居中国旗下曾获得21家房企巨头与投资机构权威入股，新成立不久的易居企业集团以17%的品牌首选率，获"2017中国500强房企首选服务商品牌营销代理类"榜首；旗下的金融服务板块，钜派投资蝉联"2017中国房地产第三方理财机构10强"第二位；钜洲资产和易居资本同时跻身"2017中国房地产基金公司10强"之列。

3.7.22 同策房产咨询股份有限公司

1. 企业基本情况

同策房产咨询股份有限公司（简称：同策咨询）成立于1998年4月，在地产营销代理、商业物业运营和房地产咨询、金融资本运作等领域已形成业界特有的风格和品牌。

同策咨询曾先后获得"上海市房地产经纪行业营销企业金桥奖""中国房地产策划代理最佳综合服务机构""中国房地产策划代理10强企业"等一系列荣誉称号。

同策咨询以上海为总部，在陕西、河南、四川、安徽、江西等省份以及苏州、无锡、常州、南京、苏州、大连、青岛、沈阳、重庆、长春、天津、南通、宁波等城市建立了控股子公司，合计策划销售约800余个项目。

2. 企业发展成就

在营销代理领域，截至2016年年底，同策咨询已经进入近百个城市，在全国主要经济发达地区先后成立了100余家控股子公司，在其中8个城市市场同策代理业务规模居前两名，5个分公司销售情况位居当地代理行业第一位，十多年来服务过的项目总数4000余个。

3.8 旅游、休闲娱乐业重点企业

3.8.1 深圳华侨城股份有限公司

1. 企业基本情况

深圳华侨城股份有限公司（简称：华侨城A；股票代码：000069）成立于1997年9月2日，由国务院国资委直属的华侨城集团公司独家发起募集设立。1997年9月10日，公司5000万社会公众股在深圳证券交易所挂牌上市。公司主要从事旅游及相关文化产业经营、房地产及酒店开发经营、纸包装和印刷等产业的投资经营。

2. 企业经营情况

2016年，公司实现营业收入354.81亿元，同比增长10.07%，公司利润总额和净利润分别为94.57亿元和68.88亿元。

2013—2016年深圳华侨城股份有限公司主要经济指标分析　　　　　表3-8-1

指标名称	2013年	2014年	2015年	2016年
营业收入（万元）	2815638	3071820	3223633	3548110

续表

指标名称	2013 年	2014 年	2015 年	2016 年
营业利润（万元）	648280.5	735019.6	688832.1	857103.6
利润总额（万元）	690862.4	780691	733151.6	945744.1
净利润（万元）	440828.8	477446.5	464066.5	688841.8

3. 企业发展成就

2016 年，公司游客接待人次 3456 万，较上年增长 5.4%。在激烈市场竞争中，公司各景区加强产品品质提升和经营模式创新，武汉欢乐谷二期、上海水公园二期如期推向市场，京津欢乐谷联动、武汉推出双园套票等活动，都取得了较好效果。公司各开发项目发挥位于一线城市和热点二线城市的布局优势，紧紧抓住市场机会，加快推盘节奏，实现销售新高，锁定全年业绩。

2016 年，公司新项目拓展取得了大丰收。公司在投资领域和投资方式上呈现出多元化特征，进一步夯实了发展基础，拓宽了发展路径：南京华侨城和南昌华侨城于年底成功获取土地，武汉华侨城摘得武汉杨春湖高铁商务区核心地块；公司通过强强联合、优势互补，与央企、民企等加大合作力度，开辟资源获取的新通道，先后与华润联合摘下上海苏河湾二期地块、与中铁置地签署协议合作开发北京大兴旧宫项目，与招商蛇口联合竞得深圳空港国际会展中心的建设运营权和配套用地使用权。

3.8.2 西安曲江文化产业投资（集团）有限公司

1. 企业基本情况

西安曲江文化产业投资（集团）有限公司（简称：曲江文化产业集团）是西安市政府批准成立，由西安曲江新区管委会投资设立的国有独资有限公司。公司成立于 1995 年，经过多年发展，实现了从重大文化项目投资向多元化的文化产业投资的战略转型，构建了以文化旅游、影视、会展、出版、传媒、演艺、动漫等为核心的文化产业集群，已成为推动西安乃至陕西文化产业快速发展的龙头力量。

2. 企业发展成就

目前，西安曲江文化产业投资（集团）有限公司运营着包含大唐芙蓉园、曲江海洋公园、大雁塔景区、唐大慈恩寺遗址公园、曲江池遗址公园、唐城墙遗址公园、寒窑遗址公园、秦二世陵遗址公园等在内的一批主题性公园，拥有大唐芙蓉园·大雁塔国家 5A 级景区。

3.8.3 北京万达文化产业集团有限公司

1. 企业基本情况

北京万达文化产业集团有限公司是中国最大的文化企业集团，目前已进入电影院线、影视制作、影视产业园区、舞台演艺、电影科技娱乐、主题公园等多个行业。

2. 企业发展成就

2016 年，公司实现票房 76 亿元，同比增长 20.5%，观影人次 1.84 亿人次，同比增长 22%。其中，国内票房 62 亿元，观影人次 1.64 亿人次，境外票房 14 亿元，观影人次 2020 万人次，国内票房市场占有率 13.6%，澳洲票房市场占有率 20%。截至 2016 年年底，公司共拥有影院 401 家、3564 块银幕，其中国内影院 348 家、3127 块银幕，境外影院 53 家、437 块银幕。公司票房、观影人次、市场份额已连续八年位居国内首位。

3.8.4 大连圣亚旅游控股股份有限公司

1. 企业基本情况

大连圣亚旅游控股股份有限公司（简称：大连圣亚；股票代码：600593）于 2002 年 7 月在上海证券交易所

上市,其主营业务为建设—经营水族馆、海洋探险人造景观、游乐园等。

大连圣亚是"国际游乐园与景点协会(IAAPA)"会员单位;2008年9月,公司商标"大连圣亚"被评为"中国驰名商标";2010年12月,公司获得"第四批国家级文化产业示范基地"称号。

2. 企业经营情况

2016年,公司实现营业收入3.2亿元,同比增长3.88%,公司利润总额和净利润分别为0.47亿元和0.34亿元。

2013—2016年大连圣亚旅游控股股份有限公司主要经济指标分析　　　　表3-8-2

指标名称	2013年	2014年	2015年	2016年
营业收入(万元)	25244.41	29012.36	30528.02	31711.63
营业利润(万元)	3807.45	5366.88	5870.22	5928.48
利润总额(万元)	4866.53	5140.03	5888.13	4682.86
净利润(万元)	3252.9	3851.12	4298.72	3354.86

3. 企业发展成就

近年来,大连圣亚旅游控股股份有限公司对营销模式和销售渠道进行了全面调整和转型,借助大连市建设"智慧旅游城市"的契机,不断深入开展"智慧景区"建设,对智慧旅游平台持续投入和打造,线上线下互动发展,抢占客源市场,提升了客流量。

同时,公司的深海传奇、恐龙传奇项目的持续助力营销升级得到回报,提升了客单价,促进了主营业务收入的增长;持续完善办公和业务流程自动化管理,有效降低了成本费用;按照公司既定发展战略,加快推进管理输出、技术输出项目,扩大了上市公司影响力,提升了公司综合竞争能力。

3.8.5 重庆新世纪游轮股份有限公司

1. 企业基本情况

重庆新世纪游轮股份有限公司(简称:世纪游轮;股票代码:002558)于2011年3月在深圳证券交易所上市,主营业务包括游轮运营和旅行社业务,游轮运营主要包括重庆-宜昌、重庆-武汉、重庆-南京、重庆-上海四条航线。

2. 企业经营情况

2016年,公司实现营收23.24亿元,较2015年大幅增长,公司利润总额和净利润分别为12.02亿元和10.69亿元。

2013-2016年重庆新世纪游轮股份有限公司主要经济指标分析　　　　表3-8-3

指标名称	2013年	2014年	2015年	2016年
营业收入(万元)	39828.1	51607.66	45829.97	232356.43
营业利润(万元)	50.51	670	-4484.51	97732.14
利润总额(万元)	633.91	1727.7	-3312.45	120154.46
净利润(万元)	504.77	1058.15	-3253.78	106893.7

3. 企业发展成就

2016年4月5日,公司接到中国证监会核发的《关于核准重庆新世纪游轮股份有限公司重大资产重组及向上海兰麟投资管理有限公司等发行股份购买资产并募集配套资金的批复》(证监许可〔2016〕658号)。2016年4月19日,公司发布了《重大资产出售及发行股份购买资产并募集配套资金暨关联交易实施情况暨新增股份上市公告书》，新增股份于 2016 年 4 月 21 日上市。2016 年 5 月 23 日，公司发布了《非公开发行股票发行情况报告及上市公告书》，新增股份于 2016 年 5 月 24 日上市。

3.8.6 黄山旅游发展股份有限公司

1. 企业基本情况

黄山旅游发展股份有限公司（股票简称：黄山旅游；A 股股票代码：600054；B 股股票代码：900942）成立于 1996 年，由黄山旅游集团有限公司以其所属单位的净资产以独家发起的方式设立的股份有限公司。黄山旅游的主营业务为园林门票、客运索道、酒店食宿及旅游服务等部分。

公司先后被评为"中国服务业企业 500 强"和"安徽省 100 强企业"；公司旗下黄山市中国旅行社和黄山中海假日旅行社有限公司为"全国百强旅行社"。2010 年，公司被国家旅游局推荐为"全国首批 23 家旅游人才开发示范试点企业"。

2. 企业经营情况

2016 年，公司实现营业收入 16.69 亿元，同比增长 0.28%，公司利润总额和净利润分别为 5.10 亿元和 3.52 亿元。

2013—2016 年黄山旅游发展股份有限公司主要经济指标分析　　表 3-8-4

指标名称	2013 年	2014 年	2015 年	2016 年
营业收入（万元）	129409	148991	166462.2	166933.6
营业利润（万元）	23106.65	32530.65	42761	50749.34
利润总额（万元）	23201.59	30712.01	43273.84	51038.09
净利润（万元）	14380.81	20924.21	29579.08	35210.6

3. 企业发展成就

2016 年，公司按照"走下山、走出去"发展战略，坚持精准发力，在对外拓展方面发力推进。一是积极构建健康完善的发展生态系统。聘请阎焱担任公司战略发展顾问，先后与含元资本、景域集团、平安信托等业内知名金融机构、旅游运营服务企业签署战略合作协议，在项目并购、运营模式设计及商业模式研究等方面为公司提供支持。二是稳步推进公司债发行和旅游产业基金发起设立工作。规模 10 亿元的黄山赛富文化旅游产业基金完成设立，总额 8 亿元、五年期的公司债已获中国证监会批准，为公司下一步发展提供了资金保障。三是构建"一山一水一村一窟"战略布局。与黄山区政府、京黟公司分别签署"太平湖项目"和"宏村项目"合作框架协议，迈开了"走下山"的重要步伐，启动实施花山谜窟休闲度假项目策划规划。同时，徽商故里天津店开业，徽菜产业拓展取得新的进展。配合推进东黄山开发项目，目前东海景区详规已通过安徽省住建厅审批，山下小镇整体设计方案已确定。

3.8.7 广东长隆集团有限公司

1. 企业基本情况

广东长隆集团有限公司（简称:长隆集团）创立于 1989 年,集主题公园、豪华酒店、商务会展、高档餐饮、娱乐休闲等营运于一体。目前，长隆集团旗下共拥有广州长隆旅游度假区与珠海长隆国际海洋度假区两大超大型一站式综合性主题旅游度假区，依托粤港澳的国际性区位竞争优势，长隆集团珠海板块和广州板块联动发展，组成中国首个跻身旅游产业规模化经营的世界级民族品牌。

2. 企业发展成就

（1）广州长隆旅游度假区

广州长隆旅游度假区每年接待游客超过1600万，先后被评为中国首批国家级5A景区、国家级文化产业示范基地等，被誉为"中国最受欢迎的一站式旅游度假胜地"。

①长隆欢乐世界

长隆欢乐世界是目前中国设备最先进、科技含量最高、游乐设备最多的超级游乐园，集世界级尖端游乐和大型演艺表演为一体，被誉为"中国新一代游乐园的典范之作"。拥有"全球过山车之王"垂直过山车；荣获吉尼斯世界纪录的十环过山车；世界最大、亚洲第一台U型滑板；亚洲最大的四维影院等众多领先世界的游乐项目。2013年，亚洲最大室内探险项目"森林神庙"，2014年，全球首创多媒体项目"星际决战"盛大开放，开创主题公园的游乐3.0时代。

②长隆野生动物世界

广州长隆野生动物世界隶属全国首批、广州唯一国家级5A旅游景区长隆旅游度假区。园区占地2000多亩，拥有华南地区亚热带雨林大面积原始生态，主要以大规模野生动物种群放养和自驾车观赏为特色，集动、植物的保护、研究、旅游观赏、科普教育为一体，拥有超过50只澳洲树熊（考拉）、12只中国大熊猫等世界各国国宝在内的500余种20000余只珍奇动物。2014年7月29日，全球唯一大熊猫三胞胎诞生于长隆，并在百日之际对外展出。

③长隆水上乐园

长隆水上乐园连续多年被评为"全球必去水上乐园"，拥有众多世界金奖水上游乐设施，如超级大喇叭、滑道、超级造浪池等。2012年全新开放的"热浪谷""儿童玩水区""宝贝水城"重磅升级，从国外引进、蛇形亲子滑道"眼镜蛇"等十大专为儿童度身定做的全新玩水设施，同时，户外温水系统面积扩容到几乎全园区。

④长隆国际大马戏

长隆国际大马戏始创于2000年，累计演出5000多场，接待观众超过1500多万人次，是国家文化部"文化产业示范基地"、广东省著名"文化旅游名片"。拥有专业马戏表演场，由23个国家300多个马戏演员和上千只珍稀动物联袂演出。

（2）珠海横琴长隆国际海洋度假区

珠海横琴长隆国际海洋度假区由广东长隆集团投资兴建，首期总投资超过200亿元人民币，地处中国国家级开放新区——横琴新区，其应用国际先进技术和经验，自主创新，并采用最顶尖的科技设备、最顶级的设计和最完善的管理，全力打造一个世界级超大型综合主题旅游度假区。2014年3月29日，珠海长隆国际海洋度假区三大首期项目已正式对外开放。

3.8.8 深圳锦绣中华发展有限公司

1. 企业基本情况

深圳锦绣中华发展有限公司（简称：锦绣中华）是香港中旅集团和华侨城集团合资兴办的大型文化旅游企业，下属国内外闻名遐迩的锦绣中华微缩景区和中国民俗文化村两大主题公园，是国内目前最具实力和典范性的文化主题公园。

2. 企业发展成就

锦绣中华旗下拥有国内外闻名遐迩的锦绣中华微缩景区和中国民俗文化村两大主题公园，是国内目前最具实力和典范性的文化主题公园。多年来，锦绣中华微缩景区和中国民俗文化村两景区共接待海内外游客近6000万人次，营业总收入达35亿元，创利12亿元，向国家累计上缴税金近4亿元。

3.9 其他服务业重点企业

3.9.1 海伦钢琴股份有限公司

1. 企业基本情况

海伦钢琴股份有限公司（简称：海伦钢琴；股票代码：300329）于2012年6月19日在深圳证券交易所上市，其主营业务为钢琴及核心部件的研发、生产和销售。

海伦钢琴目前是国家重点火炬计划实施高新技术企业、中国乐器协会副理事长单位、国家级文化产业示范基地和国家文化出口重点企业。

2. 企业经营情况

2016年，公司实现营业收入38917.71万元，同比增长5.45%，公司利润总额和净利润分别为3745.08万元和3328.48万元。

2013—2016年海伦钢琴股份有限公司主要经济指标分析　　表3-9-1

指标名称	2013年	2014年	2015年	2016年
营业收入（万元）	33861.36	35308.24	36906.16	38917.71
营业利润（万元）	3029.86	2699.94	3037.56	3080.27
利润总额（万元）	3792.82	2980.55	3645.52	3745.08
净利润（万元）	3226.88	2568.69	3099.38	3328.48

3. 企业发展成就

随着市场需求的多元化，为了提升用户对产品良好的体验感，公司一直热忱地致力于对钢琴的技术研发，依托钢琴制造工程技术中心，同时引进国外钢琴先进技术和工艺检测技术，继续深化与国际品牌贝希斯坦、捷克佩卓夫等技术战略合作，确保海伦钢琴技术的核心竞争力和创新力。报告期内，公司有5项自主研发项目，3项立式钢琴，1项三角钢琴，1项电声钢琴，共投入研发费用1645.22万元，占营业收入的4.23%。公司申请实用新型专利6项，已授权6项。

同时，公司积极探索企业发展新方向，努力推进智能钢琴及在线教育平台等研发工作，继续深化与北京邮电大学的战略合作，依托北京邮电大学在网络信息技术方面的研发能力，通过应用现代科技，改造和拓展智能钢琴的产品结构和使用功能，并与现代社会的多种科技成果相结合，开展在线教育平台研究项目，力求智能钢琴与网络结合，以便更好地服务于现代音乐教育和生活。报告期内，公司多次进行实际连调和实际测试，顺利完成基础测试任务，根据测试结果进行实际功能修改和曲谱解析修改，并对纠错功能进一步修改、增加，力求完善智能乐谱系统的软件功能架构，确立电声钢琴到智能钢琴的功能扩展方案，设计并修改曲谱解析功能和呈现，建立网络共享模块、扩展面板控制模块。报告期内，公司成功召开了智能钢琴产品一代新品发布会，同时，"6+1"智能钢琴教室产品已面市，处于推广期，该产品能够实现多人同时线上签到教学授课，现阶段课程主要针对幼儿初学者，后续还会增设中青年、老年学习者课程。

3.9.2 广州珠江钢琴集团股份有限公司

1. 企业基本情况

广州珠江钢琴集团股份有限公司（简称：珠江钢琴；股票代码：002678）始建于1956年，是"第四批国家文化产业示范基地"，其主营业务为钢琴的研发、制造、销售与服务。珠江钢琴于2012年5月30日成功上市，成为"中国乐器第一股"，是中国乐器行业唯一拥有"国家级企业技术中心"的"国家创新型试点企业""国家火炬计划重点高新技术企业"。

2. 企业经营情况

2016年，公司实现营业收入15.66亿元，同比增长6.55%，公司利润总额和净利润分别为1.72亿元和1.51亿元。

2013—2016年广州珠江钢琴集团股份有限公司主要经济指标分析　　表3-9-2

指标名称	2013年	2014年	2015年	2016年
营业收入（万元）	142170.6	146931.8	146995.6	156619.2
营业利润（万元）	21272.7	16292.19	16189.74	16259.27
利润总额（万元）	23058.18	16445.08	16511.44	17164.86
净利润（万元）	19645.34	14113.04	14598.49	15149.01

3. 企业发展成就

2016年，公司钢琴产销量超过13万架，持续巩固了全球钢琴产销规模第一的市场地位；产品结构不断优化，恺撒堡钢琴销售量同比增长10.74%；销售模式持续升级，建立了天猫、京东电商销售模式，打造了91琴趣网乐器云服务平台，并成功推进与境外高端钢琴品牌的并购项目，通过并购舒密尔公司，优化钢琴产品结构，提高高端产品占比，加速推进品牌、生产、人才、技术的国际化运作，进一步提升公司的核心竞争力。

未来，公司将通过推进增城珠江钢琴国家文化产业基地项目，打造全球最大的钢琴制造基地、全球领先的乐器研发中心、全球最大的乐器展销中心、具有全国影响力的音乐文化中心；推动品质改革，用匠心创新技术和工艺，实现设备智能化和产品质量的进一步提升；结合"钢琴+互联网"发展趋势，持续推进智能钢琴生产流程优化和产品升级，开展个性化定制和柔性化生产，打造产品品种的多元性；与世界顶级钢琴研发和制造公司交流与合作，做大做强舒密尔公司，促使公司品牌体系丰富化和高端化；通过持续创新乐器营销方式，深入拓展新兴市场，继续建设琴趣云服务平台，深化上下游产业链融合，提升珠江钢琴的客户服务能力和世界影响力，支撑珠江钢琴提质增效，升级领跑钢琴制造。

3.9.3　广东广州日报传媒股份有限公司

1. 企业基本情况

广东广州日报传媒股份有限公司（简称：粤传媒；股票代码：00218）于2007年11月在深圳证券交易所上市，其前身为"清远建北大厦股份有限公司"，2012年7月更名为"广东广州日报传媒股份有限公司"。

广东广州日报传媒的主营业务为：设计、制作、代理国内各类广告；出版物印刷、包装装潢印刷品；书刊零售及旅业，兼营建筑材料及设备等。

2. 企业经营情况

2016年，公司实现营业收入10.21亿元，同比下降21%，公司利润总额和净利润均为负。

2013—2016年广东广州日报传媒股份有限公司主要经济指标分析　　表3-9-3

指标名称	2013年	2014年	2015年	2016年
营业收入（万元）	167100.7	161792.4	129225	102083
营业利润（万元）	31145.72	25325.09	-43571	-15966.2
利润总额（万元）	30759.57	24982.84	-44679.4	18495.8
净利润（万元）	30800.62	22964.24	-44542.2	18953.67

3. 企业发展成就

2015年，公司与杭州阿里创业投资有限公司及上海万象文化发展有限公司合作，投资入股广州万之象物流有限公司，进一步扩张线下门店布点，完善公司物流服务网络。公司充分利用发行物流网络优势，发展"最后一公里"配送、大宗商品货运、"宅之便"连锁及电商销售等业务。一方面，通过多种合作方式与天猫、苏宁易购等知名电商开展物流配送业务；另一方面，借助强大的发行网络优势和客户渠道优势，先后推出"广州日报微管家"微信商城和"广州日报报业商城"微电商平台，加快电商行业布局，开拓移动电商的巨大市场。

根据世界品牌实验室发布的2016年《中国500最具价值品牌》排行榜，《广州日报》以268.36亿元的品牌价值稳居中国报业品牌第二名，位列500强第107位。至今，《广州日报》已连续13年在"中国500最具价值品牌"排行榜上名列中国报业三甲、华南地区报业之首。公司作为《广州日报》及其系列报的广告和发行业务经营主体，在承继《广州日报》多年积累的品牌影响力的同时，也通过对内外部资源的经营及整合，为不断深化和提升《广州日报》的品牌价值提供运营保障。

3.9.4 雅昌文化（集团）有限公司

1. 企业基本情况

雅昌文化（集团）有限公司（简称：雅昌）创建于1993年，原名为"深圳雅昌彩色印刷有限公司"，目前拥有北京、深圳、上海三大运营基地，杭州、广州两大艺术服务中心，以及广西、香港两个办事处。雅昌是"第二批国家文化产业示范基地"。

雅昌以艺术数据为核心、IT技术为手段、覆盖艺术全产业链的创新商业模式为指导，业务涉及高端艺术印刷、互联网艺术信息服务、艺术普及教育和艺术衍生品开发等相关产品与服务。

2. 企业经营情况

2016年，公司实现营业收入9233万元，同比提升17.71%，公司利润总额和净利润分别为122万元和124万元。

2013—2016年雅昌文化（集团）有限公司主要经济指标分析　　　　表3-9-4

指标名称	2013年	2014年	2015年	2016年
营业收入（万元）	9383.13	9232.52	7843.89	9232.66
营业利润（万元）	1660.4	772.17	236.46	37.41
利润总额（万元）	1596.88	1717.96	320.81	122.42
净利润（万元）	1326.98	1446.47	322.52	124.4

3. 企业发展成就

（1）基础艺术服务

"雅昌艺术印刷"在北京、上海和深圳建成了世界领先的艺术印刷基地，确立了"像艺术家那样，创造性地从事艺术品印制"的专业化发展之路。通过艺术书籍的设计和制作创新，积极地发挥艺术书籍在客观呈现和记录流传艺术经典方面的功用，推动艺术的传承。

雅昌携手IT企业惠普公司，利用"云计算"等前沿科技，打造"中国艺术品数据中心"。通过建立科学和完整的艺术数据分类标准，"中国艺术品数据中心"实现了对艺术品信息采集、处理和存储的高效管理，不但使高精度图片真实呈现原作精髓，而且确保艺术家创作的经典名作历经岁月磨蚀而历久弥新、永续传承。

（2）专业艺术服务

"雅昌艺术网"携手3000多位艺术家，综合使用多种科技手段，整合多方资源，为艺术家量身定制了"百科全书"式的"艺+综合服务"。

雅昌"艺+综合服务"将艺术家的原作、文献以及相关艺术成果进行数字化保存与管理，形成了为艺术家定制的文献出版、展览策划和传播推广等全方位的服务，以丰富的形式实现着艺术的传承和艺术价值的提升。

在"艺+综合服务"的基础上，"雅昌艺术网"进一步开发了"中国艺术品鉴证备案"系统，运用现代物理和分子技术，进行艺术作品DNA数据采集，为每一件艺术品建立"身份认证"机制，实现了从艺术家原作鉴定、备案到认证的系列运作。

4

中国特色小镇发展现状分析

4.1 特色小镇概述

4.1.1 特色小镇的定义及特点

1. 特色小镇的定义

根据国家发展改革委发布的《关于加快美丽特色小（城）镇建设的指导意见》，特色小（城）镇包括特色小镇、小城镇两种形态。特色小镇主要指聚焦特色产业和新兴产业、集聚发展要素、不同于行政建制镇和产业园区的创新创业平台；特色小城镇是指以传统行政区划为单元、特色产业鲜明、具有一定人口和经济规模的建制镇。

其中，特色小镇强调的是平台概念，其"非镇非区"，是各种特色发展要素的聚集区。同时，特色小镇和小城镇之间又有非常密切的联系，两者相得益彰、互为支撑。特色小镇是小城镇中的重要发展主体，小城镇是特色小镇发展的主要载体。

本报告中的特色小镇即特色小（城）镇。

2. 特色小镇的特点

特色小镇的特点简析　　　　　　　　　　　　　　　表 4-1-1

特性	分析
产业特性	涵盖范围广，核心锁定最具发展基础、发展优势和发展特色的产业，如浙江的信息经济、环保、健康、金融、高端装备等七大支柱产业和广东的轻纺、制造等产业
功能特性	通常为"产业、文化、旅游、社区"一体化的复合功能载体，部分小镇旅游功能相对弱化
形态特性	既可以是行政建制镇，如贵州旧州镇、湖南的百个特色旅游小镇，也可以是有明确边界的非镇非园空间，或是一个聚落空间、集聚区

3. 特色小镇发展历程

改革开放以来，我国特色小镇经历了四个发展阶段：第一阶段即探索阶段；第二阶段是酝酿阶段，2014年10月时任浙江省省长李强首提"特色小镇"；第三阶段为成型阶段，2015年12月习近平在《浙江特色小镇调研报告》上做了重要批示；第四阶段为全面推广阶段，这个阶段的特点为国家发布引导政策，随后地方政策密集出台，全国各地特色小镇建设如火如荼。

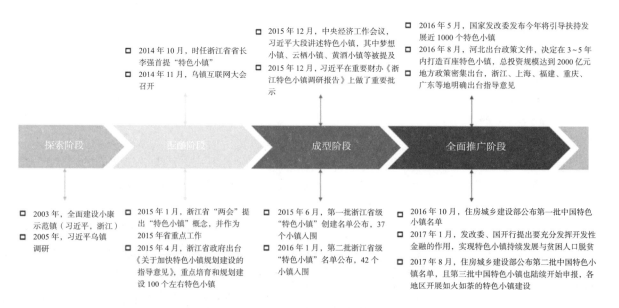

图 4-1-1　特色小镇发展历程

4.1.2 特色小镇发展意义

1. 特色小镇是县域经济发展的核心引擎

目前,我国城镇化发展中出现了诸多瓶颈,亟须寻找一个突破口。首先,大城市及城市群本身的摊大饼扩张,已经走到了尽头。但大城市与城市群周边,以卫星城、特色小镇方式发展的空间却很大,符合田园城市理想,符合休闲度假化生活方式。基于城际交通大幅提升的连接能力,卫星小(城)镇是中国最有成长潜力的模式。

其次,中小城市、小城镇、乡村是我国城镇化及经济发展的低洼地,基于建设小康中国目标,基于社会主义共同富裕的追求,运用新模式带动这些相对落后区域的发展,形成了十八大以来全国政策、金融、资源向这一区域倾斜的大战略趋势。8亿农民的城镇化,将形成巨大的市场拉动结构,带动落后区域、西部区域、远离城市区域的均衡发展,这恰恰是新常态下,中国经济可选择的最佳途径。

初步估算,正处于城镇化过程中的6亿~8亿人口,将有15%~30%,即1亿~2亿农村人口,可以通过特色小镇实现就地城镇化的就业与居住,并带动2亿~3亿特色小镇居民收入实现大幅提升,这是一块消费率最高的消费增量蛋糕。

因此,特色小镇开发,是新常态下中国开发经济走向深入发展的大战略。面对6亿~8亿正在走进城镇化的人群,面对3亿希望拥有度假生活的城市中产阶层,非中心城市化聚集是市场必然的选择。以特色小镇开发来带动卫星小(城)镇,带动分散的广大乡镇人群的城镇化聚集,是中国未来社会经济发展中最重要的开发带动模式和引擎结构,是县域经济发展的核心引擎。

2. 特色小镇是新常态下的经济引擎

目前,拉动中国经济增长的引擎在转变。中国当前经济发展中的三大引擎,与传统的投资、消费、出口的三驾马车有点区别。第一大引擎,是工业产业增长的推动;第二大引擎,是开发投资,从土地开发、基础设施与服务设施开发,到工业园区开发、房地产开发、新城开发,由此形成的土地财富,构成了中国经济持续发展最大的一个拉动力;第三大引擎,是居民消费,居民富裕起来后形成的强大消费能力,是推动中国经济发展的内在动力。

而根据《关于开展特色小镇培育工作的通知》,到2020年将建设1000个特色突出、充满活力的小镇。1000个国家级特色小镇的开发,实际上将启动2000个特色小镇的开发与跟进,因为1个成功的国家级特色小镇,背后有2~3个省、市、县级别的培养对象。省、市、县3倍放大,将进一步推大特色小镇建设开发规模。若按照平均3平方公里建设用地,300万平方米建筑规划,1个小镇开发需100亿元资金以上,3000个小镇,将形成30万亿元以上城乡一体化开发投资。

此外,通过8亿农民城镇化所形成的收入增长,是带动消费支出最大的跃升,是未来5年中国经济持续增长的最大动力源泉。因此,特色小镇的开发,不仅能保证中国广大乡镇区域经济社会稳定与可持续发展,还能在开发投资、实体产业、消费经济三大方面,对全国总体经济形成较高的贡献。

3. 特色小镇是加快探索供给侧改革的重要举措

随着经济发展进入新常态,传统产业的供求关系发生根本性变化,传统产业集群依靠低成本取胜的竞争优势显著弱化,区域发展旧动能持续衰减,产业转型升级成为必然趋势。无论是新动能培育还是区域产业体系提升,都需要构建一个以创新驱动为支撑、新兴特色产业为主体的新型产业创新平台。

特色小镇建设,正是瞄准供给侧结构失衡主动下的先手棋,它为集聚要素、辐射带动区域产业体系转型升级、促进城乡协调提供了新的抓手。更重要的是,通过重构区域产业创新生态体系,提升区域创新能力,促进区域经济转型升级,进而成为新常态下推动供给侧结构性改革的重要举措。从这个意义上,发展特色小镇显然不是简单的城镇基础设施规划建设,更不是借此在小城镇扩大房地产投资,而是为区域发展构建一个创新极,以新理念、新机制、新载体推进产业集聚、产业创新和产业升级,推动区域加快创新驱动、培育发展新动能。

4. 特色小镇是推进新型城市化的重要路径

《国家新型城镇化规划（2014—2020年）》提出要发展有历史记忆、民族特点的美丽城镇；《关于深入推进新型城镇化建设的若干意见》将"加快培育中小城市和特色小城镇"作为重点建设内容之一，特色小镇是在国家新型城镇化战略背景下提出的，成为推进新型城镇化的一个重要抓手，通过发展特色小镇可以促进、带动农村地区经济发展，实现农民就地就业，从而推动新型城镇化的发展。

5. 有利于保护传统文化和建筑

优秀的历史文化、民俗文化、古代建筑遗迹等是中华民族的宝贵财富，这些财富很多都位于农村地区，有的地方位置比较偏远、交通不便、经济落后。通过特色小镇的建设可以加强对这些地区文物古迹的保护、修复、开发和宣传，弘扬优秀文化，传播优秀思想。

4.2　2014—2016年中国特色小镇建设现状

4.2.1　中国特色小镇建设政策分析

1. 特色小镇宏观政策

（1）"新型城镇化"提出发展具有特色优势魅力小镇

2014年3月17日，国务院印发《国家新型城镇化规划（2014—2020年）》，在"重点发展小城镇"一节中提出，要通过规划引导、市场运作，将具有特色资源、区位优势的小城镇培育成为文化旅游、商贸物流、资源加工、交通枢纽等专业特色镇。

2014年7月，《住房城乡建设部等部门关于公布全国重点镇名单的通知》提出大力支持3675个重点镇建设，提升发展质量，逐步完善一般小城镇的功能，将一批产业基础较好、基础设施水平较高的小城镇打造成特色小镇。

2016年2月，《国务院关于深入推进新型城镇化建设的若干意见》第十三条"加快特色镇发展"一节中提出发展具有特色优势的休闲旅游、商贸物流、信息产业、先进制造、民俗文化传承、科技教育等魅力小镇，带动农业现代化和农民就近城镇化。政策强化了对特色镇基础设施建设的资金支持，支持特色小城镇提升基础设施和公共服务设施等功能。

2016年4月，《国土资源部关于进一步做好新型城镇化建设土地服务保障工作的通知》倡导积极推进城镇低效用地再开发，实施差别化产业用地政策，科学稳慎推进低丘缓坡地开发。

（2）"十三五"规划提出发展充满魅力的小城镇

2016年3月，国务院发布的《中华人民共和国国民经济和社会发展第十三个五年规划纲要》中提出，"十三五"期间要加快发展中小城市和特色镇，因地制宜发展特色鲜明、产城融合、充满魅力的小城镇，这也成为新时期小城镇发展的新课题。

过去，中国一些城市的建设被批评为"千城一面"，不重视差异化的建设与发展，导致许多城市大同小异。如今，在特色小镇的建设中，从一开始就确立了不要"千镇一面"的思路。从特色出发，可以窥见当下中国特色小镇的思路。

（3）《关于开展特色小城镇培育工作的通知》

2016年7月1日，住房城乡建设部、国家发展改革委、财政部联合下发《关于开展特色小镇培育工作的通知》，从产业形态、传统文化、美丽环境、设施服务、体制机制等方面对特色小镇的建设进行规范要求。

此次开展特色小镇培育工作是在借鉴浙江特色小镇经验和做法基础上的提升，更加注重发展特色产业、注重传承传统文化、注重保护生态环境、注重宜居环境建设、注重完善市政基础设施和公共服务设施。通过特色小镇培育工作，让更多的小镇真正成为就近城镇化的载体，能让更多的人留在小镇居住，能吸纳更多农村剩余劳动力在小镇就业，能让小镇居民享受到更好的公共服务和良好的居住环境。

（4）《关于加快美丽特色小（城）镇建设的指导意见》

2016年10月8日，国家发展改革委发布《关于加快美丽特色小（城）镇建设的指导意见》，指出释放美丽特色小（城）镇的内生动力关键要靠体制机制创新；要全面放开小城镇落户限制，全面落实居住证制度，不断拓展公共服务范围。

为加快建设美丽特色新型小（城）镇，《指导意见》还明确，要坚持因地制宜，体现区域差异性，提倡形态多样性，彰显小（城）镇独特魅力，防止照搬照抄、"东施效颦"、一哄而上；坚持产业建镇，做精做强主导特色产业，打造具有持续竞争力和可持续发展特征的独特产业生态，防止千镇一面；坚持以人为本，打造宜居宜业环境，提高人民群众获得感和幸福感，防止形象工程；坚持市场主导，提高多元化主体共同推动美丽特色小（城）镇发展的积极性，防止大包大揽。

（5）《关于实施"千企千镇工程"推进美丽特色小（城）镇建设的通知》

2016年12月，国家发展改革委、国家开发银行、光大银行、中国城镇化促进会等机构联合发布《关于实施"千企千镇工程"推进美丽特色小（城）镇建设的通知》，指出"千企千镇工程"是根据"政府引导、企业主体、市场化运作"的新型小（城）镇创建模式，搭建小（城）镇与企业主体有效对接平台，引导社会资本参与美丽特色小（城）镇建设。

《通知》指出，聚焦重点领域，围绕产业发展和城镇功能提升两个重点，深化镇企合作；建立信息服务平台，运用云计算、大数据等信息技术手段，建设"千企千镇服务网"。

2. 特色小镇资金支持政策

（1）国家发展改革委资金支持政策

关于特色小镇建设项目申请专项建设基金，实际上更早时候在国家发展改革委申请专项建设基金的第19项"新型城镇化"一项里面，有"特色镇建设"这一子项，其他几个子项也与特色小镇建设相关，分别是：

国家发展改革委申请专项建设基金中与特色小镇建设相关子项　　表 4-2-1

序号	子项
19.1	国家新型城镇化试点地区的中小城市
19.2	全国中小城市综合改革试点地区
19.3	少数民族特色小镇

此外，《关于开展特色小镇培育工作的通知》在支撑政策中提出过两条支持渠道：国家发展改革委等有关部分支持符合条件的特色小镇建设项目申请专项建设基金；中央财政对工作开展较好的特色小镇给予适当奖励。

《关于加快美丽特色小（城）镇建设的指导意见》则提出：加强统筹协调，加大项目、资金、政策等的支持力度；大力推进政府和社会资本合作，鼓励利用财政资金撬动社会资金，共同发起设立美丽特色小（城）镇建设基金；研究设立国家新型城镇化建设基金，倾斜支持美丽特色小（城）镇开发建设；鼓励开发银行、农业发展银行、农业银行和其他金融机构加大金融支持力度；鼓励有条件的小城镇通过发行债券等多种方式拓宽融资渠道。

（2）农业发展银行的政策性贷款

农业发展银行对于特色小镇响应最早，2015年年底就推出了特色小城镇建设专项信贷产品。中长期政策性贷款主要包括集聚城镇资源的基础设施建设和特色产业发展配套设施建设两个方面。

2016年10月10日，《关于推进政策性金融支持小城镇建设的通知》（建村〔2016〕220号）进一步明确了农业发展银行对于特色小镇的融资支持办法。《通知》提出，建立贷款项目库，申请政策性金融支持的小城镇时，编制小城镇近期建设规划和建设项目实施方案且经政府批准后，可向银行提出建设项目和资金需求。中国农业发展银行将进一步争取国家优惠政策，提供中长期、低成本的信贷资金。

（3）国家开发银行的开发性金融支持

2017年3月，住房城乡建设部、国家开发银行联合发布《关于推进开发性金融支持小城镇建设的通知》，提出要探索创新小城镇建设运营及投融资模式，做好融资规划，加强信贷支持，创新融资模式；支持促进小城镇产业发展的配套设施建设。

此外，《关于实施"千企千镇工程"推进美丽特色小（城）镇建设的通知》也提出，"千企千镇工程"的典型地区和企业，可优先享受有关部门关于特色小（城）镇建设的各项支持政策，优先纳入有关部门开展的新型城镇化领域试点示范。国家开发银行、中国光大银行将通过多元化金融产品及模式对典型地区和企业给予融资支持，鼓励引导其他金融机构积极参与。政府有关部门和行业协会等社会组织将加强服务和指导，帮助解决"千企千镇工程"实施中的重点难点问题。

（4）中国建设银行的商业性金融支持

2017年4月，住房城乡建设部、中国建设银行联合推出《关于推进商业金融支持小城镇建设的通知》，支持特色小镇、重点镇和一般镇建设，优先支持《住房城乡建设部关于公布第一批中国特色小镇名单的通知》确定的127个特色小镇和各省（自治区、直辖市）人民政府认定的特色小镇。支持内容包括支持改善小城镇功能、提升发展质量的基础设施建设；支持促进小城镇特色发展的工程建设；支持小城镇运营管理融资，包括基础设施改扩建、运营维护融资；运营管理企业的经营周转融资；优质企业生产投资、经营周转、并购重组等融资。

《通知》还表示，发挥中国建设银行综合金融服务优势，加大对小城镇建设的信贷支持力度；帮助小城镇所在县（市）人民政府、参与建设的企业做好融资规划，提供小城镇专项贷款产品；探索开展特许经营权、景区门票收费权、知识产权、碳排放权质押等新型贷款抵质押方式。

3. 特色小镇建设规划

特色小镇建设规划目标 表4-2-2

政策	规划目标
《关于开展特色小镇培育工作的通知》	到2020年，培育1000个左右各具特色、富有活力的休闲旅游、商贸物流、现代制造、教育科技、传统文化、美丽宜居等特色小镇，引领带动全国小城镇建设，不断提高建设水平和发展质量
《关于加快美丽特色小（城）镇建设的指导意见》	统筹地域、功能、特色三大重点，以镇区常住人口5万以上的特大镇、镇区常住人口3万以上的专业特色镇为重点，兼顾多类型多形态的特色小镇，因地制宜建设美丽特色小（城）镇

4. 特色小镇评定标准

（1）特色小镇认定标准特点

《国家特色小镇认定标准》特点 表4-2-3

特点	内容
以评"特色"为主，评"优秀"为辅	《国家特色小镇认定标准》制定，是在"优秀"的基础之上，挖掘其"特色"因素。因此，该标准制定将评价指标分为"特色性指标"和"一般性指标"。特色性指标反映小城镇的特色，给予较高的权重；一般性指标反映小城镇基本水平，给予较低的权重。做到以评"特色"为主，评"优秀"为辅
以定性为主，定量为辅	小城镇的特色可简单概括为产业特色、风貌特色、文化特色、体制活力等，这些特色选项的呈现以定性描述居多。但是，完全的定性描述会导致标准评判的弹性过大，降低标准的科学与严谨性。而少量且必要的定量指标客观严谨，虽然使评审增加了一定的复杂性，但能够保证标准的科学与严密。所以，该标准的制定以定性为主，定量为辅。在选择定量指标时首先尽量精简定量指标的数量，同时尽量使定量指标简单化增强可评性

（2）特色小镇分项指标解读

根据《开展特色小镇培育工作的通知》，此次特色小镇认定对象原则上是建制镇，特色小镇要有特色鲜明的产业形态、和谐宜居的美丽环境、彰显特色的传统文化、便捷完善的设施服务和灵活的体制机制。在此基础上，构建五大核心特色指标。

特色小镇分项指标　　　　　　　　　　　　　　　　　　　　　　　　　　表 4-2-4

一级指标	二级指标	分值
产业特色	产业是否符合国家的产业政策导向	25 分
	产业知名度影响力有多强	
	产业是否有规模优势	
环境宜居	城镇风貌	25 分
	镇区环境	
文化传承	文化传承	10 分
	文化传播	
设施便捷	道路交通	20 分
	市政设施	
	公共服务设施	
创新发展	发展的理念模式是否有创新	20 分
	规划管理是否有创新	
	支持政策是否有创新	

5. 特色小镇地区性政策

截至 2017 年 1 月，全国共发布特色小镇相关政策 104 个，在发布了特色小镇相关政策的 21 个省（自治区、直辖市）中，浙江省最多，发布了 18 个政策。

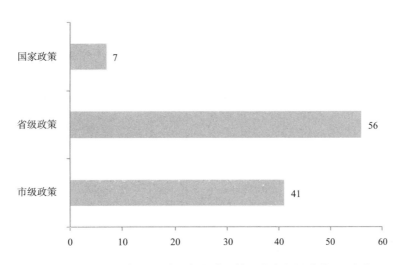

图 4-2-1　2017 年 1 月前特色小镇政策已发布数量（单位：个）

各地区发布的特色小镇政策（部分）　　　　　　　　　　　　　　　　　　　表 4-2-5

省（自治区、直辖市）	政策
浙江	《关于加快特色小镇规划建设的指导意见》
	《关于规划建设以高新技术为主导特色小镇的实施意见》
江苏	《关于培育创建江苏特色小镇的指导意见》
四川	《四川省"十三五"特色小城镇发展规划》
江西	《江西省特色小镇建设工作方案》
河北	《关于建设特色小镇的指导意见》
安徽	《安徽省人民政府关于加快推进特色小镇建设的意见》

续表

省（自治区、直辖市）	政策
广西	《广西壮族自治区人民政府办公厅关于培育广西特色小镇的实施意见》
陕西	《陕西省发展和改革委员会关于加快发展特色小镇的实施意见》
陕西	《进一步推进全省重点示范镇文化旅游名镇（街区）建设的通知》
北京	《北京市"十三五"时期城乡一体化发展规划》
天津	《天津市特色小镇规划建设工作推动方案》
山东	《山东省人民政府关于开展"百镇建设示范行动"加快推进小城镇建设和发展的意见》
甘肃	《关于推进特色小镇建设的指导意见》
福建	《关于开展特色小镇规划建设的指导意见》
贵州	《贵州省100个示范小城镇全面小康统计监测工作实施办法》

在建设特色小镇的文件中，国务院要求各地深化改革，加强政策创新。其中，强镇扩权作为简政放权的典型路径，被多个省份在政策文件中提到。强镇扩权是指扩大中心镇经济社会管理权限，包括下放事权、扩大财权、改革人事权、保障用地等，是我国过去县域经济发展所伴生的一个比较特殊的政策产物，反过来也对促进县域经济发展有较大作用，在激励当地政府、更加因地因时制宜等方面均有不错的效果。

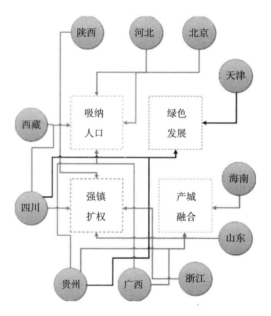

图 4-2-2　部分省（自治区、直辖市）政策要点图解

4.2.2　中国特色小镇建设现状

1. 特色小镇数量规模

从国家级特色小镇来看，根据住房城乡建设部公布的数据，目前全国特色小镇一共403个，其中第一批127个，第二批276个。从人口规模来看，人口数量超100万的特色小镇有32个，人口数量超20万的特色小镇有6个。

2. 特色小镇市场规模

根据2016年7月住房城乡建设部、国家发展改革委、财政部《关于开展特色小镇培育工作的通知》，到2020年培育1000个特色小镇；另外，根据全国31个省（自治区、直辖市）特色小镇产业规划，到2020年将建设 2000 个左右特色小镇，远远超过《通知》中的规划数量。根据已经初步建成，企业已进驻运营的部分小镇统计来看，平均一个特色小镇投资额约为 50 亿~60 亿元，按照这个规模测算，未来特色小镇将产生约 15 万亿元的投资额，可为经济增长提供强大推力。

3. 特色小镇区域分布

从各区域的特色小镇数量来看，华东地区的数量是最多的，有 117 个，其中浙江省数量最多，为 23 个。浙江省从 2014 年开始全面启动特色小镇培育工作，目前已经取得了举世瞩目的成绩。小镇数量并列第二的是江苏省和山东省，拥有 22 个特色小镇。

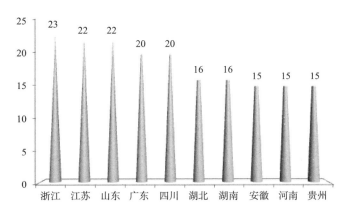

图 4-2-3　第一批、第二批特色小镇数量 TOP10 省份

4. 特色小镇类型分布

根据住房城乡建设部发布的第一、二批中国特色小镇名单，结合住房城乡建设部推荐工作的通知，特色小镇的类型主要有工业发展型、历史文化型、旅游发展型、民族聚居型、农业服务型和商贸流通型。经过整理分析，旅游发展型的特色小镇数量最多，为 155 个，占总数的 38.5%；其次为历史文化型特色小镇，数量为 97 个，占比为 24.1%。

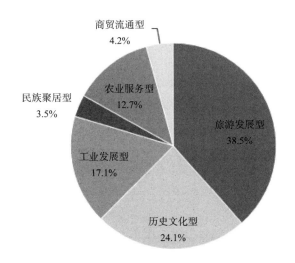

图 4-2-4　第一批、第二批特色小镇类型分布

5. 特色小镇投资规模

目前，特色小镇投资规模从数亿元到百亿元不等，平均投资规模在 50 亿~60 亿元之间。下图汇总了部分有代表性的特色小镇投资情况：

部分有代表性的特色小镇投资情况　　表 4-2-6

特色小镇名称	总投资（亿元）
上城玉皇山南基金小镇	72
天台山和合小镇	56
沃尔沃小镇	154
江苏药镇	52
平阳宠物小镇	52
龙泉青瓷小镇	30
酷玩小镇	110
碧桂园科技小镇（5个）	1000
阿里巴巴云栖小镇	12
余杭艺尚小镇	45
妙笔小镇	50
智能模具小镇	22
远洋渔业小镇	53
西湖龙坞茶镇	51
余杭梦想小镇	50
富阳硅谷小镇	70
临安云制造小镇	85
梅山海洋金融小镇	50
瓯海时尚制造小镇	80
苍南台商小镇	60
南浔善琏湖笔小镇	52
海宁皮革时尚小镇	60
桐乡毛衫时尚小镇	55
嘉善巧克力甜蜜小镇	55
靖江生祠苑艺小镇	50
中山古镇镇	63
长乐东湖 VR 小镇	80
泗河源头幸福健康特色小镇	93
南康家居小镇	39
盱眙县秦汉文化特色小镇	30
黄集街道"乡村乡愁"特色小镇	19
美溪白桦特色小镇	50
都京丝绸特色小镇	50
永乐光辉特色小镇	20

6. 特色小镇建设成果

目前，第一批 127 个特色小镇建设取得明显成效，新增企业就业人口 10 万人，平均每个小镇新增工作岗位近 800 个，农民人均纯收入比全国平均水平高 1/3，有效带动了产业和农村发展。在基础设施方面，90% 以上小镇的自来水普及率高于 90%，80% 小镇的生活垃圾处理率高于 90%，基本达到县城平均水平；公共服务方面，平均每个小镇配有 6 个银行或信用社网点、5 个大型连锁超市或商业中心、9 个快递网点以及 15 个文化活动场所或中心；传统文化保护和传承方面，85%的小镇拥有省级以上非物质文化遗产，80%以上的小镇定期举办民俗活动，70%以上的小镇保留了独具特色的民间技艺。

7. 特色小镇环保工作

特色小镇建设要服务于产业发展目标，建设一个适合创新要素生长和集聚的环境和空间，重点是补齐环保"短板"，保证特色小镇绿色健康发展。特色小镇建设必须与环保同行，实现特色产业和环境保护双赢。

特色小镇主要聚焦特色产业和新兴产业，集聚发展要素，是不同于行政建制镇和产业园区的创新创业开放式平台。特色小镇具有明确的产业定位、文化内涵、旅游和社区功能，其核心是特色产业，要突出"一镇一业"。

对比已建或在建特色小镇的经验可以发现，特色小镇建设是在城市环境基础上，进一步强化产业特色，以鲜明主题提升产业和资源集聚度。虽然特色小镇建设要服务于产业发展目标，建设一个适合创新要素生长和集聚的环境和空间，让产业走向创新驱动，但重点是补齐环保"短板"，保证特色小镇绿色健康发展。因此，特色小镇建设必须与环保同行，实现特色产业和环境保护双赢。

首先，国家有关部门和地方政府应依据有关法规内容要求，制定和完善特色小镇建设的相关环保规定和办法。其内容应包括空气质量达标率、生活污水收集率和处理率、生活垃圾收集率和处置率、绿化率、特色风貌保护等要求。特色小镇管理者要对环境质量持续改善负责，并与其政绩考核挂钩。要有相关机构对特色小镇环保事务进行监督管理，同时，要有环保教育宣传的规定要求。地方政府依据《城乡规划法》有关规定要求，适时对特色小镇规划进行修编，制定可行的控制性详细规划。其内容应包括特色小镇空间布局、规模控制、功能分区，确定重大基础设施（生活污水处理厂、生活垃圾处置场等）的建设位置，明确禁止、限制和适宜建设的地域范围，保护生态环境、资源环境、文化遗产等。新区建设必须控制在规划红线范围内，按规划设计路线进行建设；老城改建应突出特色小镇风貌，保护文化遗产，进行道路、通信、危房改造。

其次，围绕小镇的特色产业，进行生态环境建设，突出环保基础设施建设。比如，以休闲旅游为特色产业发展的小镇，要选择适宜当地生态环境的原生植被进行植树种草，增强规划区范围内的生物多样性，扩大绿化面积，增加植被蓄积量。同时，整合各种建设资金，建设生活污水处理厂、生活垃圾处置场等环保基础设施，对特色小镇产生的污染物进行有效处理，持续改善环境质量，保护小镇生态环境。再如，以现代制造业为特色发展的小镇，要合理布置工厂、物流区、居民区、学校、医院等，设置安全、卫生、消防防护距离，确保人们的安全、卫生和环境安全。同时，工厂负责人要把清洁生产理念贯穿整个生产过程，最大限度地促进循环经济发展，减小生产末端污染物的产生量，并对末端污染物进行有效处理。确保现代制造业绿色有序发展，推动特色小镇持续健康成长。

第三，当地环保部门要采取不同形式，对特色小镇不同阶层的人群进行环境教育。要组织开展培训活动，对特色小镇党委政府及其各组成部门、办事机构的负责人和办事员进行环境教育，让其了解有关环境政策法规、标准规范等，加强生态环境监管工作。要利用现代信息技术，如微信公众号、APP客户端等，对特色小镇居民进行环境宣传，其内容应有环保常识、特色小镇环境质量状况和环保工作动态、公众环境维权和举报知识等。特色小镇作为推进新型城镇化进程和加强供给侧结构性调整的有效策略，已经在浙江省取得明显的成效并在全国范围内逐步推广。特色小镇的概念本身就孕育生态环保内涵，高质量、内涵式的发展理念将成为治疗"大城市病"、改善农村环境质量、推进产业结构的优化升级、统筹城乡间生态要素流动的有效尝试。未来一段时间，特色小镇将充分发挥其对环境保护的积极作用，大力提高我国生态文明的建设水平。

4.2.3 特色小镇建设参与主体

1. 政府支持

"政府引导，企业主体，市场化运作"是杭州探索出的一种成熟的特色小镇开发运营模式，这种模式，不仅仅依靠政府的力量，而且合理地引入社会企业帮助当地政府运营园区，与政府部门形成互补，从而释放小镇的活力。

在该模式中，政府主要做四方面的工作：一是编制规划；二是基础设施的配套推进；三是土地的保障；四是生态环境保护。另外一个重要的工作是营造良好的政策环境，吸引各方力量来建设特色小镇。

2. 资本参与

特色小镇建设需要大量的资金投入。在我国经济发展进入新常态、政府财政压力大的背景下，吸引资金实力强大的社会资本和投资商投入特色小镇建设成为现实选择。比如，社会资本和投资商可以在产业挖掘和培育、基础设施和公共服务实施等方面发挥作用。

3. 企业主体

企业的主要工作是做产业发展、人才引进、市场营销和项目推进，彼此分工非常明确。

4.2.4 特色小镇创建模式分析

从目前获批且正在进行建设的特色小镇来看，很多小镇仍然坐落于大城市内部或近郊区，更多的还是对于城市内原有资源和新增外部资源的重新整合，是对于原有商务CBD等区域产业发展业态的一种模式升级，将原有浓重的商业或产业生态添加更多宜居、宜业、宜娱的元素。具体来看，特色小镇的创建模式可以分为两类：浙江等发达省份的"政府引导，企业主导"模式和西藏等部分经济活力不足区域的"政府全部包揽扶持模式"。

1. 政府引导，企业主导

这种模式更多强调产业自身的内驱动力，政府在特色小镇的建设过程中更多的是配建制度和环境的角色，以最高层级的规划作为引导力量，在建设过程中由企业和社会资本起主导作用，负责具体的战略落实、建设和运营。例如，杭州玉皇山南基金小镇就是这种模式，成立玉皇山南建设发展公司，充分发挥市场在资源配置中的决定性作用，以企业为投资建设主体，主导小镇的"国际化""专业化""市场化"发展。这类模式最大的特点是对于现有资源的依托，不具备广泛的可复制性。

2. 政府全部包揽扶持模式

与民营经济力量较强相伴随的一般是该区域的经济活力较强，而与之相对的，政府力量占绝对优势地位的区域往往表现为经济活力较差，进而在特色小镇建设过程中，由于企业和社会资本能力不足，政府角色定位多表现为"大包大揽"模式，例如，西藏自治区山南市扎囊县桑耶镇就是这种模式。

如果由政府全权负责，那么特色小镇的设计和建设的水平不会出太大问题，但是在整个特色小镇的不断开发和升级中，需要大量资金投资，采用股权投资、PPP或者基金模式都有可能，但一定要关注的是政府政策支持的力量和资金持续的流入。

4.2.5 特色小镇开发模式分析

1. 土地一级开发

土地一级开发模式，即投资者既可以做土地一级开发的代开发，通过工程获取收益；也可以全面托管土地一级开发，通过土地的升值或其他补贴方案获得收益。

2. 二级房产开发

具体来看，这种模式包括园区地产、城市地产（一居所地产、城市商业地产）及旅游地产三大架构。其中旅游地产又可以分为二居所地产（周末）、三居所地产（度假）、养老地产、旅游休闲商业地产、客栈公寓型地产五大类。二级房地产开发主要通过销售、"销售+回收经营"、租赁经营三种方式获取销售及运营收益。

3. 产业项目开发

这种模式主要包括两类：特色产业项目开发和旅游产业项目开发。特色产业项目的开发主要以科技产业园、产业孵化园、双创中心等为主体，同时结合科教文卫等事业，开发产业科研基地、教育培训园区、产业博物馆等项目。旅游产业项目开发众多，包括承担吸引核心功能的景区、主题公园、演艺广场，以休闲消费聚集为主要功能的餐饮、酒吧、夜间灯光秀，以及为游客提供居住功能的度假地产。投资者通过产业项目的开发实现投资收益。

4. 产业链整合开发

这种模式主要包括两大产业链：特色产业链和泛旅游产业链。两大产业链相互支撑，构建区域产业生态圈。具体来说，一个小镇经过漫长的积淀之后，形成了某一个产业，政府部门和投资者需要围绕这个行业做文章，重点是做大核心产业，延伸产业链条，构建一个区域产业生态圈。

5. 城镇建设开发

这种模式主要包括三大类：第一类是为小镇提供包括公共交通、供水、污水处理、垃圾处理等在内的市政服务；第二类是为小镇提供管理服务；第三类是为小镇提供配套服务，如学校、医院、养老机构、文化馆、体育馆等。

4.2.6 特色小镇开发架构分析

1. 特色小镇的发展架构

特色小镇的发展架构，可以总结为"双产业、三引擎、五架构"。

"双产业"指特色产业与旅游产业，自身特色产业主要指新兴产业或传统经典产业，诸如信息经济、环保、健康、时尚、金融、高端装备等新兴产业，茶叶、丝绸、石刻、文房、青瓷等传统产业；泛旅游产业主要是"旅游+农业""旅游+乡村""旅游+工业""旅游+健康""旅游+体育运动""旅游+科技""旅游+教育"等。

"三引擎"包括产业引领、旅游引擎、智慧化及互联网引擎。对于任何一个特色小镇来说，都是以导入更大的扩大效应、传播效应的现代手段和渠道，是集聚产业能力，形成人口规模的基础。旅游引擎是导入外来客流形成消费聚集的基础。这三大引擎是构建打造旅游特色小镇的基础。任何一个特色小镇的引擎不清晰，引擎发展逻辑不清晰，引擎落地的产品、业态、形态、人才、机制和投资的方式不清晰，都做不出特色小镇。

"五架构"指的是特色小镇发展不仅要遵循产业链整合架构，还要符合旅游目的地发展架构和新型城镇化发展架构。特色小镇发展的基础是人口聚集。特色产业和泛旅游产业的发展，形成产业集聚，带动常住人口聚集和外来游客聚集，促进配套产业和公共设施的发展，以及多样化的消费结构和聚集，从而推动城镇化架构的形成与旅游目的地发展。

图 4-2-5 特色小镇发展架构

2. 以特色产业为引擎的泛产业聚集结构

以特色产业为引擎的聚集结构，主要包括"产业本身+产业应用+产业服务+相关延伸产业"四个层面。

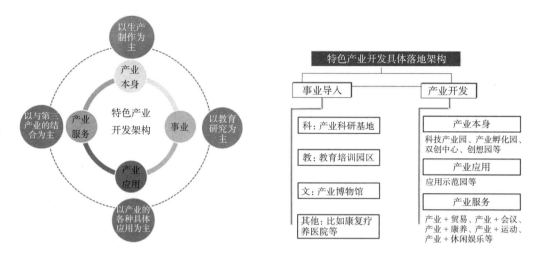

图 4-2-6 特色产业项目开发架构　　图 4-2-7 特色产业开发具体落地架构

3. 以旅游为引擎的泛旅游产业聚集结构

泛旅游产业聚集结构，是在泛旅游产业理念下，依托旅游与其他产业的融合、聚集，超越旅游十二要素的范畴，形成以旅游产业带动其他产业发展的多产业、立体网络型产业集群。这一集群涉及面广，几乎涵盖旅游及所有相关产业。

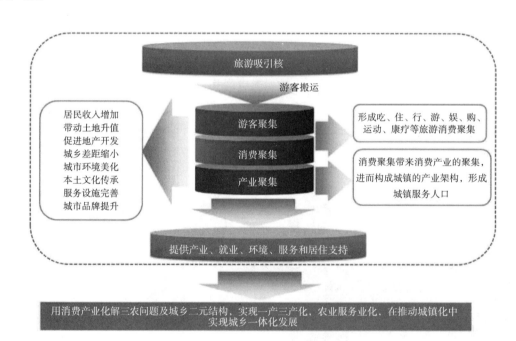

图 4-2-8 泛旅游资源开发架构

4. 旅游目的地架构

特色小镇虽不完全以旅游为主要目的地，但又必须包含旅游的功能，每一个特色小镇原则上都是一个以 3A 或 3A 以上景区为主导的旅游目的地，是"旅游吸引核+休闲聚集+商街+居住"的一体化聚集地。

5. 新型城镇化架构

特色小镇本身就是一个城镇化架构，包括"核心引擎+产业园区+休闲聚集区+综合居住区+公共服务设施配套"五大架构。核心引擎是形成人口的关键，产业园区是特色产业核心部分的聚集区，消费产业的聚集形成休闲聚集区，综合居住区是获取土地开发收益的重点，而社区配套网是特色小镇必须具备的支撑功能。

4 中国特色小镇发展现状分析

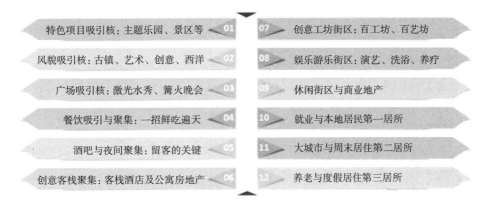

图 4-2-9 旅游目的地开发架构（一）

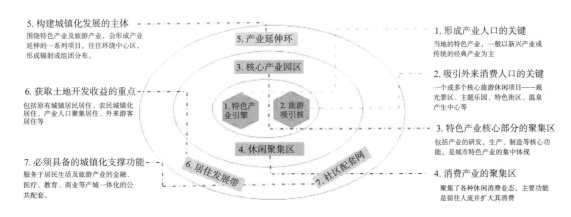

图 4-2-10 旅游目的地开发架构（二）

6. 互联网引擎与智慧化架构

伴随着互联网的发展，消费者的信息获取方式、消费习惯、支付环境都发生了巨大的转变，互动、体验、便捷成为人们生活中无处不在的追求。因此，以人为中心的特色小镇也应该注重市场环境的变化，立足居民或旅游的体验维度，从顶层设计、生产生活、服务提供、城市管理、品牌营销等多角度全方位，注重现代智慧科技的运用，打造智慧化的特色小镇，形成对产业、旅游、宜居生活的全面提升。

4.2.7 特色小镇发展定位

1. 产业形态定位要精准

产业定位精准，特色鲜明，战略新兴产业、传统产业、现代农业等都是特色小镇建设的产业选择范围。产业要向做特、做精、做强发展，产业链要素集聚度要高；充分利用"互联网+"等新兴手段，推动产业链向研发、营销延伸。

2. 空间布局定位要协调

空间布局与周边自然环境要相互协调，整体格局和风貌要总体协调，土地利用要集约，小镇建设与产业发展要步调一致；同时，美丽乡村建设定位要突出。充分依托与利用资源、气候、地缘、人文等方面的优势，打造具有浓郁特色的现代农业小镇、商贸小镇、生态小镇和旅游小镇，并以特色小城镇为依托，发展特色文化、特色经济，开创特色发展之路。

3. 文化定位辨识度要高

文化定位要彰显传统文化、地域特色和富有较高的辨识度。传统文化得到充分挖掘、整理、记录，历史文化遗存得到良好保护和利用，非物质文化遗产活态传承。要形成独特的文化标识，要与产业融合发展，使优秀传统文化在经济发展和社会管理中得到充分弘扬。

4. 体制机制定位要创新先行

发展理念有创新，经济发展模式有创新。规划建设管理有创新，鼓励总体协调，建设规划与土地利用规划协同，社会管理服务要力求创新。省、市、县支持政策要"垂直"创新。创新体制机制，促进小镇健康发展，激发内生动力。

5. 功能定位要协同发展

城市化将从过去中心大城市建设的"单核"模式向"中心城区+特色小镇"的"双核"或"多核"发展模式过度。其中特色各异的"特色小镇"，大多属于城乡接合部和新城新区，发展活力最强的区域。拥有产业发展功能的独特优势，以产业发展带动特色小镇建设的开发模式，体现产业和城镇协调发展、双向融合的理念，其形成路径是通过产业园区化—园区城镇化—城镇现代化—产城一体化，实现产业与城镇的匹配和融合发展。实现"以产带城，以城促产"的产城融合模式，即"产业、生产、服务、消费"等"多点支撑"的特色小镇发展模式。形成多功能协同的公共服务设施完善、服务质量高，教育、医疗、文化、商业等服务覆盖小镇全域，甚至对周边要有带动和辐射作用。

4.2.8 特色小镇建设原则

1. 精心布局，整体规划

必须改善交通条件，形成大中小城市合理布局的城市群，利用资源城市远离中心城市的地理位置特点，做好可行性研究和总体规划，规划方案要经过有关专家论证和第三方评估。

2. 突出特色、创造优势

小城镇建设要坚持从实际情况出发，围绕一个核心产业和产品，吸引相关的产品和科研机构进入，通过分工协作、技术创新和经营模式的创新，避免千镇一面、"东施效颦"，创造出新的竞争优势。

3. 城乡一体化改革

努力使进入小城镇的居民平等地享受各种基本权益和公共服务，适应劳动力全国流动的需求，建立全国统一的地盘策略，实现城市建设用地增加和农村建设用地减少相挂钩。落实党的十八届三中全会关于农村土地改革的重要部署，使进城落户的农民能够通过土地使用权转让获得财产性收入，通过发挥市场对土地资源配置的决定性作用，实现土地资源的集约利用，满足小城镇对建设用地的需求。

4. 财政引导

通过财政基金的引导吸引民间资金进入小城镇，允许以农村土地的法人财产权抵押贷款。

4.2.9 特色小镇建设规划布局分析

特色小镇规划主要包含以下内容：1个定位策划+5个专题研究+2个提升+1个空间优化落地。

1个定位策划：根据自身的基础和独特的潜力，抓准特色，明确特色小镇的精准定位，进行充分的策划来支撑特色小镇发展。

5个专题研究：产业、宜居、文化、设施服务、体制机制五个方面的专题研究和实施方案，保障特色发展。

2个提升：旅游和智慧体系两个提升规划。

1个空间优化落地：最终通过一个空间优化落地规划落实所有规划设想，并明确实施步骤。

以上主要内容形成一个完整的特色小镇规划体系，系统解决特色小镇建设面临的问题，其中每部分内容的关键又各有侧重。

1. 根据资源禀赋做好精准策划

根据区位等资源要素进行综合分析，找出自身特色，组织好，精准定位。对小镇名称、组织规划、建设、运营、管理、融资模式、投资主体等内容进行明确定位和策划。

2. 坚持精选产业、项目落地的理念

传统的城镇规划是留足城镇的发展空间，不以产业为重点；特色小镇规划要以产业为重点，特别要突出产业选择。产业选择主要是结合传统产业，发展适合小城镇的产业，小城镇适合的产业往往是传统加工业、高新研发产业、农产品加工业、旅游业等，不发展不适合落户小城镇的大规模制造业，在产业选择上还要考虑聚集人气的项目。

重项目落地。找到有基础的产业项目，做精做强，在空间上落地。用地性质、开发强度、建设时序都要落地，在图纸上标注，这是特色小镇规划的重点内容。

3. 注重营造美丽而有特色的空间环境

传统小城镇规划重视发展空间，对风貌考虑不足，不重特色。而特色小镇规划既要考虑美，重视风貌，还要考虑特色，既要考虑空间的精准，又要注重美的营造，要注重打造有特色的人居环境，不能千镇一面。通过特色风貌，体现更高层次的追求。有条件的地方一定要编制特色小镇城市设计或风貌设计专篇，对老镇区的外部环境、整体格局、居住街坊、商业服务、街道空间、建筑风貌、绿地广场等风貌要素提出提升方案。注重对传统文化元素符号、材质的提炼和应用。

4. 规划复合高质量的设施服务并辐射周边

传统规划注重量的发展，忽视质的提升；注重基础设施的完善，解决有无问题，忽视服务水平的高低。特色小镇规划注重高质量的、复合的公共服务设施和基础设施的规划，要加强设施建设，提升服务水平。基础设施基于服务圈的理论配置，要小而综，适合小城镇特点，达到一定标准，并辐射周围乡村和地区。

5. 注重传承和发展文化，使小镇富有内涵和魅力

特色小镇不仅要有特色，还要有文化。文化是特色小镇的灵魂，要建设有品质、有内涵、有吸引力、让人流连忘返的地方，而不是一个空壳。挖掘、传承、发展文化变得尤为重要。文化要有历史、人物、故事。挖掘和整理后的传统小城镇文化要在空间上予以体现，提供文化场所，在建筑、雕塑、小品、题匾、园林上予以反映，形成新的城镇景观。还要不断结合当前的形势归纳和总结，传承并形成当前的文化。

6. 通过旅游和休闲加强小镇的活力和人气

传统小城镇规划重视硬件的规划并不注重活力等软件的打造，而特色小镇规划需要集聚人气和创造活力。有条件的可通过旅游的方式提升吸引力，旅游设施、旅游线路都要有所规划；旅游项目要注重中低端消费，考虑聚集人气项目，例如夜宵一条街、跳蚤市场等；北方地区要有冬季的活动场所，南方地区要有雨季的活动场所；增强活力，积聚人气，防止鬼镇出现。

7. 注重绿色、生态、智慧等时代理念的应用

特色小镇规划应具有超前意识，体现时代要求。应广泛应用互联网、智慧绿色发展理念。互联网代表着最先进的技术，而传统小城镇在城镇形态中是相对落后的，因此特色小镇规划要用传统空间形态承载先进技术，用智慧手段解决小分布散，相互之间有一定距离的问题，通过信息流避免无效的行动；绿色化、信息化还可以解决生产、生活之间的联系问题；未来建设成比城市还让人向往的理想生活空间。特色小镇应该利用先进的理念和技术，提供优越的发展条件。针对绿色智慧发展需要专门做导则或专项规划，作为专篇来进行设计。

8. 加强高效而创新的管理

特色小镇管理机构要小，管理上要精简，要用复合的管理机制，避免大布置。要加强城乡建设管理，加强去僵存新的机制设计。对于专门的人员、机构、管理方式、监管机制要有设计，突出高效和创新。特色小镇的体制机制要高效、变革，要注重建设管理机构及管理方式的设计，这也是特色小镇规划的重要组成部分。

9. 强调多维度的综合规划

传统规划类型很多、内容很多，而特色小镇规划是横向多规合一、纵向多个层面规划的结合，是多维度、

高度融合的综合规划，本身是一个多规合一的规划。它不是传统意义上的空间规划，是综合社会和管理的规划，且各部分综合规划内容需要在成果中明确地表现出来。

10. 注重以特色为导向的规划

传统规划注重空间结构、基础设施的建设规划，而特色小镇规划是在传统规划的基础上突出特色——空间特色、产业特色等以特色为导向的规划。有无特色将作为评判特色小镇规划好坏的关键。

11. 坚持精明收缩（精明增长）式发展，要严控规模

特色小镇建设应该走精明收缩（精明增长）的道路，避免建设规模过大，反对粗放式建设，反对快速式建设，反对一窝蜂式建设。应坚持紧凑布局和集约节约建设用地的原则，避免摊大饼式，根据自身资源和产业基础及其分布情况，尽可能完善现有建设区。

12. 注重实效的建设规划

以往的小城镇规划重视规划期末终极蓝图的编制，而忽视近期建设规划的安排。特色小镇规划应注重近远结合，尤其要保持近期建设规划的相对完整，是注重实效的建设规划，合理定位布局，项目科学落地。特色小镇规划不是墙上挂挂的规划，不是研究，而是实际可操作的规划，是规划，是设计，是施工图，是能指导建设的具体图纸和方案。

13. 投入成本的经济测算

特色小镇规划要注重经济投入成本的测算，无论政府投入还是市场贷款，都要考虑本身资源条件对资本的承纳能力和偿还能力，要做经济方面的核算和预算，这部分内容也是特色小镇规划的重要组成部分。特色小镇规划不是法定规划，而是行动计划，也没有形成定式，要根据自身情况，探索出适合本地的特色小镇规划，因地制宜地解决本地特色小镇经济平衡、项目落地等问题。

4.3 特色小镇建设投融资模式分析

4.3.1 特色小镇商业模式分析

目前，就特色小镇的商业模式来看，主要分为房企主导的"销售+持有"的现金流平衡模式和产业主导的"产业链打造+代建运营"的软硬件结合模式。

1. 房企主导："销售+持有"的现金流平衡模式

目前多数由房企主导的特色小镇开发模式可以从三个角度进行分析：布局低进入壁垒产业、以持有+销售模式实现现金流平衡和主要针对大城市周边游客群。

从小镇的主导产业来看，多数以文旅、农业、养老等自然资源属性较强的产业为主导，大部分此类小镇毗邻大城市，同时此类小镇的产业选择并不是最关键的，因为很难形成强大的比较优势，因此决定此类小镇能否

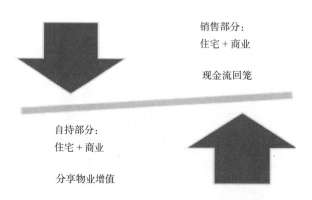

图 4-3-1 房地产主导的特色小镇商业模式

具有活力的关键就是区位，需要在主体客群的通勤范围内（轨道交通1~2小时的交通圈内）。

从开发运营本质来看，房企运营的特色小镇核心仍然是地产开发业务，即在满足政府规划要求的基础上，房企通过获得部分可销售住宅和商业用地，通过销售实现现金流回笼，支撑其余部分自持住宅和商业以及整个小镇的整体运营管理，并没有脱离房地产开发的实质，同时这种模式有望通过项目自身的资金平衡来实现巨额的投资，实际需要占用的资金体量不太大。同时，这类特色小镇最大的特色是获取收益的周期短，与当前地产行业中的住宅产品有异曲同工之效。

总体来看，房地产参与特色小镇的建设运营多数还未脱离其天然的地产开发基因，甚至部分地方政府也在以特色小镇作为概念来卖地。分析认为，如果新增的特色小镇中大比例仍然是这种"新瓶装旧酒"的模式，必然与我国政府对地产行业的定位思路相悖，未来这种新兴业态面临的政策风险也将快速积累。

2. 产业主导："产业链打造+代建运营"的软硬件结合模式

从国家层面上考虑，建设多个拥有强大比较优势的产业小镇符合国家创业创新的要求，尤其是培育巨大发展潜力的特色小镇，具有强国富民的战略意义。

具有主导产业的特色小镇最大的特点是围绕着优势产业打造产业生态，以产业聚集和产业链延伸为主要的实现形式。此类特色小镇最核心的内容是某领域领军企业的导入，只有这一前提确定后，后续围绕这一产业或企业的配套企业不断流入，才会形成具有活力的产业环境。

从商业模式来看，产业特色小镇的建设都是围绕着特定产业或企业，需要政府大力引导同时企业大量投资。这一模式如果没有金融资本的配合，企业将会面临非常大的压力。如果有金融资本的配合，那么还要面临资金期限与项目收益期限相匹配的问题。另外，产业为中心决定了房地产企业在这个项目里的角色是配角，最有可能参与的角色是代建。

对比两种模式，房企开发模式的优势在于房企对于整体资源的协调能力，尤其是如果房企能够实现与产业的深度结合，会使两种模式的优势效应成倍放大；产业主导模式的优势在于对产业资源的强力把控，尤其是某个领域的领军企业，没有核心竞争力的产业小镇不可能有旺盛的生命力。

4.3.2 特色小镇建设融资综述

1. 特色小镇投融资流程

政府与私营部门组建特殊目的公司SPV（Special Purpose Vehicel），政府以土地入股，土地价格参照拍卖价格。项目公司、社会资本与地方政府签订PPP合同，明确约定各自的权责。政府为SPV予特许经营权，SPV负责融资的具体工作。融资方式主要有：通过项目进行融资；通过项目未来现金流进行债券信托、资产证券化等，要根据项目实际情况拓展融资渠道，尽量降低融资成本。

2. 特色小镇建设金融支持

《关于开展特色小镇培育工作的通知》提出，国家发展改革委等有关部门支持符合条件的特色小镇建设项目申请专项建设基金，中央财政对工作开展较好的特色小镇给予适当奖励。

《关于推进政策性金融支持小城镇建设的通知》提出，充分发挥政策性信贷资金对小城镇建设发展的重要作用，不断加大小城镇建设的信贷支持力度。中国农业发展银行要将小城镇建设作为信贷支持的重点领域，以贫困地区小城镇建设作为优先支持对象，保障融资需求。联合其他银行、保险公司等金融机构以银团贷款、委托贷款等方式，努力拓宽小城镇建设的融资渠道。

《关于加快美丽特色小（城）镇建设的指导意见》提出，研究设立国家新型城镇化建设基金，倾斜支持美丽特色小（城）镇开发建设。鼓励开发银行、农业发展银行、农业银行和其他金融机构加大金融支持力度。鼓励有条件的小城镇通过发行债券等多种方式拓宽融资渠道。《关于实施"千企千镇工程"推进美丽特色小（城）镇建设的通知》提出，国家开发银行、中国光大银行将通过多元化金融产品及模式对典型地区和企业给予融资支持，鼓励引导其他金融机构积极参与。

4.3.3 特色小镇建设主要融资模式分析

特色小镇的投资建设，呈现投入高、周期长的特点，纯市场化运作难度较大，因此需要打通三方金融渠道，保障政府的政策资金支持，引入社会资本和金融机构资金，三方发挥各自优势，进行利益捆绑，在特色小镇平台上共同运行，最终实现特色小镇的整体推进和运营。

目前，特色小镇融资模式主要分为 PPP 融资、基金（专项、产业基金等）管理、股权众筹、信托计划、政策性（商业性）银行（银团）贷款、债券计划、融资租赁、证券资管、供应链金融等模式。

1. PPP 融资模式

在特色小镇的开发过程中，政府与选定的社会资本签署《PPP 合作协议》，按出资比例组建 SPV（特殊目的公司），并制定《公司章程》，政府指定实施机构授予 SPV 特许经营权，SPV 负责提供特色小镇建设运营一体化服务方案。

PPP 合作模式具有强融资属性，金融机构与社会资本在 PPP 项目的合同约定范围内，参与 PPP 的投资运作，最终通过股权转让的方式，在特色小镇建成后，退出股权实现收益。社会资本与金融机构参与 PPP 项目的方式也可以是直接对 PPP 项目提供资金，最后获得资金的收益。

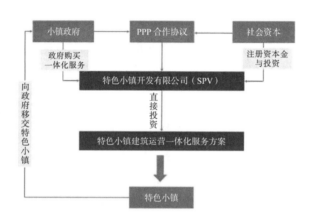

图 4-3-2　特色小镇 PPP 融资模式

2. 产业基金及母基金模式

特色小镇在导入产业时，往往需要产业基金做支撑，这种模式根据融资结构的主导地位分三种类型。

第一种是政府主导，一般由政府（通常是财政部门）发起，政府委托政府出资平台与银行、保险等金融机构以及其他出资人共同出资，合作成立产业基金的母基金，政府作为劣后级出资人，承担主要风险，金融机构与其他出资人作为优先级出资人，杠杆比例一般是 1∶4，特色小镇具体项目需金融机构审核，还要经过政府的审批，基金的管理人可以由基金公司（公司制）或 PPP 基金合伙企业（有限合伙制）自任，也可另行委托基金管理人管理基金资产。这种模式下政府对金融机构有稳定的担保。

第二种是金融机构主导，由金融机构联合地方国企成立基金专注于投资特色小镇。一般由金融机构做 LP，做优先级，地方国企做 LP 的次级，金融机构委派指定的股权投资基金作 GP，也就是基金管理公司。

第三种是由社会企业主导的 PPP 产业基金。由企业作为重要发起人，多数是大型实业类企业主导，这类模式中基金出资方往往没有政府，资信度和风险企业承担都在企业身上，但是企业投资项目仍然是政企合作的 PPP 项目，政府授予企业特许经营权，企业的运营灵活性大。

3. 股权投资基金模式

参与特色小镇建设的企业除了上市公司外，还有处于种子期、初创期、发展期、扩展期的企业，对应的股

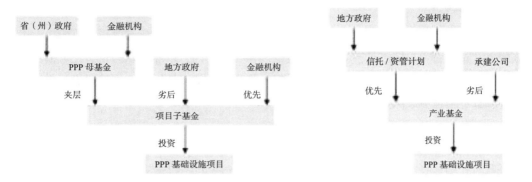

图 4-3-3　政府主导的 PPP 基础设施基金　　　　图 4-3-4　金融机构主导的 PPP 基础设施基金

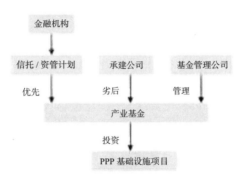

图 4-3-5　社会企业主导的 PPP 产业基金

权投资基金基本可分为天使基金、创业投资基金、并购基金、夹层资本等。

除天使和创投之外，并购基金和夹层资本也是很重要的参与者。并购基金是专注于对目标企业进行并购的基金，其投资手法是，通过收购目标企业股权，获得对目标企业的控制权，然后对其进行一定的重组改造，持有一定时期后再出售。

夹层资本，是指在风险和回报方面，介于优先债权投资（如债券和贷款）和股本投资之间的一种投资资本形式，通常提供形式非常灵活的较长期融资，并能根据特殊需求作出调整。而夹层融资的付款事宜也可以根据公司的现金流状况确定。

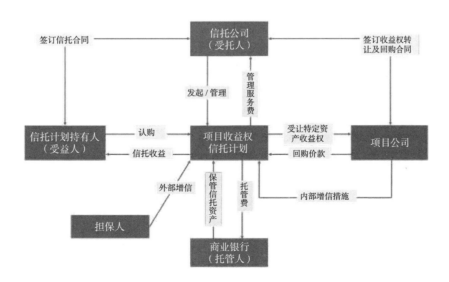

图 4-3-6　特色小镇收益信托模式

4. 股权或产品众筹模

特色小镇运营阶段的创新项目可以用众筹模式获得一定的融资，众筹的标的既可以是股份，也可以是特色小镇的产品或服务，比如特色小镇三日游。众筹具有低门槛、多样性、依靠大众力量、注重创意的特征，是一种向群众募资，以支持发起的个人或组织的行为。股权众筹是指公司出让一定比例的股份，平分成很多份，面向普通投资者，投资者通过出资认购入股公司，获得未来收益。

5. 收益信托模式

特色小镇项目公司委托信托公司向社会发行信托计划，募集信托资金，然后统一投资于特定的项目，以项目的运营收益、政府补贴、收费等形成委托人收益。金融机构由于对项目提供资金而获得资金收益。

6. 发行债券模式

特色小镇项目公司在满足发行条件的前提下，可以在交易商协会注册后发行项目收益票据，可以在银行间交易市场发行永（可）续票据、中期票据、短期融资债券等债券融资，也可以经国家发展改革委核准发行企业债和项目收益债，还可以在证券交易所公开或非公开地发行公司债。

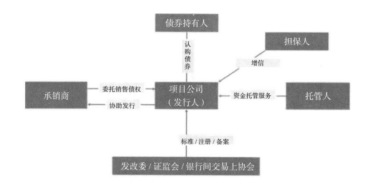

图 4-3-7　特色小镇债券模式

7. 贷款模式

利用已有资产进行抵押贷款是最常见的融资模式，但特色小镇项目公司可以努力使得所运营项目成为纳入政府采购目录的项目，则可能获得政府采购融资模式获得项目贷款。而延长贷款期限及可分期、分段还款，则是对现金流稳定的项目有明显利好。如果进入贷款审批"绿色通道"，也能够提升获得贷款的速度。国家的专项基金是国家发展改革委通过国开行、农发行向邮储银行定向发行的长期债券，特色小镇专项建设基金是一种长期的贴息贷款，也将成为优秀的特色小镇的融资渠道。

8. 融资租赁模式

融资租赁是指实质上转移与资产所有权有关的全部或绝大部风险和报酬的租赁，有三种主要方式：（1）直接融资租赁，可以大幅度缓解特色小镇建设期的资金压力；（2）设备融资租赁，可以解决购置高成本大型设备的融资难题；（3）售后回租，即购买"有可预见的稳定收益的设施资产"并回租，这样可以盘活存量资产，改善企业财务状况。可以尝试在特色小镇这个领域提供优质的金融服务。

9. 资本证券化（ABS）

资产证券化是指以特定基础资产或资产组合所产生的现金流为偿付支持，通过结构化方式进行信用增级，在此基础上发行资产支持证券（ABS）的业务活动。特色小镇建设涉及大量的基础设施、公用事业建设等，基于我国现行法律框架，资产证券化存在资产权属问题，但在"基础资产"权属清晰的部分，可以尝试使用这种金融创新工具，对特色小镇融资模式也是一个有益的补充。

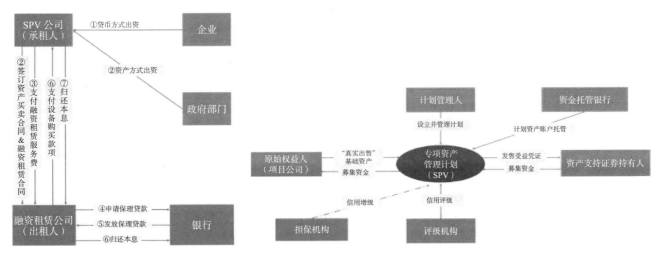

图 4-3-8　特色小镇融资租赁模式　　　　　图 4-3-9　特色小镇资本证券化模式

10. 供应链融资模式

供应链融资是把供应链上的核心企业及其相关的上下游配套企业作为一个整体，根据供应链中企业的交易关系和行业特点制定基于货权及现金流控制的整体金融解决方案的一种融资模式。

供应链融资解决了上下游企业融资难、担保难的问题，而且通过打通上下游融资瓶颈，还可以降低供应链条融资成本，提高核心企业及配套企业的竞争力。在特色小镇融资中，可以运用供应链融资模式的主要是应收账款质押、核心企业担保、票据融资、保理业务等。

实际操作中，上述 10 种融资模式往往是以前两种为主，根据小镇建设不同阶段和产业发展不同阶段，结合其他融资模式组合使用。

4.3.4　PPP 模式在特色小镇建设上的应用

1. 特色小镇 PPP 模式的政策支持

《关于推进政策性金融支持小城镇建设的通知》提出，中国农业发展银行各分行要积极运用政府购买服务和采购、政府和社会资本合作（PPP）等融资模式，为小城镇提供综合性金融服务。

《关于加快美丽特色小（城）镇建设的指导意见》提出，创新特色小（城）镇建设投融资机制，大力推进政府和社会资本合作，鼓励利用财政资金撬动社会资金，共同发起设立美丽特色小（城）镇建设基金。

民建中央《关于高质量推进特色小镇规划建设的提案》建议，要创新融资方式，落地做实 PPP 融资模式、PPP 合作模式等，研究设立特色小镇发展产业引导基金，发挥财政资金导向和杠杆放大作用，吸引社会资本参与特色小镇规划建设。

2. 特色小镇 PPP 模式的意义

PPP 模式是将部分政府责任以特许经营权方式转移给市场主体（企业），政府与市场主体建立起"利益共享、风险共担、全程合作"的共同体关系，政府的财政负担减轻，市场主体的投资风险减小。目前，特色小镇建设过程中存在缺乏基础设施建设资金以及成熟的商业模式等一系列问题。通过 PPP 模式可以有效促进基础设施建设，解决资金短缺和商业模式不成熟等问题，为特色小镇提供资金和运行机制等多重保障。

（1）有效缓解政府财政压力，开拓特色小镇融资渠道

我国各级政府目前正在积极推出各种各样的特色小镇，然而在特色小镇建设过程中，地方政府面临巨大的财政压力。采取 PPP 模式，可以通过发挥政府资金的"杠杆"作用，撬动社会资本，实现特色小镇投资主体的多元化，有效解决特色小镇资金不足的问题。

（2）有效降低特色小镇建设的风险

特色小镇通过PPP模式进行建设，可以明确政府部门和社会资本各自的责任和义务，有利于降低特色小镇建设过程中的各种风险，提高特色小镇建设的效果。政府通过招标方式引进综合实力强的社会资本参与特色小镇的建设。综合实力较强的社会资本一般都具有先进管理能力、较强的实力以及丰富的建设经验，可以有效提高特色小镇建设整体风险的控制能力和控制水平。另外，社会资本根据自身的先进技术手段、风险控制能力，可以对特色小镇的风险进行有效识别并制定对应的风险管控措施，从而整体提高特色小镇PPP项目的风险处置水平。

（3）有效扩大社会资本的投资领域

在经济新常态下，社会资本投资减速明显。通过投资特色小镇，社会资本可以有效提高特色小镇建设效率，提高财政资金的投资效率，拉动区域经济发展以及投资需求，从而有效提升社会资本投资回报率，并且能鼓励更多的社会资本积极参加我国公共设施和基础设施建设。

3. 特色小镇PPP模式主要思路

（1）政府以特色小镇作为一种特许经营项目

通过签订特许合同的方式确定政府与特许经营市场主体间的权利义务，政府负责土地供给，扶持政策制定，公共服务平台的导入，由市场主体负责筹资、建设与经营。

（2）政府要建立适宜发展的监督管理机制

特色小镇的终极目标是发展新经济，实现长期效益。鉴于特色小镇项目投资回报周期性长，政府和市场主体之间的这种特许经营往往属于长期合作，这种全程合作，需要政府建立适宜发展的监督管理机制，以充分发挥政府与市场主体社会资本的各自优势，加快特色小镇的建设与发展。

（3）合理平衡政府与市场主体间的利益共享

特色小镇的项目资产在特许经营结束后最终归属于政府，在特许经营期间，市场主体投资收益回报应给予保障，政府适当收取一定的特许经营费或适度的补偿，以平衡特色小镇发展建设的投资性和公益性关系。

（4）提高特色小镇当地居民就业率和适度引入高端人才

居民对特色小镇建设的期望无外乎在经济发展的前提下提升生活幸福感，通过开发建设，可以提高当地居民的就业率。但如果属地劳动力不足以解决特色产业经济发展所需要的人力资源时，政府应给予政策鼓励，支持市场主体引入高端人才。

（5）注意特色小镇项目发展融资风险的问题

PPP模式其实是一种项目融资模式，尽管特色小镇特许经营合同约定由市场主体筹资建设，但在投资题量大的情况下，市场主体本身自有资金无法解决时，也需要借助政府的背书融入其他社会资本，以促进特色小镇

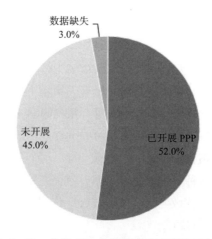

图 4-3-10　首批 127 个小镇 PPP 项目开展情况

的建设速度。当然，政府的这种背书不是政府担保的形式，以避免项目融资风险。

4. 特色小镇PPP项目规模

在国家级首批特色小镇投融资方面，大部分已经开展了PPP项目（52%），73%的小镇政府已经购买了市场化的服务项目，符合利用市场力量引入社会资本的发展模式。

5. 特色小镇PPP项目所处阶段

目前已公布的国家首批特色小镇创建名单中，基本都是以当地政府为主导进行开发运营的，南京三溧水小镇作为首个PPP试点小镇，给特色小镇的运营模式提供了不同的选择方案。杭州梦想小镇是以政府为主导模式的特色小镇中的"翘楚"。

近年来，众多的社会资本越来越积极地以PPP模式切入特色小镇开发领域。不过，PPP模式在我国还处于探索阶段，各方面的认识和实践能力的提升都需要一个过程。特色小镇的开发仍以政府主导，PPP模式正在试点推进。

6. 特色小镇PPP项目运作模式

PPP模式下的特色小镇建设，应该以"市场化运作"为机制，政府做好引导和政策支持，在规划设计、文化传承、环境保护等方面发挥积极作用，社会资本通过资源整合、招商管理、智慧化运作提供全生产链服务。

（1）组织结构

特色小镇PPP项目的参与主体包括政府、开发商、金融机构及咨询设计、工程施工、招商运营等专业企业。政府部门给予整体方向指导、行政便利支持和专项基金补贴，主要负责招投标、授予特许经营权、部分项目的付费与补贴、监管质量与定价等方面；社会资本可以是一家企业，也可以是多家企业组成的联合体，与政府合作成立特别项目的公司SPV作为PPP项目实施主体，主要负责项目融资、建设、运营与维护、财务管理等全过程运作；金融机构提供资金支持和信用担保。借鉴国外经验，引入服务PPP项目的专业机构，承担政策咨询、技术支持、能力建设等重要职能；引入第三方，对特色小镇建设全过程进行监督管理。特色小镇PPP项目组织结构如下图所示：

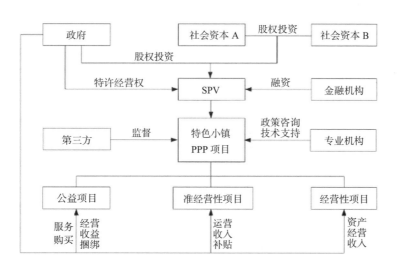

图4-3-11 特色小镇PPP项目组织结构

（2）特色小镇PPP项目运作流程

特色小镇PPP项目运作流程主要包括项目的识别阶段、准备阶段、采购阶段、实施阶段和移交阶段。

①项目识别阶段。该阶段主要工作是判断项目是否适合采用PPP模式。国家财政部门、政府行业主管以及社会资本均需要判断特色小镇本身与PPP模式是否契合。本阶段主要工作包括项目发起、项目筛选、物有所值评价和财政承受能力评价等。

②项目准备阶段。该阶段主要工作包括确定 PPP 项目经济技术指标、项目公司股权、项目运作方式、项目交易结构、合理分配风险、合同体系、项目采购方式、项目监管构架等。

③项目采购阶段。该阶段主要工作是确定 PPP 项目公司。结合特色小镇 PPP 项目特点，采用合适的招标方式和评分办法，选择实力雄厚的社会资本。本阶段主要工作包括资格预审、采购文件编制、开标、评标、定标、合同谈判、签署合同等。

④项目实施阶段。该阶段主要工作包括项目建设和项目运营，具体内容包括项目公司组建、融资管理、项目建设、项目运营等。

⑤项目移交阶段。PPP 项目公司在特许经营期满后将项目移交给指定公共部门或其他机构。本阶段主要工作包括移交准备、性能测试、资产交割、绩效评价等。

（3）特色小镇 PPP 项目运作的关键问题

①社会资本收益与公共利益。特色小镇建设属于政府为提高居民生活环境、改善百姓生活的公益性项目，而社会资本参与到 PPP 项目中最大的目的就是从中获利，这就存在社会资本收益与公共利益的矛盾点。如何保证公民的基本利益，又能给予社会资本一定的效益，成为特色小镇 PPP 项目的首要难点。

②合同履约管理。特色小镇项目回报周期长，其成功的关键在于政府和社会资本能否在项目的合约期内保持稳定、良好的合作关系。政府往往利用行政权力对项目进行干预，从而导致合作双方不平等。合约不能受到法律严格约束，随时可能被修改或者终止，这样也将造成社会资本的巨大损失，从而导致社会资本参与基础设施建设的积极性严重下降。

③社会资本的运营能力。PPP 项目运作不是简单的融资，而是社会资本对项目全生命周期的参与，从最开始的设计建设到最后运营管理。PPP 项目运营周期长，要靠后期运营的收益来弥补前期投资，因此需要开发商具有很强的运营能力。特色小镇 PPP 项目成功的关键在于后期 20~30 年的运营管理，良好的运营才能保证项目长期受益，开发商才能收回前期巨大的投资，实现政府和社会资本的互利共赢。

④PPP 运作模式。随着大量的 PPP 项目落地，PPP 模式被广泛采用，但也存在个别 PPP 项目企业不负责施工和后期运作，只提供资金，甚至一些项目没有稳定的现金流和明确的商业模式的问题，如果小镇的产业模式过于单一，必将在新时代下难以持续发展。同时也存在一些 PPP 项目基金明股实债，地方政府为融资平台出具担保函、承诺函等问题，以财政资金作为风险兜底的劣后资金，实质上这也是地方政府变相举债。

7. 特色小镇 PPP 模式的特点

特色小镇 PPP 模式，是以特色小镇项目为合作载体，让实力较强的企业参与到项目建设中，从而实现政府建设特色小镇的目的，与此同时为社会资本带来一定的投资回报率。通过这种合作过程，在确保特色小镇建设效率和质量的前提下，适当满足社会资本的投资营利要求。其特色主要表现为：

①采用 PPP 模式的特色小镇项目也可以理解是一种特许经营项目，特色小镇的财产权归政府所有，政府只是将特色小镇项目的建设、经营和维护交给社会资本。

②特色小镇的 PPP 模式下，政府和社会资本之间属于长期合作，其最终的目的在于提高特色小镇的长期效益。由于特色小镇项目回报的长期性，其成功的关键在于项目的存续期内政府和社会资本如何能够保持稳定、良好的合作关系。

③PPP 模式的初衷便是一种利益共享，风险共担的机制。所谓利益共享是指政府和社会资本在共享特色小镇的社会成果之外，也可以使社会资本获得比较好的经济收益。但是这种投资回报绝对不是超额利润，否则从根本上难以做到利益共享。利益与风险的匹配性，在项目双方共享利益的同时承担相应风险是必须具备的。

8. 特色小镇 PPP 项目案例分析：巧克力甜蜜小镇

巧克力甜蜜小镇位于浙江东北部的嘉善县大云镇，是一座集产业、旅游、文化为一体的巧克力甜蜜小镇，为亚洲目前最大的巧克力特色旅游风景区，全省 10 个省级示范特色小镇之一。规划面积 3.87 平方公里，总投资 55 亿元。2014 年 10 月开张运营。

(1)PPP 项目包装推介

在第三届世界浙商大会开幕式上,签约重大项目 60 个,其中有 6 个关于嘉善巧克力甜蜜小镇的 PPP 项目,分别为巧克力主题街区项目、甜蜜小镇酒店项目、民宿开发项目、婚庆商业风情街区项目、咖啡豆产业园项目、德国啤酒庄园项目。

(2)多层金融体系保障

2016 年,中国农发行对巧克力甜蜜小镇已投放项目贷款 10 亿元用于基础设施建设项目。总投资 15 亿元的小镇基础设施建设项目,已与农发行对接融资 10 亿元。同时,总投资 4.3 亿元的度假区环境综合整治提升项目,融资 3 亿元,目前正在与多家银行进行政策比选。

(3)政府政策支持保障

嘉善县出台用地、资金、项目、改革、公共服务等五个方面的政策措施,对小镇建设中新增建设用地,优先办理农用地转用及供地手续,优先确保重点项目、基础设施用地指标;部门资源方面,凡是符合小镇定位的招商项目优先向小镇集聚,基础设施、公共服务、人文环境等方面的资源优先向小镇倾斜,管理、建设、运营等方面专业人才优先向小镇配备。

4.4 中国特色小镇建设典型案例分析(一)

4.4.1 杭州云栖小镇

1. 小镇基本概况

云栖小镇地处杭州西湖区西南,位于杭州之江国家旅游度假区核心区块,是浙江省特色小镇的发源地。事实上,云栖小镇是从云计算产业园发展过来的。2012 年 10 月,杭州云计算产业园明确发展方向,重点培育以云计算为特色的产业基地;2013 年,云栖小镇与阿里云达成战略合作,在原来传统工业园区的基础上实施腾笼换鸟、筑巢引凤,建设基于云计算大数据产业的特色小镇;2014 年启动"杭州市云栖小镇概念规划"编制,2015 年,"云栖小镇"列入浙江省首批省级特色小镇创建名单;2017 年,小镇入围浙江省首批建设类高新技术特色小镇。

2. 小镇定位及特色

云栖小镇坚持产业、文化、旅游、社区"四位一体",生产、生活、生态融合发展的理念,打造云生态,发展智能硬件产业,建设基于云计算大数据产业的特色小镇。

3. 小镇规划布局

云栖小镇规划用地 3415 亩,规划建筑面积 212.95 万平方米,目前已建成 20 万平方米,预计 3 年内逐步有 100 万平方米以上的楼宇可以用于发展。

云栖小镇目前正在构建"创新牧场—产业黑土—科技蓝天"的创新生态圈,推动产业发展。小镇紧紧围绕四大产业生态,大力引进以云计算、大数据为特色的高端信息产业项目,推动特色产业集聚发展。

4. 小镇发展模式

云栖小镇以"政府主导、名企引领、创业者为主体"的模式,打造云生态,发展智能硬件产业,建设创业创新第一镇,推动以基于云计算的软硬件产业融合发展。

5. 小镇建设成果

截至 2017 年 11 月,云栖小镇已累计引进各类企业 645 余家,其中涉云企业 475 家,主要包括阿里云、富士康科技、Intel、银杏谷、数梦工厂、华通、洛可可设计、中航联创、国家信息中心电子政务外网安全研发中心等,产业覆盖云计算、大数据、APP 开发、游戏、互联网金融、移动互联网等各个领域,已初步形成较为完整的云计算产业生态。目前云栖小镇正在打造阿里云生态、OS 生态、智能硬件生态、卫星云生态等 4 个产业生态。

2015—2017 年云栖小镇建设成果　　　　　　　　　　　　　　　　　表 4-4-1

年份	引进企业（家）	涉云企业（家）
2015 年	328	255
2016 年	481	362
2017 年（截至 11 月份）	645	475

6. 小镇经营效益

2014 年，云栖小镇实现涉云产值 10 亿元以上，税收 1.5 亿元；2015 年，小镇实现涉云产值近 30 亿元，完成财政总收入 2.1 亿元；2016 年，小镇实现涉云产值超过 80 亿元，财政收入 3.36 亿元，2017 年 1-10 月份，云栖小镇实现财政总收入 5.85 亿元，同比增长 76.4%。

截至目前，云栖小镇累计完成固定资产投资 33.1 亿元，累计实现云计算相关产值超过 300 亿元，税收超过 20 亿元。

2014—2017 年云栖小镇经营效益　　　　　　　　　　　　　　　　表 4-4-2

年份	涉云产值（亿元）	财政收入（亿元）
2014 年	10	1.5
2015 年	30	2.1
2016 年	80	3.36
2017 年（1-10 月）	—	5.85

7. 小镇投融资模式

"政府主导、名企引领、创业者为主体"的创新模式，是云栖小镇快速发展的重要基础。在财政支持上，政府给予了包括租金减免、贷款补助、融资补贴等一系列优惠措施；在企业融资上，小镇企业通过风险投资、专项产业基金、贷款等方式进行融资。

4.4.2　嘉善上海人才创业小镇

1. 小镇基本概况

嘉善上海人才创业小镇选址于嘉善县高铁新区核心区块，20 分钟直通上海虹桥枢纽，无缝对接沪杭高速、高铁及磁悬浮，被誉为浙江接轨上海"第一站"，周边拥有嘉善经济开发区、嘉善 B 出口综保区、西塘电子信息产业园等各类开发平台，具有智能制造、智慧通信、电力电子生物医药等产业发展基础。同时，小镇距离西塘古镇、大云温泉旅游度假区、麦乐巧克力小镇等旅游景区均不到 10 公里，具有良好的文化旅游发展基础。

2. 小镇定位及特色

嘉善上海人才创业小镇的总体定位为浙沪创新协同标杆地，充分接受上海人才、科创辐射溢出，强化人才、科创、信息、品质等要素的有效供给，力争打造上海人才创业浙沪集聚区、上海全球科创成功浙沪孵化区、浙沪信息经济融合融创先导区、浙沪"产城人文"融合先行区。

在产业导向上，依托功能平台建设与完善，借助专业运营机构开展招商引资，实施"科技孵化+信息经济"双轮驱动，推动"电子商务、数字传媒、总部服务"三位一体高度融合，形成"2+3"的特色产业体系。

3. 小镇规划布局

嘉善上海人才创业小镇一期总占地面积 70.62 亩，总建筑面积 7.6 万平方米。在空间布局上，小镇围绕科技孵化种子期、初创期、加速期、成长期等不同发展阶段，设立上海人才创业孵化中心、研发中试基地、总部商务基地三大产业功能平台。此外，区块内另设有文化旅游、休闲门户、生活服务等配套板块，总体形成"一心、两基地、三板块"的布局结构,"一站式"解决高端人才创业创新的后顾之忧。

4. 小镇发展模式

嘉善上海人才创业小镇采用综合 PPP 开发模式,由企业投资,与嘉善政府合作成立嘉善项目公司,为整个区域提供研究定位、规划设计、土地整理、基础设施及公共配套建设、产业发展、城市精英管理等全方位服务。

5. 小镇建设成果

嘉善上海人才创业小镇规划总投资 75 亿元,2015 年完成投资 21.5 亿元,目前上海人才创业服务中心已揭牌,创业园已引进项目 48 个,其中 23 个项目已经领取营业执照,5 个项目已经开始装修。

6. 小镇投融资模式

小镇主要采取 PPP 融资模式。这种模式区别于以往土地开发与基础设施建设运营相分离情形,以私人企业为主体,将土地一级开发与基础设施建设项目整合在一起,政府支持投资客户前期投入成本,通过项目用地土地出让收入进行补偿。企业投资人还将获得使用权出让溢价部分及园区后期入驻企业的运营税费收益,是创新公共基础设施建设融资手段、推动体制机制变革的大胆尝试,有利于缓解地方政府负债压力。

4.4.3 贵州安顺西秀区旧州镇

1. 小镇基本概况

旧州镇是贵州省安顺市西秀区所辖的一个镇,位于安顺市东南面,距西秀城区 37 公里。镇域面积 11695 公顷,其中耕地面积 2292.9 公顷,是典型的传统农业大镇。2016 年,贵州省安顺市西秀区旧州镇被认定为第一批中国特色小镇。

2. 小镇定位及特色

小镇产业定位为"旅游 + 生态 + 文化 + 美食"。

以"旧州五场"打造文化生态特色旅游小镇。一是历史文化场,全面彰显屯堡文化,打造全国历史文化名镇;二是特色美食场,打造"赶旧州乡场·逛贵州食堂"美食名片;三是田园风光场,依托美丽的邢江河自然风光,打造旧州屯堡慢生活田园风光场;四是乡愁体验场,打造浪塘等美丽乡村乡愁体验场;五是传统农耕场,打造旧州传统农耕文化体验场。以旅游为支撑的"旧州五场",形成了三次产业相互融合,镇、村、民、企联合发展的特色产业体系。

3. 小镇规划布局

旧州镇区是黔中文化的典型代表,其古镇规划布局既有土司时期的建筑规制,更有明代江南城镇布局的典型特征。

4. 小镇发展模式

小镇全面实施"1+N"镇村联动计划,坚持"以镇带村、以村促镇、镇村融合",全力推进 1 个"特色小镇"带动多个"美丽乡村"建设。全面实施"旅游 +"扶贫行动计划,探索出农旅融合、文旅融合两大类 5 条产业路径,将全镇 14 个村居委的 1638 个贫困人口,精准聚焦到绿色种养、特色加工、体验服务"三位一体"的"旅游 +"新型产业集群中。

(1)发挥生态和文化优势,建设绿色旅游小镇

过去,旧州是以种植、养殖和加工为主的农业乡镇,经济总量小,发展水平低。在推进特色小镇建设过程中,旧州镇依托丰富的屯堡文化资源和良好生态环境,按照"镇在山中、山在绿中、山环水绕、人行景中"的规划布局和发展理念,坚持生态保护优先,先后完成土司衙门、古民居、古街道、古驿道等修缮修复工程,培育了 1 个国家湿地公园、1 个 4A 级国家生态文化旅游景区、2 个特色观光农业示范园区。

(2)探索就地就近城镇化路径

根据旧州镇实际,就地就近城镇化是推进特色小镇发展的重要路径,是打好脱贫攻坚战的必然选择。旧州镇率先探索实践城镇基础设施"8+X"(交通基础设施、环境基础设施、保障性安居工程等 8 个方面,X 个建

设项目）项目建设模式，完善了交通运输、污水处理、垃圾清运等基础设施，优化了教育医疗、文化体育、便民服务等公共服务设施。

（3）加强政企合作，借助外力发展

旧州镇与清华大学城市研究所深度合作，在浪塘村打造了升级版的"微田园"；与"万绿城"城市综合体合作，建立特色产品直供基地，实现示范小城镇订单式生产，城市综合体链条式销售；与葡萄牙里斯本大区维苗苏镇以及黄果树旅游集团公司结成对子，合作打造特色旅游民居、"山里江南"旅游综合体等项目，吸引农业转移人口向镇区和美丽乡村集中。同时，把小城镇建设与易地扶贫搬迁结合起来，将生活在自然条件极其恶劣、生态环境脆弱、自然灾害频繁区域的贫困农户搬迁，集中安置到镇区附近，并帮助其就业。2015年，新建搬迁移民住房500户，安置2250人。全镇城镇化率由2012年的35%提升到2015年的45.2%，提高了10.2个百分点。

5. 小镇建设成果

在公用设施方面，旧州镇大力实施"8+X"项目。完成了南街改造工程、南门河慢行系统基础设施建设、文化广场、集贸市场建设、环境卫生整治、电网升级改造、一期污水提质、村庄路口整治、垃圾污水收集处理设施、消防及治安岗亭建设等多个项目。

在商业设施及现代服务方面，镇区有综合独立超市4处，建有1处独立商业步行街。目前镇区实现了WIFI全覆盖、快递网点全覆盖、一站式综合服务，现开发了旧州大智慧旅游APP，开通网上预约服务。实现了基本公共服务的"三化一站"（扁平化、便捷化、高效化、一站式）服务。

此外，旧州镇建成了连接镇区与安顺中心城区的屯堡大道，改造提升区内路网和对外通道，把周边的双堡、七眼桥、大西桥和刘官、黄腊等乡镇串联起来，形成具有辐射联动能力的城镇集群。近3年来，旧州镇农民年人均纯收入实现了3级跳，超过1万元人民币。2015年，全镇所有小康监测指标实现程度均达90%以上。

6. 小镇经营效益

2015年，小镇接待旅游总人数近40万人次，实现旅游总收入2.53亿元。同时，旅游的发展也带动了民俗客栈、特色农庄等迅速发展，既解决农民就业，又拉动经济增长，2015年解决镇区和周边乡镇共6000余人的务工，其中，吸纳易地扶贫搬迁农民1000余人就业。

按照规划，到2020年，镇区常住人口达到3万人，GDP达到18.4亿元，城镇居民家庭人均可支配收入4.8万元，农村居民家庭人均纯收入1.6万元。城镇化率达到42.3%。把旧州镇打造为世界知名、全国唯一的屯堡旅游特色小镇，旧州镇全年旅游综合收入达到19.8亿元。

7. 小镇投融资模式

旧州镇围绕城乡发展一体化、投融资机制等试点要求，创新投融资机制，引入社会资本，探索实践3P模式，推行政府购买服务。例如，成立镇级投融资平台，积极争取各方面资金支持；引进如"旧州时光"之类具文化品位的商家进驻古镇区进行开发投资。

在巩固浪塘创建成果的基础上，积极争取各级项目资金或招商引资对保存完好的屯堡村落（詹家屯、甘檬等）、民族村落（罗官、碧波居委会的松林等）进行开发打造，达到以点带面以点窜线的方式增加旅游景点，将古镇文化、周边美丽的自然风光、民族文化进行深挖打造。

4.4.4 嘉善巧克力甜蜜小镇

1. 小镇基本概况

2015年以来，借助大力推进特色小镇建设的东风，嘉善巧克力甜蜜小镇应运而生，成功入选浙江省首批特色小镇创建名单。

嘉善巧克力甜蜜小镇是目前国内首家、亚洲最大的巧克力特色旅游风景区，小镇建设以甜蜜为主题，以文化为灵魂，以农业为底色，把自然乡村田园风光生态优势转化成产业优势，是集产业、旅游、文化为一体的特色小镇。

2. 小镇定位及特色

嘉善巧克力甜蜜小镇即是定位于"旅游是主线，产业是根基；企业是主体，投资是关键；甜蜜是主题，文化是灵魂；生态是主调，农业是底色"的综合功能小镇。小镇"巧克力""甜蜜浪漫"的特色鲜明，为全国首家。

3. 小镇规划布局

巧克力甜蜜小镇规划面积3.87平方公里，核心区规划面积0.99平方公里，将"生产、生态、生活""三生融合"。巧克力甜蜜小镇按照歌斐颂巧克力制造中心、瑞士小镇体验区、浪漫婚庆区、儿童游乐体验区、休闲农业观光区的"一心四区"进行布局，建设涵盖了歌斐颂巧克力主题公园、碧云花园、云澜湾温泉、十里水乡等板块，着力打造巧克力风情体验基地、婚庆蜜月度假基地和文化创意产业基地，实现"休闲度假、文化创意和乡村风情"有机结合。

4. 小镇发展模式

小镇紧紧围绕"巧克力""浪漫甜蜜"主题，提出并很好地贯彻了"以旅游为主线、以企业为主体、以文化（甜蜜）为灵魂、以生态为主调"的创建理念，着力整合全县"温泉、水乡、花海、农庄、婚庆、巧克力"等浪漫元素，努力建设一个集工业旅游、文化创意、浪漫风情为一体的体验式小镇，将巧克力的生产、研发、展示、体验、文化和游乐有机串连起来，是一个典型意义上的工业旅游示范基地。

小镇力求通过5年左右的开发和经营，将小镇建设成为"亚洲最大、国内著名"的巧克力特色小镇、巧克力文化创意基地、现代化巧克力生产基地、全国工业旅游示范基地、国家5A级旅游区。小镇不但引进了国外成熟的工业旅游模式，而且在此基础上着力创新，将巧克力工业生产拓展为巧克力工业旅游、巧克力文化创意、巧克力社区生活，而且还积极将中国传统文化与国外风情文化相结合，在浓郁的可可香味中体验迷人的热带风情和西非文化。

5. 小镇建设成果

嘉善巧克力甜蜜小镇计划围绕产业培育和旅游度假两大功能，三年投资35亿元、五年投资55亿元。2015年以来，嘉善巧克力甜蜜小镇共吸引云澜湾温泉、斯麦乐巧克力乐园、拳王度假宾馆等多个项目入驻。例如，歌斐颂巧克力项目占地430亩、总投资9亿元；天洋"梦幻嘉善"文创旅游项目总投资52亿元；中德合资德国啤酒庄园工业旅游项目总投资1.5亿元；云澜湾温泉项目成功创建国家4A景区，总投资2.6亿元的景区二期建设即将启动……一系列优质项目陆续落地。

2016年，巧克力甜蜜小镇接待游客175万人次，同比增长45%，甜蜜小镇正紧紧围绕"以旅游集聚产业、以产业支撑旅游"的产业培育目标，把旅游作为一根红线引领三次产业融合发展。此外，甜蜜小镇也成为国内著名的婚庆蜜月度假基地。

6. 小镇经营效益

依据规划，到2017年，小镇工业和商贸产值将达到42亿元，税收收入3.2亿元以上，新增就业4000人左右，旅游人数达到260万人次以上，旅游收入13亿元以上。

7. 小镇投融资模式

项目投资是小镇建设的主战场、主抓手。巧克力小镇的建设坚持了以企业为主体、把投资作为重中之重的思路，按照总投资55亿元、三年完成35亿元的目标，最大限度地调动企业的积极性。其中，歌斐颂集团是巧克力小镇的投资、建设主体，该项目于2011年12月正式立项，计划总投资9亿元，规划用地430亩，计划年产高品质纯可可脂巧克力2万吨、年接待游客160万人次，到规划期末综合收入突破20亿元。这就使得巧克力小镇的建设"巧借"了歌斐颂集团之力，保证小镇建设、投资主体能落到实处。

4.4.5 槐房国际足球小镇

1. 小镇基本概况

槐房国际足球小镇位于北京市丰台区公益西桥东南侧南四环路，占地面积约2200亩，是槐房村为响应中央发展体育产业而打造的特色小镇。槐房村以"大众体育、足球竞技、冰雪休闲、生态节能"为总体目标，准备建设极具特色的"国际足球小镇"。

2. 小镇定位及特色

槐房国际足球小镇涉及体育场地、体育展示、休闲旅游、足球教育、体育用品销售、冰雪项目、高端旅游酒店等诸多相关体育产业，在春夏秋三季开展足球项目，冬季则建设冰场，开展以速滑为主的冬季体育项目。其中，冰雪项目定位很明确，是针对滑雪入门人员体验滑雪技能、掌握滑雪技能的平台，重在引领普通老百姓和青少年的参与和体验。

足球运动和冰雪运动在足球小镇内形成优势互补，让足球小镇成为一个老百姓日常生活的体验场所，享受生活的同时，强身健体。

3. 小镇规划布局

槐房国际足球小镇占地面积约2200亩，主要规划足球项目和冰雪项目。其中，足球项目包括足球大厦、足球会议中心、足球风情街、足球博物馆、足球嘉年华、足球狂欢广场、足球奥特莱斯、北京第一座专业足球场等设施，包容足球产业的各个层面，满足各年龄段和不同性别消费者的需求，形成足球产业聚群和产业生态链，打造中国第一个将城市发展和足球发展对接的创新发展平台。该项目计划建设30块11人制标准足球场和40块5人制及7人制足球场。

冰雪项目区内规划建设包含初级滑雪道、练习道、戏雪区、室外冰场等设施的冰雪谷，冰雪谷建成后，有望成为冬奥会指定的冰雪培训基地，开展和普及冬季群众体育活动，培养冬季项目人才。

4. 小镇发展模式

槐房国际足球小镇采取免费模式向大众提供高质量的足球场地，同时大力建设和发展体育体验、体育展示、休闲旅游、足球教育等相关产业，形成体育产业集群和产业生态链，发展体育特色一条龙经济。

此外，足球小镇还除将成为国字号球队训练基地，并计划由退役球员承包经营向大众开放的足球场地和向租场踢球的业余球队提供职业化的教练员、裁判员等，以此解决退役足球运动员就业问题。

槐房国际足球小镇提炼出体育产业集群思路，并且已与中国足协达成初步共识，共建中国足球产业总部基地。

5. 小镇建设成果

2017年，槐房国际足球小镇完成第一期工程，有3个标准场、4个七人制、24个五人制足球场完成交付。

6. 小镇投融资模式

槐房国际足球小镇采取"政府引导、企业主导"的模式，小镇与国内知名上市公司龙湖地产签署战略合作协议，龙湖地产将全面参与国际足球小镇的开发、建设及运营管理，并与槐房村在全国范围内共同探索以国际足球小镇为特色的体育产业发展新模式。

4.4.6 将军石体育休闲特色小镇

1. 小镇基本概况

将军石地处环渤海经济圈，被纳入辽宁省沿海经济带重点发展区域、大连太平湾沿海经济区"一港三城"重要节点。小镇依托区位优势和十二运帆船帆板基地的资源优势，以休闲体验为主题带动体育旅游经济融合发展，相继成功举办了全国帆船帆板锦标赛、中国环渤海帆船拉力赛等国家级赛事，已挂牌成为辽宁帆船帆板训练基地、中国帆船帆板训练基地、辽宁省科学技术普及基地、沈阳大学体育产业实习基地。

2. 小镇定位及特色

将军石小镇定位明确，以体育产业引领旅游休闲等多产业协同发展。体育是核心，赛事是关键，将军石要通过体育赛事经济的拓展与聚合效应真正实现小镇的产业融合。

3. 小镇规划布局

借势2013年第十二届全运会帆船帆板比赛成功举办，瓦房店市按照"世界眼光、国际标准、现代审美、地域特色"理念，对将军石旅游度假区进行了总体规划设计，分设海洋温泉度假区、水上运动区、山地运动区、休闲养生区、生态采摘区、养殖体验区六大功能区域。

4. 小镇建设成果

从2012年建设全运会帆船帆板赛场算起，小镇总投资近30亿元。经过5年的持续投资建设，各个项目建设都取得一定成绩。其中，投资5000万元的将军石海景滑雪场已于2015年开门纳客，成功举办辽宁省冰雪季启幕仪式；金港汽车文化公园、大连市航空运动学校已初步完成选址，被列为辽宁省重点支持的体育旅游项目；将军石体育园区被纳入辽宁省、大连市"十三五"重点扶持的体育园区，正在创建国家体育旅游产业示范基地；投资1.5亿元被誉为"渤海第一泉"的将军石海洋温泉已于2015年5月投入运营，与港中旅等国内知名旅行社签订合作协议，采取"旅游+互联网"方式，对海洋温泉进行线上线下营销；投资300万元的将军石房车露营地项目已开门纳客，并被大连市旅游局评为最佳房车露营地。

同时，各级赛事落户此地也带动了旅游经济增长，赛事资源已成为带动将军石体育产业高速前进的主引擎。例如，小镇2016年和2017年分别被国家体育总局评为中国体育旅游精品景区，已通过辽宁省特色乡镇初审，正在创建国家级旅游度假区。2015年将军石接待游客50万人次；2016年将军石接待游客60万人次，其中海洋温泉年接待游客30万人次，实现利润近400万元，海景滑雪场年接待游客3万人次，实现利润超100万元；2017年突破70万人次。这些递增数据表明，产业良性互动、互为映射作用正在显现。

未来，将军石小镇将以中国帆船帆板基地为核心，以蓝色海洋经济为引领，以文化体育、旅游休闲、健康养老、教育培训、金融商贸、房地产业等高端服务业及战略性新兴产业为重点，以生态农业、都市型现代农业、农产品深加工、冷链物流等优质产业为基础，建设产业高端、功能完善、环境优美、特色鲜明的滨海新城镇。

5. 小镇经营效益

在经济效益方面，2016年，将军石海洋温泉实现利润500万元，海洋滑雪场收入100万元。其他产业，如海参养殖利润近5亿元。西杨乡目前一年税收近1000万元，近一半来自将军石小镇。将军石小镇让企业、政府、百姓三方受益。

不过，将军石小镇更看重的是环境效益和社会效益。随着将军石自然资源、环境资源、人文资源、产业资源力量的不断释放，小镇的盈利模式、盈利能力将逐步增多、逐渐增大。

依据发展规划，将军石小镇未来带动就业3000人至5000人，实现2000万元财政税收，产业规模3亿元到5亿元。小镇将不断吸纳新的体育产业项目，特别是具有影响力和高附加值的项目；将吸收更多有实力的体育企业和金融平台来投资兴业。现在小镇涵盖人口近万人，到2025年将预期实现5万人的吸纳力。

6. 小镇投融资模式

在将军石体育场馆建设过程中，瓦房店市创造性地采取了"政府承办、企业承建、政府补贴、企业投资"的将军石模式，不仅破解了大型比赛体育场馆后期利用不足的世界性难题，而且也为将军石体育休闲特色小镇的建设提供了模板——"政府引导，企业投资，市场化运作"。政府的角色更加突出服务功能，引领企业积极发展体育休闲、健康养老、旅游以及延伸产业，通过土地流转、提升土地附加值，引导居民与特色小镇建设深度融合。

4.4.7 浔龙河生态艺术小镇

1. 小镇基本概况

浔龙河生态艺术小镇位于长沙县果园镇双河村，区位优势明显，接近长沙市三环，处在长沙县"一心三片"中经济核心区东北部，距长沙县城10分钟车程，距市区25分钟车程，距黄花国际机场25分钟车程。

双河村现有土地总面积11584亩，其中耕地1177亩、林地6645亩、水塘197亩、宅基地573亩、公共道路512亩、其他2472.95亩；有13个村民小组、472户、户籍人口1562人。该村地形地貌独特，整体呈现出"山多、水多、田少、人少"的特点。

生态艺术小镇自然资源丰富。水系尤其发达，浔龙河、金井河、麻林河三条河流交织环绕，同时，拥有众多源远流传的民间传说和古迹，如关帝庙、拖刀石、义云亭、华佗庙等，历史文化资源丰富。

2. 小镇定位及特色

生态艺术小镇以农、旅、居为核心，依托生态农业基础，与政府PPP模式的城市基础建设充分结合，以景观农业＋旅游产业＋生态居住构成产业核心，颐养产业、第二居所、亲子产业、文创产业、农业产业作为项目的辐射产业为项目注入更多的发展空间。

3. 小镇规划布局

小镇规划占地面积14700余亩，其中核心开发区约3000亩。在整体规划设计中，小镇在保存乡村风貌的同时，加入前沿生态规划理念，打造一个为当地农民提供城市生活品质，为都市人提供田园生活需求，以生态旅游为主导产业的田园综合体。

具体来看，项目开发建设分为三期，形成"九园一中心"的产业布局。商业服务配套中心位于九个园区的中心，主要包含生态停车场、游客咨询中心、票务中心、宣传展示中心、医务中心、旅游厕所等。

珍稀植物园以珍稀树木观光、植物科普教育为主题，是一个集教育、休憩、园艺为一体的科普基地和生态旅游区；滨河游乐园以水上游乐、山地运动为主题，可以体验航母观光、魔幻木屋、滨水游乐、滨水烧烤、山地拓展、农家游戏、山地车运动、山地露营等；绿色蔬菜产业园以蔬菜生产加工为主，兼具观光、物流、科研培训等功能；浔龙岛农耕文化园为集休闲农业观光、农耕文化体验、休闲度假、科普教育于一体的休闲农业与乡村旅游示范园区；四季果园以"四季鲜果"采摘为主要内容，打造集生态回归、赏花品果、采摘游乐、休闲度假、科普教育、高效农业示范等功能于一体的生态采摘园；酒旗风文化园全面挖掘酒文化内涵，将酒文化与花卉、休闲娱乐、民俗节庆等相结合，打造一条具有浓郁民俗风情的酒文化休闲街；华佗生态养生园依托华佗庙，以养生度假为主题，以弘扬华佗养生文化为特色，打造集观光朝拜、中草药种植、医药保健、养生度假于一体的生态度假区。

小镇首期规划浔龙河接待中心、亲子乐园、童勋营、云田谷、牧歌山和农创工厂几个项目。其中，浔龙河接待中心规划用地20.85亩，位于浔龙河生态艺术小镇西部（黄兴大道北侧）；StarPark以亲子为主题概念，将儿童素质培训、农耕乐趣体验、草场放牧等主题融汇其中，并配合原生态的环境资源，打造出多位一体的乡村生态亲子公园；童勋营通过有组织、有系统的训练课程来提升儿童综合素质；云田谷农场以体验农田闲趣为主；农创工场占地134亩，由农创社区和农创基地组成，其中，农创社区旗下包含湘里商业街及家庭工坊两大部分。

4. 小镇发展模式

浔龙河已逐步形成了由企业为主投资建设、政府主导推动、基层组织参与决策、农民意愿充分表达的"四轮驱动"模式。

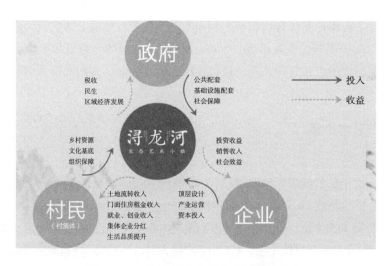

图4-4-1　浔龙河生态艺术小镇发展模式

5. 小镇建设成果

2016年，小镇全年累计投入2.04亿元，启动了项目的控规编制和污水厂、垃圾站、国歌博物馆等工程的设计工作；完成了双河桥、金井河桥、田汉大舞台新建工程的设计。工程建设启动了农民安置区一期和幼儿园的建设；完成了村民活动中心和驭龙路建设，开展了金井河、麻林河治理工程。

6. 小镇经营效益

（1）实现资源增收

土地专业合作社统一管理、经营全村集体土地，其土地收益由合作社统一分配。村民年底可得到两部分收入：一部分是土地流转费，即为"保底"，另一部分是企业通过土地经营创造的价值中按村民流入土地份额所分配利润，即为"分红"。

（2）促进就业增收

引进品牌培训机构，在小城镇范围内办一所实用技术培训学校，为工业企业和蔬菜花木种植、农产品精深加工等农业产业以及旅游、物业管理等服务业培训输送人才。成立浔龙河农民就业服务中心，依托本村产业发展吸纳农民就业，真正实现农民向产业工人转变。

（3）完善养老保险

将全体村民纳入新农保范畴，并适当提高参保金额和保障力度。凡将土地进行流转的村民，可每年直接领取土地流转费，也可用土地流转费置换养老保险参保费用。参保村民到退休年龄后，每月可领取养老保险金。

7. 小镇投融资模式

在建设过程中，小镇改变以往由政府为主体投资、市场参与建设的模式，由公司作为投资主体，政府主导推动，将政府与市场的资源优势有机整合，形成项目建设推动力。为确保项目建设期间资金运行安全、充足，公司制定了一整套科学稳健的投融资计划，用5000万元撬动50亿元资金：以自筹资金和部分银行贷款作为项目建设启动资金，以土地增减挂钩、土地异地置换所产生的收益作为中期运转资金，以六大产业效益作为项目建设长期发展资金。

4.5 中国特色小镇建设典型案例分析（二）

4.5.1 京北水镇北京市密云区古北口镇

古北口镇号称"京北水镇"，位于北京市东北边陲，坐落于长城脚下，已获得中国历史文化名镇、全国绿色低碳小镇示范镇等称号。镇域面积85.25平方公里，镇区常住人口1万人。2015年，镇GDP为6.2亿元，城镇人均纯收入3.4万元。

1. 特点

特色鲜明的产业形态。古北口镇的主导产业是旅游业，现已成为观光旅游、休闲度假、商务会展、创意文化等为一体，具有较高参与性和体验性旅游度假目的地。农业产业方面，坚持"农旅结合"，发展与旅游业相配套的休闲产业。

和谐宜居的美丽环境。古北口镇四季气候宜人、环境优美。镇域内有司马台长城、鸳鸯湖、古北水镇等景区，被评为"全国特色景观旅游名镇"，司马台村获得"中国最美休闲乡村"荣誉称号。

彰显特色的传统文化。古北口镇历史悠久，文物古迹众多，现保存和修缮完整的有12处庙宇。古北水镇景区展示了古北口的边关文化、长城文化、北方文化，展现与挖掘了老北京乃至北方的非物质文化。

便捷完善的设施服务。古北口镇基本实现养老保障、居民医疗保险、社会救助全覆盖，社会保障水平和群众生活质量显著提高。交通便捷，消防设施完善，基础设施和公共服务设施条件日趋完善。

2. 体制机制探索

古北口镇分别在规划、产业发展、社会管理、文物保护及环境建设和集中供热等方面进行了一系列体制机制的创新、成效良好。一是项目规划立足于保护与开发协调发展；二是多方注资，共担风险收益；三是政企合作顺畅，各方责权利清晰；四是多渠道保障搬迁村民利益；五是重构新型的社区关系。

3. 近期计划

一是继续完善配套设施，实现"来到古北口，三天不用走"的目标。

二是坚持"文化立镇、旅游强镇、生态富民"的思路，全面推进"国际文化旅游特色镇"建设。

三是着力提升镇域西片区的发展水平，在北台村种植药材，打造一个北派百草植物园；在北甸子村打造大樱桃采摘及相关产业；在潮关村重点发展潮河半岛经济。

4.5.2 水乡古镇上海市青浦区朱家角镇

上海市青浦区朱家角镇位于上海西郊，与江苏省昆山市接壤，已获得全国重点镇、中国历史文化名镇、全国特色景观旅游名镇等称号。镇域面积138平方公里，镇区常住人口3.9万人。2015年，镇GDP为71.7亿元，城镇居民人均收入3.6万元。

1. 特点

特色鲜明的产业形态。朱家角文化底蕴深厚，资源优势明显，桥、水、绿等特色鲜明，围绕打造上海文创产业特色区与集聚区目标，着力吸引高新、高质、高端文创要素集聚。朱家角镇产业基金管理规模稳居全市名镇前列，为朱家角打造水乡小镇注入了新视野、新动力和新能量，为区域经济转型升级提供了强大的资本支撑。朱家角镇商、旅、文相结合的产业链逐步形成，旅游品质不断提升。

和谐宜居的美丽环境。依托良好生态资源，打造生态宜居环境，有效居民绿色感受度。淀山湖大道、珠溪路设计引进了国外Park Way的理念，体现了生态、传统、未来三大元素，沿线两侧宽广的绿化带种植各类乔木、灌木200余种，构建了体现江南水乡风貌的生态景观大道。

彰显特色的传统文化。朱家角镇拥有"田山歌"等非物质文化遗产和21个非遗基地，91个文物重点，"韵声社"京剧角等民间文化活动闻名遐迩，民间藏书列入上海市文化年鉴，并收入联合国教科文组织汇编目录。

便捷完善的设施服务。朱家角镇的交通网络日益便捷，公共设施逐步齐全，公共服务正在不断完善。

2. 体制机制探索

朱家角镇坚定走三生融合发展道路，强化生态环境建设，提升区域生态价值。加快镇村规划编制，优化镇区结构，统筹新镇区、古镇区、产业区、沈巷区四区联动建设。强化基础设施水平，着力完善城市综合服务功能。加强新城镇建设，优化新农村村庄体系规划布局，有序推进现代农业和民宿产业发展，着力夯实农村经济发展基础，建立完善农村自我造血机制，促进浓醇集体、农民个人的增收，重点推进"美丽乡村"和中心村建设。

3. 近期计划

加快朱家角经济功能布局，进一步发展壮大以文创产业、基金产业为支柱的主导产业；加快朱家角城镇规划体系的修编完善工作，优化土地供应布局；利用水乡独具特色的河网将古镇、淀山湖、农村串联起来，创建古镇5A景区，将朱家角的旅游产业打造成"水乡古镇，不夜江南"；围绕产业转型升级需要，以高层次、高技能人才队伍建设为重点，加强各类人才的引进。

4.5.3 毛衫时尚小镇浙江省嘉兴市濮院镇

濮院镇隶属于浙江省嘉兴市桐乡市，地处长三角平原腹地，已获得全国重点镇等称号。镇域面积64平方公里，镇区常住人口6.6万人。2015年，镇GDP为77亿元，城镇居民人均收入4.5万元。

1. 特点

特色鲜明的产业形态。立足毛衫生产及专业市场销售坚实基础，形成了商业聚集和产业集群良性互动的经济发展新模式。推进工业集约发展，濮院针织产业园区基础设施完善。大力发展创意设计、电子商务、现代物流等现代服务业。

和谐宜居的美丽环境。濮院镇提出"建新镇、活古镇、打造毛衫时尚新镇"的口号，形成北端古镇、中部市场、南段博览中心的三大发展片区，古今呼应，传承创新。

彰显特色的传统文化。自宋以来，濮院通过丝绸业发展形成江南大镇，濮院历来重视修志，明清以来有15种之多。濮院明清时办有义塾、义学、翔云书院及提倡女子求学的女学社。

便捷完善的设施服务。公用设施配套完善，建成"六横五纵"的城区道路网格局。城乡公共服务优质均衡，村（社区）便民服务中心、文化活动中心全覆盖，城乡居民养老保险99%，社会治理创新全面推进，网格化管理、组团式服务，全省创新基层社会自理现场会示范点。

2. 体制机制探索

镇区控制性详细规划全面覆盖，镇区空间加快拓展，人口城镇化持续快于土地城镇化。

体制机制探索创新，扩权改革不断深化，扩权事项29项，便民服务中心200项，综合执法事项410项。

3. 近期计划

扎实推进产业培育、环境整治、文化传承、基础设施建设和体制机制改革五大重点任务。

（1）围绕毛衫时尚化，提升特色产业竞争力。

（2）围绕生活品质化，提升公共设施承载力。

（3）围绕全域景区化，提升江南水乡软实力。

（4）围绕多元化大众化，提升特色文化软实力。

（5）围绕治理科学化，提升机制保障力。

4.5.4 民国风情小镇浙江省湖州市莫干山镇

莫干山镇位于浙江省湖州市德清县，处于长三角腹地，距上海约100公里，已获得美丽宜居小镇等称号。镇域面积185.8平方公里，镇区常住人口0.35万人。2015年，镇GDP为10.56亿元，城镇居民人均纯收入2.5万元。

1. 特点

特色鲜明的产业形态。以原生态为依托，以民宿产业为主导，以"洋家乐"品牌为支撑，以"裸心养生"为特色，发展高端乡村旅游产业，形成以"低碳环保、中西融合"为理念，以洋家乐为代表的民宿带动乡村发展的莫干山模式。

和谐宜居的美丽环境。以民国文化为基础，营造民国情调，使小镇的民国风和莫干山景区浓郁的海派风相得益彰。

彰显特色的传统文化。莫干山历史悠久、文化底蕴深厚、镇内建筑遗存众多。小镇处于中性文化交汇之处，中性文化的交流打造了既有中国古典文化之精，又有西方休闲文化之灵的东西文化融合、古今中外交汇的独特魅力。

便捷完善的设施服务。道路网络互连互通，公共设施城乡一体化，公共服务全面优化。

2. 体制机制探索

莫干山镇政府高度重视规划引领作用，在规划编制过程中，明确要求各项规划坚持多规合一。积极构建城乡一体发展的体制机制，初步构建产业创新发展的体制机制，并形成绿色低碳反战的体制机制。

3. 近期计划

创建特色小镇工作启动以来，莫干山镇政府高度重视，专门成立创建小组，并对2017—2018年的黄金建设时期作了如下工作安排：

（1）推动产业创新发展。

（2）加强环境综合治理。

（3）促进文化传承发展。
（4）完善基础设施建设。
（5）推进体制机制改革。

4.5.5 东方好莱坞浙江省东阳市横店镇

横店镇位于浙江省中部、东阳市南部，处于江、浙、沪、闽、赣4小时交通旅游经济圈内，已获得全国重点镇等称号、镇域面积121平方公里，镇区常住人口11.5万人。2015年，镇GDP为138亿元，城镇居民人均纯收入4.25万元。

1. 特点

特色鲜明的产业形态。以"影视名城、休闲小镇"为目标，坚持二、三产业并举发展，特色工业强基立镇，依托省级电子产业实验区，打造全国最大的磁性材料生产和出口基地。影视文化旅游产业繁荣活跃，大力实施"影视城＋"行动计划，不断衍生发展观光旅游、体育休闲、影视文化等影视休闲产业。

和谐宜居的美丽环境。坚持景城融合发展，城市风貌优化魅力提升。加快基础设施建设，提升城镇风貌。有序推进重大项目建设，有效改善景区周边环境。加强环卫保洁和城市管理，环境整洁有序。

彰显特色的传统文化。以小城市标准升级文体服务，打造惠民文化：创建农家书屋，实现村、社区农家书屋全覆盖；文化活动丰富，文化惠民触角延伸到横店每个角落。打响影视品牌，凸显地方特色文化。结合横店影视文化产业发展，加强中华文化为核心的文化建设。

便捷完善的设施服务。着力完善设施功能，提升城市综合承载能力。强化交通枢纽功能，完善基础设施建设，拓展公共服务功能，旅游配套服务设施不断完善。

2. 体制机制探索

推进行政管理体制改革，深化投融资体制改革。积极探索影视与资本深度融合，深化"网格化管理，组团式服务"。构建"政企联动建城"模式，坚持政府主导，市场运转，鼓励企业力量参与城市建设。

3. 近期计划

（1）着力工业转型升级，打造实力横店。
（2）创新影视旅游产业，打造特色横店。
（3）加大环境保护治理，打造生态横店。
（4）切实完善城市功能，打造品质横店。
（5）深化体制机制创新，打造活力横店。

4.5.6 画里乡村安徽省黄山市宏村镇

宏村镇位于黄山南麓，隶属于安徽身黄山市黟县，已获得全国重点镇、全国特色景观旅游名镇城市称号。镇域面积188.95平方公里，镇区常住人口0.85万人。2015年，镇GDP为7.36亿元，城镇居民人均收入2.32万元。

1. 特点

特色鲜明的产业形态。坚持"旅游＋"发展模式，着力打造四大产业片区，形成多点支撑，多业融合的产业体系，推进"旅游＋观光"，"旅游＋文化"，"旅游＋体育"，"旅游＋农业"，"旅游＋工业"等旅游衍生产业的发展。

和谐宜居的美丽环境。围绕打造宜居小镇建设目标，自我加压，拉高标杆，投入18.6亿元，实施宏村景区周边环境综合整治和镇域旅游服务环境改善提升工程，宏村印象、水墨宏村、政务新区等一批重点工程相继完工，镇域经济发展承载力和发展空间大幅提升。

彰显特色的传统文化。秉承"传承、保护、利用"主旨，深入挖掘徽文化内涵，不断赋予传统文化新生命力和新活力。加大古民居保护力度，落实责任包保机制，搭建传统文化交流平台。

便捷完善的设施服务。实施农村人口饮用水安全工程，改扩建自来水厂，生活垃圾无害化处理率达100%。提升防灾减灾能力。全面推进各项民生工程。

2. 体制机制探索

认真落实好正常扶持、税收奖励、人事制度等7个方面19项具体改革措施，设立镇规划建设管理分局和行政管理综合执法分局，提高规划技术人员、执法队伍整体素质和依法行政能力。推进宏村全国旅游标准化试点工作，开展旅游管理领域相对集中行政处罚权试点，创新成立客栈联盟等机构。

3. 近期计划

（1）产业培育。以摄影写生文化产业园为载体，吸引更多创作人群集聚；以宏村印象和摄影写生文化产业园为核心，整合盘活区域旅游资源。

（2）环境整治。结合镇区环境综合整治和美丽乡村建设，开展镇区及村庄立面维护、环境保洁、河流梳理、景观营造等。

（3）文化传承。重点打造摄影、写生两大主导艺术产业，搭建艺术培训、评比、展览、交易、设计、创作、体验平台。

（4）基础设施建设。继续实施宏村环境综合整治，加速宏村污水管网、燃气管道、供水设施扩建，停车场及三线下地等在建工程。

（5）体制机制建设。建立"政府主导、市场合作"开发模式，制定土地、资金、税收等优惠政策。

4.5.7 画里婺源江西省上饶市江湾镇

江湾镇地处皖、浙、赣三省交界，隶属于江西省上饶市婺源县，已获得全国重点镇、全国特色景观旅游名镇、美丽宜居小镇等称号。镇域面积316平方公里，镇区常住人口0.55万人。2015年，镇GDP为4.6亿元，城镇居民人均纯收入1.8万元。

特色鲜明的产业形态。江湾镇把旅游产业作为"第一产业"、核心产业、特色产业，依托于旅游业的发展，形成了篁岭民宿群和龙廻坦农家乐等集群效益。

和谐宜居的美丽环境。婺源原属古徽州一府六县，江湾的建筑、居民与其他古徽州乡镇相同，也保留了传统的徽派风格。传统的徽派古剑配上后龙山和梨园水，使江湾镇区就是一幅美丽的山水画卷。江湾的森林覆盖率高达89%，被誉为"生态绿洲"。

彰显特色的传统文化。江湾始建于隋末唐初，是婺源为数不多的千年古镇，有中国历史文化名村1个，江西省历史文化名村3个，中国传统村落4个。

便捷完善的设施服务。江湾是婺源三个副中心之一，基础设施建设相对完善。交通便捷，行政村实现了村村通水泥路。先后实施了"万人千吨"自来水工程、农村生活污水集中处理设施等公共设施项目建设，在全镇范围内开展了农村面源污染防治工作，科学分类处理农村垃圾。

4.5.8 空港小镇山东省胶州市李哥庄镇

李哥庄镇位于胶州市东北部，距离青岛市区35公里，已获得全国重点镇、美丽宜居小镇等称号。镇域面积75平方公里，镇区常住人口9.2万人。2015年，镇GDP为138亿元，城镇居民人均纯收入3.59万元。

1. 特点

特色鲜明的产业形态。依托机场优势主攻临空经济，改造外贸传统优势产业。逐步形成制帽、假发、工艺品三大传统优势产业，制帽业尤为突出，2009年荣膺"中国制帽之乡"。

和谐宜居的美丽环境。李哥庄镇选定银杏作为镇树，玉兰花作为镇花，在镇区主干道路和村庄成片种植，建成区绿化面积达到705万平方米，绿化覆盖率达42%，营造在空中俯瞰绿树红花尽收眼底的风貌景观。

彰显特色的传统文化。李哥庄镇联合山东大学深入挖掘"沽河文化"内涵，举办大沽河记忆摄影展，编撰

《生态大沽河，文化李哥庄》《美丽的大沽河》等乡土文化教材向全体居民免费发放。成立胶州沽河柳腔剧团，挖掘整理失传的柳腔剧目，带动戏剧文明发展。

便捷完善的设施服务。坚持把基础设施和公共服务作为空港小镇建设的生命线，切实提高公共服务有效供给能力，进一步完善空港小镇的承载功能。

2. 体制机制探索

空港小镇建设的关键在于理念创新，着眼于破解"大鞋穿小鞋"的问题，深化体制机制创新，推动空港小镇焕发生机与活力。

一是优化规划布局。积极对接有关管理部门，加快编制李哥庄特色小镇发展规划，进一步明确小城镇持续发展的可行路径。

二是加强社会管理。实施网络化管理，减少执法层级，构建数字化执法平台，进一步充实基层执法力量。

三是创新机制体制。积极探索政府聘员制度，重点引进航空产业、规划建设、金融管理、招商四类急需人才。

3. 近期计划

一是加快产业培育，夯实经济支撑。

二是实施综合整治，优化生态环境。

三是抓牢文化构建，做足旅游文章。

四是完善基础设施，提高功能品味。

五是创新体制改革，增强发展活力。

4.5.9 钧瓷之都河南省许昌市神垕镇

神垕镇地处禹州市西南20公里处，是钧瓷文化发祥地，已获得中国历史文化名镇等称号。镇域面积49.1平方公里，镇区常住人口5.8万人。2015年，镇GDP为25.4亿元，城镇居民人均纯收入2.25万元。

1. 特点

特色鲜明的产业形态。神垕镇的主导产业为钧瓷文化产业和旅游业。钧瓷文化产业基础雄厚，是神垕镇经济发展的主要支柱产业。神垕镇历史悠久，现有多处自然人文景观，2015年累计接待游客110万人次。

和谐宜居的美丽环境。神垕镇"三山一凹、双水环绕"，形成了一河连五寨、组团式拥河发展的城镇格局，明清建筑风格是神垕镇传统建筑的典型代表。

彰显特色的传统文化。具有多种民间文艺活动和特色小吃，并成功打造"钧瓷一条街""古玩一条街"，正在建设钧瓷文化创意产业园和陶瓷工业园，形成产业集聚，保护和传承钧陶瓷文化。

便捷完善的设施服务。神垕镇内外交通便利，已形成完善的道路交通体系，建立了完善的垃圾清运系统。科教文卫事业健康快速发展，养老事业逐步完善，两处商业中心已初具规模。

2. 体制机制探索

坚持规划引领，以历史经典产业和旅游产业融合发展为原则，推动多业态融合创新发展。成立神垕古镇5A级景区创建指挥部和神垕古镇管理委员会，加强工作力量；设立钧瓷产业办公室，旅游开发办公室，专人专班推进特色产业发展；积极引入社会资本，采用多种合作模式，加强基础设施建设和公共服务设施建设。

3. 近期计划

产业培育：大力发展钧瓷产业，推进钧瓷文化主题公园项目进程。建立日用陶瓷、环境陶瓷交易平台和完善产业园区基础设施建设。

环境整治：整治贯通肖河，促进肖河与古镇老街道的融合发展。

文化传承：着力保护和传承钧瓷文化，充分体现钧瓷文化内涵。

基础设施：进一步加大基础设施投入，2017年年底完成建制镇示范试点的各类项目。

4.5.10 西夏风情小镇宁夏回族自治区银川市镇北堡镇

镇北堡镇地处贺兰山东麓，银川市区西北郊，已获得全国重点镇、全国特色景观旅游名镇等称号。镇域面积174平方公里，镇区常住人口1.4万人。2015年，镇GDP为10亿元，城镇居民人口纯收入2万元。

1. 特点

特色鲜明的产业形态。充分利用镇北堡镇得天独厚的旅游资源，以镇北堡西部影视城和贺兰山国家森林公园为依托，大力发展餐饮服务、旅游住宿、影视拍摄、商品流通、客运服务。

和谐宜居的美丽环境。镇北堡镇自然风光浑厚壮观，源远流长的西夏、伊斯兰文化和新的移民文化，形成了独特新奇的人文景观。

彰显特色的传统文化。镇北堡镇历史悠久，明清时期为防御贺兰山以北各族入侵银川府而设置的驻军要塞。

便捷完善的设施服务。镇北堡镇交通便捷，110国道贯穿全境，镇区与银川市北环高速路连接，毗邻银川火车站，区位优势明显。镇村和自然村道路硬化率、自来水入户率、镇区供热率均为100%，洁净能源使用率85%以上。

2. 体制机制探索

镇北堡镇特色小镇建设已被宁夏回族自治区列为沿黄城市带特色小城镇项目，2017年又被国家发展改革委评为深化城镇基础设施投融资模式创新镇。

镇北堡镇通过灵活多元的市场化手段，制定务实高效的建设方案，积极响应国家关于城乡一体化建设的要求，对接"一带一路"战略布局，寻求国务院关于棚户区改造，改善农村人居环境建设工程政策优势，通过争取国家和地方专项建设资金，撬动银行贷款，解决城镇化和镇域基础设施建设资金缺口。

3. 近期计划

一是依托影视文化基地、完善旅游服务基础设施。

二是按照镇域规则，抢抓国家棚户区改造机遇，积极争取资金支持。

三是强化服务协调，主动配合企业做好镇北堡镇大剧院、红酒博物馆、清真美食街及道路硬化、绿化等配套设施建设。

四是着力打造影视文化核心区、葡萄酒文化中心区、温泉休闲度假区，抓好镇北堡文化旅游产业品牌建设。

5

中国港澳台地区文化产业概览

5.1 香港文化产业发展及现状

5.1.1 香港文化创意产业发展概况

香港一直是亚洲地区的创意中心，数码娱乐、电影、设计等文化创意产业在业内享有盛名。从经济形态看，香港已经进入创新驱动经济增长阶段，文化创意产业成为近年来香港经济增长的亮点。

香港创意产业在狭义上分为三大类，包括11个行业。第一类是文化艺术类，包括艺术品、古董与手工艺品、音乐、表演艺术；第二类是电子媒体类，包括数码娱乐、电影与视像、软件与电子计算、电视与电台；第三类是设计类，包括广告、建筑、出版与印刷。从广义的角度看，香港也将健身美容、美食、文化旅游等服务业称为创意产业。

总体来看，香港本土文化创意产业市场规模较小，加上房屋租金和各种成本较高，文化创意产业发展的空间日益缩小。同时，香港政府对文化创意产业提供的政策和资金支持有限，客观上造成了香港文化创意产业发展明显落后于大陆。

5.1.2 香港文化创意产业经营情况[①]

2005—2015年香港文化及创意产业的增加值（单位：亿港元）　　　　表 5-1-1

行业	2005年	2011年	2012年	2013年	2014年	2015年
艺术品、古董及工艺品	42.23	101.42	114.46	136.33	12199	10157
文化教育及图书馆、档案保存和博物馆服务	—	11.37	11.61	12.46	1465	1289
表演艺术	6.61	8.72	9.32	8.76	954	1196
电影及录像和音乐	22.43	32.39	36.43	35.24	3106	3469
电视及电台	55.43	73.22	70.43	79.86	6431	7174
出版	141.45	133.29	140.66	141.12	13894	12602
软件、电脑游戏及互动媒体	165.08	326.63	377.55	402.65	44387	46141
设计	10.01	36.15	33.10	37.11	4080	4146
建筑	31.61	85.37	92.61	97.62	11058	10724
广告	38.69	71.28	73.22	86.82	9254	9182
娱乐服务	9.04	15.66	18.99	22.53	2852	2840
文化及创意产业	522.58	895.51	978.37	1060.50	109680	108920
占本地生产总值百分比（%）	3.80	4.70	4.90	5.10	5.0	4.7

5.1.3 香港文化创意产业园区发展情况

据不完全统计，香港文化创意产业园区共有8家，并以混合型文化创意产业园区为主。

香港文化创意产业园区基本情况　　　　表 5-1-2

园区类型	园区名称	面积（万平方米）	园区概况
产业型	香港数码港	24.00	香港数码港位于香港南区钢线湾，占地24公顷，是一个以资讯科技为主题，并集合写字楼、住宅、酒店、零售及娱乐设施于一身的综合发展项目。项目由香港最大固网电话营运商电讯盈科兴建，并由香港特区政府全权拥有。

[①] 该部分数据来自香港特别行政区政府的相关统计资料。

续表

园区类型	园区名称	面积（万平方米）	园区概况
混合型	香港西九龙文化区	40.00	西九龙文娱艺术区是香港特别行政区前行政长官董建华任内提出，在位于西九龙填海区临海地段兴建的一系列世界级文化设施。政府借鉴世界其他地方的知名文娱艺术设施，例如英国伦敦的SouthBank和WestEnd，西班牙毕尔包等，希望把艺术、文娱及休闲设施汇聚一起，吸引人流和汇聚艺术人才。
	香港科学园	55.00	香港科学园与数码港相似，同样采用类似大学校园的低密度规划，是一个以高科技及应用科技（包括电子、生物科技、精密工程及讯息科技和电讯）为主题的研究基地，由香港科技园公司运作。
	香港牛棚艺术村	1.70	牛棚艺术村，位于香港九龙土瓜湾马头角道63号，是一个租给人们作艺术工作室的场地。目前，共有20多个艺术工作者和艺术团体驻场，其中包括"进念二十面体""艺术公社""牛棚书院""1A 空间""CUTANDTRY""蛙王"等，大都公开让市民参观欣赏。
	香港火炭艺术家村	75.00	香港火炭艺术家村是一个以艺术创作为核心，创作领域覆盖绘画、雕塑、陶瓷、混合媒介、版画、摄影及录像等多种形式的园区，目前有近100个工作室，超过200位艺术家进驻。
	香港PMQ元创方	1.80	PMQ元创方原址是在1951年建成的已婚警察宿舍。香港特区政府于2010年11月宣布改造原址成为标志性的创意中心；将营运权授予由同心教育文化慈善基金会有限公司（"同心基金"）成立的非牟利的社会企业——元创方管理有限公司（PMQManagementCo.Ltd），并联同香港设计中心、香港理工大学和职业训练局辖下的香港知专设计学院，活化此项目。
	中央书院遗址	0.06	—
	苏港澳创意创新基地	未知	—

5.1.4 香港文化创意产业与内地的交流发展

发展文化创意产业，香港相对于内地的优势在于国际视野、专业服务和国际行销能力，而内地的优势在于土地、原料、工资、市场和研发人才。两地在必须加速产业升级和转型的压力下，将以更积极的作为发展文化创意产业。

未来两地在文化创意产业的合作上能够整合研发、设计、生产、专业服务等环节，建立灵活而有效的分工合作模式，以结合双方的核心能力和竞争优势。《内地与香港关于建立更紧密经贸关系的安排》第九个补充协议（CEPA9）中有关文化领域的条款，为香港文化服务提供者进入内地市场放宽了准入条件，为香港文化服务业进一步发挥优势提供了更多选择。

目前，国家正在大力支持深圳前海、珠海横琴等地区通过建设文化产业园区享受特殊优惠政策，这也为承接香港文化创意产业部分业态向内地转移，满足香港文化创意产业在生产、制作等环节上的需求创造了有利条件。

5.2 澳门文化创意产业发展及现状

5.2.1 澳门文化创意产业发展概况

澳门经济整体依靠以博彩业为主的旅游业，其他产业发展较弱。相较于北京、上海、深圳和香港等地区，澳门文化创意产业起步晚，如今尚处于起步阶段。近些年，为了减少对博彩业的依赖，澳门政府开始积极支持文化创意产业的发展。

在2010年，澳门特区政府正式启动文化产业工作，成立文化产业委员会，推出澳门文化创意产业的目标与发展蓝图。委员会将视觉艺术、设计、电影录像、流行音乐、表演艺术、出版、服装和动漫列为澳门八大重点发展项目，其中视觉艺术及设计更被列为澳门文化发展的"重中之重"，希望借此打造世界休闲旅游中心。

到目前为止，澳门的广告设计、平面设计、画廊展览、会展策划等文化创意产业发展迅速，形成了一定的市场规模。很多有实力的公司正逐渐走出澳门，在内地和东南亚地区寻求扩张发展。

5.2.2 澳门文化创意产业园区发展情况

澳门文化创意产业园区基本情况　　　　表 5-2-1

园区类型	园区名称	面积（万平方米）	园区概况
混合型	澳门超级创新型园区	1.72	澳门超级创新型园区发展旅游、会展、文化创意、出版印刷等。

5.2.3 澳门文化创意产业与内地的交流发展

与内地相比，澳门发展文化创意产业具有自身的优势：澳门是中西方文化融合之地，文化包容性较强，而且澳门旅游业发达，不足 30 平方公里的土地每年有近 3000 万游客，为文化创意产业发展创造了广阔的市场。但是，澳门发展文化创意产业也有自身的劣势：澳门经济结构单一，对博彩业依赖性较大，人力成本和土地成本非常高，不利于文化创意产业的发展。

因此，加强同内地和香港、台湾的合作成为澳门发展文化创意产业的主要路径。澳门可作为文化创意产品经营销售的平台，把内地不同的创意产业资源整合，通过澳门平台形成新的创新，向高产能、高智慧定位发展。

此外，澳门与珠海横琴相邻，利用横琴开发契机是澳门发展文化创意产业的良好机遇。澳门特区在 2011 年和广东省政府合作，共同发展毗邻澳门的横琴岛，澳门政府使用 2.5 平方公里的土地，让澳门企业参与创业产业园区，其中澳门文化创意产业园区成为澳门企业参与的重要产业园。

5.3 台湾文化产业发展及现状

5.3.1 台湾文化创意产业发展情况 [①]

1. 台湾文化创意产业界定

台湾官方对文化创意产业的定义是：源自创意或文化积累，通过智慧财产的形成与运用，具有创造财富与就业机会潜力，并促进整体生活环境提升的行业。台湾文化创意产业范畴如表 5-3-1 所示：

台湾文化创意产业分类　　　　表 5-3-1

领域	产业名称	说明
艺术类	视觉艺术产业	凡从事绘画、雕塑及其他艺术品的创作、艺术品的拍卖零售、画廊、艺术品展览、艺术品经纪代理、艺术品的公证鉴价、艺术品修复等之均属之
	音乐及表演艺术产业	凡从事戏剧（剧本创作、戏剧训练、表演等）、音乐剧及歌剧（乐曲创作、演奏训练、表演等）、音乐的现场表演及作词作曲、表演服装设计与制作、表演造型设计、表演舞台灯光设计、表演场地（大型剧院、小型剧院、音乐厅、露天舞台等）、表演设施经营管理（剧院、音乐厅、露天广场等）、表演艺术经纪代理、表演艺术硬件服务（道具制作与管理、舞台搭设、灯光设备、音响工程等）、艺术节经营等之行业均属之
	文化资产应用及展演设施产业	凡从事美术馆、博物馆、艺术村等之行业均属之
	工艺产业	凡从事工艺创作、工艺设计、工艺品展售、工艺品鉴定制度等之行业均属之

---

① 此部分数据来自《2016 年台湾文化创意产业发展年报》。此次统计将"通路端资料"（包含"书籍零售摊贩"、"小说漫画出租"、"漫画书屋"、"影片音乐零售摊贩"、"视唱中心（KTV）"、"录影带及碟片租赁"、"视听中心"纳入统计范围，数据为依据新的范围回溯自 2008 年之数据资料。此外，该报告力求统计整个产业链数据，新增"雕刻木制品制造"、"金属饰物制造"、"建筑设计、顾问"、"工作平台架设工程"、"其他艺术教育服务"、"摄影教学"、"市场研究"7 个子类产业；同时根据文化创意产业特性，将"其他创作"及"多媒体设计"重新分类至视觉艺术产业及视觉传达设计产业，并删掉"庭园景观工程"、"都是、乡镇规划"、"景观建筑服务"。

续表

领域	产业名称	说明
媒体类	电影产业	凡从事电影片创作、发行映演及电影周边产制服务等之行业均属之
	广播电视产业	凡从事无线电、有线电、卫星广播、电视经营及节目制作、供应之行业均属之
	出版产业	凡从事新闻、杂志（期刊）、书籍、唱片、录音带、电脑软件等具有著作权商品发行之行业均属之。但从事电影发行之行业应归入8520（电影片发行业）细类，从事广播电视节目及录影节目带发行之行业应归入8630（广播节目供应业）细类
	广告产业	凡从事各种媒体宣传物之设计、绘制、摄影、模型、制作及装置等行业均属之。独立经营分送广告、招揽广告之行业也归入本类
	流行音乐及文化内容产业	—
设计类	产品设计产业	凡从事产品设计企划、产品外观设计、机构设计、原型与模型的制作、流行设计、专利商标设计、品牌视觉设计、平面视觉设计、包装设计、网页多媒体设计、设计咨询顾问等之行业均属之
	视觉传达设计产业	
	设计品牌时尚产业	凡从事以设计师为品牌之服饰设计、顾问、制造与流通之行业均属之
	建筑设计产业	凡从事建筑设计、室内空间设计、展场设计、商场设计、指标设计、庭园设计、景观设计、地景设计之行业均属之
	创意生活产业	凡从事以创意整合生活产业之核心知识，提供具有深度体验及高质美感之产业
数位内容	数位内容产业	凡从事数位休闲娱乐设备、环境生态休闲服务及社会生活休闲服务等之行业均属之。包括： 1. 数位休闲娱乐设备——3DVR设备、运动机台、格斗竞赛机台、导览系统、电子贩卖机台、动感电影院设备等； 2. 环境生态休闲服务——数位多媒体主题园区、动画电影场景主题园区、博物展览馆等； 3. 社会生活休闲服务——商场数位娱乐中心、社区数位娱乐中心、网络咖啡厅、亲子娱乐学习中心、安亲班—学校等
其他	经主管机关制定的产业	—

2. 台湾文化创意产业发展规模

（1）文化创意产业企业规模

2015年，台湾文化创意产业企业数量为62985家，较2014年增长1.24%，其中以视觉传达设计产业企业数量增长27.65%为最高。

2010—2015年台湾文化创意产业企业数量　　　　表5-3-2

年份	企业数量（家）
2010	59977
2011	61020
2012	61490
2013	61873
2014	62215
2015	62985

（2）文化创意产业营业额概况

2015年，台湾文化创意产业营业额达8339.06亿新台币，同比增长0.57%，占GDP的5.00%，比重较2014年略有下滑。

2010—2015年台湾文化创意产业营业额概况　　　　　　　　　　　表 5-3-3

年份	营业额（新台币百万元）	成长率（%）
2010	792962.02	—
2011	816251.10	2.94
2012	791741.98	-3.00
2013	812204.64	2.58
2014	829168.61	2.09
2015	833906.05	0.57

2010—2015年台湾文化创意产业营业额及名目生产毛额　　　　　表 5-3-4

年份	文化创意产业营业额（新台币亿元）	名目生产毛额（GDP）（新台币亿元）	名目生产毛额成长率（%）	文创产业营业额占GDP比重（%）
2010	7929.62	141192.1	8.93	5.62
2011	8162.51	143122.0	1.37	5.70
2012	7917.42	146869.2	2.62	5.39
2013	8122.05	152307.4	3.7	5.33
2014	8291.69	160974.0	5.69	5.15
2015	8339.06	166878.6	3.67	5.00

（3）文化创意产业之内外销概况

从内外销角度来看，台湾文化创意产业营业额主要来自内销收入，2015年占总营业额的89.32%（含数位内容），近年来内销收入持续扩大，外销收入自2011年起整体呈逐年衰退趋势。

2010—2015年台湾文化创意产业之内外销概况　　　　　　　　　表 5-3-5

年份	内销收入（新台币百万元）	外销收入（新台币百万元）
2010	677828.6	115133.4
2011	691023.4	125227.7
2012	698809.8	92932.2
2013	727167.3	85037.3
2014	739591.9	89576.7
2015	744816.3	89089.7

3. 台湾文化创意细分产业发展规模

（1）细分产业企业规模

2015年，台湾文创各产业中，广告产业为14483家，工艺产业有12925家，出版产业为8394家，数位内容产业5542家以及流行音乐及文化内容产业为3942家，此五大行业为台湾文创产业企业数量前五个行业。

2010—2015年台湾文化创意细分产业发展规模　　　　　　　　　表 5-3-6

细分产业	类别	2010年	2011年	2012年	2013年	2014年	2015年	CAGR[①]
视觉艺术产业	家数（家）	2484	2522	2528	2521	2520	2541	0.45
	成长率（%）		1.53	0.24	-0.28	-0.04	0.83	

---

① CAGR 为年复合增长率，统计年度为 2008—2013 年。

续表

细分产业	类别	2010年	2011年	2012年	2013年	2014年	2015年	CAGR
音乐及表演艺术产业	家数（家）	1896	2151	2374	2701	3044	3392	12.34
	成长率（%）		13.45	10.37	13.77	12.70	11.43	
文化资产应用及展演设施产业	家数（家）	65	83	104	123	157	185	23.27
	成长率（%）		27.69	25.30	18.27	27.64	17.83	
工艺产业	家数（家）	12532	12702	12840	12808	12776	12925	0.62
	成长率（%）		1.36	1.09	-0.25	-0.25	1.17	
电影产业	家数（家）	1831	1798	1771	1772	1732	1764	-0.74
	成长率（%）		-1.80	-1.50	0.06	-2.26	1.85	
广播电视产业	家数（家）	1757	1770	1792	1819	1822	1827	0.78
	成长率（%）		0.74	1.24	1.51	0.16	0.27	
出版产业	家数（家）	9249	9159	9095	8894	8652	8394	-1.92
	成长率（%）		-0.97	-0.70	-2.21	-2.72	-2.98	
流行音乐及文化内容产业	家数（家）	4298	4364	4237	4087	3983	3942	-1.71
	成长率（%）		1.54	-2.91	-3.54	-2.54	-1.03	
广告产业	家数（家）	12864	13260	13575	13929	14237	14483	2.4
	成长率（%）		3.08	2.38	2.61	2.21	1.73	
产品设计产业	家数（家）	2393	2612	2805	2872	3009	3150	5.65
	成长率（%）		9.15	7.39	2.39	4.77	4.69	
视觉传达设计产业	家数（家）	332	388	434	655	821	1048	25.85
	成长率（%）		16.87	11.86	50.92	25.34	27.65	
设计品牌时尚产业	家数（家）	107	128	151	182	194	217	15.19
	成长率（%）		19.63	17.97	20.53	6.59	11.86	
建筑设计产业	家数（家）	2425	2629	2796	2942	3175	3439	7.24
	成长率（%）		8.41	6.35	5.22	7.92	8.31	
数位内容产业	家数（家）	7617	7328	6858	6434	5957	5542	-6.16
	成长率（%）		-3.79	-6.41	-6.18	-7.41	-6.97	
创意生活产业	家数（家）	127	126	130	134	136	136	1.38
	成长率（%）		-0.79	3.17	3.08	1.49	0.00	
整体	家数（家）	59977	61020	61490	61873	62215	62985	0.98
	成长率（%）		1.74	0.77	0.62	0.55	1.24	

（2）细分产业营业额

2015年，广告产业营业额为新台币1493亿元，广播电视产业为新台币1561亿元，工艺产业为新台币1212亿元，出版产业为新台币1032亿元以及产品设计产业获新台币609亿元。

2010—2015年台湾文化创意产业营业额概况　　　表5-3-7

细分产业	类别	2010年	2011年	2012年	2013年	2014年	2015年	CAGR
视觉艺术产业	营业额（新台币百万元）	4214	4616	5736	6162	6560	5615	5.91
	成长率（%）		9.53	24.28	7.41	6.47	-14.41	

续表

细分产业	类别	2010年	2011年	2012年	2013年	2014年	2015年	CAGR
音乐及表演艺术产业	营业额（新台币百万元）	10136	11198	12444	14534	15575	18720	13.05
	成长率（%）		10.47	11.13	16.79	7.16	20.20	
文化资产应用及展演设施产业	营业额（新台币百万元）	489	1194	1030	956	1359	1674	27.90
	成长率（%）		144.14	-13.75	-7.19	42.16	23.19	
工艺产业	营业额（新台币百万元）	157167	152661	118743	112322	123079	121161	-5.07
	成长率（%）		-2.87	-22.22	-5.41	9.58	-1.56	
电影产业	营业额（新台币百万元）	20387	26213	26205	27257	28360	30788	8.59
	成长率（%）		28.57	-0.03	4.01	4.05	8.56	
广播电视产业	营业额（新台币百万元）	131490	136723	138218	144182	147220	156100	3.49
	成长率（%）		3.98	1.09	4.32	2.11	6.03	
出版产业	营业额（新台币百万元）	112748	112764	113498	107321	105421	103224	-1.75
	成长率（%）		0.01	0.65	-5.44	-1.77	-2.08	
流行音乐及文化内容产业	营业额（新台币百万元）	29252	31345	30905	30392	30112	29202	-0.03
	成长率（%）		7.16	-1.40	-1.66	-0.92	-3.02	
广告产业	营业额（新台币百万元）	137342	145472	146730	162663	156413	149343	1.69
	成长率（%）		5.92	0.86	10.86	-3.84	-4.52	
产品设计产业	营业额（新台币百万元）	56362	55548	54919	58607	60150	60927	1.57
	成长率（%）		-1.44	-1.13	6.72	2.63	1.29	
视觉传达设计产业	营业额（新台币百万元）	3738	2696	1654	1710	1952	2418	-8.34
	成长率（%）		-27.88	-38.65	3.39	14.15	23.87	
设计品牌时尚产业	营业额（新台币百万元）	580	288	324	381	475	477	-3.86
	成长率（%）		-50.34	12.50	17.59	24.67	0.42	
建筑设计产业	营业额（新台币百万元）	24968	27842	28386	29750	35050	33736	6.20
	成长率（%）		11.51	1.95	4.81	17.82	-3.75	
数位内容产业	营业额（新台币百万元）	73685	75774	79070	82383	82090	86215	3.19
	成长率（%）		2.84	4.35	4.19	-0.36	5.02	
创意生活产业	营业额（新台币百万元）	30404	31916	33882	33586	35354	34306	2.44
	成长率（%）		4.97	6.16	-0.87	5.26	-2.96	
整体	营业额（新台币百万元）	792962	816251	791742	812205	829169	833906	1.01
	成长率（%）		2.94	-3.00	2.58	2.09	0.57	

（3）细分产业内外销情况

2015年，台湾文化创意产业以内需为主，外销收入仅占9.20%（包含数位内容产业，不包含创意生活产业）。

2015年台湾文化创意产业内外销情况　　　　　表5-3-8

细分产业	营业额（新台币百万元）	外销（新台币百万元）	内销（新台币百万元）	外销比率（%）
视觉艺术产业	5615	206	5409	3.7
音乐及表演艺术产业	18721	439	18282	2.3
文化资产应用及展演设施产业	1674	3	1671	0.2
工艺产业	121162	13115	108047	10.8
电影产业	30788	1260	29528	4.1
广播电视产业	156100	2436	153664	1.6
出版产业	103224	3242	99982	3.1
流行音乐及文化内容产业	29202	1560	27642	5.3
广告产业	149343	1689	147654	1.1
产品设计产业	60927	35307	25620	57.9
视觉传达设计产业	2418	144	2274	6.0
设计品牌时尚产业	476	16	460	3.4
建筑设计产业	33736	402	33334	1.2
数位内容产业	86216	19053	67163	22.1
创意生活产业	34306	10219	24087	29.8
整体	833906	89090	744816	10.7

4. 台湾文化创意产业区域发展规模

2015年，台湾文化创意产业企业数量前五名地区为台北市、新北市、台中市、高雄市及台南市，前五名地区企业数量合计共占文创产业数量的71.66%；营业额前五名的地区为台北市、新北市、台中市、高雄市及桃园市，前五名营业额合计共占文创产业营业额的84.82%。

2015年台湾文化创意产业区域企业数量及营业额　　　　　表5-3-9

区域	企业数量（家）	企业数量成长率（%）	营业额（新台币百万元）	营业额成长率（%）
台北市	18348	1.82	464160	1.61
台中市	7379	1.91	44421	-4.83
基隆市	666	0.45	12505	-7.31
台南市	4166	1.71	24824	2.06
高雄市	5750	0.17	44348	-3.76
新北市	9492	1.65	118064	-0.21
宜兰县	1036	0.10	4537	-3.48
桃园市	3606	1.26	36331	-5.90
嘉义市	826	-2.13	3708	10.29
新竹县	882	3.28	13883	1.67
苗栗县	1114	-0.27	4049	1.41
南投县	995	-0.60	4759	1.25
彰化县	2081	-0.43	8281	-2.81

续表

区域	企业数量（家）	企业数量成长率（%）	营业额（新台币百万元）	营业额成长率（%）
新竹市	1151	1.41	12915	7.47
云林县	1036	0.00	4333	7.36
嘉义县	544	2.26	2167	-2.04
屏东县	1612	-1.41	4780	1.18
花莲县	1054	0.09	10628	5.79
台东县	712	3.34	13834	17.41
金门县	228	0.00	762	47.81
澎湖县	242	-1.22	542	3.08
连江县	65	4.84	72	-16.67
合计	62985	1.24	833906	0.57

5. 台湾文化创意产业从业人员规模

根据《2014年台湾文化创意产业发展报告》，2015年台湾文化创意产业从业人员规模约为25.2万人左右，其中以"运动、娱乐及休闲服务""出版"及"广告业及市场研究"等产业受雇员工人数较多。

2010—2015年台湾文化创意产业从业人员规模　　　表5-3-10

细分产业	类别	2010年	2011年	2012年	2013年	2014年	2015年
出版	受雇员工人数（人）	36965	40841	42171	40607	40769	39399
	成长率（%）		10.49	3.26	-3.71	0.40	-3.36
专门设计服务业	受雇员工人数（人）	29746	28590	31812	37719	50311	54420
	成长率（%）		-3.89	11.27	18.57	33.38	8.17
创作及艺术表演	受雇员工人数（人）	14181	15487	16275	16508	16375	16922
	成长率（%）		9.21	5.09	1.43	-0.81	3.34
传播及节目播送业	受雇员工人数（人）	24908	23588	25007	25039	29405	31089
	成长率（%）		-5.30	6.02	0.13	17.44	5.73
运动、娱乐及休闲服务业	受雇员工人数（人）	63480	58200	57945	56764	56093	59660
	成长率（%）		-8.32	-0.44	-2.04	-1.18	6.36
广告业及市场调研	受雇员工人数（人）	49288	50474	47397	45937	35796	35227
	成长率（%）		2.41	-6.10	-3.08	-22.08	-1.59
影片服务、声音录制及音乐出版业	受雇员工人数（人）	13454	12851	15780	17540	16771	15589
	成长率（%）		-4.48	22.79	11.15	-4.38	-7.05
总受雇员工人数		232022	230031	236387	240114	245520	252307
成长率			-0.86	2.76	1.58	2.25	2.76

5.3.2 台湾文化创意产业园区发展情况

至 2015 年，台湾文化创意产业园约有 25 家，其中以混合型文化创意产业园为主要类型。

台湾文化创意产业园区基本情况　　表 5-3-11

园区类型	园区名称	园区概况
产业型	台湾创意设计中心	2003 年成立，并于 2004 年正式启动营运，定位为台湾创意设计发展的整合服务平台，其主要任务为提升设计人才原创能力、促进国际设计交流、加强产业市场竞争力并奠定企业发展自有品牌基础，提高产业附加价值
	台元科技园区	为 2001 年建立，面积为 9.76 万平方米，运用高科技园区规划理念，具有科技化、公园化以及人性化的特征。园区定位为智慧型高科技产业园区，服务对象是以先进科技产业或企业为主，是开放型园区
混合型	台湾华山 1914 创意文化园区	园区面积为 7.21 万平方米园区规划为包含公园绿地、创意设计工坊及创意作品展示中心的创意文化园区，目的在于提升国内设计能力和国民生活美学，提供一个可让艺术家交流及学习，进而推广、行销创意作品的空间
	台湾驳二艺术特区	驳二艺术特区位于台湾高雄市盐埕区大勇路南端尽头。"驳二"指第二号接驳码头，位于高雄港第三船渠内，建于 1973 年 6 月 12 日，原为一般的港口仓库。2000 年高雄市政府因寻找国庆烟火施放场所，偶然发现这个具有实验性的场所。因其年久失修，进驻单位针对旧建筑物的状态进行了空间的各项整建工程，于 2002 年 3 月 24 日完工
	Azone 花莲文创园区	位于花莲市中心，建于 100 年前，为占地 3.3 公顷的历史聚落。这个涵盖 26 栋老厂房仓库、优雅利落的园区，将于 2012—2015 年陆续开放，空间内容包括展览、演出、餐饮、特色商品、育成讲座、旅游资讯等
	西门红楼	西门红楼由台北市地方政府以"官办民营"方式委由纸风车文教基金会经营，为知名的小型文艺表演场所，2007 年 9 月 30 日合约到期，11 月交由台北市文化基金会接手营运，并于 2008 年荣获第七届"台北市都市景观大奖"历史空间活化奖，西门红楼以扶持艺文与创意团队为精神，持续为台北西区的文创发展注入活力
	台湾工艺研究发展中心	台湾工艺研究发展中心的前身是于 1954 年 1 月 8 日成立的"南投县工艺品产销合作社"，同年 7 月被誉为台湾工艺之父的颜水龙将其改为南投县工艺研究班，是为配合政府"以农业培养工业"的建设策略以及推广台湾工艺文化而设立。工艺中心内部主要建筑物有六个，分别是行政中心、工艺工坊、生活工艺馆、工艺文化馆、工艺资讯馆、工艺美学馆
	台北国际艺术村	位于台北市中正区北平东路，属于台北市中心地带，曾经是台北市政府养工处、台北捷运公司办公室，经过多年的闲置后在 2001 年 10 月由台北文化局开始重新规划，为世界各地的艺术创作者建构一个国际交流平台。艺术村提供的艺术推广活动包括：艺术家讲座、安排驻村艺术家对民众陈述其创作理念以及创作工坊活动等
	草山国际艺术村	草山国际艺术村位于台北城后山的自然林景中，曾为蒋介石随从人员居所。台北市政府文化局于 2004 年 11 月重新开放，成为阳明山地区重要的艺文景点。艺术进驻计划重新活络当地的艺文能量，提供以当地安山岩堆砌的三间独栋工作室、92 艺文中心驻村艺术家工作室及复合艺文空间作为民众与创作者交流场所，同时在户外设置的"森林舞台"与"乐森活观景平台"，为艺术家提供更多元的公共展演空间
	台湾新竹市世博台湾馆产创园区	新竹市在 2010 年 9 月 16 日标得世博会台湾馆，2010 年 12 月打造新竹市世博台湾馆产创园区，融合了科技、人文、设计、观光、创意、休闲、娱乐等特色，打造国际级的观光新景点。新竹台湾馆占地面积约为 14913，共可分为世博台湾馆、风城文创馆两个部分。世博台湾馆约有 4 层楼高，有展演空间、服务空间、城市主题馆、点灯平台、全天域剧场、设备空间等，将上海世博的台湾馆特色完完全全地搬过来，让游客能够回味上海世博台湾馆的人气魅力
	台湾松山文化创意园区	松山文创园区是一个有松山文创园区、地标建筑、文创园区的景点
	台湾新乐园艺术空间	新乐园艺术空间从 1994 年筹备，1995 年正式开始营运至今。园区以艺术家自主与协力方式共同经营空间营运，并以艺术具实验性及当代性为创作精神，举办多次不同创作形式之个展，并每年筹划策展型展览，突破空间限制并扩大艺术交流，朝向跨领域及跨地域的艺术多元方式，希望生发出台湾当代艺术的各种不同面向
	伊通公园	伊通公园（IT Park）是台湾具有指标地位的当代艺廊，长期支持艺术创作者展出作品，也是当代艺术工作者的交流园地。伊通公园（IT Park）于 1988 年由摄影家刘庆堂与艺术家庄普、陈慧峤共同创立，希望创造出一个自觉理想的开放园地，开拓台湾观念艺术视野，提供艺术家发表实验、前卫、非主流创作的舞台，促进艺术创作的讨论交流
	台北电影主题公园	台北电影主题公园规划有餐饮区、纪念品贩售区、户外影音广场，还以公共艺术品表现电影的主题精神，提供一处影音娱乐活动的场地，举办公益活动、歌手演唱与签唱活动、各式新品发表会、播放露天电影院等
	台湾卡米地喜剧俱乐部	卡米地喜剧俱乐部（Comedy Club）是一个提供现场谐趣表演的酒馆、夜总会，经过时间的演进，如今表演掺杂了许多即兴剧场、音乐、魔术与催眠的元素，加上犹太人、非洲裔、亚裔与中东裔的表演者注入许多不同文化的生命与特殊的观点，使前往 Comedy Club 休闲娱乐成为今日美语系国家的一种文化特色

续表

园区类型	园区名称	园区概况
混合型	台湾关渡美术馆	关渡美术馆依山而建,俯瞰关渡平原,是台湾第一所位于大学校园内的美术馆。它分为地下二层,地上四层,包含九个展览厅,室内、室外展览空间相加起来,共有720平方米,不仅宽敞舒适,而且本身就是一件当代艺术作品。它跳脱传统的对称比例约制,灵活运用不对称的设计风格,让美术馆的动线充满趣味与可能性。关渡美术馆作为大学与社区、台湾与国际艺术社群交流接轨之平台,除树立具特色之典藏,鼓励年轻艺术家、杰出校友创作及展出,并期能成为一般民众体验艺术的场所,也能作为学术讨论的平台
	台湾红野画廊	红野画廊致力于发掘深具潜质的艺术家,严选天分型的国际艺术家,在红野画廊及其他地方策划他们的展览,通过有效的行销,将他们的艺术推向各地,让每个地区的观众都有机会认识到艺术家的创作。红野画廊同时激励所代理的艺术家,希望他们的创作潜能可以无限延伸,不受市场拘束,不被潮流影响,使得他们的艺术一直呈现最好的原创,在未来美术史能有一个重要的定位
艺术型	台湾国际视觉艺术中心	成立于1999年,简称TIVAC,是专业、开放的视觉影像交流空间,展出内容从传统摄影到电脑影像艺术等领域,并积极筹办国际性展览,策划文艺讲座及推广视觉艺术创作等相关业务,为台湾摄影奠定了良好的基础
	台北99度艺术中心	成立于2003年7月,经营团队建立画廊经纪秩序,并参考世界美术发展史,发掘进入历史主流的艺术家。经营定位为:具有东方特色的艺术家,当代、现代杰出并具强烈个人风格之作品
	金车文艺中心	成立于2008年,以"扶持新锐艺术、鼓励青年创作"为宗旨,提供空间,展览作品以油画、水彩等平面创作为主,2008年起每年皆举办"金车青年油画奖",除发掘台湾优秀创作者外,也鼓励青年通过创作关怀社会
	台湾2224艺术空间	2224艺术空间是一个由艺术家经营的展演空间,来自台湾的视觉艺术家史筱筠与来自美国的音乐家吉米·威共同经营
休闲娱乐型	台湾高雄市电影馆	高雄市电影馆(原名高雄市电影图书馆)是台湾高雄市盐埕区河西路上一个以电影为主题的展览馆,于2002年11月3日开馆,坐落于爱河旁。2010年12月高雄市县合并,因高雄市电影图书馆内无藏书,特更名为"高雄市电影馆"。全馆共四层,地上三层,地下一层。一楼主要是举办与电影有关的展览,二楼是提供电影借阅的个人阅听区及期刊室,三楼是团体放映区,地下一楼提供出租寄物柜,供访客寄放随身物品。该馆也是高雄电影节与南方影展的播映与活动地点之一
地方特色型	宝藏岩国际艺术村	2004年,宝藏岩正式被登录为历史建筑,以聚落活化的形态保存下来。2010年,"宝藏岩国际艺术村"正式营运,以"聚落共生"概念引入"宝藏家园""驻村计划"与"青年会所"等计划,用艺、居共构的做法活化保存宝藏岩,创造聚落多元丰富的样貌。"宝藏岩国际艺术村"搭起了聚落居民,以及驻村艺术家之间的媒合平台,注入了宝藏岩新的生命力。目前宝藏岩国艺术村设有14间艺术家工作室,做为驻村艺术家工作及生活的空间。除此之外,也规划了排练室、展览室及户外展演空间。2013年4月,设有18个床位的宝藏岩国际青年会所正式对外营运
	台南十鼓文化村	十鼓文化村占地约5公顷,共有16座旧仓库,2005年由十鼓接手重新规划,以活化闲置空间的概念,在国际知名设计师刘国沧先生精心规划下,将昔日台湾糖业公司仁德车路墘糖厂风华重现,融入十鼓独创之台湾特色鼓乐,化身为亚洲第一座鼓乐主题国际艺术村。十鼓文化村内除了具有标杆性的大烟囱外,主要设有13个主题设施,内有简介馆、鼓博馆、击鼓体验教室、十鼓蔬苑、小剧场、水槽剧场、烟囱广场、森林呼吸步道、十鼓祈福馆等主题设施。此外,文化村还定期举办艺术节或鼓艺大赛等活动,每天都举办5场击乐表演。每年农历春节期间,十鼓鼓乐团也会于文化村中举办一系列活动
	台湾蘑菇Booday	台湾蘑菇Booday有蘑菇手帖、展现自我主张的Tshirt、随手涂鸦记事的笔记本,以及工作服、手提袋,乃至家具、礼品、文具等,主打与生活相关的创意产品

5.3.3 台湾文化创意产业与大陆的交流发展

1. 台湾文化创意产业园入驻四川成都

2011年2月24日,成都市锦江区人民政府与台湾乡林建设事业股份有限公司就台湾文化创意产业园入驻锦江区战略合作协议正式签约。根据协议,该园区将分三期用6~8年建成,目前规划面积600亩。

台湾文化创意产业园位于成都市东部文化创意产业规划区域,即"成都东村",主要承载和发展文化创意产业。产业园将围绕创意核心,结合台湾产业发展的优势,着力引进台湾具有国际领先水平的知名文化创意企业、科技研发企业及各类服务业企业总部,以及世界各国的同类企业,预计投资超过100亿元。

根据规划,园内将打造五星级酒店、音乐厅、动漫城等相关配套设施,并通过文创设计与销售、当代艺术展演、文创主题生活馆和酒店、文创办公等形式打造一个集创意设计、文博艺术、影音娱乐、动漫游戏和传媒等为一体的文化创意产业基地。

2. "创意台湾"文化产业区落户天津市武清区

2011年9月，中华文化促进会和来自台湾的中华两岸文化创意产业发展协会签署了《推动两岸文化创意产业发展备忘录》。根据《备忘录》内容，中华文化促进会和中华两岸文化创意产业发展协会将在大陆地区规划以"创意台湾"为品牌的文化产业园区。"创意台湾"文化产业区规划1500公顷，主要由海峡两岸文化创意产业集聚区、海峡两岸数字科技产业集聚区、海峡两岸生态创意农业示范区三大板块组成。

2012年6月，"创意台湾"文化产业区正式落户天津市武清区。这一区域范围，主要以承接京津两市产业外溢为目标，以文化创意、科技创新、生态农业、现代服务业为主要发展方向。

3. 台湾文化创意产业联盟协会首家大陆代表处揭牌

2014年1月13日，台湾文化创意产业联盟协会大陆代表处在天津市河北区北宁文化创意中心举行了揭牌仪式。这也是台湾文化创意产业联盟协会在大陆地区设立的第一家分支机构。

6

文化创意产业研究论文选编

特色小镇产业融合趋于"精细化"

李季

1. 当下,全国上下掀起了特色小镇建设浪潮,您认为,特色小镇的"特"应该体现在何处?

目前,全国上下掀起的特色小镇建设浪潮,是在得到中央明确支持方式和首批示范建立起来的,出现了住房城乡建设部、国家发展改革委、财政部三部委倡导"特色小城镇"和浙江示范的"特色小镇"两种发展模式。

说到特色小镇,我们应了解其发展历程。2014年10月时任浙江省长李强在参观云栖小镇时提出:"让杭州多一个美丽的特色小镇,天上多几朵创新'彩云'。"这是"特色小镇"概念首次被提及。

2015年12月底,习近平总书记对浙江省"特色小镇"建设作出重要批示:"抓特色小镇,小城镇建设大有可为,对经济转型升级、新型城镇化建设,都有重要意义。浙江着眼供给侧培育小镇经济的思路,对做好新常态下的经济工作也有启发。"2016年6月,国家发展改革委发布《关于加快美丽特色小(城)镇建设的指导意见》。7月,住房城乡建设部、国家发展改革委、财政部三部委发布《关于开展特色小镇培育工作的通知》。10月,住房城乡建设部、农发行发布《关于推进政策性金融支持小城镇建设的通知》,阐述政策性金融支持的范围、模式、申报方案等。12月,国家发展改革委等六部门发布《关于实施"千企千镇工程"推进美丽特色小(城)镇建设的通知》。2017年1月,国家发展改革委、国开行联合发布《关于开发性金融支持特色小(城)镇建设促进脱贫攻坚的意见》。

在当下,我们可以将特色小镇理解为指依赖某一特色产业和特色环境因素(如地域建筑特色、民俗文化特色、生态植物特色等),打造具有明确产业定位、文化内涵、旅游资源和一定社区功能的综合开发项目。特色小镇应具有特色鲜明、产业发展、美丽宜居等特征。小镇建设的地理位置选取或位于城市内部空间,或城市郊区,或城乡接合部等。

特色小镇的"特"简单来说体现在四个方面:①特在产业:特色产业与旅游产业相结合。以特色产业为支柱旅游业为驱动力,双核驱动小镇发展。②特在机制:以政府为引导、以企业主体的市场化开发运营机制。政府把控整体方向、提供政策支持基建等服务,企业负责整合资源进行市场化运作管理。③特在形态:独特的小镇风貌和错落的空间结构合理布局。以历史文化、生活方式、风俗习惯等软文化为基础,塑造"小而精"的特色小镇。④特在功能:产业集聚、文化发掘、旅游开发与社区宜居相融合的发展模式,实现兴业、安居、游乐等功能。以此为基点,指导我们在规划特色小镇的建设。

2. 您认为,2017年特色小镇的发展呈现什么特征?

现在,国内特色小镇建设经历了探索、成长、全面推广阶段。2017年特色小镇处于全面推广阶段,今年2月份,国家发展改革委、国开行提出要充分发挥开发性金融的作用,实现特色小镇持续发展与贫困人口脱贫;8月,住房城乡建设部公布第二批中国特色小镇名单,且第三批特色小镇也陆续开始申报,各地区如火如荼地开展特色小镇建设。特色小镇发展呈现以下特征:

(1)政府政策积极引导,合理定位特色小镇发展方向。一方面在国家和地方政府出台了更加有力度的特色小镇发展建设政策,例如,国家发展改革委、国开行《关于开发性金融支持特色小(城)镇建设促进脱贫攻坚的意见》等;另一方面政府在特色小镇的建设中发现存在普遍性问题,进行合理定位和指导意见。如国家发展改革委等四部门发布的《关于规范推进特色小镇和特色小城镇的若干意见》。

(2)企业资本大量涌入,为小镇建设注入新的活力。在全球经济不景气背景下,中国经济同样面临考验,经济去杠杆、工业去产能、楼市去库存等，中国企业也面临新一轮的转型升级。央企和地方性企业纷纷将部分资金投入特色小镇建设，以此培育新的经济增长点，为特色小镇建设注入新活力。

（3）主题形式更加多样，深度挖掘地域文化与产业融合。特色小镇建设根在尊重与发掘当地文化，目前主要的产业依托于农业、制造业、金融业、信息技术、商贸/物流业、健康产业、文旅产业，依据当地资源衍生出如双创小镇、教育小镇、文旅小镇、民宿小镇、体育小镇、生态小镇、市场小镇、物流小镇、艺术小镇、音乐小镇、杂技小镇、马戏小镇、戏曲小镇、微电影小镇等产业特色小镇，在小镇的建设中，企业越来越重视地域文化与产业的融合。

3. 2017年，哪些特色小镇给您留下了深刻印象？为什么？

借用唐代诗人岑参诗句"忽如一夜春风来，千树万树梨花开"，当前中国特色小镇的建设亦是如此。政府引导、企业跟进、消费释放、经济增长。顺势而为，必有可为，经过探索阶段积累了丰富经验，特色小镇的建设发展进入了快车道，出现了很多类型的小镇诸如，农产小镇、制造小镇、信息技术小镇、商贸物流小镇、电商小镇、文旅小镇。截至目前，有数据统计总结出500多种特色小镇产业主题模式。

在这里简要地跟大家推荐三个类型的特色小镇：

农业类小镇：杭州城西北部的长乐农场。基于当地的农业产业特色优势，营造一种区别于都市生活方式的，从土地到餐桌到床头的原乡村生活方式。

互联网小镇：杭州云栖小镇。若干业内主流企业入驻，一个行业灵魂人物坐镇。主流企业本身就是一种资源和品牌，具有强大的凝聚力和号召力，可以吸引其他企业以及配套产业链的集聚。另外，主流企业本身自带孵化功能，可催生更多的创新个体及小型企业。

双创小镇：梦想小镇。为创业人群和机构提供成长和服务的平台。一方面，为创业者提供创业培训、投资融资对接、商业模式构建、政策申请法律财务等创业服务；另一方面，为创业者打造舒适便捷的工作、社交、资源共享空间，促进思维的创新。

4. 您认为，当下国内各地特色小镇建设运营中存在哪些问题？您有哪些建议？

2017年12月4日，住房城乡建设部等四部委联合发文《关于规范推进特色小镇和特色小城镇建设的若干意见》中提到："近年来，各地区各有关部门认真贯彻落实党中央国务院决策部署，积极稳妥推进特色小镇和小城镇建设，取得了一些进展，积累了一些经验，涌现出一批产业特色鲜明、要素集聚、宜居宜业、富有活力的特色小镇。但在推进过程中，也出现了概念不清、定位不准、急于求成、盲目发展以及市场化不足等问题，有些地区甚至存在政府债务风险加剧和房地产化的苗头。"

我就当下国内各地特色小镇在建设运营中存在的问题做了如下梳理：

（1）定位不精准，难以突出特色。小镇风貌无特色，人文风情无吸引力。

（2）产业缺乏融合，可持续发展成为难题。小镇建起来了，引入的产业缺乏联动，形成不了合力，形式松散，可持续发展问题难以破解。

（3）文化旅游季节性，产品缺乏创新性。目前不少文旅小镇是有淡旺季的，难免受到旅游周期波动的影响，同时存在没有实现产品开发与文化创意结合，资源没有得到充分利用的情况。

（4）忽视基础设施与公共服务，承载能力差。部分地方对小镇建设缺乏正确认识，急于求成，造成了公共服务配套设施建设滞后。

（5）人才集聚短板，显现发展动力不足。特色小镇的运营需要人才，如何留住人才，是摆在企业面前的一大难题。

（6）生态环境建设缺乏统一认识。目前我国特色小镇在生态文明建设、绿色发展等制度层面尚未系统设计规划，在规划建设方面缺乏法律制度保障和技术支撑。

特色小镇建设运营之建议：

（1）规划先行，精准定位布局。小镇项目成立之初，首先做好规划设计，精准定位，产业融合、空间布局、运营管理等纳入规划设计体系，对于小镇后续的建设运营挖掘，会起到"事半功倍"的作用。

（2）增强文化自信，塑造地域文化特色。增强文化自觉、文化自信，深入挖掘地域特色、资源禀赋，规划建设要塑造地域和文化特色。

（3）突出产业定位，实现产城融合。特色小镇核心是特色产业，注重生产、生活和生态有机融合，注重自然保护、历史传承和空间开发，建设产城人文融合发展的现代化开放型特色小镇。

（4）运营管理专业化，提升小镇服务水准。面对小镇淡旺季的现象，只有引入专业化的运营团队，才能提升消费体验，吸引客流量，提高小镇的经济效益。

（5）重视环境保护，加强基础设施建设。在小镇建设的过程中缺少不了当地政府的支持，在政府引导的同时，企业和群众积极向建言献策，共建特色小镇，美丽家园。

（6）建立健全人才引进机制。特色小镇建设，关键是看能不能留住精英人才，特色小镇的区位条件和产业吸附能力对于吸引人才极为关键。

5. 您预测，2018年，特色小镇建设会持续火热吗？您认为让特色小镇拥有持续生命力需要具备哪些条件要素？

2018年，特色小镇建设还会持续全面的推广阶段，保持健康、有序、持续的发展态势。同时，随着近几年特色小镇建设的探索发展经验积累，企业在小镇项目投入中将会更加精准、更加重视前期规划方面的投入与产业融合趋于"精细化"。

拥有持续生命力的特色小镇应具备以下条件：

（1）定位精准，突出特色。地域文化特色是小镇命脉，面对小镇建设运营我们要做到差异化打造，因地制宜是灵魂。

（2）小而精、紧凑型、集约化发展。小镇建设运营不一味追求规模，粗放式开发，要从追求规模到追求质量转变。

（3）市场化建设创新发展模式。持续稳定的经济收入是特色小镇发展的关键，因此在引入产业、融资模式是特色小镇的发展关键。

（4）实现多产业的融合发展。产业组合很重要，在特色小镇不同产业能否形成集聚能力，是小镇成功与否的关键。

对话新时代背景下的中国乡村振兴

李季

1. 什么是乡村景观？乡村景观和城市景观的区别除了自然景观和建筑景观的差异以外，还有哪些？

乡村景观，是一种特定的文化元素，承载着人类文明最早出现的景观文化类型，具有其独特性，乡村景观是以地域自然风貌与乡村文明形成的结合体。是经过几千年农耕文明发展的演变而形成的一种集乡村聚落景观、乡村文化景观、乡村自然景观的综合体。它包括我们日常感受到的：村落、农田、道路、河流水系、树林植被、祠堂、石佛、石碑、民俗、乡音、饮食、非遗文化等。

乡村景观不仅仅是一种自然景观，它更是一种文化，一种对于历史的鉴证。随着我国城市化进程的迅猛发展，乡村的物质景观以及非物质景观都在逐渐地被吞噬。纯粹的乡村景观随着时间的流逝只能在每个人的回忆中模糊看到，因此对乡村景观的解析、认知，对于新时期农村的发展与传承是非常必要的。

乡村和城市的不同是因在劳动生产方式的差异，这种差异导致乡村和城市所呈现出来的景观才有所不同。"采菊东篱下，悠然见南山"，陶渊明诗中描述的诗意绵绵、古朴淳厚的田园之美，以满足人们返朴归真的愿望的"回归自然、体验乡村"的旅游一向而受到推崇。对于纯自然景观而言，乡村景观带有一定的人工雕琢。但对于城市景观，乡村景观的人工雕琢较低，更显自然。乡村景观处于城市景观和纯自然景观之间，有自己的生产生活方式的田园风光。乡村景观，是一种独特的旅游资源，具有自然与人文并蓄的特色。乡村景观和城市景观的区别除了自然景观和建筑景观的差异以外，还有乡村文化景观，它反映该村庄在该地区地理特征以外，在村庄整个发展历史中形成的特有的地域文化，如：服饰、方言、嫁娶风俗等。

2. 您认为进行乡村景观建设除了能够促进人与自然的和谐发展，带动乡村经济发展以外，还有哪些重要意义？

乡村的发展常常滞后于城市的发展，人们对于乡村所具有的文化价值还没有理性的认识，往往会造成建设中的滞后性、认识的偏差性等，如不能及时应对，在乡村建设发展中会带来更为复杂的后果。所以对于乡村景观的建设认知要形成一定的体系。

乡村景观的建设在推动了人与自然的和谐发展，带动乡村经济发展以外，还在以下几个方面产生了重要意义：

（1）对传统文化村落保护的推动。中国最真实、最质朴、最优秀的传统文化在乡村。近些年，我国政府对于乡村文化的保护逐步增强，中国传统村落、非物质文化遗产名录的颁布力度加强，社会各界也纷纷自发地投入到保护乡村传统文化的大潮中。传统手艺、民间习俗、传统建筑及传人都得到了不同程度的保护和传承，使得乡村景观焕发出深厚的文化魅力；

（2）推动农业科技的升级。乡村景观建设的重要方面是农业。科技的发展，使得乡村的乡村景观脱离了传统的桎梏，向着更美好的方向迈进。农业科技的发展衍生了很多新兴农业种植技术，形成了很多新型农业景观。

（3）提升了群众的审美意识。在乡村景观建设的背景下，我们设计工作者、社会群体及农村群众，对于乡村元素从不同角度进行了重新审视，通过艺术化表达，形成具有乡村淳朴氛围又不失现代时尚气息的乡村景观，审美的提升，使得乡村的一草一木，都焕发出乡村的特有魅力。

（4）探索解决农村空心化问题。乡村景观的建设引入了新型农业科技、新的产业、文化旅游项目等，为乡村人口的提供了新的工作岗位，提升群众生活幸福感，就地城镇化，村民不必再涌入大城市就业，乡村景观建设符合国情，是对解决农村空心化有益探索。

3. 您认为我国乡村景观建设的现状是否理想，具有怎样的发展前景？

乡村景观资源是乡村经济发展的宝贵资产，是一种特殊的公共商品。当前对乡村景观资源的利用存在不可持续的问题。在市场经济的驱动下，不正确的"靠山吃山，靠水吃水"，造成许多地区形成山枯水竭，荒山废水等现象，忽视社会及环境代价。除自然资源的攫取外，过去几年，由于乡村的文化旅游的需求逐渐增长，旅游基础设施的建设对于乡村的自然和人文景观都产生了一定程度的威胁，乡村景观和乡村生活变得恶化、脱离。虽然乡村景观中蕴含着丰富的经济价值，但是在自然和文化景观的破坏和利益损失的时候，是不能以市场价格来衡量的，要通过以非市场评估办法为手段来建立乡村商品服务的货币价值，以正确评估乡村景观在社会中的经济地位。

事实上，乡村景观在未来必然成为越来越稀缺的资源，甚至成为奢侈品。从长远来看，绝大多数成功的规划思想都能引导经济的健康发展，少部分规划思想，尽管它的经济作用不是那么立竿见影，但只要因地制宜地塑造好乡村景观，就保留了巨大的发展潜力，满足现代人的需求，又保障了子孙后代的利益，更值得受到重视。

4. 由于长期以来对乡村景观建设的忽略，使其发展严重滞后。您认为我国乡村景观建设中存在的问题除了规划水平低、丧失乡土景观本色、盲目开发乡村旅游以外，还有哪些主要问题？造成这些问题的根源又有哪些？

乡村与城市的建设发展的机制是不同的，乡村建设与城市建设的唯一不同之处，城市是以完善的、甚至是高端的综合配置和综合保障，从硬件保障到软实力保障皆是向高度发达的方向发展，相对而言农村还是处于滞后阶段。现在乡村与城市的唯一连接就是以陆路交通为主要表达的"村村通"及网络通信连接方式，其实在城市快速发展的同时，乡村受到的冲击还是很大的，城镇化的目的就是改变以农耕为主的文明向新的商业文明和工业文明发展。城镇化并不是意味着农民就要进城，国家已经意识到这个问题，让农民就地产业化，农民市民化待遇，农民达到城镇化的生活水平、消费、医疗保障水平。城乡统筹发展应是城乡统筹、互相依托、互相补充，城市反哺农村，农村支撑城市，城市的基本生活要素来自农村这是不能改变的，在这种前提下农村的定位就很明确，农村的景观再造，景观有序、有度、合理、科学的配置规划设计，避免大而统一"全村一面"，从总体布局上要有序、畅通、美观，可是要在个性化表达上，每家每户每个人不一样，允许农民在统一规划的前提下，表达自我的性格如对宅基地的限制基础上进行。对农田的设计景观配置水利及其他保障，引入新技术，田园综合体里允许有传统农耕和现代农业不同的体验，这种差异化的体验恰恰是折射了中国社会高度发展、进步的缩影，中国传统农业是以农耕人力和畜力为代表的劳作方式被现代化高度机械化、信息化时代快速代替，可是工业文明有其优越性也有其短板，短板就是个性化表达弱，一个模具到底，而传统农业人力、物力、畜力他们的表达方式更加精细。适当保留农耕文明景观在田园综合体里体现，对保持历史的对话和链接是有必要的。

5. 您认为我国乡村景观研究的主要内容，除了农田景观、乡村文化景观以外，还有哪些内容？

乡村景观主要研究除了农田景观、乡村文化景观，还包括了艺术景观、民俗景观。所谓艺术与民俗景观是指当地的村落的乡间大戏、歌剧舞剧、乡谣民谣等也可以纳入乡村景观，并且以当地经过历史积淀长期形成的民俗习惯、谈吐言行、礼仪皆是乡村景观的另一种表现形式。乡村景观分软实力景观和硬实力景观，以上所讲为软实力景观，是构筑乡村文化的重要组成，乡村文化再造，中国优秀传统文化的再造，再乡土。乡土文化的培育缺乏培育机制，缺乏与城市的联动，乡村与城市的发展严重脱节，在当今中国城市快速发展的同时，应反哺农村。

6. 您认为我国乡村景观保护与利用的对策除了树立正确的乡村景观评价标准、严格遵循法规政策以外还有哪些？

近年来，随着我国现代化程度的不断推进，乡村在物质生活方面日益得到改善的同时，正逐渐面临着一次深层次的，甚至是痛苦的转型和改变。这种改变，不仅是经济的、社会的改变，还表现在文化导向和审美价值观的改变。尤其是乡村的自然环境景观、生产生活性景观以及村落景观受城镇化进程的影响越来越大，千篇一律的仿城市化景观设计与营造，不仅使乡村内生的秀丽自然景观荡然无存，而且还使乡村固有的聚落风貌和文化景观受到严重破坏，乡村正遭遇现代化进程过程的景观设计与营造之殇。乡村景观保护和利用相应的对策，除了树立正确的乡村景观评价标准、严格遵循法规政策以外，还应包含以下原则：

（1）注重乡村原生态，保护自然生态环境的原真性与健康性

农村景观保护和开发是以保护维持人类生命的自然生态环境为首要目的的原则。具体来说就是"开发与保护过程相协调，尽量使其对环境的破坏影响达到最小，尊重物种多样性，减少对资源的剥夺，保持营养和水循环，维持植物生长环境和动物栖息地的质量，以有助于改善人居环境及生态系统的健康。"

（2）构建精神家园，尊重地域特色文化与精神内涵

坚持尊重地域特色、保护传统文化的原则，是突出个性、尊重当地居民生产生活的人性化设计原则。地域特色即当地特色，它包含了当地特有的天时地利和人文。地域文化包含了历史传统、民俗风情风物，是当地老百姓不可缺少的精神财富。农村景观设计要利用和发挥地域特色，保护传统文化，丰富当地的文化生活，重整精神家园，让当地老百姓的生活更加丰富更加有意义。尊重和保护地域文化是彰显地域特色唯一的途径，绝不是相互模仿和复制，更不是所谓的破旧立新，只有传承才能有效地展现和发挥地域特色。

（3）传承中华智慧与美德，打造经济、实用、美观的新乡土建筑及景观

农村景观设计要提倡经济、实用、美观的设计理念。村庄的环境是农村景观中不可或缺的重要部分。各地农村有着不同材料建造的各式各样的古老民居，大都是祖先们因陋就简，因地制宜，造型别致，居住功能完善。充分展现出中华民族劳动人民的智慧与传统美德，值得借鉴弘扬，应结合场地的特质，优先选择价格适宜的当地建筑材料，建造有品位的符合当地特色的新乡土建筑景观。

（4）坚持可持续发展，优先考虑生态化、无污染、可循环的清洁能源和材料

节能环保、资源再生是绿色设计的根本，在乡村景观设计中只要坚持这一理念，可以节约更多的资源，如利用太阳能发电、风力发电等。这是农村可持续发展的长远战略，在全球能源、资源与环境危机的情况下更需要长期坚持这一设计理念。农村秸秆回收利用，垃圾无害化处理，减少环境污染等问题都是我们在景观环境开发中应该关注的重点。

特色小镇要与当地的文化产业相结合

李季

北京市《"十三五"时期城乡一体化发展规划》指出,"十三五"期间,本市将统筹规划建设一批功能性特色小城镇,提高小城镇承载力,更好地对接非首都功能疏解,起到"桥头堡"作用。

1. 特色小镇规划不是简单的小城镇规划,而是以特色为导向的各种元素高度关联的综合性规划。那么在建设过程中,如何做到规划先行、多规融合,如何做到统筹人口分布、生产力布局、国土空间利用和生态环境保护等问题?

目前,全国各地有关特色小镇的概念基本得到统一。特色小镇是指依赖某一特色产业和特色环境因素,如地域、生态、文化特色等,打造的具有明确产业定位、文化内涵、旅游特征和一定社区功能的综合开发体系。"十三五"期间,北京周边统筹建设一批功能性特色小镇,对疏解非首都功能区具有实质性意义,其中小镇建设承担产业转移占据重要的作用。

就小镇规划建设、多规融合统筹人口分布、生产力布局、国土空间利用和生态保护等问题,个人建议应做到以下几点:

(1)增强文化自信,塑造地域和文化特色

增强文化自觉、文化自信,深入挖掘北京特色、资源禀赋,规划建设要塑造北京文化特色。

(2)加强集体建设用地的管控引导

对北京特色小城镇中为数不多的集体建设用地提出切实可行的管控要求,引导居民自建房建设,例如划定自建房区域、明确建设指标、对自建房提出详细的引导要求,加强审批和监管。

(3)加强商业布局的管控引导

在满足居民生活需求的前提下,对商业布局进行规划和管控,设定准入门槛,加强监督管理,使商业空间成为展示小城镇特色的重要窗口。

(4)鼓励小城镇特色居住模式

小城镇居民相比北京市区居民有着不同的居住喜好需求。应当在符合人均建设用地标准的前提下,鼓励发展适合小城镇的街坊式住区,营造街坊生活融洽的人居环境。

(5)鼓励功能融合的布局模式

在不干扰居民生活、不影响正常生产的前提下,鼓励在规划、建设、管理层面探索"工居混合、商居混合"功能融合的布局模式,提升城镇活力。

(6)鼓励规划方法和技术指标创新

规划编制要创新用地分类及各类指标,不简单套用国家、北京市的技术规范和规定。划定北京传统风貌区或者特色风貌区,提出改造利用策略,塑造北京文化特色的小城镇。

2. 不同区位、不同模式、不同功能的小镇,无论是硬件设施还是软件建设,都需与其产业特色相匹配,在建设特色小镇过程中,如何保持一镇一风格,不重复、不趋同,确保特色的唯一性?其在建设特色小镇过程中,该如何与产业结合?

特色小镇的建设和发展已成为"十三五"期间经济社会发展的重要组成部分。对推动新型城镇化建设,解决城乡发展不均衡不充分问题,促进区域协调发展,拉动内需,培育新经济增长点具有重要作用。但在当前国内特色小镇在建设过程中，出现了一些问题。如何保持一镇一风格，不重复、不趋同确保特色的唯一性及产业融合等问题，建议如下：

（1）顶层设计，合理规划：对北京市特色小镇建设的整个区域进行产业梳理以及空间梳理，进行产业规划时，要具有前瞻性把握产业发展战略，重在空间布局规划、分阶段发展目标。

（2）资源整合，科学选择：在进行产业空间梳理的同时充分和区域性的历史文化、自然资源结合一起才能形成建设唯一性，对产业选择要做到科学论证，重在尊重现实基础，发展具有北京独有的文化产业资源，以开拓市场需求。

（3）突出"产城人文"一体化：注重特色小镇中的整个"产城人文"一体化，因为"文"各地是不一样的，建设运营中突出"产城人文"就破解了"千镇一面"保持了小镇的唯一性。

（4）核心培育，集群辐射：突出重点，发展壮大核心支撑，重在优质企业的招商和培育、产业链的打造，强化产业辐射带动，重在围绕特色产业优势互补，打造"产业生态链"。

3. 在特色小镇的建设过程中，国家明确其建设是由"政府引导、市场（企业）主导"，那么，政府和企业如何分清职责、站好位置、深度合作，将特色小镇建设运营成功？

特色小镇在建设过程中，国家明确建设机制"政府引导、市场（企业）主导"，经过近几年小镇建设运营探索了和很多的有益经验：

（1）12月5日，国家发改委、国土资源部、环保部和住房城乡建设部联合发布的《关于规范推进特色小镇和特色小城镇建设的若干意见》在肯定小镇建设的同时，又提出了建设中存在的问题，其中，表示要严防政府债务风险，未来政府在特色小镇建设中不再产生新的债务负担。

（2）充分发挥市场的配置作用让企业来主导小镇建设运营，企业可以获得整个小镇新旧功能的转化，获得发展动力是企业建设小镇的核心点。

（3）以企业为主导就可以开展更加有利于完善特色小镇设施建设，产业配套、公共服务配套、小镇的居住商住的配套等，同时也能减轻政府的财政支出。

（4）政府严控债务负担，将引导企业打造新的特色小镇开发模式。

（5）以企业为主导，企业在寻找新的拓展区的时候可以和特色小镇结合在一起。像美国西雅图波音小镇、谷歌山景城都不是在核心城市中，小镇建设与企业结合发展而来，大的企业间结合以后不仅仅会形成产城融合的独特片区，而且对企业的发展来说可以形成一个拓展方向。

（6）特色小镇建设中当地老百姓通过三产来带动就业，减轻了政府的财政包袱和建设压力。

4. 特色小镇不同于传统的"造城"式新型城镇化（地产），在现实中确实存在借助"特色小镇"概念"拿钱拿地"的倾向。尤其是一些房地产企业，因为具有投资资金，所以诱导政府合作建设特色小镇，在特色小镇的建设过程中，如何避免走房产开发的道路？

现实特色小镇建设中部分地区呈现了地产化倾向，就北京建设特色小镇疏解非首都功能区而言，我们对小镇建设中的地产要有正确认识：

第一，京津冀、长三角、珠三角城市周边的特色小镇地产价值是非常大的，属于稀缺资源，这也正是疏解城市功能区的一个很重要的载体。

第二，企业发展是有敏锐度的，确实现在很多地产企业看到了都市群周边的地产价值，蜂拥而上。

第三，特色小镇建设中我们既要避免让核心都市圈周边特色小镇建设成一个地产小镇，同时也要避免把特色小镇变成过去的开发区、园区的模式。

第四，在疏解非首都功能区中特色小镇将建设成"产城人文"一体化的小镇，产业集聚、城市居住一体化。

第五，特色小镇建设同时要注重经济、社会、文化、产业、生态的"五位一体"，实现小镇的可持续发展。

互联网文化产业十大创新型商业模式[①]

陈少峰

在 2018 年 1 月 8 日峰火文创论坛年会上,北京大学文化产业研究院副院长、峰火文创中心主任陈少峰发表了演讲。他认为当前文化发展的基调有三个转变:第一个转变,从商业到情怀;第二个转变,从只有娱乐到兼顾文化与艺术;第三个转变,从单一模式到商业模式创新。同时他提出在互联网时代,文化产业经营模式有三大结合,并提出了互联网文化产业的十大创新型商业模式。当前文化发展基调有非常大的三个转变,特别是在 2016 年,我们中央重新对文化的发展给了一个基调,这个基调就是我们的政策变化和业态的变动。我想我们可以把它叫作三个转变,我希望在座的各位,如果你在做文化产业的时候能够紧跟上这个形势。

1. 文化发展的时代基调

我们接下来做文化产业的核心就是要体现我们这个时代性。同时我们也要体现传统,把传统的精华纳入进来,这就是我们为什么叫作中华文化产业,要把我们传统的精华吸纳进来。另外我们是正能量,换句话说,我们就是放在什么情况下,它都给人信心和鼓舞,当然也给我们激情,我想这是我们面向的一个时代的基调。

(1)第一个转变,从商业到情怀

这个基调由三种转变来完成,我认为第一个转变就是从商业到情怀,不仅仅是做商业,你要先有情怀再做商业。换句话说,你的商业是在情怀的指导下,而不是仅仅做商业。所以我们知道企业家跟商人一个最大的区别,就是企业家一定有事业,他做完事业自然就会赚到钱,商人不管有没有事业,就是为了赚钱。所以企业家跟商人有一个最大的区别就是,企业家都是有情怀的人。商人有商业,但是不一定有情怀。

我们过去很长时间里面,为什么好多人会生产垃圾?因为他只是一个商人,他没有情怀,他自己拿出的东西不会丢脸,因为他赚到了钱。他跟别人说,我投了哪一部垃圾电影,我赚到了多少钱,他首先不考虑我这个电影是不是垃圾电影,这就是一个区别。所以企业家代表我们文化产业的一种方向,所以我们今后投资的方向也要跟着企业家来走,这是第一个转变。换句话说,如果今后仅仅是做商业的话,可能在文化产业里面就走不远。

(2)第二个转变,从只有娱乐到兼顾文化与艺术

过去都是娱乐,越傻的、越搞怪的可能赚的钱越多。但是今后我敢说,你可能做不到了。可能有人还跟我说,我在一年前跟有的同学说,我说你不要再做网络大电影,你看到网络大电影那个名字,至少有九成是很污的,你要靠污名来取胜吗?这个是不行的,给你下架。很多人说中央下令我下架,我再来整改,这个以后是行不通的。只要你被下架以后,你就永远被记入信用档案,今后再没有机会出现在文化产业这个名单上。

所以大家要记住了,过去的那一套做法是不行的,所以你可以做娱乐,但是你不能够像过去那样,能走得多远走多远,你不要走得太远,还要回头。所以有娱乐,还要有文化,如果光有娱乐,没有文化和艺术很难走,特别是政策角度。

(3)第三个转变,从单一模式到商业模式创新

娱乐标准我们要提升,我对于政策基调的理解是这样的,今后所有的视听节目的标准,当然也包括网络大电影都按照统一的我们国家电影和电视政策来管理,这是一个基本的基调。今后所有的直播都一定有一个很好的技术上的监管和行政上的监管,这恐怕要结合在一起。中央鼓励这种跨界的融合,包括文化科技,包括创意,包括设计,就是鼓励有文化、有创意、有设计、有艺术的东西,尽可能就是娱乐融合在里面,不要只讲娱乐,

---

[①] 陈少峰. 互联网文化产业十大创新型商业模式 [EB/OL].[2017-01-09]. https://www.iyiou.com/p/37429.

最好是把娱乐、跨界、设计、创意、创新全部融合在一起，我想这是提倡的一个方向。

我们现在有很多国有的文化公司不做内容，因为内容风险比较大，他只做传媒，做平台。这样的话，我们的问题就没有办法解决，我们的内容怎么做好呢？内容都是交给民营企业，而且是小公司来制作，这就陷入了我们刚才说的内容为王，没有办法解决的问题。所以我觉得我们国家要解决内容为王的问题的话，国有企业必须带头制作内容，这是根本的保障。我觉得我们国企下一步的文化改革，也要为我们的内容产业作出重要的贡献，这是一个责任。

我们国企应该有三种，一种做平台，一种做内容，一种做投资，三种应该有不同的责任，包括不同的考核标准，我觉得这是我们下一步做内容、传播和投资的三个标准。

2. 文化产业经营模式三个结合

（1）与互联网结合

你的公司如果不跟互联网结合的话，就缺了一个平台。别人的关注度都在互联网上，包括消费者都在互联网上。互联网经营跟传统的模式最大的一个区别是，传统的模式是要跟竞争对手竞争，互联网上大家都是你的竞争对手。

所以最重要的一件事情是找到合作伙伴，合作伙伴包括资源。大家有没有发现，互联网上的核心资源就是一个圈，叫作行业资源圈。你要进去以后，你能找到资源。所以我很高兴地跟大家说，我们的峰火文创是一个资源圈，我们这上面什么资源都有。大家不信可以回头跟我们挨个结合，所有的行业类别我们在这个平台上都有，因为大家到一起来了。这是一个互联网的未来，你一定要在互联网上面有所作为。最差的，你也要懂用互联网来做营销，而且营销不能交给别人，因为你的营销交给别人的话，你都不知道用户在哪里，别人就把你屏蔽掉了。

（2）与资本运作结合

你在这个互联网的时代，只要做一个公司，千万不要用传统的原始积累，靠你自己的积累完不成，因为方式就很原始。所以我们现在要用"互联网+资本"运作，资本运作就是别人想赚钱，别人是投资人，你就让他赚，你为什么靠自己的力量赚钱？你给别人打工也行。大家都知道美图秀秀没赚到什么钱，但是给美图秀秀的蔡文胜打工的总裁估计身价现在有好多亿了，这就是跟资本运作结合。

（3）一定要轻资产

不管你做什么，你把重资产放在一边，把轻资产剥离出来，用轻资产跟互联网结合，跟资本运作结合。换句话说，你不能把所有的东西都扛在自己一个人的背上，你就让别人帮你扛着重资产，你扛着轻资产，跟优秀的人合作，可以用轻资产的方式得到价值最大的实现，我把它叫作企业的整体价值最大化。

我们以前说我卖这个产品一年赚了多少钱。现在不是，现在你跟他说，我这个公司现在估值已经多少钱了，你要么就是在互联网上比市值，要么就是你的公司还没有上市的时候，人家对你估值。如果人家对你的估值不感兴趣了，说明你的公司就不值钱。以前是靠卖产品，现在是卖商业模式加企业做得越来越好，企业本身是值钱的，你亏损没关系，但是你有没有把企业做好？

3. 互联网文化产业商业模式 10 个创新

接下来跟大家讲一下商业模式的创新。我其实今天的重点是围绕着互联网的商业模式创新。

大家都知道，我们很多互联网公司的人经常跟大家说，互联网跟传统一个很大的区别就是，传统的叫客户，我们现在叫用户，有这样一个说法。可是不懂互联网的人怎么知道什么叫客户，什么叫用户？而且你的用户在哪里他都不知道。我们现在很多人其实都要去研究互联网上的用户体验，但是互联网还没有进来，用户在哪里还没有找到，他怎么会去关注用户体验呢？

所以我们现在要先解决两个问题，第一个互联网是什么，第二个我的用户在哪里，这两个要先解决。我想如果你要进入互联网的话，一定不能把任务交给别人，自己要先懂互联网。你要先懂互联网，然后再进去，找到你要的用户，然后才研究他们的体验，才开发他们，把企业做大，这是一个顺序。

我希望在座的各位跟我一起来推动这个融入互联网的行动，我认为中国几千万的机构都需要懂怎么样管理自媒体，怎么样进入网络，怎么样做新媒体的传播，这是非常重要的。如果我们能够完成这个任务的话，我们可以帮助千千万万传统的机构实现转型，或者能够插上互联网的翅膀。你连互联网都不知道怎么用，你怎么可能插上它的翅膀呢？

4. 十个模式

第一，是互联网的平台模式。

大家对于平台模式可能没有什么感觉，觉得做BAT就是做平台。现在做今日头条也是做平台，其实互联网的平台有很重要的特点，比如APP最大的特点就是大家都是平台，平台就看谁烧钱到最后，互联网凡是做平台的一直都在烧钱。虽然它在烧钱，但是平台的估值都比较高，虽然它没有赚钱，这是很重要的。大家记住了，你一定要有钱，你才能做平台。互联网平台的公司都是做各种各样的业务，不止做一种业务。所以如果你做新媒体的话，除了做新闻之外，你最好还做别的业务。多元化的经营，是平台一个重要的特点。

第二，小平台的垂直模式。

现在做一个垂直的内容，一个小小的平台，发布内容，但是那个内容是垂直的，自己控制的，不受别人影响的，而且成本没那么高的，这个我认为将来千千万万都是这种。我认为中国在互联网上将来就是有千千万万的企业是靠这种垂直的小平台来生存。那么这个企业怎么能做大呢？我做完第一个小平台我做第二个，或者我跟资本运作结合，我并购二十个公众号，我是不是变成一个新媒体集团了？我也是一个很了不得的公司。我认为我的倡议就是做一个垂直的，我们合起来做一个频道组合，这个未来是非常有前途的，这是我认为在互联网上生存最好的办法，就是做一个垂直的"内容+产业链"。

第三，文化电商部分取代普通电商。

大家都知道迪士尼赚钱，第一个赚版权，第二个赚广告，第三个卖服装，迪士尼估计卖服装可以排在他最赚钱的一个领域里面，远远比主题公园赚钱。比如说《冰雪奇缘》播放到现在卖了10亿美元的服装，这个利润都是纯的，主题公园投资要11年的回报效果好得多。而且按照我们现在的速度，10年之后，中国的电商、零售大概有20万亿，如果有四分之一到五分之一的电商是来自文化电商的话，我们有4万亿到5万亿的文化产业营业额，这里面可以造就出一大批的上市公司。

我最看好的文化产业是两项，一个是娱乐机器人，一个就是文化电商。娱乐机器人包括做伴侣，做我们的伙伴，另外一个就是做我们的文化电商。

第四，文化科技跨界的模式。

IT作为一种跨界，其实大家一定要关注技术的变化，技术的变化很多，比如用在机器人上面，可能下一步机器人见到你的表情就知道你是不是生气了，技术变化会越来越快。但是技术变化不一定能赚钱，所以你一定要用技术来解决问题。换句话说，必须要跨界才能赚钱。你把IT技术拿来作为某个领域里面增强他的体验，那你可能就赚这个领域的钱。

第五，IP孵化变现模式。

做IP不断的孵化，轮转消费。首先可以在互联网上的平台预热，然后还可以进行消费观察，看看消费者有没有喜欢。然后就是从消费者的预热一直到内容的改进，我们可以不断地改进内容，不断地编新的故事。我们可以不断地轮转，比如说我先做网络文学，再改编成有声读物，再改版成动漫，这样一直在轮转。轮转到某一天我把它做成电影。IP的轮转应该是一种商业模式上的创新。

第六，未来模式。

要有现金的收入，最好成长性要快一点，这是未来模式。未来模式比较适合于你选一个领域，这个领域代表着未来发展的方向，你把公司做得越来越好。不在乎亏损，可能你在前三年，你甚至要主动地亏损。因为你前三年可以把格局和资源做进来，如果你一开始就打算赚钱的话，说不定你什么资源都没有付出，你又没有作出任何的贡献，你今后就是靠钱来拼。

第七，投资模式：四创基地。

真正的创业投资应该是做4.0的投资，就是一种组合投资，就是把有资源的人共同组合在一起投资，那叫创业投资，创业辅导和创业资源提供，形成一个真正积累性的投资，有资源引入，有人来辅导，有一个持续的企业成长，我们现在很少有双创空间能够帮助企业不断地成长。今后一个能够帮助企业成长，一个能够不断给企业介绍资源的一定是有竞争力的。

第八，文旅轻资产模式。

从传统的旅游变成文化旅游，从观光，观一眼就完了叫观光，现在变成叫体验。从娱乐到"文化+"，不仅要娱乐，还要有文化内涵，文化感受，还要抓住这个地方的文化特色，还要提升。从旅游消费到文化消费，就是我去你那里旅游消费，同时要进行文化消费。夜间有演出，有其他各种各样的旅游，有足球旅游、游学旅游，有各种各样的旅游，最好结合在一起。去你那边看风光，又有文化旅游，这是最好的方式。从出游变成一种生活方式，从单一的旅游到多样旅游，从国内游到国外游，从都市游到乡村，从度假到周末，每个周末都出去旅游。

第九，升级模式与转型模式。

我们能不能对原来已有的业态和商业模式进行升级？比如说我的预测，5年之后中国的电影可能就没成长了，如果是一个电影公司怎么办？我是电影公司的话，把自己变成文化产业公司，我就解决了。我就不以电影作为主营业务，我就变成以产业链作为主营业务。所以大家看，腾讯这家公司肯定是越来越文化产业化的，所谓泛娱乐，其实就是做各种各样的文化产业。不仅仅做一项，这就是文化产业的一个业态。我们博物馆能不能做成，未来不做普通的博物馆了，也不做普通的艺术馆了，我们把它作为城市文化体验中心，我们一下子把它变成旅游产品。因为博物馆很难成为旅游产品，或者说旅游的人不够多。能不能博物馆加城市体验中心，把它结合在一起，就是这种业态。

第十，传统领域的新模式。

传统领域里面我们可以找到很多新的机会。大家都知道足球不怎么赚钱，其实足球是可以赚钱的，四年前可以用3000万元到5000万元买一家中超俱乐部。现在最便宜的一家是6亿元，平均20亿元以上。也就是说，这4年当中，从3000万元到5000万元，现在翻到6亿元到20亿元。我们国家重视足球了，中国要做2万所足球学校，要做19万个足球场，光投足球场就可以有三个上市公司了。我们搞文化产业的人，搞体育产业的人好多人不敏感，国家重视的这个产业你不去好好折腾，你都折腾到地产上面，几十年还是在原地，就像驴子一样在那里转磨不行。

传统领域里面可以挖掘很多东西。比如说我们可以做电影，电影我们可以先做微电影，不一定一下子就去做电影。可以先做舞台剧，像开心麻花再把它变成电影，传统的也有好多可挖掘的东西。从传统里面挖掘出现代的手法和技术，加上互联网，这就是一种新的商业模式，现在可以做足球小镇，可以做很多传统的这种东西。这是传统领域的一些新的模式。

（作者为北京大学文化产业研究院副院长、北京大学教授）

文化产业这十个领域最有前途[①]

陈少峰

2017年12月18日,峰火文创大会(2017)主题论坛"文化产业新态势"在北大英杰中心隆重举行、峰火文创论坛发起人陈少峰,以《文创新时代:好产业与好企业》为题,以研究者、参与者、推动者的视角体察着文创新时代的脉动。

文化产业孕育着大发展的空间、大繁荣的机遇,对企业来说,该如何抢抓这一产业机遇?又该如何制胜未来?本文将带您一同分析了文化产业的发展现状和未来整体趋势。

以下为陈少峰老师演讲实录:

很高兴跟大家做一个分享。文化跟文化产业不一样,文化有时候会有很悠久的历史,它一直传承不息。而文化产业更多地强调创新。所以,我们今天主要跟大家交流的,在创新的背后有一些东西已经在发生了,我希望大家能够紧紧跟随这个潮流,能够把握这个潮流,然后在这个潮流的背景下再来做好我们的企业,大概是这样一个主题。

我们古代有一句话一直流传到今天,叫"男怕入错行,女怕嫁错郎"。我现在分两个部分,这个行,什么行是好行,好行业。哪里有好行大家赶快去,大家千万不要留恋。我7年前说报业要死亡了,有人赶快跑到互联网就成了,他要是继续在报业的话我们知道他们当年最辉煌的时候建了一个18亿元的大楼,现在那个大楼卖掉还欠18亿元。跑得快,还要跑到一个正确的方向去。

我们研究产业有两个角度,一个是政策管的范围,一个是我们自己能管的范围。政策管的范围跟大家讲一下目前或者"十八大"以后,包括"十九大"以后的整体趋势。

(1)中国有嘻哈,但是中国不仅仅是嘻哈。所以,万千种文化产品中有一个产品叫"嘻哈"就可以了,如果大家都把它做成嘻哈,政府保证把你所有嘻哈都清理了。

(2)段子太多了。我们搞娱乐不能过度娱乐化。所以,我们要从过去简单的大家都编段子来吸引眼球,现在要讲故事连载,我们要从段子提升到一种创造力。

(3)不要乱搞历史。严禁太子妃再次出入故宫,太子妃到处乱跑的话后果很严重,政府基本上不让她跑了,再想回到明清故宫没门了。

(4)一万个擦边球也顶不了一个真正的球。好多人想打擦边球,我两年前、三年前跟我们一个同学说,我说你做网络大电影,基本上全是很污的,从题目到内容都是很污的。我说你这个污肯定要被取缔。他说陈老师我最后再做一次擦边球不做了,我说你(这个擦边球)顶不了一个真正的球。现在做出的产品花了几百万,但上不了线,我早就告诉他了,为了告诉他我还反复请他吃了三次饭,告诉他你不能往那儿去,他不相信。巫师也解决不了问题。这是实实在在的案例。

(5)黑文化科技。现在一个最重要的趋势叫IT男赚文化产业的钱。这是目前最流行的一个方式,也就是我们讲文化科技糅合,融合在哪里?融合就是赚文化的钱,但是用科技当手段,文化的钱现在需要有一些正能量。所以,我说"高科技+正能量"今后可以表演一生一世,你在十里桃花表演也行,万亩葵花表演也行,总之需要"高科技+正能量"的文化内容。

(6)资源来自传统文化。真人秀最好做与中国传统文化相结合的。现在中国很多节目都是真人秀,真人秀有做娱乐的,有做传统文化的,大家一定要记住传统文化多做一点,娱乐适当地做一点,做得别太多或者用传

[①] 陈少峰. 文化产业这十个领域最有前途 [EB/OL]. [2017-12-20]. https://www.iyiou.com/p/62583.

统文化做娱乐，这样把真人秀和传统文化结合起来就解决问题了。

（7）让孔子成为全世界人民的网红。这是文化走出去。"一带一路"的企业在做一些东西，但是这东西都是怀念古代的，我觉得还不够，我们今天应该用今天的这种产品和业态走出去。

（8）小心拼命圈地的硬件思维。足球也好，文化旅游也好，都是好东西，但是我认为我们今天有一种硬件思维，见到土地就很心切，然后不断地圈土地，不断地占土地。

我从前年开始就告诉大家一个消息，中国最大的100家房地产公司总市值不如BAT这三家轻资产公司的总市值，也就是中国最大的100家房地产公司占领了中国一半的大好河山，最后加起来也不如BAT三个轻资产的公司。你占了几十年也没啥效果，干嘛非要拼命圈地呢？但是现在做旅游的人一见到土地就很亲切，他摸到泥土好像因为他老爹是老农出身所以他就感觉兴奋，水泥一灌一层层往上翻他就感觉成就感很强。但是最后是要被推倒的，最后都是违反政策或者违反文化产业发展的规律，最后变成负债累累。所以，大家要小心一点。

（9）创意多不受限制，社会责任是底线。怎么创意都行，太子妃升职记也行，但是太子妃有没有履行社会责任？如果太子妃为了履行社会责任跑到明清的故宫里就没问题，但是你纯粹为了娱乐那就有问题了。

（10）文化金融是指进入服务文化产业，金融不能像邮币卡市场那样空转。我们几年前就告诉大家，中国文化产业两种做法。一种是做中介，一种做法做垂直。我是一直看好垂直，我一直不看好交易型的。因为你想交易型的做得再大都做不过淘宝，你要是赚钱的话淘宝马上延伸，淘宝是个卖场，什么都可以卖。

说实在的，如果钱币卡不是打擦边球做金融，不是违背金融政策的话，那淘宝早就做完了。可是你如果做企业的产权交易，但产权交易都是私下的交易，大家都不想交涉，不想让人家知道，怎么可能拿到你平台上交易？

所以，做平台型的基本上没出路，除非你规模够大。大家有没有发现一个规律？不管是谁都要做垂直的，包括京东开始都做垂直的，也就是平台只有做到足够的规模才有效益。而大多数平台很难做到，别人会不断出来跟你竞争，会不断地做降价竞争，你的烧钱烧到一定程度就走不动了。

正因如此，我们现在很多做互联网的公司最大的问题，它就烧钱，然后做到A轮、B轮、C轮、D轮的时候事实上没东西可烧了。为什么？因为他烧完钱想吸引人，人们到这儿晃一下又跑了。所以，那个平台没有黏性。所以，凡是没有黏性的地方都不叫平台，叫什么？叫临时的一个中转，到你这儿转一下然后到别的地方去了。

综上十点，文化产业就相当于一个基数，假定我们乘上金融100分的话，我做文化产业做5，文化金融就变成500，如果文化产业做到100，我就变成一万。金融应该是一个乘数，一个杠杆。文化产业做得越好，金融的作用越大，文化产业做得不好的话，金融就变成闷骚型的最后把自己烧死了，叫金融空转。现在邮币卡要取缔，有些人要给抓进去了。

文化产业至少有十个变动、迭代。这些迭代分别为：

（1）经营模式迭代（产业链的模块）。第一种变动大家现在最熟悉的，现在大家不管到哪个旅游景点夜间都开始有演艺，形成一个小的产业链。所以，现在做产业链变成了一种经营模式，经营模式已经跟以前传统不一样，以前是卖门票，现在要做文旅产品，再加演出，食住行，娱购游变成基本的模式。

（2）技术迭代。今日头条利用大数据和算法做信息的精准传递。

（3）生活方式迭代。大家离不开微信、淘宝、移动互联网，等等。

（4）最重要的迭代是主流消费者的迭代。今年电影主流消费者是95后，做电影的人是40后、50后，最最年轻的70后。肯定没有90后在拍电影，那你怎么知道95后的人喜欢看什么电影？把你们都迭代出局了，三年后是00后变成主流消费者，你怎么知道这批00后喜欢什么样的电影？

迭代的速度够快，我们基本上每3—5年主流消费者就一个迭代群。中国文化产业的主流消费者是没有收入的人群，自己没有收入，但是他的消费力特别强，因为他们背后有6个以上的赞助商。中国一个奇特的现象叫作收入权和收入支配权出现了分离，自己有收入权，但是支配权都被别人剥夺了，自己只有收入不能支出或者没机会支出。

（5）载体迭代。我们现在在好多人讲新媒体，其实新媒体不是媒体，新媒体是个卖场。它首先是个卖场，其次才是个媒体。换句话说，新媒体不是媒体，新媒体今后赚钱的主要方式是做电商。

不信大家看一下，我们中国目前做得最好的一个公众号之一叫"一条"，你看每年可以做到几个亿的电商，现在我们多数的自媒体的公众号，包括互联网的平台都在卖东西，传播只是他的一种功能，广告的收入达到一定程度以后就不再增长了，但是电商的收入会持续增长，永远在增长。电商、卖场这是新媒体的功能。

传统的媒体有什么区别？传统媒体就是一点点，新媒体无限大，叫无边界。我们现在如平台模式，平台模式就是说你并不仅仅是一个简单的载体，你是一个平台，大家要做事情全都到你这儿来，不用到别的地方去了。如果你只是报纸的话，大家看完报纸不是还得到别的地方买东西交流？但是你在这平台上所有事情都解决了。

（6）模式迭代。BAT可以做到很大很大，而且现在还做到很大很大，你们有没有发现阿里是一个什么公司？阿里是一个电商、服务商，我老反复地跟大家说京东是电商，阿里是个电商服务平台，阿里是电商服务的全产业链，从金融到互联网支撑，到物流全有。所以，它的商业模式跟我们原来传统卖东西的商业模式完全不一样。

（7）估值方式迭代。你们有没有看美图秀秀？上市值大概500亿港币，最高冲到950亿港币，到现在一直在亏损，还没赚过钱呢，但是人家值钱。它值500亿，它有什么人？就有一堆用户。用户拿来美图一下，竟然能值500亿，这就是估值方式。我们以前做企业一定要赚钱，现在做企业不一定马上赚钱，我们现在可以慢慢赚钱。所以，我把这个企业叫作未来的企业。我们现在要做的是未来的企业，以前做的是当下的企业。

（8）创意迭代。以前打一枪换一个地方，现在大家都知道IP，很多人都误解了，以为有一个名人、名品，有一个小故事就行了。IP的特点就是要一直给它编故事。所以，一定要做积累。

创意不是只做一点，要做持续的。他们收购了漫威，收购了卢卡斯的梦工厂，收购了迪士尼，收购了皮克斯，他让里面的动画形象可以重新做成一个IP群，正面的人在一起，负面的人在一起互相较劲，一波波地不断在用。它的IP虽然发生在过去，但是直到今天一直有人给他编故事他还充满生命力，换句话说有积累。

我刚才为什么说房地产公司加起来不如BAT，房地产公司今天这个项目，明天换另外一个项目，两个项目之间没有积累，BAT平台越来越大，技术越来越领先就有积累。

（9）资产结构迭代。我经常说我们以前说哥们，这栋楼是我峰教授的，大家佩服你，这家伙有钱，土豪。今天你要是说哥们，这栋楼是我的，人家认为你脑子有毛病，人家现在都用轻资产文化产业，你为什么还要搞一个大楼把钱都放在楼上，没钱做文化产业，钱都买地盖房子了，人家都骂死你。所以，越轻，连提包没有的人估计比较有前途。你要是带着一批资产估计估值就下去了。

（10）资源迭代。我们以前说自己干一件事情搞原始积累，慢慢卖东西，先做大米，然后做农庄，最后变成农业比较大的产业公司。现在不是了。现在我就搞一个商业计划书，说我要搞一个共享单车马上融十亿，接下来融30亿，到现在融了40亿，一下把单车布到全国各地了，这资源哪来的？这资源就是路边捡的，有人跟你做资本运作，有人跟你做并购。

有书团队的力量更大可以并购好几个其他的读书频道，包括中央电视台收购它三个频道，天天读书，未来趋势就是互联网收购传统媒体，中央电视台是第一个收购对象，我建议你早一点收购。你还带动它的收入，凡是能收购的东西统统收购了。

钱谁来出？投资公司在那儿，基金好多。我最近看了深圳成立五千亿政府的基金族群，谁想投他做母基金再跟你投。参加这个会的人都是资源，资源怎么用，你把事情做好，资源就可以用了，你自己还没有走出第一步老希望别人帮你出钱那估计不太好办。

我个人建议，也是我推荐的，我认为这十个领域未来会是最有前途的产业。

（1）文创电商。把现在普通的电商先用三个IP，故事IP+形象IP+企业IP的电商，做成植入产品，而不是普通的沉淀。

（2）娱乐与陪伴机器人。将来我们人手一个，我现在一直研究95后、00后喜欢什么东西，因为他们的语言我都听不懂了，我没办法讲课了，我以后会被北大00后学生轰下台了。所以，谁开发最领先的机器人先把00后喜欢的词给我讲一场。

（3）轻资产的文旅。各种各样的主题公园，特别是室内的各种主题公园，比较轻资产，以内容体验取胜，这样可以解决一年四季都可以玩的问题。

（4）文化产业+健康（健康旅游等）。

（5）体育产业，体育产业是年轻人喜欢的东西，特别是组成全产业链。

（6）挖掘传统文化首先挖掘城市的文化。首先塑造城市的IP，把城市IP塑造完以后，做城市体验中心。现在大家对成都、诸葛亮的故事都没什么新意了，我们能不能编一个诸葛亮像狄仁杰一样在成都的时候怎么断案传奇的故事，重新创造一个新的诸葛亮，里面有无数的IP可以用。

（7）卖艺术品。我们现在艺术品遇到一个比较大的问题，比如书画降到谷底了，我们可能需要用故事包装明星，用故事演绎背后的故事。包括有一阵搞艺术陶瓷，中国陶瓷到现在为止竟然没有一家有名的公司，没有一款有名的产品，没有一个有名的大师。工艺美术大师很多，但是我们都不认识。我都卖不动产品，他们怎么卖得动产品？

（8）把传统文化跟城市的文化产业结合起来。用城市里的故事挖掘很多文创，进行重新包装。比如，我们的香包香是有中药的，以前有两种，一种像现在的香水，一种是避蚊子的，他把这两种混在一起，包又花花绿绿的，带着中药味的约会，朋友肯定一脚就给你踹开了。稍微调整一下就好了，用我们现在制香水的技艺把香包做成现代最精美的刺绣，把许晓峰画的画变成包装，他自带粉丝，我只要推一个人就够了，我现在在找网红，谁能带动传统文化产业都在找。

（9）文化和金融的结合。你搞投资肯定是一个很好的方向。我经常说世界上的首富叫比尔盖茨，第二富叫巴菲特，首富做企业，巴菲特投资企业。

但是千万不要投电影项目，一定要投电影公司，因为项目投了亏损就什么都没有了。所以，一定要投企业，不要投项目。这是一个。但是要懂行，你怎么知道谁的东西值得投？比如我的峰火文创那么值得投有没有一个人过问？说明不懂行的人太多了。至少我可以介绍投罗争玉，至少我不值得投也可以介绍投他。许晓峰的公司不得了的值钱，他以前没找着感觉，现在感觉特别好。亏钱买卖只占1%，他99%都是在蒸蒸日上。

（10）新媒体小平台+垂直业务。每个人做一个微信公众号加上垂直的电商，不做垂直电商也行，做一个教育的东西，但是千万不要把自媒体做成一个公司的宣传，自媒体需要做业务的，要给大家阅读的。

所以，你要做一个微信公众号，这个微信公众号不是宣传自己企业的，这个公众号是让大家到我这个公众号来看内容，什么内容都行，讲音乐的也行，讲一些小段子也行，搞游戏也行，讲一个动漫故事延展也行，大家千万不要把这个小平台仅仅做成公司网站和宣传的微信公号，要做成一个经营型、传播性的微信公号，吸引人来消费。我说的消费不一定直接卖钱，比如我讲故事好多人来。

将来这十个业务未来若干年都很有前途，你们亏本了来找我，陈教授我听你的话亏本了，那你肯定做得太低俗或者太大跃进，再找我几次你就有希望了。

接下来说说时空观与载体变迁。

如果你每年赚500万的纯利润要65万年才能赚到腾讯的钱，腾讯经营了18年多，不到19年。换句话说两种办法，一种办法活66万年，而且指望腾讯明天就倒闭，这样你就有机会超过腾讯。你肯定活不过65万年，那我就找一种新的办法，腾讯用18年做到3万亿以上的市值，我能不能用12年做到3万亿以上的市值？

我们今天叫时空观，我们现在在互联网平台上一款游戏一个季度营业额可以达到120亿。什么概念？说明我们现在时空观发生了巨大变化。IT赚文化产业的钱，如果你搞旅游最好重资产让政府做，你就做轻资产。好的文化产业，你要想做好不一定关注当下，而是看未来这个产业有空间，你的企业整体价值就可能不断做大。这个新的条件现在70%都搬到互联网上，包括今后的物联网、人工智能都会在互联网上来做，当然会扩展一些新的平台，比如人工智能会有一些新的方式，不仅仅用手机。但是互联网的平台是个基础的平台。

所谓的平台还是看你吸引用户的能力。用户在你的平台说能够交易，能够互动，能够买东西。所以，我们把互联网的平台分成三种平台。第一种叫大平台，做产业链；第二种叫中平台，像京东或者今日头条做专业业务；

第三种叫小平台。

我刚才说我有自己的微信公众号，像一条，甚至做八卦的叫同道大叔，卖掉了还能卖2.3亿。我做垂直的内容，大家都喜欢。同道大叔就是作为广告，底下的用品大多数都是女性用品，说明女生比较喜欢八卦新闻，他就卖女性用品。这个定位很准。

所以，我现在提倡一种频道组合，我们不光有自助分享的平台，还可以做出版、直播、网红、广告、电商，我们自己组成一个新媒体集团。我也可以跟别人进行组合，这种组合我们也可以做成一个自媒体＋故事＋内容，我们可以做100个城市间的一个平台，每个人都做一个，互相之间就可以形成一个联动的效应。

今后这个小平台公司可以容纳千千万万的公司来创业，来改造我们的产业，而且它的成功概率会很高。为什么？因为它的成本很低，你能做的事情可以很多。比如我做一个美食的平台，做完美食的平台以后找网红做直播，看北京市哪里有美食，可以给它做广告。这个平台一定是垂直的，但是千万不要想给别人做一个交易平台，基本上垂直为王。

我们从企业的角度来看产业，刚才说的是总的产业的趋势，企业的角度看产业这几方面很重要。

（1）一定要净资产。

（2）我们要关注技术驱动，现在传播的技术，还有大数据、人工智能的技术，各种各样的技术在驱动。

（3）我们的投资哲学要转变，关注未来模式。

（4）战略性亏损，但是尽可能要有点现金流。

（5）做得比较前沿的产业，对未来有影响。我们叫新业态。

（6）科技赚文化的钱，现在千千万万的人做VR和AI，而这是很难赚钱的。

比如我用VR给你做一个博物馆的数字化的系统，我做完这单第二单业务在哪里？那公司要破产，如果把博物馆变成体验中心天天收门票不就火了。换句话说，VR的人一定要最后变成做旅游的人，做体育的人，做游戏的人，就不要做VR了，VR只是你的一个工具。不要老想赚IT的钱，不要老想赚VR的钱，你就赚电影、游戏、旅游的钱，一做下去吃它一辈子。

（7）要到互联网上来才会面向全国市场，很多人做生意都是做本地市场，老想把对手打败，那很难，你到互联网平台上能复制就可面向全国市场。

（8）面向主流消费者。

（9）我们今后的企业是两极分化会比较厉害，中国今后基本上没有什么中型的公司，要么做得很大，要么比较小，比较小怎么做大呢？比较小我们就用频道组合把自己做大，一个新媒体原来只做了一个频道，接下来做好多个频道组合成一个新媒体集团就变成一个电商集团可以上市做很大，然后再并购组合。

最近很多人说微信公众号已经不流行了，那种骗投资人钱的时代已经过去了，骗完你的微信公众号没很大的增长空间，但是我们拿微信公众号做我们频道的组合今天不是刚好吗？微信公众号的价值才刚刚开始，骗投资人的价值已经失去了，自己赚钱的价值才刚刚开始。它是一个小平台，这个小平台有永久的价值，有内容的吸引力，我们都帮你转不是有很高的价值吗？

如果你今天做企业一定要有四个角度：

（1）最好有自己的知识产权

你最好做一个企业家，不要一锤子买卖，你就是把这个企业做得越来越好，你就做自己的IP，故事IP、形象IP、企业IP，企业家就是种树的，普通的商人叫买卖木材的。

我们在座的各位要先做企业家，然后再来买卖木材，这个就是我们文化产业，文化产业刚才讲要种树至少要种七年、八年、九年、十年，可能很多人说腾讯是什么公司？腾讯是一家IP公司，它主营业务收入是游戏＋广告＋流量，但是不是典型的文化产业吗？中国最典型的文化产业就是腾讯。游戏我们叫核心层里的内容。游戏跟电影一样属于最重要的，游戏、电影、动漫都是最核心的。所以，腾讯就是用IT赚文化产业的钱，它主营业务就是文化产业。

（2）与互联网平台结合

（3）与轻资产结合

（4）与资本运作结合

今后我们所谓的文化产业园或者创业经济将改变，我现在提出一个概念叫"四创"基地，你让企业入驻以后，它自生自灭是不行的，很容易就失败了。所以，我们要给它配备相应的条件，除了创业之外，我们还要给它做创业的辅导，还要给它做创业的投融资，还要做创业行业的资源导入，这样就会形成一个增长的动力。

所以，我们警告大家不要做动漫基地，为什么？因为你动漫基地没有行业资源，我动画电影的人要找电影圈，我做动画电视的人要找电视圈，我做漫画的人找出版圈，做衍生品的人找零售圈，我要借助行业资源。如果把动漫的人叫在一起啥行业资源都没有。

我们今天发现很多企业做到一定程度做不下去了，因为它没有资源进入。比如你想做一个电影找某个明星，可能人家开价五千万，可能光线找开价就两千万，你一下比别人多出两千万，是不是成本就比别人高？所以，行业资源特别重要。

什么样的企业是好企业？

（1）会花钱的企业是好企业。如果你这个企业只会赚钱一定不是个好企业，当然只会花钱不会赚钱也不是好企业。我今天给你一亿你能不能把它花出去，花得很有道理，如果你能花出去花得很有道理，两年之后花十亿花出去花得很有道理说明你这个公司是一个好的公司。所以，我们以前说我会赚钱，没错，你会赚钱，但是你要不会花钱的话你这个公司做不下去。公司要做好做大一定要会花钱。

（2）整体价值最大化。公司所有东西要值钱，发布会上发布什么，展板底下写出品方，中间上台活动人把出品公司的品牌和 Logo 都挡住了。所以，我们展板 Logo 在最上面。这个都不懂你怎么做企业？光做一个电影要亏本，也没人知道你是谁。

（3）重视积累。

（4）找到好的商业模式及执行到位。

（5）拥有支持商业模式相应的条件，比如业态、技术，互联网的平台一定要规模很大，没有规模就做不成，现在很多人都想做社群交流，在上面卖东西，最后发现我们不管是某某艺术馆还是什么东西，这上面最后全是卖家，没有一个买家，所有人都把艺术品放到上面卖都是没有一个买家，为什么？因为他没有内容可消费，光书画什么都没有，吸引不了买家。

（6）一定是做企业家的企业。这很重要，你公司做一段就开始反思我到底做得对不对，不管你现在是不是处在高潮还是低谷，做一段时间以后要反思一下我现在是不是处在好的状态、接下来会出什么问题、我要不要调整、自我反思和调整的能力。

（7）成长性。

（8）要符合我们国家的政策和社会评价。如果你负面的东西越来越多的话我估计谁都 Hold 不住。

要避免这几个问题：

（1）只赚本地和当下的钱，一定要全国的。

（2）不要像泥水匠一样今天一个小项目，明天一个小项目，一定要有积累。

（3）不要做项目型企业，要做整体价值型的企业。

（4）无形资产要提升，你公司的经验、能力各方面的积累一定要比较多。

（5）要有团队能力的积累。

（6）一定要先把某些项目做好，做到标杆，这样再复制就很容易。一开始对自己要求要高一点。

（7）我们要做未来的企业，不管你现在供应链做得多好多赚钱，想想是不是属于未来的企业，做过两年公司会涨，而且会越来越好，这是好的结构。

给大家推荐频道组合制，适合创业，适合普通人，甚至开一个公司都可以，你可以注册一个微信公众号，找一帮人做内容吸引人，你只要能吸引人就有价值，有价值的时候就有人在你那儿投广告，有人卖电商，这时候再开始聘员工，从一个人开始聘员工，做完一个以后可以做第二个：

（1）小企业+小平台。

（2）一定要垂直运作。

（3）自我复制与组合。读书频道有微信公众号，有APP。

（4）外部组合。

（5）我们现在在推动一种如果我们在座的各位是把它叫峰火文创的同学，我们同学之间互助营销，这样我们不用在腾讯上花很多钱推，我们有视频的内容，我们相互之间推，各自的平台上推，我们现在在推动建立这样一个互助营销的机制。

（6）资本运作（互换股权），整合成一个新的公司就可以了。

（7）白城计划（适合峰火文创平台，黄总和庄总在做这个事情）

我们企业的价值实现方式简单说一下：

（1）IP三合一。

（2）系列化（微电影）。

（3）在互联网的平台上做一种内容或者IP巡转孵化，利用时间和空间不断的滚动，编一个故事，再用喜马拉雅有声读物推广，再编成漫画，最后改编成网络剧，这样内容不断持续的巡转孵化，我们就可以追求这种持续性的收入。现在所有的视频网站也在做部分的自制内容，我们有自己的内容可以跟视频网站进一步的深化合作推广。将来我们也可以把我们的内容放在娱乐机器人里变成我们的电商。我们可以和各地地产商合作做特色文化小镇。现在我们的综合体里没内容，如果有内容的话就可以高科技体验。把历史文化IP的内容、影视、高科技、旅游等结合在一起。

如果我们是集团公司的话，需要重新打造这个集团我叫模块化发展。现在中国有很多文投和文旅的公司，他们基本上都是项目公司，项目公司各自核算，集团根本就没有核心的资源，没有核心的组合。

比如我们以旅游集团为例，旅游集团更核心的是什么？就是游客跟景区，你现在把游客跟景区分成若干个公司根本就没有价值。所以，我们要围绕景区和游客做一个核心的模块，然后再来分配这些公司跟任务，千万不要把我们下属的公司都做成一个个简单的项目公司，这样会把我们的资源搞得支离破碎。我们要整体重新来定位，我们室内室外，线上线下作自营投资。我们可以模块化做一个切入点，有机会可以做整体上市，所有的公司都变成我们的业务产业链的模块。

这样我们可以做成两个部分。一个部分是内容驱动的集团，一个部分投资驱动。公司做大以后都要分成两部分，一个部分做业务，一个部分做投资，投资可以投外部的。这样这个公司未来发展这两款模式。大家有没有听说过腾讯最近所投的公司可能加起来价值做过三年之后就可以再造一个腾讯了，它并购很多公司。

我们再把投资和基金，特别跟政府有关的完全用很多政府的钱，又有人给你生产内容，你来做中间的一个整合者，这是未来国企最重要的走向，就是自己不做业务，但是把投资、基金和民营的业务整合成一个模块，这会是未来改造国企发展，特别是现在文旅各种各样公司的一个方向。

（作者为北京大学文化产业研究院副院长、北京大学教授）

文旅与特色小镇,带你走进不一样的文旅

陈少峰

陈少峰教授于2017年12月18日在峰火文创大会发表的演讲便是以此为主题,以极其生动形象、通俗易懂的话语,从迪士尼主题乐园与一般乐园的不同到成都人的休闲与娱乐之分,让大家首先对相关词语概念有了基本认识,再逐步深入地谈到旅游产业的特殊性、从文化产业的本质出发究竟如何做旅游、文化旅游区别于传统旅游的特点、新型文旅企业的视角以及传统资源与文旅企业的契合度等内容。以下是陈少峰演讲全文:

很高兴和大家做交流,我讲文化旅游比较多了,首先,我想说明一下,我们讲的文化旅游和旅游有点关系,但是又不同于传统的旅游,等我讲完大家就很清楚了。我们讲的文化产业领域和旅游产业结合了一个点,在这个领域里,我们有非常多的东西可以交流和碰撞。

问大家一个问题,迪士尼主题公园和国内其他主题公园比起来有什么区别?没错,就是IP。大家有没有发现我们做主题公园时都是想做个主题公园,但迪士尼的主题公园是个衍生品。

上次某个首富说我要建多少个文旅城,不让迪士尼主题公园赚钱。但是迪士尼主题公园在没开业之前已经挣了20%的钱,迪士尼主题公园和你合作时,它的知识产权使用权按国际通用管理占20%,它已经拿走了,你必须付给它才开始进入操作的谈判。

操作的时候它要占8%的落地费,就是你落地还要让它指挥帮你落地,不让你自己瞎搞,自己瞎搞不算数。换句话说,迪士尼主题公园开业之前已经拿走了总成本的20%作为它知识产权的使用费。

所以第一,迪士尼是纯粹的文化产业旅游,不是普通的旅游。你说不让他赚钱,人家已经赚走了,至于这个主题公园能不能赚到钱那再说,反正我赚了20%,他投资364亿,拿走20%,一下子几十亿已经捞到口袋里。

第二,就算主题公园不赚钱,主题公园里卖的衍生品是不是天天也在赚钱?所以,迪士尼是保证赚钱的,不管迪士尼主题公园是不是亏。做迪士尼主题公园基本是赚钱的,但有些主题公园还没赚钱,甚至有可能是亏的,前两天香港的迪士尼还是亏的。

前两天还有朋友问我香港的迪士尼怎么办?香港的迪士尼没法办,只有美国佛罗里达的1%,就那么小,佛罗里达主题公园是它的100倍。而且香港的迪士尼主题公园没有空间,而在佛罗里达只要有新的东西就会不断扩展,所以迪士尼主题公园和国内第二个区别是,主题公园有细分内容,就不断扩展,一期、二期、三期、五期。

第三,迪士尼主题公园是旅游目的地。人们去上海可能去迪士尼,但很多是冲着迪士尼然后去上海,这是旅游目的地。而多数主题公园成不了旅游目的地。

拿华强来对比,华强在全国各地都有,它在芜湖有,在青岛也有,泰山也有,全国人民就不会到芜湖来,也不会到泰山去,旅游目的地有巨大的拉动效应。

第四,迪士尼主题公园是企业做的,而我们大部分是政府支持的,给你划地,给政策配套。我们研究就研究两个部分,旅游到底是政府还是市场做?

以前我有个观点比较固执:既然旅游是个重资产的行业,它其实对企业来讲是个不好的产业。我昨天讲好业态的时候特别强调轻资产的业态对企业都是好业态,但是政府特别喜欢做的是重资产。

我们今后就把旅游变成政府做的重资产,企业做轻资产,这是我们未来最重要的发展出路。企业尽可能不要做重资产。

---

① 陈少峰. 谈文旅与特色小镇,带你走进不一样的文旅 [EB/OL]. [2017-12-20]. http://www.sohu.com/a/211753865-152615

迪士尼在上海的主题公园大概11年左右能收回投资成本，这算极快的。而且它一年的收入就有80亿，带动了上海综合收入400亿~500亿元，有巨大的带动效果。

今天说旅游产业链怎么构建，旅游本身有产业链，吃住行游购娱，但仔细想和我没有关系。旅游最大的悲催是，我把人吸引过来以后，他都不到我这儿消费，除了门票以外都跑到别人那儿去了，吃住行游购娱和你没关系。看似产业链很长，实际是给别人做嫁衣裳。世界上凡是做旅游的事情政府都要给予支持。

我们讲五个概念：旅游、休闲、娱乐、旅游休闲、休闲娱乐。

大家说成都是个休闲的城市。你到成都去参加了什么休闲？你就是走走晃晃，上上厕所，照照相。中国人就喜欢一个景区一个景区不断地走，马不停蹄地，走到厕所就上厕所，走到这个地方觉得不错就照相。

国外的人在中国做主题公园的时候有个概念，想办法弄一些让你照相的地方，你一定要停下来照相。比如你在迪士尼晃到这儿，好，找个米老鼠和你照相，这个地方和你照相，那个地方和你照相，光照相就剩下3个小时，今天晚上你留在这儿走不了了，产业链就形成了。

最重要的是让你照相，形成旅游的产业链。如果这些人晃走了，产业链就和你一点都没有关系。一定让他晃，喝点水，然后上厕所，晚上走不掉就在这儿住。

旅游有个办法，搞个实景演出或室内演出，原来实景演出在冬天不行，就在室内，叫助场演出，把人留下来。这个产业链是闭环，不能跑调，跑掉就不算数了。但中国人喜欢跑，白天要看21个景点，晚上还要摸头按脚，中国人就根本休闲不下来。

休闲是老外的概念，老外叫休闲度假，在这个地方住上一周、十天、半个月，天天就在那儿晒晒太阳，傻傻的。但在中国精力特别充沛，在中国十一、春节之后只要上班都趴在桌上吃饭。所以，中国搞反了，只有旅游没有休闲。

什么叫旅游，什么叫休闲呢？成都人最喜欢的休闲是什么？打麻将。那打麻将是娱乐还是休闲？

我用一个概念来定义，让心脏病发作的活动叫娱乐，把心脏病治好的活动叫休闲。你说成都是把心脏病发作还是治好？肯定是让心脏病发作，所以，成都是搞娱乐，搞打麻将的人都是爽。

有时他们把麻将搬到菜地里，旁边是土鸡的味，摸了一辈子，摸半天没有好牌，最后摸到就到天堂了。我以前到日本留学时，日本有麻将馆，专门拍麻将电影，一高兴就趴在桌子上睡着了，在天国上打牌。

中国千万不要搞个风景很美地方吸引你待在这儿一段时间。中国人根本停不下来。我们在路上见缝插针拼命跑，我说你是拼命跑到八宝山抢两个位置？

中国有娱乐和旅游的产业，旅游要体验新鲜的东西，娱乐是刺激的东西，所以要把中国人折腾的他觉得没花钱。你让他养精蓄锐，他觉得这不好玩，你要浪费我的钱。

凡是风景美丽的地方，现在经常很多人说我这个地方有好山好水好空气，最后很多人被骗去买房子，结果没有住。然后赶父母去，说空气好。你以为猛吸空气就会变好，父母到那边更孤独，就能身体变好？

那么漂亮的山，那么漂亮的水，一个人都没有，因为那是观光，然后就没别的。所以，观光是观一眼就光了。搞旅游不要一眼看尽的，一定要用墙、竹、林把它隔断，让他三步走看到五步远，不能一眼望尽就走了。

一定要做成一个个小主题，让他有体验性，看不见，充满好奇，背后是什么？对路人你不要给他弄直的路，弯来弯去，让他绕不出去最高兴。让他迷路了，搜索定位系统再把他找出来，只要不让他丢失就好了。旅游从观光到娱乐是文化旅游。

观光是用眼睛看的，娱乐是体验的，全身心，你在景区里再给他放上音乐。现在很多景区都好单调，连个音乐都没有，视频也没有，空空荡荡的，整个景区只看几座山，几块石头，看完就没有了。

一定要弄很多地方拍照。未来几年心慢慢静下来就会进入旅游的时代，伟大的时代。现在中国旅游业只做了1/3，体验为主，体验完了之后进入旅游，再休闲。所以，我们现在旅游只做了一丁点，观光已经做了很多。

旅游的三个阶段，观光、旅游、回归到休闲，这三个阶段都有巨大的产业，我们现在只做了观光这一部分，若干部分，这靠老天吃饭的比较多。有些人想做主题公园，最后都变成娱乐项目，那不叫主题公园，那叫游乐园。

成都人生活休闲是像找娱乐，成都人更像找乐子，休闲当中找娱乐。但成都人打麻将的方式和闽南人也不一样，成都人很会享受生活，他们把麻将桌搬到青城山后山，后来发生地震也没把他们给震出来。夏天脚就放在凉水里，体验凉水、清水按摩的感觉，一边玩麻将，住农家屋，在那儿吃绿色食品、土鸡。休闲是一种状态，体现的内容是娱乐。

我能不能在景区内部形成一个产业链？比如以书画产业为例，产业链意味着还有很多环节没有把产业做起来。中国有没有做艺术品物流的？艺术品最厉害的时候有没有专门做艺术品物流、艺术品仓储的？很多产业还没有专业人士在做。但现在不行了，如果在2011年的时候专门做物流会很火的，因为交易量很大，现在开始往下掉，这就不太好。产业的链条可以很长。

做旅游文化产业，中影的刘主任也来了，他要把房地产弄到影视里，从影视内容到IP、版权、演员，演员可以去做网红、可以做网红电商。

华谊兄弟现在做得比较火的是冯小刚电影公社，他可以做个产业链，这个产业链要自己做了才算。如果自己不算就变成别人产业链的一环，你一定要和别人前后合作。我们要么就自己做产业链，要么和别人合作。

如果你自己做了一个事情，既没有做产业链也没有和别人合作，那你的业务很小。现在典型的做法，做内容的和房地产商合作，这是我们比较标配的产业链，你想做影视基地、旅游产业基地就和房地产合作，还有和政府合作，这样形成一个标准的配置。

旅游产业链很长，对经济的拉动是很好的，如果把它做好的话，现在最有前途的是两个方向，一是做房地产旅游，二是文化旅游，我们和政府讲互联网文化产业他根本没感觉，跟他讲旅游他会很兴奋。所以，中国现在最火的是搞旅游的人。

旅游产业的独特性：

1. 旅游的收入是溢出型的，不适合我们企业做。

比如在北大搞个会展，如果我跟各位收个门票，除了收费是我的，剩下都是别人的，吃住交通全是别人，那么我费那么大的劲，收门票几元，干脆免费算了，还送个人情给大家。

我就知道旅游不是一个适合企业做的，除非你自己有闭环收入，否则旅游是溢出型的，就是小部分你能抓住，其他的都跑到别的地方去了。我有什么办法，想办法让它在我的地盘住下来，只要能住下来，这个收入就翻三番，乘上3。

2. 旅游是重资产结构，它一定要投入很多。

我们现在都说某某项目做得不错，其实那是不算你的资金的，如果你把资金做成成本，你会发现投入30亿，一年收入10亿，你有没有把利息赚出来？别说你的收益，很多人是不算资金成本的，好像资金是没成本的。其实资金是有成本的，真正要算投资应该把利息一起算进去，最后回收才是真算。

你做旅游收入，连续做好几年，比如30亿，光利息积攒下来一辈子都还不来，别说多少年还完。要想办法搞资本运作，把景区收入进行上市，把成本剥离出去，这就是轻资产，一年几十亿就可以上市了。

但中国为什么搞旅游上市的股价都比较低，市盈率只有10~15倍，互联网是30~300倍？旅游最火的时候就30倍，因为和重资产有关系。

还和项目的瓶颈有关，就做了一个项目然后就没了，所以，我们不要只做项目，要做企业，要让企业复制项目。常州恐龙园做得特别火到现在还没有上市，最近又撤下来，因为它就一个项目，到了一定阶段就走不动了。你用企业做很多项目，用企业的轻资产运营。

所以，我建议做旅游的成立两个公司，一是工程公司专门搞建设，一个运营公司专门做轻资产，轻资产和人合作，重资产没有人和你合作，你要搞出合作的体系必须要有人来做轻资产。

3. 很多房地产都要搞文化地产、影视地产，门类很多，包括特色小镇也属于这一类。

它能够做什么呢？它能够把房子卖得更好，把房子设计得更漂亮，你能把这个地方做得更有文化氛围。我原来觉得房地产搞旅游其实还是在搞房地产，并没有真正搞旅游。我们和房地产配合是最佳匹配，和房地产进行结合，否则房地产项目建成以后也是不好的，没有什么生命力。

而如果我们能把文化旅游植入地产项目里就可以改造它，提升它，去救活它。今后用文化产业做房地产应该是可以匹配的。但这个匹配绝对不是一个综合。

所以，旅游今后应该改变思路，如果我今后真正做旅游，投入那么多钱要上市，这是目标。如果你一直沿着要上市的目标反过来思考我产业的结构，我认为这样比较合理。

当然，我不是为了上市而上市。我的意思是说你想用上市的方式来做这个项目肯定比做纯粹的房地产要好，也比纯粹的混搭要好，可以考虑资产用什么结构，怎么合作，怎么做轻资产，怎么做内容，怎么具有持续性，怎么打破瓶颈，怎么做产业链，思路就整个倒过来了。

你们要学学上市公司运作的思路，倒过来做。我要上市，上市不是目标，只是过程，但倒过来倒推可能效果会很好。

4. 最好的办法是同时让政府加入构建重资产，我们就做轻资产，这样比较合理。

或者企业只能做轻资产，如果企业本身承担重资产很难。国内做旅游有名的是靠房地产收入，不能靠旅游本身项目来收。所以，你们记住，凡是聪明的人现在都不要重资产，都做轻资产，这是一个趋势。

从文化产业的本质谈起，到底怎么做旅游呢？

我认为还是要从文化产业做旅游。现在进入第二个阶段，旅游要进入从观光阶段，进入到娱乐阶段，接下来再回归休闲阶段，这三个阶段，现在要进入第二个阶段——就是好玩。

我把文化产业总结为"三好主义"：好玩、好看、好用。三个结合起来就是文化产业。文化产业第一条就是要好玩，第二条是好看，我们为什么要把旅游做成文化旅游，因为只有文化旅游会更好玩，旅游会好看，但它好玩这个度不够。所以，我们要把它做成一个娱乐性和体验性的产业。

好玩的时候要加上科技的元素，所以我们叫好用，我们要把好看的东西变成生活用品。比如中国很多非遗只有观赏性，没有实用性，如果把所有非遗、景德镇陶瓷生活美学化，每天使用的东西全部变成陶瓷，而且陶瓷也不要做得那么单调。

好像就青花瓷比较贵我们就专门用青花瓷，青花瓷是外来的，不是我们的元素，为什么大家都要用青花瓷，瓷不会搞出几种颜色吗？好像搞瓷就一定要搞青花瓷。

文化产业要具有丰富性，什么都可以。彭老师画几笔就烧成陶瓷，不是卖得更火吗？彭老师当"网红"不就行了。这要好玩、好看、好用，越往前面，市场价值越大，要是好用加上好看就更值钱，好看再加上好玩就更值钱。

好玩+好用现在叫文化科技的融合，好看+好用叫艺术授权或艺术生活化，好玩+好看+好用做得体验性旅游，旅游演艺，可以做成互联网电商，可以上下联动起来。所以，这个产业链一定要自己做旅游产品。

但我的旅游产品在哪里传播呢？有的人就设计了孤零零的旅游产品，在互联网传播。我要讲故事，做新媒体，大家不要以为做旅游只是做旅游，做旅游要懂营销，最主要的是互联网营销，这是目前标准的做法。

文化旅游区别于传统旅游的特点。

传统的旅游和文化旅游什么区别？我今天讲的文化旅游是任何地方，不受任何资源的限制。

很多人说陈老师我们这里没有什么旅游资源，你说拉斯维加斯有什么旅游资源？有同学说，拉斯维加斯是因为允许他搞赌博，但赌博只占拉斯维加斯1/5的收入，它还有旅游、演艺，各种各样吸引人的，它在荒漠的地方可以做成世界上最大的计算机会展、会展业、度假、娱乐、演出，世界上最大的演艺一条街，真正的演艺秀都在那儿，最厉害、最创新、规模最大的。

现在政府经常搞旅游规划，规划是有资源的东西进行规划，比如我从这边走过去还是那边走过去，这是规划，前提是这个东西在那儿，我就进行规划。

我们文化产业是没有东西在那儿，比如上海冒出一个迪士尼，没有东西在那儿，必须冒出来。所以，旅游文化是策划出来的。

现在很多人搞影视基地，一个最搞不懂的道理是，想复制或者模仿横店，可是你哪有资源呢？人家已经做了那么长时间，最重要的一开始拿地是免费或很便宜，人家整个产业链条很齐了，干嘛跑到别的地方。加上这么大的地方，光拿地这辈子就死无葬身之地，你还搞？

所以，千万不要做片厂式的影视基地，只能做企业办公或体验场景的影视基地，你要想做重资产，做外景拍摄，光重资产投资，有几个人会到你这里拍片，一年的收入多少钱？肯定不行的。

今后不要做外景地，但做旅游体验的影视基地是可以的。就像迪士尼这么厉害，他很多地方是并购来的，并购是企业最重要的商业模式之一。为什么他们去搞横店，影视因为横店模仿一下，搞个建筑就行了。

总结其特点，有以下几个方面：

1. 文化旅游是策划，传统旅游是规划。
2. 文化旅游是体验，传统旅游是观光。
3. 文化旅游不依赖于旅游资源（靠天与靠人）。
4. 文化旅游可以创造新的旅游资源。
5. 文化旅游可以持续延长产业链，最好的旅游是既有传统旅游，边上又有个文化旅游。这是最好的。
6. 文化旅游可以挖掘传统文化资源。现在很多地方都搞旅游IP，你的资源从哪儿来呢？我想资源有两端，一是营销的资源，二是文化元素。
7. 文化旅游我建议做成室内为主，不受季节和天气的影响。中国大多数地方进入冬天要么冷，要么湿，要么没有阳光，有很多限制，如果做成室内的话，这是中国未来搞娱乐当中的最主要的，不是在室外搞个超级大的游乐场，而是在室内做成一个个精致的主题公园。

我认为，这是我们未来发展的主要方向。这是我倡导的方向，认为这个方向能够解决很多问题。一年四季都可以玩，还可以形成小小的产业链条，可以卖很多东西，吃喝玩乐一条龙。

我最近在推广一个农业主题公园，以前我们讲吃喝玩乐是农业都干的事情，我搞个农业主题公园，室内的条件都有了，可以搞科普，搞教育。

新型文旅企业的视角：

做旅游先用企业的视角做，然后再做项目。我们做企业最后要做项目，但做企业和做项目一样，做企业要考虑它的价值实现，做项目只是想吸引人，但吸引人也不见得有价值，最后盈亏成本算不回来或者没有成长性那没有价值，它必须有成长性。

所以，做企业角度和做项目角度非常不一样。国内的影视公司没有资产积累，上面写着作品发布会，下面写着什么出品，中间一排是明星，我们公司的商标品牌都在明星屁股后面。过去五年当中你们看过的电视剧知道是哪一家公司制作的。

很多人对无形资产没有好好享受，我做出了不起的电视剧，天天说，说的你们都长老茧，哪一本畅销书是我写的，你们全都不知道。

我认为，今天做企业要有四个点。

第一，要有自己的东西，有三个IP，故事IP、形象IP、企业IP。

有人说陈老师，我做个IP多贵，在互联网上还有卖虚拟的形象，画个漫画，天天宣传，最后变得很值钱。画一幅漫画几块钱，你自己懒而已，一点都不贵，注册商标下来就是你自己的，有什么贵，现在注册商标很便宜，现在价格都降下来了。

第二，我们做企业要像种树，要积累，不能像普通商人倒卖药材。和互联网结合，利用互联网的平台卖东西或传播。

第三，和轻资产结合。

第四，要和资本金做结合。目标是钱的事情专业人士来考虑，你可以不用那么着急。

传统资源与文旅企业：

城市IP+城市文化体验中心，我们讲这个故事，一直讲故事，讲故事来做植入的产品，在互联网上卖又变成文创电商，这是一个方向。

我们传统很多东西已经浪费掉了，比如说陶瓷。我昨天在那儿讲的时候讲过，不知道在座有没有人听过，中国号称是陶瓷的国家，没有一个产品有名气，没有一个人有名气，没有一个公司有名气。

景德镇的名气是历史造成的，不是他自己创造出来的。叫"三无"，而且这么大的产业，代表国家的形象竟然"三无"，你想这空间有多大？自贡的灯是传统文化代表之一，你说它的灯做得怎么样，做得不怎么样，灯会的时候买它一些灯，到国际上巡展有人给他补贴。

有人说我们搞演艺演过一百多个国家，我说没有人要你才到处跑，如果有人要你，就像宋城千古行就会驻扎在那个地方。不要看巡展，那是没有人要才到处跑，成本多高。

我已经给他们上过好多次课了，你能不能把自贡的灯和东莞的灯或者现在的灯光秀结合在一起，你可以天天灯会、约会，等等，传统的气氛，传统的灯，加上恋爱，加上音乐，加上啤酒，你就可以做成新型酒吧一条街，或者新型音乐广场或灯会广场，你为什么不做？

你搞灯光秀很便宜的，你可以做主题，在灯上照上红楼梦形象就变成红楼梦的主题。还有卖儿童的台灯，儿童晚上来玩一下，然后买一个台灯回来，家里的台灯就扫入了垃圾筒。

传统文化这是最简单的入手，他们说怎么弘扬传统文化，这不是最简单的吗？他们不光做灯光秀，还做梦幻的森林，在虚拟的森林里打一些灯进去形成虚拟的、魔幻的气氛。

现在搞这些东西多好玩，花钱也不多。而且灯是代表中国真正的传统文化。中国传统文化最典型的代表就是节庆都要和灯有关系，那是最典型、最正宗的传统文化。挺可惜，就没有人下功夫去弄。

原来城市把产业进行改造，比如用现代产品工艺和网红。现在很多大师身家上去的，但没有产业，抬高个人的价值，只能用大众明星，企业经营才能变成产业。

如果仅仅个人创造了作品，价格上去也其实没太大的用处。为什么？他们不愿意传承，这些人宁愿把记忆带走，工艺美术大师把我们的工艺搞进坟墓里了，这样好吗？大家为什么不反思一下。

构建产业链，我建议拍影视之时就要成立一个影视基地，但拍完要扩展它的内容，不要以硬件，要以内容为主。所以，我们影视可以做真正的电影，小电影可以做，再做系列的微电影，再做大电影，大电影的话，万一失败了就全没了。

我们可以讲故事，讲很多和这个城市有关的故事，但不局限于这个城市已经有名的故事。他们讲"三国"，讲来讲去就是拍三国，能不能给我讲讲诸葛亮在治理成都期间怎么破案的故事，为什么不讲？他肯定破了很多案，因为他要断狱。讲来讲去都是诸葛亮斗周瑜的故事，那不是大家烦死你了。我们可以讲新的故事。

可以由 IP 塑造，可以用这个模式复制。所以只要我们有个基地就可以在全国复制，是轻资产，不是重资产的复制。

收入可以闭环化，可以搞成活动经济，有很多活动，有很多培训，可以做线上线下衍生品开发。可以和当地结合，比如当地的特色是佛教，我们可以加个佛教主题的传统文化的延伸。

可以以动画、儿童喜欢的东西为主。大家都知道，我们中国最悲催的，在北京附近的环球影城里面的是《功夫熊猫》，这是老外拍的东西，百分之百用的是中国的素材，中国的形象，但是用好莱坞的模式和运作方式来赚你中国人的钱，而且要赚一辈子。

这个衍生品有二期、三期，它土地储备空间很大。前段时间征求我们的意见，怎么样有中国的元素融入进去。我认为这个吃住行游购娱才算我们的，真正的要构建的文旅产业链。

（作者为北京大学文化产业研究院副院长、北京大学教授）

中国戏曲的市场基因

金元浦

法国社会学家法布瓦特提出集体记忆理论，他认为集体记忆的保存和传播对于社会发展具有重大的关联意义。中国戏剧戏曲作为人类的集体记忆载体有着非常重要的文化符号作用。为什么85年前梅兰芳走出国门后有那么多追随者？为什么今天"灯迷"不远万里到纽约去听张火丁的戏？这里积淀着深厚的民族文化底蕴，是一个深远的文化培育和文化养成的过程，随着时间的推移成了民族集体记忆的一部分，成了人类非物质文化遗产的一部分。

今天的人们愈加重视文化的多样性，文化在不同时代不同地方均拥有不同表现形式，这些多样性恰恰构成了人类各群体和各社会乃至各国家各民族的文化特征。中国戏曲是在全球文化多样性的大潮中保留下来的宝贵财富，其最大的特点是萌发于某个特定地域，带有强烈的地方性特色，并由此提出了一种阐释人类文化的特殊视角。事实上，地方性特色留给人类文化更加长远的历史记忆和文明发展的踪迹。

很长时间以来，世界一直追求宏观、全方位、全球化、共性的文化阐释，忽略了探求地域性、个体性、独特性的文化宝藏。中国戏曲艺术是最具独特性和个体创造性的一种艺术。从这个角度上说，如何保存、保护和发扬戏曲这一人类文化的巨大遗产，成为摆在今天文化市场面前的重要任务。

追根溯源，不难发现，中国戏曲艺术有着深远的创新基因和市场化基因，这种基因是其历史生命力所在，也必将在今天全球化经济和信息化社会面前迸发出更大的魅力。

首先，中国戏曲很早就拥有了强大而忠实的特定消费者。中国京剧的票友形态是与今天的粉丝经济较为相似的文化市场运行方式。前不久张火丁到美国演出，许多戏迷追随到纽约。可见中国戏曲拥有相对固定的消费群体和较大的市场拓展空间。

中国戏曲很早就形成了一套"明星制"的市场形态。一出戏、一个演出团体的生存发展，"名角"具有举足轻重的作用，这在今天的艺术市场中依然是一个很成熟、很常见的存在形态：每一出戏有一个或多个艺术水准高超的"主角"，并由主角的精彩演出培养造就出一批成熟稳定的观众群，带来持续的观众流，保证演出的高频率和可持续性。

其次，中国戏曲是较早实行知识产权保护的文化产业形态。多年来。市场一直在强调文化艺术创作的知识产权保护，但发展缓慢，知识产权保护不力。两年来，知识产权保护呈现出新势头。在内容为王的新观念影响下，中国的网络文学找到新的出路，将文学转化、衍生、再创造，变成影视作品、游戏、动漫等其他艺术表现类型。通过与其他产业的融合，从而走出了版权保护、版权交易的新路子。

京剧和其他戏曲都是最早实行版权保护和版权交易的。我国戏曲艺术学派众多，不同学派形成了独特的演出内容、演出风格和演出版本。京剧四大流派"梅、程、荀、尚"中，程派就是程派，梅派就是梅派，艺术形式是独特的，这应该是我国最早实行知识产权保护的文化产业形态。

在今天的中国戏曲艺术的观赏和消费中，曾被中断的市场基因得以逐步恢复，明星制得到进一步提升，越来越多的年轻人进入票友的行列。而京剧昆曲进校园等活动，则培养了一批新的传统艺术的观赏者、消费者。随着我国生活水平的提高，人民群众特别是青年一代观赏消费传统戏曲艺术的热情将被逐渐发掘出来。

实际上，中国戏曲发展200多年来一直都是面向市场，面向消费者的，这个传统不能丢。从20世纪30年

---

① 金元浦. 中国戏曲的市场基因 [EB/OL]. [2015-12-10]. http://www.ce.cn/ture/gd/201512/10/20151210-7454902.shtml.

代的梅兰芳到今天张火丁在美国的演出，这些事件构成了中国戏曲走向世界进行文化探索的历史节点，在这个节点上可能发生文化传承的新飞跃，并由此获得进入当代人精神和文化生活的入场券。

（作者系中国人民大学文化创意产业研究所所长）

文创新发展：关注互联网新生态与文化创意产业[①]

金元浦

伴随经济快速增长，文化产业发展进入新的发展时期。当前文化创意产业呈现出哪些新的特点，文化创意产业发展过程中有哪些亟待解决的问题。围绕这些问题，中国人民大学文化创意产业研究所所长金元浦发表了自己的看法。

1. 中国社会科学网：互联网技术的兴起为文化创意产业发展提供了新的机遇，在您看来，当前文化创意产业处于怎样的发展阶段？

金元浦：当前文化创意产业进入高速换挡期。这是文创产业自身的特点，和整体经济发展走势有一个剪刀叉。我国经济结构调整面临转型，这种调整将在文化产业内部发生重大的变化。领导整个创意产业是以互联网为代表的先进的企业形态。中国文化产业现在真正进入市场化，自下而上地走市场，和进入群体创意的阶段。

文化创意产业从中低速的增长转为中速或者中高速的发展，像电影、游戏、网红经济，还有 VR 和 AR 等都发生了迅速的变化。全国的经济结构不断的优化升级，在文创来讲产业结构的中心有了调整，产业链发生了变化。另外，从动力机制来讲，国内从要素驱动、投资驱动转向创新驱动，但是总体来看文创主要还是高新科技的创新推动了文化融合创新。

过去文化改革，电视、电影、出版行业等进行了产业结构调整，促进了文化产业的发展。而如今阶段网络信息、多媒体产业、动漫、网游、休闲娱乐产业，以高科技为推动，产业结构已经发生了根本性的转变。

2. 中国社会科学网：您认为推动文化创意产业发展的关键要素有哪些？

金元浦：首先，在高新科技推动下，我国文化创意产业已悄然实现升级换代，从文创内部看，中国互联网相关文化创意行业已经成为中国文化产业的高端产业、核心产业、领军产业、先导产业，真正成为核心支柱产业。从我国经济看，文创产业已经成为我国经济的重要支柱产业。从世界经济和发展看，我国文化经济已经成为全球创意经济的重要的引领性力量。

数字文化科技企业成为文创的领军产业。中国互联网相关文化创意产业已经成为中国的高端产业，最重要的是一支以 BAT，百度、阿里巴巴、腾讯等互联网上市企业为代表的准航母舰队群已经开始形成，体现在互联网的传播、风险融资方式、国际化跨国发展、现代企业成长运营方式等方面。

其次，我国文化产业走过了初级阶段，向创意创新的内容进发，原创力有了大幅提升。

3. 中国社会科学网：请您谈谈文化创意产业新发展阶段中的理论创新问题。

金元浦：文化产业的发展既需要探索实践，更需要理论指导。在理论创新上，首先应提到的是互联网思维和"互联网+"概念的提出。当前进入大众创业、万众创新阶段，"互联网+"跨越式发展时期。此后，在国内的文化探讨上出现了"文化+"，有"传统文化+"等。

除此之外，中国创意产业特别需要重视的是审美、美学的价值，要注重对普通公民的美学欣赏能力培养，增加文化创意中的审美价值。

[①] 金元浦. 谈文创新发展：关注互联网新生态与文化创意产业 [EB/OL]. [2017-09-01]. http://www.ce.cn/culture/gd/201709/01/t20170901_25622225.shtml.

另外,还有一个新的思路是文化分享经济。面对"互联网+"分享经济,要重新定义组织与模式,重新定义服务与用户,重新解读分工与协作,重新解读关系与伙伴,重新构建业务与活动,重新构建结构与规则。

我们现在的生活状态和未来发展叫:大、智、云、移、自,即大数据、智慧城市、云计算、移动网、自媒体。还有小、微、新、特、融,即小企业、微方式、新业态、酷特色、融思维。中国在两个方面做得好会有大发展,一个是文化创意的航母集群。另一方面就在万众创新,在千千万万的小企业中实现创新,才能根本解决中国原创力的缺失,最终推动中国经济的向前发展。

解读"十九大"文化发展新思想

范周

2017年10月18日,在中国共产党第十九次全国代表大会开幕会上,习近平代表十八届中央委员会向大会做报告。随着我国社会主要矛盾的转化,中国特色社会主义进入了新时代,坚定文化自信、推动社会主义文化繁荣兴盛,依旧是亘古不变的文化初心与使命。

1. 砥砺前行:从"十七大"到"十九大",文化发展的十年历程

(1)从"繁荣"到"强国"再到"自信",文化在国民经济中地位稳步提升

从党的"十七大"提出推动"文化大发展大繁荣"到"十八大"明确"建设文化强国",再到"十九大"强调要"坚定文化自信",文化在国民经济与社会发展中的重要性日益提升。从"四位一体"到"五位一体"的总体布局更新,"文化建设是灵魂",已然成为社会主义事业总体布局的重要组成部分。

(2)文化产业文化事业蓬勃发展,公共文化服务体系基本建成

从"十七大"报告提出"文化产业占国民经济比重明显提高"的发展目标,到"十八大"报告强化十七届五中全会提出的"推动文化产业成为国民经济支柱性产业"发展目标,文化产业发展地位的重要性逐年凸显,文化惠民政策不断普及,顶层设计逐渐完善。

(3)国家文化软实力不断增强,文化体制改革取得突破性进展

近年来,我国文化体制机制改革已取得突破性进展。首先,各项深化文化体制改革的政策相继出台;其次,各项推进公共文化机构法人治理结构改革、基层综合性文化服务中心建设的重点措施得以落实;再次,文化扶贫工作取得重大进展;最后,在文化市场改革方面,政府简政放权,推行一系列融资举措,鼓励文化企业进入市场,减轻企业负担,释放市场活力、主体动力和社会潜力。

(4)文化自信得到彰显,中华文化的世界话语权与影响力提升

10年间,随着我国文化软实力和竞争力的加强,中华文化在世界上的话语权和影响力也不断提升。在庆祝中国共产党成立95周年大会的讲话中,习近平把文化自信与道路自信、理论自信和制度自信并提,文化自信之于国家发展,其作用不言而喻。随着文化"走出去"的步伐加快,我国文化自信得到进一步彰显。

2. 立足当下:新时代我国社会主要矛盾的文化领域解读

新时代下"人民日益增长的美好生活需要和不平衡不充分的发展之间的矛盾"已经转变成我国社会发展的主要矛盾,文化领域在这一新变化下也面临着新的发展要求。

(1)深化文化体制改革,注重文化建设"精气神"的高度统一

文化建设是中国特色社会主义五位一体总体布局的重要内容,文化体制改革是我国全方位改革事业的重要组成部分。多年来文化产业体制机制改革效果显著,然而随着我国改革开放进入深水区、"五位一体"的战略发展布局要求新时代下文化体制改革将只有进行时,没有完成时。

(2)积极推动文化走出去,生产适销对路的文化产品

文化走出去水平是国家文化软实力的重要体现,而目前我国文化出口水平与文化产业发展水平仍不相符。文化产品不能适销对路是制约我国文化产业走出去的重要因素。首先,坚持市场导向,在国际视野上组织生产。

---

① 范周.解读"十九大"文化发展新思想[EB/OL].[2017-10-22].http://news.ifeng.com/a/20171022/52745412-0.shtml.

其次，坚持目标导向，有针对性地提供文化产品和文化服务。最后，因地制宜，充分考虑销售地的条件因素。

（3）深入实施文化精品工程，繁荣文化精品创作与生产

优秀精神文化产品反映一个国家和民族的文化创造能力，是衡量和检验文化改革发展成效的根本标准。首先，让文化创作根植于人民。"社会主义文艺是人民的文艺"，因此，文化精品的创作也必须以人为核心。其次，鼓励推陈出新，提升文化创新能力。通过鼓励文艺创新，进一步释放文化创造活力。最后，拓宽文艺繁荣思路。积极探索文艺创作的新途径，拓宽艺术繁荣的新思路，擦亮文化名片，打造一批文艺品牌活动。

3. 创新思想：坚定文化自信，实现中国民族伟大复兴新局面

（1）坚定文化自信是实现中华民族伟大复兴的现实要求

"文化兴国运兴，文化强民族强。没有高度的文化自信，没有文化的繁荣兴盛，就没有中华民族伟大复兴。"实现中华民族的伟大复兴，就要深刻理解深埋于中华民族最深层、最根本的文化基因。

（2）坚定文化自信是中国特色社会主义新时代下的必然要求

以马克思主义为指导，是社会主义文化的先进性的根本所在。习近平新时代中国特色社会主义思想是马克思主义中国化的最新成果，党的"十八大"以来，作为更基本、更深沉、更持久的力量，文化自信在社会发展中的地位不言而喻。

（3）坚定文化自信是解决新时代我国社会主要矛盾的内在基础

新时代下人民对丰富精神文化生活的期待与日俱增。只有坚定文化自信，进一步解放和发展文化生产力，推进文化领域供给侧结构性改革，才能更好满足人民日益增长的精神文化需求，切实保障人民基本文化权益。

（4）坚定文化自信是构建新型共商共建共享国际关系的思想基础

"一带一路"倡议提出3年多来，习近平倡导的"共商共建共享"的全球治理理念在实践中得到成功运用。不论是包容大气的大国仪态、互惠互利的平等心态，还是自信自如的开放姿态，从根本上说，都是文化自信在国际关系建设中的生动体现。

4. 牢记使命：中国特色社会主义新时代下文化发展新任务

（1）坚定先进文化前进方向离不开意识形态工作领导权

对比"十七大"、"十八大"，习近平同志在"十九大"开幕会上作的报告中最显著的变化便是将"牢牢掌握意识形态领导权"单独提出并特别强调。牢牢掌握意识形态工作领导权，首先要继续推进马克思主义的中国化、时代化、大众化，要加强理论武装，推动习近平新时代中国特色社会主义思想深入人心。其次，要重视互联网内容建设，创新传播手段。

（2）弘扬中华优秀传统文化是践行核心价值观必然要求

习近平同志在十九大开幕会上作的报告中着重指出"培育和践行社会主义核心价值观，要深入挖掘中华优秀传统文化内涵"。第一，中华优秀传统文化是社会主义核心价值观的源头。只有不断挖掘中华优秀传统文化，才能让社会主义核心价值观更加深入人心。第二，践行核心价值观，必须弘扬中华优秀传统文化。

（3）思想道德建设能满足人民美好生活的精神文化需求

习近平同志在十九大开幕会上作的报告中强调，"人民有信仰，国家有力量，民族有希望。"因此，提高人民思想觉悟、道德水准、文明素养，是满足人民美好生活的精神文化需求的必要条件。第一，思想道德建设与国家、社会发展紧密相关。第二，思想道德建设与实现"中国梦"紧密结合。第三，思想道德建设与文化建设密切相关。

（4）繁荣社会主义文艺是文化自信深入人心的重要途径

树立文化自信，首先要坚持民族的文化认同。只有创作出属于本民族精品文化，才能让人民加深对本民族文化的热爱，而这正是文化自信。第一，文艺创作要坚持以人民为中心的创作导向。第二，文艺创作要不断推出精品之作。第三，要加强文艺队伍建设。

（5）坚持"双效统一"是推动文化产业事业协调发展的准绳

习近平同志在"十九大"开幕会上作的报告中指出，"推动文化事业和文化产业发展，要深化文化体制改革，完善文化管理体制，加快构建把社会效益放在首位、社会效益和经济效益相统一的体制机制。""双效统一"既是保证文化领域健康、有序发展的基石，也是激发文化市场活力、繁荣文化生态的前提，需要依靠政府引导和市场主体的双向合力。

5. 规划未来：加快文化发展，推进社会主义现代化强国建设

从"十九大"到"二十大"，是"两个一百年"奋斗目标的历史交汇期。历史交汇期的时代背景下，文化产业在未来必将成为经济发展新的增长极，必将成为提高国家文化软实力、增强中华文化竞争力的重要依据。因此，未来文化发展仍需注意以下方面：

（1）坚持创新驱动，推动国家数字化技术与产业发展

习近平同志在"十九大"开幕会上作的报告中将"创新驱动发展战略"作为我国七大战略之一。在数字经济不断更新迭代的推动下，以创意性和新技术为特征的文化产业新业态将是未来文化发展的重中之重。首先，应加大文化科技创新投入。其次，要提高文化科技创新转化能力。最后，加强知识产权保护力度与宣传力度。

（2）强化文化惠民，"脱真贫、真脱贫"注重文化领域的精准扶贫

在全面建设小康社会的决胜阶段，扶贫攻坚仍将是未来突破重点。然而，"脱真贫、真脱贫"的过程中，文化领域的精准扶贫应当先行。首先，抓住问题补足短板。包括补文化民生短板、补优质文化短板等。其次，精准扶贫扩大有效供给。

（3）加快转型升级，文化产业供给侧改革提质增效

文化产业适应供给侧改革的要求，需要树立新的发展理念，转变发展方式，提高发展质量和效益。尽管近年来我国文化产业增加值增速不断加快，但是品质不高、文化创意含量不足、文化精品匮乏等问题仍然存在。首先，扩大有效供给。其次，提升供给水平。

（4）注重文化安全，加快构建国家文化安全体系

文化安全是国家安全的重要领域，是一个国家内部文化认同感的重要支撑。一方面，我国不仅应该注重文化产业"引进来"与"走出去"的政策优惠，更应该注重国家文化安全的保护。另一方面，网络文化安全不容忽视。

（作者为中国传媒大学文化发展研究院院长）

解读"十三五"文化产业发展规划：支柱产业指日可待

范周

1. 立足文化产业发展新阶段

（1）经济发展步入新常态

经济发展必然会有新旧动能迭代更替的过程，当传统动能由强变弱时，需要新动能异军突起和传统动能转型，形成新的"双引擎"，才能推动经济持续增长、跃上新台阶。"三期叠加"的新常态呼唤经济回归理性发展，而由信息技术革命带动、以高新技术产业为龙头的"新经济"必然会带来产业发展的全新变革。此次《规划》的出台正是在经济发展步入新常态的背景下对"十三五"时期文化产业发展的蓝图初绘。毋庸置疑，呼啸而来的信息技术革命正在颠覆和重构文化产业，推动文化产业结构性调整，催生文化产业新兴业态。网络直播、电子竞技等新兴业态的迅猛发展势如破竹，新技术、新产业、新业态加快成长，文化产业发展空间广阔。

（2）重大战略深入实施

首先，区域发展战略继续深入实施，对于培育形成新的增长极和增长带而言意义深远。从2014年京津冀协同发展战略提出到2015年《推动共建丝绸之路经济带和21世纪海上丝绸之路的愿景与行动》发布，从2016年9月《长江经济带发展规划纲要》正式印发到2017年4月具备"千年大计、国家大事"高度的雄安新区设立，区域发展不再是简单割裂的资源共享。打破界限、联动发展，让我们重新审视新形势下区域文化发展新格局。其次，战略性新兴产业不断推动产业转型升级，为经济发展注入活力。2016年12月，数字创意产业纳入《"十三五"国家战略性新兴产业发展规划》，文化引领、技术先进、链条完整的数字创意产业相关行业产值规模在2020年将达到8万亿元。文化产业发展如何与重大战略深入实施相结合，是《规划》编制的又一出发点。

（3）进入推动文化产业成为国民经济支柱产业的决定性阶段

十七届五中全会提出了"推动文化产业成为国民经济支柱性产业"的建议，自此文化产业上升到社会发展和国民经济的战略地位。《文化部"十二五"时期文化产业倍增计划》中提出了"推动文化产业成为国民经济支柱性产业"的目标要求，此次《规划》则明确提出，"到2020年，实现文化产业成为国民经济支柱性产业的战略目标。"从"推动"到"实现"这一表述的转变印证了"文化产业成为国民经济支柱性产业"的目标将在"十三五"期间实现从"进行时"到"完成时"的转变，文化产业在稳增长、促改革、调结构、惠民生等方面的积极贡献将进一步凸显。

2. 明确文化产业发展新要求

（1）双效统一是前提

文化产业的特殊属性决定了"坚持把社会效益放在首位、社会效益和经济效益相统一"是其发展的重要原则，这是文化产业不同于其他产业发展的价值导向，是提高人民群众生活品质和获得感的必然要求。《规划》在文化市场主体培育专栏中也特别强调国家级文化产业示范园区和文化企业的社会效益，并将其作为综合考核评价指标体系的重要一环。此外，《规划》保障体系中，突出强调了"把行之有效的文化经济政策法定化，健全促进社会效益和经济效益有机统一的制度规范"。把双效统一用制度规范进一步完善，可见其应贯穿文化产业发

---

① 范周. 解读"十三五"文化产业发展规划：支柱产业指日可待[EB/OL].[2017-04-21].http://news.sina.com.cn/c/2017-04-21/doc-ifyepnea4451540.shtml.

展方方面面的重要性。

（2）供给侧结构性改革是主线

2015年11月以来，随着供给侧结构性改革在各领域如火如荼地开展，文化领域也着力于提高供给质量、推进结构调整，供给侧结构性改革成了"十三五"时期文化产业发展的主线。从《文化部"十二五"时期文化产业倍增计划》提出"以结构调整为主线，提升产业规模和整体素质"到此次《规划》提出"以推进供给侧结构性改革为主线，不断解放和发展文化生产力，满足多样化文化消费需求"，互联网掀起的消费革命呼唤文化产业要适应消费需求、消费心理、消费模式的新时期转变，供给侧结构性改革势在必行。

（3）融合发展是趋势

如今，文化产业的边界日趋模糊，"文化+互联网+"不断丰富文化产业的内涵和外延，我们很难用一个固定的边框去界定其范围。《规划》明确提出，要"推动文化产业与制造、建筑、设计、信息、旅游、农业、体育、健康等相关产业融合发展"，文化产业的跨界联姻、文化要素的跨界互动、文化与科技的深度融合为文化增添了产业动力，让产业注入了文化因子。在此过程中，文化产业与公共文化服务要融合发展，两条腿走路互相支撑；文化产业不同门类要融合发展，促进资源要素流通；文化产业与相关产业要融合发展，为国民经济转型升级注入活力。

3. 把脉文化产业走向新势头

（1）科技创新驱动，产业结构调整

创新是引领发展的不竭动力。当前，面对我国经济实力和综合国力迅速增强但资源、环境和人口压力却越来越大的现状，必须将发展由全要素驱动转向创新驱动、科技驱动。党的十八大提出实施创新驱动发展战略，强调科技创新是提高社会生产力和综合国力的战略支撑。以科技创新驱动产业结构优化调整，已经成为当前转变经济增长方式的关键。

为此，《规划》强调，"推进'文化+'和'互联网+'战略，促进互联网等高新科技在文化创作、生产、传播、消费等各环节的应用"。除此之外，《规划》还新增了文化装备制造业作为重点行业大力发展。这就意味着在互联网应用日益密集，大数据、云计算、人工智能等技术广泛应用的今天，传统产业要升级，新兴业态也要产生。2016年12月，国务院印发《"十三五"国家战略性新兴产业发展规划》，提出"要把战略性新兴产业摆在经济社会发展更加突出的位置。"一方面，要秉承创新理念，调整国民经济结构，发挥文化产业对国民经济转型升级的支撑和带动作用；另一方面，也要推动文化科技深度融合，调整文化产业结构，使传统文化产业转型升级、特色文化产业提升内涵、新兴文化产业蓬勃发展。

（2）立足"重大战略"，优化发展布局

伴随"一带一路"建设、长江经济带建设和京津冀协同发展三大战略的深入实施，文化产业也进入优化布局的关键环节。在"十二五"时期提出东中西部协调发展的基础上，《规划》进一步深化区域协同："以区域发展总体战略为基础，以三大战略为引领，引导各地根据资源禀赋和功能定位，走特色化、差异化发展之路。"文化产业区域布局不是"全国摊大饼"，而是根据各地资源禀赋的差异区别对待。在这一过程中，既要注重因地制宜，发挥各地的资源和产业优势；又要注重统筹城乡，使文化产业成为新型城镇化建设的黏合剂；还要注重扶贫攻坚，使文化产业成为"老少边穷"地区发展的"助推器"。

"一带一路"建设，要使不同民族文化"交而通"，让各国都能搭乘中国发展的"顺风车"，实现共同繁荣。在这一过程中，最重要的就是文化共鸣。经济上的互利是暂时的，文化认同却是功在万代，利在千秋的大事。京津冀协同发展首先是要缓解大城市的"虹吸效应"，对于中小城市来说，被吸纳大于被辐射，城市间发展差距日益增大。因此在优化文化产业布局上，要克服这个问题。4月1日公布"雄安新区"，目的就是要转移部分产业，疏解非首都功能，缓解区域协同发展的"二八效应"。这将成为区域协同发展的新范本。因此，优化文化产业布局必须紧紧围绕国家战略，有的放矢、因地制宜，在宏观上完善顶层设计，在实际操作上把握区域协同的内在机理。

（3）完善体系建设，释放市场活力

针对"十三五"时期的文化发展，2016年国家"十三五"规划提出建设"一个工程"和"四大体系"。为此，《规划》也指出要完善现代文化产业体系，并将现代文化市场体系建设单独作为一节着重谋篇。"完善现代文化市场体系，进一步完善文化产品和要素市场建设，建立健全文化市场监管体系。"要使文化产业健康发展，就必须建立起与之相适应的市场运作体系，完善市场主体、市场体系与市场机制建设。

在市场主体建设方面，一方面要培育骨干文化企业，发挥骨干文化企业的引领和示范作用，打造文化产业"航母"；另一方面要大力支持中小微文化企业，增添文化市场活力，同时推进文化产业园区建设。在市场体系和市场机制建设方面，一方面，分别加强产品、服务和要素市场建设，使各部分都能够"合理搭配，物尽其用"；另一方面，打通生产和销售市场，使文化产品的生产要素、生产过程和产品销售形成科学合理的内在发展机制，避免文化产业体系"肠梗阻"现象的发生。此外，在释放市场活力方面，《规划》还特别指出要"进一步拓宽社会资本投资的领域和范围，激发社会投资活力，健全多层次、多元化、多渠道的文化产业投融资体系。"积极探索社会资本与文化市场结合的新方式。

（4）扩大有效供给，引导文化消费

推进文化领域供给侧结构性改革，要着力于扩大有效供给。《规划》强调"扩大文化产品和服务的有效供给，满足人民群众日益增长、不断升级和个性化的精神文化需求。"供给主体的结构问题是关键问题，要实施文化精品战略，以"文化＋互联网＋"丰富文化产品和服务形式，拓宽文化产业业态。2016年上半年，我国网络文化市场整体营业收入超过1000亿元，尤其是网络直播表演市场，同比增长209.3%。因此在供给方面，要适应网络文化消费需求的变化，增加网络及相关产品的有效供给。除此之外，在要素方面，还需要创新人才供给、提升科技供给、优化资本供给、加强长期规划供给、增加面向全球的资源供给。

在引导文化消费方面，《规划》强调"适应和引领个性化、多样化的文化消费发展趋势，建立扩大和引导文化消费的长效机制。"一方面，改善文化消费条件，加强文化基础设施建设。强化公共文化建设对文化产业发展的反哺和支撑作用，鼓励社会资本进入文化产业，参与文化消费项目的拓展和创新；另一方面，释放文化消费需求，建立文化消费长效机制。通过文化品牌活动等一系列项目的大力开展，营造健康向上、充满活力的文化消费氛围。为此，《规划》提出实施"促进文化消费计划"，在试点评估的基础上，对建立起文化消费的长效机制做出有益探索。

（5）振兴传统文化，增强文化自信

传统文化作为中国数千年来沉淀下的文化精华，不仅是中华民族文化自信的源泉，也是实现中华民族伟大复兴的精神支柱。自2017年以来，《关于实施中华优秀传统文化传承发展工程的意见》和《中国传统工艺振兴计划》的相继出台，见证了"十三五"期间我国对传统文化的重视发展程度稳步提升。《规划》从多重角度致力于传统文化发展："推动优秀传统文化资源数字化进程；系统梳理传统文化资源，推动文化资源活起来，以中华美学精神引领创意设计；支持制作适合互联网和移动互联网传播的精品佳作，促进优秀传统文化和当代文化精品网络传播。"

在互联网时代背景下，《规划》在文化领域的供给侧改革层面更强调用数字化的现代手段弘扬传统文化，鼓励传统文化与网络文化的跨界融合，通过网络传播手段扩大传统文化的影响力，从而增强群众的文化自信。同时，《规划》更以开放的视野注重传统文化的市场化运作，鼓励建立完整的产业链，扩大传统文化的有效供给，使传统文化渗入到寻常百姓家。

4. 完善文化产业发展新保障

（1）加强法治：让文化有法可依

文化立法是文化产业稳定发展的重要保证。从《文化部"十二五"文化产业倍增计划》的"完善政策法规体系"发展到《规划》中的"推进法治建设",文化产业发展的法治环境更加清晰规范。2016年《电影产业促进法》等法律的相继出台为产业发展提供了有力保障,"十三五"期间也将陆续制定颁布《文化产业促进法》《文化市场综合行政执法管理条例》《互联网上网服务营业场所管理条例》等法律条例。

随着这些法律的出台,文化产业发展环境必将得以优化改善,文化产业的发展有了法律的保护伞,也必将在阳光下茁壮成长。然而法律的制定只是文化法治建设的开始,互联网时代的文化监管问题不容忽视。《规划》指出"建立健全重大决策合法性审查和公平竞争审查工作制度。加强互联网文化管理法规制度建设。深化文化市场综合行政执法改革,全面落实行政执法责任制。"文化立法应与时代接轨,不断解决新形势下文化发展难题,为文化产业发展保驾护航。

（2）优化标准：让统计有迹可循

文化产业统计是把握文化产业发展整体态势的重要依据,但目前我国文化产业统计的仍然存在着文化产业统计不健全、文化产业指标体系不完善、文化产业统计数据不系统等不适合文化产业发展等问题。《规划》指出要"加强统计应用",优化文化产业数据的统计标准和分类标准,使文化产业统计更为精准可靠,为未来文化产业的发展提供有力的数据支撑。

自2012年文化产业分类发展到今天,以互联网技术为代表的现代科技不断催生新兴业态,原有的分类标准已然不能适应当下文化产业发展现状,文化产业分类标准的更新迫在眉睫。此外,文化产业行业标准缺失也阻碍了各行业健康有序发展。因此,《规划》指出"加快文化行业标准和国家标准的制定修订,积极参与国际标准制定。增强文化行业标准化意识,提升标准化应用水平,构建文化行业标准规范体系。"

（3）释放红利：让发展更有动力

相较于《"十二五"时期文化产业倍增计划》,《规划》的保障措施更具针对性和实用性。在政府、经济、土地、人才等方面都释放了红利来支持文化产业的发展,真正使政策红利用到文化产业发展的刀刃上。

第一,在"双创"的背景下,政府层面除了提供相应的税收优惠政策外,更将加大对文化产业创新创业项目的支持力度;第二,在经济层面争取文化产业的专项基金,通过经济手段增强文化产业的发展动力;第三,在土地方面指出对文化用地采取相应的优惠支持福利;第四,此次《规划》着重指出要"强化人才支撑,以高端内容创作、创意设计、经营管理、投资运营、数字文化、文化金融等人才为重点,为文化产业发展提供有力支持。"《规划》对文化产业发展的优惠之大、福利之多,为"十三五"时期文化产业的发展提供了全面保障。

（4）创新治理：让运行更有效率

完善的文化管理治理体制能够大大增强文化产业的运行效率。与"十二五"时期的"规范文化市场和文化体制改革"不同的是,此次《规划》中更加注重"文化产业的管理治理"。《规划》指出,要"深化文化行政部门职能转变,加强事中事后监管;健全国有文化资产管理体制机制;加强博物馆等文化文物单位运行体制机制改革创新;推进文化产业领域行业组织建设。"

由此可见,第一,市场在资源配置中仍起决定性作用,政府将不断放宽文化企业发展的市场性;第二,在文化文物单位上支持市场化运作,强调保护为主、开发为辅;第三,行业组织的影响作用在未来将不断扩大,通过行业组织规范优化文化企业,用行业组织规范引导行业健康发展将更加普遍。

"十三五"时期的开局之年已经过去,2017年我国文化产业的发展思路更加清晰、发展前景更为广阔。从"十二五"到"十三五",文化发展经历了从大步向前到理性回归的过程,文化领域的供给侧结构性改革是"十三五"时期的重要任务,创新发展、融合发展、协调发展仍是新时期文化发展的主要趋势。在《规划》的引领下,历史与未来、传统与现代、区域间的界限将渐趋模糊,文化将在大融合的背景下描绘出更为精彩的蓝图。

（作者为中国传媒大学经管学部学部长兼文化发展研究院院长、文化部文化产业专家委员会主任）

特色小镇是个风口 也是个"大坑"[①]

彭中天

彭中天把特色小镇四字拆开来理解可能更直观一些："特"字更多指的是内在本质；"色"指的是外在表现；"小"代表规模与精致；"镇"是指物理空间与行政区划，是介于城与村之间的一个特殊单位。

我心中的特色小镇就是在一个特定的文化与自然环境里，一群有特定爱好与特长的人围绕一个特定的产业快乐且低成本高效率地去做特定的事，进而形成一个特别的社区与产能。由此来引发人们围观及体验的冲动，其结果是构成新一轮人流、物流、资金流与信息流的交汇平台。换一种表述方法，特色小镇就是以文化为灵魂，以生态为载体，以产业为支撑，以旅游为延伸的融生产、生活、生态、宜业、宜居、宜养为一体的新型社区聚合空间。这里包含三个关键词：社区、平台与空间。

任何事物的产生都不是偶然，一定有其必然性，特色小镇亦不例外，可以说是正当其时，和国家五位一体的总体布局空前吻合，所以特色小镇之热是有道理的。具体来说：

首先从政治角度说是落实十九大报告的重要举措。特色小镇既是示范又是引领，要打造一个能满足人民日益增长的对美好生活向往的样板。解决发展中的不平衡与不充分问题。从这个意义上说建设特色小镇就是当前最大的政治，是把中国特色社会主义通过特色小镇进行展示的社会实践活动；是新时代对新经济、新模式、新动能、新生活的有益探索；是与一带一路外向输出空间拓展相对应的内向深挖与存量盘活，是由同质转向特色，共性转向个性，数量转向质量，集中转向分散的重大标志。不从这些角度去正确理解特色小镇至少是政治上不成熟的表现。

其次从经济角度来说，特色小镇是供给侧改革的抓手，是产能转移的载体，也是结构调整、产业升级的机遇，更是培育新经济的摇篮。是发展特色经济的一次伟大尝试。是适度规模化与专业化形成的特色产业闭环生态圈，最重要的任务是破解生态资源、文化资源、科技资源转化为经济资源这三道难题，实现真正意义上的动能转换。切不可做成产业递度转移和照搬城市化的夹生饭！

再次从社会角度上说，村镇城是历史形成的人群聚集场所，是典型的三元结构。只是过去镇的地位与作用不够突出，让人感觉中国是哑铃型的二元结构，如果以镇为单位中部崛起，困扰我们多年的二元难题就迎刃而解了。特色小镇就成了城乡之间的转化器，有生态、有生产、有生活，有传统、有创新、有质量，既有城市的适度规模与配套服务，又有农村低成本的简约奢华，成为城乡人共同向往的天堂。

第四从文化角度来说，特色小镇必须有文化，科学求同，文化求异，文化是特色的重要构成，也是亮丽的风景和鲜活的品牌，更是留住人和吸引人的重要理由。尤其需要指出的是我们的城市化进程留下了太多遗憾，如对传统文化的保护不力，历史记忆、城市机理荡然无存；建设理念贪大求洋，造成千篇一律、千城一面；设计规划重城而弱市，一味"摊大饼"，规模而不经济。建设特色小镇就是要传承和保护文化的多样性，把根留住，把民族记忆留住，把乡愁留住。文化既是特色的重要标志，也是小镇之魂。

最后从生态角度来说。特色小镇一定是生态优美、环境优雅、宜居宜业的生存空间。生态是人类最奢侈同时又是最基本的享受，绿水青山只有和生产方式与生存方式有机结合起来，成为追求美好生活的必需品和奢侈品，才是真正意义上的金山银山。生态是人类最好的朋友和最宝贵的财富，没有之一。因为生态所代表的空气、阳光、土壤、水与绿色是决定人类生活质量的重要保证，更是人类生命赖以生存的基础底线。特色小镇就是要用经济的手段去保护生态，并把生态转化为生产力与竞争力，让生态成为一张有特色的亮丽名片。

[①] 彭中天.特色小镇是个风口也是个"大坑"[EB/OL].[2017-12-20].http://finance.jrj.com.cn/2017/12/20090323821237.shtml.

总之，特色小镇将为新时代的经济建设、政治建设、文化建设、社会建设和生态文明建设探索新的发展方向，是新时代经济发展的空间所在、机会所在、使命所在，历史意义非同一般，是必须完成的惊险一跳。

理想很丰满，现实太骨感。下面我想谈谈现实中的忧虑，也算是泼点冷水，希望能起到点降温或纠偏作用。

时下，特色小镇如火如荼。然而环顾神州，成功的特色小镇并不多，绝大多数的特色小镇，还在漫长的黑夜中摸索。特色小镇是个风口，也是个大坑。不久的将来可能是哀鸿遍野、一地鸡毛，因为画龙的人太多，而点睛之笔太少。最近在谷歌上查阅相关资料，发现一个触目惊心的数字：中国先行一步的旅游景区只有5%在盈利，95%在亏钱！这如何得了。要知道景区都属于一二流优质资源，特色小镇从自然资源禀赋来说基本上是三四流的角色，开发难度更大了，像目前这种大跃进的玩法，我深为焦虑，主要有五忧：

一忧升温太快，违背初衷。特色小镇是新生事物，可又是老故事。此话怎讲？以浙江为首创的特色小镇一经推出就受到广泛关注，经中央肯定后迅速在全国推广，但对这一新生事物的基础研究还远不到位，浙江的成功是缘于其深厚的文化底蕴、独特的江南风情、发达的产业集群和优越的地理位置，加上政府重视、资本助力和市场响应，一时风光无限。所谓新就新在政府强力推动、资本强力整合并顺应了时代的新需求。浙江的成功并不代表你一定能成功，基础条件是不一样的，简单模仿焉有不败之理。其实特色小镇自古有之，景德镇就是典型代表，因瓷而兴，因镇而名。产业高度集中，产品行销全球，唯一不同的是长期自然形成，而非政策资本催熟的结果。新时代的特色小镇是综合业态，必须溶文化、生态、产业、创意、资本与市场于一炉，缺一不可，单纯的资本思维、产业思维和文化思维都注定要失败，跨界整合能力才是核心竞争力！现在进入的主力多为金融资本和房地产企业，贪大求快，惯性思维，不顾产业基础与文化传承，以圈地为目的，以房产为主导，过分相信资本的力量，是十分危险的。任何行业都有其特殊的规律，顺之者昌，逆之者亡。资本只能助长而不可拔苗！我要告诫的是特色小镇深似海，以赶潮的心态介入，一旦退潮，你一定被赤裸地拍在沙滩上！种下的是龙种，收获的可能是跳蚤。

二忧思想保守，故步自封。这第二忧主要是对政府而言。建设特色小镇离不开政府的支持与引导，因为周期长、占地大且不可移动。特色小镇不同于产业园，也不同于房地产，不能套用过去的招商引资思维和土地快速变现策略，而是要积极参与，精心呵护，耐心培育。特色小镇是长效项目，是富民产业，是新生事物，决不能急功近利，形成自我博弈，而是要给足政策，联合优秀的人力资本、产业资本与金融资本形成合力去打造相对优势在对外竞争中取胜。内部不是对手，而必须联手，是阳光下的合谋，其目的只有一个，把同类的外部竞争者干掉，你才安全。你也只有做到最优才能把人吸引过来，把货推销出去。如果只有钱投进来，人进不来，货出不去，必是人财物三空。政府若看重前面的蝇头小利就得不到后面的巨大红利，还会留下一个难以收拾的烂摊子。做特色小镇切忌简单的GDP思维和快餐思维，必须符合由追求数量与速度转向追求质量与内涵的新时代要求。时代变了，思想不变，方式不变，一定被淘汰！

三忧忽视策划，马失前蹄。小镇的成功主要在特色，而特色的打造主要在策划，策划不到位，后面全是白忙。故业内流行一句话：策划定生死！要高度重视前期策划工作，要舍得花钱费时，策划既是顶层设计又是基础工程，千万不可马虎，更不能应付与走过场。策划如果不周全、不精准、不到位你就已经输在起跑线上了，一个图纸设计不过关的房子，盖得越快垮得越快。可惜很多人不明白这个道理，重规划而轻策划，要知道规划是策划指导下的产物，是战略与战术的关系，策划是定位、定性、定调，规划只是在空间与时间上的落地。策划如果没有战略思维、系统思维、跨界思维、产业思维、竞争思维和落地思维，不是大量调研比较后的量身定做，没有实战与实操的经验，基本没有成功的可能。策划是创意，千万不可模仿，策划是核心，千万不可轻视。可以这么说，特色小镇的成败始于策划也终于策划。很多机构自己都没搞明白什么是特色小镇，或是其知识结构与经验根本不匹配，却来参与设计，结果可想而知。中国最大的浪费不是公款吃喝，而是平庸的策划设计！每年浪费高达千亿！因此导致的项目投资失误高达数万亿！专业的人干专业的事。诸如市场分析、总体定位、产业选择、业态组合、开发策略、运营模式等，当然要由策划公司来做，如果一步到位让规划公司直接出方案，只能是不断改来改去"洗煤球"，最后勉强定稿，自己骗自己。我看到的好的策划案都不是来自大品牌，而往往是一些用心的小公司或个人，更多的是有实战经验的团队（如陈伟在实战中打造的台儿庄团队），侯门深似海，人在江湖中。一个好的特色小镇一定是由内而外长出来的，而不是生搬硬套拼出来的。长出来的才有持久生命力，拼出来的最多流行一时。什么是好策划？就是既符合实际又有市场号召力的大创意和绝点子。是超级亮点与引爆点。这才是项目的定海神针。

四忧资本主导，人才置后。特色小镇需要大量的资金，很容易形成资本主导型，即谁出的钱多，谁的股份就大，谁就说了算。往往资本控制人的水平就决定了整个小镇的品位，是由资本向社会一次性购买服务，然后由掌门人决策。这是大忌！万达的钱不可谓不多，但教训也异常深刻。小镇业态复杂，知识面广，要求极高，不是一个人或机构能胜任的。文旅产业是心智产业，创意是核心竞争力，出发点与落脚点都是人。正确的路径是用新机制先找到一群有情怀、有创意、有专长的人，把他们组合在一起策划出一批好项目，然后用人才+项目去吸引资金并管理资金。通俗地说是人才在钱之上，是人才团队在主导钱去实现特定的目标，而不是被钱所驱使。比较好的模式是基金模式。由人才团队与政府共同做GP，LP由产业资本与金融资本构成，分别为劣后与优先。政府再提供一定的优惠与保障。把高端特殊人才与项目捆绑在一起，一是有利于持续创新，二是利益共享风险共担，三是把人力资源转化成人力资本，既体现人才的价值，又符合行业的特点。一定要把人才变为自己人，把项目当成是自己的来做！这样才能做好。而不是把方案做得像个方案交差走人。只对策划费负责而不对结果负责是没有持续竞争力的。基金模式比公司模式更有利于发挥人才的创造力和主观能动性，更有利于小镇的建设与管理。

五忧团队缺乏，难以为继。小镇建设是系统工程，既需要专业的细活，更需要跨专业的绝活。要有工匠精神，要慢工出细活，要精雕细琢，要去城市化的火气与浮躁，打造的是真实而天然的美女，而不是急急忙忙去化妆。妆一退，人必散，只剩自己在风中凌乱。没有一支专业复合独具匠心的优秀团队，是难以出精品的。即使有好的策划方案，执行变形，效果也大打折扣。而体验者是挑剔的，不仅要求完美还会做横向比较。在特色小镇的生存法则中：必须做最好，非唯一必第一。现在看来不光是专业策划人才奇缺，有实战经验的管理建设与运营营销人才也是凤毛麟角。团队之间如果不匹配，整体效果会很不理想，这就是木桶理论的真实写照。执行团队的缺乏可能会是制约特色小镇快速发展的一个重要因素，发现人才与培养人才是当务之急，希望能引起足够重视。

最后，我对打造特色小镇我有一个不一定恰当但通俗形象的比喻。小镇好比子宫，可以孕育万物，而特色就是卵子，是孕育生命的母体，具有相对的唯一性。那资金就如同精子，成千上万，都冲着卵子而来，但只有最快最准的那颗能与卵子结合，其余都将铩羽而归。找不到卵子的精子是孕育不出生命的，同理，找不到特色的小镇建设资金也只能是竹篮打水一场空，资金的第一使命就是找到特色，并让她在子宫着床，才会有新生命的诞生。所谓特色是梳理、提炼、创意、规划的结果，是基于客观存在的主观臆造，来源于真实而又高于真实，只有足够美艳脱俗才能有吸引力和号召力，才是资本青睐的对象与市场追捧的尤物。

套用一句网络流行语：不想与卵子结合的精子就是耍流氓！

（作者为文化部"十三五"规划特聘专家）

在文化繁荣发展中探索文化金融发展规律

西沐

在中国艺术金融的发展过程中,从概念的提出,到实践的探索,走过了一条极其不平坦的路。文化金融的发展也是如此,从一开始提文化金融这个概念,到后来把文化金融上升为一种形态、一种学科的研究、一种实践的研究,再到后来推进为一种业态,无论是学术上,还是政府的管理上,以及从实践各方面的探索上,我们都深深地体会到了发展的艰难。面对方方面面的问题与很多的阻力,文化金融作为一种业态发展到今天,对于我们研究、实践的探索来说,虽然离目标、理想还差得较远,但是,文化金融及其产业发展到今天这样的局面,可以说是已经很不容易了。

一、要深化文化金融的认知

认知是一个新业态发展的基础与保障。党的十九大召开前后,明确了几点比较重要的认识。

第一,提出了文化自信才能文化繁荣。为深入贯彻落实党的十八大和十八届三中、四中全会精神,早在2015年就提出了文化企业要"双效合一",即推动国有文化企业把社会效益放在首位、实现社会效益和经济效益相统一。

第二,提出了文化事业和文化产业要同步发展。实际上,在文化产业的发展中,对于如何追求效益,如何大规模的发展,很多企业还是有一些胆怯的,很多时候都只是提文化事业如何发展。随着文化的发展,文化产业虽然已经成了大家的共识,但是在政策制定方面,还是有一定的顾虑。党的十九大明确地提出这些理论问题,这对发展文化金融来说,从认知上已经基本建构起了一个大环境,对于文化金融的概念、形态、业态,大家都有了一个比较清晰的认知。

第三,文化是一个民族独特的战略资源。它不仅仅是精神性的,也是物质性的,是一个民族在竞争发展过程中,用之不竭的财富源泉。

近几年来,对于文化金融的发展,既有理论研究者的呼吁,也有一些成功实践案例的推动,特别是实践方面成功案例的推出,最是功不可没。可以说一个成功案例的推出,就为这一个行业的文化金融的发展开辟了一条路径。比如说潍坊银行,就为银行业如何介入艺术金融的发展打开了一个天地。

1. 潍坊银行的实践探索

总部位于山东省潍坊市的潍坊银行作为一家正规金融机构,从2007年2月提出"文化兴行"的管理理念,到2009年9月成功推出第一单艺术品质押贷款,再到2014年5月成立潍坊银行艺术金融研究中心,潍坊银行经过数年的努力探索与务实进取,建立起一套以艺术品质押融资业务为核心、依托潍坊本地市场资源和潍坊银行自身业务资源优势,不断谋求常态化发展的运营模式。在这一过程中,潍坊银行在艺术金融产业的探索之路上逐渐摸索出一条迎合时代创新要求、契合地方发展特色、整合自身发展优势的艺术金融发展思路,打造完成了一条相对完善的艺术金融综合服务产业链,在国内乃至世界范围内找到了具有自身特色化、差异化的发展思路。

在潍坊银行所打造的艺术金融综合服务产业链中,包括互相联系、紧密咬合的几个环节(业态),分别为:艺术品融资、艺术品仓储、艺术策展与中介、艺术品投资咨询、艺术金融数据库等。从潍坊银行构建的产业链本身来看,这些业态可以被分为三个等级:第一级业态是带动整个产业链发展的核心内容,可视作主旨型业态,主要指其中的"艺术品融资"环节;第二级业态可视作产业链中的支撑型业态,主要起支撑艺术品融资活动顺

---

① 西沐. 在文化繁荣发展中探索文化金融发展规律 [EB/OL]. [2017-12-21]. http://www.xbmqw.com/info.asp?id=7333

利开展的作用，重点包括艺术品仓储和艺术金融数据库等环节；第三级业态可视作产业链中的衍生型业态，即由一、二级业态所衍生出的业态，主要包括艺术策展与中介、艺术品投资咨询等环节。这些业态组合成一个闭环，共同对潍坊银行的艺术金融实践发力。

整体看来，潍坊银行的艺术金融探索实践，作为中国艺术金融产业发展进程中的一个颇具典型性的案例，无论对整个中国的艺术金融产业发展而言，还是对相关学科的理论建设而言，都表现出十分重要的研究价值与启发性意义。特别是在当前国家大力提倡发展文创产业的时代背景下，在创新需求众多但发展门径匮乏的情况下，对潍坊银行的艺术金融综合服务产业链展开深入、详尽的研究，无疑会让多方关注者有所受益。

潍坊银行从2008年着手研究，2009年开始发放第一笔艺术品质押融资贷款，到目前为止已经发放了50多亿元，没有发现实质性的坏账。潍坊银行的实践可以说是银行参与艺术品市场非常成功的案例。很多银行开始向潍坊银行学习，也开展了相关的业务。为什么这个业务没有大范围开展？主要是因为我们的监管政策和监管理念的制约。我国对于银行、金融业的监管是非常具体、非常严格的。银行业想要做一点创新，难度非常大。所以，潍坊银行的创新是带来了巨大的冲击力的。

2. 陕文投集团打造文化金融生态链

再以陕西文化产业投资控股（集团）有限公司（简称：陕文投集团）文化金融生态链的建构为例，来探索文化金融的发展。近年来，陕文投集团抓住文化金融中心建设的机遇期，在文化金融创新领域表现活跃。在推动文化与金融深度融合发展的实践中，不仅努力开发传统金融手段与文化产业结合的新路径，还深入研究文化金融产品与服务创新，开阔文化产业与金融融合的创新思路，为文化金融产业链的构建奠定了基础，实现了企业转型发展的阶段性突破，建立起全国领先的文化金融生态体系，并且也取得了很好的收益，可以说在全国树立了一面旗帜。

文化产业的发展，离不开金融的支持，特别是作为文化产业主体的中小微文化企业更是一直面临着融资难、融资贵、融资慢的问题，解决这个问题，将会有效解开制约文化产业规模化发展的症结。

陕西作为地处西部的内陆省份，近年来在文化金融领域的创新却走在了全国的前列，特别是陕文投集团打造的文化金融生态链，逐步打通了金融资本与文化产业对接的桥梁。陕文投集团的文化金融生态链从难度最大的文化资产标准化入手，通过依托陕文投集团在艺术品、影视投资等行业积累的投资经验和风险识别定价能力，利用现代科技手段推动艺术品、版权等这些原来主要依靠人为主观评判的文化资产进行科学评估，让没有文化产业投资经验的人和机构也能看懂其中的风险和机会，为金融机构和社会资本参与文化金融奠定了基础。在此基础上，通过与金融机构的合作以及建立文化金融机构，搭建整个文化金融生态的服务体系，包括文化小贷、文化担保、文化资产管理、文化产业基金、互联网金融、文化融资租赁、文化商业保理、文化产权交易所、版权交易中心、书画艺术品交易中心等十多家文化金融类机构，形成了全国最大、最完整的文化金融服务体系。

文化小贷、文化担保创新了传统金融投向引导机制，文化产业基金重点用于为文化企业提供创业扶持、成长性资本等市场化融资；文化产权交易所为文化物权、债权、股权、知识产权等各类文化产权交易搭建了专业化市场平台，为文化产业创设了投融资新渠道和产业资本退出通道。通过为不同发展阶段、不同融资需求的文化企业提供多样化的融资服务，有力地促进了陕西文化产业的发展。

陕西的文化金融发展模式，就是在政府产业政策的引导下，充分发挥国有文化投资企业的市场能动性，构建起一个联通文化产业资源、政策资源与金融资本的对接平台。一方面文化企业的发展为文化金融提供了风险控制的经验和基础，文化投资带动的文化项目与产业集群为文化金融提供了更多的市场空间；另一方面，文化金融又反过来为文化企业提供成本更低、速度更快的资金融通，帮助企业进一步成长，降低产业投资风险，使投资、金融与产业有效互动、互相促进。

目前，在人们的认知还没有达到一定程度的时候，虽然也出台了一些政策，但由于没有合适的载体去承载，导致政策最终很难落地。在如何发展文化金融和产业上，人们的认知还有一定的偏差。习近平总书记讲过一句话，传统文化是民族独特的战略资源。这个资源就成为中华民族文化发展的核心。从战略层面看，面对全球财富霸权与世界货币发行权的争夺，我们取胜的最大资源基础不仅仅是人力资源，更不仅仅是物理资源，也不可能是别的，而是我们丰富与独特的文化资源。所以，文化资源系统化、资产化、金融化、证券化是中华民族最为核心、最为独立的财富资产与独特的民族赖以生存的战略资源，也是中华民族面向未来，在世界民族之林屹立的最为宝贵的物质与精神财富。这是我们最大的、最长远的战略利益。

在文化金融发展的过程中，核心是什么？核心是要把我们的文化资源系统化、资产化，要变成我们民族的财富。我们要把文化提高到这么一个高度，使文化不仅仅在观念上、精神层面上起到一些支持和帮助的作用，更多的是成为整个民族的物质财富。利用这些财富，可以在对世界的影响力、竞争力方面起到非常积极的作用。因此，文化金融关键的是要在提升民族文化艺术资源的资产化、能力和水平方面发挥作用，要在我们民族文化资源的价值发现上多作贡献，而不仅仅是在产品层面上、在项目运作层面上。开发金融产品，固然非常关键，但是战略核心的重中之重，即资源如何活化，如何调动财富，如何把资源的价值挖掘出来。

3. 管理部门的认知

文化金融是一个很好的概念，但是要做好文化金融研究与探索，不是开个研讨会、组织个论坛、发表几篇文章、颁发几份文件、建设几个园区，而是要真正地让文化金融及其产业落地，真正地使金融业与文化产业相融合发展，实现共赢。当务之急是需要大力度地提升相关管理部门的认知水平与能力。

在 20 世纪八九十年代的时候，我们曾参与了科技金融的理论与实践探索，对于科技成果等知识产权的资产化发展，印象非常深。前几年在与相关管理部门领导交流的时候也反复强调与建议，文化产业发展不能空谈创新，能把科技金融发展的经验认真学好、弄通，进行借鉴，其实这就是最大的创新。比如科技金融对科技无形资产的评估和银行的对接、相关的政策、科技进步促进法，等等，制订了一系列政策，非常大地推动了科技金融的发展。文化金融可以借鉴学习科技金融发展的路子，吸取经验，从而避免走不必要的弯路。文化金融如果仅仅是在现有的文化及其政策上去做突破，就目前情况来看，很难有一个更深入的发展。

文化金融的发展还要特别注重市场主体的创新以及创新的示范带动作用。政府提出的很多政策、产品、规划，如果没有很好的市场与产业主体承载，那就根本落不了地、很难贯彻执行。如对于文交所，2011 年颁发的《国务院关于清理整顿各类交易场所切实防范金融风险的决定》（国发〔2011〕38 号），有着明确的规定步骤，但却没有很好地执行，以至于 2017 年又紧急进行回头看，事实上，又是一场清理整顿。所以，在文化金融发展的过程中要充分地注意市场主体的创新，成功的案例对文化金融发展的推进作用非常巨大，是非常重要的原动力。

二、要深化文化金融产业发展的内在规律

特别需要强调的是，我们要加强对文化金融发展的内在规律的认知。实际上，现在对文化金融发展的内在规律是什么，我们目前并没有认知清楚，在实践中也没有很好地去研究。我们认为，文化金融发展的核心，就是要提升对文化资源的价值发展能力。首先是要推动文化艺术资源的资产化、金融化的水平，这是核心、主线。其次是在价值发现和资产化、金融化发展的过程中，建设产业发展的主体、产业发展的体系、产业发展的产品、产业发展的组织竞争能力。我们一定要认真地探索、挖掘文化金融产业发展的内在核心机制，不要把主要的精力放在边缘化的创新上，想从边缘化的一些层面上去突破文化金融发展的核心是不可能的，也是难以持久发展的。所以说，我们的研究、探索在核心上、主线上要有所创新，有所突破，这样才能真正地带动文化金融的发展。也就是说，从规律层面上来说，要加大对文化金融产业发展规律的认知。

无论是前面提到的潍坊银行，还是陕文投集团，都是在深化内在发展规律的基础上发展的。比如陕文投集团做的艺术品鉴定、艺术品评估、艺术品定价，都是资源的定价，是向资产化迈进的一大步。潍坊银行实践的意义在于把文化艺术品资源资产化，并且形成金融产品，从而能够在金融体系里进行非常好的流转，这是非常重要的。潍坊银行开发出艺术品质押融资，不仅仅只是推出了一个产品，很深入、很核心的表现是把艺术品资产变成了艺术品的金融资产。潍坊银行通过预收购机制这一创新，已经实施了 50 多亿元的信贷资源配置到艺术品市场中，这是一个很成功的案例。

三、要正视文化金融产业发展的问题

从目前来看，文化金融及其产业的发展问题很多，下面我们主要谈以下三个方面的问题：

第一个问题，如何认知文化金融产业发展中的风险识别与管控问题。这是目前文化金融发展过程中最大的问题。实际上，我们现在很多的文化金融产品、文化业务发展中碰到的一些问题，都是在风险识别与管控这个层面上出了问题。比如说，我们的文化资源如何估值、如何定价，这都是资产化最核心的环节。如果解决不了估值、定价问题，怎么把资源变成资产？更不要说怎么把资产变成金融资产？怎么样证券化、大众化？都会只是一句空话。因此，必须认真地解决艺术资源的估值、定价、确权等这些基本的问题，从而有效地识别与管控风险。

第二个问题，用平台化的思路来解决文化金融产业发展中出现的难题。我们提出了平台化，即文化金融产业一定要在平台化的层面上去发展。这个平台是什么？是综合服务平台。为什么要讲综合服务平台？是因为文化艺术这种资源它需要更多的支撑，需要的服务环节更复杂，它需要综合的服务平台来进行对接，推动其发展。比如说艺术品的真假问题就很难辨别，在真假之前还要确定艺术品的权属，权属鉴定完之后要估值，估值以后怎么形成金融产品，怎么和金融市场对接？怎么流转？流转完了之后怎么服务？怎样退出？都需要综合服务平台的支撑。文化艺术资源的资产，不像物理资产，物理资产有国家标准、有国家计量，价格很容易确定，并且有据可遵循。文化艺术资源的价值是变动的。因此，必须发展综合服务平台，实际上，陕文投集团、潍坊银行的成功，就是源于他们有意或无意地组建了综合性的服务平台。

所以说，看问题要看问题的根源，对于文化金融产业发展的一些问题，要集中精力，从点上开始突破。因为，目前在国家宏观层面上，还无法解决这些问题，可能在一个相当长的时间内，都没有一个有效、权威的办法，或者是权威的法律法规来解决这些问题，这就需要我们以点突破，希望我们的市场主体、产业主体来进行整合资源，积极推动综合性服务平台的建设。

另外，我们一定要把文化金融当成一种业态，一种产业。也许很多人认为文化金融只是一个概念，至多可以看作一个形态，但不认同是一种产业业态。我们认为，文化金融有自己的不同产业形态，有不同的产业主体、不同的产品，有支撑服务体系，当然是一种产业。一定要强调，文化金融是一个产业，要用产业的理念来发展文化金融，要积极地培育文化金融的产业主体，如文投、银行、保险、基金管理、产业基金、股权基金，要积极地发展文化金融的资本市场和要素市场。没有要素市场，没有资本市场，文化金融产业无从发展。文交所虽然在发展中出了一些问题，但是文交所本身的地位是非常重要的，它是文化产业发展的要素的市场，要正面地去引导文交所的发展。

第三个问题，如何做好文化金融及其产业发展的监管，有自律监管，也有机构的监管。要在充分认识文化金融及其产业发展内在规律的基础上，着眼新的监管框架与基础，不断创新，在此基础上，实施严格的监管，而不是相反。同时，作为一个行业，必须实施自律监管，一些大的企业平台，企业的实践、创新，都要做好自我的自律监管。这也是文化金融产业发展方面需要注意的问题。

上述各方面的问题，如果我们能够积极努力地去寻找解决方案，能够更加系统化的进行探索，将会对文化金融的发展起到非常积极的推动作用。

（本文系根据西沐在2017年中国文化金融发展研讨会上的发言整理整合而成）

文化大数据的金山银山[①]

高书生

关于文化大数据，现在讲得最多的实际上是需求侧的大数据，客户的资源、市场的信息、流量的多少，都是针对文化消费的。而供给侧的大数据常常被忽略，其实供给侧的大数据对文化产业的发展更为急迫、重要。

需求侧的大数据是因文化消费而产生的，如读书看报、听广播看电视、艺术鉴赏等文化消费活动中所产生的海量数据。供给侧的大数据来自三个方面，一是公共文化机构，包括图书馆、美术馆、博物馆、文化馆、纪念馆、档案馆；二是高校科研机构，如美术学院、服装学院、艺术研究所、考古研究所；三是文化生产机构，包括出版社、广播电台、电视台、电影制片厂、唱片公司、文艺院团等。2013年年底，习近平总书记给我们提了一项极为重要的任务，就是系统梳理传统文化资源，这个过程就可以产生海量的素材和数据，包括文献素材、音频素材、视频素材、戏曲素材、文化遗产素材，所以，供给侧文化大数据非常庞大，称得上是金山银山。

大数据要从两方面看，需求侧反馈的是文化消费的信息，供给侧提供的是文化生产的素材，不能顾此失彼。

怎样开发大数据？

供给侧的文化大数据要分类开放开发，分类就是分为文物遗产类和文化产品类。从开发路径上来看，最主要的是文化遗产的元数据，其中包括三个程序：一是采集，二是加工（也叫清洗），三是存储。在此基础上，通过市场化的方式开发这些元数据，将其碎片化，形成中华文化素材库，再通过产业化的展示和交易，应用到文化创作生产中去。

在数据开发的过程中，采集、加工、存储这一步是分散化的，但展示和交易的时候，一定是集中化的，否则就变成了一个一个孤岛，无法利用。所以，要解决集中化和分散化如何统一的问题。从投入的角度看，公益性（主要是文化遗产类）的采集、加工和存储，应该由财政预算渠道来解决，文化产品类的采集、加工和存储以及市场化、产业化的展示和交易，应该是通过市场融资渠道解决。

如何用好文化大数据？

首先，从文化消费的角度看，现在对文化产品和服务特别渴望。在供给和需求两者的矛盾中，供给是矛盾的主要方面。其次，消费终端在变化。如今文化消费提速，但文化生产还停留在半工业化状态，要把生产和消费联系在一起，加速产业转型升级。

自2013年起，财政部会同中宣部、新闻出版广电总局扶持出版业加快数字化转型升级。数字化转型升级的核心是实现出版业务的全流程再造，不管是纸质的还是数字的都要达到全流程数字化。要推动出版业数字化转型升级，一是要进行设备更新，二是要推动技术升级。出版企业通过大规模的技术改造、技术升级，就会跃上一个新台阶，站到数字化和网络化平台上，与各种文化消费终端无缝对接。

这次数字化转型升级一定要以编辑为中心，解放和发展编辑生产力，说得通俗点，就是做两道算术题，一道题叫做减法，就是通过技术改造把简单性、重复性工作，交给软件去做。另一道题就是做加法，就是用好用足上述两类大数据，将需求侧大数据和供给侧大数据提供给编辑去选择，恢复编辑专业化、职业化的功力。

数字化转型升级是不是完成，有两个标志，第一个标志，专门做数字出版的部门撤没撤，如果出版社的纸质书和电子书还是分属不同的部门负责，那说明还是"两张皮"。第二个标志，将来的图书，不管是纸质的还是数字的，有多大比例是出自经过技术改造而形成的这条数字化的生产线，最终应当达到80%以上。现在看来这条路还很长，目标远远没有实现。

[①] 高书生.文化大数据的金山银山[EB/OL].[2016-12-20]. http://www.ce.cn/culture/gd/201612/20/t20161220_18864813.shtml.

问题出在哪儿？是出版社不努力，还是技术不成熟，根本原因恐怕出在最后一公里上，即渠道和终端。

纸质书原来有书店这条渠道和终端，电子书靠书店不行了，大家不约而同想到了互联网以及以移动终端为载体的移动互联网。许多出版社尝试着用电信这张互联网，用手机这个终端，但不太理想，一是电子书定价低，二是与运营商、技术商的分成比例低。

为解决最后一公里，我们想到了与电视机连接的有线电视网络这条渠道，以及电视机这个古老的终端。手机是终端，电视机其实也是终端，而且现在的技术已经可以实现 PC、手机、电视机、移动终端多屏互动。与 PC、手机相连的叫互联网，与电视机相连的也是一张互联网，前者可称之为电信互联网，后者可称之为电视互联网。

我们说最后一公里用电视互联网，至少目前不是为了在电视上看书，而是把电视机当作一个个小书店，或者说电视机就是售书机。在电视上找到喜欢的书，通过二维码就可以转到手机等移动终端上。可以说，这在电信互联网上早已经实现了。假如有一天，出版社都通过电视互联网卖书了，你可以不看电视节目，打开电视机是浏览新书、买书，这个电视机还是有用的。

也许有人会问，以后要在电视上看书吗？ 也不是不可能实现的，但是未来在电视上看到的书，绝不是纸质书的样式，也不是现在的 PDF 版，介质和样式是会发生变化的。现在已有公司研制出可以让读者和作者互动的新技术，读者的阅读体验可以直接反馈给作者，作者也可以与作者分享创作感悟，畅谈创作背后的故事。更重要的是，现在的技术手段可以让电子书承载比纸质书更多更多的信息，如果读者愿意，作者可以通过出版社这个平台，与读者保持较长时期的互动，在作者—出版社—读者之间架起一座互动的桥梁。我们现在正在探讨的"一书一世界"，实际上是在描绘图书的未来形态和样式，在电视上看书总会实现的。

（作者为中宣部文化体制改革和发展办公室巡视员、副主任）

民间资本是文化产业持续发展的重要推动力量[①]

施俊玲

鼓励和引导社会资本投入文化产业，是加快完善文化产业投融体系建设的重要内容，是加快文化产业发展的重要推动力量，也是经济新常态下更好发挥文化产业稳增长、调结构、扩内需作用的重要方面。

一、政策支持 推动民间资本进入文化领域

2009年，为贯彻党的十七大关于大力发展文化产业、繁荣文化市场的战略任务，落实《文化产业振兴规划》关于积极吸收社会资本进入文化产业领域的要求，指导国内投资主体了解文化产业发展方向，积极引导社会资本进入文化产业领域，笔者执笔制定了第一个《文化产业投资指导目录》，希望文化产业发展能够得到全社会的关注和支持。

对于投资主体的界定，即社会资本指的是：国内投资主体，包括国有投资主体和非国有投资主体。国有投资主体是指各级政府及其授权国有资产投资机构、国有或者国有控股企业、其他国有经济组织。非国有投资主体是指集体企业、私营企业、其他非国有经济组织和个人。目前非国有投资主体代表民间资本。

国有投资主体如华侨城、中国移动、中国电信、港中旅等大型央企、国企均已大规模投入文化产业，不仅为文化产业繁荣发展作出了积极的贡献，同时也为与国民经济其他产业融合发展指明了方向。

接下来笔者重点介绍非国有投资主体进入文化产业的情况。

为鼓励民间投资，国务院和相关部门先后出台了《国务院关于鼓励和引导民间投资健康发展的若干意见》《国务院办公厅关于鼓励和引导民间投资健康发展重点工作分工的通知》。2012年，文化部印发了《关于鼓励和引导民间资本进入文化领域的实施意见》，通过政策支持，推动民间资本进入文化领域。文化系统已经全面向民间资本开放，包括文化产业和文化事业及非物质文化遗产所有文化领域，在市场准入、政策扶持等方面对国有和民营文化企业一视同仁，进一步完善了文化市场准入门槛标准和审批程序，并制定、修订了多项文化领域政策法规，取消和下放多项行政审批项目，为民间资本进入文化领域创造良好的发展环境。

二、实践成果 民间资本投入文化产业高涨

近年来，在各项政策措施的鼓励引导下，在各级党委和政府部门的领导支持下，我国民间资本投入文化产业的热情空前高涨，文化企业数量大幅增加。数据显示，2015年，我国文化企业的数量已达130多万家，较2012年增长近20%。在不少地区，民营文化企业已成为当地文化产业发展的主力军。例如上海核心产业类文化企业中，民营文化企业占比已达88%；广东的民营文化企业和从业人员数量均占到全省总数的80%；江西文艺院团282家中，民营文艺院团达208家；截至2013年年底，全国有民办博物馆811家，约占博物馆总数的19%。工商注册资本登记制度改革以来，文化行业新注册企业数又有新的明显增加。

在文化产业投资方面，民间投资领域不断扩展、规模持续扩大。如万达集团在武汉、哈尔滨、青岛、无锡、合肥、西双版纳等地投资建设了一批大型文化产业项目，这些项目的投资规模均为几十至近百亿；深圳华强集团在全国已投资建成10座主题公园（方特乐园），单个主题公园的投资额均在20亿元以上；目前河北承德全市建成投入运营和续建、再建的75个文化项目中，有71个是民营企业投资，约占总数的94.7%。而在文化体制改革、公共文化服务、非物质文化遗产保护等一些以往民间投资较少涉及的领域，民间投资步伐也在加快，涌现出如

[①] 施俊玲. 民间资本是文化产业持续发展的重要推动力量[EB/OL].[2017-08-29].http://www.ce.cn/culture/gd/201708/29/t20170829-25469476.shtml.

永庄文化发展有限公司控股中国木偶艺术剧院、中国银泰投资有限公司参股中国杂技团、成都建川实业集团建设运营建川博物馆群、西安大唐西市文化产业投资集团参与非物质文化遗产保护等典型。

在服务国家发展战略，促进产业融合发展的实践中，到处都有民营文化企业的努力，比如，"一带一路"、新型城镇化、京津冀协同发展、西部开发、中部崛起、东北振兴、农业与一二三产业融合发展、特色小镇建设、扶贫攻坚等文化产业都非常活跃，并作出不可替代的贡献。例如，国家有关部门命名的第一批127个全国特色小镇，其中人文类的特色小镇是100个，占比高达到78.7%。

这里还要特别提到，在文化部门和金融部门的共同努力下，文化金融合作成果丰硕，成为完善文化经济政策、深化文化体制改革进程中的一大亮点。按照中央关于"促进金融资本、社会资本、文化资源相结合的要求"和《深入文化金融合作的意见》，国家有关部门，连续数年实施中央财政文化产业发展专项资金重大项目——文化金融扶持计划，通过贷款贴息、债券贴息、保费补贴等方式支持了数百个文化产业融资项目，累计资金超过数十亿元，极大地调动了社会资本、金融资本进入文化产业的积极性。目前，文化系统的政银合作机制已经覆盖全国，充分发挥银行机构融资功能，为文化企业搭建了正规金融融资平台。

此外，结合国家关于投融资体制改革的要求，财政部、国家发展改革委、中国人民银行牵头的《关于在公共服务领域推广政府和社会资本合作模式的指导意见》（国办发〔2015〕42号），已将文化领域纳入政府与社会资本合作模式的推广范围。2015年9月，财政部发布第二批政府和社会资本合作示范项目已将文化项目纳入，总规模超1000亿元。

还有各类文化产业基金、股权投资基金蓬勃发展，文化企业重组、并购风起云涌，民间文化资本规模逐年扩大，投资涉及的行业领域日趋多元化。百度、阿里巴巴、腾讯等互联网巨头通过并购、控股、参股以及股权投资、业务合作等形式，进入影视、游戏、文学等文化产业领域。万达、恒大等地产商持续投资旅游、演艺、音乐等文化行业。

三、三点建议

中国经济正处于新旧动能转换阶段，文化、旅游、健康等新经济消费需求旺盛，文化产业发展方兴未艾，在此背景下，进一步促进民间资本投资文化产业，对于加快推动文化产业成为国民经济支柱性产业，优化经济结构转型升级，加快供给侧结构改革，更好地发挥文化产业投资对于稳增长、扩内需、调结构的积极作用，具有特别重要的意义。为此，需要从以下三个方面促进民间资本投资文化产业。

一是进一步拓宽民间投资的领域和范围。

除继续鼓励和引导民间资本投资传统和新兴的文化产业外，还要鼓励社会资本进入文化金融、文化企业孵化、文化众创空间等最近几年新兴起来的领域。投资符合国家重点扶持方向的文化行业门类和领域，可通过项目补助、贷款贴息、保费补贴、绩效奖励等方式给予资金扶持。对民营文化企业在立项审批、投资核准、项目招投标、政府采购、评比表彰、申请专项资金、享受税收优惠等方面，要与国有文化企业一视同仁，不要对民营文化企业设置任何附加条件、标准和程序。

二是进一步深化文化金融合作，建立健全多元化、多层次、多渠道的文化产业投融资体系，助力民间资本进入文化产业。

继续支持文化企业通过信贷、信托、基金、债券等金融工具融资。鼓励和引导各类相关金融机构、中介组织进入文化产业领域。广泛支持各类创业投资基金、产业投资基金投资文化领域，加强与金融主管部门的沟通协调，为其退出提供更加便利的渠道。鼓励和支持文化企业通过并购重组、上市等方式融资，借助资本市场做大做强。

三是为民间资本投资文化产业创造良好政策环境。

要大力宣传国家关于鼓励、支持和引导非公有制经济发展的方针、政策和措施。大力解读国家针对文化产业出台的一系列优惠和扶持政策。大力推广民间资本在繁荣文化、促进产业发展、调整产业结构和扩大社会就业等方面的积极作用。同时,要加大力度落实国家鼓励和引导民间资本进入文化领域的各项政策措施,加大财政、税收、金融、用地等方面的扶持力度,形成民间资本进入文化领域的政策保障机制。继续扩大文化领域PPP模式的推广范围,全面理解和认真贯彻落实政策,细化制定符合当地文化建设发展实际的具体措施,积极引导民间资本进入文化领域。

(作者为原文化部文化产业司副巡视员)

过渡期文艺院团如何探索艺术与市场双赢

向勇

一、八项规定后转企院团面临新考验，生存发展需探索多元化商业模式

八项规定以来，随着政府演出与商业演出的大幅降低，转企文艺院团不得不重新面临市场考验，自寻出路。同时由于政府相应的配套设施没有及时跟进，在某种程度上直接导致了演出生态出现了短期的市场不适。

向勇告诉中国经济网文化产业频道记者，从2002年十六大和2003年文化体制改革试点启动，到2011年十七届六中全会和2012年十八大以来，文化行业开始进入全面改革的第二阶段。从开始一直到现在，一系列关于推进文化事业单位转企改制发展的政策相继出台，其改革的根本目标在于，将其原有的事业单位身份变为经营性企业。但是，从企业所处的发展环境来讲，广播影视、新闻出版、文艺演出等市场化属性在本质上存在很大的差异。转企改制不能简单地"一刀切"，客观来讲，文艺演出因其极高的艺术性，既可以作为一种公共文化事业，又可以以经营性文化企业的身份存在发展。在改革进程中，文艺演出企业要想顺利实现市场主体身份的转变，就必须不断优化产品结构，打造出一个可持续、多元化的商业模式。

向勇谈到，从目前来讲，文艺院团通常具有两种收入模式，一种是市场收入，即传统意义上的票房收入、商业赞助以及衍生系列产品的开发；另一种则是非市场收入，包括政府扶持资金（基金）、社会捐赠和观众开发等。就商业赞助而言，赞助艺术在中国一直都缺乏相关的法规支持，目前商业赞助在中国还是相对冷清，一方面是因为赞助本身存在一定投资风险，另一方面则是企业或个人无法往往无法从中获取切实利益，这就在很大程度上决定了本土商业赞助难上加难的现实局面。针对这种状况，文艺院团如果要想建立并实现多元化的收入模式，除了自身要努力打造精品文艺产品之外，运营主体还应该进一步增强资源整合能力，加强专业的市场化推广能力；而政府方面也应该及时跟进并给予相应的配套服务政策，比如说像免税等优惠政策；同时在版权开发与保护方面，政府应该进一步落实相关版权注册、登记、保护等手续，创造更多条件推进文化创意与相关产业的融合发展。

二、文艺院团经营存在地域发展不平衡，做好市场细分，培育文化消费习惯是关键

在深入调查过程中，中国经济网文化产业频道记者发现，在一些文化资源相对丰富、经济发展基础较好的省份，转企院团的生存发展处境往往优于文化产业发展薄弱省份的同类院团。江浙、安徽、广西等地区的院团无论是在本土化演出还是走出去的发展状况都超过了东三省等地。

与此同时，随着我国演艺产业发展，单打独斗的院团发展开始越来越认识到"抱团取暖"的必要性。不论是省级地域范畴，还是部分一、二、三线城市，一些地域联盟纷纷出现，比较具有代表性的有中国东部演出联盟、西部演出联盟等。这些联盟通过剧场院线平台，整合各种业内演艺资源，优化演出市场要素配置，为做好演艺项目"走出去"与"引进来"不断探索努力。

无论是从行业整体发展不平衡的现状来讲，还是从业内抱圈取暖已成趋势的角度来看，向勇认为，从地域方面来讲，中国省份在人口规模、消费习惯与偏好、市场规模、文化资源等方面都各有特色，笼统地说地域文化资源存在密度差异是不准确的，"各地都有自己独特的文化资源，针对不同的文化市场环境与消费习惯，重要的还是在于要做好细分市场"。向勇指出地域文化发展的差异性，很大程度上取决于当地的文化氛围和居民

---

① 向勇。过渡期文艺院团如何探索艺术与市场双赢[EB/OL].[2015-06-23].http://www.ce.cn/culture/gd/201506/23/t20150623-5707891.shtml.

文化消费习惯。鉴于文化消费需要一定的市场培育，向勇认为，各地应该根据自身条件，开展形式多样的惠民文化消费活动，同时加大公共文化教育力度，扩大公共服务范围，促进居民文化消费习惯养成。

三、资本介入仍处低谷期，国企文化担当、配套优惠政策不可或缺

据中国经济网文化产业频道记者了解，2013年出台的《关于支持转企改制国有文艺院团改革发展的指导意见》中曾提到，鼓励各类资本投资演艺业，鼓励各类资本依法以投资、控股、参股、并购、重组、项目合作等多种方式，参与国有文艺院团转企改制、股份制改造和演艺经营。但据中国经济网文化产业频道记者调查发现，当前在"利用资本推动文艺院团市场化发展"这方面，大多数转企院团虽是"有心栽花"但普遍遭遇模式瓶颈，并且在实际操作过程中往往力不从心，收效甚微。

对此，向勇指出，演艺行业投资风险大、获利低，相对于其他行业对于社会资本的吸引力，它本身并不具备明显优势。如果要吸引社会资本，除了继续探索建立新的吸引投资的商业模式之外，相应的税后利益优惠政策更是不能缺位。同时，在资金的有效分配与使用方面，政府也应该鼓励大的国有企业，积极承担社会文化责任，参与到转型期文艺院团发展的扶持中去。针对那些市场化程度差的艺术门类，尤其是传统民间戏曲等，要真正实现在资金、人才、管理经验等方面的资助与扶持。

四、企业型管理人才缺乏是硬伤，文化消费方式有待进一步创新

对于目前文艺院团的经营发展现状，"企业型管理人才的缺乏在很大程度上制约和影响了当前院团市场化进程，院团的经营战略与思维也有待尽快实现市场化转变"，向勇认为，优秀的职业经理人往往具有敏锐的市场意识与成熟的领导力，在市场发展过程中，他能更好地统筹人才、资源、技术、资金、市场的关系，进一步加强院团内外的交流与合作，深度整合艺术创作力量，共同促进具有地域特色的艺术精品的产生，深化演艺协作机制作用。

"演艺也要分类分层，也要与时俱进创新消费形式。在发展过程中，要充分利用互联网与新媒体的传播方式，要创新借助多屏移动视频终端，通过网络直播的方式促进文艺消费"。同时，向勇还强调，针对潜在主流消费群体的心理需求，文艺作品在创作过程中，在内容叙事方面要注意结合跨媒介叙事生态，充分利用互联网叙事的技巧与方式，创作生产出贴合受众需求的精品内容。

此外，就"如何看待政府购买公共文化服务与转企院团市场化发展之间的关系"这一问题，向勇谈到，政府采购只是多种扶持方式中的一种，今后政府还应继续促进扶持方式的多元化建设，加大公共文化服务的投入力度，提升公共文化服务供给的效率与质量。"随着政府公共文化服务采购步伐的加快，在客观上，也加大了演出市场的竞争力度"。在这种形势下，相关改革的配套政策也应及时跟进。

（作者为北京大学文化产业研究院副院长）

科技发展给艺术市场带来什么?

黄隽

科技与艺术相伴而生,互相促进,相互影响。最近几十年,技术的高速发展在很大程度上改变了经济社会形态和生产生活方式。科技对艺术的改变不仅仅体现在外表,还深入到艺术生产、展示、鉴定和流通等方面的本质环节。

第一,科技为艺术创作带来更多了灵感和表现形式。

艺术是现实社会的反映和再现,是时代的印记、记录和镜像。科技深入到人们的日常生活中,必然会反映在艺术创作和艺术作品中,科技的发展给艺术创意带来了更大的空间和实现的可能。生活节奏的加快使人们更愿意接受通过互动和体验来感受艺术场景和思考艺术理念,而这将在一定程度上改变艺术的性质,艺术的先锋性、启发创新的效应在增强。

举例来说,北京今日美术馆未来馆将实体美术馆、云端美术馆及虚拟现实VR、AR等互动形式结合一起,探索拓展美术馆艺术展示和实体的边界。近日再度推出的未来馆,将科技元素融入艺术创作中。多位艺术家携手小米手机共同完成集黑科技与艺术融为一体的作品,展品涉及装置、音乐、影像等当代艺术的多个门类。通过场景浸入式的氛围,将感官、视觉等身体感受全部调动起来,跨媒介交互与信息、人与机器的互动,虚拟与现实的交叠,给观众带来全新的观展和领悟体验,艺术的各种表达格式在不同维度时间及空间概念中引发人们对于当下社会与未来远景进行思考。

第二,科技使艺术展示跨越了时间和空间。

艺术除了给予人们一种赏心悦目的滋润外,还具有丰富人的精神生活、提升文化素养的社会功能。博物馆,尤其是公立博物馆定位于传承、研究、教育、推广和普及等公共服务,让更多的人走进博物馆是博物馆的重要职责。

伴随着博物馆数字化,互联网技术跨越了时间和空间的限制,人们足不出户,就可以参观全球很多知名博物馆和美术馆的经典艺术品和正在进行的展览。移动互联还使人们可以随时方便地与艺术家和策展人对话聊天,讨论艺术作品和创作理念。不少世界知名的大博物馆和网站还免费提供高质量的超高清艺术作品,使人们可以感受到即使到博物馆都难以观赏到的细节。从这个角度讲,科技几何式地拓展了博物馆的宽度和深度。

近日,台北故宫博物院首次免费释出典藏文物的图像供商业使用,包括三宝翠玉白菜、肉形石及毛公鼎等经典作品图像均可供下载。台北故宫表示,文物不应在博物馆里,而应是全民共享的温暖疗愈物,同时也可以是致富的宝物。开放数位藏品图像供全民利用是公共化政策的一环,更希望能借此扶植文化创意产业相关厂商,通过图像的授权能让更多文创厂商以故宫典藏文物为创意发想泉源。

艺术的数字化可以按照主题、人物、类别、时间等逻辑分类,给欣赏或研究等不同的需求者带来了巨大的便利。我们看到,最近几年,博物馆网上开放高清典藏,不但没有使参观人数减少,而且其教育普及功能拉近了百姓与博物馆的距离,吸引了越来越多的人走进博物馆。

第三,科技为艺术品鉴定和溯源提供了新路径。

艺术品鉴定是艺术品市场非常重要的一环。"眼学"是目前艺术品鉴定最常用的做法,即以专家、行家的知识、经验和眼力来辨别艺术品的真伪。由于现代的复制技术水平越来越高,鉴定者还可能会因为利益而产生道德风险,在这种情况下,较为客观的科技鉴定应运而生。科技鉴定主要从断代、结构和化学元素分析等方面,采用

---

① 黄隽. 科技发展给艺术市场带来什么? [EB/OL].[2017-08-11].http://www.ce.cn/culture/gd/201708/11/t20170811-24949570.shtml.

现代科技的检测手段锁定艺术品物质形态的微观信息，存入数据库进行认证备案。

最近几年兴起的区块链是比特币的底层技术，其数据块信息生成的时间戳和存在证明，可以实时记录并完整保存所有的交易记录。区块链的优势主要表现在不需要中介参与、信息开放透明且不可篡改、数据安全和成本很低。它最重要的是解决中介信用问题，为艺术品防伪和防欺诈提供了新的渠道，系统地保护艺术家的知识产权。这击中了艺术品市场缺乏合适的记录保留方式和艺术品来源实时验证等需求痛点。

区块链上的内容可以被全世界集合管理系统和编目数据库所使用，保险公司、博物馆、执法机构等机构都可以实时验证，整个过程便捷，具有广泛的使用价值。举例来说，艺术品盗抢险就非常需要一个共享的追踪机制。区块链不仅可以为艺术家提供免费的库存管理系统，在艺术品的所有权发生变化时通知画廊和美术馆等相关机构，还可以为收藏家寻找没有公开披露的价格和身份等虚拟资产信息。区块链可以成为寻求艺术品的美术馆和希望通过展览提升艺术品价值的私人收藏家之间的中间商，将艺术品的完整生态链信息放到区块链上，为博物馆、私人藏家等提供可靠的信息平台支撑。

未来的艺术品鉴定应该是借助大数据资源的支撑，主观与客观、专家鉴定和科技手段相互结合，互为补充。区块链作为一个容易分享、发现和传播的永久记录，未来如果在商业模式落地方面发展顺利，将会促进艺术市场向私人的点对点交易和网上交易转移。

第四，科技拓展了艺术品交易的广度和深度。

最近几十年是艺术品市场和交易最为活跃的时期，艺术品的高价大多产生在这一阶段。这其中科技进步功不可没，技术发展为艺术品交易提供了宽广的获客渠道和宣传途径、便捷的金融支持。

人们可以很容易地了解全世界各地画廊、博览会等艺术品的状况，艺术品电商、拍卖可以跨时间和地域实时竞价和支付，大幅节约了差旅和时间成本。艺术品供给方可以通过平台访问数据分析客户的消费偏好，进行更为精准的营销，提高了买卖双方的效率。网上同步实时竞拍已经成为各大拍卖行的标配，对业绩的贡献率越来越显著。

佳士得最近公布了2017年上半年的业绩。其中，网上拍卖成交总额为9580万美元。网上专场拍卖吸纳的新买家占比为29%，为各个管道之冠。网上拍卖的成交比率增至81%，而每件拍品的平均成交价亦升至7222美元。在观看拍卖的14000人中，当中44%为佳士得网站的新用户。41%参与网上拍卖的新买家为45岁以下，而在所有买家中，共有62%曾于佳士得的网上拍卖竞投艺术品。佳士得网上拍卖的访客来自180个国家及城市，亚洲买家的增长尤其骄人，升幅达25%。佳士得持续加强网上内容，令浏览佳士得网站专题故事的访客人数较2016年同期上升23%，而2017年上半年来自移动装置的浏览人次则占网站流量的39%。

在科技的支撑下，中国艺术品金融创新非常活跃，模式远多于欧美市场，在非遗、艺术衍生品、邮币钱币卡等方面进行了大量的探索和尝试，交易规模可观。有些创新投机性较强，风险较大，中国艺术品金融的发展需要回归到做大做强文化艺术产业的本源上来。

科技与艺术品表面上是两个相距甚远的领域，但是科学与艺术创作都需要智慧、情感和想象力和创新精神。在科技的支撑和推动下，艺术在融合空间、媒体、商业与金融等方面存在着巨大的发展空间。

"十三五"时期文化产业发展关键是提质增效

祁述裕

近日,文化部正式出台《文化部"十三五"时期文化产业发展规划》(以下简称《规划》)。《规划》紧扣我国经济新常态下的新要求和文化产业发展的新趋势,明确了"十三五"时期文化系统文化产业发展的指导思想、基本原则、主要目标、主要任务、重点行业和保障措施,并提出实现文化产业成为国民经济支柱性产业的发展目标。这一规划的出台对于"十三五"期间文化系统文化产业的发展具有重要指导意义。

一、"十三五"时期文化产业发展关键是提质增效

近些年,我国文化产业发展保持较快增长速度,这主要得益于文化领域市场化改革的不断深化。也要看到,文化产业发展的数量规模固然重要,却不能完全体现产业自身的质量和效益。实现产业的持续增长,促进产业由成长型向成熟型过渡,是一个系统性的问题,不仅需要增加投入、加强扶持,更需要有较强的文化创新创意能力、有效的产品供给、理性的文化消费需求、具有特色的产业区域发展路径、相互协作的产业生态以及完善的市场环境等。

当前我国文化产业发展已经形成广泛的社会认同度和参与度,文化领域的创新创业也日趋活跃,社会力量投资文化产业热情高涨。同时,文化产业在转变经济发展方式、调整经济结构、提高发展质量和效益、增加经济社会发展新动力等方面也被寄予厚望。但是《规划》指出,我国文化产业还存在整体规模还不够大,创新创意能力和竞争力还不强,结构布局还需优化,文化产品和服务有效供给不足,高端人才相对短缺,政策和市场环境有待完善等问题。"十三五"期间,还需以推进供给侧结构性改革为主线,不断解放和发展文化生产力,促进文化产业转型升级,提高文化产业发展质量和效益。这既体现了我国文化产业在新的发展阶段要实现持续增长,必须着手于深层次的问题,又体现了文化产业需要以更加稳健的市场成熟度,来迎接经济新常态带来的机遇和挑战。

二、围绕提质增效,《规划》重点解决的问题

围绕"十三五"期间文化产业的转型升级和提质增效,《规划》也围绕产品、市场、区域、政策和业态等方面,提出了一些新的发展理念和思路。

一是更加注重提升文化供给质量。当前我国文化消费水平总体不高,这在很大程度上是由于文化产品供给和需求存在结构性矛盾。文化发展过程中的供需矛盾问题,很难仅仅通过财税补贴、免费优惠等政策,进行单方面、短期性的消费刺激来解决。这种方式往往会带来产业结构不合理、产能过剩等问题。必须通过调整优化文化生产结构和资源配置,着力提升文化产品供给的质量和效益,完成文化供需适配。面对日益多样化和个性化的文化消费需求,如何从供给侧发力,通过更多高品质、适销对路的文化产品和服务来释放文化消费潜力,是文化产业健康持续发展的关键。《规划》重点从推动文化内容形式、供给方式创新,文化品牌建设和传统工艺振兴,提高文化创意产品原创能力和营销水平,扩大中高端文化供给,加强数字文化创意内容创作与供给,积极推广政府向社会力量购买文化服务模式等多个方面进行部署,主要体现出"十三五"期间,文化发展质量的提升,文化消费需求的拉动,更加强调从文化内容创新、形式创新、业态创新,从优化文化资源配置,调整和重构文化生产结构,来提升文化供给体系的质量和效益。更加强调通过创造新供给,拉动新需求。

① 祁述裕."十三五"时期文化产业发展关键是提质增效 [EB/OL].[2017-05-09].htpp://www.ce.cn/culture/gd/201705/09/t20170509-22634504.shtml.

二是强调建立有效的市场竞争机制。当前文化改革的核心是激发文化企业的创造活力，落脚点在于解放和发展文化生产力。我国文化市场活力激发仍然面临着市场准入限制带来的行政垄断、文化立法滞后，以及投融资、知识产权等文化要素市场不健全等因素的阻碍。《规划》强调在"十三五"期间，首先，要通过深化文化行政部门职能转变，深入推进行政审批制度改革，加强事中、事后监管，促进简政放权、放管结合、优化服务；积极推广文化领域政府和社会资本合作模式，吸收社会资本进入文化产业领域。其次，把行之有效的文化经济政策法定化，加强互联网文化管理法规制度建设，深化文化市场综合行政执法改革，全面落实行政执法责任制，促进文化市场规范发展，保障文化产业有法可依。最后，强调从文化产业投融资体系、文化市场监管体系、文化要素市场体系以及知识产权制度建设等方面，着力完善文化产业发展的生态环境。

三是进一步优化区域文化产业发展方式。首先，突出特色化发展在区域文化产业中的重要作用。《规划》强调根据各地资源禀赋和功能定位，实施差异化的文化产业发展战略，尤其是对于中西部和少数民族地区来说，特色文化资源是其发展文化产业的主要优势，符合地区实际的特色文化产业发展，既能与当地居民生产生活有效结合，实现文化精准扶贫，又能在国内外文化市场中形成差异化的竞争优势。其次，强调城乡统筹、与城镇化建设相结合。《规划》鼓励发展若干带动区域协同发展的增长极，打造特色文化产业群，支持各地培育特色文化小镇、特色文化街区、特色文化乡村。这种由点成面、点面结合的发展方式，更加有利于形成特色化和相互带动的区域发展方式。最后，《规划》提出京津冀、藏羌彝、丝绸之路沿线重点区域、长江经济带城市群、东北老工业基地等区域协同发展布局，主要为了促进具有一定产业关联度、空间组织紧凑性和资源相似性的城市群，实现文化产业协同发展。

四是注重文化经济政策的精准性。当前，我国文化经济政策存在扶持方式单一，直接资助奖励的政策落实度高，而引导性、鼓励性的扶持政策落实成效往往不高的问题。这主要是因为很多文化经济政策，如专项资金政策，大都是"十一五"时期设立，建立的初衷就是为了扶持处于起步阶段的文化产业。这对于发挥政府在文化产业发展过程中的引导、扶持和调控起到重要作用，促进了文化产业发展初期市场培育和功能引导，对社会资本起到了示范引导效应和杠杆效应。经历了10多年的发展后，全国文化产业规模、结构和质量已今非昔比，政府角色也应适时转变。在新的发展阶段，原有文化经济政策的设立是否会影响市场机制配置资源的基础性作用的发挥，是否存在资金配给的信息不对称问题，资金投入方式、重点扶持的主体是否需要转变等存在较大争议。《规划》指出，创新政府投入方式，逐步引入市场化运作模式，加大对具有较好市场前景、战略性、先导性的文化产业创新创业项目支持力度，这在一定程度上弱化了传统行政分配资源模式，将更有利于促进财政资金投向市场最直接需求的领域。

五是重点拓展文化产业发展的空间和领域。《规划》将发展新型文化业态、促进转型升级、推动融合发展，作为"十三五"时期文化产业发展的首要任务，并强调以"文化＋互联网＋"战略，推动文化产业结构优化升级。注重以互联网等现代科技优化文化产业结构、以促进文化创意与国民经济相融合，将文化产业与新的发展机遇紧密结合，促进形成新的增长点，提升自身发展空间，推动文化产业工作适应新情况、实现新进展。

（作者系国家行政学院社会和文化教研部主任、文化部文化产业专家委员会委员）

由超级黄金周谈到国民休假制度①

王兴斌

今年国庆中秋叠加形成8天长假,被中国旅游研究院称为"超级黄金周"。从1999年国庆节以来,"黄金周"长假引发了旅游热,其积极作用人们看得很清、谈得很多:激醒了国民主要是城镇居民的旅游意识,丰富了人们的休闲生活;促进了交通、信息、景区、住宿、餐饮、购物、娱乐、安全等服务设施的配套组合,推动了旅游产品的调整优化(如环城市休憩带的形成、乡村旅游的兴起、度假产品的出现),加速了旅游消费从单一观光型向观光+度假型的转变;加快了温、冷地区(西部地区、中小城镇和农村地区)旅游的开发、建设,促进了人流、消费流、资金流、信息流从中心城市向边远地区的流动,带动了城郊、农村和山区的发展提升了人们的生活品质;由上而下各级政府建立假日协调机构,推进部门联动,促进了"大旅游"格局的形成,提高了旅游行业的服务、协调和管理水平。这是"黄金周"曾经起过、现在还起一定作用的"功""利"所在。

旅游休闲产品生产与消费的同步性及由此派生的不可储存性,决定了正确处理全年候旅游供给的刚性与消费需求时段间的弹性之间的矛盾极其突出。在未实行"黄金周"制度时,这种矛盾主要表现为一些地方自然气候造成的淡旺季问题。而实行"黄金周"制度后,人为造成的旅游供给设施的常年性、稳定性与"黄金周"旅游需求的集中性、跳跃性之间的矛盾更加突出。"黄金周"期间的供不应求与"黄金周"之后的供过于求周而复始地出现,长此下去将会损伤我国旅游可持续发展的资源、环境、经营和消费基础。

著名的景区景点"黄金周"内车水马龙、人满为患,实际上已成为一种破坏性经营。这些世界遗产、国宝级景点,超负荷的接待与经营无疑会加速资源的损耗、环境的破坏,损害了旅游资源的保护和可持续利用;"黄金周"的闸涌式旅游,不仅价格高昂,导致旅游质量下降,还增加了不安全因素如按照"黄金周"的需求量建设交通、住宿等旅游供给设施,势必造成常年性的过剩,形成企业的经营性亏损,"黄金周"的集中需求形成景区拥堵、客房爆满、车船拥塞,造成企业的破坏性运营。这种两难境地使旅游企业长期陷入低利润甚至亏损运行窘境,损害了旅游企业可持续的经营基础。

《中国国内旅游发展年度报告(2017)》的数据说,2016年全国元旦、春节、清明、端午、五一、国庆、中秋等七个节假日共接待游客达14亿人次,约占全国国内旅游市场的32%;旅游收入达到15757亿元人民币,约占全年旅游收入的40%左右。对一个13.8亿人口的大国来说,这不是一种正常、健康、可持续的现象,也不是中国旅游业应走的高效益、低耗损、可持续发展之路。

笔者一直认为:"黄金周式的旅游休假对过去中国城镇居民没有较为集中的长假期进行假日旅游来说,是一个历史性的进步;从长远来看,它是一种过渡形式,是中国国民度假旅游的一种初级形式"。

旅游休闲规模的季节性波动是全世界的普遍现象。造成这种现象一是气候季节等自然因素,这是难以改变的;二是历史与人文因素,如中国的春节、西方国家的圣诞节,这是必须尊重的。但是通过行政指令用挪用惯常休假日调休来制造人为的旅游高峰,特别是13多亿的人口大国,好比把千军万马赶上一条羊肠小道,是一种极不正常的现象。

18年前采取这一措施是可以理解的。今天,创新、协调、绿色、开放、共享发展已成为治国理念,不再片面追求经济发展速度。城镇化超过人口半数,第三产业比重超过了第二产业务,经济实力上了一个台阶,现在发展休闲旅游的主要目的不是为了"回笼货币",而是为了提高国民的人文素质、生活品质和体质,而且国家有实力更多地关注民众休闲旅游。"黄金周"式的休假方式对国民经济的拉动作用在国民经济总盘子的作用

---

① 王兴斌. 由超级黄金周谈到国民休假制度 [EB/OL]. [2017-10-09]. htpp://www.ce.cn/culture/gd/201710/09/t20171009-26479970.shtml.

逐步下降。国民休闲制度、方式与休闲质量越来越成为国家综合实力与国民生态质量的重要标志。

18年来，城镇建设基础和休闲旅游服务设施越来越向中西部延伸，可选择的休闲旅游目的地越来越多。国民旅游走过了起步阶段，约有一半左右的企事业员工享受了程度不同的带薪休假，休闲旅游需求越来越多样化，不同群体要求自主安排休闲旅游生活的要求越来越强烈。

由于基本实行带薪休假制还有一个推广的过程，目前的"黄金周"、小长假与带薪休假有一个并行推进的过程，逐步扩大带薪休假制的实施面，同时逐步减弱"黄金周"的集中度，分步取消挪假式的拼假安排，改变目前每年国务院发通知具体安排7个节日的调休方案，国家机关、企事业单位的休假日期一年一变的状态。从国情民俗考虑，除了保留春节"黄金周"以外，其他节日都应该保持它的本来休假日。

在这个过程中，最重要的是由国家进行国民休假制度的顶层设计，找准完善国民休假制度的方向。

国民休假制度必须兼顾国民私权与社会公益两个方面。从国民角度，保障法定休假权益与自主休闲权利；从社会角度，错开国民休假日期，保障企事业单位的正常活动与全社会的有序、连续运行，两者相向而行是国际文明社会的共识。周末双休制、全国法定节日与带薪休假制是符合社会经济发展的科学国民休假制度，也是唯一的制度性选择。世界旅游组织（UNWTO）多次呼吁各国政府采取措施，"建立和改善年度带薪休假制度和错开休假日期"。

到目前为止，世界各国的国民休假制度都由4个方面组成：

平日休闲：1日之内8小时工作等社会性时间与睡眠吃饭家务等生物本能时间以外的可自由支配的闲暇时间。

周末休闲：1周5天工作、周六周日可自由支配的闲暇时间。

带薪年假：职工每年一定时间的可自由支配的带薪假期。

法定节日：国家、民族或社会性的纪念日的放假。

这4种节假日的组合符合人的生理与心理需求、适应正常健康的生活节奏，同时也符合公共社会的共同需要。国民休假制度必须兼顾国民私权与社会公益两个方面。从国民角度，保障法定休假权益与自主休闲权利；从社会角度，错开国民休假日期，保障企事业单位的正常活动与全社会的有序、连续运行，两者相向而行是国际文明社会的共识。

目前我国已形成国民休假制度的基本框架：每天8小时工作制、每周5天工作制、企事业单位带薪年休假和法定节日。在这4方面，8小时工作制、每周5天工作制在少数地区一些单位没有落实。全国性的法定节日已达到11天，与世界多数国家相近。带薪年休假是个短板，一是天数偏少，工作20年以上才有15天，与世界其他国家差距较大；二是普及面较小，只有一半左右的员工不同程度享受这一权利。现在用挪假的方式提供一年2个长假、5个短假是个权宜之计、而非长远之策。

推广带薪年休假，应把带薪年休假列入《劳动法》和《劳动合同法》之内，制定《带薪年休假实施细则》，各省（自治区、直辖市）根据本地气候、人文（民族与宗教）、行业、企事业与工种的特点，尤其是对不同行业、工种的合同工、临时工、计时工和弹性工作企业研究具体的带薪休假办法，对1.5亿多的农民工与流动就业人员，针对他们的实际状况制订可行的探亲休假实施办法，在时空上疏散与分流他们的探亲访友与其他职工的休闲度假人潮。

建立中国特有、国际接轨的休假制度是实现全面小康的一部分，也是一个渐进的、与城镇化同步的积累过程。目前可以着手做的还有：

法定节日：坚持法定节日国家的、民族的、人文与社会的内涵，不要被狂热的商业营销边缘化、庸俗化，回归其人文精神。

节日安排：元旦、清明、五一、端午、中秋、重阳等节日如与周六、周日相连，或与周六、周日相重叠补休1天，自动形成3天连休。不再挪假方法凑成3天小长假，以此形成制度，不用年年调整。如企事业单位愿意挪假，由他们自定。五一节可调整为每年5月第一周的星期一，与前2天双休日相连接，形成3天小长假。

全年形成 1 月元旦、2 月春节与元宵、4 月清明、5 月五一、6 月端午、8 月七夕、9 月中秋、10 月国庆与重阳等长中短连休假，基本覆盖全年，便于民众自主选择合适的休闲、旅游与探亲方式。

学校寒暑假：我国幅员辽阔、气温差异巨大，为了方便家长与子女一起休闲、缓解寒暑假出游高潮，可借鉴法国、德国等国家各地区学校错开放假的做法，根据我国南、中、北部地区气候差异的情况，全国大中小学错开开学时间，不在同一时段统一放寒暑假与春游秋游，并与职工带薪休假制度相结合，错开家庭亲子旅游休闲的时间。

倡导全民休闲：以 2020 年世界休闲大会在北京举行为契机，以"休闲提升生活品质"为主题，倡导"全域、全季、全民休闲"，逐步推进休闲在空间、时间、主体方面全覆盖，为普及国民旅游奠定基础。"全域、全季、全民休闲"是普遍大趋势，能够实现；"全域旅游、全季旅游"是少数地方可以做到、多数地方做不到的。各级政府应该像抓住房、交通、旅游一样抓休闲，完善城镇、社区的居民休闲设施，提升休闲品质，让休闲走进千家万户。

总之，"周五工作上学 + 周末 2 天休息 + 节日休假 + 带薪休假"，达到一年约 1/3 时间的休假时间并以本地休闲为主，既符合人的生理与心理活动节律、增进身心健康，又适应社会生活的持续、稳定、有节奏进行，并与世界接轨。这种世界各国都在实行的共同的休假模式，应该是我国完善国民休假制度的方向。

（作者王兴斌系中国经济网文化产业特约专家、国务院突出贡献专家津贴获得人、国家旅游局原规划专家）

中国的大众旅游时代还在路上

王兴斌

经济日报-中国经济网编者按：近日，中国旅游研究院发布《中国国内旅游发展年度报告（2017）》称，2016年国内旅游人数44.4亿人次，断定"我国旅游已经发展到大众化旅游中高级阶段"。中国经济网文化产业特约专家、国务院突出贡献专家津贴获得人、国家旅游局原规划专家王兴斌从八个方面进行分析，认为中国的大众旅游时代还在路上。

8月30日，中国旅游研究院发布《中国国内旅游发展年度报告（2017）》称，2016年国内旅游人数44.4亿人次，断定"我国旅游已经发展到大众化旅游中高级阶段"。这是《报告》的点睛之笔。本文就此谈点看法。

第一，这44.4亿人次中，大多数是一日休闲者，过夜游游客占少数。

与以往一样，《报告》没有提供其中一日游与过夜游客的数据与比例，或者说对此讳莫如深。笔者认为，这是分析44.4亿人次这个数据含金量的关键。

2014年以前，国家旅游局历年发布的全国春节、国庆节期间的游客人次，都说明其中一日游约占4/5、过夜游约占1/5。如2014年春节期间游客2.31亿人次，过夜游5367万人次、占23.4%，一日游1.78亿人次、占76.6%；国庆期间游客4.75亿人次，过夜游9943万人次、占20.8%，一日游3.75亿人次、占79.2%。不知何故，2015年以后不再公布一日游与过夜游客的数据了。

笔者还有一个旁证：据《中国旅游统计公报》，2002年全国国内旅游8.78亿人次。据UNWTO《2005世界旅游统计概览》，该年中国"酒店和类似住宿设施接待国内游客2.46亿人天"（这是UNWTO的国内旅游统计标准，只计算过夜游客。《2005世界旅游统计概览》，中国旅游出版社，2005年11月版，第45页）。如果人均住宿1.5天，则住宿人次为1.64亿人次。如照此测算，该年国内过夜游客占19%，一日游占81%。

由上述两个例案推测，全年国内游客中，一日游约占4/5，过夜游客约占1/5左右。至少可以判定，在全年国内游客中，一日游占大多数、过夜游客占少数。

何以会如此？这与"国内游客"的统计标准有关。《2010中国旅游统计年鉴》规定，"国内游客包括国内（过夜）旅游者和国内一日游游客"。"国内一日游游客：指国内居民离开惯常居住10公里以上，出游时间超过6小时，不足24小时，并未在境内其他地方的旅游住宿设施过夜的国内游客"。（《2010中国旅游统计年鉴》，中国旅游出版社，2010年版，第115页）。《2015旅游抽样调查资料》规定，"我国大陆城乡居民中，不以谋求职业、获取报酬为目的，离开惯常环境10公里以外，停留时间超过6小时、但不超过12个月，从事参观游览、度假休闲、探亲访友、健康疗养、考察、会议等活动，以及从事经济、科技、文化、教育、体育、宗教等活动的人"（《2015旅游抽样调查资料》，中国旅游出版社，2015年12月版，第275页）。

这个标准的核心指数是"10公里以外，6小时以上"。本人经常开玩笑，说如去国家旅游局开1次会，则为"会议旅游"1次。在目前交通条件下，"10公里以外，6小时以上"的标准势必把海量的不过夜的去公园、游乐园、博物馆、郊野公园、农家乐人都纳入了"国内游客"。

按国家旅游局的规定，城乡居民在所在市镇范围内的游憩、娱乐、医疗、购物和会议活动大多可算作"国内一日游"，显然过于宽泛。笔者认为，城乡居民在惯常居住地不过夜的休闲、医疗、健身、探亲访友、购物和会议活动，实际上依然是在惯常环境下的休闲性或事务性活动，但不属于去异地的旅游活动。

什么是旅游？旅游院校的《旅游概论》都说，"离开惯常环境"或"离开惯常居住地"是旅游的核心内容。

---

① 王兴斌. 中国的大众旅游时代还在路上 [EB/OL]. [2017-09-07]. htpp://www.ce.cn/culture/gd/201709/07/t20170907-25826397.shtml.

尽管对什么是"惯常环境"或"惯常居住地"有不同解释,但人们从生活体验中感觉到,不在外住一夜很难说是"离开惯常环境"或"离开惯常居住地"。我们都知道,在外住一夜的感觉和住在家里是不一样的。本人从2008年开始,一直建议在国内旅游统计中取消"一日游"游客,以便与国际标准接轨。在"十一"和春节等集中休假时期内,"一日游"占4/5左右,大多是在居住地区或近邻地区的休闲活动,没有在异地发生过夜消费,也不应列入旅游统计之内。这几个集中休假时段内可分设"过夜旅游者"与"一日休闲者"统计。(《关于调整三大旅游市场统计框架的探讨》《旅游忧思录》下卷,第12~23页)

第二,"10公里以外,6小时以上"是世界最低标准。

确定"国内游客"的确切范围,是规范国内旅游统计的基础。国内游客是否包括一日游客,各国做法不尽一样。英国的调查对象是在外逗留一夜以上的游客,按外出目的分为度假、探亲和商务会议及其他目的三类,按外出时间分为1~3夜短期和4夜以上长期两种。1979年澳大利亚规定,"旅游者是离开自己的惯常居住地,至少40公里以外、在该地至少停留24小时,但最多不超过12个月",并明确规定,"当地居民对该地旅游景点的访问不应该包括在内"。([美国]查尔斯·格德纳等:《旅游学》第8版,大连理工大学出版社,第16页;该书第10版,中国人民大学出版社,第9页)。据笔者所知,欧洲和大洋洲国家大多是如此,不把"一日游"国内游客作为统计对象。在他们的旅游报告中,都以入住××亿人次或××亿人天。如2012年德国接待国内外住宿游客4.07亿人次,其中国内住宿游客3.38亿人次。按8000万人口测算,人均4.2次。

美国和加拿大则包括"一日游"游客。1973年美国的定义是:"旅游者是除了上下班通勤之外,出于商务、休闲、个人事务或任何其目的,外出旅行至少50公里(单程),无论其在外过夜还是当日返回。"对于"一日游"游客的外出距离,1973年美国和1978年加拿大的规定是50公里。即使在一个国家内,不同地区的规定也不一样。加拿大多伦多市为50公里,安大略省则为25公里,其距离长短似与城市区域的大小有关。即使在同一国家,不同时期对外出距离的规定也不同。美国1973年的规定是50公里,1998年的规定是160公里;1978年加拿大的多伦多市和安大略省则改为80公里与40公里。外出距离长短的规定似与交通发展有关,交通越便捷,规定的外出距离就越长。([美国]查尔斯·格德纳等:《旅游学》第8版,大连理工大学出版社,第16页;该书第10版,中国人民大学出版社,第7页)。

笔者查阅世界旅游组织发布的《世界旅游统计概览》,其中对"国内旅游"的统计框架中,只计算在旅游住宿设施中过夜的游客,因而能有效地解决重复统计的问题,因为1个游客不管1天内到过几个地方、几个景点、被几个旅行社接待,他只会住宿1次。《世界旅游统计概览》"国内旅游"的统计中,只计算在旅游住宿设施中过夜的游客,没有一日游游客的统计,是相当科学的。(参阅《世界旅游统计概览》,第21页"附录")。

"10公里以外,6小时以上",这个标准在1993年年首次国内游客抽样调查时使用,沿用至今已24年。其间交通条件和自驾车的情况发生重大变化,但这个今天看来十分可笑的标准依然不改。使用用世界上最低水平的国内游客标准得出世界上最大的国内游客市场的结论,这种旅游统计工作是为发展旅游业服务还是为"政绩"服务?

第三,"超过3次的国民出游率"不能证明"大众旅游时代"。

中国旅游研究院戴斌院长在2017年1月旅游大数据联合实验室成立新闻发布会上致辞《旅游大数据的故事》中说,"值此大众旅游时代,超过3次的国民出游率,近50亿人次的旅游市场,每时每刻都在产生几何级的旅游消费数据。"

"超过3次的国民出游率,近50亿人次的旅游市场"是业界经常用以证明我们已进入"大众旅游时代"的最有力数据。这个数据即便是真的,也不能说明在近13.8亿总人口中,有几分之几内人或家庭一年之中参加了旅游。

本人在讲课时常用这样一个小学生都会做的数学题来说明问题:某单位共10人,1人旅游5次,1人旅游4次,1人旅游3次,1人旅游2次,1人旅游1次,5人旅游0次。该单位共旅游15人次,15÷10=1.5,得出人均出游1.5次。参加旅游的5个人,5÷10=0.5,该单位的实际出游率为50%。还有5个人1次也没有旅游,但他被"平均"旅游了1.5次。

我讲课时也常用习近平主席在谈到人均GDP、人均收入问题时说的一句话,"不能用平均数掩盖大多数"。"用平均数掩盖大多数"是个障眼法。

笔者认为,我国国民旅游消费中存在两极化现象。国内和出境游客中高档旅游、奢侈购物的是1亿多富人。这个数字相当于半个美国、1个日本、1.5个德国、2个英国或法国的人口。现在世界上(包括中国人)往往把这1亿人错认为就是中国人。

约3亿～4亿的中等收入阶层(本人在其中):经常国内游和出境游。

约5亿人的城乡较低收入的平民偶尔国内游(他们是追逐低价游、零团费的主要群体)。

还有约3亿多人城乡低收入和贫困户:基本不旅游。

从豪富阶层看,可以说"大众旅游时代";从中产阶层看,也可以说"大众旅游时代";从全民看,还没有进入"大众旅游时代",仍处在"半众旅游时代"。如果一定要说,"大众旅游时代",只能是初级阶段的"大众旅游时代"。

本人再次呼吁,国家旅游局或中国旅游研究院每年应该做一次全国13.8亿人口中,有多少人、占多大比例的居民或家庭参加了旅游,多少人没有参加过旅游。如中国台湾地区每年公布93%的居民参加了旅游,人均旅游8次或9次。现在的"超过3次的国民出游率"不能反映国民旅游的真实情况。

第四,东、中、西部旅游的区域差距证明尚不到"大众旅游时代"。

《报告》说:"从区域尺度来看,'东强西弱'的区域旅游发展格局未变。其中,客源地潜在出游力在东、中、西三大区域之间表现为"7∶2∶1"的三级阶梯状分布,旅游产业综合发展水平在东、中、西三大区域之间现出"5∶3∶2"的三级阶梯状分布。"以旅游发展指数而言,东部地区为0.56,中部地区为0.47,西部地区为0.23。

《报告》还说,"2016年区域旅游流空间格局总体稳定,区域间旅游流主要以东部三大经济区之间旅游流为主,区域内部旅游流主要以长三角内部流动强度最高,省级尺度则以北京流向天津的旅游流相对最强"。本人为这个论断点赞。

《报告》又说,"从区域旅游发展趋势来看,东中西三大区域之间的差距,无论是在累计潜在出游力还是在旅游产业综合发展水平方面均呈现出明显的收敛趋势,区域均衡化格局逐渐显现"。本人对"区域均衡化格局逐渐显现"这个论断存疑,至少言之过早。

《报告》把全国各省(区市)旅游产业综合发展水平分为5个等级:极发达地区(江苏、浙江、广东、山东)、发达地区(安徽、河北、四川、湖北、河南、北京、江西、湖南、辽宁、福建)、较发达地区(云南、上海、山西、陕西、贵州、重庆)、欠发达地区(海南、内蒙古、黑龙江、吉林、甘肃、新疆、天津)、不发达地区(西藏、宁夏、青海)(笔者尚未看到划分等级的依据,对此存疑,对北京、上海的排位尤不理解,将另文探讨)。

从《报告》中可以判断:大陆旅游业和旅游市场发展很不平衡、区域差距巨大。尤其是东与西部,东部是西部的主要客源地,西部是东部的重要目的地,两者处于不对等的状态,类似欧洲与非洲的关系。

与其说"我国旅游已经发展到大众化旅游中高级阶段",不如说东部地区(北京、上海为代表)大众化旅游处于较高阶段、中部地区大众化旅游处于中级阶段、西部地区大众化旅游处于初级阶段。

第五,出境旅游仍处于初步发展阶段。

"大众旅游"是我们的用法,国际旅游界一般用"国民旅游"。

国民旅游由国内旅游与出国旅游两大部分组成。出国旅游是国内旅游的延伸。是否进入"大众旅游"阶段,还要看出国旅游是否也达到了大众出国旅游的水平。

2016年大陆出境旅客1.22亿人次,占总人口的8.8%,其中出国人次约为5661万,占总人口的4%。近日公安部负责人透露,"目前中国大陆有效的因私普通护照持有量达1.2亿本",即是说占总人口的8.7%,与出境人数占总人口的比例相吻合。

目前大陆出境旅游的阶段性特征是:

去港澳台地区占为主,去外国的居少数;

出游人数增速高，排浪式、规模型增长；

出游目的以观光与购物为主，休闲度假、文化体验和娱乐花费低；

按全体人口为基准，国民出游率低、人均花费低；

国民财富两极分化下，各阶层出境游消费悬殊，出境游的主力占人口总数 1 成的富豪群体，主体是占人口总数二三成的中产群体中的一小部人，占人口大多数的民众尚未参与到出境旅游中；

区域经济不平均和城乡两元结构下，客源地主要在东部特大城市群和中西部的大城市，广大中西部农村地区出境旅游的少，区域之间出境游水平悬殊；

出游人素质与阅历参差不齐，在国外因购物而受欢迎，但不等于被尊敬；

由此，笔者认为大陆出境旅游，尤其出国旅游仍处在初步发展阶段。

第六，国内旅游时段过分集中不是大众旅游的常态，是一种病态。

《报告》又说，"2016 年全国七个节假日共接待游客达 14 亿人次，约占全国国内旅游市场的 32%"，"旅游收入达到 15757 亿元人民币，约占全年旅游收入的 40%"。

全国 7 个节假日共天 29 天，占全年的 8%，但国内游人数占全年的 32%，旅游收入占全年旅游收入的 40% 左右。旅游市场的季节性波动是世界现象，也可以说是旅游市场规律。"全年候旅游"只有少数地区存在，绝大多数地区不可能。但是我国大陆旅游消费旺季如此集中不是大众旅游的常态，而是一种"病态"。其中主要原因是带薪休假制度没有落实，国民的自主休假权利没有保障。

第七，大众旅游的参照案例：台湾地区旅游。

台北观光部门最新公布，2016 年台湾地区民众旅游数据：

岛内旅游：19037.6 万人次，人均旅游 9.04 次，人均停留 1.44 夜，占总人口的 93.2%，旅游满意率 97.3%。

出岛旅游：1458.9 万人次，人均出游 0.6 次，出境游占总人口的 63%（总人口出岛出游率），人均停留 8.05 夜。出岛旅游客中，去大陆 368.5 万人次，去香港 190.3 万人次，去澳门 59.9 万人次，去国外 840.2 万人次。去国外游客占台湾人口总数的 36.5%，占出岛总人次的 57.6%。

社会结构：经济结构（2006 年）：农业 1.5%、工业 26.8%、服务业 71.7%。就业结构：农业 5.3%、工业 36.7%、服务业 58%。社会结构：上层 50 万人，中产阶层约 1000 万人左右。

人均 GDP：根据国际货币基金组织公布的数字，中国台湾以购买力平价（Purchasing Power Parity，PPP）计算的人均 GDP 达到 3.56 万美元，排在德国之后，但超过英国、日本和韩国，位居全球第 20 名。2016 年台湾的人均 GDP 大约是 2 万美元，由于物价稳定用 2 万美元买到的东西，在美国要用 3 万多美元才能买到，所以折算成 3 万多。

带薪休假：1998 年《劳动基准法》，带薪假期是开展终身教育、建立学习化社会的一项政策。2002 年修订《劳动基准法》，工作 1~3 年有 7 天假期，工作 3~5 年有 10 天假期，工作 5~10 年有 15 天假期，工作 10 年以上每年增加 1 天，最多 30 天。《劳动基准法实施细则》，雇主与雇员签订的《劳动契约》中，必须明文规定雇员的"休息时间、休假、例假"等有关事项，并报主管部门备案。

第八，大陆尚不具备进入"大众旅游中高级阶段"的社会基础。

经济学家吴晓波近日著文："全世界都知道，中国经济现在很强，已经排到世界第二把交椅。但其实中国内部不同省级行政区之间的差距很大，强的已经至少摸到了发达经济体的门槛，而弱的还是典型的第三世界。"他把 31 个省级地区的经济水平分为 5 个梯队：

第一梯队：直辖市北京、上海、天津。进入了中等发达阶段，人均 GDP 位于 1.5 万~2 万美元这个区间。

第二梯队：东南沿海江苏、浙江、福建、广东、山东、内蒙古，人均 GDP 在 1 万~1.5 万美元这个位段。

第三梯队：东北地区和内陆省（自治区）重庆、湖北、吉林、陕西、辽宁、宁夏，人均 GDP 在 7000 美元~10000 美元之间。

第四梯队：西北边境省份和内陆人口大省（湖南、海南、青海、河南、河北、新疆、黑龙江、江西、四川、安徽、广西），人均 GDP6000 ～ 7000 美元的省份。

第五梯队：人均 GDP 低于 6000 美元的，西藏、贵州、云南、甘肃、山西。

"中国有一条战略目标，每个上过中学的人都应该还记得——社会主义初级阶段需要上百年时间，才能实现第三步，也就是说到 21 世纪中叶在经济上达到中等发达国家水平"。

吴晓波完全把人均 GDP 作为划分经梯队的标准不一定准确，但分为 5 个梯队大致合理。《报告》中把 31 个省（自治区、直辖市）的旅游业分为 5 个等级与吴晓波经济上的 5 个梯队不一定完全匹配，但大致可以参考。

时下，中国社会收入分配存在五大失衡：政民失衡、城乡失衡、地区失衡、劳资失衡、行业失衡是不争的现实。整个社会呈现"埃菲尔铁塔"型结构：顶端尖、中间细、底层大；富裕、中等、平民的比例约为 1∶3∶6。构成塔底的是大多数农民、农民工和城市平民（低薪阶层、小业主、临时工等）。

旅游"大厦"建立在这个"地基"之上。旅游业的发展阶段永远不可能超越社会经济发展的阶段。

进入大众旅游时代的社会基础：①新型城镇化基本完成，城镇人口占 7 成以上；②中产阶层占人口大多数，成为国民旅游的主体；③带薪休假制度基本落实。

社会发展预期目标：①全国城镇化率：2015 年 56%，2020 年 60%，2030 年 70%，2040 年 75%。② 2020 年，中等收入群体达到总人口的 4 成左右，2030 年达到 5 成左右。③带薪休假制度：2020 年基本实行。

国内旅游的真正起步始于 1999 年实行 3 个小长假，至今还不到 20 年。在此以前一直主张"不提倡、不鼓励、不限制"。

笔者认为，大陆国内旅游处于初步发展阶段，主要理由是：

仍是一部分人享受，还不是大多数人的参与；

主要是城市居民出游，农村居民并不普遍；

区域差别过大，东部发达、西部滞后。

法定节假日、挪假式的排浪式出行，还不是自主安排为主，享受带薪休假不到 1/2。

目前中国大陆的出境旅游仍处在初步发展时期，主要特征：

排浪式增长，人数增速高、规模型增长；

按全体人口为基准，人均出游率低，各地区、各阶层出境游能力悬殊；

出游目的以观光与购物为主，休闲度假、文化体验、娱乐花费低。

游人素质参差不齐，购物受欢迎并不等于被尊敬。

中国旅游在世界上目前处于什么水平？

大陆旅游业从产品规模和接待规模来讲处于世界前列，这主要得益于老祖宗和老天爷留下的资源，得益于国土辽阔、人口众多；

从质量和效益来讲，处于世界中等偏上水平；

从国民人均出游人次、人均接待人次、人均旅游收入与花费来讲，低于世界平均水平，处于世界后位。

什么时候进入大众旅游时代？

李克强总理在 2016 年政府工作报告中的这句话，"迎接正在兴起的大众旅游时代"被广泛引用，有的据此断定：中国已进入大众旅游时代，这次中国旅游研究院的《报告》进一步提出"我国旅游已经发展到大众化旅游中高级阶段"。

笔者对李克强总理报告的解读是：是"迎接"，尚未到来；是"正在兴起"，远未完成。

中国的大众旅游时代还在路上。什么时候开始进入大大众旅游时代？第一个"百年梦"实现之时。什么时候全面进入大大众旅游时代？第二个"百年梦"实现之时。

旅游人的"梦"，不能超越全国人的"梦"。

大数据技术将如何影响艺术？[①]

郭万超

数据化的呈现方式，使得采样更加全面，让样本变成了全本，在某种程度上得到了相对精准的信息，对于趋势预测、艺术研究领域、艺术成果展现提供了一定的量化参照；另外，对于投资者、收藏家来说，也不失为一种直观和具体。

大数据会给艺术品市场带来什么？这让人联想起包豪斯。20世纪初，现代设计家格罗皮乌斯创建的包豪斯作为现代设计的发端，开创了工业时代艺术与技术相结合的新纪元，形成了艺术教育与制作教学相结合的新型教育模式，奠定了现代艺术和设计教育的雏形，其中技术性、逻辑性和理性主义发挥了不可磨灭的作用。

被誉为"大数据先驱"的迈尔·舍恩伯格在《大数据时代》一书中提到了大数据的4个特征：一是数量大，二是价值大，三是速度快，四是多样性。大数据有3个层次，一是数据采集层，以APP、Saas为代表的服务；二是技术服务层，以七牛云存储为代表的大数据技术服务层，这些包括数据的存储、数据的分析、数据的挖掘等；三是数据应用层，以数据为基础，为将来的移动社交、交通、教育、金融进行服务。大数据对于艺术品市场而言，既存在重大发展机遇，也有一定挑战。

一、大数据推动艺术产业发展

随着计算机技术的不断发展，人类进入信息社会，大数据应运而生，并成为一种新型信息资产，深刻影响着社会生活的各个领域。大数据技术的出现，使得云计算、物联网、移动互联网等领域覆盖到了人类生活的方方面面，数据形态的呈现也围绕着人们多样化的生活形态而发生改变。源源不断的信息原型为复杂性难题提供了多种解决方案。

大数据正在全球开辟一个新的时代，中国的艺术品市场也被带入这个行列。3月18日，胡润艺术榜在北京发布，这已是胡润研究院连续第八届在国内发布在世中国艺术家排行榜。面对来自全国各地的媒体，胡润依据这份榜单专门就中国艺术品市场多年来的走势及中国艺术家的表现做了深入浅出的论述。上海文化艺术品研究院执行院长孔达达认为，通过艺术品大数据，可以在数据挖掘的基础上，为投资人提供艺术品市场发展的动向，帮助他们找到准确的投资方向。国际著名艺术网站Artnet的执行经理托马斯也非常看好艺术大数据未来在中国的发展。

从某种意义上说，大数据不失为一种统计艺术。艺术品行业的大数据主要包括3个方面：用户大数据、内容大数据和渠道大数据。正是在互联网时代，这3种数据能够融合在一起，从而为艺术品市场提供支撑和服务。目前，大数据在艺术领域的应用涉及营销、运营、传播、管理、研究等领域，呈现形式如图库、音乐库、影视库、艺术品拍卖、多媒体艺术、展览等。通过对用户的搜索、浏览、点击量可以精准追踪和获取相关信息，从而引发新的商机。具体表现形式包括：热门歌曲播放榜单、推荐榜单、艺术家关注度排名、关注者地理位置等内容。比如，图中显示的是2013年至2015年对音乐和绘画的关注者年龄层分布统计，可以看出，年轻人更热衷于倾听音乐，40岁以上的人群对绘画的关注度明显上升。

二、文化企业尝鲜"大数据"

随着大数据的推广应用，一些文化企业尝试利用大数据来推动艺术产业发展。雅昌集团是中国艺术品数据库第一个吃螃蟹者，其在中国艺术品数据库的运作中采用了独有的CISDO版权管理机制，并建立了ArtImage

---

[①] 郭万超. 大数据技术将如何影响艺术？[EB/OL].[2015-12-19].htpp://www.ce.cn/culture/gd/201512/19/t20151219-7669711.shtml.

版权交易服务平台。2013年4月，中国惠普有限公司与雅昌集团开始全面战略合作，建立了中国艺术品数据库。雅昌集团副总裁潘剑平介绍，该数据库以作品的"艺术创作与研究—传播与教育—交易—收藏"为主线，通过IT科技，推动艺术教育、学术、市场、产业的发展。数据库的图片资源采用先进的数字图像设备Cruse，独特的色彩管理标准ACMS，独有的版权管理机制与版权交易服务平台，先进的输出技术以及海量存储技术，在此基础上，雅昌集团推出了艺术家全集、数字出版、拍卖网络预展、艺品、电子图录等一系列产品。雅昌集团中国艺术品数据库总经理助理苏晓燕说："中国艺术品数据库以艺术品库、艺术家库为核心，还包括拍卖机构、出版机构、文博机构、艺术期刊、艺术品收藏人、艺术图书等相关数据库，到2012年年底已经存储艺术数据3000万条。同时，数据库根据应用的不同不断增加新的数据。"

三、国内艺术品数据存在不少问题

发展艺术品大数据，数据是重要保证和基础，"目前艺术品大数据在国际上已经有了较好口碑。以国际知名艺术网站Artnet为例，他们对于数据的整理较为谨慎，全线的1300多万个数据在欧美的各种银行、艺术品机构都得到广泛应用，带动了艺术品市场的数据化。"孔达达说。虽然中国艺术品交易规模不断增大，但艺术品数据化的程度与发达国家相比，差距还比较大。国内艺术品数据还存在不少问题：

首先，国内艺术品交易比较分散、数据不完整。一级市场以艺术家和代理人的私下交易为主，几乎所有艺术家都不可能向任何组织或机构汇报其每年的作品销售和收入情况，而代理机构为了逃税更不会对外界透露实情。拍卖企业是二级市场的主体。这些企业的交易比较集中，每次成交也有据可查。然而，只有部分拍卖企业与编制机构有合作关系。

其次，艺术品自身具有异质性，交易很难标准化，数据分析也存在困难。

再次，整个行业普遍存在卖假和假卖的现象，特别是拍卖成交数据，含有很多水分和泡沫。至于画廊等艺术品代理机构提供的润格，则完全不需要标准和依据，其真实性也大打折扣。此外，数据编制机构本身的商业性质，计算模型的建立方式同样也在影响着数据本身的客观性、公正性和专业性。

四、实现技术与艺术新的统一

大数据是对已知信息和已有素材的规律化呈现，一定范围和一定时间内有助于预测事件发生的态势，大数据技术的出现，势必会影响到艺术发展的轨迹，也将开启艺术领域创作的新时代。这将会是继包豪斯时代之后又一次"艺术与技术新统一"的变革，信息交叉学科的出现则是在教育领域上的一大体现，是对科学、艺术和技术的综合反应。

工业革命时期，大工业生产中出现了"技术与艺术相对峙"的状况，包豪斯的创立则在艺术与工业之间架起了桥梁，实现了艺术与技术的新统一。当前，大数据技术的发展，开启了物联网、互联网、移动互联网在各行各业的联合运用，销量消费、秒杀消费、口碑消费等带来了所谓的3C产品（Cold、Cheap、Chinese）。同时，同质化现象在我国表现也很明显，卖家市场远远占据了消费者之上，消费者的审美价值观受到了一定的影响和诱导。因此，大数据的出现是一把双刃剑，有积极作用也有消极影响。我们应该充分利用大数据的积极作用，避免消极影响，实现技术与艺术新的统一。

当然，艺术不是迎合消费者，不是大众行为，但作为一种密集科学是可以被艺术家尝试和利用，创作出引领时代风尚的作品，在艺术与技术之间架起新的桥梁。尽管艺术的产生具有物质生活所需要的功利的源泉，然而，审美的乐趣则具有自身欢乐的理由。艺术的美学品质和审美价值是其他社会实践活动比拟不了的。我们相信，大数据的理性与艺术家的感性，在互联网技术飞速发展的当下，必然会出现交集，其结果将不亚于包豪斯所带来的深远影响。

（作者郭万超系北京市文化创意产业研究中心主任、研究员）

发展县域文化产业"恰逢其时"[①]

王军

党的十九大报告提出,"文化是一个国家、一个民族的灵魂。文化兴国运兴,文化强民族强。没有高度的文化自信,没有文化的繁荣兴盛,就没有中华民族伟大复兴。"为建设社会主义文化强国指明了途径、路线、方法。

"县富则民富,县强则民强"。县域经济作为国民经济的基本单元,在推动经济社会稳健发展中具有不可替代的作用。当前,我国各地正加速推进文化产业成为国民经济新的支柱产业,县域处于地区文化产业体系的重要末端,充分发挥其"摆尾效应"对于助推地区文化产业腾飞至关重要。

一、问题亟须破解

近年来,我国中东部地区许多县域文化产业发展取得了惊人的进展,不少县文化产业总量甚至超越了西部地区的一些地市州。通过调研分析笔者感到,当前县域文化产业发展中还存在五个方面亟待破解的瓶颈问题。

一是营养不良"尾巴小"。在我国大部分省份中,县级单位多处在财力比较薄弱的地区,受资金、资源和扶持不够等因素制约,县域文化产业发展极不平衡。甚至一些文化产业基础较薄弱的区县,还没有形成"抓文化产业就是抓经济、抓发展"的共识,在财力扶持上往往"有心无力",导致文化产业发展"营养不良",尤其是中小文化企业发展受困。

二是单一分散"尾巴短"。不可否认,资金是制约县域文化产业发展的一大瓶颈,但是问题的真正焦点则集中在如何破解县域文化资源丰富与产业化发展瓶颈之间的矛盾上。因为文化资源丰富并不意味着文化产业基础好,能否把资源活化为文化产业形态才是关键所在。由于一些县域缺乏重点项目带动,导致文化产业单一分散,不能形成有效的"产业链"。

三是人才匮乏"摆不动"。我国县域人才匮乏,高层次的人才比重较低,丰富的文化资源得不到有效开发利用,常常因为缺少人才的支持而被迫搁浅。主要原因是,在对人才的认知中,很多县域往往存在这样的误区,片面地把"项目外包"或者"购买策划"作为解决人才需求办法,导致一些持续发展项目因缺乏固定的专业人才而停滞不前或半途而废。

四是市场受限"腰身弱"。如果说县域文化产业是尾部,省际文化产业则是头部,各市州则为腰身。对比分析中不难发现,个别地区县域文化产业发展乏力,一个突出问题是有的地市州在推进地区文化产业发展中缺乏统筹规划,忽视了县域文化产业聚合效益,导致地区文化产业规模化不够,重点新兴业态发展滞后,无法形成"触一发而动全身"的市场辐射力。

五是品牌不精"无豹尾"。县域文化产业最大的潜力是独具特色的地域文化。比如,浙江把打造特色文化小镇作为引领县域文化产业的抓手,培育了一大批以横店为代表的特色小镇,县域文化产业品牌效应成为全国的典范。相比较而言,一些县域发展文化产业——追求"高大全",对地方特色文化缺乏深度挖掘,文化特色产业精品较少,无法形成文化产业品牌效应。

二、症结不容忽视

综上所述,县域文化产业发展存在的现实问题,既有上级政府缺乏顶层设计、科学规划、统筹指导的责任,也和本级政府缺乏主动发展、主动作为和合理规划有着直接关系。主要表现在:

[①] 王军. 发展县域文化产业"恰逢其时"[EB/OL].[2017-11-08].htpp://finance.jrj.con.cn/2017/11/08103623356021.shtml.

一是思想认识缺高度。近年来，随着国家产业结构调整和供给侧改革，文化产业释放出的强劲的动力，各级党委、政府对文化产业发展高度重视，均结合实际制定了文化产业发展规划。但在具体落实中，一些文化产业基础较薄弱的区县还有徘徊、观望，甚至顾虑重重等现象，还没有破除传统观念束缚和思想障碍，把文化产业作为国民经济的支柱产业来抓。

二是资源开发缺深度。发展县域文化产业，树立正确的资源观念尤其重要。推进城乡一体化发展的路径主要是依托当地丰厚的特色资源，通过资源整合、产业融合、业态互补，从而实现"1+1>2"的资源效应。但有些县域在资源开发利用上，还存在"守宝难掘""掘宝不深"等现象，对各种资源缺乏系统梳理，经常眉毛胡子一把抓，缺乏核心特色文化品牌。

三是规模增效缺强度。县域文化产业之所以存在"尾巴小"或"尾巴短"等问题，主要是多数县域文化产业主要力量是中小微文化企业，其市场目标仅限于本地区，由于企业规划小、融资渠道少、创新能力弱，加之本地区文化消费水平偏低，造成文化产品生产和文化消费需求形成"剪刀差"，最终使一些市场竞争力不强的文化企业"寿终正寝"，悄然消失。

四是政策措施缺力度。县域文化产业发展离不开政策滋养的沃土。与东部地区文化产业发展较快的县域相比，中西部地区鼓励扶持县域文化产业发展的优惠政策不多、力度不大，尚未形成覆盖文化用途、文化保税、重大项目、人才引进、社会保障等文化产业综合性政策体系，导致地方政府"放不开手脚"，文化企业"迈不开步子"。

五是制度机制缺黏度。文化产业是关联度高、带动性强的大产业，需要各方协调配合，形成工作合力。尤其是在发展县域重点文化产业、建设重大产业项目、推动规划项目落地等重难点环节上，亟须健全完善文化产业发展领导机构，形成政府引导、各有关部门密切配合、社会各方面共同参与的工作协调制度机制，合力做好产业规划、综合协调、行业指导、市场监管、政策研究等工作。

三、发展"恰逢其时"

从"文化产业成为国民经济支柱产业"纳入国家"十三五"发展规划纲要，到十九大报告中对发展文化产业进行全面部署，从"传承发展中华优秀传统文化"成为国家工程，到"中国特色社会主义文化"写入党章，党和国家建设中国特色社会文化强国的决心和信心无不令人奋进。可以理直气壮地说，发挥县域文化产业的"摆尾效应"，加速推进文化产业向国民经济支柱产业迈进"恰逢其时"。

一是把握新机遇。从20世纪80年代开始，中央对社会主要矛盾的表述都是"人民日益增长的物质文化需要同落后的社会生产力之间的矛盾"，这次报告调整为"人民日益增长的美好生活需要和不平衡不充分的发展之间的矛盾"。社会主要矛盾的新变化，为新时代中国文化产业发展提供新的政策机遇和市场机遇的同时，也必催生出更多推动县域文化产业发展的政策。谁错过了这个历史机遇，谁就将永远错过了发展的黄金期。

二是落实新理念。习近平总书记在报告中指出："满足人民过上美好生活的新期待，必须提供丰富的精神食粮。"由此可见，发展文化产业既是繁荣社会主义文化的重要内容，也是不断满足人民过上美好生活新期待的重要途径，同时也是促进经济转方式、调结构、惠民生的重要举措。为此，要解决县域文化产业发展"不平衡"和"不充分"等问题，必须落实好十九大报告关于文化建设的新理念、新方法，系统地构建一体化产业布局。

三是探索新路径。"深入挖掘中华优秀传统文化蕴含的思想观念、人文精神、道德规范，结合时代要求继承创新，让中华文化展现出永久魅力和时代风采。"十九大报告十分重视传统文化，这要求文化产业也要深入挖掘传统文化资源，通过多维度创新与创意相结合，让传统文化"活"起来。可以预见，今后一个时期，利用中华优秀传统文化基因打造系列创意产品，必将成为文化产业创新发展的新路径。在新路径引领下，县域文化产业也将迈入快车道。

四是激发新活力。习近平总书记在十九大报告提出，要实施乡村振兴战略，全面激发农村发展新活力。这个新兴战略的提出，对推动县域文化产业发展可以说具有得天独厚的优势，可以围绕加快推进农业、林业与旅游、教育、文化、康养等产业深度融合，放开手脚大打"组合拳"。通过盘活乡村特色文化休闲旅游资源，开发建设一批农业文化旅游特色村镇和集优农业综合体，推进一、二、三产业融合发展。

五是催生新政策。县域文化产业的春天已经到来，各级地方政府必须树立实干兴业的理念，转变传统的"等靠要"思想，强化"跳起来摘桃子、跑起来奔目标"的紧迫感和责任感，从健全完善县域文化产业发展政策机制入手，建立财政、规划、土地、税务等成员单位参与的文化产业工作协调常态机制，对本地区文化产业发展工作进行科学规划、合理布局、统筹协调，推动县域文化产业跨越式发展。

十九大报告指出："从现在到二〇二〇年，是全面建成小康社会决胜期。"县域是脱贫攻坚和新农村建设的主战场，加快发展县域文化产业是促进城乡协调发展、全面建成小康社会的必然选择，是落实乡村振兴战略解决发展不平衡、不充分的重要途径，也是推动文化产业成为国民经济支柱产业不可或缺的重要支撑。

（作者王军系中国经济网文化产业特约专家、四川省乐山市文化广电新闻出版局副调研员）

当前中国电影的十大挑战

饶曙光

中国经济网编者按：2016年以来中国电影市场持续震荡，当前中国电影产业发展已经呈现出独特形态、独特需求。如何在结构优化的基础上实现自主创新，激活电影产业发展的各种有效要素和资源，进一步形成自己的发展道路和发展模式，是当前中国电影产业亟须解决的命题。中国经济网文化产业频道特约专家、中国电影家协会秘书长饶曙光对产业化以来的中国电影发展历程，梳理出十大挑战，厘清当下中国电影产业发展出现的各种结构性矛盾和问题，以及背后的深层次的原因。（本文略有删改）

2016年二季度以来，中国电影市场增速放缓乃至局部性下降的现实让越来越多的中国电影人忧心忡忡，今年春节档后国产电影的市场表现依然走低。截至2017年上半年，国产电影只拿到6天的单日票房冠军，其余多数时间都被好莱坞等进口片霸占。由此关于中国电影的各种说法也不胫而走，比较流行的有"拐点说""中场休息说""挤泡沫说"等。毫无疑问，各种说法不是空穴来风，都能在一定程度上、一定层面上解释部分中国电影现象，但也都很难完全、精确概括中国电影面临的复杂多变的形势。确定无疑的是，当前中国电影面临众多巨大的挑战，有的是一直存在并且延续下来的，有的是在新的社会语境、文化语境背景下产生出来的。

挑战一：好莱坞电影无时不在、无处不在的持续性挑战

这种挑战将贯穿中国电影产业化发展的始终。笔者曾经反复强调，一切好莱坞都不是纸老虎，好莱坞对中国电影市场的威胁应时时刻刻提示提醒，警钟长鸣。2016年下半年以来好莱坞电影在中国上映的数量有所增加，客观地说大部分影片的质量和品质处于好莱坞电影中等水平，其之所以能够在中国电影市场横行，首先在于过去二十多年以来，好莱坞电影对主流观众的观影趣味和观影习惯有了潜移默化的影响。其次也在于我们部分电影企业和创作者为了局部利益而放弃了应有的社会责任和文化责任，在资本的挟持下未能创作出足以在品质上、现代电影水平上可以对抗好莱坞的作品。再次，我们业界和学界对好莱坞电影的研究也不够深入和系统，特别是针对好莱坞电影应变外部市场的能力估计不足。

对于中国电影、中国电影人而言，打铁先得自身硬，但品质的提升需要一定的时间和一定的过程，其间需要中国电影观众以及全社会更多的关爱和包容。事实上，电影美学最核心的问题是与观众的关系问题，因此更重要的问题在于培育观众，引导观众，而且从现在起从娃娃抓起。我们如果现在不将电影教育深入青少年的审美学习中，未来仍将难以有效可持续的与好莱坞电影博弈，无法取得更多的主动权和话语权。

挑战二：观众群体的结构性变化

首先是观众群体越来越年轻化的态势。根据2016年的调研结果，19~30岁人群是电影观众最主要的构成，占比高达75.7%，其中19~25岁观众占比46%。随着迭代的更替，年轻观众的审美取向、媒介消费习惯、观影习惯都明显地影响着电影产业的走向，与观众结构变化相对应的是针对电影类型的审美情趣的变化。

以青春片为例，自2011年《那些年，我们一起追的女孩》横扫华语电影市场，到2013年《致青春》奠定类型怀旧气质的时段，恰好也是中国电影市场完成观众结构调整的阶段。青春片从一度受到热烈的追捧，到2015年以后出现效益递减，一方面是因为青春片类型创作和生产缺乏与时俱进的拓展和进步，另一方面，因为电影市场主流观众群体发生变化，"过时的"青春片遭遇了90后、00后观众对"中年群体"怀旧情绪的集体抵制和嘲笑。如何针对新的年轻观众群体，在创作中回到生活本真状态，凸显青春阳光气质，开拓青春片创作的新境界，成为当前类型转换、类型拓展的难点。电影观众年轻化是全世界电影市场的大趋势，中国电影必

---
① 饶曙光. 当前中国电影的十大挑战 [EB/OL]. [2017-07-04]. http://www.ce.cn/culture/gd/201707/04/t20170704-24003986.shtml.

须重视90后观众的需求,他们对电影叙事和电影技术有着天然的高标准,与年轻观众相匹配的好故事经过高科技的转换,或能有效提高中国电影的现代化水平,进而提高中国电影的国际话语权。

其次,中国电影观众群体的结构性变化还表现在随着三四五线城市电影院建设的加快,中国电影观众群体迅速下沉,从传统的北上广深、发达地方省会城市扩展到三四五线城市,成为中国电影新的增长点。但是,新观众的观影趣味处于某种游弋状态,观影习惯尚未养成,看电影在很大程度上是过年而不是过日子。

新观众的审美趣味已经成为影响中国电影创作和发展的重要因素,也给中国电影市场增添了许多不确定因素。今年的国产电影创作一定程度上退回旧有的保守创作轨道,缺乏进取心,过度依靠IP和粉丝营销不是可持续发展之道,难以完全满足年轻观众的观影需求。整体而言,国产电影未能达到激活优势档期的预期效果,在面对需求侧突发的资本波动时,无法提供连续高质量的电影入市。面对观众群体的更新换代,中国电影产业发展供给侧改革任重道远。

挑战三:网络大电影的挑战

截至2016年6月,中国网络大电影出品公司已达843家,是院线电影出品公司的2.1倍。2016年网络大电影的产量是2500部左右,而同年院线电影上映376部,业内人士认为2017年网大产量将会达到3000部左右。

网络大电影的爆发式增长,除了网络付费点播分账模式的成熟,还因为受到在审查制和院线中心制的行业大背景下中小成本影片无法立足于院线电影市场,以及用于网络传播的微电影项目投资规模的升级等因素的影响。

事实上,随着投资的增大以及个别投资案例回报率巨大的示范性效应,网络大电影开始吸引大量有想象力、创意能力的年轻电影人的加入,已经出现质量较高的作品,呈现出了向"精品化"发展的态势。同时,随着各种规范性、限制性政策和措施的不断出台,网络大电影为所欲为的生产态势受到了遏制,打擦边球的空间也不断被挤压,某种程度上也不得不向"精品化"方向发展。当前有一定数量的网络大电影在整体性的创意能力、类型拓展和叙事智慧方面不亚于甚至领先于影院大电影。

相比院线电影产业投资门槛高、各环节风险大的特征,网络大电影单个项目投资低,相对风险小,具有"小成本、差异化、周期短、面向中等规模受众"的特点,更符合互联网用户的个性化需求。"网大"与院线电影的观众群体高度重合的同时,天生具有节省观影时间成本的优势;如果院线电影不具备影院品质和气质,网络大电影将会大幅分流观众群体。

就类型创作而言,当前网络大电影主类型的市场集中度高于院线电影,惊悚、爱情、剧情、喜剧四种主类型在网络大电影中播放量占比91.2%,虽有待进一步多元化,但与当前国产院线电影类型单一、产量低,无法有效满足视频网站用户需求的现状相比,网大一定程度上具备可量产的优势,类型可与院线互补甚至填补空白。院线电影要体现出差异化特征,需加强类型拓展,在冒险、科幻、战争、动作等高概念类型和新特效技术方面深耕和提升。电影创作和生产固然是内容为王,叙事为先,但如果不能借助于电影高科技、特效技术进行有效包装,不具备现代电影所需要的视听品质形成奇观展示,恐怕也只能是死路一条。

挑战四:人才短板或者说人才严重短缺匮乏

众所周知,中国电影人才匮乏的短板已最大限度地影响和制约了中国电影产业的整体性可持续发展。尽管也有理论家提出了"长板理论",强调一个团队的发展取决于领头羊即所谓"长板",但笔者个人仍然坚信短板理论特别是"木桶效应"。需要强调指出的是,当前人才匮乏的短板覆盖了整个电影创作,电影创意层面的人才只是电影生产体系的冰山一角,除此之外更为严重的是各类技术性工种的人才匮乏。

随着中国电影工业体系建设的不断推进和升级换代,技术性工种人才对现代电影生产的重要性也将越来越强烈的凸显出来。定量分析和研究表明,我们现有的专业性人才和队伍支撑不了数量庞大的电影生产,也就不可避免地产生了无论从创意层面还是技术层面都达不到专业标准的产品甚至是"次品",而且数量还不算少。

十年树木百年树人,人才短板并非短时期内能够迅速获得有效解决的问题,需要长时期的涵养、培育,需要不那么追求立竿见影的耐心和恒心。一方面,我们的电影教育体系需要更多更大力度的面向电影产业实践,另一方面也可以借鉴香港电影片场时代的师徒模式培养更多具有实际操作能力的人才。以上两手都要硬并且形成合力，对中国电影可持续繁荣发展而言必不可少。

电影作为艺术工业，需要高水准的技术团队才能配合完成，这种目标需要电影业界和教育界共同努力才能达成，电影教育应该有针对性的面向电影产业、面向电影工业化进行分工培养，而业界的电影创作资本也不能唯导演和演员是瞻，否则难以提高电影综合性的工业水平，难以走向现代电影工业体系下的电影整体性的升级换代。

挑战五：电影市场环境复杂多变甚至是变幻莫测

从世界范围内观察分析，中国电影市场环境无论是复杂性还是多变性是独一无二的。中国电影结构性优化是今后相当长一段时期中国电影繁荣发展的主要任务，但结构性优化的有效、有序实现，取决于良好电影市场环境的助力和引导，需要在体制机制、资本金融、行业组织、创作群体和传播终端等各层面的配合才能最终实现。

从外部环境看，规范市场的制度设计、制度建设是首要任务。随着中国电影全面产业化改革，相关的市场问题也开始逐步暴露出来：电影审查制、市场准入条件、资本运作、从业者利益保障，等等，都缺乏法律规范，随着电影产业规模的快速扩张，面临的问题也更复杂更迫切。从投资环境看，中国电影出现了历史上从未有过的"不差钱"，但热钱大多数都是非专业资本，追逐的是立竿见影的短期效应，给中国电影带来活力和动力的同时也产生了众多负面效应乃至后遗症。在制度保障的前提下，当前结构性调整的迫切任务是提高电影行业资本运作的专业化程度。近年政府出台了一系列市场监管政策，但尚不足以应对电影产业高速发展带来的负面效应和不规范操作。

一是针对电影市场资本监管乏力，对电影业金融和信贷环境缺乏足够的监察和保障；二是针对电影要素市场的政策失衡，当前政策对技术和资本的保障尚可，但对人才、版权和信息的保障还有很大提升空间，导致侵权和盗版问题严重，以编剧为代表的从业者利益得不到有效保障；三是针对电影产业链的预防监督不足，突出表现为对资本介入发行环节监管的滞后性，使得市场运作不透明，出现偷漏瞒报票房等现象。

因此，必须从制度层面建立完善的长效监管机制，才能从根本上有效规范市场，为结构性优化目标提供保障。就当前法治环境而言，尽管《电影产业促进法》已经于2017年3月1日正式生效，但仍然需要大量配套的实施细则才能真正落实到位，目前看恐怕还不仅仅是"最后一公里"的问题。盗版侵权作为直接影响和制约电影产业健康可持续发展的顽疾和毒瘤，要真正利用法律手段有效控制并且逐步彻底清除。

从电影产业内部环境看，为了有效增加市场终端，多年来一直鼓励电影院的建设促使银幕数量高速增长，多少忽略了作为电影产业基础和根本的电影制片业、制片方的利益，更没有实现必要的倾斜。而现代电影产业体系，一定是要有效优先保障制片业、制片方的利益。

挑战六：电影工业化水平不高、电影工业体系建设滞后及其不能有效匹配、支持电影产业的可持续发展

一个国家如果不大力提升电影工业化水平、推进电影工业体系建设并且匹配电影产业各个环节，就很有可能陷入"梅里爱式"的命运。

与之形成对照的是，当我们讨论电影工业升级、同步发展重工业产品的时候，近期印度电影《摔跤吧爸爸》的良好市场表现貌似又提供了一个"反证"，似乎可以得出结论：不依赖电影工业电影特效电影高科技，同样可以赢得观众赢得市场。事实上，电影工业升级问题的核心和关键在于整体电影工业体系的建设，工业水准体现在电影创作的各个层面，特效仅是其中一部分。现代电影工业体系建设的终极目的是以树立电影工业的新标准和精准战略布局带动中国电影创作的整体结构性优化。

创作层面的结构性优化需要高水平电影工业的支撑，尤其表现在国产电影类型拓展和创新举步维艰。"轻电影"层面，主流影片类型多局限于国产片惯常可驾驭的内容，与之相对，国产大片遵循创作规律和创作周期的模式还没有形成，市场缺乏支撑性的大制作科幻、奇幻、魔幻影片，少量的高概念产品虽然在特效层面体现了中国电影工业发展的水平，但综合能力、综合效应等方面存在明显的短板，无法与好莱坞同类产品竞争。

与工业化水平相匹配的是资本专业化水准，工业化程度越高，对资本的规范操作和专业程度要求越高。随着工业化机制的完善和专业化程度的不断提高，当前依靠导演、明星、IP、营销、票补等单方面的资本炒作将失效。

中国电影要利用前沿技术提升各技术环节的竞争力，充分利用现代电影科技，显著提升我国电影的技术制作能力，丰富电影内容表现力和表现形式。借助于高新技术提升中国电影工业化水平，完善工业化体系，尽快达到国际先进水平，才能为电影创作优化提供技术基础支撑，并在与好莱坞电影的竞争中巩固优势。

挑战七：电影产业链未能有效延伸，电影后产品衍生品开发举步维艰

中国电影产业在各项指标上虽然呈现跨越式发展，但是产业链格局依然局促和尴尬；虽然有互联网等行业的支持，但是从产业运转机制来看，迄今为止，票房收入依然是电影投资回报的主要渠道，盈利模式仍显陈旧，未能形成多向面可持续的有机产业链。

事实上，当前中国电影产业链未能有效延伸、电影后产品衍生品开发举步维艰与中国电影工业化水平不高有直接关系，导致电影在影院之外难以实现规模化和集约化效益。正因如此，对票房收入的过度依赖和追求很大程度上加剧了电影票房与口碑两极化的矛盾，让全社会对电影产生了不少本来可以避免的负面情绪和评价。与之相对的，我们对电影本体及其效益的观察、认识、分析和阐释，也基本上停留在票房产出数字层面，电影对国民经济以及就业投资多方面的贡献则更不为人熟知。

美国等电影产业发达国家电影票房只占其电影产业总体性收入的30%，非票房收入则可以占到70%，这与当下中国电影的盈利模式相去甚远。从这个意义上说，中国电影产业仍然处于初级阶段，并且将会长期处于初级阶段，银幕数只是产业链的终端环节之一，不能作为唯一的盈利出口。从基础发展角度而言，银幕数增长下实现的票房收入增长只是中国电影万里长征的第一步，拓宽影院外电影发行放映和周边营销的产业链条，注重后产品的开发和电影文化的二次辐射，形成围绕电影放映多向传播的全产业链是实现电影产业可持续发展的必由之路。当前应当树立全面的版权意识，充分利用互联网的优势，通过开发高品质、创意性的电影后产品逐步拓展市场空间，降低对票房的依赖，从体制机制及其效益层面彻底摒弃"唯票房论"。

挑战八：电影市场同质化严重、差异化电影市场体系未能有效建立和推进

从受众角度而言，当前中国"新观众"群体的电影消费和欣赏趣味普遍以好莱坞电影和互联网碎片化思维为基准，导致其有别于其他国家特别是电影发达国家主流观众的行为模式和消费方式，对此差异化的进一步认知有助于找到化解矛盾和问题的途径和方法。

截至2017年5月底，中国电影的银幕数量已逾45000块，年底可能达到50000块，2021年甚至可能达到80000块。不过，当前影院建设已呈现出分化、分流格局：一方面持续推进的城镇化建设对新增银幕尚有需求空间，但同时存量影院也出现难以为继、盈利下降的趋势；加之电商平台介入后，影院终端过于依赖网络销售，缺乏自己的目标客户，以至于经营能力弱化。面对挑战和机遇，爆发式增长的市场终端应成为结构性调整的催化剂。院线应主动提升自身实力来应对瞬息万变的市场和观众，从内部变革着眼，在追求增量的同时也注意经营的细分和差异化定位，避免陷入"靠片吃饭"的放羊式经营状态。

毫无疑问，差异化电影市场体系建设（包括当前经常性成为媒体关注焦点的艺术院线建设）是一件极其艰难的事情，也是一个长期性的过程，但确确实实是中国电影从粗放型、数量型向精细化、集约化、普惠化方向转变的关键所在。换句话说，高速发展的中国电影市场不能仅仅惠及商业大片，更不能仅仅是为好莱坞电影作嫁衣。对于具有文化多样性和文化特殊性特征的中国电影市场，应尽快推动和布局我国的差异化电影市场体系，建立健全特色化、差异化院线放映模式，才能保障多类型、多品种、多样化的电影能够平等、高效并且最大层面地对接自己的目标受众，同时也在最大层面上实现自身应有的经济效益、社会效益。

挑战九：电影观念跟不上电影实践的发展变化，电影观念滞后时不时让电影实践层面无所适从、不知所措

1984年，关于电影是不是商品曾经有过一场激烈的争论，不仅没有达成共识，而且反对的声音相当强大。其后近二十年间，由于电影观念层面没有新的进展和突破，电影改革也是举步维艰。2002年党的十六大以后，在观念上对电影商品属性的认识取得重大突破，电影被明确定义为"可经营的电影产业"，也才有了全面电影产业化改革和连续十多年中国电影产业的高速度发展。可以说，中国电影产业在实践层面已经发生了根本性的不可逆转的巨大变化，同时也出现了很多按照西方国家的电影理论和市场经验无法解释的产业现象，其复杂性

和多变性是前所未有的。

相对于中国电影产业在实践层面的变化和发展，在电影观念层面经常出现滞后的、保守的、故步自封的情形，不能有效、有说服力地解释和阐释各种电影实践发展出现的新情况、新现象。不少人的电影观念依然停留在计划经济体制时代，方法论层面则是采取以不变应万变的策略，对各种新的电影现象和情况视而不见。

2016 年年底，张艺谋导演的《长城》再次引发了"商业—艺术""作者—市场"的相关争论，涌现出众多无视中国电影市场因素和中国电影工业现状的前提，而对张艺谋及其电影进行极端否定批判的言论，电影观念滞后无疑是其中的主要原因。批判的武器固然不能代替武器的批判，但批判的武器有时候也能产生某种决定性的作用。

电影观念的滞后性在理论学界还表现为另一种情形，就是完全用西方电影理论套用中国电影，有时甚至是削足适履，不符合西方电影发展的标准要求就会受到义正严辞的指责和讽刺。

伴随着新世纪以来市场化、产业化的历史性进程，中国电影面临着好莱坞电影，尤其是商业大片的冲击和挑战，面临着国内文化市场以及大众休闲生活多样化的影响，社会文化语境也呈现出了复杂、多元、众声喧哗的状态。中国社会的大众生活及其审美表现方式、文艺的价值取向等，都迅速地发生了前所未有的转换、转向、转型。但是，中国电影理论批评没能追踪电影实践的发展并且对新的电影现象作出及时反应，却出现了学术化、学科化的转换、转向、转型，与中国电影实践不是相向而行而是渐行渐远。理论之树想要常青，就必须与时俱进，与实践联系更加紧密并且发生良性互动。如钟惦棐先生 30 年前所言，"解放了的思想呼唤思想的再解放，更新了的观念需要观念的再更新"，这种前瞻的电影观念在今天仍能产生耳提面命、如雷贯耳的作用。

挑战十：中国电影在可持续推动市场繁荣和发展的同时，能否同步提高电影的思想文化价值和审美价值

春节档之后，中国电影票房发生了戏剧性的转变，与春节档国产片大包大揽形成鲜明对比的是，自从 2017 年 3 月开始，以好莱坞为主的外片占据了市场的主力地位。3 月份全国公映新片 30 部，进口片只有 7 部，但票房占比超过 90%，二季度以来多部好莱坞大片的排片占比超过 70%，在这种境况下谈论中国电影的价值观，不免有点尴尬。这种垄断现象的产生，主要因为当前中国电影发行放映市场还没有形成有效的终端资源配置体系，无法通过限制单片排映上限来维护文艺市场的公平竞争，其结果就是造成多样化市场格局被抑制。在这种情况下，巩固当前国产电影市场份额并维持在 50% 以上，绝不是一件容易完成的任务，遑论主流价值观在国产电影中的有效表达、有效传播。

电影是市场是产业，也是文化是艺术，思想和价值观是电影的灵魂和根基，也是电影市场和电影产业发展的支撑。文化的竞争本质上是价值观的竞争，而国家之间特别是大国之间的文化价值，最终取决于能否提供与"人类命运共同体"相衔接、对最大群体的民众富有包容力和感召力的价值观。

价值观是确立文化自信理念的根基。在喧嚣的市场化背景下，当下不少电影创作还浮于生活的表层，没有真正深入生活中寻找有内涵、有质感的故事。直面当下中国人民的生活现实，不断提高电影创作的精神高度、文化内涵和艺术价值，在此基础上探寻人类精神世界，是中国电影美学当前应当坚持的方向。中国电影要想在国内市场进一步赢得更多的观众以及市场份额，并在海外市场进行更加有效的国际传播，则必须建立起与人类命运共同体衔接、富有包容力和感召力的价值观，同时找到富有人文内涵、艺术张力的中国故事，并且以电影化的方式智慧地讲好故事，使之具备现代电影的叙事格局和视听品质。

面对国际环境新变化和国内发展新要求，进一步完善对外开放战略布局，加快构建开放型经济新体制，推动更深层次更高水平的对外开放已成为中国经济发展和文化传播的共识。电影是输出价值观和思想观的一种软实力。当前国产电影更应着重提高国家形象的对外展示，从整体上提升中国电影的文化内涵，精心打造"中国气派、中国风格、中国特色"的主流电影品牌，形成具有中华文化标识的文化产品，进而帮助中国传统文化完成现代化转型并实现对外有效传播。

《湄公河行动》《战狼》等新主流大片继承传统，开拓创新，将类型叙事和爱国精神相缝合，所彰显的国家实力和英雄形象正是中国电影所需要的文化自信和文化态度；《长城》作为一次借水行舟的跨国合作实验，将

中国元素有效借助于电影高科技手段进行充分的电影化表达和国际化传播，如能持续有效激活这种战略性资源，将会获得更多的战略性支点，在日趋激烈的全球化竞争中将获得更加主动性的地位，中国电影在有机会创作伟大复兴时代的电影艺术高峰的同时，也将为世界电影发展繁荣贡献更多的中国智慧、中国精神和中国力量。

债券融资：文化产业急需壮大的金融渠道[①]

魏鹏举

债券是一种虚拟资本，是现代资本市场的重要构成之一，作为一种有价证券，是社会各类经济主体为筹措资金而向投资者出具的、承诺按一定利率定期支付利息和到期偿还本金的债务凭证。

债券融资的主要优势在于：比同为债务融资的银行信贷融资的期限要更长，且债券利息可以在税前扣除；而相比同为长期融资的权益类融资，又不会有稀释股权、分散管理权之虞。对于资本运营成熟的文化企业，债券融资是一种非常重要的长期融资工具，与股权融资合理搭配，可以很好地优化企业的财务状况。以迪士尼为例，根据 1994 年至 2001 年该公司的长期融资行为统计，主要的长期融资渠道就是股权和长期债两大类，长期债占迪士尼公司长期融资总额的 1/3 左右，在一些重大收购的时期，长期债的融资规模会更大。

与一般债券融资相比，对于文化产业的融资最有创新价值的是版权类资产支持债券融资模式。由于轻资产的特征，文化产业的一般融资有较大的难度和较高的成本，版权类资产支持债券融资因此是一种非常适合文化产业并提升版权价值的一种融资模式。世界上最早利用版权进行债务融资的是美国的"鲍伊债券"，开拓了文化产业融资的新方式。1997 年，投资银行家戴维·普曼（David Pullman）以摇滚歌手大卫·鲍伊（David Bowie）的 25 张专辑（约 300 首歌曲）的音乐著作权每年所产生的版税和许可费作为证券化资产，设计并发行了 10 年期年利率 7.9%，总额 5500 万美元的债券。

中国文化产业债券融资市场主要有中国银行间市场（场外市场）和上海、深圳证券交易所（场内市场），并以中国银行间市场为主要发债场所。中国银行间市场主要注册发行信用类债券，主要包括企业债、超短期融资券、短期融资券、中期票据、资产支持票据和中小企业集合票据。上海深圳证券交易所不仅发行文化企业的企业债，同时还包括以备案方式发行的中小企业私募债。

中国的债券市场发展历史本身就不长，1981 年恢复发行国债，标志着现代债券资本市场开始，文化产业进入债券资本市场的时间就更短了，而且由于发行债券的门槛比较高，只有少数规模大、有信用保障的大型文化企业才可以通过发行企业债券融资。比较早期的文化企业债券融资的案例是中国电影集团 2007 年 12 月发行了 5 亿元的企业债券。2010 年初，中国人民银行等九部委联合发布《关于金融支持文化产业振兴和发展繁荣的指导意见》，提出支持文化企业通过债券市场融资，这个文件成为中国文化产业债券资本市场发展的关键推手。一批文化产业类中小企业集合票据融资案例集中推出，突破了只有个别大型文化企业才能利用债券资本市场融资的瓶颈，中国文化产业债券资本市场向纵深拓展。

文化产业债券融资在中国的发展虽然比较快，近年来也在积极探索具有文化产业特性的债券融资模式，但与中国总体债券融资市场的发展相比，文化产业债券融资的比重相对太小，总体占比不到 1%。并且，服务于文化产业债券市场发展的中介机制尚处于空白，比如，能为文化类资产做债券化处置、财务服务、增信服务等专业的中介机构还很少，这也是制约中国文化产业债券市场专业化发展的重要因素。

中国文化产业的发展势头前景总体很好，国家也积极鼓励债券市场的健康发展，文化产业债券市场可以大有作为。2015 年 5 月 27 日，国家发展改革委发布《关于充分发挥企业债券融资功能支持重点项目建设促进经济平稳较快发展的通知》，鼓励优质企业发债用于重点领域、重点项目融资。发展改革委在 2017 年 8 月初印发了《社会领域产业专项债券发行指引》，重点支持包括文化产业在内的 6 个领域的专项债券。国家发展改革委的指引对文化产业债券融资发展意义非凡。在当前严控金融风险的大形势下，文化产业债券融资大有可为。债

[①] 魏鹏举谈债券融资：文化产业急需壮大的金融渠道 [EB/OL].[2017-09-30].http://www.ccdy.cn/zhuanjia/201709/t20170930-1358916.htm.

权融资相对而言是一种更安全的融资方式，从风险控制方面相对来说更为可控，这也为文化产业债券融资的创新提供了很好的基础条件。

从趋势上看，值得关注和期待的文化产业债券融资走向有：

其一，缓解并克服中小文化企业融资难始终都是文化金融发展的关键问题，依托各类文化产业园区或集聚区，受益范围更广的中小文化企业集合债券应当得到更多的扶持。

其二，文创无形资产无疑是文化产业的核心价值，探索和尝试开展基于版权的资产支持证券化产品，盘活文化产权资源，这也无疑是文化金融发展的关键。

其三，还可以期待一种新兴的债券模式——融资租赁，即基于文创无形资产的融资租赁模式，这个领域已经具备较好的实践基础，在政策和市场等的多重利好环境下定会有长足发展。

最后，也是最重要的，探索发展文化产业债券信用担保或保险，逐步建立文化产业债券增信机制，文化产业债券融资健康发展亟待这样的基础保障体系的建设。

（作者系中央财经大学文化经济研究院院长）

7

文化创意产业法律法规与规章选编

中共中央办公厅、国务院办公厅《关于加大脱贫攻坚力度支持革命老区开发建设的指导意见》

革命老区（以下简称老区）是党和人民军队的根，老区和老区人民为中国革命胜利和社会主义建设作出了重大牺牲和重要贡献。新中国成立60多年特别是改革开放30多年来，在党中央、国务院关心支持下，老区面貌发生深刻变化，老区人民生活水平显著改善，但由于自然、历史等多重因素影响，一些老区发展相对滞后、基础设施薄弱、人民生活水平不高的矛盾仍然比较突出，脱贫攻坚任务相当艰巨。为进一步加大扶持力度，加快老区开发建设步伐，让老区人民过上更加幸福美好的生活，现提出如下意见。

一、总体要求

全面贯彻落实党的十八大和十八届三中、四中、五中全会精神，以邓小平理论、"三个代表"重要思想、科学发展观为指导，深入贯彻习近平总书记系列重要讲话精神，坚持"四个全面"战略布局，按照党中央、国务院决策部署，以改变老区发展面貌为目标，以贫困老区为重点，更加注重改革创新、更加注重统筹协调、更加注重生态文明建设、更加注重开发开放、更加注重共建共享发展，进一步加大扶持力度，实施精准扶贫、精准脱贫，着力破解区域发展瓶颈制约，着力解决民生领域突出困难和问题，着力增强自我发展能力，着力提升对内对外开放水平，推动老区全面建成小康社会，让老区人民共享改革发展成果。

到2020年，老区基础设施建设取得积极进展，特色优势产业发展壮大，生态环境质量明显改善，城乡居民人均可支配收入增长幅度高于全国平均水平，基本公共服务主要领域指标接近全国平均水平，确保我国现行标准下农村贫困人口实现脱贫，贫困县全部摘帽，解决区域性整体贫困。

二、工作重点

按照区别对待、精准施策的原则，以重点区域、重点人群、重点领域为突破口，加大脱贫攻坚力度，带动老区全面振兴发展。

（一）以支持贫困老区为重点，全面加快老区小康建设进程。贫困地区是全国全面建成小康社会的短板，贫困老区更是短板中的短板。要把贫困老区作为老区开发建设的重中之重，充分发挥政治优势和制度优势，主动适应经济发展新常态，着力改善发展环境与条件，激发市场主体创新活力，推动相关资源要素向贫困老区优先集聚，民生政策向贫困老区优先覆盖，重大项目向贫困老区优先布局，尽快增强贫困老区发展内生动力。

（二）以扶持困难群体为重点，全面增进老区人民福祉。切实解决好老区贫困人口脱贫问题，全面保障和改善民生，是加快老区开发建设的出发点和落脚点。要打破惯性思维，采取超常规举措，加快科学扶贫和精准扶贫，加大帮扶力度，提高优抚对象待遇水平，办好老区民生实事，使老区人民与全国人民一道共享全面建成小康社会成果。

（三）以集中解决突出问题为重点，全面推动老区开发开放。加快老区开发建设步伐，基础设施是首要条件，资源开发和产业发展是关键环节，改革开放是根本动力，生态环境是发展底线，老区精神是活力源泉。要围绕重点领域和薄弱环节，明确工作思路，选准主攻方向，发扬"钉钉子"精神，使老区面貌明显改善，人民生活水平显著提升。

三、主要任务

（一）加快重大基础设施建设，尽快破解发展瓶颈制约。大力推进老区高等级公路建设，优先布局一批铁路项目并设立站点，积极布局一批支线和通用机场，支持有条件的老区加快港口、码头、航道等水运基础设施建设，力争实现老区所在地级市高速公路通达、加速铁路基本覆盖。加快推动老区电网建设，支持大用户直供电和工业企业按照国家有关规定建设自备电厂，保障发展用能需求。增加位于贫困老区的发电企业年度电量计划，提高水电工程留存电量比例。加大老区地质灾害防治、矿山环境治理和地质灾害搬迁避让工程实施力度。完善电信普遍服务补偿机制，支持老区加快实施"宽带中国"战略、"宽带乡村"工程，加大网络通信基础设施建设力度。优先支持老区重大水利工程、中型水库、病险水库水闸除险加固、灌区续建配套与节水改造等项目建设，加大贫困老区抗旱水源建设、中小河流治理和山洪灾害防治力度。支持老区推进土地整治和高标准农田建设，在安排建设任务和补助资金时予以倾斜。

（二）积极有序开发优势资源，切实发挥辐射带动效应。鼓励中央企业和地方国有企业、民营资本组建混合所有制企业，因地制宜勘探开发老区煤炭、石油、天然气、页岩气、煤层气、页岩油等资源。在具备资源禀赋的老区积极有序开发建设大型水电、风电、太阳能基地，着力解决电力消纳问题。支持老区发展生物质能、天然气、农村小水电等清洁能源，加快规划建设一批抽水蓄能电站。积极支持符合条件的老区建设能源化工基地，加快推进技术创新，实现资源就地加工转化利用。增加地质矿产调查评价专项对贫困老区基础性、公益性项目的投入，引导社会资本积极参与老区矿产资源勘查开发，支持开展矿产资源综合利用示范基地和绿色矿山建设。

（三）着力培育壮大特色产业，不断增强"造血"功能。推进老区一、二、三产业融合发展，延长农业产业链，让农户更多分享农业全产业链和价值链增值收益。做大做强农民合作社和龙头企业，支持老区特色农产品品种保护、选育和生产示范基地建设，积极推广适用新品种、新技术，打造一批特色农产品加工示范园区，扶持、鼓励开展无公害农产品、绿色食品、有机农产品及地理标志农产品认证。积极发展特色农产品交易市场，鼓励大型零售超市与贫困老区合作社开展农超对接。加强老区农村物流服务体系建设，鼓励邮政快递服务向农村延伸。大力发展电子商务，加强农村电商人才培训，鼓励引导电商企业开辟老区特色农产品网上销售平台，加大对农产品品牌推介营销的支持力度。依托老区良好的自然环境，积极发展休闲农业、生态农业，打造一批具有较大影响力的养生养老基地和休闲度假目的地。充分挖掘老区山林资源，积极发展木本油料、特色经济林产业和林下经济。利用老区丰富的文化资源，振兴传统工艺，发展特色文化产业。支持老区建设红色旅游经典景区，优先支持老区创建国家级旅游景区，旅游基础设施建设中央补助资金进一步向老区倾斜。加大跨区域旅游合作力度，重点打造国家级红色旅游经典景区和精品线路，加强旅游品牌推介，着力开发红色旅游产品，培育一批具有较高知名度的旅游节庆活动。加强老区革命历史纪念场所建设维护，有计划抢救影响力大、损毁严重的重要革命遗址。支持老区因地制宜开展"互联网+"试点。积极发展适合老区的信息消费新产品、新业态、新模式。

（四）切实保护生态环境，着力打造永续发展的美丽老区。继续实施天然林保护、防护林建设、石漠化治理、防沙治沙、湿地保护与恢复、退牧还草、水土流失综合治理、坡耕地综合整治等重点生态工程，优先安排贫困老区新一轮退耕还林还草任务，支持老区开展各类生态文明试点示范。加强自然保护区建设与管理，支持在符合条件的老区开展国家公园设立试点。大力发展绿色建筑和低碳、便捷的交通体系，加快推动生产生活方式绿色化。深入实施大气、水、土壤污染防治行动计划，全面推进涵养区、源头区等水源地环境整治。加强农村面源污染治理，对秸秆、地膜、畜禽粪污收集利用加大扶持和奖励力度，研究将贫困老区列入下一轮农村环境综合整治重点区域。加快推进老区工业污染场地和矿区环境治理，支持老区工业企业实施清洁生产技术改造工程。

（五）全力推进民生改善，大幅提升基本公共服务水平。加快解决老区群众饮水安全问题，加大农村电网改造升级力度，进一步提高农村饮水、电力保障水平。加快贫困老区农村公路建设，重点推进剩余乡镇和建制村通硬化路建设，推动一定人口规模的自然村通公路。加大农村危房改造力度，统筹开展农房抗震改造，对贫困老区予以倾斜支持。加快老区农村集贸市场建设。尽快补齐老区教育短板，增加公共教育资源配置，消除大班额现象，优化农村中小学校设点布局，改善基本办学条件，强化师资力量配备，确保适龄儿童和少年都能接受良好的义务教育。支持贫困老区加快普及高中阶段教育，办好一批中等、高等职业学校，逐步推进中等职业教育免除学杂费，推动职业学校与企业共建实验实训平台，培养更多适应老区发展需要的技术技能人才。继续实施农村贫困地区定向招生专项计划，畅通贫困老区学生就读重点高校渠道。加强老区县乡村三级医疗卫生服务网络标准化建设，支持贫困老区实施全科医生和专科医生特设岗位计划，逐步提高新型农村合作医疗保障能力和大病救助水平。加大社会救助力度，逐步提高老区最低生活保障水平，加快完善老区城乡居民基本养老保险制度，落实国家基础养老金标准相关政策。以广播电视服务网络、数字文化服务、乡土人才培养、流动文化服务以及公共图书馆、文化馆（站）、基层综合性文化服务中心、基层新华书店等为重点，推动老区基本公共文化服务能力与水平明显提高。

（六）大力促进转移就业，全面增强群众增收致富能力。结合实施国家新型城镇化规划，发挥老区中心城市和小城镇集聚功能，积极发展劳动密集型产业和家政服务、物流配送、养老服务等产业，拓展劳动力就地就近就业空间。加强基层人力资源和社会保障公共服务平台建设，推动贫困老区劳动力向经济发达地区转移，建立和完善劳动力输出与输入地劳务对接机制，提高转移输出组织化程度。支持老区所在市县积极整合各类培训资源，开展有针对性的职业技能培训。加大贫困老区劳动力技能培训力度，鼓励外出务工人员参加中长期实用技能培训。引导和支持用人企业在老区开展订单定向培训。支持符合条件的老区建设创业园区或创业孵化基地等，鼓励外出务工人员回乡创业。

（七）深入实施精准扶贫，加快推进贫困人口脱贫。继续实施以工代赈、整村推进、产业扶贫等专项扶贫工程，加大对建档立卡贫困村、贫困户的扶持力度。统筹使用涉农资金，开展扶贫小额信贷，支持贫困户发展特色产业，促进有劳动能力的贫困户增收致富。积极实施光伏扶贫工程，支持老区探索资产收益扶贫。加快实施乡村旅游富民工程，积极推进老区贫困村旅游扶贫试点。深入推行科技特派员制度，支持老区科技特派员与贫困户结成利益共同体，探索创业扶贫新模式。在贫困老区优先实施易地扶贫搬迁工程，在安排年度任务时予以倾斜，完善后续生产发展和就业扶持政策。加快实施教育扶贫工程，在老区加快落实建档立卡的家庭经济困难学生实施普通高中免除学杂费政策，实现家庭经济困难学生资助全覆盖。实施健康扶贫工程，落实贫困人口参加新型农村合作医疗个人缴费部分由财政给予补贴的政策，将贫困人口全部纳入重特大疾病救助范围。对无法依靠产业扶持和就业帮助脱贫的家庭实行政策性保障兜底。

（八）积极创新体制机制，加快构建开放型经济新格局。支持老区开展农村集体产权制度改革，稳妥有序实施农村承包土地经营权、农民住房财产权等抵押贷款以及大宗特色农产品保险试点。支持老区开展水权交易试点，探索建立市场化补偿方式。推动相关老区深度融入"一带一路"建设、京津冀协同发展、长江经济带建设三大国家战略，与有关国家级新区、自主创新示范区、自由贸易试验区、综合配套改革试验区、承接产业转移示范区建立紧密合作关系，打造区域合作和产业承接发展平台，探索发展"飞地经济"，引导发达地区劳动密集型等产业优先向老区转移。支持老区科技创新能力建设，加快推动老区创新驱动发展。支持具备条件的老区申请设立海关特殊监管区域，鼓励老区所在市县积极承接加工贸易梯度转移。对老区企业到境外开展各类管理体系认证、产品认证和商标注册等给予资助。拓展老区招商引资渠道，利用外经贸发展专项资金促进贫困老区发展，优先支持老区项目申报借用国外优惠贷款。鼓励老区培育和发展会展平台，提高知名度和影响力。加快边境老区开发开放，提高边境经济合作区、跨境经济合作区发展水平，提升边民互市贸易便利化水平。

四、支持政策

（一）加强规划引导和重大项目建设。编制实施国民经济和社会发展"十三五"规划等中长期规划时，对老区予以重点支持，积极谋划一批交通、水利、能源等重大工程项目，优先纳入相关专项规划。全面实施赣闽粤原中央苏区、陕甘宁、左右江、大别山、川陕等老区振兴发展规划和集中连片特困地区区域发展与脱贫攻坚规划，加快落实规划项目和政策。推动大型项目、重点工程、新兴产业在符合条件的前提下优先向老区安排。探索建立老区重大项目审批核准绿色通道，加快核准审批进程，对重大项目环评工作提前介入指导。

（二）持续加大资金投入。中央财政一般性转移支付资金、各类涉及民生的专项转移支付资金进一步向贫困老区倾斜。增加老区转移支付资金规模，扩大支持范围。中央财政专项扶贫资金分配向贫困老区倾斜。加大中央集中彩票公益金支持老区扶贫开发力度，力争实现对贫困老区全覆盖。加大中央预算内投资和专项建设基金对老区的投入力度。严格落实国家在贫困地区安排的公益性建设项目取消县级和西部集中连片特困地区地市级配套资金的政策，并加大中央和省级财政投资补助比重。在公共服务等领域积极推广政府与社会资本合作、政府购买服务等模式。鼓励和引导各类金融机构加大对老区开发建设的金融支持。鼓励各银行业金融机构总行合理扩大贫困老区分支机构授信审批权限，加大支农再贷款、扶贫再贷款对贫困老区的支持力度，建立健全信贷资金投向老区的激励机制。支持具备条件的民间资本在老区依法发起设立村镇银行、民营银行等金融机构，推动有关金融机构延伸服务网络、创新金融产品。鼓励保险机构开发老区特色优势农作物保险产品，支持贫困老区开展特色农产品价格保险。

（三）强化土地政策保障。在分解下达新增建设用地指标和城乡建设用地增减挂钩指标时，重点向老区内国家扶贫开发工作重点县倾斜。鼓励通过城乡建设用地增减挂钩优先解决老区易地扶贫搬迁安置所需建设用地，对不具备开展增减挂钩条件的，优先安排搬迁安置所需新增建设用地计划指标。在贫困老区开展易地扶贫搬迁，允许将城乡建设用地增减挂钩指标在省域范围内使用。支持有条件的老区开展历史遗留工矿废弃地复垦利用、城镇低效用地再开发和低丘缓坡荒滩等未利用地开发利用试点。落实和完善农产品批发市场、农贸市场城镇土地使用税和房产税政策。

（四）完善资源开发与生态补偿政策。适当增加贫困老区光伏、风电等优势能源资源开发规模。合理调整资源开发收益分配政策，研究提高老区矿产、油气资源开发收益地方留成比例，强化资源开发对老区发展的拉动效应。支持将符合条件的贫困老区纳入重点生态功能区补偿范围。逐步建立地区间横向生态保护补偿机制，引导提供生态产品的老区与受益地区之间，通过资金补助、产业转移、人才培训、共建园区等方式实施补偿。支持符合条件的老区启动实施湿地生态效益补偿和生态还湿。

（五）提高优抚对象优待抚恤标准。继续提高"三红"人员（在乡退伍红军老战士、在乡西路军红军老战士、红军失散人员）、在乡老复员军人等优抚对象抚恤和定期生活补助标准，研究其遗孀定期生活补助政策，保障好老无所养和伤病残优抚对象的基本生活。研究逐步提高新中国成立前入党的农村老党员和未享受离退休待遇的城镇老党员生活补助标准。严格落实优抚对象医疗保障政策，逐步提高医疗保障水平。鼓励有条件的地方实行优抚对象基本殡葬服务费用减免政策。优抚对象申请经济适用住房、公租房或农村危房改造的，同等条件下予以优先安排。加大优抚对象家庭成员就业政策落实力度，符合就业困难人员条件的优先安排公益性岗位，组织机关、企事业单位面向老区定向招聘辅助人员。

（六）促进干部人才交流和对口帮扶。推进贫困老区与发达地区干部交流，加大中央和国家机关、中央企业与贫困老区干部双向挂职锻炼工作力度，大力实施边远贫困地区、边疆民族地区和革命老区人才支持计划。研究实施直接面向老区的人才支持项目，支持老区相关单位申报设立院士工作站和博士后科研工作站。深入推进中央企业定点帮扶贫困革命老区县"百县万村"活动，进一步挖掘中央和省级定点扶贫单位帮扶资源，逐步实现定点扶贫工作对贫困老区全覆盖。制定优惠政策，鼓励老区优秀青年入伍，引导优秀退役军人留在老区工作。加快建立省级政府机关、企事业单位或省内发达县市对口帮扶本省贫困老区的工作机制。

五、组织领导

（一）高度重视老区开发建设工作。各级党委和政府要进一步增强责任感、紧迫感、使命感，把加快老区开发建设作为"一把手工程"，把扶持老区人民脱贫致富作为义不容辞的责任。坚持中央统筹、省（自治区、直辖市）负总责、市（地）县抓落实的工作机制，推动建立党委领导、政府负责、部门协同、社会参与的工作格局，积极整合各级财力和各类资源，推动老区加快发展。发挥军队和武警部队的优势和积极作用，影响和带动社会力量支持老区开发建设。加大对老区脱贫攻坚工作的考核力度，实行年度报告和通报制度。按照国家有关规定表彰为老区发展建设作出突出贡献的先进典型，对推进工作不力的要强化责任追究。加强对各级老区建设促进会的指导，给予必要的支持。

（二）不断加强老区基层领导班子和党组织建设。各级党委和政府要选派一批思想政治硬、业务能力强、综合素质高的干部充实老区党政领导班子，优先选派省部级、厅局级后备干部担任老区市、县党政主要领导，推动老区党政领导班子年轻化、知识化、专业化。对长期在老区工作的干部要在提拔任用、家属随迁、子女入学等方面予以倾斜。加强老区基层党组织建设，选优配强党组织带头人，完善村级组织运转经费保障机制，强化服务群众、村干部报酬待遇、村级组织活动场所等基础保障。做好老区村级党组织第一书记选派工作，充分发挥基层党组织团结带领老区群众脱贫致富的战斗堡垒作用。根据老区贫困村实际需求，精准选派驻村工作队，提高县以上机关派出干部比例。

（三）广泛动员社会各方面力量参与老区开发建设。鼓励各类企业通过资源开发、产业培育、市场开拓、村企共建等形式到贫困老区投资兴业、培训技能、吸纳就业、捐资助贫，引导一批大型企业在贫困老区包县包村扶贫，鼓励社会团体、基金会、民办非企业单位等各类组织积极支持老区开发建设。对于各类企业和社会组织到贫困老区投资兴业、带动贫困群众就业增收的，严格落实税收、土地、金融等相关支持政策。开展多种类型的公益活动，引导广大社会成员和港澳同胞、台湾同胞、华侨及海外人士，通过爱心捐赠、志愿服务、结对帮扶等多种形式参与老区扶贫开发。

（四）大力弘扬老区精神。各级党委和政府要把弘扬老区精神作为党建工作的重要内容，将老区精神融入培育和践行社会主义核心价值观系列活动，利用建党日、建军节、国庆节等重要时间节点，持续不断推动老区精神进学校、进机关、进企业、进社区，在全社会营造传承老区精神高尚、支持服务老区光荣的浓厚氛围。积极支持老区精神挖掘整理工作，结合红色旅游组织开展形式多样的主题活动，培育壮大老区文艺团体和文化出版单位，扶持创作一批反映老区优良传统、展现老区精神风貌的优秀文艺作品和文化产品。加强老区新闻媒体建设，提升老区精神传播能力。老区广大干部群众要继续发扬自力更生、艰苦奋斗的优良传统，不等不靠，齐心协力，争当老区精神的传承者和践行者，加快老区开发建设步伐，不断开创老区振兴发展的新局面。

（五）全面落实各项任务举措。各级党委和政府要认真抓好意见的贯彻落实，明确工作任务和责任分工，加大政策项目实施力度，确保年年有总结部署、有督促检查。中央和国家机关有关部门要按照职责分工，抓紧制定实施方案，细化实化具体政策措施，全面落实意见提出的各项任务。国家发展改革委要负责牵头协调解决工作中遇到的困难和问题，会同民政部、国务院扶贫办等部门和单位加强对意见执行情况的跟踪检查，重大问题及时向党中央、国务院报告。充分发挥各级老区建设促进会的监测评估作用，适时组织第三方机构对本意见实施情况进行评估。

（2016年2月1日）

中共中央、国务院《关于进一步加强城市规划建设管理工作的若干意见》

城市是经济社会发展和人民生产生活的重要载体，是现代文明的标志。新中国成立特别是改革开放以来，我国城市规划建设管理工作成就显著，城市规划法律法规和实施机制基本形成，基础设施明显改善，公共服务和管理水平持续提升，在促进经济社会发展、优化城乡布局、完善城市功能、增进民生福祉等方面发挥了重要作用。同时务必清醒地看到，城市规划建设管理中还存在一些突出问题：城市规划前瞻性、严肃性、强制性和公开性不够，城市建筑贪大、媚洋、求怪等乱象丛生，特色缺失，文化传承堪忧；城市建设盲目追求规模扩张，节约集约程度不高；依法治理城市力度不够，违法建设、大拆大建问题突出，公共产品和服务供给不足，环境污染、交通拥堵等"城市病"蔓延加重。

积极适应和引领经济发展新常态，把城市规划好、建设好、管理好，对促进以人为核心的新型城镇化发展，建设美丽中国，实现"两个一百年"奋斗目标和中华民族伟大复兴的中国梦具有重要现实意义和深远历史意义。为进一步加强和改进城市规划建设管理工作，解决制约城市科学发展的突出矛盾和深层次问题，开创城市现代化建设新局面，现提出以下意见。

一、总体要求

（一）指导思想。全面贯彻党的十八大和十八届三中、四中、五中全会及中央城镇化工作会议、中央城市工作会议精神，深入贯彻习近平总书记系列重要讲话精神，按照"五位一体"总体布局和"四个全面"战略布局，牢固树立和贯彻落实创新、协调、绿色、开放、共享的发展理念，认识、尊重、顺应城市发展规律，更好发挥法治的引领和规范作用，依法规划、建设和管理城市，贯彻"适用、经济、绿色、美观"的建筑方针，着力转变城市发展方式，着力塑造城市特色风貌，着力提升城市环境质量，着力创新城市管理服务，走出一条中国特色城市发展道路。

（二）总体目标。实现城市有序建设、适度开发、高效运行，努力打造和谐宜居、富有活力、各具特色的现代化城市，让人民生活更美好。

（三）基本原则。坚持依法治理与文明共建相结合，坚持规划先行与建管并重相结合，坚持改革创新与传承保护相结合，坚持统筹布局与分类指导相结合，坚持完善功能与宜居宜业相结合，坚持集约高效与安全便利相结合。

二、强化城市规划工作

（一）依法制定城市规划。城市规划在城市发展中起着战略引领和刚性控制的重要作用。依法加强规划编制和审批管理，严格执行城乡规划法规定的原则和程序，认真落实城市总体规划由本级政府编制、社会公众参与、同级人大常委会审议、上级政府审批的有关规定。创新规划理念，改进规划方法，把以人为本、尊重自然、传承历史、绿色低碳等理念融入城市规划全过程，增强规划的前瞻性、严肃性和连续性，实现一张蓝图干到底。坚持协调发展理念，从区域、城乡整体协调的高度确定城市定位、谋划城市发展。加强空间开发管制，划定城市开发边界，根据资源禀赋和环境承载能力，引导调控城市规模，优化城市空间布局和形态功能，确定城市建设约束性指标。按照严控增量、盘活存量、优化结构的思路，逐步调整城市用地结构，把保护基本农田放在优先地位，保证生态用地，合理安排建设用地，推动城市集约发展。改革完善城市规划管理体制，加强城市总体规划和土地利用总体规划的衔接，推进两图合一。在有条件的城市探索城市规划管理和国土资源管理部门合一。

（二）严格依法执行规划。经依法批准的城市规划，是城市建设和管理的依据，必须严格执行。进一步强化规划的强制性，凡是违反规划的行为都要严肃追究责任。城市政府应当定期向同级人大常委会报告城市规划实施情况。城市总体规划的修改，必须经原审批机关同意，并报同级人大常委会审议通过，从制度上防止随意修改规划等现象。控制性详细规划是规划实施的基础，未编制控制性详细规划的区域，不得进行建设。控制性详细规划的编制、实施以及对违规建设的处理结果，都要向社会公开。全面推行城市规划委员会制度。健全国家城乡规划督察员制度，实现规划督察全覆盖。完善社会参与机制，充分发挥专家和公众的力量，加强规划实施的社会监督。建立利用卫星遥感监测等多种手段共同监督规划实施的工作机制。严控各类开发区和城市新区设立，凡不符合城镇体系规划、城市总体规划和土地利用总体规划进行建设的，一律按违法处理。用5年左右时间，全面清查并处理建成区违法建设，坚决遏制新增违法建设。

三、塑造城市特色风貌

（一）提高城市设计水平。城市设计是落实城市规划、指导建筑设计、塑造城市特色风貌的有效手段。鼓励开展城市设计工作，通过城市设计，从整体平面和立体空间上统筹城市建筑布局，协调城市景观风貌，体现城市地域特征、民族特色和时代风貌。单体建筑设计方案必须在形体、色彩、体量、高度等方面符合城市设计要求。抓紧制定城市设计管理法规，完善相关技术导则。支持高等学校开设城市设计相关专业，建立和培育城市设计队伍。

（二）加强建筑设计管理。按照"适用、经济、绿色、美观"的建筑方针，突出建筑使用功能以及节能、节水、节地、节材和环保，防止片面追求建筑外观形象。强化公共建筑和超限高层建筑设计管理，建立大型公共建筑工程后评估制度。坚持开放发展理念，完善建筑设计招投标决策机制，规范决策行为，提高决策透明度和科学性。进一步培育和规范建筑设计市场，依法严格实施市场准入和清出。为建筑设计院和建筑师事务所发展创造更加良好的条件，鼓励国内外建筑设计企业充分竞争，使优秀作品脱颖而出。培养既有国际视野又有民族自信的建筑师队伍，进一步明确建筑师的权利和责任，提高建筑师的地位。倡导开展建筑评论，促进建筑设计理念的交融和升华。

（三）保护历史文化风貌。有序实施城市修补和有机更新，解决老城区环境品质下降、空间秩序混乱、历史文化遗产损毁等问题，促进建筑物、街道立面、天际线、色彩和环境更加协调、优美。通过维护加固老建筑、改造利用旧厂房、完善基础设施等措施，恢复老城区功能和活力。加强文化遗产保护传承和合理利用，保护古遗址、古建筑、近现代历史建筑，更好地延续历史文脉，展现城市风貌。用5年左右时间，完成所有城市历史文化街区划定和历史建筑确定工作。

四、提升城市建筑水平

（一）落实工程质量责任。完善工程质量安全管理制度，落实建设单位、勘察单位、设计单位、施工单位和工程监理单位等五方主体质量安全责任。强化政府对工程建设全过程的质量监管，特别是强化对工程监理的监管，充分发挥质监站的作用。加强职业道德规范和技能培训，提高从业人员素质。深化建设项目组织实施方式改革，推广工程总承包制，加强建筑市场监管，严厉查处转包和违法分包等行为，推进建筑市场诚信体系建设。实行施工企业银行保函和工程质量责任保险制度。建立大型工程技术风险控制机制，鼓励大型公共建筑、地铁等按市场化原则向保险公司投保重大工程保险。

（二）加强建筑安全监管。实施工程全生命周期风险管理，重点抓好房屋建筑、城市桥梁、建筑幕墙、斜坡（高切坡）、隧道（地铁）、地下管线等工程运行使用的安全监管，做好质量安全鉴定和抗震加固管理，建立安全预警及应急控制机制。加强对既有建筑改扩建、装饰装修、工程加固的质量安全监管。全面排查城市老旧建筑安全隐患，采取有力措施限期整改，严防发生垮塌等重大事故，保障人民群众生命财产安全。

（三）发展新型建造方式。大力推广装配式建筑，减少建筑垃圾和扬尘污染，缩短建造工期，提升工程质量。制定装配式建筑设计、施工和验收规范。完善部品部件标准，实现建筑部品部件工厂化生产。鼓励建筑企业装配式施工，现场装配。建设国家级装配式建筑生产基地。加大政策支持力度，力争用10年左右时间，使装配式建筑占新建建筑的比例达到30%。积极稳妥推广钢结构建筑。在具备条件的地方，倡导发展现代木结构建筑。

五、推进节能城市建设

（一）推广建筑节能技术。提高建筑节能标准，推广绿色建筑和建材。支持和鼓励各地结合自然气候特点，推广应用地源热泵、水源热泵、太阳能发电等新能源技术，发展被动式房屋等绿色节能建筑。完善绿色节能建筑和建材评价体系，制定分布式能源建筑应用标准。分类制定建筑全生命周期能源消耗标准定额。

（二）实施城市节能工程。在试点示范的基础上，加大工作力度，全面推进区域热电联产、政府机构节能、绿色照明等节能工程。明确供热采暖系统安全、节能、环保、卫生等技术要求，健全服务质量标准和评估监督办法。进一步加强对城市集中供热系统的技术改造和运行管理，提高热能利用效率。大力推行采暖地区住宅供热分户计量，新建住宅必须全部实现供热分户计量，既有住宅要逐步实施供热分户计量改造。

六、完善城市公共服务

（一）大力推进棚改安居。深化城镇住房制度改革，以政府为主保障困难群体基本住房需求，以市场为主满足居民多层次住房需求。大力推进城镇棚户区改造，稳步实施城中村改造，有序推进老旧住宅小区综合整治、危房和非成套住房改造，加快配套基础设施建设，切实解决群众住房困难。打好棚户区改造三年攻坚战，到2020年，基本完成现有的城镇棚户区、城中村和危房改造。完善土地、财政和金融政策，落实税收政策。创新棚户区改造体制机制，推动政府购买棚改服务，推广政府与社会资本合作模式，构建多元化棚改实施主体，发挥开发性金融支持作用。积极推行棚户区改造货币化安置。因地制宜确定住房保障标准，健全准入退出机制。

（二）建设地下综合管廊。认真总结推广试点城市经验，逐步推开城市地下综合管廊建设，统筹各类管线敷设，综合利用地下空间资源，提高城市综合承载能力。城市新区、各类园区、成片开发区域新建道路必须同步建设地下综合管廊，老城区要结合地铁建设、河道治理、道路整治、旧城更新、棚户区改造等，逐步推进地下综合管廊建设。加快制定地下综合管廊建设标准和技术导则。凡建有地下综合管廊的区域，各类管线必须全部入廊，管廊以外区域不得新建管线。管廊实行有偿使用，建立合理的收费机制。鼓励社会资本投资和运营地下综合管廊。各城市要综合考虑城市发展远景，按照先规划、后建设的原则，编制地下综合管廊建设专项规划，在年度建设计划中优先安排，并预留和控制地下空间。完善管理制度，确保管廊正常运行。

（三）优化街区路网结构。加强街区的规划和建设，分梯级明确新建街区面积，推动发展开放便捷、尺度适宜、配套完善、邻里和谐的生活街区。新建住宅要推广街区制，原则上不再建设封闭住宅小区。已建成的住宅小区和单位大院要逐步打开，实现内部道路公共化，解决交通路网布局问题，促进土地节约利用。树立"窄马路、密路网"的城市道路布局理念，建设快速路、主次干路和支路级配合理的道路网系统。打通各类"断头路"，形成完整路网，提高道路通达性。科学、规范设置道路交通安全设施和交通管理设施，提高道路安全性。到2020年，城市建成区平均路网密度提高到8公里/平方公里，道路面积率达到15%。积极采用单行道路方式组织交通。加强自行车道和步行道系统建设，倡导绿色出行。合理配置停车设施，鼓励社会参与，放宽市场准入，逐步缓解停车难问题。

（四）优先发展公共交通。以提高公共交通分担率为突破口，缓解城市交通压力。统筹公共汽车、轻轨、地铁等多种类型公共交通协调发展，到2020年，超大、特大城市公共交通分担率达到40%以上，大城市达到30%以上，中小城市达到20%以上。加强城市综合交通枢纽建设，促进不同运输方式和城市内外交通之间的顺畅衔接、便捷换乘。扩大公共交通专用道的覆盖范围。实现中心城区公交站点500米内全覆盖。引入市场竞争机制，改革公交公司管理体制，鼓励社会资本参与公共交通设施建设和运营，增强公共交通运力。

（五）健全公共服务设施。坚持共享发展理念，使人民群众在共建共享中有更多获得感。合理确定公共服务设施建设标准，加强社区服务场所建设，形成以社区级设施为基础，市、区级设施衔接配套的公共服务设施网络体系。配套建设中小学、幼儿园、超市、菜市场，以及社区养老、医疗卫生、文化服务等设施，大力推进无障碍设施建设，打造方便快捷生活圈。继续推动公共图书馆、美术馆、文化馆（站）、博物馆、科技馆免费向全社会开放。推动社区内公共设施向居民开放。合理规划建设广场、公园、步行道等公共活动空间，方便居民文体活动，促进居民交流。强化绿地服务居民日常活动的功能，使市民在居家附近能够见到绿地、亲近绿地。城市公园原则上要免费向居民开放。限期清理腾退违规占用的公共空间。顺应新型城镇化的要求，稳步推进城镇基本公共服务常住人口全覆盖，稳定就业和生活的农业转移人口在住房、教育、文化、医疗卫生、计划生育和证照办理服务等方面，与城镇居民有同等权利和义务。

（六）切实保障城市安全。加强市政基础设施建设，实施地下管网改造工程。提高城市排涝系统建设标准，加快实施改造。提高城市综合防灾和安全设施建设配置标准，加大建设投入力度，加强设施运行管理。建立城市备用饮用水水源地，确保饮水安全。健全城市抗震、防洪、排涝、消防、交通、应对地质灾害应急指挥体系，完善城市生命通道系统，加强城市防灾避难场所建设，增强抵御自然灾害、处置突发事件和危机管理能力。加强城市安全监管，建立专业化、职业化的应急救援队伍，提升社会治安综合治理水平，形成全天候、系统性、现代化的城市安全保障体系。

七、营造城市宜居环境

（一）推进海绵城市建设。充分利用自然山体、河湖湿地、耕地、林地、草地等生态空间，建设海绵城市，提升水源涵养能力，缓解雨洪内涝压力，促进水资源循环利用。鼓励单位、社区和居民家庭安装雨水收集装置。大幅度减少城市硬覆盖地面，推广透水建材铺装，大力建设雨水花园、储水池塘、湿地公园、下沉式绿地等雨水滞留设施，让雨水自然积存、自然渗透、自然净化，不断提高城市雨水就地蓄积、渗透比例。

（二）恢复城市自然生态。制定并实施生态修复工作方案，有计划有步骤地修复被破坏的山体、河流、湿地、植被，积极推进采矿废弃地修复和再利用，治理污染土地，恢复城市自然生态。优化城市绿地布局，构建绿道系统，实现城市内外绿地连接贯通，将生态要素引入市区。建设森林城市。推行生态绿化方式，保护古树名木资源，广植当地树种，减少人工干预，让乔灌草合理搭配、自然生长。鼓励发展屋顶绿化、立体绿化。进一步提高城市人均公园绿地面积和城市建成区绿地率，改变城市建设中过分追求高强度开发、高密度建设、大面积硬化的状况，让城市更自然、更生态、更有特色。

（三）推进污水大气治理。强化城市污水治理，加快城市污水处理设施建设与改造，全面加强配套管网建设，提高城市污水收集处理能力。整治城市黑臭水体，强化城中村、老旧城区和城乡结合部污水截流、收集，抓紧治理城区污水横流、河湖水系污染严重的现象。到2020年，地级以上城市建成区力争实现污水全收集、全处理，缺水城市再生水利用率达到20%以上。以中水洁厕为突破口，不断提高污水利用率。新建住房和单体建筑面积超过一定规模的新建公共建筑应当安装中水设施，老旧住房也应当逐步实施中水利用改造。培育以经营中水业务为主的水务公司，合理形成中水回用价格，鼓励按市场化方式经营中水。城市工业生产、道路清扫、车辆冲洗、绿化浇灌、生态景观等生产和生态用水要优先使用中水。全面推进大气污染防治工作。加大城市工业源、面源、移动源污染综合治理力度，着力减少多污染物排放。加快调整城市能源结构，增加清洁能源供应。深化京津冀、长三角、珠三角等区域大气污染联防联控，健全重污染天气监测预警体系。提高环境监管能力，加大执法力度，严厉打击各类环境违法行为。倡导文明、节约、绿色的消费方式和生活习惯，动员全社会参与改善环境质量。

（四）加强垃圾综合治理。树立垃圾是重要资源和矿产的观念，建立政府、社区、企业和居民协调机制，通过分类投放收集、综合循环利用，促进垃圾减量化、资源化、无害化。到2020年，力争将垃圾回收利用率提高到35%以上。强化城市保洁工作，加强垃圾处理设施建设，统筹城乡垃圾处理处置，大力解决垃圾围城问题。推进垃圾收运处理企业化、市场化，促进垃圾清运体系与再生资源回收体系对接。通过限制过度包装，减少一次性制品使用，推行净菜入城等措施，从源头上减少垃圾产生。利用新技术、新设备，推广厨余垃圾家庭粉碎处理。完善激励机制和政策，力争用5年左右时间，基本建立餐厨废弃物和建筑垃圾回收和再生利用体系。

八、创新城市治理方式

（一）推进依法治理城市。适应城市规划建设管理新形势和新要求，加强重点领域法律法规的立改废释，形成覆盖城市规划建设管理全过程的法律法规制度。严格执行城市规划建设管理行政决策法定程序，坚决遏制领导干部随意干预城市规划设计和工程建设的现象。研究推动城乡规划法与刑法衔接，严厉惩处规划建设管理违法行为，强化法律责任追究，提高违法违规成本。

（二）改革城市管理体制。明确中央和省级政府城市管理主管部门，确定管理范围、权力清单和责任主体，理顺各部门职责分工。推进市县两级政府规划建设管理机构改革，推行跨部门综合执法。在设区的市推行市或区一级执法，推动执法重心下移和执法事项属地化管理。加强城市管理执法机构和队伍建设，提高管理、执法和服务水平。

（三）完善城市治理机制。落实市、区、街道、社区的管理服务责任，健全城市基层治理机制。进一步强化街道、社区党组织的领导核心作用，以社区服务型党组织建设带动社区居民自治组织、社区社会组织建设。增强社区服务功能，实现政府治理和社会调节、居民自治良性互动。加强信息公开，推进城市治理阳光运行，开展世界城市日、世界住房日等主题宣传活动。

（四）推进城市智慧管理。加强城市管理和服务体系智能化建设，促进大数据、物联网、云计算等现代信息技术与城市管理服务融合，提升城市治理和服务水平。加强市政设施运行管理、交通管理、环境管理、应急管理等城市管理数字化平台建设和功能整合，建设综合性城市管理数据库。推进城市宽带信息基础设施建设，强化网络安全保障。积极发展民生服务智慧应用。到2020年，建成一批特色鲜明的智慧城市。通过智慧城市建设和其他一系列城市规划建设管理措施，不断提高城市运行效率。

（五）提高市民文明素质。以加强和改进城市规划建设管理来满足人民群众日益增长的物质文化需要，以提升市民文明素质推动城市治理水平的不断提高。大力开展社会主义核心价值观学习教育实践，促进市民形成良好的道德素养和社会风尚，提高企业、社会组织和市民参与城市治理的意识和能力。从青少年抓起，完善学校、家庭、社会三结合的教育网络，将良好校风、优良家风和社会新风有机融合。建立完善市民行为规范，增强市民法治意识。

九、切实加强组织领导

（一）加强组织协调。中央和国家机关有关部门要加大对城市规划建设管理工作的指导、协调和支持力度，建立城市工作协调机制，定期研究相关工作。定期召开中央城市工作会议，研究解决城市发展中的重大问题。中央组织部、住房城乡建设部要定期组织新任市委书记、市长培训，不断提高城市主要领导规划建设管理的能力和水平。

（二）落实工作责任。省级党委和政府要围绕中央提出的总目标，确定本地区城市发展的目标和任务，集中力量突破重点难点问题。城市党委和政府要制定具体目标和工作方案，明确实施步骤和保障措施，加强对城市规划建设管理工作的领导，落实工作经费。实施城市规划建设管理工作监督考核制度，确定考核指标体系，定期通报考核结果，并作为城市党政领导班子和领导干部综合考核评价的重要参考。

各地区各部门要认真贯彻落实本意见精神，明确责任分工和时间要求，确保各项政策措施落到实处。各地区各部门贯彻落实情况要及时向党中央、国务院报告。中央将就贯彻落实情况适时组织开展监督检查。

（2016年2月6日）

国务院《中医药发展战略规划纲要（2016—2030年）》

中医药作为我国独特的卫生资源、潜力巨大的经济资源、具有原创优势的科技资源、优秀的文化资源和重要的生态资源，在经济社会发展中发挥着重要作用。随着我国新型工业化、信息化、城镇化、农业现代化深入发展，人口老龄化进程加快，健康服务业蓬勃发展，人民群众对中医药服务的需求越来越旺盛，迫切需要继承、发展、利用好中医药，充分发挥中医药在深化医药卫生体制改革中的作用，造福人类健康。为明确未来十五年我国中医药发展方向和工作重点，促进中医药事业健康发展，制定本规划纲要。

一、基本形势

新中国成立后特别是改革开放以来，党中央、国务院高度重视中医药工作，制定了一系列政策措施，推动中医药事业发展取得了显著成就。中医药总体规模不断扩大，发展水平和服务能力逐步提高，初步形成了医疗、保健、科研、教育、产业、文化整体发展新格局，对经济社会发展贡献度明显提升。截至2014年底，全国共有中医类医院（包括中医、中西医结合、民族医医院，下同）3732所，中医类医院床位75.5万张，中医类执业（助理）医师39.8万人，2014年中医类医院总诊疗人次5.31亿。中医药在常见病、多发病、慢性病及疑难病症、重大传染病防治中的作用得到进一步彰显，得到国际社会广泛认可。2014年中药生产企业达到3813家，中药工业总产值7302亿元。中医药已经传播到183个国家和地区。

另一方面，我国中医药资源总量仍然不足，中医药服务领域出现萎缩现象，基层中医药服务能力薄弱，发展规模和水平还不能满足人民群众健康需求；中医药高层次人才缺乏，继承不足、创新不够；中药产业集中度低，野生中药材资源破坏严重，部分中药材品质下降，影响中医药可持续发展；适应中医药发展规律的法律政策体系有待健全；中医药走向世界面临制约和壁垒，国际竞争力有待进一步提升；中医药治理体系和治理能力现代化水平亟待提高，迫切需要加强顶层设计和统筹规划。

当前，我国进入全面建成小康社会决胜阶段，满足人民群众对简便验廉的中医药服务需求，迫切需要大力发展健康服务业，拓宽中医药服务领域。深化医药卫生体制改革，加快推进健康中国建设，迫切需要在构建中国特色基本医疗制度中发挥中医药独特作用。适应未来医学从疾病医学向健康医学转变、医学模式从生物医学向生物—心理—社会模式转变的发展趋势，迫切需要继承和发展中医药的绿色健康理念、天人合一的整体观念、辨证施治和综合施治的诊疗模式、运用自然的防治手段和全生命周期的健康服务。促进经济转型升级，培育新的经济增长动能，迫切需要加大对中医药的扶持力度，进一步激发中医药原创优势，促进中医药产业提质增效。传承和弘扬中华优秀传统文化，迫切需要进一步普及和宣传中医药文化知识。实施"走出去"战略，推进"一带一路"建设，迫切需要推动中医药海外创新发展。各地区、各有关部门要正确认识形势，把握机遇，扎实推进中医药事业持续健康发展。

二、指导思想、基本原则和发展目标

（一）指导思想。

认真落实党的十八大和十八届二中、三中、四中、五中全会精神，深入贯彻习近平总书记系列重要讲话精神，紧紧围绕"四个全面"战略布局和党中央、国务院决策部署，牢固树立创新、协调、绿色、开放、共享发展理念，坚持中西医并重，从思想认识、法律地位、学术发展与实践运用上落实中医药与西医药的平等地位，充分遵循中医药自身发展规律，以推进继承创新为主题，以提高中医药发展水平为中心，以完善符合中医药特点的管理体制和政策机制为重点，以增进和维护人民群众健康为目标，拓展中医药服务领域，促进中西医结合，发挥中医药在促进卫生、经济、科技、文化和生态文明发展中的独特作用，统筹推进中医药事业振兴发展，为深化医药卫生体制改革、推进健康中国建设、全面建成小康社会和实现"两个一百年"奋斗目标作出贡献。

（二）基本原则。

坚持以人为本、服务惠民。以满足人民群众中医药健康需求为出发点和落脚点，坚持中医药发展为了人民、中医药成果惠及人民，增进人民健康福祉，保证人民享有安全、有效、方便的中医药服务。

坚持继承创新、突出特色。把继承创新贯穿中医药发展一切工作，正确把握好继承和创新的关系，坚持和发扬中医药特色优势，坚持中医药原创思维，充分利用现代科学技术和方法，推动中医药理论与实践不断发展，推进中医药现代化，在创新中不断形成新特色、新优势，永葆中医药薪火相传。

坚持深化改革、激发活力。改革完善中医药发展体制机制，充分发挥市场在资源配置中的决定性作用，拉动投资消费，推进产业结构调整，更好发挥政府在制定规划、出台政策、引导投入、规范市场等方面的作用，积极营造平等参与、公平竞争的市场环境，不断激发中医药发展的潜力和活力。

坚持统筹兼顾、协调发展。坚持中医与西医相互取长补短，发挥各自优势，促进中西医结合，在开放中发展中医药。统筹兼顾中医药发展各领域、各环节，注重城乡、区域、国内国际中医药发展，促进中医药医疗、保健、科研、教育、产业、文化全面发展，促进中医中药协调发展，不断增强中医药发展的整体性和系统性。

（三）发展目标。

到2020年，实现人人基本享有中医药服务，中医医疗、保健、科研、教育、产业、文化各领域得到全面协调发展，中医药标准化、信息化、产业化、现代化水平不断提高。中医药健康服务能力明显增强，服务领域进一步拓宽，中医医疗服务体系进一步完善，每千人口公立中医类医院床位数达到0.55张，中医药服务可得性、可及性明显改善，有效减轻群众医疗负担，进一步放大医改惠民效果；中医基础理论研究及重大疾病攻关取得明显进展，中医药防治水平大幅度提高；中医药人才教育培养体系基本建立，凝聚一批学术领先、医术精湛、医德高尚的中医药人才，每千人口卫生机构中医执业类（助理）医师数达到0.4人；中医药产业现代化水平显著提高，中药工业总产值占医药工业总产值30%以上，中医药产业成为国民经济重要支柱之一；中医药对外交流合作更加广泛；符合中医药发展规律的法律体系、标准体系、监督体系和政策体系基本建立，中医药管理体制更加健全。

到2030年，中医药治理体系和治理能力现代化水平显著提升，中医药服务领域实现全覆盖，中医药健康服务能力显著增强，在治未病中的主导作用、在重大疾病治疗中的协同作用、在疾病康复中的核心作用得到充分发挥；中医药科技水平显著提高，基本形成一支由百名国医大师、万名中医名师、百万中医师、千万职业技能人员组成的中医药人才队伍；公民中医健康文化素养大幅度提升；中医药工业智能化水平迈上新台阶，对经济社会发展的贡献率进一步增强，我国在世界传统医药发展中的引领地位更加巩固，实现中医药继承创新发展、统筹协调发展、生态绿色发展、包容开放发展和人民共享发展，为健康中国建设奠定坚实基础。

三、重点任务

（一）切实提高中医医疗服务能力。

1. 完善覆盖城乡的中医医疗服务网络。全面建成以中医类医院为主体、综合医院等其他类别医院中医药科室为骨干、基层医疗卫生机构为基础、中医门诊部和诊所为补充、覆盖城乡的中医医疗服务网络。县级以上地方人民政府要在区域卫生规划中合理配置中医医疗资源，原则上在每个地市级区域、县级区域设置1个市办中医类医院、1个县办中医类医院，在综合医院、妇幼保健机构等非中医类医疗机构设置中医药科室。在乡镇卫生院和社区卫生服务中心建立中医馆、国医堂等中医综合服务区，加强中医药设备配置和中医药人员配备。加强中医医院康复科室建设，支持康复医院设置中医药科室，加强中医康复专业技术人员的配备。

2. 提高中医药防病治病能力。实施中医临床优势培育工程，加强在区域内有影响力、科研实力强的省级或地市级中医医院能力建设。建立中医药参与突发公共事件应急网络和应急救治工作协调机制，提高中医药应急救治和重大传染病防治能力。持续实施基层中医药服务能力提升工程，提高县级中医医院和基层医疗卫生机构中医优势病种诊疗能力、中医药综合服务能力。建立慢性病中医药监测与信息管理制度，推动建立融入中医药内容的社区健康管理模式，开展高危人群中医药健康干预，提升基层中医药健康管理水平。大力发展中医非药物疗法，充分发挥其在常见病、多发病和慢性病防治中的独特作用。建立中医医院与基层医疗卫生机构、疾病预防控制机构分工合作的慢性病综合防治网络和工作机制，加快形成急慢分治的分级诊疗秩序。

3. 促进中西医结合。运用现代科学技术，推进中西医资源整合、优势互补、协同创新。加强中西医结合创新研究平台建设，强化中西医临床协作，开展重大疑难疾病中西医联合攻关，形成独具特色的中西医结合诊疗方案，提高重大疑难疾病、急危重症的临床疗效。探索建立和完善国家重大疑难疾病中西医协作工作机制与模式，提升中西医结合服务能力。积极创造条件建设中西医结合医院。完善中西医结合人才培养政策措施，建立更加完善的西医学习中医制度，鼓励西医离职学习中医，加强高层次中西医结合人才培养。

4. 促进民族医药发展。将民族医药发展纳入民族地区和民族自治地方经济社会发展规划，加强民族医医疗机构建设，支持有条件的民族自治地方举办民族医医院，鼓励民族地区各类医疗卫生机构设立民族医药科，鼓励社会力量举办民族医医院和诊所。加强民族医药传承保护、理论研究和文献的抢救与整理。推进民族药标准建设，提高民族药质量，加大开发推广力度，促进民族药产业发展。

5. 放宽中医药服务准入。改革中医医疗执业人员资格准入、执业范围和执业管理制度，根据执业技能探索实行分类管理，对举办中医诊所的，将依法实施备案制管理。改革传统医学师承和确有专长人员执业资格准入制度，允许取得乡村医生执业证书的中医药一技之长人员在乡镇和村开办中医诊所。鼓励社会力量举办连锁中医医疗机构，对社会资本举办只提供传统中医药服务的中医门诊部、诊所，医疗机构设置规划和区域卫生发展规划不作布局限制，支持有资质的中医专业技术人员特别是名老中医开办中医门诊部、诊所，鼓励药品经营企业举办中医坐堂医诊所。保证社会办和政府办中医医疗机构在准入、执业等方面享有同等权利。

6. 推动"互联网+"中医医疗。大力发展中医远程医疗、移动医疗、智慧医疗等新型医疗服务模式。构建集医学影像、检验报告等健康档案于一体的医疗信息共享服务体系，逐步建立跨医院的中医医疗数据共享交换标准体系。探索互联网延伸医嘱、电子处方等网络中医医疗服务应用。利用移动互联网等信息技术提供在线预约诊疗、候诊提醒、划价缴费、诊疗报告查询、药品配送等便捷服务。

（二）大力发展中医养生保健服务。

1. 加快中医养生保健服务体系建设。研究制定促进中医养生保健服务发展的政策措施，支持社会力量举办中医养生保健机构，实现集团化发展或连锁化经营。实施中医治未病健康工程，加强中医医院治未病科室建设，为群众提供中医健康咨询评估、干预调理、随访管理等治未病服务，探索融健康文化、健康管理、健康保险于一体的中医健康保障模式。鼓励中医医院、中医医师为中医养生保健机构提供保健咨询、调理和药膳等技术支持。

2. 提升中医养生保健服务能力。鼓励中医医疗机构、养生保健机构走进机关、学校、企业、社区、乡村和家庭，推广普及中医养生保健知识和易于掌握的理疗、推拿等中医养生保健技术与方法。鼓励中医药机构充分利用生物、仿生、智能等现代科学技术，研发一批保健食品、保健用品和保健器械器材。加快中医治未病技术体系与产业体系建设。推广融入中医治未病理念的健康工作和生活方式。

3. 发展中医药健康养老服务。推动中医药与养老融合发展，促进中医医疗资源进入养老机构、社区和居民家庭。支持养老机构与中医医疗机构合作，建立快速就诊绿色通道，鼓励中医医疗机构面向老年人群开展上门诊视、健康查体、保健咨询等服务。鼓励中医医师在养老机构提供保健咨询和调理服务。鼓励社会资本新建以中医药健康养老为主的护理院、疗养院，探索设立中医药特色医养结合机构，建设一批医养结合示范基地。

4. 发展中医药健康旅游服务。推动中医药健康服务与旅游产业有机融合，发展以中医药文化传播和体验为主题，融中医疗养、康复、养生、文化传播、商务会展、中药材科考与旅游于一体的中医药健康旅游。开发具有地域特色的中医药健康旅游产品和线路，建设一批国家中医药健康旅游示范基地和中医药健康旅游综合体。加强中医药文化旅游商品的开发生产。建立中医药健康旅游标准化体系，推进中医药健康旅游服务标准化和专业化。举办"中国中医药健康旅游年"，支持举办国际性的中医药健康旅游展览、会议和论坛。

（三）扎实推进中医药继承。

1. 加强中医药理论方法继承。实施中医药传承工程，全面系统继承历代各家学术理论、流派及学说，全面系统继承当代名老中医药专家学术思想和临床诊疗经验，总结中医优势病种临床基本诊疗规律。将中医古籍文献的整理纳入国家中华典籍整理工程，开展中医古籍文献资源普查，抢救濒临失传的珍稀与珍贵古籍文献，推动中医古籍数字化，编撰出版《中华医藏》，加强海外中医古籍影印和回归工作。

2. 加强中医药传统知识保护与技术挖掘。建立中医药传统知识保护数据库、保护名录和保护制度。加强中医临床诊疗技术、养生保健技术、康复技术筛选，完善中医医疗技术目录及技术操作规范。加强对传统制药、鉴定、炮制技术及老药工经验的继承应用。开展对中医药民间特色诊疗技术的调查、挖掘整理、研究评价及推广应用。加强对中医药百年老字号的保护。

3. 强化中医药师承教育。建立中医药师承教育培养体系，将师承教育全面融入院校教育、毕业后教育和继续教育。鼓励医疗机构发展师承教育，实现师承教育常态化和制度化。建立传统中医师管理制度。加强名老中医药专家传承工作室建设，吸引、鼓励名老中医药专家和长期服务基层的中医药专家通过师承模式培养多层次的中医药骨干人才。

（四）着力推进中医药创新。

1. 健全中医药协同创新体系。健全以国家和省级中医药科研机构为核心，以高等院校、医疗机构和企业为主体，以中医科学研究基地（平台）为支撑，多学科、跨部门共同参与的中医药协同创新体制机制，完善中医药领域科技布局。统筹利用相关科技计划（专项、基金等），支持中医药相关科技创新工作，促进中医药科技创新能力提升，加快形成自主知识产权，促进创新成果的知识产权化、商品化和产业化。

2. 加强中医药科学研究。运用现代科学技术和传统中医药研究方法，深化中医基础理论、辨证论治方法研究，开展经穴特异性及针灸治疗机理、中药药性理论、方剂配伍理论、中药复方药效物质基础和作用机理等研究，建立概念明确、结构合理的理论框架体系。加强对重大疑难疾病、重大传染病防治的联合攻关和对常见病、多发病、慢性病的中医药防治研究，形成一批防治重大疾病和治未病的重大产品和技术成果。综合运用现代科技手段，开发一批基于中医理论的诊疗仪器与设备。探索适合中药特点的新药开发新模式，推动重大新药创制。鼓励基于经典名方、医疗机构中药制剂等的中药新药研发。针对疾病新的药物靶标，在中药资源中寻找新的候选药物。

3. 完善中医药科研评价体系。建立和完善符合中医药特点的科研评价标准和体系，研究完善有利于中医药创新的激励政策。通过同行评议和引进第三方评估，提高项目管理效率和研究水平。不断提高中医药科研成果转化效率。开展中医临床疗效评价与转化应用研究，建立符合中医药特点的疗效评价体系。

（五）全面提升中药产业发展水平。

1. 加强中药资源保护利用。实施野生中药材资源保护工程，完善中药材资源分级保护、野生中药材物种分级保护制度，建立濒危野生药用动植物保护区、野生中药材资源培育基地和濒危稀缺中药材种植养殖基地，加强珍稀濒危野生药用动植物保护、繁育研究。建立国家级药用动植物种质资源库。建立普查和动态监测相结合的中药材资源调查制度。在国家医药储备中，进一步完善中药材及中药饮片储备。鼓励社会力量投资建立中药材科技园、博物馆和药用动植物园等保育基地。探索荒漠化地区中药材种植生态经济示范区建设。

2. 推进中药材规范化种植养殖。制定中药材主产区种植区域规划。制定国家道地药材目录，加强道地药材良种繁育基地和规范化种植养殖基地建设。促进中药材种植养殖业绿色发展，制定中药材种植养殖、采集、储藏技术标准，加强对中药材种植养殖的科学引导，大力发展中药材种植养殖专业合作社和合作联社，提高规模化、规范化水平。支持发展中药材生产保险。建立完善中药材原产地标记制度。实施贫困地区中药材产业推进行动，引导贫困户以多种方式参与中药材生产，推进精准扶贫。

3. 促进中药工业转型升级。推进中药工业数字化、网络化、智能化建设，加强技术集成和工艺创新，提升中药装备制造水平，加速中药生产工艺、流程的标准化、现代化，提升中药工业知识产权运用能力，逐步形成大型中药企业集团和产业集群。以中药现代化科技产业基地为依托,实施中医药大健康产业科技创业者行动,促进中药一、二、三产业融合发展。开展中成药上市后再评价,加大中成药二次开发力度,开展大规模、规范化临床试验,培育一批具有国际竞争力的名方大药。开发一批中药制造机械与设备,提高中药制造业技术水平与规模效益。推进实施中药标准化行动计划,构建中药产业全链条的优质产品标准体系。实施中药绿色制造工程,形成门类丰富的新兴绿色产业体系,逐步减少重金属及其化合物等物质的使用量,严格执行《中药类制药工业水污染物排放标准》(GB 21906-2008),建立中药绿色制造体系。

4. 构建现代中药材流通体系。制定中药材流通体系建设规划,建设一批道地药材标准化、集约化、规模化和可追溯的初加工与仓储物流中心,与生产企业供应商管理和质量追溯体系紧密相连。发展中药材电子商务。利用大数据加强中药材生产信息搜集、价格动态监测分析和预测预警。实施中药材质量保障工程,建立中药材生产流通全过程质量管理和质量追溯体系,加强第三方检测平台建设。

(六)大力弘扬中医药文化。

1. 繁荣发展中医药文化。大力倡导"大医精诚"理念,强化职业道德建设,形成良好行业风尚。实施中医药健康文化素养提升工程,加强中医药文物设施保护和非物质文化遗产传承,推动更多非药物中医诊疗技术列入联合国教科文组织非物质文化遗产名录和国家级非物质文化遗产目录,使更多古代中医典籍进入世界记忆名录。推动中医药文化国际传播,展示中华文化独特魅力,提升我国文化软实力。

2. 发展中医药文化产业。推动中医药与文化产业融合发展,探索将中医药文化纳入文化产业发展规划。创作一批承载中医药文化的创意产品和文化精品。促进中医药与广播影视、新闻出版、数字出版、动漫游戏、旅游餐饮、体育演艺等有效融合,发展新型文化产品和服务。培育一批知名品牌和企业,提升中医药与文化产业融合发展水平。

(七)积极推动中医药海外发展。

1. 加强中医药对外交流合作。深化与各国政府和世界卫生组织、国际标准化组织等的交流与合作,积极参与国际规则、标准的研究与制订,营造有利于中医药海外发展的国际环境。实施中医药海外发展工程,推动中医药技术、药物、标准和服务走出去,促进国际社会广泛接受中医药。本着政府支持、民间运作、服务当地、互利共赢的原则,探索建设一批中医药海外中心。支持中医药机构全面参与全球中医药各领域合作与竞争,发挥中医药社会组织的作用。在国家援外医疗中进一步增加中医药服务内容。推进多层次的中医药国际教育交流合作,吸引更多的海外留学生来华接受学历教育、非学历教育、短期培训和临床实习,把中医药打造成中外人文交流、民心相通的亮丽名片。

2. 扩大中医药国际贸易。将中医药国际贸易纳入国家对外贸易发展总体战略,构建政策支持体系,突破海外制约中医药对外贸易发展的法律、政策障碍和技术壁垒,加强中医药知识产权国际保护,扩大中医药服务贸易国际市场准入。支持中医药机构参与"一带一路"建设,扩大中医药对外投资和贸易。为中医药服务贸易发展提供全方位公共资源保障。鼓励中医药机构到海外开办中医医院、连锁诊所和中医养生保健机构。扶持中药材海外资源开拓,加强海外中药材生产流通质量管理。鼓励中药企业走出去,加快打造全产业链服务的跨国公司和知名国际品牌。积极发展入境中医健康旅游,承接中医医疗服务外包,加强中医药服务贸易对外整体宣传和推介。

四、保障措施

(一)健全中医药法律体系。推动颁布并实施中医药法,研究制定配套政策法规和部门规章,推动修订执业医师法、药品管理法和医疗机构管理条例、中药品种保护条例等法律法规,进一步完善中医类别执业医师、中医医疗机构分类和管理、中药审批管理、中医药传统知识保护等领域相关法律规定,构建适应中医药发展需要的法律法规体系。指导地方加强中医药立法工作。

(二)完善中医药标准体系。为保障中医药服务质量安全,实施中医药标准化工程,重点开展中医临床诊疗指南、技术操作规范和疗效评价标准的制定、推广与应用。系统开展中医治未病标准、药膳制作标准和中医药保健品标准等研究制定。健全完善中药质量标准体系，加强中药质量管理，重点强化中药炮制、中药鉴定、中药制剂、中药配方颗粒以及道地药材的标准制定与质量管理。加快中药数字化标准及中药材标本建设。加快国内标准向国际标准转化。加强中医药监督体系建设，建立中医药监督信息数据平台。推进中医药认证管理，发挥社会力量的监督作用。

（三）加大中医药政策扶持力度。落实政府对中医药事业的投入政策。改革中医药价格形成机制，合理确定中医医疗服务收费项目和价格，降低中成药虚高药价，破除以药补医机制。继续实施不取消中药饮片加成政策。在国家基本药物目录中进一步增加中成药品种数量，不断提高国家基本药物中成药质量。地方各级政府要在土地利用总体规划和城乡规划中统筹考虑中医药发展需要，扩大中医医疗、养生保健、中医药健康养老服务等用地供给。

（四）加强中医药人才队伍建设。建立健全院校教育、毕业后教育、继续教育有机衔接以及师承教育贯穿始终的中医药人才培养体系。重点培养中医重点学科、重点专科及中医药临床科研领军人才。加强全科医生人才、基层中医药人才以及民族医药、中西医结合等各类专业技能人才培养。开展临床类别医师和乡村医生中医药知识与技能培训。建立中医药职业技能人员系列，合理设置中医药健康服务技能岗位。深化中医药教育改革，建立中医学专业认证制度，探索适应中医医师执业分类管理的人才培养模式，加强一批中医药重点学科建设，鼓励有条件的民族地区和高等院校开办民族医药专业，开展民族医药研究生教育，打造一批世界一流的中医药名校和学科。健全国医大师评选表彰制度，完善中医药人才评价机制。建立吸引、稳定基层中医药人才的保障和长效激励机制。

（五）推进中医药信息化建设。按照健康医疗大数据应用工作部署，在健康中国云服务计划中，加强中医药大数据应用。加强中医医院信息基础设施建设，完善中医医院信息系统。建立对患者处方真实有效性的网络核查机制，实现与人口健康信息纵向贯通、横向互通。完善中医药信息统计制度建设，建立全国中医药综合统计网络直报体系。

五、组织实施

（一）加强规划组织实施。进一步完善国家中医药工作部际联席会议制度，由国务院领导同志担任召集人。国家中医药工作部际联席会议办公室要强化统筹协调，研究提出中医药发展具体政策措施，协调解决重大问题，加强对政策落实的指导、督促和检查；要会同相关部门抓紧研究制定本规划纲要实施分工方案，规划建设一批国家中医药综合改革试验区，确保各项措施落到实处。地方各级政府要将中医药工作纳入经济社会发展规划，加强组织领导，健全中医药发展统筹协调机制和工作机制，结合实际制定本规划纲要具体实施方案，完善考核评估和监督检查机制。

（二）健全中医药管理体制。按照中医药治理体系和治理能力现代化要求，创新管理模式，建立健全国家、省、市、县级中医药管理体系，进一步完善领导机制，切实加强中医药管理工作。各相关部门要在职责范围内，加强沟通交流、协调配合，形成共同推进中医药发展的工作合力。

（三）营造良好社会氛围。综合运用广播电视、报刊等传统媒体和数字智能终端、移动终端等新型载体，大力弘扬中医药文化知识，宣传中医药在经济社会发展中的重要地位和作用。推动中医药进校园、进社区、进乡村、进家庭，将中医药基础知识纳入中小学传统文化、生理卫生课程，同时充分发挥社会组织作用，形成全社会"信中医、爱中医、用中医"的浓厚氛围和共同发展中医药的良好格局。

（2016年2月22日）

国务院《关于进一步加强文物工作的指导意见》

国发〔2016〕17号

各省、自治区、直辖市人民政府,国务院各部委、各直属机构:

为切实加强文物工作,进一步发挥文物资源在传承和弘扬中华优秀传统文化、实现中华民族伟大复兴中国梦中的重要作用,现提出如下意见。

一、重要意义

中华民族具有五千多年连绵不断的文明历史,创造了博大精深的中华文化,留下了极其丰厚的文化遗产。文物是不可再生的珍贵文化资源,是国家的"金色名片",是中华民族生生不息发展壮大的实物见证,是传承和弘扬中华优秀传统文化的历史根脉,是培育和践行社会主义核心价值观的深厚滋养。加强文物保护,让收藏在博物馆里的文物、陈列在广阔大地上的遗产、书写在古籍里的文字都活起来,对于传承中华优秀传统文化、满足人民群众精神文化需求、提升国民素质、增强民族凝聚力、展示文明大国形象、促进经济社会发展具有十分重要的意义。

近年来,在党中央、国务院的高度重视下,我国文物事业取得了显著成就。全社会保护文物的意识进一步增强,文物保护基础工作不断夯实,资源状况基本摸清,保护经费和保护力量持续增长,保护状况明显改善,博物馆建设步伐加快,公共文化服务水平稳步提高,文物利用的广度深度不断拓展,文物拍卖市场管理逐步规范,文物对外交流合作日益扩大,文物事业呈现出前所未有的良好态势。同时也应看到,随着经济社会快速发展,文物保护与城乡建设的矛盾日益显现,随着文物数量大幅度增加,文物保护的任务日益繁重,文物工作面临着一些新的问题和困难。全社会保护文物的法治观念有待提升,文物保护的配套法规体系尚需完善;一些地方履行文物保护的责任不到位,法人违法行为屡禁不止;一些文物保护单位因自然和人为因素遭到破坏,一些革命文物的保护没有得到足够重视,尚未核定公布为文物保护单位的不可移动文物消失加快;文物建筑火灾事故多发,盗窃盗掘等文物犯罪屡打不止;文物执法力量薄弱,执法不严、违法不究现象时有发生;文物拓展利用不够,文物保护管理的能力建设有待加强。面对文物保护的严峻形势和突出问题,必须增强紧迫感和使命感,本着对历史负责、对人民负责、对未来负责的态度,采取切实有效措施,进一步加强新时期的文物工作。

二、总体要求

(一)指导思想。全面贯彻落实党的十八大和十八届二中、三中、四中、五中全会精神,按照党中央、国务院决策部署,坚持创新、协调、绿色、开放、共享的发展理念,坚持"保护为主、抢救第一、合理利用、加强管理"的文物工作方针,深入挖掘和系统阐发文物所蕴含的文化内涵和时代价值,切实做到在保护中发展、在发展中保护,努力为建设社会主义文化强国作出更大贡献。

(二)基本原则。

坚持公益属性。政府在文物保护中应发挥主导作用,公平对待国有和非国有博物馆,发挥文物的公共文化服务和社会教育功能,保障人民群众基本文化权益,拓宽人民群众参与渠道,共享文物保护利用成果。

坚持服务大局。始终把保护文物、传承优秀传统文化、建设共有精神家园作为文物工作服务大局的出发点和落脚点,统筹协调文物保护与经济发展、城乡建设、民生改善的关系,充分发挥文物资源传承文明、教育人民、服务社会、推动发展的作用。

坚持改革创新。深化行政管理体制改革,简政放权、放管结合、优化服务,破除影响文物事业发展的体制机制障碍。更新观念，协同创新，发挥社会各方面参与文物保护利用的积极性。

坚持依法管理。完善文物法律法规体系，全面落实法定职责，健全依法决策机制，强化责任追究。加大执法力度，严肃查处违法行为，严厉打击文物犯罪。

（三）主要目标。到2020年，文物事业在传承中华优秀传统文化、弘扬社会主义核心价值观、推动中华文化走出去、提高国民素质和社会文明程度中进一步发挥重要作用；文物资源状况全面摸清，全国重点文物保护单位、省级文物保护单位保存状况良好，市县级文物保护单位保存状况明显改善，尚未核定公布为文物保护单位的不可移动文物保护措施得到落实；馆藏文物预防性保护进一步加强，珍贵文物较多的博物馆藏品保存环境全部达标；文物保护的科技含量和装备水平进一步提高，文物展示利用手段和形式实现突破；主体多元、结构优化、特色鲜明、富有活力的博物馆体系日臻完善，馆藏文物利用效率明显提升，文博创意产业持续发展，有条件的文物保护单位基本实现向公众开放，公共文化服务功能和社会教育作用更加彰显；文物法律法规体系基本完备，文物保护理论架构基本确立，行业标准体系和诚信体系基本形成；文物行业人才队伍结构不断优化，专业水平明显提升；文物执法督察体系基本建立，执法力量得到加强，安全责任体系更加健全，安全形势明显好转；社会力量广泛参与文物保护利用格局基本形成，文物保护成果更多惠及人民群众，文物资源促进经济社会发展的作用进一步增强，促进中外人文交流的作用进一步发挥。

三、明确责任

（一）落实政府责任。各级人民政府要进一步提高对文物保护重要性的认识，敬重祖先留下来的珍贵遗产，依法履行管理和监督责任。地方人民政府要切实履行文物保护主体责任，把文物工作列入重要议事日程，作为地方领导班子和领导干部综合考核评价的重要参考；建立健全文物保护责任评估机制，每年对本行政区域的文物保存状况进行一次检查评估，发现问题及时整改。

（二）强化主管部门职责。要支持文物行政部门依法履行职责，加强文物行政机构建设，优化职能配置。文物保护，基础在县。县级人民政府应根据本地文物工作实际，明确相关机构承担文物保护管理职能。各级文物行政部门要深化行政管理体制改革，转变职能，强化监管，守土尽责，敢于担当。

（三）加强部门协调。各地要建立由主管领导牵头的文物工作协调机制，地方各级人民政府相关部门和单位要认真履行依法承担的保护文物职责。在有关行政许可和行政审批项目中，发展改革、财政、住房城乡建设、国土资源、文物等部门要加强协调配合。建立文物、文化、公安、住房城乡建设、国土资源、环境保护、旅游、宗教、海洋等部门和单位参加的行政执法联动机制，针对主要问题适时开展联合检查和整治行动。发挥全国文物安全工作部际联席会议作用，公安、海关、工商、海洋、文物等部门和单位要保持对盗窃、盗掘、盗捞、倒卖、走私等文物违法犯罪活动的高压态势，完善严防、严管、严打、严治的长效机制，结案后应及时向文物行政部门移交涉案文物。加强文物行政执法和刑事司法衔接，建立文物行政部门和公安、司法机关案情通报、案件移送制度。工业和信息化、文物等部门和单位要共同推进文物保护装备产业发展。教育部门要在文物工作急需人才培养方面给予支持和倾斜。

四、重在保护

（一）健全国家文物登录制度。完善文物认定标准，规范文物调查、申报、登记、定级、公布程序。抓紧制定不可移动文物的降级撤销程序和馆藏文物退出机制。建立国家文物资源总目录和数据资源库，全面掌握文物保存状况和保护需求，实现文物资源动态管理，推进信息资源社会共享。

（二）加强不可移动文物保护。对存在重大险情的各级文物保护单位应及时开展抢救性保护，在项目审批上开辟"绿色通道"，在资金安排上予以保障；组织实施一批具有重大影响和示范意义的文物保护重点项目；加强文物日常养护巡查和监测保护，提高管理水平，注重与周边环境相协调，重视岁修，减少大修，防止因维修不当造成破坏。文物保护工程要遵循其特殊规律，依法实行确保工程质量的招投标方式和预算编制规范。加强长城保护。注重革命文物的维修保护。加强大遗址保护和国家考古遗址公园建设。开展水下考古调查，基本掌握水下文物整体分布和保存状况，划定水下文物保护区，实施一批水下文物保护重点工程，加快建设国家文物局水下文化遗产保护中心南海基地，研究建立涵括水下文化遗产的海洋历史文化遗址公园。做好世界文化遗产申报和保护管理工作，加快世界文化遗产监测预警体系建设。

（三）加强城乡建设中的文物保护。高度重视城市改造和新农村建设中的文物保护，突出工作重点，区分轻重缓急，加强历史文化名城、村镇、街区和传统村落整体格局和历史风貌的保护，防止拆真建假、拆旧建新等建设性破坏行为；涉及各级文物保护单位建设控制地带和地下文物埋藏区的建设项目，应当严格按照文物保护法律法规的规定办理相关手续；不可移动文物不得擅自迁移、拆除，因建设工程确需迁移、拆除的，应当严格按照文物保护法律法规的规定办理相关手续。做好基本建设中的考古调查、勘探、发掘和文物保护工作，搞好配合，提高时效。研究制定文物保护补偿办法，依法确定补偿对象、补助范围等内容。利用公益性基金等平台，采取社会募集等方式筹措资金，解决产权属于私人的不可移动文物保护维修的资金补助问题，使文物所有者和使用者更好地履行保护义务。

（四）加强文物保护规划编制实施。要将文物行政部门作为城乡规划协调决策机制成员单位，按照"多规合一"的要求将文物保护规划相关内容纳入城乡规划。国务院文物行政部门统筹指导各级文物保护单位保护规划的编制工作。全国重点文物保护单位保护规划由省级人民政府组织编制，经国务院文物行政部门审核同意后公布实施。地方各级人民政府要及时核定本行政区域相应级别的文物保护单位和不可移动文物名录，依法划定文物保护单位保护范围和建设控制地带，并通过政务信息平台向社会公开，接受社会监督。

（五）加强可移动文物保护。实施馆藏文物修复计划，及时抢救修复濒危珍贵文物，优先保护材质脆弱珍贵文物，分类推进珍贵文物保护修复工程，注重保护修复馆藏革命文物。实施预防性保护工程，对展陈珍贵文物配备具有环境监测功能的展柜，完善博物馆、文物收藏单位的文物监测和调控设施，对珍贵文物配备柜架囊匣。要为处于地震带的博物馆的珍贵文物配置防震保护设备。实施经济社会发展变迁物证征藏工程，征集新中国成立以来反映经济社会发展的重要实物，记录时代发展，丰富藏品门类。

（六）加强文物安全防护。实施文物平安工程，完善文物建筑防火和古遗址古墓葬石窟寺石刻防盗防破坏设施,切实降低文物保护单位安全风险。落实文物管理单位主体责任。夯实基层文物安全管理,健全县（市、区）、乡镇（街道）、村（社区）三级文物安全管理网络，逐级落实文物安全责任；发挥乡镇综合文化站作用，完善文物保护员制度，推行政府购买文物保护服务，逐处落实文物安全责任单位或责任人。

（七）制定鼓励社会参与文物保护的政策措施。指导和支持城乡群众自治组织保护管理使用区域内尚未核定公布为文物保护单位的不可移动文物。制定切实可行的政策措施，鼓励向国家捐献文物及捐赠资金投入文物保护的行为。对社会力量自愿投入资金保护修缮市县级文物保护单位和尚未核定公布为文物保护单位的不可移动文物的，可依法依规在不改变所有权的前提下，给予一定期限的使用权。培育以文物保护为宗旨的社会组织，发挥文物保护志愿者作用。鼓励民间合法收藏文物，支持非国有博物馆发展。制定文物公共政策应征求专家学者、社会团体、社会公众的意见，提高公众参与度，形成全社会保护文物的新格局。

五、拓展利用

（一）为培育和弘扬社会主义核心价值观服务。挖掘研究文物价值内涵，以物知史，以物见人，传播优秀传统文化，引领社会文明风尚。推出一批具有鲜明教育作用、彰显社会主义核心价值观的陈列展览、文物影视节目和图书等多媒体出版物。推动建立中小学生定期参观博物馆的长效机制，鼓励学校结合课程设置和教学计划，组织学生到博物馆开展学习实践活动。

（二）为保障人民群众基本文化权益服务。完善博物馆公共文化服务功能，扩大公共文化服务覆盖面，将更多的博物馆纳入财政支持的免费开放范围。建立博物馆免费开放运行绩效评估管理体系。加强革命老区、民族地区、边疆地区、贫困地区博物馆建设，促进博物馆公共文化服务标准化、均等化。考古发掘单位要依法向博物馆移交文物。推动博物馆由数量增长向质量提升转变，完善服务标准，提升基本陈列质量，提高藏品利用效率，促进馆藏资源、展览的共享交流。实施智慧博物馆项目，推广生态博物馆、流动博物馆，有条件的地方可以建立社区博物馆。提升古遗址古建筑石窟寺展示利用水平，拓宽近现代文物的利用方式。推动有条件的行政机关、企事业单位管理使用的文物保护单位定期或部分对公众开放。

（三）为促进经济社会发展服务。发挥文物资源在文化传承中的作用，丰富城乡文化内涵，彰显地域文化特色，优化社区人文环境。发挥文物资源在促进地区经济社会发展、壮大旅游业中的重要作用，打造文物旅游品牌，培育以文物保护单位、博物馆为支撑的体验旅游、研学旅行和传统村落休闲旅游线路，设计生产较高文化品位的旅游纪念品，增加地方收入，扩大居民就业。实行文物保护的分类管理、精准管理，针对城市、乡村、荒野等不同地域，以考古勘探等工作为基础，合理划定古遗址的保护区划；对传统村落中的文物建筑分别实行整体保护、外貌保护、局部保护，实现文物保护与延续使用功能、改善居住条件相统一。切实加强文物市场和社会文物鉴定的规范管理，积极促进文物拍卖市场健康发展。

（四）大力发展文博创意产业。深入挖掘文物资源的价值内涵和文化元素，更加注重实用性，更多体现生活气息，延伸文博衍生产品链条，进一步拓展产业发展空间，进一步调动博物馆利用馆藏资源开发创意产品的积极性，扩大引导文化消费，培育新型文化业态。鼓励众创、众筹，以创新创意为动力，以文博单位和文化创意设计企业为主体，开发原创文化产品，打造文化创意品牌，为社会资本广泛参与研发、经营等活动提供指导和便利条件。实施"互联网＋中华文明"行动计划，支持和引导企事业单位通过市场方式让文物活起来，丰富人民群众尤其是广大青少年的精神文化生活。

（五）为扩大中华文化影响力服务。积极参与国际文化遗产保护事务，扩大与相关国际组织的合作，形成文物交流双边、多边合作机制。与更多国家和地区签署防止盗窃、盗掘和非法进出境文物双边协定，通过外交、司法、民间等多种形式推进非法流失海外文物的追索与返还。拓宽文物对外展示传播渠道，加强文物与外交、文化、海洋等部门和单位联动。推进与"一带一路"沿线国家文物保护领域的实质性合作。

（六）合理适度利用。任何文物利用都要以有利于文物保护为前提，以服务公众为目的，以彰显文物历史文化价值为导向，以不违背法律和社会公德为底线。文物景区景点要合理确定游客承载量；国有不可移动文物不得转让、抵押，不得作为企业资产经营，不得将辟为参观游览场所的国有文物保护单位及其管理机构整体交由企业管理。

六、严格执法

（一）完善文物保护法律法规。加快推进文物保护法、水下文物保护管理条例等法律法规修订工作。省级人民政府和具有立法权的市级人民政府要推动文物保护地方性法规规章制修订工作，健全法治保障体系。

（二）强化文物督察。完善文物保护监督机制，畅通文物保护社会监督渠道。加强层级监督，依法对地方履行文物保护职责情况进行督察，对重大文物违法案件和文物安全事故进行调查督办，集中曝光重大典型案例，对影响恶劣的要约谈地方人民政府负责人。优化国务院文物行政部门执法督察力量配置。

（三）加强地方文物执法工作。地方各级人民政府要结合综合行政执法改革，进一步加强文物执法工作，落实执法责任。加强省级文物行政部门执法督察力量。市县级文物行政部门要依法履行好行政执法职能，也可通过委托由文化市场综合执法队伍或其他综合行政执法机构承担文物执法职能。文物资源密集、安全形势严峻的地方可根据实际需要，设立专门的警务室。文物行政部门要强化预防控制措施，加大执法巡查力度，及时制止违法行为；建立案件分级管理、应急处置、挂牌督办等机制，建设文物执法管理平台。

（四）严格责任追究。地方各级人民政府、各有关部门和单位因不依法履行职责、决策失误、失职渎职导致文物遭受破坏、失盗、失火并造成一定损失的，要依法依纪追究有关人员的责任；涉嫌犯罪的，移送司法机关处理。造成国家保护的珍贵文物或者文物保护单位损毁、灭失的，要依法追究实际责任人、单位负责人、上级单位负责人和当地政府负责人的责任。建立文物保护责任终身追究制，对负有责任的领导干部，不论是否已调离、提拔或者退休，都必须严肃追责。建立健全文物保护工程勘察设计、施工、监理、技术审核质量负责制，对违反国家法律法规和相关技术标准，造成文物和国家财产遭受重大损失的，要依法追究相关单位和人员的责任。

（五）加大普法宣传力度。要将文物保护法的学习宣传纳入普法教育规划，纳入各级党校和行政学院教学内容。文化、新闻出版广电等部门和单位要主动做好文物保护法的宣传普及工作。落实"谁执法谁普法"的普法责任制，各级文物行政部门要将文物保护法的宣传普及作为重要工作任务常抓不懈，切实提高全民文物保护意识和执行文物保护法的自觉性。开展多种形式的以案释法普法教育活动。建立健全文物、博物馆、考古等有关企事业单位的守法信用记录，完善守法诚信行为褒奖机制和违法失信行为惩戒机制。

七、完善保障

（一）保障经费投入。县级以上人民政府要把文物保护经费纳入本级财政预算。要将国有尚未核定公布为文物保护单位的不可移动文物保护纳入基本公共文化服务范畴，积极引导和鼓励社会力量参与，多措并举，落实保护资金的投入。探索对文物资源密集区的财政支持方式，在土地置换、容积率补偿等方面给予政策倾斜。加强经费绩效管理和监督审计，提高资金使用效益。大力推广政府和社会资本合作（PPP）模式，探索开发文物保护保险产品，拓宽社会资金进入文物保护利用的渠道。

（二）加强科技支撑。发挥科技创新的引领作用，充分运用云计算、大数据、"互联网+"等现代信息技术，推动文物保护与现代科技融合创新。通过国家科技计划（专项、基金等），重点支持文物价值认知、保护修复和传统工艺科学化、考古综合技术、大遗址展示利用、文物预防性保护、智慧博物馆等方面的科技攻关，突破一批共性、关键、核心技术；针对土遗址、彩塑壁画、石质文物、纸质文物、纺织品的保护，实施一批重点科技示范工程，形成系统解决方案；建立跨部门跨地区的协同创新工作机制，在重点方向成立工程技术研究中心和技术创新战略联盟，全面提升集成创新、区域创新能力。提高文物保护装备制造能力。加快重要和急需标准制修订，支持有关企业、行业标准的制订，完善文物保护准则，进一步推广应用文物保护技术标准和行业规范，提升文物工作标准化、科学化水平。

（三）重视人才培养。实施人才培养"金鼎工程"，加快文博领军人才、科技人才、技能人才、复合型管理人才培养，形成结构优化、布局合理、基本适应文物事业发展需要的人才队伍。组织高等院校、科研院所以及文物大省的专业人才，实施保护项目与人才培养联动战略，加快文物保护修复、水下考古、展览策划、法律政策研究等紧缺人才培养。重视民间匠人传统技艺的挖掘、保护与传承。加强县级文物行政执法、保护修复等急需人才培训，适当提高市县文博单位中高级专业技术人员比例。加大非国有博物馆管理人员、专业人员培训力度，完善文物保护专业技术人员评价制度，加强高等院校、职业学校文物保护相关学科建设和专业设置。

各地、各有关部门和单位要根据本指导意见要求，结合工作实际，认真抓好贯彻落实。

（2016年3月4日）

国务院办公厅《全民科学素质行动计划纲要实施方案（2016—2020年）》

国办发〔2016〕10号

根据《中共中央关于制定国民经济和社会发展第十三个五年规划的建议》、《中共中央 国务院关于深化体制机制改革加快实施创新驱动发展战略的若干意见》和《国务院关于印发全民科学素质行动计划纲要（2006—2010—2020年）的通知》（国发〔2006〕7号，以下简称《科学素质纲要》），为实现2020年全民科学素质工作目标，进一步明确"十三五"期间全民科学素质工作的重点任务和保障措施等，制定本实施方案。

一、背景和意义

自2006年国务院颁布实施《科学素质纲要》以来，特别是"十二五"期间，各地各部门围绕党和国家发展大局，联合协作，未成年人、农民、城镇劳动者、领导干部和公务员、社区居民等重点人群科学素质行动扎实推进，带动了全民科学素质水平整体提高；科技教育、传播与普及工作广泛深入开展，科普资源不断丰富，大众传媒特别是新媒体科技传播能力明显增强，基础设施建设持续推进，人才队伍不断壮大，公民科学素质建设的公共服务能力进一步提升；公民科学素质建设共建机制基本建立，大联合大协作的局面进一步形成，为全民科学素质工作顺利开展提供了保障。第九次中国公民科学素质调查显示，2015年我国公民具备科学素质的比例达到6.20%，较2010年的3.27%提高近90%，超额完成"十二五"我国公民科学素质水平达到5%的工作目标，为"十三五"全民科学素质工作奠定坚实基础。

但是，也应清醒地看到，目前我国公民科学素质水平与发达国家相比仍有较大差距，全民科学素质工作发展还不平衡，不能满足全面建成小康社会和建设创新型国家的需要。主要表现在：面向农民、城镇新居民、边远和民族地区群众的全民科学素质工作仍然薄弱，青少年科技教育有待加强；科普技术手段相对落后，均衡化、精准化服务能力亟待提升；科普投入不足，全社会参与的激励机制不完善，市场配置资源的作用发挥不够。"十三五"时期是实施创新驱动发展战略的关键时期，是全面建成小康社会的决胜阶段。科学素质决定公民的思维方式和行为方式，是实现美好生活的前提，是实施创新驱动发展战略的基础，是国家综合国力的体现。进一步加强公民科学素质建设，不断提升人力资源质量，对于增强自主创新能力，推动大众创业、万众创新，引领经济社会发展新常态，注入发展新动能，助力创新型国家建设和全面建成小康社会具有重要战略意义。

二、指导方针和目标

指导方针：

全面贯彻党的十八大、十八届三中、四中、五中全会和习近平总书记系列重要讲话精神，认真落实党中央、国务院决策部署，牢固树立创新、协调、绿色、开放、共享的发展理念，坚持"政府推动、全民参与、提升素质、促进和谐"的工作方针，围绕"节约能源资源、保护生态环境、保障安全健康、促进创新创造"的工作主题，继承创新、拓展提升，开放协同、普惠共享，精准发力、全面跨越，推动科技教育、传播与普及，扎实推进全民科学素质工作，激发大众创业创新的热情和潜力，为创新驱动发展、夺取全面建成小康社会决胜阶段伟大胜利筑牢公民科学素质基础，为实现中华民族伟大复兴的中国梦作出应有贡献。

目标：

到2020年，科技教育、传播与普及长足发展，建成适应创新型国家建设需求的现代公民科学素质组织实施、基础设施、条件保障、监测评估等体系，公民科学素质建设的公共服务能力显著增强，公民具备科学素质的比例超过10%。

——促进创新、协调、绿色、开放、共享的发展理念深入人心。围绕经济社会发展新常态的需求，突出工作主题，弘扬创新创业精神，更加关注保障和改善民生，大力宣传普及高新技术、绿色发展、健康生活等知识和观念，促进在全社会形成崇尚科学的社会氛围和健康文明的生活方式，进一步推动依靠创新驱动，实现更高质量、更有效率、更加公平、更可持续的发展。

——以重点人群科学素质行动带动全民科学素质整体水平跨越提升。青少年的科学兴趣、创新意识、学习实践能力明显提高，领导干部和公务员的科学意识和决策水平不断提升，农民和城镇劳动者的科学生产生活能力快速提高，革命老区、民族地区、边疆地区、集中连片贫困地区公民的科学素质显著提升。

——公民科学素质建设的公共服务能力大幅增强。科技教育与培训体系基本完善，社区科普益民服务机制逐步建立，科普基础设施的保障能力不断增强，科普信息化建设取得突破进展，科普产业快速发展，科普人才队伍不断壮大，公民提升自身科学素质的机会与途径显著增多。

——公民科学素质建设的长效机制不断健全。公民科学素质建设的共建、社会动员、监测评估等机制进一步完善，社会各方面参与公民科学素质建设的积极性明显增强。

三、重点任务

根据指导方针和目标，"十三五"时期重点开展以下工作：

（一）实施青少年科学素质行动。

任务：

——宣传创新、协调、绿色、开放、共享的发展理念，普及科学知识和科学方法，激发青少年科学兴趣，培养青少年科学思想和科学精神。

——完善基础教育阶段的科技教育，增强中小学生的创新意识、学习能力和实践能力，促进中小学科技教育水平大幅提升。

——完善高等教育阶段的科技教育，引导大学生树立科学思想，弘扬科学精神，激发大学生创新创造创业热情，提高大学生开展科学研究和就业创业的能力。

——充分发挥现代信息技术在科技教育和科普活动方面的积极作用，促进学校科技教育和校外科普活动有效衔接。

——巩固农村义务教育普及成果，提高农村中小学科技教育质量，为农村青少年提供更多接受科技教育和参加科普活动的机会。

措施：

——推进义务教育阶段的科技教育。基于学生发展核心素养框架，完善中小学科学课程体系，研究提出中小学科学学科素养，更新中小学科技教育内容，加强对探究性学习的指导。修订小学科学课程标准实验教材。增强中学数学、物理、化学、生物等学科教学的横向配合。重视信息技术的普及应用，加快推进教育信息化，继续加大优质教育资源开发和应用力度。

——推进高中阶段的科技教育。修订普通高中科学与技术领域课程标准，明确对学科素养和学业质量的要求。修订普通高中数学、物理、化学、生物、地理、信息技术、通用技术课程标准实验教材，鼓励普通高中探索开展科学创新与技术实践的跨学科探究活动。规范学生综合素质评价机制，促进学生创新精神和实践能力的发展。积极开展研究性学习与科学实践、社区服务与社会实践活动，提高学生的探究能力。深入实施"中学生英才计划"，促进中学教育和大学教育互动衔接，鼓励各地积极探索科技创新和应用人才的培养方式，加强普通高中拔尖创新人才培养基地建设。强化中等职业学校科技教育，发挥课程教学主渠道作用，推动科技教育进课堂、进教材、列入教学计划，系统提升学生科学意识和综合素养。

——推进高等教育阶段科技教育和科普工作。组织开展大学数学、物理、化学、生物学、计算机等课程改革，推进高校科学基础课建设。加强科学史等科学素质类视频公开课建设。深化高校创新创业教育改革，引导大学生转变就业择业观念，支持在校大学生开展创新性实验、创业训练和创业实践项目。推动建立大学生创新创业联盟和创业就业基地，大力开展全国青少年科技创新大赛、"挑战杯"全国大学生课外学术科技作品竞赛、"创青春"全国大学生创业大赛等活动，为青年提供将科技创意转化为实际成果的渠道、平台。深入实施基础学科拔尖学生培养试验计划，完善拔尖创新人才培养机制。

——大力开展校内外结合的科技教育活动。充分发挥非正规教育的促进作用，推动建立校内与校外、正规与非正规相结合的科技教育体系。广泛组织开展学校科技节、科技周、科普日、公众科学日、红领巾科技小社团、"科技之光"青年专家服务团等活动，普及节约资源、保护环境、防灾应急、身心健康等知识，加强珍爱生命、远离毒品和崇尚科学文明、反对愚昧迷信的宣传教育。充分利用重点高校和科研院所开放的科技教育资源，开展全国青少年高校科学营、求真科学营等活动。拓展校外青少年科技教育渠道，鼓励中小学校利用科技馆、青少年宫、科技博物馆、妇女儿童活动中心等各类科技场馆及科普教育基地资源，开展科技学习和实践活动。开展科技场馆、博物馆、科普大篷车进校园工作，探索科技教育校内外有效衔接的模式，推动实现科技教育活动在所有中小学全覆盖。

——充分利用信息技术手段，均衡配置科技教育资源。推进信息技术与科技教育、科普活动融合发展。推进优质科技教育信息资源共建共享。加强信息素养教育，帮助青少年正确合理使用互联网。大力开展线上线下相结合的青少年科普活动，满足青少年对科技、教育信息的个性化需求。面向农村学生特别是农村留守儿童，开展科技辅导、心理疏导、安全健康等方面的志愿服务，帮助他们提高科学素质、丰富生活阅历、增长见识。加强各类家长学校和青少年科普阵地建设，开展科技类亲子体验活动，搭建传播科学家庭教育知识的新平台，提高家长特别是母亲的科学素质。

分工：由教育部、共青团中央、中国科协牵头，中央宣传部、科技部、工业和信息化部、国家民委、民政部、人力资源社会保障部、国土资源部、环境保护部、文化部、卫生计生委、质检总局、新闻出版广电总局、体育总局、食品药品监管总局、林业局、旅游局、中科院、社科院、工程院、地震局、气象局、自然科学基金会、文物局、全国妇联等单位参加。

（二）实施农民科学素质行动。

任务：

——宣传创新、协调、绿色、开放、共享的发展理念，围绕农业现代化、加快转变农业发展方式、粮食安全等，贯彻党和国家强农惠农富农政策，普及高效安全、资源节约、环境友好、乡村文明等知识和观念。

——加强农村科普信息化建设，推动"互联网+农业"的发展，促进农业服务现代化。

——着力培养1000万名具有科学文化素质、掌握现代农业科技、具备一定经营管理能力的新型职业农民，全面提升农民的生活水平。

——进一步加大对革命老区、民族地区、边疆地区、集中连片贫困地区科普工作的支持力度，大力提高农村妇女和农村留守人群的科学素质。

措施：

——大力开展农业科技教育培训。实施新型职业农民培育工程和现代青年农场主计划，全方位、多层次培养各类新型职业农民和农村实用人才。充分发挥党员干部现代远程教育网络、农村社区综合服务设施、农业综合服务站（所）、基层综合性文化服务中心等在农业科技培训中的作用，面向农民开展科技教育培训。深入实施农村青年创业致富"领头雁"培养计划，通过开展技能培训、强化专家和导师辅导、举办农村青年涉农产业创业创富大赛等方式，促进农村青年创新创业。深入实施巾帼科技致富带头人培训计划，着力培养一支综合素质高、生产经营能力强、主体作用发挥明显的新型职业女农民队伍。

——广泛开展形式多样的农村科普活动。深入开展文化科技卫生"三下乡"、科普日、科技周、世界粮食日、健康中国行、千乡万村环保科普行动、农村安居宣传、科普之春（冬）等各类科普活动，大力普及绿色发展、安全健康、耕地保护、防灾减灾、绿色殡葬等科技知识和观念，传播科学理念，反对封建迷信，帮助农民养成科学健康文明的生产生活方式，提高农民健康素养，建设美丽乡村和宜居村庄。

——加强农村科普公共服务建设。将科普设施纳入农村社区综合服务设施、基层综合性文化中心等建设中，提升农村社区科普服务能力。深入实施基层科普行动计划，发挥优秀基层农村专业技术协会、农村科普基地、农村科普带头人和少数民族科普工作队的示范带动作用。开展科普示范县（市、区）等创建活动，提升基层科普公共服务能力。

——加强农村科普信息化建设。积极开展信息技术培训，加大对循环农业、创意农业、精准农业和智慧农业的宣传推广力度，实施农村青年电商培育工程，鼓励和支持农村青年利用电子商务创新创业。建设科普中国乡村e站，大力开展农民科学素质网络知识竞赛、新农民微视频展播等线上线下相结合的科技教育和科普活动。发挥中国智慧农民云、科普中国服务云、中国环保科普资源网、中国兴农网、农业科技网络书屋等作用，帮助农民提高科学素质。

——加强对薄弱地区的科普精准帮扶。实施科普精准扶贫，加强革命老区、民族地区、边疆地区、集中连片贫困地区科普服务能力建设，加大对农村留守儿童、留守妇女和留守老人的科普服务力度。实施科普援藏援疆工作，加大科普资源倾斜力度，加强双语科普创作与传播。大力开展巾帼科技致富工程、巾帼科技特派员、巾帼现代农业科技示范基地建设等工作，组织开展"智爱妈妈"活动，努力提高农村妇女科学素质。

分工：由农业部、中国科协牵头，中央组织部、中央宣传部、教育部、科技部、国家民委、民政部、人力资源社会保障部、国土资源部、环境保护部、文化部、卫生计生委、质检总局、新闻出版广电总局、体育总局、食品药品监管总局、林业局、中科院、工程院、地震局、气象局、文物局、全国总工会、共青团中央、全国妇联等单位参加。

（三）实施城镇劳动者科学素质行动。

任务：

——宣传创新、协调、绿色、开放、共享的发展理念，弘扬创新创业精神，引导更多劳动者积极投身创新创业活动。

——围绕加快建设制造强国、实施"中国制造2025"、推动生产方式转变，以专业技术人才、高技能人才、进城务工人员及失业人员的培养培训为重点，到2020年基本实现有培训愿望的劳动者都有机会参加一次相应的职业培训。

——推动职业技能、安全生产、信息技术等知识和观念的广泛普及，提高城镇劳动者科学生产和健康生活能力，促进城镇劳动者科学素质整体水平提升。

措施：

——加强专业技术人员继续教育工作。完善专业技术人员继续教育制度，深入实施专业技术人才知识更新工程，全面推进高级研修、急需紧缺人才培养、岗位培训、国家级专业技术人员继续教育基地建设等重点项目，开展少数民族专业技术人才特殊培养工作，构建分层分类的专业技术人员继续教育体系。充分发挥科技社团在专业技术人员继续教育中的重要作用，帮助专业技术人员开展技术攻关、解决技术难题，参加跨行业、跨学科的学术研讨和技术交流活动。

——大规模开展职业培训。构建以企业为主体、技工院校为基础，各类培训机构积极参与、公办与民办共举的职业培训和技能人才培养体系。面向城镇全体劳动者，积极开展订单式、定岗、定向等多种形式的就业技能培训、岗位技能提升培训、安全生产培训和创业培训，基本消除劳动者无技能从业现象，提高城镇劳动者安全生产意识，避免由于培训不到位导致的安全事故。组织开展技能就业培训工程暨高校毕业生技能就业和新一轮全国百家城市技能振兴等专项活动，深入实施国家高技能人才振兴计划，开展全国职工职业技能大赛、全国青年职业技能大赛、全国青年岗位能手评选等工作，大力提升职工职业技能。

——广泛开展进城务工人员培训教育。大力开展农民工求学圆梦行动、"春潮行动"——农民工职业技能提升计划、家政培训、城乡妇女岗位建功评选等活动，将绿色发展、安全生产、健康生活、心理疏导、防灾减灾等作为主要内容，发挥企业、科普机构、科普场馆、科普学校、妇女之家等作用，针对进城务工人员广泛组织开展培训，提高进城务工人员在城镇的稳定就业和科学生活能力，促进常住人口有序实现市民化，助力实现城市可持续发展和宜居。

——大力营造崇尚创新创造的社会氛围。深入开展"大国工匠"、"最美青工"、智慧蓝领、巾帼建功等活动，倡导敢为人先、勇于冒尖的创新精神，激发职工创新创造活力，推动大众创业、万众创新，最大程度释放职工创新潜力，形成人人崇尚创新、人人渴望创新、人人皆可创新的社会氛围。

分工：由人力资源社会保障部、全国总工会、安全监管总局牵头，中央宣传部、教育部、科技部、工业和信息化部、民政部、卫生计生委、质检总局、新闻出版广电总局、食品药品监管总局、中科院、工程院、地震局、气象局、共青团中央、全国妇联、中国科协等单位参加。

（四）实施领导干部和公务员科学素质行动。

任务：

——着眼于提高领导干部和公务员的科学执政水平、科学治理能力、科学生活素质，大力加强马克思列宁主义、毛泽东思想和中国特色社会主义理论体系，特别是习近平总书记系列重要讲话精神等科学理论的教育，宣传创新、协调、绿色、开放、共享的发展理念，开展科技革命、产业升级等前沿科技知识的专题教育，充分利用现代信息技术，加强科技知识、科学方法的培训和科学思想、科学精神的培养，使领导干部和公务员的科学素质在各类职业人群中位居前列，推动领导干部和公务员更好地贯彻实施创新驱动发展战略，推进国家治理体系和治理能力现代化。

措施：

——加强规划，把科学素质教育作为领导干部和公务员教育培训的长期任务。认真贯彻落实《2013—2017年全国干部教育培训规划》有关部署要求，严格执行《干部教育培训工作条例》有关规定。在研究制定领导干部和公务员培训规划时，突出科学理论、科学方法和科技知识的学习培训以及科学思想、科学精神的培养，重点加强对市县党政领导干部、各级各部门科技行政管理干部、科研机构负责人和国有企业、高新技术企业技术负责人等的教育培训。

——创新学习渠道和载体，加强领导干部和公务员科学素质教育培训。在党委（党组）中心组学习中，加强对马克思主义基本原理、习近平总书记系列重要讲话精神等内容的学习。把树立科学精神、增强科学素质纳入党校、行政学院和各类干部培训院校教学计划，合理安排课程和班次，引导、帮助领导干部和公务员不断提升科学管理能力和科学决策水平。鼓励领导干部和公务员通过网络培训、自学等方式强化科学素质相关内容的学习。积极利用网络化、智能化、数字化等教育培训手段，扩大优质科普信息覆盖面，满足领导干部和公务员多样化学习需求。在干部培训教材建设中强化新科技内容的编写和使用，编发领导干部和公务员应知必读科普读本。

——在领导干部考核和公务员录用中，体现科学素质的要求。贯彻落实中央关于改进地方党政领导班子和领导干部政绩考核工作的有关要求，不断完善干部考核评价机制。在党政领导干部、企事业单位负责人任职考察、年度考核中，强化与科学素质要求有关的具体内容。在公务员录用考试中，强化科学素质有关内容。制订并不断完善领导干部和公务员科学素质监测、评估标准。

——广泛开展针对领导干部和公务员的各类科普活动。办好院士专家科技讲座、科普报告等各类领导干部和公务员科普活动。继续在党校、行政学院等开设科学思维与决策系列课程。做好心理咨询、心理健康培训等工作，开发系列指导手册，打造网络交流平台。有计划地组织领导干部和公务员到科研场所实地参观学习，鼓励引导领导干部参与科普活动。组织开展院士专家咨询服务活动，着力提升广大基层干部和公务员的科学素质。

——加大宣传力度，为领导干部和公务员提高科学素质营造良好氛围。加强科技宣传，充分发挥新闻媒体的优势，增加科技宣传版面和时段，用好用活新媒体工具，推广发布一批优秀科普作品，大力传播科技知识、科学方法、科学思想、科学精神。围绕科技创新主题，选树一批弘扬科学精神、提倡科学态度、讲究科学方法的先进典型。

分工：由中央组织部、人力资源社会保障部牵头，中央宣传部、科技部、工业和信息化部、国土资源部、环境保护部、文化部、卫生计生委、质检总局、新闻出版广电总局、体育总局、食品药品监管总局、林业局、中科院、社科院、地震局、气象局、文物局、共青团中央、全国妇联、中国科协等单位参加。

（五）实施科技教育与培训基础工程。

任务：

——构建科学教师培训体系，加大培训力度，不断提高教师科学素质和科技教育水平，建成一支优秀科学教师队伍。

——完善科技教育课程教材，特别是加强民族语言教材建设，满足不同对象的科技教育和培训需求。

——充分利用现代信息技术，优化教学方法，不断推动科技教育与教学实践深度融合。

——完善科技教育培训基础设施，不断提高科技教育培训基地、场所的利用效率，保障科技教育与培训有效实施。

措施：

——加强科技教育师资培训和研修。鼓励有条件的高等师范院校开设科技教育等专业或相关课程，培养更多科技教育师资。在"国培计划"中，加强教师科学素质能力培训，培养"种子"教师，推动各地加大对科学教师以及相关学科教师的培训力度，提高教师科技教育的教学能力和水平。实施科学教师和科技辅导员专项培训，建立培训基地，到2020年实现对全国一线科学教师和骨干科技辅导员培训全覆盖。

——加强各类人群科技教育培训的教材建设。结合不同人群特点和需求，不断更新丰富科技教育培训的教材内容，开设专业课程与科技前沿讲座等。将科普工作与素质教育紧密结合，注重培养具有创意、创新、创业能力的高层次创造性人才。将创新、协调、绿色、开放、共享的发展理念以及环境保护、节约资源、防灾减灾、安全健康、应急避险、科学测量等相关科普内容，纳入各级各类科技教育培训教材和教学计划。加强职业教育、成人教育、民族地区双语教育和各类培训中科技教育的教材建设。

——进一步改进科技教育教学方法。发挥基础教育国家级教学成果奖的示范辐射作用，加大科技教育优秀教学成果推广力度。加强学生综合实践活动指导，提高学生探究性学习和动手操作能力。加强中小学科技教育研究，研究建立符合我国青少年特点、有利于推动青少年科学素质提高和创新人才培养的青少年科学素质测评体系。

——加强科技教育与培训的基础设施建设。根据实际需求，因地制宜建设科技教育培训基础设施，重点加强农村边远贫困地区中小学科技教育硬件设施建设。合理规划布局现有科技教育培训基地、场所，不断提高使用效率。调动社会资源积极参与中小学科技教育网络资源建设，发挥现代信息技术的作用，不断丰富网络教育内容，促进优质教学资源广泛共享。鼓励高校、科研院所、科技场馆、职业学校、成人教育培训机构、社区学校等各类公共机构积极参与科技教育和培训工作。

——充分发掘高校和科研院所科技教育资源，健全科教结合、共同推动科技教育的有效模式。推动高等院校、科研院所的科技专家参与科学教师培训、中小学科学课程教材建设和教学方法改革。推动有条件的中学科学教师到高等院校、科研机构和重点实验室参与科研实践。加强高校科学道德和学风建设，推动高校师生广泛树立科学道德和科学精神。推动实施"科学与中国"科学教育计划。

分工：由教育部、人力资源社会保障部、中科院牵头，中央宣传部、科技部、工业和信息化部、国家民委、国土资源部、农业部、新闻出版广电总局、体育总局、林业局、社科院、工程院、地震局、气象局、自然科学基金会、全国总工会、共青团中央、全国妇联、中国科协等单位参加。

（六）实施社区科普益民工程。

任务：

——宣传创新、协调、绿色、开放、共享的发展理念，普及尊重自然、绿色低碳、科学生活、安全健康、应急避险等知识和观念，提升社区居民应用科学知识解决实际问题、参与公共事务的能力，提高居民健康素养，促进社区居民全面形成科学文明健康的生活方式，促进和谐宜居、富有活力、各具特色的现代化城市建设。

——大力提升社区科普公共服务能力，促进基层社区科普服务设施融合发展，推动城镇常住人口科普基本公共服务均等化，全面提升居民科学素质，助力以人为核心的新型城镇化发展。

措施：

——广泛开展社区科技教育、传播与普及活动。围绕"节约能源资源、保护生态环境、保障安全健康、促进创新创造"的工作主题，深入开展科普日、科技周、世界环境日、世界地球日、世界标准日以及科技、文化、卫生、安全、健康、环保进社区等活动。组织开展社区气象、防震减灾、燃气用电安全、电梯安全以及社区居民安全技能、老年人急救技能培训等各类应急安全教育培训活动。面向城镇新居民开展适应城市生活的科技教育、传播与普及活动，帮助新居民融入城市生产生活。

——大力改善社区科普基础条件。推动基层服务中心融合发展，在新建及现有的基层服务中心拓展科普功能。建设科普中国社区 e 站，依托社区综合服务设施，深入推进社区科普益民服务站、科普学校、科普网络建设，进一步加强社区科普组织和人员建设。充分发挥科普基础设施作用，面向基层群众开展党员教育、体育健身、文化宣传、卫生健康、食品药品、防灾减灾等各类科普活动。

——促进形成政府推动、社会支持、居民参与的社区科普新格局。在现代公共文化服务中切实加强社区科普工作，深入实施基层科普行动计划，推动全国科普示范社区蓬勃发展。激发社会主体参与科普的积极性，面向社区提供多样化的科普产品和服务，动员驻区学校、科研院所、企业、科技社团、科普场馆、科普教育基地等相关单位开发开放科普资源，支持和参与社区科普活动。充分发挥社区组织和科普志愿者组织的作用，组织和引导社区居民参与科普活动，发挥党员先锋岗、工人先锋岗、青年文明岗、巾帼文明岗以及在社区有影响和号召力人士的带动作用，加强社区科学文化建设，助力和谐社区、美丽社区建设。

分工：由文化部、民政部、全国妇联、中国科协牵头，中央宣传部、教育部、科技部、国家民委、国土资源部、环境保护部、卫生计生委、质检总局、新闻出版广电总局、体育总局、安全监管总局、食品药品监管总局、中科院、社科院、地震局、气象局、全国总工会、共青团中央等单位参加。

（七）实施科普信息化工程。

任务：

——以科普信息化为核心，推动实现科普理念和科普内容、表达方式、传播方式、组织动员、运行和运营机制等服务模式的全面创新。

——提升优质科普内容资源供给能力，运用群众喜闻乐见的形式，实现科普与艺术、人文有机结合，推出更多有知有趣有用的科普精品，让科学知识在网上和生活中流行。

——提升科技传播能力，推动传统媒体与新兴媒体深度融合，实现多渠道全媒体传播，大幅提升大众传媒的科技传播水平。

——推动科普信息在社区、学校、农村等落地应用，提升科技传播精准服务水平，满足公众泛在化、个性化获取科普信息的需求，定向、精准推送科普信息。

措施：

——实施"互联网＋科普"行动。汇聚各方力量打造科普中国品牌，推动科普领域牢固树立精品意识和质量意识，引导建设众创、众包、众扶、众筹、分享的科普生态圈，打造科普新格局。以科普的内容信息、服务云、传播网络、应用端为核心，形成"两级建设、四级应用"的科普信息化服务体系。以提升科普服务效能为核心、以科普信息汇聚生产与有效利用为目标，建设科普中国服务云，实现科普的信息汇聚、数据分析挖掘、应用服务、即时获取、精准推送、决策支持。建立完善网络科普内容科学性把关、网络科普传播舆情实时监测机制。深入探索利用政府和社会资本合作（PPP）的科普公共服务新模式，进一步把政府与市场、需求与生产、内容与渠道、事业与产业有效连接起来，实现科普的倍增效应。

——繁荣科普创作。支持优秀科普原创作品以及科技成果普及、健康生活等重大选题，支持科普创作人才培养和科普文艺创作。大力开展科幻、动漫、视频、游戏等科普创作，推动制定对科幻创作的扶持政策，推动科普游戏开发，加大科普游戏传播推广力度，加强科普创作的国际交流与合作。

——强化科普传播协作。制定鼓励大众传媒开展科技传播的政策措施。引导中央及地方主要新闻媒体加大科技宣传力度，扶持科技宣传报道做大做强。支持电视台、广播电台制作更多群众喜闻乐见的适合在电视、广播电台和互联网同步传播的科普作品，增加播放时间和传播频次，办好电视科普频道。鼓励报刊和网站增加科普内容或增设科普专栏。举办科技类全国电视大赛，营造全社会学科学的浓厚氛围。创新科普传播形式，推动图书、报刊、音像电子、电视等传统媒体与新兴媒体在科普内容、渠道、平台、经营和管理上深度融合，实现包括纸质出版、网络传播、移动终端传播在内的多渠道全媒体传播。组织开展科技宣传报道编辑记者学习培训，提升大众传媒从业者的科学素质与科技传播能力。

——强化科普信息的落地应用。依托大数据、云计算等信息技术手段，洞察和感知公众科普需求，创新科普的精准化服务模式，定向、精准地将科普信息送达目标人群。通过科普中国服务云、科普中国V视快递、科普中国e站推送等方式，推动科普信息在社区、学校、农村等落地应用。强化移动端科普推送，支持移动端科普融合创作，鼓励科研机构通过微信、微博等新媒体平台建设和运行有影响力的科普公众号，强化科普头条新闻推送，促进科普活动线上线下结合。加大对革命老区、民族地区、边疆地区、集中连片贫困地区群众及青少年等重点人群的科普信息服务定制化推送力度。

分工：由中国科协、中央宣传部、新闻出版广电总局牵头，教育部、科技部、工业和信息化部、国家民委、民政部、国土资源部、环境保护部、农业部、文化部、卫生计生委、质检总局、体育总局、安全监管总局、食品药品监管总局、林业局、旅游局、中科院、社科院、工程院、地震局、气象局、自然科学基金会、文物局、全国总工会、共青团中央等单位参加。

（八）实施科普基础设施工程。

任务：

——增加科普基础设施总量，完善科普基础设施布局，提升科普基础设施的服务能力，实现科普公共服务均衡发展。

——推进优质科普资源开发开放，优化资源配置，拓展公众参与科普的途径和机会。

措施：

——加强对科普基础设施发展的顶层设计和宏观指导。制订实施科普基础设施发展规划，将科普基础设施建设纳入各地基本建设计划。制定完善各类科普基础设施建设与管理的规范标准和运行机制，研究建立科普基础设施的评估体系，开展监测评估工作。

——创新完善现代科技馆体系。突出信息化、时代化、体验化、标准化、体系化、普惠化、社会化，推动由数量与规模增长的外延式发展模式向提升科普能力与水平的内涵式发展模式转变，进一步建立完善以实体科技馆为龙头和基础，流动科技馆、科普大篷车、虚拟现实科技馆、农村中学科技馆、数字科技馆为拓展和延伸，辐射基层科普设施的中国特色现代科技馆体系。发挥自然博物馆和专业行业类科技馆等场馆以及中国数字科技馆的科普资源集散与服务平台作用。大力推动虚拟现实等技术在科技馆展览教育中的应用，以"超现实体验、多感知互动、跨时空创想"为核心理念，研发可复制、可推广的虚拟现实科技馆，生动展现科技前沿。推动中西部地市级科技馆、专题行业科技馆建设。推动建立科普标准化组织，完善科技馆行业国家标准体系以及相关标准规范，开展科技馆评级与分级评估。建立健全科技馆免费开放制度，提高科技馆公共服务质量和水平。

——加强基层科普设施建设。依托现有资源，因地制宜建设一批具备科技教育、培训、展示等多功能的开放性、群众性科普活动场所和科普设施。加快建设农村中学科技馆、乡村学校少年宫等农村青少年科技活动场所。加强科技场馆及基地等与少年宫、文化馆、博物馆、图书馆等公共文化基础设施的联动，拓展科普活动阵地。充分利用线上科普信息，强化现有设施的科普教育功能。

——加强科普教育基地建设。依托现有资源，建设国土资源、环境保护、安全生产、食品药品、质量监督、检验检疫、林业、地震、气象等行业类、科研类科普教育基地。制定完善科普教育基地的管理制度，加强工作考核和动态管理，提升服务能力。推动青少年宫、妇女儿童活动中心、各类培训基地和文化场所等增加科技教育内容，引导海洋馆、主题公园、自然保护区、森林公园、湿地公园、地质公园、动植物园、旅游景区、地震台站、地震遗址遗迹等公共设施增强科普功能。

——推动优质科普资源开发开放。推动高校、科研机构、工程中心（实验室）、科技社团向公众开放实验室、陈列室和其他科技类设施，推动高端科研资源科普化，充分发挥天文台、野外台站、重点实验室和重大科技基础设施等高端科研设施的科普功能。鼓励高新技术企业对公众开放研发机构、生产设施（流程、车间）或展览馆等，推动建设专门科普场所。充分发挥高校、科研院所、企业等科技人才和资源优势，积极组织开展科普活动。

分工：由中国科协、发展改革委、科技部牵头，中央宣传部、教育部、工业和信息化部、国家民委、民政部、财政部、人力资源社会保障部、国土资源部、环境保护部、农业部、文化部、卫生计生委、质检总局、体育总局、食品药品监管总局、林业局、旅游局、中科院、地震局、气象局、文物局、全国总工会、共青团中央、全国妇联等单位参加。

（九）实施科普产业助力工程。

任务：

——研究制定科普产业发展的宏观政策以及技术标准、规范。

——促进科普产业健康发展，大幅提升科普产品和服务供给能力，有效支撑科普事业发展。

措施：

——完善科普产业发展的支持政策。开展科普产品和服务发展相关政策研究，推动制定科普产业发展的相关政策，将科普产业纳入高新技术产业、创意产业和文化产业的相关优惠政策范围，充分发挥市场机制配置科普社会资源的功能。

——推动科普产品研发与创新。成立全国科普服务标准化技术委员会，组织制定科普相关标准，建立完善科普产品和服务的技术规范。依托科普机构、科研机构、产学研中心等建立科普产品研发中心，开展科普产品和服务的基础研究、应用研究、研发推广，增强科普产品和服务的原始创新能力，提升市场竞争力。开展科普创作和产品研发示范团队建设，推动科技创新成果向科普产品转化，探索科技创新和科普产业结合的有效机制。

——加强科普产业市场培育。利用科普活动、科普教育基地、科普场馆、科普机构等有利条件，发挥集成效应，通过竞赛、线上线下相结合等方式，搭建科普创客空间，支持创客参与科普产品的创新、创造、创业。鼓励建立科普产业园区和产业基地，组建中国科学文化出版传媒集团等科普龙头企业，形成科普产业集群，实现集约发展。搭建科普产品和服务交易平台，加大政府购买科普产品和服务的力度。

分工：由科技部、中国科协牵头，发展改革委、教育部、工业和信息化部、国家民委、财政部、人力资源社会保障部、国土资源部、环境保护部、农业部、文化部、卫生计生委、质检总局、新闻出版广电总局、体育总局、安全监管总局、林业局、旅游局、中科院、社科院、工程院、地震局、气象局、文物局、全国总工会、共青团中央、全国妇联等单位参加。

（十）实施科普人才建设工程。

任务：

——加强科普人才队伍建设，培养和选拔一批高水平科普人才，壮大专兼职科普人才队伍，推动科普志愿者队伍建设，优化科普人才结构。

——建立完善科普人才激励机制，推动科普人才知识更新和能力培养，增强适应现代科普发展的能力。

措施：

——完善科普人才培养、使用和评价制度。落实国家中长期科技、教育、人才发展规划纲要，加强科普人才培养、使用和评价的政策研究，推动制定科普学科发展、科普专业设置、科普人才评价标准、技术职务等相关制度，建立激励机制，充分调动科普人员积极性。

——加强科普人才培养和继续教育。深入推进高层次科普专门人才培养试点工作，总结推广经验，加强教学大纲、教材、课程和师资队伍建设，加大高层次科普专门人才培养力度。依托高等院校、科研院所、科普组织、企业与相关机构建立完善科普人才继续教育基地，以科普组织管理、科技教育、科技传播、科普活动组织、科普经营管理等从业者为重点，围绕科普的新理论、新方法、新手段等，及时更新补充新知识、扩展新视野、提升创新能力，以适应科技发展、社会进步和现代科普发展的新形势新要求。

——加强科普专业队伍建设。充分发挥科技社团、高等院校、科研机构等作用，搭建科学传播服务平台，发展壮大科学传播专家团队，深入开展科学传播活动。结合科技教育和课外科普活动，重点在中小学校、科普场馆、青少年宫等建立专职青少年科技辅导员队伍。依托基层各类组织，动员科技特派员、大学生村官、农村致富带头人、气象信息员、中小学教师和科普志愿者等担任科普宣传员，实现乡村社区科普宣传员全覆盖。发挥民族院校的作用，加强双语科普人才培养。结合各类社区科普设施和活动，发展壮大社区科普队伍。充分发挥企业科协、企业团委、职工技协、研发中心等作用，结合职工技能培训、继续教育和各类科普活动，培养和造就企业实用科普人才。

——大力发展科普志愿者队伍。建立完善科普志愿者组织管理制度，推动各级各类科普志愿者队伍建设，推动建立科普志愿者社团组织，开展科普志愿者交流、培训、经验推广等工作。搭建科普志愿活动服务平台，充分发挥科普志愿者在各类科普活动中不可替代的作用，规范记录科普志愿者的服务信息，建立完善科普志愿服务激励机制。鼓励老科技工作者、高校师生、中学生、传媒从业者参与科普志愿服务。建立健全应对重大突发事件的科普志愿者动员机制，发展应急科普志愿者队伍。

分工：由中国科协、科技部、人力资源社会保障部牵头，中央组织部、中央宣传部、教育部、工业和信息化部、国家民委、民政部、国土资源部、环境保护部、农业部、文化部、卫生计生委、质检总局、新闻出版广电总局、体育总局、食品药品监管总局、安全监管总局、林业局、旅游局、中科院、社科院、工程院、地震局、气象局、自然科学基金会、文物局、全国总工会、共青团中央、全国妇联等单位参加。

四、组织实施和保障条件

（一）组织领导。

——国务院负责领导《科学素质纲要》实施工作。各有关部门按照《科学素质纲要》的要求和本实施方案的分工安排，将有关任务纳入本部门本系统的相关工作规划和计划，充分履行工作职责，发挥各自优势，密切配合，形成合力。中国科协要发挥综合协调作用，做好日常沟通联络工作，会同有关方面共同推进公民科学素质建设。

——地方各级政府负责领导当地的《科学素质纲要》实施工作。要把公民科学素质建设作为推动地区经济社会发展的一项重要工作，纳入本地区经济社会发展总体规划，把实施《科学素质纲要》的重点任务列入年度工作计划，纳入目标管理考核。要因地制宜，制定本地区"十三五"全民科学素质行动的实施方案。要完善公民科学素质建设工作机制，加大政策支持和投入，为实施《科学素质纲要》提供保障，全面推进本地区公民科学素质建设。

——加强《科学素质纲要》实施的督促检查，推动各项工作任务和目标的落实。

（二）长效机制。

——建立完善共建机制。全民科学素质纲要实施工作办公室与地方政府建立公民科学素质建设共建机制，形成一级带一级、层层抓落实的工作局面。

——建立科研与科普相结合的机制。继续落实在符合条件的国家科技计划项目中增加科普任务，将科普工作作为国家科技创新工作的有机组成部分，提高科普成果在科技考核指标中所占比重。完善国家科技报告制度，推动重大科技成果实时普及。中科院、工程院的院士专家带头面向公众开展科普活动。

——建立完善监测评估机制。完善公民科学素质调查体系，定期开展中国公民科学素质调查和全国科普统计工作，客观反映公民科学素质建设情况，为《科学素质纲要》实施和监测评估提供依据。加强公民科学素质建设的理论研究，把握公民科学素质建设的基本规律和国际发展趋势，建立符合我国国情的科学素质发展监测指标体系，创新公民科学素质建设的评估方法，适时开展公民科学素质建设第三方评估。

——建立完善社会动员机制。深入开展全国文明城市、国家卫生城市、全国科普示范县（市、区）、全国科普教育基地等创建活动，进一步形成政府推动、社会参与的良性机制。按照国家有关规定，对在公民科学素质建设中作出突出贡献的集体和个人给予奖励和表彰，大力宣传先进人物和典型经验。加强科普的国际交流与合作，用好国际国内两种资源，提高我国公民科学素质建设的国际影响力。

（三）保障条件。

——政策法规。在国家和地方的国民经济和社会发展规划、相关专项规划以及有关科技教育、传播与普及的法律法规中，体现公民科学素质建设的目标和要求。完善促进公民科学素质建设的政策法规，推进《中华人民共和国科学技术普及法》实施条例和地方科普条例的研究制定工作，落实有关鼓励科普事业发展的税收优惠等相关政策，研究制定全民科学素质行动长远发展规划，为提高全民科学素质提供政策保障。

——经费投入。各级政府根据财力情况和公民科学素质建设发展的实际需要，逐步提高教育、科普经费的投入水平，并将科普经费列入同级财政预算，国家、省、地市、县四级合理分担科普财政投入。中央财政根据财政状况，继续支持对地方公民科学素质建设相关的转移支付。地方各级政府安排一定的经费用于公民科学素质建设。各有关部门根据承担的《科学素质纲要》实施任务，按照国家预算管理的规定和现行资金渠道，统筹考虑和落实公民科学素质建设所需经费。加强对科普经费、公民科学素质建设经费等专项经费使用情况的绩效考评，确保专款专用和使用效果。通过众筹众包、项目共建、捐款捐赠、政府购买服务等方式，鼓励和吸引社会资本投入公民科学素质建设。

（四）进度安排。

——启动实施。2016年，推动和指导各地制定本地"十三五"全民科学素质工作实施方案并启动实施工作。做好"十三五"《科学素质纲要》实施动员和宣传工作。

——深入实施。2017—2020年，针对薄弱环节，继续完善工作机制，解决突出问题，全面推进各项重点任务的实施。深入开展调查研究，启动我国全民科学素质行动长远发展战略研究工作。

——总结评估。2020年，组织开展督查，对"十三五"期间和《科学素质纲要》颁布实施以来的全民科学素质工作进行总结和全面评估，按照国家有关规定开展表彰奖励。

（2016年2月25日）

中共中央《关于深化人才发展体制机制改革的意见》

人才是经济社会发展的第一资源。人才发展体制机制改革是全面深化改革的重要组成部分,是党的建设制度改革的重要内容。协调推进"四个全面"战略布局,贯彻落实创新、协调、绿色、开放、共享的发展理念,实现"两个一百年"奋斗目标,必须深化人才发展体制机制改革,加快建设人才强国,最大限度激发人才创新创造创业活力,把各方面优秀人才集聚到党和国家事业中来。现就深化人才发展体制机制改革提出如下意见。

一、指导思想、基本原则和主要目标

（一）指导思想

高举中国特色社会主义伟大旗帜,全面贯彻党的十八大和十八届三中、四中、五中全会精神,以邓小平理论、"三个代表"重要思想、科学发展观为指导,深入贯彻习近平总书记系列重要讲话精神,坚持聚天下英才而用之,牢固树立科学人才观,深入实施人才优先发展战略,遵循社会主义市场经济规律和人才成长规律,破除束缚人才发展的思想观念和体制机制障碍,解放和增强人才活力,构建科学规范、开放包容、运行高效的人才发展治理体系,形成具有国际竞争力的人才制度优势。

（二）基本原则

——坚持党管人才。充分发挥党的思想政治优势、组织优势和密切联系群众优势,进一步加强和改进党对人才工作的领导,健全党管人才领导体制和工作格局,创新党管人才方式方法,为深化人才发展体制机制改革提供坚强的政治和组织保证。

——服务发展大局。围绕经济社会发展需求,聚焦国家重大战略,科学谋划改革思路和政策措施,促进人才规模、质量和结构与经济社会发展相适应、相协调,实现人才发展与经济建设、政治建设、文化建设、社会建设、生态文明建设深度融合。

——突出市场导向。充分发挥市场在人才资源配置中的决定性作用和更好发挥政府作用,加快转变政府人才管理职能,保障和落实用人主体自主权,提高人才横向和纵向流动性,健全人才评价、流动、激励机制,最大限度激发和释放人才创新创造创业活力,使人才各尽其能、各展其长、各得其所,让人才价值得到充分尊重和实现。

——体现分类施策。根据不同领域、行业特点,坚持从实际出发,具体问题具体分析,增强改革针对性、精准性。纠正人才管理中存在的行政化、"官本位"倾向,防止简单套用党政领导干部管理办法管理科研教学机构学术领导人员和专业人才。

——扩大人才开放。树立全球视野和战略眼光,充分开发利用国内国际人才资源,主动参与国际人才竞争,完善更加开放、更加灵活的人才培养、吸引和使用机制,不唯地域引进人才,不求所有开发人才,不拘一格用好人才,确保人才引得进、留得住、流得动、用得好。

（三）主要目标

通过深化改革,到2020年,在人才发展体制机制的重要领域和关键环节上取得突破性进展,人才管理体制更加科学高效,人才评价、流动、激励机制更加完善,全社会识才爱才敬才用才氛围更加浓厚,形成与社会主义市场经济体制相适应、人人皆可成才、人人尽展其才的政策法律体系和社会环境。

二、推进人才管理体制改革

（一）转变政府人才管理职能。根据政社分开、政事分开和管办分离要求,强化政府人才宏观管理、政策法规制定、公共服务、监督保障等职能。推动人才管理部门简政放权,消除对用人主体的过度干预,建立政府人才管理服务权力清单和责任清单，清理和规范人才招聘、评价、流动等环节中的行政审批和收费事项。

（二）保障和落实用人主体自主权。充分发挥用人主体在人才培养、吸引和使用中的主导作用，全面落实国有企业、高校、科研院所等企事业单位和社会组织的用人自主权。创新事业单位编制管理方式，对符合条件的公益二类事业单位逐步实行备案制管理。改进事业单位岗位管理模式，建立动态调整机制。探索高层次人才协议工资制等分配办法。

（三）健全市场化、社会化的人才管理服务体系。构建统一、开放的人才市场体系，完善人才供求、价格和竞争机制。深化人才公共服务机构改革。大力发展专业性、行业性人才市场，鼓励发展高端人才猎头等专业化服务机构，放宽人才服务业准入限制。积极培育各类专业社会组织和人才中介服务机构，有序承接政府转移的人才培养、评价、流动、激励等职能。充分运用云计算和大数据等技术，为用人主体和人才提供高效便捷服务。扩大社会组织人才公共服务覆盖面。完善人才诚信体系，建立失信惩戒机制。

（四）加强人才管理法制建设。研究制定促进人才开发及人力资源市场、人才评价、人才安全等方面的法律法规。完善外国人才来华工作、签证、居留和永久居留管理的法律法规。制定人才工作条例。清理不合时宜的人才管理法律法规和政策性文件。

三、改进人才培养支持机制

（一）创新人才教育培养模式。突出经济社会发展需求导向，建立高校学科专业、类型、层次和区域布局动态调整机制。统筹产业发展和人才培养开发规划，加强产业人才需求预测，加快培育重点行业、重要领域、战略性新兴产业人才。注重人才创新意识和创新能力培养，探索建立以创新创业为导向的人才培养机制，完善产学研用结合的协同育人模式。

（二）改进战略科学家和创新型科技人才培养支持方式。更大力度实施国家高层次人才特殊支持计划（国家"万人计划"），完善支持政策，创新支持方式。构建科学、技术、工程专家协同创新机制。建立统一的人才工程项目信息管理平台，推动人才工程项目与各类科研、基地计划相衔接。按照精简、合并、取消、下放要求，深入推进项目评审、人才评价、机构评估改革。

建立基础研究人才培养长期稳定支持机制。加大对新兴产业以及重点领域、企业急需紧缺人才支持力度。支持新型研发机构建设，鼓励人才自主选择科研方向、组建科研团队，开展原创性基础研究和面向需求的应用研发。

（三）完善符合人才创新规律的科研经费管理办法。改革完善科研项目招投标制度，健全竞争性经费和稳定支持经费相协调的投入机制，提高科研项目立项、评审、验收科学化水平。进一步改革科研经费管理制度，探索实行充分体现人才创新价值和特点的经费使用管理办法。下放科研项目部分经费预算调整审批权，推行有利于人才创新的经费审计方式。完善企业研发费用加计扣除政策。探索实行哲学社会科学研究成果后期资助和事后奖励制。

（四）优化企业家成长环境。遵循企业家成长规律，拓宽培养渠道。建立有利于企业家参与创新决策、凝聚创新人才、整合创新资源的新机制。依法保护企业家财产权和创新收益，进一步营造尊重、关怀、宽容、支持企业家的社会文化环境。合理提高国有企业经营管理人才市场化选聘比例，畅通各类企业人才流动渠道。研究制定在国有企业建立职业经理人制度的指导意见。完善国有企业经营管理人才中长期激励措施。

（五）建立产教融合、校企合作的技术技能人才培养模式。大力培养支撑中国制造、中国创造的技术技能人才队伍，加快构建现代职业教育体系，深化技术技能人才培养体制改革，加强统筹协调，形成工作合力。创新技术技能人才教育培训模式，促进企业和职业院校成为技术技能人才培养的"双主体"，开展校企联合培养试点。研究制定技术技能人才激励办法，探索建立企业首席技师制度，试行年薪制和股权制、期权制。健全以职业农民为主体的农村实用人才培养机制。弘扬劳动光荣、技能宝贵、创造伟大的时代风尚，不断提高技术技能人才经济待遇和社会地位。

（六）促进青年优秀人才脱颖而出。破除论资排辈、求全责备等陈旧观念，抓紧培养造就青年英才。建立健全对青年人才普惠性支持措施。加大教育、科技和其他各类人才工程项目对青年人才培养支持力度，在国家重大人才工程项目中设立青年专项。改革博士后制度，发挥高校、科研院所、企业在博士后研究人员招收培养中的主体作用，有条件的博士后科研工作站可独立招收博士后研究人员。拓宽国际视野，吸引国外优秀青年人才来华从事博士后研究。

四、创新人才评价机制

（一）突出品德、能力和业绩评价。制定分类推进人才评价机制改革的指导意见。坚持德才兼备，注重凭能力、实绩和贡献评价人才，克服唯学历、唯职称、唯论文等倾向。不将论文等作为评价应用型人才的限制性条件。建立符合中小学教师、全科医生等岗位特点的人才评价机制。

（二）改进人才评价考核方式。发挥政府、市场、专业组织、用人单位等多元评价主体作用，加快建立科学化、社会化、市场化的人才评价制度。基础研究人才以同行学术评价为主，应用研究和技术开发人才突出市场评价，哲学社会科学人才强调社会评价。注重引入国际同行评价。应用型人才评价应根据职业特点突出能力和业绩导向。加强评审专家数据库建设，建立评价责任和信誉制度。适当延长基础研究人才评价考核周期。

（三）改革职称制度和职业资格制度。深化职称制度改革，提高评审科学化水平。研究制定深化职称制度改革的意见。突出用人主体在职称评审中的主导作用，合理界定和下放职称评审权限，推动高校、科研院所和国有企业自主评审。对职称外语和计算机应用能力考试不作统一要求。探索高层次人才、急需紧缺人才职称直聘办法。畅通非公有制经济组织和社会组织人才申报参加职称评审渠道。清理减少准入类职业资格并严格管理，推进水平类职业资格评价市场化、社会化。放宽急需紧缺人才职业资格准入。

五、健全人才顺畅流动机制

（一）破除人才流动障碍。打破户籍、地域、身份、学历、人事关系等制约，促进人才资源合理流动、有效配置。建立高层次人才、急需紧缺人才优先落户制度。加快人事档案管理服务信息化建设，完善社会保险关系转移接续办法，为人才跨地区、跨行业、跨体制流动提供便利条件。

（二）畅通党政机关、企事业单位、社会各方面人才流动渠道。研究制定吸引非公有制经济组织和社会组织优秀人才进入党政机关、国有企事业单位的政策措施，注重人选思想品德、职业素养、从业经验和专业技能综合考核。

（三）促进人才向艰苦边远地区和基层一线流动。研究制定鼓励和引导人才向艰苦边远地区和基层一线流动的意见，提高艰苦边远地区和基层一线人才保障水平，使他们在政治上受重视、社会上受尊重、经济上得实惠。重大人才工程项目适当向艰苦边远地区倾斜。边远贫困和民族地区县以下单位招录人才，可适当放宽条件、降低门槛。鼓励西部地区、东北地区、边远地区、民族地区、革命老区设立人才开发基金。完善东、中部地区对口支持西部地区人才开发机制。

六、强化人才创新创业激励机制

（一）加强创新成果知识产权保护。完善知识产权保护制度，加快出台职务发明条例。研究制定商业模式、文化创意等创新成果保护办法。建立创新人才维权援助机制。建立人才引进使用中的知识产权鉴定机制，防控知识产权风险。完善知识产权质押融资等金融服务机制，为人才创新创业提供支持。

（二）加大对创新人才激励力度。赋予高校、科研院所科技成果使用、处置和收益管理自主权，除事关国防、国家安全、国家利益、重大社会公共利益外，行政主管部门不再审批或备案。允许科技成果通过协议定价、在技术市场挂牌交易、拍卖等方式转让转化。完善科研人员收入分配政策，依法赋予创新领军人才更大人财物支配权、技术路线决定权，实行以增加知识价值为导向的激励机制。完善市场评价要素贡献并按贡献分配的机制。

研究制定国有企事业单位人才股权期权激励政策，对不适宜实行股权期权激励的采取其他激励措施。探索高校、科研院所担任领导职务科技人才获得现金与股权激励管理办法。完善人才奖励制度。

（三）鼓励和支持人才创新创业。研究制定高校、科研院所等事业单位科研人员离岗创业的政策措施。高校、科研院所科研人员经所在单位同意，可在科技型企业兼职并按规定获得报酬。允许高校、科研院所设立一定比例的流动岗位，吸引具有创新实践经验的企业家、科技人才兼职。鼓励和引导优秀人才向企业集聚。重视吸收民营企业育才引才用才经验做法。总结推广各类创新创业孵化模式，打造一批低成本、便利化、开放式的众创空间。

七、构建具有国际竞争力的引才用才机制

（一）完善海外人才引进方式。实行更积极、更开放、更有效的人才引进政策，更大力度实施海外高层次人才引进计划（国家"千人计划"），敞开大门，不拘一格，柔性汇聚全球人才资源。对国家急需紧缺的特殊人才，开辟专门渠道，实行特殊政策，实现精准引进。支持地方、部门和用人单位设立引才项目，加强动态管理。鼓励社会力量参与人才引进。扩大来华留学规模，优化外国留学生结构，提高政府奖学金资助标准，出台学位研究生毕业后在华工作的相关政策。

（二）健全工作和服务平台。对引进人才充分信任、放手使用，支持他们深度参与国家计划项目、开展科研攻关。研究制定外籍科学家领衔国家科技项目办法。完善引才配套政策，解决引进人才任职、社会保障、户籍、子女教育等问题。对外国人才来华签证、居留，放宽条件、简化程序、落实相关待遇。整合人才引进管理服务资源，优化机构与职能配置。

（三）扩大人才对外交流。鼓励支持人才更广泛地参加国际学术交流与合作，完善相关管理办法。支持有条件的高校、科研院所、企业在海外建立办学机构、研发机构，吸引使用当地优秀人才。完善国际组织人才培养推送机制。创立国际人才合作组织，促进人才国际交流与合作。研究制定维护国家人才安全的政策措施。

八、建立人才优先发展保障机制

（一）促进人才发展与经济社会发展深度融合。坚持人才引领创新发展，将人才发展列为经济社会发展综合评价指标。综合运用区域、产业政策和财政、税收杠杆，加大人才资源开发力度。坚持人才发展与实施重大国家战略、调整产业布局同步谋划、同步推进。研究制定"一带一路"建设、京津冀协同发展、长江经济带建设、"中国制造2025"、自贸区建设以及国家重大项目和重大科技工程等人才支持措施。创新人才工作服务发展政策，鼓励和支持地方开展人才管理改革试验探索。围绕实施国家"十三五"规划，编制地区、行业系统以及重点领域人才发展规划。鼓励各类优秀人才投身国防事业，促进军民深度融合发展，建立军地人才、技术、成果转化对接机制。

（二）建立多元投入机制。优化财政支出结构，完善人才发展投入机制，加大人才开发投入力度。实施重大建设工程和项目时，统筹安排人才开发培养经费。调整和规范人才工程项目财政性支出，提高资金使用效益。发挥人才发展专项资金、中小企业发展基金、产业投资基金等政府投入的引导和撬动作用，建立政府、企业、社会多元投入机制。创新人才与资本、技术对接合作模式。研究制定鼓励企业、社会组织加大人才投入的政策措施。发展天使投资和创业投资引导基金，鼓励金融机构创新产品和服务，加大对人才创新创业资金扶持力度。落实有利于人才发展的税收支持政策，完善国家有关鼓励和吸引高层次人才的税收优惠政策。

九、加强对人才工作的领导

（一）完善党管人才工作格局。发挥党委（党组）总揽全局、协调各方的领导核心作用，加强党对人才工作统一领导，切实履行管宏观、管政策、管协调、管服务职责。改进党管人才方式方法，完善党委统一领导，组织部门牵头抓总，有关部门各司其职、密切配合，社会力量发挥重要作用的人才工作新格局。进一步明确人

才工作领导小组职责任务和工作规则，健全领导机构，配强工作力量，完善宏观指导、科学决策、统筹协调、督促落实机制。理顺党委和政府人才工作职能部门职责，将行业、领域人才队伍建设列入相关职能部门"三定"方案。

（二）实行人才工作目标责任考核。建立各级党政领导班子和领导干部人才工作目标责任制，细化考核指标，加大考核力度，将考核结果作为领导班子评优、干部评价的重要依据。将人才工作列为落实党建工作责任制情况述职的重要内容。

（三）坚持对人才的团结教育引导服务。加强政治引领和政治吸纳，充分发挥党的组织凝聚人才作用。制定加强党委联系专家工作意见，建立党政领导干部直接联系人才机制。加强各类人才教育培训、国情研修，增强认同感和向心力。完善专家决策咨询制度，畅通建言献策渠道，充分发挥新型智库作用。建立健全特殊一线岗位人才医疗保健制度。加强优秀人才和工作典型宣传，营造尊重人才、见贤思齐的社会环境，鼓励创新、宽容失败的工作环境，待遇适当、无后顾之忧的生活环境，公开平等、竞争择优的制度环境。

各级党委和政府要切实增强责任感、使命感，统一思想、加强领导，部门协同、上下联动，推动各项改革任务落实。鼓励支持各地区各部门因地制宜，开展差别化改革探索。加强指导监督，研究解决人才发展体制机制改革中遇到的新情况新问题。有关方面要抓紧制定任务分工方案，明确各项改革的进度安排。各地应当结合实际研究制定实施意见。加强政策解读和舆论引导，形成全社会关心支持人才发展体制机制改革的良好氛围。

（2016年3月21日）

中共中央办公厅、国务院办公厅
《关于进一步深化文化市场综合执法改革的意见》

为贯彻落实《中共中央关于全面推进依法治国若干重大问题的决定》、《国务院关于促进市场公平竞争维护市场正常秩序的若干意见》，进一步深化文化市场综合执法改革，促进文化市场持续健康发展，现提出如下意见。

一、重要意义

2004年以来，按照党中央、国务院决策部署，文化市场综合执法改革由试点逐步向全国推开，各直辖市和市、县两级基本完成文化（文物）、新闻出版广电（版权）等文化市场领域有关行政执法力量的整合，组建文化市场综合执法机构，提升了执法效能，规范了市场秩序，推动了优秀文化产品的生产和传播，促进了社会效益和经济效益有机统一。

当前，文化市场发展与管理面临许多新形势新要求。文化体制改革向纵深拓展，文化开放水平不断提高，各类文化市场主体迅速发展，新型文化业态大量涌现，迫切需要创新文化市场管理体制机制，丰富方式手段。行政执法体制、市场准入制度等方面改革逐步深入，迫切需要文化市场综合执法改革同步跟进、有效衔接。文化市场存在一些突出问题，如不良文化产品和服务时有泛滥，有害文化信息不断出现，损害未成年人文化权益、侵犯知识产权等行为屡禁不止，广大人民群众反映十分强烈，迫切需要进一步提高文化市场综合执法能力和水平。文化产品既具有经济属性，也具有意识形态属性，必须坚持把社会效益放在首位、社会效益和经济效益相统一。要高度重视文化市场管理问题，进一步完善文化市场综合执法，推动现代文化市场体系建设，更好地维护国家文化安全和意识形态安全，更好地促进文化事业文化产业繁荣发展。

二、总体要求

（一）指导思想。全面贯彻党的十八大和十八届三中、四中、五中全会精神，以邓小平理论、"三个代表"重要思想、科学发展观为指导，深入贯彻习近平总书记系列重要讲话精神，围绕"四个全面"战略布局，建立健全符合社会主义核心价值观要求、适应现代文化市场体系需要的文化市场综合执法管理体制，维护文化市场正常秩序，推动社会主义文化大发展大繁荣。

（二）总体目标。通过深化改革，建设文化市场综合执法法律法规支撑体系；形成权责明确、监督有效、保障有力的文化市场综合执法管理体制；建设一支政治坚定、行为规范、业务精通、作风过硬的文化市场综合执法队伍；进一步整合文化市场执法权，加快实现跨部门、跨行业综合执法。

（三）基本原则

——坚持党的领导。坚持社会主义先进文化前进方向，弘扬社会主义核心价值观，通过有力有效的文化市场综合执法，加强思想文化阵地建设，向社会传导正确价值取向，维护国家文化安全。

——坚持依法行政。坚持法定职责必须为、法无授权不可为，严格规范公正文明执法。加强执法监督，完善执法责任制，提升执法公信力。

——坚持分类指导。针对不同层级综合执法机构职责，确定工作任务和执法重点；针对不同地区经济文化差异，科学设置综合执法机构；针对不同执法事项的特点，采取有效方式加强监管。

——坚持权责一致。落实市场主体守法经营责任、综合执法机构执法责任、行政主管部门监管责任和属地政府领导责任。厘清综合执法机构和行政主管部门关系，减少职责交叉，形成监管合力。

三、重点任务

（一）明确综合执法适用范围。文化市场综合执法机构的职能主要包括：依法查处娱乐场所、互联网上网服务营业场所的违法行为，查处演出、艺术品经营及进出口、文物经营等活动中的违法行为；查处文化艺术经营、展览展播活动中的违法行为；查处除制作、播出、传输等机构外的企业、个人和社会组织从事广播、电影、电视活动中的违法行为，查处电影放映单位的违法行为，查处安装和设置卫星电视广播地面接收设施、传送境外卫星电视节目中的违法行为，查处放映未取得电影公映许可证的影片和走私放映盗版影片等违法活动；查处图书、音像制品、电子出版物等方面的违法出版活动和印刷、复制、出版物发行中的违法经营活动，查处非法出版单位和个人的违法出版活动；查处著作权侵权行为；查处网络文化、网络视听、网络出版等方面的违法经营活动；配合查处生产、销售、使用"伪基站"设备的违法行为；承担"扫黄打非"有关工作任务；依法履行法律法规规章及地方政府赋予的其他职责。

（二）加强综合执法队伍建设。严格实行执法人员持证上岗和资格管理制度，未经执法资格考试合格，不得授予执法资格，不得从事执法活动。探索建立执法人员资格等级考试制度。健全执法人员培训机制，实施业务技能训练考核大纲和中西部地区执法能力提升计划，定期组织开展岗位练兵、技能比武活动。全面落实综合执法责任制，严格确定不同岗位执法人员执法责任，建立健全责任追究机制，通过落实党内监督、行政监督、社会监督、舆论监督等方式强化文化市场执法监督。落实综合执法标准规范，加强队容风纪管理，严格廉政纪律。使用统一执法标识、执法证件和执法文书，按规定配备综合执法车辆。

（三）健全综合执法制度机制。建立文化市场综合执法权力清单制度和行政裁量权基准制度，完善举报办理、交叉检查、随机抽查、案件督办、应急处置等各项工作流程。严格执行罚缴分离和收支两条线制度，严禁将罚没收入同综合执法机构利益直接或变相挂钩。建立文化市场跨部门、跨区域执法协作联动机制，完善上级与下级之间、部门之间、地区之间线索通报、案件协办、联合执法制度。建立文化市场行政执法和刑事司法衔接机制，坚决防止有案不移、有案难移、以罚代刑现象。推进政务信息公开，向社会公开执法案件主体信息、案由、处罚依据及处罚结果，提高执法透明度和公信力。

（四）推进综合执法信息化建设。加快全国文化市场技术监管与服务平台建设应用，加强与各有关行政部门信息系统的衔接共享，推进行政许可与行政执法在线办理，实现互联互通。通过视频监控、在线监测等远程监管措施，加强非现场监管执法。采用移动执法、电子案卷等手段，提升综合执法效能。推动信息化建设与执法办案监督管理深度融合，运用信息技术对执法流程进行实时监控、在线监察，规范执法行为，强化内外监督，建立开放、透明、便民的执法机制。构建文化市场重点领域风险评估体系，形成来源可查、去向可追的信息链条，切实防范区域性、行业性和系统性风险。

（五）完善文化市场信用体系。建设文化市场基础数据库，完善市场主体信用信息记录，探索实施文化市场信用分类监管，建立文化市场守信激励和失信惩戒机制。建立健全文化市场警示名单和黑名单制度，对从事违法违规经营、屡查屡犯的经营单位和个人，依法公开其违法违规记录，使失信违规者在市场交易中受到制约和限制。落实市场主体守法经营的主体责任，指导其加强事前防范、事中监管和事后处理工作。推动行业协会、商会等社会组织建立健全行业经营自律规范、自律公约和职业道德准则，引导行业健康发展。

（六）建立健全综合执法运行机制。文化市场综合执法机构依据法定职责和程序，相对集中行使文化（文物）、新闻出版广电（版权）等部门文化市场领域的行政处罚权以及相关的行政强制权、监督检查权，开展日常巡查、查办案件等执法工作。有关行政部门在各自职责范围内指导、监督综合执法机构开展执法工作，综合执法机构认真落实各有关行政部门的工作部署和任务，及时反馈执法工作有关情况，形成分工负责、相互支持、密切配合的工作格局。

四、组织领导

（一）加强组织实施。中央文化体制改革和发展工作领导小组统一领导全国深化文化市场综合执法改革工作，领导小组办公室负责组织对改革进展情况进行督促检查。中央宣传部、中央网信办、文化部、新闻出版广电总局要根据本意见要求统筹推进改革，涉及互联网信息内容的执法工作由中央网信办统筹协调。各省（自治区、直辖市）党委和政府要高度重视，将深化文化市场综合执法改革工作列入重要议事日程，确保改革各项措施落实到位。

（二）完善文化市场综合执法管理体制。建立由国务院文化行政部门牵头的全国文化市场管理工作联席会议制度，充分发挥各部门职能作用和资源优势，加强统筹、协调和指导。充实完善省、市、县三级文化市场管理工作领导小组，统一领导本行政区文化市场管理和综合执法工作，推动文化领域跨部门、跨行业综合执法；领导小组由同级党委宣传部部长任组长，同级政府有关负责同志任副组长。

国务院文化行政部门负责指导全国文化市场综合执法工作，推动各直辖市和市、县两级文化（文物）、新闻出版广电（版权）等部门整合文化市场领域的执法职能；建立统一规范的综合执法工作规则，建设全国文化市场技术监管体系，推进综合执法队伍建设；协调各有关行政部门对综合执法工作进行绩效考核。

省（自治区）文化行政部门负责指导本地区文化市场综合执法工作，统筹综合执法队伍建设；依法履行执法指导监督、跨区域执法协作、重大案件查处等职责。

（三）明确机构设置、编制、人员和经费。各地应根据中央关于深化行政执法体制改革的有关精神，结合本地实际，探索文化市场综合执法机构设置的有效形式。直辖市文化市场综合执法机构可探索对区县文化市场综合执法工作实行直接管理，整合执法资源，提升执法能力。副省级城市、省辖市可整合市区两级文化市场综合执法队伍，组建市级文化市场综合执法机构。县级市和县的文化市场综合执法机构要加强队伍建设，切实履行监管责任。对经济发达、城镇化水平较高的乡镇，县级市和县文化广电新闻出版行政部门可根据需要和条件通过法定程序委托乡镇政府行使部分文化市场执法权。

文化市场综合执法机构干部任免参照宣传文化单位干部管理规定办理。综合执法人员依法依规纳入参照公务员法管理。在省（自治区、直辖市）范围内，要统一规范综合执法机构名称，并结合本辖区地理范围、执法任务等情况，统筹考虑综合执法机构编制安排。综合执法机构的工作经费和能力建设经费列入同级政府财政预算。

（四）健全考核机制。文化市场综合执法工作要纳入社会治安综合治理成效评价体系，推动各级党委和政府履职尽责。健全文化市场综合执法绩效考评制度，加强对依法行政、市场监管、社会服务效能等方面的监督和评估。充分发挥"12318"文化市场举报电话和网络平台作用，畅通公众意见反馈渠道。建立文化市场综合执法工作第三方评价机制和群众评议反馈机制，制定公众满意度指标，增强综合执法工作评价的客观性和科学性。

（五）推动相关立法。做好文化市场综合执法立法与文化市场综合执法改革重大政策的衔接，加强理论研究，积累改革经验，研究制定文化市场综合执法管理规定，加快制定地方文化市场综合执法相关法规，推动综合执法机构依法行政，提高文化市场综合执法工作法治化水平。

（2016年4月4日）

文化部、国家发展改革委、财政部、国家文物局《关于推动文化文物单位文化创意产品开发的若干意见》

为深入发掘文化文物单位馆藏文化资源，发展文化创意产业，开发文化创意产品，弘扬中华优秀文化，传承中华文明，推进经济社会协调发展，提升国家软实力，根据《国务院关于进一步加强文物工作的指导意见》（国发〔2016〕17号）有关要求，现提出以下意见。

一、总体要求

文化文物单位主要包括各级各类博物馆、美术馆、图书馆、文化馆、群众艺术馆、纪念馆、非物质文化遗产保护中心及其他文博单位等掌握各种形式文化资源的单位。文化文物单位馆藏的各类文化资源，是中华民族五千多年文明发展进程中创造的博大精深灿烂文化的重要组成部分。

依托文化文物单位馆藏文化资源，开发各类文化创意产品，是推动中华文化创造性转化和创新性发展、使中国梦和社会主义核心价值观更加深入人心的重要途径，是推动中华文化走向世界、提升国家文化软实力的重要渠道，是丰富人民群众精神文化生活、满足多样化消费需求的重要手段，是增强文化文物单位服务能力、提升服务水平、丰富服务内容的必然要求，对推动优秀传统文化与当代文化相适应、与现代社会相协调，推陈出新、以文化人，具有重要意义。

推动文化创意产品开发，要始终把社会效益放在首位，实现社会效益和经济效益相统一；要在履行好公益服务职能、确保文化资源保护传承的前提下，调动文化文物单位积极性，加强文化资源系统梳理和合理开发利用；要鼓励和引导社会力量参与，促进优秀文化资源实现传承、传播和共享；要充分运用创意和科技手段，注意与产业发展相结合，推动文化资源与现代生产生活相融合，既传播文化，又发展产业、增加效益，实现文化价值和实用价值的有机统一。力争到2020年，逐步形成形式多样、特色鲜明、富有创意、竞争力强的文化创意产品体系，满足广大人民群众日益增长、不断升级和个性化的物质和精神文化需求。

二、主要任务

（一）充分调动文化文物单位积极性。具备条件的文化文物单位应结合自身情况，依托馆藏资源、形象品牌、陈列展览、主题活动和人才队伍等要素，积极稳妥推进文化创意产品开发，促进优秀文化资源的传承传播与合理利用。鼓励文化文物单位与社会力量深度合作，建立优势互补、互利共赢的合作机制，拓宽文化创意产品开发投资、设计制作和营销渠道，加强文化资源开放，促进资源、创意、市场共享。

（二）发挥各类市场主体作用。鼓励众创、众包、众扶、众筹，以创新创意为动力，以文化创意设计企业为主体，开发文化创意产品，打造文化创意品牌，为社会力量广泛参与研发、生产、经营等活动提供便利条件。鼓励企业通过限量复制、加盟制造、委托代理等形式参与文化创意产品开发。鼓励和引导社会资本投入文化创意产品开发，努力形成多渠道投入机制。

（三）加强文化资源梳理与共享。推进文化文物单位各类文化资源的系统梳理、分类整理和数字化进程，明确可供开发资源。用好用活第三次全国文物普查和第一次全国可移动文物普查数据。鼓励依托高新技术创新文化资源展示方式，提升体验性和互动性。支持数字文化、文化信息资源库建设，用好各类已有文化资源共建共享平台，面向社会提供知识产权许可服务，促进文化资源社会共享和深度发掘利用。

（四）提升文化创意产品开发水平。深入挖掘文化资源的价值内涵和文化元素，广泛应用多种载体和表现形式，开发艺术性和实用性有机统一、适应现代生活需求的文化创意产品，满足多样化消费需求。结合构建中小学生利用博物馆学习的长效机制，开发符合青少年群体特点和教育需求的文化创意产品。鼓励开发兼具文化内涵、科技含量、实用价值的数字创意产品。推动文化文物单位、文化创意设计机构、高等院校、职业学校等开展合作，提升文化创意产品设计开发水平。

（五）完善文化创意产品营销体系。创新文化创意产品营销推广理念、方式和渠道，促进线上线下融合。支持有条件的文化文物单位在保证公益服务的前提下，将自有空间用于文化创意产品展示、销售，鼓励有条件的单位在国内外旅游景点、重点商圈、交通枢纽等开设专卖店或代售点。综合运用各类电子商务平台，积极发展社交电商等网络营销新模式，提升文化创意产品网络营销水平，鼓励开展跨境电子商务。配合优秀文化遗产进乡村、进社区、进校园、进军营、进企业，加强文化创意产品开发和推广。鼓励结合陈列展览、主题活动、馆际交流等开展相关产品推广营销。积极探索文化创意产品的体验式营销。

（六）加强文化创意品牌建设和保护。促进文化文物单位、文化创意设计企业提升品牌培育意识以及知识产权创造、运用、保护和管理能力，积极培育拥有较高知名度和美誉度的文化创意品牌。依托重点文化文物单位，培育一批文化创意领军单位和产品品牌。建立健全品牌授权机制，扩大优秀品牌产品生产销售。

（七）促进文化创意产品开发的跨界融合。支持文化资源与创意设计、旅游等相关产业跨界融合，提升文化旅游产品和服务的设计水平，开发具有地域特色、民族风情、文化品位的旅游商品和纪念品。推动优秀文化资源与新型城镇化紧密结合，更多融入公共空间、公共设施、公共艺术的规划设计，丰富城乡文化内涵，优化社区人文环境，使城市、村镇成为历史底蕴厚重、时代特色鲜明、文化气息浓郁的人文空间。将文化创意产品开发作为推动革命老区、民族地区、边疆地区、贫困地区文化遗产保护和文化发展、扩大就业、促进社会进步的重要措施。鼓励依托优秀演艺、影视等资源开发文化创意产品，延伸相关产业链条。

三、支持政策和保障措施

（一）推动体制机制创新。鼓励具备条件的文化文物单位在确保公益目标、保护好国家文物、做强主业的前提下，依托馆藏资源，结合自身情况，采取合作、授权、独立开发等方式开展文化创意产品开发。逐步将文化创意产品开发纳入文化文物单位评估定级标准和绩效考核范围。文化文物事业单位要严格按照分类推进事业单位改革的政策规定，坚持事企分开的原则，将文化创意产品开发与公益服务分开，原则上以企业为主体参与市场竞争；其文化创意产品开发取得的事业收入、经营收入和其他收入等按规定纳入本单位预算统一管理，可用于加强公益文化服务、藏品征集、继续投入文化创意产品开发、对符合规定的人员予以绩效奖励等。国有文化文物单位应积极探索文化创意产品开发收益在相关权利人间的合理分配机制。促进国有和非国有文化文物单位之间在馆藏资源展览展示、文化创意产品开发等方面的交流合作。鼓励具备条件的非国有文化文物单位充分发掘文化资源开发文化创意产品，同等享受相关政策支持。

（二）稳步推进试点工作。按照试点先行、逐步推进的原则，在国家级、部分省级和副省级博物馆、美术馆、图书馆中开展开办符合发展宗旨、以满足民众文化消费需求为目的的经营性企业试点，在开发模式、收入分配和激励机制等方面进行探索。试点名单由文化部、国家文物局确定，或者由省级人民政府文化文物部门确定并报文化部、国家文物局备案。允许试点单位通过知识产权作价入股等方式投资设立企业，从事文化创意产品开发经营。试点单位具备相关知识和技能的人员在履行岗位职责、完成本职工作的前提下，经单位批准，可以兼职到本单位附属企业或合作设立的企业从事文化创意产品开发经营活动；涉及的干部人事管理、收入分配等问题，严格按照有关政策规定执行。参照激励科技人员创新创业的有关政策完善引导扶持激励机制。探索将试点单位绩效工资总量核定与文化创意产品开发业绩挂钩，文化创意产品开发取得明显成效的单位可适当增加绩效工资总量，并可在绩效工资总量中对在开发设计、经营管理等方面作出重要贡献的人员按规定予以奖励。

（三）落实完善支持政策。中央和地方各级财政通过现有资金渠道，进一步完善资金投入方式，加大对文化创意产品开发工作的支持力度。研究论证将符合条件的文化创意产品开发项目纳入专项建设基金支持范围。认真落实推进文化创意和设计服务与相关产业融合发展、发展对外文化贸易等扶持文化产业发展的税收政策，支持文化创意产品开发。将文化创意产品开发纳入文化产业投融资服务体系支持和服务范围。面向从事文化创意产品开发的企事业单位，培育若干骨干文化创意产品开发示范单位，加强引领示范，形成可向全行业推广的经验。将文化创意产品开发经营企业纳入各级文化产业示范基地评选范围。强化文化市场监管和执法，加大侵权惩处力度，创造良好市场环境。鼓励各级地方政府创新文化创意产品开发机制，用机制创新干事。

（四）加强支撑平台建设。发挥国家级文化文物单位和骨干企业作用，支持实施一批具有示范引领作用的项目，搭建面向全行业的产品开发、营销推广、版权交易等平台。支持有条件的地方和企事业单位建设文化创意产品开发生产园区基地。实施"互联网＋中华文明"行动计划，遴选和培育一批"双创"空间，实施精品文物数字产品和精品展览数字产品推广项目。充分发挥重点文化产业、文物展会作用，促进优秀文化创意产品的展示推广和交易。规范和鼓励举办产品遴选推介、创意设计竞赛等活动，促进文化创意产品展示交易。借助海外中国文化中心、国际展览展示交易活动、文物进出境展览和交流等平台，促进优秀文化创意产品走出去。

（五）强化人才培养和扶持。以高端创意研发、经营管理、营销推广人才为重点，同旅游、教育结合起来，加强对文化创意产品开发经营人才的培养和扶持。将文化创意产品设计开发纳入各类文化文物人才扶持计划支持范围。文化文物单位和文化创意产品开发经营企业要积极参与各级各类学校相关专业人才培养，探索现代学徒制、产学研结合等人才培养模式，并为学生实习提供岗位，提高人才培养的针对性和适用性。通过馆校结合、馆企合作等方式大力培养文化文物单位的文化创意产品开发、经营人才。支持文化文物单位建设兼具文化文物素养和经营管理、设计开发能力的人才团队，并通过多种形式引进优秀专业人才，进一步畅通国有和民营、事业单位和企业之间人才流动渠道。鼓励开展中外文化创意产品设计开发、经营管理人才交流与合作，定期开展海外研习活动。

（六）加强组织实施。地方各级文化、发展改革、财政、文物等部门要按照本意见的要求，根据本地区实际情况，加强对推动文化创意产品开发工作的组织实施，做好宣传解读和相关统计监测工作。部门间、地区间要协同联动，确保各项任务措施落到实处。注意加强规范引导，因地制宜，突出特色，科学论证，确保质量，防止一哄而上、盲目发展。强化开发过程中的文物保护和资产管理，制定严格规程，健全财务制度，防止破坏文物，杜绝文物和其他国有资产流失。充分发挥各级各类行业协会、中介组织、研究机构等在行业研究、标准制定、交流合作等方面的作用。

（2016年5月11日）

国务院办公厅
《关于促进通用航空业发展的指导意见》

国办发〔2016〕38号

各省、自治区、直辖市人民政府，国务院各部委、各直属机构：

通用航空业是以通用航空飞行活动为核心，涵盖通用航空器研发制造、市场运营、综合保障以及延伸服务等全产业链的战略性新兴产业体系，具有产业链条长、服务领域广、带动作用强等特点。近年来，我国通用航空业发展迅速，截至2015年底，通用机场超过300个，通用航空企业281家，在册通用航空器1874架，2015年飞行量达73.2万小时。但总体上看，我国通用航空业规模仍然较小，基础设施建设相对滞后，低空空域管理改革进展缓慢，航空器自主研发制造能力不足，通用航空运营服务薄弱，与经济社会发展和新兴航空消费需求仍有较大差距。为加快提升服务保障能力，促进产业转型升级，释放消费潜力，实现通用航空业持续健康发展，经国务院同意，现提出以下意见。

一、总体要求

（一）指导思想。

全面贯彻党的十八大和十八届三中、四中、五中全会精神，认真落实国务院决策部署，按照"五位一体"总体布局和"四个全面"战略布局，牢固树立和贯彻落实创新、协调、绿色、开放、共享的发展理念，充分发挥市场机制作用，加大改革创新力度，突出通用航空交通服务功能，大力培育通用航空市场，加快构建基础设施网络，促进产业转型升级，提升空管保障能力，努力建成布局合理、便利快捷、制造先进、安全规范、应用广泛、军民兼顾的通用航空体系。

（二）基本原则。

市场主导，政府引导。充分发挥市场在资源配置中的决定性作用，支持新兴航空消费，鼓励企业根据市场需求不断创新，促进通用航空市场持续壮大。更好地发挥政府统筹谋划、规划引导和政策支持的作用，加大简政放权力度，优化飞行报审程序，提高审批效率，为通用航空企业提供高效便捷服务。

安全第一，创新驱动。处理好安全与发展的关系，强化安全主体责任和监管责任，建立健全军地联合监管机制，实施分类精细管理，确保飞行和空防安全。加大改革力度，通过政策创新、管理创新、技术创新和服务创新，最大限度释放市场潜力。

重点突破，全面推进。以加快基础设施建设、扩大低空空域开放、提升空管保障能力、促进产业转型升级为重点，打破制约产业发展的瓶颈。做好整体设计规划，统筹通用航空与公共航空运输协调发展，推进军民深度融合，推动通用航空业全方位发展。

（三）发展目标。

到2020年，建成500个以上通用机场，基本实现地级以上城市拥有通用机场或兼顾通用航空服务的运输机场，覆盖农产品主产区、主要林区、50%以上的5A级旅游景区。通用航空器达到5000架以上，年飞行量200万小时以上，培育一批具有市场竞争力的通用航空企业。通用航空器研发制造水平和自主化率有较大提升，国产通用航空器在通用航空机队中的比例明显提高。通用航空业经济规模超过1万亿元，初步形成安全、有序、协调的发展格局。

二、培育通用航空市场

（一）强化交通服务。发挥通用航空"小机型、小航线、小航程"的特点，适应偏远地区、地面交通不便地区人民群众的出行需求，积极发展短途运输，提供多样化机型服务，实现常态化运输。鼓励有条件的地区发展公务航空，满足个性化、高效率的出行需求。

（二）扩大公益服务和生产应用。鼓励和加强通用航空在抢险救灾、医疗救护等领域的应用，完善航空应急救援体系，提升快速反应能力。扩大通用航空农林作业面积，基本实现主要林区航空护林，推广通用航空在工业与能源建设、国土及地质资源勘查、环境监测、通信中继等领域应用。

（三）鼓励航空消费。推动通用航空与互联网、创意经济融合，拓展通用航空新业态。促进通用航空与旅游业结合，在适宜地区开展空中游览活动。鼓励发展飞行培训，提高飞行驾驶执照持有比例。积极发展个人使用、企业自用等非经营性通用航空，鼓励开展航空体育与体验飞行。利用会展、飞行赛事、航空文化交流等活动，支持通用航空俱乐部、通用航空爱好者协会等社会团体发展，扩大通用航空爱好者和消费者群体。

三、加快通用机场建设

（一）优化规划布局。完善综合交通运输体系，加强通用机场整体布局规划，做好与各类交通运输方式的相互衔接。在偏远地区、地面交通不便的地区以及年旅客吞吐量1000万人次以上的枢纽运输机场周边建设通用机场，改善交通运输条件。在自然灾害多发等地区以及大型城市等人口密集、地面交通拥堵严重地区建设通用机场，满足抢险救灾、医疗救护、反恐处突与公共管理等需要。在航空制造等重点产业集聚区以及农产品主产区、重点国有林区等地区建设通用机场，服务于工农林等通用航空活动。在世界自然文化遗产、国家级风景名胜区、重要体育产业基地等地区建设通用机场，促进空中游览、航空体育、飞行培训等发展。

（二）合理确定标准。综合考虑人口、土地、空域资源、交通运输、产业基础等条件，立足市场需求和发展实际，因地制宜推进通用机场建设。合理确定通用机场建设规模和标准，通用机场设施要坚持经济、适用、美观、绿色的原则，在确保运行安全的前提下，节约投资和降低运行成本。

（三）完善审核程序。由省级发展改革部门组织编制辖区内通用机场布局规划，征得民航地区管理局、战区空军（空域管理部门）同意，报省级人民政府批准，抄报国家发展改革委、财政部、交通运输部、民航局和中央军委联合参谋部、空军。新建通用机场项目执行现行规定，由省级人民政府按照批准的规划审批（核准）。国家发展改革委、中央军委联合参谋部商有关方面研究建立通用机场升级转换为运输机场的机制。

（四）统筹协调发展。加强区域协作，推进京津冀、长三角、珠三角等地区和重点城市群的综合型通用机场建设，保障通用航空运营服务，打造区域通用航空网络重要节点。鼓励枢纽运输机场所在城市建设综合型通用机场，疏解枢纽运输机场非核心业务。优先支持支线机场增设通用航空设施，拓展业务范围，兼顾区域通用航空运营服务综合保障。鼓励通用机场对社会开放并公布机场以及服务保障设施资料信息。引导相邻地区打破行政区划限制，共建共用通用机场。统筹加快通用航空空管、油料储运、运营、维修等服务保障设施建设。

四、促进产业转型升级

（一）提升制造水平。构建国家通用航空业研发创新体系，鼓励建立通用航空业创新平台，提高关键技术和部件的自主研发生产能力，加快提升国产化水平，发展具有自主知识产权、质优价廉的通用航空产品。支持大型水陆两栖飞机、新能源飞机、轻型公务机、民用直升机、多用途固定翼飞机、专业级无人机以及配套发动机、机载系统等研制应用。推广应用北斗导航、广播式自动监视等新技术，研发适用我国低空空域通信、导航、监视、气象与空中交通服务需求的核心装备，开展重大适航审定实验室等建设，提升行业运行、服务、安全的管理和技术水平。

（二）促进产业集聚。优先在空域、土地等条件具备的地方，建设50个综合或专业示范区，促进通用航空业集聚发展。培育和打造具备国际先进水平的通用航空制造龙头企业，逐步形成一批具有核心竞争力的骨干企业，支持众多中小企业集聚创新，发展先进通用航空装备、专业化配套系统和设备。推动运营服务创新，加强综合保障能力建设，促进管理改革措施在区域内先行先试。鼓励地方创新配套政策，积极吸引社会资本，发展与各地经济联系紧密的通用航空优势产业，发挥通用航空产业对区域经济发展的带动作用。

（三）深化国际合作。积极对接和吸纳国际通用航空业优质资源，加强通用航空制造、运营管理、飞行培训等领域的合作，引进、消化和吸收先进技术，提升我国通用航空产品设计和制造水平。创新国际合作模式，鼓励创建通用航空国际研发合作平台及国际化通用航空工程中心，增强技术创新能力。鼓励和支持通用航空企业依托"一带一路"倡议、自由贸易区等政策优势，促进具备比较优势的通用航空产品"走出去"，积极开拓国外市场，提升自主品牌的国际竞争力。

五、扩大低空空域开放

（一）科学规划空域。及时总结推广低空空域管理改革试点经验，实现真高3000米以下监视空域和报告空域无缝衔接，划设低空目视飞行航线，方便通用航空器快捷机动飞行。研究制定并组织实施空域分类标准，在国（边）境地带、空中禁区、全国重点防控目标区和重点防空目标等重要地区划设管制空域，包括航路航线、进近（终端）和机场管制地带等民用航空使用空域，确保重要目标及民航班运行安全。

（二）优化飞行服务。完善基础性航空情报资料体系，制定并发布目视飞行航空图，实时发布监视空域和报告空域的飞行动态、天气条件情况，提升低空空域航空情报、航空气象、飞行情报与告警服务能力。简化通用航空飞行任务审批、飞行计划申请和审批（备案）程序，原则上通用航空用户仅向一个空管单位申请或报备飞行计划；涉及管制空域的飞行活动，须申请飞行计划和空中交通管制许可，长期飞行计划只作一次性申请；仅涉及监视空域和报告空域的飞行计划，报备后即可实施。

（三）提高审批效率。飞行管制分区内的飞行计划申请，应在起飞前4小时提出，审批单位需在起飞前2小时批复；超出飞行管制分区在飞行管制区内的，应在起飞前8小时提出，审批单位需在起飞前6小时批复；跨飞行管制区的，应在起飞前1天15时前提出，审批单位需在起飞前1天18时前批复。监视空域飞行计划，航空用户应在起飞前2小时向飞行计划受理单位报备，飞行计划受理单位需在起飞前1小时向空管部门报备；报告空域飞行计划，航空用户应在起飞前1小时向飞行计划受理单位报备。对执行应急救援、抢险救灾、医疗救护与反恐处突等紧急、特殊通用航空任务的飞行计划，应随报随批。

六、强化全程安全监管

（一）加强适航管理。按照现有职责分工，国家发展改革委负责6吨—9座及以上通用飞机和3吨及以上直升机制造项目核准，其他项目由省级人民政府核准。工业和信息化部负责完善通用航空器生产制造行业标准，制定民用无人机生产标准规范。民航局负责完善通用航空器、零部件的适航标准和审定程序，提升通用航空器型号审定能力，加强航空油料的适航管理，实现适航管理全覆盖。

（二）确保运行安全。建立跨部门、跨领域的通用航空联合监管机制，形成全过程、可追溯的安全监管体系，由国家空管委办公室、民航局牵头，按照"地面管控为主、空中处置为辅"的原则，分类分级、各司其责，实施通用航空器运行安全监管。民航局负责建设通用航空安全监管平台，充分运用移动互联网、大数据等现代信息技术，提升通用航空器地面和空中活动的监控与追踪能力，实现飞行动态实时监控。工业和信息化部负责民用无人机无线电频率规划管理。军队负责查证处置空中违法违规飞行活动，公安部门负责"落地查人"，严厉打击"黑飞"等违法违规行为，确保低空飞行安全有序。

（三）规范市场秩序。充分发挥企业的市场主体作用，减少行政干预，简化进口航空器购置审批（备案）手续，鼓励通用航空企业创业和多元化发展。制定和完善有关制度标准，规范行业准入，提高通航飞行器的适航能力，加强事中事后监管。加强通用航空领域信用体系建设，强化行业自律，逐步形成统一规范、竞争有序的通用航空市场。

七、保障措施

（一）加强组织实施。地方政府要切实承担起促进产业发展、加强安全监管等主体责任，根据地区发展实际，科学制定支持措施，充分发挥企业积极性。有关部门和单位要按照职能分工，认真履职，密切配合，在规划编制、安全监管、重大项目等方面加强指导协调，完善支持政策措施，加强舆论宣传引导，及时研究解决飞行保障等方面的问题。

（二）加大资金支持。充分调动社会力量，多种方式、多方筹资，加大对医疗救护、应急处突、防灾减灾、偏远地区和地面交通不便地区运输服务等通用航空公共服务的经费保障力度，扩大通用航空领域政府购买服务的范围，完善现有补贴政策。鼓励企业和个人投资通用航空业，支持政府和社会资本合作建设、运营通用航空。

（三）健全法律法规。推动修订《中华人民共和国民用航空法》《通用航空飞行管制条例》，研究制定航空法、空域灵活使用管理办法、无人驾驶航空器飞行管理规定。民航局要进一步完善通用机场建设标准，实施分类分级管理。

（四）强化人才培养。支持大专院校和职业学校开设通用航空类专业，培养飞行、适航、航空器和发动机制造维修等专业技术和管理人才。鼓励社会资本投资通用航空培训机构，多层次、多渠道提升高层次人才的联合培养能力。

（2016年5月13日）

国务院办公厅
《关于发挥品牌引领作用推动供需结构升级的意见》

国办发〔2016〕44号

各省、自治区、直辖市人民政府，国务院各部委、各直属机构：

品牌是企业乃至国家竞争力的综合体现，代表着供给结构和需求结构的升级方向。当前，我国品牌发展严重滞后于经济发展，产品质量不高、创新能力不强、企业诚信意识淡薄等问题比较突出。为更好发挥品牌引领作用、推动供给结构和需求结构升级，经国务院同意，现提出以下意见：

一、重要意义

随着我国经济发展，居民收入快速增加，中等收入群体持续扩大，消费结构不断升级，消费者对产品和服务的消费提出更高要求，更加注重品质，讲究品牌消费，呈现出个性化、多样化、高端化、体验式消费特点。发挥品牌引领作用，推动供给结构和需求结构升级，是深入贯彻落实创新、协调、绿色、开放、共享发展理念的必然要求，是今后一段时期加快经济发展方式由外延扩张型向内涵集约型转变、由规模速度型向质量效率型转变的重要举措。发挥品牌引领作用，推动供给结构和需求结构升级，有利于激发企业创新创造活力，促进生产要素合理配置，提高全要素生产率，提升产品品质，实现价值链升级，增加有效供给，提高供给体系的质量和效率；有利于引领消费，创造新需求，树立自主品牌消费信心，挖掘消费潜力，更好发挥需求对经济增长的拉动作用，满足人们更高层次的物质文化需求；有利于促进企业诚实守信，强化企业环境保护、资源节约、公益慈善等社会责任，实现更加和谐、更加公平、更可持续的发展。

二、基本思路

按照党中央、国务院关于推进供给侧结构性改革的总体要求，积极探索有效路径和方法，更好发挥品牌引领作用，加快推动供给结构优化升级，适应引领需求结构优化升级，为经济发展提供持续动力。以发挥品牌引领作用为切入点，充分发挥市场决定性作用、企业主体作用、政府推动作用和社会参与作用，围绕优化政策法规环境、提高企业综合竞争力、营造良好社会氛围，大力实施品牌基础建设工程、供给结构升级工程、需求结构升级工程，增品种、提品质、创品牌，提高供给体系的质量和效率，满足居民消费升级需求，扩大国内消费需求，引导境外消费回流，推动供给总量、供给结构更好地适应需求总量、需求结构的发展变化。

三、主要任务

发挥好政府、企业、社会作用，立足当前，着眼长远，持之以恒，攻坚克难，着力解决制约品牌发展和供需结构升级的突出问题。

（一）进一步优化政策法规环境。加快政府职能转变，创新管理和服务方式，为发挥品牌引领作用推动供给结构和需求结构升级保驾护航。完善标准体系，提高计量能力、检验检测能力、认证认可服务能力、质量控制和技术评价能力，不断夯实质量技术基础。增强科技创新支撑，为品牌发展提供持续动力。健全品牌发展法律法规，完善扶持政策，净化市场环境。加强自主品牌宣传和展示，倡导自主品牌消费。

（二）切实提高企业综合竞争力。发挥企业主体作用，切实增强品牌意识，苦练内功，改善供给，适应需求，做大做强品牌。支持企业加大品牌建设投入，增强自主创新能力，追求卓越质量，不断丰富产品品种，提升产品品质，建立品牌管理体系，提高品牌培育能力。引导企业诚实经营，信守承诺，积极履行社会责任，不断提升品牌形象。加强人才队伍建设,发挥企业家领军作用,培养引进品牌管理专业人才,造就一大批技艺精湛、技术高超的技能人才。

(三)大力营造良好社会氛围。凝聚社会共识,积极支持自主品牌发展,助力供给结构和需求结构升级。培养消费者自主品牌情感,树立消费信心,扩大自主品牌消费。发挥好行业协会桥梁作用,加强中介机构能力建设,为品牌建设和产业升级提供专业有效的服务。坚持正确舆论导向,关注自主品牌成长,讲好中国品牌故事。

四、重大工程

根据主要任务,按照可操作、可实施、可落地的原则,抓紧实施以下重大工程。

(一)品牌基础建设工程。围绕品牌影响因素,打牢品牌发展基础,为发挥品牌引领作用创造条件。

1. 推行更高质量标准。加强标准制修订工作,提高相关产品和服务领域标准水平,推动国际国内标准接轨。鼓励企业制定高于国家标准或行业标准的企业标准,支持具有核心竞争力的专利技术向标准转化,增强企业市场竞争力。加快开展团体标准制定等试点工作,满足创新发展对标准多样化的需要。实施企业产品和服务标准自我声明公开和监督制度,接受社会监督,提高企业改进质量的内生动力和外在压力。

2. 提升检验检测能力。加强检验检测能力建设,提升检验检测技术装备水平。加快具备条件的经营性检验检测认证事业单位转企改制,推动检验检测认证服务市场化进程。鼓励民营企业和其他社会资本投资检验检测服务,支持具备条件的生产制造企业申请相关资质,面向社会提供检验检测服务。打破部门垄断和行业壁垒,营造检验检测机构平等参与竞争的良好环境,尽快形成具有权威性和公信力的第三方检验检测机构。加强国家计量基标准建设和标准物质研究,推进先进计量技术和方法在企业的广泛应用。

3. 搭建持续创新平台。加强研发机构建设,支持有实力的企业牵头开展行业共性关键技术攻关,加快突破制约行业发展的技术瓶颈,推动行业创新发展。鼓励具备条件的企业建设产品设计创新中心,提高产品设计能力,针对消费趋势和特点,不断开发新产品。支持重点企业利用互联网技术建立大数据平台,动态分析市场变化,精准定位消费需求,为开展服务创新和商业模式创新提供支撑。加速创新成果转化成现实生产力,催生经济发展新动能。

4. 增强品牌建设软实力。培育若干具有国际影响力的品牌评价理论研究机构和品牌评价机构,开展品牌基础理论、价值评价、发展指数等研究,提高品牌研究水平,发布客观公正的品牌价值评价结果以及品牌发展指数,逐步提高公信力。开展品牌评价标准建设工作,完善品牌评价相关国家标准,制定操作规范,提高标准的可操作性;积极参与品牌评价相关国际标准制定,推动建立全球统一的品牌评价体系,增强我国在品牌评价中的国际话语权。鼓励发展一批品牌建设中介服务企业,建设一批品牌专业化服务平台,提供设计、营销、咨询等方面的专业服务。

(二)供给结构升级工程。以增品种、提品质、创品牌为主要内容,从一、二、三产业着手,采取有效举措,推动供给结构升级。

1. 丰富产品和服务品种。支持食品龙头企业提高技术研发和精深加工能力,针对特殊人群需求,生产适销对路的功能食品。鼓励有实力的企业针对工业消费品市场热点,加快研发、设计和制造,及时推出一批新产品。支持企业利用现代信息技术,推进个性化定制、柔性化生产,满足消费者差异化需求。开发一批有潜质的旅游资源,形成以旅游景区、旅游度假区、旅游休闲区、国际特色旅游目的地等为支撑的现代旅游业品牌体系,增加旅游产品供给,丰富旅游体验,满足大众旅游需求。

2. 增加优质农产品供给。加强农产品产地环境保护和源头治理,实施严格的农业投入品使用管理制度,加快健全农产品质量监管体系,逐步实现农产品质量安全可追溯。全面提升农产品质量安全等级,大力发展无公害农产品、绿色食品、有机农产品和地理标志农产品。参照出口农产品种植和生产标准,建设一批优质农产品种植和生产基地,提高农产品质量和附加值,满足中高端需求。大力发展优质特色农产品,支持乡村创建线上销售渠道,扩大优质特色农产品销售范围,打造农产品品牌和地理标志品牌,满足更多消费者需求。

3. 推出一批制造业精品。支持企业开展战略性新材料研发、生产和应用示范，提高新材料质量，增强自给保障能力，为生产精品提供支撑。优选一批零部件生产企业，开展关键零部件自主研发、试验和制造，提高产品性能和稳定性，为精品提供可靠性保障。鼓励企业采用先进质量管理方法，提高质量在线监测控制和产品全生命周期质量追溯能力。支持重点企业瞄准国际标杆企业，创新产品设计，优化工艺流程，加强上下游企业合作，尽快推出一批质量好、附加值高的精品，促进制造业升级。

4. 提高生活服务品质。支持生活服务领域优势企业整合现有资源，形成服务专业、覆盖面广、影响力大、放心安全的连锁机构，提高服务质量和效率，打造生活服务企业品牌。鼓励社会资本投资社区养老建设，采取市场化运作方式，提供高品质养老服务供给。鼓励有条件的城乡社区依托社区综合服务设施，建设生活服务中心，提供方便、可信赖的家政、儿童托管和居家养老等服务。

（三）需求结构升级工程。发挥品牌影响力，切实采取可行措施，扩大自主品牌产品消费，适应引领消费结构升级。

1. 努力提振消费信心。统筹利用现有资源，建设有公信力的产品质量信息平台，全面、及时、准确发布产品质量信息，为政府、企业和教育科研机构等提供服务，为消费者判断产品质量高低提供真实可信的依据，便于选购优质产品，通过市场实现优胜劣汰。结合社会信用体系建设，建立企业诚信管理体系，规范企业数据采集，整合现有信息资源，建立企业信用档案，逐步加大信息开发利用力度。鼓励中介机构开展企业信用和社会责任评价，发布企业信用报告，督促企业坚守诚信底线，提高信用水平，在消费者心目中树立良好企业形象。

2. 宣传展示自主品牌。设立"中国品牌日"，大力宣传知名自主品牌，讲好中国品牌故事，提高自主品牌影响力和认知度。鼓励各级电视台、广播电台以及平面、网络等媒体，在重要时段、重要版面安排自主品牌公益宣传。定期举办中国自主品牌博览会，在重点出入境口岸设置自主品牌产品展销厅，在世界重要市场举办中国自主品牌巡展推介会，扩大自主品牌的知名度和影响力。

3. 推动农村消费升级。加强农村产品质量安全和消费知识宣传普及，提高农村居民质量安全意识，树立科学消费观念，自觉抵制假冒伪劣产品。开展农村市场专项整治，清理"三无"产品，拓展农村品牌产品消费的市场空间。加快有条件的乡村建设光纤网络，支持电商及连锁商业企业打造城乡一体的商贸物流体系，保障品牌产品渠道畅通，便捷农村消费品牌产品，让农村居民共享数字化生活。深入推进新型城镇化建设，释放潜在消费需求。

4. 持续扩大城镇消费。鼓励家电、家具、汽车、电子等耐用消费品更新换代，适应绿色环保、方便快捷的生活需求。鼓励传统出版企业、广播影视与互联网企业合作，加快发展数字出版、网络视听等新兴文化产业，扩大消费群体，增加互动体验。有条件的地区可建设康养旅游基地，提供养老、养生、旅游、度假等服务，满足高品质健康休闲消费需求。合理开发利用冰雪、低空空域等资源，发展冰雪体育和航空体育产业，支持冰雪运动营地和航空飞行营地建设，扩大体育休闲消费。推动房车、邮轮、游艇等高端产品消费，满足高收入群体消费升级需求。

五、保障措施

（一）净化市场环境。建立更加严格的市场监管体系，加大专项整治联合执法行动力度，实现联合执法常态化，提高执法的有效性，追究执法不力责任。严厉打击侵犯知识产权和制售假冒伪劣商品行为，依法惩治违法犯罪分子。破除地方保护和行业壁垒，有效预防和制止各类垄断行为和不正当竞争行为，维护公平竞争市场秩序。

（二）清除制约因素。清理、废除制约自主品牌产品消费的各项规定或做法，形成有利于发挥品牌引领作用、推动供给结构和需求结构升级的体制机制。建立产品质量、知识产权等领域失信联合惩戒机制，健全黑名单制度，大幅提高失信成本。研究提高违反产品质量法、知识产权保护相关法律法规等犯罪行为的量刑标准，建立商品质量惩罚性赔偿制度，对相关企业、责任人依法实行市场禁入。完善汽车、计算机、家电等耐用消费品举证责任倒置制度，降低消费者维权成本。支持高等院校开设品牌相关课程，培养品牌创建、推广、维护等专业人才。

（三）制定激励政策。积极发挥财政资金引导作用，带动更多社会资本投入，支持自主品牌发展。鼓励银行业金融机构向企业提供以品牌为基础的商标权、专利权等质押贷款。发挥国家奖项激励作用，鼓励产品创新，弘扬工匠精神。

（四）抓好组织实施。各地区、各部门要统一思想、提高认识，深刻理解经济新常态下发挥品牌引领作用、推动供给结构和需求结构升级的重要意义，切实落实工作任务，扎实推进重大工程，力争尽早取得实效。国务院有关部门要结合本部门职责，制定出台具体的政策措施。各省级人民政府要结合本地区实际，制定出台具体的实施方案。

（2016年6月10日）

民政部等 11 部委局《关于支持整合改造闲置社会资源发展养老服务的通知》

民发〔2016〕179 号

各省、自治区、直辖市民政厅（局）、发展改革委、教育厅（教委、局）、财政厅（局）、国土资源厅（国土局、国土房管局）、环境保护厅（局）、住房城乡建设厅（建委、建交委、规划委、市政管委）、卫生计生委、国资委、国家税务局、地方税务局、机关事务管理局，新疆生产建设兵团民政局、发展改革委、教育局、公安局、财务局、国土资源局、建设局（环保局）、卫生局、人口计生委、国资委、机关事务管理局：

为促进居民消费扩大和升级，带动产业结构调整升级，加快培育发展新动力，增强经济韧性，按照国务院有关部署，现就支持整合改造闲置社会资源发展养老服务通知如下：

一、指导思想

贯彻落实《国务院关于加快发展养老服务业的若干意见》（国发〔2013〕35 号）、《国务院关于积极发挥新消费引领作用加快培育形成新供给新动力的指导意见》（国发〔2015〕66 号）、发展改革委等 24 部门《关于印发促进消费带动转型升级行动方案的通知》（发改综合〔2016〕832 号）、《养老服务设施用地指导意见》（国土资厅发〔2014〕11 号）精神，紧密结合养老服务业发展实际，通过整合改造闲置社会资源，有效增加供给总量，推动养老服务业发展提质升级，满足社会日益增长的养老服务需求。

二、工作目标

充分挖掘闲置社会资源，引导社会力量参与，将城镇中废弃的厂房、医院等，事业单位改制后腾出的办公用房，乡镇区划调整后的办公楼，以及转型中的党政机关和国有企事业单位举办的培训中心、疗养院及其他具有教育培训或疗养休养功能的各类机构等，经过一定的程序，整合改造成养老机构、社区居家养老设施用房等养老服务设施，增加服务供给，提高老年人就近就便获得养老服务的可及性，为全面建成以居家为基础、社区为依托、机构为补充、医养结合的多层次养老服务体系目标提供物质保障。

三、主要措施

各地要根据经济社会发展水平、人口老龄化发展趋势、老年人口分布和养老服务需求状况，统筹整合改造闲置社会资源，发展养老服务。

（一）在各级人民政府的统一领导下，联合开展城乡现有闲置社会资源的调查、整理和信息收集工作，防范人居环境风险，摸清底数和相关环境信息，建立台账。有条件的地方，经主管部门、产权单位（个人）同意后，可由政府购置、置换、租赁、收回，整合改造成养老服务设施，由政府直接运营或以招投标方式提供给社会力量运营。鼓励社会力量通过股份制、股份合作制、PPP 等模式整合改造闲置社会资源发展养老服务。

（二）鼓励盘活存量用地用于养老服务设施建设。养老服务设施用地符合《划拨用地目录》的，可采取划拨方式供地；不符合《划拨用地目录》的，应依法实行出让、租赁等有偿使用方式；同一宗地有两个以上意向用地者的，应采取招标拍卖方式公开出让。

（三）改造利用现有闲置厂房、社区用房等兴办养老服务设施，符合《划拨用地目录》且连续经营一年以上的，五年内可不增收土地年租金或土地收益差价，土地使用性质也可暂不作变更。在符合规划的前提下，已建成的住宅小区内增加养老服务设施建筑面积的，可不增收土地价款。

（四）城市经济型酒店等非民用房转型成养老服务设施的，报民政、住房城乡建设、国土资源、规划等部门备案。五年内可暂不办理土地和房产功能变更手续，满五年后继续用于养老服务设施的，可由产权人按有关规定办理使用功能变更手续。

（五）农村集体经济组织可依法盘活本集体建设用地存量，为本集体经济组织内部成员兴办非营利性养老服务设施；民间资本举办的非营利性养老机构可以依法使用农民集体建设用地。鼓励村三产留地优先用于发展养老服务。

（六）鼓励党政机关和国有企事业单位举办的培训中心、疗养院及其他具有教育培训或疗养休养功能的各类机构，在具备条件的情况下，通过规范方式转向养老服务业。可探索采用政府和社会资本合作（PPP）等方式组建社会化养老服务企业或非营利性机构。支持各地利用现有培训疗养服务设施场地，以多种方式提供养老服务。

（七）各地要进一步深化"放管服"改革，加大简政放权力度，对整合改造闲置社会资源举办养老服务设施的，尽量简化审批手续、缩短审批时限、提供便利服务。各级人民政府有关部门应建立联审等机制，加快养老服务设施事项的办理。

（八）建立统一开放的市场环境，不得滥用行政权力，以设定歧视性资质要求、评审标准或者不依法发布信息等方式，排斥或者限制区域外社会力量参与本地养老服务相关招投标活动。

（九）凡通过整合改造闲置社会资源建成的养老服务设施，符合相关政策条件的，均可依照有关规定享受养老服务建设补贴、运营补贴等资金支持和税费减免、水电气热费用优惠等政策扶持。

四、组织保障

各地要建立健全整合改造闲置社会资源发展养老服务的工作机制，加强沟通，密切合作，及时研究解决工作中遇到的重大问题。暂时不具备条件的省（区、市）可确定部分地区开展先期试点，积累经验，条件已具备的省（区、市）可全面推行。加强对整合改造闲置社会资源发展养老服务的协调指导和监督检查，确保各项工作顺利推进。

民政部　发展改革委　教育部
财政部　国土资源部　环境保护部
住房城乡建设部　国家卫生计生委
国资委　税务总局　国管局
2016年10月9日

国务院《关于激发重点群体活力带动城乡居民增收的实施意见》

国发〔2016〕56号

各省、自治区、直辖市人民政府，国务院各部委、各直属机构：

提高城乡居民收入是全面建成小康社会的重要内容，体现社会主义本质的必然要求。党的十八大提出，要千方百计增加居民收入。党的十八届三中全会提出，要形成合理有序的收入分配格局。党的十八届五中全会提出，在提高发展平衡性、包容性、可持续性的基础上，到2020年国内生产总值和城乡居民人均收入比2010年翻一番。按照党中央、国务院决策部署，为营造激励奋发向上的公平环境，拓宽就业渠道，促进各类社会群体依靠自身努力和智慧，创造社会财富，共享发展红利，现提出以下实施意见。

一、总体要求

（一）基本形势。

改革开放以来，我国城乡居民收入保持持续较快增长，收入分配结构呈现向好趋势。从放权让利到允许一部分人、一部分地区先富起来，到要素参与分配，适应我国国情的分配制度基本确立，收入分配政策推动了经济社会发展，促进了各类社会群体依靠自身努力和智慧，创造社会财富，共享发展红利，为深化改革开放注入了动力和活力。

当前，经济运行的新常态特征更加明显，新技术、新产业、新业态加速成长，培育壮大新动能，改造提升传统动能，正在不断创造出新的就业岗位，为促进城乡居民收入稳定增长提供了有力支撑。但受国内外多重因素影响，经济下行压力也正在向收入分配领域传导。既要降低经济运行成本、保持经济中高速增长，又要提高居民收入、不断增进人民福祉，实现居民收入增长和经济增长同步、劳动报酬提高和劳动生产率提高同步任重而道远。同时，部分劳动者人力资本积累不足、增收困难，部分市场主体等待观望，部分地区行业收入增长潜在动能不强，部分收入分配政策指向宽泛、聚焦不够。为推动解决相关问题，必须进一步深化收入分配制度改革，调整优化收入分配政策，拓宽就业创业渠道，努力营造激励奋发向上的公平环境。

（二）指导思想。

全面贯彻落实党的十八大和十八届三中、四中、五中全会精神，深入贯彻习近平总书记系列重要讲话精神，统筹推进"五位一体"总体布局，协调推进"四个全面"战略布局，牢固树立和贯彻落实创新、协调、绿色、开放、共享的发展理念，按照党中央、国务院决策部署，坚持以人民为中心的发展思想，做到发展为了人民、发展依靠人民、发展成果由人民共享。围绕加快实施创新驱动发展战略、推动大众创业万众创新、培育发展新动能、改造提升传统动能，着力推进供给侧结构性改革，不断深化简政放权、放管结合、优化服务改革，进一步深化收入分配制度改革，强化收入分配政策激励导向，分群体施策，不断激发全体劳动者的积极性、主动性、创造性，实现经济增长与居民增收互促共进，使全体人民在共建共享发展中有更多获得感，朝着共同富裕方向稳步前进。

（三）基本原则。

坚持多种激励方式相结合。物质激励和精神激励并用，综合运用增加薪资报酬、强化权利保护、优化评优奖励、提升职业技能、增进社会认同等多种激励手段，调动不同群体的积极性、主动性和创造性。完善绩效考核制度，将激励与考核挂钩。

坚持多条增收渠道相结合。多管齐下，不断拓展居民增收渠道，努力提高工资性、经营性收入，合理提高转移性收入，有效保护股权、债权、物权和知识产权等无形财产权益，着力增加居民财产性收入。

坚持促增收与降成本相结合。有效降低社会保险费率等劳动用工成本和阻碍劳动力流动的制度成本，助力各类市场主体轻装上阵,增加就业吸纳能力,切实将居民收入提高建立在经济发展质量效益提升、劳动生产率提高、企业综合成本降低的基础上。

坚持鼓励创收致富与缩小收入差距相结合。在初次分配中鼓励全体劳动者通过诚实劳动、辛勤劳动、创造性劳动创收致富,同时完善税收、社会保障等再分配调节手段,规范收入分配秩序,切实保障困难群众基本生活,有效抑制通过非市场因素获利,不断缩小不同群体间的收入差距。

坚持积极而为与量力而行相结合。在集中更多财力保障民生的同时,综合考虑国情、发展阶段、经济周期等因素,制定财力支撑可持续、社会预期可把握的目标任务和政策措施,不吊胃口、不养懒汉,切实将福利水平提高建立在经济和财力可持续增长的基础上,通过大众创业万众创新激发创造活力,增强居民收入增长的可持续性。

(四)主要目标。

到2020年,城镇就业规模逐步扩大,劳动生产率不断提高,就业质量稳步提升;城乡居民人均收入比2010年翻一番;宏观收入分配格局持续优化,居民可支配收入占国内生产总值(GDP)的比重继续提高;居民内部收入差距持续缩小,中等收入者比重上升,现行标准下农村贫困人口全部实现脱贫,共建共享的格局初步形成。

二、实施七大群体激励计划

瞄准技能人才、新型职业农民、科技人员等增收潜力大、带动能力强的七大群体,深化收入分配制度改革,在发展中调整收入分配结构,推出差别化收入分配激励政策。持续推动大众创业万众创新,创造更大市场空间和更多就业岗位,着力营造公开公平公正的体制机制和竞争环境,不断培育和扩大中等收入群体,逐步形成合理有序的收入分配格局,带动城乡居民实现总体增收。

(一)技能人才激励计划。

完善多劳多得、技高者多得的技能人才收入分配政策,引导加大人力资本投资,提高技能人才待遇水平和社会地位,大力弘扬新时期工匠精神,培养高水平大国工匠队伍,带动广大产业工人增技能、增本领、增收入。

完善技术工人薪酬激励机制。优化职业技能标准等级设置,向上增加等级级次,拓宽技术工人晋升通道。引导企业合理确定技术工人薪酬水平,促进高等级技术工人薪酬水平合理增长。加大对技能要素参与分配的激励力度,探索建立企业首席技师制度,鼓励企业采取协议薪酬、持股分红等方式,试行年薪制和股权制、期权制,提高技能人才收入水平。

贯通职业资格、学历等认证渠道。统筹考虑技能培训、职业教育和高等教育,建立职业资格与相应的职称、学历可比照认定制度。完善职业资格与职业教育学历"双证书"制度。研究制定高技能人才与工程技术人才的职业发展贯通办法。健全青年技能人才评价选拔制度,适当突破年龄、资历和比例等限制,完善高技能人才评价使用机制。

营造崇尚技能的社会氛围。定期组织开展全国性或区域性技术大赛或岗位练兵,大力宣传劳动模范、大国工匠和技术创新人才。鼓励地方对重点领域紧缺的技术工人在大城市落户、购租住房、子女上学等方面予以支持。培育精益求精的工匠精神,支持技能人才分享品质品牌增值收益。

(二)新型职业农民激励计划。

在加快推进新型城镇化、有序推进农业转移人口市民化的同时,加大对新型职业农民的培育和支持力度,加快职业化进程,带动广大农民共享现代化成果。

提高新型职业农民增收能力。将新型职业农民培育纳入教育培训发展相关规划,支持职业学校办好涉农专业,定向培养新型职业农民,完善国家助学和培训补贴政策,鼓励农民通过"半农半读"等方式就地就近接受职业教育培训。继续实施新型职业农民培育工程、现代青年农场主计划等项目,启动新型农业经营主体带头人轮训计划,努力提高妇女参训比例。

挖掘现代农业增收潜力。鼓励农民采用节本增效技术，培育农业社会化服务组织，支持农业废弃物资源化利用，降低农业生产成本。加快建立农业信贷担保体系，改进农业保险产品和服务，支持农民发展现代农业。完善农产品初加工补助政策，促进农产品深加工向优势产区和关键物流节点集中，支持优势产区产地批发市场建设，延长农业产业链条。扶持发展一乡（县）一业、一村一品，培育农业科技创新应用企业集群，引导产业集聚发展。推动"互联网+"现代农业，大力发展农产品电子商务，探索农业新型业态。推动农业全产业链改造升级，鼓励农民共享一二三产业融合发展的增值收益，增加经营性收入。

拓宽新型职业农民增收渠道。积极培育家庭农场、专业大户、农民合作社、农业企业等新型农业经营主体和农业社会化服务主体，发展适度规模经营。支持农民工、大学生等人员返乡创业，推进土地经营权入股发展农业产业化经营试点。稳步推进农村集体产权制度改革，发展多种形式的股份合作，推进农村集体资产股份权能改革试点，完善农村集体经济组织相关政策和法律规定，发展壮大农村集体经济，探索将财政资金投入农业农村形成的经营性资产折股量化到户。加快推进农村土地征收、集体经营性建设用地入市、宅基地制度改革试点，多渠道增加农民集体和个人分享的增值收益、股权收益、资产收益。

（三）科研人员激励计划。

深化事业单位分类改革，实行以增加知识价值为导向的激励机制，提高科研人员成果转化收益分享比例，通过工资性收入、项目激励、成果转化奖励等多重激励引导科研人员潜心研究工作，激发科技创新热情。

完善工资水平决定机制。在加强行业薪酬调查和信息发布基础上，探索建立体现行业特点的高校、科研机构薪酬调查比较制度。鼓励科研事业单位聘用高端科研人员实行协议薪酬。赋予科研单位更大的人财物支配权，保障科研人员的合理工资待遇水平。

改进科研项目及其资金管理。发挥科研项目资金对科研人员的激励引导作用。全面取消劳务费比例限制，调整劳务费开支范围。完善间接费用管理，项目承担单位结合一线科研人员实际贡献公开公正安排绩效支出。改进项目结转结余资金管理办法。下放科研项目部分经费预算调整审批权，砍掉科研管理中的繁文缛节，推行有利于人才创新的经费审计方式，充分尊重智力劳动的价值和科研规律。

健全绩效评价和奖励机制。深入落实促进科技成果转化法，完善单位内部科技成果转化中对科研人员进行现金和股权、期权奖励办法。实施国有科技型企业股权和分红激励。探索完善科研人员股权奖励个人所得税递延纳税政策。鼓励企事业单位提供资金、资源支持职工创新，营造宽容失败、勇于突破的创新氛围。鼓励社会资本设立专项奖励基金，补偿优秀科研人员的智力投入。多渠道募资，加大对基础性和前沿性科研课题的长期资助力度，加大对青年科研人才的创新奖励力度。对社会科学研究机构和智库推行政府购买服务制度。加大对科技创新成果的知识产权保护力度。

（四）小微创业者激励计划。

进一步降低创业成本，健全创新创业成果利益分配机制，在更大范围、更高层次、更深程度上推进大众创业万众创新，引导和支持小微创业者在"双创"中实现创收致富。

清除创业壁垒，提升创业参与率。深化商事制度改革，支持各地结合实际放宽新注册企业场所登记条件限制，推动"一址多照"、集群注册等住所登记改革。优化审批流程，推行"一表申请、一窗受理、一次告知"。

加大扶持力度，提高创业成功率。支持并规范多层次、专业化创业服务平台建设，建设一批高水平的"双创"示范基地。完善通过政府采购促进中小企业发展的政策措施，通过评审优惠、预留份额等方式对包括初创企业在内的小微企业加大扶持力度。落实扶持创业的各项优惠政策。对创业失败的失业登记人员及时提供各种就业服务。

探索创业成果利益分配机制。进一步完善创新型中小企业上市股权激励和员工持股计划的制度规则。研究完善商业模式知识产权保护制度，研究制定文化创意等创新成果保护办法，加大小微企业知识产权维权援助工作力度。加快建设全国知识产权运营公共服务平台，完善知识产权质押融资等金融服务机制。依法查处垄断行为，鼓励龙头企业与小微创业者探索分享创业成果新模式，支持有实力的企业承担技术服务、信息服务等公共平台功能。支持自由职业者的智力创造和高端服务，使其能够获得与智力付出相匹配的合理回报。

（五）企业经营管理人员激励计划。

完善产权保护制度、依法保护产权，进一步稳定预期、优化环境，激发企业家创业热情，推动经济增长、就业增加、效益提升、职工增收实现良性互动。

完善国有企业经营管理人员激励方式。完善对组织任命的国有企业负责人的薪酬激励机制，合理确定基本年薪、绩效年薪和任期激励收入。研究制定在国有企业建立职业经理人制度的指导意见，对市场化选聘的职业经理人实行市场化薪酬分配机制，采取多种方式探索完善中长期激励机制。稳妥有序推进混合所有制企业员工持股试点，探索通过实行员工持股建立激励约束长效机制。

强化民营企业家创业激励。消除各种隐性壁垒，解决政策执行中存在的"玻璃门"、"弹簧门"、"旋转门"等问题，鼓励民营企业家扩大投资，参与国有企业改革。坚持依法平等保护产权，严肃查处侵犯非公有制企业和个人合法权益、合法经营、合法收入的行为，营造公平、公正、透明、稳定的法治化环境。规范司法程序，严格执行先定罪后没收或处置嫌疑人财产的规定，最大限度减少对涉案非公有制企业正常生产经营活动的影响。减少对企业点对点的直接资助，增加普惠性政策，促进公平竞争。

（六）基层干部队伍激励计划。

完善工资制度、健全不同地区、不同岗位差别化激励办法，建立阳光化福利保障制度，充分调动基层干部队伍工作积极性，同步完善相关人员激励机制。

完善工资制度。提高基本工资在工资性收入中的比重，落实基本工资正常调整机制。完善作为激励手段和收入补充的津贴补贴制度。落实艰苦边远地区津贴标准正常调整机制。实施地区附加津贴制度，根据地区经济社会发展、物价消费水平等差异，适当参考企业相当人员工资水平，将规范后的工作性津贴和生活性补贴纳入地区附加津贴，实现同城同待遇。推进公务员工资调整制度化，定期开展公务员和企业相当人员工资水平的调查比较。

健全差别化激励机制。建立健全公务员绩效考核体系，考核结果与工资收入挂钩。完善公务员奖金制度，强化省级政府统筹调控责任。赋予地方一定的考核奖励分配权，重点向基层一线人员和业绩突出人员倾斜。完善公务员职务与职级并行制度，充分发挥职级对基层公务员的激励作用。

明确福利标准和保障范围。明确应享有的各项福利待遇名称、发放标准及发放范围。推进公务员职务消费和福利待遇货币化改革，规范改革性补贴，形成以货币福利为主，实物福利为补充的福利体系，实现阳光透明操作，接受社会监督。符合条件的乡镇公务员可以按规定纳入当地住房保障范围，为符合条件的公立医院医务人员就近提供公租房保障。

（七）有劳动能力的困难群体激励计划。

鼓励引导低保对象、建档立卡贫困人口以及残疾人等困难群体中具备劳动能力和劳动条件者提升人力资本，主动参加生产劳动，通过自身努力增加收入。

推进产业扶贫济困。实施贫困村"一村一品"产业推进行动。强化贫困地区农民合作社、龙头企业与建档立卡贫困户的利益联结机制。深入实施电商、旅游、光伏扶贫工程。加大对贫困地区农产品品牌推介营销支持力度。引导和支持贫困地区青年通过发展电子商务增收致富。

建立低保与就业联动机制。鼓励、引导具备就业能力的困难人员积极就业，增强其就业动力。对实现就业的低保对象，在核算其家庭收入时，可扣减必要的就业成本。具备劳动能力、劳动条件但未就业的低保对象，无正当理由连续3次拒绝接受有关部门介绍的与其健康状况、劳动能力相适应的工作的，可减发或停发其本人的低保金。

完善相关专项救助制度。加强专项救助制度与低保救助制度的统筹衔接，在重点保障城乡低保对象、特困人员的基础上，将医疗、教育、住房等专项救助向建档立卡贫困户家庭、低收入家庭或其他有特殊困难的家庭延伸，形成阶梯式救助模式。

三、实施六大支撑行动

坚持按劳分配为主体、多种分配方式并存，坚持初次分配和再分配调节并重，完善劳动、资本、知识、技术、管理等要素按贡献参与分配的初次分配机制，健全以税收、社会保障、转移支付为主要手段的再分配调节机制，以就业促进、技能提升、托底保障、增加财产性收入、收入分配秩序规范、收入监测为重点，制定综合配套政策，为实现城乡居民增收提供服务支撑、能力支撑和技术支撑。

（一）就业促进行动。

全面提升就业岗位创造能力。推动经济向中高端水平迈进、生产制造向生产服务延伸，创造更多高质量的就业机会。鼓励新型劳动密集产业发展，引导和支持沿海劳动密集型产业向中西部地区有序转移。鼓励发展家政、养老、护理等生活性服务业和手工制作等民族地区特色产业，吸纳更多中低技能劳动者特别是建档立卡贫困户家庭劳动者就业。推动上游能源原材料行业脱困发展，稳定就业岗位。大力发展城乡社区服务，扩大劳动力市场的包容性。

有效提升劳动力市场流动能力。推进户籍、住房、教育、社会保障等制度改革，消除制约劳动力流动就业的体制机制障碍。充分发挥中心城市、新兴产业带动效应，吸纳更多困难地区、困难行业劳动力跨地区、跨行业、跨所有制流动就业。总结推广返乡创业试点经验，引导劳动力由东向西、由劳务输入地向输出地回流，创造更多就地就近就业机会。

不断提升劳动力市场供求匹配能力。健全覆盖城乡的公共就业创业服务体系，全面提升公共就业创业服务水平。完善失业登记办法，建立健全公共就业服务提供机制，保障城镇常住人员享有与本地户籍人员同等的劳动就业权利。加强人力资源市场建设，探索利用移动互联网等现代信息技术手段及时发布劳动力市场供求信息，全面提高公共就业服务效能。积极打造人力资源服务全产业链，在产业集聚、创业创新集中地区，支持建设一批包括招聘、培训、薪酬、咨询、健康服务等多位一体、一站式管理、订单式服务的人力资源产业园。

（二）职业技能提升行动。

加强职业技能实训基地建设。分类指导建设一批布局合理、功能突出、高效实用的多层次职业技能实训基地。加大政府支持力度，鼓励社会投资，放宽职业技能培训教育机构外资准入限制，改善实训条件，提高实训效能。

推行企业新型学徒制。企校结合，推行以"招工即招生、入企即入校、企校双师联合培养"为主要内容的企业新型学徒制。实施技师培训项目，加快急需紧缺工种高技能人才培养，为培育支柱产业和战略性新兴产业提供人才支撑。

完善职业技能培训体系。实施以新生代农民工为重点的职业技能提升计划，开展农村贫困家庭子女、未升学初高中毕业生、农民工、退役军人免费接受职业培训行动。以就业为导向对困难人员实施职业培训，把职业技能培训和推荐就业安置紧密结合起来。加大青年就业见习工作力度，帮助青年获得相应工作经验或经历，提高就业竞争力。

（三）托底保障行动。

完善基本生活保障制度。完善最低工资保障制度。加大转移支付力度，着力提高低收入者收入。健全低保制度，完善低保对象认定办法，建立健全低保标准动态调整机制，在保障家庭基本生活的同时，兼顾就业激励目标。

提升精准兜底保障能力。完善多层次的救助体系，积极发展医疗、教育、住房、就业等专项救助和临时救助，确保面临特定困难的人员获得相应救助。探索将支出型贫困家庭纳入救助范围。

扩大基本保障覆盖范围。完善社会保障制度，实施全民参保计划，基本实现法定人员全覆盖。将城镇私营单位在岗职工平均工资纳入缴费基数统计口径范围，形成合理的社会保险和住房公积金缴费基数，避免对低收入群体的制度性挤出。划转部分国有资本充实社保基金，加大国有资本收益补贴社会保障力度，化解社会保险基金缺口等长期风险。积极发展慈善事业。

（四）财产性收入开源清障行动。

拓宽居民财产投资渠道。在风险可控的前提下，加快发展直接融资，促进多层次资本市场平稳健康发展。加强金融产品和金融工具创新，改善金融服务，向居民提供多元化的理财产品，满足居民日益增长的财富管理需求。

加强对财产性收入的法治保障。加强资本市场诚信和透明度建设，完善上市公司信息披露、财务管理和分红制度，切实维护中小投资者利益。在拆迁、征地、征用公民财产过程中，依法保护公民财产权利不受侵犯。

合理调节财产性收入。平衡劳动所得与资本所得税负水平，着力促进机会公平，鼓励更多群体通过勤劳和发挥才智致富。完善资本所得、财产所得税收征管机制。

（五）收入分配秩序规范行动。

规范现金管理。推行非现金结算。全面推行银行代发工资模式。

堵塞非正规收入渠道。继续遏制以权力、行政垄断等非市场因素获取收入，取缔非法收入。

进一步发挥税收调节收入分配的作用。健全包括个人所得税在内的税收体系，逐步建立综合和分类相结合的个人所得税制度，进一步减轻中等以下收入者税收负担，发挥收入调节功能，适当加大对高收入者的税收调节力度。完善鼓励回馈社会、扶贫济困的税收政策。

（六）收入监测能力提升行动。

建立个人收入和财产信息系统。在确保信息安全和规范利用的前提下，多渠道、多层级归集居民和非居民个人的收入、财产等相关信息，运用大数据、云计算等技术，创新收入监测方式方法，提升居民收入信息监测水平。

完善收入分配统计与核算。完善居民收入分配相关统计指标，增加群体分类。加快建立电子化居民收入调查统计系统。加强中等收入者标准研究。加强国民总收入（GNI）核算和境外净要素收入统计。

建立收入分配政策评估体系。建立宏观经济、相关政策和微观数据的综合评估机制，对有关政策的执行情况和效果进行评估。借鉴国际经验，引入收入分配微观模拟模型。

四、强化组织实施

（一）加强协调配合。充分发挥深化收入分配制度改革部际联席会议的统筹协调作用，形成政策合力，将重点群体增收激励计划落到实处。各地区可根据实际情况，研究制定本地区促进居民增收的具体办法，建立健全统筹协调工作机制，对重点群体实施精准激励。

（二）鼓励先行先试。选择部分省（区、市）开展城乡居民增收综合配套政策试点。选择部分地区和科研单位开展专项激励计划和收入监测试点。定期总结试点经验，重点提出可复制、可推广的经验做法和政策措施。

（三）加强督查考核。各地区、各部门要把落实收入分配政策、增加城乡居民收入作为重要任务，对各项具体细化措施和试点方案建立评估评价机制，每年进行专项和综合考核。深化收入分配制度改革部际联席会议要适时组织开展专项督查，确保各项政策措施落到实处。

（四）加强舆论引导。营造鼓励增收致富的良好社会环境，大力弘扬勤劳致富精神，加强依法保护产权、弘扬企业家精神、改善民生等方面的舆论引导，做好政策解读和宣传，不断激发全体劳动者的积极性、主动性、创造性。

（2016年10月10日）

中华人民共和国网络安全法

（2016年11月7日第十二届全国人民代表大会常务委员会第二十四次会议通过）

目 录

第一章 总 则

第二章 网络安全支持与促进

第三章 网络运行安全

第四章 网络信息安全

第五章 监测预警与应急处置

第六章 法律责任

第七章 附 则

第一章 总 则

第一条 为了保障网络安全，维护网络空间主权和国家安全、社会公共利益，保护公民、法人和其他组织的合法权益，促进经济社会信息化健康发展，制定本法。

第二条 在中华人民共和国境内建设、运营、维护和使用网络，以及网络安全的监督管理，适用本法。

第三条 国家坚持网络安全与信息化发展并重，遵循积极利用、科学发展、依法管理、确保安全的方针，推进网络基础设施建设和互联互通，鼓励网络技术创新和应用，支持培养网络安全人才，建立健全网络安全保障体系，提高网络安全保护能力。

第四条 国家制定并不断完善网络安全战略，明确保障网络安全的基本要求和主要目标，提出重点领域的网络安全政策、工作任务和措施。

第五条 国家采取措施，监测、防御、处置来源于中华人民共和国境内外的网络安全风险和威胁，保护关键信息基础设施免受攻击、侵入、干扰和破坏，依法惩治网络违法犯罪活动，维护网络空间安全和秩序。

第六条 国家倡导诚实守信、健康文明的网络行为，推动传播社会主义核心价值观，采取措施提高全社会的网络安全意识和水平，形成全社会共同参与促进网络安全的良好环境。

第七条 国家积极开展网络空间治理、网络技术研发和标准制定、打击网络违法犯罪等方面的国际交流与合作，推动构建和平、安全、开放、合作的网络空间，建立多边、民主、透明的网络治理体系。

第八条 国家网信部门负责统筹协调网络安全工作和相关监督管理工作。国务院电信主管部门、公安部门和其他有关机关依照本法和有关法律、行政法规的规定，在各自职责范围内负责网络安全保护和监督管理工作。

县级以上地方人民政府有关部门的网络安全保护和监督管理职责，按照国家有关规定确定。

第九条 网络运营者开展经营和服务活动，必须遵守法律、行政法规，尊重社会公德，遵守商业道德，诚实信用，履行网络安全保护义务，接受政府和社会的监督，承担社会责任。

第十条 建设、运营网络或者通过网络提供服务，应当依照法律、行政法规的规定和国家标准的强制性要求，采取技术措施和其他必要措施，保障网络安全、稳定运行，有效应对网络安全事件，防范网络违法犯罪活动，维护网络数据的完整性、保密性和可用性。

第十一条 网络相关行业组织按照章程，加强行业自律，制定网络安全行为规范，指导会员加强网络安全保护，提高网络安全保护水平，促进行业健康发展。

第十二条　国家保护公民、法人和其他组织依法使用网络的权利，促进网络接入普及，提升网络服务水平，为社会提供安全、便利的网络服务，保障网络信息依法有序自由流动。

任何个人和组织使用网络应当遵守宪法法律，遵守公共秩序，尊重社会公德，不得危害网络安全，不得利用网络从事危害国家安全、荣誉和利益，煽动颠覆国家政权、推翻社会主义制度，煽动分裂国家、破坏国家统一，宣扬恐怖主义、极端主义，宣扬民族仇恨、民族歧视，传播暴力、淫秽色情信息，编造、传播虚假信息扰乱经济秩序和社会秩序，以及侵害他人名誉、隐私、知识产权和其他合法权益等活动。

第十三条　国家支持研究开发有利于未成年人健康成长的网络产品和服务，依法惩治利用网络从事危害未成年人身心健康的活动，为未成年人提供安全、健康的网络环境。

第十四条　任何个人和组织有权对危害网络安全的行为向网信、电信、公安等部门举报。收到举报的部门应当及时依法作出处理；不属于本部门职责的，应当及时移送有权处理的部门。

有关部门应当对举报人的相关信息予以保密，保护举报人的合法权益。

第二章　网络安全支持与促进

第十五条　国家建立和完善网络安全标准体系。国务院标准化行政主管部门和国务院其他有关部门根据各自的职责，组织制定并适时修订有关网络安全管理以及网络产品、服务和运行安全的国家标准、行业标准。

国家支持企业、研究机构、高等学校、网络相关行业组织参与网络安全国家标准、行业标准的制定。

第十六条　国务院和省、自治区、直辖市人民政府应当统筹规划，加大投入，扶持重点网络安全技术产业和项目，支持网络安全技术的研究开发和应用，推广安全可信的网络产品和服务，保护网络技术知识产权，支持企业、研究机构和高等学校等参与国家网络安全技术创新项目。

第十七条　国家推进网络安全社会化服务体系建设，鼓励有关企业、机构开展网络安全认证、检测和风险评估等安全服务。

第十八条　国家鼓励开发网络数据安全保护和利用技术，促进公共数据资源开放，推动技术创新和经济社会发展。

国家支持创新网络安全管理方式，运用网络新技术，提升网络安全保护水平。

第十九条　各级人民政府及其有关部门应当组织开展经常性的网络安全宣传教育，并指导、督促有关单位做好网络安全宣传教育工作。

大众传播媒介应当有针对性地面向社会进行网络安全宣传教育。

第二十条　国家支持企业和高等学校、职业学校等教育培训机构开展网络安全相关教育与培训，采取多种方式培养网络安全人才，促进网络安全人才交流。

第三章　网络运行安全

第一节　一般规定

第二十一条　国家实行网络安全等级保护制度。网络运营者应当按照网络安全等级保护制度的要求，履行下列安全保护义务，保障网络免受干扰、破坏或者未经授权的访问，防止网络数据泄露或者被窃取、篡改：

（一）制定内部安全管理制度和操作规程，确定网络安全负责人，落实网络安全保护责任；

（二）采取防范计算机病毒和网络攻击、网络侵入等危害网络安全行为的技术措施；

（三）采取监测、记录网络运行状态、网络安全事件的技术措施，并按照规定留存相关的网络日志不少于六个月；

（四）采取数据分类、重要数据备份和加密等措施；

（五）法律、行政法规规定的其他义务。

第二十二条　网络产品、服务应当符合相关国家标准的强制性要求。网络产品、服务的提供者不得设置恶意程序；发现其网络产品、服务存在安全缺陷、漏洞等风险时，应当立即采取补救措施，按照规定及时告知用户并向有关主管部门报告。

网络产品、服务的提供者应当为其产品、服务持续提供安全维护；在规定或者当事人约定的期限内，不得终止提供安全维护。

网络产品、服务具有收集用户信息功能的，其提供者应当向用户明示并取得同意；涉及用户个人信息的，还应当遵守本法和有关法律、行政法规关于个人信息保护的规定。

第二十三条　网络关键设备和网络安全专用产品应当按照相关国家标准的强制性要求，由具备资格的机构安全认证合格或者安全检测符合要求后，方可销售或者提供。国家网信部门会同国务院有关部门制定、公布网络关键设备和网络安全专用产品目录，并推动安全认证和安全检测结果互认，避免重复认证、检测。

第二十四条　网络运营者为用户办理网络接入、域名注册服务，办理固定电话、移动电话等入网手续，或者为用户提供信息发布、即时通讯等服务，在与用户签订协议或者确认提供服务时，应当要求用户提供真实身份信息。用户不提供真实身份信息的，网络运营者不得为其提供相关服务。

国家实施网络可信身份战略，支持研究开发安全、方便的电子身份认证技术，推动不同电子身份认证之间的互认。

第二十五条　网络运营者应当制定网络安全事件应急预案，及时处置系统漏洞、计算机病毒、网络攻击、网络侵入等安全风险；在发生危害网络安全的事件时，立即启动应急预案，采取相应的补救措施，并按照规定向有关主管部门报告。

第二十六条　开展网络安全认证、检测、风险评估等活动，向社会发布系统漏洞、计算机病毒、网络攻击、网络侵入等网络安全信息，应当遵守国家有关规定。

第二十七条　任何个人和组织不得从事非法侵入他人网络、干扰他人网络正常功能、窃取网络数据等危害网络安全的活动；不得提供专门用于从事侵入网络、干扰网络正常功能及防护措施、窃取网络数据等危害网络安全活动的程序、工具；明知他人从事危害网络安全的活动的，不得为其提供技术支持、广告推广、支付结算等帮助。

第二十八条　网络运营者应当为公安机关、国家安全机关依法维护国家安全和侦查犯罪的活动提供技术支持和协助。

第二十九条　国家支持网络运营者之间在网络安全信息收集、分析、通报和应急处置等方面进行合作，提高网络运营者的安全保障能力。

有关行业组织建立健全本行业的网络安全保护规范和协作机制，加强对网络安全风险的分析评估，定期向会员进行风险警示，支持、协助会员应对网络安全风险。

第三十条　网信部门和有关部门在履行网络安全保护职责中获取的信息，只能用于维护网络安全的需要，不得用于其他用途。

第二节　关键信息基础设施的运行安全

第三十一条　国家对公共通信和信息服务、能源、交通、水利、金融、公共服务、电子政务等重要行业和领域，以及其他一旦遭到破坏、丧失功能或者数据泄露，可能严重危害国家安全、国计民生、公共利益的关键信息基础设施，在网络安全等级保护制度的基础上，实行重点保护。关键信息基础设施的具体范围和安全保护办法由国务院制定。

国家鼓励关键信息基础设施以外的网络运营者自愿参与关键信息基础设施保护体系。

第三十二条　按照国务院规定的职责分工，负责关键信息基础设施安全保护工作的部门分别编制并组织实施本行业、本领域的关键信息基础设施安全规划，指导和监督关键信息基础设施运行安全保护工作。

第三十三条　建设关键信息基础设施应当确保其具有支持业务稳定、持续运行的性能，并保证安全技术措施同步规划、同步建设、同步使用。

第三十四条　除本法第二十一条的规定外，关键信息基础设施的运营者还应当履行下列安全保护义务：

（一）设置专门安全管理机构和安全管理负责人，并对该负责人和关键岗位的人员进行安全背景审查；

（二）定期对从业人员进行网络安全教育、技术培训和技能考核；

（三）对重要系统和数据库进行容灾备份；

（四）制定网络安全事件应急预案，并定期进行演练；

（五）法律、行政法规规定的其他义务。

第三十五条　关键信息基础设施的运营者采购网络产品和服务，可能影响国家安全的，应当通过国家网信部门会同国务院有关部门组织的国家安全审查。

第三十六条　关键信息基础设施的运营者采购网络产品和服务，应当按照规定与提供者签订安全保密协议，明确安全和保密义务与责任。

第三十七条　关键信息基础设施的运营者在中华人民共和国境内运营中收集和产生的个人信息和重要数据应当在境内存储。因业务需要，确需向境外提供的，应当按照国家网信部门会同国务院有关部门制定的办法进行安全评估；法律、行政法规另有规定的，依照其规定。

第三十八条　关键信息基础设施的运营者应当自行或者委托网络安全服务机构对其网络的安全性和可能存在的风险每年至少进行一次检测评估，并将检测评估情况和改进措施报送相关负责关键信息基础设施安全保护工作的部门。

第三十九条　国家网信部门应当统筹协调有关部门对关键信息基础设施的安全保护采取下列措施：

（一）对关键信息基础设施的安全风险进行抽查检测，提出改进措施，必要时可以委托网络安全服务机构对网络存在的安全风险进行检测评估；

（二）定期组织关键信息基础设施的运营者进行网络安全应急演练，提高应对网络安全事件的水平和协同配合能力；

（三）促进有关部门、关键信息基础设施的运营者以及有关研究机构、网络安全服务机构等之间的网络安全信息共享；

（四）对网络安全事件的应急处置与网络功能的恢复等，提供技术支持和协助。

第四章　网络信息安全

第四十条　网络运营者应当对其收集的用户信息严格保密，并建立健全用户信息保护制度。

第四十一条　网络运营者收集、使用个人信息，应当遵循合法、正当、必要的原则，公开收集、使用规则，明示收集、使用信息的目的、方式和范围，并经被收集者同意。

网络运营者不得收集与其提供的服务无关的个人信息，不得违反法律、行政法规的规定和双方的约定收集、使用个人信息，并应当依照法律、行政法规的规定和与用户的约定，处理其保存的个人信息。

第四十二条　网络运营者不得泄露、篡改、毁损其收集的个人信息；未经被收集者同意，不得向他人提供个人信息。但是，经过处理无法识别特定个人且不能复原的除外。

网络运营者应当采取技术措施和其他必要措施，确保其收集的个人信息安全，防止信息泄露、毁损、丢失。在发生或者可能发生个人信息泄露、毁损、丢失的情况时，应当立即采取补救措施，按照规定及时告知用户并向有关主管部门报告。

第四十三条　个人发现网络运营者违反法律、行政法规的规定或者双方的约定收集、使用其个人信息的，有权要求网络运营者删除其个人信息；发现网络运营者收集、存储的其个人信息有错误的，有权要求网络运营者予以更正。网络运营者应当采取措施予以删除或者更正。

第四十四条　任何个人和组织不得窃取或者以其他非法方式获取个人信息，不得非法出售或者非法向他人提供个人信息。

第四十五条　依法负有网络安全监督管理职责的部门及其工作人员，必须对在履行职责中知悉的个人信息、隐私和商业秘密严格保密，不得泄露、出售或者非法向他人提供。

第四十六条　任何个人和组织应当对其使用网络的行为负责，不得设立用于实施诈骗，传授犯罪方法，制作或者销售违禁物品、管制物品等违法犯罪活动的网站、通讯群组，不得利用网络发布涉及实施诈骗，制作或者销售违禁物品、管制物品以及其他违法犯罪活动的信息。

第四十七条　网络运营者应当加强对其用户发布的信息的管理，发现法律、行政法规禁止发布或者传输的信息的，应当立即停止传输该信息，采取消除等处置措施，防止信息扩散，保存有关记录，并向有关主管部门报告。

第四十八条　任何个人和组织发送的电子信息、提供的应用软件，不得设置恶意程序，不得含有法律、行政法规禁止发布或者传输的信息。

电子信息发送服务提供者和应用软件下载服务提供者，应当履行安全管理义务，知道其用户有前款规定行为的，应当停止提供服务，采取消除等处置措施，保存有关记录，并向有关主管部门报告。

第四十九条　网络运营者应当建立网络信息安全投诉、举报制度，公布投诉、举报方式等信息，及时受理并处理有关网络信息安全的投诉和举报。

网络运营者对网信部门和有关部门依法实施的监督检查，应当予以配合。

第五十条　国家网信部门和有关部门依法履行网络信息安全监督管理职责，发现法律、行政法规禁止发布或者传输的信息的，应当要求网络运营者停止传输，采取消除等处置措施，保存有关记录；对来源于中华人民共和国境外的上述信息，应当通知有关机构采取技术措施和其他必要措施阻断传播。

第五章　监测预警与应急处置

第五十一条　国家建立网络安全监测预警和信息通报制度。国家网信部门应当统筹协调有关部门加强网络安全信息收集、分析和通报工作，按照规定统一发布网络安全监测预警信息。

第五十二条　负责关键信息基础设施安全保护工作的部门，应当建立健全本行业、本领域的网络安全监测预警和信息通报制度，并按照规定报送网络安全监测预警信息。

第五十三条　国家网信部门协调有关部门建立健全网络安全风险评估和应急工作机制，制定网络安全事件应急预案，并定期组织演练。

负责关键信息基础设施安全保护工作的部门应当制定本行业、本领域的网络安全事件应急预案，并定期组织演练。

网络安全事件应急预案应当按照事件发生后的危害程度、影响范围等因素对网络安全事件进行分级，并规定相应的应急处置措施。

第五十四条　网络安全事件发生的风险增大时，省级以上人民政府有关部门应当按照规定的权限和程序，并根据网络安全风险的特点和可能造成的危害，采取下列措施：

（一）要求有关部门、机构和人员及时收集、报告有关信息，加强对网络安全风险的监测；

（二）组织有关部门、机构和专业人员，对网络安全风险信息进行分析评估，预测事件发生的可能性、影响范围和危害程度；

（三）向社会发布网络安全风险预警，发布避免、减轻危害的措施。

第五十五条　发生网络安全事件，应当立即启动网络安全事件应急预案，对网络安全事件进行调查和评估，要求网络运营者采取技术措施和其他必要措施，消除安全隐患，防止危害扩大，并及时向社会发布与公众有关的警示信息。

第五十六条　省级以上人民政府有关部门在履行网络安全监督管理职责中，发现网络存在较大安全风险或者发生安全事件的，可以按照规定的权限和程序对该网络的运营者的法定代表人或者主要负责人进行约谈。网络运营者应当按照要求采取措施，进行整改，消除隐患。

第五十七条　因网络安全事件，发生突发事件或者生产安全事故的，应当依照《中华人民共和国突发事件应对法》、《中华人民共和国安全生产法》等有关法律、行政法规的规定处置。

第五十八条　因维护国家安全和社会公共秩序，处置重大突发社会安全事件的需要，经国务院决定或者批准，可以在特定区域对网络通信采取限制等临时措施。

第六章　法律责任

第五十九条　网络运营者不履行本法第二十一条、第二十五条规定的网络安全保护义务的，由有关主管部门责令改正，给予警告；拒不改正或者导致危害网络安全等后果的，处一万元以上十万元以下罚款，对直接负责的主管人员处五千元以上五万元以下罚款。

关键信息基础设施的运营者不履行本法第三十三条、第三十四条、第三十六条、第三十八条规定的网络安全保护义务的，由有关主管部门责令改正，给予警告；拒不改正或者导致危害网络安全等后果的，处十万元以上一百万元以下罚款，对直接负责的主管人员处一万元以上十万元以下罚款。

第六十条　违反本法第二十二条第一款、第二款和第四十八条第一款规定，有下列行为之一的，由有关主管部门责令改正，给予警告；拒不改正或者导致危害网络安全等后果的，处五万元以上五十万元以下罚款，对直接负责的主管人员处一万元以上十万元以下罚款：

（一）设置恶意程序的；

（二）对其产品、服务存在的安全缺陷、漏洞等风险未立即采取补救措施，或者未按照规定及时告知用户并向有关主管部门报告的；

（三）擅自终止为其产品、服务提供安全维护的。

第六十一条　网络运营者违反本法第二十四条第一款规定，未要求用户提供真实身份信息，或者对不提供真实身份信息的用户提供相关服务的，由有关主管部门责令改正；拒不改正或者情节严重的，处五万元以上五十万元以下罚款，并可以由有关主管部门责令暂停相关业务、停业整顿、关闭网站、吊销相关业务许可证或者吊销营业执照，对直接负责的主管人员和其他直接责任人员处一万元以上十万元以下罚款。

第六十二条　违反本法第二十六条规定，开展网络安全认证、检测、风险评估等活动，或者向社会发布系统漏洞、计算机病毒、网络攻击、网络侵入等网络安全信息的，由有关主管部门责令改正，给予警告；拒不改正或者情节严重的，处一万元以上十万元以下罚款，并可以由有关主管部门责令暂停相关业务、停业整顿、关闭网站、吊销相关业务许可证或者吊销营业执照，对直接负责的主管人员和其他直接责任人员处五千元以上五万元以下罚款。

第六十三条　违反本法第二十七条规定，从事危害网络安全的活动，或者提供专门用于从事危害网络安全活动的程序、工具，或者为他人从事危害网络安全的活动提供技术支持、广告推广、支付结算等帮助，尚不构成犯罪的，由公安机关没收违法所得，处五日以下拘留，可以并处五万元以上五十万元以下罚款；情节较重的，处五日以上十五日以下拘留，可以并处十万元以上一百万元以下罚款。

单位有前款行为的，由公安机关没收违法所得，处十万元以上一百万元以下罚款，并对直接负责的主管人员和其他直接责任人员依照前款规定处罚。

违反本法第二十七条规定，受到治安管理处罚的人员，五年内不得从事网络安全管理和网络运营关键岗位的工作；受到刑事处罚的人员，终身不得从事网络安全管理和网络运营关键岗位的工作。

第六十四条　网络运营者、网络产品或者服务的提供者违反本法第二十二条第三款、第四十一条至第四十三条规定，侵害个人信息依法得到保护的权利的，由有关主管部门责令改正，可以根据情节单处或者并处警告、没收违法所得、处违法所得一倍以上十倍以下罚款，没有违法所得的，处一百万元以下罚款，对直接负责的主管人员和其他直接责任人员处一万元以上十万元以下罚款；情节严重的，并可以责令暂停相关业务、停业整顿、关闭网站、吊销相关业务许可证或者吊销营业执照。

违反本法第四十四条规定，窃取或者以其他非法方式获取、非法出售或者非法向他人提供个人信息，尚不构成犯罪的，由公安机关没收违法所得，并处违法所得一倍以上十倍以下罚款，没有违法所得的，处一百万元以下罚款。

第六十五条 关键信息基础设施的运营者违反本法第三十五条规定，使用未经安全审查或者安全审查未通过的网络产品或者服务的，由有关主管部门责令停止使用，处采购金额一倍以上十倍以下罚款；对直接负责的主管人员和其他直接责任人员处一万元以上十万元以下罚款。

第六十六条 关键信息基础设施的运营者违反本法第三十七条规定，在境外存储网络数据，或者向境外提供网络数据的，由有关主管部门责令改正，给予警告，没收违法所得，处五万元以上五十万元以下罚款，并可以责令暂停相关业务、停业整顿、关闭网站、吊销相关业务许可证或者吊销营业执照；对直接负责的主管人员和其他直接责任人员处一万元以上十万元以下罚款。

第六十七条 违反本法第四十六条规定，设立用于实施违法犯罪活动的网站、通讯群组，或者利用网络发布涉及实施违法犯罪活动的信息，尚不构成犯罪的，由公安机关处五日以下拘留，可以并处一万元以上十万元以下罚款；情节较重的，处五日以上十五日以下拘留，可以并处五万元以上五十万元以下罚款。关闭用于实施违法犯罪活动的网站、通讯群组。

单位有前款行为的，由公安机关处十万元以上五十万元以下罚款，并对直接负责的主管人员和其他直接责任人员依照前款规定处罚。

第六十八条 网络运营者违反本法第四十七条规定，对法律、行政法规禁止发布或者传输的信息未停止传输、采取消除等处置措施、保存有关记录的，由有关主管部门责令改正，给予警告，没收违法所得；拒不改正或者情节严重的，处十万元以上五十万元以下罚款，并可以责令暂停相关业务、停业整顿、关闭网站、吊销相关业务许可证或者吊销营业执照，对直接负责的主管人员和其他直接责任人员处一万元以上十万元以下罚款。

电子信息发送服务提供者、应用软件下载服务提供者，不履行本法第四十八条第二款规定的安全管理义务的，依照前款规定处罚。

第六十九条 网络运营者违反本法规定，有下列行为之一的，由有关主管部门责令改正；拒不改正或者情节严重的，处五万元以上五十万元以下罚款，对直接负责的主管人员和其他直接责任人员，处一万元以上十万元以下罚款：

（一）不按照有关部门的要求对法律、行政法规禁止发布或者传输的信息，采取停止传输、消除等处置措施的；

（二）拒绝、阻碍有关部门依法实施的监督检查的；

（三）拒不向公安机关、国家安全机关提供技术支持和协助的。

第七十条 发布或者传输本法第十二条第二款和其他法律、行政法规禁止发布或者传输的信息的，依照有关法律、行政法规的规定处罚。

第七十一条 有本法规定的违法行为的，依照有关法律、行政法规的规定记入信用档案，并予以公示。

第七十二条 国家机关政务网络的运营者不履行本法规定的网络安全保护义务的，由其上级机关或者有关机关责令改正；对直接负责的主管人员和其他直接责任人员依法给予处分。

第七十三条 网信部门和有关部门违反本法第三十条规定，将在履行网络安全保护职责中获取的信息用于其他用途的，对直接负责的主管人员和其他直接责任人员依法给予处分。

网信部门和有关部门的工作人员玩忽职守、滥用职权、徇私舞弊，尚不构成犯罪的，依法给予处分。

第七十四条 违反本法规定，给他人造成损害的，依法承担民事责任。

违反本法规定，构成违反治安管理行为的，依法给予治安管理处罚；构成犯罪的，依法追究刑事责任。

第七十五条 境外的机构、组织、个人从事攻击、侵入、干扰、破坏等危害中华人民共和国的关键信息基础设施的活动，造成严重后果的，依法追究法律责任；国务院公安部门和有关部门并可以决定对该机构、组织、个人采取冻结财产或者其他必要的制裁措施。

第七章 附 则

第七十六条 本法下列用语的含义：

（一）网络，是指由计算机或者其他信息终端及相关设备组成的按照一定的规则和程序对信息进行收集、存储、传输、交换、处理的系统。

（二）网络安全，是指通过采取必要措施，防范对网络的攻击、侵入、干扰、破坏和非法使用以及意外事故，使网络处于稳定可靠运行的状态，以及保障网络数据的完整性、保密性、可用性的能力。

（三）网络运营者，是指网络的所有者、管理者和网络服务提供者。

（四）网络数据，是指通过网络收集、存储、传输、处理和产生的各种电子数据。

（五）个人信息，是指以电子或者其他方式记录的能够单独或者与其他信息结合识别自然人个人身份的各种信息，包括但不限于自然人的姓名、出生日期、身份证件号码、个人生物识别信息、住址、电话号码等。

第七十七条 存储、处理涉及国家秘密信息的网络的运行安全保护，除应当遵守本法外，还应当遵守保密法律、行政法规的规定。

第七十八条 军事网络的安全保护，由中央军事委员会另行规定。

第七十九条 本法自 2017 年 6 月 1 日起施行。

中华人民共和国电影产业促进法

（2016年11月7日第十二届全国人民代表大会常务委员会第二十四次会议通过）

目 录

第一章 总 则
第二章 电影创作、摄制
第三章 电影发行、放映
第四章 电影产业支持、保障
第五章 法律责任
第六章 附 则

第一章 总 则

第一条 为了促进电影产业健康繁荣发展，弘扬社会主义核心价值观，规范电影市场秩序，丰富人民群众精神文化生活，制定本法。

第二条 在中华人民共和国境内从事电影创作、摄制、发行、放映等活动（以下统称电影活动），适用本法。

本法所称电影，是指运用视听技术和艺术手段摄制、以胶片或者数字载体记录、由表达一定内容的有声或者无声的连续画面组成、符合国家规定的技术标准、用于电影院等固定放映场所或者流动放映设备公开放映的作品。

通过互联网、电信网、广播电视网等信息网络传播电影的，还应当遵守互联网、电信网、广播电视网等信息网络管理的法律、行政法规的规定。

第三条 从事电影活动，应当坚持为人民服务、为社会主义服务，坚持社会效益优先，实现社会效益与经济效益相统一。

第四条 国家坚持以人民为中心的创作导向，坚持百花齐放、百家争鸣的方针，尊重和保障电影创作自由，倡导电影创作贴近实际、贴近生活、贴近群众，鼓励创作思想性、艺术性、观赏性相统一的优秀电影。

第五条 国务院应当将电影产业发展纳入国民经济和社会发展规划。县级以上地方人民政府根据当地实际情况将电影产业发展纳入本级国民经济和社会发展规划。

国家制定电影及其相关产业政策，引导形成统一开放、公平竞争的电影市场，促进电影市场繁荣发展。

第六条 国家鼓励电影科技的研发、应用，制定并完善电影技术标准，构建以企业为主体、市场为导向、产学研相结合的电影技术创新体系。

第七条 与电影有关的知识产权受法律保护，任何组织和个人不得侵犯。

县级以上人民政府负责知识产权执法的部门应当采取措施，保护与电影有关的知识产权，依法查处侵犯与电影有关的知识产权的行为。

从事电影活动的公民、法人和其他组织应当增强知识产权意识，提高运用、保护和管理知识产权的能力。

国家鼓励公民、法人和其他组织依法开发电影形象产品等衍生产品。

第八条 国务院电影主管部门负责全国的电影工作；县级以上地方人民政府电影主管部门负责本行政区域内的电影工作。

县级以上人民政府其他有关部门在各自职责范围内，负责有关的电影工作。

第九条　电影行业组织依法制定行业自律规范，开展业务交流，加强职业道德教育，维护其成员的合法权益。

演员、导演等电影从业人员应当坚持德艺双馨，遵守法律法规，尊重社会公德，恪守职业道德，加强自律，树立良好社会形象。

第十条　国家支持建立电影评价体系，鼓励开展电影评论。

对优秀电影以及为促进电影产业发展作出突出贡献的组织、个人，按照国家有关规定给予表彰和奖励。

第十一条　国家鼓励开展平等、互利的电影国际合作与交流，支持参加境外电影节（展）。

第二章　电影创作、摄制

第十二条　国家鼓励电影剧本创作和题材、体裁、形式、手段等创新，鼓励电影学术研讨和业务交流。

县级以上人民政府电影主管部门根据电影创作的需要，为电影创作人员深入基层、深入群众、体验生活等提供必要的便利和帮助。

第十三条　拟摄制电影的法人、其他组织应当将电影剧本梗概向国务院电影主管部门或者省、自治区、直辖市人民政府电影主管部门备案；其中，涉及重大题材或者国家安全、外交、民族、宗教、军事等方面题材的，应当按照国家有关规定将电影剧本报送审查。

电影剧本梗概或者电影剧本符合本法第十六条规定的，由国务院电影主管部门将拟摄制电影的基本情况予以公告，并由国务院电影主管部门或者省、自治区、直辖市人民政府电影主管部门出具备案证明文件或者颁发批准文件。具体办法由国务院电影主管部门制定。

第十四条　法人、其他组织经国务院电影主管部门批准，可以与境外组织合作摄制电影；但是，不得与从事损害我国国家尊严、荣誉和利益，危害社会稳定，伤害民族感情等活动的境外组织合作，也不得聘用有上述行为的个人参加电影摄制。

合作摄制电影符合创作、出资、收益分配等方面比例要求的，该电影视同境内法人、其他组织摄制的电影。

境外组织不得在境内独立从事电影摄制活动；境外个人不得在境内从事电影摄制活动。

第十五条　县级以上人民政府电影主管部门应当协调公安、文物保护、风景名胜区管理等部门，为法人、其他组织依照本法从事电影摄制活动提供必要的便利和帮助。

从事电影摄制活动的，应当遵守有关环境保护、文物保护、风景名胜区管理和安全生产等方面的法律、法规，并在摄制过程中采取必要的保护、防护措施。

第十六条　电影不得含有下列内容：

（一）违反宪法确定的基本原则，煽动抗拒或者破坏宪法、法律、行政法规实施；

（二）危害国家统一、主权和领土完整，泄露国家秘密，危害国家安全，损害国家尊严、荣誉和利益，宣扬恐怖主义、极端主义；

（三）诋毁民族优秀文化传统，煽动民族仇恨、民族歧视，侵害民族风俗习惯，歪曲民族历史或者民族历史人物，伤害民族感情，破坏民族团结；

（四）煽动破坏国家宗教政策，宣扬邪教、迷信；

（五）危害社会公德，扰乱社会秩序，破坏社会稳定，宣扬淫秽、赌博、吸毒，渲染暴力、恐怖，教唆犯罪或者传授犯罪方法；

（六）侵害未成年人合法权益或者损害未成年人身心健康；

（七）侮辱、诽谤他人或者散布他人隐私，侵害他人合法权益；

（八）法律、行政法规禁止的其他内容。

第十七条　法人、其他组织应当将其摄制完成的电影送国务院电影主管部门或者省、自治区、直辖市人民政府电影主管部门审查。

国务院电影主管部门或者省、自治区、直辖市人民政府电影主管部门应当自受理申请之日起三十日内作出审查决定。对符合本法规定的,准予公映,颁发电影公映许可证,并予以公布;对不符合本法规定的,不准予公映,书面通知申请人并说明理由。

国务院电影主管部门应当根据本法制定完善电影审查的具体标准和程序,并向社会公布。制定完善电影审查的具体标准应当向社会公开征求意见,并组织专家进行论证。

第十八条　进行电影审查应当组织不少于五名专家进行评审,由专家提出评审意见。法人、其他组织对专家评审意见有异议的,国务院电影主管部门或者省、自治区、直辖市人民政府电影主管部门可以另行组织专家再次评审。专家的评审意见应当作为作出审查决定的重要依据。

前款规定的评审专家包括专家库中的专家和根据电影题材特别聘请的专家。专家遴选和评审的具体办法由国务院电影主管部门制定。

第十九条　取得电影公映许可证的电影需要变更内容的,应当依照本法规定重新报送审查。

第二十条　摄制电影的法人、其他组织应当将取得的电影公映许可证标识置于电影的片头处;电影放映可能引起未成年人等观众身体或者心理不适的,应当予以提示。

未取得电影公映许可证的电影,不得发行、放映,不得通过互联网、电信网、广播电视网等信息网络进行传播,不得制作为音像制品;但是,国家另有规定的,从其规定。

第二十一条　摄制完成的电影取得电影公映许可证,方可参加电影节(展)。拟参加境外电影节(展)的,送展法人、其他组织应当在该境外电影节(展)举办前,将相关材料报国务院电影主管部门或者省、自治区、直辖市人民政府电影主管部门备案。

第二十二条　公民、法人和其他组织可以承接境外电影的洗印、加工、后期制作等业务,并报省、自治区、直辖市人民政府电影主管部门备案,但是不得承接含有损害我国国家尊严、荣誉和利益,危害社会稳定,伤害民族感情等内容的境外电影的相关业务。

第二十三条　国家设立的电影档案机构依法接收、收集、整理、保管并向社会开放电影档案。

国家设立的电影档案机构应当配置必要的设备,采用先进技术,提高电影档案管理现代化水平。

摄制电影的法人、其他组织依照《中华人民共和国档案法》的规定,做好电影档案保管工作,并向国家设立的电影档案机构移交、捐赠、寄存电影档案。

第三章　电影发行、放映

第二十四条　企业具有与所从事的电影发行活动相适应的人员、资金条件的,经国务院电影主管部门或者所在地省、自治区、直辖市人民政府电影主管部门批准,可以从事电影发行活动。

企业、个体工商户具有与所从事的电影放映活动相适应的人员、场所、技术和设备等条件的,经所在地县级人民政府电影主管部门批准,可以从事电影院等固定放映场所电影放映活动。

第二十五条　依照本法规定负责电影发行、放映活动审批的电影主管部门,应当自受理申请之日起三十日内,作出批准或者不批准的决定。对符合条件的,予以批准,颁发电影发行经营许可证或者电影放映经营许可证,并予以公布;对不符合条件的,不予批准,书面通知申请人并说明理由。

第二十六条　企业、个人从事电影流动放映活动,应当将企业名称或者经营者姓名、地址、联系方式、放映设备等向经营区域所在地县级人民政府电影主管部门备案。

第二十七条　国家加大对农村电影放映的扶持力度,由政府出资建立完善农村电影公益放映服务网络,积极引导社会资金投资农村电影放映,不断改善农村地区观看电影条件,统筹保障农村地区群众观看电影需求。

县级以上人民政府应当将农村电影公益放映纳入农村公共文化服务体系建设,按照国家有关规定对农村电影公益放映活动给予补贴。

从事农村电影公益放映活动的,不得以虚报、冒领等手段骗取农村电影公益放映补贴资金。

第二十八条　国务院教育、电影主管部门可以共同推荐有利于未成年人健康成长的电影，并采取措施支持接受义务教育的学生免费观看，由所在学校组织安排。

国家鼓励电影院以及从事电影流动放映活动的企业、个人采取票价优惠、建设不同条件的放映厅、设立社区放映点等多种措施，为未成年人、老年人、残疾人、城镇低收入居民以及进城务工人员等观看电影提供便利；电影院以及从事电影流动放映活动的企业、个人所在地人民政府可以对其发放奖励性补贴。

第二十九条　电影院应当合理安排由境内法人、其他组织所摄制电影的放映场次和时段，并且放映的时长不得低于年放映电影时长总和的三分之二。

电影院以及从事电影流动放映活动的企业、个人应当保障电影放映质量。

第三十条　电影院的设施、设备以及用于流动放映的设备应当符合电影放映技术的国家标准。

电影院应当按照国家有关规定安装计算机售票系统。

第三十一条　未经权利人许可，任何人不得对正在放映的电影进行录音录像。发现进行录音录像的，电影院工作人员有权予以制止，并要求其删除；对拒不听从的，有权要求其离场。

第三十二条　国家鼓励电影院在向观众明示的电影开始放映时间之前放映公益广告。

电影院在向观众明示的电影开始放映时间之后至电影放映结束前，不得放映广告。

第三十三条　电影院应当遵守治安、消防、公共场所卫生等法律、行政法规，维护放映场所的公共秩序和环境卫生，保障观众的安全与健康。

任何人不得携带爆炸性、易燃性、放射性、毒害性、腐蚀性物品进入电影院等放映场所，不得非法携带枪支、弹药、管制器具进入电影院等放映场所；发现非法携带上述物品的，有关工作人员应当拒绝其进入，并向有关部门报告。

第三十四条　电影发行企业、电影院等应当如实统计电影销售收入，提供真实准确的统计数据，不得采取制造虚假交易、虚报瞒报销售收入等不正当手段，欺骗、误导观众，扰乱电影市场秩序。

第三十五条　在境内举办涉外电影节（展），须经国务院电影主管部门或者省、自治区、直辖市人民政府电影主管部门批准。

第四章　电影产业支持、保障

第三十六条　国家支持下列电影的创作、摄制：

（一）传播中华优秀文化、弘扬社会主义核心价值观的重大题材电影；

（二）促进未成年人健康成长的电影；

（三）展现艺术创新成果、促进艺术进步的电影；

（四）推动科学教育事业发展和科学技术普及的电影；

（五）其他符合国家支持政策的电影。

第三十七条　国家引导相关文化产业专项资金、基金加大对电影产业的投入力度，根据不同阶段和时期电影产业的发展情况，结合财力状况和经济社会发展需要，综合考虑、统筹安排财政资金对电影产业的支持，并加强对相关资金、基金使用情况的审计。

第三十八条　国家实施必要的税收优惠政策，促进电影产业发展，具体办法由国务院财税主管部门依照税收法律、行政法规的规定制定。

第三十九条　县级以上地方人民政府应当依据人民群众需求和电影市场发展需要，将电影院建设和改造纳入国民经济和社会发展规划、土地利用总体规划和城乡规划等。

县级以上地方人民政府应当按照国家有关规定，有效保障电影院用地需求，积极盘活现有电影院用地资源，支持电影院建设和改造。

第四十条　国家鼓励金融机构为从事电影活动以及改善电影基础设施提供融资服务，依法开展与电影有关的知识产权质押融资业务，并通过信贷等方式支持电影产业发展。

国家鼓励保险机构依法开发适应电影产业发展需要的保险产品。

国家鼓励融资担保机构依法向电影产业提供融资担保，通过再担保、联合担保以及担保与保险相结合等方式分散风险。

对国务院电影主管部门依照本法规定公告的电影的摄制，按照国家有关规定合理确定贷款期限和利率。

第四十一条　国家鼓励法人、其他组织通过到境外合作摄制电影等方式进行跨境投资，依法保障其对外贸易、跨境融资和投资等合理用汇需求。

第四十二条　国家实施电影人才扶持计划。

国家支持有条件的高等学校、中等职业学校和其他教育机构、培训机构等开设与电影相关的专业和课程，采取多种方式培养适应电影产业发展需要的人才。

国家鼓励从事电影活动的法人和其他组织参与学校相关人才培养。

第四十三条　国家采取措施，扶持农村地区、边疆地区、贫困地区和民族地区开展电影活动。

国家鼓励、支持少数民族题材电影创作，加强电影的少数民族语言文字译制工作，统筹保障民族地区群众观看电影需求。

第四十四条　国家对优秀电影的外语翻译制作予以支持，并综合利用外交、文化、教育等对外交流资源开展电影的境外推广活动。

国家鼓励公民、法人和其他组织从事电影的境外推广。

第四十五条　国家鼓励社会力量以捐赠、资助等方式支持电影产业发展，并依法给予优惠。

第四十六条　县级以上人民政府电影主管部门应当加强对电影活动的日常监督管理，受理对违反本法规定的行为的投诉、举报，并及时核实、处理、答复；将从事电影活动的单位和个人因违反本法规定受到行政处罚的情形记入信用档案，并向社会公布。

第五章　法律责任

第四十七条　违反本法规定擅自从事电影摄制、发行、放映活动的，由县级以上人民政府电影主管部门予以取缔，没收电影片和违法所得以及从事违法活动的专用工具、设备；违法所得五万元以上的，并处违法所得五倍以上十倍以下的罚款；没有违法所得或者违法所得不足五万元的，可以并处二十五万元以下的罚款。

第四十八条　有下列情形之一的，由原发证机关吊销有关许可证、撤销有关批准或者证明文件；县级以上人民政府电影主管部门没收违法所得；违法所得五万元以上的，并处违法所得五倍以上十倍以下的罚款；没有违法所得或者违法所得不足五万元的，可以并处二十五万元以下的罚款：

（一）伪造、变造、出租、出借、买卖本法规定的许可证、批准或者证明文件，或者以其他形式非法转让本法规定的许可证、批准或者证明文件的；

（二）以欺骗、贿赂等不正当手段取得本法规定的许可证、批准或者证明文件的。

第四十九条　有下列情形之一的，由原发证机关吊销许可证；县级以上人民政府电影主管部门没收电影片和违法所得；违法所得五万元以上的，并处违法所得十倍以上二十倍以下的罚款；没有违法所得或者违法所得不足五万元的，可以并处五十万元以下的罚款：

（一）发行、放映未取得电影公映许可证的电影的；

（二）取得电影公映许可证后变更电影内容，未依照规定重新取得电影公映许可证擅自发行、放映、送展的；

（三）提供未取得电影公映许可证的电影参加电影节（展）的。

第五十条　承接含有损害我国国家尊严、荣誉和利益，危害社会稳定，伤害民族感情等内容的境外电影的洗印、加工、后期制作等业务的，由县级以上人民政府电影主管部门责令停止违法活动，没收电影片和违法所得；违法所得五万元以上的，并处违法所得三倍以上五倍以下的罚款；没有违法所得或者违法所得不足五万元的，可以并处十五万元以下的罚款。情节严重的，由电影主管部门通报工商行政管理部门，由工商行政管理部门吊销营业执照。

第五十一条　电影发行企业、电影院等有制造虚假交易、虚报瞒报销售收入等行为，扰乱电影市场秩序的，由县级以上人民政府电影主管部门责令改正，没收违法所得，处五万元以上五十万元以下的罚款；违法所得五十万元以上的，处违法所得一倍以上五倍以下的罚款。情节严重的，责令停业整顿；情节特别严重的，由原发证机关吊销许可证。

电影院在向观众明示的电影开始放映时间之后至电影放映结束前放映广告的，由县级人民政府电影主管部门给予警告，责令改正；情节严重的，处一万元以上五万元以下的罚款。

第五十二条　法人或者其他组织未经许可擅自在境内举办涉外电影节（展）的，由国务院电影主管部门或者省、自治区、直辖市人民政府电影主管部门责令停止违法活动，没收参展的电影片和违法所得；违法所得五万元以上的，并处违法所得五倍以上十倍以下的罚款；没有违法所得或者违法所得不足五万元的，可以并处二十五万元以下的罚款；情节严重的，自受到处罚之日起五年内不得举办涉外电影节（展）。

个人擅自在境内举办涉外电影节（展），或者擅自提供未取得电影公映许可证的电影参加电影节（展）的，由国务院电影主管部门或者省、自治区、直辖市人民政府电影主管部门责令停止违法活动，没收参展的电影片和违法所得；违法所得五万元以上的，并处违法所得五倍以上十倍以下的罚款；没有违法所得或者违法所得不足五万元的，可以并处二十五万元以下的罚款；情节严重的，自受到处罚之日起五年内不得从事相关电影活动。

第五十三条　法人、其他组织或者个体工商户因违反本法规定被吊销许可证的，自吊销许可证之日起五年内不得从事该项业务活动；其法定代表人或者主要负责人自吊销许可证之日起五年内不得担任从事电影活动的法人、其他组织的法定代表人或者主要负责人。

第五十四条　有下列情形之一的，依照有关法律、行政法规及国家有关规定予以处罚：

（一）违反国家有关规定，擅自将未取得电影公映许可证的电影制作为音像制品的；

（二）违反国家有关规定，擅自通过互联网、电信网、广播电视网等信息网络传播未取得电影公映许可证的电影的；

（三）以虚报、冒领等手段骗取农村电影公益放映补贴资金的；

（四）侵犯与电影有关的知识产权的；

（五）未依法接收、收集、整理、保管、移交电影档案的。

电影院有前款第四项规定行为，情节严重的，由原发证机关吊销许可证。

第五十五条　县级以上人民政府电影主管部门或者其他有关部门的工作人员有下列情形之一，尚不构成犯罪的，依法给予处分：

（一）利用职务上的便利收受他人财物或者其他好处的；

（二）违反本法规定进行审批活动的；

（三）不履行监督职责的；

（四）发现违法行为不予查处的；

（五）贪污、挪用、截留、克扣农村电影公益放映补贴资金或者相关专项资金、基金的；

（六）其他违反本法规定滥用职权、玩忽职守、徇私舞弊的情形。

第五十六条　违反本法规定，造成人身、财产损害的，依法承担民事责任；构成犯罪的，依法追究刑事责任。

因违反本法规定二年内受到二次以上行政处罚，又有依照本法规定应当处罚的违法行为的，从重处罚。

第五十七条　县级以上人民政府电影主管部门及其工作人员应当严格依照本法规定的处罚种类和幅度，根据违法行为的性质和具体情节行使行政处罚权，具体办法由国务院电影主管部门制定。

县级以上人民政府电影主管部门对有证据证明违反本法规定的行为进行查处时，可以依法查封与违法行为有关的场所、设施或者查封、扣押用于违法行为的财物。

第五十八条　当事人对县级以上人民政府电影主管部门以及其他有关部门依照本法作出的行政行为不服的，可以依法申请行政复议或者提起行政诉讼。其中，对国务院电影主管部门作出的不准予电影公映的决定不服的，应当先依法申请行政复议，对行政复议决定不服的可以提起行政诉讼。

第六章　附　则

第五十九条　境外资本在中华人民共和国境内设立从事电影活动的企业的，按照国家有关规定执行。

第六十条　本法自 2017 年 3 月 1 日起施行。

中共中央办公厅、国务院办公厅《关于实行以增加知识价值为导向分配政策的若干意见》

为加快实施创新驱动发展战略,激发科研人员创新创业积极性,在全社会营造尊重劳动、尊重知识、尊重人才、尊重创造的氛围,现就实行以增加知识价值为导向的分配政策提出以下意见。

一、总体要求

（一）基本思路

全面贯彻党的十八大和十八届三中、四中、五中全会以及全国科技创新大会精神,深入学习贯彻习近平总书记系列重要讲话精神,加快实施创新驱动发展战略,实行以增加知识价值为导向的分配政策,充分发挥收入分配政策的激励导向作用,激发广大科研人员的积极性、主动性和创造性,鼓励多出成果、快出成果、出好成果,推动科技成果加快向现实生产力转化。统筹自然科学、哲学社会科学等不同科学门类,统筹基础研究、应用研究、技术开发、成果转化全创新链条,加强系统设计、分类管理。充分发挥市场机制作用,通过稳定提高基本工资、加大绩效工资分配激励力度、落实科技成果转化奖励等激励措施,使科研人员收入与岗位职责、工作业绩、实际贡献紧密联系,在全社会形成知识创造价值、价值创造者得到合理回报的良性循环,构建体现增加知识价值的收入分配机制。

（二）主要原则

——坚持价值导向。针对我国科研人员实际贡献与收入分配不完全匹配、股权激励等对创新具有长期激励作用的政策缺位、内部分配激励机制不健全等问题,明确分配导向,完善分配机制,使科研人员收入与其创造的科学价值、经济价值、社会价值紧密联系。

——实行分类施策。根据不同创新主体、不同创新领域和不同创新环节的智力劳动特点,实行有针对性的分配政策,统筹宏观调控和定向施策,探索知识价值实现的有效方式。

——激励约束并重。把人作为政策激励的出发点和落脚点,强化产权等长期激励,健全中长期考核评价机制,突出业绩贡献。合理调控不同地区、同一地区不同类型单位收入水平差距。

——精神物质激励结合。采用多种激励方式,在加大物质收入激励的同时,注重发挥精神激励的作用,大力表彰创新业绩突出的科研人员,营造鼓励探索、激励创新的社会氛围。

二、推动形成体现增加知识价值的收入分配机制

（一）逐步提高科研人员收入水平。在保障基本工资水平正常增长的基础上,逐步提高体现科研人员履行岗位职责、承担政府和社会委托任务等的基础性绩效工资水平,并建立绩效工资稳定增长机制。加大对作出突出贡献科研人员和创新团队的奖励力度,提高科研人员科技成果转化收益分享比例。强化绩效评价与考核,使收入分配与考核评价结果挂钩。

（二）发挥财政科研项目资金的激励引导作用。对不同功能和资金来源的科研项目实行分类管理,在绩效评价基础上,加大对科研人员的绩效激励力度。完善科研项目资金和成果管理制度,对目标明确的应用型科研项目逐步实行合同制管理。对社会科学研究机构和智库,推行政府购买服务制度。

（三）鼓励科研人员通过科技成果转化获得合理收入。积极探索通过市场配置资源加快科技成果转化、实现知识价值的有效方式。财政资助科研项目所产生的科技成果在实施转化时,应明确项目承担单位和完成人之间的收益分配比例。对于接受企业、其他社会组织委托的横向委托项目,允许项目承担单位和科研人员通过合同约定知识产权使用权和转化收益,探索赋予科研人员科技成果所有权或长期使用权。逐步提高稿费和版税等

付酬标准，增加科研人员的成果性收入。

三、扩大科研机构、高校收入分配自主权

（一）引导科研机构、高校实行体现自身特点的分配办法。赋予科研机构、高校更大的收入分配自主权，科研机构、高校要履行法人责任，按照职能定位和发展方向，制定以实际贡献为评价标准的科技创新人才收入分配激励办法，突出业绩导向，建立与岗位职责目标相统一的收入分配激励机制，合理调节教学人员、科研人员、实验设计与开发人员、辅助人员和专门从事科技成果转化人员等的收入分配关系。对从事基础性研究、农业和社会公益研究等研发周期较长的人员，收入分配实行分类调节，通过优化工资结构，稳步提高基本工资收入，加大对重大科技创新成果的绩效奖励力度，建立健全后续科技成果转化收益反馈机制，使科研人员能够潜心研究。对从事应用研究和技术开发的人员，主要通过市场机制和科技成果转化业绩实现激励和奖励。对从事哲学社会科学研究的人员，以理论创新、决策咨询支撑和社会影响作为评价基本依据，形成合理的智力劳动补偿激励机制。完善相关管理制度，加大对科研辅助人员的激励力度。科学设置考核周期，合理确定评价时限，避免短期频繁考核，形成长期激励导向。

（二）完善适应高校教学岗位特点的内部激励机制。把教学业绩和成果作为教师职称晋升、收入分配的重要依据。对专职从事教学的人员，适当提高基础性绩效工资在绩效工资中的比重，加大对教学型名师的岗位激励力度。对高校教师开展的教学理论研究、教学方法探索、优质教学资源开发、教学手段创新等，在绩效工资分配中给予倾斜。

（三）落实科研机构、高校在岗位设置、人员聘用、绩效工资分配、项目经费管理等方面自主权。对科研人员实行岗位管理，用人单位根据国家有关规定，结合实际需要，合理确定岗位等级的结构比例，建立各级专业技术岗位动态调整机制。健全绩效工资管理，科研机构、高校自主决定绩效考核和绩效分配办法。赋予财政科研项目承担单位对间接经费的统筹使用权。合理调节单位内部各类岗位收入差距，除科技成果转化收入外，单位内部收入差距要保持在合理范围。积极解决部分岗位青年科研人员和教师收入待遇低等问题，加强学术梯队建设。

（四）重视科研机构、高校中长期目标考核。结合科研机构、高校分类改革和职责定位，加强对科研机构、高校中长期目标考核，建立与考核评价结果挂钩的经费拨款制度和员工收入调整机制，对评价优秀的加大绩效激励力度。对有条件的科研机构，探索实行合同管理制度，按合同约定的目标完成情况确定拨款、绩效工资水平和分配办法。完善科研机构、高校财政拨款支出、科研项目收入与支出、科研成果转化及收入情况等内部公开公示制度。

四、进一步发挥科研项目资金的激励引导作用

（一）发挥财政科研项目资金在知识价值分配中的激励作用。根据科研项目特点完善财政资金管理，加大对科研人员的激励力度。对实验设备依赖程度低和实验材料耗费少的基础研究、软件开发和软科学研究等智力密集型项目，项目承担单位应在国家政策框架内，建立健全符合自身特点的劳务费、间接经费管理方式。项目承担单位可结合科研人员工作实绩，合理安排间接经费中绩效支出。建立符合科技创新规律的财政科技经费监管制度，探索在有条件的科研项目中实行经费支出负面清单管理。个人收入不与承担项目多少、获得经费高低直接挂钩。

（二）完善科研机构、高校横向委托项目经费管理制度。对于接受企业、其他社会组织委托的横向委托项目，人员经费使用按照合同约定进行管理。技术开发、技术咨询、技术服务等活动的奖酬金提取，按照《中华人民共和国促进科技成果转化法》及《实施〈中华人民共和国促进科技成果转化法〉若干规定》执行；项目合同没有约定人员经费的，由单位自主决定。科研机构、高校应优先保证科研人员履行科研、教学等公益职能；科研人员承担横向委托项目，不得影响其履行岗位职责、完成本职工作。

（三）完善哲学社会科学研究领域项目经费管理制度。对符合条件的智库项目，探索采用政府购买服务制度，项目资金由项目承担单位按照服务合同约定管理使用。修订国家社会科学基金、教育部高校哲学社会科学繁荣计划的项目资金管理办法，取消劳务费比例限制，明确劳务费开支范围，加大对项目承担单位间接成本补偿和科研人员绩效激励力度。

五、加强科技成果产权对科研人员的长期激励

（一）强化科研机构、高校履行科技成果转化长期激励的法人责任。坚持长期产权激励与现金奖励并举，探索对科研人员实施股权、期权和分红激励，加大在专利权、著作权、植物新品种权、集成电路布图设计专有权等知识产权及科技成果转化形成的股权、岗位分红权等方面的激励力度。科研机构、高校应建立健全科技成果转化内部管理与奖励制度，自主决定科技成果转化收益分配和奖励方案，单位负责人和相关责任人按照《中华人民共和国促进科技成果转化法》及《实施〈中华人民共和国促进科技成果转化法〉若干规定》予以免责，构建对科技人员的股权激励等中长期激励机制。以科技成果作价入股作为对科技人员的奖励涉及股权注册登记及变更的，无需报科研机构、高校的主管部门审批。加快出台科研机构、高校以科技成果作价入股方式投资未上市中小企业形成的国有股，在企业上市时豁免向全国社会保障基金转持的政策。

（二）完善科研机构、高校领导人员科技成果转化股权奖励管理制度。科研机构、高校的正职领导和领导班子成员中属中央管理的干部，所属单位中担任法人代表的正职领导，在担任现职前因科技成果转化获得的股权，任职后应及时予以转让，逾期未转让的，任期内限制交易。限制股权交易的，在本人不担任上述职务一年后解除限制。相关部门、单位要加快制定具体落实办法。

（三）完善国有企业对科研人员的中长期激励机制。尊重企业作为市场经济主体在收入分配上的自主权，完善国有企业科研人员收入与科技成果、创新绩效挂钩的奖励制度。国有企业科研人员按照合同约定薪酬，探索对聘用的国际高端科技人才、高端技能人才实行协议工资、项目工资等市场化薪酬制度。符合条件的国有科技型企业，可采取股权出售、股权奖励、股权期权等股权方式，或项目收益分红、岗位分红等分红方式进行激励。

（四）完善股权激励等相关税收政策。对符合条件的股票期权、股权期权、限制性股票、股权奖励以及科技成果投资入股等实施递延纳税优惠政策，鼓励科研人员创新创业，进一步促进科技成果转化。

六、允许科研人员和教师依法依规适度兼职兼薪

（一）允许科研人员从事兼职工作获得合法收入。科研人员在履行好岗位职责、完成本职工作的前提下，经所在单位同意，可以到企业和其他科研机构、高校、社会组织等兼职并取得合法报酬。鼓励科研人员公益性兼职，积极参与决策咨询、扶贫济困、科学普及、法律援助和学术组织等活动。科研机构、高校应当规定或与科研人员约定兼职的权利和义务，实行科研人员兼职公示制度，兼职行为不得泄露本单位技术秘密，损害或侵占本单位合法权益，违反承担的社会责任。兼职取得的报酬原则上归个人，建立兼职获得股权及红利等收入的报告制度。担任领导职务的科研人员兼职及取酬，按中央有关规定执行。经所在单位批准，科研人员可以离岗从事科技成果转化等创新创业活动。兼职或离岗创业收入不受本单位绩效工资总量限制，个人须如实将兼职收入报单位备案，按有关规定缴纳个人所得税。

（二）允许高校教师从事多点教学获得合法收入。高校教师经所在单位批准，可开展多点教学并获得报酬。鼓励利用网络平台等多种媒介，推动精品教材和课程等优质教学资源的社会共享，授课教师按照市场机制取得报酬。

七、加强组织实施

（一）强化联动。各地区各部门要加强组织领导，健全工作机制，强化部门协同和上下联动，制定实施细则和配套政策措施，加强督促检查，确保各项任务落到实处。加强政策解读和宣传，加强干部学习培训，激发广大科研人员的创新创业热情。

（二）先行先试。选择一些地方和单位结合实际情况先期开展试点，鼓励大胆探索、率先突破，及时推广成功经验。对基层因地制宜的改革探索建立容错机制。

（三）加强考核。各地区各部门要抓紧制定以增加知识价值为导向的激励、考核和评价管理办法，建立第三方评估评价机制，规范相关激励措施，在全社会形成既充满活力又规范有序的正向激励。

本意见适用于国家设立的科研机构、高校和国有独资企业（公司）。其他单位对知识型、技术型、创新型劳动者可参照本意见精神，结合各自实际，制定具体收入分配办法。国防和军队系统的科研机构、高校、企业收入分配政策另行制定。

（2016年11月7日）

国务院办公厅《关于支持返乡下乡人员创业创新，促进农村一、二、三产业融合发展的意见》

国办发〔2016〕84号

各省、自治区、直辖市人民政府，国务院各部委、各直属机构：

近年来，随着大众创业、万众创新的深入推进，越来越多的农民工、中高等院校毕业生、退役士兵和科技人员等返乡下乡人员到农村创业创新，为推进农业供给侧结构性改革、活跃农村经济发挥了重要作用。返乡下乡人员创业创新，有利于将现代科技、生产方式和经营理念引入农业，提高农业质量效益和竞争力；有利于发展新产业新业态新模式，推动农村一、二、三产业融合发展；有利于激活各类城乡生产资源要素，促进农民就业增收。在《国务院办公厅关于支持农民工等人员返乡创业的意见》（国办发〔2015〕47号）和《国务院办公厅关于推进农村一、二、三产业融合发展的指导意见》（国办发〔2015〕93号）的基础上，为进一步细化和完善扶持政策措施，鼓励和支持返乡下乡人员创业创新，经国务院同意，现提出如下意见。

一、重点领域和发展方向

（一）突出重点领域。鼓励和引导返乡下乡人员结合自身优势和特长，根据市场需求和当地资源禀赋，利用新理念、新技术和新渠道，开发农业农村资源，发展优势特色产业，繁荣农村经济。重点发展规模种养业、特色农业、设施农业、林下经济、庭院经济等农业生产经营模式，烘干、贮藏、保鲜、净化、分等分级、包装等农产品加工业，农资配送、耕地修复治理、病虫害防治、农机作业服务、农产品流通、农业废弃物处理、农业信息咨询等生产性服务业，休闲农业和乡村旅游、民族风情旅游、传统手工艺、文化创意、养生养老、中央厨房、农村绿化美化、农村物业管理等生活性服务业，以及其他新产业新业态新模式。

（二）丰富创业创新方式。鼓励和引导返乡下乡人员按照法律法规和政策规定，通过承包、租赁、入股、合作等多种形式，创办领办家庭农场林场、农民合作社、农业企业、农业社会化服务组织等新型农业经营主体。通过聘用管理技术人才组建创业团队，与其他经营主体合作组建现代企业、企业集团或产业联盟，共同开辟创业空间。通过发展农村电商平台，利用互联网思维和技术，实施"互联网+"现代农业行动，开展网上创业。通过发展合作制、股份合作制、股份制等形式，培育产权清晰、利益共享、机制灵活的创业创新共同体。

（三）推进农村产业融合。鼓励和引导返乡下乡人员按照全产业链、全价值链的现代产业组织方式开展创业创新，建立合理稳定的利益联结机制，推进农村一、二、三产业融合发展，让农民分享二、三产业增值收益。以农牧（农林、农渔）结合、循环发展为导向，发展优质高效绿色农业。实行产加销一体化运作，延长农业产业链条。推进农业与旅游、教育、文化、健康养老等产业深度融合，提升农业价值链。引导返乡下乡人员创业创新向特色小城镇和产业园区等集中，培育产业集群和产业融合先导区。

二、政策措施

（四）简化市场准入。落实简政放权、放管结合、优化服务一系列措施，深化行政审批制度改革，持续推进商事制度改革，提高便利化水平。落实注册资本认缴登记和"先照后证"改革，在现有"三证合一"登记制度改革成效的基础上大力推进"五证合一、一照一码"登记制度改革。推动住所登记制度改革，积极支持各地放宽住所（经营场所）登记条件。县级人民政府要设立"绿色通道"，为返乡下乡人员创业创新提供便利服务，对进入创业园区的，提供有针对性的创业辅导、政策咨询、集中办理证照等服务。对返乡下乡人员创业创新免收登记类、证照类等行政事业性收费。（工商总局等负责）

（五）改善金融服务。采取财政贴息、融资担保、扩大抵押物范围等综合措施，努力解决返乡下乡人员创业创新融资难问题。稳妥有序推进农村承包土地的经营权抵押贷款试点，有效盘活农村资源、资金和资产。鼓励银行业金融机构开发符合返乡下乡人员创业创新需求的信贷产品和服务模式，探索权属清晰的包括农业设施、农机具在内的动产和不动产抵押贷款业务，提升返乡下乡人员金融服务可获得性。推进农村普惠金融发展，加强对纳入信用评价体系返乡下乡人员的金融服务。加大对农业保险产品的开发和推广力度，鼓励有条件的地方探索开展价格指数保险、收入保险、信贷保证保险、农产品质量安全保证保险、畜禽水产活体保险等创新试点，更好地满足返乡下乡人员的风险保障需求。（人民银行、银监会、保监会、农业部、国家林业局等负责）

（六）加大财政支持力度。加快将现有财政政策措施向返乡下乡人员创业创新拓展，将符合条件的返乡下乡人员创业创新项目纳入强农惠农富农政策范围。新型职业农民培育、农村一、二、三产业融合发展、农业生产全程社会化服务、农产品加工、农村信息化建设等各类财政支农项目和产业基金，要将符合条件的返乡下乡人员纳入扶持范围，采取以奖代补、先建后补、政府购买服务等方式予以积极支持。大学生、留学回国人员、科技人员、青年、妇女等人员创业的财政支持政策，要向返乡下乡人员创业创新延伸覆盖。把返乡下乡人员开展农业适度规模经营所需贷款纳入全国农业信贷担保体系。切实落实好定向减税和普遍性降费政策。（财政部、税务总局、教育部、科技部、工业和信息化部、人力资源社会保障部、农业部、国家林业局、共青团中央、全国妇联等负责）

（七）落实用地用电支持措施。在符合土地利用总体规划的前提下，通过调整存量土地资源，缓解返乡下乡人员创业创新用地难问题。支持返乡下乡人员按照相关用地政策，开展设施农业建设和经营。落实大众创业万众创新、现代农业、农产品加工业、休闲农业和乡村旅游等用地政策。鼓励返乡下乡人员依法以入股、合作、租赁等形式使用农村集体土地发展农业产业，依法使用农村集体建设用地开展创业创新。各省（区、市）可以根据本地实际，制定管理办法，支持返乡下乡人员依托自有和闲置农房院落发展农家乐。在符合农村宅基地管理规定和相关规划的前提下，允许返乡下乡人员和当地农民合作改建自住房。县级人民政府可在年度建设用地指标中单列一定比例专门用于返乡下乡人员建设农业配套辅助设施。城乡建设用地增减挂钩政策腾退出的建设用地指标，以及通过农村闲置宅基地整理新增的耕地和建设用地，重点支持返乡下乡人员创业创新。支持返乡下乡人员与农村集体经济组织共建农业物流仓储等设施。鼓励利用"四荒地"（荒山、荒沟、荒丘、荒滩）和厂矿废弃地、砖瓦窑废弃地、道路改线废弃地、闲置校舍、村庄空闲地等用于返乡下乡人员创业创新。农林牧渔业产品初加工项目在确定土地出让底价时可按不低于所在地土地等别相对应全国工业用地出让最低价标准的70%执行。返乡下乡人员发展农业、林木培育和种植、畜牧业、渔业生产、农业排灌用电以及农业服务业中的农产品初加工用电，包括对各种农产品进行脱水、凝固、去籽、净化、分类、晒干、剥皮、初烤、沤软或大批包装以供应初级市场的用电，均执行农业生产电价。（国土资源部、国家发展改革委、住房城乡建设部、农业部、国家林业局、国家旅游局、国家电网公司等负责）

（八）开展创业培训。实施农民工等人员返乡创业培训五年行动计划和新型职业农民培育工程、农村青年创业致富"领头雁"计划、贫困村创业致富带头人培训工程，开展农村妇女创业创新培训，让有创业和培训意愿的返乡下乡人员都能接受培训。建立返乡下乡人员信息库，有针对性地确定培训项目，实施精准培训，提升其创业能力。地方各级人民政府要将返乡下乡人员创业创新培训经费纳入财政预算。鼓励各类培训资源参与返乡下乡人员培训，支持各类园区、星创天地、农民合作社、中高等院校、农业企业等建立创业创新实训基地。采取线上学习与线下培训、自主学习与教师传授相结合的方式，开辟培训新渠道。加强创业创新导师队伍建设，从企业家、投资者、专业人才、科技特派员和返乡下乡创业创新带头人中遴选一批导师。建立各类专家对口联系制度，对返乡下乡人员及时开展技术指导和跟踪服务。（人力资源社会保障部、农业部、教育部、科技部、民政部、国家林业局、国务院扶贫办、共青团中央、全国妇联等负责）

（九）完善社会保障政策。返乡下乡人员可在创业地按相关规定参加各项社会保险，有条件的地方要将其纳入住房公积金缴存范围，按规定将其子女纳入城镇（城乡）居民基本医疗保险参保范围。对返乡下乡创业创新的就业困难人员、离校未就业高校毕业生以灵活就业方式参加社会保险的，可按规定给予一定社会保险补贴。

对返乡下乡人员初始创业失败后生活困难的,可按规定享受社会救助。持有居住证的返乡下乡人员的子女可在创业地接受义务教育,依地方相关规定接受普惠性学前教育。(人力资源社会保障部、财政部、民政部、住房城乡建设部、教育部等负责)

(十)强化信息技术支撑。支持返乡下乡人员投资入股参与信息进村入户工程建设和运营,可聘用其作为村级信息员或区域中心管理员。鼓励各类电信运营商、电商等企业面向返乡下乡人员开发信息应用软件,开展农业生产技术培训,提供农资配送、农机作业等农业社会化服务,推介优质农产品,组织开展网络营销。面向返乡下乡人员开展信息技术技能培训。通过财政补贴、政府购买服务、落实税收优惠等政策,支持返乡下乡人员利用大数据、物联网、云计算、移动互联网等新一代信息技术开展创业创新。(农业部、国家发展改革委、工业和信息化部、财政部、商务部、税务总局、国家林业局等负责)

(十一)创建创业园区(基地)。按照政府搭建平台、平台聚集资源、资源服务创业的思路,依托现有开发区、农业产业园等各类园区以及专业市场、农民合作社、农业规模种养基地等,整合创建一批具有区域特色的返乡下乡人员创业创新园区(基地),建立开放式服务窗口,形成合力。现代农业示范区要发挥辐射带动和示范作用,成为返乡下乡人员创业创新的重要载体。支持中高等院校、大型企业采取众创空间、创新工厂等模式,创建一批重点面向初创期"种子培育"的孵化园(基地),有条件的地方可对返乡下乡人员到孵化园(基地)创业给予租金补贴。(农业部、国家发展改革委、科技部、工业和信息化部、财政部、人力资源社会保障部、商务部、文化部、国家林业局等负责)

三、组织领导

(十二)健全组织领导机制。各地区、各有关部门要充分认识返乡下乡人员创业创新的重要意义,作为经济社会发展的重点任务予以统筹安排。农业部要发挥牵头作用,明确推进机构,加强工作指导,建立部门间协调机制,督促返乡下乡人员创业创新政策落实,加强经验交流和推广。地方人民政府要建立协调机制,明确任务分工,落实部门责任,形成工作合力;加强调查研究,结合本地实际,研究制定和落实支持返乡下乡人员创业创新的政策措施。探索建立领导干部定点联系返乡下乡人员创业创新制度,深入了解情况,帮助解决实际问题。(农业部、省级人民政府等负责)

(十三)提升公共服务能力。积极开展面向返乡下乡人员的政策咨询、市场信息等公共服务。推进农村社区综合服务设施和信息平台建设,依托现有的各类公益性农产品市场和园区(基地),为返乡下乡人员创业创新提供高效便捷服务。做好返乡下乡人员创业创新的土地流转、项目选择、科技推广等方面专业服务。利用农村调查系统和农村固定观察点,加强对返乡下乡人员创业创新的动态监测和调查分析。(农业部、国家发展改革委、民政部、人力资源社会保障部、商务部、国家统计局、国家林业局等负责)

(十四)加强宣传引导。采取编制手册、制定明白卡、编发短信微信微博等方式,宣传解读政策措施。大力弘扬创业创新精神,树立返乡下乡人员先进典型,宣传推介优秀带头人,发挥其示范带动作用。充分调动社会各界支持返乡下乡人员创业创新的积极性,广泛开展创业大赛、创业大讲堂等活动,营造良好氛围。(农业部等负责)

(2016年11月18日)

国务院办公厅《关于进一步扩大旅游文化体育健康养老教育培训等领域消费的意见》

国办发〔2016〕85号

各省、自治区、直辖市人民政府，国务院各部委、各直属机构：

当前，我国国内消费持续稳定增长，为经济运行总体平稳、稳中有进发挥了基础性作用。顺应群众期盼，以改革创新增加消费领域特别是服务消费领域有效供给、补上短板，有利于改善民生、促进服务业发展和经济转型升级、培育经济发展新动能。要按照党中央、国务院决策部署，牢固树立和贯彻落实创新、协调、绿色、开放、共享的发展理念，坚持以供给侧结构性改革为主线，发挥市场配置资源的决定性作用和更好发挥政府作用，深入推进简政放权、放管结合、优化服务改革，消除各种体制机制障碍，放宽市场准入，营造公平竞争市场环境，激发大众创业、万众创新活力，推动一、二、三产业融合发展，改善产品和服务供给，积极扩大新兴消费、稳定传统消费、挖掘潜在消费。经国务院同意，现提出以下意见：

一、着力推进幸福产业服务消费提质扩容

围绕旅游、文化、体育、健康、养老、教育培训等重点领域，引导社会资本加大投入力度，通过提升服务品质、增加服务供给，不断释放潜在消费需求。

（一）加速升级旅游消费。

1. 2016年年底前再新增100家全域旅游示范区创建单位。实施乡村旅游后备箱行动。研究出台休闲农业和乡村旅游配套设施建设支持政策。（国家旅游局、农业部、国家发展改革委按职责分工负责）

2. 指导各地依法办理旅居挂车登记，允许具备牵引功能并安装有符合国家标准牵引装置的小型客车按规定拖挂旅居车上路行驶，研究改进旅居车准驾管理制度。加快研究出台旅居车营地用地政策。（公安部、交通运输部、国土资源部、国家旅游局按职责分工负责）

3. 制定出台邮轮旅游发展总体规划。规范并简化邮轮通关手续，鼓励企业开拓国内和国际邮轮航线，进一步促进国内邮轮旅游发展。将已在上海启动实施的国际邮轮入境外国旅游团15天免签政策，逐步扩大至其他邮轮口岸。（国家旅游局、交通运输部、海关总署、公安部、质检总局按职责分工负责）

4. 制定出台游艇旅游发展指导意见。有序推动开展粤港澳游艇自由行，规划建设50—80个公共游艇码头或水上运动中心，探索试点游艇租赁业务。（国家旅游局、交通运输部、工业和信息化部、公安部、海关总署、国家发展改革委、质检总局按职责分工负责）

5. 出台促进体育与旅游融合发展的指导意见。（国家旅游局、体育总局按职责分工负责）

（二）创新发展文化消费。

6. 支持实体书店融入文化旅游、创意设计、商贸物流等相关行业发展，建设成为集阅读学习、展示交流、聚会休闲、创意生活等功能于一体、布局合理的复合式文化场所。（新闻出版广电总局牵头负责）

7. 稳步推进引导城乡居民扩大文化消费试点工作，尽快总结形成一批可供借鉴的有中国特色的文化消费模式。（文化部、财政部按职责分工负责）

8. 适时将文化文物单位文化创意产品开发试点扩大至符合条件的地市级博物馆、美术馆、图书馆。（文化部牵头负责）

9. 出台推动文化娱乐行业转型升级的意见，提升文化娱乐行业经营管理水平。出台推动数字文化产业发展的指导意见，丰富数字文化内容和形式，创新数字文化技术和装备。（文化部、新闻出版广电总局按职责分工负责）

（三）大力促进体育消费。

10. 2016年内完成体育类社团组织第一批脱钩试点。以足球、篮球、排球三大球联赛改革为带动，推进职业联赛改革，在重大节假日期间进一步丰富各类体育赛事活动。（体育总局牵头负责）

11. 提高体育场馆使用效率，盘活存量资源，推动有条件的学校体育场馆设施在课后和节假日对本校学生和公众有序开放，运用商业运营模式推动体育场馆多层次开放利用。（体育总局、教育部、财政部按职责分工负责）

12. 制定实施冰雪运动、山地户外运动、水上运动、航空运动等专项运动产业发展规划。（体育总局、国家发展改革委、工业和信息化部按职责分工负责）

（四）培育发展健康消费。

13. 适时将自2016年1月1日起实施的商业健康保险个人所得税税前扣除政策，由31个试点城市向全国推广。（财政部、税务总局、保监会按职责分工负责）

14. 重点推进两批90个国家级医养结合试点地区创新医养结合管理机制和服务模式，形成一批创新成果和可持续、可复制的经验。（国家卫生计生委、民政部按职责分工负责）

15. 促进健康医疗旅游，建设国家级健康医疗旅游示范基地，推动落实医疗旅游先行区支持政策。（国家卫生计生委、国家旅游局、国家发展改革委按职责分工负责）

（五）全面提升养老消费。

16. 抓紧落实全面放开养老服务市场、提升养老服务质量的政策性文件，全面清理、取消申办养老服务机构不合理的前置审批事项，进一步降低养老服务机构准入门槛，增加适合老年人吃住行等日常需要的优质产品和服务供给。（国家发展改革委、民政部按职责分工负责）

17. 支持整合改造闲置社会资源发展养老服务机构，将城镇中废弃工厂、事业单位改制后腾出的办公用房、转型中的公办培训中心和疗养院等，整合改造成养老服务设施。（民政部、国家发展改革委按职责分工负责）

18. 探索建立适合国情的长期护理保险制度政策框架，重点解决重度失能人员的基本生活照料和与基本生活密切相关的医疗护理等所需费用。（人力资源社会保障部、国家卫生计生委、民政部、财政部、保监会按职责分工负责）

（六）持续扩大教育培训消费。

19. 深化国有企业所办教育机构改革，完善经费筹集制度，避免因企业经营困难导致优质职业培训机构等资源流失，加强相关领域人才培养。加强教育培训与"双创"的有效衔接，鼓励社会资本参与相关教育培训实践，为"双创"提供更多人才支撑。（国务院国资委、教育部、财政部、人力资源社会保障部按职责分工负责）

20. 重点围绕理工农医、国家急需的交叉前沿学科、薄弱空白学科等领域，开展高水平、示范性的中外合作办学。（教育部牵头负责）

二、大力促进传统实物消费扩大升级

以传统实物消费升级为重点，通过提高产品质量、创新增加产品供给，创造消费新需求。

（七）稳定发展汽车消费。

21. 加快制定新的汽车销售管理办法，打破品牌授权单一模式，鼓励发展共享型、节约型、社会化的汽车流通体系。（商务部牵头负责）

22. 在总结4个自贸试验区汽车平行进口试点政策的基础上，加快扩大汽车平行进口试点范围。（商务部牵头负责）

（八）培育壮大绿色消费。

23. 研究出台空气净化器、洗衣机等家用绿色净化器具能效标准，并纳入能效领跑者计划，引导消费者优先购买使用能效领跑者产品。（国家发展改革委牵头负责）

24. 加大节能门窗、陶瓷薄砖、节水洁具等绿色建材评价的推进力度，引导扩大绿色建材消费的市场份额。

（住房城乡建设部、工业和信息化部按职责分工负责）

25. 完善绿色产品认证制度和标准体系，建立统一的绿色产品标准、认证、标识体系，制定流通领域节能环保技术产品推广目录，鼓励流通企业采购和销售绿色产品。（质检总局、商务部按职责分工负责）

三、持续优化消费市场环境

聚焦增强居民消费信心，吸引居民境外消费回流，通过加强消费基础设施建设、畅通流通网络、健全标准规范、创新监管体系、强化线上线下消费者权益保护等，营造便利、安心、放心的消费环境，同时兼顾各方利益，在实践中探索完善有利于发展新消费、新业态的监管方式。

（九）畅通城乡销售网络。

26. 结合城市快速消费品等民生物资运输需求，将具备条件的城市中心既有铁路货场改造为城市配送中心。2016年内争取建成已纳入规划的全部一级铁路物流基地，二、三级铁路物流基地完成规划目标一半以上的建设任务。进一步扩大货运班列开行覆盖范围。（中国铁路总公司牵头负责）

27. 加强冷链物流基础设施网络建设，完善冷链物流标准和操作规范体系，鼓励企业创新经营模式，加快先进技术研发应用，扩大冷链物流覆盖范围、提高服务水平。（国家发展改革委、商务部、质检总局按职责分工负责）

28. 开展加快内贸流通创新推动供给侧结构性改革扩大消费专项行动，加大对农产品批发市场、农贸市场、社区菜场、农村物流设施等公益性较强的流通设施支持力度。通过加快建设农民工生活服务站和农村综合服务中心等方式健全服务网络，促进农村服务业发展，扩大农村生活服务消费。（商务部牵头负责）

29. 推动实体零售创新转型，鼓励企业创新经营模式、加强技术应用、优化消费环境、提高服务水平，由销售商品向创新生活方式转变，做精做深体验消费。发挥品牌消费集聚区的引导作用，扩大品牌商品消费。积极培育国际消费中心城市。（商务部牵头负责）

30. 深入开展重要产品追溯示范建设。开展地域特色产品追溯示范和电商平台产品追溯示范活动，支持龙头企业创立可追溯特色产品品牌，鼓励电商平台创建可追溯产品专区，形成城乡产品信息畅通、线上线下有效衔接的全程追溯网络，提升重要产品质量安全保障能力和流通、消费安全监测监管水平。（商务部牵头负责）

（十）提升产品和服务标准。

31. 将内外销产品"同线同标同质"工程实施范围，由食品企业进一步扩大至日用消费品企业。（质检总局牵头负责）

32. 持续提升无公害农产品、绿色食品、有机农产品和地理标志农产品（"三品一标"产品）总量规模和质量水平。（农业部、质检总局按职责分工负责）

33. 加快推进生活性服务业标准体系和行业规范建设，推动养老服务等认证制度，提升幸福产业的标准化水平。（质检总局牵头负责）

34. 加快智慧家庭综合标准化体系、虚拟—增强现实标准体系以及可穿戴设备标准建设，推进标准应用示范。（工业和信息化部、质检总局按职责分工负责）

35. 创新市场监管方式，加强部门间、区域间执法协作，建立完善线索通报、证据移转、案件协查、联合办案等机制，严厉打击制售侵权假冒商品违法行为，维护安全放心的消费环境。（全国打击侵权假冒工作领导小组办公室牵头负责）

各地区、各部门要充分认识进一步扩大国内消费特别是服务消费的重要意义，切实强化组织领导，逐项抓好政策落实，确保各项措施见到实效，不断研究解决扩消费和服务业发展所面临的新情况、新问题。各地区要结合本地实际制定具体实施方案，明确工作分工，落实工作责任。国家发展改革委等有关部门要注重分类指导，抓紧制定配套政策和具体措施，加强部门协作配合，共同开展好相关工作。

（2016年11月20日）

国务院《关于印发〈"十三五"国家战略性新兴产业发展规划〉的通知》

国发〔2016〕67号

各省、自治区、直辖市人民政府，国务院各部委、各直属机构：

现将《"十三五"国家战略性新兴产业发展规划》印发给你们，请认真贯彻执行。

国务院
2016年11月29日

《"十三五"国家战略性新兴产业发展规划》

战略性新兴产业代表新一轮科技革命和产业变革的方向，是培育发展新动能、获取未来竞争新优势的关键领域。"十三五"时期，要把战略性新兴产业摆在经济社会发展更加突出的位置，大力构建现代产业新体系，推动经济社会持续健康发展。根据"十三五"规划纲要有关部署，特编制本规划，规划期为2016—2020年。

一、加快壮大战略性新兴产业，打造经济社会发展新引擎

（一）现状与形势。

"十二五"期间，我国节能环保、新一代信息技术、生物、高端装备制造、新能源、新材料和新能源汽车等战略性新兴产业快速发展。2015年，战略性新兴产业增加值占国内生产总值比重达到8%左右，产业创新能力和盈利能力明显提升。新一代信息技术、生物、新能源等领域一批企业的竞争力进入国际市场第一方阵，高铁、通信、航天装备、核电设备等国际化发展实现突破，一批产值规模千亿元以上的新兴产业集群有力支撑了区域经济转型升级。大众创业、万众创新蓬勃兴起，战略性新兴产业广泛融合，加快推动了传统产业转型升级，涌现了大批新技术、新产品、新业态、新模式，创造了大量就业岗位，成为稳增长、促改革、调结构、惠民生的有力支撑。

未来5到10年，是全球新一轮科技革命和产业变革从蓄势待发到群体迸发的关键时期。信息革命进程持续快速演进，物联网、云计算、大数据、人工智能等技术广泛渗透于经济社会各个领域，信息经济繁荣程度成为国家实力的重要标志。增材制造（3D打印）、机器人与智能制造、超材料与纳米材料等领域技术不断取得重大突破，推动传统工业体系分化变革，将重塑制造业国际分工格局。基因组学及其关联技术迅猛发展，精准医学、生物合成、工业化育种等新模式加快演进推广，生物新经济有望引领人类生产生活迈入新天地。应对全球气候变化助推绿色低碳发展大潮，清洁生产技术应用规模持续拓展，新能源革命正在改变现有国际资源能源版图。数字技术与文化创意、设计服务深度融合，数字创意产业逐渐成为促进优质产品和服务有效供给的智力密集型产业，创意经济作为一种新的发展模式正在兴起。创新驱动的新兴产业逐渐成为推动全球经济复苏和增长的主要动力，引发国际分工和国际贸易格局重构，全球创新经济发展进入新时代。

"十三五"时期是我国全面建成小康社会的决胜阶段，也是战略性新兴产业大有可为的战略机遇期。我国创新驱动所需的体制机制环境更加完善，人才、技术、资本等要素配置持续优化，新兴消费升级加快，新兴产业投资需求旺盛，部分领域国际化拓展加速，产业体系渐趋完备，市场空间日益广阔。但也要看到，我国战略性新兴产业整体创新水平还不高，一些领域核心技术受制于人的情况仍然存在，一些改革举措和政策措施落实不到位，新兴产业监管方式创新和法规体系建设相对滞后，还不适应经济发展新旧动能加快转换、产业结构加

速升级的要求，迫切需要加强统筹规划和政策扶持，全面营造有利于新兴产业蓬勃发展的生态环境，创新发展思路，提升发展质量，加快发展壮大一批新兴支柱产业，推动战略性新兴产业成为促进经济社会发展的强大动力。

（二）指导思想。

全面贯彻党的十八大和十八届三中、四中、五中、六中全会精神，深入学习贯彻习近平总书记系列重要讲话精神，认真落实党中央、国务院决策部署，按照"五位一体"总体布局和"四个全面"战略布局要求，积极适应把握引领经济发展新常态，牢固树立和贯彻落实创新、协调、绿色、开放、共享的发展理念，紧紧把握全球新一轮科技革命和产业变革重大机遇，培育发展新动能，推进供给侧结构性改革，构建现代产业体系，提升创新能力，深化国际合作，进一步发展壮大新一代信息技术、高端装备、新材料、生物、新能源汽车、新能源、节能环保、数字创意等战略性新兴产业，推动更广领域新技术、新产品、新业态、新模式蓬勃发展，建设制造强国，发展现代服务业，为全面建成小康社会提供有力支撑。

（三）主要原则。

坚持供给创新。创新是战略性新兴产业发展的核心。要深入实施创新驱动发展战略，大力推进大众创业、万众创新，突出企业主体地位，全面提升技术、人才、资金的供给水平，营造创新要素互动融合的生态环境。聚焦突破核心关键技术，进一步提高自主创新能力，全面提升产品和服务的附加价值和国际竞争力。推进简政放权、放管结合、优化服务改革，破除旧管理方式对新兴产业发展的束缚，降低企业成本，激发企业活力，加快新兴企业成长壮大。

坚持需求引领。市场需求是拉动战略性新兴产业发展壮大的关键因素。要强化需求侧政策引导，加快推进新产品、新服务的应用示范，将潜在需求转化为现实供给，以消费升级带动产业升级。营造公平竞争的市场环境，激发市场活力。

坚持产业集聚。集约集聚是战略性新兴产业发展的基本模式。要以科技创新为源头，加快打造战略性新兴产业发展策源地，提升产业集群持续发展能力和国际竞争力。以产业链和创新链协同发展为途径，培育新业态、新模式，发展特色产业集群，带动区域经济转型，形成创新经济集聚发展新格局。

坚持人才兴业。人才是发展壮大战略性新兴产业的首要资源。要针对束缚人才创新活力的关键问题，加快推进人才发展政策和体制创新，保障人才以知识、技能、管理等创新要素参与利益分配，以市场价值回报人才价值，全面激发人才创业创新动力和活力。加大力度培养和吸引各类人才，弘扬工匠精神和企业家精神。

坚持开放融合。开放融合是加快战略性新兴产业发展的客观要求。要以更开放的理念、更包容的方式，搭建国际化创新合作平台，高效利用全球创新资源，大力推动我国优势技术和标准的国际化应用，加快推进产业链、创新链、价值链全球配置，全面提升战略性新兴产业发展能力。

（四）发展目标。

到2020年，战略性新兴产业发展要实现以下目标：

产业规模持续壮大，成为经济社会发展的新动力。战略性新兴产业增加值占国内生产总值比重达到15%，形成新一代信息技术、高端制造、生物、绿色低碳、数字创意等5个产值规模10万亿元级的新支柱，并在更广领域形成大批跨界融合的新增长点，平均每年带动新增就业100万人以上。

创新能力和竞争力明显提高，形成全球产业发展新高地。攻克一批关键核心技术，发明专利拥有量年均增速达到15%以上，建成一批重大产业技术创新平台，产业创新能力跻身世界前列，在若干重要领域形成先发优势，产品质量明显提升。节能环保、新能源、生物等领域新产品和新服务的可及性大幅提升。知识产权保护更加严格，激励创新的政策法规更加健全。

产业结构进一步优化，形成产业新体系。发展一批原创能力强、具有国际影响力和品牌美誉度的行业排头兵企业，活力强劲、勇于开拓的中小企业持续涌现。中高端制造业、知识密集型服务业比重大幅提升，支撑产业迈向中高端水平。形成若干具有全球影响力的战略性新兴产业发展策源地和技术创新中心，打造百余个特色鲜明、创新能力强的新兴产业集群。

到 2030 年，战略性新兴产业发展成为推动我国经济持续健康发展的主导力量，我国成为世界战略性新兴产业重要的制造中心和创新中心，形成一批具有全球影响力和主导地位的创新型领军企业。

（五）总体部署。

以创新、壮大、引领为核心，紧密结合"中国制造 2025"战略实施，坚持走创新驱动发展道路，促进一批新兴领域发展壮大并成为支柱产业，持续引领产业中高端发展和经济社会高质量发展。立足发展需要和产业基础，大幅提升产业科技含量，加快发展壮大网络经济、高端制造、生物经济、绿色低碳和数字创意等五大领域，实现向创新经济的跨越。着眼全球新一轮科技革命和产业变革的新趋势、新方向，超前布局空天海洋、信息网络、生物技术和核技术领域一批战略性产业，打造未来发展新优势。遵循战略性新兴产业发展的基本规律，突出优势和特色，打造一批战略性新兴产业发展策源地、集聚区和特色产业集群，形成区域增长新格局。把握推进"一带一路"建设战略契机，以更开放的视野高效利用全球创新资源，提升战略性新兴产业国际化水平。加快推进重点领域和关键环节改革，持续完善有利于汇聚技术、资金、人才的政策措施，创造公平竞争的市场环境，全面营造适应新技术、新业态蓬勃涌现的生态环境，加快形成经济社会发展新动能。

二、推动信息技术产业跨越发展，拓展网络经济新空间

实施网络强国战略，加快建设"数字中国"，推动物联网、云计算和人工智能等技术向各行业全面融合渗透，构建万物互联、融合创新、智能协同、安全可控的新一代信息技术产业体系。到 2020 年，力争在新一代信息技术产业薄弱环节实现系统性突破，总产值规模超过 12 万亿元。

（一）构建网络强国基础设施。深入推进"宽带中国"战略，加快构建高速、移动、安全、泛在的新一代信息基础设施。

大力推进高速光纤网络建设。开展智能网络新技术规模应用试点，推动国家骨干网向高速传送、灵活调度、智能适配方向升级。全面实现向全光网络跨越，加快推进城镇地区光网覆盖，提供每秒 1000 兆比特（1000Mbps）以上接入服务，大中城市家庭用户实现带宽 100Mbps 以上灵活选择；多方协同推动提升农村光纤宽带覆盖率，98% 以上的行政村实现光纤通达，有条件的地区提供 100Mbps 以上接入服务，半数以上农村家庭用户实现带宽 50Mbps 以上灵活选择。推动三网融合基础设施发展。推进互联网协议第六版（IPv6）演进升级和应用，推动骨干企业新增网络地址不再使用私有地址。

加快构建新一代无线宽带网。加快第四代移动通信（4G）网络建设，实现城镇及人口密集行政村深度覆盖和广域连续覆盖。在热点公共区域推广免费高速无线局域网。大力推进第五代移动通信（5G）联合研发、试验和预商用试点。优化国家频谱资源配置，提高频谱利用效率，保障频率资源供给。合理规划利用卫星频率和轨道资源，加快空间互联网部署，研制新型通信卫星和应用终端，探索建设天地一体化信息网络，研究平流层通信等高空覆盖新方式。

加快构建下一代广播电视网。推动有线无线卫星广播电视网智能协同覆盖，建设天地一体、互联互通、宽带交互、智能协同、可管可控的广播电视融合传输覆盖网。加速全国有线电视网络基础设施建设和双向化、智能化升级改造，推进全国有线电视网络整合和互联互通。推动下一代地面数字广播电视传输技术研发及产业化，加强地面无线广播电视与互联网的融合创新，创建移动、交互、便捷的地面无线广播电视新业态。

专栏 1　宽带乡村示范工程

开展电信普遍服务试点工作，促进三网融合，加快光缆、卫星通信进行政村建设，按需实现光纤入户网络和第四代移动通信（4G）网络向自然村和住户延伸覆盖，利用卫星、移动通信等技术创新加强对海岛、边远地区、山区等覆盖，加快普及电子商务、远程教育、远程医疗、智慧农业、电子政务等信息化应用，支撑扶贫攻坚。

统筹发展应用基础设施。充分利用现有设施，统筹规划大型、超大型数据中心在全国适宜地区布局，有序推进绿色数据中心建设。推动基于现有各类通信网络实现物联网集约部署。持续强化应急通信能力建设。

加强国际合作。加强信息网络基础设施国际互联互通合作。加强海外海缆、陆缆、业务节点、数据中心、卫星通信等设施建设，优化国际通信网络布局。加快建设中国—阿拉伯国家等网上丝绸之路、中国—东盟信息港。

（二）推进"互联网＋"行动。促进新一代信息技术与经济社会各领域融合发展，培育"互联网＋"生态体系。

深化互联网在生产领域的融合应用。深化制造业与互联网融合发展，推动"中国制造＋互联网"取得实质性突破，发展面向制造业的信息技术服务，构筑核心工业软硬件、工业云、智能服务平台等制造新基础，大力推广智能制造、网络化协同、个性化定制、服务化延伸等新业态、新模式。加快发展工业互联网，构建工业互联网体系架构，开展工业互联网创新应用示范。推进移动互联网、云计算、物联网等技术与农业、能源、金融、商务、物流快递等深度融合，支持面向网络协同的行业应用软件研发与系统集成，推动制造业向生产服务型转变、生产性服务业向价值链高端延伸。

拓展生活及公共服务领域的"互联网＋"应用。加快行业管理体制创新，促进医疗、教育、社保、就业、交通、旅游等服务智慧化。拓展新型智慧城市应用，推动基于互联网的公共服务模式创新，推进基于云计算的信息服务公共平台建设，增强公共产品供给能力。加快实施"互联网＋政务服务"，逐步实现政务服务"一号申请、一窗受理、一网通办"。

促进"互联网＋"新业态创新。鼓励运用信息网络技术推动生产、管理和营销模式变革，重塑产业链、供应链、价值链，加快形成新的生产和流通交换模式。以体制机制创新推动分享经济发展，建立适应分享经济发展的监管方式，促进交通、旅游、养老、人力资源、日用品消费等领域共享平台企业规范发展，营造分享经济文化氛围。

专栏 2　"互联网＋"工程

深入推进"互联网＋"创业创新、协同制造、现代农业、智慧能源、普惠金融、益民服务、高效物流、电子商务、便捷交通、绿色生态、人工智能等 11 个重点行动，建设互联网跨领域融合创新支撑服务平台。促进基于云计算的业务模式和商业模式创新，推进公有云和行业云平台建设。加强物联网网络架构研究，组织开展物联网重大应用示范。加快下一代互联网商用部署，构建工业互联网技术试验验证和管理服务平台。创建国家信息经济示范区。

（三）实施国家大数据战略。落实大数据发展行动纲要，全面推进重点领域大数据高效采集、有效整合、公开共享和应用拓展，完善监督管理制度，强化安全保障，推动相关产业创新发展。

加快数据资源开放共享。统筹布局建设国家大数据公共平台，制定出台数据资源开放共享管理办法，推动建立数据资源清单和开放目录，鼓励社会公众对开放数据进行增值性、公益性、创新性开发。加强大数据基础性制度建设，强化使用监管，建立健全数据资源交易机制和定价机制，保护数据资源权益。

发展大数据新应用新业态。加快推进政府大数据应用，建立国家宏观调控和社会治理数据体系，提高政府治理能力。发展大数据在工业、农业农村、创业创新、促进就业等领域的应用，促进数据服务业创新，推动数据探矿、数据化学、数据材料、数据制药等新业态、新模式发展。加强海量数据存储、数据清洗、数据分析挖掘、数据可视化等关键技术研发，形成一批具有国际竞争力的大数据处理、分析和可视化软硬件产品，培育大数据相关产业，完善产业链，促进相关产业集聚发展。推进大数据综合试验区建设。

强化大数据与网络信息安全保障。建立大数据安全管理制度，制定大数据安全管理办法和有关标准规范，建立数据跨境流动安全保障机制。加强数据安全、隐私保护等关键技术攻关，形成安全可靠的大数据技术体系。建立完善网络安全审查制度。采用安全可信产品和服务，提升基础设施关键设备安全可靠水平。建立关键信息基础设施保护制度，研究重要信息系统和基础设施网络安全整体解决方案。

> **专栏3　大数据发展工程**
>
> 　　整合现有资源，构建政府数据共享交换平台和数据开放平台，健全大数据共享流通体系、大数据标准体系、大数据安全保障体系，推动实现信用、交通、医疗、教育、环境、安全监管等政府数据集向社会开放。支持大数据关键技术研发和产业化，在重点领域开展大数据示范应用，实施国家信息安全专项，促进大数据相关产业健康快速发展。

（四）做强信息技术核心产业。顺应网络化、智能化、融合化等发展趋势，着力培育建立应用牵引、开放兼容的核心技术自主生态体系，全面梳理和加快推动信息技术关键领域新技术研发与产业化，推动电子信息产业转型升级取得突破性进展。

提升核心基础硬件供给能力。提升关键芯片设计水平，发展面向新应用的芯片。加快16—14纳米工艺产业化和存储器生产线建设，提升封装测试业技术水平和产业集中度，加紧布局后摩尔定律时代芯片相关领域。实现主动矩阵有机发光二极管（AMOLED）、超高清（4K—8K）量子点液晶显示、柔性显示等技术国产化突破及规模应用。推动智能传感器、电力电子、印刷电子、半导体照明、惯性导航等领域关键技术研发和产业化，提升新型片式元件、光通信器件、专用电子材料供给保障能力。

> **专栏4　集成电路发展工程**
>
> 　　启动集成电路重大生产力布局规划工程，实施一批带动作用强的项目，推动产业能力实现快速跃升。加快先进制造工艺、存储器、特色工艺等生产线建设，提升安全可靠CPU、数模—模数转换芯片、数字信号处理芯片等关键产品设计开发能力和应用水平，推动封装测试、关键装备和材料等产业快速发展。支持提高代工企业及第三方IP核企业的服务水平，支持设计企业与制造企业协同创新，推动重点环节提高产业集中度。推动半导体显示产业链协同创新。

大力发展基础软件和高端信息技术服务。面向重点行业需求建立安全可靠的基础软件产品体系，支持开源社区发展，加强云计算、物联网、工业互联网、智能硬件等领域操作系统研发和应用，加快发展面向大数据应用的数据库系统和面向行业应用需求的中间件，支持发展面向网络协同优化的办公软件等通用软件。加强信息技术核心软硬件系统服务能力建设，推动国内企业在系统集成各环节向高端发展，规范服务交付，保证服务质量，鼓励探索前沿技术驱动的服务新业态，推动骨干企业在新兴领域加快行业解决方案研发和推广应用。大力发展基于新一代信息技术的高端软件外包业务。

加快发展高端整机产品。推进绿色计算、可信计算、数据和网络安全等信息技术产品的研发与产业化，加快高性能安全服务器、存储设备和工控产品、新型智能手机、下一代网络设备和数据中心成套装备、先进智能电视和智能家居系统、信息安全产品的创新与应用，发展面向金融、交通、医疗等行业应用的专业终端、设备和融合创新系统。大力提升产品品质，培育一批具有国际影响力的品牌。

（五）发展人工智能。培育人工智能产业生态，促进人工智能在经济社会重点领域推广应用，打造国际领先的技术体系。

加快人工智能支撑体系建设。推动类脑研究等基础理论和技术研究，加快基于人工智能的计算机视听觉、生物特征识别、新型人机交互、智能决策控制等应用技术研发和产业化，支持人工智能领域的基础软硬件开发。加快视频、地图及行业应用数据等人工智能海量训练资源库和基础资源服务公共平台建设，建设支撑大规模深度学习的新型计算集群。鼓励领先企业或机构提供人工智能研发工具以及检验评测、创业咨询、人才培养等创业创新服务。

推动人工智能技术在各领域应用。在制造、教育、环境保护、交通、商业、健康医疗、网络安全、社会治理等重要领域开展试点示范，推动人工智能规模化应用。发展多元化、个性化、定制化智能硬件和智能化系统，重点推进智能家居、智能汽车、智慧农业、智能安防、智慧健康、智能机器人、智能可穿戴设备等研发和产业化发展。鼓励各行业加强与人工智能融合，逐步实现智能化升级。利用人工智能创新城市管理，建设新型智慧城市。推动专业服务机器人和家用服务机器人应用，培育新型高端服务产业。

> 专栏5　人工智能创新工程
> 推动基础理论研究和核心技术开发，实现类人神经计算芯片、智能机器人和智能应用系统的产业化，将人工智能新技术嵌入各领域。构建人工智能公共服务平台和向社会开放的骨干企业研发服务平台。建立健全人工智能"双创"支撑服务体系。

（六）完善网络经济管理方式。

深化电信体制改革。全面推进三网融合，进一步放开基础电信领域竞争性业务，放宽融合性产品和服务的市场准入限制，推进国有电信企业混合所有制试点工作。破除行业壁垒，推动各行业、各领域在技术、标准、监管等方面充分对接，允许各类主体依法平等参与市场竞争。

加强相关法律法规建设。针对互联网与各行业融合发展的新特点，调整不适应发展要求的现行法规及政策规定。落实加强网络信息保护和信息公开有关规定，加快推动制定网络安全、电子商务等法律法规。

三、促进高端装备与新材料产业突破发展，引领中国制造新跨越

顺应制造业智能化、绿色化、服务化、国际化发展趋势，围绕"中国制造2025"战略实施，加快突破关键技术与核心部件，推进重大装备与系统的工程应用和产业化，促进产业链协调发展，塑造中国制造新形象，带动制造业水平全面提升。力争到2020年，高端装备与新材料产业产值规模超过12万亿元。

（一）打造智能制造高端品牌。着力提高智能制造核心装备与部件的性能和质量，打造智能制造体系，强化基础支撑，积极开展示范应用，形成若干国际知名品牌，推动智能制造装备迈上新台阶。

大力发展智能制造系统。加快推动新一代信息技术与制造技术的深度融合，开展集计算、通信与控制于一体的信息物理系统（CPS）顶层设计，探索构建贯穿生产制造全过程和产品全生命周期，具有信息深度自感知、智慧优化自决策、精准控制自执行等特征的智能制造系统，推动具有自主知识产权的机器人自动化生产线、数字化车间、智能工厂建设，提供重点行业整体解决方案，推进传统制造业智能化改造。建设测试验证平台，完善智能制造标准体系。

推动智能制造关键技术装备迈上新台阶。构建工业机器人产业体系，全面突破高精度减速器、高性能控制器、精密测量等关键技术与核心零部件，重点发展高精度、高可靠性中高端工业机器人。加快高档数控机床与智能加工中心研发与产业化，突破多轴、多通道、高精度高档数控系统、伺服电机等主要功能部件及关键应用软件，开发和推广应用精密、高速、高效、柔性并具有网络通信等功能的高档数控机床、基础制造装备及集成制造系统。突破智能传感与控制装备、智能检测与装配装备、智能物流与仓储装备、智能农业机械装备，开展首台套装备研究开发和推广应用，提高质量与可靠性。

打造增材制造产业链。突破钛合金、高强合金钢、高温合金、耐高温高强度工程塑料等增材制造专用材料。搭建增材制造工艺技术研发平台，提升工艺技术水平。研制推广使用激光、电子束、离子束及其他能源驱动的主流增材制造工艺装备。加快研制高功率光纤激光器、扫描振镜、动态聚焦镜及高性能电子枪等配套核心器件和嵌入式软件系统，提升软硬件协同创新能力，建立增材制造标准体系。在航空航天、医疗器械、交通设备、文化创意、个性化制造等领域大力推动增材制造技术应用，加快发展增材制造服务业。

专栏6　重点领域智能工厂应用示范工程

在机械、航空、航天、汽车、船舶、轻工、服装、电子信息等离散制造领域，开展智能车间—工厂的集成创新与应用示范，推进数字化设计、装备智能化升级、工艺流程优化、精益生产、可视化管理、质量控制与溯源、智能物流等试点应用，推动全业务流程智能化整合。

在石化化工、钢铁、有色金属、建材、纺织、食品、医药等流程制造领域，开展智能工厂的集成创新与应用示范，提升企业在资源配置、工艺优化、过程控制、产业链管理、质量控制与溯源、节能减排及安全生产等方面的智能化水平。

（二）实现航空产业新突破。加强自主创新，推进民用航空产品产业化、系列化发展，加强产业配套设施和安全运营保障能力建设，提高产品安全性、环保性、经济性和舒适性，全面构建覆盖航空发动机、飞机整机、产业配套和安全运营的航空产业体系。到2020年，民用大型客机、新型支线飞机完成取证交付，航空发动机研制实现重大突破，产业配套和示范运营体系基本建立。

加快航空发动机自主发展。依托航空发动机及燃气轮机重大专项，突破大涵道比大型涡扇发动机关键技术，支撑国产干线飞机发展。发展1000千瓦级涡轴发动机和5000千瓦级涡桨发动机，满足国产系列化直升机和中型运输机动力需求。发展使用重油的活塞式发动机和应用航空生物燃料的涡轮发动机，推进小型发动机市场化应用。

推进民用飞机产业化。加快实施大型飞机重大专项，完成大型客机研制，启动宽体客机研发，突破核心技术。加快新型支线飞机工程研制和系列化改进改型，开展新机型国内外先锋用户示范运营和设计优化，提高飞机航线适应性和竞争力。大力开发市场需求大的民用直升机、多用途飞机、特种飞机和工业级无人机。

完善产业配套体系建设。提高航空材料和基础元器件自主制造水平，掌握铝锂合金、复合材料等加工制造核心技术。大力发展高可靠性、长寿命、环境适应性强、标准化、低成本的航空设备和系统，实现适航取证。加快航空科研试验重大基础设施建设，加大结构强度、飞行控制、电磁兼容、环境试验等计量测试和验证条件投入，加强试飞条件建设。突破一批适航关键技术，加强适航审定条件和能力建设，加快完善运输类飞机等各类航空产品的适航审定政策，建成具有完善组织机构、充足人力资源、健全规章体系、先进硬件设施和较强国际合作能力的适航审定体系。加快建设一批专业化数字化示范工厂，显著提高航空产品制造质量稳定性和生产效率。积极推进构建国际风险合作伙伴关系，建成功能完备的航空产业配套体系。

发展航空运营新服务。落实促进通用航空业发展的各项政策措施，大力培育通用航空市场，促进通用航空制造与运营服务协调发展。大力发展航空租赁。利用互联网技术建立先进航空运营体系，促进服务模式创新。加强飞行培训，培育航空文化。开发综合化、通用化、智能化的通信、导航和控制系统，发展面向全面风险管控和多类空域融合运用的技术体系和装备，形成安全运营支撑体系。

专栏7　新一代民用飞机创新工程

以重大专项和民用飞机科研为支撑，突破一批核心技术、系统、部件和材料，提高系统集成能力，重点发展系列化单通道窄体、双通道宽体大型飞机，系列化新型涡桨—涡扇支线飞机及先进通用航空器，着力开展新型民用飞机示范运营和市场推广，建立具有市场竞争力的产品保障和客户服务体系。C919、MA700完成适航取证并交付用户，ARJ21实现批量生产交付；一批重点通用航空器完成研制和市场应用。

（三）做大做强卫星及应用产业。建设自主开放、安全可靠、长期稳定运行的国家民用空间基础设施，加速卫星应用与基础设施融合发展。到2020年，基本建成主体功能完备的国家民用空间基础设施，满足我国各领域主要业务需求，基本实现空间信息应用自主保障，形成较为完善的卫星及应用产业链。

加快卫星及应用基础设施建设。构建星座和专题卫星组成的遥感卫星系统,形成"高中低"分辨率合理配置、空天地一体多层观测的全球数据获取能力;加强地面系统建设,汇集高精度、全要素、体系化的地球观测信息,构建"大数据地球"。打造国产高分辨率商业遥感卫星运营服务平台。发展固定通信广播、移动通信广播和数据中继三个卫星系列,形成覆盖全球主要地区的卫星通信广播系统。实施第二代卫星导航系统国家科技重大专项,加快建设卫星导航空间系统和地面系统,建成北斗全球卫星导航系统,形成高精度全球服务能力。采用政府和社会资本合作(PPP)模式推进遥感卫星等建设。

提升卫星性能和技术水平。掌握长寿命、高稳定性、高定位精度、大承载量和强敏捷能力的卫星应用平台技术,突破高分辨率、高精度、高可靠性及综合探测等有效载荷技术。优先发展遥感卫星数据处理技术和业务应用技术。提升宽带通信卫星、移动多媒体广播卫星等技术性能。加强卫星平台型谱化建设,有序推进中小微卫星发展。

推进卫星全面应用。统筹军民空间基础设施,完善卫星数据共用共享机制,加强卫星大众化、区域化、国际化应用,加快卫星遥感、通信与导航融合化应用,利用物联网、移动互联网等新技术,创新"卫星+"应用模式。面向防灾减灾、应急、海洋等领域需求,开展典型区域综合应用示范。面向政府部门业务管理和社会服务需求,开展现代农业、新型城镇化、智慧城市、智慧海洋、边远地区等的卫星综合应用示范。围绕国家区域发展总体战略,推动"互联网+天基信息应用"深入发展,打造空间信息消费全新产业链和商业模式。推进商业卫星发展和卫星商业化应用。积极布局海外市场,建立"一带一路"空间信息走廊。

> 专栏8 空间信息智能感知工程
>
> 加快构建以遥感、通信、导航卫星为核心的国家空间基础设施,加强跨领域资源共享与信息综合服务能力建设,积极推进空间信息全面应用,为资源环境动态监测预警、防灾减灾与应急指挥等提供及时准确的空间信息服务,加强面向全球提供综合信息服务能力建设,大力拓展国际市场。

(四)强化轨道交通装备领先地位。推进轨道交通装备产业智能化、绿色化、轻量化、系列化、标准化、平台化发展,加快新技术、新工艺、新材料的应用,研制先进可靠的系列产品,完善相关技术标准体系,构建现代轨道交通装备产业创新体系,打造覆盖干线铁路、城际铁路、市域(郊)铁路、城市轨道交通的全产业链布局。

打造具有国际竞争力的轨道交通装备产业链。形成中国标准新型高速动车组、节能型永磁电机驱动高速列车、30吨轴重重载电力机车和车辆、大型养路机械等产品系列,推进时速500公里轮轨试验列车、时速600公里磁悬浮系统等新型列车研发和产业化,构建完整产业链。加强产品质量检验检测认证综合能力建设。加快"走出去"步伐,提升国际竞争力。

推进新型城市轨道交通装备研发及产业化。面向大城市复杂市域交通需求,推动时速120—160公里、与城市轨道交通无缝衔接的市域(郊)铁路装备,适应不同技术路线的跨座式单轨、自动导轨快捷运输系统等研发与应用,构建时速200公里及以下中低速磁悬浮系统的设计、制造、试验、检测技术平台,建立完善产品认证制度,建立新型城市轨道交通车辆技术标准和规范,领跑国际技术标准。

突破产业关键零部件及绿色智能化集成技术。进一步研发列车牵引制动系统、列车网络控制系统、通信信号系统、电传动系统、智能化系统、车钩缓冲系统、储能与节能系统、高速轮对、高性能转向架、齿轮箱、轴承、轻量化车体等关键系统和零部件,形成轨道交通装备完整产业链。加强永磁电机驱动、全自动运行、基于第四代移动通信的无线综合承载等技术研发和产业化。优化完善高速铁路列控系统和城际铁路列控技术标准体系。

(五)增强海洋工程装备国际竞争力。推动海洋工程装备向深远海、极地海域发展和多元化发展,实现主力装备结构升级,突破重点新型装备,提升设计能力和配套系统水平,形成覆盖科研开发、总装建造、设备供应、技术服务的完整产业体系。

重点发展主力海洋工程装备。加快推进物探船、深水半潜平台、钻井船、浮式生产储卸装置、海洋调查船、半潜运输船、起重铺管船、多功能海洋工程船等主力海工装备系列化研发,构建服务体系,设计建造能力居世界前列。

加快发展新型海洋工程装备。突破浮式钻井生产储卸装置、浮式液化天然气储存和再气化装置、深吃水立柱式平台、张力腿平台、极地钻井平台、海上试验场等研发设计和建造技术，建立规模化生产制造工艺体系，产品性能及可靠性达到国际先进水平。

加强关键配套系统和设备研发及产业化。产学研用相结合，提高升降锁紧系统、深水锚泊系统、动力定位系统、自动控制系统、水下钻井系统、柔性立管深海观测系统等关键配套设备设计制造水平，大力发展海洋工程用高性能发动机，提升专业化配套能力。

> **专栏9　海洋工程装备创新发展工程**
> 推动大型浮式结构物等新型装备、3600米以上超深水钻井平台等深远海装备、海洋极地调查观测装备等研究开发，实现科研成果工程化和产业化，促进总装及配套产业协调发展。完善海洋工程装备标准体系。

（六）提高新材料基础支撑能力。顺应新材料高性能化、多功能化、绿色化发展趋势，推动特色资源新材料可持续发展，加强前沿材料布局，以战略性新兴产业和重大工程建设需求为导向，优化新材料产业化及应用环境，加强新材料标准体系建设，提高新材料应用水平，推进新材料融入高端制造供应链。到2020年，力争使若干新材料品种进入全球供应链，重大关键材料自给率达到70%以上，初步实现我国从材料大国向材料强国的战略性转变。

推动新材料产业提质增效。面向航空航天、轨道交通、电力电子、新能源汽车等产业发展需求，扩大高强轻合金、高性能纤维、特种合金、先进无机非金属材料、高品质特殊钢、新型显示材料、动力电池材料、绿色印刷材料等规模化应用范围，逐步进入全球高端制造业采购体系。推动优势新材料企业"走出去"，加强与国内外知名高端制造企业的供应链协作，开展研发设计、生产贸易、标准制定等全方位合作。提高新材料附加值，打造新材料品牌，增强国际竞争力。建立新材料技术成熟度评价体系，研究建立新材料首批次应用保险补偿机制。组建新材料性能测试评价中心。细化完善新材料产品统计分类。

以应用为牵引构建新材料标准体系。围绕新一代信息技术、高端装备制造、节能环保等产业需求，加强新材料产品标准与下游行业设计规范的衔接配套，加快制定重点新材料标准，推动修订老旧标准，强化现有标准推广应用，加强前沿新材料标准预先研究，提前布局一批核心标准。加快新材料标准体系国际化进程，推动国内标准向国际标准转化。

促进特色资源新材料可持续发展。推动稀土、钨钼、钒钛、锂、石墨等特色资源高质化利用，加强专用工艺和技术研发，推进共伴生矿资源平衡利用，支持建立专业化的特色资源新材料回收利用基地、矿物功能材料制造基地。在特色资源新材料开采、冶炼分离、深加工各环节，推广应用智能化、绿色化生产设备与工艺。发展海洋生物来源的医学组织工程材料、生物环境材料等新材料。

前瞻布局前沿新材料研发。突破石墨烯产业化应用技术，拓展纳米材料在光电子、新能源、生物医药等领域应用范围，开发智能材料、仿生材料、超材料、低成本增材制造材料和新型超导材料，加大空天、深海、深地等极端环境所需材料研发力度，形成一批具有广泛带动性的创新成果。

> **专栏10　新材料提质和协同应用工程**
> 加强新型绿色建材标准与公共建筑节能标准的衔接，加快制定轨道交通装备用齿轮钢、航空航天用碳—碳复合结构材料、高温合金、特种玻璃、宽禁带半导体以及电子信息用化学品、光学功能薄膜、人工晶体材料等标准，完善节能环保用功能性膜材料、海洋防腐材料配套标准，做好增材制造材料、稀土功能材料、石墨烯材料标准布局，促进新材料产品品质提升。加强新材料产业上下游协作配套，在航空铝材、碳纤维复合材料、核电用钢等领域开展协同应用试点示范，搭建协同应用平台。

四、加快生物产业创新发展步伐，培育生物经济新动力

把握生命科学纵深发展、生物新技术广泛应用和融合创新的新趋势，以基因技术快速发展为契机，推动医疗向精准医疗和个性化医疗发展，加快农业育种向高效精准育种升级转化，拓展海洋生物资源新领域、促进生物工艺和产品在更广泛领域替代应用，以新的发展模式助力生物能源大规模应用，培育高品质专业化生物服务新业态，将生物经济加速打造成为继信息经济后的重要新经济形态，为健康中国、美丽中国建设提供新支撑。到2020年，生物产业规模达到8万亿—10万亿元，形成一批具有较强国际竞争力的新型生物技术企业和生物经济集群。

（一）构建生物医药新体系。加快开发具有重大临床需求的创新药物和生物制品，加快推广绿色化、智能化制药生产技术，强化科学高效监管和政策支持，推动产业国际化发展，加快建设生物医药强国。

推动生物医药行业跨越升级。加快基因测序、细胞规模化培养、靶向和长效释药、绿色智能生产等技术研发应用，支撑产业高端发展。开发新型抗体和疫苗、基因治疗、细胞治疗等生物制品和制剂，推动化学药物创新和高端制剂开发，加速特色创新中药研发，实现重大疾病防治药物原始创新。支持生物类似药规模化发展，开展专利到期药物大品种研发和生产，加快制药装备升级换代，提升制药自动化、数字化和智能化水平，进一步推动中药产品标准化发展，促进产业标准体系与国际接轨，加速国际化步伐。发展海洋创新药物，开发具有民族特色的现代海洋中药产品，推动试剂原料和中间体产业化，形成一批海洋生物医药产业集群。

> **专栏11　新药创制与产业化工程**
>
> 围绕构建可持续发展的生物医药产业体系，以抗体药物、重组蛋白药物、新型疫苗等新兴药物为重点，推动临床紧缺的重大疾病、多发疾病、罕见病、儿童疾病等药物的新药研发、产业化和质量升级，整合各类要素形成一批先进产品标准和具有国际先进水平的产业技术体系，提升关键原辅料和装备配套能力，支撑生物技术药物持续创新发展。

创新生物医药监管方式。建立更加科学高效的医药审评审批方式，加快推开药品上市许可持有人制度试点，加快仿制药质量和疗效一致性评价，探索开展医疗新技术临床实验研究认可制度试点。完善药品采购机制，全面推动医药价格和行业监管等领域体制机制改革。

（二）提升生物医学工程发展水平。深化生物医学工程技术与信息技术融合发展，加快行业规制改革，积极开发新型医疗器械，构建移动医疗、远程医疗等诊疗新模式，促进智慧医疗产业发展，推广应用高性能医疗器械，推进适应生命科学新技术发展的新仪器和试剂研发，提升我国生物医学工程产业整体竞争力。

发展智能化移动化新型医疗设备。开发智能医疗设备及其软件和配套试剂、全方位远程医疗服务平台和终端设备，发展移动医疗服务，制定相关数据标准，促进互联互通，初步建立信息技术与生物技术深度融合的现代智能医疗服务体系。

开发高性能医疗设备与核心部件。发展高品质医学影像设备、先进放射治疗设备、高通量低成本基因测序仪、基因编辑设备、康复类医疗器械等医学装备，大幅提升医疗设备稳定性、可靠性。利用增材制造等新技术，加快组织器官修复和替代材料及植介入医疗器械产品创新和产业化。加速发展体外诊断仪器、设备、试剂等新产品，推动高特异性分子诊断、生物芯片等新技术发展，支撑肿瘤、遗传疾病及罕见病等体外快速准确诊断筛查。

> **专栏12　生物技术惠民工程**
>
> 推进网络化基因技术应用示范中心建设，开展出生缺陷基因筛查、肿瘤早期筛查及用药指导等应用示范。发展和应用新型生物治疗技术，推动新型个体化生物治疗标准化、规范化。开发智能化和高性能

医疗设备,支持企业、医疗机构、研究机构等联合建设第三方影像中心,开展协同诊疗和培训,试点建立居民健康影像档案。开展区域性综合应用示范,实现区域生物基塑料制品、包装材料等替代50%以上的传统石化塑料制品。在城镇或企业周边建设生物质集中供气供热示范工程,探索多元协同共赢的市场化发展模式。

（三）加速生物农业产业化发展。以产出高效、产品安全、资源节约、环境友好为目标,创制生物农业新品种,开发动植物营养和绿色植保新产品,构建现代农业新体系,形成一批具有国际竞争力的生物育种企业,为加快农业发展方式转变提供新途径、新支撑。

构建生物种业自主创新体系。开展基因编辑、分子设计、细胞诱变等关键核心技术创新与育种应用,研制推广一批优质、高产、营养、安全、资源高效利用、适应标准化生产的农业动植物新品种,积极推进生物技术培育新品种产业化,形成一批以企业为主体的生物育种创新平台,打造具有核心竞争力的育繁推一体化现代生物种业企业,加快农业动植物新品种产业化和市场推广。发展动植物检疫新技术,加强国外优质动植物品种资源引进检疫平台建设。

开发一批新型农业生物制剂与重大产品。大力发展动植物病虫害防控新技术、新产品,建立基于病虫基因组信息的绿色农药、兽药创制技术体系,创制一批新型动物疫苗、生物兽药、植物新农药等重大产品,实现规模生产与应用,推动农业生产绿色转型。创制可替代抗生素的新型绿色生物饲料和高效生物肥料产品。深度挖掘海洋生物资源,开发绿色、安全、高效的新型海洋生物功能制品,开辟综合利用新途径。推动食品合成生物工程技术、食品生物高效转化技术、肠道微生物宏基因组学等关键技术创新与精准营养食品创制。

（四）推动生物制造规模化应用。加快发展微生物基因组工程、酶分子机器、细胞工厂等新技术,提升工业生物技术产品经济性,推进生物制造技术向化工、材料、能源等领域渗透应用,推动以清洁生物加工方式逐步替代传统化学加工方式,实现可再生资源逐步替代化石资源。

不断提升生物制造产品经济性和规模化发展水平。发展新生物工具创制与应用技术体系,实现一批有机酸、化工醇、烯烃、烷烃、有机胺等基础化工产品的生物法生产与应用,推动生物基聚酯、生物基聚氨酯、生物尼龙、生物橡胶、微生物多糖等生物基材料产业链条化、集聚化、规模化发展,提升氨基酸、维生素等大宗发酵产品自主创新能力和发展水平。

建立生态安全、绿色低碳、循环发展的生物法工艺体系。发展高效工业生物催化转化技术体系,提升绿色生物工艺应用水平。建立甾体药物、手性化合物、稀少糖醇等生物催化合成路线,实现医药化工等中间体绿色化、规模化生产。促进绿色生物工艺在农业、化工、食品、医药、轻纺、冶金、能源等领域全面进入和示范应用,显著降低物耗能耗和污染物排放。

（五）培育生物服务新业态。以专业化分工促进生物技术服务创新发展,构建新技术专业化服务模式,不断创造生物经济新增长点。

增强生物技术对消费者的专业化服务能力。发展专业化诊疗机构,培育符合规范的液体活检、基因诊断等新型技术诊疗服务机构。发展健康体检和咨询、移动医疗等健康管理服务,推动构建生物大数据、医疗健康大数据共享平台,试点建立居民健康影像档案,鼓励构建线上线下相结合的智能诊疗生态系统,推动医学检验检测、影像诊断等服务专业化发展。

专栏13 生物产业创新发展平台建设工程

依托并整合现有资源,建设一批创新基础平台,支持基因库、干细胞库、中药标准库、高级别生物安全实验室、蛋白元件库等建设。加快推动构建一批转化应用平台,推进抗体筛选平台、医学影像信息库、

> 农作物分子育种平台等载体建设。积极发展一批检测服务平台，推进仿制药一致性评价技术平台、生物药质量及安全测试技术创新平台、农产品安全质量检测平台、生物质能检验检测及监测公共服务平台等建设，完善相关标准。

提高生物技术服务对产业的支持水平。发展符合国际标准的药物研发与生产服务，鼓励医药企业加强与合同研发、委托制造企业的合作。推动基因检测和诊断等新兴技术在各领域应用转化，支持生物信息服务机构提升技术水平。为药品、医疗器械、种业、生物能源等生物产品提供检测、评价、认证等公共服务，加快产品上市进度，提升产品质量。鼓励生物技术在水污染控制、大气污染治理、有毒有害物质降解、废物资源化等领域拓展应用，积极引导生物环保技术企业跨地区、跨行业联合或兼并，实现做大做强。构建生物技术专业化双创平台，降低生物产业创新创业成本，支持各类人员开办虚拟研发企业，释放创新潜能。

（六）创新生物能源发展模式。着力发展新一代生物质液体和气体燃料，开发高性能生物质能源转化系统解决方案，拓展生物能源应用空间，力争在发电、供气、供热、燃油等领域实现全面规模化应用，生物能源利用技术和核心装备技术达到世界先进水平，形成较成熟的商业化市场。

促进生物质能源清洁应用。重点推进高寿命、低电耗生物质燃料成型设备、生物质供热锅炉、分布式生物质热电联产等关键技术和设备研发，促进生物质成型燃料替代燃煤集中供热、生物质热电联产。按照因地制宜、就近生产消纳原则，示范建设集中式规模化生物燃气应用工程，突破大型生物质集中供气原料处理、高效沼气厌氧发酵等关键技术瓶颈。探索建立多元、协同、共赢的市场化发展模式，鼓励多产品综合利用，为生产生活提供清洁优质能源。

推进先进生物液体燃料产业化。重点突破高效低成本的生物质液体燃料原料处理和制备技术瓶颈，建设万吨级生物质制备液体燃料及多产品联产综合利用示范工程。完善原料供应体系，有序发展生物柴油。推进油藻生物柴油、生物航空燃料等前沿技术研发与产业化。

五、推动新能源汽车、新能源和节能环保产业快速壮大，构建可持续发展新模式

把握全球能源变革发展趋势和我国产业绿色转型发展要求，着眼生态文明建设和应对气候变化，以绿色低碳技术创新和应用为重点，引导绿色消费，推广绿色产品，大幅提升新能源汽车和新能源的应用比例，全面推进高效节能、先进环保和资源循环利用产业体系建设，推动新能源汽车、新能源和节能环保等绿色低碳产业成为支柱产业，到2020年，产值规模达到10万亿元以上。

（一）实现新能源汽车规模应用。强化技术创新，完善产业链，优化配套环境，落实和完善扶持政策，提升纯电动汽车和插电式混合动力汽车产业化水平，推进燃料电池汽车产业化。到2020年，实现当年产销200万辆以上，累计产销超过500万辆，整体技术水平保持与国际同步，形成一批具有国际竞争力的新能源汽车整车和关键零部件企业。

全面提升电动汽车整车品质与性能。加快推进电动汽车系统集成技术创新与应用，重点开展整车安全性、可靠性研究和结构轻量化设计。提升关键零部件技术水平、配套能力与整车性能。加快电动汽车安全标准制定和应用。加速电动汽车智能化技术应用创新，发展智能自动驾驶汽车。开展电动汽车电力系统储能应用技术研发，实施分布式新能源与电动汽车联合应用示范，推动电动汽车与智能电网、新能源、储能、智能驾驶等融合发展。建设电动汽车联合创新平台和跨行业、跨领域的技术创新战略联盟，促进电动汽车重大关键技术协同创新。完善电动汽车生产准入政策，研究实施新能源汽车积分管理制度。到2020年，电动汽车力争具备商业化推广的市场竞争力。

建设具有全球竞争力的动力电池产业链。大力推进动力电池技术研发，着力突破电池成组和系统集成技术，超前布局研发下一代动力电池和新体系动力电池，实现电池材料技术突破性发展。加快推进高性能、高可靠性动力电池生产、控制和检测设备创新，提升动力电池工程化和产业化能力。培育发展一批具有持续创新能力的动力电池企业和关键材料龙头企业。推进动力电池梯次利用，建立上下游企业联动的动力电池回收利用体系。到2020年，动力电池技术水平与国际水平同步，产能规模保持全球领先。

> **专栏14　新能源汽车动力电池提升工程**
>
> 完善动力电池研发体系，加快动力电池创新中心建设，突破高安全性、长寿命、高能量密度锂离子电池等技术瓶颈。在关键电池材料、关键生产设备等领域构建若干技术创新中心，突破高容量正负极材料、高安全性隔膜和功能性电解液技术。加大生产、控制和检测设备创新，推进全产业链工程技术能力建设。开展燃料电池、全固态锂离子电池、金属空气电池、锂硫电池等领域新技术研究开发。

系统推进燃料电池汽车研发与产业化。加强燃料电池基础材料与过程机理研究，推动高性能低成本燃料电池材料和系统关键部件研发。加快提升燃料电池堆系统可靠性和工程化水平，完善相关技术标准。推动车载储氢系统以及氢制备、储运和加注技术发展，推进加氢站建设。到2020年，实现燃料电池汽车批量生产和规模化示范应用。

加速构建规范便捷的基础设施体系。按照"因地适宜、适度超前"原则，在城市发展中优先建设公共服务区域充电基础设施，积极推进居民区与单位停车位配建充电桩。完善充电设施标准规范，推进充电基础设施互联互通。加快推动高功率密度、高转换效率、高适用性、无线充电、移动充电等新型充换电技术及装备研发。加强检测认证、安全防护、与电网双向互动等关键技术研究。大力推动"互联网+充电基础设施"，提高充电服务智能化水平。鼓励充电服务企业创新商业模式，提升持续发展能力。到2020年，形成满足电动汽车需求的充电基础设施体系。

（二）推动新能源产业发展。加快发展先进核电、高效光电光热、大型风电、高效储能、分布式能源等，加速提升新能源产品经济性，加快构建适应新能源高比例发展的电力体制机制、新型电网和创新支撑体系，促进多能互补和协同优化，引领能源生产与消费革命。到2020年，核电、风电、太阳能、生物质能等占能源消费总量比重达到8%以上，产业产值规模超过1.5万亿元，打造世界领先的新能源产业。

推动核电安全高效发展。采用国际最高安全标准，坚持合作创新，重点发展大型先进压水堆、高温气冷堆、快堆及后处理技术装备，提升关键零部件配套能力，加快示范工程建设。提升核废料回收利用和安全处置能力。整合行业资源，形成系统服务能力，推动核电加快"走出去"。到2020年，核电装机规模达到5800万千瓦，在建规模达到3000万千瓦，形成国际先进的集技术开发、设计、装备制造、运营服务于一体的核电全产业链发展能力。

促进风电优质高效开发利用。大力发展智能电网技术，发展和挖掘系统调峰能力，大幅提升风电消纳能力。加快发展高塔长叶片、智能叶片、分散式和海上风电专用技术等，重点发展5兆瓦级以上风电机组、风电场智能化开发与运维、海上风电场施工、风热利用等领域关键技术与设备。建设风电技术测试与产业监测公共服务平台。到2020年，风电装机规模达到2.1亿千瓦以上，实现风电与煤电上网电价基本相当，风电装备技术创新能力达到国际先进水平。

推动太阳能多元化规模化发展。突破先进晶硅电池及关键设备技术瓶颈，提升薄膜太阳能电池效率，加强钙钛矿、染料敏化、有机等新型高效低成本太阳能电池技术研发，大力发展太阳能集成应用技术，推动高效低成本太阳能利用新技术和新材料产业化，建设太阳能光电光热产品测试与产业监测公共服务平台，大幅提升创新发展能力。统筹电力市场和外输通道，有序推进西部光伏光热发电开发，加快中东部分布式光伏发展，推动多种形式的太阳能综合开发利用。加快实施光伏领跑者计划，形成光热发电站系统集成和配套能力，促进先进太阳能技术产品应用和发电成本快速下降，引领全球太阳能产业发展。到2020年，太阳能发电装机规模达到1.1亿千瓦以上，力争实现用户侧平价上网。其中，分布式光伏发电、光伏电站、光热发电装机规模分别达到6000万千瓦、4500万千瓦、500万千瓦。

积极推动多种形式的新能源综合利用。突破风光互补、先进燃料电池、高效储能与海洋能发电等新能源电力技术瓶颈，加快发展生物质供气供热、生物质与燃煤耦合发电、地热能供热、空气能供热、生物液体燃料、海洋能供热制冷等，开展生物天然气多领域应用和区域示范，推进新能源多产品联产联供技术产业化。加速发展融合储能与微网应用的分布式能源，大力推动多能互补集成优化示范工程建设。建立健全新能源综合开发利用的技术创新、基础设施、运营模式及政策支撑体系。

大力发展"互联网＋"智慧能源。加快研发分布式能源、储能、智能微网等关键技术，构建智能化电力运行监测管理技术平台，建设以可再生能源为主体的"源—网—荷—储—用"协调发展、集成互补的能源互联网，发展能源生产大数据预测、调度与运维技术，建立能源生产运行的监测、管理和调度信息公共服务网络，促进能源产业链上下游信息对接和生产消费智能化。推动融合储能设施、物联网、智能用电设施等硬件及碳交易、互联网金融等衍生服务于一体的绿色能源网络发展，促进用户端智能化用能、能源共享经济和能源自由交易发展，培育基于智慧能源的新业务、新业态，建设新型能源消费生态与产业体系。

加快形成适应新能源高比例发展的制度环境。围绕可再生能源比重大幅提高、弃风弃光率近零的目标，完善调度机制和运行管理方式，建立适应新能源电力大规模发展的电网运行管理体系。完善风电、太阳能、生物质能等新能源国家标准和清洁能源定价机制，建立新能源优先消纳机制。建立可再生能源发电补贴政策动态调整机制和配套管理体系。将分布式新能源纳入电力和供热规划以及国家新一轮配网改造计划，促进"源—网—用"协调发展，实现分布式新能源直供与无障碍入网。

> **专栏 15　新能源高比例发展工程**
>
> 为实现新能源灵活友好并网和充分消纳，加快安全高效的输电网、可靠灵活的主动配电网以及多种分布式电源广泛接入互动的微电网建设，示范应用智能化大规模储能系统及柔性直流输电工程，建立适应分布式电源、电动汽车、储能等多元化负荷接入需求的智能化供需互动用电系统，建成适应新能源高比例发展的新型电网体系。
>
> 选择适宜区域开展分布式光电、分散式风电、生物质能供气供热、地热能、海洋能等多能互补的新能源综合开发，融合应用大容量储能、微网技术，构建分布式能源综合利用系统，引领能源供应方式变革。

（三）大力发展高效节能产业。适应建设资源节约型、环境友好型社会要求，树立节能为本理念，全面推进能源节约，提升高效节能装备技术及产品应用水平，推进节能技术系统集成和示范应用，支持节能服务产业做大做强，促进高效节能产业快速发展。到2020年，高效节能产业产值规模力争达到3万亿元。

大力提升高效节能装备技术及应用水平。鼓励研发高效节能设备（产品）及关键零部件，加大示范推广力度，加速推动降低综合成本。制修订强制性能效和能耗限额标准，加快节能科技成果转化应用。发布节能产品和技术推广目录，完善节能产品政府采购政策，推动提高节能产品市场占有率。完善能效标识制度和节能产品认证制度，在工业、建筑、交通和消费品等领域实施能效领跑者制度，推动用能企业和产品制造商跨越式提高能效。

大力推进节能技术系统集成及示范应用。在示范园区等重点区域和重点行业开展节能技术系统集成试点，整合高耗能企业的余热、余压、余气资源，鼓励利用余热采暖、利用余能和低温余热发电。鼓励重点用能单位及耗能设备配备智能能源计量和远程诊断设备，借助信息网络技术加强系统自动监控和智能分析能力，促进提高综合能效。深入推进流程工业系统优化工艺技术，推动工业企业能源管控中心建设，鼓励企业在低温加热段使用太阳能集热器，实现生产工艺和能源供应的综合优化。推进化石能源近零消耗建筑技术产业化，大力推广应用节能门窗、绿色节能建材等产品。鼓励风电、太阳能发电与企业能源供管系统综合集成，推动可再生能源就地消纳。

做大做强节能服务产业。支持合同能源管理、特许经营等业态快速发展，推动节能服务商业模式创新，推广节能服务整体解决方案。支持节能服务公司通过兼并、联合、重组等方式实现规模化、品牌化、网络化经营。搭建绿色融资平台，推动发行绿色债券，支持节能服务公司融资。制定相关标准，提高节能服务规范化水平。制定节能服务机构管理办法，建立健全节能第三方评估机制。搭建节能服务公司、重点用能单位、第三方评估机构履约登记和服务平台，营造诚实守信的市场环境。

> **专栏16　节能技术装备发展工程**
>
> 组织实施节能关键共性技术提升工程、节能装备制造工程。鼓励研发高性能建筑保温材料、光伏一体化建筑用玻璃幕墙、紧凑型户用空气源热泵装置、大功率半导体照明芯片与器件、先进高效燃气轮机发电设备、煤炭清洁高效利用技术装备、浅层地热能利用装置、蓄热式高温空气燃烧装置等一批高效节能设备（产品）及其关键零部件。
>
> 实施燃煤锅炉节能环保综合提升工程、供热管网系统能效综合提升工程、电机拖动系统能效提升工程，推进燃煤电厂节能与超低排放改造、电机系统节能、能量系统优化、余热余压利用等重大关键节能技术与产品规模化应用示范。组织实施城市、园区和企业节能示范工程，推广高效节能技术集成示范应用。

（四）加快发展先进环保产业。大力推进实施水、大气、土壤污染防治行动计划，推动区域与流域污染防治整体联动，海陆统筹深入推进主要污染物减排，促进环保装备产业发展，推动主要污染物监测防治技术装备能力提升，加强先进适用环保技术装备推广应用和集成创新，积极推广应用先进环保产品，促进环境服务业发展，全面提升环保产业发展水平。到2020年，先进环保产业产值规模力争超过2万亿元。

提升污染防治技术装备能力。围绕水、大气、土壤污染防治，集中突破工业废水、雾霾、土壤农药残留、水体及土壤重金属污染等一批关键治理技术，加快形成成套装备、核心零部件及配套材料生产能力。建设一批技术先进、配套齐全、发展规范的重大环保技术装备产业化示范基地，形成以骨干企业为核心、专精特新中小企业快速成长的产业良性发展格局。支持危险废弃物防治技术研发，提高危险废弃物处理处置水平。支持环保产业资源优化整合，积极拓展国际市场。

加强先进适用环保技术装备推广应用和集成创新。定期更新《国家鼓励发展的重大环保技术装备目录》，强化供需对接，加强先进适用环保装备在冶金、化工、建材、食品等重点领域应用。加快环保产业与新一代信息技术、先进制造技术深度融合，强化先进环保装备制造能力，提高综合集成水平。支持建立产学研用相结合的环保技术创新联盟，加快技术集成创新研究与应用。

积极推广应用先进环保产品。大力推广应用离子交换树脂、生物滤料及填料、高效活性炭、循环冷却水处理药剂、杀菌灭藻剂、水处理消毒剂、固体废弃物处理固化剂和稳定剂等环保材料和环保药剂。扩大政府采购环保产品范围，不断提高环保产品采购比例。实施环保产品领跑者制度，提升环保产品标准，积极推广应用先进环保产品，组织实施先进环保装备技术进步与模式创新示范工程。

提升环境综合服务能力。基于各行业污染物大数据，推动建立环保装备与服务需求信息平台、技术创新转化交易平台、环保装备招投标信息平台，提高环保服务信息化水平。推动在环境监测中应用卫星和物联网技术，构建污染排放、环境质量基础数据与监控处置信息平台，提高环境监管智能化水平，深入推进环境服务业试点工作。发展环境修复服务，推广合同环境服务，促进环保服务整体解决方案推广应用。开展环境污染第三方治理试点和环境综合治理托管服务试点，在城镇污水垃圾处理、工业园区污染集中处理等重点领域深入探索第三方治理模式。推进产品绿色设计示范企业创建工作，支持企业开展绿色设计。

> **专栏17　绿色低碳技术综合创新示范工程**
>
> 对接绿色低碳试点示范项目，在具备条件的区域，以绿色低碳技术综合应用为核心，以互联网为纽带，建设新能源、新能源汽车与智慧交通系统、低碳社区、碳捕集和富碳农业、绿色智能工厂等综合应用设施，先行先试相关改革措施，促进绿色低碳技术、新一代信息技术与城镇化建设、生产生活的融合创新，广泛开展国际合作，打造相关技术综合应用示范区域。

（五）深入推进资源循环利用。树立节约集约循环利用的资源观，大力推动共伴生矿和尾矿综合利用、"城市矿产"开发、农林废弃物回收利用和新品种废弃物回收利用，发展再制造产业，完善资源循环利用基础设施，提高政策保障水平，推动资源循环利用产业发展壮大。到2020年，力争当年替代原生资源13亿吨，资源循环利用产业产值规模达到3万亿元。

大力推动大宗固体废弃物和尾矿综合利用。推动冶金渣、化工渣、赤泥、磷石膏等产业废弃物综合利用，推广一批先进适用技术与装备，加强对工业固体废弃物中战略性稀贵金属的回收利用。研发尾矿深度加工和综合利用技术，促进尾矿中伴生有价元素回收和高技术含量尾矿产品开发，提高尾矿综合利用经济性。研发复杂多金属尾矿选冶联合关键技术与装备、清洁无害化综合利用关键技术，研发单套设备处理能力达到每年100万—500万吨的尾矿高效浓缩及充填料制备、输送、充填成套工艺技术。开发低品位钛渣优化提质技术，提高钒钛磁铁矿资源综合利用率。

促进"城市矿产"开发和低值废弃物利用。提高废弃电器电子产品、报废汽车拆解利用技术装备水平，促进废有色金属、废塑料加工利用集聚化规模化发展。加快建设城市餐厨废弃物、建筑垃圾和废旧纺织品等资源化、无害化处理系统，协同发挥各类固体废弃物处理设施作用，打造城市低值废弃物协同处理基地。落实土地、财税等相关优惠政策。完善再生资源回收利用基础设施，支持现有再生资源回收集散地升级改造。

加强农林废弃物回收利用。基本实现畜禽粪便、残膜、农作物秸秆、林业三剩物等农林废弃物资源化利用。推广秸秆腐熟还田技术，支持秸秆代木、纤维原料、清洁制浆、生物质能、商品有机肥等新技术产业化发展。鼓励利用畜禽粪便、秸秆等多种农林废弃物，因地制宜实施农村户用沼气和集中供沼气工程。推广应用标准地膜，引导回收废旧地膜和使用可降解地膜。鼓励利用林业废弃物建设热、电、油、药等生物质联产项目。积极开发农林废弃物超低排放焚烧技术。

积极开展新品种废弃物循环利用。开展新品种废弃物回收利用体系示范，推动废弃太阳能电池、废旧动力蓄电池、废碳纤维材料、废节能灯等新型废弃物回收利用，推广稀贵金属高效富集与清洁回收利用、电动汽车动力蓄电池梯级利用等。支持碳捕集、利用和封存技术研发与应用，发展碳循环产业。

大力推动海水资源综合利用。加快海水淡化及利用技术研发和产业化，提高核心材料和关键装备的可靠性、先进性和配套能力。推动建设集聚发展的海水淡化装备制造基地。开展海水资源化利用示范工程建设，推进大型海水淡化工程总包与服务。开展海水淡化试点示范，鼓励生产海水淡化桶装水，推进海水淡化水依法进入市政供水管网。推进海水冷却技术在沿海高用水行业规模化应用。加快从海水中提取钾、溴、镁等产品，实现高值化利用。

发展再制造产业。加强机械产品再制造无损检测、绿色高效清洗、自动化表面与体积修复等技术攻关和装备研发，加快产业化应用。组织实施再制造技术工艺应用示范，推进再制造纳米电刷镀技术装备、电弧喷涂等成熟表面工程装备示范应用。开展发动机、盾构机等高值零部件再制造。建立再制造旧件溯源及产品追踪信息系统，促进再制造产业规范发展。

健全资源循环利用产业体系。推动物联网电子监管技术在危险废弃物、电子废弃物利用处置等领域应用，支持再生资源企业建立线上线下融合的回收网络。统筹国内外再生资源利用，加强生活垃圾分类回收与再生资源回收的衔接。建设资源循环利用第三方服务体系，鼓励通过合同管理方式，提供废弃物管理、回收、再生加工、循环利用的整体解决方案。全面落实生产者责任延伸制度，鼓励使用再生产品和原料。建立健全覆盖固体废弃物、危险废弃物、再生产品、污染物控制等方面的标准体系。

专栏18　资源循环替代体系示范工程

实施循环发展引领行动，推动太阳能光伏电池、废弃电子产品稀贵金属多组分分离提取和电动汽车动力蓄电池、废液晶等新品种废弃物的回收利用，开展基于"互联网+"的废弃物回收利用体系示范。推进城市低值废弃物协同处置和大宗固体废弃物综合利用加快发展。建立以售后维修体系为核心的旧件回收体系，在商贸物流、金融保险、维修销售等环节和煤炭、石油等采掘企业推广应用再制造产品。鼓励专业化再制造服务公司提供整体解决方案和专项服务。

六、促进数字创意产业蓬勃发展，创造引领新消费

以数字技术和先进理念推动文化创意与创新设计等产业加快发展，促进文化科技深度融合、相关产业相互渗透。到 2020 年，形成文化引领、技术先进、链条完整的数字创意产业发展格局，相关行业产值规模达到 8 万亿元。

（一）创新数字文化创意技术和装备。适应沉浸式体验、智能互动等趋势，加强内容和技术装备协同创新，在内容生产技术领域紧跟世界潮流，在消费服务装备领域建立国际领先优势，鼓励深度应用相关领域最新创新成果。

提升创作生产技术装备水平。加大空间和情感感知等基础性技术研发力度，加快虚拟现实、增强现实、全息成像、裸眼三维图形显示（裸眼 3D）、交互娱乐引擎开发、文化资源数字化处理、互动影视等核心技术创新发展，加强大数据、物联网、人工智能等技术在数字文化创意创作生产领域的应用，促进创新链和产业链紧密衔接。鼓励企业运用数字创作、网络协同等手段提升生产效率。

增强传播服务技术装备水平。研发具有自主知识产权的超感影院、混合现实娱乐、广播影视融合媒体制播等配套装备和平台，开拓消费新领域。大力研发数字艺术呈现技术，提升艺术展演展陈数字化、智能化、网络化应用水平，支持文物保护装备产业化及应用。研究制定数字文化创意技术装备关键标准，推动自主标准国际化，完善数字文化创意技术装备和相关服务的质量管理体系。

专栏 19　数字文化创意技术装备创新提升工程

以企业为主体、产学研用相结合，构建数字文化创意产业创新平台，加强基础技术研发，大力发展虚拟现实、增强现实、互动影视等新型软硬件产品，促进相关内容开发。完善数字文化创意产业技术与服务标准体系，推动手机（移动终端）动漫、影视传媒等领域标准体系广泛应用，建立文物数字化保护和传承利用、智慧博物馆、超高清内容制作传输等标准。完善数字创意"双创"服务体系。

（二）丰富数字文化创意内容和形式。通过全民创意、创作联动等新方式，挖掘优秀文化资源，激发文化创意，适应互联网传播特点，创作优质、多样、个性化的数字创意内容产品。

促进优秀文化资源创造性转化。鼓励对艺术品、文物、非物质文化遗产等文化资源进行数字化转化和开发。依托地方特色文化，创造具有鲜明区域特点和民族特色的数字创意内容产品。加强现代设计与传统工艺对接，促进融合创新。提高图书馆、美术馆、文化馆、体验馆数字化、智能化水平，加强智慧博物馆和智慧文化遗产地建设，创新交互体验应用。

鼓励创作当代数字创意内容精品。强化高新技术支撑文化产品创作的力度，提高数字创意内容产品原创水平，加快出版发行、影视制作、演艺娱乐、艺术品、文化会展等行业数字化进程，提高动漫游戏、数字音乐、网络文学、网络视频、在线演出等文化品位和市场价值。鼓励多业态联动的创意开发模式，提高不同内容形式之间的融合程度和转换效率，努力形成具有世界影响力的数字创意品牌，支持中华文化"走出去"。

专栏 20　数字内容创新发展工程

依托先进数字技术，推动实施文化创意产品扶持计划和"互联网＋"中华文明行动计划，支持推广一批数字文化遗产精品，打造一批优秀数字文化创意产品，建设数字文化资源平台，实现文化创意资源的智能检索、开发利用和推广普及，拓展传播渠道，引导形成产业链。

（三）提升创新设计水平。挖掘创新设计产业发展内生动力，推动设计创新成为制造业、服务业、城乡建设等领域的核心能力。

强化工业设计引领作用。积极发展第三方设计服务，支持设计成果转化。鼓励企业加大工业设计投入，推动工业设计与企业战略、品牌深度融合，促进创新设计在产品设计、系统设计、工艺流程设计、商业模式和服务设计中的应用。支持企业通过创新设计提升传统工艺装备，推进工艺装备由单机向互联、机械化向自动化持续升级。以创意和设计引领商贸流通业创新，加强广告服务，健全品牌价值体系。制定推广行业标准，推动产业转型升级。支持建设工业设计公共服务平台。通过工业设计推动中国制造向中国创造、中国速度向中国质量转变。

提升人居环境设计水平。创新城市规划设计，促进测绘地理信息技术与城市规划相融合，利用大数据、虚拟现实等技术，建立覆盖区域、城乡、地上地下的规划信息平台，引导创新城市规划。从宏观、中观、微观等多层面加强城市设计，塑造地域特色鲜明的风貌。鼓励建筑设计创作，完善招投标制度和专家评标制度，扩展建筑师执业服务范围，引导建筑师参与项目策划、建筑设计、项目管理，形成激励建筑师创作的政策环境。加大建筑师培养力度，培育既有国际视野又有文化自信的建筑师队伍。倡导新型景观设计，改善人居环境。进一步提高装饰设计水平。

> **专栏21　创新设计发展工程**
> 制定实施制造业创新设计行动纲要，建设一批国家级工业设计中心，建设一批具有国际影响力的工业设计集聚区。建设增材制造等领域设计大数据平台与知识库，促进数据共享和供需对接。通过发展创业投资、政府购买服务、众筹试点等多种模式促进创新设计成果转化。

（四）推进相关产业融合发展。推动数字文化创意和创新设计在各领域应用，培育更多新产品、新服务以及多向交互融合的新业态，形成创意经济无边界渗透格局。

加快重点领域融合发展。推动数字创意在电子商务、社交网络中的应用，发展虚拟现实购物、社交电商、"粉丝经济"等营销新模式。推动数字创意在教育领域的应用，提升学习内容创意水平，加强数字文化教育产品开发和公共信息资源深度利用，推动教育服务创意化。提升旅游产品开发和旅游服务设计的文化内涵和数字化水平，促进虚拟旅游展示等新模式创新发展。挖掘创意"三农"发展潜力，提高休闲农业创意水平，促进地理标志农产品、乡村文化开发，以创意民宿推动乡村旅游发展和新农村建设。推动数字创意在医疗、展览展示、地理信息、公共管理等领域应用。构建数字创意相关项目资源库和对接服务平台，创新使用多种形式的线上线下推广手段，广泛开展会展活动，鼓励行业协会、研究机构积极开展跨领域交流合作。

推进数字创意生态体系建设。建立涵盖法律法规、行政手段、技术标准的数字创意知识产权保护体系，加大打击数字创意领域盗版侵权行为力度，保障权利人合法权益。积极研究解决虚拟现实、网络游戏等推广应用中存在的风险问题，切实保护用户生理和心理健康。改善数字创意相关行业管理规制，进一步放宽准入条件，简化审批程序，加强事中事后监管，促进融合发展。

七、超前布局战略性产业，培育未来发展新优势

以全球视野前瞻布局前沿技术研发，不断催生新产业，重点在空天海洋、信息网络、生命科学、核技术等核心领域取得突破，高度关注颠覆性技术和商业模式创新，在若干战略必争领域形成独特优势，掌握未来产业发展主动权，为经济社会持续发展提供战略储备、拓展战略空间。

（一）空天海洋领域。

显著提升空间进入能力。突破大推力发动机、大直径箭体设计、制造与先进控制等关键技术，发展重型运载火箭，保障未来重大航天任务实施。发展快速、廉价、可重复使用的小载荷天地往返运输系统。超前部署具

有高空间定位精度的空间飞行器自主导航和飞行技术。

加快发展新型航天器。加强超高分辨率、超高精度时空基准、超高速安全通信、高性能星上处理、大功率电源、新型材料等关键技术研发，研制新型应用卫星。建立先进的载人空间科学实验平台和生命支持系统。发展空间飞行器轻量化小型化技术，推进应用型微、纳、皮卫星规范有序发展。部署和发射新型试验卫星。加快发展临近空间飞行器、可重复使用航天器等面向未来任务的新型航天器。

加快航空领域关键技术突破和重大产品研发。超前部署氢燃料、全电、组合动力等新型发动机关键技术研究，提升未来航空产业自主发展能力。加快发展多用途无人机、新构型飞机等战略性航空装备。前瞻布局超音速商务机、新概念新构型总体气动技术、先进高可靠性机电技术、新一代航空电子系统、航空新材料及新型复合材料加工技术。

发展新一代深海远海极地技术装备及系统。建立深海区域研究基地，发展海洋遥感与导航、水声探测、深海传感器、无人和载人深潜、深海空间站、深海观测系统、"空—海—底"一体化通信定位、新型海洋观测卫星等关键技术和装备。大力研发深远海油气矿产资源、可再生能源、生物资源等资源开发利用装备和系统，研究发展海上大型浮式结构物，支持海洋资源利用关键技术研发和产业化应用，培育海洋经济新增长点。大力研发极地资源开发利用装备和系统，发展极地机器人、核动力破冰船等装备。

（二）信息网络领域。

构建未来网络新体系。着眼于提升当前网络体系架构可扩展性、安全性、可管控性、移动性和内容分发能力，系统布局新型网络架构、技术体系和安全保障体系研究，开展实验网络建设，研究构建泛在融合、绿色带宽、智能安全的新型网络。

加强关键技术和产品研发。面向万物互联需求，发展物联网搜索引擎、E级高性能计算、面向物端的边缘计算等技术和产品。开展深度学习、认知计算、虚拟现实、自然人机交互等领域前沿技术研发，提升信息服务智能化、个性化水平。布局太赫兹通信、可见光通信等技术研发，持续推动量子密钥技术应用。

推动电子器件变革性升级换代。加强低功耗高性能新原理硅基器件、硅基光电子、混合光电子、微波光电子等领域前沿技术和器件研发，形成一批专用关键制造设备，提升光网络通信元器件支撑能力。统筹布局量子芯片、量子编程、量子软件以及相关材料和装置制备关键技术研发，推动量子计算机的物理实现和量子仿真的应用。加强类脑芯片、超导芯片、石墨烯存储、非易失存储、忆阻器等新原理组件研发，推进后摩尔定律时代微电子技术开发与应用，实现产业跨越式发展。

（三）生物技术领域。

构建基于干细胞与再生技术的医学新模式。加快布局体细胞重编程科学技术研究，开发功能细胞获取新技术。完善细胞、组织与器官的体内外生产技术平台与基地。规范干细胞与再生领域法律法规和标准体系，完善知识产权评估与转化机制，持续深化干细胞与再生技术临床应用。发展肿瘤免疫治疗技术。

推进基因编辑技术研发与应用。建立具有自主知识产权的基因编辑技术体系，开发针对重大遗传性疾病、感染性疾病、恶性肿瘤等的基因治疗新技术。建立相关动物资源平台、临床研究及转化应用基地，促进基于基因编辑研究的临床转化和产业化发展。

加强合成生物技术研发与应用。突破基因组化学合成、生物体系设计再造、人工生物调控等关键技术，研究推进人工生物及人工生物器件临床应用和产业化。推动生物育种、生态保护、能源生产等领域颠覆性技术创新，构建基础原料供给、物质转化合成、民生服务新模式，培育合成生物产业链。

（四）核技术领域。

加快开发新一代核能装备系统。加快推动铅冷快堆、钍基熔盐堆等新核能系统试验验证和实验堆建设。支持小型和微型核动力堆研发设计和关键设备研制，开展实验堆建设和重点领域示范应用。积极参与国际热核聚变实验堆计划，不断完善全超导托卡马克核聚变实验装置等国家重大科技基础设施，开展实验堆概念设计、关键技术和重要部件研发。

发展非动力核技术。支持发展离子、中子等新型射线源，研究开发高分辨率辐射探测器和多维动态成像装置，发展精准治疗设备、医用放射性同位素、中子探伤、辐射改性等新技术和新产品，持续推动核技术在工业、农业、医疗健康、环境保护、资源勘探、公共安全等领域应用。

八、促进战略性新兴产业集聚发展，构建协调发展新格局

立足区域发展总体战略，围绕推进"一带一路"建设、京津冀协同发展、长江经济带发展，根据各地产业基础和特色优势，坚持因地制宜、因业布局、因时施策，加快形成点面结合、优势互补、错位发展、协调共享的战略性新兴产业发展格局。

（一）打造战略性新兴产业策源地。支持创新资源富集的中心城市形成以扩散知识技术为主要特征的战略性新兴产业策源地。发挥策源地城市科研人才密集、学科齐全、国际交流频繁等优势，支持建设一批国际一流的大学和科研机构，强化重点领域基础研究，大力促进新兴学科、交叉学科发展，支持建设新兴交叉学科研究中心，推进信息、生命、医疗、能源等领域原创性、颠覆性、支撑性技术开发，推动产学研用联动融合，形成引领战略性新兴产业发展的"辐射源"。以推进全面创新改革试验为契机，加快改革攻坚，完善科研项目经费管理和科技成果转移转化机制，最大限度减少不利于创新人才发展的制度障碍，探索建立适应创新要素跨境流动的体制机制。发挥策源地城市改革创新示范带动作用，在全国范围内推广一批有力度、有特色、有影响的重大改革举措。大力推动科技中介业态发展，支持海外人才、科研人员、高校师生在策源地城市创业创新，支持海外知名大学、科研机构、企业在策源地城市建设产业创新平台和孵化器，打造战略性新兴产业创业创新高地。鼓励策源地城市开展"知识产权强市"建设，加大知识产权保护力度，强化知识产权运用和管理，加快发展知识产权服务业，更好利用全球创新成果，加速科技成果向全国转移扩散。

（二）壮大一批世界级战略性新兴产业发展集聚区。依托城市群建设，以全面创新改革试验区为重点，发展知识密集型战略性新兴产业集群，打造10个左右具有全球影响力、引领我国战略性新兴产业发展的标志性产业集聚区，推动形成战略性新兴产业发展的体制机制创新区、产业链创新链融合区、国际合作承载区。在东部地区打造国际一流的战略性新兴产业城市群，围绕京津冀协同发展，加强京津冀经济与科技人才联动，形成辐射带动环渤海地区和北方腹地发展的战略性新兴产业发展共同体；发挥长三角城市群对长江经济带的引领作用，以上海、南京、杭州、合肥、苏锡常等都市圈为支点，构筑点面结合、链群交融的产业发展格局；以广州、深圳为核心，全面提升珠三角城市群战略性新兴产业的国际竞争力，延伸布局产业链和服务链，带动区域经济转型发展；推动山东半岛城市群重点发展生物医药、高端装备制造、新一代信息技术、新材料等产业和海洋经济；围绕福州、厦门等重点城市，推动海峡西岸地区生物、海洋、集成电路等产业发展。依托中西部地区产业基础，大力推进成渝地区、武汉都市圈、长株潭城市群、中原城市群、关中平原城市群等重点区域战略性新兴产业发展，积极创造条件承接东部地区产业转移；支持昆明、贵阳等城市发展具有比较优势的产业，促进长江经济带上中下游地区产业协同发展。对接丝绸之路经济带建设，促进天山北坡、兰州—西宁等西北地区城市群发展特色产业。推动东北地区大力发展机器人及智能装备、光电子、生物医药及医疗器械、信息服务等产业，以沈阳、大连、哈尔滨、长春为支点，支持东北地区城市群打造国内领先的战略性新兴产业集群，带动区域经济转型升级。

（三）培育战略性新兴产业特色集群。充分发挥现有产业集聚区作用，通过体制机制创新激发市场活力，采用市场化方式促进产业集聚，完善扶持政策，加大扶持力度，培育百余个特色鲜明、大中小企业协同发展的优势产业集群和特色产业链。完善政府引导产业集聚方式，由招商引资向引资、引智、引技并举转变，打造以人才和科技投入为主的新经济；由"引进来"向"引进来"、"走出去"并重转变，充分整合利用全球创新资源和市场资源；由注重产业链发展向产业链、创新链协同转变，聚焦重点产业领域，依托科研机构和企业研发基础，提升产业创新能力；由产城分离向产城融合转变，推动研究机构、创新人才与企业相对集中，促进不同创新主体良性互动。避免对市场行为的过度干预，防止园区重复建设。鼓励战略性新兴产业向国家级新区等重点功能平台集聚。

九、推进战略性新兴产业开放发展，拓展合作新路径

贯彻国家开放发展战略部署，构建战略性新兴产业国际合作新机制，建设全球创新发展网络，推动产业链全球布局，拓展发展新路径。

（一）积极引入全球资源。抓住"一带一路"建设契机，推进国际产能合作，构建开放型创新体系，鼓励技术引进与合作研发，促进引进消化吸收与再创新。积极引导外商投资方向，鼓励外商投资战略性新兴产业，推动跨国公司、国际知名研究机构在国内设立研发中心。加大海外高端人才引进力度，畅通吸纳海外高端人才的绿色通道，为海外人才来华工作和创业提供更多便利。

（二）打造国际合作新平台。积极建立国际合作机制，推动签署落实政府间新兴产业和创新领域合作协议。推动双边互认人员资质、产品标准、认证认可结果，参与国际多边合作互认机制。以发达国家和"一带一路"沿线国家为重点，建设双边特色产业国际合作园区，引导龙头企业到海外建设境外合作园区。创新合作方式，提升重点领域开放合作水平。加强国际科技成果转化和孵化、人才培训等公共服务体系建设。

（三）构建全球创新发展网络。建立健全国际化创新发展协调推进和服务机制，加强驻外机构服务能力，利用二十国集团（G20）、夏季达沃斯等平台开展新经济交流，充分发挥有关行业协会和商会作用，搭建各类国际经济技术交流与合作平台。引导社会资本设立一批战略性新兴产业跨国并购和投资基金，支持一批城市对接战略性新兴产业国际合作，建设一批国际合作创新中心，发展一批高水平国际化中介服务机构，建立一批海外研发中心，构建全球研发体系，形成政府、企业、投资机构、科研机构、法律机构、中介机构高效协同的国际化合作网络。支持企业和科研机构参与国际科技合作计划、国际大科学计划和大科学工程，承担和组织国际重大科技合作项目。鼓励企业积极参与国际技术标准制定。

（四）深度融入全球产业链。推动产业链全球布局，在高端装备、新一代信息技术、新能源等重点领域，针对重点国家和地区确定不同推进方式和实施路径，推动产业链资源优化整合。支持企业、行业协会和商会、地方政府和部门创新方式开展战略性新兴产业国际产能合作，推动国内企业、中外企业组团共同开拓国际市场，支持产业链"走出去"，将"走出去"获得的优质资产、技术、管理经验反哺国内，形成综合竞争优势。推动高端装备、新一代信息技术等领域龙头企业海外拓展，与国际大企业开展更高层次合作，实现优势互补、共赢发展。

十、完善体制机制和政策体系，营造发展新生态

加快落实创新驱动发展战略，深入推进政府职能转变，持续深化重点领域和关键环节改革，强化制度建设，汇聚知识、技术、资金、人才等创新要素，全面营造有利于战略性新兴产业发展壮大的生态环境。

（一）完善管理方式。

推进简政放权、放管结合、优化服务改革。在电信、新药和医疗器械、新能源汽车生产准入等领域，进一步完善审批方式，最大限度减少事前准入限制，修改和废止有碍发展的行政法规和规范性文件，激发市场主体活力。坚持放管结合，区分不同情况，积极探索和创新适合新技术、新产品、新业态、新模式发展的监管方式，既激发创新创造活力，又防范可能引发的风险。对发展前景和潜在风险看得准的"互联网+"、分享经济等新业态，量身定制监管模式；对看不准的领域，加强监测分析，鼓励包容发展，避免管得过严过死；对潜在风险大、有可能造成严重不良社会后果的，切实加强监管；对以创新之名行非法经营之实的，坚决予以取缔。严格执行降低实体经济企业成本各项政策措施，落实中央财政科研项目资金管理相关政策措施，推进科技成果产权制度改革。全面落实深化国有企业改革各项部署，在战略性新兴产业领域国有企业中率先进行混合所有制改革试点示范，开展混合所有制企业员工持股试点。发布战略性新兴产业重点产品和服务指导目录。

营造公平竞争市场环境。完善反垄断法配套规则，进一步加大反垄断和反不正当竞争执法力度，严肃查处信息服务、医疗服务等领域企业违法行为。建立健全工作机制，保障公平竞争审查制度有序实施，打破可再生

能源发电、医疗器械、药品招标等领域的地区封锁和行业垄断，加大对地方保护和行业垄断行为的查处力度。完善信用体系，充分发挥全国信用信息共享平台和国家企业信用信息公示系统等作用，推进各类信用信息平台建设、对接和服务创新，加强信用记录在线披露和共享，为经营者提供信用信息查询、企业身份网上认证等服务。

加强政策协调。充分发挥战略性新兴产业发展部际联席会议制度作用，推动改革措施落地，加强工作沟通，避免相关政策碎片化。持续开展产业发展状况评估和前瞻性课题研究，准确定位改革发展方向。建立高层次政企对话咨询机制，在研究制订相关政策措施时积极听取企业意见。定期发布发展新经济培育新动能、壮大战略性新兴产业有关重点工作安排，统筹推进相关改革发展工作。

（二）构建产业创新体系。

深入开展大众创业万众创新。打造众创、众包、众扶、众筹平台，依托"双创"资源集聚的区域、科研院所和创新型企业等载体，支持建设"双创"示范基地，发展专业化众创空间。依托互联网打造开放共享的创新机制和创新平台，推动企业、科研机构、高校、创客等创新主体协同创新。着力完善促进"双创"的法律和政策体系。持续强化"双创"宣传，办好全国"双创"活动周，营造全社会关注"双创"、理解"双创"、支持"双创"的良好氛围。

强化公共创新体系建设。实施一批重大科技项目和重大工程，加强颠覆性技术研发和产业化。创新重大项目组织实施方式，探索实行项目决策、执行、评价、监督相对分开的组织管理机制。构建企业主导、政产学研用相结合的产业技术创新联盟，支持建设关键技术研发平台，在重点产业领域采取新机制建立一批产业创新中心。围绕重点领域创新发展需求，统筹部署国家重大科技基础设施等创新平台建设，加强设施和平台开放共享。按照科研基地优化布局统筹部署，建设一批国家技术创新中心，支撑引领战略性新兴产业发展。加强相关计量测试、检验检测、认证认可、知识和数据中心等公共服务平台建设。成立战略性新兴产业计量科技创新联盟，加强认证认可创新。落实和完善战略性新兴产业标准化发展规划，完善标准体系，支持关键领域新技术标准应用。

支持企业创新能力建设。实施国家技术创新工程，加强企业技术中心能力建设，推进创新企业百强工程，培育一批具有国际影响力的创新型领导企业，引领带动上下游产业创新能力提升。加大对科技型中小企业创新支持力度，落实研发费用加计扣除等税收优惠政策，引导企业加大研发投入。

完善科技成果转移转化制度。落实相关法律法规政策，组织实施促进科技成果转移转化行动。落实科技成果转化有关改革措施，提高科研人员成果转化收益分享比例，加快建立科技成果转移转化绩效评价和年度报告制度。引导有条件的高校和科研院所建立专业化、市场化的技术转移机构，加强战略性新兴产业科技成果发布，探索在战略性新兴产业相关领域率先建立利用财政资金形成的科技成果限时转化制度。

（三）强化知识产权保护和运用。

强化知识产权保护维权。积极推进专利法、著作权法修订工作。跟踪新技术、新业态、新模式发展创新，加强互联网、电子商务、大数据等领域知识产权保护规则研究，完善商业模式知识产权保护、商业秘密保护、实用艺术品外观设计专利保护等相关法律法规。完善知识产权快速维权机制，新建一批快速维权中心。将故意侵犯知识产权行为纳入社会信用记录，健全知识产权行政侵权查处机制，依法严厉打击侵犯知识产权犯罪行为，加大海关知识产权执法保护力度，推动提高知识产权侵权法定赔偿上限额度。

加强知识产权布局运用。大力推行知识产权标准化管理，提升创新主体知识产权管理能力。实施知识产权行业布局和区域布局工程，在战略性新兴产业集聚区和龙头企业引导设立知识产权布局设计中心。构建知识产权运营服务体系，推进全国知识产权运营公共服务平台建设，培育一批专业化、品牌化知识产权服务机构，鼓励高端检索分析工具等开发应用，引导知识产权联盟建设。聚焦战略性新兴产业，鼓励创新知识产权金融产品，开发知识产权投贷、投保、投债联动等新产品，探索知识产权股权化、证券化。鼓励企业综合运用专利、版权、商标等知识产权手段打造自有品牌。

完善知识产权发展机制。实施战略性新兴产业知识产权战略推进计划，围绕战略性新兴产业集聚区部署知识产权服务链，建立知识产权集群管理制度，推动形成一批知识产权优势集聚区。加强战略性新兴产业专利分析及动向监测。建立重大经济科技活动知识产权分析评议制度，鼓励企业建立知识产权分析评议机制。完善海外知识产权服务体系，研究发布海外知识产权环境信息，跟踪研究重点产业领域国际知识产权动向，引导建立海外知识产权案件信息提交机制，加强对重大知识产权案件的研究，建立海外知识产权风险预警机制，支持企业开展知识产权海外并购和维权行动。

（四）深入推进军民融合。

构建军民融合的战略性新兴产业体系。促进军民科技创新体系相互兼容、协同发展，推进军民融合产业发展。依托国家军民融合创新示范区，促进军民两用技术产业化发展。建设一批军民融合创新平台。在军工单位集中、产业基础较好的地区，推进军民技术双向转移和转化应用。支持军工企业发挥优势向新能源、民用航空航天、物联网等新兴领域拓展业务，引导优势民营企业进入国防科研生产和维修领域，构建各类企业公平竞争的政策环境。

加强军民融合重大项目建设。面向建设航天强国，统筹规划军民卫星研发和使用，加强地面站网整合建设与信息共享，积极发展军民通用化程度高的动力系统、关键部件和基础材料。适应空域改革进程，加强空域管制系统技术和装备研发，推进航空产业军民深度融合发展。面向建设网络强国，加强新一代信息基础设施和系统军民合建共用，组织实施安全可靠信息网络产品和服务相关应用示范工程。面向建设海洋强国，适应军地海洋资源调查、海域使用、海洋观测预报、海洋环境保护和岛礁建设需求，发展军民两用高性能装备和材料技术。开展军民通用标准化工程，促进军民技术双向转移。

（五）加大金融财税支持。

提高企业直接融资比重。积极支持符合条件的战略性新兴产业企业上市或挂牌融资，研究推出全国股份转让系统挂牌公司向创业板转板试点，建立全国股份转让系统与区域性股权市场合作对接机制。探索推进场外证券交易市场以及机构间私募产品报价与服务系统建设，支持战略性新兴产业创业企业发展。大力发展创业投资和天使投资，完善鼓励创业投资企业和天使投资人投资种子期、初创期科技型企业的税收支持政策，丰富并购融资和创业投资方式。积极支持符合条件的战略性新兴产业企业发行债券融资，扩大小微企业增信集合债券和中小企业集合票据发行规模，鼓励探索开发高收益债券和可转换债券等金融产品，稳步推进非金融企业债务融资工具发展。鼓励保险公司、社会保险基金和其他机构投资者合法合规参与战略性新兴产业创业投资和股权投资基金。推进投贷联动试点工作。

加强金融产品和服务创新。引导金融机构积极完善适应战略性新兴产业特点的信贷管理和贷款评审制度。探索建立战略性新兴产业投融资信息服务平台，促进银企对接。鼓励建设数字创意、软件等领域无形资产确权、评估、质押、流转体系，积极推进知识产权质押融资、股权质押融资、供应链融资、科技保险等金融产品创新。引导政策性、开发性金融机构加大对战略性新兴产业支持力度。推动发展一批为飞机、海洋工程装备、机器人等产业服务的融资租赁和金融租赁公司。加快设立国家融资担保基金，支持战略性新兴产业项目融资担保工作。

创新财税政策支持方式。发挥财政资金引导作用，创新方式吸引社会投资，大力支持战略性新兴产业发展。充分发挥国家新兴产业创业投资引导基金服务创业创新的作用，完善管理规则，做好风险防控，高效开展投资运作，带动社会资本设立一批创业投资基金，加大对战略性新兴产业的投入。鼓励有条件的地区设立战略性新兴产业发展基金，引导社会资金设立一批战略性新兴产业投资基金和国际化投资基金。积极运用政府和社会资本合作（PPP）等模式，引导社会资本参与重大项目建设。完善政府采购政策，加大对"双创"以及云计算、大数据、循环经济等支持力度，推进智慧城市、信息惠民、"城市矿山"、智能装备等示范应用。进一步完善光伏、风电、生物质等可再生能源发电补贴政策。调整完善新能源汽车推广补贴政策。完善战略性新兴产业企业股权激励个人所得税政策。

（六）加强人才培养与激励。

培养产业紧缺人才。实施战略性新兴产业创新领军人才行动，聚焦重点领域，依托重大项目和重大工程建设一批创新人才培养示范基地，重点扶持一批科技创新创业人才。分行业制定战略性新兴产业紧缺人才目录，在国家相关人才计划中予以重点支持。根据产业发展需求，动态调整高校教学内容和课程设置，合理扩大战略性新兴产业相关专业招生比例。加强战略性新兴产业技术技能人才培养，推行企业新型学徒制，建立国家基本职业培训包制度，推动相关企业为职业学校战略性新兴产业相关专业学生实习和教师实践提供岗位。依托专业技术人才知识更新工程，培养一大批高层次急需紧缺人才和骨干专业技术人才，建设一批国家级继续教育基地。支持在线培训发展。

鼓励科技人才向企业流动。探索事业单位科研人员在职创业和离岗创业有关政策，引导和支持事业单位科研人员按照国家有关规定到企业开展创新工作或创办企业。在战略性新兴产业企业设立一批博士后科研工作站，鼓励开展产业关键核心技术研发。落实国家对科研人员的各项激励措施，鼓励企业通过股权、分红等激励方式，调动科研人员创新积极性。建立健全符合行业特点的人才使用、流动、评价、激励体系。

充分利用全球人才。在充分发挥现有人才作用的基础上引进培养一批高端人才。研究优化外国人永久居留制度，简化外籍高层次人才申请永久居留资格程序，为其配偶和未成年子女提供居留与出入境便利。

各地区、各有关部门要高度重视战略性新兴产业发展工作，加强组织领导，加快工作进度，切实抓好本规划实施工作，加强各专项规划、地方规划与本规划的衔接。地方各级人民政府要建立健全工作机制，细化实化政策措施，推动本规划各项任务落实到位。鼓励相关省（区、市）联合编制区域性发展规划，推进战略性新兴产业差别化、特色化协同发展。国家发展改革委要会同科技部、工业和信息化部、财政部，发挥好战略性新兴产业发展部际联席会议的牵头作用，加强宏观指导、统筹协调和督促推动，密切跟踪产业发展情况，及时研究协调产业发展中的重大问题；联席会议各成员单位和相关部门要积极配合，按照职责分工抓紧任务落实，加快制定配套政策，形成工作合力，共同推动战略性新兴产业发展壮大。

国家新闻出版广电总局《关于印发〈全民阅读"十三五"时期发展规划〉的通知》

新广出发〔2016〕80号

各省、自治区、直辖市新闻出版广电局，新疆生产建设兵团新闻出版广电局，中央军委政治工作部宣传局，中央和国家机关各部委、各民主党派、各人民团体出版单位主管部门，中国出版集团公司、中国教育出版传媒集团有限公司、中国科技出版传媒集团有限公司，总局直属各单位：

《全民阅读"十三五"时期发展规划》已经总局党组会议审议通过，现印发给你们，请认真贯彻执行。规划执行过程中的重大问题，请及时向总局报告。

国家新闻出版广电总局
2016年12月17日

《全民阅读"十三五"时期发展规划》

为深入贯彻落实党中央、国务院关于开展全民阅读的重要部署，提升国民素质和社会文明程度，共同建设书香社会，根据《中共中央关于制定国民经济和社会发展第十三个五年规划的建议》《中华人民共和国国民经济和社会发展第十三个五年规划纲要》和《国家"十三五"时期文化改革发展规划纲要》，编制本规划。

序　言

阅读是人类获取知识、增长智慧的重要方式，是一个国家、一个民族精神发育、文明传承的重要途径。中华民族有着优良的读书传统，崇尚读书、诗书继世之风绵延数千年。

党的十八大以来，以习近平同志为核心的党中央高度重视全民阅读。2012年11月，党的十八大报告提出"开展全民阅读活动"。2014年以来，"倡导全民阅读"连续3年写入国务院政府工作报告。《中华人民共和国国民经济和社会发展第十三个五年规划纲要》要求"推动全民阅读"，并将全民阅读工程列为"十三五"时期文化重大工程之一，将全民阅读提升到国家战略高度。

"十三五"时期，是全面建成小康社会的决胜阶段，是实现"两个一百年"宏伟目标、实现中华民族伟大复兴中国梦的关键时期。在新的历史条件下，深入开展全民阅读对于提高公民的思想道德素质和科学文化素质，培育和践行社会主义核心价值观，传承中华优秀传统文化，满足人民群众日益增长的精神文化需求，都具有重大而深远的意义。

一、指导思想、基本原则和主要目标

（一）指导思想

高举中国特色社会主义伟大旗帜，以邓小平理论、"三个代表"重要思想、科学发展观为指导，全面贯彻党的十八大和十八届三中、四中、五中、六中全会精神，深入贯彻习近平总书记系列重要讲话精神和治国理政新理念新思想新战略，紧紧围绕"五位一体"总体布局和"四个全面"战略布局，牢牢把握"两个巩固"根本任务，按照全面建成小康社会的总体要求，以满足人民群众精神文化需求为出发点和落脚点，完善体制机制，创新方式方法，将丰富阅读活动内容与提升思想文化内涵相结合，将出版精品与推荐精品相结合，将公益活动和市场推广相结合，将传统阅读与数字阅读相结合，将服务与管理相结合，全面提升全民阅读质量和水平，推

动国民素质和社会文明程度显著提高,为实现"两个一百年"奋斗目标和中华民族伟大复兴中国梦提供强大的精神动力和文化支撑。

(二)基本原则

——坚持政府主导,社会参与。全民阅读功在当代、利在千秋。必须强化政府责任,完善机制,健全制度,加强宏观指导和政策推动。开展全民阅读,每个人既是参与者,也是推动者。必须充分调动社会各界的积极性、主动性和创造性,鼓励、动员和引导社会力量共同参与,加强理念创新、制度创新、方式创新,推动全民阅读长期深入开展。

——坚持重在内容,提升质量。全民阅读的核心是阅读内容。必须加强优秀作品的创作生产,进一步完善创作出版扶持和激励机制,加强对精品力作的宣传推广,拓宽传播渠道,为全民阅读提供更多优质阅读内容,充分发挥引领示范作用,不断提升全民阅读的质量和水平。加强对数字化阅读的规范和引导,推动传统阅读和数字阅读相融合。

——坚持少儿优先,保障重点。少儿阅读是全民阅读的基础。必须将保障和促进少年儿童阅读作为全民阅读工作的重点,从小培育阅读兴趣、阅读习惯、阅读能力。要着力保障农村留守儿童、城市流动儿童和贫困家庭儿童的基本阅读需求。要着力保障残疾人、进城务工人员等困难群体、特殊群体的基本阅读需求。

——坚持公益普惠,深入基层。全民阅读具有典型的公益性。必须加快推进全民阅读推广服务体系城乡一体化建设,坚持公益性、基本性、均等性和便利性相统一,面向基层、面向群众,保障全民平等享有基本阅读权益。

(三)主要目标

本规划期限为2016年到2020年。主要目标是:各类全民阅读活动蓬勃开展,全民阅读氛围更加浓厚,全民阅读理念更加深入人心,优质阅读内容供给能力显著提升,全民阅读基础设施建设更加完善,阅读推广人队伍更加壮大,各类阅读推广机构不断涌现,全民阅读法制化建设取得积极进展,全民阅读工作体制机制更加健全,基本形成与全面建成小康社会发展要求相适应的以人为本、面向基层、惠及群众、兼顾重点的全民阅读推广服务体系,推动国民素质和社会文明程度显著提高。

二、重点任务

(一)举办重大全民阅读活动

开展全国范围的"书香中国"系列活动,动员各方力量,加强品牌建设,办好各类读书节、读书周、读书月、读书季等全民阅读活动,提升群众参与度、平台辐射面和品牌号召力。

在世界读书日、"六一"儿童节及其他重要节庆期间开展内容丰富、形式多样的全民阅读活动,各级领导干部带头参加,引领示范,不断扩大全民阅读的社会影响力。

围绕党和国家工作大局和重大节庆活动,组织开展主题演讲、经典诵读、读书征文、知识竞赛等丰富多彩的主题阅读活动,弘扬主旋律、传播正能量。

办好全国书博会、书展、书市等各种行业展会,通过论坛讲座、评书荐书、名家签售等人民群众喜闻乐见的形式,将之打造成为连接作者、读者、出版者和书店、媒体的阅读桥梁,充分发挥其推动全民阅读的功能和作用。

专栏1 全民阅读品牌活动

(一)"书香中国"系列活动

打造"书香中国"系列活动品牌,培育和巩固"书香中国·北京阅读季"、"书香江苏"、"书香荆楚·文化湖北"、"书香中国·上海周"、"书香岭南"、"书香湖南"、"书香八闽"、"书香辽宁"、"书香龙江"、"海南书香节"、"书香八桂"、"书香燕赵"、"书香赣鄱"、"三秦书月"、"书香安徽阅读季"、"书香天府"、"书香齐鲁"、"书香陇原"、"书香天津"、"书香天山"、"书香宁夏"、"书香青海"以及"深圳读书月"、"苏州读书节"等全国各地书香活动品牌。到 2020 年，所有省（自治区、直辖市）、计划单列市、地级市都有品牌活动，80% 以上的县（区）有品牌活动。

（二）举办主题读书活动

结合传承和弘扬中华优秀传统文化、加强中国特色社会主义和中国梦宣传教育、弘扬社会主义核心价值观、民族团结进步、迎接党的十九大召开、庆祝建军 90 周年、纪念改革开放 40 周年、新中国成立 70 周年、全面建成小康社会、中国共产党成立 100 周年等重大主题，广泛开展各类主题读书活动。

（三）行业展会服务全民阅读

充分发挥全国图书交易博览会、北京国际图书博览会等行业展会推广全民阅读的重要功能，举办"读者大会"等全民阅读活动。

（二）加强优质阅读内容供给

完善创作出版扶持引导机制，引导广大作者和出版者自觉践行社会主义核心价值观，传承和弘扬中华优秀传统文化。发挥国家出版基金的积极作用，实施重大出版工程等，出版更多在文化传承上有新的突破、学术水平上有新的超越的精品力作。充分发挥"五个一工程"奖、中国出版政府奖、中华优秀出版物奖等奖项的导向作用。

进一步完善针对不同读者群体的优秀出版物推荐机制，提升推荐出版物的权威性和影响力。坚持价值导向、专家意见、市场表现、群众口碑、质量标准相统一的原则，向读者推荐更多思想精深、艺术精湛、制作精良的优秀出版物。继续开展面向青少年、老年人、少数民族等不同群体的优秀出版物推荐活动，推动精品出版物宣传推介常态化、制度化。加强和改进书评机制，加强图书评论工作，加强对各类图书排行榜的引导和管理。

专栏 2 全民阅读优质内容建设工程

（一）重点出版物出版工程

"十三五"时期推出重点主题出版物、重大出版工程、文艺原创精品、未成年人出版物、少数民族文字出版物、古籍、辞书、社会科学与人文科学出版物、自然科学与工程技术出版物等 3000 种左右。

（二）优秀出版物推荐工程

进一步完善推荐机制，做好"中国好书"、"向全国青少年推荐百种优秀出版物"、"优秀老年人出版物"、"大众喜爱的 50 种图书"、"优秀民族图书"、"中华优秀传统文化普及图书"、"优秀少儿报刊"、"精品文学期刊"、"优秀网络文学原创作品"等推荐工作。

（三）推动全民阅读深入基层、深入群众

大力推进全民阅读进农村、进社区、进家庭、进学校、进机关、进企业、进军营，使阅读活动真正深入基层、深入群众。倡导党员干部带头读书，建立和完善党员干部读书学习制度，激发广大党员干部读书学习的热情，带领本单位、本系统、本地区大兴读书之风。倡导在高校大学生和中青年人群中建立读书会，开展读书活动。充分利用农家书屋、社区书屋、职工书屋等各类阅读设施，开展各种形式的基层读书活动。开展书香军营活动，服务强军建设。完善"书香之家"、"书香之乡（镇、街道）"等的推荐机制，发挥典型榜样的引领示范作用，展现基层群众的读书传统和读书风采。

强化公益性文化单位在全民阅读工作中的重要作用，文化馆（站）、公共图书馆、科技馆、工人文化宫、青少年宫、妇女儿童活动中心等各级公益性文化单位要常年开展主题读书活动、荐书送书活动、读书交流会等。鼓励政府机关、社会组织和企事业单位开展公益性阅读活动。实施市民阅读发放计划。完善全民阅读示范单位、先进个人和优秀项目推荐机制。

专栏3　全民阅读"七进"工程

（一）"书香之家"、"书香之村（社区）"、"书香之乡（镇、街道）"、书香企业、书香机关推荐活动

"十三五"期间推荐3000家"书香之家"、500个"书香之村（社区）"、200个"书香之乡（镇、街道）"、1000个"书香企业"、500个"书香机关"，向全社会展现基层群众读书风采，引领阅读风尚。

（二）开展"书香中国·全民阅读大讲堂"、"强素质·作表率"读书讲坛

邀请文化名家、社会名人深入群众，引导党员干部和群众认真读书学习、开阔文化视野、全面增强素质，有效推动学习型党组织建设、学习型社会建设。

（三）"书香军营"系列活动

组织一批文化界、艺术界的名家大家深入基层部队，举办"书香军营"讲坛，并广泛开展"主题读书日"、"月读一书"、"名家荐书"、"军营读书节"等活动，营造浓厚的军营阅读氛围。

（四）大力促进少年儿童阅读

大力倡导家庭阅读、亲子阅读，发挥父母和未成年人监护人言传身教的重要作用，推动全社会共同创造、维护少年儿童良好阅读环境。鼓励幼儿园开展与学龄前儿童的年龄和心理状况相适应的阅读活动，着力培养阅读兴趣、阅读习惯。

加强中小学书香校园文化建设，完善中小学图书馆等校园阅读设施，开展多种形式的校园阅读活动。充分利用少年儿童图书馆、农家书屋、职工书屋、社区书屋、基层综合性文化服务中心以及青少年活动中心、少年宫等青少年活动场所，支持和帮助中小学生参加校外阅读活动，开展少儿阅读推广活动。

加强对少儿阅读规律的研究和运用，科学研究不同年龄、不同群体、不同性别少年儿童的智力、心理、认知能力和特点，借鉴国外阅读能力测试、分级阅读等科学方法，探索建立中国儿童阶梯阅读体系，加快提高我国少年儿童的整体阅读水平。

重点保障农村留守儿童、城市流动儿童、贫困家庭儿童等儿童群体的基本阅读需求。鼓励学校、全民阅读设施管理单位、阅读推广人及阅读推广机构等对其进行定期阅读指导和服务。将本行政区域内的外来务工人员随居子女纳入当地全民阅读服务保障范围。有条件的地方可以积极探索开展农村地区学龄前儿童基础阅读促进工作。

专栏4　少年儿童阅读工程

（一）家庭阅读·亲子阅读工程

开展丰富多彩、喜闻乐见的亲子阅读活动，通过推荐优秀读物、开展阅读指导、开展爱心捐赠、阅读推广展示等，传递家庭教育科学理念，引领亲子阅读风尚，营造书香氛围，培育良好家风，促进儿童健康成长。

（二）少儿阶梯阅读推广

建立符合中国儿童特点的阶梯阅读体系，开展我国少儿阶梯阅读工程的研发及推广应用工作。开展我国少儿阅读能力测试项目的研发工作，建设少儿阅读能力监测体系，科学推动整体提高少儿阅读能力。

（三）"书香校园"建设

通过创造浓郁的阅读氛围，整合丰富的阅读资源，开展多彩的读书活动，让阅读成为师生最日常的生活方式，进而推动书香校园的形成。

（四）"少儿报刊阅读季"活动

广泛开展各种内容丰富、形式多样的少儿报刊阅读活动，充分利用"4·23世界读书日"、"六一"国际儿童节等重要时间节点，开展组织捐赠优秀少儿报刊、"好报刊伴我成长"等专题宣传推广活动。

（五）保障困难群体、特殊群体的基本阅读需求

切实加强针对残障人士、外来务工人员、贫困地区居民等困难群体、特殊群体的阅读服务，保障其基本阅读需求。加快将进城务工人员阅读服务纳入常住地全民阅读服务体系，鼓励以社会文化机构、用工企业等为主体，满足进城务工人员的基本阅读需求，继续扩大"书香中国e阅读"工程的覆盖范围。

鼓励全民阅读设施管理单位及阅读推广人等进行定期阅读指导和服务，有针对性地向残疾人提供盲文出版物、有声读物等阅读资源、设施与服务。各类全民阅读设施应加强无障碍设施建设。建立和完善社会各界为特殊群体、困难群体开展志愿者助读、发放购书券、组织出版物捐赠等捐助和服务的渠道。

> **专栏5　重点群体阅读促进工程**
>
> （一）盲文出版物出版与阅读推广工程
>
> 加强盲文出版基地建设，实施盲文出版工程，支持有声读物开发，扩大各类盲人读物有效供给，完善盲文出版物、有声出版物邮寄借阅平台，推动各级图书馆开设视障阅览室，面向视力障碍人群，提供阅读服务。
>
> （二）"书香中国e阅读"推广工程
>
> 以政府购买服务的方式，定期向全国进城务工人员、边疆民族地区手机用户推送国家新闻出版广电总局组织推荐的各类优秀图书、报刊等。2016年覆盖人群1000万人，到2020年覆盖5000万人。

（六）完善全民阅读基础设施和服务体系

统筹规划，合理布局，进一步加大城乡基层全民阅读设施建设力度。制定和完善公共图书馆、基层综合性文化服务中心、农家书屋等公共文化服务设施建设标准和资源配置标准，推进全民阅读公共文化设施建设的规范化、标准化。

加快促进城乡基本公共文化服务均等化，实现农村、城市社区公共文化服务资源整合和互联互通，以创新管理机制、提升服务效能为重点，探索长效管理机制。充分发挥各级各类图书馆在阅读推广中的重要作用。加强出版物发行网点建设，特别是农村和社区网点建设，支持实体书店、书报亭、高校书店等各类阅读设施的发展，发挥其促进全民阅读的公益功能。在充分利用现有设施基础上，统筹建设社区阅读中心、数字农家书屋、公共数字阅读终端等设施。

> **专栏6　全民阅读设施建设重点工程**
>
> （一）农家书屋提升工程
>
> 建立健全农家书屋管理员队伍，完善出版物补充机制，加大少年儿童出版物配备比例，推动数字（卫星）农家书屋建设,推动农家书屋和基层图书馆、基层综合性文化服务中心资源整合，培育"我的书屋·我的梦"农村少年儿童阅读活动品牌，更好发挥农家书屋作为农村阅读活动和阅读服务主阵地的作用。
>
> （二）支持实体书店发展
>
> 坚持改革创新，发挥市场作用，加强政府引导，注重统筹协调，推动实体书店与社会经济协调发展，到2020年，基本形成布局合理、功能完善、主业突出、多元经营的实体书店发展格局。
>
> （三）城乡阅报栏（屏）建设工程
>
> 在车站、商场、广场、社区、学校、医院等人流密集地点新增建设一批阅报栏（屏）和全民阅读数字触摸屏，完善数字阅读屏维护更新机制。

（七）提高数字化阅读的质量和水平

适应数字化新趋势，充分利用数字技术，大力推进数字化阅读发展，建立全民阅读数字资源平台，推进数

字化阅读服务。建立内容丰富的数字阅读资源库群,加强公共电子阅览室建设计划和全国文化信息资源共享工程网络建设,加强数字图书馆建设。形成覆盖全国的全民阅读数字服务网络。

加快推进传统出版单位数字化转型升级,通过制订配套政策、专项资金资助、推介示范单位等多种方式,推动出版与科技融合发展。实施网络文艺精品创作和传播计划,加强网络文学出版传播的管理和引导,推出更多网络原创精品力作。加强数字出版内容投送平台建设和管理,改善数字出版内容消费服务方式,提升公众数字阅读消费满意度。深入探索读者阅读行为和阅读习惯的数字化转型,提供更便捷、人性化的数字化阅读技术服务,全面推进全民阅读的多媒体、多平台融合。

专栏7 数字化阅读建设重点工程

(一)全民数字化阅读推广工程

组织开展系列专题数字化阅读活动,大力提升全民数字化阅读率;支持建设一批数字化阅读服务平台,助力全民阅读普及,提升数字出版在公共文化服务体系建设中的支撑能力。

(二)国家全民阅读数字化平台建设

建设3至4家国家级公益性数字化阅读推广、优质阅读内容数字化传播、移动阅读数字化传播平台,与各类图书馆、农家书屋等终端联网,向读者提供数字化阅读服务。

(三)网络文学精品出版工程

用3至5年时间,使创作导向更加健康,创作质量明显提升,推出一批思想精深、艺术精湛、制作精良、深受群众喜爱的原创网络文学精品,在网络内容建设和文艺创新中的作用更加突出。

(八)组织引导社会各方力量共同参与

鼓励和吸引社会力量建设全民阅读公共设施、提供全民阅读服务。充分发挥热心阅读推广的社会名人、文化名家的阅读引领作用。鼓励和支持公务员、教师、新闻出版工作者、大学生等加入阅读推广人队伍,定期培训,提升阅读推广人队伍的整体素质和服务能力。鼓励和支持文化团体、教育机构和其他社会组织开展阅读推广并提供公益阅读服务。成立各级全民阅读促进协会。鼓励和支持高等院校和科研单位进行阅读研究,鼓励从跨学科的角度研究阅读理论,创新研究方法,加强阅读学学科建设,促进全民阅读工作的开展。

专栏8 社会力量参与机制

(一)建立阅读推广人队伍

制定阅读推广人培养方案及管理办法,建立基层全民阅读工作者队伍培训机制,对全国各级全民阅读工作人员、图书馆馆员、农家书屋管理员、阅读推广人等进行系统培训,提高全民阅读推广能力,支持开展各类基层读书活动。

(二)培育阅读推广机构

充分发挥各类绘本馆、阅读空间、读书会等的重要作用,提升阅读推广专业性、阅读服务规范性,培育一批在社会上具有广泛影响力的阅读推广机构。

(三)成立全民阅读促进协会

汇聚相关部门、群团组织、阅读推广机构、出版发行单位、公共图书馆、基层阅读组织、知名作家学者以及其他热心全民阅读推广的社会人士,组建各级全民阅读促进协会,开展全民阅读推广工作。到2020年,全国所有省(自治区、直辖市)都应成立全民阅读促进协会,50%的地级市应成立全民阅读促进协会。

(九)加强全民阅读宣传推广

重视和发挥中央媒体和地方媒体、传统媒体和新兴媒体、主流媒体和各类媒体的重要作用,形成强大宣传合力，营造全民阅读的良好氛围。进一步做好理念创新、手段创新、载体创新，把创新的重心放在基层一线，从围绕相关节庆、重点事件报道向常态化、持续化发展，从书评、书摘、书讯等传统栏目向典型报道、深度报道、专题报道、系列报道扩展，从报刊读书栏目、广播电视读书节目向公益广告、户外传媒、新媒体等全媒介多元化发展。

鼓励和支持各类媒体、组织全民阅读媒体联盟和全民阅读百网联盟成员单位深入街道、社区和乡镇、农村等基层，抓取第一手新闻素材，把鲜活读书故事、先进读书人物传递给广大读者。要充分发挥正面宣传鼓舞人、激励人的作用，多宣传读书陶冶情操、读书改变命运、读书成就人生等感人故事，让全民阅读理念春风化雨，润物无声。

专栏9　全民阅读宣传推广

（一）全民阅读媒体联盟和全民阅读百网联盟

充分发挥各类媒体的特点，适应分众化、差异化传播趋势，实现传统宣传推广形式与新媒体宣传推广形式深度融合，以全民阅读官方网站和全民阅读工作网站为平台和纽带，利用官方微博、微信公众号和新闻客户端"两微一端"，资源共享、信息互通、资讯互联，形成合力，共同向广大读者宣传推广全民阅读。

（二）书香中国万里行

组织全民阅读媒体联盟、全民阅读百网联盟成员单位深入街道、社区和乡镇、农村等基层，宣传报道全民阅读先进典型和感人事迹，营造开展全民阅读的良好氛围。

三、加强组织领导和统筹实施

加强全民阅读工作的组织领导和统筹协调，建立相关部门共同参与的协商推进机制，形成合力，共同承担全民阅读工作的职责。加强全民阅读法制建设，制订发布《全民阅读促进条例》，鼓励和推动地方开展全民阅读立法工作。

建立书香社会指标体系，定期评估和发布。鼓励将全民阅读指数纳入社会发展指标体系，纳入创建文明城市指标体系，将工作情况纳入目标管理和考核体系。

专栏10　全民阅读长效机制建设工程

（一）制订《全民阅读促进条例》

将全民阅读纳入法制化轨道，规范政府责任，保障公民基本阅读权利，促进全民阅读服务体系建设。推动地方全民阅读立法工作。到2020年，推动全国所有省（自治区、直辖市）出台本地的全民阅读地方性法规、地方政府规章及政策性文件等。

（二）建立全民阅读指导委员会

建立国家全民阅读指导委员会和地方各级全民阅读指导委员会，形成各部门综合协调机制，共同研究全民阅读工作中的重大问题，制订全民阅读公共服务基本标准，协调全民阅读基础设施建设与资源配置，促进阅读相关机构和组织合作。

（三）书香社会指标体系

定期开展全国国民阅读调查，建设全民阅读监测体系，监测全民阅读发展水平、阅读服务公众满意度、阅读服务标准实现程度；对全民阅读活动、工程效果进行第三方测评，收集群众反馈意见，对活动进行科学评估。

国务院《关于印发〈"十三五"促进民族地区和人口较少民族发展规划〉的通知》

国发〔2016〕79号

各省、自治区、直辖市人民政府，国务院各部委、各直属机构：

现将《"十三五"促进民族地区和人口较少民族发展规划》印发给你们，请认真贯彻实施。

国务院
2016年12月24日

《"十三五"促进民族地区和人口较少民族发展规划》

前言

我国是一个统一的多民族国家，共有55个少数民族、155个民族自治地方，少数民族人口占全国总人口的8.5%，民族自治地方面积占全国国土总面积的64%。"十三五"时期，把加快少数民族和民族地区发展摆到更加突出的战略位置，对于补齐少数民族和民族地区发展短板，保障少数民族合法权益，提升各族人民福祉，增进民族团结进步，促进各民族交流交往交融，维护社会和谐稳定，确保国家长治久安，实现全面建成小康社会和中华民族伟大复兴中国梦，具有重要意义。

本规划根据《中华人民共和国民族区域自治法》、《中共中央 国务院关于加强和改进新形势下民族工作的意见》、《中华人民共和国国民经济和社会发展第十三个五年规划纲要》编制，主要阐明国家支持少数民族和民族地区发展、加强民族工作的总体目标、主要任务和重大举措，是"十三五"时期促进少数民族和民族地区全面建成小康社会的行动纲领。

第一章 面临的发展环境

第一节 基础条件

"十二五"时期，各地区各部门认真贯彻落实党中央、国务院决策部署，我国少数民族和民族地区发展取得显著成绩。特别是党的十八大以来，在以习近平同志为核心的党中央坚强领导下，少数民族和民族地区综合实力大幅提升，经济社会全面协调发展。基础设施建设取得突破性进展，群众生产生活条件明显改善。特色优势产业快速发展，自我发展能力日益增强。扶贫攻坚成效明显，农牧民收入持续增加。社会事业取得长足进步，基本公共服务水平稳步提高。生态文明建设成效显著，环境质量进一步改善。新型城镇化持续推进，少数民族特色村镇得到有效保护与发展。少数民族文化事业繁荣发展，各族群众精神生活更加丰富。全方位开放合作深化拓宽，国际国内竞争优势日益凸显。民族团结不断巩固，民族关系更加和谐。依法管理民族事务能力持续提升，各民族凝聚力向心力不断增强。总的看，少数民族和民族地区初步具备全面建成小康社会的基础条件。

第二节 主要困难

由于历史、自然和地理等原因，少数民族和民族地区发展仍面临一些突出问题和特殊困难。经济社会发展总体滞后，供给侧结构性改革任务艰巨，产业发展层次水平偏低，新旧动能转换难度较大。城乡区域发展不平衡，基本公共服务供给不足，基础设施建设欠账多，资源环境约束大，创新发展能力弱，对内对外开放水平不高。少数民族和民族地区人口整体素质有待提高，少数民族传统文化传承发展亟待加强，贫困问题依然严峻，维护社会和谐稳定任务繁重，缩小与全国发展差距仍然任重道远。破解多重问题和困难，必须加快少数民族和民地区发展。

第三节 机遇挑战

"十三五"时期，我国经济发展进入新常态，国际国内发展环境更加复杂，少数民族和民族地区发展呈现新的特点，面临新的机遇和挑战。一方面，世界局势正在发生深刻变化，地缘政治关系多极化不断向纵深发展，世界范围内不稳定不确定不平衡因素显著增多，我国发展面临的国际风险挑战加大。同时，新型工业化、信息化、城镇化、农业现代化深入推进，改革攻坚进入深水区，我国经济下行压力增大，稳增长、调结构、惠民生、防风险任务日益繁重，民族地区协调各方面关系、承受各种风险、化解社会矛盾的压力呈现加大趋势，面临脱贫攻坚和实现全面小康双重任务、发展经济和保护环境双重责任、加快发展和维护团结稳定双重压力。另一方面，随着我国进入全面建成小康社会决胜阶段，"一带一路"建设加快推进，区域协调有序发展，脱贫攻坚全面展开，民族地区奔小康行动深入实施，国家对民族地区、边疆地区、贫困地区全方位扶持力度不断加大，少数民族和民族地区面临难得的发展机遇。"十三五"时期加快少数民族和民族地区发展必须把握机遇，应对挑战，确保如期实现全面建成小康社会目标。

第二章 总体要求

第一节 指导思想

高举中国特色社会主义伟大旗帜，以马克思列宁主义、毛泽东思想、邓小平理论、"三个代表"重要思想、科学发展观为指导，全面贯彻党的十八大和十八届三中、四中、五中、六中全会精神，深入贯彻习近平总书记系列重要讲话精神和治国理政新理念新思想新战略，紧紧围绕"五位一体"总体布局和"四个全面"战略布局，全面落实中央民族工作会议精神和新形势下民族工作总体思路，牢牢把握各民族共同团结奋斗、共同繁荣发展的民族工作主题，坚定不移走中国特色解决民族问题的正确道路，坚持全面贯彻落实党的民族政策，坚持和完善民族区域自治制度，坚持各民族交往交流交融，坚持创新、协调、绿色、开放、共享的发展理念，始终把少数民族和民族地区加快发展摆在更加突出的战略位置，以推动民族团结、社会和谐、人民幸福为宗旨，以增强自我发展能力、提高公共服务水平、改善民生为重点，以完善体制机制和扶持政策为保障，更加注重民族因素与区域因素相结合，更加注重发展经济与改善民生相结合，更加注重释放政策动力与激发内生动力相结合，更加注重推动改革创新与对内对外开放相结合，着力解决制约少数民族和民族地区发展的突出短板和薄弱环节，着力促进少数民族事业发展，着力巩固和发展平等团结互助和谐的社会主义民族关系，着力提高依法管理民族事务能力，确保到2020年少数民族和民族地区与全国人民一道迈入全面小康社会。

第二节 基本原则

——坚持加快发展、缩小差距。紧密围绕全面建成小康社会战略目标，统筹考虑当前与长远、城乡协调发展，突出重点和难点，全力推动供给侧结构性改革，大力推进基础设施建设，着力打造产业发展新优势，不断增强自我发展能力，促进少数民族和民族地区持续健康发展，逐步缩小与其他地区发展差距。

——坚持以人为本、改善民生。坚持以人民为中心，充分调动人民群众的积极性、主动性、创造性，始终把改善民生、凝聚人心、增进人民福祉、促进人的全面发展作为一切工作的出发点和落脚点，着力实现好、维护好、发展好人民群众的根本利益，切实增强各民族群众的获得感和幸福感，让少数民族和民族地区共享改革发展成果。

——坚持绿色发展、保护生态。全面落实节约资源和保护环境基本国策，正确处理经济发展与生态环境保护的关系，深入推进生态文明建设，大力发展绿色经济，推动经济绿色转型，促进人与自然和谐发展，推动少数民族和民族地区走出一条生产发展、生活富裕、生态优美的绿色发展之路。

——坚持因地制宜、分类指导。树立创新、协调、绿色、开放、共享的发展理念，立足民族地区资源环境条件和少数民族传统文化特点，因地制宜、分类施策、突出特色，科学确定发展模式与实施路径，加强对少数民族和民族地区发展薄弱环节的工作指导和政策扶持，确保如期实现脱贫攻坚任务。

——坚持改革创新、扩大开放。充分发挥市场在资源配置中的决定性作用，更好发挥政府作用，深化重点领域和关键环节改革，鼓励先行先试，创新体制机制，释放改革活力，全方位拓展开放合作，努力构筑民族地区对内对外开放新格局。

——坚持国家支持、自力更生。发挥各级党委总揽全局、协调各方的领导核心作用，紧紧抓住国家推动区域协调发展的重大机遇，坚持加大中央支持与激发地方内生动力相结合，加强顶层设计，完善政策体系，加大投入力度，厚植发展优势，加快发展步伐，提升发展水平，促进少数民族和民族地区经济社会跨越式发展。

——坚持民族团结、共同发展。充分发挥社会主义制度的优越性，把民族团结作为各族人民的生命线，促进各民族唇齿相依、手足相亲、守望相助，以繁荣发展促进团结稳定，以团结稳定保障繁荣发展，促进各民族交往交流交融，探索走出一条具有中国特色、符合民族地区特点、体现各族人民意愿的团结发展道路。

第三节 主要目标

按照确保到2020年实现与全国同步全面建成小康社会的要求，"十三五"时期少数民族和民族地区发展的主要目标是：

——经济持续较快发展。经济发展增速高于全国平均水平，到2020年地区生产总值和城乡居民人均收入比2010年翻一番，与全国差距明显缩小。农牧区加快发展，脱贫攻坚取得实效，基础设施更加完善，产业结构持续优化，城镇化水平大幅提升，对内对外开放水平显著提高，综合经济实力明显增强。

——社会事业稳步提升。基本公共服务均等化水平显著提升，资源配置更加合理，城乡差距明显缩小，主要领域指标达到或接近全国平均水平。城乡居民就业更加充分，劳动年龄人口受教育年限明显提高，社会保障实现全覆盖，基本医疗卫生服务人人享有，人民群众整体素质和社会文明程度全面提升。

——民族文化繁荣发展。少数民族优秀传统文化得到传承弘扬，文化事业加快发展，公共文化服务体系基本建成，文化基础设施更加完备，文化产品日益丰富，文化产业持续壮大，文化发展成果惠及各族群众，少数民族特色文化活动广泛开展，各民族共有精神家园建设成效显著。

——生态环境明显改善。国家生态安全屏障基本形成，主体功能区建设成效凸显，生态环境保护能力显著提升，生态保护补偿机制逐步建立健全，资源循环利用体系初步建立，环境治理能力不断增强，城乡人居环境更加优美，资源节约型、环境友好型社会建设稳步推进。

——民族团结更加巩固。中华民族共同体意识深入人心，全社会"三个离不开"（汉族离不开少数民族，少数民族离不开汉族，各少数民族之间也相互离不开）思想全面加强，各民族群众"五个认同"（对伟大祖国、对中华民族、对中华文化、对中国共产党、对中国特色社会主义道路的认同）不断增强，民族理论政策创新发展，民族工作法律法规日臻完善，民族事务治理现代化水平显著提高，相互嵌入式的社会结构和社区环境逐步建立，民族团结进步示范区建设深入推进，各民族和睦相处、和衷共济、和谐发展，社会主义民族关系得到进一步巩固。

专栏1 "十三五"时期民族自治地方经济社会发展主要指标

指标	2015年	2020年	年均增速〔累计〕	属性
经济发展				
（1）地区生产总值（万亿元）	6.65	9.8	>8%	预期性
（2）全员劳动生产率（万元/人）	6.48	9.1	>7%	预期性
协调发展				
（3）工业增加值（万亿元）	2.62	>3.8	>7.5%	预期性
（4）服务业增加值比重（%）	42.26	47	〔4.74〕	预期性
（5）城镇化率（%）	47.09	54.2	〔7.11〕	预期性
共享发展				
（6）农村贫困人口脱贫（万人）	—	—	〔1805〕	约束性

续表

指标		2015年	2020年	年均增速〔累计〕	属性
（7）居民人均可支配收入增长（%）		—	—	>9%	预期性
（8）劳动年龄人口平均受教育年限（年）		9.01	10.3	〔1.29〕	约束性
（9）城镇新增就业人数（万人）		—	—	〔>500〕	预期性
（10）基本养老保险参保率（%）		81.7	90	〔8.3〕	预期性
（11）人均预期寿命（岁）		—	—	〔1〕	预期性
绿色发展					
（12）耕地保有量（亿亩）		3.19	3.19	〔0〕	约束性
（13）单位GDP能源消耗降低（%）		—	—	〔13〕	约束性
（14）森林覆盖率（%）		17.85	19.8	〔1.95〕	约束性
开放发展					
（15）进出口总额（亿美元）		1201	>2114.4	>14%	预期性
（16）边贸进出口额比重（%）		33.4	43.6	〔10.2〕	预期性
（17）实际利用外资额（亿美元）		109.79	>151.1	>6.6%	预期性
创新发展					
（18）研究与试验发展经费投入强度（%）		0.74	1.7	〔0.96〕	预期性
（19）科技进步贡献率（%）		45.8	54	〔8.2〕	预期性
（20）互联网普及率	固定宽带家庭普及率（%）	36	60	〔24〕	预期性
	移动宽带用户普及率（%）	50	79	〔29〕	
团结发展					
（21）少数民族人口流动率（%）		15.09	16.9	〔1.81〕	预期性
（22）全国民族团结进步教育基地（个）		57	>117	〔>60〕	约束性
（23）全国民族团结进步创建	示范区（个）	0	>1000	〔>1000〕	约束性
	示范单位（个）	135	>1135	〔>1000〕	

注：①地区生产总值、全员劳动生产率、工业增加值按可比价计算，绝对数按2015年不变价计算。②〔 〕内为5年累计数。③城镇新增就业人数仅包括5个自治区。

第三章 全力打赢脱贫攻坚战

第一节 确保如期实现脱贫目标

由于历史、自然和地理等原因，少数民族和民族地区致贫情况复杂、表现特殊，贫困程度深，脱贫任务重。必须牢固树立科学治贫、精准脱贫理念，把脱贫攻坚作为发展头等大事和第一民生工程，采取超常规硬举措，健全扶贫工作机制，确保如期实现少数民族和民族地区脱贫。按照发展生产脱贫一批、易地搬迁脱贫一批、生态补偿脱贫一批、发展教育脱贫一批、社会保障兜底一批的要求，坚持精准扶贫、精准脱贫基本方略，以民族自治地方、边境地区、人口较少民族地区的贫困地区为主战场，加快解决少数民族和民族地区发展瓶颈，稳定实现农村贫困人口不愁吃、不愁穿，义务教育、基本医疗和住房安全有保障，现行标准下农村贫困人口全部脱贫，贫困县全部摘帽，解决区域性整体贫困，确保少数民族和民族地区与全国同步进入全面小康社会。（国务院扶贫办、财政部、国家发展改革委、环境保护部、国土资源部、教育部、人力资源社会保障部、国家民委、国家卫生计生委、住房城乡建设部按职责分工分别负责，下同）

第二节　分类推进特殊贫困地区发展

坚持民族和区域相统筹，因地制宜，分类施策。对居住在生存条件恶劣、生态环境脆弱、"一方水土养不起一方人"的民族地区的建档立卡贫困人口，积极实施易地扶贫搬迁，支持搬迁户新建安置住房，加快安置区配套设施建设，依托少数民族特色村镇、农业园区、工业园区及旅游景区提供更多就业机会，促进搬迁群众稳定脱贫。重点实施生态保护扶贫和水利扶贫，支持绿色农林畜产品生产，组织贫困群众参与国家重大生态保护修复工程和水利设施项目建设，设立生态公益岗位帮助有劳动能力的贫困人员脱贫，创造更多公益性就业岗位，提高贫困人口受益水平。对人口较少民族聚居的建档立卡贫困村，推进整村整族精准脱贫，分期分批推进贫困村退出、贫困人口脱贫。对特困民族地区的建档立卡贫困户、贫困村，实施提升贫困群众素质和激发内生动力扶贫。对守土戍边不宜搬迁的陆地边境抵边一线乡镇贫困村边民，采取特殊扶持政策，加大边民扶持力度，改善边民生产生活条件，实施就地就近脱贫，确保边民安心生产生活、安心守边固边。（国务院扶贫办、国家发展改革委、财政部、住房城乡建设部、国土资源部、农业部、环境保护部、水利部、国家林业局、国家民委）

专栏2　少数民族特困地区和特困群体综合扶贫工程

（1）民族自治地方贫困县脱贫专项行动。推进国家各项惠民政策和民生项目向民族自治地方贫困县倾斜。大力培育特色产业，增强自我发展能力。加快通电通水通路通互联网，提升公共服务水平。开展职业技能培训，支持就业创业。（国家民委、国务院扶贫办、国家发展改革委、财政部、国土资源部、农业部、工业和信息化部、国家能源局、水利部、交通运输部、人力资源社会保障部）

（2）边境地区戍边就地就近脱贫专项行动。大力改善基础设施条件和基本公共服务，扶持发展边境贸易和特色经济，提升沿边开发开放水平，加强边民脱贫致富能力，增强边民凝聚力、向心力和自豪感，促进民族团结和边防稳固。（国务院扶贫办、国家发展改革委、海关总署、商务部、国土资源部、农业部、外交部、国家民委）

（3）特困和人口较少民族精准脱贫专项行动。推进人口较少民族整村整族精准脱贫，实施整村推进，分期分批整体脱贫。在特困民族地区，帮助少数民族群众学用普通话、普及科技知识、提高生产生活技能。（国家民委、国务院扶贫办、教育部、财政部、中国科协、国土资源部）

第三节　调动各方力量合力攻坚

积极整合各方资源。加大项目资金支持力度，实行差别化扶持政策，健全帮扶体制机制，增强自我发展能力，提升公共服务水平，支持少数民族和民族地区打赢脱贫攻坚战。充分发挥各方资金、人才、信息、技术等优势，实施特色产业扶贫、劳务输出扶贫、易地搬迁扶贫、交通扶贫、网络扶贫、生态保护脱贫、水利扶贫、教育扶贫、文化扶贫、旅游扶贫、科技扶贫、健康扶贫、社保兜底脱贫等脱贫攻坚重点工程，采取经济、文化、教育、科技创新、医疗卫生、技能培训等综合措施，着力提高贫困群众住房、医疗、卫生、教育、社保等方面保障水平，让贫困群众获得更加持续稳定的脱贫增收能力，最大限度消除返贫现象。（国家民委、国家发展改革委、财政部、国务院扶贫办、国土资源部、农业部、工业和信息化部、人力资源社会保障部、民政部、交通运输部、中央网信办、环境保护部、水利部、教育部、文化部、国家林业局、国家旅游局、科技部、国家卫生计生委、住房城乡建设部、中国科协）

加大国家扶持力度。支持贫困民族地区发展优势产业和特色经济，重点支持少数民族贫困村、贫困户发展种养业和少数民族传统手工业，实施贫困村"一村一品"产业推进行动和"互联网+"产业扶贫，实施电商扶贫、光伏扶贫、乡村旅游扶贫等工程，拓宽群众增收致富门路。加快推进民族地区重大基础设施项目和民生工程建设，进一步完善基础设施及配套建设，解决民生领域突出困难和问题。实施农村危房改造，统筹开展农房抗震改造，优先解决民族地区建档立卡贫困户、低保户、农村分散供养特困人员、贫困残疾人家庭等贫困户基本住房安全问题。充分发挥贫困村第一书记、驻村工作队深度参与脱贫致富方面的作用。加大对贫困民族地区的东西部扶贫协作、定点扶贫、劳务协作对接扶贫、"百县万村"扶贫、"万企帮万村"扶贫等支持力度,鼓励社会团体、民营企业、个人参与支持贫困民族地区脱贫攻坚,实施扶贫志愿者行动计划和社会工作专业人才服务贫困民族地区计划。(国务院扶贫办、财政部、国土资源部、农业部、国家林业局、工业和信息化部、商务部、国家能源局、国家旅游局、交通运输部、水利部、教育部、中央宣传部、文化部、国家卫生计生委、国务院国资委、人力资源社会保障部、中央组织部、住房城乡建设部、民政部、国家发展改革委、中央统战部、全国工商联、国家民委)

第四章 促进经济跨越发展

第一节 加强基础设施建设

加快重点基础设施建设。加强民族地区现代化综合交通运输体系建设,重点支持骨干铁路、干线公路、支线机场、水运航道和城市地下综合管廊建设,完善乡村交通基础设施网络,建立外通内联区域交通骨干通道,提升运输服务水平。结合国家高速公路、国省道、农村公路规划建设,加强主要旅游景区、景点连接,提高旅游道路等级和养护水平。科学论证、稳步推进重大水利设施建设,统筹加强中小型水利建设,实施"五小水利"工程,强化主要江河治理、中小河流治理、防洪抗旱减灾和保水储水保障能力。加强信息基础设施建设,推进宽带网络发展,全面推进三网融合,支持有条件的民族地区布局云计算数据中心,鼓励开展云计算、大数据、智能制造等试点示范工作,加快云计算数据通道建设。按照"一带一路"建设要求,完善对外开放信息通道布局。加强民族地区地面广播电视传输覆盖网络建设,推动广播电视村村通向户户通升级。加强能源保障体系建设,继续实施国家农村电网改造升级工程,支持骨干电网、城乡中低压配电网、高压输变电工程建设及清洁能源综合利用、可再生能源开发。支持油气管道建设。推进"一带一路"能源合作基地建设。(国家发展改革委、国家铁路局、中国铁路总公司、交通运输部、中国民航局、住房城乡建设部、国家旅游局、水利部、中央网信办、工业和信息化部、新闻出版广电总局、国家能源局、商务部)

加强群众生产生活设施建设。加快推进民族地区农田水利、农网改造和微电网、乡村道路、城乡供水、通信网络、商贸网点、物流配送、快递服务等设施建设。积极推进基层医疗卫生机构、公共文化服务、垃圾污水处理、邮政、公共厕所等公益性民生基础设施建设。改善群众出行条件,推进农村客运和城市公交发展。(国家发展改革委、农业部、水利部、国家能源局、交通运输部、住房城乡建设部、工业和信息化部、商务部、国家邮政局、国家卫生计生委、新闻出版广电总局、环境保护部)

专栏3　重大基础设施建设

(1)民族地区综合交通基础设施建设。抓好成都—贵阳、昆明—南宁、西安—银川、呼和浩特—张家口—北京、赤峰通辽分别至京沈高铁连接线等高速铁路,阿勒泰—富蕴—准东、玉溪—磨憨、拉萨—林芝铁路以及青藏铁路格尔木—拉萨段扩能等在建重大项目建设,积极推进重庆—昆明、贵阳—南宁、西宁—成都(黄胜关)、包头—银川、克拉玛依—塔城铁路铁厂沟—塔城段、临沧—清水河、银川—巴彦浩特等规划项目前期工作。继续推进西江航运干线扩能,建成贵港二线船闸和梧州至肇庆一级航道,启动西津二线船闸建设。新建霍林郭勒、扎兰屯、东乌旗、玉林、石嘴山、莎车、若羌、甘孜、果洛、祁连、威宁等机场及一批通用机场,迁建呼和浩特、梧州等机场,改扩建拉萨、乌鲁木齐、银川、桂林、格尔木、黎平、荔波等机场。优先安排和重点支持G7大黄山—乌鲁木齐、巴里坤—木垒、G0711乌鲁木齐—库尔勒、G5511白音察干—安业、大板—查白音塔拉、G10海拉尔—满洲里、G4216仁寿—屏山新市、G8513绵阳—九寨沟等国家高速公路建设。(国家发展改革委、交通运输部、国家铁路局、中国铁路总公司、中国民航局)

(2)民族地区旅游交通设施建设。加强通景区、旅游扶贫重点村的道路及服务设施建设。加快公路标志标识系统建设。打造国家生态风景道,加强旅游风景道路沿线资源环境保护,营造景观空间,建设游憩、服务设施,完善安全救援体系,优化交通管理,实现道路从单一交通功能向交通、美学、游憩和保护等复合功能的转变。加强汽车房车营地与交通干线之间的联通公路建设。积极发展高铁旅游，优化铁路站点及运营时间安排，开辟更多旅游专列。配合河道疏浚等水利工程，统筹考虑旅游需求，开通水上旅游航线。支持通用机场合理布局，推动低空旅游健康发展。（国家发展改革委、国家旅游局、交通运输部、国家铁路局、中国铁路总公司、中国民航局）

（3）民族地区重点水利工程建设。加快青海引大济湟、西藏拉洛水库、青海蓄集峡水利枢纽、新疆阿尔塔什水利枢纽、内蒙古绰勒下游灌区、吉林松原灌区、新疆叶尔羌河治理等在建工程建设。加快推进云南滇中引水、西藏湘河、新疆玉龙喀什等重大水利工程前期工作，力争早日开工建设。积极推进大中型灌区续建配套与节水改造、小型农田水利、农村饮水安全巩固提升、中型水库、中小河流治理、山洪灾害防治和抗旱应急水源等工程建设。（水利部、国家发展改革委、财政部、国土资源部、环境保护部、住房城乡建设部、国家林业局）

（4）民族地区信息化建设。加快信息基础设施建设，继续推进广播电视户户通，实施"宽带中国"战略，重点支持光纤网络、移动通信网络、宽带基础设施升级改造、综合通信网络和少数民族语言网站建设。（工业和信息化部、新闻出版广电总局、国家发展改革委、财政部、科技部、国家民委）

（5）民族地区城乡基础设施建设。统筹考虑城乡结合部、城镇周边农村地区的需求，合理规划基础设施建设布局，加快水、气、污水和垃圾处理等市政公共设施服务向周边农村地区延伸覆盖，强化城乡基础设施的连接，推动市政公用设施城乡联网、共建共享、同质服务。（住房城乡建设部、国家发展改革委、水利部、国家能源局、环境保护部）

第二节 培育壮大特色优势产业

大力培植优势产业。大力发展民族地区现代农牧业，推进农牧业结构调整，转变农牧业发展方式，完善农牧业科技服务体系，加强新型职业农牧民培养，加快建设现代特色农牧业示范区，提高农牧业综合生产能力。有序推进能源矿产资源开发，加快推进国家重要战略资源基地建设，扶持发展能源矿产资源采选和制品加工业，合理培育区域特色能源矿产产业，形成一批特色鲜明、产业集聚的产业基地。围绕民族地区新型工业化产业示范基地和企业技术创新能力建设，推动传统优势产业提档升级，推进重点企业技术改造和创新提升，实施区域品牌发展战略，深入开展全国知名品牌创建示范区建设。积极发展新能源、新材料、高端装备制造、生物、新一代信息技术、节能环保等战略性新兴产业。支持民族地区国家高新技术产业、火炬特色产业基地建设。大力发展民族地区现代服务业，支持建设现代物流、专业市场、科技服务、金融服务、电子商务、商务会展、教育培训、健康服务、创意产业等现代服务业集聚区。积极引导产业优化布局。大力培育县域优势产业。推动军民融合产业发展。（农业部、国家发展改革委、科技部、国家能源局、工业和信息化部、国家中医药局、人民银行、民政部、教育部、国家卫生计生委、商务部、国土资源部、质检总局）

加快发展民族特色产业。充分发挥民族地区自然人文资源比较优势，大力发展特色农牧业及其加工业，支持特色农产品深加工基地建设，创建出口食品农产品质量安全示范区，提升特色食品农产品市场竞争力。大力发展特色林业产业，支持木本油料、特色林果、林下经济、种苗花卉、森林康养基地建设，促进当地群众就近增收。大力发展民族特色旅游业，开发民族特色浓郁的重点旅游景区和线路，打造一批民族特色旅游品牌，促进民族特色旅游与城镇、文化、产业、生态、乡村建设等融合发展。大力支持民族医药及关联产业发展。大力发展少数民族传统手工艺品产业，扶持少数民族手工业龙头企业，支持建立少数民族传统手工艺品生产、技艺传习基地。（农业部、国家发展改革委、国家能源局、国土资源部、国家旅游局、国家林业局、工业和信息化部、国家中医药局、食品药品监管总局、质检总局、文化部、国家民委）

扶持民族贸易和民族特需商品生产。继续执行扶持民族贸易和民族特需商品生产的税收、金融、财政等优惠政策，支持全国民族贸易和民族特需商品定点生产企业发展。支持民族地区市场体系建设，加强对肉菜和中药材流通追溯体系建设的指导和事中事后监管，继续做好边销茶、清真牛羊肉储备管理和市场调控工作。（国家民委、人民银行、财政部、税务总局、国家发展改革委、国家卫生计生委、商务部、农业部、食品药品监管总局）

专栏4　民族特色优势产业振兴

（1）民族地区矿物功能材料示范基地建设。以节能环保、土壤治理、生态修复、现代农业等需求为牵引，加大优势非金属矿资源科学开发支持力度，打造一批特色非金属矿产业园区。发展先进适用技术和装备，提高非金属矿资源开采、选矿回收率和综合利用率，打造一批尾矿近零排放的非金属矿深加工示范区。围绕石墨、膨润土、高岭土、硅藻土、云母等优势矿种，大力推广新技术新产品，培育20个矿物功能材料产业示范基地。（工业和信息化部、国土资源部、环境保护部、农业部、科技部）

（2）民族地区食品农产品出口示范基地建设。推进食品农产品出口示范基地建设，改善食品农产品出口经营环境，提高出口食品农产品质量安全水平，培育食品农产品出口龙头企业，提升食品农产品国际竞争力。（质检总局、海关总署、农业部、工业和信息化部、商务部、食品药品监管总局、国家民委）

（3）民贸民品企业"千家培育百家壮大"工程。重点培育1000家民族贸易和民族特需商品定点生产企业，重点扶持100家民族特需商品定点生产企业、100家民族贸易县内民族贸易企业，培育壮大行业龙头和骨干企业。（国家民委）

（4）少数民族传统手工艺品保护与发展。重点打造一批少数民族传统手工艺品保护与发展基地，扶持一批少数民族传统手工艺品企业，支持一批少数民族传统手工艺品项目，提升一批少数民族传统手工艺品民族特色品牌，建设一批职业院校民族文化传承创新示范专业点，培养一批少数民族传统手工艺传承人。（工业和信息化部、国家民委、教育部、文化部）

（5）民族医药产业发展。充分发挥民族医药资源优势，提升民族医药及相关产品研发、制造能力，打造民族医药品牌，培育壮大民族医药产业，推进民族医医疗与养老保健、健康旅游、服务贸易融合发展。（工业和信息化部、国家卫生计生委、国家中医药局、国家民委、国家发展改革委、财政部、科技部、商务部、食品药品监管总局、国家旅游局）

（6）清真食品产业发展。充分发挥清真食品资源优势，加快传统清真食品产业改造提升，培育清真食品知名品牌，支持现代化的清真食品生产、加工、出口基地和产业园区建设，健全清真食品研发、生产、交易支撑体系。（国家发展改革委、工业和信息化部、农业部、国家民委、财政部、商务部、食品药品监管总局、质检总局）

第三节　推进新型城镇化

推进以人为核心的新型城镇化。充分考虑大部分民族地区地广人稀、地处边疆的特点，坚持因地制宜、固土守边的原则，研究制定推进新型城镇化的特殊政策措施。统筹大中城市、小城镇发展，建立健全城市群发展协调机制。加强城镇规划建设管理，推进公用设施建设，提升服务功能。加快中心城市建设，增强辐射带动能力，运用政府和社会资本合作等方式，有效缓解市政建设资金压力。支持中小城市、重点镇、特色镇发展，重点建设一批边贸重镇、产业大镇、工业强镇和旅游名镇。优化城市空间结构和管理格局，加快推进绿色城市、智慧城市、人文城市、海绵城市建设。加快城镇产业集聚和人口集中，吸引各类企业向县城和中心镇汇聚，增强城镇可持续发展能力。全面深化户籍制度改革，建立健全农业转移人口市民化机制，加快推进农业转移人口市民化。加大城市棚户区改造力度。充分尊重农牧民意愿，完善收益形成与返还机制，促进农牧民就近就地城镇化。围绕国家新型城镇化综合试点，培育发展一批山地城镇、生态城镇、旅游城镇等特色城镇，积极探索边境地区、集中连片特困地区、人口较少民族地区新型城镇化的有效路径。（国家发展改革委、住房城乡建设部、财政部、国家开发银行、中国农业发展银行、工业和信息化部、公安部、国土资源部、民政部、人力资源社会保障部、

水利部、农业部、环境保护部、文化部、国家文物局、国家旅游局）

推进以民族文化为载体的新型城镇化建设。根据不同民族地区的自然历史文化禀赋、区域差异性和不同民族的文化形态多样性，发展有历史记忆、文化脉络、地域风貌、民族特点的美丽城镇，形成建筑风格、产业优势、文化标识独特的少数民族特色小镇保护与发展模式。在旧城改造中，重视保护历史文化遗产、民族文化风格和传统建筑风貌，促进功能提升与民族文化保护相结合。在新城新区建设中，注重融入传统民族文化元素，与原有城市自然人文特征相协调。加强历史文化名城名镇、历史文化街区、民族特色小镇的文化资源挖掘和整体文化生态保护，打造魅力特色旅游文化街区，推进民族特色突出、历史底蕴厚重、时代特色鲜明的新型民族特色城镇化建设。（住房城乡建设部、国家发展改革委、文化部、国家文物局、环境保护部、国家旅游局、民政部、国家民委）

第四节　强化创新驱动发展

提升科技创新能力。发挥科技创新对民族地区发展的引领作用，加强科技基础条件建设，推动产业创新发展。结合推进创新驱动发展战略，实施一批科技创新项目，加强重点实验室、工程（技术）研究中心、高新技术产业园区和农业科技园区等科技创新基地平台建设。推进特色高水平大学和科研院所建设，鼓励企业开展基础性前沿性创新研究。强化企业技术创新主体地位，加快培育壮大创新型企业。鼓励企业提升技术中心创新能力，构建产业技术创新战略联盟。实施"互联网+"行动计划，发展物联网技术和应用，促进互联网与经济社会融合发展。（科技部、国家发展改革委、教育部、农业部、工业和信息化部、国务院国资委、商务部）

支持产业技术创新。完善民族地区技术创新公共服务平台，加快建立以企业为主体、市场为导向、产学研相结合的技术创新体系。支持开展农产品精深加工与储运、农业农村信息化、智能农机装备等领域先进技术研发与应用推广。加快矿产资源、民族医药等特色优势产业关键技术攻关与应用示范。实施科技创业者行动，培育创新型产业，发展创业孵化载体，构建一批众创空间，加强创业投资支持。加强疾病防控、防灾减灾、生态保护等领域科技创新。继续实施国家文化科技创新工程西部行动。（科技部、农业部、工业和信息化部、国家发展改革委、国土资源部、国家中医药局、人力资源社会保障部、国家卫生计生委、民政部、环境保护部、文化部）

积极开展科普服务。加强民族地区科技服务，推进"科技列车行"、"科技大篷车"等科技服务。深入开展科普活动，推进"科普大篷车"、"流动科技馆"等设施建设。加强双语科普资源开发，建设双语科普基地，培养双语科普人才。开展"科普文化进万家"活动，建设科普中国乡村e站和社区e站。（中国科协、科技部、教育部、文化部、国家民委）

第五章　优先保障和改善民生

第一节　提高教育发展水平

办好各级各类教育。全面贯彻党的教育方针，加强社会主义核心价值观教育。鼓励民族地区普惠性幼儿园发展，继续实施学前教育行动计划。合理布局学前教育机构，支持乡村两级公办幼儿园和普惠性民办幼儿园建设，进一步建立健全学前教育资助制度。推动义务教育均衡发展，支持义务教育学校标准化建设，全面改善义务教育薄弱学校基本办学条件，逐步提高义务教育阶段学校经费保障水平。加强寄宿制学校建设，因地制宜保留并办好必要的乡村小规模学校（含教学点）。提升中小学办学质量。加强对地方课程和学校课程的管理和指导。加快普及高中阶段教育，继续支持教育基础薄弱县普通高中建设。加快中等职业教育发展，优化中职学校布局，重点打造一批具有民族特色、区域特点的职业学校，加强符合民族特色优势产业和经济社会发展需要的应用型特色专业建设，建立健全分类分专业的中职学校生均经费标准，建立稳定投入机制，完善产教融合、校企合作机制，实现初高中未就业毕业生职业技术培训全覆盖。优化高等教育布局和结构，提升民族高等教育发展水平。以就业为导向，优化民族院校和民族地区高校学科专业结构，重点提高工、农、医、管理、旅游等学科比例，支持办好师范类专业，提升民族特色学科水平。办好民族院校，加大省部和行业共建力度。继续实施高等学校招生向民族地区倾斜政策，适度扩大高校少数民族预科班、民族班招生规模。办好特殊教育和继续教育。支持和规范民办教育发展。继续办好内地西藏班、新疆班。鼓励四省藏区举办省内藏区高中班。完善教育经费投入机制，加大学生资助力度，加快推进教育信息化，深入推进教育对口支援工作。（教育部、国家发展改革委、财政部、人力资源社会保障部、民政部、国家民委、中国残联、工业和信息化部、国务院国资委）

科学稳妥推行双语教育。依据法律、遵循规律、结合实际，坚定不移推行国家通用语言文字教育，提升少数民族学生掌握和使用国家通用语言文字的能力和水平。尊重和保障少数民族使用本民族语言文字接受教育的权利，不断提高少数民族语言文字教学水平。在国家通用语言文字教育基础薄弱地区，以民汉双语兼通为目标，建立健全从学前到中小学各阶段教育有效衔接、教学模式与学生学习能力相适应、师资队伍与教学资源满足需要的双语教学体系。国家对双语教师培养培训、教学研究、教材开发和出版给予支持，为接受双语教育的学生升学、考试提供政策支持。建立双语教育督导评估和质量监测机制。（教育部、国家发展改革委、财政部、国家民委、人力资源社会保障部、民政部）

建立完善教师队伍建设长效机制。在民族地区实施乡村教师支持计划。健全教师培养补充制度。制定教师队伍建设专项规划。推进师范院校专业调整和改革，支持民族地区师范院校重点培养双语教师和紧缺学科教师。落实教师配备政策，严格教师准入。农村义务教育学校教师特岗计划和边远贫困地区、边疆民族地区、革命老区人才支持计划教师专项计划向民族地区倾斜。完善教师培训机制，落实每五年一周期的全员教师培训，各类培训计划向民族地区农村教师倾斜。加强师德师风教育，全面提高教师思想政治素质、师德水平和能力素质。落实教师激励政策，切实落实提高农村中小学和内地民族班教师待遇政策措施，落实集中连片特困地区乡村教师生活补助政策。支持农村教师周转宿舍建设。建立健全校长、教师交流轮岗和城镇教师支援农村教育等制度。（教育部、国家发展改革委、财政部、工业和信息化部、人力资源社会保障部、民政部）

第二节 大力促进就业创业

坚持就业优先战略。实施更加积极的就业政策，大力推动民族地区以创业带动就业，建立跨区域跨省合作机制。健全覆盖民族地区城乡的公共就业创业服务体系，推进基层公共就业服务设施建设，建立面向大众的创业服务平台。大力发展吸纳就业能力强的服务业、劳动密集型产业和少数民族特色技能型产业，支持发展中小微企业，完善落实创业扶持政策。鼓励发展农牧民专业合作组织，促进农牧民就业和稳定持续增收。加强就业援助，加大对各类失业再就业人员、城镇下岗人员、农村转移劳动力的职业技能培训力度。加强残疾人职业技能、农村实用技术培训，帮助支持残疾人就业创业。加强高校少数民族毕业生就业工作，统筹实施高校毕业生就业促进计划和创业引领计划。鼓励少数民族返乡人员创业就业。支持少数民族妇女居家灵活就业。维护少数民族劳动者合法权益。（人力资源社会保障部、国家发展改革委、财政部、工业和信息化部、农业部、教育部、民政部、国家民委、全国总工会、共青团中央、全国妇联、中国残联）

第三节 健全社会保障体系

完善社会保障制度。稳步实施民族地区全民参保计划，基本实现法定人员全覆盖。健全医疗保险稳定可持续筹资和报销比例调整机制。整合城乡居民基本医疗保险制度，创新经办管理，全面实施城乡居民大病保险制度，加强与医疗救助等制度的衔接。健全重特大疾病医疗保障机制。（人力资源社会保障部、国家发展改革委、财政部、民政部、人民银行、保监会、国家卫生计生委）

健全基本社会服务体系。完善民族地区基本社会服务机制，在养老服务、社会救助、社会福利、优抚安置等方面为各族群众提供保障。加大对民族地区贫困群众自然灾害生活救助的投入力度，完善自然灾害应急救助体系。合理确定民族地区城乡最低生活保障标准。支持公益慈善事业健康发展。加强对留守儿童、特困人员、残疾人等特殊人群的社会服务。支持少数民族特色养老机构、农村特困救助供养服务机构、残疾人服务机构和殡葬服务设施建设。（民政部、财政部、国家发展改革委、人力资源社会保障部、国务院扶贫办、共青团中央、全国妇联、中国残联）

第四节 加强医疗卫生服务

健全公共卫生服务体系。完善民族地区重大疾病防控、健康教育、妇幼健康等公共卫生服务网络，进一步提高传染病、慢性病、地方病、职业病和出生缺陷、发育障碍等监测、预防和治疗能力。健全卫生和计划生育综合监督执法体系，完善食品药品安全标准及风险评估、监测预警、应急处置体系和饮用水卫生监测体系。推进卫生应急体系建设，强化突发急性传染病防控能力和紧急医学救援能力。落实农村部分计划生育家庭奖励扶助制度、计划生育家庭特别扶助制度和西部地区"少生快富"工程。（国家卫生计生委、食品药品监管总局、国家发展改革委、中国残联、财政部）

加强医疗服务体系建设。健全和稳定民族地区县、乡、村三级卫生计生服务网络。加强薄弱学科和重点临床专科建设，提升医疗服务能力和水平。根据医疗服务需求，新增医疗卫生资源重点向民族地区倾斜。加大医疗卫生人才综合培养力度，在贫困民族地区实施全科医生转岗和专科医师特设岗位计划，建立医疗卫生人才绿色通道。鼓励内地医学院校毕业生到民族地区服务，鼓励发达地区医务人员到民族地区开展医疗帮扶。支持有条件的民族地区发展远程医疗。支持民族地区流动医院建设。（国家卫生计生委、国家发展改革委、教育部、国务院扶贫办、人力资源社会保障部、财政部）

加快民族医药事业发展。健全民族医药管理机制，提升民族医医院基础设施、设备配置、人员配备标准化水平和服务能力，推进民族医药信息化建设。支持民族医特色专科建设。加强民族医药基础理论和临床应用研究，支持民族医药临床研究能力建设。加强民族药资源保护利用，重点打造一批药材种植资源保护区和药用野生动植物种养基地。加快民族药药材和制剂标准化建设，培育一批民族医药标准化实施推广示范单位。加大民族医师、药剂师、护理人员及城乡基层民族医药专业技术人员培养和培训力度，稳步推进民族医医师、药剂师、护理人员执业资格考试工作。推进民族医药传承发展，加强民族医药学科和人才队伍建设，建设一批民族医药重点学科，培养一批民族医药学科带头人。（国家卫生计生委、国家中医药局、国家发展改革委、工业和信息化部、人力资源社会保障部、国家民委、财政部、农业部、商务部、质检总局、食品药品监管总局、国家标准委、教育部、科技部）

专栏5　民生保障改善行动

（1）民族院校建设。支持中央民族大学、中南民族大学、西南民族大学、西北民族大学、北方民族大学、大连民族大学和15所地方本科民族院校建设与发展。支持学位点建设。建设一批重点实验室、工程技术中心和人文社会科学研究基地，支持建设国家级协同创新中心。支持培养一批教育教学骨干、学术骨干和学科带头人，建设一批高水平教学和科研团队。（国家民委、国家发展改革委、财政部、科技部、教育部）

（2）民族医药服务体系建设。支持民族自治地方社区卫生服务中心和乡镇卫生院推广民族医药适宜技术，建成一批民族医药特色服务示范点。加强对民族医药独特技术和理论的整理与研究。（国家卫生计生委、国家中医药局、国家发展改革委、财政部、国家民委、教育部）

（3）民族地区综合防灾减灾体系建设。加强自然灾害综合预警能力建设，提升减灾防灾信息采集、分析评估、数据集成、智能处理和服务水平。完善救灾物资储备网络，科学布局救灾物资储备库，提高救灾物资储备库机械化、智能化和自动化水平。（民政部、国家发展改革委、财政部、科技部、工业和信息化部、国家卫生计生委、水利部、农业部、国土资源部）

第五节 推进文化繁荣发展

加快民族地区公共文化服务发展。加大公共文化设施建设力度，落实国家公共文化服务指导标准，推进基层综合性文化服务中心建设，完善公共文化设施网络。整合资源推进中国民族博物馆建设。加强少数民族文艺创作，办好全国少数民族文艺会演、全国少数民族文学创作"骏马奖"评奖、全国少数民族曲艺展演、全国少数民族美术作品展和中国少数民族戏剧会演。开展"中华民族一家亲"文化下基层活动，实施"春雨工程"，丰富少数民族群众精神文化生活。支持少数民族公益性文化事业发展。（文化部、国家文物局、国家发展改革委、国家民委）

繁荣发展少数民族新闻出版广播影视事业。加强少数民族语文报刊、少数民族语言广播电视等传统媒体和新媒体能力建设。推进少数民族文化产品上网工程，加强网上文化内容供给和监管。支持民汉双语优秀文化作品互译，鼓励创作少数民族题材电影、电视剧、戏剧、歌舞、动漫、出版物等文化精品，积极推荐少数民族作品纳入"丝绸之路影视桥"工程和"丝路书香"工程。加强少数民族语言文字出版能力和信息化建设，整合资源提升少数民族文字出版基地能力，提高优秀国家通用语言文字、外文出版物和少数民族文字出版物双向翻译出版数量和质量，提升少数民族语言文字出版物印刷复制能力。继续实施少数民族新闻出版"东风工程"和少数民族语言文字出版规划项目。支持实体书店发展和农村基层出版物发行网点建设。推进广播电视户户通、卫星数字农家书屋建设，建立针对民族地区双语教育的多媒体卫星数字服务平台。开展百种优秀少数民族文字出版物推荐活动。支持少数民族优秀传统文化微播平台建设。（新闻出版广电总局、文化部、国家发展改革委、中央宣传部、中央网信办、工业和信息化部、国家民委）

加强少数民族优秀传统文化保护传承。重点抢救和保护少数民族传统经典、民间文学、音乐、舞蹈、美术、技艺、医药等非物质文化遗产。实施重点文物保护工程，提升民族文物展示水平。加强少数民族非物质文化遗产集聚区整体性保护，支持民族地区设立文化生态保护实验区。积极开展少数民族非物质文化遗产生产性保护，命名一批国家级少数民族非物质文化遗产生产性保护示范基地。加大对少数民族非物质文化遗产濒危项目代表性传承人抢救性保护力度。支持少数民族文化申报世界文化遗产名录。继续实施中国语言资源保护工程，建设国家语言资源服务系统，加大少数民族濒危语言文字保护力度。保护发展少数民族传统体育，推广少数民族传统体育项目。加快培养少数民族传统体育人才，建立少数民族传统体育项目训练、示范基地。推动少数民族传统体育项目、体育赛事和全民健身融合发展，打造具有民族特色的全面健身品牌赛事活动。办好全国少数民族传统体育运动会。（文化部、国家文物局、国家发展改革委、中央宣传部、教育部、体育总局、国家民委）

加快民族文化产业发展。推动具有竞争潜力的少数民族文化资源进入国内国际市场，形成一定规模的民族特色文化产业。鼓励民族地区依托保护文化遗产发展旅游及相关产业，建设一批民族特色文化产业基地。支持举办民族特色节庆活动，打造特色民族文化活动品牌。推进特色文化产业发展工程、丝绸之路文化产业带、少数民族文化产业走廊等重大文化产业项目建设。（文化部、新闻出版广电总局、国家文物局、国家民委、工业和信息化部）

专栏6　民族文化繁荣发展行动

（1）少数民族非物质文化遗产保护传承。完善少数民族非物质文化遗产名录体系。建设一批少数民族国家级非物质文化遗产保护利用设施。开展少数民族国家级非物质文化遗产项目代表性传承人抢救性记录。（文化部、国家发展改革委、国家文物局）

（2）中国少数民族电影工程。推动少数民族题材电影创作，支持没有本民族题材电影的少数民族创作本民族题材电影，实现每个少数民族创作一部电影。（国家民委、新闻出版广电总局）

（3）少数民族语言文字服务能力建设。支持全国少数民族语文智能语音翻译系统研发，依托现有研究机构和高校等资源，设立一批少数民族语文翻译基地，支持民汉双语公共服务志愿者队伍建设。（国家民委、中央宣传部、教育部、共青团中央）

（4）少数民族文字数字出版工程。支持少数民族文字数字出版的基础信息化、资源加工标准、资源加工平台、资源管理平台、资源库及资源发布平台等项目建设。（新闻出版广电总局、文化部、工业和信息化部、国家发展改革委、国家民委）

（5）少数民族新闻出版"走出去"工程。深入实施经典中国国际出版工程，推进边疆地区新闻出版"走出去"扶持计划，支持口岸书店、国门书屋、华文书局等实体书店建设。支持民族地区新闻出版企业赴周边国家开办分支机构，参加周边国家书展。（新闻出版广电总局、外交部、商务部）

（6）少数民族出版物精品翻译工程。深入实施"丝路书香"工程，扶持外向型少数民族和民族地区优秀出版物面向周边国家和"一带一路"沿线国家翻译出版，每年资助翻译出版150种左右图书。支持"中国书架"工程建设，面向中亚、东南亚、南亚、中东欧、独联体以及西亚、北非地区等丝绸之路沿线国家，在精品翻译、教材推广、出版物数据库推广、重点图书展会等方面开展深入交流与合作，提升少数民族和民族地区出版产品在周边和丝绸之路沿线国家的市场份额和影响力。（新闻出版广电总局、财政部、文化部）

（7）少数民族传统文化信息资源库建设。全面系统整理收录保存少数民族传统文化信息资源，搭建共享平台，开发利用少数民族传统文化信息资源，推进少数民族语言资源保护工程。（国家民委、文化部、教育部）

（8）少数民族传统体育基地建设。重点支持全国性少数民族传统体育基地建设，开展多种形式的少数民族传统体育活动，培养少数民族传统体育人才。（国家发展改革委、国家民委、体育总局、教育部）

（9）少数民族古籍抢救保护工程。加大抢救保护濒临失传少数民族古籍力度，加强少数民族古籍翻译整理研究出版工作。继续编纂《中国少数民族古籍总目提要》，推进少数民族古籍数字化。（国家民委、文化部、国家文物局、工业和信息化部）

第六章　推进生态文明建设

第一节　筑牢国家生态安全屏障

加快重大生态工程建设。加强民族地区重点区域、流域生态建设和环境保护，构筑以草原、湿地和天然林为主体，生态系统良性循环、人与自然和谐相处的国家生态安全屏障。加快形成以青藏高原、黄土高原、云贵高原、东北森林带、北方防沙带及大江大河重要水系等为骨架，以其他重点生态功能区和生态保护红线为重要支撑，以禁止开发区域为重要组成的生态安全战略格局。建立实施重点生态功能区和生态保护红线产业准入负面清单。（国家发展改革委、财政部、国土资源部、环境保护部、住房城乡建设部、国家林业局、水利部、农业部）

第二节　推进资源节约循环高效利用

大力发展循环经济。加快建立民族地区循环型工业、农业、服务业体系。完善民族地区再生资源利用体系，组织开展循环经济示范行动，促进生产和生活系统的循环链接。节约集约利用民族地区水、土地、矿产等资源，加强全过程管理，实施资源消耗总量和强度"双控"行动，大幅降低资源消耗强度。继续健全民族地区用水总量和强度控制指标体系，推动水权交易制度建设。加快发展民族地区风能、太阳能、生物质能、水能和地热能，推进分布式能源发展。开展民族地区重点用能单位节能低碳行动，实施重点产业能效提升计划。（国家发展改革委、科技部、工业和信息化部、农业部、国土资源部、水利部、国家能源局、环境保护部）

第三节　加强生态环境保护

加大山水林田湖生态系统保护力度。大力开展植树造林和森林经营，稳定和扩大民族地区退耕还林还草范围，加快重点防护林体系建设。严格落实禁牧休牧和草畜平衡制度，加快推进基本草原划定和保护工作。全面落实森林、湿地生态效益补偿和草原生态保护补助奖励政策，制定和完善配套扶持政策措施，建立健全生态保护补偿长效机制。加强水土保持，因地制宜推进小流域综合治理。全面落实最严格水资源管理制度，实施地下水保护和超采漏斗区综合治理，有效遏制地下水超采问题。强化农田生态保护，实施耕地质量保护与提升行动，加大退化、污染、损毁农田改良和修复力度。加强重点地区水土流失、土地沙化综合治理，继续实施退牧还草、石漠化治理、防沙治沙、湿地保护与恢复、天然林资源保护等工程。构建生态廊道和生物多样性保护网络，实施生物多样性保护战略行动计划，全面提升森林、河湖、湿地、草原、海洋等自然生态系统稳定性和生态服务功能。开展民族地区生物多样性保护与减贫试点，加强传统知识保护。加强民族地区各级各类自然保护区规范化建设与管理，支持新建一批自然保护区，对重要生态系统、濒危野生动植物和珍稀物种资源实施强制性抢救保护，防控外来物种入侵。（国家林业局、农业部、水利部、环境保护部、国家发展改革委、财政部、科技部、国土资源部、质检总局）

第四节 推进环境污染治理

推进污染物综合防治和环境治理。在民族地区实行严格的环境保护制度，形成政府、企业、公众共治的环境治理体系。继续落实大气污染防治行动计划，切实改善大气环境质量。实施水污染防治行动计划，严格饮用水水源地保护，全面推进涵养区、源头区等水源地环境整治，加强重点流域、区域、近岸海域水污染防治和湖泊生态环境保护，推进地下水污染防治。实施土壤污染防治行动计划，实施农用地分类管理和建设用地准入管理，加强农业面源污染防治，保障农业生产环境安全和人居环境安全。开展矿山地质环境恢复和综合治理。坚持城乡环境治理并重，统筹城乡供水、改水改厕和垃圾污水处理，推进种养业废弃物资源化利用和无害化处理。严格执行节能减排目标责任评价考核，建立生态保护奖惩机制。（环境保护部、水利部、工业和信息化部、农业部、国家林业局、国土资源部、住房城乡建设部、财政部、国家发展改革委）

第七章 推进全方位开放合作

第一节 助力"一带一路"建设

充分发挥对外开放前沿作用。推动民族地区参与"一带一路"建设，深度融入丝绸之路经济带、21世纪海上丝绸之路等开放合作，积极推进陆上国际经济走廊建设，构建开放型经济新体制，拓展开放型经济新空间。依托上海合作组织、中国—东盟自由贸易区、澜沧江—湄公河合作机制、东北亚和中韩自贸区等区域经济合作平台，促进民族地区与周边国家和地区的经济技术交流与合作。推动民族地区加快对外贸易体制机制创新，主动对接亚洲基础设施投资银行，加快互联互通基础设施建设。支持民族地区与"一带一路"沿线国家合作，联合打造具有丝路特色的国际精品旅游线路和旅游产品。推进新丝绸之路创新品牌行动。加强茶马古道文化遗产研究和保护。（国家发展改革委、外交部、商务部、人民银行、财政部、交通运输部、国家铁路局、中国民航局、国家邮政局、国家能源局、中国铁路总公司、工业和信息化部、海关总署、国家旅游局、科技部、国家民委、文化部、国家文物局）

第二节 大力推进兴边富民行动

促进边境地区又好又快发展。全面改善边民生产生活条件，大力推进边境地区社会保障体系建设，促进边民就业创业，优先发展边境地区教育卫生文化科技事业，全面提升边境地区公共服务能力。加强边境地区综合交通运输体系建设，推进水利、能源、信息基础设施建设，加快边境地区重点城镇建设。大力发展边境地区特色优势产业，推进特色优势农业、特色加工制造业、特色服务业发展，推动边境地区产业园区发展。继续深入推进沿边地区开发开放，着力提升边境地区开发开放水平。加强边境地区生态环境保护，推进边境地区环境污染治理，筑牢国家生态安全屏障。加强边境地区基层治理能力建设，党政军警民合力强边固防。（国家民委、民政部、人力资源社会保障部、教育部、国家卫生计生委、文化部、科技部、交通运输部、水利部、国家能源局、工业和信息化部、住房城乡建设部、国家发展改革委、农业部、外交部、商务部、国土资源部、环境保护部、国家林业局、中央组织部、公安部）

第三节 扩大沿边对外开放合作

实行更加积极主动的开放战略。加快沿边开发开放，全面提升民族地区开放型经济水平。依托独特地缘优势，推动民族地区积极参与国际区域开发和经济合作。加强民族地区国家口岸和通道建设，加快同周边国家和区域基础设施互联互通建设，推进通关便利化，把民族地区建设成为富有发展活力、后发优势得到充分发挥的地区。加快边境经济合作区和跨境经济合作区建设，稳步发展中哈霍尔果斯国际边境合作中心、中老磨憨－磨丁经济合作区等跨境经济合作区。加快广西东兴，云南勐腊（磨憨）、瑞丽，内蒙古二连浩特、满洲里等重点开发开放试验区建设，支持新疆喀什、霍尔果斯等经济开发区建设。协调并推动联合国有关发展机构在民族地区开展相关工作。继续鼓励民族地区符合条件的企业积极参与实施援外项目。实施中国－东盟科技伙伴计划，合作建设科技研发和转移机构、科技示范园区、联合实验室，打造国际合作基地。（国家发展改革委、商务部、外交部、交通运输部、国家铁路局、中国民航局、国家邮政局、国家能源局、中国铁路总公司、工业和信息化部、公安部、海关总署、国务院国资委、科技部、质检总局）

第四节　加强内陆对外开放合作

全面推进内陆对外开放。依托民族地区中心城市和城市群，加强对外经贸合作，培育形成一批国际加工贸易基地、服务外包基地和保税物流基地。加快海关特殊监管区域整合优化，支持符合条件的民族地区新设综合保税区和保税监管场所。继续支持办好丝绸之路国际博览会暨中国东西部合作与投资贸易洽谈会、中国西部国际博览会、中国—东盟博览会、中国—亚欧博览会、中国－阿拉伯国家博览会、中国—南亚博览会、中蒙博览会、中国西藏旅游文化国际博览会，搭建对内对外开放和区域合作重要平台。提升宁夏等内陆开放型经济试验区发展水平，打造内陆开放型经济战略高地。加快对外开放重要通道建设。（国家发展改革委、商务部、外交部、工业和信息化部、科技部、海关总署、税务总局、质检总局）

第五节　加强民族工作对外交流合作

推动民族工作部门参与对外交流合作。加强民族工作部门在中小企业发展、少数民族商品贸易、少数民族手工艺品生产等领域对外交流。扩大少数民族文化对外交流，实施对外文化精品战略，打造"多彩中华"等品牌项目，建设民族工作领域对外传播平台。拓宽对外宣传渠道，加大民族工作对外宣传力度，努力把民族地区打造成为展现中华民族团结和多彩民族文化的重要窗口。积极开展涉及民族领域的国际人权交流。加强与相邻国家民族文化、民族事务管理部门交流合作。扩大民族院校和民族地区高校教育对外交流，提高办学国际化水平。加强民族理论政策研究国际合作。促进与港澳台地区交流与合作，鼓励开展多领域交流，建立稳定的交流合作机制。继续办好海峡两岸少数民族发展研讨会和民族乡镇发展交流会。加强与旅居国外少数民族侨胞的联谊交往、经贸合作、文化交流等工作。（国家民委、外交部、文化部、中央宣传部、教育部、国务院港澳办、国务院台办、国务院侨办）

第八章　促进人口较少民族加快发展

第一节　同步迈入全面小康

重点扶持人口较少民族聚居行政村及所辖人口相对集中的自然村落，基本公共服务体系建设延伸至人口较少民族的民族乡、自治县、自治州，让更多的少数民族群众共同分享现代化成果。集中帮扶发展相对滞后的人口较少民族整体率先脱贫，推进发展水平较高的人口较少民族整体率先奔小康，分批分步实现全面小康。到2020年，人口较少民族聚居行政村在实现"一达到、二退出、三保障"的基础上，基本实现"四通八达"，实现人口较少民族地区发展更加协调、生活更加富裕、环境更加美好、社会更加和谐，与全国各族人民一道迈入全面小康社会。（国家民委、国家发展改革委、财政部、国务院扶贫办、教育部、国家卫生计生委、住房城乡建设部、交通运输部、工业和信息化部、商务部、文化部）

> **专栏7　人口较少民族分布地区**
>
> 总人口在30万人以下的人口较少民族全国共有28个，人口合计189万人，主要分布在内蒙古、辽宁、吉林、黑龙江、福建、江西、广西、贵州、云南、西藏、甘肃、青海、新疆等13个省（区）和新疆生

产建设兵团的 2390 个人口较少民族聚居行政村（人口较少民族人口比例不低于 20%），所辖人口相对集中的自然村落约 1 万个。

> **专栏 8　人口较少民族聚居行政村实现目标**
> （1）一达到：农村居民人均可支配收入增长幅度达到或高于当地平均水平。
> （2）二退出：建档立卡贫困村、贫困人口脱贫退出。
> （3）三保障：义务教育、基本医疗和基本住房安全有保障。
> （4）四通：通硬化路、通客运班车、通宽带、通电商。
> （5）八达：集中式供水、清洁能源、卫生厕所、垃圾污水集中处理、综合性公共文化设施和场所、村务便民服务站、便民连锁超市、稳定增收产业（或创业致富带头人）达到有关建设要求。

第二节　提升发展基础条件

基础设施升级完善。重点加强乡村道路、农田水利、基本公共服务设施、生态环境保护和人居环境整治、民族文化传承等领域项目建设。加快推进人口较少民族具备条件的自治县（区）通二级以上标准公路、具备条件的建制村通硬化路，推动一定人口规模的自然村通公路、村内道路硬化和建制村通客运班车。加快推进"快递下乡"工程，加强农村快递揽收配送网点建设，利用村委会、供销超市、村邮站等公共服务平台开展农村快递服务。开展人口较少民族聚居乡村人居环境整治，加大村庄生活垃圾和污水处理、改厕以及绿化美化力度，推动城镇供水服务向农村延伸，大幅提高清洁能源、集中式供水普及率和污水集中处理率。（国家发展改革委、交通运输部、国务院扶贫办、住房城乡建设部、水利部、环境保护部、文化部、国家邮政局、国家能源局、国家民委）

提高公共服务水平。继续安排人口较少民族农村义务教育阶段寄宿生生活费补助。少数民族预科班、高校民族班对人口较少民族适当倾斜。开展国家通用语言文字教育和扫盲，全面推广和普及国家通用语言文字。开发人口较少民族优秀传统文化特色课程，纳入当地中小学教育教学活动。推进人口较少民族县乡村医疗卫生机构标准化建设，积极促进远程医疗诊治和保健咨询服务向人口较少民族地区延伸。加快建设标准化的人口较少民族地区县级中心敬老院和区域性养老服务中心或综合社会福利中心。（教育部、国家卫生计生委、国家发展改革委、民政部、国家民委、财政部）

第三节　增强发展内生动力

扶持特色乡村和县域经济发展。着力打造支撑地方经济发展的特色优势主导产业，大力发展家庭农庄（牧场）、农民专业合作社、农村专业技术协会，培育创业致富带头人，壮大乡村集体经济。支持发展产业化示范基地、龙头企业，增强县域经济发展实力。支持人口较少民族返乡农民工创业园等产业园区建设，吸纳农村劳动力就地就近转移就业，引导自主创业。加快农村电子商务发展。（农业部、人力资源社会保障部、财政部、国家发展改革委、国务院扶贫办、国土资源部、中国科协、工业和信息化部、国家民委）

促进民族特色旅游繁荣发展。在人口较少民族地区开展美丽乡村旅游富民工程，打造集自然风光、人文景观于一体的原生态民族风情旅游目的地。扶持建设具有历史、地域、民族特点的特色景观旅游村镇，设计开发民族文化体验项目，促进文化生态旅游业发展。（国家旅游局、住房城乡建设部、文化部、商务部、国家民委）

第四节　传承弘扬民族文化

提升公共文化服务能力。完善州、县两级博物馆、图书馆、文化馆、科技馆、足球场、体育场等公共服务设施，继续推进人口较少民族标志性文化设施建设，包括民族博物馆、生态博物馆、民俗馆、民俗文化传习所、民族文化广场等。鼓励社会力量兴办各类民族博物馆，在公共博物馆内可结合当地实际适当设立人口较少民族文物展览室、陈列室或文化展厅。加快文化资源数字化建设，推动建设人口较少民族网上博物馆、数字展厅。

（文化部、国家文物局、科技部、体育总局、中国科协、国家发展改革委、财政部、国家民委）

保护传承民族文化遗产。加大对人口较少民族文化遗产的保护力度，加快征集珍贵民族文物，对濒危文化遗产进行抢救性保护，加强濒危文化资源数字化建设，精心实施国家级非物质文化遗产项目代表性传承人抢救性记录工程。加大对入选国家级和省级非物质文化遗产名录的人口较少民族文化遗产保护力度，开展非物质文化遗产传承人群研修研习培训，扩大参与面，提升总体素质。结合实施少数民族特色村镇保护与发展，对人口较少民族的生态资源、语言文化进行文化生态整体性动态保护，建立文化生态乡村。充分利用人口较少民族的民间故事、神话传说、民族史诗、音乐舞蹈等文化资源，鼓励创作人口较少民族文化题材广播影视节目。（文化部、国家文物局、新闻出版广电总局、国家民委）

> 专栏9　重点保护和发展人口较少民族国家级非物质文化遗产与代表性项目
>
> （1）高山族：拉手舞
> （2）景颇族：目瑙斋瓦、目瑙纵歌
> （3）柯尔克孜族：玛纳斯、约隆、库姆孜艺术、刺绣、驯鹰习俗、服饰
> （4）土族：拉仁布与吉门索、祁家延西、丹麻土族花儿会、於菟、安昭、轮子秋、盘绣、纳顿节、热贡六月会、婚礼、服饰
> （5）达斡尔族：民歌、鲁日格勒舞、乌钦、传统曲棍球竞技、祭敖包（达斡尔族沃其贝）、婚俗、服饰
> （6）仫佬族：依饭节
> （7）布朗族：弹唱、蜂桶鼓舞
> （8）撒拉族：骆驼泉传说、民歌、篱笆楼营造技艺、婚礼、服饰
> （9）毛南族：打猴鼓舞、花竹帽编织技艺、肥套
> （10）锡伯族：民间故事、民歌、贝伦舞、刺绣、满文锡伯文书法、弓箭制作技艺、西迁节、传统婚俗
> （11）阿昌族：遮帕麻和遮咪麻、户撒刀锻制技艺
> （12）普米族：搓蹉
> （13）塔吉克族：民歌、鹰舞、马球、引水节和播种节、诺茹孜节、婚俗、服饰
> （14）怒族：达比亚舞、仙女节
> （15）乌孜别克族：埃希来、叶来、诺茹孜节
> （16）俄罗斯族：民居营造技艺、巴斯克节
> （17）鄂温克族：叙事民歌、萨满舞、抢枢、桦树皮制作技艺、驯鹿习俗、瑟宾节、服饰
> （18）德昂族：达古达楞格莱标、浇花节
> （19）保安族：腰刀锻制技艺
> （20）裕固族：民歌、服饰、婚俗
> （21）京族：独弦琴艺术、哈节
> （22）塔塔尔族：撒班节、诺茹孜节
> （23）独龙族：卡雀哇节
> （24）鄂伦春族：民歌（赞达仁）、摩苏昆、桦树皮制作技艺、桦树皮船制作技艺、狍皮制作技艺、古伦木沓节
> （25）赫哲族：伊玛堪、鱼皮制作技艺、婚俗
> （26）门巴族：拨弄姆、山南门巴戏
> （27）珞巴族：始祖传说、服饰
> （28）基诺族：基诺大鼓舞

第五节 加强人力资源开发

加大干部培养培训力度。拓宽人口较少民族人才选入机关事业单位的入口，注重人口较少民族地区基层领导干部和人口较少民族领导干部培养和使用。加强人口较少民族干部培训交流和挂职锻炼。（中央组织部、中央统战部、国家公务员局、国家民委、人力资源社会保障部）

加强各类人才队伍建设。引导和鼓励人口较少民族农村未继续升学并准备进入非农产业就业或进城务工的应届初高中毕业生接受职业培训，加强农村实用人才队伍建设，培育新型职业农民和农村实用人才带头人。加强对农牧民种养殖技术、传统手工艺、当家理财人、文化传承人、妇幼保健等培训，提高妇女参训比例，提升劳动者整体素质。加大对技能人才的技能提升培训力度，提高创新能力。加强专业技术人才培养和继续教育工作。（人力资源社会保障部、农业部、教育部、国务院扶贫办、全国妇联、国家民委）

> **专栏 10　人口较少民族率先小康行动**
>
> 在人口较少民族地区选择一批民族团结、和谐发展、率先小康样板县（乡、村），建设一批绿色产业、风情旅游、文化生态等各具特色的不同类型示范县（乡、村），打造一批山更绿、水更清、民更富、心更齐的美丽宜居示范点。（国家民委、国家发展改革委、农业部、国家旅游局）

第九章　加快少数民族特色村镇保护发展

第一节　保护改造民族特色民居

加强少数民族特色民居保护。制定少数民族特色村镇民居保护与发展技术导则，保护营造技法、建造技艺和传统建筑风格，保持与自然生态相协调、与民族文化相适应的村镇风貌，形成有民族特色的传统建筑群落。加强对具有历史文化价值古建筑的保护，筑牢安全屏障，修缮村镇内古建筑和特色民居。推进少数民族特色民居改造，旧民居改造注重保持民族传统建筑风格，新民居建设注重体现民族特色，改建特色民居内部空间格局和设施，适应现代生活需要，满足节能保温和抗震安居等要求。（国家民委、住房城乡建设部、国家发展改革委、文化部、国家文物局）

> **专栏 11　少数民族特色民居保护与发展主要类型**
>
> 少数民族特色民居是指具有当地民族特色、与周边自然环境相协调的民居建筑，包括传统民居和新建特色民居。按照分类保护的原则，结合各地实际，重点保护与发展以下三种类型：
> （1）保存完好型。传统民居保存较好，村镇传统风貌完整。
> （2）新老融合型。传统民居基本得到保存，新建民居民族特色鲜明，较好地实现了新老建筑融合。
> （3）传承创新型。以新建建筑为主，民居民族特色鲜明，村镇建筑风貌与自然环境相协调，人居环境优美。

第二节　发展民族特色产业

加快特色产业发展。发挥少数民族特色村镇自然风光优美、民族风情浓郁、建筑风格独特的优势，促进特色产业发展与特色民居保护、民族文化传承、群众就业增收、生态环境保护、民族特色旅游融合发展。大力保护少数民族特色村镇特有农林牧品种资源，扩大农林牧业生产规模，发展特色农林牧产品深加工。加强特色村镇旅游基础设施建设，完善旅游服务功能，提高旅游接待能力和标准化服务水平，推动民族客栈地方标准建设，提升旅游发展品位。深入挖掘少数民族生产生活习俗等特色村镇文化资源，保护民族特色传统生产工艺，扶持具有民族特色、地域特点的传统小吃、手工艺品、旅游纪念品等产业发展。鼓励和支持有条件的村镇申报国家 A 级旅游景区和全国特色景观旅游名镇名村，打造一批在全国具有影响力的特色村镇旅游品牌。支持社会力量参与特色村镇开发、推介和宣传。（农业部、工业和信息化部、住房城乡建设部、国家林业局、国家旅游局、质检总局、文化部、国家文物局、国家民委、国家发展改革委、民政部、新闻出版广电总局）

第三节 改善特色村镇人居环境

加强人居环境综合整治。加快少数民族特色村镇道路建设，重点解决特色村镇与干线道路的公路连接和村内便道硬化。加强特色村镇饮水安全巩固提升工程建设，全面推进集中式供水。加强特色村镇农网改造，保障生产生活用电。推进特色村镇广播电视户户通工程，提高广播电视和宽带网络覆盖率。统筹改善特色村镇群众生产生活条件，全面推进农村生活垃圾和污水处理，实施硬化绿化美化亮化基础设施建设工程，推动改厕改圈改厨，加强消防、防洪、防震、便民利民商贸网点等配套设施建设。鼓励推广使用太阳能等清洁能源。建立健全村镇设施管护、环境卫生保洁等管理长效机制。（国家发展改革委、国家民委、水利部、国家能源局、新闻出版广电总局、国家林业局、工业和信息化部、农业部、环境保护部、公安部、商务部、住房城乡建设部）

第四节 传承发展特色村镇民族传统文化

加强特色村镇民族文化保护传承。重点抓好民族文化的静态保护与活态传承。推进民间文化艺术之乡建设，鼓励引导群众将民族语言、文化艺术、生产技艺、节庆活动和婚丧习俗融入日常生活，传承民族记忆。重视培养村镇乡土文化能人、民族民间文化传承人、少数民族非物质文化遗产项目代表性传承人，支持成立具有当地特色的各类群众文化团队。突出民族文化特色，为群众提供公共文化活动空间。支持开展唱民族歌曲、跳民族舞蹈、演民族戏剧等文化活动，增强特色村镇的文化特色和吸引力。支持传统村落文化保护传承。命名挂牌一批少数民族特色村镇、传统村落示范典型。（住房城乡建设部、国家文物局、体育总局、国家民委、文化部、人力资源社会保障部、国家发展改革委）

营造民族团结友爱的良好氛围。以发展民族风情旅游、民族特色产业为抓手，充分利用少数民族传统节庆活动、文艺演出、体育竞技、文化宣传栏、村规民约等多种形式，大力宣传党的民族政策、民族知识和民族法律法规，结合当地特点开展多种形式的民族团结进步创建活动，促进不同地区不同民族的群众相互欣赏、相互借鉴、相互交流、和谐共处。（国家民委、文化部、体育总局、中央宣传部）

专栏12 少数民族特色村镇保护与发展

（1）少数民族特色村寨建设。遴选2000个基础条件较好、民族特色鲜明、发展成效突出、示范带动作用强的少数民族特色村寨，打造成为少数民族特色村寨建设典范。（国家民委）

（2）少数民族特色小镇试点。遴选200个基础条件良好、民族风情浓郁、发展潜力较大的少数民族特色小镇作为国家试点，打造成为全国少数民族特色小镇建设样板。（国家民委、住房城乡建设部、国家发展改革委、国家开发银行、中国农业发展银行）

（3）少数民族特色村镇廊带建设。选择环京津少数民族特色村镇示范带、内蒙古大兴安岭沿麓少数民族特色村镇示范带、辽宁环长白山满族特色村镇示范带、黑龙江三江沿岸赫哲族特色村镇示范带、浙江景宁环敕木山畲族特色村寨示范带、湖北清江土家族风情走廊、湖南湘西怀化土家族苗族侗族特色村寨示范带、桂西北少数民族特色村镇示范带、重庆渝东南土家族苗族特色村镇示范带、贵州黔西南布依族特色村镇示范带、云南边境民族风情走廊、川滇藏大香格里拉高原特色村镇示范带、西藏门巴族珞巴族特色村镇示范带、甘肃丝路少数民族特色村镇风情带、宁夏六盘山连片山区回族特色村镇示范带等地理单元和民族文化单元相对独立完整的特色村镇集中连片地区或廊带，加大投入力度，重点规划建设，整体进行保护，集中打造一批自然环境优美、民族特色鲜明的少数民族特色村镇示范廊带。（国家民委、国家发展改革委、住房城乡建设部、环境保护部）

第十章　深入开展民族团结进步创建活动

第一节　促进各民族交往交流交融

营造各族群众共居共学共事共乐的和谐环境。建设各民族共有精神家园，增强对中华文化认同，促进各民族相互了解、相互尊重、相互包容、相互欣赏、相互学习、相互帮助。推动建立相互嵌入式的社会结构和社区环境，完善政策导向，加强制度保障。深化对口支援和帮扶、定点扶贫、东西扶贫协作、区域合作和干部人才交流，完善有利于少数民族平等进入市场、就业就学、融入城市的政策，鼓励各族群众联合创业、扶贫济困、守望相助。促进各民族文化交融创新，广泛开展群众性互动交流，打造"中华民族一家亲"系列活动平台。建立健全与少数民族代表人士和知识分子沟通联系机制，充分发挥其在联系少数民族群众、维护民族团结和社会稳定等方面的特殊作用，共同推进民族团结进步事业。准确把握民族关系发展趋势和方向，依法妥善处理涉及民族因素的问题，综合运用法律、教育、协商、调解等方法化解，坚决纠正和杜绝违反党的民族政策、伤害民族感情的言行。增强各族干部群众识别大是大非、抵御国内外敌对势力思想渗透的能力，坚决依法打击破坏民族团结和制造民族分裂的违法犯罪行为。（民政部、国家发展改革委、财政部、住房城乡建设部、国务院扶贫办、工商总局、人力资源社会保障部、人民银行、中央宣传部、文化部、科技部、新闻出版广电总局、体育总局、中央统战部、公安部、国家民委）

第二节　推进民族团结进步创建示范区（单位）建设

深化新阶段民族团结进步创建工作。坚持"中华民族一家亲,同心共筑中国梦"总基调，以"建设小康同步、公共服务同质、法治保障同权、民族团结同心、社会和谐同创"为目标，加强各级各类民族团结进步示范区（单位）建设，重点打造一批全国民族团结进步创建示范区（单位），鼓励各地结合实际开展形式多样的民族团结进步创建活动。深入开展民族团结进步创建工作进机关、进企业、进乡镇、进社区、进学校、进宗教活动场所，拓展参与类型、参与范围。鼓励基层探索创新民族团结进步创建活动，积极推动协同创建，发挥好示范区（单位）的示范带动作用。（国家民委、中央统战部、国家发展改革委、财政部、国务院扶贫办、民政部、国务院国资委、教育部、国家宗教局）

第三节　加强民族团结进步宣传教育

培育中华民族共同体意识。深入开展爱国主义和民族团结教育，引导各族群众牢固树立"三个离不开"思想，不断增强"五个认同"，树立正确的国家观、民族观、宗教观、历史观、文化观。健全民族团结教育常态化机制，把民族团结教育纳入国民教育、干部教育、社会教育全过程，推进民族理论、民族政策、民族知识进教材、进课堂、进头脑。推进民族领域思想理论阵地、工作平台及学科建设，加强民族团结教师培训和教材资源建设，增强民族团结进步公共产品有效供给。创新民族团结进步宣传理念、方法和手段，扩大媒体和社会传播，拓展网上传播平台，实施"互联网＋民族团结"行动。健全民族团结进步模范表彰工作机制，大力培育、树立和宣传各级各类先进典型。加强民族团结进步教育基地建设，大力开展群众性主题实践教育活动，举办民族团结进步创建活动成果展。加强民族教育领域意识形态安全建设。（国家民委、中央宣传部、中央统战部、教育部、文化部、新闻出版广电总局、中央网信办、人力资源社会保障部、全国总工会、共青团中央、全国妇联）

第四节　完善民族团结进步创建支撑体系

强化民族团结进步创建制度保障。建立健全党政组织领导和部门协同机制、考核测评和验收机制、评审表彰和退出机制，推进民族团结进步创建工作精准化、规范化、社会化、法制化、常态化。明确"国家支持、省负总责、市县落实、分级联创、分类推进"工作方针，强化民族团结进步创建工作责任考核，建立民族团结进步创建工作督查制度。建立健全促进民族团结进步创建的政策、法规和工作体系。加强民族团结进步创建经费保障。（国家民委、中央宣传部、中央统战部、财政部、国家发展改革委）

> **专栏 13　民族团结进步创建**
>
> （1）民族团结进步创建保障行动。制定实施全国民族团结进步创建行动计划，出台新阶段创建工作指导意见，完善示范区（单位）创建测评体系和考核办法，建立民族团结进步创建活动激励机制。（国家民委、中央宣传部、中央统战部）
>
> （2）民族团结进步教育基地建设。加快民族团结进步教育基地标准化、多样化、特色化建设，建立国家级、省级民族团结进步教育基地数据信息库，健全民族团结进步教育基地体系。（国家民委、中央宣传部、中央统战部）
>
> （3）民族团结进步典型培树表彰活动。大力培育和树立各级各类先进典型，组织开展民族团结进步模范集体和模范个人表彰活动，表彰奖励各民族联合创业、扶贫济困、守望相助等方面典型。（国家民委、中央宣传部、中央统战部、人力资源社会保障部）

第十一章　创新民族事务治理体系

第一节　提升民族工作法治化水平

完善民族工作法律法规体系。坚持和完善民族区域自治制度，深入贯彻落实民族区域自治法，进一步完善配套法规，推动制定贯彻实施民族区域自治法的部门规章或规范性文件，促进宪法关于民族方面的规定在相关法律法规中贯彻落实。研究修订《城市民族工作条例》、《民族乡行政工作条例》等有关行政法规，研究制定少数民族文化遗产保护利用、少数民族传统医药保护等方面法规规章，提高依法管理民族事务能力和民族工作法治化水平。加强城市和散居地区民族工作法规建设。加强对民族法律法规执行情况的监督检查，建立健全监督检查机制。（国家民委、国务院法制办、文化部、国家中医药局）

加强民族法治宣传教育。实施"七五"普法规划，大力加强宪法和民族区域自治法宣传教育。加强对少数民族流动人口等群体的普法教育，强化各级各类学校法治教育，引导各族群众自觉尊法学法守法用法。（国家民委、中央宣传部、司法部、公安部、教育部）

第二节　加强城市和散居地区民族工作

推进城市和散居地区民族工作制度化建设。引导建立相互嵌入式的社会结构和社区环境，建立以乡镇（街道）、社区、企事业单位、社会组织为依托的网格化管理模式，鼓励开展各民族结对帮扶、共度节庆等交流活动，推动城市民族工作规范化、社会化。充分尊重少数民族群众的风俗习惯和宗教信仰，依法保障和满足城市和散居地区少数民族群众饮食、节庆、婚嫁、丧葬等方面合法权益，严禁民族歧视。提升城市和散居地区清真食品保障能力，加强清真食品监管。支持城市和散居地区设立民族乡发展专项资金，加大对民族乡发展的帮扶力度。（国家民委、全国工商联、文化部、民政部、公安部、商务部、食品药品监管总局、质检总局、财政部、国家发展改革委、国家宗教局）

加强和改进少数民族流动人口服务管理工作。推进少数民族流动人口服务管理示范城市建设，完善城市少数民族流动人口服务管理协调合作、社会服务等机制，构建流出地和流入地信息互通、人员互动、共同负责的工作格局。加强少数民族流动人口信息统计，建立综合服务信息管理平台。完善工商管理、城市管理、社会服务等制度，建立健全有利于少数民族群众进入城市、融入城市的制度机制。保障各民族群众平等享有各项基本公共服务。（国家民委、民政部、司法部、公安部、国家统计局、人力资源社会保障部、教育部、工商总局、国家卫生计生委、全国总工会）

第三节　加强人才队伍建设

加强各级各类人才队伍建设。大力培养、大胆选拔、充分信任、放手使用少数民族干部，注重培养优秀中高级少数民族领导干部，培养长期在民族地区工作的汉族干部，保持干部队伍合理结构。加大民族地区少数民族干部与中央国家机关、东部地区干部双向交流力度。加强少数民族干部挂职锻炼和多岗位锻炼，选派一批骨干到中央国家机关、东部地区任职锻炼。加强培养少数民族专业技术人员、学科带头人，推出一批拔尖人才。支持民族地区实施院士后备人选培养、人才小高地建设，促进高端科技人才聚集发展。大力引进经济社会发展急需紧缺的专门人才，支持和吸引各类人才到民族地区发展、创业。继续开展民族地区专业技术人才特殊培养项目，培养涵盖农林水牧、科教文卫、环境保护等多行业、多领域的专业技术骨干人才。加大基层民族工作部门优秀人才培养选拔力度，强化激励机制，激发基层民族工作干部队伍活力。加强民族地区乡村干部、农村能人培训工作。加强贫困民族地区干部人才教育培养培训，大力实施边远贫困地区、边疆民族地区和革命老区人才支持计划、民族地区本土人才培养计划及少数民族贫困村创业致富带头人培训工程。依托党校、行政学院、普通高校和职业院校，加大少数民族和民族地区干部教育培训力度，支持中央和地方民族干部学院（校）及现场教学点建设。（中央组织部、中央统战部、国家民委、教育部、科技部、人力资源社会保障部、国家发展改革委、财政部、中国科协）

加强双语人才队伍建设。依托民族语文翻译机构、民族院校、民族地区高校等单位，培训熟练掌握国家通用语言文字和少数民族语言文字的双语干部人才。建立推动双语学习激励机制，支持少数民族干部学习国家通用语言，鼓励汉族干部学习少数民族语言。依托双语教学能力较强的民族院校和民族地区高校、党校、行政学院，加强少数民族和民族地区双语人才培养培训。健全少数民族汉语水平等级测试标准。（国家民委、教育部、中央组织部、国家公务员局）

第四节　加快民族事务管理服务能力建设

完善民族工作领导体制和工作机制。坚持民委委员制度，进一步发挥委员单位作用。加强民族工作部门建设，建立健全县级民族工作机制，加大人员、设备保障力度。加强民族工作信息化能力建设，提高民族事务管理服务现代化水平。充分利用大数据和云计算技术，加强少数民族和民族地区经济社会发展分析监测，开展民族事务战略性、趋势性、宏观性重大问题研判。完善民族工作决策机制、专家决策咨询委员会制度和研究成果转化机制。加强民族关系监测，建立健全预警监测体系和应急处理机制，妥善处理涉及民族因素的矛盾纠纷。开展少数民族经济社会调查基础性研究工作。（国家民委、中央组织部、财政部、中央网信办、工业和信息化部、国家统计局）

加强中国特色社会主义民族理论体系研究。依托有关科研机构，深入开展民族地区经济社会发展、民族区域自治、民族关系、城市民族工作、世界民族问题等重大问题研究。支持民族工作新型高端智库建设。办好国家民委民族问题研究项目评审、全国民族问题研究优秀成果和全国民族工作优秀调研成果评选等活动。（国家民委、中央宣传部、教育部、国家发展改革委）

专栏14　民族事务治理能力提升行动

（1）民族工作智库建设。发挥民族院校服务国家宏观战略、服务民族地区经济社会发展的重要作用，打造一批高水平的民族理论政策研究基地。建设民族理论政策研究专家与成果数据库。支持开展民族问题调查研究。加强民族工作数据库建设。（国家民委、教育部、财政部、国家发展改革委）

（2）少数民族和民族地区干部教育培训。继续实施少数民族和民族地区领导干部培训项目，分期分批对自治州、自治县、边境县、人口较少民族、少数民族特色村镇、集中连片特困民族地区干部以及少数民族中青年干部、女干部进行培训，提升少数民族领导干部综合素质。（国家民委、中央组织部、中央统战部）

（3）民汉双语人才培养。支持双语人才培养培训基地和双语培养培训机构建设。加强双语精品课程和精品教材建设。开发建设双语学习载体和平台。（国家民委、中央组织部、教育部、国家公务员局、工业和信息化部、财政部、国家发展改革委）

（4）少数民族状况评估系统建设。利用现代信息技术，开展少数民族状况动态监测分析，建立民族事务治理数据信息平台，增强民族工作科学决策能力。（国家民委、工业和信息化部、财政部、国家发展改革委）

第十二章 发挥政策支撑作用

第一节 财政政策

充分考虑少数民族和民族地区贫困人口、交通状况、气候条件、生态环境等方面的公共支出成本差异,加大中央财政投入力度,完善财政一般性转移支付增长机制,一般性转移支付资金和相关专项转移支付资金进一步向民族地区倾斜,确保对民族地区转移支付在总盘子中的比重继续增加。建立健全各级支持少数民族发展的投入长效机制,通过现有资金渠道,重点支持贫困民族地区脱贫攻坚、少数民族事业、兴边富民行动、扶持人口较少民族发展等领域建设。充分兼顾民族地区利益,支持民族地区全面开展营改增试点。(财政部、国务院扶贫办、国家民委)

第二节 投资政策

加大中央投入力度。增加对民族地区特别是边远地区重大基础设施、重大基本公共服务项目、重大生态保护工程等投入。加大对民族地区人居环境整治、民族文化传承等领域项目投资力度,推进少数民族事业、兴边富民行动、人口较少民族等重点领域建设。国家在民族地区安排的农村公路、饮水安全巩固提升、流域治理、林业重点工程等公益性建设项目,取消县以下和集中连片特困地区市地州级配套资金。加大现有投资中产业结构调整专项对民族地区特色优势产业发展的支持力度。拓宽民间投资领域和范围,推动社会资本参与民族地区基础设施投资、建设和运营。鼓励国际金融组织和外国政府优惠贷款向民族地区倾斜。(国家发展改革委、财政部、国家民委、人民银行、商务部、水利部、中国民航局、中国铁路总公司)

第三节 金融政策

充分发挥政策性金融、开发性金融、商业性金融和合作性金融作用,加大银行业、证券业、保险业对民族地区支持力度,重点支持基础设施、特色优势产业、能源、环保、教育、文化、医疗卫生等领域建设。加大民族地区信贷投入力度,鼓励民族地区县域内银行业金融机构新吸收存款一定比例用于当地发放贷款,重点支持中小企业、民贸民品企业发展。鼓励符合条件的金融机构在民族地区设立分支机构,加大金融服务力度,努力消除基础金融服务空白乡镇。推动符合条件的民间资本在民族地区依法发起设立民营银行和消费金融公司,参与发起设立村镇银行。规范民族地区信托业发展,支持融资担保机构从事中小企业担保业务。积极支持民族地区符合条件的企业在沪深交易所上市或在"新三板"挂牌并融资,支持符合条件的民族地区上市、挂牌公司通过并购重组做优做强,促进民族地区上市、挂牌公司健康发展。继续暂免征收西藏、新疆、内蒙古、宁夏、广西等自治区"新三板"挂牌公司的挂牌费用,实行专人对接、专人审核制度,做到即报即审、即审即挂。支持民族地区企业通过发行公司债、企业债、非金融企业债务融资工具和资产支持证券等方式进行融资。利用私募基金、产业基金、区域性股权市场和期货市场,支持民族地区经济发展。积极培育民族地区保险市场,不断丰富保险产品,拓宽保险服务领域。推动民族地区开展巨灾保险试点并推广,支持开展农业保险、贷款保证保险等业务。完善信贷风险补偿机制。(人民银行、银监会、证监会、保监会)

第四节 产业政策

根据国家产业结构调整指导目录,引导和支持民族地区承接产业转移。对民族地区符合国家产业政策的产业转移项目,根据权限优先予以核准或备案。支持东部地区符合民族地区特点和生态环境要求的产业有序梯度转移,建立承接产业转移示范园区和区域性产业合作示范区,提升重点企业技术改造和创新能力,引导产业向优化升级、节能减排、绿色环保等方向发展。完善民族地区资源开发利益分配机制,优先布局能源资源及其加工转化类重大产业项目,提高能源资源加工和深加工比例,延长产业链,提高附加值。实施差别化产业政策,支持民族地区发展特色优势产业,适当下放核准权限。加强对民族地区资源型城市可持续发展的引导和支持。(国家发展改革委、工业和信息化部、财政部、国土资源部、科技部、国家能源局、环境保护部)

第五节 土地政策

进一步完善建设用地审批制度,保障民族地区重点工程建设用地。合理确定民族地区产业园区建设用地基准地价。实施差别化土地政策，土地利用年度计划指标向民族地区适度倾斜，适当增加民族地区未利用地计划指标。新增建设用地计划指标和城乡建设用地增减挂钩指标重点向国家扶贫开发工作重点县倾斜，允许开展易地扶贫搬迁的集中连片特困地区、国家扶贫开发工作重点县和贫困老区将城乡建设用地增减挂钩指标在省域范围内使用。探索民族地区在域外发展"飞地"园区。高标准基本农田建设任务和分配中央补助资金继续向民族地区倾斜。支持有条件民族贫困地区开展建设用地整治试点工作。（国土资源部、财政部、国务院扶贫办、农业部、环境保护部）

第六节 社会政策

改革完善边疆、山区、牧区、少数民族聚居地区少数民族考生高考加分优惠政策，继续实施高校少数民族预科班、民族班和少数民族高层次骨干人才计划等特殊招生政策。民族地区投资项目优先吸纳当地劳动力就业，对招收少数民族员工的企业，按规定积极落实就业扶持政策。推动创业担保贷款发放，促进民族地区重点人群和就业困难人员创业就业。推动更多符合条件的民族药品种和民族医诊疗项目纳入医保支付范围，允许民族药医疗机构制剂在民族区域内民族医疗机构间调剂使用。支持少数民族非物质文化遗产传承人开展传习活动。（国家民委、教育部、人力资源社会保障部、人民银行、国家中医药局、国家卫生计生委、财政部、文化部、食品药品监管总局）

第七节 环境政策

结合实施国家主体功能区规划，率先在民族地区实行资源有偿使用制度和生态保护补偿制度，加快自然资源及其产品价格改革，全面实施资源税改革。合理调整资源开发收益分配政策，强化资源开发对民族地区发展的拉动效应。加大生态保护红线保护力度，逐步建立区域间生态保护补偿机制，重点支持国家禁止开发区域生态保护补偿试点地区和跨省流域生态保护补偿。建立健全民族地区生态保护补偿制度，加快制定出台生态保护补偿条例，逐步对水等自然资源征收资源税。支持民族地区开展森林碳汇参与温室气体自愿减排交易试点。（财政部、国家发展改革委、国土资源部、税务总局、环境保护部、国家林业局、水利部、农业部）

第八节 人才政策

中央国家机关及省级党政机关有计划招录少数民族公务员，继续实施民族地区招录少数民族公务员照顾政策，推动少数民族流动人口较多地区的窗口单位根据需要招录一定数量的少数民族公务员。支持内地高校毕业生到民族地区基层工作。支持高校少数民族毕业生到内地就业创业。加大选调生工作力度，鼓励高校优秀毕业生到民族地区基层锻炼成长。完善机关和事业单位人员工资待遇政策中涉及少数民族和民族地区的相关政策。加大对艰苦边远民族地区人才的政策倾斜力度，落实艰苦边远地区津贴动态调整机制，落实职务晋升、职称评定、职业资格考试、科研项目等方面的特殊政策。加大国家重大人才工程对民族地区支持力度，继续实施国家"千人计划"新疆、西藏项目，继续实施各类人才援藏援疆援青、博士服务团、"西部之光"访问学者、少数民族科技骨干特殊培养、文化名家暨"四个一批"人才工程。（国家公务员局、教育部、人力资源社会保障部、中央组织部、财政部、科技部、文化部、共青团中央、国家民委）

第九节 帮扶政策

鼓励经济较发达省市、大中城市、国有大中型企业采取多种形式支援民族地区加快发展。完善经济支援、产业支援、教育支援、干部支援、人才支援、科技支援等相结合的全面对口支援机制，创新支援方式，加大支援力度。继续实施中央国家机关及企事业单位等定点扶贫和对口支援。继续推进援疆、援藏、援青和对四省藏区的对口支援工作，指导各地进一步做好对口支援工作。继续推进中央企业与国家扶贫开发工作重点县的结对帮扶工作。鼓励社会各界参与支持民族地区公益活动及慈善捐助。（国家发展改革委、国务院国资委、教育部、中央组织部、人力资源社会保障部、科技部、国家民委、中央统战部、国务院扶贫办、民政部、中国科协）

第十三章 强化规划组织实施

第一节 加强组织领导

充分发挥国家民委委员单位和兼职委员在规划实施中的职能作用，建立规划实施领导机制和工作机制，协调解决规划实施过程中的重大问题，定期研究部署推进规划实施工作。充分调动各地各部门积极性，确立国家支持、省负总责、市县抓落实的工作方针，形成党委政府统一领导、有关部门各司其职、社会各方面通力协作的规划实施工作格局。（国家民委、国家发展改革委、教育部、科技部、工业和信息化部、公安部、民政部、财政部、人力资源社会保障部、国土资源部、环境保护部、住房城乡建设部、交通运输部、水利部、农业部、商务部、文化部、国家卫生计生委、人民银行、新闻出版广电总局、体育总局、国家旅游局、国家中医药局、国务院扶贫办）

第二节　明确责任分工

国家民委会同规划编制参加单位，负责制定规划实施方案，落实责任主体，明确工作进度，确保规划落到实处。省级人民政府要及时制定本地区配套规划或实施意见，分解落实工作责任，制定配套政策措施，认真抓好规划落实。对纳入本规划的工程项目，依法依规简化审批核准程序，优先保障规划选址、土地供应和融资安排，确保规划实施取得实效。（国家民委、国家发展改革委、教育部、工业和信息化部、财政部、住房城乡建设部、交通运输部、国土资源部、水利部、农业部、文化部、国家卫生计生委、人民银行、国家林业局、国家旅游局、国务院扶贫办）

第三节　强化督促检查

国家民委会同规划编制参加单位，加强对规划实施情况监督检查，建立规划实施情况年度报告制度，国家有关部门、省级人民政府配合做好相关工作。加强规划实施监测能力建设，建立综合评估指标体系，推进统计信息库建设，组织开展实施情况评估，定期向国务院报告。加强规划宣传，增强规划影响力，营造全社会共同关心支持少数民族和民族地区发展的良好氛围。（国家民委、国家发展改革委、教育部、工业和信息化部、财政部、住房城乡建设部、交通运输部、国土资源部、水利部、农业部、文化部、国家卫生计生委、人民银行、国家林业局、国家旅游局、国务院扶贫办、国家统计局、中央宣传部、新闻出版广电总局）

《中华人民共和国公共文化服务保障法》

（2016年12月25日第十二届全国人民代表大会常务委员会第二十五次会议通过）

目　录

第一章　总　则
第二章　公共文化设施建设与管理
第三章　公共文化服务提供
第四章　保障措施
第五章　法律责任
第六章　附　则

第一章　总　则

第一条　为了加强公共文化服务体系建设，丰富人民群众精神文化生活，传承中华优秀传统文化，弘扬社会主义核心价值观，增强文化自信，促进中国特色社会主义文化繁荣发展，提高全民族文明素质，制定本法。

第二条　本法所称公共文化服务，是指由政府主导、社会力量参与，以满足公民基本文化需求为主要目的而提供的公共文化设施、文化产品、文化活动以及其他相关服务。

第三条　公共文化服务应当坚持社会主义先进文化前进方向，坚持以人民为中心，坚持以社会主义核心价值观为引领；应当按照"百花齐放、百家争鸣"的方针，支持优秀公共文化产品的创作生产，丰富公共文化服务内容。

第四条　县级以上人民政府应当将公共文化服务纳入本级国民经济和社会发展规划，按照公益性、基本性、均等性、便利性的要求，加强公共文化设施建设，完善公共文化服务体系，提高公共文化服务效能。

第五条　国务院根据公民基本文化需求和经济社会发展水平，制定并调整国家基本公共文化服务指导标准。

省、自治区、直辖市人民政府根据国家基本公共文化服务指导标准，结合当地实际需求、财政能力和文化特色，制定并调整本行政区域的基本公共文化服务实施标准。

第六条　国务院建立公共文化服务综合协调机制，指导、协调、推动全国公共文化服务工作。国务院文化主管部门承担综合协调具体职责。

地方各级人民政府应当加强对公共文化服务的统筹协调，推动实现共建共享。

第七条　国务院文化主管部门、新闻出版广电主管部门依照本法和国务院规定的职责负责全国的公共文化服务工作；国务院其他有关部门在各自职责范围内负责相关公共文化服务工作。

县级以上地方人民政府文化、新闻出版广电主管部门根据其职责负责本行政区域内的公共文化服务工作；县级以上地方人民政府其他有关部门在各自职责范围内负责相关公共文化服务工作。

第八条　国家扶助革命老区、民族地区、边疆地区、贫困地区的公共文化服务，促进公共文化服务均衡协调发展。

第九条　各级人民政府应当根据未成年人、老年人、残疾人和流动人口等群体的特点与需求，提供相应的公共文化服务。

第十条　国家鼓励和支持公共文化服务与学校教育相结合，充分发挥公共文化服务的社会教育功能，提高青少年思想道德和科学文化素质。

第十一条　国家鼓励和支持发挥科技在公共文化服务中的作用，推动运用现代信息技术和传播技术，提高公众的科学素养和公共文化服务水平。

第十二条　国家鼓励和支持在公共文化服务领域开展国际合作与交流。

第十三条　国家鼓励和支持公民、法人和其他组织参与公共文化服务。

对在公共文化服务中作出突出贡献的公民、法人和其他组织，依法给予表彰和奖励。

第二章　公共文化设施建设与管理

第十四条　本法所称公共文化设施是指用于提供公共文化服务的建筑物、场地和设备，主要包括图书馆、博物馆、文化馆（站）、美术馆、科技馆、纪念馆、体育场馆、工人文化宫、青少年宫、妇女儿童活动中心、老年人活动中心、乡镇（街道）和村（社区）基层综合性文化服务中心、农家（职工）书屋、公共阅报栏（屏）、广播电视播出传输覆盖设施、公共数字文化服务点等。

县级以上地方人民政府应当将本行政区域内的公共文化设施目录及有关信息予以公布。

第十五条　县级以上地方人民政府应当将公共文化设施建设纳入本级城乡规划，根据国家基本公共文化服务指导标准、省级基本公共文化服务实施标准，结合当地经济社会发展水平、人口状况、环境条件、文化特色，合理确定公共文化设施的种类、数量、规模以及布局，形成场馆服务、流动服务和数字服务相结合的公共文化设施网络。

公共文化设施的选址，应当征求公众意见，符合公共文化设施的功能和特点，有利于发挥其作用。

第十六条　公共文化设施的建设用地，应当符合土地利用总体规划和城乡规划，并依照法定程序审批。

任何单位和个人不得侵占公共文化设施建设用地或者擅自改变其用途。因特殊情况需要调整公共文化设施建设用地的，应当重新确定建设用地。调整后的公共文化设施建设用地不得少于原有面积。

新建、改建、扩建居民住宅区，应当按照有关规定、标准，规划和建设配套的公共文化设施。

第十七条　公共文化设施的设计和建设，应当符合实用、安全、科学、美观、环保、节约的要求和国家规定的标准，并配置无障碍设施设备。

第十八条　地方各级人民政府可以采取新建、改建、扩建、合建、租赁、利用现有公共设施等多种方式，加强乡镇（街道）、村（社区）基层综合性文化服务中心建设，推动基层有关公共设施的统一管理、综合利用，并保障其正常运行。

第十九条　任何单位和个人不得擅自拆除公共文化设施，不得擅自改变公共文化设施的功能、用途或者妨碍其正常运行，不得侵占、挪用公共文化设施，不得将公共文化设施用于与公共文化服务无关的商业经营活动。

因城乡建设确需拆除公共文化设施，或者改变其功能、用途的，应当依照有关法律、行政法规的规定重建、改建，并坚持先建设后拆除或者建设拆除同时进行的原则。重建、改建的公共文化设施的设施配置标准、建筑面积等不得降低。

第二十条　公共文化设施管理单位应当按照国家规定的标准，配置和更新必需的服务内容和设备，加强公共文化设施经常性维护管理工作，保障公共文化设施的正常使用和运转。

第二十一条　公共文化设施管理单位应当建立健全管理制度和服务规范，建立公共文化设施资产统计报告制度和公共文化服务开展情况的年报制度。

第二十二条　公共文化设施管理单位应当建立健全安全管理制度，开展公共文化设施及公众活动的安全评价，依法配备安全保护设备和人员，保障公共文化设施和公众活动安全。

第二十三条　各级人民政府应当建立有公众参与的公共文化设施使用效能考核评价制度，公共文化设施管理单位应当根据评价结果改进工作，提高服务质量。

第二十四条　国家推动公共图书馆、博物馆、文化馆等公共文化设施管理单位根据其功能定位建立健全法人治理结构，吸收有关方面代表、专业人士和公众参与管理。

第二十五条　国家鼓励和支持公民、法人和其他组织兴建、捐建或者与政府部门合作建设公共文化设施，鼓励公民、法人和其他组织依法参与公共文化设施的运营和管理。

第二十六条　公众在使用公共文化设施时，应当遵守公共秩序，爱护公共设施，不得损坏公共设施设备和物品。

第三章　公共文化服务提供

第二十七条　各级人民政府应当充分利用公共文化设施，促进优秀公共文化产品的提供和传播，支持开展全民阅读、全民普法、全民健身、全民科普和艺术普及、优秀传统文化传承活动。

第二十八条　设区的市级、县级地方人民政府应当根据国家基本公共文化服务指导标准和省、自治区、直辖市基本公共文化服务实施标准，结合当地实际，制定公布本行政区域公共文化服务目录并组织实施。

第二十九条　公益性文化单位应当完善服务项目、丰富服务内容，创造条件向公众提供免费或者优惠的文艺演出、陈列展览、电影放映、广播电视节目收听收看、阅读服务、艺术培训等，并为公众开展文化活动提供支持和帮助。

国家鼓励经营性文化单位提供免费或者优惠的公共文化产品和文化活动。

第三十条　基层综合性文化服务中心应当加强资源整合，建立完善公共文化服务网络，充分发挥统筹服务功能，为公众提供书报阅读、影视观赏、戏曲表演、普法教育、艺术普及、科学普及、广播播送、互联网上网和群众性文化体育活动等公共文化服务，并根据其功能特点，因地制宜提供其他公共服务。

第三十一条　公共文化设施应当根据其功能、特点，按照国家有关规定，向公众免费或者优惠开放。

公共文化设施开放收取费用的，应当每月定期向中小学生免费开放。

公共文化设施开放或者提供培训服务等收取费用的，应当报经县级以上人民政府有关部门批准；收取的费用，应当用于公共文化设施的维护、管理和事业发展，不得挪作他用。

公共文化设施管理单位应当公示服务项目和开放时间；临时停止开放的，应当及时公告。

第三十二条　国家鼓励和支持机关、学校、企业事业单位的文化体育设施向公众开放。

第三十三条　国家统筹规划公共数字文化建设，构建标准统一、互联互通的公共数字文化服务网络，建设公共文化信息资源库，实现基层网络服务共建共享。

国家支持开发数字文化产品，推动利用宽带互联网、移动互联网、广播电视网和卫星网络提供公共文化服务。

地方各级人民政府应当加强基层公共文化设施的数字化和网络建设，提高数字化和网络服务能力。

第三十四条　地方各级人民政府应当采取多种方式，因地制宜提供流动文化服务。

第三十五条　国家重点增加农村地区图书、报刊、戏曲、电影、广播电视节目、网络信息内容、节庆活动、体育健身活动等公共文化产品供给，促进城乡公共文化服务均等化。

面向农村提供的图书、报刊、电影等公共文化产品应当符合农村特点和需求，提高针对性和时效性。

第三十六条　地方各级人民政府应当根据当地实际情况，在人员流动量较大的公共场所、务工人员较为集中的区域以及留守妇女儿童较为集中的农村地区，配备必要的设施，采取多种形式，提供便利可及的公共文化服务。

第三十七条　国家鼓励公民主动参与公共文化服务，自主开展健康文明的群众性文化体育活动；地方各级人民政府应当给予必要的指导、支持和帮助。

居民委员会、村民委员会应当根据居民的需求开展群众性文化体育活动，并协助当地人民政府有关部门开展公共文化服务相关工作。

国家机关、社会组织、企业事业单位应当结合自身特点和需要，组织开展群众性文化体育活动，丰富职工文化生活。

第三十八条　地方各级人民政府应当加强面向在校学生的公共文化服务，支持学校开展适合在校学生特点的文化体育活动，促进德智体美教育。

第三十九条　地方各级人民政府应当支持军队基层文化建设，丰富军营文化体育活动，加强军民文化融合。

第四十条　国家加强民族语言文字文化产品的供给，加强优秀公共文化产品的民族语言文字译制及其在民族地区的传播，鼓励和扶助民族文化产品的创作生产，支持开展具有民族特色的群众性文化体育活动。

第四十一条　国务院和省、自治区、直辖市人民政府制定政府购买公共文化服务的指导性意见和目录。国务院有关部门和县级以上地方人民政府应当根据指导性意见和目录，结合实际情况，确定购买的具体项目和内容，及时向社会公布。

第四十二条　国家鼓励和支持公民、法人和其他组织通过兴办实体、资助项目、赞助活动、提供设施、捐赠产品等方式，参与提供公共文化服务。

第四十三条　国家倡导和鼓励公民、法人和其他组织参与文化志愿服务。

公共文化设施管理单位应当建立文化志愿服务机制，组织开展文化志愿服务活动。

县级以上地方人民政府有关部门应当对文化志愿活动给予必要的指导和支持，并建立管理评价、教育培训和激励保障机制。

第四十四条　任何组织和个人不得利用公共文化设施、文化产品、文化活动以及其他相关服务，从事危害国家安全、损害社会公共利益和其他违反法律法规的活动。

第四章　保障措施

第四十五条　国务院和地方各级人民政府应当根据公共文化服务的事权和支出责任，将公共文化服务经费纳入本级预算，安排公共文化服务所需资金。

第四十六条　国务院和省、自治区、直辖市人民政府应当增加投入，通过转移支付等方式，重点扶助革命老区、民族地区、边疆地区、贫困地区开展公共文化服务。

国家鼓励和支持经济发达地区对革命老区、民族地区、边疆地区、贫困地区的公共文化服务提供援助。

第四十七条　免费或者优惠开放的公共文化设施，按照国家规定享受补助。

第四十八条　国家鼓励社会资本依法投入公共文化服务，拓宽公共文化服务资金来源渠道。

第四十九条　国家采取政府购买服务等措施，支持公民、法人和其他组织参与提供公共文化服务。

第五十条　公民、法人和其他组织通过公益性社会团体或者县级以上人民政府及其部门，捐赠财产用于公共文化服务的，依法享受税收优惠。

国家鼓励通过捐赠等方式设立公共文化服务基金，专门用于公共文化服务。

第五十一条　地方各级人民政府应当按照公共文化设施的功能、任务和服务人口规模，合理设置公共文化服务岗位，配备相应专业人员。

第五十二条　国家鼓励和支持文化专业人员、高校毕业生和志愿者到基层从事公共文化服务工作。

第五十三条　国家鼓励和支持公民、法人和其他组织依法成立公共文化服务领域的社会组织，推动公共文化服务社会化、专业化发展。

第五十四条　国家支持公共文化服务理论研究，加强多层次专业人才教育和培训。

第五十五条　县级以上人民政府应当建立健全公共文化服务资金使用的监督和统计公告制度，加强绩效考评，确保资金用于公共文化服务。任何单位和个人不得侵占、挪用公共文化服务资金。

审计机关应当依法加强对公共文化服务资金的审计监督。

第五十六条　各级人民政府应当加强对公共文化服务工作的监督检查，建立反映公众文化需求的征询反馈制度和有公众参与的公共文化服务考核评价制度，并将考核评价结果作为确定补贴或者奖励的依据。

第五十七条　各级人民政府及有关部门应当及时公开公共文化服务信息，主动接受社会监督。

新闻媒体应当积极开展公共文化服务的宣传报道，并加强舆论监督。

第五章　法律责任

第五十八条　违反本法规定，地方各级人民政府和县级以上人民政府有关部门未履行公共文化服务保障职责的，由其上级机关或者监察机关责令限期改正；情节严重的，对直接负责的主管人员和其他直接责任人员依法给予处分。

第五十九条　违反本法规定，地方各级人民政府和县级以上人民政府有关部门，有下列行为之一的，由其上级机关或者监察机关责令限期改正；情节严重的，对直接负责的主管人员和其他直接责任人员依法给予处分：

（一）侵占、挪用公共文化服务资金的；

（二）擅自拆除、侵占、挪用公共文化设施，或者改变其功能、用途，或者妨碍其正常运行的；

（三）未依照本法规定重建公共文化设施的；

（四）滥用职权、玩忽职守、徇私舞弊的。

第六十条　违反本法规定，侵占公共文化设施的建设用地或者擅自改变其用途的，由县级以上地方人民政府土地主管部门、城乡规划主管部门依据各自职责责令限期改正；逾期不改正的，由作出决定的机关依法强制执行，或者依法申请人民法院强制执行。

第六十一条　违反本法规定，公共文化设施管理单位有下列情形之一的，由其主管部门责令限期改正；造成严重后果的，对直接负责的主管人员和其他直接责任人员，依法给予处分：

（一）未按照规定对公众开放的；

（二）未公示服务项目、开放时间等事项的；

（三）未建立安全管理制度的；

（四）因管理不善造成损失的。

第六十二条　违反本法规定，公共文化设施管理单位有下列行为之一的，由其主管部门或者价格主管部门责令限期改正，没收违法所得，违法所得五千元以上的，并处违法所得两倍以上五倍以下罚款；没有违法所得或者违法所得五千元以下的，可以处一万元以下的罚款；对直接负责的主管人员和其他直接责任人员，依法给予处分：

（一）开展与公共文化设施功能、用途不符的服务活动的；

（二）对应当免费开放的公共文化设施收费或者变相收费的；

（三）收取费用未用于公共文化设施的维护、管理和事业发展，挪作他用的。

第六十三条　违反本法规定，损害他人民事权益的，依法承担民事责任；构成违反治安管理行为的，由公安机关依法给予治安管理处罚；构成犯罪的，依法追究刑事责任。

第六章　附　则

第六十四条　境外自然人、法人和其他组织在中国境内从事公共文化服务的，应当符合相关法律、行政法规的规定。

第六十五条　本法自2017年3月1日起施行。

商务部《关于印发〈居民生活服务业发展"十三五"规划〉的通知》

商服贸发〔2016〕488号

各省、自治区、直辖市、计划单列市及新疆生产建设兵团商务主管部门，部机关各单位，各特派员办事处，各直属事业单位，各商会、协会、学会：

为促进居民生活服务业在"十三五"期间健康快速发展，充分发挥居民生活服务业在稳增长、调结构、惠民生、促就业等方面的重要作用，根据《中华人民共和国国民经济和社会发展第十三个五年规划纲要》《商务发展第十三个五年规划纲要》和《国内贸易流通"十三五"发展规划》，商务部制定了《居民生活服务业发展"十三五"规划》，现印发给你们，请结合工作实际认真贯彻执行。

商务部
2016年12月27日

《居民生活服务业发展"十三五"规划》

餐饮、住宿、家政、洗染、沐浴、美容美发、家电维修、人像摄影等居民生活服务业是保障和改善民生的重要行业，对稳增长、调结构、促就业等具有重要意义。为促进居民生活服务业持续健康发展，更好地满足城乡居民服务消费需求，根据党中央、国务院的总体部署和"十三五"时期我国居民生活服务业发展面临的新形势，制定本规划。

一、发展基础

"十二五"期间，各地积极采取措施促进居民生活服务业较快发展，有效发挥了居民生活服务业对经济稳定增长和转型升级的促进作用，为实现经济社会发展预期目标作出了重要贡献。

（一）服务消费快速增长。

据商务部商贸服务典型企业统计数据测算，2015年，我国居民生活服务业营业收入为5.2万亿元，比上年增长12.6%，高于国内生产总值增速。大众化需求占主导地位，餐饮、住宿、家政等服务逐渐成为百姓的习惯性消费，如大众化餐饮占餐饮市场的80%，住宿消费中经济型酒店发展迅速，近40%的城镇家庭需要家政服务。个性化需求爆发式增长，随着互联网技术的广泛应用，以"80后、90后"为代表的消费群体追求时尚，个性化需求层出不穷。专业化需求增长迅速，随着老龄化进程的加快，以突出技能为特征的养老、健康等服务需求呈现旺盛态势。体验式、特色化服务需求旺盛，养生保健、美体健身、休闲娱乐等体验式服务已成为居民生活服务消费的常态，海鲜餐厅配以海洋、沙滩为主题的用餐环境受到消费者欢迎。

（二）服务供给日益丰富。

信息技术全面融入生活服务，团购型、体验型、共享型、上门服务型等O2O模式在餐饮、家政、美容美发等生活服务领域得到广泛应用，方便、快捷、安全、舒适的服务模式不断推陈出新。餐饮业出现厨师上门等服务，住宿业中主题酒店、民宿短租发展迅猛，家政服务业在传统小时工、病患陪护基础上拓展了上门洗车、生活用品配送等服务，美容美发业出现头皮护理、接发、美甲、美睫等服务。沐浴业在传统洗浴、足浴保健、温泉水疗等基础上推出医疗养生等服务。

（三）服务方式不断创新。

智慧服务、融合服务、聚集服务、品质服务、精准服务、安全服务已经成为居民生活服务业发展的大趋势。

信息技术和智能设备的运用更加广泛，智慧服务的范围不断扩大、水平不断提高。线上交易与线下服务的融合更加紧密，不同业态、不同行业之间的融合进一步深化，融合服务更加普遍。社区生活综合服务中心、购物中心和乡镇服务综合体将集中向居民提供各类生活服务，集聚服务更加广泛。顺应消费者需求方式的变化，一站式、精细化的品质服务越来越普及。顺应消费者注重体验、崇尚品位的个性化需求，精准服务将成为普遍追求。老百姓对人身、健康、财产等方面安全的要求越来越高，安全服务将成为共识。

（四）服务质量稳步提升。

居民更加注重生活服务的内在体验、便捷程度和服务水平。质优价廉的服务成为主流，从业人员素质不断提升，行业法规不断健全，服务流程不断规范，信用评价体系逐步建立，消费者保护机制日益完善，优质服务供给的基础逐步夯实。舒适便利的服务成为普遍要求，居民生活服务业基础设施投入不断加大，信息技术的运用水平、消费便利化和舒适化程度不断提高。

同时，居民生活服务业也存在以下问题：一是总量不足，大众化早餐等便民服务网点缺失，家政服务供给严重不足，难以满足市场需求；二是结构不优，居民生活服务企业组织化程度低，连锁化水平不高，低端生活服务供给较多，除餐饮、住宿外，高档、高端、有品质的生活服务供给不足；三是质量不高，服务标准不健全，诚信水平不高，从业人员大多缺乏专业培训，服务不规范、不安全；四是负担过重，房租、人员成本不断上升，税费负担较重，企业经营压力较大。

二、总体要求

（一）指导思想。

全面贯彻党的十八大和十八届三中、四中、五中、六中全会精神，以马克思列宁主义、毛泽东思想、邓小平理论、"三个代表"重要思想、科学发展观为指导，深入贯彻习近平总书记系列重要讲话精神，紧紧围绕统筹推进"五位一体"总体布局和协调推进"四个全面"战略布局，牢固树立和贯彻落实新发展理念，以满足人民群众日益增长的生活服务需求为出发点，着力推进供给侧结构性改革，提高供给能力、优化供给结构、提升供给质量、改善供给环境、规范供给秩序，坚持创新驱动，促进居民生活服务业信息化、标准化、集约化发展，加快构建多层次、全方位的居民生活服务体系，扩大服务消费，促进消费结构升级。

（二）基本原则。

坚持市场主导和政府引导相结合。充分发挥市场在资源配置中的决定性作用，促进要素自由流动，调动各类市场主体参与的积极性。更好地发挥政府作用，完善政策促进体系，营造良好的发展环境，引导居民生活服务企业加快转变发展方式，创新发展模式，提升发展能力。

坚持重点突破和统筹协调相结合。针对居民生活服务业发展的主要矛盾和薄弱环节，创新支持方式，探索新的发展途径，着力解决制约居民生活服务业发展的突出问题。因地制宜，分类指导，统筹推进居民生活服务业区域、城乡、行业和业态间协调发展。

坚持保障基本和多元发展相结合。以保障居民基本生活服务供给为重点，鼓励各类市场主体提供安全、便捷、实惠、绿色的大众化服务，支持居民生活服务企业集聚式发展，加快线上线下融合发展，培育新型、特色服务模式，健全居民生活服务体系。

（三）发展目标。

以需求为导向，增加有效供给，到2020年，初步形成优质安全、便利实惠、城乡协调、绿色环保的城乡居民生活服务体系，更好地适应人民群众大众化、多元化、优质化的消费需求。

服务能力明显增强。 城市社区便民服务设施基本全覆盖，农村地区便民服务体系初步形成，家庭生活服务更为便利，大众化生活服务更为普及，各种服务业态全面发展。

市场主体持续壮大。 居民生活服务市场主体全面发展，信息化、标准化、集约化水平显著提升，形成一批有较强影响力的品牌企业和众多富有创新活力的中小企业，居民生活服务从业人数占全部就业人数的比重有所提高。

发展环境不断优化。法规标准体系逐步健全,监管机制逐步完善,政策促进体系逐步建立,规划布局更加合理,质量体系更加规范,诚信体系建设得到加强,形成社会各方积极参与的良好氛围。

三、主要任务

(一)以供给侧结构性改革为主线全面提升供给能力。

1. 优化供给结构。

做优基本服务。以满足家庭需求为着力点,鼓励各类市场主体向居民家庭提供日常生活用品和餐饮、家政等服务。着力保障家政服务需求,充分发挥已建家政服务网络中心的作用,鼓励家政服务企业和妇女组织、扶贫办等机构共同搭建家政服务员输出输入对接平台,引导农村富余劳动力从事家政服务,保障养老服务、护幼服务需求。通过制度化管理、标准化服务、连锁化发展、规范化经营,推动企业专业化、规模化、品牌化发展,探索发展员工制家政服务企业的新途径;积极探索以市场化方式推动养老服务产业发展,推动卫生服务与家政护理协同发展,推动构建居家养老、社区养老等大众化养老服务体系。

做强大众化服务。以方便快捷、经济实惠为目标,鼓励生活服务企业提供面向大众的服务,创新服务形式,丰富服务内容。着力发展大众化餐饮,引导餐饮企业建立集中采购、统一配送、规范化生产、连锁化经营的生产模式,鼓励高端餐饮企业发展大众化餐饮网点和品牌,优先提供平价特色产品;支持餐饮企业在社区、学校、医院、办公集聚区、交通枢纽等地设立经营网点,着力发展营养、卫生、美味、经济的快餐和风味小吃,大力发展早餐、快餐、团餐、特色小吃、食街排挡等民生服务业态。

做好农村生活服务。加快发展农村生活服务业,健全农村生活服务网络,扩大农村服务消费。针对小城镇、城郊结合部、旅游景区、偏远农村等地区,结合本地实际情况引导各类市场主体参与农村居民生活服务体系建设。顺应新型城镇化趋势,结合地区特点和特色乡镇优势,积极发展农家乐、客栈民宿、温泉养生等多样化、特色化服务,完善生活服务配套功能。发挥中心城市的引领作用,鼓励各类市场主体进一步向乡镇、农村延伸服务网络,建立完善适合农村地区特点的购物、餐饮、理发、废旧物品回收等服务体系。

做精专业化服务。顺应消费升级趋势,以满足专业化需求为导向,通过强化技能培训、引进国外高素质劳动力等方式,促进行业向更高形态、更宽领域发展,满足高品质服务需求。完善休闲娱乐设施,提供面向年轻消费群体追求时尚、注重体验、崇尚品位的服务,鼓励开发面向老人、中小学生、病人等特定消费群体的产品,着力发展地方特色餐饮、休闲养生等品质化服务。

专栏1 提升供给能力

实施家政扶贫行动。在贫困地区建设家政服务人员供应基地,开展"公司+基层组织"和"基层组织+家庭"的定向对接,加大对贫困地区妇女入职培训的扶持力度,依托龙头企业、培训机构、行业协会及社会团体开展职业道德、实际操作能力等方面的教育。

实施农村服务消费促进工程。制定出台财政、金融等支持措施,培育一批集零售、文化、生活等多种功能于一体的乡镇商贸中心,鼓励农资超市提供农机租赁、维修、废旧物资回收等服务,支持有条件的乡镇建设综合生活服务中心,集中提供理发、维修、衣物织补、照看幼儿、帮工、信息中介、废旧物资回收等服务。

---

2. 扩大供给能力。

完善服务设施,合理配置社区餐饮网点、社区菜店、再生资源回收点等大众化社区服务设施,在城郊结合部、乡镇、农村建设符合当地民俗习惯的生活服务站,大力发展微利性居民生活服务。健全服务网络,以普通大众为主要服务对象,加快构建以家庭为基础、社区为依托、企业为主体的居民生活服务体系。丰富服务内容,鼓励各类市场主体在提供零售、餐饮、快递、维修、家政、养老、健康、婴幼儿看护等基本生活服务的基础上,以满足个性化、专业化需求为导向，提供不同层次的多样化服务。

3. 推动转型发展。

加快法规标准建设，健全体制机制，倡导节约消费，鼓励社会资本积极参与大众化餐饮服务体系建设；以创建绿色饭店为抓手促进绿色发展，引导支持住宿新业态健康发展；在保障基本服务需求的同时，积极开发高端家政服务；推进人像摄影与相关产业融合发展，大力推广沐浴养生的健康理念，完善家电维修、美容美发、洗染等服务质量管理体系，增强企业发展能力和服务供给能力。

> **专栏 2　健全生活服务市场体系**
>
> 实施居民生活服务业转型发展行动计划。推动居民生活服务企业适应经济新常态和居民消费需求变化，推进便利化发展，最大限度地保障市场供应；加快线上线下融合创新发展，推动行业转变发展方式；推动体制机制创新，加强法规、标准等制度建设，健全信用体系，着力解决传统居民生活服务企业管理方式粗放、创新能力不足、服务质量不高等问题。

（二）以集约化为导向提升组织化程度。

1. 提高经营效率。

提升连锁化水平，以规模化经营、规范化管理和专业化服务为核心，加快发展直营连锁，规范发展特许连锁，引导发展自愿连锁。提升品牌影响力，鼓励居民生活服务企业加大品牌建设投入，增强自主创新能力，开发自主品牌，扩大品牌影响力，重点打造一批品牌企业。提升规模化水平，引导优势企业通过参股、联合、合作等方式，跨地区整合资源，创新完善物流配送体系，实现集中配送，标准化管理，培育运作规范、竞争力强的大型企业（集团）。提升产业链效益，向产业链的上下游延伸，建设网络化、智能化产业链，健全居民生活服务供需对接、信息咨询等功能，系统性降低产业链成本。

2. 降低经营成本。

加快推动居民生活服务业集聚式发展。鼓励有实力的企业和社会组织参与社区服务体系建设，整合社区便民服务资源，向社区居民提供全方位的便民服务，逐步形成快捷、放心、满意的社区居民生活服务体系。广泛吸纳社区服务企业和社会组织信息资源，加强电子商务企业与社区商业网点融合互动，拓展社区公共服务综合信息平台的服务功能，完善社区生活服务业态配置，增强社区服务企业在幼儿日间照料和居家养老等方面的服务功能，推动社区生活服务专业化、便利化发展。结合各地区产业特色和历史人文特点，通过科学规划、市场化运作，培育一批特色鲜明的生活服务街区。

> **专栏 3　完善社区服务体系**
>
> 建设社区生活综合服务中心。集中提供零售、餐饮、家政、养老、洗染、美容美发、维修、寄存、快递收取、金融、文化、休闲、再生资源回收等服务，完善"一站式"服务功能，增强社区生活综合服务能力。

3. 推动绿色发展。

引导支持居民生活服务企业加快设施设备的节能环保改造，加强废旧物品综合利用，将节能降耗落实到生产经营的各个环节，培育绿色服务企业。完善法规标准，支持住宿企业减少使用一次性用品，推进绿色饭店创建工作。鼓励餐饮企业分类回收生活垃圾，加强餐厨废弃物回收利用。积极向沐浴、洗染、理发等用水量较大的行业推广普及节水、节能技术和设备。建立节俭消费提醒提示制度和激励机制，加强宣传引导，倡导消费者使用节能节水和环境友好产品，鼓励绿色、低碳、健康消费。

> **专栏 4　绿色促进**
>
> 创建绿色饭店。加大《绿色饭店》国家标准的宣贯工作力度，完善绿色饭店评价办法，指导行业中介组织加强绿色饭店评审员队伍建设，提升绿色饭店创建工作质量，鼓励饭店企业对照明、空调、锅炉系统进行节能改造，节约用电、用水、用气，减少各类用品过度豪华包装，为顾客提供舒适、安全、利于人体健康的绿色客房和绿色餐饮。

（三）以信息化为手段提升创新能力。

1. 运用信息技术。

建设信息管理系统，鼓励居民生活服务企业运用移动互联网、物联网等现代信息技术，加强对服务人员、服务流程、服务标准等关键环节和要素的管理，挖掘内部潜力，提高经营效益。实现服务模式再造，支持大数据技术在居民生活服务领域的应用，引导企业完善线上支付、信息交互等功能，提升线下体验、配送和售后等服务水平。促进共享发展，引导居民生活服务企业和第三方机构建立信息服务平台，建立政府与社会紧密互动的数据采集机制，对接供求信息、跟踪服务质量、处理服务纠纷，加快构建大数据产业链，推动家政、餐饮等生活服务业与健康服务协同发展。

2. 促进融合发展。

着力推动"互联网+生活服务"的全面融合发展，改造提升客户关系管理、在线交易等功能，实质性地创新服务消费方式。鼓励餐饮企业采用半成品配送、厨师上门等方式实现创新发展。支持住宿企业利用互联网建立直接销售体系，充分利用第三方在线预订平台拓展营销渠道，加快发展客栈民宿、租赁式公寓等新型业态。鼓励发展集聚家政服务企业的信息平台，引导各类家政服务信息平台提供面向老人的在线咨询、法律援助、健康保险、医疗护理等服务。支持洗染、维修、美容美发等行业依托已有电商平台或自有服务平台，开展上门取送、到家服务等业务。

> **专栏 5　服务创新**
>
> 实施"互联网+生活服务"行动。鼓励有条件的地区设立促进居民生活服务业创新发展基金，通过互联网股权众筹等方式，开展居民生活服务业线上线下融合创新发展试点和示范工作，推动居民生活服务企业创新发展。
>
> 发展租赁式公寓。推动有关部门制修定消防、治安管理等法律法规，完善环境卫生、服务流程、商业信用等规范，在有效管理的同时促进行业有序发展。鼓励互联网平台完善点评机制和惩戒机制，引导行业中介组织完善标准，加强行业自律，提升服务水平。

（四）以标准化为目标提升服务质量。

1. 加强标准建设。

健全标准体系，重点围绕诚信建设、服务质量、业态创新等方面制修订标准，对企业行为、商业信用、服务流程等方面提出要求，加快推动企业标准向国家标准、行业标准转化，构建国家标准、行业标准、地方标准与企业标准相互配套、相互补充的标准体系，增强标准适用性，提高标准质量。强化标准实施，建立政府引导、社会中介组织推动、骨干企业示范应用的标准实施应用机制，加强对现有标准实施情况的监督检查和跟踪评价。完善标准管理，优化标准制修订程序，提高标准立项和发布效率，推动标准查询、立项、制订、修订、审批、发布等在线化管理，建立完善标准实施后评估调整机制。

2. 提升服务质量。

引导企业学习借鉴先进技术和管理模式，从消费者需求出发，推动服务从"有没有"向"好不好"方向转变，提高服务精细化、专业化水平。依托互联网载体，运用现代服务质量测量评价技术，健全企业服务档案，逐步形成覆盖全国、跨行业、标准统一的征信系统。发布服务质量信息，强化社会监督机制，完善消费者维权和纠纷解决机制。

> **专栏6　质量提升**
>
> 实施提升居民生活服务业质量行动计划。鼓励居民生活服务企业建立教学培训基地，推动教育系统将餐饮等服务课程纳入本科院校教育体系，引导企业把提质增效融入经营管理、服务提升的全过程，培育一批具有行业标杆和引领效应的品牌和企业，充分发挥知名企业的引领作用，提升服务质量和水平。建立企业服务质量主体责任制度、服务质量跟踪回访制度和服务质量档案，完善企业服务信息采集制度、服务质量认证体系。定期发布企业服务质量和行业满意度情况，曝光服务质量"黑名单"企业，切实保障消费者的权益。

3. 传承优秀服务技艺。

挖掘优秀服务技艺，支持举办居民生活服务技能大赛，建设独特技能展示平台，建立技艺产权保护目录，培育一批具有优秀服务技能的大师、能工巧匠、服务能手和技术标兵。传承优秀技艺，完善政府、协会、企业多方参与的多层次培训体系，健全从业人员岗位技能培训机制，将优秀传统技艺纳入科研院所的教学活动，有条件的省市可通过建立传承人工作室、教学基地等方式进行"传帮带"，培育精益求精的工匠精神，培养特殊技艺的传承人。创新服务技艺，支持企业运用先进适用技术创新传统技艺，举办体现传统文化、符合现代生活理念的文化节等活动，鼓励创新经营管理模式，充分发挥优秀技艺的品牌价值。

（五）以国际化为引领拓展服务空间。

1. 加强对外开放合作。

支持企业"走出去"，加强信息服务，健全风险防范机制，引导居民生活服务企业向境外延伸服务网络，以"一带一路"沿线国家为重点拓展国际市场，培育一批具有国际竞争力的品牌。积极引进国外先进企业，推动有关部门有序放宽家政等居民生活服务准入限制，重点引进管理经验、商业模式和知名品牌，提升利用外资的质量和水平，鼓励居民生活服务领域的跨国公司来华设立总部和功能性机构。推动标准国际化，加大国际标准采标力度，推进我国居民生活服务标准与国际接轨、与国外标准互认，积极参与国际标准制定。

2. 弘扬中华传统服务。

中华传统服务主要涵盖餐饮、民间艺术和民俗、中医、中药、保健、传统手工技艺等领域，蕴含着丰富的民族文化和历史积淀，得到社会广泛认同，具有一定创新发展空间。健全中华传统服务管理体制，完善促进政策，优化企业发展环境，推动对外交流合作，不断提升标准化、信息化、产业化、现代化水平，促进中餐、中医药、中华武术、民间艺术、传统曲艺、传统教育等行业全面协调发展。加强老字号商标保护，在传承传统技艺的基础上，运用现代理念和技术创新服务方式，开发特色服务。力争到2020年，形成区域布局合理、各业态协调发展的格局，培育一批竞争力较强的中华传统服务企业，打造一批享誉海外的中华传统服务品牌。

> **专栏7　推动国际化发展**
>
> 实施中华传统服务振兴工程。结合服务贸易创新发展试点工作，会同有关部门制定出台支持政策，建立监管平台，建设"中华传统服务出口基地"，推动中华传统服务企业"走出去"。
>
> 实施海外中餐行动计划。鼓励有实力的餐饮企业到国外开设经营网点，推动国内中餐企业与当地餐饮企业开展互利共赢的务实合作，引导海外中餐企业采用国内中餐高水平服务标准，推动中餐纳入世界非物质文化遗产名录，支持餐饮行业中介组织加强国际交流与合作，提升中国文化软实力。

（六）以优化环境为保障提升发展动力。

1. 健全诚信体系。

规范居民生活服务企业经营行为，建立开放、公平的市场竞争环境。完善诚信机制，建立以交易信息为基础的市场化综合信用评价机制,鼓励有资质的第三方信用服务机构开展行业信用评价工作,健全信用评价指标,对企业信用、从业人员行为、服务流程、纠纷处理等进行规范;支持行业中介组织建立会员企业信用档案,推动政府向社会机构购买大数据资源和技术服务,加快建立信息共享机制,在行政管理中依法建立以企业信用记录为基础的奖惩制度。开展诚信评价,以统一社会信用代码为基础将居民生活服务企业信用信息纳入全国统一的共享交换平台,形成跨部门、跨地区信用信息网,提供信用信息服务;探索发布信用"红黑榜",创建诚信示范企业,在全社会形成"守信光荣、失信可耻"的良好氛围。加强诚信监督,加大整治力度,落实企业进货查验、索证索票和质量承诺制度,督促企业履行主体责任;会同工商等部门开展综合执法,提升执法效能,形成纵向到底、横向到边的监管体系;依法统一公开执法信息,为广大群众提供畅通便捷的举报、投诉、申诉和咨询渠道,落实举报投诉奖励措施,引导消费者积极举报投诉,充分发挥举报投诉的监督作用。

2. 保障供给安全。

配合有关部门完善居民生活服务业安全生产法规标准体系,建立安全生产不良记录"黑名单",做好安全专项治理工作,督促企业强化主体责任,贯彻落实各项安全管理法规、标准、制度和措施,建立健全突发事件应急预案、应对机制,加强安全生产培训,引导企业依法生产经营。

专栏 8 优化发展环境

开展诚信示范建设。鼓励企业建立包括用户信息认证、信用等级评价、业务流程保障等内容的信用体系,定期对供应商和员工进行信用评价,建立健全信用信息公开制度。充分利用广播、电视、报刊杂志、互联网等媒介发挥示范企业的引领作用,宣传守信典型案例,公开失信惩戒案例,带动行业信用水平的提升。

开展安全生产宣传。配合安全生产监管部门督促企业完善预防性工作机制、加强源头治理、提高应急处置能力,在广播、电视、报刊和网站加强宣传,利用政务微信、微博、新闻客户端和手机报等方式对企业安全生产敲响警钟,提高企业对安全生产规律的认识,重点宣传好的经验做法,曝光安全隐患,通报企业"黑名单"。

四、保障措施

(一)健全法律法规。

加快制修订居民生活服务业法规,明确政府管理职责、服务双方权利与义务、企业经营需满足的安全环保等要求、服务纠纷解决以及违法处罚等相关内容。完善政府部门监管执法体制,将对居民生活服务企业的执法纳入商务综合执法的内容,建立行政管理与执法职能间的衔接机制。

(二)强化规划引领。

加快推动地方居民生活服务专项规划制定工作,加强专项规划与国家战略和相关规划衔接,并根据国内国际发展形势依法适时调整规划预期目标。支持政策创新,推动地级以上城市在公共服务、用地保障、企业融资、人才培养等方面开展政策试点。加强规划政策宣贯,提高社会认知度和应用性,推动居民生活服务业加快发展。

(三)完善政策措施。

加快推动居民生活服务业行政审批改革,推动各级政府在土地规划和城乡规划中落实好"新建社区商业和综合服务设施面积占比不低于10%"的政策。会同有关部门贯彻落实好小微企业税收优惠政策,鼓励金融机构加大对小微企业的融资支持。会同有关部门密切跟踪居民生活服务业"营改增"改革后税负变动情况,确保所有行业税负水平只减不增;清理各类基金和收费项目,取消不合理收费,落实居民生活服务企业用水、用电、用气价格方面的政策。研究加大财政支持力度,扩大政府购买服务范围,通过购买服务、股权合作等方式支持各类市场主体增加服务和产品供给。

（四）加强人才培训。

按照需求导向、覆盖广泛、形式多样的原则，引导行业组织和企业建立全职业生涯、全过程衔接的培训制度。充分发挥各类培训机构、技工院校、行业协会及社会团体的作用，加快建立人才培训示范基地，重点围绕法规标准、职业道德、职业技能、服务流程、经营管理等进行培训，切实提高培训的专业性、有效性和多元性，完善培训、考核、上岗的服务模式，提升服务质量和水平。鼓励各类培训机构和企业开展服务人员培训，对吸纳残疾人等就业困难人员的生活服务市场主体按规定给予相关补贴。

（五）做好统计分析。

健全居民生活服务典型企业统计监测体系，优化样本结构，完善统计指标，强化数据质量控制，加强运行分析，探索服务消费统计的途径和方法，提高统计数据的准确性和时效性，更好地为宏观决策、行业管理、消费引导提供信息服务和数据支撑。协商统计等部门推动居民生活服务业统计信息共享，构建统计信息共享数据库，推进居民生活服务典型企业统计标准与国际统计标准的衔接。支持社会化信息服务平台建设，建立政府与社会紧密互动的大数据采集机制，鼓励各类平台积极运用大数据技术，加强监测分析，推动基础数据的共享。加强政府公共信息服务，利用商务部门网站及相关新闻媒体，及时发布居民生活服务业运行情况及预测预警信息，更好地指导企业经营、引导居民消费。

（六）发挥中介组织作用。

支持事业单位、协会在加强统计分析和业务交流、参与项目评估以及人员培训等方面开展工作，帮助企业解决实际困难。支持研究机构、高等院校参与重大战略研究、重大项目的决策咨询和居民生活服务统计监测体系建设，进一步推动国际交流。完善行业自律机制，提高行业规范化发展水平，维护开放、公平、公正的市场竞争环境，保护消费者和企业合法权益，促进居民生活服务业健康有序发展。

国务院办公厅《关于印发知识产权综合管理改革试点总体方案的通知》

各省、自治区、直辖市人民政府，国务院各部委、各直属机构：

《知识产权综合管理改革试点总体方案》已经国务院同意，现印发给你们，请认真贯彻执行。

国务院办公厅

2016 年 12 月 30 日

《知识产权综合管理改革试点总体方案》

推进知识产权综合管理改革是深化知识产权领域改革、破解知识产权支撑创新驱动发展瓶颈制约的关键，对于切实解决地方知识产权管理体制机制不完善、保护不够严格、服务能力不强、对创新驱动发展战略缺乏强有力支撑等突出问题具有重要意义。按照《国务院关于新形势下加快知识产权强国建设的若干意见》（国发〔2015〕71号）和《中央全面深化改革领导小组2016年工作要点》要求，为充分发挥有条件的地方在知识产权综合管理改革方面的先行探索和示范带动作用，制定本方案。

一、总体要求

（一）指导思想。全面贯彻党的十八大和十八届三中、四中、五中、六中全会精神，深入贯彻习近平总书记系列重要讲话精神，围绕统筹推进"五位一体"总体布局和协调推进"四个全面"战略布局，牢固树立和贯彻落实创新、协调、绿色、开放、共享的发展理念，按照党中央、国务院决策部署，深化知识产权领域改革，依法严格保护知识产权，打通知识产权创造、运用、保护、管理、服务全链条，构建便民利民的知识产权公共服务体系，探索支撑创新发展的知识产权运行机制，有效发挥知识产权制度激励创新的基本保障作用，保障和激励大众创业、万众创新，助推经济发展提质增效和产业结构转型升级。

（二）基本原则。

——问题导向。集中资源和力量破解制约知识产权支撑创新驱动发展的难题，因地制宜，实施知识产权综合管理，实行严格的知识产权保护，提升知识产权管理水平。

——紧扣发展。紧贴经济转型发展的重大需求，以改革促发展，充分发挥专利、商标、版权等知识产权的引领作用，有效发挥自主品牌消费对经济增长的拉动作用，激励创新创业，推动供需结构升级。

——统筹推进。统筹中央改革部署与地方改革需求，在有条件的地方开展知识产权综合管理改革试点，及时总结提炼，形成可复制经验，适时推广实施。

——大胆创新。注重顶层设计与基层探索相结合，突破妨碍知识产权发展的思想观念制约，尊重基层首创精神，激发全社会创新活力，允许多种类型、多种模式的改革探索和试验。

（三）试点布局和试点期限。根据国家实施创新驱动发展战略总体部署和重点区域发展战略布局，结合地方知识产权事业发展水平和创新驱动发展对知识产权综合管理改革的需求，选择若干个创新成果多、经济转型步伐快、发挥知识产权引领作用和推动供需结构升级成效显著的地方，开展知识产权综合管理改革试点。改革试点地方选择条件：（1）经济发展步入创新驱动转型窗口期，创新资源和创新活动集聚度高，专利、商标、版权等知识产权数量质量居于全国前列；（2）设有或纳入国家统筹的国家自主创新示范区、国家综合配套改革试验区、全面创新改革试验区、自由贸易试验区等各类国家级改革创新试验区和国家战略规划重点区域，或设有知识产权法院的地方；（3）知识产权战略推动地区经济发展成效显著，知识产权管理体制和市场监管体制机制改革走在前面，知识产权行政执法力量较强，知识产权行政执法效能突出。具体试点地方由国家知识产权局会同工商总局、新闻出版广电总局（国家版权局）等部门尽快研究共同确定。试点期限为1年。

（四）工作目标。通过在试点地方深化知识产权综合管理改革，推动形成权界清晰、分工合理、责权一致、运转高效、法治保障的知识产权体制机制。通过深化简政放权、放管结合、优化服务改革，实现知识产权行政管理更加顺畅、执法保护体系进一步完善、知识产权市场监管和公共服务水平明显提升，有力促进大众创业、万众创新，加快知识产权强国建设，为全面建成小康社会提供有力支撑。

二、主要任务

（一）建立高效的知识产权综合管理体制。鼓励多种类型、多种模式的改革探索。科学划分知识产权部门政策引导、公共服务、市场监管职责，探索有效可行的知识产权管理体制机制。按照推进综合执法的要求，减少层次，提高效率，有效避免多层次多头执法。按照实行严格的知识产权保护的要求，结合综合行政执法体制改革，整合优化执法资源，统筹知识产权综合行政执法，避免出现版权执法的重复交叉。加强知识产权工作领导协调机制以及商标战略实施、软件正版化等工作机制建设，做好与知识产权司法工作特别是知识产权法院的衔接。

（二）构建便民利民的知识产权公共服务体系。坚持法定职责必须为、法无授权不可为的原则，大力推行知识产权权力清单、责任清单、负面清单制度，并实行动态管理。加大知识产权领域简政放权力度，强化依法行政，坚持放管结合，合理减少审批和管理事项。放宽专利代理机构准入条件限制，加强知识产权服务机构事中事后监管，完善执业信息披露制度。整合知识产权公共服务资源，优化知识产权公共服务供给，实现知识产权信息等各类服务的便利化、集约化、高效化。加强统筹规划和行业管理，完善知识产权交易市场。加强知识产权维权援助服务，完善知识产权维权援助机制，构建体系完备、运转高效的知识产权维权援助网络。

（三）提升综合运用知识产权促进创新驱动发展的能力。探索支撑创新发展的知识产权运行机制，构建促进市场主体创新发展的知识产权服务体系。建立健全知识产权评议、专利导航机制，完善知识产权风险预警体系，提升区域创新发展决策水平。统筹制定实施知识产权密集型产业促进政策，培育知识产权密集型产业成为新的经济增长点。指导市场主体综合运用专利、商标和版权组合策略，全方位、立体化地保护产品、技术、工业设计等的知识产权。引导市场主体综合运营知识产权，促进知识产权领域军民融合发展，加快药品等领域过期专利技术的有效应用，提升知识产权价值，加速知识产权转化运用。

三、组织实施

（一）加强组织领导。国家知识产权局要牵头会同工商总局、新闻出版广电总局（国家版权局）等部门加强对知识产权综合管理改革试点工作的指导，统筹协调改革试点中的重大政策问题。各试点地方要建立由政府主要领导负责的协调推进机制，将知识产权综合管理改革试点工作纳入重点改革任务，因地制宜研究制定改革试点具体实施方案，积极推进落实改革试点任务。各试点地方具体实施方案应于试点地方确定后两个月内印发实施。

（二）强化政策保障。针对改革试点任务部署和需求，各有关部门要积极研究制定支持改革试点的政策措施。各试点地方政府要按照改革任务要求，研究制定配套政策措施，做好与有关部门的衔接和协调，形成工作合力。

（三）做好评估推广。国家知识产权局要会同工商总局、新闻出版广电总局（国家版权局）等部门做好试点地方改革推进的督促检查和考核评估工作。根据改革试点评估情况，对取得实质效果和成功经验的改革举措，及时提出推广建议，报国务院批准后在更大范围推广。

各有关部门和地方要按照本方案精神，统一思想，密切配合，强化全局和责任意识，勇于创新，主动改革，积极作为，抓好落实，确保改革试点工作取得实效。要及时总结、宣传改革试点进展和成效，加强试点地方工作交流，强化舆论引导，营造有利于知识产权综合管理改革的良好社会环境。

国务院《关于印发〈"十三五"国家知识产权保护和运用规划〉的通知》

国发〔2016〕86号

各省、自治区、直辖市人民政府,国务院各部委、各直属机构:

现将《"十三五"国家知识产权保护和运用规划》印发给你们,请认真贯彻执行。

国务院
2016年12月30日

《"十三五"国家知识产权保护和运用规划》

为贯彻落实党中央、国务院关于知识产权工作的一系列重要部署,全面深入实施《国务院关于新形势下加快知识产权强国建设的若干意见》(国发〔2015〕71号),提升知识产权保护和运用水平,依据《中华人民共和国国民经济和社会发展第十三个五年规划纲要》,制定本规划。

一、规划背景

"十二五"时期,各地区、各相关部门深入实施国家知识产权战略,促进知识产权工作融入经济社会发展大局,为创新驱动发展提供了有力支撑,进一步巩固了我国的知识产权大国地位。发明专利申请量和商标注册量稳居世界首位。与"十一五"末相比,每万人口发明专利拥有量达到6.3件,增长了3倍;每万市场主体的平均有效商标拥有量达到1335件,增长了34.2%;通过《专利合作条约》途径提交的专利申请量(以下称PCT专利申请量)达到3万件,增长了2.4倍,跻身世界前三位;植物新品种申请量居世界第二位;全国作品登记数量和计算机软件著作权登记量分别增长95.9%和282.5%;地理标志、集成电路布图设计等注册登记数量大幅增加。知识产权制度进一步健全,知识产权创造、运用、保护、管理和服务的政策措施更加完善,专业人才队伍不断壮大。市场主体知识产权综合运用能力明显提高,国际合作水平显著提升,形成了一批具有国际竞争力的知识产权优势企业。知识产权质押融资额达到3289亿元,年均增长38%。专利、商标许可备案分别达到4万件、14.7万件,版权产业对国民经济增长的贡献率超过7%。知识产权司法保护体系不断完善,在北京、上海和广州相继设立知识产权法院,民事、刑事、行政案件的"三合一"审理机制改革试点基本完成,司法裁判标准更加细致完备,司法保护能力与水平不断提升。知识产权行政保护不断加强,全国共查处专利侵权假冒案件8.7万件,商标权、商业秘密和其他销售假冒伪劣商品等侵权假冒案件32.2万件,侵权盗版案件3.5万件。全社会知识产权意识得到普遍增强。

同时,我国知识产权数量与质量不协调、区域发展不平衡、保护还不够严格等问题依然突出。核心专利、知名品牌、精品版权较少,布局还不合理。与经济发展融合还不够紧密,转移转化效益还不够高,影响企业知识产权竞争能力提升。侵权易发多发,维权仍面临举证难、成本高、赔偿低等问题,影响创新创业热情。管理体制机制还不够完善,国际交流合作深度与广度还有待进一步拓展。

"十三五"时期是我国由知识产权大国向知识产权强国迈进的战略机遇期。国际知识产权竞争更加激烈。我国经济发展进入速度变化、结构优化、动力转换的新常态。知识产权作为科技成果向现实生产力转化的重要桥梁和纽带,激励创新的基本保障作用更加突出。各地区、各相关部门要准确把握新形势新特点,深化知识产权领域改革,破除制约知识产权发展的障碍,全面提高知识产权治理能力,推动知识产权事业取得突破性进展,为促进经济提质增效升级提供有力支撑。

二、指导思想、基本原则和发展目标

（一）指导思想。全面贯彻党的十八大和十八届三中、四中、五中、六中全会精神，以邓小平理论、"三个代表"重要思想、科学发展观为指导，深入贯彻习近平总书记系列重要讲话精神，紧紧围绕统筹推进"五位一体"总体布局和协调推进"四个全面"战略布局，牢固树立和贯彻落实创新、协调、绿色、开放、共享的发展理念，认真落实党中央、国务院决策部署，以供给侧结构性改革为主线，深入实施国家知识产权战略，深化知识产权领域改革，打通知识产权创造、运用、保护、管理和服务的全链条，严格知识产权保护，加强知识产权运用，提升知识产权质量和效益，扩大知识产权国际影响力，加快建设中国特色、世界水平的知识产权强国，为实现"两个一百年"奋斗目标和中华民族伟大复兴的中国梦提供更加有力的支撑。

（二）基本原则。

坚持创新引领。推动知识产权领域理论、制度、文化创新，探索知识产权工作新理念和新模式，厚植知识产权发展新优势，保障创新者的合法权益，激发全社会创新创造热情，培育经济发展新动能。

坚持统筹协调。加强知识产权工作统筹，推进知识产权与产业、科技、环保、金融、贸易以及军民融合等政策的衔接。做好分类指导和区域布局，坚持总体提升与重点突破相结合，推动知识产权事业全面、协调、可持续发展。

坚持绿色发展。加强知识产权资源布局，优化知识产权法律环境、政策环境、社会环境和产业生态，推进传统制造业绿色改造，促进产业低碳循环发展，推动资源利用节约高效、生态环境持续改善。

坚持开放共享。统筹国内国际两个大局，加强内外联动，增加公共产品和公共服务有效供给，强化知识产权基础信息互联互通和传播利用，积极参与知识产权全球治理，推动国际知识产权制度向普惠包容、平衡有效的方向发展，持续提升国际影响力和竞争力。

（三）发展目标。

到2020年，知识产权战略行动计划目标如期完成，知识产权重要领域和关键环节的改革取得决定性成果，保护和运用能力得到大幅提升，建成一批知识产权强省、强市，为促进大众创业、万众创新提供有力保障，为建设知识产权强国奠定坚实基础。

——知识产权保护环境显著改善。知识产权法治环境显著优化，法律法规进一步健全，权益分配更加合理，执法保护体系更加健全，市场监管水平明显提升，保护状况社会满意度大幅提高。知识产权市场支撑环境全面优化，服务业规模和水平较好地满足市场需求，形成"尊重知识、崇尚创新、诚信守法"的文化氛围。

——知识产权运用效益充分显现。知识产权的市场价值显著提高，产业化水平全面提升，知识产权密集型产业占国内生产总值（GDP）比重明显提高，成为经济增长新动能。知识产权交易运营更加活跃，技术、资金、人才等创新要素以知识产权为纽带实现合理流动，带动社会就业岗位显著增加，知识产权国际贸易更加活跃，海外市场利益得到有效维护，形成支撑创新发展的运行机制。

——知识产权综合能力大幅提升。知识产权拥有量进一步提高，核心专利、知名品牌、精品版权、优秀集成电路布图设计、优良植物新品种等优质资源大幅增加。行政管理能力明显提升，基本形成权界清晰、分工合理、责权一致、运转高效、法治保障的知识产权体制机制。专业人才队伍数量充足、素质优良、结构合理。构建知识产权运营公共服务平台体系，建成便民利民的知识产权信息公共服务平台。知识产权运营、金融等业态发育更加成熟，资本化、商品化和产业化的渠道进一步畅通，市场竞争能力大幅提升，形成更多具有国际影响力的知识产权优势企业。国际事务处理能力不断提高，国际影响力进一步提升。

"十三五"知识产权保护和运用主要指标

指标	2015年	2020年	累计增加值	属性
每万人口发明专利拥有量（件）	6.3	12	5.7	预期性
PCT专利申请量（万件）	3	6	3	预期性

续表

指标	2015年	2020年	累计增加值	属性
植物新品种申请总量（万件）	1.7	2.5	0.8	预期性
全国作品登记数量（万件）	135	220	85	预期性
年度知识产权质押融资金额（亿元）	750	1800	1050	预期性
计算机软件著作权登记数量（万件）	29	44	15	预期性
规模以上制造业每亿元主营业务收入有效发明专利数（件）	0.56	0.7	0.14	预期性
知识产权使用费出口额（亿美元）	44.4	100	55.6	预期性
知识产权服务业营业收入年均增长（%）	20	20	—	预期性
知识产权保护社会满意度（分）	70	80	10	预期性

注：知识产权使用费出口额为五年累计值。

三、主要任务

贯彻落实党中央、国务院决策部署，深入实施知识产权战略，深化知识产权领域改革，完善知识产权强国政策体系，全面提升知识产权保护和运用水平，全方位多层次加快知识产权强国建设。

（一）深化知识产权领域改革。积极研究探索知识产权管理体制机制改革，努力在重点领域和关键环节取得突破性成果。支持地方开展知识产权综合管理改革试点。建立以知识产权为重要内容的创新驱动评价体系，推动知识产权产品纳入国民经济核算，将知识产权指标纳入国民经济和社会发展考核体系。推进简政放权，简化和优化知识产权审查和注册流程。放宽知识产权服务业准入，扩大代理领域开放程度，放宽对专利代理机构股东和合伙人的条件限制。加快知识产权权益分配改革，完善有利于激励创新的知识产权归属制度，构建提升创新效率和效益的知识产权导向机制。

（二）严格实行知识产权保护。加快知识产权法律、法规、司法解释的制修订，构建包括司法审判、刑事司法、行政执法、快速维权、仲裁调解、行业自律、社会监督的知识产权保护工作格局。充分发挥全国打击侵犯知识产权和制售假冒伪劣商品工作领导小组作用，调动各方积极性，形成工作合力。以充分实现知识产权的市场价值为指引，进一步加大损害赔偿力度。推进诉讼诚信建设，依法严厉打击侵犯知识产权犯罪。强化行政执法，改进执法方式，提高执法效率，加大对制假源头、重复侵权、恶意侵权、群体侵权的查处力度，为创新者提供更便利的维权渠道。加强商标品牌保护，提高消费品商标公共服务水平。规范有效保护商业秘密。持续推进政府机关和企业软件正版化工作。健全知识产权纠纷的争议仲裁和快速调解制度。充分发挥行业组织的自律作用，引导企业强化主体责任。深化知识产权保护的区域协作和国际合作。

（三）促进知识产权高效运用。突出知识产权在科技创新、新兴产业培育方面的引领作用，大力发展知识产权密集型产业，完善专利导航产业发展工作机制，深入开展知识产权评议工作。加大高技术含量知识产权转移转化力度。创新知识产权运营模式和服务产品。完善科研开发与管理机构的知识产权管理制度，探索建立知识产权专员派驻机制。建立健全知识产权服务标准，完善知识产权服务体系。完善"知识产权+金融"服务机制，深入推进质押融资风险补偿试点。推动产业集群品牌的注册和保护，开展产业集群、品牌基地、地理标志、知识产权服务业集聚区培育试点示范工作。推动军民知识产权转移转化，促进军民融合深度发展。

四、重点工作

（一）完善知识产权法律制度。

1.加快知识产权法律法规建设。加快推动专利法、著作权法、反不正当竞争法及配套法规、植物新品种保护条例等法律法规的制修订工作。适时做好地理标志立法工作，健全遗传资源、传统知识、民间文艺、中医药、新闻作品、广播电视节目等领域法律制度。完善职务发明制度和规制知识产权滥用行为的法律制度，健全国防领域知识产权法规政策。

2. 健全知识产权相关法律制度。研究完善商业模式和实用艺术品等知识产权保护制度。研究"互联网+"、电子商务、大数据等新业态、新领域知识产权保护规则。研究新媒体条件下的新闻作品版权保护。研究实质性派生品种保护制度。制定关于滥用知识产权的反垄断指南。完善商业秘密保护法律制度，明确商业秘密和侵权行为界定，探索建立诉前保护制度。

> **专栏1　知识产权法律完善工程**
>
> 　　推动修订完善知识产权法律、法规和部门规章。配合全国人大常委会完成专利法第四次全面修改。推进著作权法第三次修改。根据专利法、著作权法修改进度适时推进专利法实施细则、专利审查指南、著作权法实施条例等配套法规和部门规章的修订。完成专利代理条例和国防专利条例修订。
> 　　支持开展立法研究。组织研究制定知识产权基础性法律的必要性和可行性。研究在民事基础性法律中进一步明确知识产权制度的基本原则、一般规则及重要概念。研究开展反不正当竞争法、知识产权海关保护条例、生物遗传资源获取管理条例以及中医药等领域知识产权保护相关法律法规制修订工作。

（二）提升知识产权保护水平。

1. 发挥知识产权司法保护作用。推动知识产权领域的司法体制改革，构建公正高效的知识产权司法保护体系，形成资源优化、科学运行、高效权威的知识产权综合审判体系，推进知识产权民事、刑事、行政案件的"三合一"审理机制，努力为知识产权权利人提供全方位和系统有效的保护，维护知识产权司法保护的稳定性、导向性、终局性和权威性。进一步发挥司法审查和司法监督职能。加强知识产权"双轨制"保护，发挥司法保护的主导作用，完善行政执法和司法保护两条途径优势互补、有机衔接的知识产权保护模式。加大对知识产权侵权行为的惩治力度，研究提高知识产权侵权法定赔偿上限，针对情节严重的恶意侵权行为实施惩罚性赔偿并由侵权人承担实际发生的合理开支。积极开展知识产权民事侵权诉讼程序与无效程序协调的研究。及时、有效做好知识产权司法救济工作。支持开展知识产权司法保护对外合作。

2. 强化知识产权刑事保护。完善常态化打防工作格局，进一步优化全程打击策略，全链条惩治侵权假冒犯罪。深化行政执法部门间的协作配合，探索使用专业技术手段，提升信息应用能力和数据运用水平，完善与电子商务企业协作机制。加强打假专业队伍能力建设。深化国际执法合作，加大涉外知识产权犯罪案件侦办力度，围绕重点案件开展跨国联合执法行动。

3. 加强知识产权行政执法体系建设。加强知识产权行政执法能力建设，统一执法标准，完善执法程序，提高执法专业化、信息化、规范化水平。完善知识产权联合执法和跨地区执法协作机制，积极开展执法专项行动，重点查办跨区域、大规模和社会反映强烈的侵权案件。建立完善专利、版权线上执法办案系统。完善打击侵权假冒商品的举报投诉机制。创新知识产权快速维权工作机制。完善知识产权行政执法监督，加强执法维权绩效管理。加大展会知识产权保护力度。加强严格知识产权保护的绩效评价，持续开展知识产权保护社会满意度调查。建立知识产权纠纷多元解决机制，加强知识产权仲裁机构和纠纷调解机构建设。

4. 强化进出口贸易知识产权保护。落实对外贸易法中知识产权保护相关规定，适时出台与进出口贸易相关的知识产权保护政策。改进知识产权海关保护执法体系，加大对优势领域和新业态、新领域创新成果的知识产权海关保护力度。完善自由贸易试验区、海关特殊监管区内货物及过境、转运、通运货物的知识产权海关保护执法程序，在确保有效监管的前提下促进贸易便利。坚持专项整治、丰富执法手段、完善运行机制，提高打击侵权假冒执行力度，突出打击互联网领域跨境电子商务侵权假冒违法活动。加强国内、国际执法合作，完善从生产源头到流通渠道、消费终端的全链条式管理。

5. 强化传统优势领域知识产权保护。开展遗传资源、传统知识和民间文艺等知识产权资源调查。制定非物质文化遗产知识产权工作指南,加强对优秀传统知识资源的保护和运用。完善传统知识和民间文艺登记、注册机制,鼓励社会资本发起设立传统知识、民间文艺保护和发展基金。研究完善中国遗传资源保护利用制度,建立生物遗传资源获取的信息披露、事先知情同意和惠益分享制度。探索构建中医药知识产权综合保护体系,建立医药传统知识保护名录。建立民间文艺作品的使用保护制度。

6. 加强新领域新业态知识产权保护。加大宽带移动互联网、云计算、物联网、大数据、高性能计算、移动智能终端等领域的知识产权保护力度。强化在线监测,深入开展打击网络侵权假冒行为专项行动。加强对网络服务商传播影视剧、广播电视节目、音乐、文学、新闻、软件、游戏等监督管理工作,积极推进网络知识产权保护协作,将知识产权执法职责与电子商务企业的管理责任结合起来,建立信息报送、线索共享、案件研判和专业培训合作机制。

7. 加强民生领域知识产权保护。加大对食品、药品、环境等领域的知识产权保护力度,健全侵权假冒快速处理机制。建立健全创新药物、新型疫苗、先进医疗装备等领域的知识产权保护长效工作机制。加强污染治理和资源循环利用等生态环保领域的专利保护力度。开展知识产权保护进乡村专项行动,建立县域及乡镇部门协作执法机制和重大案件联合督办制度,加强农村市场知识产权行政执法条件建设。针对电子、建材、汽车配件、小五金、食品、农资等专业市场,加大对侵权假冒商品的打击力度,严堵侵权假冒商品的流通渠道。

> **专栏2 知识产权保护工程**
>
> 开展系列专项行动。重点打击侵犯注册商标专用权、擅自使用他人知名商品特有名称包装装潢、冒用他人企业名称或姓名等仿冒侵权违法行为。针对重点领域开展打击侵权盗版专项行动,突出大案要案查处、重点行业专项治理和网络盗版监管,持续开展"红盾网剑"、"剑网"专项行动,严厉打击网络侵权假冒等违法行为。开展打击侵犯植物新品种权和制售假劣种子行为专项行动。
>
> 推进跨部门跨领域跨区域执法协作。加大涉嫌犯罪案件移交工作力度。开展与相关国际组织和境外执法部门的联合执法。加强大型商场、展会、电子商务、进出口等领域知识产权执法维权工作。
>
> 加强"12330"维权援助与举报投诉体系建设。强化"12330"平台建设,拓展维权援助服务渠道。提升平台服务质量,深入对接产业联盟、行业协会。
>
> 完善知识产权快速维权机制。加快推进知识产权快速维权中心建设,提升工作质量与效率。推进快速维权领域由单一行业向多行业扩展、类别由外观设计向实用新型专利和发明专利扩展、区域由特定地区向省域辐射,在特色产业集聚区和重点行业建立一批知识产权快速维权中心。
>
> 推进知识产权领域信用体系建设。推进侵权纠纷案件信息公示工作,严格执行公示标准。将故意侵权行为纳入社会信用评价体系,明确专利侵权等信用信息的采集规则和使用方式,向征信机构公开相关信息。积极推动建立知识产权领域信用联合惩戒机制。

(三)提高知识产权质量效益。

1. 提高专利质量效益。建立专利申请质量监管机制。深化专利代理领域改革。健全专利审查质量管理机制。优化专利审查流程与方式。完善专利审查协作机制。继续深化专利审查业务国际合作,拓展"专利审查高速路"国际合作网络。加快建设世界一流专利审查机构。加强专利活动与经济效益之间的关联评价。完善专利奖的评审与激励政策,发挥专利奖标杆引领作用。

> **专栏3 专利质量提升工程**
>
> 提升发明创造和专利申请质量。在知识产权强省、强市建设和有关试点示范工作中强化专利质量评价和引导。建立专利申请诚信档案,持续开展专利申请质量监测与反馈。

提升专利审查质量。加强审查业务指导体系和审查质量保障体系建设。完善绿色技术专利申请优先审查机制。做好基于审查资源的社会服务工作。构建专利审查指南修订常态化机制。改进审查周期管理，满足创新主体多样化需求。加强与行业协会、代理人、申请人的沟通，形成快捷高效的外部质量反馈机制，提高社会满意度。加大支撑专利审查的信息化基础设施建设。

提升专利代理质量。深化专利代理领域"放管服"改革，提高行业管理水平。强化竞争机制和行业自律，加大对代理机构和代理人的执业诚信信息披露力度。针对专利代理机构的代理质量构建反馈、评价、约谈、惩戒机制。

提升专利运用和保护水平。加快知识产权运营公共服务平台体系建设，为专利转移转化、收购托管、交易流转、质押融资、专利导航等提供平台支撑，提高专利运用效益。制定出台相关政策，营造良好的专利保护环境，促进高质量创造和高价值专利实施。

2. 实施商标战略。提升商标注册便利化水平，优化商标审查体系，建立健全便捷高效的商标审查协作机制。提升商标权保护工作效能，为商标建设营造公平竞争的市场环境。创新商标行政指导和服务监管方式，提升企业运用商标制度能力，打造知名品牌。研究建立商标价值评估体系，构建商标与国民生产总值、就业规模等经济指标相融合的指标体系。建立国家商标信息库。

3. 打造精品版权。全面完善版权社会服务体系，发挥版权社会服务机构的作用。推动版权资产管理制度建设。建立版权贸易基地、交易中心工作协调机制。充分发挥全国版权示范城市、单位、园区（基地）的示范引导作用。打造一批规模化、集约化、专业化的版权企业，带动版权产业健康快速发展。鼓励形成一批拥有精品品牌的广播影视播映和制作经营机构，打造精品影视节目版权和版权产业链。鼓励文化领域商业模式创新，大力发展版权代理和版权经纪业务，促进版权产业和市场的发展。

4. 加强地理标志、植物新品种和集成电路布图设计等领域知识产权工作。建立地理标志联合认定机制，加强我国地理标志在海外市场注册和保护工作。推动建立统筹协调的植物新品种管理机制，推进植物新品种测试体系建设，加快制定植物新品种测试指南，提高审查测试水平。加强种子企业与高校、科研机构的协作创新，建立授权植物新品种的基因图谱数据库，为维权取证和执法提供技术支撑。完善集成电路布图设计保护制度，优化集成电路布图设计的登记和撤销程序，充分发挥集成电路布图设计制度的作用，促进集成电路产业升级发展。

（四）加强知识产权强省、强市建设。

1. 建成一批知识产权强省、强市。推进引领型、支撑型、特色型知识产权强省建设，发挥知识产权强省的示范带动作用。深入开展知识产权试点示范工作，可在国家知识产权示范城市、全国版权示范城市等基础上建成一批布局合理、特色明显的知识产权强市。进一步探索建设适合国情的县域知识产权工作机制。

2. 促进区域知识产权协调发展。推动开展知识产权区域布局试点，形成以知识产权资源为核心的配置导向目录，推进区域知识产权资源配置和政策优化调整。支持西部地区改善创新环境，加快知识产权发展，提升企业事业单位知识产权创造运用水平。制定实施支持东北地区等老工业基地振兴的知识产权政策，推动东北地区等老工业基地传统制造业转型升级。提升中部地区特色优势产业的知识产权水平。支持东部地区在知识产权运用方面积极探索、率先发展，培育若干带动区域知识产权协同发展的增长极。推动京津冀知识产权保护一体、运用协同、服务共享，促进创新要素自由合理流动。推进长江经济带知识产权建设，引导产业优化布局和分工协作。

3. 做好知识产权领域扶贫工作。加大对边远地区传统知识、遗传资源、民间文艺、中医药等领域知识产权的保护与运用力度。利用知识产权人才优势、技术优势和信息优势进一步开发地理标志产品，加强植物新品种保护，引导注册地理标志商标，推广应用涉农专利技术。开展知识产权富民工作，推进实施商标富农工程，充分发挥农产品商标和地理标志在农业产业化中的作用，培育一批知识产权扶贫精品项目。支持革命老区、民族地区、边疆地区、贫困地区加强知识产权机构建设，提升知识产权数量和保护水平。

（五）加快知识产权强企建设。

1. 提升企业知识产权综合能力。推行企业知识产权管理国家标准，在生产经营、科技创新中加强知识产权全过程管理。完善知识产权认证制度，探索建立知识产权管理体系认证结果的国际互认机制。推动开展知识产权协同运用，鼓励和支持大型企业开展知识产权评议工作，在重点领域合作中开展知识产权评估、收购、运营、风险预警与应对。切实增强企业知识产权意识，支持企业加大知识产权投入，提高竞争力。

2. 培育知识产权优势企业。出台知识产权优势企业建设指南，推动建立企业知识产权服务机制，引导优质服务力量助力企业形成知识产权竞争优势。出台知识产权示范企业培育指导性文件，提升企业知识产权战略管理能力、市场竞争力和行业影响力。

3. 完善知识产权强企工作支撑体系。完善知识产权资产的财务、评估等管理制度及相关会计准则，引导企业发布知识产权经营报告书。提升企业知识产权资产管理能力，推动企业在并购重组、股权激励、对外投资等活动中的知识产权资产管理。加强政府、企业和社会的协作，引导企业开展形式多样的知识产权资本化运作。

> **专栏4　知识产权强企工程**
>
> 推行企业知识产权管理规范。建立政策引导、咨询服务和第三方认证体系。培养企业知识产权管理专业化人才队伍。
>
> 制定知识产权强企建设方案。建立分类指导的政策体系，塑造企业示范典型，培育一批具备国际竞争优势的知识产权领军企业。实施中小企业知识产权战略推进工程，加大知识产权保护援助力度，构建服务支撑体系，扶持中小企业创新发展。
>
> 鼓励企业国际化发展。引导企业开展海外知识产权布局。发挥知识产权联盟作用，鼓励企业将专利转化为国际标准。促进知识产权管理体系标准、认证国际化。

（六）推动产业升级发展。

1. 推动专利导航产业发展。深入实施专利导航试点工程，引导产业创新发展，开展产业知识产权全球战略布局，助推产业提质增效升级。面向战略性新兴产业，在新材料、生物医药、物联网、新能源、高端装备制造等领域实施一批产业规划类和企业运营类专利导航项目。在全面创新改革试验区、自由贸易试验区、中外合作产业园区、知识产权试点示范园区等重点区域，推动建立专利导航产业发展工作机制。

2. 完善"中国制造"知识产权布局。围绕"中国制造2025"的重点领域和"互联网+"行动的关键环节，形成一批产业关键核心共性技术知识产权。实施制造业知识产权协同运用推进工程，在制造业创新中心建设等重大工程实施中支持骨干企业、高校、科研院所协同创新、联合研发，形成一批产业化导向的专利组合，强化创新成果转化运用。

3. 促进知识产权密集型产业发展。制定知识产权密集型产业目录和发展规划，发布知识产权密集型产业的发展态势报告。运用股权投资基金等市场化方式，引导社会资金投入知识产权密集型产业。加大政府采购对知识产权密集型产品的支持力度。鼓励有条件的地区发展知识产权密集型产业集聚区，构建优势互补的产业协调发展格局。建设一批高增长、高收益的知识产权密集型产业，促进产业提质增效升级。

4. 支持产业知识产权联盟发展。鼓励组建产业知识产权联盟，开展联盟备案管理和服务，建立重点产业联盟管理库，对联盟发展状况进行评议监测和分类指导。支持成立知识产权服务联盟。属于社会组织的，依法履行登记手续。支持联盟构筑和运营产业专利池，推动形成标准必要专利，建立重点产业知识产权侵权监控和风险应对机制。鼓励社会资本设立知识产权产业化专项基金，充分发挥重点产业知识产权运营基金作用，提高产业知识产权运营水平与国际竞争力，保障产业技术安全。

5. 深化知识产权评议工作。实施知识产权评议工程，研究制定相关政策。围绕国家重大产业规划、政府重大投资项目等开展知识产权评议，积极探索重大科技经济活动知识产权评议试点。建立国家科技计划（专项、基金等）知识产权目标评估制度。加强知识产权评议专业机构建设和人才培养，积极推动评议成果运用，建立重点领域评议报告发布机制。推动制定评议服务相关标准。鼓励和支持行业骨干企业与专业机构在重点领域合作开展评议工作，提高创新效率，防范知识产权风险。

> **专栏5　知识产权评议工程**
>
> 推进重点领域知识产权评议工作。加强知识产权主管部门与产业主管部门间的沟通协作，围绕国家科技重大专项以及战略性新兴产业，针对高端通用芯片、高档数控机床、集成电路装备、宽带移动通信、油气田、核电站、水污染治理、转基因生物新品种、新药创制、传染病防治等领域的关键核心技术深入开展知识产权评议工作，及时提供或发布评议报告。
>
> 提升知识产权评议能力。制定发布重大经济活动评议指导手册和分类评议实务指引，规范评议范围和程序。实施评议能力提升计划，支持开发评议工具，培养一批评议人才。
>
> 培育知识产权评议服务力量。培育知识产权评议服务示范机构，加强服务供需对接。推动评议服务行业组织建设，支持制定评议服务标准，鼓励联盟实施行业自律。加强评议服务机构国际交流，拓展服务空间。

6.推动军民知识产权转移转化。加强国防知识产权保护，完善国防知识产权归属与利益分配机制。制定促进知识产权军民双向转化的指导意见。放开国防知识产权代理服务行业，建立和完善相应的准入退出机制。推动国防知识产权信息平台建设，分类建设国防知识产权信息资源，逐步开放检索。营造有利于军民协同创新、双向转化的国防科技工业知识产权政策环境。建设完善国防科技工业知识产权平台，完成专利信息平台建设，形成更加完善的国防科技工业专利基础数据库。

（七）促进知识产权开放合作。

1.加强知识产权国际交流合作。进一步加强涉外知识产权事务的统筹协调。加强与经贸相关的多双边知识产权对外谈判、双边知识产权合作磋商机制及国内立场的协调等工作。积极参与知识产权国际规则制定，加快推进保护广播组织条约修订，推动公共健康多哈宣言落实和视听表演北京条约尽快生效，做好我国批准马拉喀什条约相关准备工作。加强与世界知识产权组织、世界贸易组织及相关国际组织的交流合作。拓宽知识产权公共外交渠道。继续巩固发展知识产权多双边合作关系，加强与"一带一路"沿线国家、金砖国家的知识产权交流合作。加强我驻国际组织、主要国家和地区外交机构中涉知识产权事务的人才储备和人力配备。

2.积极支持创新企业"走出去"。健全企业海外知识产权维权援助体系。鼓励社会资本设立中国企业海外知识产权维权援助服务基金。制定实施应对海外产业重大知识产权纠纷的政策。完善海外知识产权信息服务平台，发布相关国家和地区知识产权制度环境等信息。支持企业广泛开展知识产权跨国交易，推动有自主知识产权的服务和产品"走出去"。继续开展外向型企业海外知识产权保护以及纠纷应对实务培训。

> **专栏6　知识产权海外维权工程**
>
> 健全风险预警机制。推动企业在人才引进、国际参展、产品和技术进出口、企业并购等活动中开展知识产权风险评估，提高企业应对知识产权纠纷能力。加强对知识产权案件的跟踪研究，及时发布风险提示。
>
> 建立海外维权援助机制。加强中国保护知识产权海外维权信息平台建设。发布海外知识产权服务机构和专家名录及案例数据库。建立海外展会知识产权快速维权长效机制，组建海外展会快速维权中心，建立海外展会快速维权与常规维权援助联动的工作机制。

五、重大专项

（一）加强知识产权交易运营体系建设。

1. 完善知识产权运营公共服务平台。发挥中央财政资金引导作用，建设全国知识产权运营公共服务平台，依托文化产权、知识产权等无形资产交易场所开展版权交易，审慎设立版权交易平台。出台有关行业管理规则，加强对知识产权交易运营的业务指导和行业管理。以知识产权运营公共服务平台为基础，推动建立基于互联网、基础统一的知识产权质押登记平台。

2. 创新知识产权金融服务。拓展知识产权质押融资试点内容和工作范围，完善风险管理以及补偿机制，鼓励社会资本发起设立小微企业风险补偿基金。探索开展知识产权证券化和信托业务，支持以知识产权出资入股，在依法合规的前提下开展互联网知识产权金融服务，加强专利价值分析与应用效果评价工作，加快专利价值分析标准化建设。加强对知识产权质押的动态管理。

3. 加强知识产权协同运用。面向行业协会、高校和科研机构深入开展专利协同运用试点，建立订单式发明、投放式创新的专利协同运用机制。培育建设一批产业特色鲜明、优势突出，具有国际影响力的专业化知识产权运营机构。强化行业协会在知识产权联合创造、协同运用、合力保护、共同管理等方面的作用。鼓励高校和科研机构强化知识产权申请、运营权责，加大知识产权转化力度。引导高校院所、企业联合共建专利技术产业化基地。

> **专栏7　知识产权投融资服务工程**
>
> 建设全国知识产权运营公共服务体系。推进知识产权运营交易全过程电子化，积极开展知识产权运营项目管理。加快培育国家专利运营试点企业，加快推进西安知识产权军民融合试点、珠海知识产权金融试点及华北、华南等区域知识产权运营中心建设。
>
> 深化知识产权投融资工作。优化质押融资服务机制，鼓励有条件的地区建立知识产权保险奖补机制。研究推进知识产权海外侵权责任保险工作。深入开展知识产权质押融资风险补偿基金和重点产业知识产权运营基金试点。探索知识产权证券化，完善知识产权信用担保机制，推动发展投贷联动、投保联动、投债联动等新模式。创新知识产权投融资产品。在全面创新改革试验区引导创业投资基金、股权投资基金加强对知识产权领域的投资。
>
> 创新管理运行方式。支持探索知识产权创造与运营的众包模式，鼓励金融机构在风险可控和商业可持续的前提下，基于众创、众包、众扶等新模式特点开展金融产品和服务创新，积极发展知识产权质押融资，促进"互联网+"知识产权融合发展。

（二）加强知识产权公共服务体系建设。

1. 提高知识产权公共服务能力。建立健全知识产权公共服务网络，增加知识产权信息公共服务产品供给。推动知识产权基础信息与经济、法律、科技、产业运行等其他信息资源互联互通。实施产业知识产权服务能力提升行动，创新对中小微企业和初创型企业的服务方式。发展"互联网+"知识产权服务等新模式，培育规模化、专业化、市场化、国际化的知识产权服务品牌机构。

2. 建设知识产权信息公共服务平台。实现专利、商标、版权、集成电路布图设计、植物新品种、地理标志以及知识产权诉讼等基础信息资源免费或低成本开放共享。运用云计算、大数据、移动互联网等技术，实现平台知识产权信息统计、整合、推送服务。

> **专栏8　知识产权信息公共服务平台建设工程**
>
> 建设公共服务网络。制定发布知识产权公共服务事项目录和办事指南。增加知识产权信息服务网点，

> 加强公共图书馆、高校图书馆、科技信息服务机构、行业组织等的知识产权信息服务能力建设。
> 　　创建产业服务平台。依托专业机构创建一批布局合理、开放协同、市场化运作的产业知识产权信息公共服务平台，在中心城市、自由贸易试验区、国家自主创新示范区、国家级高新区、国家级经济技术开发区等提供知识产权服务。在众创空间等创新创业平台设置知识产权服务工作站。
> 　　整合服务和数据资源。整合知识产权信息资源、创新资源和服务资源，推进实体服务与网络服务协作，促进从研发创意、知识产权化、流通化到产业化的协同创新。建设专利基础数据资源开放平台，免费或低成本扩大专利数据的推广运用。建立财政资助项目形成的知识产权信息和上市企业知识产权信息公开窗口。

3. 建设知识产权服务业集聚区。在自由贸易试验区、国家自主创新示范区、国家级高新区、中外合作产业园区、国家级经济技术开发区等建设一批国家知识产权服务业集聚区。鼓励知识产权服务机构入驻创新创业资源密集区域，提供市场化、专业化的服务，满足创新创业者多样化需求。针对不同区域，加强分类指导，引导知识产权服务资源合理流动，与区域产业深度对接，促进经济提质增效升级。

4. 加强知识产权服务业监管。完善知识产权服务业统计制度，建立服务机构名录库。成立知识产权服务标准化技术组织，推动完善服务标准体系建设，开展标准化试点示范。完善专利代理管理制度，加强事中事后监管。健全知识产权服务诚信信息管理、信用评价和失信惩戒等管理制度，及时披露相关执业信息。研究建立知识产权服务业全国性行业组织。具备条件的地方，可探索开展知识产权服务行业协会组织"一业多会"试点。

（三）加强知识产权人才培育体系建设。

1. 加强知识产权人才培养。加强知识产权相关学科专业建设，支持高等学校在管理学和经济学等学科中增设知识产权专业，支持理工类高校设置知识产权专业。加强知识产权学历教育和非学历继续教育，加强知识产权专业学位教育。构建政府部门、高校和社会相结合的多元知识产权教育培训组织模式，支持行业组织与专业机构合作，加大实务人才培育力度。加强国家知识产权培训基地建设工作，完善师资、教材、远程系统等基础建设。加大对领导干部、企业家和各类创新人才的知识产权培训力度。鼓励高等学校、科研院所开展知识产权国际学术交流，鼓励我国知识产权人才获得海外相应资格证书。推动将知识产权课程纳入各级党校、行政学院培训和选学内容。

2. 优化知识产权人才成长体系。加强知识产权高层次人才队伍建设，加大知识产权管理、运营和专利信息分析等人才培养力度。统筹协调知识产权人才培训、实践和使用，加强知识产权领军人才、国际化专业人才的培养与引进。构建多层次、高水平的知识产权智库体系。探索建立行业协会和企业事业单位专利专员制度。选拔一批知识产权创业导师，加强创新创业指导。

3. 建立人才发现与评价机制。建立人才引进使用中的知识产权鉴定机制，利用知识产权信息发现人才。完善知识产权职业水平评价制度，制定知识产权专业人员能力素质标准。鼓励知识产权服务型人才和创新型人才跨界交流和有序流动，防范人才流动法律风险。建立创新人才知识产权维权援助机制。

（四）加强知识产权文化建设。

1. 加大知识产权宣传普及力度。健全知识产权新闻发布制度，拓展信息发布渠道。组织开展全国知识产权宣传周、中国专利周、绿书签、中国国际商标品牌节等重大宣传活动。丰富知识产权宣传普及形式，发挥新媒体传播作用。支持优秀作品创作，推出具有影响力的知识产权题材影视文化作品，弘扬知识产权正能量。

2. 实施知识产权教育推广计划。鼓励知识产权文化和理论研究，加强普及型教育，推出优秀研究成果和普及读物。将知识产权内容全面纳入国家普法教育和全民科学素养提升工作。

> **专栏 9　知识产权文化建设工程**
>
> 加强宣传推广。利用新媒体，加强知识产权相关法律法规、典型案例的宣传。讲好中国知识产权故事，推出具有影响力的知识产权主题书籍、影视作品，挖掘报道典型人物和案例。
>
> 加强普及型教育。开展全国中小学知识产权教育试点示范工作，建立若干知识产权宣传教育示范学校。引导各类学校把知识产权文化建设与学生思想道德建设、校园文化建设、主题教育活动紧密结合，增强学生的知识产权意识和创新意识。
>
> 繁荣文化和理论研究。鼓励支持教育界、学术界广泛参与知识产权理论体系研究，支持创作兼具社会及经济效益的知识产权普及读物，增强知识产权文化传播的针对性和实效性，支撑和促进中国特色知识产权文化建设。

六、实施保障

（一）加强组织协调。各地区、各相关部门要高度重视，加强组织领导，明确责任分工，结合实际细化落实本规划提出的目标任务，制定专项规划、年度计划和配套政策，推动规划有效落实。加强统筹协调，充分发挥国务院知识产权战略实施工作部际联席会议制度作用，做好规划组织实施工作。全国打击侵犯知识产权和制售假冒伪劣商品工作领导小组要切实加强对打击侵犯知识产权和制售假冒伪劣商品工作的统一组织领导。各相关部门要依法履职，认真贯彻落实本规划要求，密切协作，形成规划实施合力。

（二）加强财力保障。加强财政预算与规划实施的相互衔接协调，各级财政按照现行经费渠道对规划实施予以合理保障，鼓励社会资金投入知识产权各项规划工作，促进知识产权事业发展。统筹各级各部门与知识产权相关的公共资源，突出投入重点，优化支出结构，切实保障重点任务、重大项目的落实。

（三）加强考核评估。各地区、各相关部门要加强对本规划实施情况的动态监测和评估工作。国务院知识产权战略实施工作部际联席会议办公室要会同相关部门按照本规划的部署和要求，建立规划实施情况的评估机制，对各项任务落实情况组织开展监督检查和绩效评估工作，重要情况及时报告国务院。

中共中央办公厅、国务院办公厅《关于创新政府配置资源方式的指导意见》

改革开放以来,随着市场化改革的不断深化,市场在资源配置中的作用日益增强,政府配置资源的范围和方式也在不断调整。在社会主义市场经济条件下,政府配置的资源主要是政府代表国家和全民所拥有的自然资源、经济资源和社会事业资源等公共资源。为解决当前政府配置资源中存在的市场价格扭曲、配置效率较低、公共服务供给不足等突出问题,需要从广度和深度上推进市场化改革,大幅度减少政府对资源的直接配置,创新配置方式,更多引入市场机制和市场化手段,提高资源配置的效率和效益。按照党中央、国务院决策部署,现就创新政府配置资源方式提出以下意见。

一、总体要求

(一)指导思想。全面贯彻党的十八大和十八届三中、四中、五中、六中全会精神,以邓小平理论、"三个代表"重要思想、科学发展观为指导,深入贯彻习近平总书记系列重要讲话精神和治国理政新理念新思想新战略,紧紧围绕统筹推进"五位一体"总体布局和协调推进"四个全面"战略布局,主动适应把握引领经济发展新常态,牢固树立和贯彻落实新发展理念,提高政府治理能力和水平,着力推进供给侧结构性改革,使市场在资源配置中起决定性作用和更好发挥政府作用。对于适宜由市场化配置的公共资源,要充分发挥市场机制作用,切实遵循价值规律,建立市场竞争优胜劣汰机制,实现资源配置效益最大化和效率最优化。对于不完全适宜由市场化配置的公共资源,要引入竞争规则,充分体现政府配置资源的引导作用,实现政府与市场作用有效结合。对于需要通过行政方式配置的公共资源,要遵循规律,注重运用市场机制,实现更有效率的公平性和均等化。通过创新公共资源配置方式,促进经济社会持续健康发展。

(二)基本原则

——问题导向、分类施策。针对政府配置资源方式单一、行政性配置手段较多的突出问题,坚持从体制上改革突破,构建科学、合理、规范的公共资源配置长效机制。根据各类公共资源的不同情况和特点,分类分领域创新资源配置方式。

——提高效率、促进公平。正确处理效率与公平的关系,更加注重公共资源配置的公平性,充分发挥市场机制作用,拓展竞争性配置的公共资源范围,以资源配置方式创新推动实现公平配置基础上的效率提升,努力实现全体人民公平分享公共资源收益。

——平台整合、信息共享。整合分散设立的各类公共资源交易平台,立足公共服务职能定位,完善管理规则,优化市场环境,着力构建规则统一、公开透明、服务高效、监督规范的公共资源交易平台体系。依托大数据、云计算等信息技术,加快推进交易全过程电子化,实现交易全流程公开透明和信息共享。

——依法依规、创新监管。坚持运用法治思维和法治方式,着力健全规划、产权、监管等各方面制度,推动各类公共资源依法依规、公开透明配置。严格区分政府资源配置职能和监管职能,创新资源配置监管方式,实现对公共资源配置的动态和全程监管。

(三)改革目标。创新政府配置资源方式,自然资源方面要以建立产权制度为基础,实现资源有偿获得和使用;经济资源方面(主要指金融类和非金融类经营性国有资产)要突出国有资本的内在要求,明确委托代理关系的制度安排,建立健全国有资本形态转换机制;社会事业资源方面(主要指非经营性国有资产)要引入市场化手段和方法,实现更有效率的公平性和均等化,促进公共资源配置更高效、更公平、更可持续。

到2020年,公共资源产权制度进一步健全,形成合理的资源收益分配机制,资源所有者权益得到进一步保障;行政性配置范围进一步厘清,结构进一步优化,市场配置资源的决定性作用明显增强;以目录管理、统一平台、规范交易、全程监管为主要内容的新型资源配置体系基本建立,资源配置过程公开公平公正,公共资源配置的效益和效率显著提高。

二、创新自然资源配置方式

法律明确规定由全民所有的土地、矿藏、水流、森林、山岭、草原、荒地、海域、无居民海岛、滩涂等自然资源，建立明晰的产权制度、健全管理体制，对无线电频率等非传统自然资源，推进市场化配置进程，完善资源有偿使用制度。

（四）建立健全自然资源产权制度。坚持资源公有、物权法定，明确全部国土空间各类自然资源资产的产权主体。对水流、森林、山岭、草原、荒地、滩涂等所有自然生态空间统一进行确权登记。区分全民所有和集体所有，明确国家对全民所有的自然资源的所有者权益。除具有重要生态功能及农牧民从事农牧业生产必需的资源外，可推动自然资源资产所有权和使用权相分离，明确自然资源所有权、使用权等产权归属关系和权责，适度扩大使用权的出让、转让、出租、担保、入股等权能。

（五）健全国家自然资源资产管理体制。区分自然资源资产所有者和监管者职能，健全国家自然资源资产管理体制，依照法律规定，由国务院代表国家行使所有权，探索建立分级代理行使所有权的体制。划清全民所有、不同层级政府行使所有权的边界，按照不同资源种类和在生态、经济、国防等方面的重要程度，研究实行中央和地方政府分级代理行使所有权职责体制。完善自然资源监管体制，强化各自然资源管理部门监管职能，使自然资源资产所有者和监管者相互独立、相互配合、相互监督。

（六）完善自然资源有偿使用制度。建立健全全民所有自然资源的有偿使用制度，更多引入竞争机制进行配置，完善土地、水、矿产资源和海域有偿使用制度，探索推进国有森林、国有草原、无居民海岛有偿使用。在充分考虑资源所有者权益和生态环境损害成本基础上，完善自然资源及其产品价格形成机制。发挥资源产出指标、使用强度指标及安全标准等的标杆作用，促进资源公平出让、高效利用。

（七）发挥空间规划对自然资源配置的引导约束作用。以主体功能区规划为基础，整合各部门分头编制的各类空间性规划，编制统一的空间规划，合理布局城镇空间、农业空间和生态空间，划定城镇开发边界、永久基本农田和生态保护红线，科学配置和严格管控各类自然资源。健全国土空间用途管制制度，将开发强度指标分解到各县级行政区，控制建设用地总量。将用途管制扩大到所有自然生态空间，确定林地、草原、河流、湖泊、湿地、荒漠等的保护边界，严禁任意改变用途。

（八）推进无线电频率、空域等资源优化配置。对地面公众移动通信使用频率等商用无线电频率、电信网码号等资源，要逐步探索引入招投标、拍卖等竞争性方式进行配置。优化空域资源配置，提高空域资源配置使用效率，增加民航可用空域，深化低空空域管理改革。

三、创新经营性国有资产配置方式

对于金融类和非金融类经营性国有资产，要建立健全以管资本为主的国有资产管理体制，优化国有资本布局，推动国有资本合理流动、有序进退和优化配置，提高国有资本配置效率和效益。

（九）优化国有资本布局。紧紧围绕服务国家战略，统筹规划国有资本战略布局，建立动态调整机制。落实国家产业政策和重点产业布局调整总体要求，优化国有资本重点投向和领域，推动国有资本向关系国家安全、国民经济命脉和国计民生的重要行业和关键领域、重点基础设施集中，向前瞻性战略性产业集中，向具有核心竞争力的优势企业集中。完善国有资本退出机制，研究国家持股金融机构的合理比例，对系统重要性金融机构保持控制力，对其他机构按照市场化原则优化股权结构，激发社会资本活力。

（十）完善国有资本授权经营体制。建立以管资本为主的国有资产监管体系，改革国有资本授权经营体制，改组组建国有资本投资、运营公司，开展政府直接授权国有资本投资、运营公司履行出资人职责的试点。国有资本投资、运营公司通过开展投资融资、产业培育、资本整合等，优化国有资本布局结构；通过股权运作、价值管理、有序进退，促进国有资本合理流动，实现保值增值。国有资本投资、运营公司作为国有资本市场化运作的专业平台，依法自主开展国有资本运作，对所出资企业行使股东职责，按照责权对应原则切实承担起国有资产保值增值责任。

（十一）建立健全国有资本形态转换机制。坚持以管资本为主，以提高国有资本流动性为目标，积极推动经营性国有资产证券化。建立健全优胜劣汰市场化退出机制，加快处置低效无效资产，支持企业依法合规通过证券交易、产权交易等市场，以市场公允价格处置国有资产，实现国有资本形态转换，用于国家长远战略、宏观调控以及保障基本民生的需要，更好服务于国家发展目标。

（十二）规范经营性国有资产处置和收益分配。企业重大资产转让应依托统一的公共资源交易平台公开进行。重大经营性国有资产出租、出借要引入市场机制，做到公开、公正、透明。建立覆盖全部国有企业、分级管理的国有资本经营预算管理制度，国有资本收益和国有资产处置等非税收入，必须按规定及时足额上缴国库并纳入政府预算，更多用于保障和改善民生，国家另有规定的从其规定。逐步提高国有资本收益上缴公共财政比例，划转部分国有资本充实社保基金。

（十三）强化国有资本基础管理。守住防止国有资产流失的底线。强化国有产权流转环节监管，创新监管方式和手段，协同推进监管工作，按照收放有度要求，实现维护出资人权益和尊重企业自主经营权的有效结合。

四、创新非经营性国有资产配置方式

对用于实施公共管理和提供公共服务目的的非经营性国有资产，坚持公平配置原则，积极引入竞争机制提高配置效率，提高基本公共服务的可及性、公平性。

（十四）推进政事分开、管办分离。区分政府作为资源配置者和行业监管者的不同职能，创新和改进政府直接配置资源的方式，强化教育、医疗、养老、文化、体育等部门的行业监管职能。放开相关行业市场准入，放松价格管制，促进公平竞争。区分基本与非基本公共服务，理顺政府与事业单位在基本公共服务供给中的关系，推进政事分开、事企分开、管办分离。创新与事业单位运行相适应的制度体系，健全事业单位法人治理结构。

（十五）推进基本公共服务均等化。围绕均等化、标准化、法治化，加快健全国家基本公共服务制度，制定国家基本公共服务清单，动态调整服务项目和标准，促进城乡区域间服务项目和标准有机衔接，推动基本公共服务公平共享。合理确定各级政府的财政事权和支出责任。加强基本公共服务资源均衡配置，推动基层基本公共服务资源优化整合，提高服务效率。

（十六）创新公共服务供给方式。建立政府主导、社会参与、自主运行、公众监督的多元化公共服务供给体制。各地区各部门可以根据需要和财力状况，通过特许经营、政府购买服务等方式，扩大和改善公共产品和服务供给。推进公益类事业单位改革，强化公益属性，创新体制机制，提高供给质量和效益。制定发布政府购买服务指导性目录，引入竞争机制，提高财政资金使用效率。采取人员培训、项目指导、公益创投等多种途径和方式，提升事业单位、企业和社会组织承接政府购买服务能力。

（十七）推进非经营性国有资产整合与共享。在清产核资、界定产权的基础上，进一步打破部门行政化分割，构建共享平台，实现公共科技、教育、医疗、文化等资源开放共享。建立资产共享共用与资产绩效、资产配置、单位预算挂钩的联动机制，避免资产重复配置、闲置浪费。对行政事业单位超标准配置、低效运转或者长期闲置资产，要建立完善的调剂机制，有效盘活存量资产，实现高效利用。按规定程序报经批准后，允许将部分闲置的非经营性国有资产转为经营性国有资产。

（十八）推进行政事业单位资产规范管理。依据行政事业单位职能及其工作性质，按完成职能的最低限度和最优标准配置资产。制定行政事业单位资产配置标准体系，针对通用、专用资产实施不同的配置标准。严格非经营性国有资产建设项目审批，强化预算约束和财政拨款控制，符合预算管理规定的非经营性国有资产配置涉及的管理费用支出具体安排应编入预决算，经同级人民代表大会或其常务委员会审议批准后应向社会公开。建立健全全方位、多层次的资产管理和监督体系，建立工作机制，加强资产使用、处置和收益管理，确保规范高效使用、公开透明处置，确保资产处置收入和出租、出借收入应收尽收，防止国有资产流失。

五、创新资源配置组织方式

着眼于各类资源的整合管理和高效利用，依托国家公共资源交易服务平台，加强清查核算和综合管理，创新服务方式，构建新型组织和服务体系。

（十九）建立公共资源目录清单。结合编制权责发生制政府综合财务报告制度中的资产负债表、自然资源资产负债表，全面开展公共资源清查，系统梳理现有政府配置公共资源的数量和范围、各项资源产权归属、市场化配置情况以及监管主体、监管制度等。对公共资源进行适当分类并按类逐项登记，明确资源底数。建立完善的资源申报、登记、调整、公开和报告制度，资源清单根据资源变动进行动态调整、及时更新。

（二十）加快推进公共资源交易全过程电子化。按照国务院办公厅印发的《整合建立统一的公共资源交易平台工作方案》精神，推动公共资源交易全过程电子化，充分发挥信息技术在提高交易效率和透明度，节约资源和交易成本，解决公共资源配置领域突出问题方面的优势，实现公共资源交易平台从依托有形场所向以电子化平台为主转变，为市场主体和社会公众服务，为行政监督部门依法履职提供便利。积极稳妥推进公共资源电子交易系统市场化竞争，引导市场主体参与平台服务供给。做好国家公共资源交易平台和不动产统一登记平台的对接和数据共享。

（二十一）完善市场交易机制。在摸清底数的基础上，对政府配置资源中应该或可以通过市场化方式配置的资源，按照应进必进、能进必进的原则，严格将其纳入统一的公共资源交易平台进行规范交易，采取招拍挂或其他方式进行配置。针对不同公共资源特点，明确交易基本规则，准确评估资源价值，严格规范交易程序，确保交易过程公开公平公正。培育资源价值评估的专业人才队伍，完善相关技术标准体系。

（二十二）建立健全信息服务机制。推动各级公共资源交易平台加大信息公开力度，依法公开交易公告、资格审查结果、成交、履约及变更等信息。加快建立市场信息共享数据库和验证互认机制，逐步实现市场主体登记注册信息全国范围内共享互认。建立公共资源交易市场主体信用信息库，实现市场主体信用信息共享。加强公共资源交易数据统计分析、综合利用和风险监测预警，为市场主体、社会公众和行政监管部门提供信息服务。

六、创新资源配置监管方式

全面履行政府监管职能，转变监管理念，坚持运用法治思维和法治方式，创新监管机制和监管方式，构建依法监管与信用激励约束、政府监管与社会监督相结合的新型监管格局。

（二十三）加强和完善信用监管。加快推进社会信用体系建设，建立健全市场主体信用评价制度，建立信用信息互通共享机制，完善全国信用信息共享平台，健全守信联合激励和失信联合惩戒机制。充分发挥信用管理在事中事后监管中的作用，将市场主体参与公共资源交易活动的信用信息作为实施监管的重要依据，建立失信黑名单制度，强化信用约束。

（二十四）加强和完善协同监管。在理顺各部门监管职责、落实执法责任的基础上，以加强市场监管为重点，建立健全行业主管部门监管、国有资产监管与行政审批、司法、监察、审计监督等衔接机制，建立跨部门、跨区域执法协作机制，推动实现各部门和地区之间监管资源共享、联动预防监控、联动检查处理，形成各司其职、各负其责、横向协调、纵向联通的协同监管新格局。

（二十五）加强和完善动态在线监管。运用互联网和大数据技术，依托政务服务网上平台，对公共资源配置项目规划、评估、审核、交易、收支等过程实施电子化行政监督，全面记录各市场主体、服务机构、监管机构信息，形成来源可溯、去向可查、监督留痕、责任可究的完整信息链条，实现实时动态监管和在线即时监督监测。

（二十六）加强和完善全过程监管。严格执行招标投标法、政府采购法等法律法规，规范招标人、投标人、评价人、中介机构等相关方行为，依法依规公开相关信息，确保公共资源配置全过程公开透明。强化惩戒措施，依法纠正和查处违法违规行为，并及时向社会公布。

七、强化组织领导和实施保障

（二十七）加强组织领导。各地区各部门要充分认识创新政府配置资源方式改革的重要性，把创新政府配置资源方式列入重要工作日程，完善工作机制，明确和落实责任分工。强化舆论引导，大力宣传和解读创新政府配置资源方式的重要意义和政策措施。加强调查研究、政策指导和工作协调，及时掌握和研究解决资源配置改革中的困难和问题。强化督查考核，建立科学的绩效考核制度，对公共资源配置情况定期开展绩效评估和综合性考核。

（二十八）鼓励开展改革探索。创新政府配置资源方式涉及面广，情况复杂，各地区各部门要结合工作实际，积极开展改革探索，建立健全有效推进改革的问责、容错和纠偏机制。在维护全国统一大市场的前提下，支持各地区在新型城镇化、国资国企改革、区域性金融市场和金融机构、房地产税、养老和医疗保障等方面探索创新。各省（自治区、直辖市）可根据经济社会发展需要，将部分经营性国有资产由实物形态转变为资本形态，将部分统筹使用后仍闲置的非经营性国有资产转为经营性国有资产，其经营收益或出让变现所得上缴财政，统筹用于保障和改善民生。认真总结各地区在实践中的经验做法，及时加以推广。

（二十九）建立健全法律法规。健全政府配置资源相关法律法规和规章，加大法律法规立改废释工作力度，着力完善资源产权制度，调整相关法律法规中有关市场准入、市场主体资格、行政许可等方面不符合市场化改革方向的规定，明确资源所有者权益，健全资源产权占有、使用、收益、处分制度。根据创新政府配置资源方式需要，加快修订完善涉及自然资源、经济资源、社会事业资源配置等方面法律法规。加快制定有关产权保护、社会信用、公平竞争等方面法律法规。

（三十）完善相关配套制度。根据法律法规的制定和修改情况，加快完善市场准入和退出、交易规则、公平竞争、特许经营等方面的配套制度，协同推进行政审批、财税、金融、投资、价格、国有企事业单位等各方面改革。加快制定完善自然资源、公共服务领域专项规划，科学建立公共服务和公共设施配置定额指标、资源开发强度指标、使用效率指标、效益评价指标，合理确定并公布指标标准，指导和引导地方各级政府和市场主体合理配置资源。建立健全促进资源节约集约利用、资源管理责任以及政府考核、激励、监督等方面制度。建立健全资源配置信息公开和公众参与制度，资源配置目标、原则、程序、配置结果等信息，除涉及国家安全内容外，要一律向社会公开，充分发挥社会公众和第三方专业机构在创新政府配置资源方式工作中的积极作用。

（2017年1月11日）

国务院《关于扩大对外开放积极利用外资若干措施的通知》

国发〔2017〕5号

各省、自治区、直辖市人民政府，国务院各部委、各直属机构：

利用外资是我国对外开放基本国策和开放型经济体制的重要组成部分，在经济发展和深化改革进程中发挥了积极作用。当前，全球跨国投资和产业转移呈现新趋势，我国经济深度融入世界经济，经济发展进入新常态，利用外资面临新形势新任务。为深入贯彻落实《中共中央 国务院关于构建开放型经济新体制的若干意见》，进一步积极利用外资，营造优良营商环境，继续深化简政放权、放管结合、优化服务改革，降低制度性交易成本，实现互利共赢，现将有关事宜通知如下：

一、进一步扩大对外开放

（一）以开放发展理念为指导，推动新一轮高水平对外开放。修订《外商投资产业指导目录》及相关政策法规，放宽服务业、制造业、采矿业等领域外资准入限制。支持外资参与创新驱动发展战略实施、制造业转型升级和海外人才在华创业发展。（国家发展改革委、商务部牵头）

（二）服务业重点放宽银行类金融机构、证券公司、证券投资基金管理公司、期货公司、保险机构、保险中介机构外资准入限制，放开会计审计、建筑设计、评级服务等领域外资准入限制，推进电信、互联网、文化、教育、交通运输等领域有序开放。（国家发展改革委、商务部牵头，教育部、工业和信息化部、财政部、人力资源社会保障部、住房城乡建设部、交通运输部、文化部、人民银行、新闻出版广电总局、国家网信办、银监会、证监会、保监会等按职责分工负责）

（三）制造业重点取消轨道交通设备制造、摩托车制造、燃料乙醇生产、油脂加工等领域外资准入限制。采矿业放宽油页岩、油砂、页岩气等非常规油气以及矿产资源领域外资准入限制。石油、天然气领域对外合作项目由审批制改为备案制。（国家发展改革委、商务部牵头，工业和信息化部、国土资源部、国家粮食局、国家能源局等按职责分工负责）

（四）外商投资企业和内资企业同等适用"中国制造2025"战略政策措施。鼓励外商投资高端制造、智能制造、绿色制造等，以及工业设计和创意、工程咨询、现代物流、检验检测认证等生产性服务业，改造提升传统产业。（国家发展改革委、工业和信息化部、商务部、质检总局等按职责分工负责）

（五）支持外资依法依规以特许经营方式参与基础设施建设，包括能源、交通、水利、环保、市政公用工程等。相关支持政策同等适用于外资特许经营项目建设运营。（国家发展改革委、财政部、住房城乡建设部、交通运输部、水利部、人民银行等按职责分工负责）

（六）支持内外资企业、科研机构开展研发合作。支持外商投资企业建设研发中心、企业技术中心，申报设立博士后科研工作站。根据对等原则，允许外商投资企业参与承担国家科技计划项目。外商投资企业同等适用研发费用加计扣除、高新技术企业、研发中心等优惠政策。（国家发展改革委、科技部、财政部、人力资源社会保障部、商务部、税务总局等按职责分工负责）

（七）支持海外高层次人才在华创业发展。对持有外国人永久居留证的外籍高层次人才创办科技型企业，给予中国籍公民同等待遇。对外籍高层次人才及其外籍配偶、子女申请办理多次签证或者居留证件的，依法依规提供便利。（科技部、公安部、人力资源社会保障部、国家外专局等按职责分工负责）

二、进一步创造公平竞争环境

（八）各部门制定外资政策，要按照《国务院关于在市场体系建设中建立公平竞争审查制度的意见》（国发〔2016〕34号）规定进行公平竞争审查，原则上应公开征求意见，重要事项要报请国务院批准。各地区各部门要严格贯彻执行国家政策法规，确保政策法规执行的一致性，不得擅自增加对外商投资企业的限制。（各省、自治区、直辖市人民政府和国务院部门按职责分工负责）

（九）除法律法规有明确规定或确需境外投资者提供信息外，有关部门要按照内外资企业统一标准、统一时限的原则，审核外商投资企业业务牌照和资质申请，促进内外资企业一视同仁、公平竞争。（各省、自治区、直辖市人民政府和国务院有关部门按职责分工负责）

（十）促进内外资企业公平参与我国标准化工作。进一步深化标准化工作改革，提高标准制修订的透明度和开放度。推进标准制修订全过程信息公开，强化标准制修订过程中的信息共享和社会监督。（国家标准委牵头）

（十一）深化政府采购改革，坚持公开透明、公平竞争原则，依法依规对外商投资企业在我国境内生产的产品一视同仁、平等对待，促进内外资企业公平参与政府采购招投标。（财政部牵头）

（十二）依法依规严格保护外商投资企业知识产权。健全知识产权执法机制，加强知识产权执法、维权援助和仲裁调解工作。加强知识产权对外合作机制建设，推动相关国际组织在我国设立知识产权仲裁和调解分中心。（商务部、工商总局、国家知识产权局、国家版权局等按职责分工负责）

（十三）支持外商投资企业拓宽融资渠道。外商投资企业可以依法依规在主板、中小企业板、创业板上市，在新三板挂牌，以及发行企业债券、公司债券、可转换债券和运用非金融企业债务融资工具进行融资。（国家发展改革委、商务部、人民银行、证监会等按职责分工负责）

（十四）深化外商投资企业注册资本制度改革。除法律、行政法规另有规定外，取消外商投资公司的最低注册资本要求，落实内外资企业统一的注册资本制度。（国家发展改革委、商务部、工商总局等按职责分工负责）

三、进一步加强吸引外资工作

（十五）各地区要按照创新、协调、绿色、开放、共享的发展理念，结合地方实际，积极开展投资促进活动。允许地方政府在法定权限范围内制定出台招商引资优惠政策，支持对就业、经济发展、技术创新贡献大的项目，降低企业投资和运营成本，依法保护外商投资企业及其投资者权益，营造良好的投资环境。（各省、自治区、直辖市人民政府按职责分工负责）

（十六）支持中西部地区、东北地区承接外资产业转移。修订《中西部地区外商投资优势产业目录》，扩大中西部地区、东北地区鼓励外商投资产业范围。对符合条件的西部地区鼓励类产业外商投资企业实行企业所得税优惠政策。向中西部地区、东北地区转移的外商投资企业享受国家支持产业转移与加工贸易的资金、土地等优惠政策。对东部地区外商投资企业转移到中西部地区、东北地区的，人力资源社会保障部门要依申请及时办理社会保险异地转移接续。（国家发展改革委、商务部牵头，工业和信息化部、财政部、人力资源社会保障部、国土资源部、税务总局等按职责分工负责）

（十七）支持外商投资项目用地。外商投资企业与内资企业同等适用相关用地政策。继续对集约用地的鼓励类外商投资工业项目优先供应土地，在确定土地出让底价时可按不低于所在地土地等别相对应全国工业用地出让最低价标准的70%执行。（国土资源部牵头）

（十八）推进外资跨国公司本外币资金集中运营管理改革。积极吸引跨国公司在我国设立地区总部和采购中心、结算中心等功能性机构，允许外资跨国公司开展本外币资金集中运营，促进资金双向流动，提高资金使用效率和投资便利化水平。（人民银行、国家外汇局等按职责分工负责）

（十九）完善外商投资企业外债管理制度。统一内外资企业外债管理，改进企业外汇管理，提高外商投资企业境外融资能力和便利度。（国家发展改革委、商务部、人民银行、国家外汇局等按职责分工负责）

（二十）深化外商投资管理体制改革。推进对外商投资全面实施准入前国民待遇加负面清单管理模式，简化外商投资项目管理程序和外商投资企业设立、变更管理程序。推进审批环节并联办理，缩短海关登记、申领发票等环节办理时间。加大电子政务建设力度，推行一口受理、限时办结、进度可查询，提升外商投资管理信息化水平。推进自由贸易试验区建设，在更大范围推广复制经验。（国家发展改革委、商务部、海关总署、税务总局、工商总局等按职责分工负责）

各地区、各部门要充分认识新形势下做好利用外资工作的重要意义，高度重视，主动作为，强化责任，密切协作，国家发展改革委、商务部要会同有关部门加强督促检查，确保各项政策措施落到实处。结合各项政策措施实施，大力创造更加开放、便利、透明的营商环境，积极吸引外商投资以及先进技术和管理经验，稳定外商投资规模和速度，提高利用外资水平和质量，着力推动新一轮高水平对外开放，以开放促改革、促发展。

（2017年1月12日）

中共中央办公厅、国务院办公厅《关于促进移动互联网健康有序发展的意见》

随着信息网络技术迅猛发展和移动智能终端广泛普及,移动互联网以其泛在、连接、智能、普惠等突出优势,有力推动了互联网和实体经济深度融合,已经成为创新发展新领域、公共服务新平台、信息分享新渠道。为深入贯彻落实习近平总书记网络强国战略思想,促进我国移动互联网健康有序发展,现提出如下意见。

一、重要意义和总体要求

1. 重要性和紧迫性。党的十八大以来,以习近平同志为核心的党中央高度重视网络安全和信息化工作,成立中央网络安全和信息化领导小组,作出一系列重大决策部署,有力推动了网信事业特别是移动互联网健康发展,对方便人民群众生产生活、促进经济社会发展、维护国家安全发挥了重要作用。当前,随着互联网技术、平台、应用、商业模式与移动通信技术紧密结合,移动互联网新技术快速演进、新应用层出不穷、新业态蓬勃发展,工具属性、媒体属性、社交属性日益凸显,生态系统初步形成、加速拓展,越来越成为人们学习、工作、生活的新空间。与此同时,移动互联网安全威胁和风险日渐突出,并向经济、政治、文化、社会、生态等领域传导渗透。面对新形势新挑战,移动互联网发展管理工作还存在一些短板:体制机制有待完善,法治建设仍显滞后,政策扶持力度不够,自主创新能力不足,核心技术亟需突破,管理基础相对薄弱,企业主体责任落实不到位,安全策略不完备等。这些问题已经制约移动互联网健康有序发展,必须高度重视、抓紧解决。

2. 指导思想。全面贯彻党的十八大和十八届三中、四中、五中、六中全会精神,以邓小平理论、"三个代表"重要思想、科学发展观为指导,深入贯彻习近平总书记系列重要讲话精神和治国理政新理念新思想新战略,紧紧围绕统筹推进"五位一体"总体布局和协调推进"四个全面"战略布局,积极践行新发展理念,坚持以人民为中心的发展思想,坚持鼓励支持和规范发展并行、政策引导和依法管理并举、经济效益和社会效益并重,凝聚共识、防范风险、争取人心、保障安全、促进发展,鼓励和支持技术创新,激发和保护企业活力,不断增强发展内生动力,全方位推进移动互联网健康有序发展,更好服务党和国家事业发展大局,让移动互联网发展成果更好造福人民。

3. 基本原则。坚持发展为民,充分发挥移动互联网优势,缩小数字鸿沟,激发经济活力,为人民群众提供用得上、用得起、用得好的移动互联网信息服务;坚持改革引领,完善市场准入,规范竞争秩序,优化发展环境,全面释放创新活力和市场能量;坚持创新为要,强化目标导向、问题导向、效果导向,发挥管理主体、运营主体、使用主体作用,全方位推进理念、机制、手段等创新;坚持内容为本,创新内容生产,拓展分享渠道,净化交互生态;坚持分类指导,对移动互联网信息服务实行分类管理;坚持安全可控,全面排查、科学评估、有效防范和化解移动互联网迅猛发展带来的风险隐患,切实保障网络数据、技术、应用等安全。

二、推动移动互联网创新发展

4. 完善市场准入制度。深入推进简政放权、放管结合、优化服务,进一步取消和下放相关行政审批事项,加快落实由先证后照改为先照后证,简化审批流程、提高审批效率。建立完善与移动互联网演进发展相适应的市场准入制度,健全电信业务分级分类管理制度,健全移动互联网新业务备案管理、综合评估等制度。在确保安全的前提下,引导多元化投融资市场发展,积极稳妥推进电信市场开放,推动形成多种资本成分和各类市场主体优势互补、相互竞争、共同发展的市场新格局。

5. 加快信息基础设施演进升级。全面推进第四代移动通信(4G)网络在城市地区深度覆盖、在农村地区逐步覆盖、在贫困地区优先覆盖。加快第五代移动通信(5G)技术研发,统筹推进标准制定、系统验证和商用部署。增强网络服务能力,简化电信资费结构,实现网络资费合理下降,提升服务性价比和用户体验。创新投资和运营模式，扩大用户宽带接入网普及范围，加快民航客机、高速铁路、城市交通等公共场所无线局域网建设和应用，带动引导商业性服务场所实现无线局域网覆盖和免费开放。加快建设并优化布局内容分发网络、云计算及大数据平台等新型应用基础设施。开放民间资本进入基础电信领域竞争性业务，深入推进移动通信转售业务发展，形成基础设施共建共享、业务服务相互竞争的市场格局。改善互联网骨干网网间互联质量，优化互联架构，探索建立以长期增量成本为基础的网间结算长效机制，更好满足用户携号转网需求，营造良好市场竞争环境。

6. 实现核心技术系统性突破。坚定不移实施创新驱动发展战略，在科研投入上集中力量办大事，加快移动芯片、移动操作系统、智能传感器、位置服务等核心技术突破和成果转化，推动核心软硬件、开发环境、外接设备等系列标准制定，加紧人工智能、虚拟现实、增强现实、微机电系统等新兴移动互联网关键技术布局，尽快实现部分前沿技术、颠覆性技术在全球率先取得突破。落实企业研发费用加计扣除政策，创新核心技术研发投入机制，探索关键核心技术市场化揭榜攻关，着力提升我国骨干企业、科研机构在全球核心技术开源社区中的贡献和话语权，积极推动核心技术开源中国社区建设。

7. 推动产业生态体系协同创新。统筹移动互联网基础研究、技术创新、产业发展与应用部署，加强产业链各环节协调互动。鼓励和支持企业成为研发主体、创新主体、产业主体，加快组建产学研用联盟，推动信息服务企业、电信企业、终端厂商、设备制造商、基础软硬件企业等上下游融合创新。推动信息技术、数字创意等战略性新兴产业融合发展。提高产品服务附加值，加速移动互联网产业向价值链高端迁移。完善覆盖标准制定、成果转化、测试验证和产业化投融资评估等环节的公共服务体系。加快布局下一代互联网技术标准、产业生态和安全保障体系，全面向互联网协议第六版（IPv6）演进升级。统筹推进物联网战略规划、科技专项和产业发展，建设一批效果突出、带动性强、关联度高的典型物联网应用示范工程。

8. 加强知识产权运用和保护。开展移动互联网领域专利导航工作，制定专利布局方向建议清单，鼓励企业面向战略前沿、交叉融合领域开展知识产权战略布局，充实核心技术专利储备。推进知识产权运营交易和服务平台建设，加快推进专利信息资源开放共享，鼓励大型移动互联网企业共同组建专利池，建立资源共享和利益分配机制。建立知识产权风险管理体系，加强知识产权预警和跨境纠纷法律援助。加大对移动互联网技术、商业模式等创新成果的知识产权保护，研究完善法律法规，规范网络服务秩序，提高侵权代价和违法成本，有效威慑侵权行为。

三、强化移动互联网驱动引领作用

9. 激发信息经济活力。加快制定完善信息经济发展政策措施，将发展移动互联网纳入国家信息经济示范区统筹推进，鼓励移动互联网领先技术和创新应用先行先试，扶持基于移动互联网技术的创新创业，促进经济转型升级、提质增效。加快实施"互联网+"行动计划、国家大数据战略，大力推动移动互联网和农业、工业、服务业深度融合发展，以信息流带动技术流、资金流、人才流、物资流，促进资源优化配置，促进全要素生产率提升。创新信息经济发展模式，增强安全优质移动互联网产品、服务、内容有效供给能力，积极培育和规范引导基于移动互联网的约车、租房、支付等分享经济新业态，促进信息消费规模快速增长、信息消费市场健康活跃。

10. 支持中小微互联网企业发展壮大。充分运用国家相关政策措施推动中小微互联网企业在移动互联网领域创新发展，支持和促进大众创业、万众创新。进一步发挥国家中小企业发展基金、国家创新基金等政策性基金引导扶持作用，落实好税费减免政策，在信用担保、融资上市、政府购买服务等方面予以大力支持，消除阻碍和影响利用移动互联网开展大众创业、万众创新的制度性限制。积极扶持各类中小微企业发展移动互联网新技术、新应用、新业务，打造移动互联网协同创新平台和新型孵化器，发展众创、众包、众扶、众筹等新模式，拓展境内民间资本和风险资本融资渠道。充分发挥基础电信企业、大型互联网企业龙头带动作用，通过生产协作、开放平台、共享资源等方式，积极支持上下游中小微企业发展。遏制企业滥用市场支配地位破坏竞争秩序，营造公平有序的市场竞争环境。

11. 推进信息服务惠及全民。依托移动互联网加强电子政务建设，完善国家电子政务顶层设计，加快推进"互联网+政务服务"。在保障数据安全和个人隐私的前提下，推动公共信息资源开放利用，优先推进民生保障服务领域政府数据集向社会开放。加快实施信息惠民工程，构建一体化在线服务平台，分级分类推进新型智慧城市建设，促进移动互联网与公共服务深度融合，重点推动基于移动互联网的交通、旅游、教育、医疗、就业、社保、养老、公安、司法等便民服务，依托移动互联网广泛覆盖和精准定位等优势加快向街道、社区、农村等延伸，促进基本公共服务均等化。推动各级党政机关积极运用移动新媒体发布政务信息，提高信息公开、公共服务和社会治理水平。

12. 实施网络扶贫行动计划。按照精准扶贫、精准脱贫要求，加大对中西部地区和农村贫困地区移动互联网基础设施建设的投资力度，充分发挥中央财政资金引导作用，带动地方财政资金和社会资本投入，加快推进贫困地区网络全覆盖。鼓励基础电信企业针对贫困地区推出优惠资费套餐，探索推出"人、机、卡、号"绑定业务，精准减免贫困户网络通信资费。以远程医疗服务、在线教育培训等为重点，大力推动移动互联网新技术新应用为贫困地区农产品销售、乡村旅游、生产指导、就业服务、技能培训等提供更加优质便捷的服务。依托网络公益扶贫联盟等各方力量，推动网信企业与贫困地区结对帮扶，组织知名电商平台为贫困地区开设扶贫频道，积极开发适合民族边远地区特点和需求的移动互联网应用。坚持经济效益和社会效益并重，在深入开展项目论证基础上，充分发挥中国互联网投资基金作用，大力推动基于移动互联网的教育、医疗、公共文化服务等民生保障项目落地和可持续实施。

13. 繁荣发展网络文化。把握移动互联网传播规律，实施社会主义核心价值观、中华优秀文化网上传播等内容建设工程，培育积极健康、向上向善的网络文化。加大中央和地方主要新闻单位、重点新闻网站等主流媒体移动端建设推广力度，积极扶持各类正能量账号和应用。加强新闻媒体移动端建设，构建导向正确、协同高效的全媒体传播体系。在互联网新闻信息服务、网络出版服务、信息网络传播视听节目服务等领域开展特殊管理股试点。大力推动传统媒体与移动新媒体深度融合发展，加快布局移动互联网阵地建设，建成一批具有强大实力和传播力、公信力、影响力的新型媒体集团。

四、防范移动互联网安全风险

14. 提升网络安全保障水平。牢固树立正确的网络安全观和动态、综合防护理念，坚持以安全保发展、以发展促安全，全方位、全天候感知移动互联网安全态势，不断强化移动互联网基础信息网络安全保障能力，大力推广具有自主知识产权的网络空间安全技术和标准应用。增强网络安全防御能力，落实网络安全责任制，制定完善关键信息基础设施安全、大数据安全等网络安全标准，明确保护对象、保护层级、保护措施。全面加强网络安全检查，摸清家底、认清风险、找出漏洞、督促整改，建立统一高效的网络安全风险报告机制、情报共享机制、研判处置机制。

15. 维护用户合法权益。完善移动互联网用户信息保护制度，严格规范收集使用用户身份、地理位置、联系方式、通信内容、消费记录等个人信息行为，保障用户知情权、选择权和隐私权。督促移动互联网企业切实履行用户服务协议和相关承诺，完善服务质量管理体系，健全投诉处理机制，提供更加安全、优质、便捷、实用的产品和服务。加大对利用"伪基站"、非法网站、恶意软件等侵害用户权益行为的打击力度，切实维护消费者权益和行业秩序。

16. 打击网络违法犯罪。坚决打击利用移动互联网鼓吹推翻国家政权、煽动宗教极端主义、宣扬民族分裂思想、教唆暴力恐怖等违法犯罪活动。严厉查处造谣诽谤、电信网络诈骗、攻击窃密、盗版侵权、非法售卖个人信息等违法犯罪行为。全面清理赌博、传销、非法集资、淫秽色情、涉枪涉爆等违法违规信息。

17. 增强网络管理能力。强化网络基础资源管理，规范基础电信服务，落实基础电信业务经营者、接入服务提供者、互联网信息服务提供者、域名服务提供者的主体责任。创新管理方式，加强新技术新应用新业态研究应对和安全评估。完善信息服务管理，规范传播行为，维护移动互联网良好传播秩序。

五、深化移动互联网国际交流合作

18. 拓展国际合作空间。围绕"一带一路"国家战略，推进网上丝绸之路国际合作，促进移动互联网基础设施互联互通，大力发展跨境移动电子商务。在第五代移动通信（5G）、下一代互联网、物联网、网络安全等关键技术和重要领域，积极参与国际标准制定和交流合作。支持移动互联网企业走出去，鼓励通过多种方式开拓国际市场，加大移动互联网应用、产品、服务海外推广力度，构建完善跨境产业链体系，不断拓展海外发展空间。

19. 参与全球移动互联网治理。全面参与全球移动互联网治理相关组织、机制和活动，加强各类双边、多边对话合作。深入参与、积极推动移动互联网领域规则和标准制定。充分发挥世界互联网大会等平台作用，大力宣介中国治网主张。建立健全信息共享机制，积极参与国际联合打击移动互联网违法犯罪行动。

20. 加强国际传播能力建设。深化中外人文交流，积极利用各类社交平台，有效运用各种传播渠道，采用融通中外的概念、范畴、表述，讲好中国故事，展现中国形象。打造具有较强影响力的国际传播媒体，创新开展多语种、跨平台互动传播，不断提升移动互联网国际传播影响力。

六、加强组织领导和工作保障

21. 完善管理体制。在中央网络安全和信息化领导小组统一领导下，中央网信办要进一步强化移动互联网管理的统筹协调、督促检查，建立健全联席会议、工作例会等制度，研究处理各地区各部门移动互联网发展管理重大事项和情况，督促指导各地区各部门有效落实领导小组决定事项、工作部署和有关要求；工业和信息化、公安、文化、新闻出版广电等有关部门和军队要根据职责切实负起责任，依法加强对移动互联网相关业务的监督管理，制定出台支持和促进移动互联网技术、产业发展的政策措施。明确地方网信部门承担互联网信息内容的监督管理执法职责，健全中央、省、市三级管理体系，加大人员、经费、技术等保障力度。

22. 扩大社会参与。鼓励社会各界广泛参与移动互联网治理，加快移动互联网社会组织建设，支持中国互联网发展基金会、中国互联网协会等各方力量积极开展网络公益活动。引导广大移动互联网用户文明上网，积极参与净化网络环境、维护网络秩序。健全行业信用评价体系和服务评议制度，完善行业管理、企业自律、社会监督联动机制。

23. 推进人才队伍建设。加强网信战线人才培养体系建设，不断提升业务能力和综合素质，注重培养、选拔、任用熟悉移动互联网发展管理工作的领导干部。坚持先行先试，创新人才引进、评价、流动、激励机制，将各方面优秀人才凝聚到网信事业中来。着力打造高端智库群，为移动互联网发展管理工作提供智力支持。采取特殊政策，建立适应网信特点的人事制度和薪酬制度。

24. 强化法治保障。加快网络立法进程，完善依法监管措施，化解网络风险。全面贯彻实施网络安全法，加快推进电子商务法等基础性立法，制定修订互联网信息服务管理办法、关键信息基础设施安全保护条例、未成年人网络保护条例等行政法规。完善司法解释和政策解读，推动现有法律法规延伸适用于移动互联网管理。建立健全网络数据管理、个人信息保护等重点管理制度。完善移动互联网管理多部门执法协调机制，加快执法信息技术系统建设，提高对网络违法犯罪识别、取证、联动查处打击等能力。加强网络普法，强化网民法治观念，提升全民网络素养。

（2017年1月15日）

中共中央办公厅、国务院办公厅《关于实施中华优秀传统文化传承发展工程的意见》

文化是民族的血脉，是人民的精神家园。文化自信是更基本、更深层、更持久的力量。中华文化独一无二的理念、智慧、气度、神韵，增添了中国人民和中华民族内心深处的自信和自豪。为建设社会主义文化强国，增强国家文化软实力，实现中华民族伟大复兴的中国梦，现就实施中华优秀传统文化传承发展工程提出如下意见。

一、重要意义和总体要求

1. 重要意义。中华文化源远流长、灿烂辉煌。在5000多年文明发展中孕育的中华优秀传统文化，积淀着中华民族最深沉的精神追求，代表着中华民族独特的精神标识，是中华民族生生不息、发展壮大的丰厚滋养，是中国特色社会主义植根的文化沃土，是当代中国发展的突出优势，对延续和发展中华文明、促进人类文明进步，发挥着重要作用。

中国共产党在领导人民进行革命、建设、改革伟大实践中，自觉肩负起传承发展中华优秀传统文化的历史责任，是中华优秀传统文化的忠实继承者、弘扬者和建设者。党的十八大以来，在以习近平同志为核心的党中央领导下，各级党委和政府更加自觉、更加主动推动中华优秀传统文化的传承与发展，开展了一系列富有创新、富有成效的工作，有力增强了中华优秀传统文化的凝聚力、影响力、创造力。同时要看到，随着我国经济社会深刻变革、对外开放日益扩大、互联网技术和新媒体快速发展，各种思想文化交流交融交锋更加频繁，迫切需要深化对中华优秀传统文化重要性的认识，进一步增强文化自觉和文化自信；迫切需要深入挖掘中华优秀传统文化价值内涵，进一步激发中华优秀传统文化的生机与活力；迫切需要加强政策支持，着力构建中华优秀传统文化传承发展体系。实施中华优秀传统文化传承发展工程，是建设社会主义文化强国的重大战略任务，对于传承中华文脉、全面提升人民群众文化素养、维护国家文化安全、增强国家文化软实力、推进国家治理体系和治理能力现代化，具有重要意义。

2. 指导思想。高举中国特色社会主义伟大旗帜，全面贯彻党的十八大和十八届三中、四中、五中、六中全会精神，坚持以马克思列宁主义、毛泽东思想、邓小平理论、"三个代表"重要思想、科学发展观为指导，深入贯彻习近平总书记系列重要讲话精神和治国理政新理念新思想新战略，紧紧围绕实现中华民族伟大复兴的中国梦，深入贯彻新发展理念，坚持以人民为中心的工作导向，坚持以社会主义核心价值观为引领，坚持创造性转化、创新性发展，坚守中华文化立场、传承中华文化基因，不忘本来、吸收外来、面向未来，汲取中国智慧、弘扬中国精神、传播中国价值，不断增强中华优秀传统文化的生命力和影响力，创造中华文化新辉煌。

3. 基本原则

——牢牢把握社会主义先进文化前进方向。坚持中国特色社会主义文化发展道路，立足于巩固马克思主义在意识形态领域的指导地位、巩固全党全国人民团结奋斗的共同思想基础，弘扬社会主义核心价值观，培育民族精神和时代精神，解决现实问题、助推社会发展。

——坚持以人民为中心的工作导向。坚持为了人民、依靠人民、共建共享，注重文化熏陶和实践养成，把跨越时空的思想理念、价值标准、审美风范转化为人们的精神追求和行为习惯，不断增强人民群众的文化参与感、获得感和认同感，形成向上向善的社会风尚。

——坚持创造性转化和创新性发展。坚持辩证唯物主义和历史唯物主义，秉持客观、科学、礼敬的态度，取其精华、去其糟粕，扬弃继承、转化创新，不复古泥古，不简单否定，不断赋予新的时代内涵和现代表达形式，不断补充、拓展、完善，使中华民族最基本的文化基因与当代文化相适应、与现代社会相协调。

——坚持交流互鉴、开放包容。以我为主、为我所用，取长补短、择善而从，既不简单拿来，也不盲目排外，吸收借鉴国外优秀文明成果，积极参与世界文化的对话交流，不断丰富和发展中华文化。

——坚持统筹协调、形成合力。加强党的领导，充分发挥政府主导作用和市场积极作用，鼓励和引导社会力量广泛参与，推动形成有利于传承发展中华优秀传统文化的体制机制和社会环境。

4. 总体目标。到2025年，中华优秀传统文化传承发展体系基本形成，研究阐发、教育普及、保护传承、创新发展、传播交流等方面协同推进并取得重要成果，具有中国特色、中国风格、中国气派的文化产品更加丰富，文化自觉和文化自信显著增强，国家文化软实力的根基更为坚实，中华文化的国际影响力明显提升。

二、主要内容

5. 核心思想理念。中华民族和中国人民在修齐治平、尊时守位、知常达变、开物成务、建功立业过程中培育和形成的基本思想理念，如革故鼎新、与时俱进的思想，脚踏实地、实事求是的思想，惠民利民、安民富民的思想，道法自然、天人合一的思想等，可以为人们认识和改造世界提供有益启迪，可以为治国理政提供有益借鉴。传承发展中华优秀传统文化，就要大力弘扬讲仁爱、重民本、守诚信、崇正义、尚和合、求大同等核心思想理念。

6. 中华传统美德。中华优秀传统文化蕴含着丰富的道德理念和规范，如天下兴亡、匹夫有责的担当意识，精忠报国、振兴中华的爱国情怀，崇德向善、见贤思齐的社会风尚，孝悌忠信、礼义廉耻的荣辱观念，体现着评判是非曲直的价值标准，潜移默化地影响着中国人的行为方式。传承发展中华优秀传统文化，就要大力弘扬自强不息、敬业乐群、扶危济困、见义勇为、孝老爱亲等中华传统美德。

7. 中华人文精神。中华优秀传统文化积淀着多样、珍贵的精神财富，如求同存异、和而不同的处世方法，文以载道、以文化人的教化思想，形神兼备、情景交融的美学追求，俭约自守、中和泰和的生活理念等，是中国人民思想观念、风俗习惯、生活方式、情感样式的集中表达，滋养了独特丰富的文学艺术、科学技术、人文学术，至今仍然具有深刻影响。传承发展中华优秀传统文化，就要大力弘扬有利于促进社会和谐、鼓励人们向上向善的思想文化内容。

三、重点任务

8. 深入阐发文化精髓。加强中华文化研究阐释工作，深入研究阐释中华文化的历史渊源、发展脉络、基本走向，深刻阐明中华优秀传统文化是发展当代中国马克思主义的丰厚滋养，深刻阐明传承发展中华优秀传统文化是建设中国特色社会主义事业的实践之需，深刻阐明丰富多彩的多民族文化是中华文化的基本构成，深刻阐明中华文明是在与其他文明不断交流互鉴中丰富发展的，着力构建有中国底蕴、中国特色的思想体系、学术体系和话语体系。加强党史国史及相关档案编修，做好地方史志编纂工作，巩固中华文明探源成果，正确反映中华民族文明史，推出一批研究成果。实施中华文化资源普查工程，构建准确权威、开放共享的中华文化资源公共数据平台。建立国家文物登录制度。建设国家文献战略储备库、革命文物资源目录和大数据库。实施国家古籍保护工程，完善国家珍贵古籍名录和全国古籍重点保护单位评定制度，加强中华文化典籍整理编纂出版工作。完善非物质文化遗产、馆藏革命文物普查建档制度。

9. 贯穿国民教育始终。围绕立德树人根本任务，遵循学生认知规律和教育教学规律，按照一体化、分学段、有序推进的原则，把中华优秀传统文化全方位融入思想道德教育、文化知识教育、艺术体育教育、社会实践教育各环节，贯穿于启蒙教育、基础教育、职业教育、高等教育、继续教育各领域。以幼儿、小学、中学教材为重点，构建中华文化课程和教材体系。编写中华文化幼儿读物，开展"少年传承中华传统美德"系列教育活动，创作系列绘本、童谣、儿歌、动画等。修订中小学道德与法治、语文、历史等课程教材。推动高校开设中华优秀传统文化必修课，在哲学社会科学及相关学科专业和课程中增加中华优秀传统文化的内容。加强中华优秀传统文化相关学科建设，重视保护和发展具有重要文化价值和传承意义的"绝学"、冷门学科。推进职业院校民族文化传承与创新示范专业点建设。丰富拓展校园文化，推进戏曲、书法、高雅艺术、传统体育等进校园，实施中华经典诵读工程，开设中华文化公开课，抓好传统文化教育成果展示活动。研究制定国民语言教育大纲，开展好国民语言教育。加强面向全体教师的中华文化教育培训，全面提升师资队伍水平。

10. 保护传承文化遗产。坚持保护为主、抢救第一、合理利用、加强管理的方针，做好文物保护工作，抢救保护濒危文物，实施馆藏文物修复计划，加强新型城镇化和新农村建设中的文物保护。加强历史文化名城名镇名村、历史文化街区、名人故居保护和城市特色风貌管理，实施中国传统村落保护工程，做好传统民居、历史建筑、革命文化纪念地、农业遗产、工业遗产保护工作。规划建设一批国家文化公园，成为中华文化重要标识。推进地名文化遗产保护。实施非物质文化遗产传承发展工程，进一步完善非物质文化遗产保护制度。实施传统工艺振兴计划。大力推广和规范使用国家通用语言文字，保护传承方言文化。开展少数民族特色文化保护工作，加强少数民族语言文字和经典文献的保护和传播，做好少数民族经典文献和汉族经典文献互译出版工作。实施中华民族音乐传承出版工程、中国民间文学大系出版工程。推动民族传统体育项目的整理研究和保护传承。

11. 滋养文艺创作。善于从中华文化资源宝库中提炼题材、获取灵感、汲取养分，把中华优秀传统文化的有益思想、艺术价值与时代特点和要求相结合，运用丰富多样的艺术形式进行当代表达，推出一大批底蕴深厚、涵育人心的优秀文艺作品。科学编制重大革命和历史题材、现实题材、爱国主义题材、青少年题材等专项创作规划，提高创作生产组织化程度，彰显中华文化的精神内涵和审美风范。加强对中华诗词、音乐舞蹈、书法绘画、曲艺杂技和历史文化纪录片、动画片、出版物等的扶持。实施戏曲振兴工程，做好戏曲"像音像"工作，挖掘整理优秀传统剧目，推进数字化保存和传播。实施网络文艺创作传播计划，推动网络文学、网络音乐、网络剧、微电影等传承发展中华优秀传统文化。实施中国经典民间故事动漫创作工程、中华文化电视传播工程，组织创作生产一批传承中华文化基因、具有大众亲和力的动画片、纪录片和节目栏目。大力加强文艺评论，改革完善文艺评奖，建立有中国特色的文艺研究评论体系，倡导中华美学精神，推动美学、美德、美文相结合。

12. 融入生产生活。注重实践与养成、需求与供给、形式与内容相结合，把中华优秀传统文化内涵更好更多地融入生产生活各方面。深入挖掘城市历史文化价值，提炼精选一批凸显文化特色的经典性元素和标志性符号，纳入城镇化建设、城市规划设计，合理应用于城市雕塑、广场园林等公共空间，避免千篇一律、千城一面。挖掘整理传统建筑文化，鼓励建筑设计继承创新，推进城市修补、生态修复工作，延续城市文脉。加强"美丽乡村"文化建设，发掘和保护一批处处有历史、步步有文化的小镇和村庄。用中华优秀传统文化的精髓涵养企业精神，培育现代企业文化。实施中华老字号保护发展工程，支持一批文化特色浓、品牌信誉高、有市场竞争力的中华老字号做精做强。深入开展"我们的节日"主题活动，实施中国传统节日振兴工程，丰富春节、元宵、清明、端午、七夕、中秋、重阳等传统节日文化内涵，形成新的节日习俗。加强对传统历法、节气、生肖和饮食、医药等的研究阐释、活态利用，使其有益的文化价值深度嵌入百姓生活。实施中华节庆礼仪服装服饰计划，设计制作展现中华民族独特文化魅力的系列服装服饰。大力发展文化旅游，充分利用历史文化资源优势，规划设计推出一批专题研学旅游线路，引导游客在文化旅游中感知中华文化。推动休闲生活与传统文化融合发展，培育符合现代人需求的传统休闲文化。发展传统体育，抢救濒危传统体育项目，把传统体育项目纳入全民健身工程。

13. 加大宣传教育力度。综合运用报纸、书刊、电台、电视台、互联网站等各类载体，融通多媒体资源，统筹宣传、文化、文物等各方力量，创新表达方式，大力彰显中华文化魅力。实施中华文化新媒体传播工程。充分发挥图书馆、文化馆、博物馆、群艺馆、美术馆等公共文化机构在传承发展中华优秀传统文化中的作用。编纂出版系列文化经典。加强革命文物工作，实施革命文物保护利用工程，做好革命遗址、遗迹、烈士纪念设施的保护和利用。推动红色旅游持续健康发展。深入开展"爱我中华"主题教育活动，充分利用重大历史事件和中华历史名人纪念活动、国家公祭仪式、烈士纪念日，充分利用各类爱国主义教育基地、历史遗迹等，展示爱国主义深刻内涵，培育爱国主义精神。加强国民礼仪教育。加大对国家重要礼仪的普及教育与宣传力度，在国家重大节庆活动中体现仪式感、庄重感、荣誉感，彰显中华传统礼仪文化的时代价值，树立文明古国、礼仪之邦的良好形象。研究提出承接传统习俗、符合现代文明要求的社会礼仪、服装服饰、文明用语规范，建立健全各类公共场所和网络公共空间的礼仪、礼节、礼貌规范，推动形成良好的言行举止和礼让宽容的社会风尚。

把优秀传统文化思想理念体现在社会规范中，与制定市民公约、乡规民约、学生守则、行业规章、团体章程相结合。弘扬孝敬文化、慈善文化、诚信文化等，开展节俭养德全民行动和学雷锋志愿服务。广泛开展文明家庭创建活动，挖掘和整理家训、家书文化，用优良的家风家教培育青少年。挖掘和保护乡土文化资源，建设新乡贤文化，培育和扶持乡村文化骨干，提升乡土文化内涵，形成良性乡村文化生态，让子孙后代记得住乡愁。加强港澳台中华文化普及和交流，积极举办以中华文化为主题的青少年夏令营、冬令营以及诵读和书写中华经典等交流活动，鼓励港澳台艺术家参与国家在海外举办的感知中国、中国文化年（节）、欢乐春节等品牌活动，增强国家认同、民族认同、文化认同。

14. 推动中外文化交流互鉴。加强对外文化交流合作，创新人文交流方式，丰富文化交流内容，不断提高文化交流水平。充分运用海外中国文化中心、孔子学院，文化节展、文物展览、博览会、书展、电影节、体育活动、旅游推介和各类品牌活动，助推中华优秀传统文化的国际传播。支持中华医药、中华烹饪、中华武术、中华典籍、中国文物、中国园林、中国节日等中华传统文化代表性项目走出去。积极宣传推介戏曲、民乐、书法、国画等我国优秀传统文化艺术，让国外民众在审美过程中获得愉悦、感受魅力。加强"一带一路"沿线国家文化交流合作。鼓励发展对外文化贸易，让更多体现中华文化特色、具有较强竞争力的文化产品走向国际市场。探索中华文化国际传播与交流新模式，综合运用大众传播、群体传播、人际传播等方式，构建全方位、多层次、宽领域的中华文化传播格局。推进国际汉学交流和中外智库合作，加强中国出版物国际推广与传播，扶持汉学家和海外出版机构翻译出版中国图书，通过华侨华人、文化体育名人、各方面出境人员，依托我国驻外机构、中资企业、与我友好合作机构和世界各地的中餐馆等，讲好中国故事、传播好中国声音、阐释好中国特色、展示好中国形象。

四、组织实施和保障措施

15. 加强组织领导。各级党委和政府要从坚定文化自信、坚持和发展中国特色社会主义、实现中华民族伟大复兴的高度，切实把中华优秀传统文化传承发展工作摆上重要日程，加强宏观指导，提高组织化程度，纳入经济社会发展总体规划，纳入考核评价体系，纳入各级党校、行政学院教学的重要内容。各级党委宣传部门要发挥综合协调作用，整合各类资源，调动各方力量，推动形成党委统一领导、党政群协同推进、有关部门各负其责、全社会共同参与的中华优秀传统文化传承发展工作新格局。各有关部门和群团组织要按照责任分工，制定实施方案，完善工作机制，把各项任务落到实处。

16. 加强政策保障。加强中华优秀传统文化传承发展相关扶持政策的制定与实施，注重政策措施的系统性协同性操作性。加大中央和地方各级财政支持力度，同时统筹整合现有相关资金，支持中华优秀传统文化传承发展重点项目。制定和完善惠及中华优秀传统文化传承发展工程项目的金融支持政策。加大对国家重要文化和自然遗产、国家级非物质文化遗产等珍贵遗产资源保护利用设施建设的支持力度。建立中华优秀传统文化传承发展相关领域和部门合作共建机制。制定文物保护和非物质文化遗产保护专项规划。制定和完善历史文化名城名镇名村和历史文化街区保护的相关政策。完善相关奖励、补贴政策，落实税收优惠政策，引导和鼓励企业、社会组织及个人捐赠或共建相关文化项目。建立健全中华优秀传统文化传承发展重大项目首席专家制度，培养造就一批人民喜爱、有国际影响的中华文化代表人物。完善中华优秀传统文化传承发展的激励表彰制度，对为中华优秀传统文化传承发展和传播交流作出贡献、建立功勋、享有声誉的杰出海内外人士按规定授予功勋荣誉或进行表彰奖励。有关部门要研究出台入学、住房保障等方面的倾斜政策和措施，用以倡导和鼓励自强不息、敬业乐群、扶正扬善、扶危济困、见义勇为、孝老爱亲等传统美德。

17. 加强文化法治环境建设。修订文物保护法。制定文化产业促进法、公共图书馆法等相关法律，对中华优秀传统文化传承发展有关工作作出制度性安排。在教育、科技、卫生、体育、城乡建设、互联网、交通、旅游、语言文字等领域相关法律法规的制定修订中，增加中华优秀传统文化传承发展内容。加大涉及保护传承弘扬中华优秀传统文化法律法规施行力度，加强对法律法规实施情况的监督检查。充分发挥各行政主管部门在传承发展中华优秀传统文化中的重要作用,建立完善联动机制,严厉打击违法经营行为。加强法治宣传教育,增强全社会依法传承发展中华优秀传统文化的自觉意识,形成礼敬守护和传承发展中华优秀传统文化的良好法治环境。各地要根据本地传统文化传承保护的现状,制定完善地方性法规和政府规章。

18.充分调动全社会积极性创造性。传承发展中华优秀传统文化是全体中华儿女的共同责任。坚持全党动手、全社会参与,把中华优秀传统文化传承发展的各项任务落实到农村、企业、社区、机关、学校等城乡基层。各类文化单位机构、各级文化阵地平台,都要担负起守护、传播和弘扬中华优秀传统文化的职责。各类企业和社会组织要积极参与文化资源的开发、保护与利用,生产丰富多样、社会价值和市场价值相统一、人民喜闻乐见的优质文化产品,扩大中高端文化产品和服务的供给。充分尊重工人、农民、知识分子的主体地位,发挥领导干部的带头作用,发挥公众人物的示范作用,发挥青少年的生力军作用,发挥先进模范的表率作用,发挥非公有制经济组织和社会组织从业人员的积极作用,发挥文化志愿者、文化辅导员、文艺骨干、文化经营者的重要作用,形成人人传承发展中华优秀传统文化的生动局面。

(2017年1月25日)

国务院办公厅《关于印发〈东北地区与东部地区部分省市对口合作工作方案〉的通知》

国办发〔2017〕22号

各省、自治区、直辖市人民政府，国务院各部委、各直属机构：

《东北地区与东部地区部分省市对口合作工作方案》已经国务院同意，现印发给你们，请认真贯彻执行。

国务院办公厅
2017年3月7日

《东北地区与东部地区部分省市对口合作工作方案》

组织东北地区与东部地区部分省市建立对口合作机制，是《国务院关于深入推进实施新一轮东北振兴战略加快推动东北地区经济企稳向好若干重要举措的意见》（国发〔2016〕62号）中的明确要求，是实施新一轮东北地区等老工业基地振兴战略的重要举措，是推进东北振兴与"三大战略"对接融合的有效途径，也是发挥我国制度优势促进跨区域合作的创新举措，对于充分发挥中央和地方两个积极性，形成共同推进东北地区实现全面振兴的合力具有重要意义。为稳步推进东北地区与东部地区部分省市对口合作，制定以下工作方案。

一、总体要求

（一）指导思想。全面贯彻党的十八大和十八届三中、四中、五中、六中全会精神，深入学习贯彻习近平总书记系列重要讲话精神和治国理政新理念新思想新战略，统筹推进"五位一体"总体布局和协调推进"四个全面"战略布局，牢固树立和贯彻落实新发展理念，按照党中央、国务院关于推进实施新一轮东北地区等老工业基地振兴战略的总体部署，组织东北地区与东部地区部分省市建立对口合作机制，通过市场化合作促进要素合理流动、资源共享、园区共建，开展干部交流培训，支持东北地区进一步转变观念，增强市场意识和竞争意识，激发内生活力和动力，促进东部地区与东北地区在合作中相互借鉴、优势互补、互利共赢、共谋发展。

（二）基本原则。

——政府引导、市场运作。积极发挥政府在对口合作中的引导带动作用，加强统筹谋划，强化组织协调，优化政策环境，搭建合作平台，促进人员交流。充分发挥市场在资源配置中的决定性作用，促进资本、人才、技术等要素合理流动，通过市场化运作促进产业转移，吸引项目、投资在东北地区落地。

——地方主体、国家支持。明确地方政府在对口合作中的主体责任，相关省市政府要将对口合作工作纳入重要议事日程，精心组织、主动作为、积极探索、力求实效。国务院有关部门要强化协调指导，加大政策支持，为对口合作创造有利条件。

——互利共赢、突出特色。注重发挥对口合作省市的比较优势，扬长避短、扬长克短、扬长补短，实现南北联动、协同发展。充分考虑资源禀赋、基础条件等因素，因地制宜、分省（市）施策，结合各地实际，拓展合作领域、丰富合作形式、创新合作方式。

——重点突破、示范带动。针对东北地区改革发展中面临的突出矛盾和问题，重点推动学习借鉴东部地区市场观念、管理理念、政策环境。鼓励对口合作省市通过多种方式，打造一批合作样板，力争取得早期收获，发挥示范带动效应，推动对口合作工作不断深入。

（三）主要目标。到 2020 年，东北地区与东部地区部分省市对口合作取得重要实质性成果，建立起横向联动、纵向衔接、定期会商、运转高效的工作机制，构建政府、企业、研究机构和其他社会力量广泛参与的多层次、宽范围、广领域的合作体系，形成常态化干部交流和人才培训机制，在东北地区加快复制推广一批东部地区行之有效的改革创新举措，共建一批产业合作园区等重大合作平台，实施一批标志性跨区域合作项目，形成一套相对完整的对口合作政策体系和保障措施。

二、对口合作关系

在鼓励支持东北地区与东部地区开展全方位合作基础上，综合考虑相关省市资源禀赋、产业基础、发展水平以及合作现状等因素，明确以下对口合作关系：

——东北三省与东部三省：辽宁省与江苏省，吉林省与浙江省，黑龙江省与广东省。

——东北四市与东部四市：沈阳市与北京市，大连市与上海市，长春市与天津市，哈尔滨市与深圳市。

支持内蒙古自治区主动对接东部省市，探索建立相应合作机制。鼓励中西部老工业城市和资源型城市主动学习东部地区先进经验做法。

三、重点任务

（一）对标先进经验做法，推进体制机制创新。

1. 行政管理体制改革。推动东北地区借鉴东部地区先进经验，进一步深化简政放权、放管结合、优化服务改革，全面优化投资营商环境，加快推进东北地区企业投资项目承诺制、市场准入负面清单制度等试点。支持将东部地区成熟的改革试点经验加快在东北地区复制推广，鼓励东北地区与东部地区合作承担国家改革试点任务。

2. 国有企业改革。推动东北地区学习东部地区深化国有企业改革的成功经验做法，加快国资国企改革。支持东部地区企业通过多种方式参与东北地区国有企业改革、改造和重组，鼓励共建国有资本投资运营公司和国有资产市场化运作平台。引导东部地区有实力的企业参与东北地区国有企业混合所有制改革试点。

3. 民营经济发展。支持东北地区积极借鉴东部地区民营经济发展经验，完善民营经济发展的政策环境、市场环境、金融环境、创新环境、人才环境和法治环境等，加快构建"亲"、"清"新型政商关系。在东北地区遴选一批收益可预期的优质项目，通过政府和社会资本合作（PPP）等模式吸引东部地区社会资本投资运营。允许具备条件的东部地区民间资本在东北地区依法发起设立中小型银行等金融机构。

4. 对内对外开放。协同推进"一带一路"建设，支持东部地区和东北地区共同推进中蒙俄经济走廊建设，推动共建港口、铁路、公路等重大基础设施，联合开展面向东北亚的开放合作，共同开拓周边市场，共建对外开放平台。鼓励吸引东部地区企业、机构参加中国—东北亚博览会、中俄博览会和中国国际装备制造业博览会等展会，支持东北地区企业、机构参加东部地区展会。推动东北地区与京津冀地区融合发展，加强基础设施联通、产业转移承接、科技研发与成果转化等重点领域合作。支持东北地区与长江经济带、珠三角地区加强经贸投资合作。

5. 发展理念共享。东北地区要定期组织相关城市、园区、企业赴东部地区学习转型发展成功经验。继续组织好系列"东北行"活动，邀请东部地区标杆企业、先进园区、金融机构、科研单位等赴东北地区开展学习交流活动。

（二）开展产业务实合作，加快结构调整步伐。

1. 装备制造业等优势产业。支持东北地区电力装备、高档数控机床、石化和冶金装备、重型矿山和工程机械、农业机械装备、先进轨道交通设备、海洋工程装备、船舶制造等装备制造能力与东部地区经济社会发展需求有效对接，推进产用结合、产需对接和产业链上下游整合，推进东北地区优势装备制造业企业及其产品、技术与东部地区优势资源有机结合，支持东北装备"装备中国"、走向世界。鼓励引导东部地区大型装备制造业企业在东北地区设立研发制造基地。推进双方企业、研发机构在钢铁、有色、化工、建材、国防科技工业等领域开展合作。支持东部工业设计企业与东北地区制造企业合作，提升东北制造的设计水平和品牌形象。

2. 新兴产业。促进东北地区机器人与智能装备、生物医药、新材料等新兴产业与东部地区战略性新兴产业对接，形成协同放大效应。支持东部地区新一代信息技术、高端装备、新能源等行业企业对接东北地区培育和发展新兴产业三年行动计划，在东北地区培育形成一批新兴产业集群。充分利用东部地区互联网平台优势，加快东北地区"互联网+"发展。

3. 农业和绿色食品产业。鼓励东北地区与东部地区建立农业和绿色食品长期产销对接关系。支持东部地区农业龙头企业在东北地区建设一批特色农产品加工基地，共同推进水稻、玉米、大豆等重点农产品精深加工。东北地区要加大绿色有机农产品品牌建设和推介力度，开展特色农产品展销活动；东部地区要发挥电子商务、营销网络和商业模式等方面的优势，支持东北地区特色农副产品进入东部地区市场。

4. 生产性服务业。推动东部地区银行、证券、保险、基金公司和证券交易所、期货交易所等金融机构在东北地区依法合规开展业务。鼓励东北地区与东部地区通过市场化方式发展创业投资基金、天使基金、股权投资基金。加强跨区域物流业合作，开辟更多物流通道，改善东北地区航空、港口物流设施，提高物流社会化、标准化、信息化、专业化水平，鼓励引导东部地区大型物流企业参与东北地区港航物流业发展和区域性物流中心、地区分拨中心建设，有效降低东北地区物流成本。

5. 文化、旅游和健康产业。开拓东北地区与东部地区文化交流新渠道，研究互设城市主题日、举办文化推介会等活动。支持对口合作城市、对口合作省份重点城市间加密航线和高铁班次。支持东北地区与东部地区充分挖掘东北地区冰雪、森林、草原等生态旅游资源，共同发展旅游、文体、休闲等产业，通过共同开发景区、共同宣传推介等多种方式打造特色旅游品牌和线路，鼓励和倡导互为旅游客源地和目的地。支持有实力的旅游企业跨区域开发东北地区优势旅游资源，合作建设一批特色旅游小镇。依托东北地区良好资源优势和产业基础，共同发展养老、医疗等健康产业，支持东北地区与东部地区医疗机构间开展合作。

（三）共促科技成果转化，提升创业创新水平。

1. 科技研发与转化。鼓励对口合作省市建立科技创新合作机制，加强产学研用合作，促进跨区域科研合作和成果转化，定期组织开展科技对接交流等活动。鼓励东北地区复制东部地区在科技成果处置权、收益权、股权激励等方面的经验做法，推动科技成果在本地产业化。

2. 高校院所交流合作。积极引导东北地区与东部地区高校和科研院所间开展交流合作，鼓励学科共建和学生联合培养，定期组织师资交流和学生互访，研究开展课程互选、学分互认、资源互通。鼓励东北地区与东部地区高校合作办学，共建大学科技园和创业创新平台。支持东北地区与东部地区开展职业教育合作，培养专业技能人才。

3. 创业创新合作。推进东北地区与东部地区开放共享"双创"资源，支持东部地区向东北地区推广培育"双创"企业、"双创"平台和创客的经验做法，推介优秀的创业投资企业和创业投资管理团队参与东北地区创业投资发展。东北地区要加快推进双创示范基地建设，与东部地区共建一批双创平台，营造良好创业创新氛围。

4. 高端人才交流。加强东北地区与东部地区人力资源服务合作，鼓励对口合作省市搭建人才信息共享交流平台，按照"不求所有，但求所用"的理念，引导东部地区人才积极参与东北地区创业创新。组织东部地区院士、专家等高层次人才对口支持东北地区科技创新和企业发展。

（四）搭建合作平台载体，探索共赢发展新路。

1. 功能区对接。加强东北地区与东部地区自由贸易试验区、国家级新区、国家自主创新示范区、全面创新改革试验区域、产业转型升级示范区、综合保税区、国家级经济技术开发区、国家高新技术产业开发区、新型工业化产业示范基地等重点开发开放平台间的交流对接，积极推广东部地区各类功能区建设的成功经验和做法。

2. 合作园区共建。支持在东北地区建设对口合作示范园区，引进东部地区的先进经验、管理团队，创新管理体制和运行机制，吸引优势产业集聚。支持东部地区重点园区在东北地区设立分园区，鼓励东北地区与东部地区合作发展"飞地经济"，探索跨地区利益分享机制。

3. 重点城市合作。鼓励东北地区与东部地区在对口合作框架下，加强重点城市间合作，在推进新型城镇化和城市群协调发展，解决"大城市病"，建设宜居、智慧、低碳城市，以及加强城市规划建设管理等方面学习互鉴，引导东北地区学习东部地区在老工业基地调整改造、资源型城市转型、棚户区改造、产城融合发展和特色小镇建设、城镇行政区划优化设置等方面的先进经验做法。

4. 多层次合作体系建设。研究建立对口合作产业联盟及产教联盟，引导东北地区与东部地区行业协会商会等对接合作，促进理念互融、信息互通、资源互享。支持东部地区通过联合组织招商、联建招商网站、委托招商等方式，协助东北地区开展招商引资。建立东北地区与东部地区专家智库间常态化交流机制，鼓励举办东北地区与东部地区对口合作论坛。支持建设跨区域公共资源交易平台。鼓励和支持相关省市结合实际，在基础设施、生态环境、扶贫开发、劳务协作和社会事业等方面，创造性地开展形式多样的合作交流。

四、保障措施

（一）完善工作机制。在国务院振兴东北地区等老工业基地领导小组（以下简称领导小组）领导下，国家发展改革委、中央组织部要会同领导小组其他成员单位及相关省市政府，共同推进对口合作相关工作。国家发展改革委要加强领导小组办公室的工作力量，切实承担好对口合作综合衔接和相关日常工作。相关省市政府要建立健全对口合作工作的领导、协调和推进机制，明确机构和人员负责工作推进落实，将对口合作任务落到实处。支持对口合作省市政府主要负责同志定期开展互访或座谈交流，共同研究推动重点工作。地方开展对口合作所需经费纳入同级预算管理。

（二）科学编制实施方案。对口合作省市要按照本方案要求共同编制对口合作阶段性实施方案，根据需要编制重点合作领域专项实施方案，进一步明确和细化对口合作工作目标、范围领域、重点任务、重大项目、建设时序和保障措施。要根据阶段性实施方案和专项实施方案，制定对口合作年度工作计划，开展年度工作总结评估，并及时将年度工作计划和工作总结报送国家发展改革委和中央组织部。

（三）推进干部人才交流培训。对口合作省市要组织开展互派干部挂职交流，促进观念互通、思路互动、作风互鉴、办法互学。依托东部地区相关省市各类干部培训机构，定期安排对东北三省地方政府负责人、企事业单位管理人员、专业技术人员进行培训。中央组织部要加强对相关工作的指导和协调。

（四）加大政策支持力度。有关部门要加强对东北地区与东部地区部分省市对口合作工作的指导，在规划编制、政策实施、项目安排、改革创新先行先试等方面给予倾斜支持，并按照职能分工指导重点领域合作。中央预算内投资设立专项资金支持对口合作重点园区和重大项目建设。银行业金融机构要加大对对口合作重点园区和重大项目的融资支持力度。鼓励社会资本通过市场化方式设立对口合作产业投资基金，支持对口合作重大项目建设。在严格程序、规范运作的前提下，支持在对口合作省市先行试点开展跨地区耕地占补平衡。推进对口合作省市产业、金融、开放等方面政策经验交流和复制推广。

（五）创造良好合作环境。东北三省四市要积极主动做好对口合作各项工作对接，对相关重点项目和重点园区要开辟绿色通道，明确专人负责，积极协调推进。相关省市要在用地、用能、融资等方面给予重点支持。

（六）加强督查评估。国家发展改革委要定期组织开展对口合作工作成效评估。对于积极主动开展工作并取得明显成效的省市，给予通报表扬并加大支持力度，对于合作进展缓慢的省市，要提出整改要求并督促落实整改措施。对口合作省市也要相应建立督查评估机制，确保东北地区与东部地区部分省市对口合作的各项措施任务落实到位。

国务院《关于新形势下加强打击侵犯知识产权和制售假冒伪劣商品工作的意见》

国发〔2017〕14号

各省、自治区、直辖市人民政府，国务院各部委、各直属机构：

为进一步加强打击侵犯知识产权和制售假冒伪劣商品（以下简称侵权假冒）工作，保障国家知识产权战略深入实施，维护公平竞争的市场秩序，完善法治化、国际化、便利化的营商环境，现提出以下意见：

一、总体要求

（一）指导思想。全面贯彻党的十八大和十八届三中、四中、五中、六中全会精神，深入贯彻习近平总书记系列重要讲话精神和治国理政新理念新思想新战略，认真落实党中央、国务院决策部署，统筹推进"五位一体"总体布局和协调推进"四个全面"战略布局，牢固树立和贯彻落实创新、协调、绿色、开放、共享的发展理念，大力弘扬和践行社会主义核心价值观，着力推进市场监管体系和监管能力现代化，修订完善相关法规和标准，改革创新监管制度和机制，加强信息技术等新技术新手段运用，强化事中事后监管，全面提高打击侵权假冒工作水平，加快建设知识产权强国，为实现全面建成小康社会奋斗目标提供有力支撑。

（二）基本原则。

依法治理。加强打击侵权假冒法规制度建设，严格规范公正文明执法，推进公正司法和全民守法，保障打击侵权假冒工作始终沿着法治轨道前进。

打建结合。创新监管方式和手段，针对影响人民群众生命财产安全的突出问题开展集中整治，坚决遏制侵权假冒高发多发势头；加强机制建设，提高综合治理能力，努力铲除侵权假冒滋生的土壤。

统筹协作。加强对打击侵权假冒工作的统筹协调，密切部门间、区域间协作配合，由区域内、单个环节监管向跨区域、跨部门和全链条监管转变。

社会共治。发挥行业组织的行业自律和协调管理作用，鼓励媒体和公众参与监督，充分调动各方面积极性，形成政府、企业、社会组织和公众共同参与的工作局面。

（三）工作目标。到2020年，侵权假冒高发多发的势头得到有效遏制，市场监管体系和监管能力现代化水平明显提升，法规体系更加健全，工作机制更加完善，营商环境更加规范，行政执法、刑事执法、司法审判、快速维权、仲裁调解、行业自律、社会监督协调运作的打击侵权假冒工作体系基本形成。

二、推进跨部门跨区域综合治理

（四）强化重点领域集中整治。坚持专项整治与日常监管相结合，以关系生命健康、财产安全和环境保护的商品以及知识产权领域的突出问题为重点，定期组织开展专项整治，严厉打击侵权假冒违法犯罪行为。完善以随机抽查为重点的日常监督检查制度，强化对互联网、农村市场和城乡结合部等侵权假冒高发多发领域和地区的监管，坚持线上线下治理相结合，深挖违法犯罪活动的组织者、策划者、实施者，清理生产源头，铲除销售网络，依法取缔无证照生产经营的"黑作坊"、"黑窝点"，维护公平竞争的市场秩序。

（五）加强部门间执法协作。执法监管部门、行业主管部门等要充分发挥各自优势，加强打击侵权假冒执法协作，促进执法监管和行业管理等信息共享，在执法检查、检验检测、鉴定认定等方面互相提供支持。执法监管部门发现违法行为涉及其他部门职责的，要及时通报相关部门采取措施，对于重大案件线索，必要时要共同研究案情，开展联合执法。加强对基层综合执法部门的指导，厘清监管职责，明确权力清单，堵塞监管漏洞，确保综合执法机构权威高效、运转协调，提高执法效能。

（六）推进区域间执法协调联动。针对侵权假冒行为跨区域、链条化的特点，加强区域间执法协作，探索建立跨区域联席会议、线索通报、证据移转、案件协查、联合办案以及检验鉴定结果互认等制度，完善线索发现、源头追溯、属地查处机制，推动执法程序和标准统一化，加强交界区域基层执法协作，消除监管空白地带，对侵权假冒商品的生产、流通、销售形成全链条打击。结合实施国家区域发展战略，在京津冀、长江经济带、泛珠三角区域等深入开展打击侵权假冒区域合作，总结经验，适时向全国推广。

（七）健全行政执法与刑事司法衔接机制。建立健全行政执法部门与司法机关信息共享、案情通报、案件移送制度，完善案件移送标准和程序，坚决克服有案不移、有案难移、以罚代刑现象。完善行政执法部门与司法机关间有关案件咨询、督查督办等工作机制，规范行政执法证据的固定和移送，实现行政执法与刑事司法无缝衔接。完善涉嫌犯罪案件移送中有关涉案物品处置制度，探索建立涉案物品保管"公物仓"和有毒有害物品统一销毁处理制度。建成中央、省、市、县四级联网的行政执法与刑事司法衔接信息共享系统，提高衔接工作效率和规范化水平。

三、提高市场监管和预警防范能力

（八）加强执法监管信息化建设。加强大数据、云计算、物联网、移动互联网等新技术在执法监管中的研发运用，强化对违法犯罪线索的发现、收集、甄别、挖掘、预警，做到事前防范、精准打击。大力推进不同部门间执法监管平台的开放共享，打破"信息孤岛"，加强对相关数据信息的整合、分析和研判，形成执法监管合力。建立电子商务平台企业向执法监管部门提供执法办案相关数据信息的制度，加强政企协作，用好用活数据信息资源，为开展执法工作提供支撑。

（九）加快推进信用体系建设。全面实施统一社会信用代码制度，完善全国信用信息共享平台，构建覆盖全部信用主体、所有信用信息类别、全国所有区域的一体化信用信息体系，推动信用信息跨部门交换共享。加强信用信息的征集、存储和应用，健全守信联合激励和失信联合惩戒机制，提高违法失信成本。进一步推进行政处罚案件信息公开和应用，健全信息公开的内部审核、档案管理、抽查考评等制度。建立完善生产经营主体诚信档案和"黑名单"制度，相关信息纳入全国信用信息共享平台和企业信用信息公示系统，实施市场主体信用分类监管。积极推进企业信用信息公示系统信息化工程建设，实现统一归集、依法公示、联合惩戒、社会监督。依法规范信用服务市场，培育和发展社会信用服务机构，鼓励第三方利用信用信息为社会公众提供增值服务。

四、推动完善法规标准和司法保护体系

（十）加快法规和标准制修订。推动制修订著作权法、专利法、反不正当竞争法以及电子商务、商业秘密保护等方面的法律法规，研究修订知识产权海关保护条例、植物新品种保护条例，增强法律法规的适用性和统一性。推动修订完善刑法或相关司法解释有关知识产权犯罪的条款，加大处罚力度，完善定罪量刑标准，加强刑法与其他法律之间的有效衔接。制定防止滥用知识产权的反垄断执法指南。完善电子商务产品监督抽查管理办法，制订电子商务领域相关标准。完善执法工作的程序规范，细化、量化行政裁量标准，规范裁量范围、种类、幅度，严格限定和规范行使裁量权。

（十一）充分发挥司法保护的作用。支持法院、检察院依法独立公正行使职权，构建权威高效的知识产权司法保护体系。加强刑事司法保护，严厉打击侵权假冒犯罪，增强刑罚的威慑力。强化民事司法保护，完善技术专家咨询机制，依法减轻权利人举证负担，有效执行惩罚性赔偿制度，提高侵犯知识产权违法成本。推进民事、刑事、行政案件审判"三合一"改革，完善知识产权审判体系，提升审判效率和专业水平。研究建立知识产权纠纷人民调解协议司法确认制度。

五、构建多方参与的共治格局

（十二）强化社会组织的自治功能。建立健全社会组织参与政府打击侵权假冒政策研究、维护企业和公众合法权益、预防侵权假冒违法犯罪的工作机制，探索建立社会组织调解处理知识产权纠纷制度。支持行业协会

商会类组织强化行业自律和专业服务功能，发挥其对成员的行为导引、规则约束、权益维护作用，加强行业数据统计、促进行业自律、开展自主维权，引导行业健康发展。培育发展知识产权服务业，支持知识产权信息咨询、培训、法律代理等新业态发展。

（十三）落实企业的主体责任。指导生产经营企业加强产品质量控制和知识产权管理，自觉守法诚信经营，建立完善权利人企业参与涉案物品鉴定的制度。督促电子商务平台企业加强对网络经营者的资格审查，建立健全对网络交易、广告推广等业务和网络经营者信用评级的内部监控制度。坚持堵疏结合、打扶并举，结合推进供给侧结构性改革和发展"互联网+"，引导和帮助企业利用电子商务拓展营销渠道、培育自主品牌。深入开展优质产品生产企业质量承诺活动，鼓励企业承诺采用严于国家标准、行业标准的企业产品质量标准。对企业履行承诺情况开展"双随机"执法检查，通过网络平台向社会公开承诺企业、产品及检查信息，培育"重质量、守承诺"企业，促进"中国制造"技术进步和转型升级。

（十四）加强舆论监督和宣传教育。发挥新闻媒体的正面引导和舆论监督作用，积极运用传统媒体和新兴媒体解读政策措施、宣传先进典型、曝光反面案例。组织开展宣传教育活动，普及知识产权和识假辨假知识，鼓励企业和公众举报投诉侵权假冒违法行为，营造抵制侵权假冒的良好社会氛围。创新知识产权人才培养机制，将保护知识产权等内容纳入中小学有关课程和高等院校就业创业指导课程，培养尊重创造、崇尚创新的意识。

六、提升国际交流合作水平

（十五）完善知识产权国际战略。把握国际知识产权制度演进趋势，结合我国国情完善知识产权保护制度，提高知识产权保护的国际化水平。深化与经贸相关的多双边知识产权谈判与磋商，加强部门间信息沟通和协调配合。加强传统知识、遗传资源、民间艺术等领域知识产权保护。依据相关法律法规，研究构建我国与对外贸易有关的知识产权保护制度，防范和查处进出口环节侵犯知识产权、危害对外贸易秩序等违法行为，积极开展知识产权海外维权。

（十六）深化和拓展国际交流合作。强化中美、中欧、中日等知识产权工作组对话机制，妥善处理好各方关切问题。加快实施自由贸易区战略，协调推进经贸领域知识产权合作，为企业"走出去"营造更加公平的知识产权保护环境。加强与"一带一路"沿线国家和地区的知识产权保护交流合作，优化贸易和投资环境。拓宽与发展中国家打击侵权假冒合作领域，发挥好驻外经商机构和中资商会的作用，利用对外援助、培训等方式，支持受援方打击侵权假冒工作能力建设。加强和扩大公安、海关、质检等部门执法办案的国际交流协作，联合打击跨境制售侵权假冒商品行为。

七、加强组织领导

（十七）加强统筹协调工作。全国打击侵犯知识产权和制售假冒伪劣商品工作领导小组要加强组织领导，切实抓好政策制定、执法协调、宣传教育、涉外交流等工作，统筹协调各成员单位形成更加有效的治理模式。积极发挥国务院知识产权战略实施工作部际联席会议制度的作用，加强机制间的沟通协调，调动各方积极性，形成工作合力。

（十八）落实地方政府责任。地方各级人民政府要落实打击侵权假冒属地责任，健全打击侵权假冒工作统筹协调机制，落实人员和工作经费，推动打击侵权假冒工作有效开展。要将打击侵权假冒工作纳入地方政府绩效考核体系，科学设定考核指标，完善考核评价机制，定期开展评估，确保各项任务落实到位。

（十九）加强执法能力建设。严格实行行政执法人员资格管理和持证上岗制度，依法确定不同岗位执法人员执法责任，全面落实执法责任制，完善激励约束制度。调整充实基层执法力量，加强业务培训，提高办案技能和依法行政水平。加强对打击侵权假冒执法经费和涉案物品环境无害化处理经费的财政保障，改善执法装备和检验检测技术条件，提高执法监管能力。

（2017年3月9日）

国务院办公厅《关于转发文化部等部门〈中国传统工艺振兴计划〉的通知》

国办发〔2017〕25号

各省、自治区、直辖市人民政府，国务院各部委、各直属机构：

文化部、工业和信息化部、财政部《中国传统工艺振兴计划》已经国务院同意，现转发给你们，请结合实际，认真贯彻执行。

国务院办公厅
2017年3月12日

《中国传统工艺振兴计划》

为落实党的十八届五中全会关于"构建中华优秀传统文化传承体系，加强文化遗产保护，振兴传统工艺"和《中华人民共和国国民经济和社会发展第十三个五年规划纲要》关于"制定实施中国传统工艺振兴计划"的要求，促进中国传统工艺的传承与振兴，特制定本计划。

本计划所称传统工艺，是指具有历史传承和民族或地域特色、与日常生活联系紧密、主要使用手工劳动的制作工艺及相关产品，是创造性的手工劳动和因材施艺的个性化制作，具有工业化生产不能替代的特性。

一、重要意义

中国各族人民在长期社会生活实践中共同创造的传统工艺，蕴含着中华民族的文化价值观念、思想智慧和实践经验，是非物质文化遗产的重要组成部分。我国传统工艺门类众多，涵盖衣食住行，遍布各族各地。振兴传统工艺，有助于传承与发展中华优秀传统文化，涵养文化生态，丰富文化资源，增强文化自信；有助于更好地发挥手工劳动的创造力，发现手工劳动的创造性价值，在全社会培育和弘扬精益求精的工匠精神；有助于促进就业，实现精准扶贫，提高城乡居民收入，增强传统街区和村落活力。

二、总体要求

（一）总体目标。立足中华民族优秀传统文化，学习借鉴人类文明优秀成果，发掘和运用传统工艺所包含的文化元素和工艺理念，丰富传统工艺的题材和产品品种，提升设计与制作水平，提高产品品质，培育中国工匠和知名品牌，使传统工艺在现代生活中得到新的广泛应用，更好满足人民群众消费升级的需要。到2020年，传统工艺的传承和再创造能力、行业管理水平和市场竞争力、从业者收入以及对城乡就业的促进作用得到明显提升。

（二）基本原则。

尊重优秀传统文化。尊重地域文化特点、尊重民族传统，保护文化多样性，维护和弘扬传统工艺所蕴含的文化精髓和价值。

坚守工匠精神。厚植工匠文化，倡导专注坚守、追求卓越，树立质量第一意识，推动品质革命，加强品牌建设，多出精品、多出人才。

激发创造活力。保护广大手工艺者个性，挖掘创造性手工的价值，激发因材施艺灵感和精心手作潜能，恢复和发展濒危或退化的优秀工艺和元素。

促进就业增收。发挥传统工艺覆盖面广、兼顾农工、适合家庭生产的优势，扩大就业创业，促进精准扶贫，增加城乡居民收入。

坚持绿色发展。增强生态保护意识，合理利用天然材料，反对滥用不可再生的天然原材料资源，禁止使用非法获取的珍稀动植物资源。

三、主要任务

（一）建立国家传统工艺振兴目录。以国家级非物质文化遗产代表性项目名录为基础，对具备一定传承基础和生产规模、有发展前景、有助于带动就业的传统工艺项目，建立国家传统工艺振兴目录。实施动态管理，鼓励地方参照建立本级的传统工艺振兴目录。对列入振兴目录的项目，予以重点支持。

（二）扩大非物质文化遗产传承人队伍。鼓励技艺精湛、符合条件的中青年传承人申报并进入各级非物质文化遗产代表性项目代表性传承人队伍，形成合理梯队，调动年轻一代从事传统工艺的积极性，培养高水平大国工匠队伍。各地要通过多种方式，为收徒授艺等传统工艺传习活动提供支持。引导返乡下乡人员结合自身优势和特长，发展传统工艺、文化创意等产业。

（三）将传统工艺作为中国非物质文化遗产传承人群研修研习培训计划实施重点。依托相关高校、企业、机构，组织传统工艺持有者、从业者等传承人群参加研修、研习和培训，提高传承能力，增强传承后劲。组织优秀传承人、工艺师及设计、管理人员，到传统工艺项目所在地开展巡回讲习，扩大传承人群培训面。倡导传承人群主动学习，鼓励同行之间或跨行业切磋互鉴，提高技艺水平，提升再创造能力。

（四）加强传统工艺相关学科专业建设和理论、技术研究。支持具备条件的高校开设传统工艺的相关专业和课程，培养传统工艺专业技术人才和理论研究人才。支持具备条件的职业院校加强传统工艺专业建设，培养具有较好文化艺术素质的技术技能人才。积极推行现代学徒制，建设一批技能大师工作室，鼓励代表性传承人参与职业教育教学和开展研究。支持有条件的学校帮助传统工艺传承人群提升学历水平。鼓励高校、研究机构、企业等设立传统工艺的研究基地、重点实验室等，在保持优秀传统的基础上，探索手工技艺与现代科技、工艺装备的有机融合，提高材料处理水平，切实加强成果转化。加强传统工艺的挖掘、记录和整理。对具有独特历史意义的濒危传统工艺项目，加快实施抢救性记录，落实保护与传承措施。鼓励出版有关传统工艺的专著、译著、图册等研究和实践成果。

（五）提高传统工艺产品的设计、制作水平和整体品质。强化质量意识、精品意识、品牌意识和市场意识，结合现代生活需求，改进设计，改善材料，改良制作，并引入现代管理制度，广泛开展质量提升行动，加强全面质量管理，提高传统工艺产品的整体品质和市场竞争力。鼓励传统工艺从业者在自己的作品或产品上署名或使用手作标识，支持发展基于手工劳动、富有文化内涵的现代手工艺。鼓励传统工艺企业和从业者合理运用知识产权制度，注册产品商标，保护商业秘密和创新成果。支持有条件的地方注册地理标志证明商标或集体商标，培育有民族特色的传统工艺知名品牌。鼓励拥有较强设计能力的企业、高校和相关单位到传统工艺项目集中地设立工作站，帮助当地传统工艺企业和从业者解决工艺难题，提高产品品质，培育品牌，拓展市场。依托乡村旅游创客示范基地和返乡下乡人员创业创新培训园区（基地），推动传统工艺品的生产、设计等和发展乡村旅游有机结合。开展多种形式的传统工艺大赛、技能大赛，发现、扶持传统工艺创意人才。

（六）拓宽传统工艺产品的推介、展示、销售渠道。鼓励在传统工艺集中的历史文化街区和村镇、自然和人文景区、传统工艺项目集中地，设立传统工艺产品的展示展销场所，集中展示、宣传和推介具有民族或地域特色的传统工艺产品，推动传统工艺与旅游市场的结合。在非物质文化遗产、旅游等相关节会上设立传统工艺专区。举办多种传统工艺博览会和传统工艺大展，为传统工艺搭建更多展示交易平台。鼓励商业网站与相关专业网站设立网络销售平台，帮助推介传统工艺产品。

（七）加强行业组织建设。鼓励地方成立传统工艺行业组织。行业组织要制定产品质量行业标准，组织或支持开展面向本地区或本行业传承人群的培训和交流等活动，并提供信息发布、权益维护等服务。

（八）加强文化生态环境的整体保护。鼓励各地对传统工艺集中的乡镇、街道和村落实施整体性保护。结合传统村落、少数民族特色村镇和历史文化街区保护，注意保护传统工艺相关的文化空间和特定的自然人文环境。鼓励研发绿色环保材料，改进有污染的工艺流程，加强生态环境保护。整合现有资源开展非商业性象牙雕刻技艺研究和传承，引导和支持使用替代材料传承以象牙等珍稀动植物资源为原材料的相关技艺。

（九）促进社会普及教育。继续开展非物质文化遗产进校园等活动。支持各地将传统工艺纳入高校人文素质课程和中小学相关教育教学活动；支持大中小学校组织开展体现地域特色、民族特色的传统工艺体验和比赛，提高青少年的动手能力和创造能力，加深对传统文化的认知。鼓励电视、网络媒体等推出丰富多彩的传统工艺类节目。拍摄和译制传统工艺纪录片、教学片和宣传片，弘扬工匠精神，促进知识传播、普及和技艺交流，方便大众学习传统工艺知识。鼓励有关部门和社会组织积极参与或组织传统工艺相关活动，充分发挥各级公共文化机构的作用，依托公共文化服务场所积极开展面向社区的传统工艺展演、体验、传习、讲座、培训等各类活动，使各级公共文化机构成为普及推广传统工艺的重要阵地，丰富民众文化生活，增强传统工艺的社会认同。

（十）开展国际交流与合作。通过双边、多边渠道，组织传统工艺传承人、企业和行业组织代表开展国际交流和研修培训，以及技术领域的研究与合作，开拓视野，借鉴经验。

四、保障措施

（一）加强统筹协调。各级人民政府有关部门要结合发展繁荣文化事业和文化产业、精准扶贫、新农村建设、少数民族传统手工艺及特色村镇保护与发展、传统村落保护、美丽乡村建设、乡村旅游发展等工作，积极探索振兴传统工艺的有效途径。广泛开展面向农村剩余劳动力、城市下岗职工、城乡残疾人、返乡下乡创业创新人员、民族地区群众的手工艺技能培训，鼓励其从事传统工艺生产。引导非物质文化遗产生产性保护示范基地发挥示范引领作用。

（二）落实支持政策。利用现有资金渠道，对符合规定的传统工艺相关项目以及特色文化产业传统工艺发展予以适当支持。将传统工艺展示、传习基础设施建设纳入"十三五"时期文化旅游提升工程。传统工艺企业符合现行小微企业和高新技术企业等税收优惠政策条件的，可按规定享受税收优惠政策。

（三）加强金融服务。探索建立传统工艺企业无形资产评估准则体系，支持符合条件的传统工艺企业融资发展。鼓励金融机构开发适合传统工艺企业特点的金融产品和服务，加强对传统工艺企业的投融资支持与服务。

（四）鼓励社会参与。鼓励社会力量兴办传统工艺企业，建设传统工艺展示、传习场所和公共服务平台，举办传统工艺的宣传、培训、研讨和交流合作等。

文化部　工业和信息化部　财政部

《关于深化群众性精神文明创建活动的指导意见》

社会主义精神文明是中国特色社会主义的重要特征，是实现"两个一百年"奋斗目标、实现中华民族伟大复兴中国梦的重要内容和重要保证。群众性精神文明创建活动是人民群众群策群力、共建共享、改造社会、建设美好生活的创举，是提升国民素质和社会文明程度的有效途径，是把社会主义精神文明建设的任务要求落实到城乡基层的重要载体和有力抓手。为深化群众性精神文明创建活动，提出如下指导性意见。

一、牢固树立物质文明和精神文明协调发展的战略方针

1. 新时期社会主义精神文明建设取得历史性成就。改革开放以来，我们党创造性地提出了建设社会主义精神文明的战略任务，确立了物质文明建设和精神文明建设"两手抓、两手都要硬"的战略方针，把精神文明建设贯穿改革开放全过程，纳入社会主义现代化建设总体布局，全面展开精神文明建设各项工作，取得了重大成就，为社会主义物质文明建设提供了有力的思想指导、精神支撑和智力支持，为经济社会发展创造了良好的精神文化条件。

党的十八大以来，以习近平同志为核心的党中央高度重视精神文明建设，提出一系列新思想新观点新要求，作出一系列重要部署，为加强新形势下精神文明建设提供了重要指导和基本遵循，有力推动了两个文明协调发展。广泛开展中国特色社会主义和中国梦宣传教育，大力培育和践行社会主义核心价值观，扎实推进思想道德建设，积极弘扬以爱国主义为核心的民族精神和以改革创新为核心的时代精神，深入开展群众性精神文明创建活动，学习宣传各类先进典型，着力丰富群众精神文化生活，国民素质和社会文明程度明显提升，精神文明建设取得了新的伟大成就，为全面推进党和国家事业发展作出了重要贡献。改革开放以来特别是党的十八大以来的生动实践充分证明，只有物质文明建设和精神文明建设都搞好，国家物质力量和精神力量都增强，全国各族人民物质生活和精神生活都改善，中国特色社会主义事业才能顺利推向前进。社会主义物质文明和社会主义精神文明两手抓、两手硬，始终是党和国家的战略目标、战略方针。

2. 精神文明建设面临新的形势。面对决胜全面建成小康社会，进而实现社会主义现代化和中华民族伟大复兴的历史使命，精神文明建设地位更加重要、任务更加繁重。改革开放以来我国经济实力、科技实力和综合国力显著提升，为精神文明建设奠定了雄厚物质基础；广大人民群众对美好生活的向往，为精神文明建设提供了强劲内生动力；互联网等新技术新媒介日新月异，为精神文明建设拓展了广阔发展空间，精神文明建设面临新的历史机遇。同时要清醒认识到，在国际国内形势发生重大而深刻变化的时代条件下，面对各种思想文化交流交融交锋的复杂局面，马克思主义指导思想面临多样化社会思潮的挑战，社会主义核心价值观面临市场逐利性的挑战，传统教育引导方式面临网络新媒体的挑战，精神文明建设面临新形势新课题。

当前，精神文明建设领域还存在一些不容忽视的问题。一些人包括少数党员干部信仰缺失、价值观扭曲，深受拜金主义、享乐主义、极端个人主义的侵蚀；一些领域和一些地方道德失范、诚信缺失，人际关系缺乏信任感，违背社会公德、职业道德、家庭美德、个人品德等现象时有发生；封建迷信、铺张浪费甚至黄赌毒等不良现象、不良风气、不良习俗还在一定范围禁而不绝；一些地方环境脏乱差，不遵守基本公共秩序、不遵守基本文明行为准则的现象还比较普遍；精神文化产品创作生产还存在有数量缺质量的问题，公共文化服务体系还不完善；工作中适应时代要求、群众期待的创新还不够，吸引力感染力有待提高；一些地方和部门精神文明建设工作不力，存在薄弱环节，精神文明建设和物质文明建设发展明显不协调，等等。这些问题必须引起全党全社会高度重视。要以辩证的、全面的、协调的观点正确处理两个文明的关系，切实加强社会主义精神文明建设，深入开展群众性精神文明创建活动。

3. 指导思想。高举中国特色社会主义伟大旗帜，坚持以马克思列宁主义、毛泽东思想、邓小平理论、"三

个代表"重要思想、科学发展观为指导,深入贯彻习近平总书记系列重要讲话精神和治国理政新理念新思想新战略,增强政治意识、大局意识、核心意识、看齐意识,紧紧围绕统筹推进"五位一体"总体布局和协调推进"四个全面"战略布局,牢固树立和贯彻新发展理念,坚持以人民为中心的发展思想,以培育和践行社会主义核心价值观为根本,加强思想道德建设,弘扬中华优秀传统文化和传统美德,弘扬革命文化和社会主义先进文化,深化群众性精神文明创建活动,培育社会文明新风,全面提高国民素质和社会文明程度,着力构筑中国精神、中国价值、中国力量,巩固马克思主义在意识形态领域的指导地位,巩固全党全国各族人民团结奋斗的共同思想基础,为实现"两个一百年"奋斗目标、实现中华民族伟大复兴的中国梦,提供坚强思想保证、强大精神动力、丰润道德滋养、良好文化条件。

4. 重要原则

——必须坚持以马克思主义为指导,深入贯彻落实习近平总书记系列重要讲话精神和治国理政新理念新思想新战略,坚持正确的政治方向,始终把培育和践行社会主义核心价值观作为群众性精神文明创建活动的灵魂工程和根本任务。

——必须坚持社会主义物质文明和社会主义精神文明两手抓、两手都要硬,促进物质文明与精神文明协调发展。

——必须坚持以人民为中心的发展思想,牢固树立依靠人民、为了人民的思想理念,增进人民福祉,促进人的全面发展,动员人人参与,实现共建共享。

——必须坚持依法治国与以德治国相结合,实现法律和道德相辅相成、法治和德治相得益彰。

——必须坚持重在建设、立破并举,强化问题导向,补齐工作短板,贵在坚持、久久为功、务求实效。

——必须坚持改革创新,不忘本来、吸收外来、面向未来,站在时代前沿、引领风气之先、充满生机活力。

5. 目标要求。实现"两个一百年"奋斗目标、实现中华民族伟大复兴的中国梦更加深入人心,道路自信、理论自信、制度自信、文化自信更加坚定;社会主义核心价值观日益成为全体人民的共同价值追求、百姓日用而不觉的行为准则;爱国主义、集体主义、社会主义思想广泛弘扬,中华民族的归属感、认同感和凝聚力、向心力不断增强;人民思想道德素质、科学文化素质和健康素质明显提高,为实现人的全面发展创造更好条件;以优良党风政风带动形成良好社风民风,向上向善、诚信互助的社会风尚更加浓厚;精神文化产品创作生产更加活跃繁荣,人民享有健康丰富的精神文化生活;城乡环境面貌、社会公共秩序、公共服务水平、居民生活质量明显改善,社会文明程度显著提高。

二、坚持用社会主义核心价值观引领群众性精神文明创建活动

6. 以培育和践行社会主义核心价值观为根本。核心价值观是最持久最深层的精神力量。要倡导富强民主文明和谐,倡导自由平等公正法治,倡导爱国敬业诚信友善,把培育和践行社会主义核心价值观作为群众性精神文明创建活动的根本任务,在贯穿结合融入上下功夫,在落细落小落实上下功夫,把核心价值观融入经济社会发展实践,渗透到人们日常生产生活,通过教育引导、舆论宣传、文化熏陶、实践养成、制度保障等,使社会主义核心价值观内化为人们的坚定信念、外化为人们的自觉行动。

7. 加强理想信念教育。人民有信仰,民族有希望,国家有力量。要把理想信念教育作为群众性精神文明创建活动的中心环节,让理想信念的明灯永远在全国各族人民心中闪亮。习近平总书记系列重要讲话是中国特色社会主义理论体系最新成果,是指导具有许多新的历史特点伟大斗争的最鲜活的马克思主义,彰显了马克思主义强大的真理力量和实践力量,是坚定理想信念的鲜活教材。要引导广大干部群众坚持读原著、学原文、悟原理,把握讲话的鲜明主题和思想体系,把握贯穿其中的治国理政新理念新思想新战略,把握讲话体现的马克思主义立场观点方法,做到学而信、学而用、学而行,用讲话精神统一思想、凝聚共识。共产主义远大理想和中国特色社会主义共同理想,是中国共产党人的精神支柱和政治灵魂。全党同志必须把对马克思主义的信仰、对社会主义和共产主义的信念作为毕生追求,在改造客观世界的同时不断改造主观世界,解决好世界观、人生观、价

值观这个"总开关"问题，不断增强政治定力，坚定中国特色社会主义道路自信、理论自信、制度自信、文化自信，自觉成为共产主义远大理想和中国特色社会主义共同理想的坚定信仰者和忠实实践者，自觉在思想上政治上行动上同以习近平同志为核心的党中央保持高度一致。领导干部特别是高级干部要发挥示范引领作用，坚守真理、坚守正道、坚守原则、坚守规矩，明大德、严公德、守私德，重品行、正操守、养心性，做到以信念、人格、实干立身，以实际行动让党员和群众感受到理想信念的强大力量。在全体人民中深入开展中国特色社会主义和中国梦宣传教育，开展正确世界观、人生观、价值观和道德观教育，开展近现代史、党史、国情、改革开放成就和形势政策教育，加强和改进思想政治工作，用中国特色社会主义的共同理想凝聚起团结奋斗的强大精神力量。

8. 加强爱国主义教育。爱国主义是中华民族精神的核心，爱国主义精神是中华民族的精神基因，实现中华民族伟大复兴的中国梦是当代中国爱国主义的鲜明主题。要大力弘扬爱国主义精神，把爱国主义教育作为永恒主题，坚持爱国主义和社会主义相统一，维护祖国统一和民族团结，尊重和传承中华民族历史和文化，坚持立足民族又面向世界。要把爱国主义教育贯穿国民教育和精神文明建设全过程，充分利用我国改革发展的伟大成就、重大历史事件纪念活动、爱国主义教育基地、中华民族传统节庆、国家公祭仪式等来增强人民的爱国情怀和国家意识。要健全和规范必要的礼仪制度，组织开展形式多样的纪念庆典活动，增强人们对国家和民族的认同感和归属感。要运用艺术形式和新媒体，生动传播爱国主义精神，唱响爱国主义主旋律，让爱国主义成为每一个中国人的坚定信念和精神依靠。

9. 加强公民道德建设。实施公民道德建设工程，持续深化社会公德、职业道德、家庭美德、个人品德建设，弘扬真善美，贬斥假恶丑，激发人们形成善良的道德意愿和道德情感，培育正确的道德判断和道德责任，提高道德实践能力尤其是自觉践行能力，向往和追求讲道德、尊道德、守道德的生活。大力倡导文明礼貌、助人为乐、爱护公物、保护环境、遵纪守法的社会公德，大力倡导爱岗敬业、诚实守信、办事公道、服务群众、奉献社会的职业道德，大力倡导尊老爱幼、男女平等、夫妻和睦、勤俭持家、邻里团结的家庭美德，大力倡导爱国奉献、明礼守法、厚德仁爱、正直善良、勤劳勇敢的个人品德，鼓励人们在社会上做一个好公民，在岗位上做一个好员工，在家庭里做一个好成员。

10. 弘扬中华优秀传统文化。优秀传统文化是我们民族的"根"和"魂"。要深入挖掘和阐发讲仁爱、重民本、守诚信、崇正义、尚和合、求大同的时代价值。实施好中华优秀传统文化传承发展工程，做好中华典籍整理、文化遗产保护等工作，实现中华优秀传统文化的创造性转化和创新性发展，增强做中国人的骨气和底气。以"我们的节日"为主题，利用春节、元宵、清明、端午、中秋、重阳等重要传统节日以及其他少数民族传统节日，开展丰富多彩、积极健康的民俗文化活动，引导人们在辞旧迎新、慎终追远、缅怀先贤、阖家团圆、孝老敬老中弘扬文明新风。要继承我们党带领人民进行革命和建设形成的革命精神，发扬革命传统，传承红色基因，不忘初心，继续前进。

11. 加强诚信建设。诚信是核心价值观和道德建设的重要内容，也是发展完善社会主义市场经济的重要基石。加快推进政务诚信、商务诚信、社会诚信和司法公信建设，提高全社会诚信水平。大力弘扬中华民族重信守诺的传统美德，大力普及与市场经济和现代治理相适应的诚信理念、规则意识、契约精神，培育现代诚信文化。加快建立覆盖全社会的征信体系，健全信用信息管理制度，推动各个部门信用信息的共建共享。健全多部门、跨地区、跨行业的守信联合激励和失信联合惩戒的联动机制，增加守信红利、提高失信代价。注重发挥行业、单位、街区、市场等各类主体的作用，开展诚信行业、诚信单位、诚信示范街区、诚信经营示范店等主题实践活动，制定诚信公约，加强行业自律，推动形成不愿失信、不能失信、不敢失信的社会环境。

12. 建设社会主义法治文化。贯彻落实全面依法治国战略举措，深入开展全民普法教育，弘扬社会主义法治精神，把社会主义核心价值观融入社会主义法治建设全过程，引导全民自觉守法、遇事找法、解决问题靠法，自觉履行法定义务，依法维护自身权益，增强全社会学法尊法守法用法意识，使全体人民成为社会主义法治的忠实崇尚者、自觉遵守者、坚定捍卫者。把法治教育纳入精神文明创建内容，广泛开展群众性法治文化活动，在全社会形成良好法治氛围和法治习惯，树立守法光荣、违法可耻的社会风尚。

13. **发挥先进典型的示范引领作用。**榜样的力量是无穷的。重视发挥先进典型对践行核心价值观、弘扬时代新风尚的示范引领作用。在发动基层群众分层推选道德模范、时代楷模、最美人物、身边好人，广泛推出各行各业先进人物的基础上，突出表彰宣传作出重大贡献、群众认可度高、社会影响力大的先进典型，形成群星灿烂与七星共明的先进群体格局。广泛开展形式多样的学习宣传活动，激发人们的思想认同、情感共鸣和效仿意愿。关心关爱先进模范人物，旗帜鲜明捍卫英雄模范，营造崇德向善、见贤思齐、德行天下的浓厚氛围。

三、推动群众性精神文明创建活动向纵深发展

14. **深入开展创建文明城市、文明村镇、文明单位、文明家庭、文明校园活动。**各类创建活动都要突出思想道德内涵，坚持创建为民惠民，不断扩大覆盖面，增强实效性，有力推动社会文明进步，提升城乡居民的获得感和幸福感。要推动人们在为家庭谋幸福、为他人送温暖、为社会作贡献的过程中提高精神境界、培育文明风尚。

文明城市创建要贯彻落实以人为核心的新型城镇化战略，加强市民文明素质教育引导，着力提高城市规划建设管理水平，保护城市历史文化和特色风貌，打造美丽整洁的生活环境、规范有序的社会秩序、便捷高效的公共服务，提升市民综合素质、城市文明程度和群众生活质量，推进建设宜居宜业、富有活力、各具特色、文明和谐的现代化城市。全国文明城市要巩固创建成果，保持创建常态，切实发挥示范带动作用。创建工作要从省会城市、地级城市、直辖市城区向县级市和县延伸，努力构建全面覆盖大中小城市的创建格局。积极发挥文明城市测评体系的导向作用，改进测评方法，完善测评程序，确保测评结果的公正性公信力。

文明村镇创建要以美丽乡村建设为主题，突出抓好乡风民风、人居环境和文化生活建设。着力提高农民素质，培养有文化、懂技术、善经营、会管理、适应现代农业发展的新型农民。发挥农村优秀基层干部、乡村教师、退伍军人、文化能人、返乡创业人士等新乡贤作用，传播文明理念，涵育文明乡风。大力开展移风易俗，倡导科学文明卫生的生活方式，破除陈规陋习。加强村容村貌整治和农村环境保护，全面推进农村垃圾污水治理工作，守护绿水青山。大力发展休闲农业和乡村旅游，拓展农业多种功能，促进农民就业增收。顺应农村群众的新期待，以农村群众的获得感为标准，力争到"十三五"期末，全国县级及县级以上文明村和文明乡镇占比达到50%左右。

文明单位创建要着力提高员工素质，涵养职业操守，培育职业精神，完善规章制度，树立行业新风。重点推动与群众生活关系密切的窗口行业的文明创建工作，开展具有行业特色、职业特点、工作特性的创建活动，自觉承担社会责任，着力树立良好形象，确保提供文明优质服务。要顺应经济结构、社会组织、就业方式的深刻变动，推动文明单位创建覆盖到新经济组织和社会组织。

文明家庭创建要更加注重家庭、注重家教、注重家风，促进家庭和睦，促进亲人相亲相爱，孝老爱幼，少有所教，老有所养，使千千万万个家庭成为国家发展、民族进步、社会和谐的重要基点，成为人们梦想启航的地方。以"家和万事兴"为主题传承良好家风和家训，重视做好家庭教育。要推动形成爱国爱家、相亲相爱、向上向善、共建共享的社会主义家庭文明新风尚，以良好家风支撑起好的社会风气。

文明校园创建要全面贯彻党的教育方针，坚持立德树人，以社会主义核心价值观引领知识教育，强化教书育人、管理育人、环境育人，培养德智体美全面发展的社会主义事业建设者和接班人。加强大学生思想政治教育和未成年人思想道德建设，改进高等学校思想政治工作和中小学校思想品德教育，构建符合青少年成长特点和规律的德育体系，提升思想政治教育亲和力和针对性。加强师德师风建设，引导广大教师学为人师、行为世范，做学生锤炼品格、学习知识、创新思维、奉献祖国的引路人。开展形式多样、健康向上、格调高雅的校园文化活动，弘扬良好校训校风，开展文明班级、文明宿舍创建，形成良好育人氛围。

15. **深化学雷锋志愿服务。**大力倡导雷锋精神，弘扬奉献、友爱、互助、进步的志愿精神，进一步推动学雷锋志愿服务活动持续深入发展，引导激励人们把积极参与学雷锋志愿服务作为一种生活方式和生活习惯，使"我为人人、人人为我"蔚为风气。以关爱他人、奉献社会为重点，广泛开展重大活动、扶贫救灾、敬老救孤、

恤病助残、文化支教、环境保护、健身指导等志愿服务活动。支持和发展各类志愿服务组织尤其是专业性强的志愿服务组织，健全完善褒奖激励等制度，以制度化促进经常化持久化。

16. 推进文明社会风尚行动。围绕讲文明、有公德、守秩序、树新风，广泛开展文明社会风尚行动，大力普及工作生活、社会交往、人际关系、公共场所等方面的文明礼仪规范，引导人们自觉遵守公共秩序和规则，建立和谐清新人际关系，抵制不良庸俗习气，倡导文明礼仪新风，养成良好行为习惯。在全社会大力倡导尊重劳动、尊重创造，使勤奋劳动、勇于创造、艰苦奋斗成为人们的生活追求。强化质量第一意识，培育"工匠精神"。广泛倡导"绿水青山就是金山银山"，着力培养人们的生态文明、绿色环保、节俭节约、社会责任意识。要在全社会倡导合理消费，力戒奢侈浪费，制止奢靡之风。大力开展文明交通行动，普及文明交通常识，增强文明交通意识，克服各种交通陋习。大力开展文明旅游行动，加强宣传教育、规范约束和社会监督，强化文明出游意识，有效治理旅游不文明行为，提升公民旅游文明素质。加强对文艺观演、体育观赛等的文明引导，制止不文明言行。在推进新型城镇化进程中，要加强对新市民和进城务工人员的服务管理与教育引导，使他们学习掌握适应现代城市生活的必要行为规范。

17. 开展各类精神文明共建活动。开展城乡共建活动，加大以城带乡、城乡统筹力度，推动公共服务设施向农村延伸，公共服务产品向农村覆盖，城市现代文明向农村辐射，促进城乡发展一体化。开展区域共建活动，以国家区域发展整体战略为基础，打造一批沿海沿江沿交通干线的"文明走廊""文明交通线""文明示范带"。开展文明单位结对帮扶活动，动员文明单位履行社会责任，支援贫困乡村，助力脱贫攻坚。开展军民共建精神文明活动，巩固发展军政军民团结。

四、提升全民科学教育文化素质和健康素质

18. 提高全民科学素质。扎实推进全民科学素质行动计划，实施《中国公民科学素质基准》，普及科学知识、弘扬科学精神、传播科学思想、倡导科学方法。着力提高青少年的科学兴趣、创新意识、学习实践能力，提高领导干部和公务员的科学意识和决策水平，提高城镇劳动者和广大农民的科学生产生活能力，以重点人群科学素质的提高带动全民科学素质整体水平跨越提升，推动形成崇尚科学的社会氛围和健康文明的生活方式。加强科技馆、科技活动中心、青少年科技活动站等阵地和设施建设，推动优质科普资源开发开放。开展科学世界观和无神论教育，反对封建迷信和邪教，抵制愚昧落后。

19. 提升国民教育水平。全面实施素质教育，深化教育领域综合改革，着力提高教育质量，培养学生社会责任感、创新精神、实践能力。办好学前教育，均衡发展九年义务教育，基本普及高中阶段教育，加快发展现代职业教育，推动高等教育内涵式发展，积极发展继续教育，完善终身教育体系，建设学习型社会。大力促进教育公平，合理配置教育资源，重点向农村、边远、贫困、民族地区倾斜，让每个孩子都能成为有用之才。积极推动全民阅读，引导人们养成阅读习惯。

20. 丰富群众文化生活。坚持为人民服务、为社会主义服务的方向，坚持百花齐放、百家争鸣的方针，实施文艺创作精品工程，扶持优秀文化作品创作生产，推出更多思想精深、艺术精湛、制作精良的优秀文化产品，繁荣发展文学艺术、新闻出版、广播影视事业。推进基本公共文化服务标准化、均等化，建立完善覆盖城乡、便捷高效、保基本促公平的现代公共文化服务体系。坚持把社会效益放在首位、社会效益和经济效益相统一，积极培育新型文化业态，扩大和引导文化消费，推动文化产业成为国民经济支柱性产业。广泛开展群众文化活动，维护好实现好群众文化权益，不断满足人民群众日益增长的精神文化需求，丰富人民精神世界，增强人民精神力量。深入开展"扫黄打非"，加强文化市场监管，提高文化综合执法能力。

21. 促进人民身心健康。健康是促进人的全面发展的必然要求，是社会文明进步的基础。大力推进健康中国建设，加强全民健康教育，普及公共卫生知识和健康科学知识，提倡健康生活，优化健康服务，完善健康保障，建设健康环境，发展健康产业，着力提高人民群众健康水平。加强人文关怀和心理疏导，培育自尊自信、理性平和、积极向上的社会心态。深入实施全民健身国家战略，推进全民健身活动，发展体育运动，增强人民体质。

五、营造精神文明建设的良好社会环境

22. 丰富精神文明建设载体。加强新闻传播能力建设，推进传统媒体与新兴媒体深度融合，牢牢把握正确舆论导向，弘扬主旋律，传播正能量，大力宣传精神文明建设先进经验和有效做法，加强对社会普遍关注的道德热点问题的引导，有力抨击背离主流价值的错误言行和丑恶现象，切实发挥新闻舆论团结人民、鼓舞士气、成风化人、凝心聚力的作用。重视运用文学戏剧、影视音乐、戏曲曲艺等文艺形式启迪思想、温润心灵、陶冶人生，用社会主义核心价值观引领精神文化产品创作生产，潜移默化向社会传递主流价值，感染影响人们的价值选择和价值判断。公益广告是传播核心价值观、倡导文明新风的有效载体，要突出主题，注重创意，健全机制，加大刊播展示力度。

23. 加强网上精神文明建设。坚持正能量是总要求、管得住是硬道理，依法加强网络空间治理，加强网络内容建设，做强网上正面宣传，发展积极向上的网络文化。实施网德工程，深入开展争做中国好网民活动，倡导文明办网、文明上网，强化网络运营主体的社会责任，引导人们提升网络文明素养，净化网络环境，让网络空间清朗起来。适应信息传播方式和人们接受习惯的深刻变化，积极运用微博、微信、手机客户端等新媒体传播文明理念、推进实际工作。开展网络公益活动，让公益精神弥漫网络空间。

24. 拓展精神文明建设阵地。与经济社会发展水平相适应，加快图书馆、博物馆、科技馆、文化馆、美术馆、革命历史纪念馆等文化设施建设，继续推动公共文化设施向社会免费开放，切实提高使用效率。以综合性、适用性为原则，大力推进城乡基层宣传文化阵地建设，完善村（社区）公共文化服务中心，推进乡村学校少年宫建设。加快公共数字文化建设，用互联网等新技术手段满足基层文化需要和群众文化需求。

25. 用法治思维和法治方式推进精神文明创建。把精神文明建设要求融入法律法规、政策制度和社会治理、行业管理之中，把社会主义核心价值观贯穿立法司法执法各个环节，发挥法律法规对维护良好社会秩序、树立文明社会风尚、培育和谐人际关系的保障作用。认真总结工作经验，把那些符合实际、成效明显、群众认可并被实践证明的规律性做法上升为法律法规。建立法律法规和重大公共政策的道德风险评估机制，防止具体法规政策与社会主义核心价值观相背离。加强司法机关、行政执法机关的文明创建和执法规范化建设，提高司法公信力，进一步规范行政执法，努力让人民群众在每一项执法活动、每一起案件办理中都能感受到社会公平正义。发挥法治在解决道德领域突出问题中的作用，依法惩处严重突破道德底线的失德失信行为和社会丑恶现象，避免极端个别事件对社会公序良俗带来负面冲击。发挥市民公约、乡规民约、学生守则、行业规范、职业规则、团体章程等社会规范在社会治理中的积极作用。

26. 对外展示文明中国良好形象。国民素质和社会文明程度是国家文化软实力与综合国力的重要标志。要结合国家重大外交战略、"一带一路"建设，加强国际传播能力建设，讲好中国故事，阐释好中国价值，积极推进中华文化走出去，树立中国文明进步、开放自信、亲切友善、负责任的大国形象，增进国际社会对中华文明的认识和理解，增强中华文明和中华民族的国际影响力。在赴境外留学、经商、从业、旅游人员中开展争当"文明使者"活动。

六、加强党对群众性精神文明创建活动的领导

27. 强化党委主体责任。各级党委要切实承担起精神文明建设的主体责任，党委主要负责同志是第一责任人。要坚持"两手抓、两手都要硬"的战略方针，把精神文明建设纳入经济社会发展总体规划，列为各级领导班子和领导干部政绩考核的重要内容。进一步完善党委统一领导、党政齐抓共管、文明委组织协调、有关部门各负其责、全社会积极参与的领导体制和工作机制。发挥文明委及其办事机构的重要作用，加强对精神文明建设和群众性创建活动、学雷锋志愿服务活动的规划指导、协调督促。发挥基层党组织的战斗堡垒作用，加强对群众的教育引导，在服务群众中凝聚群众，勇于同各种歪风邪气作斗争。广大共产党员要在精神文明建设中发挥模范表率作用。党员干部尤其是高级干部必须带头践行社会主义核心价值观，继承和发扬党的优良传统和作

风，弘扬中华民族传统美德，讲修养、讲道德、讲诚信、讲廉耻，自觉远离低级趣味，养成共产党员的高风亮节，形成良好的政治文化。按照政治坚定、业务精湛、心系人民、作风过硬的要求，建设高素质、接地气的精神文明建设工作队伍。精神文明建设重心在基层、困难在基层。要加强基层队伍建设，充实工作力量，为更好开展工作创造条件、提供保障。

28. 动员社会力量广泛参与。工会、共青团、妇联、残联、关工委和文联、作协、科协等人民团体，要发挥各自优势，组织动员所联系群众积极参与精神文明创建活动。发挥民主党派、工商联、无党派人士、社会公众人物的作用，发挥行业协会、社会团体、基金会等各种社会组织的作用，共同参与精神文明建设。

29. 加大经费投入。完善和落实文化经济政策，形成对精神文明建设多渠道投入的体制，为精神文明建设提供强有力的物质保障。中央财政加大对中西部欠发达地区、少数民族地区和革命老区的精神文明建设重大设施、重点项目的支持力度。运用财政、税收、金融等经济手段支持精神文明建设事业。鼓励社会力量对精神文明建设提供财力物力支持。

30. 加强工作创新。加强对群众性精神文明创建活动的理论研究和实践总结，积极借鉴人类文明有益成果，深化对工作特点和规律的认识，尊重人民群众的主体地位和首创精神，推动内容形式、方法手段、渠道载体、体制机制创新，防止和克服形式主义，更好地体现时代性、把握规律性、富于创造性，不断增强群众性精神文明创建活动的针对性有效性和吸引力感染力。

（2017年4月5日）

中共中央办公厅、国务院办公厅《国家"十三五"时期文化发展改革规划纲要》

为深入贯彻落实党的十八大和十八届三中、四中、五中、六中全会精神,加快文化发展改革,建设社会主义文化强国,根据《中共中央关于制定国民经济和社会发展第十三个五年规划的建议》和《中华人民共和国国民经济和社会发展第十三个五年规划纲要》,编制本规划纲要。

序　言

文化是民族的血脉,是人民的精神家园,是国家强盛的重要支撑。坚持"两手抓、两手都要硬",推动物质文明和精神文明协调发展,繁荣发展社会主义先进文化,是党和国家的战略方针。

"十二五"时期我国文化建设取得显著成就,《国家"十二五"时期文化改革发展规划纲要》确定的各项任务顺利完成。特别是党的十八大以来,以习近平同志为核心的党中央团结带领全党全国各族人民,开辟了治国理政新境界,开创了中国特色社会主义事业新局面,社会主义文化建设进一步呈现出繁荣发展的生动景象。中国特色社会主义理论体系最新成果的学习宣传教育不断加强,中华民族伟大复兴的中国梦和社会主义核心价值观深入人心,主旋律更响亮、正能量更强劲。文化体制改革进一步深化,文化事业文化产业持续健康发展,文艺创作日益繁荣,中华优秀传统文化广为弘扬,人民群众精神文化生活更加丰富多彩。文化走出去步伐加快,国际传播能力大幅提高,中华文化国际影响力进一步提升。我们比历史上任何时期都更接近实现中华民族伟大复兴的目标,更有信心和能力铸就中华文化新的辉煌。

"十三五"时期是全面建成小康社会决胜阶段,也是促进文化繁荣发展关键时期。在新的历史起点上,夺取中国特色社会主义新胜利,赢得具有许多新的历史特点的伟大斗争,必须充分发挥文化引领风尚、教育人民、服务社会、推动发展的作用。全面建成小康社会,迫切需要补齐文化发展短板、实现文化小康,丰富人们精神文化生活,提高国民素质和社会文明程度。适应把握引领经济发展新常态,推动改革全面深化,促进社会和谐稳定,迫切需要牢固树立和贯彻落实创新、协调、绿色、开放、共享的发展理念,增进社会共识,营造良好氛围,激发全民族创造活力。高新技术发展日新月异,社会信息化持续推进,互联网影响广泛而深刻,迫切需要拓展文化发展新领域,发展壮大网上主流舆论阵地,更好运用先进技术发展和传播先进文化。世界多极化、经济全球化、文化多样化、社会信息化深入发展,综合国力竞争日趋激烈,迫切需要提高文化开放水平,广泛参与世界文明对话,增强国际话语权,展示中华文化独特魅力,增强国家文化软实力。面对新形势新要求,要进一步坚定文化自信,增强文化自觉,奋力开创中国特色社会主义文化建设新局面,为做好党和国家各项工作提供强大的价值引领力、文化凝聚力和精神推动力。

一、总体要求

（一）牢牢把握文化发展改革的指导思想

高举中国特色社会主义伟大旗帜,全面贯彻党的十八大和十八届三中、四中、五中、六中全会精神,以马克思列宁主义、毛泽东思想、邓小平理论、"三个代表"重要思想、科学发展观为指导,深入学习贯彻习近平总书记系列重要讲话精神和治国理政新理念新思想新战略,切实增强政治意识、大局意识、核心意识、看齐意识,紧紧围绕统筹推进"五位一体"总体布局和协调推进"四个全面"战略布局,坚持以社会主义核心价值观为引领,坚持社会主义先进文化前进方向,坚持中国特色社会主义文化发展道路,坚持依法治国和以德治国相结合,坚持以人民为中心的发展思想和工作导向,坚持把社会效益放在首位、社会效益和经济效益相统一,全面推进文化发展改革,全面完成文化小康建设各项任务,建设社会主义文化强国,更好地构筑中国精神、中国价值、中国力量、中国贡献,为实现"两个一百年"奋斗目标、实现中华民族伟大复兴的中国梦奠定更加坚实的思想文化基础。

（二）把新发展理念贯穿于文化发展改革全过程

——坚持创新发展。适应社会主义市场经济和高新技术发展要求，体现文化例外要求，加大改革力度，全面推进文化内容形式、方法手段、载体渠道、体制机制、政策法规等创新，激发动力、增强活力、释放潜力，推动出精品出人才出效益。

——坚持协调发展。统筹城乡、区域文化发展，统筹文化发展、改革和管理，正确处理政府与市场、国有与民营、对内与对外等重要关系，促进文化事业全面繁荣、文化产业更好发展、优秀传统文化传承弘扬。

——坚持绿色发展。尊重规律，增加优秀精神文化产品和优质文化服务供给，净化社会文化环境，提升文化产业发展质量和效益，推动形成绿色发展方式和生活方式。

——坚持开放发展。推动中华文化走出去，提高国际传播能力，更好发出中国声音、展现中国精神、提出中国主张，借鉴吸收世界有益文化成果，深化不同文明交流互鉴。

——坚持共享发展。面向基层，贴近群众、依靠群众、服务群众，保障人民基本文化权益，满足人民群众日益增长的精神文化需求，提高群众文化参与度和获得感。

（三）全面实现文化发展改革的目标任务

——马克思主义中国化最新成果广泛普及，中国梦引领凝聚作用进一步增强，富强民主文明和谐、自由平等公正法治、爱国敬业诚信友善的社会主义核心价值观更加深入人心，国民思想道德素质、科学文化素质和社会文明程度显著提高。

——精神文化产品创作生产更加活跃繁荣，哲学社会科学创新发展能力不断提升，文化精品不断涌现，网络文化健康发展，社会精神文化生活丰富多彩。

——现代传播体系逐步建立，传统媒体与新兴媒体融合发展取得阶段性成果，形成一批新型主流媒体和主流媒体集团，网络空间更加清朗，社会舆论积极向上。

——现代公共文化服务体系基本建成，基本公共文化服务标准化、均等化水平稳步提高，体现地方和民族特色的文化设施网络基本形成，公共文化供给与群众文化需求有效匹配。

——现代文化产业体系和现代文化市场体系更加完善，文化市场的积极作用进一步发挥，做优做强做大一批文化企业和文化品牌，文化整体实力和竞争力明显增强，"十三五"末文化产业成为国民经济支柱性产业。

——中华优秀传统文化传承体系基本形成，中华民族文化基因与当代文化相适应、与现代社会相协调，实现传统文化创造性转化和创新性发展。

——文化开放格局日益完善，中华文化影响力持续扩大，中国故事、中国声音广泛传播，良好国家形象全面展示，国家文化软实力和国际话语权进一步增强，促进世界文化多样化发展。

——文化宏观管理体制改革不断深化，微观运行机制进一步健全，文化法治建设深入推进，中国特色社会主义文化制度更加成熟更加定型。

二、加强思想理论建设

坚持用马克思列宁主义、毛泽东思想、邓小平理论、"三个代表"重要思想、科学发展观和习近平总书记系列重要讲话精神武装全党、教育人民、推动实践，不断巩固马克思主义在意识形态领域的指导地位，增强广大干部群众中国特色社会主义道路自信、理论自信、制度自信、文化自信。

（一）深化中国特色社会主义理论体系的学习研究宣传。把深入学习宣传贯彻习近平总书记系列重要讲话精神和治国理政新理念新思想新战略作为重中之重，深化中国特色社会主义和中国梦的学习宣传教育。继续编辑出版《习近平谈治国理政》、修订出版《习近平总书记系列重要讲话读本》等。结合"学党章党规、学系列讲话，做合格党员"学习教育深化理论宣传。深入实施马克思主义理论研究和建设工程规划纲要。抓好马克思主义哲学和党史国史、社会主义发展史的学习研究。发展中国特色社会主义政治经济学。坚持和创新党内学习制度，制定党委（党组）中心组学习规则。组织开展面向基层群众的对象化、互动化的理论宣讲。加强对各种社会思潮的辨析和引导，出版一批通俗理论读物。深入实施高校思想政治理论课建设体系创新计划。加强青少年理想信念教育。

（二）繁荣发展哲学社会科学。坚持马克思主义立场观点方法，按照立足中国、借鉴国外、挖掘历史、把握当代、关怀人类、面向未来的思路，着力构建中国特色哲学社会科学。建立健全哲学社会科学管理体制，加强哲学社会科学创新平台、研究基地、传播中心建设。加强话语体系建设，注重以我为主设置议题，积极开展中国哲学社会科学国际学术研讨活动。举办当代中国马克思主义论坛系列理论研讨会。加强对各类讲座论坛、社科机构的引导和管理。发挥国家哲学社会科学基金示范引导作用，强化考核评价工作。充分发挥中国特色新型智库作用，形成定位明晰、特色鲜明、规模适度、布局合理、能进能出的中国特色新型智库体系。扶持哲学社会科学优秀著作出版。编写哲学社会科学普及读本。

（三）加强意识形态领域管理。落实党委（党组）意识形态工作责任制，建立健全考核、督查、问责机制。推动各级党校、行政学院和干部学院开设意识形态工作课程和讲座。坚持党管宣传、党管意识形态、党管媒体，落实属地管理、分级负责和"谁主管谁负责"的原则，加强意识形态阵地管理，建立健全网络意识形态工作机制，维护国家意识形态安全。

三、提高舆论引导水平

牢牢坚持党性原则、坚持马克思主义新闻观、坚持正确舆论导向、坚持正面宣传为主，把政治方向摆在第一位，高举旗帜、引领导向，围绕中心、服务大局，团结人民、鼓舞士气，成风化人、凝心聚力，澄清谬误、明辨是非，连接中外、沟通世界，加快构建现代传播体系，健全舆情引导机制，强化媒体社会责任，发展壮大主流媒体，切实提高新闻舆论传播力、引导力、影响力、公信力。

（一）做强做大主流舆论。适应分众化、差异化传播趋势，加快构建主流舆论矩阵。加强党报党刊、通讯社、电台电视台等重点新闻媒体建设，提高宣传报道专业化水平。加强和改进正面宣传，做亮党中央治国理政新理念新思想新战略重大主题宣传，做活经济宣传，做好热点引导。综合运用微博、微信、移动新闻客户端等传播方式，拓展主流舆论传播空间。建立和完善民意调查等制度。做好重大突发事件新闻报道和权威信息发布，把握舆论引导的时效度。加强和改进舆论监督，发挥舆论监督建设性作用。

（二）推动媒体融合发展。扶持重点主流媒体创新思路，推动融合发展尽快从相"加"迈向相"融"，形成新型传播模式。支持党报党刊、通讯社、电台电视台建设统一指挥调度的融媒体中心、全媒体采编平台等"中央厨房"，重构新闻采编生产流程，生产全媒体产品。明确不同类型、不同层级媒体定位，统筹推进媒体结构调整和融合发展，打造一批新型主流媒体和媒体集团。

（三）发展壮大网上舆论阵地。遵循网络传播规律，强化互联网思维，加快网络媒体发展。加强重点新闻网站和政府网站建设。加强移动互联网建设和生态治理。强化网站主体责任，健全网站分级分层管理体制。加强教育引导，进一步提升网民网络文明素养。将新闻网站采编人员纳入新闻记者证制度统一管理，纳入新闻采编人员职业资格制度，健全职称评价体系。统筹推进网络舆论引导、网络文化建设、网络文明传播、网络公益活动，增亮网络底色、激发网络正气。

（四）规范传播秩序。规范地方媒体、行业媒体管理。规范推进电台电视台实质性合并,健全节目退出机制。建设视听新媒体集成播控平台。开展视听类智能终端设备入网认证工作。制定互联网分类管理办法。完善互联网法律法规，将现行新闻出版法律法规延伸覆盖到网络媒体管理。完善网站新闻来源许可机制，加强新闻信息采编转载资质管理，规范商业网站转载行为和网络转载版权秩序。建立完善网络版权使用机制。实行新闻采编专业人员职业资格制度，加强职务行为信息管理。加强互联网信息搜索引擎、即时通信工具、移动新闻客户端等管理，明确微博、微信等的运营主体对所传播内容的主体责任。加大对新闻界突出问题治理力度。严厉打击网络谣言、有害信息、虚假新闻、新闻敲诈和假媒体假记者。

四、培育和践行社会主义核心价值观

把社会主义核心价值观融入经济社会发展各领域、贯穿社会生活全过程,加强教育引导、舆论宣传、文化熏陶、实践养成和制度保障,注重通过法律和政策向社会传导正确价值取向,推动社会主义核心价值观宣传教育落细落小落实,不断增强价值观自信,巩固全党全国各族人民团结奋斗的共同思想基础。

(一)推进社会主义核心价值观学习实践具体化系统化。加强对社会主义核心价值观的研究阐释和宣传普及,充分运用各类媒体、文艺作品、公益广告和群众性文化活动等开展主题宣传。强化实践养成,注重典型示范,开展文化培育,精心设计开展多样化的人民群众喜闻乐见的活动。修订和实施爱国主义教育实施纲要,丰富教育内容、创新教育载体,增强中华民族归属感、认同感、尊严感、荣誉感和命运共同体意识。把社会主义核心价值观纳入国民教育体系,增强学生爱国精神、社会责任感和实践创新能力。发扬红色传统、传承红色基因,用好革命历史类纪念设施、遗址和各类爱国主义教育示范基地等红色资源。弘扬社会主义法治精神,把社会主义核心价值观融入法治建设,推动公正文明执法司法,彰显社会主流价值。推动社会治理体现社会主义核心价值观要求,强化公共政策的价值导向,探索建立重大公共政策道德风险评估和纠偏机制。

(二)加强和改进群众性思想政治工作。加强对社会热点难点问题的应对解读,合理引导社会预期,组织开展理论宣讲和形势政策教育,设计有特色有实效的活动载体。推动基层党组织、基层单位、城乡社区有针对性地加强思想政治工作,创新新经济组织和新社会组织的思想政治工作方式。加强青少年思想政治工作。加强高校思想政治建设。持续深入推进"基层工作加强年"活动。健全人文关怀和心理疏导机制,培育自尊自信、理性平和、积极向上的社会心态。

(三)深入推进公民道德建设。加强社会公德、职业道德、家庭美德、个人品德教育。发挥党员干部的模范带头作用。举办中国公民道德论坛。礼敬英雄人物,加强对全国重大典型和道德模范、时代楷模的学习宣传,广泛推出"最美人物"、善行义举和身边好人。建立健全先进模范发挥作用的长效机制。弘扬中华传统美德,创新发展乡贤文化,开展孝敬教育、勤劳节俭教育、文明礼仪教育。加强社会诚信建设,推进诚信建设制度化。弘扬劳动最光荣、劳动者最伟大的观念,加强企业文化建设,培育创新创业精神。

(四)深化拓展群众性精神文明创建活动。广泛开展群众性精神文明创建活动,修订完善各类创建测评体系。加强和改进文明城市创建管理,培育城市精神。加强农村精神文明建设。加强文明行业文明单位创建。培育优良家风家教,传承优良校风校训。针对群众反映强烈的突出问题,开展专项文明行动。完善文化科技卫生"三下乡"长效机制。倡导文明健康生活方式。制定国家礼仪规程。实施全民文明礼仪教育养成行动,培育文明行为习惯。规范升国旗仪式、成人仪式、入党入团入队仪式等礼仪制度。广泛开展军民警民共建精神文明活动。落实党和国家有关政策规定,加强对各类评比活动的规范管理。

五、繁荣文化产品创作生产

深入贯彻《中共中央关于繁荣发展社会主义文艺的意见》,着力扶持优秀文化产品创作生产,推出更多传播当代中国价值观念、体现中华文化精神、反映中国人审美追求的精品力作。

(一)把握正确创作导向。牢固树立以人民为中心的创作导向,坚持"二为"方向和"双百"方针,努力为人民抒写、抒情、抒怀。抓好中国梦和爱国主义主题文艺创作,讲好国家民族宏大故事,讲好百姓身边日常故事。建立支持文艺工作者长期深入生活扎根基层的长效保障机制。

(二)推动文化内容形式创新。加强规划指导,加大对具有示范性、引领性作用原创精品的扶持力度。抓好文学、剧本、作曲等基础性环节,支持戏剧、电影、电视、音乐、舞蹈、美术、摄影、书法、曲艺、杂技等艺术门类创新发展,鼓励戏曲流派创新,推动交响乐、歌剧、芭蕾舞等艺术品种的中国化、民族化。推进高雅艺术进校园活动。发挥国家艺术基金、国家出版基金的积极作用。

(三)发展网络文艺。加强网络文化产品创作生产,推动网络文学、网络剧、微电影等新兴文艺类型繁荣

有序发展。推动传统文艺与网络文艺创新性融合，促进优秀作品多渠道传输、多平台展示、多终端推送。培养优秀的网络文艺创作、生产、传播和评论人才。健全网络文艺思潮研究分析机制，加大对网络文艺引导力度。

（四）完善评价激励机制。建立健全科学合理的文化产品评价体系，把价值取向、艺术水准、受众反应、社会影响等作为主要指标，合理设置反映市场接受程度的量化指标。建立健全中国特色的收视率调查系统。深化全国性文艺评奖制度改革。引导和规范出版物推荐活动。加强马克思主义文艺理论与评论建设，培养高素质评论队伍。

（五）加强版权保护。全面实施国家知识产权战略，以版权保护促进文化创新。完善版权相关法律法规、行政执法体制和社会服务体系，推进国家版权监管平台建设，依法打击侵权盗版行为，保护版权权利人利益。建立健全信息网络传播权长效保护机制，推进软件正版化工作。推进原创文化作品的版权保护，规范网络使用。完善版权运用的市场机制，推动版权贸易规范化。发展版权产业，形成全产业链的版权开发经营模式。

六、加快现代公共文化服务体系建设

坚持政府主导、社会参与、重心下移、共建共享，坚持缺什么补什么，注重有用、适用、综合、配套，统筹建设、使用与管理，加快构建普惠性、保基本、均等化、可持续的现代公共文化服务体系。

（一）完善公共文化服务网络。鼓励各地按照国家基本公共文化服务指导标准，自主制定富有特色的地方实施办法，健全各级各类公共文化基础设施。立足实际，注重实效，做好公共文化馆、图书馆、博物馆、美术馆、乡镇（街道）综合文化站、村（社区）综合性文化服务中心等的规划建设。提高广播电视播出机构的制播能力和发射（监测）台、卫星地球站、直播卫星平台的承载能力。建设国家和地方应急广播体系。探索农村电影放映长效机制。鼓励社会力量投资或捐助公共文化设施设备。

（二）推动基层公共文化设施资源共建共享。统筹公共文化设施网络和重点文化惠民工程，避免重复建设。整合宣传文化、党员教育、科普普法、体育健身等资源，建设乡镇（街道）、村（社区）的综合文化服务设施。合理利用历史街区、民宅村落、闲置厂房等，兴办公共文化项目。以县级图书馆、文化馆为中心推进总分馆制。推进公共文化设施免费开放。

（三）创新公共文化服务运行机制。推动各级政府购买公共文化服务。鼓励社会组织和企业参与公共文化设施运营和产品服务供给。建立"按需制单、百姓点单"模式，明确由基层选定为主的公共文化服务项目，健全配送网络。推进数字图书馆、文化馆、博物馆建设。开发和提供适合老年人、未成年人、农民工、残疾人等群体的基本公共文化产品和服务。完善公共文化考核评价，探索建立第三方评价机制。

（四）推动老少边贫地区公共文化跨越发展。与国家脱贫攻坚战略相结合，实施一批公共文化设施建设项目。加强少数民族语言频率频道和涉农节目建设。为贫困地区配备或更新多功能流动文化服务车。支持少数民族电影事业发展。加大文化扶贫力度，建立健全"结对子、种文化"工作机制。

七、完善现代文化市场体系和现代文化产业体系

加快发展文化产业，促进产业结构优化升级，提高规模化集约化专业化水平，促进文化产品和要素在全国范围内合理流动，促进文化资源与文化产业有机融合，扩大和引导文化消费，提高文化产业发展质量和效益。

（一）发展壮大文化市场主体。发展骨干文化企业，推动产业关联度高、业务相近的国有文化企业联合重组，推动跨所有制并购重组。以党报党刊所属非时政类报刊、实力雄厚的行业报刊为龙头整合报刊资源，对长期经营困难的新闻出版单位实行关停并转。降低社会资本准入门槛，鼓励和引导非公有制文化企业发展。支持"专、精、特、新"中小微文化企业发展。

（二）推进文化市场建设。着力构建统一开放、竞争有序的现代文化市场体系，完善文化市场准入和退出机制。加快文化产品市场建设，发展基于互联网的新型文化市场业态，发展电子票务、电影院线、演出院线、网络书店等现代流通组织形式。健全文化要素市场，完善文化资产评估体系。创新文化投融资体制，推动文化资源与金融资本有效对接。鼓励有条件的国有文化企业利用资本市场发展壮大，推动资产证券化。加强文化消

费场所建设，开发新型文化消费金融服务模式。发展文化旅游，扩大休闲娱乐消费。培育和发展农村文化市场。加强城乡出版物发行网点建设。规范出版物市场价格行为。加强文化行业组织建设，发展文化中介服务。规范文化产业统计。加强文化市场管理，深入开展"扫黄打非"。

（三）优化文化产业结构布局。加快发展网络视听、移动多媒体、数字出版、动漫游戏、创意设计、3D和巨幕电影等新兴产业，推动出版发行、影视制作、工艺美术、印刷复制、广告服务、文化娱乐等传统产业转型升级，鼓励演出、娱乐、艺术品展览等传统业态实现线上线下融合。开发文化创意产品，扩大中高端文化供给，推动现代服务业发展。围绕"一带一路"建设、京津冀协同发展、长江经济带发展等国家战略，加强重点文化产业带建设。发掘城市文化资源，推进城市文化中心建设。支持中西部地区、民族地区、贫困地区发展特色文化产业。

（四）强化文化科技支撑。落实中央财政科技计划管理改革的有关要求，通过优化整合后的科技计划（专项、基金等），支持符合条件的文化科技项目。运用云计算、人工智能、物联网等科技成果，催生新型文化业态。加强虚拟现实技术的研发与运用。推动"三网融合"。制定文化产业领域技术标准，深入推进国家文化科技创新工程。依托国家级文化和科技融合示范基地，加强文化科技企业创新能力建设，提高文化核心技术装备制造水平。加强文化资源的数字化采集、保存和应用。

八、传承弘扬中华优秀传统文化

坚守中华文化立场，坚持客观科学礼敬的态度，扬弃继承、转化创新，推动中华文化现代化，让中华优秀传统文化拥有更多的传承载体、传播渠道和传习人群，增强做中国人的骨气和底气。

（一）加强中华优秀传统文化研究挖掘和创新发展。系统梳理中华文化的历史渊源、发展脉络、时代影响，阐明中华文化的独特创造、价值理念。厘清中华优秀传统文化的内涵，改造陈旧的表现形式，赋予新的时代内涵和现代表达形式。加强中华优秀传统文化典籍整理和出版，推进文化典籍资源数字化。推动文博单位开发相关文化创意产品。

（二）开展中华优秀传统文化普及。完善中华优秀传统文化教育，加强中华文化基因校园传承。推动中华优秀传统文化图书音像版权资源共享。加强戏曲保护与传承。普及中华诗词、音乐舞蹈、书法绘画等，举办经典诵读、国学讲堂、文化讲坛、专题展览等活动。鼓励媒体开办主题专栏、节目。利用互联网，推动中华优秀传统文化网络传播。加强语言文字研究和信息化开发应用，大力推广和规范使用国家通用语言文字，科学保护各民族语言文字。

（三）加强文化遗产保护。大力强化全社会文物保护意识，加强世界文化遗产、文物保护单位、大遗址、国家考古遗址公园、重要工业遗址、历史文化名城名镇名村和非物质文化遗产等珍贵遗产资源保护，推动遗产资源合理利用。加强馆藏文物保护和修复。建立健全国家文物督察制度，完善文物登录制度。规范文物流通市场，加大非法流失海外中国文物追索力度。加强考古发掘和整理研究。健全非物质文化遗产保护制度。加强国家级文化生态保护实验区建设，支持非物质文化遗产展览、展示、传习场所建设。推进非物质文化遗产生产性保护。

（四）传承振兴民族民间文化。加强对民间文学、民俗文化、民间音乐舞蹈戏曲、少数民族史诗的研究整理，对濒危技艺、珍贵实物资料进行抢救性保护。扶持民族民间文化社团组织发展。规范和支持非国有博物馆建设。把民族民间文化元素融入新型城镇化和新农村建设，发展有历史记忆、地域特色、民族特点的美丽城镇、美丽乡村。打造一批民间文化艺术之乡。

（五）保护和发展传统工艺。加强对中国传统工艺的传承保护和开发创新，挖掘技术与文化双重价值。推动传统工艺走进现代生活，运用现代设计改进传统工艺，促进传统工艺提高品质、形成品牌、带动就业。

九、提高文化开放水平

推动中华文化"走出去"，统筹对外文化交流、传播和贸易，创新方式方法，讲述好中国故事，阐释好中国特色，让全世界都能听到听清听懂中国声音，不断增强中国国际话语权，使当代中国形象在世界上不断树立和闪亮起来。

（一）加强国际传播能力建设。提升重点媒体国际传播能力，加强项目实施效果评估。建设国家新闻发布平台。推动理论创新、学术创新和表达创新，把话语体系建设研究成果转化为外宣工作资源，在国际上推动形成正确的中国观。

（二）扩大文化交流合作。用好中外人文交流机制，深化政府间文化交流。加强与"一带一路"沿线国家文化交流合作。推进国际汉学交流和中外智库合作。支持民间力量参与对外文化交流，发挥海外侨胞的积极作用。鼓励社会组织、中资机构等参与海外中国文化中心、孔子学院建设。扩大与海外青少年文化交流。加强与港澳台文化交流合作，共同弘扬中华文化。（下转第八版）

（三）发展对外文化贸易和投资。培育对外文化贸易主体，鼓励和引导各种所有制文化企业参与文化产品和服务出口，加大内容创新力度，打造外向型骨干文化企业。稳定传统优势文化产品出口，利用跨境电子商务、市场采购贸易等新兴贸易方式，提高数字文化产品的国际市场竞争力，推动文化装备制造技术标准走出去。支持中华医药、中华烹饪、中国园林、中国武术等走出去。大力发展文化服务外包。鼓励各类企业在境外开展文化投资合作，建设国际营销网络，扩大境外优质文化资产规模。支持文化企业参加重要国际性文化节展。

（四）吸收借鉴国外优秀文化成果。统筹引进来和走出去，以我为主、为我所用，积极吸收借鉴国外有益文化成果、先进经营管理理念和有益做法经验。吸引外商投资我国法律法规许可的文化产业领域，推动文化产业领域有序开放，提升引进外资质量和水平。鼓励文化单位同国外有实力的文化机构进行项目合作，学习先进制作技术和管理经验。开展知识产权保护国际合作。

十、推进文化体制改革创新

遵循社会主义精神文明建设规律，把握文化创作生产传播特点，进一步发挥市场在文化资源配置中的积极作用，加强制度创新，构建确保把社会效益放在首位、社会效益和经济效益相统一的体制机制，调动全社会参与文化发展改革的积极性、主动性、创造性。

（一）全面深化文化体制改革。正确处理党委、政府、市场、社会之间的关系，建立健全党委领导、政府管理、行业自律、社会监督、企事业单位依法运营的文化体制机制。加大供给侧结构性改革力度，增强文化产品和服务有效供给。深化公益性文化事业单位改革，强化社会服务功能。推动国有文化企业加快完善文化生产经营机制，提高市场开发和营销能力。引导非公有资本有序进入、规范经营，鼓励社会各方面参与文化创业。科学区分文化建设项目类型，可以产业化、市场化方式运作的以产业化、市场化方式运作。推广政府和社会资本合作（PPP）模式，允许社会资本参与图书馆、文化馆、博物馆、剧院等公共文化设施建设和运营。加强文化领域重要基础性制度研究和评估，进一步完善体制机制。

（二）完善文化管理体制。加快文化立法进程，强化文化法治保障，全面推进依法行政。抓好公共文化服务保障法、网络安全法、电影产业促进法等法律的实施。深化文化行政管理体制改革，推动政府职能转变，赋予文化企事业单位更多的法人自主权。健全互联网管理领导体制，加强互联网文化管理法规制度建设，完善有关管理工作联动机制。健全国有文化资产管理体制机制。深化文化市场综合行政执法改革，理顺执法机构与有关行政管理部门之间的关系，全面落实行政执法责任制。推进文化类社会组织和行业自律建设，深化文联、作协、记协改革。

（三）深化文化事业单位改革。分类推进文化事业单位改革，进一步明确不同单位的功能定位。深化人事、收入分配、社会保障、经费保障等制度改革，加强绩效评估考核。推动公共文化馆、图书馆、博物馆、美术馆等建立事业单位法人治理结构。加大对党报党刊、通讯社、电台电视台、时政类报刊社、公益性出版社等主流媒体扶持力度，加强内部管理，严格实行采编与经营分开，规范经营活动。在坚持出版权、播出权特许经营前提下，允许制作和出版、制作和播出分开。

（四）建立健全有文化特色的现代企业制度。加快国有文化企业公司制股份制改造，科学设置内部组织结构，强化经营管理。深化内部改革。完善社会效益和经济效益综合考核评价指标体系，建立健全社会效益的具体评价标准，建立考核结果与薪酬分配挂钩的绩效考核制度。推动党政部门逐步与所属文化企业脱钩，理顺主管主办单位与出资人机构关系。

十一、加强文化人才队伍建设

坚持党管干部、党管人才，突出抓好思想政治建设，全面提高能力素质，加快培养造就一支政治坚定、业务精湛、作风优良、党和人民放心的文化人才队伍。

（一）加强思想政治建设和职业道德建设。选好配强宣传思想文化单位领导班子，做到讲政治、强党性、敢担当、勇创新、严律己。大力加强马克思主义新闻观、文艺观教育，开展分层分类培训。深入开展"深入生活、扎根人民"、"走基层、转作风、改文风"等主题实践活动。

（二）培养造就高层次人才。加强领军人才建设，建立健全重大文化项目首席专家制度，培养集聚一批有深厚马克思主义理论素养、学贯中西的思想家和理论家，造就一批人民喜爱、有国际影响的学术大家、艺术大师和民族文化代表人物。加强新闻出版传媒领域高层次人才培养。实施中国特色新型智库高端人才培养计划，壮大公共政策研究和决策咨询队伍。加强文化产业投资运营、文化企业管理、媒体融合发展、网络信息服务等方面复合型人才、紧缺人才培养，多渠道引进海外优秀文化人才。

（三）加强基层宣传文化人才队伍建设。推动解决基层宣传文化单位人员配备、基本待遇、工作条件等方面的实际问题，表彰长期坚守基层、业绩突出的先进工作者，建强基层宣传文化队伍。打造专兼结合的基层工作队伍，扶持民间文艺社团、业余队伍，培养乡土文化能人、民族民间文化传承人和各类文化活动骨干。强化职业院校文化艺术类专业建设，鼓励民间艺人、技艺大师到职业院校兼职任教。深入推进服务农民、服务基层文化建设先进集体创建活动。加强西部及边疆地区基层文化人才队伍建设。大力发展文化志愿者队伍，鼓励社会各方面人士提供公共文化服务、参与基层文化活动。

十二、完善和落实文化经济政策

加大政策创新和执行力度，进一步健全文化经济政策体系，增强针对性、拓展覆盖面，更好地发挥引导激励和兜底保障作用，为坚持把社会效益放在首位、社会效益和经济效益相统一提供强有力的支撑。

（一）加强财政保障。完善公共财政文化投入机制，多渠道筹措资金支持文化发展改革。合理划分各级政府在文化领域的财政事权和支出责任，明确地方主体责任。进一步完善转移支付体制，加大中央和省级财政转移支付力度，重点向革命老区、民族地区、边疆地区、贫困地区倾斜，落实对国家在贫困地区安排的公益性文化建设项目取消县以下（含县）以及西部地区集中连片特困地区地市级配套资金的政策。加大政府性基金与一般公共预算的统筹力度。中央和省级财政继续设立宣传文化发展专项资金，整合设立中央补助地方公共文化服务体系建设专项资金。加大政府向社会力量购买公共文化服务的力度。中央和地方设立文艺创作专项资金或基金。创新文化产业发展专项资金管理模式，提高资金使用效益。加大文化企业国有资本经营预算投入，补充企业资本金。省属重点文化企业，经省级政府批准，2020年年底前可免缴国有资本收益。建立财政文化预算安排与资金绩效评价结果挂钩制度。通过政府购买服务、原创剧目补贴、以奖代补等方式，着力扶持文艺院团发展改革。

（二）落实和完善文化税收政策。落实经营性文化事业单位转制为企业以及支持文化创意和设计服务、电影、动漫、出版发行等文化企业发展的相关政策，落实支持社会组织、机构、个人捐赠和兴办公益性文化事业的相关政策。研究非物质文化遗产项目经营等方面的税收优惠政策。按照财税体制改革的总体要求，结合文化产业发展的实际需要，完善相关政策，加强对政策执行情况的评估督察，推动文化企业把社会效益放在首位、更好地实现社会效益和经济效益有机统一。

（三）发展文化金融。鼓励金融机构开发适合文化企业特点的文化金融产品。支持符合条件的文化企业直接融资，支持上市文化企业利用资本市场并购重组。规范引导面向文化领域的互联网金融业务发展。完善文化金融中介服务体系，促进文化金融对接。探索开展无形资产抵押、质押贷款业务。鼓励开发文化消费信贷产品。

（四）健全文化贸易促进政策。简化文化出口行政审批流程，清理规范出口环节经营性服务和收费，推进文化贸易投资外汇管理便利化，提高海关通关便利化。加强对外文化贸易公共信息服务，分领域、分国别发布国外文化市场动态和文化产业政策信息。支持开展涉外知识产权维权工作。

（五）加强文化建设用地保障。将文化用地纳入城乡规划、土地利用总体规划，在国家土地政策许可范围内，优先保证重要公益性文化设施和文化产业设施、项目用地。修改城市用地分类与规划建设用地标准，完善文化设施用地类型，增加建设用地混合使用要求，保障文化事业文化产业发展。新建、改建、扩建居民住宅区，按照国家有关规定规划和建设相应的文化体育设施。鼓励将城市转型中退出的工业用地根据相关规划优先用于发展文化产业。

十三、组织实施

各级党委和政府要从全局和战略高度，充分认识"十三五"时期文化发展改革的重要意义，把本规划纲要提出的目标任务纳入经济社会发展全局，作为评价地区发展水平、衡量发展质量和考核领导干部工作业绩的重要内容，切实加强组织领导，抓好贯彻实施，力戒形式主义。要牢牢把握文化发展改革的正确方向，坚持和完善党委统一领导、党政齐抓共管、宣传部门组织协调、有关部门分工负责、社会力量积极参与的工作体制和工作格局，形成推动文化建设的强大合力。

中央网信办、文化部、新闻出版广电总局要根据本规划纲要，抓紧制定本领域的专项规划，报中央文化体制改革和发展工作领导小组批准后实施。国家发展改革委、财政部、国土资源部、商务部、税务总局等要按照职责分工，切实落实有关政策，做好各项重点工程的实施和保障。中央文史馆、国务院参事室等相关部门要积极发挥作用。各地要结合实际，编制好本地区文化发展改革规划。各地区各有关部门要加强对本规划纲要实施情况的跟踪分析和监督检查，推动各项任务措施落到实处。

（2017年5月7日）

国务院办公厅《关于建设第二批大众创业万众创新示范基地的实施意见》

国办发〔2017〕54号

各省、自治区、直辖市人民政府，国务院各部委、各直属机构：

《国务院办公厅关于建设大众创业万众创新示范基地的实施意见》（国办发〔2016〕35号）印发以来，首批双创示范基地结合实际，不断探索实践，持续完善创新创业生态，建设创新创业平台，厚植创新创业文化，取得了显著成效，形成了一批创新创业高地，打造了一批创新创业品牌，探索了一批创新创业制度模式。双创示范基地已经成为促进转型升级和创新发展的重要抓手。

根据2017年《政府工作报告》部署要求，为在更大范围、更高层次、更深程度上推进大众创业万众创新，持续打造发展新引擎，突破阻碍创新创业发展的政策障碍，形成可复制可推广的创新创业模式和典型经验，经国务院同意，决定在部分地区、高校和科研院所、企业建设第二批双创示范基地，并提出如下实施意见。

一、总体目标

坚持以推进供给侧结构性改革为主线，深入实施创新驱动发展战略，纵深推进大众创业万众创新，在创新创业基础较好、特色明显、具备示范带动能力的区域、高校和科研院所、企业等，再支持建设一批双创示范基地，进一步强化支撑能力，放大标杆效应，提升社会影响，形成新的创新创业经验并在全社会复制推广，推动大中小企业融通发展，拓展就业空间，为培育壮大发展新动能、促进新旧动能接续转换提供重要支撑。

二、政策举措

认真贯彻国务院决策部署，扎实推进落实既定改革举措和建设任务，推动创新创业资源向双创示范基地集聚，确保各项"双创"支持政策真正落地。同时，针对创新创业重点领域、主要环节、关键群体，继续探索创新、先行先试，再推出一批有效的改革举措，逐步建立完善多元化、特色化、专业化的创新创业制度体系。

（一）深化"放管服"改革。进一步减少行政审批事项，简化优化办事流程，规范改进审批行为。编制统一、规范的政务服务事项目录。鼓励双创示范基地设立专业化的行政审批机构，实行审批职责、审批事项、审批环节"三个全集中"。实施市场准入负面清单制度，出台互联网市场准入负面清单。放宽民间资本市场准入，扩大服务领域开放，推进非基本公共服务市场化、产业化和基本公共服务供给模式多元化。探索实行信用评价与税收便利服务挂钩制度，将优惠政策由备案管理和事前审批，逐渐向加强事中事后监管转变，提高中小企业优惠政策获得感。

（二）优化营商环境。深化商事制度改革，全面实施企业"五证合一、一照一码"、个体工商户"两证整合"，深入推进"多证合一"。推动整合涉企证照登记和审批备案信息，建设电子营业执照管理系统，推进无介质电子营业执照应用，实现电子营业执照发照、亮照、验照、公示、变更、注销等功能。鼓励推行商标网上申请，将网上申请由仅对商标代理机构开放扩大至对所有申请人开放。扩大商标网上申请业务范围，将网上申请由仅接受商标注册申请逐步扩大至接受续展、转让、注销、变更等商标业务申请。鼓励双创示范基地结合实际整合市场监管职能和执法力量，推进市场监管领域综合行政执法改革，着力解决重复检查、多头执法等问题。

（三）支持新兴业态发展。加快发布分享经济发展指南，推动构建适应分享经济发展的监管机制，建立健全创新创业平台型企业运营规则，明确权责边界。以新一代信息和网络技术为支撑，加强技术集成和商业模式创新，推动平台经济、众包经济、分享经济等创新发展。将鼓励创新创业发展的优惠政策面向新兴业态企业开放，符合条件的新兴业态企业均可享受相关财政、信贷等优惠政策。积极发展农产品加工、休闲农业、乡村旅游和农村电子商务等农村新产业、新业态。通过发展新兴业态，实现劳动者多元化就业。建立政府、平台、行业组织、劳动者、消费者共同参与的规则协商、利益分配和权益保障新机制。调动第三方、同业、公众、媒体等监督力量，形成社会力量共同参与的分享经济治理格局。健全适应新兴经济领域融合发展的生产核算等制度。在部分新兴经济领域探索实施新型股权管理制度。

（四）加强知识产权保护。在有条件的双创示范基地加快建设知识产权保护中心，扩大知识产权快速维权覆盖面，试点将知识产权保护中心服务业务扩展至发明、实用新型、外观设计专利申请以及专利复审、无效等，大幅缩短知识产权保护中心处理案件的审查周期。搭建集专利申请、维权援助、调解执法等于一体的一站式综合服务平台，探索建立海外知识产权维权援助机制。

（五）加快科技成果转化应用。进一步打通科研和产业之间的通道，加速双创示范基地科技成果转移转化。落实好提高科技型中小企业研发费用加计扣除比例的政策。建立有利于提升创新创业效率的科研管理、资产管理和破产清算等制度体系。出台激励国有企业加大研发投入力度、参与国家重大科技项目的措施办法。通过股权期权激励等措施，让创新人才在科技成果转化过程中得到合理回报，激发各类人才的创新创业活力。加强国家与地方科技创新政策衔接，加大普惠性科技创新政策落实力度，落实高新技术企业所得税优惠等创新政策。

（六）完善人才激励政策。鼓励双创示范基地研究制定"柔性引才"政策，吸引关键领域高素质人才。完善各类灵活就业人员参加社会保险的管理措施，制定相应的个人申报登记、个人缴费和资格审查办法。对首次创办小微企业或从事个体经营并正常经营1年以上的高校毕业生、就业困难人员，鼓励双创示范基地开展一次性创业补贴试点工作。探索适应灵活就业人员的失业、工伤保险保障方式，符合条件的可享受灵活就业、自主创业扶持政策。

（七）支持建设"双创"支撑平台。采取政府资金与社会资本相结合的方式支持双创示范基地建设，引导各类社会资源向创新创业支撑平台集聚，加快建设进度，提高服务水平。支持示范区域内的龙头骨干企业、高校和科研院所建设专业化、平台型众创空间。对条件成熟的专业化众创空间进行备案，给予精准扶持。依托科技园区、高等学校、科研院所等，加快发展"互联网+"创业网络体系，建设一批低成本、便利化、全要素、开放式的众创空间，降低创业门槛。试点推动老旧商业设施、仓储设施、闲置楼宇、过剩商业地产转为创业孵化基地。双创示范基地可根据创业孵化基地入驻实体数量和孵化效果，给予一定奖补。

（八）加快发展创业投融资。充分发挥国家新兴产业创业投资引导基金、中小企业发展基金作用，支持设立一批扶持早中期、初创期创新型企业的创业投资基金。引导和规范政府设立创业投资引导基金，建立完善引导基金运行监管机制、财政资金绩效考核机制和信用信息评价机制。加快创业投资领域信用体系建设，实现创业投资领域信用记录全覆盖。根据国务院统一部署，支持双创示范基地按照相关规定和程序开展投贷联动、专利质押融资贷款等金融改革试点。落实好创业担保贷款政策，鼓励金融机构和担保机构依托信用信息，科学评估创业者还款能力，改进风险防控，降低反担保要求，健全代偿机制，推行信贷尽职免责制度。研究建立有利于国有企业、国有资本从事创业投资的容错机制。

（九）支持农民工返乡创业。鼓励和引导返乡农民工按照法律法规和政策规定，通过承包、租赁、入股、合作等多种形式，创办领办家庭农场林场、农民合作社、农业企业、农业社会化服务组织等新型农业经营主体。通过发展农村电商平台，利用互联网思维和技术，实施"互联网+"现代农业行动，开展网上创业。返乡下乡人员可在创业地按相关规定参加各项社会保险，有条件的地方要将其纳入住房公积金缴存范围，按规定将其子女纳入城镇（城乡）居民基本医疗保险参保范围。鼓励双创示范基地设立"绿色通道"，为返乡下乡人员创新创业提供便利服务，对进入创业园区的，提供有针对性的创业辅导、政策咨询、集中办理证照等服务。

（十）支持海外人才回国（来华）创业。探索建立华侨华人回国（来华）创业综合服务体系，逐步推广已在部分地区试行的海外人才优惠便利政策。促进留学回国人员就业创业，鼓励留学人员以知识产权等无形资产入股方式创办企业。简化留学人员学历认证等手续，降低服务门槛，依法为全国重点引才计划引进人才及由政府主管部门认定的海外高层次留学人才申请永久居留提供便利。实施有效的人才引进和扶持政策，吸引更多人才回流，投身创新创业。

（十一）推动融合协同共享发展。支持双创示范基地之间建立协同机制，开展合作交流，共同完善政策环境，共享创新创业资源，共建创新创业支撑平台。支持双创示范基地"走出去"，与相关国家、地区开展合作交流。实施院所创新创业共享行动，支持科研院所创新创业，开放科研设施和资源，推动科技成果实现共享和转化，促进创业与科技创新深度融合。实施企业创新创业协同行动，鼓励行业领军企业、大型互联网企业向各类主体开放技术、开发、营销、推广等资源，推动开展内部创新创业，打造与中小微企业协同发展的格局。

（十二）营造创新创业浓厚氛围。办好全国"双创"活动周，展现各行业、各区域开展创新创业活动的丰硕成果。办好"创响中国"系列活动，开展双创示范基地政策行、导师行、科技行、投资行、宣传行等活动。实施社团创新创业融合行动，推介一批创新创业典型人物和案例，进一步引导和推动各类科技人员投身创新创业大潮。继续举办各类创新创业大赛，推动创新创业理念更加深入人心。面向双创示范基地企业等创新主体加强政策培训解读，建立双创示范基地科技创新政策落实督查机制，帮助企业更好享受优惠政策。

同时，不断增加创新创业政策供给。结合双创示范基地建设实践探索和成功经验，加快研究制定进一步推进大众创业万众创新纵深发展的政策文件，在改革政府管理方式、转化创新成果、拓展企业融资渠道、促进实体经济转型升级、完善人才流动激励机制等方面出台更加有力的政策措施，并与现有政策统筹协调、各有侧重，形成更大的政策合力。

三、步骤安排

2017年7月底前，第二批双创示范基地结合自身特点，研究制定工作方案，明确建设目标和重点。有关部门和地方论证、完善工作方案。工作方案要向社会公布，接受社会监督。

2017年年底前，第二批双创示范基地按照工作方案，落实和完善相关政策举措，加快推进双创示范基地建设，并取得阶段性成果。

2018年上半年，国家发展改革委会同相关部门组织对首批和第二批双创示范基地建设工作开展督促检查和第三方评估。

各地区、各部门要按照有关要求，认真抓好第二批双创示范基地建设工作。双创示范基地所在地人民政府要高度重视，加强领导，完善组织体系，把双创示范基地建设作为重要抓手和载体，认真抓好落实；要出台有针对性的政策措施，保证政策真正落地生根，进一步释放全社会创新创业活力。国家发展改革委要会同相关部门加强指导，建立地方政府、部门政策协调联动机制，为高校、科研院所、各类企业等提供政策支持、科技支撑、人才引进、公共服务等保障条件，形成强大合力，推动形成大众创业万众创新纵深发展的新局面。

附件：第二批双创示范基地名单（92个）

国务院办公厅
2017年6月15日

附件

第二批双创示范基地名单（92个）

一、区域示范基地（45个）

北京市顺义区

天津滨海高新技术产业开发区

河北省保定国家高新技术产业开发区

山西转型综合改革示范区学府产业园区
内蒙古自治区包头稀土高新技术产业开发区
辽宁省大连高新技术产业园区
辽宁省鞍山高新技术产业开发区
吉林长春新区
黑龙江哈尔滨新区
上海市徐汇区
江苏省南京市雨花台区
浙江省杭州经济技术开发区
浙江省宁波市鄞州区
浙江省嘉兴南湖高新技术产业园区
安徽省芜湖高新技术产业开发区
福建省厦门火炬高技术产业开发区
福建省泉州市丰泽区
江西赣江新区
山东省青岛高新技术产业开发区
山东省淄博市张店区
山东省威海火炬高技术产业开发区
河南省许昌市城乡一体化示范区
河南省鹿邑县
湖北省武汉市江岸区
湖北省荆门高新技术产业开发区
湖北省黄冈市罗田县
湖南省湘潭高新技术产业开发区
广东省深圳市福田区
广东省汕头华侨经济文化合作试验区
广东省中山火炬高技术产业开发区
广西壮族自治区南宁高新技术产业开发区
海南省海口国家高新技术产业开发区
重庆市永川区
四川天府新区
四川省巴中市平昌县
贵州省贵阳高新技术产业开发区
贵州省遵义市汇川区
云南省昆明经济技术开发区
西藏自治区拉萨市柳梧新区
陕西省杨凌农业高新技术产业示范区
甘肃省兰州市城关区
青海省青海国家高新技术产业开发区
宁夏回族自治区银川经济技术开发区
新疆维吾尔自治区乌鲁木齐高新技术产业开发区

新疆生产建设兵团石河子高新技术产业开发区

二、高校和科研院所示范基地（26个）

北京大学

河北农业大学

吉林大学

哈尔滨工业大学

复旦大学

上海科技大学

南京理工大学

南京工业职业技术学院

浙江大学

山东大学

武汉大学

华中科技大学

中南大学

华南理工大学

西安电子科技大学

中国信息通信研究院

国家工业信息安全发展研究中心

中国科学院计算技术研究所

中国科学院大连化学物理研究所

中国科学院长春光学精密机械与物理研究所

中国科学院上海微系统与信息技术研究所

中国科学院苏州纳米技术与纳米仿生研究所

中国科学院宁波材料技术与工程研究所

中国科学院合肥物质科学研究院

中国科学院深圳先进技术研究院

中国科学院西安光学精密机械研究所

三、企业示范基地（21个）

中国航空工业集团公司

中国船舶重工集团公司

中国电子科技集团公司

国家电网公司

中国移动通信集团公司

中国电子信息产业集团有限公司

中国宝武钢铁集团有限公司

中国钢研科技集团有限公司

北京有色金属研究总院

中国普天信息产业集团公司

三一重工股份有限公司

北京百度网讯科技有限公司

长春国信现代农业科技发展股份有限公司
万向集团公司
合肥荣事达电子电器集团有限公司
浪潮集团有限公司
迪尚集团有限公司
深圳市腾讯计算机系统有限公司
重庆猪八戒网络有限公司
四川长虹电子控股集团有限公司
新希望集团有限公司

国务院《关于进一步扩大和升级信息消费持续释放内需潜力的指导意见》

国发〔2017〕40号

各省、自治区、直辖市人民政府，国务院各部委、各直属机构：

近年来，随着互联网技术与经济社会深度融合，我国信息消费快速发展，正从以线上为主加快向线上线下融合的新形态转变，网络提速降费深入推进，消费主体不断增加、边界逐渐拓展、模式深刻调整，带动其他领域消费快速增长，已成为当前创新最活跃、增长最迅猛、辐射最广泛的经济领域之一，对拉动内需、促进就业和引领产业升级发挥着重要作用。但与此同时，我国信息消费有效供给仍然创新不足，内需潜力仍未充分释放，消费环境亟待优化。为进一步扩大和升级信息消费、持续释放发展活力和内需潜力，现提出以下意见。

一、总体要求

（一）指导思想。

全面贯彻党的"十八大"和十八届三中、四中、五中、六中全会精神，深入贯彻习近平总书记系列重要讲话精神和治国理政新理念新思想新战略，认真落实党中央、国务院决策部署，统筹推进"五位一体"总体布局和协调推进"四个全面"战略布局，坚持稳中求进工作总基调，牢固树立和贯彻落实创新、协调、绿色、开放、共享的发展理念，以推进供给侧结构性改革为主线，优化信息消费环境，进一步加大网络提速降费力度，加速激发市场活力，积极拓展信息消费新产品、新业态、新模式，扩大信息消费覆盖面，加强和改进监管，完善网络安全保障体系，打造信息消费升级版，不断释放人民群众日益增长的消费需求，促进经济社会持续健康发展。

（二）基本原则。

坚持创新驱动。推动信息消费与大众创业万众创新、"互联网+"深度融合，鼓励核心技术研发和服务模式创新，促进新一代信息技术向消费领域广泛渗透，创造更多适应消费升级的有效供给，带动多层次、个性化的信息消费发展。

坚持需求拉动。以满足人民群众期待和经济社会发展需要为出发点和落脚点，加快拓展和升级信息消费，推动信息产品供给结构与需求结构有效匹配、消费升级与有效投资良性互动，用安全、便捷、丰富的信息消费助力经济升级和民生改善。

坚持协同联动。以企业为主体，促进信息消费产业链协同发展，加强网络、平台、支付、物流等支撑能力建设，构建完善的信息消费生态体系。统筹促发展与保安全，持续优化信用安全、市场环境和权益保护，营造"能消费、敢消费、愿消费"的环境，形成政府、企业、消费者多方协同的良好发展格局。

（三）发展目标。

到2020年，信息消费规模预计达到6万亿元，年均增长11%以上；信息技术在消费领域的带动作用显著增强，信息产品边界深度拓展，信息服务能力明显提升，拉动相关领域产出达到15万亿元，信息消费惠及广大人民群众。信息基础设施达到世界领先水平，"宽带中国"战略目标全面实现，建成高速、移动、安全、泛在的新一代信息基础设施，网络提速降费取得明显成效。基于网络平台的新型消费快速成长，线上线下协同互动的消费新生态发展壮大。公共数据资源开放共享体系基本建立，面向企业和公民的一体化公共服务体系基本建成。网络空间法律法规体系日趋完善，高效便捷、安全可信、公平有序的信息消费环境基本形成。

（四）重点领域。

生活类信息消费。创新发展满足人民群众生活需求的各类便民惠民服务新业态，重点发展面向社区生活的线上线下融合服务、面向文化娱乐的数字创意内容和服务、面向便捷出行的交通旅游服务。

公共服务类信息消费。推广高效、均等的在线公共服务，重点发展面向居家护理的智慧健康服务、面向便捷就医的在线医疗服务、面向学习培训的在线教育服务、面向利企便民的"互联网+政务服务"。

行业类信息消费。培育支撑行业信息化的新兴信息技术服务，重点发展面向垂直领域的电子商务平台服务，面向信息消费全过程的网络支付、现代物流、供应链管理等支撑服务，面向信息技术应用的综合系统集成服务。

新型信息产品消费。升级智能化、高端化、融合化信息产品，重点发展面向消费升级的中高端移动通信终端、可穿戴设备、数字家庭产品等新型信息产品，以及虚拟现实、增强现实、智能网联汽车、智能服务机器人等前沿信息产品。

二、提高信息消费供给水平

（五）推广数字家庭产品。鼓励企业发展面向定制化应用场景的智能家居"产品+服务"模式，推广智能电视、智能音响、智能安防等新型数字家庭产品，积极推广通用的产品技术标准及应用规范。加强"互联网+"人工智能核心技术及平台开发，推动虚拟现实、增强现实产品研发及产业化，支持可穿戴设备、消费级无人机、智能服务机器人等产品创新和产业化升级。依托消费品工业"三品"专项行动，促进信息产品相关企业争创"中国质量奖"。

（六）拓展电子产品应用。支持利用物联网、大数据、云计算、人工智能等技术推动各类应用电子产品智能化升级，在交通、能源、市政、环保等领域开展新型应用示范。推动智能网联汽车与智能交通示范区建设，发展辅助驾驶系统等车联网相关设备。推进农业物联网区域试验工程，推动信息技术与农业生产经营、市场流通、资源环境保护等相融合。

（七）提升信息技术服务能力。支持大型企业建立基于互联网的"双创"平台，为全社会提供专业化信息服务。发挥好中小企业公共服务平台作用，引导小微企业创业创新示范基地平台化、生态化发展。鼓励信息技术服务企业积极发展位置服务、社交网络等新型支撑服务及智能应用。支持地方联合云计算、大数据骨干企业为当地信息技术服务企业提供咨询、研发、培训等技术支持，推动提升"互联网+"环境下的综合集成服务能力。鼓励利用开源代码开发个性化软件，开展基于区块链、人工智能等新技术的试点应用。

（八）丰富数字创意内容和服务。实施数字内容创新发展工程，加快文化资源的数字化转换及开发利用。构建新型、优质的数字文化服务体系，推动传统媒体与新兴媒体深度融合、创新发展。支持原创网络作品创作，加强知识产权保护，推动优秀作品网络传播。扶持一批重点文艺网站，拓展数字影音、动漫游戏、网络文学等数字文化内容，丰富高清、互动等视频节目，培育形成一批拥有较强实力的数字创新企业。发展交互式网络电视（IPTV）、手机电视、有线电视网宽带服务等融合性业务。支持用市场化方式发展知识分享平台，打造集智创新、灵活就业的服务新业态。

（九）壮大在线教育和健康医疗。建设课程教学与应用服务有机结合的优质在线开放课程和资源库。鼓励学校、企业和其他社会力量面向继续教育开发在线教育资源。推动在线开放教育资源平台建设和移动教育应用软件研发，支持大型开放式网络课程、在线辅导等线上线下融合的学习新模式，培育社会化的在线教育服务市场。加强家庭诊疗、健康监护、分析诊断等智能设备研发，进一步推广网上预约、网络支付、结果查询等在线就医服务，推动在线健康咨询、居家健康服务、个性化健康管理等应用。

（十）扩大电子商务服务领域。鼓励电商、物流、商贸、邮政等社会资源合作构建农村购物网络平台。支持重点行业骨干企业建立在线采购、销售、服务平台，推动建设一批第三方工业电商服务平台。培育基于社交电子商务、移动电子商务及新技术驱动的新一代电子商务平台，建立完善新型平台生态体系。积极稳妥推进跨境电子商务发展。

三、扩大信息消费覆盖面

（十一）推动信息基础设施提速升级。加大信息基础设施建设投入力度，进一步拓展光纤宽带和第四代移动通信（4G）网络覆盖的深度和广度，促进网间互联互通。积极参与"一带一路"沿线重要国家、节点城市网络建设。加快第五代移动通信（5G）标准研究、技术试验和产业推进，力争2020年启动商用。加快推进物联网基础设施部署。统筹发展工业互联网，开展工业互联网产业推进试点示范。推进实施云计算工程，引导各类企业积极拓展应用云服务。积极研究推动数据中心和内容分发网络优化布局。

（十二）推动信息消费全过程成本下降。重点在通信、物流、信贷、支付、售后服务等关键环节全面提升效率、降低成本。深入挖掘网络降费潜力，加快实现网络资费合理下降，充分释放提速降费的改革红利，支持信息消费发展。建立标准化、信息化的现代物流服务体系，推进物流业信息消费降本增效。鼓励金融机构开发更多适合信息消费的金融产品和服务，推广小额、快捷、便民的小微支付方式，降低信息消费金融服务成本。

（十三）提高农村地区信息接入能力。深化电信普遍服务试点，助力网络扶贫攻坚、农村信息化等工作，组织实施"百兆乡村"等示范工程，引导社会资本加大投入力度，重点支持中西部省份、贫困地区、革命老区、民族地区等农村及偏远地区宽带建设，到2020年实现98%的行政村通光纤。全面实施信息进村入户工程，开展整省推进示范，力争到2020年村级信息服务站覆盖率达到80%。

（十四）加快信息终端普及和升级。支持企业推广面向低收入人群的经济适用的智能手机、数字电视等信息终端设备，开发面向老年人的健康管理类智能可穿戴设备。推介适合农村及偏远地区的移动应用软件和移动智能终端。构建面向新型农业经营主体的生产和学习交流平台。推动民族语言软件研发，减少少数民族使用移动智能终端和获取信息服务的障碍。鼓励各地采用多种方式促进信息终端普及。

（十五）提升消费者信息技能。实施消费者信息技能提升工程，选择部分地区开展100个以上信息技能培训项目，通过多种方式开展宣传引导活动，面向各类消费主体特别是信息知识相对薄弱的农牧民、老年人等群体，普及信息应用、网络支付、风险甄别等相关知识。组织开展信息类职业技能大赛，鼓励企业、行业协会等社会力量开展信息技能培训。

（十六）增强信息消费体验。组织开展"信息消费城市行"活动。鼓励地方和行业开展信息消费体验周、优秀案例展示等各种体验活动，扩大信息消费影响力。鼓励企业利用互联网平台深化用户在产品设计、应用场景定制、内容提供等方面的协同参与，提高消费者满意度。支持企业加快线上线下体验中心建设，积极运用虚拟现实、增强现实、交互娱乐等技术丰富消费体验，培养消费者信息消费习惯。

四、优化信息消费发展环境

（十七）加强和改进监管。坚持包容审慎监管，加强分类指导，深入推进"放管服"改革，继续推进信息消费领域"证照分离"试点，进一步简化优化业务办理流程，推行清单管理制度，放宽新业态新模式市场准入。强化事中事后监管，积极应用大数据、云计算等新技术创新行业服务和管理方式，在信息消费领域推行"双随机、一公开"监管，完善守信联合激励和失信联合惩戒制度。严厉打击电信网络诈骗、制售假冒伪劣商品等违法违规行为，整顿和规范信息消费环境。深化电信体制改革，鼓励民间资本通过多种形式参与信息通信业投融资。做好自由贸易试验区电信领域开放试点，加大基础电信领域竞争性业务开放力度，适时在全国其他地区复制推广。

（十八）加快信用体系建设。健全用户身份及网站认证服务等信任机制，提升网络支付安全水平。结合全面实施统一社会信用代码制度，构建面向信息消费的企业信用体系，加强信息消费全流程信用管理。规范平台企业市场行为，加大对信息消费领域不正当竞争行为的惩戒力度，推动建立健全企业"黑名单"制度，将相关行政许可、行政处罚等信息纳入全国信用信息共享平台和国家企业信用信息公示系统，并依法依规在"信用中国"网站公示，营造公平诚信的信息消费市场环境。

（十九）加强个人信息和知识产权保护。贯彻落实网络安全法相关规定，加快建立健全个人信息保护法律法规体系和管理制度。严格落实企业加强个人信息保护的责任，全面规范个人信息采集、存储、使用等行为，防范个人信息泄露和滥用，加大对窃取、贩卖个人信息等行为的处罚力度。健全知识产权侵权查处机制，提升网络领域知识产权执法维权水平，加强网络文化知识产权保护。

（二十）提高信息消费安全性。加强网络信息安全相关技术攻关，为构建安全可靠的信息消费环境提供支撑保障。落实网络安全等级保护制度，深入推进互联网管理和网络信息安全保障体系建设，加强移动应用程序和应用商店网络安全管理，规范移动互联网信息传播。完善网络安全标准体系，建设标准验证平台，支持第三方专业机构开展安全评估和认证工作。做好网络购物等领域消费者权益保护工作，依法受理和处理消费者投诉举报，切实降低信息消费风险。

（二十一）加大财税支持力度。深入推进信息消费试点示范城市建设。鼓励各地依法依规采用政府购买服务、政府和社会资本合作（PPP）等方式，加大对信息消费领域技术研发、内容创作、平台建设、技术改造等方面的财政支持，支持新型信息消费示范项目建设。落实企业研发费用加计扣除等税收优惠政策，促进社会资本对信息消费领域的投入。经认定为高新技术企业的互联网企业，依法享受相应的所得税优惠政策。

（二十二）加强统计监测和评价。完善信息消费统计监测制度，进一步明确统计范围，将智能产品、互联网业务、数字内容等纳入信息消费统计。加强中央、地方、行业、重点企业间的协调联动，强化信息消费数据采集、处理、发布和共享。建立健全信息消费评价机制，研究建立并定期发布信息消费发展指数，加强督查检查，指导和推动信息消费持续健康发展。

各地区、各部门要进一步统一思想，充分认识新形势下扩大和升级信息消费对释放内需潜力、促进经济升级、支持民生改善的重要作用，按照本意见要求，根据职责分工，加强组织实施，抓紧制定出台配套政策措施，强化协调联动，形成工作合力。各地方要因地制宜制定具体实施方案，明确任务、落实责任，扎实做好相关工作，确保各项任务措施落实到位。

（2017年8月13日）

国务院办公厅《关于进一步加强文物安全工作的实施意见》

国办发〔2017〕81号

各省、自治区、直辖市人民政府，国务院各部委、各直属机构：

文物是中华文明、中国革命的精神标识和文化标识，是国家象征、民族记忆的情感依托和物质载体。保护文物就是保护国家与民族的历史，守护中华民族的根与魂。文物安全是文物保护的红线、底线和生命线，关系国家历史传承和民族团结，关系社会主义核心价值观培育，关系人民群众精神家园建设，是弘扬中华优秀传统文化、建设社会主义文化强国、维护国家文化安全的重要内容。党中央、国务院高度重视文物安全工作，作出一系列决策部署，推动文物安全状况不断好转。但也要看到，保护文物安全是一项长期而又艰巨的工作，当前文物遭受盗窃盗掘盗捞案件高发频发，法人违法屡禁不止，文物流通领域非法交易、非法收藏、拍假卖假乱象丛生，文物安全属地管理主体责任履行不到位、监管缺失，执法机构队伍薄弱、管理不到位。为牢固树立保护文物也是政绩的科学理念，严格落实文物安全保护责任，严密安保措施，严防监管漏洞，严打文物犯罪，严肃问责追责，坚决筑牢文物安全防线，经国务院同意，现就进一步加强文物安全工作提出如下实施意见。

一、健全落实文物安全责任制

（一）明确地方政府主体责任。地方各级政府要切实履行文物安全属地管理主体责任，坚持党政同责、一岗双责、齐抓共管、失职追责，完善文物安全责任体系。要将文物安全摆在重要位置，加强组织领导，建立由分管负责同志牵头的文物安全工作协调机制，将文物安全工作纳入地方政府年度考核评价体系。实施目标管理，强化源头治理，整治重大隐患，督促有关方面履职尽责。将文物安全经费纳入财政预算，保障文物安全经费投入。

（二）强化部门监管责任。坚持管行业必须管安全、管业务必须管安全、管生产经营必须管安全，厘清各有关部门文物安全工作职责。文物部门负责制定文物行政执法督察和案件查处的相关规定和标准，查处文物违法案件，督办行政责任追究；协同配合有关部门查处文物犯罪案件、安全事故，规范文物市场。公安部门负责打击文物犯罪，指导文物和博物馆单位开展消防和内部治安保卫工作。海关部门负责进出境文物监管和打击文物走私工作。工商部门负责依法对古玩旧货市场中文物经营活动进行检查，对其中未经许可开展的文物经营行为进行查处。国土资源、住房城乡建设、旅游、宗教、海洋等负有文物安全职责的部门和单位要依法依规认真履行职责。发展改革、教育、财政等其他有关部门和单位要在职责范围内为文物安全工作提供支持保障。

（三）落实文物管理使用者直接责任。坚持谁管理谁使用谁负责。文物和博物馆单位对本单位文物安全负全面责任，要自觉接受属地监管。文物和博物馆单位法定代表人或者文物所有人、使用人是文物安全的直接责任人，要明晰领导责任，明确文物安全管理人，健全文物安全岗位职责，配齐安全保卫人员，依照规定建立单位专职消防队或者微型消防站，完善安全防护设施和措施，确保责任到人、责任到岗。田野文物等无使用人的不可移动文物，由县级政府承担安全责任。

（四）完善责任落实机制。地方各级政府间、政府与部门间、文物部门与文物和博物馆单位间要签订文物安全责任书，明确责任目标，逐级落实文物安全责任。实行文物安全直接责任人公告公示制度，接受社会监督。文物部门要经常性对文物安全直接责任人进行培训，提高文物安全管理水平和能力。

二、加强日常检查巡查，严厉打击违法犯罪

（五）强化日常检查巡查。要将文物被盗、火灾、雷击等隐患以及安全设施运行维护、应急演练处置、文物安全责任制落实等情况作为重点，不间断进行日常检查巡查。地方各级政府要将文物安全纳入社会综合治理、

文明城市建设，每年开展一次文物安全检查评估；文物、公安、住房城乡建设、旅游、宗教、海洋等有关部门和单位要在各自职责范围内加强文物安全日常检查及监视监测工作；文物和博物馆单位的上级主管部门要加强对文物安全责任制落实和关键岗位、关键环节的检查，文物管理使用单位要做到日日有巡查、次次有记录。

（六）严厉打击文物犯罪，惩治法人违法行为。公安、国土资源、住房城乡建设、海关、工商、旅游、宗教、海洋、文物等有关部门和单位要协同配合，建立长效机制，研判文物安全形势，适时开展专项行动，严厉打击盗掘古文化遗址、古墓葬，盗窃田野石刻造像、古建筑壁画和构件，盗捞水下文物以及倒卖、走私文物等犯罪活动；严厉查处非法交易文物、非法收藏文物、擅自从事文物经营活动等违法行为，清理非法经营主体；严厉查处未批先建、破坏损毁文物本体和环境、影响文物历史风貌等法人违法行为，对严重违法、社会影响极其恶劣的案件要约谈地方政府负责人，并向社会曝光。

三、健全监管执法体系，畅通社会监督渠道

（七）提高监管执法能力。充实国务院文物行政部门安全督察力量，加强省级文物监管力量，建立健全督察机制。强化市县监管力量，市县级政府已设立文物局的，要加强文物监管执法力量，切实履行职责；未设立文物局的，要确定专管部门及专职人员。承担文物执法职能的综合执法机构要明确岗位职责。有文物分布的乡镇和街道，乡镇政府和街道办事处要明确人员负责文物安全。文物安全形势严峻的地方，经属地公安机关、文物部门联合评估后，可结合当地实际，在点多面广、重要的文物保护单位设立派出所或者警务室，配备专职人员，加强重点保护。

（八）引导社会力量参与。地方各级政府应通过政府购买服务等方式，确保无专门管理机构或管理机构力量不足的不可移动文物有专人负责巡查看护。加强文物保护法律法规宣传普及，充分利用文艺演出、公益广告、广播电视节目等形式，积极利用各类新闻媒体平台，引导全社会树立保护文物光荣、破坏文物违法的意识。树立正确文物收藏观，鼓励合法收藏，拒绝非法交易文物。加强社会监督，鼓励文物保护社会组织、志愿者等积极参与文物安全监督管理，向有关部门提供文物违法犯罪线索，畅通社会监督渠道。

四、强化科技支撑，提高防护能力

（九）完善安全防护设施。实施文物平安工程，健全文物安全防护标准，推广应用文物和博物馆单位安防、消防先进技术和装备。尚未建设安全防护设施的要尽快建设完善，逐步实现全覆盖。文物资源密集、专门机构人员短缺的地区，可集中设置安全防护综合控制中心。通过现有资金渠道，对文物保护单位、博物馆等风险单位的安全防护设施建设、运行及维护经费予以积极保障。鼓励和引导社会力量参与，健全多元化的文物安全防护设施资金投入渠道。

（十）加强信息平台建设。建立覆盖全国重点文物保护单位和世界文化遗产地的监控系统，实现远程监管、消防物联网监控和文物安全监管人员智能巡检，建设完善文物安全监管平台。完善全国文物犯罪信息平台，及时发布被盗文物信息，充分运用云计算、大数据、"互联网＋"等现代信息技术，推动文物安全保护与现代科技融合创新。

五、加大督察力度，严肃责任追究

（十一）加强督察。国务院文物行政部门组织全国文物安全工作部际联席会议成员单位每年对各地文物安全工作落实情况开展一次督察，对安全和执法工作履职尽责情况进行评估和通报，确定重大文物案件和安全事故并挂牌督办。省级政府要加大对市县级政府文物安全工作落实情况的督察力度，将重大文物安全隐患、事故和违法案件列为政府督察重要事项，坚持原因不查清不放过、责任者得不到处理不放过、整改措施不落实不放过、教训不吸取不放过，切实提高督察实效，可对文物安全工作成绩显著的地区和单位给予表彰，对表现突出的个人予以奖励，对工作不力的地区和单位进行通报批评。

（十二）严肃追责。建立严格的文物案件和安全事故追责问责机制，制定文物案件和安全事故违法违纪处分办法，厘清责任单位和责任人员，界定违法违纪行为，明确处分种类和运用规则。地方各级政府、各有关部门和单位不依法履行职责、决策失误、失职渎职等导致文物遭受破坏、失盗、失火并造成损失的，对负有领导责任、监管责任和直接责任的人员必须严肃追责；涉嫌犯罪的，必须移送司法机关处理，让有权必有责、有责要担当、失责必追究成为工作常态。

各地区、各有关部门和单位要根据本实施意见要求，结合工作实际，认真抓好贯彻落实。

（2017年9月9日）

中共中央办公厅、国务院办公厅《建立国家公园体制总体方案》

国家公园是指由国家批准设立并主导管理，边界清晰，以保护具有国家代表性的大面积自然生态系统为主要目的，实现自然资源科学保护和合理利用的特定陆地或海洋区域。建立国家公园体制是党的十八届三中全会提出的重点改革任务，是我国生态文明制度建设的重要内容，对于推进自然资源科学保护和合理利用，促进人与自然和谐共生，推进美丽中国建设，具有极其重要的意义。为加快构建国家公园体制，在总结试点经验基础上，借鉴国际有益做法，立足我国国情，制定本方案。

一、总体要求

（一）指导思想。全面贯彻党的十八大和十八届三中、四中、五中、六中全会精神，深入贯彻习近平总书记系列重要讲话精神和治国理政新理念新思想新战略，认真落实党中央、国务院决策部署，紧紧围绕统筹推进"五位一体"总体布局和协调推进"四个全面"战略布局，牢固树立和贯彻落实新发展理念，坚持以人民为中心的发展思想，加快推进生态文明建设和生态文明体制改革，坚定不移实施主体功能区战略和制度，严守生态保护红线，以加强自然生态系统原真性、完整性保护为基础，以实现国家所有、全民共享、世代传承为目标，理顺管理体制，创新运营机制，健全法治保障，强化监督管理，构建统一规范高效的中国特色国家公园体制，建立分类科学、保护有力的自然保护地体系。

（二）基本原则

——科学定位、整体保护。坚持将山水林田湖草作为一个生命共同体，统筹考虑保护与利用，对相关自然保护地进行功能重组，合理确定国家公园的范围。按照自然生态系统整体性、系统性及其内在规律，对国家公园实行整体保护、系统修复、综合治理。

——合理布局、稳步推进。立足我国生态保护现实需求和发展阶段，科学确定国家公园空间布局。将创新体制和完善机制放在优先位置，做好体制机制改革过程中的衔接，成熟一个设立一个，有步骤、分阶段推进国家公园建设。

——国家主导、共同参与。国家公园由国家确立并主导管理。建立健全政府、企业、社会组织和公众共同参与国家公园保护管理的长效机制，探索社会力量参与自然资源管理和生态保护的新模式。加大财政支持力度，广泛引导社会资金多渠道投入。

（三）主要目标。建成统一规范高效的中国特色国家公园体制，交叉重叠、多头管理的碎片化问题得到有效解决，国家重要自然生态系统原真性、完整性得到有效保护，形成自然生态系统保护的新体制新模式，促进生态环境治理体系和治理能力现代化，保障国家生态安全，实现人与自然和谐共生。

到2020年，建立国家公园体制试点基本完成，整合设立一批国家公园，分级统一的管理体制基本建立，国家公园总体布局初步形成。到2030年，国家公园体制更加健全，分级统一的管理体制更加完善，保护管理效能明显提高。

二、科学界定国家公园内涵

（四）树立正确国家公园理念。坚持生态保护第一。建立国家公园的目的是保护自然生态系统的原真性、完整性，始终突出自然生态系统的严格保护、整体保护、系统保护，把最应该保护的地方保护起来。国家公园坚持世代传承，给子孙后代留下珍贵的自然遗产。坚持国家代表性。国家公园既具有极其重要的自然生态系统，又拥有独特的自然景观和丰富的科学内涵，国民认同度高。国家公园以国家利益为主导，坚持国家所有，具有国家象征，代表国家形象，彰显中华文明。坚持全民公益性。国家公园坚持全民共享，着眼于提升生态系统服务功能，开展自然环境教育，为公众提供亲近自然、体验自然、了解自然以及作为国民福利的游憩机会。鼓励公众参与，调动全民积极性，激发自然保护意识，增强民族自豪感。

（五）明确国家公园定位。国家公园是我国自然保护地最重要类型之一，属于全国主体功能区规划中的禁止开发区域，纳入全国生态保护红线区域管控范围，实行最严格的保护。国家公园的首要功能是重要自然生态系统的原真性、完整性保护，同时兼具科研、教育、游憩等综合功能。

（六）确定国家公园空间布局。制定国家公园设立标准，根据自然生态系统代表性、面积适宜性和管理可行性，明确国家公园准入条件，确保自然生态系统和自然遗产具有国家代表性、典型性，确保面积可以维持生态系统结构、过程、功能的完整性，确保全民所有的自然资源资产占主体地位，管理上具有可行性。研究提出国家公园空间布局，明确国家公园建设数量、规模。统筹考虑自然生态系统的完整性和周边经济社会发展的需要，合理划定单个国家公园范围。国家公园建立后，在相关区域内一律不再保留或设立其他自然保护地类型。

（七）优化完善自然保护地体系。改革分头设置自然保护区、风景名胜区、文化自然遗产、地质公园、森林公园等的体制，对我国现行自然保护地保护管理效能进行评估，逐步改革按照资源类型分类设置自然保护地体系，研究科学的分类标准，理清各类自然保护地关系，构建以国家公园为代表的自然保护地体系。进一步研究自然保护区、风景名胜区等自然保护地功能定位。

三、建立统一事权、分级管理体制

（八）建立统一管理机构。整合相关自然保护地管理职能，结合生态环境保护管理体制、自然资源资产管理体制、自然资源监管体制改革，由一个部门统一行使国家公园自然保护地管理职责。

国家公园设立后整合组建统一的管理机构，履行国家公园范围内的生态保护、自然资源资产管理、特许经营管理、社会参与管理、宣传推介等职责，负责协调与当地政府及周边社区关系。可根据实际需要，授权国家公园管理机构履行国家公园范围内必要的资源环境综合执法职责。

（九）分级行使所有权。统筹考虑生态系统功能重要程度、生态系统效应外溢性、是否跨省级行政区和管理效率等因素，国家公园内全民所有自然资源资产所有权由中央政府和省级政府分级行使。其中，部分国家公园的全民所有自然资源资产所有权由中央政府直接行使，其他的委托省级政府代理行使。条件成熟时，逐步过渡到国家公园内全民所有自然资源资产所有权由中央政府直接行使。

按照自然资源统一确权登记办法，国家公园可作为独立自然资源登记单元，依法对区域内水流、森林、山岭、草原、荒地、滩涂等所有自然生态空间统一进行确权登记。划清全民所有和集体所有之间的边界，划清不同集体所有者的边界，实现归属清晰、权责明确。

（十）构建协同管理机制。合理划分中央和地方事权，构建主体明确、责任清晰、相互配合的国家公园中央和地方协同管理机制。中央政府直接行使全民所有自然资源资产所有权的，地方政府根据需要配合国家公园管理机构做好生态保护工作。省级政府代理行使全民所有自然资源资产所有权的，中央政府要履行应有事权，加大指导和支持力度。国家公园所在地方政府行使辖区（包括国家公园）经济社会发展综合协调、公共服务、社会管理、市场监管等职责。

（十一）建立健全监管机制。相关部门依法对国家公园进行指导和管理。健全国家公园监管制度，加强国家公园空间用途管制，强化对国家公园生态保护等工作情况的监管。完善监测指标体系和技术体系，定期对国家公园开展监测。构建国家公园自然资源基础数据库及统计分析平台。加强对国家公园生态系统状况、环境质量变化、生态文明制度执行情况等方面的评价，建立第三方评估制度，对国家公园建设和管理进行科学评估。建立健全社会监督机制，建立举报制度和权益保障机制，保障社会公众的知情权、监督权，接受各种形式的监督。

四、建立资金保障制度

（十二）建立财政投入为主的多元化资金保障机制。立足国家公园的公益属性，确定中央与地方事权划分，保障国家公园的保护、运行和管理。中央政府直接行使全民所有自然资源资产所有权的国家公园支出由中央政府出资保障。委托省级政府代理行使全民所有自然资源资产所有权的国家公园支出由中央和省级政府根据事权划分分别出资保障。加大政府投入力度，推动国家公园回归公益属性。在确保国家公园生态保护和公益属性的前提下，探索多渠道多元化的投融资模式。

（十三）构建高效的资金使用管理机制。国家公园实行收支两条线管理，各项收入上缴财政，各项支出由财政统筹安排，并负责统一接受企业、非政府组织、个人等社会捐赠资金，进行有效管理。建立财务公开制度，确保国家公园各类资金使用公开透明。

五、完善自然生态系统保护制度

（十四）健全严格保护管理制度。加强自然生态系统原真性、完整性保护，做好自然资源本底情况调查和生态系统监测，统筹制定各类资源的保护管理目标，着力维持生态服务功能，提高生态产品供给能力。生态系统修复坚持以自然恢复为主，生物措施和其他措施相结合。严格规划建设管控，除不损害生态系统的原住民生产生活设施改造和自然观光、科研、教育、旅游外，禁止其他开发建设活动。国家公园区域内不符合保护和规划要求的各类设施、工矿企业等逐步搬离，建立已设矿业权逐步退出机制。

（十五）实施差别化保护管理方式。编制国家公园总体规划及专项规划，合理确定国家公园空间布局，明确发展目标和任务，做好与相关规划的衔接。按照自然资源特征和管理目标，合理划定功能分区，实行差别化保护管理。重点保护区域内居民要逐步实施生态移民搬迁，集体土地在充分征求其所有权人、承包权人意见基础上，优先通过租赁、置换等方式规范流转，由国家公园管理机构统一管理。其他区域内居民根据实际情况，实施生态移民搬迁或实行相对集中居住，集体土地可通过合作协议等方式实现统一有效管理。探索协议保护等多元化保护模式。

（十六）完善责任追究制度。强化国家公园管理机构的自然生态系统保护主体责任，明确当地政府和相关部门的相应责任。严厉打击违法违规开发矿产资源或其他项目、偷排偷放污染物、偷捕盗猎野生动物等各类环境违法犯罪行为。严格落实考核问责制度，建立国家公园管理机构自然生态系统保护成效考核评估制度，全面实行环境保护"党政同责、一岗双责"，对领导干部实行自然资源资产离任审计和生态环境损害责任追究制。对违背国家公园保护管理要求、造成生态系统和资源环境严重破坏的要记录在案，依法依规严肃问责、终身追责。

六、构建社区协调发展制度

（十七）建立社区共管机制。根据国家公园功能定位，明确国家公园区域内居民的生产生活边界，相关配套设施建设要符合国家公园总体规划和管理要求，并征得国家公园管理机构同意。周边社区建设要与国家公园整体保护目标相协调，鼓励通过签订合作保护协议等方式，共同保护国家公园周边自然资源。引导当地政府在国家公园周边合理规划建设入口社区和特色小镇。

（十八）健全生态保护补偿制度。建立健全森林、草原、湿地、荒漠、海洋、水流、耕地等领域生态保护补偿机制，加大重点生态功能区转移支付力度，健全国家公园生态保护补偿政策。鼓励受益地区与国家公园所在地区通过资金补偿等方式建立横向补偿关系。加强生态保护补偿效益评估，完善生态保护成效与资金分配挂钩的激励约束机制，加强对生态保护补偿资金使用的监督管理。鼓励设立生态管护公益岗位，吸收当地居民参与国家公园保护管理和自然环境教育等。

（十九）完善社会参与机制。在国家公园设立、建设、运行、管理、监督等各环节，以及生态保护、自然教育、科学研究等各领域，引导当地居民、专家学者、企业、社会组织等积极参与。鼓励当地居民或其举办的企业参与国家公园内特许经营项目。建立健全志愿服务机制和社会监督机制。依托高等学校和企事业单位等建立一批国家公园人才教育培训基地。

七、实施保障

（二十）加强组织领导。中央全面深化改革领导小组经济体制和生态文明体制改革专项小组要加强指导，各地区各有关部门要认真学习领会党中央、国务院关于生态文明体制改革的精神，深刻认识建立国家公园体制的重要意义，把思想认识和行动统一到党中央、国务院重要决策部署上来，切实加强组织领导，明确责任主体，细化任务分工，密切协调配合，形成改革合力。

（二十一）完善法律法规。在明确国家公园与其他类型自然保护地关系的基础上，研究制定有关国家公园的法律法规，明确国家公园功能定位、保护目标、管理原则，确定国家公园管理主体，合理划定中央与地方职责，研究制定国家公园特许经营等配套法规，做好现行法律法规的衔接修订工作。制定国家公园总体规划、功能分区、基础设施建设、社区协调、生态保护补偿、访客管理等相关标准规范和自然资源调查评估、巡护管理、生物多样性监测等技术规程。

（二十二）加强舆论引导。正确解读建立国家公园体制的内涵和改革方向，合理引导社会预期，及时回应社会关切，推动形成社会共识。准确把握建立国家公园体制的核心要义，进一步突出体制机制创新。加大宣传力度，提升宣传效果。培养国家公园文化，传播国家公园理念，彰显国家公园价值。

（二十三）强化督促落实。综合考虑试点推进情况，适当延长建立国家公园体制试点时间。本方案出台后，试点省市要按照本方案和已经批复的试点方案要求，继续探索创新，扎实抓好试点任务落实工作，认真梳理总结有效模式，提炼成功经验。国家公园设立标准和相关程序明确后，由国家公园主管部门组织对试点情况进行评估，研究正式设立国家公园，按程序报批。各地区各部门不得自行设立或批复设立国家公园。适时对自行设立的各类国家公园进行清理。各有关部门要对本方案落实情况进行跟踪分析和督促检查，及时解决实施中遇到的问题，重大问题要及时向党中央、国务院请示报告。

（2017年9月26日）

中华人民共和国公共图书馆法

（2017年11月4日第十二届全国人民代表大会常务委员会第三十次会议通过）

目录
第一章 总 则
第二章 设 立
第三章 运 行
第四章 服 务
第五章 法律责任
第六章 附 则

第一章 总 则

第一条 为了促进公共图书馆事业发展，发挥公共图书馆功能，保障公民基本文化权益，提高公民科学文化素质和社会文明程度，传承人类文明，坚定文化自信，制定本法。

第二条 本法所称公共图书馆，是指向社会公众免费开放，收集、整理、保存文献信息并提供查询、借阅及相关服务，开展社会教育的公共文化设施。

前款规定的文献信息包括图书报刊、音像制品、缩微制品、数字资源等。

第三条 公共图书馆是社会主义公共文化服务体系的重要组成部分，应当将推动、引导、服务全民阅读作为重要任务。

公共图书馆应当坚持社会主义先进文化前进方向，坚持以人民为中心，坚持以社会主义核心价值观为引领，传承发展中华优秀传统文化，继承革命文化，发展社会主义先进文化。

第四条 县级以上人民政府应当将公共图书馆事业纳入本级国民经济和社会发展规划，将公共图书馆建设纳入城乡规划和土地利用总体规划，加大对政府设立的公共图书馆的投入，将所需经费列入本级政府预算，并及时、足额拨付。

国家鼓励公民、法人和其他组织自筹资金设立公共图书馆。县级以上人民政府应当积极调动社会力量参与公共图书馆建设，并按照国家有关规定给予政策扶持。

第五条 国务院文化主管部门负责全国公共图书馆的管理工作。国务院其他有关部门在各自职责范围内负责与公共图书馆管理有关的工作。

县级以上地方人民政府文化主管部门负责本行政区域内公共图书馆的管理工作。县级以上地方人民政府其他有关部门在各自职责范围内负责本行政区域内与公共图书馆管理有关的工作。

第六条 国家鼓励公民、法人和其他组织依法向公共图书馆捐赠，并依法给予税收优惠。

境外自然人、法人和其他组织可以依照有关法律、行政法规的规定，通过捐赠方式参与境内公共图书馆建设。

第七条 国家扶持革命老区、民族地区、边疆地区和贫困地区公共图书馆事业的发展。

第八条 国家鼓励和支持发挥科技在公共图书馆建设、管理和服务中的作用，推动运用现代信息技术和传播技术，提高公共图书馆的服务效能。

第九条 国家鼓励和支持在公共图书馆领域开展国际交流与合作。

第十条 公共图书馆应当遵守有关知识产权保护的法律、行政法规规定，依法保护和使用文献信息。

馆藏文献信息属于文物、档案或者国家秘密的，公共图书馆应当遵守有关文物保护、档案管理或者保守国家秘密的法律、行政法规规定。

第十一条 公共图书馆行业组织应当依法制定行业规范，加强行业自律，维护会员合法权益，指导、督促会员提高服务质量。

第十二条 对在公共图书馆事业发展中作出突出贡献的组织和个人，按照国家有关规定给予表彰和奖励。

第二章 设 立

第十三条 国家建立覆盖城乡、便捷实用的公共图书馆服务网络。公共图书馆服务网络建设坚持政府主导，鼓励社会参与。

县级以上地方人民政府应当根据本行政区域内人口数量、人口分布、环境和交通条件等因素，因地制宜确定公共图书馆的数量、规模、结构和分布，加强固定馆舍和流动服务设施、自助服务设施建设。

第十四条 县级以上人民政府应当设立公共图书馆。

地方人民政府应当充分利用乡镇（街道）和村（社区）的综合服务设施设立图书室，服务城乡居民。

第十五条 设立公共图书馆应当具备下列条件：

（一）章程；

（二）固定的馆址；

（三）与其功能相适应的馆舍面积、阅览座席、文献信息和设施设备；

（四）与其功能、馆藏规模等相适应的工作人员；

（五）必要的办馆资金和稳定的运行经费来源；

（六）安全保障设施、制度及应急预案。

第十六条 公共图书馆章程应当包括名称、馆址、办馆宗旨、业务范围、管理制度及有关规则、终止程序和剩余财产的处理方案等事项。

第十七条 公共图书馆的设立、变更、终止应当按照国家有关规定办理登记手续。

第十八条 省、自治区、直辖市人民政府文化主管部门应当在其网站上及时公布本行政区域内公共图书馆的名称、馆址、联系方式、馆藏文献信息概况、主要服务内容和方式等信息。

第十九条 政府设立的公共图书馆馆长应当具备相应的文化水平、专业知识和组织管理能力。

公共图书馆应当根据其功能、馆藏规模、馆舍面积、服务范围及服务人口等因素配备相应的工作人员。公共图书馆工作人员应当具备相应的专业知识与技能，其中专业技术人员可以按照国家有关规定评定专业技术职称。

第二十条 公共图书馆可以以捐赠者姓名、名称命名文献信息专藏或者专题活动。

公民、法人和其他组织设立的公共图书馆，可以以捐赠者的姓名、名称命名公共图书馆、公共图书馆馆舍或者其他设施。

以捐赠者姓名、名称命名应当遵守有关法律、行政法规的规定，符合国家利益和社会公共利益，遵循公序良俗。

第二十一条 公共图书馆终止的，应当依照有关法律、行政法规的规定处理其剩余财产。

第二十二条 国家设立国家图书馆，主要承担国家文献信息战略保存、国家书目和联合目录编制、为国家立法和决策服务、组织全国古籍保护、开展图书馆发展研究和国际交流、为其他图书馆提供业务指导和技术支持等职能。国家图书馆同时具有本法规定的公共图书馆的功能。

第三章 运 行

第二十三条 国家推动公共图书馆建立健全法人治理结构，吸收有关方面代表、专业人士和社会公众参与管理。

第二十四条 公共图书馆应当根据办馆宗旨和服务对象的需求，广泛收集文献信息；政府设立的公共图书馆还应当系统收集地方文献信息，保存和传承地方文化。

文献信息的收集应当遵守有关法律、行政法规的规定。

第二十五条　公共图书馆可以通过采购、接受交存或者捐赠等合法方式收集文献信息。

第二十六条　出版单位应当按照国家有关规定向国家图书馆和所在地省级公共图书馆交存正式出版物。

第二十七条　公共图书馆应当按照国家公布的标准、规范对馆藏文献信息进行整理，建立馆藏文献信息目录，并依法通过其网站或者其他方式向社会公开。

第二十八条　公共图书馆应当妥善保存馆藏文献信息，不得随意处置；确需处置的，应当遵守国务院文化主管部门有关处置文献信息的规定。

公共图书馆应当配备防火、防盗等设施，并按照国家有关规定和标准对古籍和其他珍贵、易损文献信息采取专门的保护措施，确保安全。

第二十九条　公共图书馆应当定期对其设施设备进行检查维护，确保正常运行。

公共图书馆的设施设备场地不得用于与其服务无关的商业经营活动。

第三十条　公共图书馆应当加强馆际交流与合作。国家支持公共图书馆开展联合采购、联合编目、联合服务，实现文献信息的共建共享，促进文献信息的有效利用。

第三十一条　县级人民政府应当因地制宜建立符合当地特点的以县级公共图书馆为总馆，乡镇（街道）综合文化站、村（社区）图书室等为分馆或者基层服务点的总分馆制，完善数字化、网络化服务体系和配送体系，实现通借通还，促进公共图书馆服务向城乡基层延伸。总馆应当加强对分馆和基层服务点的业务指导。

第三十二条　公共图书馆馆藏文献信息属于档案、文物的，公共图书馆可以与档案馆、博物馆、纪念馆等单位相互交换重复件、复制件或者目录，联合举办展览，共同编辑出版有关史料或者进行史料研究。

第四章　服　务

第三十三条　公共图书馆应当按照平等、开放、共享的要求向社会公众提供服务。

公共图书馆应当免费向社会公众提供下列服务：

（一）文献信息查询、借阅；

（二）阅览室、自习室等公共空间设施场地开放；

（三）公益性讲座、阅读推广、培训、展览；

（四）国家规定的其他免费服务项目。

第三十四条　政府设立的公共图书馆应当设置少年儿童阅览区域，根据少年儿童的特点配备相应的专业人员，开展面向少年儿童的阅读指导和社会教育活动，并为学校开展有关课外活动提供支持。有条件的地区可以单独设立少年儿童图书馆。

政府设立的公共图书馆应当考虑老年人、残疾人等群体的特点，积极创造条件，提供适合其需要的文献信息、无障碍设施设备和服务等。

第三十五条　政府设立的公共图书馆应当根据自身条件，为国家机关制定法律、法规、政策和开展有关问题研究，提供文献信息和相关咨询服务。

第三十六条　公共图书馆应当通过开展阅读指导、读书交流、演讲诵读、图书互换共享等活动，推广全民阅读。

第三十七条　公共图书馆向社会公众提供文献信息，应当遵守有关法律、行政法规的规定，不得向未成年人提供内容不适宜的文献信息。

公共图书馆不得从事或者允许其他组织、个人在馆内从事危害国家安全、损害社会公共利益和其他违反法律法规的活动。

第三十八条　公共图书馆应当通过其网站或者其他方式向社会公告本馆的服务内容、开放时间、借阅规则等；因故闭馆或者更改开放时间的，除遇不可抗力外，应当提前公告。

公共图书馆在公休日应当开放，在国家法定节假日应当有开放时间。

第三十九条　政府设立的公共图书馆应当通过流动服务设施、自助服务设施等为社会公众提供便捷服务。

第四十条　国家构建标准统一、互联互通的公共图书馆数字服务网络，支持数字阅读产品开发和数字资源保存技术研究，推动公共图书馆利用数字化、网络化技术向社会公众提供便捷服务。

政府设立的公共图书馆应当加强数字资源建设、配备相应的设施设备，建立线上线下相结合的文献信息共享平台，为社会公众提供优质服务。

第四十一条　政府设立的公共图书馆应当加强馆内古籍的保护，根据自身条件采用数字化、影印或者缩微技术等推进古籍的整理、出版和研究利用，并通过巡回展览、公益性讲座、善本再造、创意产品开发等方式，加强古籍宣传，传承发展中华优秀传统文化。

第四十二条　公共图书馆应当改善服务条件、提高服务水平，定期公告服务开展情况，听取读者意见，建立投诉渠道，完善反馈机制，接受社会监督。

第四十三条　公共图书馆应当妥善保护读者的个人信息、借阅信息以及其他可能涉及读者隐私的信息，不得出售或者以其他方式非法向他人提供。

第四十四条　读者应当遵守公共图书馆的相关规定，自觉维护公共图书馆秩序，爱护公共图书馆的文献信息、设施设备，合法利用文献信息；借阅文献信息的，应当按照规定时限归还。

对破坏公共图书馆文献信息、设施设备，或者扰乱公共图书馆秩序的，公共图书馆工作人员有权予以劝阻、制止；经劝阻、制止无效的，公共图书馆可以停止为其提供服务。

第四十五条　国家采取政府购买服务等措施，对公民、法人和其他组织设立的公共图书馆提供服务给予扶持。

第四十六条　国家鼓励公民参与公共图书馆志愿服务。县级以上人民政府文化主管部门应当对公共图书馆志愿服务给予必要的指导和支持。

第四十七条　国务院文化主管部门和省、自治区、直辖市人民政府文化主管部门应当制定公共图书馆服务规范，对公共图书馆的服务质量和水平进行考核。考核应当吸收社会公众参与。考核结果应当向社会公布，并作为对公共图书馆给予补贴或者奖励等的依据。

第四十八条　国家支持公共图书馆加强与学校图书馆、科研机构图书馆以及其他类型图书馆的交流与合作，开展联合服务。

国家支持学校图书馆、科研机构图书馆以及其他类型图书馆向社会公众开放。

第五章　法律责任

第四十九条　公共图书馆从事或者允许其他组织、个人在馆内从事危害国家安全、损害社会公共利益活动的，由文化主管部门责令改正，没收违法所得；情节严重的，可以责令停业整顿、关闭；对直接负责的主管人员和其他直接责任人员依法追究法律责任。

第五十条　公共图书馆及其工作人员有下列行为之一的，由文化主管部门责令改正，没收违法所得：

（一）违规处置文献信息；

（二）出售或者以其他方式非法向他人提供读者的个人信息、借阅信息以及其他可能涉及读者隐私的信息；

（三）向社会公众提供文献信息违反有关法律、行政法规的规定，或者向未成年人提供内容不适宜的文献信息；

（四）将设施设备场地用于与公共图书馆服务无关的商业经营活动；

（五）其他不履行本法规定的公共图书馆服务要求的行为。

公共图书馆及其工作人员对应当免费提供的服务收费或者变相收费的，由价格主管部门依照前款规定给予处罚。

公共图书馆及其工作人员有前两款规定行为的，对直接负责的主管人员和其他直接责任人员依法追究法律责任。

第五十一条　出版单位未按照国家有关规定交存正式出版物的，由出版行政主管部门依照有关出版管理的法律、行政法规规定给予处罚。

第五十二条　文化主管部门或者其他有关部门及其工作人员在公共图书馆管理工作中滥用职权、玩忽职守、徇私舞弊的，对直接负责的主管人员和其他直接责任人员依法给予处分。

第五十三条　损坏公共图书馆的文献信息、设施设备或者未按照规定时限归还所借文献信息，造成财产损失或者其他损害的，依法承担民事责任。

第五十四条　违反本法规定，构成违反治安管理行为的，依法给予治安管理处罚；构成犯罪的，依法追究刑事责任。

第六章　附　则

第五十五条　本法自 2018 年 1 月 1 日起施行。

附 录

1. 2017年中国文化产业大事件

1月

"2017中国文化产业新年论坛"暨"智库对话2017年度回顾与展望"在北京大学燕南园举办。十位文化产业学术男神齐聚一堂、坐而论道，回望2016文化产业发展来时路，前瞻未来2017年文化产业发展新动向。

2月

央视一套和十套并机播出的《中国诗词大会》以一股清流般的文化气韵引发热烈关注和讨论。

《中共中央、国务院关于深入推进农业供给侧结构性改革加快培育农业农村发展新动能的若干意见》正式发布，为农业与文化的深入融合提供了大力支持与保障。

商务部、发改委等16个部门联合印发了《关于促进老字号改革创新发展的指导意见》，为推动"老字号"复兴提供政策保障。

开年大剧《三生三世十里桃花》强势登陆各大卫视黄金时间，花式宣推如何实现内容与渠道的紧密结合？平台优势、先进技术和大生态如何充分发挥作用？

郑州大妈大叔开创"打架舞"的视频引起了网友们的热议，"尬舞"一词由此兴起并成为年度语言。

3月

微信方面对外证实公众号付费订阅功能正在推进中，一时间，内容付费成为热议话题。

国家版权局印发《版权工作"十三五"规划》，分析了当前面临的形势，明确了"十三五"版权工作的发展目标和重点任务，对全国版权工作进行了全面部署。

"两会"来了！2017年是实施"十三五"规划的重要一年，是供给侧结构性改革的深化之年，也是中国共产党第十九次全国代表大会召开的年份。

摩拜单车、Uber、滴滴、Airbnb等不同形式的共享企业代表如雨后春笋般涌现，共享经济已经成为时代潮流席卷而来。

《中国传统工艺振兴计划》正式发布，如何振兴传统工艺，传承传统文化，激发全民族的文化创造活力？

3月23日晚，在2018年世界杯预选赛亚洲区12强中备受瞩目的中韩对战中，坐镇主场的中国男足1∶0战胜了韩国队，一时间举国沸腾。

4月

反腐剧《人民的名义》成为现象级影视剧，主旋律影片如何更好迎合大众口味，充分激发正能量？

2017年4月1日，雄安新区横空出世。习总书记说："设立河北雄安新区，是党中央深入推进京津冀协同发展作出的一项重大决策部署，是继深圳经济特区和上海浦东新区之后又一具有全国意义的新区，是重大的历史性战略选择，是千年大计、国家大事"。

文化部2017年全国文化产业工作会议在江苏省苏州市召开，会议发布了《文化部关于推动数字文化产业创新发展的指导意见》。

以服务国家战略为导向，以推动雄安新区建设为中心、基于互联网精神而设立的新型智库机构——"中国传媒大学雄安新区发展研究院"揭牌成立。

《人民日报》针对手机游戏《王者荣耀》发表评论，称这款游戏中严重歪曲中国传统文化与历史，它涉及的传统、传说人物不论是形象还是内容都与历史完全不符。一时间，媒体、网友纷纷站队，发表各自不同的观点。

4月17日，亚奥理事会与阿里体育在杭州联合召开新闻发布会，宣布成为战略合作伙伴。据悉，电子竞技将在 2022 年杭州亚运会成为亚运会正式比赛项目。

4月28日文化部网站发布了《文化部办公厅关于做好2017年度中央财政文化产业发展专项资金重大项目申报工作的通知》，对文化企业及其他文化单位的申报条件、申报方式、申报材料、申报程序等做了详细阐述和规定。

5月

5月7日，《国家"十三五"时期文化发展改革规划纲要》发布，依次对加强思想理论建设、提高舆论引导水平、培育和践行社会主义核心价值观、繁荣文化产品创作生产等11个方面进行了具体部署。

一篇名为《我是范雨素》的微信文章横空出世，让"范雨素"这个名字着实火了一把。朋友圈的广泛转发、媒体和学者的交口称赞，让大众对这个不一般的育儿嫂充满了好奇。

5月14日"一带一路"国际合作高峰论坛开幕，国家主席习近平出席开幕式并发表主旨演讲。

5月27日下午，中国围棋顶尖选手柯洁向人工智能机器人AlphaGo投子认输。赛后，柯洁伤心地哭了。人工智能难道真如霍金所预测的那样将最终战胜人类智慧吗？

6月

在"文艺""正能量""有趣""小确幸"这些词过后，"丧""萌""复古""怀旧"等似乎变成了互联网上盛行的标签。这些亚文化现象背后的原因值得我们思索。

随着移动音频APP的火热和知识付费时代的来临，没落的电台正在以一种全新的姿态崛起。知识电台到底是怎样突出重围，成为电台市场生力军的呢？

中国版《深夜食堂》开播，口碑却一路下滑，电视本想以美食为媒，讲述暖心故事，但众网友却表示实在是喝不下这碗"尬戏味儿十足，离生活又太远"的鸡汤。

6月30日，国家发改委发布《服务业创新发展大纲（2017—2025年）》，中多次提及文化产业相关内容，包括对媒体融合、文化旅游业、服务业的文化内涵提升等方面都做出了相应的要求与展望。

7月

王俊凯十五岁生日微博靠粉丝转发创吉尼斯世界纪录；吴亦凡粉丝包下报纸整版为其庆生；张艺兴电影定档粉丝奉上"花海"，在这些动辄创纪录、拼热门的粉丝应援行动中，很多人直呼"年轻人的世界我们不懂""饭圈的水实在是深"。

8月

近年来，为响应国家号召，推进传统文化的传承与发展，政策层面不断释放利好消息。中共中央宣传部、教育部财政部文化部联合发布《关于戏曲进校园的实施意见》发布。

建军节，人民日报客户端推出一款名为"这是我的军装照"的H5页面，它能将个人照片合成历史上不同时期的"军装照"。一时之间朋友圈被各种"美哭了"的合成"军装照"刷屏。

8月11日，"中国网络文学+"大会在北京举行，来自全国各地的100余家网络文学网站、影视、游戏、动漫公司，出版企业等将在展场进行交易交流。我国网络文学以IP为源头，呈现出生态化、国际化的发展趋势，构建起"网络文学+"的生态圈。

反映"慰安妇"生存状态的纪录电影《二十二》公映，纪录影片依靠真实的记录和完整的讲述，用安静的力量传递出震动人心的情怀。

8月24日，国务院发布了经李克强总理签批的《关于进一步扩大和升级信息消费持续释放内需潜力的指导意见》（以下简称《意见》），部署进一步扩大和升级信息消费，充分释放内需潜力，壮大经济发展内生动力。

9月

2017年7月27日晚8点01分《战狼Ⅱ》正式上映，4小时破亿，25小时破3亿，46小时破5亿，83小时破10亿……至9月7日下午影片票房正式破55亿。

9月8日，国家新闻出版广电总局、国家发改委、财政部、商务部、人力资源和社会保障等五部委联合下发《关于支持电视剧繁荣发展若干政策的通知》，对促进国产电视剧繁荣发展提出十四点建议措施。

号称今年最酷的新媒体艺术展，日本Team Lab团队打造的"花舞森林与未来游乐园"在北京一经亮相便引爆798艺术区。

9月16号，2017国家文化产业创新试验区发展论坛在北京凤凰中心举行。论坛围绕"创新·融合·协同·共享"主题，共同探讨、共话发展。

9月17日，"2017国家文化产业创新实验区高端峰会"之主题论坛在中国传媒大学国际交流中心举行。

9月22日，国家新闻出版总局等五部委联合下发《关于支持电视剧繁荣发展若干政策的通知》规定全部演员总片片酬不超过制作总成本的40%，其中主要演员的总片酬不超过总片酬的70%。

10月

国务院取消40项国务院部门实施的行政许可事项和12项中央指定地方实施的行政许可事项，其中不少条款涉及文化产业，行政许可的松绑对这些行业或产业而言，意味着什么？又将带来哪些改变？

10月18日，中国共产党第十九次全国代表大会隆重开幕，党的十八大以来，以习近平同志为核心的党中央高度重视文化建设，作出了一系列重大决策部署。在此背景下，蓬勃发展的文化产业一举成为我国经济增长的新亮点和转型升级的新引擎，呈现出"千帆竞发、百舸争流"的良好态势。新时期，文化产业又有怎样的发展？

11月

87版《红楼梦》开播三十载，今年"小戏骨"团队致敬经典，以刘姥姥为时间主线拍摄了《红楼梦之刘姥姥进大观园》。

11月4日，《中华人民共和国公共图书馆法》通过，自2018年1月1日起实施。

首届燧石文学奖日前在北京举办了颁奖仪式，除了奖励作品与作者的各类奖项，该文学奖还特别为年度抄袭作品设立了"白莲花奖"，奖项最终授予了网络小说《锦绣未央》。

又到了一年一度的"剁手"狂欢日，八年来，11月11日逐渐退却了光棍们互相打趣、互相安慰、调侃的意味，转而变成了一个全民参与的"电商购物狂欢节"。

11月12日，行业大咖齐聚南艺，结合十九大精神对未来文化产业发展建言献策。

"慢综艺"一词从萌芽到活跃，频繁现身荧屏。这类节目没有紧张刺激的游戏冲突，节目的呈现形式简约单一，情节设计上不刻意制造矛盾来吸引眼球，主要通过人情味儿打动观众。

2017年11月18日，由杭州市文化创意产业办公室、海峡两岸文化创意产业高校研究联盟主办，中国传媒大学文化发展研究院、杭州文化创意产业研究中心承办的第十六届海峡两岸文化创意产业高校研究联盟白马湖论坛正式开幕。

2017"维多利亚的秘密"年度大秀于11月20日晚在上海梅赛德斯奔驰文化中心举办。截止到2017年11月21日下午，新浪微博上#维多利亚的秘密秀#热门话题有约17.6亿的阅读量，讨论多达51.7万条。

为进一步治理佛教道教领域商业化问题，国家12部门联合下发《关于进一步治理佛教道教商业化问题的若干意见》。

12 月

12 月 4 日，世界互联网大会在乌镇举行，世界各国物联网大佬集聚于此。

细心播种，精心培育，悉心收获，历时三年，国家艺术基金 2015 年度资助项目监督报告正式发布。

针对特色小镇在推进过程中出现的概念不清、定位不准甚至存在房地产化的问题，国家发展改革委、国土资源部、环境保护部和住房城乡建设部近日联合印发《关于规范推进特色小镇和特色小城镇建设的若干意见》。

为深入实施"中国制造 2025"，落实《新一代人工智能发展规划》，12 月 14 日，工业和信息化部印发《促进新一代人工智能产业发展三年行动计划（2018-2020 年）》

2. 2016 年度中国文化创意产业十大先锋园区

2016 年 9—11 月，中国文化创意产业网组织了"2016 年度中国文化创意产业十大先锋园区""2016 年度中国文化创意产业十大新锐园区"评选，以下是"2016 年度中国文化创意产业十大先锋园区"榜单。

Top1 上海长宁德必易园

易园是德必集团旗下系列文化创意办公园区品牌，该系列承袭《易经》"简"与"变"的精神，追求简约、素雅、隐逸的园区风格，营造"开敞通透"的空间感，细节上精心打磨，为文化创意产业领域的企业提供一个舒适惬意、自由灵动的发展平台。

作为易园系列的第一个园区，长宁德必易园的建立揭开了德必系列园区运作的新篇章。长宁德必易园以多媒体与文化创意产业为主业态，经上海市政府部门认定为上海多媒体产业园分园，科技与文化精英荟萃。园区吸引了中国最大的城市生活消费指南网站"大众点评"、世界 500 强企业拉加代尔等一批国际知名企业入驻。

在运营上，德必率先提出了"园区经营是产业链的经营"的经营理念，将园区的经营与普通办公楼的经营进行区分，从文创、科创产业的发展需求出发，开辟了德必文化创意企业服务中心，为园区企业提供除了基础服务之外的七大增值服务。

2016 年，德必提出"轻公司生态圈"的理念。创意创新能力代表着中国未来的生产力，文化创意与科技创新企业的发展将成为中国经济发展的双翼。德必一直服务着这样的公司，并且称它为"轻公司"，轻盈灵动，锐意进取。轻资产、轻体量、高智力、创意与创新思维是他们的核心竞争力。德必通过搭建"轻公司生态圈"，帮助轻公司相互联合，更好地发展。德必相信，在经济的森林中，既需要参天大树的"巨无霸"，更需要灌木草丛的"小清新"。轻公司或以小而精致的模式创新突破，或以独领风骚的优势技术获得发展，或以创意精英特立独行的思维取胜。德必园区连接 5000 余家轻公司，通过搭建企业服务体系，与园区内外部资源对接——企业与资源、企业与企业、人与人，内外圈层，跨界合作，自由联合。

德必园区轻公司生态圈的经营模式在如今讲求创意与科技的文化产业园区中独树一帜，拔得头筹，实至名归！

Top2 798 艺术区

798 艺术区，一个响当当的名字，中国当代艺术集聚区的代名词，以时尚的 LOFT 居住与工作方式闻名于世，是北京都市文化的新地标。798 艺术区原为北京国营 798 厂等电子工业老厂区，从 2001 年起，来自北京周边及其以外的艺术家在此集聚，充分利用原有厂房的包豪斯建筑风格，稍作装修和修饰，一变而成为极具特色的艺术展示和创作空间，目前已经有近 200 家涉及文化艺术的机构入驻。

798 艺术区定位在中国，包含了独特的中国元素，是具有包容性的、开放的、大度的、实验性质的艺术特区，是一个很时尚、很前卫的地方。工业与艺术并存，历史与未来同在，到 798 艺术区是看当下的正在发生的正在发展的中国。

798艺术区定位在艺术，正是这些前卫的、艺术的东西，使得"798"从来不缺少话题。因为艺术，798艺术区形成了艺术、设计、时尚、传媒、资本和权力一个良性互动循环圈；也因为艺术，798艺术区区别于中关村，区别于其他文化创意产业园区。798是独特的，唯一的，无可替代的。

798艺术区的核心竞争力是原创，创造是生命的体现。798艺术区今天是中国当代艺术的展示交易中心，未来会成为世界著名的艺术园区。在这里展示和交易的是来源于当下中国正在发生的原创的艺术作品，这是中国制造转向中国创造的过程中不可缺少的存在。

Top3 北京尚8人文创意产业园

尚8人文创意产业园是尚8系列创意产业园项目之一。园区以创意研发和培训推广为核心，结合高端咨询顾问服务、人文精英培训、创意类设计衍生品研发、人文产品版权推广、国际艺术展示交流与互动合作等多种人文业态，形成集创意、咨询、培训、会议、艺术、休闲、餐饮于一体的新型人文产业园区。

园区以构建绿色低碳的创意环境与自由创新的展览交流空间为特色，为园区工作者营造独特的工作环境和生活氛围，呈LOFT式矩形空间，比例适宜，整齐划一，人文与艺术气息浓厚。适应不同群体办公、展示等需求，并结合文化创意产业及相关文创业态，注入全新的创意与文化的活力，建设焕发生机的新园区。相关的配套设施为园区提供相关生活服务的同时，也能够为周边商务写字楼和普通居民提供一个融文化、艺术、商务、休闲于一体的综合人文空间，将园区打造成一个思想自由、创意丰富的时尚人文社区。

园区强调综合人文特色，突出国际艺术交流，提升品牌服务价值，在京城这片园区林立的文创热土中脱颖而出，力争成为中国最高端的人文创意研发基地、人文教育培训中心、国际艺术交流平台，以及文化推广机构集聚区。

Top4 新华1949文化创意产业园

"新华1949"前身为北京新华印刷厂，中国文化产业发展集团公司（前身为中国印刷总公司）在逐步向文化产业领域转型发展的过程中，于系统内部实施主辅分离、主业改制外迁，抓住北京市大力发展文化产业的时代契机，在原址基础上成功打造了"新华1949"文化创意产业园。承继"中印"、"国企后盾"的优势，令"新华1949"生来便自带光环。

园区工业特色显著，现存建筑质量和密度较高，每幢建筑都具有深厚的历史背景。厂区通过改造后，保留了经历革命走向胜利，突破自我走向繁荣的"中国红"，现依旧清晰可见原"大字本楼"、"苏式折板屋顶"的特有风采。园区分为东、中、西三个区域，东侧以楼房为主，西侧以独栋平房为主，中间为展览展示馆，注重绿化，保留大部分高龄树木，建造主题庭院，改善景观环境，体现人文、环保与可持续发展的宗旨，是北京最为知名的绿色园区。

作为国企注资打造的代表性园区，"新华1949"以深厚的历史文化底蕴为支撑，以文化创意、金融产业为核心，以打造两业融合为理念，搭建紧扣文化主题、满足创意设计需求的系列功能平台，为入驻企业机构提供平台服务。"开心麻花"等剧场的文艺演出活动在为园区吸引人气的同时，也带来了更多的合作资源。目前，入驻园区的文化科技金融类企事业单位21家。

Top5 青岛创意100旅游文化衍生品创客基地

创意100是青岛文化创意产业的标杆，始建于2006年，不仅是山东省首家由老厂房改建而成的文创集聚区，也是山东省著名商标、国家级版权示范园区和全国知名文化创意品牌。

10多年来，创意100以文化创意产业为主导，采用"高门槛、低租金、蓄水养鱼"的经营理念，不断培育文化创意产业生态链条，使创意100产业园日益发展成为一处以广告策划、视觉设计、文化创意产品设计与制作、艺术品展示与交易等为特色，集文化创意设计、商务交流、休闲购物、文化展览与交易为一体，具有完整产业链和生态圈的"文化新地标"。

通过不断优化业态，园区成功打造了"创意100"品牌。园区将进一步整合园区资源，复制园区的成功经验和模式，强化品牌影响力，实现智力输出，形成了文化创意产业的规模化发展，创造了显著的产业规模集聚效应，推动了园区的可持续发展，走出了一条适合青岛本土生存与发展的创意和创业孵化之路，在青岛市乃至山东省文化创意产业发展领域发挥着引领和示范带动作用。

Top6　松山文创园区

松山文创园是我国台湾文化创意产业的标志性园区，由经验丰富的台北市文化基金会运营管理，定位为"台北市原创基地"，以培育原创人才及原创力为目标。

松山文创园区除配合各项文创、艺文活动，也积极筹办设计产业、视觉产业及跨界展演，其中包含影视拍摄、记者会、长短期展览活动、颁奖典礼、研讨会、讲座和服装发表会等形式，充分利用古迹空间，并突显其独特氛围，将历史悠久的老烟厂成功蜕变为台北文化创意产业展现的新据点，成为国际瞩目的文创新舞台。

未来，松山文创园区的使命与任务除了持续促使产业互动、咨询辅导、文创育成、美学体验、推广及行销等多重功能并发挥最大效益外，还将邀请更多大型文创展演活动，落实园区作为台北市创意橱窗的理念，以全方位空间使用与多元化的经营概念，使松山文创园区成为全民生活美学体验及设计认知新领地，完成园区被寄予厚望的"原创基地"的重要使命。

Top7　深圳F518时尚创意园

F518时尚创意园是深圳时尚创意产业的新领地，通过强而有力的综合服务平台将最具创意思想的机构凝聚在一起，用原创意念和行动填补了商品的竞争价值。

F518是深圳市"十一五"规划的重点文化产业项目。园区位于宝安中心区的核心地带，由深圳创意名家1号工作站、F518创意前岸、深圳当代艺术创作库、品位街、F518创展中心及前岸艺术酒店六大主题区及公寓、停车场共同组成。

园区一直致力于创意文化和区域产业的对接，实现产业升级，并积极推进区域及园区文化氛围的建设。园区有创意的研发设计团队，有先锋前卫的原创艺术家，有创意孵化的平台，有配套齐全的展示交流空间，最有效地实现设计和艺术聚集的创意力量，并努力成为深圳先锋文化前进的风向标。园区以设计师与艺术家集聚为重点，以建立公共服务平台体系为核心，以创意项目孵化为亮点，最终形成集工业设计、平面设计、品牌策划、影视动漫、新媒体服务、建筑环境、创意产品孵化及艺术创作为一体的文化创意产业园区。

Top8　苏州工业园区

苏州工业园区是中国和新加坡两国政府间合作的旗舰项目，是改革开放试验田、国际合作示范区、中国发展速度最快、最具国际竞争力的开发区之一，力争建成具有国际竞争力的高科技工业园区，建成国际化、现代化、信息化的生态型、创新型、幸福型新城区。

在苏州市新制定的城市总体规划中，明确了苏州工业园区在"双城双片区"格局中的"苏州新城"地位，将园区建设成为长三角地区重要的总部经济和商务文化活动中心之一。

园区自开发建设以来，在中央和省市各级的高度重视下，在中新合作双方的共同努力下，园区经济社会发展取得了令人瞩目的成绩，主要经济指标年均增幅30%，综合发展指数位居国家级开发区第二位，转型升级成效显著。

Top9　敦煌文化产业示范园区

敦煌文化产业示范园区是文化旅游园区的集大成者。

作为国家历史文化名城，敦煌旅游资源极为丰富，近年敦煌旅游热持续升温。以整合和提升敦煌文化内涵为宗旨的敦煌文化产业示范园区抢抓机遇，不辱使命，已经步入良性发展的"快车道"。园区通过文化产业的规划和引导，实现"有效提升、引进来、走出去"的三个基本目标和任务，展示敦煌文化产业园区的独特性、创新性和示范性。

园区通过敦煌传统文化的"保护性传承、创造性转化、创新性开发"，成为传统文化与现代文化产业对接的示范园区；通过挖掘和提升现代文化旅游的内涵和服务，拓展国内外体验旅游的时空要素和活动内容，形成全产业链要素集聚形态的现代文化体验旅游示范园区；通过重点项目作为园区的分支和基地，形成高度资源共享和业态互补性、可以避免同质化竞争的"多园主体相互链接的园中园"结构的文化产业集聚园，成为业态布局合理和土地资源利用高效化相结合的文化产业示范园区。

园区立志成为地标意义上的中西方文化合作交流平台，民族特色的文化产业孵化平台，辐射西部的民族、民俗、民间文化展示平台，国际一流的文化旅游目的地。

Top10　杭州之江文化创意园

之江文化创意园是杭州文创的佼佼者，国家级文化创意产业地标，由西湖区委、区政府以及之江国家旅游度假区党工委、管委会共同打造，是杭州市首批命名的十大文化创意产业园之一。

创意园围绕"创意、产业、居住"三位一体的功能定位，打造集产业发展、孵化、展览展示、艺术休闲、特色配套于一体的创意产业园区。2010年11月，创意园被国家教育部、科技部联合命名为"中国美术学院国家大学科技（创意）园"，成为全国第一个以艺术创意为特色的国家大学科技园，全力打造凤凰·创意国际研发孵化基地、象山艺术公社等七大项目，与杭州文博会的密切合作在获得业界认可度的同时，也不断提升自身人气和整体实力。

优势尽显的区域定位，精明的运营规划，使之江文创园在杭州乃至全国皆可进入前列。

3. 2016年度中国文化创意产业十大新锐园区

2016年9—11月，中国文化创意产业网组织了"2016年度中国文化创意产业十大先锋园区""2016年度中国文化创意产业十大新锐园区"评选，以下是"2016年度中国文化创意产业十大新锐园区"榜单。

Top1　东莞33小镇文化创意产业园

东莞33小镇文化创意产业园是国内小镇文艺的开拓者。

园区建立于三旧改造基础之上的都市美学新诠释，以文化为经、商业为纬的复合型商业综合体。整体定位是"艺术生活新天地、国际创客新空间"，努力打造成为艺术文化生活娱乐中心+创意办公基地。

园区核心功能包括艺术休闲娱乐体验、餐娱美食体验、创意办公体验、个性居住体验、艺术参与互动体验。在整体设计规划上，以文化创意为主题，充分融入艺术元素，集时尚体验消费、环保创意办公、生态艺术居住、展览演出、创客部落空间于一体，不但满足东莞市民精神文化消费需求，为东莞的文化创意企业提供高品质办公空间，更为东莞的创业青年提供一个放飞梦想的平台，从而建立东莞人文新高地，打造城市新名片。

其中，创客空间将以文化创意产业及高新科技产业为目标客群，打造文化艺术、新闻出版、广播电视、计算机服务、广告会展、艺术品交易、设计服务等产业集群，构建科学的生态产业链，为创意类企业提供个性化的办公空间，同时引入国家级孵化器运营单位，为东莞的创业人士提供一个学习、交流、成长、成功的平台。

旅游、创业、艺术、演出……小镇包罗万象，又个性鲜明，优势突出，实为国内文创后起之秀。

Top2　699文化创意产业园

699文化创意产业园是文创沃土诞生的江西新风景。

699由前江西华安针织总厂，通过创意改造，从一个传统工业企业转型为一个集当代艺术、建筑空间、文化产业与历史文脉及城市生活环境为一体的文化创意产业园。

园区占地面积 165 亩，风光秀丽，文化韵味浓厚，2014 年被列为国家 3A 级旅游景区，并先后被列为鄱阳湖经济生态区重点项目、江西省重点文化项目、江西省文化产业示范基地，是南昌乃至江西毋庸置疑的文化创意新兴典范。通过文化产业聚集区的模式，着力完善城东板块构图，使南昌跳脱红色旅游、绿色旅游的模式，新增一块靓丽的文化旅游风景。

园区地处南昌市城市发展的重点改造街区，上海路人口密集，达 20 万余人，消费市场雄厚，文化需求量大。园区周边文化气息浓厚，高校密集地段，南大、南航、师大等环绕周围，并且城市设施应有尽有，交通极其便利。园区同时拥有城市繁华和纯粹创意，城市绝对中心地段，拥有发展文化创意产业、从事创意行业无法比拟的优势条件，是天生文化创意的土壤。

Top3　大树下新媒体创意园区

大树下新媒体创意园区是沪上文创新贵，企业一站式整合资源平台。

大树下新媒体创意园区位于上海市闵行区程家桥路 168 弄 39 号，园区的设计开发者带着"绿色生态办公"的愿景创造了这个园区。在短短的一年间，大树下创意园区在圈内已经小有名气，正如人们最初所期待的那样，大树下创意园区无论内部的建筑风格还是所流露出来的文化，都是平静祥和的，这使得大树下创意园区在口口相传中受到了越来越多的青睐。

大树下创意园区对生态办公的定义不仅仅是办公环境的绿色清新，更是园区所能提供给客户的资源和平台。在大树下创意园区的长期合作伙伴中，不乏第三方财务管理平台、资深政府资源对接、投融资企业。在 10 月 12 日，园区就刚刚举办了一次关于"政府对中小型企业扶持项目"的讲座，帮助客户解决资金难题。

大树下创意园区与意大利文化产业协会（简称：ACA）保持友好合作关系，ACA 成员长期驻派在园区内。来自意大利的艺术巨匠威尼斯美院雕塑教授朱塞佩-拉布鲁纳（Giuseppe La Bruna）先生，也曾莅临大树下创意园区，在中式古典园林氛围中，进行愉快的中意艺术文化交流。

园区内活动多种多样，无论是挥洒汗水的足球赛，还是高科技的 VR 体验，在大树下园区都办得有声有色。园区的入驻企业之间都保持着良好的沟通合作，交流和反馈也使大树下创意园能够最快地满足客户的需求。

选择大树下创意园，与其说是选择了一个办公场所，不如说是选择了一种办公模式。创意，从自然中汲取；创业，由园区资源整合平台扶持。

Top4　辽河国际艺术区

辽河国际艺术区由辽河文化创客园、广厦艺术街、辽河美术馆、辽河画院、艺术梦工场、广厦辽河文化公园等组成，以"北方第一，享誉全国，辐射东北亚"为目标，被国家文化部命名为"全国文化（美术）产业示范基地"荣誉称号。

广厦艺术街位于盘锦市兴隆台大街与石化路交汇处，2016 年 1 月 1 日正式开园，涵盖展览馆、画廊、拍卖行、文化会所、美术培训、创客空间等，同时还包含休闲餐饮、音乐厅、电影院、酒吧、咖啡厅等生活配套设施。园区现已引进艺术家工作室、艺术画廊等 120 余家。

辽河文化创客园是辽河国际艺术区的重要组成部分，被命名为"全国大学生（艺术类）创业孵化示范基地"，搭建艺术类高校毕业生创业的公共服务平台，提供全方位的政策咨询、场地提供、资金扶持、租金优惠等孵化服务，以优惠扶持政策鼓励和引导艺术类大学生自主创业，促进全国范围内大学生创意人才成长。

辽河美术馆于 2006 年 6 月 6 日成立，由中央美术学院设计外形，是中国第一座以清水混凝土工艺建设的美术馆，也是东北地区最大的美术馆，现已成为盘锦市的标志性建筑。

艺术梦工厂于 2014 年开馆，位于辽河美术馆对岸的 9 个独立小型展馆依水而建，曲径通幽，所到之处别有洞天，建筑面积 10000 平方米，含民族文化工艺馆、世界名画馆、当代艺术馆、中国水墨画馆、现代装饰画馆、创意生活馆、艺术沙龙馆、艺术家创作馆和艺术实践体验馆。

辽河国际艺术区以独到的眼光和魄力整合区域艺术资源，力争获得规模效益，未来也必将以持久的热情不断引领东北地区文化艺术的发展。

Top5　芳华德必运动 LOFT（上海）

德必运动 LOFT 是国内第一家国际体育产业园，德必集团倾力打造，充分利用建筑的空间和布局优势，结合企业的办公需求，建成集商务办公、运动设施、服务配套于一体的产业园。

2016 年 4 月 29 日，中国领先的、致力于提供专业文创和科创产业发展服务的企业——德必集团宣布，"德必运动 LOFT 国际体育产业联盟"正式在上海挂牌成立。该联盟旨在整合政府、企业、产业、场馆等多方资源，打通壁垒，为联盟成员提供资源共享、信息互通、企业共创、服务互助的平台，推动体育产业发展。

芳华德必运动 LOFT 是德必开发的上海浦东第一家以"运动办公，健康工作"为核心定位的园区。它以随处可见的运动设施，为崇尚运动、自由、活力、创意的广大客户提供一个全新的健康生态办公、创意办公空间。与此同时，芳华德必运动 LOFT 还规划成为一个与周边社区高度融合起来的公共空间。鉴于园区具有特色鲜明的运动主题场馆，且 24 小时对行人开放，已成为周边社区居民进行体育锻炼的最佳场所。

对于入驻园区的企业而言，多样化的体育场馆和设施也让员工在工作之余尽享运动之乐，张弛有道的工作氛围激发团队们更多的灵感。此外，德必运动 LOFT 有针对性地为企业提供服务，构建适于文创企业创新发展的轻公司生态圈，助力产业发展。

Top6　珠海 V12 文化创意产业园

珠海 V12 文化创意产业园是珠海市文创园区新秀，"三旧改造"的成功典范，相继获得共青团中央"青年就业创业见习基地""国家级科技企业孵化器培育单位"等光荣称号，并列入珠海市"十二五规划"重点文化发展项目，率先得到政府专项资金和相关政策的扶持。

在园区服务平台的努力下，已成功吸引 160 家企业入驻，其中文化创意型企业 100 余家，涉及科技、游戏、影视、设计、艺术等多个领域，园区企业进驻率接近饱和。园区根据珠海"聚集高素质人才，发展高质量经济，建设高品位城市"的发展目标，创造性运用"全方位立体式集成服务模式"，针对网络游戏、动漫及文化产品制造和数字化创意设计为核心的特色文化产业，嵌入以网络文化、旅游文化、休闲娱乐、广告及会展等为主的"外围层"培植，将企业单体优势集聚成产业整体发展模式，形成通过产业组合互补产生孵化效应和整体辐射力的文化企业群落，致力于打造以文化创意为核心，以都市经济为形态，集绿色高附加值产业、商务办公、服务配套、优美人居为一体，具备完整产业链的综合性文化创意产业园区。

Top7　青岛非物质文化遗产博览园

青岛非物质文化遗产博览园是山东非遗精品新部落，位于山东省即墨市烟青一级路 211 号，是山东省第一家以"非遗"为主题的特色博览园。园区定位和发展理念为：立足青岛，面向胶东，打造融非遗博览、旅游观光、产业服务、社会教育为一体的文化服务平台。

目前，青岛非物质文化遗产博览园已建设非遗博物馆（青岛胶东非物质文化遗产博物馆）1 座，引进国家级、省级、青岛市级、即墨市级非遗项目 50 多个，其他文化企业 10 家，集聚了一批非遗文化人才和企业。

在"双创"浪潮席卷之下，如今各地文创园区纷纷上马，园区建设蔚然成风，而真正以"非遗"文化为主题的园区并不多见。青岛非物质文化遗产博览园特色鲜明，是同类园区中的佼佼者，未来还将打造青岛市非遗文化创意产业实训和创业孵化基地，并围绕非遗文化产业总体发展任务，打造"互联网＋非遗文化""数字化创意"等发展平台，实现非遗文化产业社会效益最大化。

Top8 郑州国际文化创意产业园

郑州国际文化创意产业园是郑汴产业带核心区域的文创绿洲。

园区以文化创意、时尚旅游、高端商务为主导产业，重点突出以绿、水为主导和以休闲、慢生活为主题的低碳生态田园城市，全力建设国际化、现代化时尚创意旅游文化新城，打造"东方奥兰多"。

成立之初，园区确立了"一个目标、两张牌、三全业态、四大中心"的发展思路，采取"主题公园带动，文化产业驱动，旅游服务联动"的发展战略。"一个目标"即实现年旅游人数3000万人次；"两张牌"即以"绿、水"为主导，以"休闲、慢生活"为主题；"三全业态"即全季、全天、全民；"四大中心"即全国文化创意产业中心、中部游客集散中心、中原地区会议中心、市民休闲服务中心。

未来，园区将紧紧围绕三大主导产业，立足国际化、时尚化，注重"三力型"项目引进，重点引进动漫、音像、传媒、广告、视觉艺术等文化创意类产业，娱乐、休闲、旅游、创意等时尚旅游类产业，以及总部经济、会展经济、电子商务、综合服务体等高端商务类产业，将郑州文创特色带向全国。

Top9 济南国际创新设计产业园

济南国际创新设计产业园是山东设计园区扛鼎之作，是济南市重点文化产业园区，是由济南市中区人民政府、山东出版集团和同天投资管理有限公司三方合作，共同打造的江北首个以工业设计为主题的创新设计产业园区，采取政府主导、专业化运营、市场化运作的模式进行滚动开发建设。

产业园以工业设计为核心，以传媒（技术）设计和教育装备研发设计为特色，通过引进国内外高端科技与设计资源，突出产品设计研发、设计成果转化、理论研究、教育培训、设计成果展示和市场推广应用等功能，为园区入驻企业与制造业科技设计需求对接提供高端全面的增值服务，打造多维、立体、融合、市场化发展的创新设计生态链产业发展平台。

济南国际创新设计产业园立足市中区，面向济南市，服务山东省，辐射华北地区，为推进济南及山东省产业转型升级、新型城镇化建设及新经济培育打造动力强劲的新引擎，最终将其打造成为中国华北地区最具规模和影响力的四新一体（新科技、新设计、新文化、新商业）相互融合的现代高端生产性服务业集聚区。

Top10 德必天坛WE（北京）

德必WE国际文化创意中心，简称德必天坛WE，是德必集团在北京的首个文创、科创产业园，坐落于北京市东城区法华寺街91号，处于首都功能核心区域，文化创意产业资源禀赋、条件优越，承载着文化发展与交流创新的使命。

园区设计遵循了"留旧如旧，新则最新"的原则。一方面，存续建筑物原始风貌及其丰富的历史文化内涵；另一方面，仿锈钢与玻璃盒子的结合等各处精心设计，为园区设置了现代元素，实现历史与现代的视觉冲突。集聚德必天坛WE特色的全天候绿色共享社群遍布园区各处，创造性利用温室效应，建造夏季通风落雨、冬季封闭温暖常绿的全天候景观园林。

德必天坛WE在东方与西方、传统与现代、传承与创新中找到平衡点，为国内外文创、科创产业领军型企业提供一个资源共享、行业交流、国际对接的发展平台。不仅如此，德必打造"轻公司生态圈"，通过搭建企业服务体系，与园区内外部资源对接：企业与资源、企业与企业、人与人，内外圈层，跨界合作，自由联接，助力产业发展。

4. 中国企业2017年文化影响力排行榜前100名

"中国企业2017年文化影响力排行榜"是世界范围内首次对中国企业的文化影响力加以深入系统地研究并进行排名。该文化影响力研究和企业排名工作由中国自贸区（福建化产业创意研究）文院（CIF）执行，由麻省理工学院访问教授李诠林主编，于北京时间2017年8月8日、纽约时间2017年8月7日在麻省理工学院（MIT）发布。

中国企业2017年文化影响力排行榜前100名

排名	企业名称	总分
1	腾讯控股有限公司	90.76
2	阿里巴巴集团控股有限公司	90.74
3	大连万达集团股份有限公司	90.12
4	CCTV	89.62
5	搜狐网络有限责任公司	89.22
6	华为技术有限公司	88.27
7	网易公司	88.14
8	新浪网技术（中国）有限公司	88.08
9	百度股份有限公司	87.79
10	贵州茅台酒股份有限公司	87.17
11	中国建设银行股份有限公司	87.06
12	北京京东世纪贸易有限公司	86.86
13	恒大集团	86.84
14	美的集团股份有限公司	86.52
15	苏宁云商集团股份有限公司	86.27
16	华润（集团）有限公司	86.24
17	中国工商银行股份有限公司	85.54
18	中国移动通信集团公司	85.39
19	中国电信集团公司	85.24
20	青岛海尔股份有限公司	85.18
21	联想集团有限公司	85.08
22	万科企业股份有限公司	85.08
23	TCL集团股份有限公司	85.03
24	格力电器股份有限公司	84.42
25	顺丰控股（集团）股份有限公司	84.36
26	云南白药集团股份有限公司	84.22
27	中粮集团有限公司	84.20
28	中国第一汽车集团公司	84.18
29	国美电器控股有限公司	84.11
30	东风汽车股份有限公司	83.73
31	北京新东方教育科技（集团）有限公司	83.28
32	中国民生银行股份有限公司	83.10

续表

排名	企业名称	总分
33	北京爱奇艺科技有限公司	83.02
34	北京同仁堂股份有限公司	82.94
35	比亚迪股份有限公司	82.90
36	中国人寿保险（集团）公司	82.72
37	平安银行股份有限公司	82.64
38	滴滴出行科技有限公司	82.60
39	王府井集团股份有限公司	82.42
40	中国平安保险（集团）股份有限公司	82.41
41	360网站（奇虎360科技有限公司）	82.40
42	内蒙古伊利实业集团股份有限公司	82.33
43	绿地控股集团有限公司	82.11
44	北京五八信息技术有限公司	82.07
45	长城汽车股份有限公司	81.93
46	杭州娃哈哈集团有限公司	81.61
47	青岛啤酒股份有限公司	81.52
48	北京小米科技有限责任公司	81.41
49	海南航空股份有限公司	81.39
50	红杉资本中国基金投资公司	81.37
51	湖南卫视	81.27
52	中国南方航空股份有限公司	81.26
53	北京摩拜科技有限公司	81.20
54	泰康人寿保险股份有限公司	81.12
55	美团大众点评网	81.09
56	鸿海精密工业股份有限公司	81.02
57	凤凰卫视控股有限公司	80.99
58	中国东方航空股份有限公司	80.89
59	光明乳业股份有限公司	80.75
60	蒙牛乳业有限公司	80.75
61	中青旅控股股份有限公司	80.63
62	携程国际有限公司	80.49
63	北京电影制片厂	80.48
64	上海圆通速递有限公司	80.46
65	中国化工集团	80.41
66	中国国际海运集装箱（集团）股份有限公司	80.39
67	厦门建发股份有限公司	80.32
68	创维数码控股有限公司	80.29
69	雅戈尔集团股份有限公司	80.23
70	新希望六和股份有限公司	80.22
71	中国建筑材料集团有限公司	80.18
72	上海世茂股份有限公司	80.18

续表

排名	企业名称	总分
73	SOHO中国有限公司	80.15
74	安踏体育用品有限公司	80.09
75	海澜之家股份有限公司	80.08
76	国泰君安证券股份有限公司	79.94
77	美高梅中国控股有限公司（信德集团）	79.93
78	吉利汽车控股有限公司	79.93
79	申通快递有限公司	79.86
80	北大方正集团有限公司	79.85
81	红星美凯龙家居集团股份有限公司	79.81
82	北京当当网信息技术有限公司	79.64
83	人民出版社	79.64
84	中国中化集团	79.58
85	去哪儿网（北京趣拿信息技术有限公司）	79.56
86	台湾积体电路制造股份有限公司	79.55
87	泰禾集团股份有限公司	79.53
88	宏碁股份有限公司	79.51
89	北京首钢股份有限公司	79.46
90	清华同方股份有限公司	79.46
91	江苏凤凰出版传媒股份有限公司	79.41
92	浪潮电子信息产业股份有限公司	79.39
93	北京光线传媒股份有限公司	79.36
94	拉扎斯网络科技（上海）有限公司	79.34
95	厦门美图网科技有限公司	79.30
96	福耀玻璃工业集团股份有限公司	79.25
97	上海冠生园食品有限公司	79.01
98	台湾塑料工业股份有限公司	79.00
99	长江商学院	78.77
100	厦门航空有限公司	78.76

5. 第一批全国特色小镇名单

住房城乡建设部关于公布第一批中国特色小镇名单的通知

建村〔2016〕221号

各省、自治区、直辖市住房城乡建设厅（建委）、北京市农委、上海市规划和国土资源管理局：

根据《住房城乡建设部、国家发展改革委、财政部关于开展特色小镇培育工作的通知》（建村〔2016〕147号）（以下简称《通知》）精神和相关规定，在各地推荐的基础上，经专家复核，会签国家发展改革委、财政部，认定北京市房山区长沟镇等127个镇（名单见附件）为第一批中国特色小镇，现予以公布。

附件：第一批中国特色小镇名单

中华人民共和国住房和城乡建设部
2016年10月11日

第一批中国特色小镇名单

一、北京市（3个）

房山区长沟镇　　昌平区小汤山镇　　密云区古北口镇

二、天津市（2个）

武清区崔黄口镇　　滨海新区中塘镇

三、河北省（4个）

秦皇岛市卢龙县石门镇　　邢台市隆尧县莲子镇镇　　保定市高阳县庞口镇
衡水市武强县周窝镇

四、山西省（3个）

晋城市阳城县润城镇　　晋中市昔阳县大寨镇　　吕梁市汾阳市杏花村镇

五、内蒙古自治区（3个）

赤峰市宁城县八里罕镇　　通辽市科尔沁左翼中旗舍伯吐镇　　呼伦贝尔市额尔古纳市莫尔道嘎镇

六、辽宁省（4个）

大连市瓦房店市谢屯镇　　丹东市东港市孤山镇　　辽阳市弓长岭区汤河镇
盘锦市大洼区赵圈河镇

七、吉林省（3个）

辽源市东辽县辽河源镇　　　通化市辉南县金川镇　　　延边朝鲜族自治州龙井市东盛涌镇

八、黑龙江省（3个）

齐齐哈尔市甘南县兴十四镇　　　牡丹江市宁安市渤海镇　　　大兴安岭地区漠河县北极镇

九、上海市（3个）

金山区枫泾镇　　　松江区车墩镇　　　青浦区朱家角镇

十、江苏省（7个）

南京市高淳区桠溪镇　　　无锡市宜兴市丁蜀镇　　　徐州市邳州市碾庄镇
苏州市吴中区甪直镇　　　苏州市吴江区震泽镇　　　盐城市东台市安丰镇
泰州市姜堰区溱潼镇

十一、浙江省（8个）

杭州市桐庐县分水镇　　　温州市乐清市柳市镇　　　嘉兴市桐乡市濮院镇
湖州市德清县莫干山镇　　　绍兴市诸暨市大唐镇　　　金华市东阳市横店镇
丽水市莲都区大港头镇　　　丽水市龙泉市上垟镇

十二、安徽省（5个）

铜陵市郊区大通镇　　　安庆市岳西县温泉镇　　　黄山市黟县宏村镇
六安市裕安区独山镇　　　宣城市旌德县白地镇

十三、福建省（5个）

福州市永泰县嵩口镇　　　厦门市同安区汀溪镇　　　泉州市安溪县湖头镇
南平市邵武市和平镇　　　龙岩市上杭县古田镇

十四、江西省（4个）

南昌市进贤县文港镇　　　鹰潭市龙虎山风景名胜区上清镇　　　宜春市明月山温泉风景名胜区温汤镇
上饶市婺源县江湾镇

十五、山东省（7个）

青岛市胶州市李哥庄镇　　　淄博市淄川区昆仑镇　　　烟台市蓬莱市刘家沟镇
潍坊市寿光市羊口镇　　　泰安市新泰市西张庄镇　　　威海市经济技术开发区崮山镇
临沂市费县探沂镇

十六、河南省（4个）

焦作市温县赵堡镇　　　许昌市禹州市神垕镇　　　南阳市西峡县太平镇
驻马店市确山县竹沟镇

十七、湖北省（5个）

宜昌市夷陵区龙泉镇　　　　　　襄阳市枣阳市吴店镇　　　　　　荆门市东宝区漳河镇
黄冈市红安县七里坪镇　　　　　随州市随县长岗镇

十八、湖南省（5个）

长沙市浏阳市大瑶镇　　　　　　邵阳市邵东县廉桥镇　　　　　　郴州市汝城县热水镇
娄底市双峰县荷叶镇　　　　　　湘西土家族苗族自治州花垣县边城镇

十九、广东省（6个）

佛山市顺德区北滘镇　　　　　　江门市开平市赤坎镇　　　　　　肇庆市高要区回龙镇
梅州市梅县区雁洋镇　　　　　　河源市江东新区古竹镇　　　　　中山市古镇镇

二十、广西壮族自治区（4个）

柳州市鹿寨县中渡镇　　　　　　桂林市恭城瑶族自治县莲花镇　　北海市铁山港区南康镇
贺州市八步区贺街镇

二十一、海南省（2个）

海口市云龙镇　　　　　　　　　琼海市潭门镇

二十二、重庆市（4个）

万州区武陵镇　　　　　　　　　涪陵区蔺市镇　　　　　　　　　黔江区濯水镇
潼南区双江镇

二十三、四川省（7个）

成都市郫县德源镇　　　　　　　成都市大邑县安仁镇　　　　　　攀枝花市盐边县红格镇
泸州市纳溪区大渡口镇　　　　　南充市西充县多扶镇　　　　　　宜宾市翠屏区李庄镇
达州市宣汉县南坝镇

二十四、贵州省（5个）

贵阳市花溪区青岩镇　　　　　　六盘水市六枝特区郎岱镇　　　　遵义市仁怀市茅台镇
安顺市西秀区旧州镇　　　　　　黔东南州雷山县西江镇

二十五、云南省（3个）

红河州建水县西庄镇　　　　　　大理州大理市喜洲镇　　　　　　德宏州瑞丽市畹町镇

二十六、西藏自治区（2个）

拉萨市尼木县吞巴乡　　　　　　山南市扎囊县桑耶镇

二十七、陕西省（5个）

西安市蓝田县汤峪镇　　　　　　铜川市耀州区照金镇　　　　　　宝鸡市眉县汤峪镇

汉中市宁强县青木川镇　　　　　杨陵区五泉镇

二十八、甘肃省（3个）

兰州市榆中县青城镇　　　　武威市凉州区清源镇　　　　临夏州和政县松鸣镇

二十九、青海省（2个）

海东市化隆回族自治县群科镇　　海西蒙古族藏族自治州乌兰县茶卡镇

三十、宁夏回族自治区（2个）

银川市西夏区镇北堡镇　　　固原市泾源县泾河源镇

三十一、新疆维吾尔自治区（3个）

喀什地区巴楚县色力布亚镇　　塔城地区沙湾县乌兰乌苏镇　　阿勒泰地区富蕴县可可托海镇

三十二、新疆生产建设兵团（1个）

第八师石河子市北泉镇

6. 第二批全国特色小镇名单

住房城乡建设部关于公布第二批全国特色小镇名单的通知

建村〔2017〕178号

各省、自治区住房城乡建设厅，北京市住房城乡建设委、规划国土委、农委，天津市建委、规划局，上海市住房城乡建设管委、规划国土局，重庆市城乡建设委：

为贯彻落实党中央、国务院关于推进特色小镇建设的部署，按照《住房城乡建设部关于保持和彰显特色小镇特色若干问题的通知》（建村〔2017〕144号）和《住房城乡建设部办公厅关于做好第二批全国特色小镇推荐工作的通知》（建办村函〔2017〕357号）要求，在各地择优推荐的基础上，经组织现场答辩、专家评审和公示，认定北京市怀柔区雁栖镇等276个镇（名单见附件1）为第二批全国特色小镇，现予以公布。

各省（区、市）住房城乡建设部门要做好特色小镇建设工作的指导、支持和监督，进一步保持和彰显特色小镇特色，同时，督促检查第二批特色小镇按照专家评审意见（见附件2）予以整改。我部将联合财政部等有关部门对已认定特色小镇工作推进情况进行检查。

附件：1. 第二批全国特色小镇名单
　　　2. 专家组对第二批全国特色小镇的评审意见（略）

中华人民共和国住房和城乡建设部
2017年8月22日

第二批全国特色小镇名单

一、北京市（4个）

怀柔区雁栖镇　　　　　　　　　大兴区魏善庄镇　　　　　　　　顺义区龙湾屯镇
延庆区康庄镇

二、天津市（3个）

津南区葛沽镇　　　　　　　　　蓟州区下营镇　　　　　　　　　武清区大王古庄镇

三、河北省（8个）

衡水市枣强县大营镇　　　　　　石家庄市鹿泉区铜冶镇　　　　　保定市曲阳县羊平镇
邢台市柏乡县龙华镇　　　　　　承德市宽城满族自治县化皮溜子镇　邢台市清河县王官庄镇
邯郸市肥乡区天台山镇　　　　　保定市徐水区大王店镇

四、山西省（9个）

运城市稷山县翟店镇　　　　　　晋中市灵石县静升镇　　　　　　晋城市高平市神农镇
晋城市泽州县巴公镇　　　　　　朔州市怀仁县金沙滩镇　　　　　朔州市右玉县右卫镇
吕梁市汾阳市贾家庄镇　　　　　临汾市曲沃县曲村镇　　　　　　吕梁市离石区信义镇

五、内蒙古自治区（9个）

赤峰市敖汉旗下洼镇　　　　　　鄂尔多斯市东胜区罕台镇　　　　乌兰察布市凉城县岱海镇
鄂尔多斯市鄂托克前旗城川镇　　兴安盟阿尔山市白狼镇　　　　　呼伦贝尔市扎兰屯市柴河镇
乌兰察布市察哈尔右翼后旗土牧尔台镇　　通辽市开鲁县东风镇　　赤峰市林西县新城子镇

六、辽宁省（9个）

沈阳市法库县十间房镇　　　　　营口市鲅鱼圈区熊岳镇　　　　　阜新市阜蒙县十家子镇
辽阳市灯塔市佟二堡镇　　　　　锦州市北镇市沟帮子镇　　　　　大连市庄河市王家镇
盘锦市盘山县胡家镇　　　　　　本溪市桓仁县二棚甸子镇　　　　鞍山市海城市西柳镇

七、吉林省（6个）

延边州安图县二道白河镇　　　　长春市绿园区合心镇　　　　　　白山市抚松县松江河镇
四平市铁东区叶赫满族镇　　　　吉林市龙潭区乌拉街满族镇　　　通化市集安市清河镇

八、黑龙江省（8个）

绥芬河市阜宁镇　　　　　　　　黑河市五大连池市五大连池镇　　牡丹江市穆棱市下城子镇
佳木斯市汤原县香兰镇　　　　　哈尔滨市尚志市一面坡镇　　　　鹤岗市萝北县名山镇
大庆市肇源县新站镇　　　　　　黑河市北安区赵光镇

九、上海市（6个）

浦东新区新场镇　　　　　　　　闵行区吴泾镇　　　　　　　　　崇明区东平镇

| 嘉定区安亭镇 | 宝山区罗泾镇 | 奉贤区庄行镇 |

十、江苏省（15个）

无锡市江阴市新桥镇	徐州市邳州市铁富镇	扬州市广陵区杭集镇
苏州市昆山市陆家镇	镇江市扬中市新坝镇	盐城市盐都区大纵湖镇
苏州市常熟市海虞镇	无锡市惠山区阳山镇	南通市如东县栟茶镇
泰州市兴化市戴南镇	泰州市泰兴市黄桥镇	常州市新北区孟河镇
南通市如皋市搬经镇	无锡市锡山区东港镇	苏州市吴江区七都镇

十一、浙江省（15个）

嘉兴市嘉善县西塘镇	宁波市江北区慈城镇	湖州市安吉县孝丰镇
绍兴市越城区东浦镇	宁波市宁海县西店镇	宁波市余姚市梁弄镇
金华市义乌市佛堂镇	衢州市衢江区莲花镇	杭州市桐庐县富春江镇
嘉兴市秀洲区王店镇	金华市浦江县郑宅镇	杭州市建德市寿昌镇
台州市仙居县白塔镇	衢州市江山市廿八都镇	台州市三门县健跳镇

十二、安徽省（10个）

六安市金安区毛坦厂镇	芜湖市繁昌县孙村镇	合肥市肥西县三河镇
马鞍山市当涂县黄池镇	安庆市怀宁县石牌镇	滁州市来安县汊河镇
铜陵市义安区钟鸣镇	阜阳市界首市光武镇	宣城市宁国市港口镇
黄山市休宁县齐云山镇		

十三、福建省（9个）

泉州市石狮市蚶江镇	福州市福清市龙田镇	泉州市晋江市金井镇
莆田市涵江区三江口镇	龙岩市永定区湖坑镇	宁德市福鼎市点头镇
漳州市南靖县书洋镇	南平市武夷山市五夫镇	宁德市福安市穆阳镇

十四、江西省（8个）

赣州市全南县南迳镇	吉安市吉安县永和镇	抚州市广昌县驿前镇
景德镇市浮梁县瑶里镇	赣州市宁都县小布镇	九江市庐山市海会镇
南昌市湾里区太平镇	宜春市樟树市阁山镇	

十五、山东省（15个）

聊城市东阿县陈集镇	滨州市博兴县吕艺镇	菏泽市郓城县张营镇
烟台市招远市玲珑镇	济宁市曲阜市尼山镇	泰安市岱岳区满庄镇
济南市商河县玉皇庙镇	青岛市平度市南村镇	德州市庆云县尚堂镇
淄博市桓台县起凤镇	日照市岚山区巨峰镇	威海市荣成市虎山镇
莱芜市莱城区雪野镇	临沂市蒙阴县岱崮镇	枣庄市滕州市西岗镇

十六、河南省（11个）

| 汝州市蟒川镇 | 南阳市镇平县石佛寺镇 | 洛阳市孟津县朝阳镇 |

濮阳市华龙区岳村镇	周口市商水县邓城镇	巩义市竹林镇
长垣县恼里镇	安阳市林州市石板岩镇	永城市芒山镇
三门峡市灵宝市函谷关镇	邓州市穰东镇	

十七、湖北省（11个）

荆州市松滋市洈水镇	宜昌市兴山县昭君镇	潜江市熊口镇
仙桃市彭场镇	襄阳市老河口市仙人渡镇	十堰市竹溪县汇湾镇
咸宁市嘉鱼县官桥镇	神农架林区红坪镇	武汉市蔡甸区玉贤镇
天门市岳口镇	恩施州利川市谋道镇	

十八、湖南省（11个）

常德市临澧县新安镇	邵阳市邵阳县下花桥镇	娄底市冷水江市禾青镇
长沙市望城区乔口镇	湘西土家族苗族自治州龙山县里耶镇	永州市宁远县湾井镇
株洲市攸县皇图岭镇	湘潭市湘潭县花石镇	岳阳市华容县东山镇
长沙市宁乡县灰汤镇	衡阳市珠晖区茶山坳镇	

十九、广东省（14个）

佛山市南海区西樵镇	广州市番禺区沙湾镇	佛山市顺德区乐从镇
珠海市斗门区斗门镇	江门市蓬江区棠下镇	梅州市丰顺县留隍镇
揭阳市揭东区埔田镇	中山市大涌镇	茂名市电白区沙琅镇
汕头市潮阳区海门镇	湛江市廉江市安铺镇	肇庆市鼎湖区凤凰镇
潮州市湘桥区意溪镇	清远市英德市连江口镇	

二十、广西壮族自治区（10个）

河池市宜州市刘三姐镇	贵港市港南区桥圩镇	贵港市桂平市木乐镇
南宁市横县校椅镇	北海市银海区侨港镇	桂林市兴安县溶江镇
崇左市江州区新和镇	贺州市昭平县黄姚镇	梧州市苍梧县六堡镇
钦州市灵山县陆屋镇		

二十一、海南省（5个）

澄迈县福山镇	琼海市博鳌镇	海口市石山镇
琼海市中原镇	文昌市会文镇	

二十二、重庆市（9个）

铜梁区安居镇	江津区白沙镇	合川区涞滩镇
南川区大观镇	长寿区长寿湖镇	永川区朱沱镇
垫江县高安镇	酉阳县龙潭镇	大足区龙水镇

二十三、四川省（13个）

成都市郫都区三道堰镇	自贡市自流井区仲权镇	广元市昭化区昭化镇
成都市龙泉驿区洛带镇	眉山市洪雅县柳江镇	甘孜州稻城县香格里拉镇

绵阳市江油市青莲镇　　雅安市雨城区多营镇　　阿坝州汶川县水磨镇
遂宁市安居区拦江镇　　德阳市罗江县金山镇　　资阳市安岳县龙台镇
巴中市平昌县驷马镇

二十四、贵州省（10个）

黔西南州贞丰县者相镇　　黔东南州黎平县肇兴镇　　贵安新区高峰镇
六盘水市水城县玉舍镇　　安顺市镇宁县黄果树镇　　铜仁市万山区万山镇
贵阳市开阳县龙岗镇　　遵义市播州区鸭溪镇　　遵义市湄潭县永兴镇
黔南州瓮安县猴场镇

二十五、云南省（10个）

楚雄州姚安县光禄镇　　大理州剑川县沙溪镇　　玉溪市新平县戛洒镇
西双版纳州勐腊县勐仑镇　　保山市隆阳区潞江镇　　临沧市双江县勐库镇
昭通市彝良县小草坝镇　　保山市腾冲市和顺镇　　昆明市嵩明县杨林镇
普洱市孟连县勐马镇

二十六、西藏自治区（5个）

阿里地区普兰县巴嘎乡　　昌都市芒康县曲孜卡乡　　日喀则市吉隆县吉隆镇
拉萨市当雄县羊八井镇　　山南市贡嘎县杰德秀镇

二十七、陕西省（9个）

汉中市勉县武侯镇　　安康市平利县长安镇　　商洛市山阳县漫川关镇
咸阳市长武县亭口镇　　宝鸡市扶风县法门镇　　宝鸡市凤翔县柳林镇
商洛市镇安县云盖寺镇　　延安市黄陵县店头镇　　延安市延川县文安驿镇

二十八、甘肃省（5个）

庆阳市华池县南梁镇　　天水市麦积区甘泉镇　　兰州市永登县苦水镇
嘉峪关市峪泉镇　　定西市陇西县首阳镇

二十九、青海省（4个）

海西州德令哈市柯鲁柯镇　　海南州共和县龙羊峡镇　　西宁市湟源县日月乡
海东市民和县官亭镇

三十、宁夏回族自治区（5个）

银川市兴庆区掌政镇　　银川市永宁县闽宁镇　　吴忠市利通区金银滩镇
石嘴山市惠农区红果子镇　　吴忠市同心县韦州镇

三十一、新疆维吾尔自治区（7个）

克拉玛依市乌尔禾区乌尔禾镇　　吐鲁番市高昌区亚尔镇　　伊犁州新源县那拉提镇

博州精河县托里镇　　　　　　巴州焉耆县七个星镇　　　　　　昌吉州吉木萨尔县北庭镇
阿克苏地区沙雅县古勒巴格镇

三十二、新疆生产建设兵团（3个）

阿拉尔市沙河镇　　　　　　图木舒克市草湖镇　　　　　　铁门关市博古其镇

参考文献

[1] 《文化及相关产业分类（2012）》[EB/OL].http://www.stats.gov.cn/tjsj/tjbz/201207/t20120731_8672.html，2012-7-31

[2] 文创产业平稳发展助力经济提质增效——2016年北京市文化创意产业发展情况 [EB/OL]http://www.bjstats.gov.cn/zxfb/201703/t20170303_369824.html，2017-03-03

[3] 浙江省文化产业发展现状 [EB/OL].http://news.xinhuanet.com/local/2017-05/25/c_129618050.htm，2017-05-25

[4] 2016年全省文化产业重点招商项目暨2015年度安徽民营文化企业100强新闻发布会 [EB/OL]. http://www.ah.gov.cn/UserData/DocHtml/1/2016/4/11/5481702565097.html

[5] 文化+成为湖北文化产业发展新的经济增长极 [EB/OL].http://www.hubei.gov.cn/zwgk/rdgz/rdgzqb/201705/t20170513_993120.shtml

[6] 长沙文化产业发展现状、面临的挑战及对策建议 [EB/OL].http://www.hntj.gov.cn/tjfx/sxfx/zss/201711/t20171101_4665762.html，2017-11-01

[7] 弘扬优秀传统文化 提升地域品牌影响力 [EB/OL].http://www.hunchun.gov.cn/archives/43476/，2017-12-06

[8] 绵阳从文化大市迈向文化强市 [EB/OL].http://www.ce.cn/culture/gd/201412/22/t20141222_4174336.shtml，2014-12-22

[9] 云南加大力度扶持文化产业文产资金"快准稳"助产业发展 [EB/OL].http://yn.yunnan.cn/html/2017-10/06/content_4955456.htm，2017-10-06

[10] 西藏文化产业逐步成发展新支撑 [EB/OL]. http://epaper.gmw.cn/gmrb/html/2017-02/09/nw.D110000gmrb_20170209_1-01.htm，，2017-02-09

[11] 2015年甘肃文化产业实现增加值157.09亿元 [EB/OL]. http://gs.people.com.cn/n2/2016/0220/c183348-27773489.html，2016-02-20

[12] 青海省文化产业从业人数达30万以上 [EB/OL].http://www.qh.xinhuanet.com/20170318/3680897_c.html，2017-03-18

[13] 宁夏"十三五"期间提出"构筑现代文化产业体系"战略构想 [EB/OL]. http://dz.china.com.cn/zx/2017-01-15/4408.html，2017-01-15

[14] 杭州文化创意产业 十年长成参天大树 [EB/OL].http://www.ce.cn/culture/gd/201706/20/t20170620_23727435.shtml，2017-06-20

[15] 南京文化产业发展交出亮眼成绩单 排名全省第一 [EB/OL].http://www.sohu.com/a/128656068_248541，2017-03-13

[16] 深圳文化产业走向内涵式发展 [EB/OL]. http://sztqb.sznews.com/html/2017-04/10/content_3764489.htm，2017-04-10

[17] 2016年苏州文创产业营收超4700亿 [EB/OL].http://www.jscnt.gov.cn/whzx/jdxw/201701/t20170120_45835.html，2017-01-20

[18] 关于进一步加快陕西文化产业发展的若干政策措施 [EB/OL].http://www.shaanxi.gov.cn/gk/zfwj/84255.htm，2017-07-13

[19] 大数据详解成都文创：关注度增速第一 中国文创第三城 [EB/OL].http://baijiahao.baidu.com/s?id=1581332824552716328&wfr=spider&for=pc，2017-10-15

[20] 文化强省！湖南今年文创产业增加值半年度首破千亿 [EB/OL].http://hn.people.com.cn/n2/2017/1011/c195194-30817748.html，2017-10-11

[21] "创意昆明"点亮城市 [EB/OL].http://ylxf.yn.gov.cn/Html/News/2017/11/29/228241_2.html，2017-11-29